WISSENSORDNUNGEN DES RECHTS IM WANDEL

MEDIAEVALIA LOVANIENSIA
SERIES I / STUDIA XLVII

KU LEUVEN
INSTITUTE FOR MEDIEVAL AND RENAISSANCE STUDIES
LEUVEN (BELGIUM)

WISSENSORDNUNGEN DES RECHTS IM WANDEL

PÄPSTLICHER JURISDIKTIONSPRIMAT UND ZÖLIBAT ZWISCHEN 1000 UND 1215

von

Stephan DUSIL

LEUVEN UNIVERSITY PRESS

ISBN 978 94 6270 152 6 (hardback)
ISBN 978 94 6270 133 5 (paperback)
D / 2018 / 1869 / 20
NUR: 684

Typesetting: TAT Zetwerk
Cover design: Friedemann
Cover illustration: München, Bayerische Staatsbibliothek, Clm 17161, fol. 6r

GPRC
Guaranteed
Peer Reviewed
Content
www.gprc.be

INHALTSVERZEICHNIS

VORWORT

Dem Buch liegt die Schrift „Wissensordnungen im Wandel. Kirchliches Rechtswissen zwischen 1000 und 1234" zugrunde, die von der Rechtswissenschaftlichen Fakultät der Universität Zürich 2016 als Habilitationsschrift angenommen wurde. Für die Druckfassung wurde das Manuskript überarbeitet und gekürzt; Literatur ist bis Ende 2017 nachgetragen. Die Schweizer Rechtschreibung wurde beibehalten.

Das Vorwort ist der Ort in einem Buch, an dem der Autor dankbar zurückblicken darf. Seitdem ich die Idee geäussert hatte, über ein Thema der historischen Kanonistik habilitieren zu wollen, hat mich Prof. Dr. Andreas Thier (Zürich) unterstützt und gefördert. So ist diese Arbeit im anregenden und angeregten Dialog mit ihm entstanden. Seiner Fähigkeit, Beobachtungen zu verknüpfen, grosse Linien zu betonen und Quellen mit Theorie zu verbinden, verdankt die Arbeit viel. Für diese Unterstützung, aber auch für die Betreuung während der gesamten Habilitationsphase sei ihm von Herzen gedankt!

Ich möchte ferner Prof. Dr. René Pahud de Mortanges (Freiburg i. Üe.) danken, der freundlicherweise die Erstellung des Zweitgutachtens übernommen hat. Dem Schweizer Nationalfonds bin ich durch die mir gewährte Projektförderung während der Habilitationsphase sehr verbunden. In Dankbarkeit verbunden bin ich auch den Bibliotheken und Archiven, die bereitwillig Aufnahmen und Mikrofilme von Handschriften zur Verfügung gestellt haben. Den Herausgebern der „Mediaevalia Lovaniensia" gebührt Dank für die Aufnahme des Buches in die Reihe, dem Verlag für die Geduld bei der Drucklegung. Die „Afdeling Romeins Recht en Rechtsgeschiedenis" der KU Leuven hat den Druck grosszügig unterstützt.

Diese Arbeit entstand in Toronto und Zürich. In Toronto konnte ich Mikrofilme vieler Handschriften einsehen und mich ‚hilfswissenschaftlichen' Aspekten der historischen Kanonistik widmen. Die geduldige Hilfe der Mitarbeiter der Bibliothek des „Pontifical Institute of Mediaeval Studies" sei dankbar erinnert. Insbesondere aber danke ich Prof. Dr. Joseph W. Goering, Toronto, für seine immerwährende Bereitschaft, Fragen des mittelalterlichen Kirchenrechts zu diskutieren. Er hat vorschnelle Thesen meinerseits kritisch hinterfragt und mich zugleich ermutigt, meinen eigenen Weg weiter zu gehen.

An der Universität Zürich konnte ich im kreativen Zusammenspiel mit Mitarbeiterinnen und Mitarbeitern der Rechtswissenschaftlichen

Fakultät – insbesondere des Lehrstuhls Prof. Thier – sowie der Philosophischen Fakultät arbeiten. Für Gespräche und Diskussionen, Tipps, Hinweise und vielfältige Anregungen möchte ich deshalb insbesondere – in alphabetischer Reihenfolge – danken: Prof. Dr. Carmen Cardelle de Hartmann, Dr. Carsten Fischer, Dörthe Führer, Prof. Dr. Stefan Geyer, Holger Grefrath, Hanno Menges, Prof. Dr. Andreas Nievergelt, Prof. Dr. Sebastian Scholz, PD Dr. Gerald Schwedler, Dr. Raphael Schwitter, Dr. Christian Utzinger. Ich konnte ferner mit Prof. Dr. Christof Rolker (Bamberg) und Dr. Kerstin Hitzbleck (Hamburg) anregende Gespräche führen. Sie und alle anderen der kanonistischen *Community*, die mich ohne Zögern aufgenommen haben, haben die Arbeit auf dem Gebiet der historischen Kanonistik zu einer fruchtbaren Zeit werden lassen.

Zum Schluss möchte ich meiner Familie für die Unterstützung in den letzten Jahren danken. Meine Kinder Konrad und Enrik haben mir gezeigt, welches kreative Potential in der Unordnung stecken kann und dass Ordnung kein Selbstzweck ist. Vor allem aber danke ich meiner Frau Esther, die als Gesprächspartnerin über Burchard, Gratian und Rufinus immer zur Verfügung stand, mit der ich über Wissen und Ordnung diskutieren durfte und die den gesamten Text kritisch gelesen hat. Wesentlicher aber noch ist, dass sie mir immer gezeigt hat, wie wichtig der Abstand zum eigenen Forschungsgegenstand beim wissenschaftlichen Arbeiten ist und dass das Leben aus mehr als Wissenschaft besteht. So wurde die Habilitationszeit zu einer reichen Zeit. Ihr ist das Buch gewidmet.

Leuven, am 1. März 2018
Stephan Dusil

EINLEITUNG

„Wer Ordnung hält, ist nur zu faul zum Suchen“, lautet ein Gemeinplatz. Um diese Ordnung und dieses Suchen soll es in dieser Arbeit gehen, nämlich um das Suchen nach Antworten in einem rechtlichen Tohuwabohu, um das Ordnen chaotischer Normen, damit das Finden des Rechts erleichtert und Wissen geschaffen wird. Die Begriffe ‚Ordnung‘, ‚Recht‘ und ‚Wissen‘ markieren das Feld, auf dem sich die Suche nach der Ordnung bewegt. Sie lassen sich beliebig zusammensetzen: Rechtsordnungen, rechtliche Wissensordnungen, Ordnung des Rechtswissens. All diese Facetten schimmern in unterschiedlichen Tönen und Farbstärken in der Arbeit immer wieder auf.

Ordnung. Geordnet wird nicht nach der neuzeitlichen Methode, Wissen zwischen A und Z zu pressen, geordnet wird nicht alphabetisch. An thematischen Fluchtpunkten ausgerichtet, stellt der Autor sein Rechtswissen vor und legt es dem Leser auf das Pult. Dieser schlägt das Buch auf und weiss, wie er suchen muss und wo er finden kann. Offengelegtes, explizites Ordnen. Oder anders, implizit: Gedachte Leitlinien systematisieren das Recht, ohne dass der Autor seine Ordnungsvorstellung preisgibt. Vielmehr kommt dem Leser die Aufgabe zu, die Ordnung zu erkennen und zu verfolgen. Das Buch auf dem Pult birgt ein Geheimnis, dem es sich zu nähern gilt – die heimliche, aber gemachte Ordnung. Und wieder anders: Der Autor stellt nur das Material zur Verfügung und die Methode und überlässt es dem Leser, seine eigene Ordnung zu schaffen. Die gedachte Ordnung.

Ob die Ordnung des Wissens im Scrinium des Autors verborgen und ein Arcanum mittelalterlicher Manuskripte bleibt, das entscheidet der Autor. Notabene: Der Autor ist nicht nur der Autor, sondern auch der korrigierende Abschreiber, der annotierende Leser und der verstehende (oder nicht begreifende) Glossator. Und der Autor bringt jedes Mal das Wissen in eine neue Ordnung.

Wissen. Das offene Buch auf dem Pult des Autors, Schreibers und Glossators ist ein Rechtsbuch, es mag Dionysio-Hadriana oder Panormia, Decretum Gratiani oder Elegantius in iure divino heissen. Es ist keine Bibel und keine liturgische Handschrift, keine patristische Sammlung und kein Werk der Artes liberales, sondern gehört zu der Gruppe der Manuskripte, die von allem etwas haben: Etwas Altes Testament und etwas Neues, ein wenig Augustinus, eine Prise Hieronymus, ein Papstbrief hier, ein Universalkonzil dort, Anleitungen *zum Büssen auf dem ersten, zum rechten Feiern der Messe auf dem zweiten und zum keuschen Leben auf dem letzten Blatt. Das ist das Wissen, das der Autor ordnet, organisiert und dem Leser als Recht vorschlägt.*

Recht. Schlägt der Autor am Ende des Arbeitstages das Buch zu, so ist das Wissen modifiziert; er weiss mehr und sein Mehrwissen steht in einer neuen Rubrik oder in einer kleinen Glosse, die am nächsten Tag oder in hundert Jahren einen anderen Leser zum Denken anregt. Hat der rechtschaffene Autor aber auch Recht geschaffen? Wann wird seine Abfolge von Graphemen aus Galltinte auf Pergament zu Recht, zur allgemeinverbindlichen Norm, der zu folgen ist? Wenn die Rechtsunterworfenen dem Rechtssatz freiwillig folgen? Oder wenn er mit Inquisition und Scheiterhaufen durchgesetzt wird? – Moderne Rechtsgeltungstheorien führen zu farbenprächtigen Imaginationen über das Mittelalter. Unser Autor hätte sich diese Frage nicht gestellt: Augustinus war Augustinus, Gregorius Gregorius und Zepherinus Zepherinus. Autoritäten, Glaubenszeugen, zu befolgende Vorbilder. Autoritative Texte waren es, die ihm vorlagen, Handlungsvorschläge, normative Vorgaben. Ob er aber auch Recht generierte? – Wichtig wäre ihm nur eins gewesen: Verbum domini manet in aeternum.

Was bleibt? Die Suche des modernen Rechtshistorikers nach den Ideen und Vorstellungen, wie normative Texte ausgewählt, zusammengestellt, verbunden, geschrieben, präsentiert, gelesen, korrigiert, geändert, verstanden und kommentiert werden. Die Entdeckung, wie ein Buch ein zweites anregt und ein drittes folgt. Kurz: Es geht um nichts weniger als einen Blick auf die Entstehung der Rechtswissenschaft, so, wie wir sie heute noch betreiben.

Der Rechtsratsuchende ist faul, heute wie damals: Er wünscht schnelle und einfache Antworten auf komplexe Fragen; er will nicht langwierig Bücher aufschlagen, Kommentare wälzen und diese gänzlich studieren, sondern gezielt nachschlagen. Er will finden, nicht suchen, und dafür nimmt er in Kauf, sich auf die Ordnung des Rechtswissens einzulassen, die andere vorgeschlagen haben.

Während die eine deutsche Redensart die Unordnung rechtfertigt, da sie den Fleiss des Suchenden fordert, lautet eine andere: „Ordnung ist das halbe Leben.“ – Was aber ist die andere Hälfte?

Kapitel 1

WISSEN ÜBER JURISDIKTIONSPRIMAT UND ZÖLIBAT. FRAGESTELLUNG UND METHODISCHER ANSATZ

1. Zum Begriff des *Wissens*

Im konzeptionellen Zentrum dieser Arbeit steht das ‚Wissen'. Die Frage nach ‚Wissen' ist in der Soziologie nicht neu, denn die Forschung hat sich während des gesamten 20. Jahrhunderts immer wieder mit dieser Frage auseinandergesetzt; in den letzten Jahren jedoch hat das ‚Wissen' in den Kultur- und Geschichtswissenschaften sowie in der Rechtswissenschaft verstärkt Beachtung gefunden.[1] Im Zentrum des Interesses standen und stehen dabei die Suche nach Charakteristika von Wissensgesellschaften, dem Wissen von vormodernen Gemeinschaften sowie der Wissensgenerierung und -bewahrung durch den Staat.[2] Die Frage nach dem rechtlichem Wissen im Mittelalter, spezifisch dem kirchenrechtlichen Wissen, wurde aber, soweit ersichtlich, noch nicht gestellt.[3] Die Geisteswissenschaften halten inzwischen einen so bunten Strauss an Konzepten und Begriffserklärungen für ‚Wissen' bereit, dass sich die Frage stellt, welcher Begriff und welches Konzept für die historische Kanonistik fruchtbar gemacht werden kann. Dafür seien aus dem Deutungsangebot der neueren (Geistes)Wissenschaften einige Ansätze kurz vorgestellt und auf ihre Tragfähigkeit für eine Untersuchung normativer Quellen des Mittelalters hin abgetastet.[4]

1. Die Diskussion im 20. Jahrhundert ist mit den Namen Émile Durkheim, Marcel Mauss, Max Scheler, Karl Mannheim und anderen verbunden. Als Einstieg siehe Maasen, Wissenssoziologie, 12–30; Knoblauch, Wissenssoziologie, 69–142; ferner die Sammelbände von Oesterle (Hg.), Erinnerung, Gedächtnis, Wissen. Studien zur kulturwissenschaftlichen Gedächtnisforschung (2005); Fried/Stolleis (Hg.), Wissenskulturen. Über die Erzeugung und Weitergabe von Wissen (2009).

2. Stehr, Wissensgesellschaften (2004); Landwehr (Hg.), Geschichte(n) der Wirklichkeit. Beiträge zur Sozial- und Kulturgeschichte des Wissens (2002); Stolleis, Der lernfähige und lernende Staat (2009) sowie Collin/Horstmann, Das Wissen des Staates – Zugänge zu einem Forschungsthema (2004).

3. Die reichen Beiträge von Meyer, Ordnung durch Ordnen (2006) und Meyer, Spuren im Wald (2000) beschäftigen sich zwar mit den Ordnungs- und Systematisierungsbemühungen gerade im 12. Jahrhundert (Meyer, Ordnung durch Ordnen) bzw. mit der Mnemotechnik und dem materiellen Wissenserwerb in der Kanonistik (Meyer, Spuren im Wald), nehmen aber das Konzept des Wissens nicht auf. Zum rechtshistorischen Wissensbegriff siehe die Ansätze von Rainer Maria Kiesow, nachgewiesen in Anm. 6.

4. Auf die Schwierigkeit, einen gemeinsamen Wissensbegriff für den fächerübergreifenden Dialog zu finden, weisen auch Collin/Horstmann, Wissen des Staates, 11f. hin.

a) Ausgangsbefunde: Ansätze in den Geisteswissenschaften

Ein spezifischer Ansatz der Rechtsgeschichte zur Definition von Wissen existiert nicht. Die Frage nach Wissensordnungen und Präsentationsformen rechtlicher Kenntnis spielt weder in der rechtshistorischen Grundlagenliteratur eine grössere Rolle noch ist sie als intensiv diskutiertes Thema der Forschung auszumachen.[5] Beiträge zu diesem Thema stammen fast ausschliesslich von Rainer Maria Kiesow, der sich immer wieder mit den historischen Versuchen beschäftigt hat, Recht zu ordnen. Doch fokussierte er auf neuzeitliche Enzyklopädien und damit auf das „Alphabet des Rechts", das juristisches Wissen zwischen A und Z verfügbar machte.[6] Was aber ‚Wissen' eigentlich ist, erschliesst sich bei der Lektüre seiner Werke leider nicht. Oder sollte Wissen gar nur das sein, was in Enzyklopädien als Wissen präsentiert wird?

Das Erklärungsangebot der Rechtsgeschichte führt also bei der Suche nach dem Verständnis, was ‚Wissen' bedeuten könnte, nicht weiter. Und auch die Theorieangebote einer Nachbardisziplin, nämlich der dogmatisch arbeitenden Juristen, lassen sich für eine mediävistische Arbeit kaum fruchtbar machen. So wie es in den Geistes- und Kulturwissenschaften keinen konsolidierten Wissensbegriff gibt, so wenig gibt es ihn

5. In den folgenden rechtshistorischen Grundlagenwerken sind die Stichworte Wissen, Ordnung bzw. Rechtswissen und Rechtsordnung nicht ausgewiesen: Conrad, Deutsche Rechtsgeschichte 1 (1962) (Conrad, Deutsche Rechtsgeschichte 2, 521 (1966) kennt unter ‚Rechtsordnung' nur die kurkölnische von 1663); Mitteis/Lieberich, Deutsche Rechtsgeschichte (1992); Senn, Rechtsgeschichte. Ein kulturhistorischer Grundriss (2007); Pahud de Mortanges, Schweizerische Rechtsgeschichte (2007); Kroeschell, Deutsche Rechtsgeschichte 1 (2008); Kroeschell/Cordes/Nehlsen-von Stryk, Deutsche Rechtsgeschichte 2 (2008); Kroeschell, Deutsche Rechtsgeschichte 3 (2008); Eisenhardt, Deutsche Rechtsgeschichte (2008); Senn/Gschwend/Pahud de Mortanges, Rechtsgeschichte (2009); Olechowski, Rechtsgeschichte (2010); Meder, Rechtsgeschichte (2011). Fündiger wird man bei Schlosser, Neuere Europäische Rechtsgeschichte (2012), der im Kap. 15 (Rn. 38ff.) auf das konkrete Ordnungsdenken Carl Schmitts verweist; Hattenhauer, Europäische Rechtsgeschichte (2004) verweist unter ‚Ordnung' auf Benedikt von Nursia (Rn. 624) und den Faschismus/das sog. Dritte Reich (Rn. 2099, 2104, 2109, 2113), und unter ‚Rechtsordnung' auf Thomas von Aquin (Rn. 937). In der Sache allein einschlägig ist Schmoeckel, Verlorene Ordnung, 142–145 (2005), der das *Decretum Gratiani* und dessen Form beschreibt, Recht zu präsentieren. Im Übrigen gliedert er sein Buch zwar nach verschiedenen ‚Ordnungen', versteht darunter aber nicht Wissensordnungen, sondern den „menschlich[n] Versuch, in einer komplexen, heterogenen, kaum zu verstehenden Umgebung Strukturen oder Regelhaftigkeit zu erkennen, welche die Wahrnehmung der Umwelt erleichtern" (ebd., 3).

6. Grundlegend die Arbeit von Kiesow, Alphabet des Rechts (2004), der sich aber keine Annäherung an den Begriff ‚Wissen' oder gar eine Definition dessen entnehmen lässt. Unergiebig für diese Frage auch die Rezensionsmiszelle von Kiesow, Zettelwirtschaft (1997) sowie Kiesow/Schmidgen, Repräsentation und kein Ende (2006). Zu Enzyklopädien siehe insbesondere Kiesow, Die Ordnung des juridischen Wissens (2004).

im Bereich der Rechtswissenschaft. Auf dem Feld des Zivilrechts wird ‚Wissen' als Distributionsproblem zwischen Vertragspartnern unter dem Gesichtspunkt der Aufklärungs- und Informationspflichten diskutiert wie auch unter der Perspektive der Zurechnung von Wissen an Dritte thematisiert. Schliesslich kann ‚Wissen' auch Objekt im Kaufrecht sein.[7] Den Herausforderungen einer Wissensgesellschaft scheint sich die zivilrechtliche Disziplin jedoch nicht stellen zu müssen, da Wissen als grundsätzliches Problem des Zivilrechts dogmatisch verankert und somit zugleich eingefangen ist.[8]

Intensiver haben sich hingegen die Verwaltungswissenschaften mit der ‚Information' und dessen Komposita (‚Informations(verwaltungs)-recht', ‚Informationsteilhabe', ‚Informationszugang') aus verschiedenen Perspektiven auseinandergesetzt.[9] Die Diskussion baut im Ausgangspunkt auf vier Zentralbegriffen auf, nämlich auf den Begriffen ‚Daten', ‚Information', ‚Wissen' und ‚Kommunikation'. Trotz aller Differenzierungen zwischen einzelnen Ansätzen scheint sich eine zumindest ansatzweise Verständigung über den Inhalt der Begriffe ergeben zu haben: ‚Daten' sind Zeichen, die auf einem Datenträger vergegenständlicht sind; ‚Informationen' Sachverhalte oder Ereignisse, die geeignet sind, das Verhalten der Verwaltung zu beeinflussen; ‚Wissen' sind verarbeitete Informationen, die kontextualisiert und systematisiert, also ‚verstanden' sind; und ‚Kommunikation' wiederum ist der auf Verstehen ausgerichtete Transfer von Informationen, der Wissen bei einem

7. So Broemel, Wissensdistribution im Zivilrecht (2010). Dogmatische Aufhänger für Wissenszurechnung sind im deutschen Recht bspw. § 166 BGB, § 20 VVG, etc. Zum Schweizer Recht, dem eine vergleichbare Zentralnorm wie § 166 BGB fremd ist, siehe den Beitrag von Walter, Wissenszurechnung (2005).

8. Vgl. die Überlegungen von Trute, Wissen, 23. Im Strafrecht ist ‚Wissen' zwar ein Schlüsselbegriff beispielsweise im Rahmen der Ermittlung des Vorsatzes des Täters, doch ist in dieser juristischen Subdisziplin keine intensivere Auseinandersetzung mit ‚Wissen' auszumachen, was darauf beruhen könnte, dass Strafrecht nach individueller Verantwortung fragt und kollektives Wissen – wie beispielsweise das Wissen von Institutionen – soweit ausblendet, als es nicht zur Konstruktion individueller Verantwortung benötigt wird.

9. Beiträge zu diesem Thema sind beispielsweise: Hoffmann-Riem, Verwaltungsrecht in der Informationsgesellschaft (2000); Voßkuhle, Wandel von Verwaltungsrecht (2000); Schmidt-Aßmann, Verwaltungsrecht in der Informationsgesellschaft (2000); Fassbender, Wissen als Grundlage staatlichen Handelns (2006); Augsberg, Staat als Informationsmittler (2007); Pitchas, Kooperative Wissensgenerierung (2008); Albers, Komplexität verfassungsrechtlicher Vorgaben (2008); Kluth, Strukturierung von Wissensgenerierung (2008); Wollenschläger, Wissensgenerierung im Verfahren (2009); Trute, Wissen (2010); Vesting, Bedeutung von Information und Kommunikation (2012); Voßkuhle, Neue Verwaltungsrechtswissenschaft (2012) (11–14) sowie weitere, in den jeweiligen Sammelbänden publizierten Beiträge. Über die dort angeführte Literatur lassen sich weitere Werke zum ‚Wissen' in der Rechtswissenschaft erschliessen.

anderen erzeugt.[10] Zentral zu sein scheint dabei die Unterscheidung in ‚Information' und ‚Wissen', also in die Mitteilung eines Sachverhaltes, auf den reagiert werden kann oder muss, und die Verarbeitung dieser Mitteilung, die in der Kontextualisierung und Strukturierung, Systematisierung, Verortung und Einordnung besteht. Ein solcher Informations- und Wissensbegriff orientiert sich jedoch an den Bedürfnissen einer Staatlichkeit im 21. Jahrhundert, die trotz kooperativer Ansätze im Verhältnis von Bürger / Gesellschaft und Staat auch weiterhin von einer hoheitlichen Aufgabenerfüllung mitgeprägt ist. Wie kann man aber mit diesem Ansatz normatives Wissen im Mittelalter erfassen?

In der Tat weisen die Stichworte der Strukturierung und Einordnung auf die hochmittelalterliche Jurisprudenz hin, der man eine solche Systematisierungsleistung ja gerne zuschreibt, doch wäre eine ‚schlichte' frühmittelalterliche Abschrift beispielsweise der Beschlüsse des Konzils von Nizäa kein Wissen in dem skizzierten Sinne, fehlt es doch offensichtlich an der Einordnung und Kontextualisierung, an der Relation zu anderen Informationen resp. an ‚Wissen'. Um solche – jedenfalls für einen Mediävisten – nur schwer nachvollziehbaren Ergebnisse zu vermeiden, scheint die moderne verwaltungsdogmatische Unterscheidung in ‚Information' und ‚Wissen' als Ansatzpunkt rechtshistorischer Forschung weniger geeignet. Dies ergibt sich nicht zuletzt auch daraus, dass Kenntnis wie Anwendung von Rechtssätzen durch den neuzeitlichen Staat prinzipiell vorausgesetzt sind, was für das Hochmittelalter als Periode der Formierung von allgemein akzeptierter Normativität wie von rudimentär ausgeprägter Staatlichkeit gerade nicht gilt. Zwar ist den neueren verwaltungswissenschaftlichen Überlegungen zuzugestehen, dass historisches Verwaltungshandeln (beispielsweise im römischen Imperium oder in spätantiken Konzilien) in vergleichbaren systemischen Dimensionen wie neuzeitliches hoheitliches Handeln verlaufen sein mag und damit die Begriffe ‚Daten', ‚Information', ‚Wissen', ‚Kommunikation' einen heuristischen Wert besitzen, doch gilt dies

10. So zum Beispiel Vesting, Bedeutung von Information und Kommunikation, 9–21, insbes. 16f. zu ‚Wissen'; Hoffmann-Riem, Verwaltungsrecht in der Informationsgesellschaft, 12; Scherzberg, Öffentliche Verwaltung, 200. In diese Richtung weisen die Überlegungen von Albers, Komplexität verfassungsrechtlicher Vorgaben, 54–56; zu Informationen und ihrer Verarbeitung Lenk, Ausserrechtliche Grundlagen, 69–74. Im Detail ergeben sich dann Unterschiede, so betont zum Beispiel Kluth, Strukturierung von Wissensgenerierung, 76 im Gegensatz zu anderen, dass ‚Wissen' „die Veredelung von Informationen durch Praxis" sei; ‚Wissen' entstünde, „wenn Informationen in einen Praxiszusammenhang eingebunden werden und daraus eine neue oder eine veränderte Praxis folgt."

offensichtlich nicht für die Analyse normativer Texte und ihrer Bearbeitung. Vielmehr scheint sich rechtliche Normativität im Mittelalter den Kategorien und Begriffen zu entziehen, mit denen über ‚Wissen' der modernen Verwaltung und des Staates gesprochen wird. Bezeichnenderweise verzichten die Beiträge, die historische Aspekte zum Wissen des Staates beisteuern, auf eine genauere Definition des Wissens; der ‚offene Wissensbegriff' ist vielmehr methodisches Programm.[11]

Ein inhaltlich nicht näher konkretisierter Wissensbegriff liegt auch Ansätzen der neueren historischen Mediävistik zugrunde, die das vergangene ‚Wissen' als Untersuchungsgegenstand für ihre Arbeiten gewählt hat. Wissen zeichnet sich gerade dadurch aus, dass es keinen festen Begriffsinhalt besitzt, vielmehr ist Wissen ein soziales Produkt: Eine Gesellschaft – oder ein Teil dieser Gesellschaft – schafft gemeinsames Wissen über die Wirklichkeit und verleiht dieser damit Sinn. Da es aber zugleich mehrere dieser diskursiv hergestellten Wirklichkeiten gibt, existieren auch mehrere Wissen. Ob dieses Wissen (objektiv oder zumindest für den heutigen Betrachter) richtig oder falsch ist, spielt für die Kategorisierung als Wissen keine Rolle; allein dass es „selbst den Status in Anspruch nimmt, Wissen zu sein", macht es zu Wissen.[12] Dieses Wissen ist somit als kulturelles Produkt zu begreifen, das eine Gesellschaft schafft und zugleich wirkt dieses Wissen wieder auf die Gesellschaft ein. Zentraler Ansatzpunkt für eine Untersuchung des historischen Wissens ist der kategoriale Aspekt des Wissens, nämlich wie Wissen hervorgebracht werde, wer es generiere, wo der Bereich des Wissens ende und der des Nichtwissens beginne. Dies sei, so dieser Forschungsansatz, wichtiger als der eigentliche Wissensinhalt. Da die diskursive Generierung von Wissen das entscheidende Element die-

11. Einen eher offenen Wissensbegriff vertritt zum Beispiel Stolleis, Der lernfähige und lernende Staat (2009); ebenso Stolleis, Einleitung, 7: „Wissen ist etwas, was man lernen, besitzen und wieder verlieren kann. Diese Annahme liegt allen Beiträgen dieses Bandes zugrunde. Sie beschäftigen sich mit der Entstehung und der Weitergabe von ‚Wissen'. Wissen, so setzen sie voraus, kommt aus der Vergangenheit, es wird aber auch ständig generiert und vermittelt, verstanden oder missverstanden und weitergegeben, um auf diese Weise für die nächste Generation wieder zu Wissen der Vergangenheit zu werden." Zur interdisziplinär nicht notwendigen (oder nicht möglichen) Definition von ‚Wissen' vgl. Collin/Horstmann, Wissen des Staates, 11f.

12. Landwehr, Das Sichtbare sichtbar machen, 87. In dieselbe Richtung weisen die Überlegungen bei Landwehr, Diskurs, Macht, Wissen, 114f. sowie Landwehr, Einleitung, 16f. Zu diesem Ansatz auch die instruktiven Beiträge von Bleumer/Patzold, Wahrnehmungs- und Deutungsmuster (2003) und Goetz, Wahrnehmungs- und Deutungsmuster als methodisches Problem (2003).

ses Ansatzes darstellt, ist ,Wissen' wiederum verknüpft mit der Frage nach dem Sagbaren, also dem, was zu einer bestimmten Zeit in einem bestimmten Diskurs als Position überhaupt formulierbar war.[13]

Eine solche historische Diskursanalyse zu rechtlichem Wissen ist, jedenfalls für die historische Kanonistik, bislang offensichtlich ein Desiderat. Obwohl einige Themen das Ausprobieren solcher theoretischer Konzepte nahelegen,[14] erscheint doch eher zweifelhaft, ob sich in Kanonessammlungen ein solches diskursgestütztes Wissen ausmachen lässt. Zu wenig wissen wir über den Verwendungskontext von Sammlungen vor 1150; zu gering ist das messbare ,Reagieren' einer Sammlung auf andere, als dass man ,Kommunikation' und damit ,Diskurs' innerhalb der Literaturgattung der Kanonessammlungen ausmachen könnte. Einzelne Aspekte eines solchen Wissensverständnisses lassen sich aber durchaus in den hier zu entwickelnden Ansatz einbauen, wie später darzulegen sein wird.[15]

Doch zurück zu den Wissensdefinitionen der neueren Geisteswissenschaften.[16] Ist der in den Geschichtswissenschaften verwendete Wissensbegriff ein offener, so ist derjenige, den die neueren Kulturwissenschaften entwickelt haben, häufig inhaltlich aufgeladen, dient er doch dafür, die ,Wissensgesellschaft' zu bestimmen.[17] Soll der Terminus ,Wissensgesellschaft' aber heuristisch tragen, so muss sich sein Inhalt von ,Nichtwissensgesellschaften' abgrenzen lassen, da ansonsten jede Gesellschaft, auch die bronzezeitliche, eine Wissensgesellschaft wäre. Wissen ist in diesem Kontext als „Fähigkeit zum sozialen Handeln" verstanden, „als die Möglichkeit, etwas ,in Gang zu setzen'".[18] Im Vordergrund steht also die Fähigkeit des Menschen, Dinge, Fak-

13. Zur Diskurstheorie ist die Literatur kaum noch zu überblicken; eine instruktive Einführung bietet noch immer Landwehr, Historische Diskursanalyse (2009). Zur Frage, *wie* Regeln gewusst wurden, nun beispielsweise Patzold, Von den Spielregeln ritueller Kommunikation zur sozialen Praxis (2013).

14. So hat Patzold, Episcopus (2008) unter anderem auch normative Quellen ausgewertet, um das ,Wissen' über Bischöfe im 9. Jahrhundert herauszuarbeiten.

15. Siehe hierzu 10–17.

16. Einen Überblick über Forschungsstand und Perspektiven aus geisteswissenschaftlicher Sicht geben Burke, History of Knowledge (2016), Speich Chassé/Gugerli, Wissensgeschichte (2012); Sarasin, Was ist Wissensgeschichte? (2011) und Vogel, Von der Wissenschafts- zur Wissensgeschichte (2004). Ausgeblendet bleibt hier der Zugriff auf das Wissen aus literaturwissenschaftlicher Perspektive, siehe dazu nun Eikelmann/Friedrich, Praktiken europäischer Traditionsbildung im Mittelalter (2013).

17. Zum Beispiel Stehr, Wissensgesellschaften (2004); einen Überblick vermittelt Maasen, Wissenssoziologie, 77–83.

18. Stehr, Wissensgesellschaften, 40.

ten und Regeln zu erkennen, sie „in den eigenen Orientierungs- und Kompetenzbereich einzubeziehen“ und Vorgänge aktiv zu steuern.[19] Ein solches Wissen kann mit Hilfe von Sprache und Zeichen erlernt und vermittelt werden; es kann verschriftlicht, tradiert und kumuliert werden. Dieser Wissensbegriff zielt auf die Abgrenzung einer heutigen, als Wissensgesellschaft verstandenen Gesellschaft von früheren Gesellschaften. Eine solche Abgrenzung verbunden mit einem spezifischen Begriff des Wissens geht indes an den Bedürfnissen der (rechtshistorischen) Mediävistik vorbei, denn auch die mittelalterliche Gesellschaft besass ‚Wissen‘ und war im weiteren Sinne eine ‚Wissensgesellschaft‘, deren ‚Wissen‘ Gegenstand der Forschung sein kann und sein darf.[20] Zudem liegt diesem Wissensbegriff der Kulturwissenschaften die Konzentration auf explizites Wissen zugrunde, also auf bewusstes und kommunizierbares Wissen, das in Zeichen (Buchstaben) dargestellt werden kann. Aber auch implizites, eben nicht kommunizierbares Wissen kann Objekt der rechtshistorischen Forschung sein (zum Beispiel, wenn man nach nichtreflektierten Rechtsgewohnheiten (im Zeitpunkt der Verschriftlichung) fragt).[21] Als Untersuchungsgegenstand des (Rechts)Historikers muss daher das als Wissen gelten, was eine Epoche als Wissen verstand.[22] Und Wissen kann nicht nur das verstandesmässig Aufgearbeitete, bewusst Erfasste und Kommunizierbare sein, also das explizite, sondern auch das allgemein ‚Gewusste‘, das implizite Wissen.

So bleibt an dieser Stelle – seufzend – zu konstatieren, dass jede Disziplin ihren eigenen Wissensbegriff formt, mit dem sie arbeitet, unabhängig davon, ob dieser mit dem anderer Disziplinen kompatibel ist und ein interdisziplinäres Gespräch ermöglicht. Ein konsolidierter Wissensbegriff hat sich (noch) nicht entwickelt. – Wie lassen sich diese verschiedenen Ansätze und Perspektivbildungen, die von der Rechtsgeschichte über die Rechtswissenschaft bis zur Kultur- und Geistesgeschichte reichen, für die historische Kanonistik fruchtbar

19. Stehr, Wissensgesellschaften, 36; siehe auch ebd., 38, 40.

20. Dieses Wissen im Mittelalter war aber sicherlich ungleich verteilt, da der Mönch einen anderen Zugang zu Wissensbeständen als der Bauer besass; zudem wies das Wissen sicherlich weniger technisch-naturwissenschaftlichen denn theologisch-spekulativen Charakter auf. Aber war es deshalb weniger ‚Wissen‘?

21. Die Unterscheidung von explizitem und implizitem Wissen geht zurück auf Polanyi, Implizites Wissen (1985, erstmals 1966). Zum impliziten Wissen siehe nun Loenhoff (Hg.), Implizites Wissen (2012).

22. In diesem Sinne Landwehr, Das Sichtbare sichtbar machen, 87.

machen? Welchen Wissensbegriff, welcher Begriff des Rechtswissens lässt sich als erkenntnisgewinnender Ansatz für die Geschichte des Kirchenrechts wählen?

b) Zuspitzung: Rechtswissen in der historischen Kanonistik

Ausgangspunkt für eine Bestimmung des Wissensbegriffs in der historischen Kanonistik ist die neuere Einordnung der kirchenrechtlichen Sammlungen als Gedächtnis der kirchlichen Rechtskultur, als Wissensspeicher.[23] Sammlungen mit kirchlichen Normtexten sind damit, aus einer kulturwissenschaftlichen Perspektive des kulturellen Erinnerns und des kollektiven Gedächtnisses betrachtet, der Ort, an denen normative Regeln und autoritativ verstandene Text transportiert, überliefert und für den Gebrauch vorgehalten werden. Die Konzilsordines, die vorschreiben, einen *codex canonum* bereitzuhalten, um diesen in die Mitte bringen und aus ihm vortragen zu können, unterstreichen diese Speicherfunktion für normatives Wissen eindrücklich.[24] Es stellt sich allerdings die Frage, in welchem Masse Sammlungen des kirchlichen Rechts zur innerkirchlichen Sinnbildung und Identitätsstiftung tatsächlich genutzt wurden. Vielleicht liesse sich bei kirchlichen Norm-

23. So Thier, Hierarchie und Autonomie, 343–350 in Anlehnung an die Perspektivbildung von Assmann, Kulturelles Gedächtnis (1992) und Assmann, Erinnerungsräume (1999). Als neuere zusammenfassende Einführungen in die Gedächtnis- und Erinnerungsforschung können die Beiträge von Welzer, Gedächtnis und Erinnerung (2004); Kansteiner, Postmoderner Historismus (2004) sowie Sandl, Historizität der Erinnerung (2005) dienen. Letzterer diskutiert die Herausforderung, die die Gedächtnisforschung für die Geschichtswissenschaft stellt. Assmann, Kulturelles Gedächtnis (1992) stellt dem kommunikativen Gedächtnis das kulturelle gegenüber. Das kommunikative Gedächtnis betrifft eher die Alltagswelt und enthält eigene, lebendige Geschichtserfahrungen, die wenig geformt sind; diese werden kommunikativ weitergegeben und von einer unspezifischen Trägerschicht verbreitet. Das kommunikative Gedächtnis reicht drei bis vier Generationen, also ca. 80 Jahre, zurück. Dahingegen kennzeichnet das kulturelle Gedächtnis eine gewisse Alltagsferne, da es sich auf mythische Urgeschichten und Ereignisse in absoluter Vergangenheit bezieht; es ist geformt und zeremoniell überformt. Bestimmte Erinnerungsformen mit Riten, Traditionen, Gebräuchen pflegen dieses kulturelle Gedächtnis, das sich nicht auf die jüngere Vergangenheit, sondern auf eine Urzeit bezieht. Träger dieses Gedächtnisses sind spezifische Personen (wie beispielsweise Priester). Assmann möchte zudem die Formen des kulturellen Gedächtnisses der Potentialität und Aktualität voneinander abgrenzen; ersterer Begriff beschreibt das in Archiven gespeicherte Wissen, letzerer das tatsächlich verwendete.

24. Zum Beispiel der Ordo für eine westgotische Synode (als Ordo 1 gedr.: MGH Ordines de concilio celebrando, 140, cap. 4): *Sicque omnibus in suis locis in silentio consedentibus, diaconus alba indutus codicem canonum in medio proferens capitula de conciliis agendis pronuntiet.* Zur Sache Mordek, Kirchenrecht und Reform, 77; Thier, Dynamische Schriftlichkeit, 4 und Thier, Hierarchie und Autonomie, 347f. mit einer Analyse weiterer Ordines.

sammlungen eher von der Potentialität des kulturellen Gedächtnisses sprechen als von seiner Aktualität, also weniger von der tatsächlichen Verwendung als vielmehr von der gespeicherten Möglichkeit. Aber das ist nur ein Randaspekt.

Wichtiger scheint demgegenüber zu sein, wie man von dieser Speicher- und Archivfunktion von Sammlungen zu ‚Wissen' gelangt. Zur Verdeutlichung sei dieser Prozess an der – hier sicherlich idealtypisch dargestellten – Form der Rechtssetzung auf einem Konzil vorgestellt.[25] Das Konzil war Ort des kommunikativen Austausches, der Konfliktlösung und Rechtsprechung sowie der Setzung von Recht. Konzilien agierten auf allen Ebenen der kirchlichen Hierarchie, auf Metropolitanebene ebenso wie auf der Ebene der Gesamtkirche (Universalkonzil). Wenn die Konzilsteilnehmer Probleme beratschlagten und Lösungen entwickelten, die sie gemeinsam verabschiedeten und als Konzilsbeschlüsse verkündeten, entstanden neue Regeln, die als ‚Kanones' bezeichnet werden.[26] Die Bischöfe als Gesetzgeber reagierten dabei aufgrund gemeinsam geteilten Wissens über die als ‚Wirklichkeit' apostrophierte Welt und versuchten, auf diese mit Regeln einzuwirken. Die Vorstellung beispielsweise, dass höhere Kleriker nicht mit ihren Frauen verkehren sollten, sondern enthaltsam leben, führte zu einem dahingehenden Beschluss eines spanischen Konzils, das Anfang des vierten Jahrhunderts in Elvira tagte.[27] Die Verfügbarkeit eines solchen Konzilsbeschlusses als normatives Ausgangsmaterial soll hier als (singuläres) Rechtswissen verstanden werden.[28]

Im prinzipiellen Gegensatz zu narrativen Quellen entwickelten diese normativen Texte jedoch regelmässig ein ‚Eigenleben', da sie nicht nur

25. Zum Konzil einstiegshalber Andreas Thier, Art. Konzil, in: HRG 3, 2. Aufl., Sp. 161–165.

26. Performativ verdeutlicht in den Wendungen beispielsweise der Beschlüsse des Konzils von Sardica, c. 8: *Osius episcopus dixit: ... Honestum est autem ut episcopus ... Si ergo et hoc uobis placet? Uniuersi dixerunt: Placet* [*et*] *constituatur.* (nach Hess, Early Development, 216).

27. Hierzu 50.

28. Ebenso ist die Dekretale von Siricius aus dem Jahre 385, die den spanischen Majoristen ebenfalls die Enthaltsamkeit auferlegt, ‚Rechtswissen' im hier skizzierten Sinne. Es sei nur klarstellend angefügt, dass so wenig wie eine narrative Quelle Zugang zum Ereignis selbst ermöglicht, sondern nur zu der Vorstellung, die deren Autor von dem Ereignis hatte, so wenig eröffnet ein Konzilsbeschluss den Blick auf die ‚Wirklichkeit', sondern nur indirekt auf das ‚Wissen', welches deren Autor (Gesetzgeber, Verfasser, etc.) besass. Wir wissen eben nicht, ob spanische Majoristen im 4. Jahrhundert unenthaltsam lebten, wir wissen aber, dass dies von den in Elvira versammelten Bischöfen so gesehen und als Problem erkannt worden war.

einmal festgehalten, sondern stetig abgeschrieben und dabei wiederholt neu geordnet wurden: Das kulturelle Rechtsgedächtnis erneuerte sich ständig. Der Konzilsbeschluss von Elvira gelang in die spanische Sammlung *Hispana systematica;*[29] aus der *Collectio Anselmo Dedicata* wurde das *Decretum* Burchards von Worms und aus der Sammlung in 74 Titeln die Sammlung in 4 Büchern sowie die *Collectio Tarraconensis*.[30]

Stellt ein Konzilsbeschluss wie derjenige von Elvira zur Enthaltsamkeit von Klerikern eine einzelne Regel dar, so ist eine Kanonessammlung gerade durch eine Zusammenstellung verschiedener Regeln gekennzeichnet. Der Kenntnis einer einzelnen Regel steht also die Kenntnis verschiedener, aber thematisch zusammengehöriger Regeln in einer Sammlung gegenüber. Während die Verfügbarkeit und Kenntnis der einzelnen Regel als ‚singuläres Rechtswissen' bezeichnet werden soll, generiert die Zusammenfügung in einer Sammlung ‚komplexes Rechtswissen'. Schliesslich wurden die Kanones – insbesondere in der Dekretistik – durch Glossen, Verweise und Erklärungen miteinander verknüpft, was mit dem Begriff des ‚relationalen Rechtswissens' erfasst werden soll.[31]

Das fortwährende Neugestalten von Kanonessammlungen bietet die einmalige Chance, die (Neu)Organisation des Rechtswissens von Nahem zu betrachten. Denn nicht nur in der Reaktion eines Normsetzers auf die ‚Wirklichkeit' liegt ein Akt der Wissensverarbeitung und zugleich Wissenskonstituierung, sondern auch in der sammelnden Tätigkeit des Kompilatoren, der diese einzelnen Elemente des singulären Rechtswissens zusammenfügte und in der Zusammenstellung komplexes Wissen generierte und so neues Rechtswissen schuf.

Sowohl die historisch-chronologischen wie die thematischen Sammlungen spiegeln das rechtliche Wissen ihres jeweiligen Kompilatoren wider; die ersteren sein Wissen über die Beschlüsse eines Konzils, dessen Relevanz und Datierung, die zweiteren das Wissen über Themen und Schwerpunkte, Zusammengehöriges und Verschiedenes. Doch liegt zwischen den beiden Darstellungsformen ein kategorialer Unterschied in dem ordnenden Fluchtpunkt.[32] Gerade die systematischen Sammlungen lassen sich für die Untersuchung des ‚Wissens' eines

29. Fowler-Magerl, Clavis Canonum, Sigle: SH 1.55.7.
30. Für Nachweise und Belege siehe 50, 73, 120–123, 280.
31. Siehe insbes. 448–454, 466.
32. Dass solche Organisationsformen wiederum idealtypisch sind, darauf hat schon Meyer, Ordnung durch Ordnen, 321 hingewiesen („… dieses Lehrbuchwissen [deckt sich] nur zum Teil mit dem tatsächlichen Befund"). Siehe auch 71–74.

Kompilatoren fruchtbar auswerten. Zentrale Fragen dieser Arbeit sind daher, welche Themen überhaupt von Bedeutung waren, so dass sie aufgenommen wurden, und welches rechtliche Wissen der Kompilator über diese Themen besass. Mit der Auswahl von Themen und ihrer Bearbeitung lässt sich das Wissen des jeweiligen Kompilatoren – im Spiegel seiner Kanonessammlung – erschliessen und damit, indirekt jedenfalls, Aussagen über seine Sicht der Wirklichkeit, seine Interessenschwerpunkte und seine Wertvorstellungen rekonstruieren.

Ein Beispiel kann dieses methodische Vorgehen verdeutlichen: Burchard von Worms sammelte im ersten Buch seines Dekrets in erster Linie normative Texte zu Bischöfen im Allgemeinen, wohingegen er Aussagen zum Bischof von Rom (als Papst) weitgehend ausliess. Sein Wissen, so wie es sich an seiner Rechtssammlung ablesen lässt, war episkopal geprägtes Wissen, das den Primat des Bischofs von Rom ausblendete, obwohl er auch solche Kanones hätte aufnehmen können.[33] Sein Blick auf die ‚Wirklichkeit' führte also zu einer Auswahl und Zusammenstellung von normativen Texten in einer Kanonessammlung. Diese lässt sich rechtshistorisch analysieren. In dieser Hinsicht bewegt sich die Fragestellung also in einer kulturwissenschaftlichen Dimension, da Sinnbildungsprozesse in den Vordergrund rücken und Deutungs- und Verständnisgeflechte von Bedeutung sind: Dass der Bischof von Rom als Bischof von Rom ‚Papst' ist und damit gewisse jurisdiktionelle Befugnisse wahrnehmen darf, die sich andere nicht zuschreiben können und dürfen, ist ja gerade Ergebnis dieses Sinnbildungs- und Interpretationsprozesses. Damit findet aber ein doppelter Bewertungsprozess statt: Sowohl das mit normativen Texten zu berücksichtigende Thema wird bewertet und gewichtet wie auch die Kanones selbst. Diese werden bezüglich ihrer Verwendbarkeit für die Kanonessammlung insgesamt wie auch bezüglich der genaueren Positionierung innerhalb der Sammlung evaluiert.

Es lässt sich weiter überlegen: Wenn Burchard die Vorschrift, dass nur die vom Papst einberufenen Konzilien gültig sind, dergestalt modifizierte, dass dies nur für *allgemeine* Konzilien galt, so geschieht zweierlei: Er griff in den Textbestand ein und veränderte tradiertes Wissen, und mit dieser Modifikation auf Textebene eröffnete er Bischöfen einen autonomen Handlungsrahmen in ihrer Diözese. Burchard versuchte also, auf die Wirklichkeit einzuwirken. Wie in einem Reagenzglas

33. Siehe 120–122.

lässt sich an dem Einfügen eines einzigen Wortes (*generalis* – ‚allgemein') in einen normativen Text die Verarbeitung tradierten und die Generierung neuen rechtlichen Wissens beobachten. Kanonessammlungen spiegeln somit nicht nur die Vorstellung eines Autors über die Wirklichkeit wider, sondern stellen auch ein Mittel dar, um auf eben diese Wirklichkeit einzuwirken. Das Schulbeispiel für die intendierte Veränderung der Wirklichkeit durch normative Texte sind die pseudoisidorischen Fälschungen, einer Sammlung echter, verfälschter und gefälschter Papstbriefe sowie weiterer Texte.[34] Diese sollten im 9. Jahrhundert Bischöfe vor Verfolgungen schützen und dienten im 11. Jahrhundert als autoritativer Grundstein des päpstlichen Primats.[35] In Pseudoisidor kulminiert das Wechselspiel von normativen Texten und Wirklichkeit, von der Reaktion auf die Wirklichkeit durch (fälschende) Normierung und dem dadurch intendierten Einwirken auf eben diese Wirklichkeit.

Bis zu dieser Stelle haben wir drei Schritte zurückgelegt. Wir haben überlegt, a) was Wissen im kirchenrechtlichen Kontext sein kann, nämlich die Verfügbarkeit einer einzelnen Regel oder Rechtssatzes, b) wie dieses singuläre Wissen in Kanonessammlungen zu einem komplexen Wissen verknüpft wird, wobei zwischen den idealtypisch gedachten Ordnungskategorien historisch-chronologisch vs. systematisch unterschieden werden kann, und wie dieses in relationales Rechtswissen überführt werden kann, und c) mit welchen Mitteln neues Wissen generiert wird und wie dieses wieder auf die Wirklichkeit zurückwirkt oder jedenfalls zurückwirken sollte. Diesen drei Schritten soll ein vierter folgen. Den Zusammenstellungen kirchlicher Normtexte war häufig ein Prolog vorangestellt, in dem der Autor dem Leser Rechenschaft ablegte über das, was er getan hatte. Er reflektierte also den eigenen Umgang mit Wissensbeständen und gab dem Leser seine Überlegungen als Orientierungshilfe und Leitlinie, vielleicht sogar als Interpretationsanleitung mit auf den Weg. Die Prologe als Ort der Selbstreflexion des Kompilatoren sind ebenfalls Teil der Untersuchung (selbstreflexive Perspektive).

Mit diesen Überlegungen sind einige der zuvor genannten Stichworte der jüngeren Forschung zum Wissen aufgenommen worden. Zentrale Elemente des hier vorgestellten Wissensverständnisses sind, dass nicht nur Recht ein kulturelles und damit wandelbares Produkt

34. Hierzu 33–36.
35. Siehe Harder, Pseudoisidor (2014).

darstellte, sondern auch das Wissen über Recht, das gerade erst durch die Verknüpfung und Systematisierung zu komplexem Wissen ausgestaltet wurde. So durchforsteten Kompilatoren die Wissenspeicher in den Bibliotheken, in denen Rechtsnormen oft über Jahrhunderte tradiert waren; sie misteten alte Sammlungen aus und entsorgten unnötige Regeln, sie lagerten neue Normen und sortierten diese erneut.[36] In der Neubearbeitung von kirchlichen Normsammlungen aktualisierte sich das Rechtswissen. Spätere Leser nahmen dieses Wissen auf und verarbeiteten es in Glossen und Kommentaren und verbanden so ältere Wissensbestände miteinander.[37] Von einer rechtstheoretischen Perspektive aus kann man Sammlungen des kirchlichen Rechts daher zugleich als Speichermedium wie als Kommunikationsmittel verstehen.[38]

Die vorliegende Studie versucht zu beantworten, welche Wissensbestände das Kirchenrecht zwischen 1000 und 1215 bereithielt und wie diese gebildet wurden. Insofern sollen die Sammlungen mit kirchlichen Normen als Endprodukt analysiert werden. Blickt man darüber hinaus auf den Prozess des Ordnens, so steht der Vorgang des Sortierens, des Auslassens, Einfügens und Veränderns im Zentrum.[39] Die Studie will daher auch nach den Ordnungsprinzipien der Kompilatoren fragen, also nach ihren methodischen Grundsätze und leitende Vorstellungen. Während ein historisches oder ein thematisches Ordnen von Kanones zu den schlichteren Möglichkeiten zählt, stellt der Ausgleich von Widersprüchen mit Hilfe der *artes liberales* zu den schwierigeren Ordnungspraktiken. Ordnung des Rechtswissens ist damit doppelt verstanden, nämlich als Prozess des Ordnens und als Resultat dieses Prozesses.[40] Der Prozess des Ordnens lässt sich auch als ‚gedachte Ordnung' beschreiben, der die ‚gemachte Ordnung' als wahrnehmbare Ordnung auf einer Pergamentseite gegenübersteht.[41] Wie sich die

36. Zum ‚Verlust' von Wissen siehe Schwedler, Vergessen, Verändern, Verschweigen (2018).

37. Dass Wissen kein Substanz-, sondern ein Relationsbegriff ist, betont zum Beispiel Vesting, Bedeutung von Information und Kommunikation, 17.

38. Vesting, Rechtstheorie, 146; angedeutet wohl bei Luhmann, Recht der Gesellschaft, 247: „Lange bevor Schrift zur Kommunikation benutzt wird, dient sie bereits zur Aufzeichnung von erinnerungswerten Informationen, und rechtliche Sachverhalte gehören zu den frühesten Fällen, für die die Entwicklung und Verwendung von Schrift angebracht erschienen."

39. Diese Dichotomie liegt auch dem Beitrag von Meyer, Ordnung durch Ordnen (2006) zugrunde.

40. Vgl. die Perspektivbildung von Oesterle, Einleitung: Wissensordnungen (2005), insbes. 261–263.

41. Die Begriffe verwendet Meyer, Ordnung durch Ordnen (2006), insbes. 313. Ebd.,

gedachte Ordnung in der gemachten Ordnung niederschlug, gilt es ebenso zu fragen wie die These zu überdenken, dass vor Gratian keine gedachte Ordnung des Rechts existierte.[42]

Im Zusammenhang mit der rechtstheoretischen Perspektivbildung muss noch darauf hingewiesen werden, dass in dem jüngeren rechtstheoretischen Diskurs juristische Systembildung und ausdifferenziertes Rechtswissen an der Entwicklung des Buchdrucks festgemacht werden.[43] Der Buchdruck sei, systemtheoretisch gesprochen, eine *preadaptive advance*, also eine neue Kulturtechnik, deren Zweck und Verwendung zum Zeitpunkt der Erfindung noch gar nicht abzusehen war, die aber einen grundlegenden Wandel ermöglicht habe. Ohne einheitliche Schrift, ohne standardisierte Orthographie und übersichtliches Seitenlayout sei eine systematische Anordnung des Rechtsstoffes nicht möglich gewesen: „[...] das hoch standardisierte Kodierungsrepertoire der Druckschrift, die durchgehende diskrete Formatierung des bedruckten Raumes und die umfassende orthographische Regelbindung [bewirken] eine digitale Aufbereitung des Sprachsystems, die wiederum erst die übersichtliche Darstellung im Sinne Wittgensteins, den von einem ‚enzyklopädischen' Einheitswillen getragenen Systementwurf, ermöglicht hat."[44] Die medialen Eigenschaften eines gedruckten Buches seien also Voraussetzung für eine Systembildung, dafür nämlich, dass „aus dem blossen ‚Aggregat' unendlicher Rechtsnormen und Gesetze eine Einheit des Rechts aus ‚innerem Zusammenhang' [Savigny – S.D.] werden, eine ‚systematische Erkenntniß', welche ‚die Theile des Rechts' [Puchta – S.D.] verbindet".[45]

308 unterscheidet ferner die externe und die interne Ordnungsfunktion des Rechts. Unter der externen versteht er die Ordnung, die das Recht in der sozialen Wirklichkeit schafft oder zumindest schaffen soll; unter der internen die Ordnung von Rechtsregeln zueinander. Letztere Ordnung soll auch hier im Vordergrund stehen.

42. So Meyer, Ordnung durch Ordnen, 408.

43. Vgl. Vesting, Rechtstheorie, 53–56, 144–157; Vesting, Bedeutung von Information und Kommunikation, 16f. sowie in Vesting, Medien des Rechts: Buchdruck, 47–59, insbes. 52.

44. Vesting, Rechtstheorie, 153.

45. Vesting, Rechtstheorie, 56; ebd., 53. „Die juristische Systembildung seit dem frühen 19. Jahrhundert setzt das gedruckte Buch als Medium voraus. Das Buch mit seinem durchgängig formatierten Raum, mit Zeile, Absatz und Seite, mit Titelblatt, Überschriften, Inhaltsverzeichnis, Seitenzahlen und Register, das Buch mit seiner starren Buchstabenfiguren, seiner strikten orthographischen Regelmässigkeit, mit seiner Fähigkeit schliesslich, der Summe der gesammelten Informationen durch zwei Buchdeckel den Charakter eines abgeschlossenen Ganzen, einer ‚natürliche[n] Totalität' [Derrida–S.D.] zu verleihen: All diese medialen Eigenschaften des Buchs verändern die kognitiven Verhältnisse grundlegend und eröffnen ganz neuartige Chancen zu einer systematisch

Ist damit das Ansinnen dieser Studie von vornherein zum Scheitern verurteilt? Aus mediävistischer Sicht muss eine solche Position – zumindest auf den ersten Blick – eher als geschichtsblinde Verkürzung denn als tragfähige Ausgangsbasis für eine Erforschung juristischer Texte des Hochmittelalters gelten, denn: Ist das Lateinische nicht auch weitgehend standardisiert, jedenfalls soweit, wie auch das Deutsche vor Konrad Duden normiert war? Und ist eine *Littera Bononiensis*, in der viele juristische Handschriften des Hoch- und Spätmittelalters geschrieben wurden, nicht genauso einheitlich geformt und schnell erfassbar wie ein Wiegendruck? Und wie unterscheidet sich schliesslich das Mise-en-page eines frühen Rechtsdruckes von dem einer späten Handschrift? – Andere mögen entscheiden, ob Thomas Vesting nicht unausgesprochen eine Fortschrittsgeschichte des 19. Jahrhunderts weiterschreibt, dergestalt nämlich, dass er die auf Abgrenzung von dem Alten Reich bedachte Position Savignys und Puchtas übernimmt, deren Hochschätzung der eigenen Systembildung adaptiert und auf die Durchsetzung des Buchdruckes um 1500 überträgt. Aus genuin rechtshistorischer Perspektive soll diese Studie jedenfalls einen kleinen Beitrag zur Auseinandersetzung mit der systemtheoretisch fundierten These leisten, dass die mittelalterliche Jurisprudenz mit ihren Pergamenthandschriften weder zu einer systematischen Anordnung des Rechtsstoffes noch zur Strukturierung von Rechtswissen fähig gewesen sei.[46]

2. Untersuchungsfelder: Päpstlicher Jurisdiktionsprimat und Zölibat

Im Mittelpunkt der Studie stehen die Themen des päpstlichen Jurisdiktionsprimats und des Zölibats, anhand derer Ordnung und Wandel von Rechtswissen exemplifiziert werden sollen. Der Jurisdiktionsprimat ist dabei primäres Untersuchungsfeld, wohingegen der Zölibat zur Kontrolle dient, um die anhand des Primats gewonnenen Ergebnisse zu überprüfen, zu kontrastieren, zu unterstreichen und gegebenenfalls

angelegten Anordnung und Durchbildung des Rechtsstoffes, die vorher, auf der Grundlage von Einzelblatt, Papyrusrolle oder Pergamentkodex, so nicht gegeben war." Siehe hierzu auch Vesting, Medien des Rechts: Buchdruck, 47–58, insbes. 48, der hier vorsichtiger formuliert und ältere Traditionen einbezieht, aber weiterhin einen kategorialen Schnitt durch die Erfindung des Buchdrucks beobachtet.

46. Vgl. Vesting, Rechtstheorie, 153: „Solange Papyrus- und Pergamenthandschriften dominierten und Bücher nicht ohne weiteres zugänglich waren, blieben die Möglichkeiten einer systematischen Anordnung des Rechtsstoffes begrenzt."

zu korrigieren. Da beide Themen in den Jahrzehnten nach 1050 eine deutliche politische und rechtliche Dynamik gewonnen hatten, sind auch Veränderungen in den Rechtssammlungen selbst zu erwarten. Ein erster einleitender Abschnitt soll in die beiden Themen einführen. Nicht nur die Vielschichtigkeit beider Untersuchungspunkte rechtfertigt die längeren Überlegungen, sondern auch die Komplexität des mittelalterlichen Kirchenrechts selbst: Für eine Untersuchung des Rechtswissens, wie es sich aus kirchenrechtlichen Sammlungen ergibt, ist nicht nur die Kenntnis der Politik-, Kultur- und Kirchengeschichte nötig, sondern auch eine Erörterung der Sachgeschichte des Themas (also: mit welchen Positionen und welchen Argumenten ein Thema wann diskutiert wurde) und die Darlegung der Rahmenbedingungen einer Sammlung (also: Autor, Entstehungsbedingungen, Überlieferung, Rezeption). Zudem ist noch ein Blick auf die Textgeschichte der Kanones zu werfen (also: welche textliche Entwicklung haben die Kanones durchlaufen). Das rechtliche Wissen einer Zeit soll im Spannungsfeld dieser vier Pole untersucht werden.

a) *Tu es Petrus*: Der Jurisdiktionsprimat des Bischofs von Rom im mittelalterlichen Kirchenrecht

Zur Annäherung an den päpstlichen Jurisdiktionsprimat im Mittelalter soll zunächst das heutige Verständnis der päpstlichen Vorherrschaft skizziert werden (1), der sodann die Entwicklung des päpstlichen Primats im ersten Jahrtausend gegenübergestellt wird (2). So lässt sich in einem dritten Schritt klären, welche normativen Aussagen im Hochmittelalter zu erwarten sind und wie der Jurisdiktionsprimat für eine mediävistische Arbeit zu umschreiben ist (3).

(1) Ausgangspunkt: Der Jurisdiktionsprimat im heutigen Kirchenrecht

> *Tu es Petrus,*
> *et super hanc petram aedificabo ecclesiam meam,*
> *et portae inferi non praevalebunt adversum eam*
> *et tibi dabo claves regni caelorum*
> *et quodcumque ligaveris super terram erit ligatum in caelis*
> *et quodcumque solveris super terram erit solutum in caelis.*[47]

47. Biblia Sacra iuxta vulgatam versionem, Matthäus 16, 18–19.

„Du bist Petrus, und auf diesen Felsen will ich meine Gemeinde bauen, und die Pforten der Hölle sollen sie nicht überwältigen. Ich will dir die Schlüssel des Himmelreichs geben: alles, was du auf Erden binden wirst, soll auch im Himmel gebunden sein, und alles, was du auf Erden lösen wirst, soll auch im Himmel gelöst sein", sagte Jesus zu Simon Petrus.[48] Petrus ist so als Grundstein eingesetzt, auf dem die Kirche erbaut wurde. *Tu es Petrus* – die Wirkmächtigkeit dieser Worte aus dem Matthäus-Evangelium wird jedem Besucher der Peterskirche in Rom augenfällig, der sie in der Kuppel über dem Hauptaltar, der über dem Grabe des Heiligen Petrus errichtet ist, in mannsgrossen Lettern geschrieben sieht. Auf dieses Versprechen Christi, Petrus als Grund der zu errichtenden Kirche einzusetzen, stützt sich auch die Vorrangstellung des Bischofs von Rom in der katholischen Kirche.[49] Der päpstliche Primat gründet theologisch auf der Einsetzung Petri durch Christus selbst, als dessen Nachfolger sich der jeweilige Bischof von Rom versteht.[50]

Der Primat des Bischofs von Rom ist im heutigen Kirchenrecht vor allem in dem zentralen can. 331 CIC/1983 verankert, der ihm die höchste, volle, unmittelbare und universale Gewalt zugesteht: [*Ecclesiae Romanae Episcopus*] *ideo vi muneris sui suprema, plena, immediata et universali in Ecclesia gaudet ordinaria potestate, quam semper libere exercere valet.*[51] Der Bischof von Rom hat diesem Kanon zufolge die *oberste* Gewalt, ist also von keiner anderen kirchlichen Stelle abhängig, sondern steht über allen anderen kirchlichen Amtsträgern. Er hat die *volle* Gewalt inne und kann die von Christus der Kirche übertragene Macht in ganzem Umfang ausüben, insbesondere ist er nicht auf die

48. Übersetzung: Bibel, nach der Übersetzung Martin Luthers (1987). Die Zürcher Bibel (2007) übersetzt: „Du bist Petrus, und auf diesen Felsen werde ich meine Kirche bauen, und die Tore des Totenreichs werden sie nicht überwältigen. Ich werde dir die die Schlüssel des Himmelreichs geben, und was du auf Erden bindest, wird auch im Himmel gebunden sein, und was du auf Erden löst, wird auch im Himmel gelöst sein."

49. Wolfgang Beinert, Art. Primat, päpstlicher Primat, I. Historisch-theologisch, II. Systematisch-theologisch, in: LThK 8, 1999, Sp. 588–591; Peter Krämer, Art. Primat, päpstlicher Primat. III. Kirchenrechtlich, in: LThK 8, 1999, Sp. 591f. Zur Nachfolge Petri siehe can. 331 CIC/1983: *Ecclesiae Romanae Episcopus, in quo permanet munus a Domino singulariter Petro, primo Apostolorum, concessum et successoribus eius transmittendum,* […].

50. Neben Matthäus 16, 18–19 werden die Stellen Lukas 22, 31–34 und Johannes 21, 15–17 zur Begründung der Vorrangstellung Petri innerhalb der Apostel herangezogen, siehe Schatz, Päpstlicher Primat, 13. Zur (politischen) Rezeptionsgeschichte von Matthäus 16, 18–19 siehe Ubl, Der Mehrwert der päpstlichen Schlüsselgewalt (2007).

51. can. 331 CIC/1983.

Mitwirkung des Bischofskollegiums angewiesen. Dem Bischof von Rom kommt zudem die *unmittelbare* Gewalt zu, aufgrund derer er nicht nur ein Kontroll- und Aufsichtsrecht besitzt, sondern auch unmittelbar in kirchliche Belange selbst von Teilkirchen eingreifen darf. Schliesslich erstreckt sich die Gewalt des Papstes territorial und personell über die gesamte Kirche, also über alle Teilkirchen und auf alle Gläubigen; er hat insofern die *universale* Gewalt inne.[52] Can. 331 CIC/1983 beschreibt somit „in äußerster Dichte" den Umfang des Primats.[53]

Den Inhalt des Primats erfassen drei Begriffe, die die Aufgaben und Dienste (*munera*) nicht allein des römischen Bischofs, sondern der *ecclesia* insgesamt umschreiben, nämlich der Dienst der Heiligung (*munus sanctificandi*), der Dienst der Lehre (*munus docendi*) sowie der Dienst der Leitung (*munus regendi*). Dieser Leitungsdienst selbst lässt sich wiederum dreiteilen, nämlich in die Gewalt über Legislative, Jurisdiktion und Administration.[54] Diese höchste, volle, unmittelbare und universale Leitungsgewalt in Gesetzgebung, Rechtsprechung und Verwaltung wird auch als Jurisdiktionsprimat bezeichnet.[55]

Der Jurisdiktionsprimat wurzelt zwar in can. 331 CIC/1983, erfährt aber seine Ausgestaltung in weiteren Normen des CIC. In *legislativer* Hinsicht steht dem Bischof von Rom eine nur durch das *ius divinum* beschränkte Gesetzgebungsbefugnis zu, so dass ein päpstliches Gesetz Zeichen seiner primatialen Gewalt, nicht aber demokratisch legitimierte Willensäusserung einer Gemeinschaft ist. Der Papst kann daher Gesetze für die Kirche – sei es für die Gesamtkirche, sei es für eine Teilkirche oder nur für bestimmte Gruppen von Gläubigen – erlassen, aufheben oder von diesen Gesetzen dispensieren.[56] In *administrativer* Hinsicht umfasst der Jurisdiktionsprimat die gesamte Organisation und Verwaltung der Kirche, die er selbst oder durch Gesandte ausübt. So darf er

52. Aymans/Mörsdorf, Kanonisches Recht 2, 200–210, inbes. 204–209; Stephan Haering, Art. Jurisdiktion, in: Lexikon des Kirchenrechts, Sp. 442.

53. So Oskar Stoffel, in: Münsterischer Kommentar, Band 2 (14. Erg.-Lieferung, April 1991), can. 331 Rn. 1.

54. Zu den *munera* siehe Oskar Stoffel, in: Münsterischer Kommentar, Band 2 (43. Erg.-Lieferung, Januar 2008), can. 333 Rn. 5; Schwendenwein, Der Papst, 452–454; Schwendenwein, Das neue Kirchenrecht, 169–170; Onclin, De potestate regiminis (1977).

55. Josef Freitag, Art. Jurisdiktionsprimat, in: LThK 5, 1996, Sp. 1103–1104; H. Vorgrimler, Art. Jurisdiktionsprimat, in: LThK 5, 1996, 2. Aufl., Sp. 1220–1221; Herbert Kalb, Art. Jurisdiktion/Jurisdiktionsgewalt, in: RGG 4, Sp. 717–718; de Wall/Muckel, Kirchenrecht, 125; Riedel-Spangenberger, Der Jurisdiktions- und Lehrprimat (1996).

56. Aymans/Mörsdorf, Kanonisches Recht 2, 206; Oskar Stoffel, in: Münsterischer Kommentar, Band 2 (14. Erg.-Lieferung, April 1991), can. 331 Rn. 5; Schwendenwein, Der Papst, 452–454.

beispielsweise Kirchengüter verwalten oder über diese verfügen sowie bei Bischofsernennungen mitwirken.[57]

In *jurisdiktioneller* Hinsicht ist der Bischof von Rom, wie can. 1442 CIC/1983 festhält, *supremus iudex pro toto orbe catholico*, oberster Richter für den gesamten katholischen Erdkreis.[58] Er kann persönlich, aber auch durch die Gerichte des Apostolischen Stuhls oder durch delegierte Richter Recht sprechen. Da er oberster Richter ist, sind seine Entscheidungen unanfechtbar. Dies spiegelt sich in can. 333 § 3 CIC/1983 wider, demzufolge es gegen ein von ihm erlassenes Urteil oder Dekret weder Berufung noch Beschwerde gibt,[59] sowie in can. 1372 CIC/1983, der mit Strafe belegt, wer gegen eine Massnahme des Papstes ein ökumenisches Konzil oder das Bischofskollegium anruft.[60] Schliesslich ist eine Berufung gegen ein Urteil des Papstes grundsätzlich ausgeschlossen (can. 1629 1° CIC/1983).[61] Mit der Stellung als oberster Richter korrespondiert die Immunität, die eine persönliche Verantwortung des Papstes gegenüber anderen Menschen ausschliesst: *Prima sedes a nemine iudicatur* (can. 1404 CIC/1983). Die Immunität ist integraler Bestandteil des päpstlichen Primats: Ein allgemeines Konzil beispielsweise, das einen Papst richtet, ist unzulässig.[62] Dem römischen Bischof ist es weiterhin erlaubt, Fälle zu evozieren und dem eigentlich zuständigen Richter zu entziehen (can. 1405 CIC/1983). Korrespondierend hierzu hat jeder Gläubige das Recht, eine Streit- oder Strafsache jederzeit vor dem Heiligen Stuhl zu Gehör zu bringen (can. 1417 § 1 CIC/1983); sollte der Papst die Rechtssache an sich ziehen,

57. Oskar Stoffel, in: Münsterischer Kommentar, Band 2 (14. Erg.-Lieferung, April 1991), can. 331 Rn. 5; Schwendenwein, Der Papst, 453; Metz, Der Papst, 258–262 mit weiteren Hinweisen auf den CIC/1983.

58. can. 1442 CIC/1983: *Romanus Pontifex pro toto orbe catholico iudex est supremus, qui vel per se ipse ius dicit, vel per ordinaria Sedis Apostolicae tribunalia, vel per iudices a se delegatos.*

59. can. 333 § 3 CIC/1983: *Contra sententiam vel decretum Romani Pontificis non datur appellatio neque recursus.*

60. can. 1372 CIC/1983: *Qui contra Romani Pontificis actum ad Concilium Oecumenicum vel ad Episcoporum collegium recurrit censura puniatur.* Siehe Klaus Lüdicke, in: Münsterischer Kommentar, Band 6 (38. Erg.-Lieferung, Juli 2004), can. 1372 Rn. 1–6.

61. can. 1629 1° CIC/1983: *Non est locus appellationi: a sententia ipsius Summi Pontificis vel Signaturae Apostolicae*; [...] Siehe Klaus Lüdicke, in: Münsterischer Kommentar, Band 6 (39. Erg.-Lieferung, Juli 2005), can. 1629 insbes. Rn. 2.

62. Klaus Lüdicke, in: Münsterischer Kommentar, Band 6 (7. Erg.-Lieferung, März 1988), can. 1404 Rn. 1; Exegetical Commentary on the Code of Canon Law IV/1, 654–655; New Commentary on the Code of Canon Law, 1618. Siehe auch can. 1405 § 2 CIC/1983. Dieser Kanon reflektiert den Gedanken des (spätmittelalterlichen) Konziliarismus, siehe 43.

so tritt absolute Unzuständigkeit des zuerst angerufenen Richters ein.[63] Zusammenfassend lässt sich somit festhalten, dass der Bischof von Rom in jurisdiktioneller Hinsicht oberster Richter ist; er kann Fälle evozieren und von Gläubigen jederzeit angerufen werden. Jedoch sind weder gegen seine Entscheidungen Berufungen zulässig noch kann er selbst zur Rechenschaft gezogen werden.

Der Jurisdiktionsprimat des Papstes, wie ihn der Codex Iuris Canonici von 1983 ausformt, beruht in seinen Grundzügen vor allem auf den Entscheidungen des Ersten Vatikanischen Konzils (1869–1870), welches diese im cap. 3 der Konstitution *Pastor Aeternus* niedergelegt hat.[64] Die Konstitution *Lumen Gentium* (insbesondere Kapitel 3/Art. 22), die vom Zweiten Vatikanischen Konzil (1962–1965) promulgiert wurde, hat diese Grundentscheidungen ergänzt, aber im Wesentlichen unverändert gelassen.[65] Die von *Pastor Aeternus* entworfene und noch heute geltende Regelung des Jurisdiktionsprimats schliesst – zumindest vorläufig – eine seit Beginn des Christentums währende Entwicklung ab. Während die theologische Diskussion um die Zukunft des Primats und insbesondere um den Primat als trennendes Element im ökumenischen Dialog für die hier zu verfolgende historische Perspektive ohne Belang bleibt,[66] ist hingegen von Bedeutung, ob der Jurisdiktionsprimat in der Ausprägung, die er im Ersten Vatikanum erfahren hat,

63. can. 1417 § 1 CIC/1983: *Ob primatum Romani Pontificis integrum est cuilibet fideli causam suam sive contentiosam sive poenalem, in quovis iudicii gradu et in quovis litis statu, cognoscendam ad Sanctam Sedem deferre vel apud eandem introducere*. Siehe Klaus Lüdicke, in: Münsterischer Kommentar, Band 6 (7. Erg.-Lieferung, März 1988), can. 1405 Rn. 8, can. 1417 Rn. 1–3.

64. *Pastor Aeternus*, Dogmatische Konstitution vom 18. Juli 1870, gedr. DH Nr. 3059–3064, insbes. Nr. 3063, in dem der Jurisdiktionsprimat umrissen ist: *Et quoniam divino Apostolici primatus iure Romanus Pontifex universae Ecclesiae praeest, docemus etiam et declaramus, eum esse iudicem supremum fidelium, et in omnibus causis ad examen ecclesiasticum spectantibus ad ipsius posse iudicium recurri; Sedis vero Apostolicae cuius auctoritate maior non est, iudicium a nemine fore retractandum, neque cuiquam de eius licere iudicare iudicio. Quare a recto veritatis tramite aberrant, qui affirmant, licere ab iudiciis Romanorum Pontificum ad oecumenicum concilium tamquam ad auctoritatem Romano Pontifice superiorem appellare*.

65. *Lumen gentium*, Dogmatische Konstitution vom 21. November 1964, gedr. DH Nr. 4146: *Romanus enim Pontifex habet in Ecclesiam, vi muneris sui, Vicarii scilicet Christi et totius Ecclesiae Pastoris, plenam, supremam et universalem potestatem, quam semper libere exercere valet*.

66. Zur Zukunft des Primats und zum Verhältnis zwischen Zentralismus und Dezentralismus bzw. Subsidiarismus siehe beispielsweise Klausnitzer, Primat des Bischofs von Rom. Entwicklung–Dogma–Ökumenische Zukunft (2004), insbes. 451–519; Radlbeck-Ossmann, Vom Papstamt zum Petrusdienst (2005).

taugliche Beschreibung eines Untersuchungsgegenstandes der mittelalterlichen kirchlichen Rechtsgeschichte sein kann. Für die Beschreibung des Untersuchungsgegenstandes sind die wichtigsten Linien in der Entwicklung hin zum Primat des Bischofs von Rom ins Gedächtnis zu rufen. Dieser Aufgabe widmet sich der folgende Abschnitt.

(2) Rückblick: Die Herausbildung des Jurisdiktionsprimats bis zum Hochmittelalter

α) Die frühe Kirche

Der Jurisdiktionsprimat des Papstes mit seiner Suprematie in Legislative, Jurisdiktion und Administration hat seine bis heute wirkende rechtliche Ausprägung im 19. und 20. Jahrhundert erhalten. Die frühchristliche Kirche kannte eine solche primatiale Gewaltkonzentration in der Hand eines Bischofs oder Gemeindevorstehers nicht; auch die Kirche in Rom war in rechtlicher Hinsicht nur eine Gemeinde unter vielen.[67] Die frühe Christengemeinde in Rom war eine kleine Einheit, deren Leitung in der Hand eines Gremiums, möglicherweise unter Führung eines *primus inter pares*, lag; und doch kam ihr schon in den ersten zwei Jahrhunderten eine besondere religiös-geistliche Bedeutung und Autorität zu, die auf verschiedenen Faktoren gründete. Da einige Gemeinden auf die Apostel selbst zurückzuführen waren, galten diese als *sedes apostolicae* und genossen besonderes Ansehen. Zu diesen zählten Antiochia, Philippi, Ephesos, Korinth, Thessaloniki und eben auch Rom, da dort Petrus und Paulus das Martyrium erlitten hatten. Eine Sonderstellung unter den apostolischen Sitzen kam Rom auch deswegen zu, weil es die einzige apostolische Kirche im lateinischen Westen war und so die spätere Vorrangstellung für Gallien, Nordafrika und Spanien schon *in nuce* angelegt war. Die autoritative Stellung, die

67. Der folgende historische Abriss richtet sich im Wesentlichen nach Schatz, Päpstlicher Primat (1990) (englische Übersetzung: Papal Primacy. From its origins to the present (1996) und Klausnitzer, Primat (2004). Einen polyperspektivischen Überblick über die frühe Entwicklung des Christentums bieten Baus, Von der Urgemeinde zur frühchristlichen Grosskirche (1962) sowie Piétri (Hg.), Die Geschichte des Christums. Religion–Politik–Kultur, Band 1: Die Zeit des Anfangs (bis 250) (2003) sowie Piétri/Piétri/Böhm, Die Geschichte des Christentums, Band 2: Das Entstehen der einen Christenheit (250–430) (1996). Die frühe Situation in Rom stellen bspw. dar Vinzent, Rome, 397–412 und Saxer, Organisation, 283–293; von rechtshistorischer Seite wäre zum Beispiel der Abriss von Andreas Thier, Art. Pope and Papacy, in: The Oxford International Encyclopedia of Legal History 4, 351–355 sowie Rudolf Schieffer/Andreas Thier, Art. Papst, Papsttum, in: HRG 4, 2. Aufl. (26. Lieferung 2017), Sp. 337–354 zu nennen; auf die Verfasstheit der Kirche fokussiert in einem längeren Überblicksartikel Landau, Kirchenverfassungen, insbes. 110–140.

die christliche Gemeinde von Rom einnahm, zeigt sich beispielhaft im Clemensbrief (wohl letztes Jahrzehnt des 1. Jahrhunderts), in dem die römische Gemeinde die Christen in Korinth ermahnte, Demut und Achtung gegenüber ihren Amtsträgern zu wahren.[68] Diese generelle Autorität der römischen Gemeinde vor allem in theologischen Fragen trat im zweiten und dritten Jahrhundert mehrfach hervor – der Osterfeststreit oder die Kanonbildung des Neuen Testaments belegen dies exemplarisch.[69] In kirchenpolitischer Hinsicht ist Rom eines der Zentren der *Communio*, also Schaltstelle in der ‚Kommunikation' zwischen kleineren Gemeinden und anderen Zentren.[70]

Nach der politischen Anerkennung des Christentums durch Konstantin I. (Toleranzedikt von Mailand, 313) und Theodosius I. (Edikt *Cunctos populos*, 380) verlagerte sich der politische Schwerpunkt des Reichs nach Osten, wodurch der Bischof von Rom eine Freiheit gewann, die der Bischof am Kaiserhof in Konstantinopel nicht erreichen konnte. Die Stellung Roms verfestigte sich bis zur Mitte des 5. Jahrhunderts, als eine Hierarchisierung innerhalb der Kirche einsetzte: An politischen Verwaltungsbezirken orientiert entstanden Kirchenprovinzen oberhalb der Bistumsebene, denen ein Metropolit vorstand; dieser rief Synoden ein, beaufsichtigte die Bischofswahlen und wirkte bei der Weihe mit (sog. Metropolitanverfassung).[71] Die Bischöfe von Rom, Alexandria

68. Der erste Clemensbrief ist herausgegeben und kommentiert u.a. von Lona, Der erste Clemensbrief (1998), zur Datierung ebd., 75–78 sowie Schmitt, Paroikie, 117–122. Zur Interpretation: Schatz, Päpstlicher Primat, 16–17; Klausnitzer, Primat, 149–154.

69. Vertiefend Schatz, Päpstlicher Primat, 24–30. Zum Osterfeststreit: Flamant, Der christliche Kalender, 450–454. Ob die Autorität Roms die Durchsetzung seiner Position ermöglichte oder ob die Autorität wuchs, da Rom die Position vertrat, die sich letztlich durchsetzte, kann hier offen bleiben; jedenfalls wurde das Ansehen Roms entscheidend dadurch mitgeprägt, dass der Platz für theologische Diskussionen und damit auch für Glaubensabweichungen und Heterodoxien der griechische Osten war. Rom galt demgegenüber als Garant einer wahren, rechtmässigen Glaubenstradition; so Schatz, Päpstlicher Primat, 28–30.

70. Der vielschichtige Begriff *Communio* beinhaltet diese ‚Kommunikation'; zum Beispiel waren Namen rechtmässiger Mitbischöfe zu führen, deren Empfehlungsschreiben für Reisende akzeptiert wurden, und an die sie ihre Synodalbeschlüsse mit der Bitte um Beitritt weiterleiten konnten. Neben Rom war Karthago eine dieser Schaltstellen. Darüber hinaus verweist *Communio* natürlich auch auf den gemeinsamen Kommunionempfang und die Zusendung der Kommunion an andere Bischöfe. Vertiefend: Hertling, Communio und Primat, insbes. 112–119; Kellner, Kommunikative Gemeindeleitung, 136–140; Cordes, Communio, 50–56.

71. Georg Schöllgen, Art. Metropolit/Metropolitanverfassung. I. Alte Kirche, in: RGG 5, Sp. 1189–1190; grds. Schrör, Metropolitangewalt (2009) sowie Pangerl, Metropolitanverfassung (2011).

und Antiochia wiederum nahmen eine Aufsichtsfunktion oberhalb der Metropolitanebene ein; sie wurden deswegen seit dem fünften Jahrhundert Patriarchen genannt.[72]

β) Ansätze zur primatialen Verdichtung

Ist Rom in den ersten Jahrhunderten, um einen Ausdruck von Klaus Schatz zu benützen, „religiöse Autorität überrechtlicher Art",[73] so lassen sich ab dem vierten Jahrhundert erste Hinweise auf eine juristische Verdichtung primatialer Aspekte finden. Ein Beispiel hierfür ist der dritte Kanon des Konzils von Sardica. In Sardica/Serdica, dem heutigen Sofia, fand vermutlich 343 unter Leistung von Ossius, Bischof von Cordoba, eine Synode statt.[74] Die Bischöfe, die an der Synode teilnahmen, beschlossen in dem dritten Kanon, dass sich ein abgesetzter Bischof nach Rom wenden durfte. Der Bischof von Rom durfte aber nicht selbst über dessen Beschwerde entscheiden, sondern sollte den Fall, wenn er die Absetzung für falsch hielt, einer anderen Synode in einer Nachbarprovinz zur erneuten Entscheidung überweisen.[75] Nach den Vorstellungen der in Sardica versammelten Bischöfe war der Bischof von Rom damit noch keine Appellationsinstanz, sondern

72. Adolf Martin Ritter, Art. Patriarch/Patriarchat. I. Alte Kirche, in: RGG 6, Sp. 1107–1108 sowie Fuhrmann, Studien zur Geschichte der mittelalterlichen Patriarchate (1953, 1954, 1955). Später existierten fünf Patriarchate, nämlich Rom, Konstantinopel, Alexandrien, Antiochien und Jerusalem.

73. Schatz, Päpstlicher Primat, 43.

74. Gedr.: Turner, Ecclesiae Occidentalis Monumenta Iuris Antiquissima, 441–560 mit Edition und zur Überlieferung; c. 3 des Konzils ebd., 455–462; PL 8, Sp. 1317C 1327B; DH Nr. 133–135. Deutsche Übersetzung bei Schatz, Päpstlicher Primat, 217–218; Girardet, Kaisergericht und Bischofsgericht, 120–121. Einen ersten Überblick über das Konzil bietet Michael Durst, Art. Sardika. 2) Synode, in: LThK 9, 2000, Sp. 71–72; grundlegend Hess, Council of Sardica (1958), 109–127 bzw. Hess, Early Development (2002), 179–200. Zur Datierung, zu Teilnehmern und zum Verlauf: Barnard, The Council of Serdica (1980) und Barnard, The Council of Serdica (1983); zur Rezeption von Sardica: Sieben, Sardicensischen Appellationskanones (1983), der die Beschlüsse von Sardica lange Zeit im Schatten von Pseudoisidor sieht. Erst nach der Entdeckung, dass Pseudoisidor gefälscht sei, also ab dem 16. Jahrhundert, hätten die Beschlüsse wieder an Bedeutung gewonnen. Zu Ossius: de Clercq, Ossius of Cordova (1954); Stephan Keil, Art. Ossius, in: LThK 7, 1998, Sp. 1169 und J. M. Alonso-Núñez, Art. Hosius (Ossius) von Córdoba, in: LexMA 5, Sp. 132–133.

75. Turner, Ecclesiae Occidentalis Monumenta Iuris Antiquissima, 456–457: *Quod si aliquis episcopus iudicatus fuerit in aliqua causa et putat bonam causam habere ut iterum iudicium renovetur, si vobis placet, sanctissimi Petri apostoli memoriam honoremus, scribat vel ab his qui examinarunt vel ab episcopis qui in proxima provincia morantur Romano episcopo; si iudicaverit renovandum esse iudicium, renovetur et det iudices, si autem probaverit talem causam esse ut ea non refricentur quae acta sunt, quae decreverit confirmata erunt.* Vgl. Brennecke, Rom und der dritte Kanon von Serdika, insbes. 23–24; Girardet, Kaisergericht und Bischofsgericht, 120–132.

vielmehr eine Kontroll- oder ‚Supplikations'instanz.[76] In diesem Konzilsbeschluss deutet sich zudem an, dass Rom für Streitfälle, in die Bischöfe verwickelt waren, also *causae maiores*, zuständig sein sollte. Zugleich zeigt sich die bedeutende Stellung des Bischofs von Rom in der von den Konzilsteilnehmern akzeptierten Wendung, dass dieses Verfahren zu Ehren des heiligen Apostels Petri erfolge.[77] Die Beschlüsse von Sardica markieren damit einen wesentlichen Schritt auf dem Weg von einer allgemein akzeptierten theologischen Autorität hin zu einer rechtlichen Superiorität. Letztere ist im dritten Kanon der Sardischen Konzilsbeschlüsse angedeutet, aber noch nicht ausgebildet.

Während das Konzil von Sardica die Sicht der Bischöfe auf ihren Mitbischof, den Bischof von Rom, erhellt, geben weitere zeitgleiche wie spätere Dokumente Auskunft über das Selbstverständnis des Bischofs von Rom. Ab der Mitte des vierten Jahrhunderts verstärkte sich der Leitungsanspruch der römischen Kirche unter den Päpsten Damasus I. (366–384), Siricius (384–399), Innozenz I. (402–417), insbesondere aber unter Leo I., dem Grossen (440–461).[78] Mit Berufung auf die petrinische Tradition sah sich der Bischof von Rom in der Pflicht, die *sollicitudo omnium ecclesiarum*, die Sorge für alle Kirchen, wahrzunehmen.[79] Zeichen dieses neuen Amtsverständnisses ist ein Brief Siricius' an Bischof Himerius von Tarragona in Spanien aus dem Jahre 385, in welchem er die Fragen beantwortete, die Himerius an seinen Vorgänger Damasus gerichtet hatte.[80] Zugleich wies er den Empfänger autoritativ

76. Zum Begriff der Supplikationsinstanz: Brennecke, Rom und der dritte Kanon von Serdika, 23–24; Girardet, Appellatio, 121 sowie Girardet, Gericht über den Bischof von Rom, 5 („gesamtkirchliche Supplikationsinstanz"). Girardet, Kaisergericht und Bischofsgericht, 127–128 weist darauf hin, dass diese spezielle Form der Überprüfung eines Urteils eine Parallele zur römisch-rechtlichen *retractatio* darstellen könnte, mit der eigentlich inappellable Urteile von Präfekten an den Kaiser suppliziert werden konnten, der eine Neuverhandlung anordnen durfte.

77. Turner, Ecclesiae Occidentalis Monumenta Iuris Antiquissima, 456: *sanctissimi Petri apostoli memoriam honoremus.*

78. Vgl. hierzu Martin, Weg zur Ewigkeit, 59–108, der insbesondere das Verhältnis zu den römischen Kaisern untersucht; zu Leo dem Grossen ebd., insbes. 96–108.

79. Die „Sorge für alle Kirchen" beruht auf 2 Korinther 11, 28.

80. 385, Februar 10, JK 255/J^3 605: gedr.: Zechiel-Eckes, Die erste Dekretale (2013); zuvor: Coustant, Sp. 623–638 (danach in: PL 13, Sp. 1131A–1147A); Hornung, Directa ad decessorem (2011); englische Übersetzung: Somerville/Brasington, Prefaces, 36–46; deutsche Übersetzung: Wenzlowsky, Die Briefe der Päpste und die an sie gerichteten Schreiben, Band 2, 411–423 sowie Hornung, Directa ad decessorem (2011) und Zechiel-Eckes, Die erste Dekretale, 83–117. Zum Inhalt: Hornung, Directa ad decessorem (2011); Jasper, in: Jasper/Fuhrmann, Papal letters, 9–12; Caspar, Papsttum 1, 261–267; Piétri, Roma Christiana, Band 2, 1050–1056; Wojtowytsch, Papsttum und Konzile, 141–145, 199–201.

an, den Brief unter Bischöfen zu verbreiten.[81] Dieser Brief gilt als erste (echte) Dekretale, also als päpstliches Antwortschreiben auf kirchliche Rechts- oder Disziplinarfragen, die überhaupt überliefert ist.[82] Während bis in das 4. Jahrhundert die Schaffung neuen Rechts auf Beschlüssen von Konzilien beruhte, markiert diese Dekretale aus dem Jahre 385 den Beginn einer neuen Form der Rechtssetzung, nämlich der der Päpste, die spätestens ab der Mitte des 12. Jahrhunderts die dominierende Form neuen Rechts werden sollte. In politischer Hinsicht verdeutlicht diese Dekretale einen Ordnungs- und Leitungsanspruch der römischen Bischöfe über andere Bischöfe.[83]

Auch die Briefe der römischen Bischöfe aus dem 5. Jahrhundert bezeugen den sich langsam verstärkenden Anspruch auf jurisdiktionelle Suprematie. So argumentierte Papst Zosimus I. (417–418) im Rahmen einer Auseinandersetzung mit der afrikanischen Kirche 418, dass man sich päpstlichen Entscheidungen grundsätzlich nicht widersetzen dürfe.[84] Vier Jahre später, also im Jahre 422, behauptete Bonifatius I.

81. Zechiel-Eckes, Die erste Dekretale, 114; Hornung, Directa ad decessorem, 255; Coustant, Sp. 624 (PL 13, Sp. 1132B); ebd., Sp. 637 (PL 13, Sp. 1146A): *Nunc fraternitatis tuae animum ad servandos canones et tenenda decretalia constituta magis ac magis incitamus, ut haec, quae ad tua consulta rescripsimus, in omnium coepiscoporum nostrorum perferri facias notionem, et non solum eorum, qui in tua sunt diocesi constituti, sed etiam ad universos Carthaginienses ac Baeticos, Lusitanos atque Gallicos vel eos, qui vicinis tibi conlimitant hinc inde provinciis, haec, quae a nobis sunt salubri ordinatione disposita, sub litterarum tuarum prosecutione mittantur.*

82. Zu Dekretalen siehe H. van de Wouw, Art. Dekretalen, in: LexMA 3, Sp. 655–656; Charles Duggan, Art. Decretals, in: New Catholic Encyclopedia 4, 599–601; Rudolf Weigand, Art. Dekretalen, in: LThK 3, 1995, Sp. 70, Jasper, in: Jasper/Fuhrmann, Papal Letters, 11–22; Fransen, Les décrétales et les collections de décrétales (1972) sowie Fransen, Les décrétales et les collections de décrétales. Mise à jour (1985). Vermutlich sind schon früher Dekretalen ergangen, die aber nicht überliefert sind, so zumindest Mordek, Der römische Primat in den Kirchenrechtssammlungen, 544–545.

83. Siricius kann Tadelnswertes und Verbesserungswürdiges (*quae reprehensione et correctione sint digna*) benennen und Bischof Himerius verbindliche Verhaltensweisen vorschreiben, da er sich selbst in der Nachfolge Petri sieht: *Portamus onera omnium qui gravantur; quin immo haec portat in nobis beatus apostolus Petrus, qui nos in omnibus, ut confidimus, administrationis suae protegit et tuetur haeredes* (Zechiel-Eckes, Die erste Dekretale, 82–84; Hornung, Directa ad decessorem, 75; Coustant, Sp. 624 (PL 13, Sp. 1132B)) – „Wir tragen die Lasten aller, die beschwert sind; ja, vielmehr trägt diese in uns der selige Apostel Petrus, der uns in allem, wie wir vertrauen, als die Erben seines Amtes beschützt und bewahrt. (Übersetzung nach: Hornung, Directa ad decessorem, 75; andere Übersetzungsvorschläge von Zechiel-Eckes, Die erste Dekretale, 83–85; Caspar, Papsttum 1, 261 sowie Schatz, Päpstlicher Primat, 45).

84. Zosimus I. an die Bischöfe Nordafrikas, 418 März 21, gedr.: Coustant, Sp. 974–976, hier Sp. 974 (PL 20, Sp. 675B–678A, hier Sp. 676A): *Quamvis patrum traditio apostolicae sedi auctoritatem tantam tribuerit, ut de eius iudicio disceptare nullus auderet, idque per canones semper regulasque servaverit. [...] Tamen cum tantum nobis esset auctoritatis, ut*

(418–422) in einem Schreiben an Rufus, Bischof von Thessaloniki, dass eine Angelegenheit, in der ein päpstlicher Beschluss ergangen sein, nicht erneut – in diesem Fall von einer Synode – behandelt werden dürfe.[85] Diesen Zeugnissen ist also zu entnehmen, dass päpstliche Entscheidungen, die ausserhalb eines Gerichtsverfahrens ergingen, unumstösslich sein sollten.

Ein anderer primatialer Aspekt klingt im Schreiben Innozenz I. (402–417) an, welches er im Jahre 404 an Victricius von Rouen richtete. In diesem teilte er dem nordfranzösischen Bischof einige Normen zum kirchlichen Leben mit: Kein Bischof, so begann er sein Schreiben, solle einen anderen ohne Wissen des Metropoliten zum Bischof weihen; Kleriker, so schrieb er im vierten Kapitel, sollten nur eine Jungfrau, nicht aber eine Witwe heiraten. Innozenz setzte Victricius auch darüber in Kenntnis, dass Streitigkeiten, die zwischen Klerikern höheren oder niederen Weihegrads einer Provinz entstanden waren, in eben dieser Provinz auch zu entscheiden seien – mit dem Verlust des Amtes sei daher derjenige Kleriker zu bestrafen, der dieses Gebot missachte und sich an das Gericht einer anderen Provinz wende. Waren aber *maiores causae*, also wichtige Angelegenheiten zu behandeln, so sollten diese nach dem Urteil der Bischöfe nach Rom gebracht werden.[86]

nullus de nostra possit retractare sententia, nihil egimus, quod non ad vestram notitiam nostris ultro litteris referremus […]. Deutsche Übersetzung: Wenzlowsky, Die Briefe der Päpste und die an sie gerichteten Schreiben, Band 3, 277–280, hier 278. Zu Zosimus: Stefan Heid, Art. Zosimus, Papst, in: LThK 10, 2001, Sp. 1492; Charlotte Bretscher-Gisiger, Art. Zosimus, in: LexMA 9, Sp. 678.

85. Bonifatius I. an Rufus, Bischof von Thessaloniki, 422 März 11, gedr. Coustant, Sp. 1034–1036, hier Sp. 1035–1036 (PL 20, Sp. 774B–777A, hier Sp. 776A): *Ad synodum* […] *talia scripta direximus, quibus universi fratres intelligant, primo convenire se citra tuam conscientiam minime debuisse; deinde, de nostro non esse iudicio retractandum. Numquam enim licuit de eo rursus, quod semel statutum est ab apostolica sede, tractari.* Deutsche Übersetzung: Wenzlowsky, Die Briefe der Päpste und die an sie gerichteten Schreiben, Band 3, 346–348, hier 347. Zu Bonifatius I.: Peter Dückers, Art. Bonifaz I., in: LThK 2, 1994, Sp. 578; Georg Schwaiger, Art. Bonifatius I. (Papst), in: LexMA 2, Sp. 413.

86. Innozenz I. an Victricius, Bischof von Rouen, 404, gedr.: Coustant, Sp. 745–758, hier Sp. 749–750 (PL 20, Sp. 468C–481A, hier Sp. 472A–473A): *Si quae autem causae vel contentiones inter clericos tam superioris ordinis, quam etiam inferioris, fuerint exortae, ut, secundum synodum Nicaenam, congregatis eiusdem provinciae episcopis iurgium terminetur, nec alicui liceat (sine praeiudicio tamen romanae ecclesiae, cui in omnibus causis debet reverentia custodiri), relictis his sacerdotibus qui in eadem provincia dei ecclesiam nutu divino gubernant, ad alias convolare provincias. Quod si quis forte praesumserit, et ab officio clericatus submotus, et iniuriarum reus ab omnibus iudicetur. Si maiores causae in medium fuerint devolutae, ad sedem apostolicam, sicut synodus statuit, et beata consuetudo exigit, post iudicium episcopale referantur.* Deutsche Übersetzung: Wenzlowsky, Die Briefe der Päpste und die an sie gerichteten Schreiben, Band 3, 11–26, hier 15–16;

Ende des 5. Jahrhunderts trug Gelasius I. (492–496) in Briefen an Faustus sowie an die Bischöfe von Dardanien wiederholt den Jurisdiktionsanspruch des römischen Bischofs über die gesamte Kirche vor, demzufolge ihm das Recht zustände, über alle Menschen zu richten. Er schrieb an Faustus: „Dies sind die Canones, welche anordneten, daß die Appellationen der ganzen Kirche diesem Stuhle zur Prüfung unterbreitet werden, und festsetzen, daß von ihm selbst nirgendwohin appelliert werden dürfe. Sie erklärten daher, daß er über die ganze Kirche richte, selbst aber vor Niemandes Gericht zu treten habe, daß über sein Urteil nicht gerichtet werde, und verordneten, daß sein Ausspruch nicht aufgelöst werden dürfe, seine Entscheidungen vielmehr zu befolgen seien.“[87] Insbesondere formulierte Gelasius hier die päpstliche Immunität, also das Prinzip, dass der Papst keinem menschlichen Gericht unterworfen sei.

Doch nicht die gelasianische Formulierung, sondern die der Symmachianischen Fälschungen schrieb Rechtsgeschichte.[88] Diese Symmachianischen Fälschungen entstanden wenige Jahre nach den Briefen des Gelasius. Nach dem Tod des Nachfolgers des Gelasius, Anastasius II. (496–498), wurden Ende 498 zwei Päpste gewählt: Die den Ostgoten nahestehende Mehrheit unterstützte Symmachus, die byzanzfreund-

Wojtowytsch, Papsttum und Konzile, 207–208 sowie zum Inhalt 207–209. Zu Innozenz I.: Georg Schwaiger, Art. Innozenz I., in: LThK 5, 1996, Sp. 514–515; Georg Schwaiger, Art. Innozenz I. (Papst), in: LexMA 5, Sp. 433.

87. Gelasius I. an Faustus, 493, gedr. Thiel, Epistolae, 341–348, hier 344 (PL 59, Sp. 26C–30D, hier Sp. 28D): *Ipsi sunt canones, qui appellationes totius ecclesiae ad huius sedis examen voluere deferri; ab ipsa vero nusquam prorsus appellari debere sanxerunt. Ac per hoc illam de tota ecclesia iudicare, ipsam ad nullius commeare iudicium, nec de eius unquam praeceperunt iudicio iudicari, sententiamque illius constituerunt non oportere dissolvi.* Übersetzung nach: Wenzlowsky, Die Briefe der Päpste und die an sie gerichteten Schreiben, Band 7, 106–116, 110; eine Übersetzung bietet auch Schatz, Päpstlicher Primat, 96. Gelasius an die Bischöfe Dardaniens, 495 Februar 1, gedr.: Thiel, Epistolae, 392–422, hier 416 (PL 59, Sp. 61A–85C, hier Sp. 66C): *Non reticemus quod cuncta per mundum novit ecclesia, quoniam quorumlibet sententiis ligata pontificum sedes beati Petri apostoli ius habet resolvendi, utpote quae de omni ecclesia fas habeat iudicandi neque cuiquam de eius liceat iudicare iudicio; siquidem ad illam de qualibet mundi parte canones appellari voluerint, ab illa autem nemo sit appellare permissus.* Übersetzung: Wenzlowsky, Die Briefe der Päpste und die an sie gerichteten Schreiben, Band 7, 182–214. Zum Inhalt auch Becker, Appellation, 21–24. Zu Gelasius: Mario Spinelli, Art. Gelasius I., in: LThK 4, 1995, Sp. 401–402; Rudolf Schieffer, Art. Gelasius I., in: LexMA 4, Sp. 1197.

88. So Schatz, Päpstlicher Primat, 96: „Ins Recht gelangte dieser Satz jedoch durch die Symmachianischen Fälschungen; ihre Formulierung, nicht die des Gelasius, machte Geschichte. Dies geschah freilich erst langsam und auf Umwegen. Erst im 9. Jahrhundert scheint der Satz in Rom zum festen Bestand der eigenen Rechtstradition geworden zu sein, möglicherweise unter fränkischem Einfluss.“

liche Minderheit Laurentius. In dieser bis zum Jahre 506 schwelenden Auseinandersetzung zwischen Symmachus und Laurentius um den römischen Bischofssitz ergriffen die Autoren der ‚Symmachianischen Fälschungen' Partei für Symmachus. Ihre Autoren demonstrierten in fünf fiktiven historischen Begebenheiten, dass der römische Bischof nicht verurteilt werden könne.[89] Wohl am wirkungsmächtigsten, da weit rezipiert, ist die erste Begebenheit geworden. Die Fälscher erfanden ein Konzil, das im Jahre 324 in den Trajans-Thermen in Rom stattgefunden haben soll; 284 Bischöfe und sogar Kaiser Konstantin und seine Frau Helena seien anwesend gewesen. Das Konzil diskutierte religiöse Angelegenheiten, vor allem aber brachte es den Gedanken der päpstlichen Immunität in die vielfach rezipierte Formulierung, dass keiner den römischen Bischof richten dürfe, weder Kaiser noch Kleriker, weder Könige noch Laien: *Nemo enim iudicabit primam sedem, quoniam omnes sedes a prima sede iustitia desiderant temperari. Neque ab augusto, neque ab omni clero, neque a regibus, neque a populo iudex iudicabitur*.[90]

Auf den Text der Symmachianischen Fälschungen beruht noch ein weiterer Kanon, der im Mittelalter weite Verbreitung fand: Ein Priester dürfe keinen Bischof anklagen, ein Diakon keinen Priester, ein Subdiakon keinen Diakon – und die Fälscher setzten die Reihe der Weihestufen bis zum *ostiarius* fort, der die Übertretung eines Lektoren nicht anklagen solle. Der *presul summus*, also der Papst, sei indes

89. Die Idee der päpstlichen Immunität hat in der Literatur grosses Interesse gefunden: Neben der in Fn. 67 genannten Literatur sind zu nennen: Koeniger, Prima sedes (1922); Poma, Ingiudicabilità (1936); Ryan, Cardinal Humbert De sancta Romana ecclesia (1958); Moynihan, Papal immunity (1961); Zimmermann, Papstabsetzungen (1968); Knox, Accusing Higher Up (1991); Vacca, Prima sedes (1993); Girardet, Gericht über den Bischof von Rom (1994). Zentrale Publikation zu den Symmachianischen Fälschungen ist Wirbelauer, Zwei Päpste in Rom (1993) (mit Edition). Zur Bedeutung der Symmachianischen Fälschungen für das Kirchenrecht auch Landau, Gefälschtes Recht, 16–20.

90. Siehe Wirbelauer, Zwei Päpste, 73–78, Edition 246 (Übersetzung ebd., 247: „Niemand aber wird den ersten Stuhl richten, da alle Stühle vom ersten Stuhl mit Gerechtigkeit gelenkt werden wollen. Weder vom Kaiser, noch von allen Klerikern, noch von Königen, noch vom Volk soll der Richter gerichtet werden."). Der Auszug aus den Symmachianischen Fälschungen ist in zwei verschiedenen Versionen überliefert, deren eine im ersten Satz lautet: *Nemo enim iudicabit primam sedem iustitiam temperari desiderantem* (Mansi 2, Sp. 632), die andere ist oben zitiert (Mansi 2, Sp. 631). Die Tradition beider Versionen scheint bis heute nicht näher untersucht zu sein (siehe auch 264f., 269); Hinweise zu den Kanones finden sich bei Gilchrist, Diuersorum Patrum Sententie, xcvii–xcviii; Kuttner, Cardinalis, 203–214; Wirbelauer, Zwei Päpste, 246, 315. Zur heute gültigen Fassung des can. 1404 CIC/1983 siehe 21.

von keinem zu richten, da geschrieben stehe: *non est discipulus super magistrum.*[91] Zeitgleich zu den Symmachianischen Fälschungen schrieb Magnus Felix Ennodius (473/474–521), Bischof von Pavia, seinen *Libellus pro synodo*, in dem er konstatierte, dass nach göttlichem Willen die Fälle der Menschen von anderen Menschen gerichtet werden, der Papst aber nur Gottes Urteil unterworfen sei: *Aliorum forte hominum causas deus voluerit per homines terminare, sedis istius praesulum suo sine questione reservavit arbitrio.*[92]

Um das Jahr 500 sind somit zentrale Aspekte des Jurisdiktionsprimats benannt: Die päpstliche Immunität gehört ebenso dazu wie der päpstliche Anspruch, *causae maiores* zu entscheiden und über alle Menschen richten zu dürfen, sich aber selbst nur Gott verantworten zu müssen. Ob dieser Anspruch des Bischofs von Rom eine Entsprechung in der Realität besass, ist weniger bedeutend als die Beobachtung, dass sich in diesen Dekretalen, Bischofstraktaten und gefälschten Rechtstexten ein gewandelten Wissen über den Bischof von Rom andeutete. Nicht nur er selbst, sondern auch andere schrieben ihm eine in jurisdiktioneller Hinsicht herausgehobene Stellung zu. Zudem sind die hier vorgestellten Quellen die Bausteine des Jurisdiktionsprimats, die, nachdem sie Jahrhunderte in Manuskripten und Codizes überdauerten, im 11. und 12. Jahrhundert zu neuem Leben erweckt wurden. Der hoch- und

91. Matthäus 10, 24. Wirbelauer, Zwei Päpste, 236: *Postea autem fecit gradus in gremio synodi, ut non presbyter adversus episcopum, non diaconus adversus presbyterum, non subdiaconus adversus diaconum, non acolitus adversus subdiaconum, non exorcista adversus acolitum, non lector adversus exorcistam, non ostiarius adversus lectorem det accusationem aliquam. Et non damnabitur praesul nisi in LXXII neque praesul summus a quemquam* [sic] *iudicabitur, quoniam scribtum est: non est discipulus super magistrum.* (Übersetzung ebd., 237: „Danach aber machte er die Hierarchie zum Thema der Synode, daß kein Priester gegen einen Bischof, kein Diakon gegen einen Priester, kein Subdiakon gegen einen Diakon, kein Akolyth gegen einen Subdiakon, kein Exorzist gegen einen Akolythen, kein Lektor gegen einen Exorzisten, kein Ostiarius gegen einen Lektor irgendeine Klage vorbringe. Und es soll kein Bischof mit weniger als 72 [Zeugen] verurteilt werden und der oberste Bischof soll von niemandem gerichtet werden, da geschrieben steht: ‚Kein Schüler steht über seinem Lehrer'.") Zur späteren Rezeption dieses Satzes vgl. Hartmann, Discipulus (1991); zu Anklagen grundsätzlich Landau, Anklagemöglichkeit Untergeordneter (1986) und Knox, Accusing Higher Up (1991).

92. Zu Ennodius siehe J. Gruber, Art. Ennodius, Magnus Felix. Leben und Werke, in: LexMA 3, Sp. 2015–2016. Der *Libellus pro synodo* ist gedruckt: Vogel, Magni Felicis Ennodi Opera (MGH AA 7), 48–67, hier 61. Zum Libellus: Vacca, Prima Sedes, 40–47; Schatz, Päpstlicher Primat, 112f.; und Gioanni, La Contribution Épistolaire d'Ennode de Pavie à la Primauté Pontificale (2001). Der Kanon stammt zwar ursprünglich aus dem *Libellus pro synodo*, ist aber bei Pseudoisidor als fünfte Synode des Symmachus überliefert ist (www.pseudoisidor.mgh.de/html/274.htm; Hinschius, 664–675, hier 672). Daher erfolgte häufig die Zuschreibung an *Symmachus papa* (wie auch in 74T, siehe 133 Anm. 253, 368).

spätmittelalterliche Jurisdiktionsprimat des Bischofs von Rom beruht ganz wesentlich auf diesen spätantiken Texten.[93]

γ) Frühmittelalterliche Entwicklungslinien

In den Friktionen und Auseinandersetzungen der spätantiken und frühmittelalterlichen Welt entstanden weitere Quellen, in denen der Bischof von Rom eine rechtlich herausgehobene Stellung beanspruchte oder andere ihm eine solche zuschrieben.[94] Eine wichtige Bruchlinie war die Auseinandersetzung mit dem griechischen Kulturraum und die sich abzeichnende Trennung in Ost- und Westkirche. Zumindest rhetorisch schärfte der Bischof von Rom in diesen das Frühmittelalter mitprägenden Konflikten, wie beispielsweise im Ikonoklasmus-Streit, sein Profil. An den oströmischen Herrscher Basilius richtete Papst Stephanus V. (885–891) ein Schreiben im Jahr 886, in dem er an das – erfundene – Konzil in den Trajansthermen erinnerte: *An ignoras, in prima Nicaena synodo quod beatus Silvester papa proclamaverit per legatos, praesente ibidem sancto Constantino: Ut prima sedes a nemine iudicetur?*[95] Als Fundgrube für spätere Kanonisten erwies sich auch ein Schreiben des Papstes Nikolaus I. (858–867), der sich im Zuge des Streites zwischen Photios und Ignatos um den konstantinopolitanischen Patriarchenstuhl an den oströmischen Kaiser Michael wandte, um seine Entscheidung für Ignatius zu begründen.[96] Der Kanon *Nunc autem divina inspiratione* beruht ebenso auf diesem Schreiben wie *Patet profecto* und *In tantum autem hanc praesumptionem*.[97] Diesen Kanones zufolge durfte ein Geistlicher mit niedrigerem Weihegrad nicht über einen Höheren richten und keiner sollte über den römischen Bischof zu Gericht sitzen; ein Urteil des römischen Bischofs war zudem nicht von einem anderen Gericht zu überprüfen. In einem weiteren Schreiben ermahnte Nikolaus I. Hinkmar von Reims und

93. Hierzu 117–166, 340–351.

94. Einen Überblick über das Frühmittelalter gibt Angenendt, Das Frühmittelalter (2001).

95. Stephan V. an Basilius, 886, JL 3403, gedr.: PL 129, Sp. 785–793, hier Sp. 788C.

96. Nikolaus I. an Michael, 865 September 28, JE 2796, gedr.: MGH Epp. 6, Nr. 88, 454–487. In Auszügen übersetzt bei DH Nr. 638–642 (Brief „Proposueramus").

97. *Nunc autem divina inspiratione*: MGH Epp. 6, 466 Zeile 12–19, aufgenommen u.a. von Deusdedit (DU01.129a), in Ivos *Decretum* (ID05.008a) und der *Panormia* (IP04.006a) sowie im *Decretum Gratiani* (D. 21 c. 7). *Patet profecto*: MGH Epp. 6, 480 Zeile 26–481 Zeile 14 (mit Auslassungen), aufgenommen u.a.: Deusdedits *Collectio Canonum* c. 4.095, Ivos *Decretum* (ID05.019), die *Panormia* (IP04.011) sowie im *Decretum Gratiani* (C. 9 q. 3 c. 10). Zu *Patet profecto* auch Becker, Appellation, 25–28. *In tantum autem hanc praesumptionem*: MGH Epp. 6, 467 Zeile 28–468 Zeile 2, aufgenommen u.a. in: Deusdedit (DU01.129d), Ivos *Decretum* (ID05.008c) und der *Panormia* (IP04.007).

wies erneut darauf hin, dass niemand über Beschlüsse des apostolischen Stuhls urteilen und dessen Urteile erneut behandeln dürfe (*Nemini sit de sedis apostolice iudicio iudicare aut illius sententiam retractare permissum*).[98] Insgesamt gesehen hat Nikolaus I. den Primat des Bischofs von Rom in einer für das 8. und 9. Jahrhundert ansonsten unbekannten Weise betont.[99]

Im Westen führten das Verschwinden der spätantiken Staatlichkeit und die Migration von Stämmen zu einer vorübergehenden Schwächung der Stellung Roms und zum Erstarken von ‚Landeskirchen', die in liturgischen wie in rechtlichen Dingen recht eigenständig agierten (ca. 500–700).[100] Erst unter den fränkischen Herrschern, insbesondere unter Karl dem Grossen und dem Missionar Winfried-Bonifatius, näherte sich die fränkische Kirche der römischen wieder an und übernahm beispielsweise die römische Liturgie. Papst Hadrian I. überreichte – jedenfalls der Überlieferung zufolge – die *Dionysio-Hadriana*, eine wohl karolingische Überarbeitung der Kanonessammlung des Dionysius Exiguus (um 470–nach 550), im Jahre 774 an Karl den Grossen.[101]

In dieser Zeit der verstärkten Hinwendung zur römischen Kirche entstand eine weitere Quelle, die im Hochmittelalter als Beleg für einen römischen Jurisdiktionsprimat gelesen wurde: Die pseudoisidorischen Fälschungen. Auch wenn insbesondere durch die Arbeiten von Klaus Zechiel-Eckes viel Licht in das geheimnisvolle Dunkel um Pseudoisidor gebracht worden ist, bleibt manches bis heute ungeklärt – Pseudoisidor hält die Forschung weiterhin in Atem. Der jetzige Stand der Forschung lässt sich so resümieren:[102] Zu dem Komplex

98. Nikolaus I. an Hinkmar von Reims, 867 Oktober 23, JE 2879, gedr.: MGH Epp. 6, Nr. 100, 600–609, hier 606, Zeile 19–21. Aufgenommen ist der Kanon leicht umgeformt u.a. in 74T c. 17 und C. 17 q. 4 c. 30 (*Nemini est de sedis apostolice iudicio iudicare aut illius sententiam retractare permissum, videlicet propter Romane ecclesie primatum Christi munere in beato Petro apostolo divinitus collatum*).

99. Vgl. Scholz, Päpste in karolingischer Zeit, 208–211.

100. Überblicksartig Schatz, Päpstlicher Primat, 82–90; Kempf, Primatiale und episkopalsynodale Struktur (1978), insbes. 38–41.

101. Zur *Collectio Dionysio-Hadriana*: Fowler-Magerl, Clavis Canonum, 44f.; Kéry, Canonical Collections, 13–20; Mordek, Kirchenrecht und Reform, 160–162, der feststellt (161), dass diese dann „vorbildliche Sammlung der historischen Ordnung" am Hofe Karls des Grossen wurde; mit guten Gründen kritisch zu dieser Übergabe der *Dionysio-Hadriana* Firey, Mutating monsters (2010).

102. Die folgende Darstellung beruht auf: Karl-Georg Schon, http://www.pseudoisidor.mgh.de/html/uberblick_uber_die_falschungen.HTM; Zechiel-Eckes, Ein Blick in Pseudoisidors Werkstatt (2001) sowie dem Tagungsband: Fortschritt durch Fälschungen? Ursprung, Gestalt und Wirkungen der pseudoisidorischen Fälschungen, hg. Wilfried Hartmann/Gerhard Schmitz, Hannover 2002, darin insbes. Zechiel-Eckes, Auf Pseudoisidors

der pseudoisidorischen Fälschungen gehören die *Hispana Gallica Augustodunensis*, eine Verfälschung einer spanischen Sammlung von Konzilien und Papstbriefen; die *Capitularia Benedicti Levitae*, eine gefälschte Kapitulariensammlung eines angeblichen Diakons Benedikt, der die Kapitulariensammlung Ansegis' weiterschrieb; die *Capitula Angilramni*, eine prozessrechtliche Schrift, die Papst Hadrian Bischof Angilram von Metz übergeben haben soll sowie die erst unlängst entdeckte *Collectio Danieliana*. Das wichtigste Werk ist jedoch die Zusammenstellung von rund 100 Papstbriefen und Konzilsbeschlüssen, eben die pseudoisidorischen Dekretalen. Diese enthielten eine Melange aus echten, falschen und verfälschten Papstbriefen vermischt mit echten und verfälschten Konzilsbeschlüssen. Diese will ein Bischof namens Isidor Mercator zusammengestellt haben.[103] Mit diesem Corpus war die Quellenarmut der ersten christlichen Jahrhunderte schlagartig beseitigt; nun waren plötzlich die theologischen Positionen und die pastoralen Ermahnungen der Päpste von Clemens I. (91?–101?) bis Gregor I. (590–604) zugänglich.

Wer waren diese Fälscher und wann schufen sie diese Werke? Seit längerem wird der Ort, an dem die Fälscher gearbeitet haben, in dem Bistum Reims lokalisiert; die Fälscher haben Handschriften des Klosters Corbie benutzt und vermutlich dort – zumindest zeitweise – gearbeitet. Abgeschlossen waren die Fälschungen 847–852; vielleicht entstanden sie zwischen 836 und 838, vielleicht etappenweise.[104] Zechiel-Eckes

Spur, 1–28; nun Harder, Pseudoisidor, 60–94 und Patzold, Gefälschtes Recht, 9–14. Die ältere, zum Teil jedoch überholte Literatur erschliesst sich durch die genannten Werke.

103. Karl-Georg Schon stellt auf der Seite seiner Online-Edition fest (www.pseudoisidor.mgh.de/html/uberblick_uber_die_falschungen.HTM): „Die Geschichte der Editionsbemühungen der Fälschungen ist keine ungebrochene Erfolgsstory." Im einzelnen: Die *Hispana Gallica Augustodunensis* ist nicht gedruckt oder ediert, eine online-Transkription von Annette Grabowsky ist zugänglich auf www.benedictus.mgh.de/quellen/chga/; die *Capitularia Benedicti Levitae* sind erstmals gedruckt von Baluze, Capitularia Regum Francorum (1677), wieder abgedruckt in Mansi 17, Appendix, Sp. 3–250); überarbeit und gedruckt MGH LL 2.2, 17–158 (1837); eine neue Online-Edition wird von Gerhard Schmitz und Wilfried Hartmann vorbereitet (www.benedictus.mgh.de). Die *Capitula Angilramni* sind jetzt bei Schon, Capitula Angilramni (2006) (Rez.: Firey, Codices and Contexts (2008)) zugänglich; die *Collectio Danieliana* bei Schon, Collectio Danieliana (2006). Die Pseudoisidorischen Dekretalen liegen in einer problematischen Edition vor von Hinschius, Decretales Pseudo-Isidorianae (1863); eine mittelalterliche Handschrift (vermutlich des 13. Jahrhunderts) ist von Merlin, Conciliorum quatuor generalium (1525) gedruckt (wieder abgedruckt in PL 130, Sp. 1–1178). Die Dekretalen Pseudoisidors sind hier nach der Online-Edition von Karl-Georg Schon zitiert (www.pseudoisidor.mgh.de), allerdings ist die Hinschius-Edition ebenfalls nachgewiesen.

104. Letzeres schlägt Knibbs, Interpolated Hispana (2013) vor; ferner Knibbs, Ebo of Reims (2017).

hat Paschasius Radbertus, den späteren Abt von Corbie, als Kopf der Fälscherbande vermutet.[105] Dass mit Hilfe normativer Texte auf die Gegebenheiten im karolingischen Reich eingewirkt werden sollte, zeigt das Beispiel Pseudoisidors deutlich. Der politische Hintergrund der 830er Jahre erhellt die Stossrichtung der Fälschungen: Der Konflikt zwischen den Bischöfen und Ludwig dem Frommen, der zur Verfolgung der führenden geistlichen Köpfe im Frankenreich führte (Synode von Diedenhofen 835), erklärt, weshalb sich die Fälscher zur Wehr setzten und in ihren Werken darlegten, wie – und wie gerade nicht – Prozesse gegen Bischöfe von Statten zu gehen hätten. Vor diesem Hintergrund wundert es nicht, dass die Prozessordnung für Verfahren gegen Bischöfe, die *Capitula Angilramni*, eher eine „Prozessverhinderungsordnung" ist, die kaum zu erfüllende Voraussetzungen für eine Verurteilung der Bischöfe aufstellte:[106] So sollte es zum Beispiel den angeklagten Bischöfen in jedem Moment des Verfahrens freistehen, nach Rom zu appellieren.[107] Schliesslich zeugen die pseudoisidorischen Fälschungen auch von Skepsis gegenüber den Metropolitanbischöfen, denn Suffraganbischöfe durften beispielsweise jederzeit den Bischof von Rom um Hilfe gegen ihren Metropoliten anrufen.[108]

Eine juristisch-politische Tendenz der pseudoisidorischen Fälschungen ist damit benannt. Sie bezweckten die Stärkung der Bischöfe, die Zurückdrängung der Metropoliten sowie die Eliminierung der Chorbischöfe.[109] Zur Erreichung dieses Ziels nutzten die Fälscher den Bischof von Rom als Gegengewicht, dessen Stärkung sie zumindest in Kauf nahmen, vielleicht sogar intendierten.[110] Entscheidend ist, dass im Hochmittelalter die pseudoisidorischen Fälschungen als Stärkung des Primats gelesen wurden: Nicht nur einige Prinzipien des mittelalterlichen Prozessrechts, sondern auch der Primat des Papstes beruht grossteils auf den Texten, die vermutlich Paschasius Radbertus und

105. Siehe zur Datierung und zu Paschasius Radbertus vor allem die beiden genannten Beiträge von Zechiel-Eckes, Ein Blick in Pseudoisidors Werkstatt (2001) und Zechiel-Eckes, Auf Pseudoisidors Spur (2002). Dort sind auch die älteren Versuche nachgewiesen, Pseudoisidor zu identifizieren (Zechiel-Eckes, Auf Pseudoisidors Spur, 4–5).

106. So die Beurteilung von Schon, Capitula Angilramni, 9. Zu den Vorgängen im Umfeld von Diedenhofen: Zechiel-Eckes, Auf Pseudoisidors Spur, 18–26.

107. Schon, Capitula Angilramni, 9.

108. Dies vermutet jedenfalls Knibbs, Interpolated Hispana (2013).

109. Zum Chorepiskopat insbes. Zechiel-Eckes, Der „unbeugsame" Exterminator? (2004).

110. Im letzteren Sinne wohl Ubl, Mehrwert der päpstlichen Schlüsselgewalt, 206 sowie Harder, Pseudoisidor (2014).

andere im Somme-Kloster Corbie und eventuell auch anderswo anfertigten.[111] Augenfällig ist dies zum Beispiel in der Sammlung in 74 Titeln, deren erster, primatialer Titel grösstenteils auf einer Zusammenstellung von Pseudoisidor-Exzerpten beruht.[112]

Dem Immunitäts- und Primatsanspruch offenbar zuwider läuft aber die ‚Häresie-Klausel', also der Gedanke, dass Päpste im Fall der Häresie angeklagt werden konnten, waren sie doch durch den Glaubensabfall keine Päpste mehr.[113] Die Idee, dass Bischöfe im Falle der Abweichung vom rechten Glauben angeklagt werden konnten, wurzelt in der Spätantike und findet sich in Gregors des Grossen *Moralia in Iob* wie in den Sentenzen Isidors von Sevilla.[114] Auch Pseudoisidor sprach die Anklage von häretischen Bischöfen mehrfach an, die sich in Briefen findet, die Anacletus, Clemens I., Fabianus, Cornelius und Eusebius zugeschrieben sind.[115] Es bleibt indes unklar, wann die Möglichkeit

111. Zur Bedeutung des Fälschungskomplexes siehe beispielsweise die Ausführungen von Landau, Bedeutung des kanonischen Rechts, 28–31: Benedictus Levita (3.163) statuierte, dass eine erneute Anklage nach einem Freispruch ausgeschlossen sei (*De his criminibus de quibus absolutus est accusator, refricari accusatio non potest*).

112. Zur Rezeption von Pseudoisidor vor allem Fuhrmann, Einfluß und Verbreitung (1972–1974); zu 74T insbes. Band 2, 486–509. Das Urteil von Haller, Der Weg nach Canossa, 280, dass man in der Sammlung in 74 Titeln „den Kanal [erkennt], durch den Pseudoisidor in das Kirchenrecht des Mittelalters eingedrungen ist", ist zwar falsch, gibt aber doch recht zutreffend den Eindruck wieder, der sich beim Lesen dieser Sammlung ergibt.

113. Zur Häresieklausel: Zimmermann, Papstabsetzungen des Mittelalters, 169–180; Schatz, Päpstlicher Primat, 97–98; Ryan, Cardinal Humbert De sancta Romana ecclesia, 222–226.

114. Gregor der Grosse, Moralia in Iob, XXV, c. 16 zu Iob 34, 30: *Igitur dum salva fide res agitur, virtutis est meritum, si quicquid prioris est toleratur. Debet tamen humiliter suggeri, si fortasse valeat quod displicet emendari.* (S. Gregorii Magni, Moralia in Iob, ed. Adriaen, 1261; PL 76, Sp. 344D–345A). Isidorus Hispalensis Sententie, ed. Cazier, Lib. III, c. 39: *Rectores ergo a Deo iudicandi sunt, a suis autem subditis nequaquam iudicandi sunt: exemplo Domini, qui per se vendentes columbas et nummulariorum mensas proprio evertit flagello et proiecit a templo, vel etiam sicut dicit: Deus stetit in Synagoga deorum, in medio autem deos discernit. Quod si a fide exorbitaverit rector, tunc erit arguendus a subditis; pro moribus vero reprobis tolerandus magis quam distringendus a plebe est.*

115. Ps.-Anacletus 3.39, JK † 4/J³ † 17 (www.pseudoisidor.mgh.de/html/014.htm, Hinschius, 85): *Doctor autem vel pastor ecclesie, si a fide exorbitaverit, erit a fidelibus corrigendus, sed pro reprobis moribus magis est tolerandus quam distringendus, quia rectores ecclesie a deo sunt iudicandi, sicut ait propheta: Deus stetit in synagoga deorum, in medio autem deos discernit.* Ps.-Clemens 1.42, JK † 10/J³ † 26 (www.pseudoisidor.mgh.de/html/007.htm, Hinschius, 45): *Ipsi autem episcopi, si exorbitaverint, ab istis non sunt reprehendendi vel arguendi, sed portandi, nisi in fide erraverint. Hi ergo super hos sunt, non illi super istos, quoniam maior a minore nec argui nec iudicari potest.* Ps.-Fabianus 2.22, JK † 93/J³ † 192 (www.pseudoisidor.mgh.de/html/042.htm, Hinschius, 165): *Similiter statuentes apostolica auctoritate iubemus, ne pastorem suum oves, que ei commisse fuerant, nisi in fide erraverit, reprehendere audeant, quia facta propositorum oris gladio ferienda non*

der Anklage von Bischöfen bei Heterodoxie zur Rechtgläubigkeit als Anklagehindernis des Papstes erstarkte.[116] Die häufigen Papstabsetzungen im Mittelalter sowie das schillernde Leichengericht über Formosus (891–896) zeugen jedoch von der Praxis, den als immun reklamierten Papst zur Verantwortung vor einem Gericht dieser Welt zu ziehen.[117] Dies galt umso mehr, als dass jedenfalls im 12. Jahrhundert der Begriff Häresie weit verstanden wurde. Auch Simonie und sogar die Leugnung des päpstlichen Jurisdiktionsprimats wurden darunter subsumiert.[118]

Der Gedanke, den *papa hereticus* anzuklagen, hat sich in dem Kanon niedergeschlagen, der mit den Worten *Si papa sue* beginnt: „Keiner der Sterblichen wage es, die Sünden des Papstes anzuklagen, da er alle richten kann, aber von niemandem zu richten ist, wenn er nicht ertappt wird vom Glauben abzuweichen."[119] Autor dieses Kanons ist *ein* Bonifatius, aber es ist bislang nicht gelungen, diesen Namen

sunt, neque potest esse discipulus super magistrum dicente veritatis voce: Non est discipulus super magistrum nec servus super dominum suum. Gleichen Gedanken äussern auch: Ps.-Fabianus 2.23, JK † 93/J³ † 192 (www.pseudoisidor.mgh.de/html/042.htm, Hinschius, 166); Ps.-Cornelius 2.4, JK † 115/J³ † 226 (www.pseudoisidor.mgh.de/html/045.htm, Hinschius, 173–174); Ps.-Eusebius 2.11, JK † 164/J³ † 340 (http://www.pseudoisidor.mgh.de/html/064.htm, Hinschius, 237).

116. Schatz, Päpstlicher Primat, 97: „in Rom mindestens seit dem 9. Jahrhundert bekannt".

117. Zu Formosus ist die Literatur umfangreich; über die neuere Literatur erschliesst sich die ältere: Scholz, Päpste in karolingischer Zeit, 240–242, 259–261; Heckmann, Formosus (2012) sowie Annette Grabowsky, Streit um Formosus. Edition und Analyse der Streitschriften des Auxilius (Diss. phil. Tübingen 2012).

118. Alexander Patschovsky, Art. Häresie. 2. Geschichte, in: LexMA 4, Sp. 1934–1936, Sp. 1935: ab 1050 werden „das Wort H[äresie] und seine Äquivalente (wie z.B. ‚Arianer', ‚Simonisten', ‚Nikolaiten') zu Kampfbegriffen im kirchenpolitischen Streit"; siehe ferner Schindler, Häresie, insbes. 326–327; Wolfgang Beinert, Art. Häresie. II. Historisch-theologisch, in: LThK 4, 1995, Sp. 1190–1191. Zum kanonistischen Begriff der Häresie Hageneder, Häresiebegriff, 47, 55–71.

119. Edition: Schramm, Kaiser, Rom und Renovatio II, 120–136, hier 128f. (überarbeiteter Nachdruck des Beitrags in: Schramm, Die beiden Fragmente, 152): *Ex gestis sancti Bonifatii martyris et archiepiscopi, legati Romane ecclesie.* [...] *Si* [*papa*] *vero sue et fraterne salutis negligens, deprehenditur inutilis et remissus in operibus suis, et insuper a bono taciturnus, quod magis officit sibi et omnibus, nihilominus innumerabiles populos catervatim secum ducit, primo mancipio gehenne cum ipso plagis multis in eternum vapulaturus. Cuius culpas istic redarguere presumit mortalium nullus, quia cunctos ipse iudicaturus a nemine est iudicandus, nisi forte deprehendatur a fide devius.* Die Übersetzung des gesamten Kanons lautet: „Wenn der Papst das Heil der Brüder und sein eigenes vernachlässigt und ertappt wird, unnütz und nachlässig in seinen Aufgaben zu sein und darüber hinaus schweigsam vom Guten, was ihm und allen mehr schadet, führt er nichtsdestoweniger haufenweise unzähliges Volk mit sich, und er wird durch den ersten Diener der Hölle mit ihm selbst auf Ewigkeit durch viele Schläge gezüchtigt werden. Keiner der Sterblichen wage es, die Sünden dieses anzuklagen, da er alle richten kann, aber von niemandem zu richten ist, wenn er nicht ertappt wird vom Glauben abzuweichen."

einer Person sicher zuzuschreiben.[120] Auch eine genaue Datierung ist nicht möglich. Der Kanon ist spätestens Ende des 11. Jahrhunderts Allgemeingut, denn er ist nicht nur bei Deusdedit, Ivo von Chartres und in der *Collectio Britannica*, sondern auch in der zweiten Version der *Collectio Tarraconensis* sowie im *Decretum Gratiani* überliefert.[121]

An dieser Stelle kann man als Fazit ziehen, dass zur Jahrtausendwende die entscheidenden Quellen und Textzeugen vorlagen, die den Jurisdiktionsprimat konstituierten. Nicht, dass der Bischof von Rom diesen Jurisdiktionsprimat politisch umsetzen konnte; nicht, dass der Jurisdiktionsprimat in Kanonessammlungen breit reflektiert war – allein die Gedanken sind formuliert und niedergeschrieben; manches Mal deutlicher wie bei Leo dem Grossen oder Nikolaus I., manches Mal versteckter in langen Briefen.[122] Es ist hier nicht Raum, im Einzelnen nachzuvollziehen, welche Kanonessammlungen des ersten Jahrtausends welche Aspekte des Jurisdiktionsprimats widerspiegeln, doch lässt sich *grosso modo* eine eher marginale Bedeutung des Jurisdiktionsprimats ausmachen. Hubert Mordek konstatiert insofern einen „mehr als losen primatialen Bezug" der Kanonessammlungen: „Die bunte Palette römischer und nicht römischer Kanoneswerke wies wohl mitunter durchaus die eine oder andere Primatsfarbe auf; sie wirkten in den Sammlungen

120. Ryan, Wynfrith-Boniface or Bruno-Boniface? vermutete als Autor nicht Wynfrith-Bonifatius, den angelsächsischen Missionar, sondern Brun-Bonifatius von Querfurt (974–1009), einen Missionar auf dem Gebiet des späteren Preussen. Zu Brun siehe: Friedrich Wilhelm Bautz, Art. Brun von Querfurt, in: BBKL 1, 1990, Sp. 766–767. Zuvor hatte Anton Michel, Die Autorenschaft des Kardinals Humbert, in: Schramm, Kaiser, Rom und Renovatio II, 134–136 aufgrund sprachlicher Argumente geglaubt, Humbert von Silva Candida als Autor entdeckt zu haben. Michels Methode der Zuordnung von Texten aufgrund sprachlicher Eigenarten ist jedoch zu Recht skeptisch beurteilt worden, siehe Krause, Papstwahldekret von 1059, 15–23, 257–270; Hoffmann, Von Cluny zum Investiturstreit, 203–209; Fuhrmann, Einfluß und Verbreitung II, 503 Fn. 215 (hier 504) spricht mit Blick auf die Sammlung in 74 Titeln von der „sinnentleerten Buchstabenstecherei Michels". Michel hatte dieses Fragment zwar zuerst Humbert zugeschrieben, aber den zentralen Satz *nisi forte deprehendatur a fide devius* als "nachhinkenden" Satz (136) verstanden, der auf *mortalium nullus*, nicht auf den Papst zu beziehen sei. Später nahm er von diesem Verständnis Abstand (Michel, Sentenzen, 32 Fn. 1). Zu diesem Fragment siehe auch Ryan, Cardinal Humbert De sancta Romana ecclesia (1958); Anton, De ordinando pontifice, 25–28; Blumenthal, Rom in der Kanonistik, 34–35.

121. Deusdedit, Collectio Canonum, ed. Glanvell, c. 1.231 (von Glanvell'sche Zählung: c. 1.306) (DV1.306 = DU01.231); Ivo, Decretum, c. 5.23 (http://ivo-of-chartres.github.io/decretum/ivodec_5.pdf) (ID05.023); Ivo, *Tripartita* (IT03.08.003); *Collectio Britannica* (LO11.065); *Collectio Tarraconensis*, zweite Version: Paris lat. 4281B, fol. 26r (TA01.93); D. 40 c. 6.

122. Einen kurzen Überblick über Primatsideen von Päpsten vermittelt Scholz, Päpste in karolingischer Zeit, 445–448.

aber eher verdeckt als mit leuchtender, alles überstrahlender Kraft."[123] Ab der Mitte des 11. Jahrhunderts ändert sich dies. Aus echten Papstbriefen, aus Fälschungen und Verfälschungen extrahierten Schreiber und Kompilatoren die zentralen Sätze, schärften sie und fügten sie in Kanonessammlungen immer wieder neu zusammen. Ihre Quellen, ihre Bausteine, waren seit Jahrhunderten tradiert, doch setzten sie sie erst in dieser Zeit zu einem neuen Ganzen zusammen – neues Rechtswissen entstand.

δ) Die Durchsetzung des Jurisdiktionsprimats im Hochmittelalter
Erst ab dem ausgehenden 11. Jahrhundert konnte sich der Jurisdiktionsprimat durchsetzen. Überhaupt stellt das 11./12. Jahrhundert eine Zäsur in der europäischen Geschichte dar, da sich in den folgenden zwei Jahrhunderten viele Grundbedingungen des Lebens entscheidend wandelten.[124] Von geringerer Bedeutung für diese Studie ist die Zunahme der Bevölkerung, die Ausweitung der agrarischen Produktion, die Entstehung von Städten und die Ausweitung der – kirchlichen – Bautätigkeit. Bedeutsamer hingegen war die Ausbreitung von Bildung, deren Erwerb nicht mehr in Klöstern und Kathedralschulen monopolisiert war; Bildung konnte nun auch an Universitäten erworben werden. Vor allem aber gewann die Kirche durch die Klosterreform von Cluny unter dem Schlagwort *Libertas ecclesiae* an Selbstbewusstsein und beanspruchte einen autonomen Wirkungskreis. In den vielschichtigen religiös-theologischen Bewegungen nach 1050 lassen sich einige Schwerpunkte ausmachen: Simonie und Priesterehe wie der Einfluss der Laien auf kirchliche Belange sollten zurückgedrängt werden und es galt, die Lebensführung geistlicher Gemeinschaften zu verbessern.[125] In der Umsetzung dieser Ziele wirkten weltliche und geistliche Macht teils zusammen – so kämpfte Heinrich III. zusammen mit Leo IX.

123. Mordek, Der römische Primat in den Kanonessammlungen, 565: „Welten trennen die frühen Kirchenrechtswerke mit ihrem meist mehr als losen primatialen Bezug von den Sammlungen etwa der gregorianischen Reform." In dieselbe Richtung weist der Befund von Kempf, Primatiale und episkopal-synodale Struktur, 31 zur *Collectio Vetus Gallica*: „In diesen das kirchliche Leben widerspiegelnden Texten tritt also Rom als kirchliche Instanz so gut wie gar nicht in Erscheinung […]."

124. Einen Überblick über Entwicklungen ab 1050 vermitteln Laudage, Priesterbild (1984); Tellenbach, Westliche Kirche (1988); Laudage, Gregorianische Reform (1992); Jakobs, Kirchenreform und Hochmittelalter (1994); Schimmelpfennig, Könige und Fürsten (1996); Hartmann, Investiturstreit (2007); Boshof, Europa im 12. Jahrhundert (2007); Zey, Investiturstreit (2017); speziell zum kanonistischen Hintergrund Cushing, Papacy and Law, 11–39.

125. Laudage, Gregorianische Reform, insbes. 76–107.

gegen Priesterehe und Simonie[126] –, teils gegeneinander, wie die Spannungen zwischen Heinrich IV. und Gregor VII. zeigen, die in dem zumindest in der deutschen Geschichtsschreibung bedeutsamen ‚Gang nach Canossa' 1077 kulminierten.[127] Die Frage nach der weltlichen Beteiligung bei Wahl und Einsetzung von Bischöfen, der Investitur, war ein zentrales Thema des 11. und 12. Jahrhunderts, das jedenfalls in der Forschung als so wichtig erachtet wurde, dass es dieser Epoche sogar die Kennzeichnung als ‚Investiturstreit' verlieh.[128]

Ab dem 11. Jahrhundert sind Versuche der Verfestigung eines kirchlichen Zentralismus und einer Ausrichtung der Gesamtkirche auf die römische Kirche zu beobachten. Einige Päpste, unter ihnen Gregor VII., versuchten, die Liturgie unter römischer Führung zu vereinheitlichen und andere Riten wie den mozarabischen Ritus in Spanien zurückzudrängen. Der Empfang des Palliums, das Erzbischöfen als Ehren- wie Amtszeichen verliehen wurde, wurde immer häufiger von der Reformgesinnung des Kandidaten abhängig gemacht.[129] Das intensivierte Legatenwesen diente des weiteren der Sicherstellung der Kommunikation zwischen den Teilkirchen und Rom und sollte eine Ausrichtung auf Rom ermöglichen.[130] Zudem verstärkte sich die Synodaltätigkeit: Synoden fanden nun nicht nur regelmässig in Rom statt, sondern auch

126. Vgl. Hartmann, Investiturstreit, 9–12. Zur Simonie insbes.: Schieffer, Spirituales latrones (1972); Tellenbach, Westliche Kirche, 140–145; Schieffer, Geistliches Amt und schnöder Mammon (2001); zur Priesterehe: Fornasari, Celibato sacercotale (1981); Barstow, Married priests and the reforming papacy (1982); Tellenbach, Westliche Kirche, 136–140; Frauenknecht, Verteidigung der Priesterehe (1997).

127. Aus der umfangreichen Literatur zu Canossa siehe: Kämpf (Hg.), Canossa als Wende (1963); Zimmermann, Canossagang von 1077 (1975); Althoff, Demonstration und Inszenierung, 37–40; Goez, Canossa als deditio (2000). Eine Neubewertung der Ereignisse von Canossa unternimmt Fried, Der Pakt von Canossa (2008).

128. Kritisch zu den Begriffen ‚Investiturstreit, ‚Gregorianische Reform' und ‚Kirchenreform': Schieffer, Entstehung des päpstlichen Investiturverbots, 1–6; Tellenbach, Westliche Kirche, 133–135; Cushing, Papacy and Law, 12–15; historiographischer Überblick: Gaudemet, Regards, 80–81. Zur Investitur siehe Schieffer, Entstehung des päpstlichen Investiturverbots (1981); Beulertz, Verbot der Laieninvestitur (1991); Englberger, Gregor VII. und die Investiturfrage (1996). Politisch wurde der Streit 1122 im Wormser Konkordat beigelegt.

129. Siehe hierzu Schoenig, Withholding the Pallium (2010), der darlegt, dass das Pallium in der Regel u.a. bei Unwürdigkeit des Bittenden oder bei Irregularitäten bei der Bischofsbestellung verwehrt worden sei. In der Reformzeit wurde gewählten Bischöfen jedoch das Pallium auch dann verweigert, wenn diese der Reform kritisch gegenüberstanden. Aus der Verleihung eines ursprünglich liturgischen Gegenstands wurde so mehr und mehr ein Mittel im politischen Kampf um die Orientierung der Kirche.

130. Siehe zum Legatenwesen bspw. den Sammelband Alberzoni/Zey, Legati e delegati papali (2012), Zey/Märtl, Aus der Frühzeit europäischer Diplomatie (2008); Robinson, Papacy 1073–1198, 146–178; eine Fallstudie bspw. von Rennie, Law and practice in the age of reform. The legatine work of Hugh of Die (1073–1106) (2010).

in den Kirchenprovinzen. Häufig standen diese häufig unter Leitung päpstlicher Legaten. Die Synode wurde somit zum Mittel der Kirchenreform und dafür der Kontrolle der Kurie unterworfen.[131] À la longue veränderten diese Synoden ihren Charakter und wandelten sich von Bischofsversammlungen zu Beratungen von Bischöfen, Äbten und anderen Geistlichen, aber auch von Vertretern der Universitäten und Städten.[132]

Vor diesem Hintergrund verwundert es nicht, dass Mitte des 11. Jahrhunderts die Papstwahl intensiv diskutiert wurde. Trotz der Versuche der Lateransynode 1059, die Papstwahl zu normieren, blieb sie weiterhin Zankapfel und wurde vielfach weniger normativ, denn faktisch gelöst.[133] Das Kardinalskollegium, dem im Papstwahldekret von 1059 die wichtigste Rolle bei der Neubesetzung des römischen Bischofsstuhls zugeschrieben war, formierte sich bis Ende des 12. Jahrhunderts und trat immer wieder als „Träger der Reformpolitik" hervor.[134] Neben dem Kardinalskollegium bildete sich langsam die *curia Romana*, der päpstliche Hof, heraus, da sich die Kanzlei zur Urkundenausfertigung institutionalisierte, die Finanzverwaltung unter einem Kämmerer verselbständigte und Gerichtshöfe (Poenitentiarie, Rota) entstanden, um der vielen Rechtsfragen, Dispensen und Appellationen Herr zu werden.[135] Und nicht zuletzt nahm die Produktion von Dekretalen als neuer rechtlicher Handlungsform des Papsttums ab dem 12. Jahrhundert rapide zu. Höhepunkt dieses neuen legislatorischen Selbstverständnisses war der *Liber Extra*, den Gegor IX. 1234 als Gesetzbuch der Kirche promulgierte und den Universitäten zur Beachtung und Bearbeitung überwies.[136]

Ein zentrales Zeugnis für Primatsvorstellungen im 11. Jahrhundert ist der *Dictatus Papae*. Im Briefregister Gregors VII. findet sich zwischen den Eintragungen zum 3. und 4. März 1075 eine Liste mit 27

131. Gresser, Synoden und Konzilien, 579.
132. Schatz, Päpstlicher Primat, 102.
133. Zum Papstwahldekret Hartmann, Investiturstreit, 85–87 und insbes. Krause, Papstwahldekret (1960) sowie Jasper, Papstwahldekret (1986).
134. So Hartmann, Investiturstreit, 44–45; siehe ferner Schilling, Guido von Vienne, 549–564 sowie Dendorfer/Lützelschwab (Hg.), Geschichte des Kardinalats im Mittelalter (2011).
135. Vertiefend Jordan, Päpstliche Verwaltung im Zeitalter Gregors VII. (1947); zur kirchlichen mittelalterlichen Poenitentiarie die Einführung von Salonen/Schmugge, A Sip from the "Well of Grace" (2009); zur Rota Romana: Salonen, Papal justice in the late Middle Ages (2016).
136. Mit weiteren Hinweisen Andreas Thier, Art. Corpus iuris canonici, in: HRG 1, 2. Aufl., Sp. 894–901.

thesenartig verdichteten Aussagen zum Papsttum: Dass er, der Papst, allein Bischöfe absetzen und wieder einsetzen könne (Nr. 3) und ihm das Recht zustehe, Kaiser abzusetzen (Nr. 12); dass sein Urteil von niemanden widerrufen werden könne (Nr. 18) und er das Recht habe, alle wichtigen Streitfragen zu entscheiden (Nr. 21); er selbst aber sei immun (Nr. 19).[137] Über den von Gregor VII. beabsichtigten Zweck dieser Thesen – Unionsbedingungen für die griechische Kirche?, Programm für die Fastensynode 1075?, Index einer Kanonessammlung? – ist viel diskutiert worden; man kann ihn wohl am besten als „internes Strategiepapier“ (Andreas Thier) bezeichnen, da es zu Lebzeiten Gregors keine und danach kaum Verbreitung gefunden hat.[138] Dennoch ist der *Dictatus Papae* für die hier anstehende Konturierung des Jurisdiktionsprimats von grosser Bedeutung, da er als zeitgenössisches Korrektiv zu modernen Definitionen dienen kann.[139]

Die Weiterentwicklung des päpstlichen (Selbst)Verständnisses im Spätmittelalter sowie die mit diesem korrespondierenden Textdokumente liegen hingegen ausserhalb des Untersuchungszeitraums und bedürfen daher keiner vertieften Erwähnung. Unter Innozenz III. (1198–1216) wurde der Papst zum *Vicarius Christi*, zum alleinigen Stellvertreter Christi auf Erden, und war nicht länger nur ‚Nachfolger Petri‘. Die *plenitudo potestatis*, die Fülle der Gewalt lag beim Papst, während andere nur *in partem sollicitudinis*, zur Teilhabe an der Verantwortung, berufen seien.[140] Eine betont papalistische Theorie liegt auch dem Herr-

137. Der *Dictatus Papae* ist gedr.: MGH Reg. Gregor VII.1, ed. Caspar, Nr. 55a, 201–208; Schmale, Quellen zum Investiturstreit, Nr. 47, 148–151 mit deutscher Übersetzung. Zur Überlieferung: Schieffer, Tomus Gregorii papae. Bemerkungen zur Diskussion um das Register Gregors VII. (1972) und Hoffmann, Zum Register und zu den Briefen Papst Gregors VII. (1976).

138. Die Literatur zum *Dictatus Papae* ist reichhaltig, siehe Hofmann, Der Dictatus Papae Gregors VII. Eine rechtsgeschichtliche Erklärung (1933); Koebner, Der Dictatus Papae (1933); Gauss, Die Dictatus-Thesen Gregors VII. (1940); Borino, Un'ipotesi sul ‚Dictatus Papae' di Gregorio VII (1944); Hofmann, Der Dictatus Papae Gregors VII. als Index einer Kanonessammlung (1947); Fuhrmann, „Quod catholicus non habeatur“ (1977); Fuhrmann, Papst Gregor VII. und das Kirchenrecht (1989); Cushing, Papacy and Law, 37–39 und Andreas Thier, Art. Dictatus Papae, in: HRG 1, 2. Aufl., Sp. 1043–1045. Die Rezeption des *Dictatus Papae* zeichnet nach Schieffer, Rechtstexte des Reformpapsttums, 56–62; grundsätzlich zur Rezeption Gregors VII.: Gilchrist, Reception of Pope Gregory VII. (1973, 1980). Fuhrmann, "Quod catholicus non habeatur", 286 spricht von einer "verschärfenden Umbiegung"; ähnlich Fuhrmann, Papst Gregor VII. und das Kirchenrecht, 142, 146; ebd., 149: dem *Dictatus Papae* hafte "etwas Schwebendes, etwas Irritierendes an zwischen Wunsch und Wirklichkeit".

139. Siehe 44–46.

140. Schatz, Päpstlicher Primat, 114–118.

schaftsverständnis Innozenz IV. (1243–1254) zugrunde, die Theoretiker einer absoluten Papstmonarchie wie Aegidius Romanus (um 1243–1316) oder Augustinus Triumphus (um 1270–1328) untermauerten.[141] Die Krise des Papsttums im Spätmittelalter, die doppelten Papstwahlen und Schismen – wie das Grosse Schisma (1378–1417) – zeigen schliesslich, dass die Frage nach dem Jurisdiktionsprimat keine akademisch-theoretische war, sondern dass diese eine immanent praktische Bedeutung besass. Ob es erlaubt war, von einer päpstlichen Entscheidung an ein allgemeines Konzil zu appellieren oder ob ein Konzil über einen *papa hereticus* urteilen konnte, darauf gab die konziliare Theorie eine entschieden andere Antwort als die papalistische Theorie.[142]

ε) Zusammenfassende Überlegungen

Der im Hochmittelalter entwickelte Primat des Bischofs von Rom hat sich im Rückblick als eine gewachsene Grösse gezeigt, dessen Wurzeln in der Spätantike liegen. In den ersten christlichen Jahrhunderten kam der Gemeinde in Rom und insbesondere derem Leiter zwar eine allgemeine Autorität in theologischen Fragen sowie ein hohes Ansehen zu, doch war dieses noch nicht verrechtlicht. Erste Ansätze zu einer Juridifizierung zeigte das Konzil von Sardica (wohl 343), das dem Bischof von Rom als eine Art Supplikationsinstanz akzeptierte. Im 5. Jahrhundert beanspruchten Innozenz I., Gelasius I. und Leo I., der Grosse, die endgültige Entscheidungsgewalt in Einzelfällen sowie für gerichtliche Entscheidungen. Auch der Anspruch auf Immunität wurde vehement vorgetragen. Unterstützung erhielten diese Begehren durch die pseudoisidorischen Dekretalen (Mitte des 9. Jahrhunderts), die den Papst als Gegengewicht zur Metropolitangewalt sowie zur weltlichen Herrschaft stärkten. In den Sammlungen des kirchlichen Rechts, also den Kanonessammlungen, finden sich zwar in den Papstbriefen und Konzilsbeschlüssen immer wieder die zentralen Rechtstexte und ihre primatialen Aussagen, doch waren diese noch nicht zum Jurisdiktionsprimat verdichtet. Erst ab der Mitte des 11. Jahrhunderts ist der päpstliche Anspruch auf Suprematie nicht nur verstärkt thematisiert, sondern auch umgesetzt worden. Päpste traten nun agierend und pla-

141. Aegidius Romanus, De ecclesiastica potestate, ed. Scholz (1929); Augustinus de Ancona (Augustinus Triumphus), Summa de potestate ecclesiastica (1320); Schatz, Päpstlicher Primat, 118–120; Klausnitzer, Primat, 218–222.

142. Schatz, Päpstlicher Primat, 126–142; Klausnitzer, Primat, 215–254; Heribert Smolinsky, Art. Konziliarismus, in: LThK 6, 1997, Sp. 349–351; zur Appellation insbes. Becker, Appellation (1988).

nend auf.[143] Indizien hierfür sind das Auseinanderdriften von weltlicher und geistlicher Gewalt, eine Führungsposition bei den Kreuzzügen, ein intensiviertes Legatenwesen und die regelmässige Einberufung von Synoden, aber auch die Zunahme von Appellationen nach Rom, eine Verfestigung der päpstlichen Verwaltung und nicht zuletzt die rapide ansteigende Produktion von Dekretalen, die in dem Erlass des *Liber Extra* 1234 mündete.

(3) Konkretisierung: Der Jurisdiktionsprimat als Untersuchungsgegenstand

Der historische Rückblick im vorherigen Abschnitt diente einerseits der geschichtlichen Standortbestimmung, doch kann er andererseits auch für eine schärfere Konturierung des Jurisdiktionsprimats als Untersuchungsgegenstand genutzt werden. Lässt sich die moderne Beschreibung des Jurisdiktionsprimats im geltenden Kirchenrecht als umfassende päpstliche Leitungsgewalt in administrativer, jurisdiktioneller und legislativer Hinsicht für eine Analyse des Hochmittelalters fruchtbar machen? – Die Forschungen der letzten Jahrzehnte lassen skeptisch stimmen, wie insbesondere die Studien des französischen Kanonisten Jean Gaudemet zeigen. Gaudemet hat sich wiederholt mit dem Jurisdiktionsprimat beschäftigt und dessen Niederschlag in vorgratianischen Sammlungen wie im *Decretum Gratiani* analysiert.[144] Zum Jurisdiktionsprimat zählte er allein jurisdiktionelle Aspekte. So untersuchte er die Stellung des Papstes als höchster Richter, die Entscheidungskompetenz über *causae maiores* sowie das bischöfliche Appellationsrecht; er verstand ferner unter Jurisdiktionsprimat das Restitutionsrecht zu Unrecht verurteilter Bischöfe und das Zustimmungserfordernis für die Verurteilung von Bischöfen durch Patriarchen oder Metropoliten, weiterhin den Gehorsam gegenüber päpstlichen Entscheiden und Dekreten.[145] Grosse Bedeutung schrieb Gaudemet schliesslich den Konzilien zu, die als rechtliche und politische Handlungsform von Wichtigkeit waren. Der Papst sollte sie einberufen oder

143. Hartmann, Investiturstreit, 43.

144. Gaudemet, Collections canoniques et primauté pontificale (1966); Gaudemet, Primauté pontificale dans le décret de Gratien (1992); Gaudemet, Primauté pontificale dans les collections canoniques grégoriennes (1994).

145. Gaudemet, Primauté pontificale dans les collections canoniques grégoriennes, vor allem 78–86; zum Gehorsam Gaudemet, Collections canoniques et primauté pontificale, 108.

zumindest doch ihre Entscheidungen approbieren oder konfirmieren.[146] Aspekte der Administration und der Legislative führte Gaudemet hingegen nicht an.

Die mittelalterlichen Quellen selbst geben ein uneinheitliches Bild, wenn man sie nach ihrem Verständnis des Jurisdiktionsprimats befragt. Zunächst zum *Dictatus Papae*, den man als historischen Kontrapunkt zur modernen Definition des Jurisdiktionsprimats verstehen kann. Der *Dictatus Papae* formte die rechtliche Suprematie in der zweiten Hälfte des 11. Jahrhunderts kaum anders aus als das Erste Vatikanum 1869/70.[147] Im politisch-administrativen Bereich stand dem Papst dem *Dictatus Papae* zufolge das Recht zur Absetzung und Wiedereinsetzung sowie zur Translation von Bischöfen zu (Nr. 3, 13, 25); er konnte Bistümer zusammenlegen oder trennen (Nr. 7) sowie Kaiser absetzen (Nr. 12). In originär jurisdiktioneller Hinsicht war der Papst immun und keinem Gericht unterworfen (Nr. 19) und konnte letztgültige und von keinem zu widerrufende Entscheidungen fällen (Nr. 18). *Causae maiores* waren ihm vorzulegen (Nr. 21) und keiner, der an ihn appellierte, durfte verurteilt werden (Nr. 20). In legislativer Hinsicht stand ihm das Recht zu, neue Gesetze den Erfordernissen der Zeit entsprechend zu erlassen (Nr. 7). Schliesslich waren Synoden nur mit seiner Einwilligung als universale zu akzeptieren (Nr. 16).[148] Somit sprach Gregor VII. in dem *Dictatus Papae* sowohl jurisdiktionelle als auch legislative und administrative Aspekte des Primats an. Trotz der grundsätzlichen Übereinstimmung mit der modernen Definition sind en détail Unterschiede auszumachen: In administrativer Hinsicht konzentrierte sich der Einfluss des Papsttums bei Gregor VII. auf Bistümer und Bischöfe, während andere Aspekte wie Finanzen unerwähnt blieben. Zudem scheint die päpstliche Bedeutung für die Synoden bei ihm stärker als heute hervorgehoben zu sein.

Wie ist der Jurisdiktionsprimat nun für eine kanonistische Untersuchung zum Hochmittelalter zu verstehen? – Der Begriff ‚Jurisdiktions-

146. Gaudemet, Primauté pontificale dans les collections canoniques grégoriennes, 68–88.

147. Zu betonen ist jedoch, dass der Primat des Papstes bei Gregor VII. „nicht primär juridisch, sondern spirituell, ja mystisch bestimmt" ist (Schatz, Päpstlicher Primat, 110). In diesem Sinne betonte der *Dictatus Papae*, dass der Papst allein die kaiserlichen Herrschaftszeichen verwenden dürfe (Nr. 8), dass sein Name einzigartig (Nr. 11) und in den Kirchen zu nennen sei (Nr. 10) und dass seine Füsse von allen Fürsten zu küssen seien (Nr. 9). Schliesslich sei der Papst aufgrund seines Amts heilig (Nr. 23). Zu den Editionen des *Dictatus Papae* siehe 42 Anm. 137.

148. Zu Konzilien vertiefend Sieben, Konzilsidee des lateinischen Mittelalters, 216f.

primat' soll sich zwar in historischer Perspektive an den Primatsbegriff der gegenwärtigen Kanonistik wie dem Gregors VII. anlehnen, sich aber vor allem auf Elemente der Rechtsprechung konzentrieren, da sich in erster Linie solche Elemente in den mittelalterlichen Kanonessammlung wiederfinden.[149] Zum Jurisdiktionsprimat zählt somit die Jurisdiktionsgewalt des Papstes über alle Menschen, also der Gedanke, dass jeder zu ihm appellieren kann, insbesondere aber Bischöfe und Angeklagte, die vor befangenen Richtern stehen. Von päpstlichen Entscheidungen darf sich niemand an eine andere, höhere Instanz wie beispielsweise ein Konzil wenden. Ferner sind ihm alle wichtigen Angelegenheiten (*causae maiores*) vorzulegen; zu Unrecht abgesetzte Bischöfe darf er restituieren. Der Jurisdiktionsprimat umfasst zudem das päpstliche Recht zur Einberufung von Konzilien, lassen sich doch so auch Aspekte der legislativen Kompetenz in die Untersuchung einbeziehen.[150] Darüber hinaus ist das Auftauchen weitergehender legislativer Aspekte wie das Recht des Papstes, neue Gesetze zu erlassen, und intensivierter administrativer Rechte zu beobachten. Ob, wann, und in welchem Umfang sich legislative und administrative Momente in Kanonessammlungen finden lassen, dient als Indikator für den Wandel von Wissensbeständen. Das verstärkte Auftauchen auch dieser Elemente deutet jedenfalls einen Wandel im normativen Wissensbestand der Zeitgenossen an.

b) *propter regnum caelorum*: Der Zölibat im mittelalterlichen Recht

> *Sunt enim eunuchi, qui de matris utero sic nati sunt,*
> *et sunt eunuchi, qui facti sunt ab hominibus,*
> *et sunt eunuchi, qui se ipsos castraverunt propter regnum caelorum.*[151]

„Denn einige sind von Geburt an zur Ehe unfähig; andere sind von Menschen zur Ehe unfähig gemacht; und wieder andere haben sich selbst zur Ehe unfähig gemacht um des Himmelreichs willen", sprach Jesus zu seinen Jüngern.[152] Dieser Vers aus dem Matthäus-Evangelium dient als

149. Insofern ist die Definition hier im Zusammenspiel mit den Befunden zu den Kanonessammlungen selbst gewählt worden.
150. Auch Gaudemet bezog die gesetzgeberische Gewalt des Papstes in die Untersuchung ein, siehe 44f.
151. Biblia Sacra iuxta vulgatam versionem, Matthäus 19, 12.
152. Übersetzung nach: Bibel, nach der Übersetzung Martin Luthers (1987). Die Zürcher

zentrale Begründung für die Forderung an Kleriker, zölibatär zu leben. *Propter regnum coelorum* ist daher auch in das geltende Kirchenrecht der katholischen Kirche als Grund für den Zölibat aufgenommen, der in can. 277 § 1 CIC/1983 verankert ist.[153] Die Zölibatsverpflichtung umfasst nach heutigem Recht das Verbot, eine Ehe einzugehen, und, da nur die Ehe Raum für Sexualität gibt, das Gebot zur geschlechtlichen Enthaltsamkeit (Keuschheit).[154] Erfasst werden von dem kirchlichen Zölibatsgesetz grundsätzlich alle Kleriker, also Bischöfe, Priester und Diakone.[155]

Der CIC/1983 schreibt vor, dass nicht nur der Eheschluss nach der Weihe nichtig ist (Weihe als Ehehindernis, can. 1087 CIC/1983[156]), sondern auch, dass grundsätzlich nur unverheiratete Männer geweiht werden dürfen (Ehe als Weihehindernis, can. 1042 n° 1 CIC/1983[157]). Ausnahmsweise ist die Weihe eines Verheirateten aber rechtmässig, nämlich dann, wenn dieser zum Ständigen Diakon geweiht wird, also der Diakonat nicht Zwischenschritt zur Priesterweihe, sondern Endziel der geistlichen Berufung ist.[158] Verheiratete können auch

Bibel (2007) übersetzt: „Ja, es gibt Eunuchen, die von Geburt an so waren, und es gibt Eunuchen, die von Menschen zu solchen gemacht wurden, und es gibt Eunuchen, die sich um des Himmelreiches willen selbst zu solchen gemacht haben."

153. can. 277 § 1 CIC/1983: *Clerici obligatione tenentur servandi perfectam perpetuamque propter Regnum coelorum continentiam, ideoque ad coelibatum adstringuntur, quod est peculiare Dei donum, quo quidem sacri ministri indiviso corde Christo facilius adhaerere possunt atque Dei hominumque servitio liberius sese dedicare valent.* Zum Zölibat: Aymans/Mörsdorf, Kanonisches Recht 2, 156–161; Krämer, Kirchenrecht II, 36–39; Heimerl, Zölibat, 19–88; Schwendenwein, Rechte und Pflichten, 361f. sowie die Artikel: Norbert Lüdecke, Art. Zölibat. II. In der christlichen Kirche, in: RGG 8, Sp. 1896–1898; Bernhard Fraling, Art. Zölibat. I. Historisch-theologisch, II. Systematisch-theologisch, in: LThK 10, 2001, Sp. 1483–1485; Peter Krämer, Art. Zölibat. III. Kirchenrechtlich, in: LThK 10, 2001, Sp. 1485–1486; Stefan Blarer-Ziegler, Art. Zölibat. IV. Praktisch-theologisch, in: LThK 10, 2001, Sp. 1486.

154. Heinrich J. F. Reinhardt, in: Münsterischer Kommentar, Band 2 (26. Erg.-Lieferung, November 1996), can. 277 Rn. 5; Schwendenwein, Rechte und Pflichten, 361.

155. Zu den Weihestufen siehe can. 1009 § 1 CIC/1983. Der Zölibat als Kirchengesetz ist von dem Gelübde der Ordensleute, keusch zu leben, abzugrenzen; hierzu Aymans/Mörsdorf, Kanonisches Recht 2, 157; Heinrich J. F. Reinhardt, in: Münsterischer Kommentar, Band 2 (26. Erg.-Lieferung, November 1996), can. 277 Rn. 4; Heimerl, Zölibat, 23–25.

156. can. 1087 CIC/1983: *Invalide matrimonium attentant, qui in sacris ordinibus sunt constituti.* Siehe Heimerl, Zölibat, 30f.

157. can. 1042 n° 1 CIC/1983: *Sunt a recipiendis ordinibus simpliciter impediti: 1° vir uxorem habens, nisi ad diaconatum permanentem legitime destinetur* [...]. Hierzu vertiefend Rüdiger Althaus, in: Münsterischer Kommentar, Band 4 (40. Erg.-Lieferung, Februar 2006), can. 1042 Rn. 3 sowie Aymans/Mörsdorf, Kanonisches Recht 3, 248: So kann zum Beispiel ein Witwer, dessen Ehe nicht mehr besteht, ebenso geweiht werden wie ein Mann, dessen Ehe annuliert wurde.

158. Siehe Weiß, Ständiger Diakon (2015); Aymans/Mörsdorf, Kanonisches Recht 2, 157f.

im Wege der Dispens geweiht werden, beispielsweise im Falle der Konversion eines verheirateten nicht-katholischen (z.B. anglikanischen oder protestantischen) Klerikers.[159] Eine zweite Ehe dürfen aber weder sie noch Ständige Diakone eingehen, da der Grundsatz des can. 1087 CIC/1983, demzufolge die Weihe ein Ehehindernis ist, auch auf sie Anwendung findet.[160] Gesichert wird das Zölibatsgebot des can. 277 § 1 CIC/1983 durch die Strafvorschriften der cann. 1394 und 1395 CIC/1983.[161] Zudem ist eine Dispens von dem Zölibatsgebot nur durch den Papst zu erteilen (can. 291 CIC/1983), d.h. selbst nach Verlust des Klerikerstandes bleibt das Zölibatsgebot regelmässig bestehen.[162] Dies unterstreicht den hohen Stellenwert, den der Zölibat in der katholischen Kirche geniesst.

Wie schon bei der Darstellung des Jurisdiktionsprimats ist auch hier kein Raum für eine Auseinandersetzung mit dem Zölibat in theologisch-dogmatischer, kirchenpolitischer oder tatsächlicher Hinsicht.[163] Hier sind allein die Sachaussagen des geltenden Kirchenrechts zum Zölibat von Interesse, nämlich das Verbot des Eingehens einer Ehe nach der Weihe sowie die Pflicht zur Keuschheit; zudem verbietet eine bestehende Ehe im Grundsatz die Klerikerweihe.

Normativ verankert in can. 1031 § 2 CIC/1983, vertiefend: Rüdiger Althaus, in: Münsterischer Kommentar, Band 4 (40. Erg.-Lieferung, Februar 2006), can. 1031 Rn. 4.

159. Vertiefend Heimerl, Zölibat, 22f.

160. Dies ist indes im Falle des Ständigen Diakons durchaus umstritten. In der Praxis kann – beispielsweise wenn kleine Kinder vorhanden sind, die einer Mutter bedürfen, oder betagte Eltern/Schwiegereltern Pflege benötigen – eine Dispens erteilt werden, siehe Weiß, Ständiger Diakon, 407; Aymans/Mörsdorf, Kanonisches Recht 2, 158; Aymans/Mörsdorf, Kanonisches Recht 3, 441f.; Klaus Lüdicke, in: Münsterischer Kommentar, Band 5 (40. Erg.-Lieferung, Februar 2006), can. 1087 Rn. 1, 7.

161. Hierzu: Heimerl, Zölibat, 30–47; Klaus Lüdicke, in: Münsterischer Kommentar, Band 6 (22. Erg.-Lieferung, November 1993), can. 1394 Rn. 1–7 sowie Klaus Lüdicke, in: Münsterischer Kommentar, Band 6 (35. Erg.-Lieferung, November 2001), can. 1395 Rn. 1–10.

162. Nach dem Verlust des klerikalen Standes nach can. 290 CIC /1983 ist eine Dispens vom Zölibatsgebot nur durch den Papst zu gewähren, es sei denn, dass durch richterliches Urteil oder Verwaltungsdekret die Ungültigkeit der Weihe festgestellt wurde (can. 290 n° 1 i.V.m. can. 291 CIC/1983). In diesem Falle bedarf es einer Dispens nicht. Vertiefend: Heinrich J. F. Reinhardt, in: Münsterischer Kommentar, Band 2 (26. Erg.-Lieferung, November 1996), can. 290 Rn. 1–8; Heinrich J. F. Reinhardt, in: Münsterischer Kommentar, Band 2 (26. Erg.-Lieferung, November 1996), can. 291 Rn. 1–8; Heimerl, Zölibat, 48–75.

163. Aus der Literatur zur Diskussion um den Zölibat: Schillebeeckx, Amtszölibat (1967); Vogels, Pflichtzölibat (1978); Schillebeeckx, Christliche Identität und kirchliches Amt (1985), 254–309; Ranke-Heinemann, Eunuchen für das Himmelreich (1988), insbes. 105–124; Vogels, Priester dürfen heiraten (1992); Sipe, Sexualität und Zölibat (1992); Müller, Liebe und Zölibat. Wie eheloses Leben gelingen kann (1994); Weitz, Zölibat des Weltpriesters zwischen Ideologie und Theologie (1998); Sipe, Celibacy in Crisis (2003); Garhammer (Hg.), Zölibat zwischen Chrisma und Zwang (2011).

Diese strikte Ausdeutung des Zölibats findet sich im ersten christlichen Jahrtausend noch nicht, vielmehr ist aus der Perspektive der historischen Kanonistik hervorzuheben, dass zwischen Ehelosigkeitszölibat und Enthaltsamkeitszölibat differenziert wurde. Ehelosigkeitszölibat beinhaltete die Pflicht, ehelos (und keusch) zu leben, und Enthaltsamkeitszölibat das Gebot, sich bei bestehender Ehe seiner Frau zu enthalten.[164] Welche Spielarten der Zölibat zwischen den ersten christlichen Jahrhunderten und dem 13. Jahrhundert durchlaufen hat und welche wichtigen Kanones ihn normativ erfasst haben, soll der folgende historische Überblick zeigen.[165]

In den ersten drei Jahrhunderten des Christentums lässt sich eine rechtliche Normierung der zölibatären Verpflichtungen noch nicht erkennen. Zwar wurden auf jeden Fall unter anderem in Anlehnung an die paulinische Ausdeutung des Wortes Christi, dass man um des Himmelsreichs willen ehelos leben solle,[166] Ehelosigkeit und Keuschheit hochgeschätzt, doch gab es auch verheiratete Priester und Bischöfe, ja selbst Petrus hatte eine Frau.[167] Ob sich diese im Sinne eines Enthaltsamkeitszölibats ihrer Frauen enthalten haben, darüber scheint in der theologischen Forschung keine Einigung erzielt worden zu sein.[168]

164. Diese Differenzierung beispielsweise bei Heid, Zölibat, 13.

165. Der nachfolgende Überblick beruht ganz wesentlich auf folgenden Werken: Hinschius, System des katholischen Kirchenrechts 1, 144–163; Hödl, lex continentiae (1961); Schillebeeckx, Amtszölibat (1967), insbes. 15–54; Boelens, Klerikerehe (1968); Kötting, Zölibat in der Alten Kirche (1968); Antweiler, Zölibat. Ursprung und Geltung (1969); Gryson, Les origines du célibat ecclésiastique, 1970; Denzler, Papsttum und Amtszölibat 1 (1973); Cochini, Apostolic Origins of Priestly Celibacy (1990; frz. Original: Origines apostoliques du célibat sacerdotal (1981)); Schillebeeckx, Christliche Identität und kirchliches Amt (1985), insbes. 288–294; Cholij, Clerical Celibacy in East and West (1989); Brown, Keuschheit der Engel (1991; engl. Original: The Body and Society. Men, Women and Sexual Renunciation in Early Christianity, New York 1988); Hohmann, Zölibat (1993), insbes. 17–43; Denzler, Geschichte des Zölibats (1993), insbes. 24–59; Stickler, Der Klerikerzölibat (1993), insbes. 9–41; Heid, Zölibat (1997); Denzler, Geschichte des Priesterzölibats (2001); Price, Zölibat, 722–739; Phipps, Clerical Celibacy (2004). Einen historiographischen Überblick bietet Peters, History, Historians and Clerical Celibacy (1998).

166. Zu Matthäus 19, 12 siehe die Auslegung von Paulus, 1 Korinther 7, 5–8, 25–38.

167. So heisst es in den Paulus zugeschriebenen Briefen (wohl gegen Ende des 1. Jahrhunderts), der Vorsteher soll einer Frau Mann (*unius uxoris vir*) sein, siehe Titus 1, 5–9 sowie 1 Timotheus 3, 2–7 und 8–12. Zur Heilung der Schwiegermutter des Petrus: Markus 1, 29–31; Matthäus 8, 14–15 und Lukas 4, 38–39.

168. Zur Apostolizität des Zölibats einerseits: Gryson, Les origines du célibat ecclésiastique, 1–3, 127; Schillebeeckx, Christliche Identität und kirchliches Amt, 289f. sowie Denzler, Geschichte des Zölibats, 23, die eine Apostolizität verneinen; andererseits Cochini, Apostolic Origins of Priestly Celibacy, 139–254 und Heid, Zölibat, insbes. 11–20, die den Enthaltsamkeitzölibat schon in die apostolische Zeit zurückführen wollen. Zu dieser Diskussion auch Price, Zölibat, 725f.

Doch bedarf diese Frage, die vor allem in der theologischen Diskussion als Begründung für den Zölibat im heutigen Kirchenrecht als wichtig erachtet zu sein scheint,[169] hier keiner weiteren Klärung, da normative Texte aus dieser Zeit nicht überliefert sind.

Eine rechtliche Positivierung der zölibatären Verpflichtung setzte erst mit dem 4. Jahrhundert ein. Als Beginn der Normierungsbemühungen wird das Konzil von Elvira (in der Nähe von Granada/Spanien) gesehen, das vermutlich Anfang des 4. Jahrhunderts den Klerikern ein enthaltsames Leben auferlegte: Majoristen, also der höhere Klerus, zu dem Bischöfe, Priester und Diakone zählten, durften zwar verheiratet sein, doch hatten sie sich nach der Weihe ihrer Frauen zu enthalten, wollten sie nicht aus dem Klerikerstand ausgeschlossen werden.[170] Minoristen, zu denen der Ostiarius (Türhüter, Hausmeister), der Lektor (Schriftleser), der Exorcista (‚Teufelsaustreiber') und der Akolytha (Messgehilfe) gehörten, durften jedoch weiterhin mit ihren Frauen verkehren; ob Subdiakone zu den Majoristen oder Minoristen gehörten, war lange unsicher und wurde erst später im Sinne der Zugehörigkeit zum höheren Klerikerstand beantwortet.[171]

Im Sinne eines Enthaltsamkeitszölibats lassen sich auch weitere Quellen des 4. bis 7. Jahrhunderts interpretieren: In der Dekretale *Directa ad decessorem* aus dem Jahr 385 schärfte Papst Siricius (384–399) Bischof Himerius von Tarragona ein, dass Majoristen, die sich ihrer Ehefrauen

169. Hierzu zum Beispiel Price, Zölibat, 725f.

170. Konzil von Elvira/Concilium Eliberritanum, c. 33 (Martínez Díez/Rodríguez, La Colección Canónica Hispana IV, 253; siehe auch Vives, Concilios visigóticos, 7): *De episcopis et ministris, ut ab uxoribus abstineant // Placuit in totum prohiberi episcopis, presbyteris et diaconibus positis in ministerio abstinere se a coniugibus suis et non generare filios. Quicumque vero fecerit, ab honore clericatus exterminetur.* Zur Datierung des Konzils: Reichert, Synode von Elvira, 21–23; zum Konzil wie zum Text des c. 33: Griffe, À propos du canon 33 du concile d'Elvire (1973); Griffe, Le Concile d'Elvire (1976); Reichert, Synode von Elvira, 138f.; Weckwerth, Toledo, 104–106; Weckwerth, Subdiakone, 57f. Eine solche von Enthaltsamkeit geprägte Ehe wird auch ‚Josephsehe' genannt.

171. Einen Überblick über die Weihegrade vermittelt Bernd-Ulrich Hergemöller, Art. Klerus, Kleriker, in: LexMA 5, Sp. 1207–1211; speziell zum Subdiakon: Weckwerth, Subdiakone (2003). Ein wichtiger Kanon zur Einbeziehung der Subdiakone in die Enthaltsamkeitsvorschriften stammt aus einem Brief Leos des Grossen an Anastasius von Thessaloniki, 446?, ep. 14, c. 4, JK 411/J^3 918, gedr.: PL 54, Sp. 672B–673A: *Nam cum extra clericorum ordinem constitutis nuptiarum societati et procreationi filiorum studere sit liberum, ad exhibendam tamen perfectae continentiae puritatem, nec subdiaconis quidem connubium carnale conceditur, ut, et qui habent, sint tamquam non habentes, et qui non habent, permaneant singulares. Quod si in hoc ordine, qui quartus est a capite, dignum est custodiri, quanto magis in primo aut secundo, vel tertio servandum est, ne aut levitico, aut presbyterali honore, aut episcopali excellentia quisquam idoneus aestimetur, qui se a voluptate uxoria necdum frenasse detegitur.*

nicht enthielten, aus dem Amt entfernt werden sollten.[172] Ähnliches mahnten die Päpste Innozenz I. (401–417) sowie Leo der Grosse (440–461) an.[173] Und auch verschiedene Synoden – zum Beispiel Karthago 390, Orange 441, Agde 506 – legten Inhabern höherer Weihen einen Enthaltsamkeitszölibat auf.[174] Die Ehe hingegen sollte aber nicht – und konnte aufgrund ihrer Unauflösbarkeit auch gar nicht – getrennt werden. Hinter diesen Enthaltsamkeitsvorschriften stand wohl die Rezeption der griechisch-römischen Vorstellung, dass sexuelle Praxis und Kultausübung unvereinbar waren. In Verbindung mit alttestamentarischen Reinheitsgedanken formte sich die Idee der Keuschheit als normatives Leitbild.[175] Das Erste Konzil von Nizäa verbot im Jahr 325 Klerikern, mit Frauen (*subintroductae mulieres*) zusammenzuleben; allein Mütter, Schwestern, Tanten oder andere ‚unverdächtige' Frauen sollten in dem Haushalt des Klerikers leben dürfen.[176] Gemeint waren mit

172. Siricius an Himerius (Dekretale *Directa ad decessorem*), Kap. VII., zit. nach Zechiel-Eckes, Die erste Dekretale, 100: *Hii vero, qui inliciti privilegii excusatione nituntur, ut sibi asserant veteri hoc lege concessum, noverint se ab omni ecclesiastico honore, quo indigne usi sunt, apostolicae sedis auctoritate deiectos, nec unquam posse veneranda adtractare mysteria. A quibus se ipsi, dum obscenis cupiditatibus inhiant, privaverunt.* Zur Dekretale siehe 26f.; eine umfassende Interpretation dieser Stelle bietet Hornung, Directa ad decessorem, 151–178.

173. Zum Beispiel: Innozenz I. an Maximus und Severus, ep. 38, JK 315/J^3 713, gedr.: Coustant, Sp. 913 A/B: *Qui zelo fidei ac disciplinae ductus, non patitur ecclesiam pollui ab indignis presbyteris, quos in presbyterio filios asserit procreasse. Quod non licere exponerem, nisi nossem vestram prudentiam legis totius habere notitiam. Et ideo, fratres carissimi, libelli, qui subiectus est, tenore perspecto, eos, qui talia perpetrasse dicuntur, iubebitis in medio collocari, discussisque obiectionibus, quae ipsis presbyteris impinguntur, si convinci potuerint, a sacerdotali removeantur officio, quia, qui sancti non sunt, sancta tentare non possunt, atque alieni efficiantur a ministerio, quod vivendo illicite polluerunt.* Leo I. der Grosse an Rusticus von Narbonne, 458–459, ep. 167, c. 3, JK 544/J^3 1098, gedr.: PL 54, Sp. 1204A: *Lex continentiae eadem est ministris altaris quae episcopis atque presbyteris, qui cum essent laici sive lectores, licito et uxores ducere et filios procreare potuerunt. Sed cum ad praedictos pervenerunt gradus, coepit eis non licere quod licuit. Unde, ut de carnali fiat spirituale coniugium, oportet eos nec dimittere uxores et, quasi non habeant sic habere, quo et salva sit charitas connubiorum, et cessit opera nuptiarum.*

174. Synode von Karthago 390, c. 2 (Munier, Concilia Africae, 13): *Omnibus placet ut episcopus, presbyter et diaconus, pudicitiae custodes, etiam ab uxoribus se abstineant ut in omnibus et ab omnibus pudicitia custodiatur, qui altario inserviunt.* Synode von Orange 441, c. 22 (Munier, Concilia Galliae, 84): *Si quis autem post acceptam benedictionem leviticam cum uxore sua incontinens invenitur ab officio abiciatur*; Synode von Agde 506, c. 9 (Munier, Concilia Galliae, 196–199). Weitere Konzilien sind aufgeführt bei Boelens, Klerikerehe, 47–59.

175. Zur theologischen Begründung bspw. Hornung, Directa ad decessorem, 168; Kötting, Zölibat in der Alten Kirche, 18–35. Reinheitsvorschriften im Alten Testament bspw.: Exodus 19, 15 bzw. Leviticus 21, 7–8.

176. Konzil von Nizäa, c. 3 (Wohlmuth, Conciliorum Oecumenicorum Decreta 1, 7): *Interdixit per omnia magna synodus, nec episcope nec presbytero nec alicui prorsus, qui est*

diesen *subintroductae mulieres* wohl keine Konkubinen, sondern Syneisakten, also junge Frauen oder Witwen, die mit Geistlichen in einer platonischen Form der ‚geistlichen Ehe' lebten. Nizäa unterdrückte diesen in erster Linie gnostischen Brauch, doch wurde dieser Kanon im Hochmittelalter, wie später zu zeigen sein wird, grundsätzlicher rezipiert.[177]

Von dieser ab dem vierten Jahrhundert häufig erhobenen Forderung, in der Ehe enthaltsam zu leben, ist das Gebot abzugrenzen, dass Majoristen nur in bestimmten Formen einer Ehe leben durften: Sie sollten in erster Ehe verheiratet sein (sog. Digamieverbot), und zwar mit einer unbescholtenen, jungfräulichen Frau, die nicht verwitwet war.[178] Diese Anforderung stützte sich auf eine Interpretationsmöglichkeit des Pauluswortes, dass der Kleriker *unius uxoris vir* sein soll, also in erster Ehe leben.[179]

in clero, licere subintroductam habere mulierem, nisi forte matrem aut sororem aut amitam vel eas tantum personas quae suspicionem effugiunt.

177. Zu den *subintroductae mulieres* und den ‚geistlichen' oder ‚spirituellen' Ehen Anne Jensen, Art. Syneisakten, in: LThK 9, 2000, Sp. 1175; Achelis, Virgines subintroductae (1902). Zur Rezeption siehe 109.

178. Zentrale Aussagen zu diesem Digamieverbot stammen aus dem Beschlüssen des Konzils von Arles 524 (Konzil von Arles IV, 524, c. 3 (Rubrik) (vgl. Mansi 3, Sp. 625–632, hier Sp. 625): *Ut digami vel poenitentes vel repudiatarum mariti ad sacerdotium non proveantur.*) sowie aus den Dekretalen der Päpste Siricius (Siricius an Himerius (Dekretale *Directa ad decessorem*), Kap. XI., zit. nach Zechiel-Eckes, Die erste Dekretale, 108: *Quisquis sane clericus aut viduam aut certe secundam coniugem duxerit, omni ecclesiasticae dignitatis privilegio mox nudetur, laica tantum sibi communione concessa. Quam ita demum poterit possidere, si nihil postea, propter quod hanc perdat, admittat.* Hierzu Hornung, Directa ad decessorem, 184–194); Innozenz I. (Innozenz I. an Victricius von Rouen, ep. 2, c. 4, JK 286/J³ 665, gedr.: Coustant, Sp. 750A, PL 20, Sp. 473A: *Ut mulierem clericus non ducat uxorem, quia scriptum est, sacerdos uxorem virginem accipiat, non viduam, non eiectam. Utique qui ad sacerdotium labore suo et vitae probitate contendit, cavere debet, ne hoc praeiudicio impeditus, pervenire non posset.* Ebd., c. 5, Coustant, Sp. 750A/B, PL 20, Sp. 474A: *Ut is qui mulierem licet laicus duxerit uxorem sive ante baptismum sive post baptismum, non admittatur ad clerum, quia eodem videtur vitio exclusus. In baptismo enim crimina dimittuntur, non acceptae uxoris consortium relaxatur.* Ebd., c. 6, Coustant, Sp. 750B–751A, PL 20, Sp. 474A: *Ne is, qui secundam duxit uxorem, clericus fiat, quia scriptum est: Unius uxoris virum. Et iterum: Sacerdotes mei semel nubant. Et alibi: Sacerdotes mei non nubent amplius.*); und Gregors I. (Gregor I. der Grosse an Johannes von Squillace, Juli 592, Reg. 2.37, JE 1191/J³ 2213, MGH Epp. 1, 133 Zeile 8–12: *Praecipimus autem, ne umquam inlicitas ordinationes facias, ne bigamum, aut qui virginem non est sortitus uxorem, aut ignorantem litteras, vel in qualibet parte corporis vitiatum, poenitentem, vel curiae aut a cuilibet conditioni obnoxium, ad sacros ordines permittas accedere. Sed si quos huiusmodi reppereris, non audeas promovere.*)

179. Das Schreiben des Apostols Paulus ist nachgewiesen in Anm. 167. Kötting, Zölibat in der Alten Kirche, 10 führt aus, dass die Forderung „eines Weibes Mann zu sein" dreifach interpretiert werden kann, nämlich seine Frau zu lieben und keinen Ehebruch zu begehen, um des guten Beispiels willen verheiratet zu sein oder überhaupt nur einmal zu heiraten (so

Von dieser Pflicht, nur in erster Ehe lebende Männer zu weihen, ist der Eheschluss nach der Weihe zu unterscheiden. Nach der Weihe durften Majoristen weder eine erste noch eine zweite Ehe eingehen, da die Weihe ein Ehehindernis konstituierte. Minoristen hingegen wurde der Eheschluss nach der Weihe häufig nicht verboten.[180]

Während sich in der Westkirche das Gebot der Enthaltsamkeit und das Verbot des Eheschlusses für Majoristen durchsetzten, kannte die Ostkirche nur das Verbot des Eheschlusses für Majoristen; eine vor der Weihe eingegangene Ehe konnte jedoch – mit Ausnahme der Gottesdienstzeiten – fortgesetzt werden.[181] Allein Bischöfe sollten zölibatär leben; in der Regel entstammten sie deshalb dem Mönchsstand.[182] Der niedere Klerus durfte hingegen auch nach der Weihe noch heiraten. Das Zweite Trullanum, ein Konzil der Ostkirche, das 691/692 in Konstantinopel tagte, bekräftigte diese Grundsätze und verwarf die zölibatären Forderungen der Westkirche, von der sie sich in dieser Frage endgültig trennte.[183] Bei diesem Stand – Eheverbot und Keuschheit für Bischöfe, den übrigen Klerikern ist die Ehe und der sexuelle Verkehr erlaubt – verbleibt die Ostkirche bis heute.[184]

Die lateinische Kirche im Westen beliess es zwischen dem 7. und der Mitte des 12. Jahrhunderts bei der skizzierten Rechtslage: Zwar war die Weihe von Verheirateten möglich, doch blieb die Eheschliessung von Klerikern verboten. In dieses Verbot wurden nun auch vermehrt Subdiakone einbezogen. Im Übrigen wurden vor allem die Enthaltsam-

das mehrheitliche Verständnis). Ein Kleriker sollte zudem keine Witwe, Prostituierte oder Sklavin heiraten.

180. Hierzu Boelens, Klerikerehe, 29–38.

181. Zur ostkirchlichen Entwicklung: Stickler, Klerikerzölibat, 42–58; Boelens, Klerikerehe, 29f. und 40–43; Denzler, Geschichte des Zölibats, 29–32; Kötting, Zölibat in der Alten Kirche, 15–18; Schillebeeckx, Amtszölibat, 27–29; Gallagher, Church Law and Church Order, insbes. 34f., 66–72, 134–138. Zu Ungarn, das Impulse der West- wie der Ostkirche rezipierte, siehe Komáromi, Ungarn zwischen Ost und West (2006) sowie Štulrajterová, Sacerdotal Celibacy in Medieval Hungary (2013).

182. Die Frau eines verheirateten Kandidaten für ein Bischofsamt sollte in ein Kloster gehen.

183. Zum Zweiten Trullanum, auch Konzil im Trullos (i.e. der Kuppelsaal des Kaiserpalasts in Konstantinopel) oder Quinisextum genannt: Ohme, Concilium Quinisextum (2006), insbes. 137–147 zur Klerikerehe und -enthaltsamkeit mit einer Untersuchung der cc. 3, 6, 12, 13, 30 und 48; Cholij, Clerical Celibacy in East and West (1989) sowie Ohme, Concilium Quinisextum und seine Bischofsliste (1990).

184. Zur heutigen Rechtslage siehe cann. 180, 373, 758 § 2 und § 3 CCEO mit deutscher Übersetzung bei Gerosa/Krämer (Hg.), Codex Canonum Ecclesiarum Orientalium/Gesetzbuch der katholischen Ostkirchen, 151, 249, 407. Vertiefend zur Rechtslage: Nedungatt, Celibate and married clergy in CCEO Canon 373 (2002).

keitsanordnungen für verheiratete Kleriker wiederholt. Die Häufigkeit solcher Kanones wie überhaupt die normativen Quellen zur Klerikerehe nahmen in dieser Zeit jedoch tendenziell ab; auch von Rom gingen kaum noch Impulse aus.[185]

Dies änderte sich ab der Mitte des 11. Jahrhunderts. Sowohl regionale Konzilien wie Papstkonzilien nahmen sich des Zölibats an, Schriften pro und contra Enthaltsamkeit wurden ausgetauscht, Legaten schärften die neuen römischen Vorstellungen der Päpste Nikolaus II. und Gregors VII. ein, und die Bischöfe von Rom mobilisierten das Volk, Messen verheirateter Priester zu meiden. Sie schmähten verheiratete Priester als Nikolaiten und verglichen sie so mit dem legendenhaften Diakon Nikolaus, der in einer Sekte sexuellen Ausschweifungen gefrönt haben soll.[186] In der zweiten Hälfte des 11. Jahrhunderts gewann die Frage nach der richtigen Lebensform der Kleriker also eine Dynamik und Virulenz, die sie bislang nicht gekannt hatte. Einen Abschluss fand diese Phase in den Beschlüssen des Zweiten Laterankonzils von 1139, das nun für die Gesamtkirche verbindlich die Enthaltsamkeit festschrieb und erstmals die Nichtigkeit einer nach der Weihe geschlossenen Ehe feststellte: Die Weihe war als trennendes Ehehindernis etabliert.[187]

Als Ausgangspunkt dieser neuen Phase in der Geschichte des Zölibats gelten die Beschlüsse des Konzils von Bourges, das 1031 tagte und am Anfang einer Reihe von regionalen Konzilien mit derselben Stossrichtung steht.[188] Das Konzil wiederholte das Verbot für Majoristen, eine *uxor* oder *concubina* zu haben, und gebot über die alten Verbote hinausgehend die räumliche Trennung von ihnen: *ut nunquam ulterius ad eas accedant.*[189] Eine Zuwiderhandlung sollte mit Degradation, nicht

185. Vertiefend zum 7. bis 11. Jahrhundert: Boelens, Klerikerehe, 76–115.

186. Zum Einstieg: Stefan Beulertz, Art. Nikolaitismus, Nikolaiten, in: LexMA 6, Sp. 1164f.

187. Die Literatur zur Geschichte des Zölibats in gregorianischer Zeit ist kaum zu überblicken, siehe beispielsweise neben der in Anm. 165 genannten Literatur vor allem Barstow, Married Priests (1982), die Beiträge in Frassetto (Hg.), Medieval Purity and Piety (1998) sowie Parish, Clerical Celibacy (2010).

188. So beurteilt von Boelens, Klerikerehe, 117–120 und Barstow, Married Priest, 47.

189. Konzil von Bourges, 1031, c. 5, gedr.: Mansi 19, Sp. 501–508, hier Sp. 503: *Ut presbyteri, et diacones, et subdiaconi, sicut lex canonum praecipit, neque uxores neque concubinas habeant, et qui eas modo habent, ita eas sine mora peracto hoc concilio derelinquant, ut nunquam ulterius ad eas accedant. Qui vero derelinquere eas noluerint, a proprio gradu et officio cessent, et inter lectores et cantores permaneant. Similiter nulli de clero permittimus deinceps uxorem neque concubinam habere. Supradicti autem in choro tantum intrent ad legendum et cantandum, ad altaris vero ministerium nullatenus accedant.*

aber mit dem Ausschluss aus dem Klerikerstand bestraft werden (*a proprio gradu et officio cessent, et inter lectores et cantores permaneant*). Derselbe Kanon fährt fort: *Similiter nulli de clero permittimus deinceps uxorem neque concubinam habere*, was auf ein Keuschheitsgebot auch für Minoristen hindeutet.[190] Ein Verbot, verheiratete Kleriker zu weihen, lässt sich den Kanones des Konzils von Bourges aber nicht entnehmen, selbst wenn zukünftige Subdiakone vor ihrer Weihe versprechen sollten, weder eine Ehe einzugehen noch Verkehr mit einer Frau zu haben.[191] Kinder, die im Klerikerstand des Vaters geboren wurden, sollten als illegitime gelten.[192] Um Klerikerehen und damit Klerikerkinder zu vermeiden, verboten die Teilnehmer des Konzils in Bourges zudem, dass jemand seine Tochter einem Majoristen oder dessen Sohn als Frau geben solle. Zudem untersagten sie, die Tochter eines Majoristen zu heiraten.[193] Gegenüber älteren Regelungsansätzen fällt bei den Konzilsbeschlüssen von Bourges die Ausführlichkeit auf, mit der das Thema Zölibat behandelt wurde. Darüber hinaus wurden immer wieder Sicherungsmittel eingebaut, um ein keusches Leben auch wirklich durchzusetzen: Die völlige Trennung von den Frauen diente ebenso diesem Ziel wie die Schlechterstellung der als illegitim erachteten Kinder. Die Ehen der Kleriker waren aber nach den

190. Zur Interpretation des Konzilsbeschlüsse: Boelens, Klerikerehe, 117–120; Barstow, Married Priests, 47–49; Parish, Clerical Celibacy, 96.

191. Konzil von Bourges, 1031, c. 6, gedr.: Mansi 19, Sp. 503: *Ut episcopi nullum amplius ad subdiaconatus gradum ordinent, nisi in praesentia episcopi ante altare sedis deo promittat, nunquam se habiturum uxorem neque concubinam. Et si tunc eam habuerit, mox ei abrenunciet, quod lingua Francorum gurpire dicimus.*

192. Konzil von Bourges, 1031, c. 8, gedr.: Mansi 19, Sp. 504: *Ut filii presbyterorum, sive diaconorum, sive subdiaconorum, in sacerdotio, vel diaconatu, vel subdiaconatu nati, nullo modo ulterius ad clericatum suscipiantur. Quia tales, et omnes alii qui de non legitimo coniugio sunt nati, semen maledictum in scripturis divinis appellantur, nec apud saeculares leges haereditari possunt, neque in testimonium suscipi. Et qui de talibus clerici non sunt, sacros ordines non accipiant, sed in quocumque gradu nunc sunt, in eo tantum permaneant, et ultra non promoveantur*. Die Kinder des Klerikers hingegen, der aus dem Klerikerstand austrat, Kinder zeugte und nach anschliessender Busse wieder in seinen früheren Weihegrad aufgenommen wurde, galten als legitime Kinder, siehe Konzil von Bourges, 1031, c. 10, gedr.: Mansi 19, Sp. 504: *Qui autem de aliquo gradu ecclesiastico ad laicalem ordinem ex toto reversi sunt, et ad coniugium legitimum accesserunt, et postea agentes poenitentiam dignam ad pristinum gradum reversi sunt, eorum filii legitimi sunt, quia in laicali ordine, et legitimo coniugio procerati sunt, nec dici possunt filii clericorum, sed laicorum, vel etiamsi laici permanserint, idem est.*

193. Konzil von Bourges, 1031, c. 19, gedr.: Mansi 19, Sp. 505: *Ut nullus filiam suam det uxorem presbytero, neque diacono, neque subdiacono, neque filiis eorum*. Konzil von Bourges, 1031, c. 20, gedr.: Mansi 19, Sp. 505: *Ut nullus filiam presbyteri, neque diaconi, neque subdiaconi, neque uxores eorum in coniugium accipiat, quia detestabile est* [...].

Beschlüssen der Synode nicht nichtig; auch sprach die Synode kein Verbot aus, verheiratete Männer zu weihen. In dieser Hinsicht bewegen sich die Beschlüsse doch wieder auf dem Boden der kanonistischen Tradition.

Aus der Vielzahl der zeitlich nachfolgenden Konzilsbeschlüsse und Dekretalen seien nur einige herausgegriffen. Leo IX. (1049–1054) erhob im Zuge einer Synode 1049 zölibatäre Forderungen, doch ist der genaue Wortlaut dieser Beschlüsse nicht überliefert.[194] Bekannt sind die Bemühungen Leos IX. jedoch aus den Synodalbeschlüssen seines Nachfolgers Niklaus II. (1059–1061), der in den Beschlüssen der Synode von 1059 auf diejenige seines Vorgängers Leos IX. verwies: Wer eine Frau oder Konkubine öffentlich geheiratet oder eine geheiratete nicht verlassen hatte, sollte weder die Messe feiern noch das Evangelium lesen noch im Presbyterat verbleiben. Vor allem aber verbot Nikolaus II. jedem Gläubigen, die Messe eines inkontinenten Priesters zu hören.[195] Das Kirchenvolk war damit erstmals in die Frage der Klerikerdisziplin direkt einbezogen.[196] Diese Form der Laienbeteiligung kulminierte in der Pataria in Mailand, dem bekanntesten Beispiel für religiös bedingte Unruhen in der zweiten Hälfte des 11. Jahrhunderts, die sich auch gegen verheiratete Priester richtete.[197]

Unter dem Pontifikat Gregors VII. nahmen die Auseinandersetzungen um den Zölibat weniger an inhaltlicher Reichweite oder an juristischer Präzision denn an politischer Schärfe zu.[198] Seine Gesetzgebung

194. Vgl. Boelens, Klerikerehe, 120f., 125, 135–137; Barstow, Married Priests, 49–56; Blumenthal, Gregory VII and the Prohibition of Nicolaitism, 242f.

195. Nikolaus II., Synode von 1059 (*Vigilantia universalis*), c. 3, JL 4405, 4406, gedr. MGH Const. 1, ed. Weiland, Nr. 384, 546–548, hier 547: *Ut nullus missam audiat presbyteri, quem scit concubinam indubitanter habere aut subintroductam mulierem. Unde etiam ipsa sancta synodus hoc capitulum sub excommunicatione statuit, dicens: Quicunque sacerdotum, diaconorum, subdiaconorum post constitutum beatae memoriae predecessoris nostri sanctissimi Leonis papae de castitate clericorum, concubinam palam duxerit vel ductam non reliquerit, ex parte omnipotentis Dei auctoritate beatorum apostolorum Petri et Pauli precipimus et omnino contradicimus, ut missam non cantet neque evangelium vel epistolam ad missam legat, neque in presbyterio ad divina officia cum iis qui praefatae constitutioni obędientes fuerint maneat, neque partem ab aecclesia suscipiat, quousque a nobis sententia super huiusmodi Deo concedente procedat.*

196. Zur Bedeutung der Synode von 1059 vgl. die Beurteilung von Mirbt, Publizistik, 265, der von einer „hervorragende[n] Stellung" spricht und demzufolge sie einen „epochemachenden Einschnitt in den Annalen des Kampfes um die Priesterehe" bildet.

197. Zur Pataria Werner, Pauperes Christi, 111–164 (da 1956 in Leipzig erschienen tendenziell politisch gefärbt); Keller, Pataria und Stadtverfassung, insbes. 338–343; Zumhagen, Religiöse Konflikte und kommunale Entwicklung (2002).

198. Zu Gregor VII. insbesondere Blumenthal, Gregory VII and the Prohibition of

beruhte im Wesentlichen auf den Entscheidungen der Synode von 1059: Gregor VII. strebte an, dass sich nur enthaltsame Kleriker (Majoristen, aber wohl auch Minoristen) am Altar aufhielten, und verfügte die Trennung der Kleriker von ihren Frauen.[199] In bislang ungekanntem Masse versuchte Gregor VII. jedoch, sowohl die ältere Gesetzgebung wie seine eigenen Synodalbeschlüsse politisch durchzusetzen: Er löste beispielsweise das Kirchenvolk von Konstanz vom Eid gegenüber dem aus seiner Sicht päpstlichen Anweisungen untreuen Bischof Otto von Konstanz.[200] Ausserdem wies er Bischöfe unter Absetzungsandrohung an, konsequent gegen inkontinente Geistliche vorzugehen.[201] Auf lokaler Ebene regte sich gegen seine Massnahmen vielerorts Widerstand: In Paris wurde 1074 ein die Ansichten Gregors verteidigender Abt bedroht und geschlagen; in Erfurt erhoben sich Kleriker gegen ihren Erzbischof; dem Erzbischof in Rouen drohte die Steinigung.[202] Die Diskussion um die Priesterehe fand auch in der zeitgenössischen Publizistik Widerhall: In Bernold von Konstanz fand die päpstliche Seite einen Verteidiger des neuen Kurses (*De prohibenda sacerdotum incontinentia*, 1075/76), während die *Epistola Udalrici* (in den 1070er Jahren) die Priesterehe

Nicolaitism (1998); Cowdrey, Gregory VII and the Chastity (1998); Blumenthal, Prohibition of Clerical Marriage (2008).

199. Siehe beispielsweise Gregor VII. an Sigehard von Aquileja, 1075 März 23, JL 4943, Reg. II, 62: *Decrevimus enim, quod, si quis eorum ordinum, qui sacris altaribus administrant, presbyter scilicet diaconus et subdiaconus, uxorem vel concubinam habet, nisi illis omnino dimissis dignam pęnitentiam agant, sacris altaribus pęnitus administrare desistant nec aliquo ecclesię beneficio ulterius potiantur sive potitis fruantur* […]; Gregor VII. an Burkhard II. von Halberstadt, 1075 März 29, JL 4948, Reg. II, 66: *Quam ob rem, karissime frater, instanter hortamur et apostolica auctoritate precipimus,* […] *de agro Dominico zizania eradices, frumentum conserves, castos et religiosos clericos ut tui officii cooperatores benigne foveas, lubricos et incontinentes aut paternę corrigas aut incorrigibiles a sacris altaribus arceas* […]. Überblick über die Gesetzgebung bei Mirbt, Publizistik, 261–274; Boelens, Klerikerehe, 142–152. Zur Beurteilung Blumenthal, Gregory VII and the Prohibition of Nicolaitism, 253: „If it has been said that Gregory VII was particularly influential, then this is certainly correct in one sense. No pope before him so consistently and systematically sought to enforce obedience to papal decrees. In respect to nicolaitism it must be added, however, that the final legislation promulgated by Pope Innocent II at the Second Lateran Council of 1139, to be taken up in Gratian's *Decretum*, owes nothing original to Pope Gregor VII. The legislation of 1059 served as his guide throughout his pontificate."

200. Vertiefend: Maurer, Konstanzer Bürgerschaft im Investiturstreit, 366; Hofmann, Stellung der Konstanzer Bischöfe, insbes. 191f.

201. Römische Herbstsynode, 1078 November 10, c. 12/28, gedr.: MGH Reg. Gregor VII.2, ed. Caspar, Nr. VI.5b, 400–406, hier 405f.: *Si quis episcopus fornicationem presbyterorum diaconorum seu subdiaconorum vel crimen incestus in sua parroechia precibus vel pretio interveniente consenserit vel commissum sibique compertum auctoritate sui officii non inpugnaverit, ab officio suspendatur.*

202. Beispiele bei Boelens, Klerikerehe, 145f.

verteidigte.[203] Insgesamt stellte der Zölibat einen Schwerpunkt in jenem literarischen Schaffen des ausgehenden 11. Jahrhunderts dar, das in den *Libelli de lite* zusammengefasst ist.[204]

In eine neue rechtliche Form flossen diese Auseinandersetzungen erst eine Generation später, nämlich in den 1130er Jahren. Das Konzil von Pisa 1135 und das Zweite Laterankonzil 1139 verboten nicht nur den Eheschluss nach der Klerikerweihe, sondern erklärten diese Ehe sogar für nichtig.[205] Das Konzil von Pisa beschloss, dass alle Majoristen sich von ihren Frauen trennen mussten, *quoniam contra ecclesiasticam regulam constat esse contractam matrimonium non esse sancimus.*[206] Das Zweite Laterankonzil 1139 nahm diesen Gedanken auf: *Huiusmodi namque copulationem, quam contra ecclesiasticam regulam constat esse contractam, matrimonium non esse censemus.*[207] Damit war die Weihe als trennendes Ehehindernis kirchenrechtlich etabliert: Eine nach der Weihe geschlossene Ehe war nichtig.[208] Des Weiteren

203. Bernold von Konstanz, *De prohibenda sacerdotum incontinentia* (Libellus I), 1075/76, gedr.: MGH LdL 2, 4–26, hierzu: Mirbt, Publizistik, 284–293; zur *Epistola Udalrici* (Pseudo-Udalrich): Frauenknecht, Verteidigung der Priesterehe in der Reformzeit (1997). Vertiefend Mirbt, Publizistik, 274–305 zum Zölibat in der Literatur.

204. Siehe insgesamt Mirbt, Publizistik (1894), insbes. 239–342.

205. Das Erste Laterankonzil 1123 bewegte sich hingegen noch auf der traditionellen Linie: c. 7 verbat Presbytern, Diakonen und Subdiakonen die Hausgemeinschaft mit Konkubinen und Ehefrauen; c. 21 ordnete die Trennung der Majoristen von ihren Ehefrauen an (Wohlmuth, Conciliorum Oecumenicorum Decreta 2, 191, 194). Die Nichtigkeit der Ehe war noch nicht festgeschrieben, siehe Boelens, Klerikerehe, 166–170.

206. Konzil von Pisa 1135, gedr.: Mansi 21, Sp. 487–492, hier Sp. 489f.: *Ut autem lex continentiae et deo placens munditia in ecclesiasticis personis et sacris ordinibus dilatetur, statuimus quatenus episcopi, presbyteri, diaconi, subdiaconi, regulares canonici et monachi, qui sacrum transgredientes propositum, uxores sibi copulare praesumpserint, separentur. Huiusmodi namque copulationem, quoniam contra ecclesiasticam regulam constat esse contractam matrimonium non esse sancimus.* […].

207. Zweites Laterankonzil 1139, c. 7 (Wohlmuth, Conciliorum Oecumenicorum Decreta 2, 198; COGD II/1, 106): *Ad haec praedecessorum nostrorum Gregorii VII, Urbani et Paschalis Romanorum pontificum vestigiis inhaerentes, praecipimus ut nullus missas eorum audiat, quos uxores vel concubinas habere cognoverit. Ut autem lex continentiae et deo placens munditia in ecclesiasticis personis et sacris ordinibus dilatetur, statuimus quatenus episcopi presbyteri diaconi subdiaconi regulares canonici et monachi atque conversi professi, qui sanctum transgredientes propositum uxores sibi copulare praesumpserint, separentur. Huiusmodi namque copulationem, quam contra ecclesiasticam regulam constat esse contractam, matrimonium non esse censemus.*

208. So jedenfalls die weitverbreitete Interpretation des Zweiten Laterankonzils; Werckmeister, Le Décret, 71f. weckt jedoch Zweifel: Der zum Zweiten Laterankonzil zeitgleiche Gratian 1 kennt eine ausgefeilte juristische Terminologie von Ehehindernissen noch nicht. In der Sache ist es zwar vermutlich richtig, dass solche Ehen als Nullum betrachtet wurden; ob aber das Konzil bei der Formulierung genau erkannte, welcher juristische Hebel anzusetzen war (nämlich der der Nichtigkeit), ist doch zweifelhaft. Zur zurückhaltenden

wiederholte das Zweite Laterankonzil vorher erlassene Anordnungen, da es sowohl Laien den Besuch von Messen verheirateter Priester verbat als auch verheirateten Majoristen eine Trennungspflicht auferlegte.[209] Priestersöhne durften ausserdem nicht selbst Kleriker werden, sondern durften höchstens in einem Kloster oder unter Kanonikern leben.[210]

Bei dieser Rechtslage blieb es während des Mittelalters: Die Weihe war als trennendes Ehehindernis eingeführt, doch trotz der häufig repetierten zölibatären Gebote blieb die Keuschheit von Majoristen ein Thema in der spätmittelalterlichen Kirche, nicht zuletzt deswegen, weil weiterhin verheiratete Männer geweiht werden durften.[211] Erst mit der Einführung von Priesterseminaren nach dem Tridentinum (1545–1563) gelang es der Kirche, vermehrt Ehelose zu weihen und den Enthaltsamkeits- wie Ehelosigkeitszölibat stärker durchzusetzen.[212] Erst im 20. Jahrhundert etablierte can. 987 n° 2 CIC/1917 die Ehe dann auch formell als Weihehindernis.[213]

Zusammenfassend lässt sich festhalten, dass die Enthaltsamkeit in der christlichen Kirche zwar schon früh hoch geschätzt war, zölibatäre Forderungen an Majoristen im Sinne einer Enthaltsamkeit nach der Weihe jedoch sicher erst seit dem vierten Jahrhundert erhoben wurden. Konzilien wie Päpste forderten eine Abstinenz von der eigenen Ehefrau, obwohl die Ehe selbst jedoch bestehen blieb. Mit dem Beginn der Gregorianischen Refom in der Mitte des 11. Jahrhunderts bekam die Frage nach der richtigen Lebensform der Kleriker eine

Rezeption dieses Kanons in der Dekretistik siehe auch 475 sowie nun auch Dusil, Emerging Jurisprudence (2018).

209. Zweites Laterankonzil 1139, c. 7 (Wohlmuth, Conciliorum Oecumenicorum Decreta 2, 198), siehe 58 Anm. 207. C. 8 statuierte zudem einen Zölibat für Nonnen.

210. Zweites Laterankonzil 1139, c. 21 (Wohlmuth, Conciliorum Oecumenicorum Decreta 2, 202; COGD II/1, 111): *Presbyterorum filios a sacri altaris ministeriis removendos decernimus, nisi aut in coenobiis aut in canonicis religiose fuerint conversati.*

211. Wiederholung der Verbote bspw. auf dem Dritten Laterankonzil 1179, c. 11 (Wohlmuth, Conciliorum Oecumenicorum Decreta 2, 217f.; COGD II/1, 136) und auf dem Vierten Laterankonzil 1215, c. 14, 31 (Wohlmuth, Conciliorum Oecumenicorum Decreta 2, 242, 249; COGD II/1, 175f., 182). Für die eher normative Seite im Spätmittelalter siehe Denzler, Papsttum und Amtszölibat, 113–138; zu den faktischen Umständen bspw. Denzler, Zölibat der Priester zur Zeit Papst Innozenz' III. (2006). Die tatsächlichen Verhältnisse sind gut über Dispense zu erschliessen, hierzu Schmugge, Kirche, Kinder, Karrieren, 210–227; das Beispiel des Priestersohns Konrad Fischer aus der Diözese Konstanz, der selbst Priester werden wollte und deswegen um Dispens bat, erörtern Salonen/Schmugge, A Sip from the „Well of Grace", 126–131.

212. Stickler, Klerikerzölibat, 38–40; Denzler, Geschichte des Zölibats, 43; zur spätmittelalterlichen Geschichte mit weiteren Hinweisen Parish, Clerical Celibacy, 123–208.

213. can. 987 n° 2 CIC/1917: *Sunt simpliciter impediti:* [...] *Viri uxorem habentes* (Codex Iuris Canonici (1917), 282).

neue Bedeutung: Der Zölibat wurde zum Zankapfel zwischen gregorianisch gesinnten Reformfreudigen und Klerikern, die weiterhin mit ihren Frauen verkehren wollten. In kanonistischer Hinsicht ist diese Forderung nach Enthaltsamkeit nicht neu, neu ist aber die Vehemenz, mit der sie umgesetzt wurde. Erst das Zweite Laterankonzil 1139 schuf mit der Bestimmung, dass eine von einem Majoristen geschlossene Ehe ungültig sei, neues Recht. Bei dieser Regelung verblieb es im Spätmittelalter.

Die in der geltenden Kanonistik getroffene Unterscheidung zwischen Ehe als Weihehindernis und Weihe als Ehehindernis (wobei sich aus dieser die Verpflichtung zur Keuschheit ergibt) lässt sich offensichtlich nicht ohne Änderungen auf das Mittelalter anwenden. Dass die Ehe ein Weihehindernis darstellte, lässt sich gerade nicht behaupten, allenfalls lassen sich bestimmte Weihevoraussetzungen für einen verheirateten Kandidaten ausmachen. Dass die Weihe zu einem (trennenden) Ehehindernis wurde, ergab sich erst im Laufe des 12. Jahrhunderts. Nach der Weihe sollte jedoch auf Sexualität verzichtet werden – hier deckt sich der historische Befund mit den geltenden rechtlichen Anforderungen. Diese Verschiebungen bedeuten für diese Arbeit, neben der konkreten Keuschheitsanforderung für Kleriker insgesamt auf die Ausgestaltung dieses Komplexes zu achten sowie insbesondere auf die Ausbildung der Weihe als (trennendem) Ehehindernis.

3. Wissensordnungen im Wandel: Entwicklung der Fragestellung aus der Perspektive der historischen Kanonistik

Die Frage nach Wissensordnungen zwischen dem 11. und dem 13. Jahrhundert berührt das grundsätzliche Thema des Verhältnisses von Gregorianischer Reform und Kirchenrecht, das die Kanonistik des 20. Jahrhunderts so intensiv wie kontrovers diskutierte. Ausgangspunkt ist der programmatische Aufsatz Paul Fourniers, der vor gut 100 Jahren, nämlich im Jahr 1917, erschien, und den er betitelte „[u]n tournant de l'histoire du droit 1060–1140“.[214] In diesem Beitrag legte er dar, dass die Jahrzehnte vor und nach 1100 einen Wendepunkt in der Geschichte des Rechts darstellten: „Antérieurement à cette période, on peut dire qu'il n'existe point d'étude scientifique du droit.“[215] Unter Gregor VII.

214. Fournier, Un tournant de l'histoire du droit 1060–1140 (1917); ähnlich Fournier/Le Bras, Histoire 2, 4–14.
215. Fournier, Un tournant de l'histoire du droit, 129.

(1073–1085) habe man das alte Recht zuerst gesichtet, durchforstet und Vergessenes wiederentdeckt, um das für die Reform Geeignete zusammenzutragen; unter Papst Urban II. (1088–1099) habe man eine Methode gesucht, um das Material zu interpretieren, Widersprüche aufzuheben und es neu zusammenzufügen.[216]

Fourniers Blick schuf einen Interpretationsrahmen für die Forschung während eines halben Jahrhunderts, denn die Annahme einer starken Wechselwirkung zwischen Gregorianischer Reform und Kirchenrecht blieb als Narrative dominant. Päpsten sprach man eine aktive, am Kirchenrecht interessierte Position zu – insbesondere Gregor VII. galt zwischenzeitlich als Anreger von mindestens drei Kanonessammlungen;[217] und überhaupt habe dieser eine „papal revolution in law" (Harold Berman) angestossen, die zum Fundament einer europäischen Rechtstradition geworden sei.[218] Kanonessammlungen erschienen als probates Mittel, die Vorstellungen der Reformer durchzusetzen: Die Sammlung in 74 Titeln, diese Humbert von Silva Candida zugeschriebene Sentenzensammlung, apostrophierte Paul Fournier „zum „premier manuel canonique de la réforme du XIe siècle" und Anton Michel zum „erste[n] Rechtsbuch der päpstlichen Reform";[219] Giovanni Batista Borini erblickte im *Dictatus Papae* den Index einer Kanonessammlung;[220] und altgediente, ‚konservative' Sammlungen wie Burchards

216. So auch Ullmann, Kurze Geschichte des Papsttums, 153f. Kritisch schon Salgado, La méthode d'interprétation, 34*: „Nous n'avons donc pas sous le pontificat d'Urbain II une révolution sans attache avec le passé, mais simplement la prise de conscience de l'aspiration jusque là confuse, à l'interprétation par l'histoire et la dialectique."

217. Zeitweise galt Gregor VII. als Anreger der *Collectio Canonum* von Anselm II. von Lucca; Bonizo von Sutri hatte sein Werk einem *sacerdos Gregorius* gewidmet (Bonizo, Liber de vita christiana, lib. X, c. 79, 335 Zeile 3), der mit Gregor VII. identifiziert wurde, siehe Hoesch, Kanonische Quellen, 172–174; kritisch hingegen Fuhrmann, Reformpapsttum und Rechtswissenschaft, 200–201. Petrus Damiani schrieb 1059 an Hildebrand-Gregor VII., dass er auf dessen Wunsch die *Romanorum pontificum decreta vel gesta* durchgeschaut habe, um das herauszuschreiben, was der *apostolicae sedis auctoritati* zukomme (Reindel, Briefe des Petrus Damiani, Nr. 65, 229 Zeile 10–15: *Hoc tu suptiliter, ut et alia multa perpendens, frequenter a me karitate, quae superat omnia, postulasti, ut Romanorum pontificum decreta vel gesta percurrens quicquid apostolicae sedis auctoritati spetialiter competere videretur, hinc inde curiosus excerperem, atque in parvi voluminis unionem nova compilationis arte conflarem*. Ebd., Fn. 8, ist auch Literatur nachgewiesen.

218. Berman, Law and Revolution (1983), dt.: Recht und Revolution (1995).

219. Fournier, Le premier manuel canonique de la réforme du XIe siècle (1894); Michel, Die Sentenzen des Kardinals Humbert, das erste Rechtsbuch der päpstlichen Reform (1943). Ähnlich die Wertung von Fournier/Le Bras, Histoire 2, 54: „Les hommes de cette génération eussent pu croire que ces œuvres prendraient la place des recueils antérieurs, notamment de celui de Burchard; c'était sûrement la prétention de quelques-uns d'entre eux."

220. Borino, Un'ipotesi sul ‚Dictatus Papae' di Gregorio VII (1944); Hofmann, Der

Decretum setzten sich, so Carlo Guido Mor, in Italien erst durch, als das Sperrfeuer der Gregorianer nach 1070 abgeklungen war.[221] In der Forschung galten Recht und Rechtstexte als Faktoren in der Reformzeit, die die Wirklichkeit beeinflussen konnten und mit deren Hilfe sich politische Vorstellungen umsetzen liessen[222] – die Vorstellung, dass Recht eine steuernde Funktion zukomme, war Mitte des 20. Jahrhunderts also scheinbar (noch) ungebrochen.[223]

Bis weit in die 1970er Jahre wirkte die ältere Sicht der Forschung nach, da sie nur langsam hinterfragt wurde. Mahnte Hubert Mordek 1985 noch ein „Decrescendo“ an, so kann man wohl heute feststellen, dass von den vielen Einzelbausteinen, die die ältere Narrative einer bedeutsamen Rolle des Kirchenrechts in der Gregorianischen Reform unterstützen sollten, kaum einer auf dem anderen geblieben ist.[224] Erstens wurde die Rolle der Päpste bei der Anlage von Sammlungen neu bewertet, da weder belegt ist, dass Urban II. eine Harmonisierung der Kanones anregte, noch nachzuweisen ist, dass irgendeine Kanonessammlung auf Geheiss Roms hin geschrieben oder auch nur von Rom approbiert worden war.[225] In diesem Sinne schrieb Mordek den Päpsten eine mehr „ideell-vorbildhafte, zuweilen verbal-anspornende, kaum aber eine aktiv-mittragende Rolle“ zu.[226] Zweitens wies Rudolf Schieffer auf die marginale Verbreitung von zentralen Texten der Reform wie dem *Dictatus Papae* hin, und schon zuvor konnte John Gilchrist eine schwache Rezeption der Texte Gregors VII. in Kanonessammlungen nachweisen, welche der ihm in der Literatur zugeschriebenen

Dictatus Papae Gregors VII. als Index einer Kanonessammlung (1947); siehe ferner die Literaturhinweise in Fn. 138. Sackur, Dictatus Papae, insbes. 148–149 vermutet sogar, dass der *Dictatus Papae* auf der *Collectio Canonum* Deusdedits beruhen würde.

221. Mor, La reazione (1947), insbes. 206.

222. In eine ähnliche Richtung weisen die Beobachtungen von Sieben, Konzilsidee des lateinischen Mittelalters, 230, der konstatiert, dass Kanonessammlungen „nicht Motor, sondern Spiegel der Entwicklung [der Struktur und Gestalt der Kirche–S.D.]“ seien.

223. Zur Steuerungsfunktion des Rechts Röhl/Röhl, Allgemeine Rechtslehre, 251–262; Grimm, Wachsende Staatsaufgaben–sinkende Steuerungsfähigkeit (1990); Lepsius, Steuerungsdiskussion, Systemtheorie und Parlamentarismuskritik (1999).

224. Mordek, Kanonistik und Gregorianische Refom, 82. Einen Forschungsüberblick aus der Perspektive der 1980er Jahre gibt Gaudemet, Regards, insbes. 80–81.

225. Kuttner, Urban II and the doctrine of interpretation (1972); Fuhrmann, Reformpapsttum und Rechtswissenschaft, 200. Zur These von Berman haben sich u.a. kritisch geäussert Landau, Rez. zu Berman, Law and Revolution (1984); Schieffer, The papal revolution in law? (1998); Müller, Kirchenrechtssammlung, 179–181 sowie die Debatte in: Rechtsgeschichte/Legal History 21, 2013, 156–227.

226. Mordek, Kanonistik und Gregorianische Refom, 67.

Bedeutung kaum gerecht wird.[227] An die Verbreitung reformerischer Gedanken sind insgesamt wohl nicht allzu hohe Massstäbe anzusetzen, da die in den *Libelli de lite* versammelten Schriften, in denen die Diskussionen der damaligen Zeit geführt wurden, zum Teil nur in einem Exemplar überliefert sind.[228] Und drittens hat – nach ersten Zweifeln von Horst Fuhrmann am „Reformgeist der 74-Titel-Sammlung" – Christof Rolker diesen neuerdings so überzeugend hinterfragt, dass das einstige Flaggschiff der päpstlichen Reform nun auf das Mass einer monastischen Verteidigungsschrift zurechtgestutzt ist.[229] Rolker hob zudem die Tradition der ‚konservativen', nicht reformerischen Kanonessammlungen hervor, deren Bedeutung bis in das 12. Jahrhundert ungebrochen blieb.[230] Auch Mordek schätzte die Bedeutung des Rechts insgesamt für die Verbreitung reformerischen Gedankengutes eher gering ein: „Eine bestimmte Auswahl und Position des Materials, des weiteren Textrubriken und Textretuschen, die zu erkennen es oft Gelehrtenaugen bedurfte: Dies alles war einfach zu wenig, um die Kernvorstellungen der ‚reinen' Gregorianer auf dem Gebiet der Kanonistik auf breiter Front im Abendland durchzusetzen".[231]

An dem Verhältnis von Reform und Kirchenrecht, das die Forschung in den letzten 100 Jahren bewegt hat, kommt auch diese Arbeit nicht gänzlich vorbei, doch steht es nicht im Vordergrund. Es soll nicht versucht werden, eine neue Antwort auf die alte Frage nach dem Einfluss der Reform auf Kanonessammlungen zu finden, allein schon deshalb nicht, weil der Untersuchungsrahmen deutlich über die Epoche der Gregorianischen Reform hinausreicht. Dennoch wirkt die ältere Forschung in zweierlei Hinsicht auf diese Arbeit ein.

Erstens ist die Ausgangsbeobachtung der älteren Forschung sicherlich richtig, dass in den Jahrzehnten nach 1050 verstärkt Kanonessammlungen kompiliert worden sind, auch wenn einige nur marginal in ein oder

227. Schieffer, Rechtstexte des Reformpapsttums, insbes. 56–62; Gilchrist, Reception of Pope Gregory VII (1973, 1980).

228. Die Streitschriften sind zugänglich: MGH Libelli de lite imperatorum et pontificum (3 Bände, 1891, 1892, 1897); zur Beurteilung siehe Mordek, Kanonistik und Gregorianische Reform, 69; zur Überlieferung siehe die Bemerkungen von Rudolf Schieffer, Art. Libelli de lite, in: LexMA 5, Sp. 1937–1938 sowie Hartmann, Investiturstreit, 58–60.

229. Fuhrmann, Über den Reformgeist der 74-Titel-Sammlung (1972) (fast identisch mit: Fuhrmann, Einfluß und Verbreitung 2 (1973), 486–509); Rolker, The Collection in Seventy-four Titles (2009).

230. Rolker, Canon law, 85–88.

231. Mordek, Kanonistik und Gregorianische Reform, 69.

zwei Handschriften überliefert sind.[232] Und vielfach ist an prominenter Stelle, nämlich zu Beginn der Sammlung, der Primat (*De primatu*) behandelt, sei es, dass der Primat der Kirche im Allgemeinen oder speziell der der römischen Kirche oder gar des Papstes betont wurde. Jean Gaudemet formulierte einmal, „[l]a réforme grégorienne a incité les canonistes à consacrer une place importante, parfois la première et la plus considérable, aux textes, qui, au cours de six siècles, avaient mis l'accent sur la Primauté."[233] Das ist neu und das gab es vor 1050 so nicht.

Zweitens wirkt die seit Fournier herrschende Narrative bis heute auf einer subtilen Ebene nach, da die politischen Implikationen von kirchenrechtlichen Sammlungen und ihre – wenn auch manchesmal unausgesprochene – Ekklesiologie zu deuten versucht wurden.[234] In diesem Kontext wurde häufig nach der Intention und dem Ziel einer Sammlung gefragt, da sie als Mittel in der politischen Auseinandersetzung verstanden wurde. Kanonessammlungen sind aber nicht notwendigerweise programmatische Schriften, wie die reinen Materialsammlungen, die „Notizbüchlein"[235] und die „farraginous collections" zeigen.[236] Dem Lesen von Sammlungen, dem Auswählen von Kanones, ihrem Zusammenstellen, Anordnen und Rubrizieren lag jedoch immer ein bestimmter Blick zugrunde: Der Kompilator konzentrierte sich auf einige Themen und blendete andere aus, er zeichnete einige mit deutlichen Strichen, andere skizzierte er nur. Insofern spiegeln Rechts-

232. Siehe die Auflistung bei Kéry, Canonical Collections, insbes. 276–294.

233. Gaudemet, Collections canoniques et primauté, 116. Auch Fuhrmann, Widerstände gegen den päpstlichen Primat (1991), der einige antiprimatialen Linien hervorhebt, konstatiert, dass ab dem 11. Jahrhundert der Primat mit einer „bewussten Verdichtung der päpstlichen Rechte und ihrer stärkeren Wahrnehmung" einen neuen Stellenwert bekam (735).

234. Siehe Rolker, Canon Law, 87–88. Ein eigentlicher historiographischer Beitrag, in dem Prämissen und Voraussetzungen der Forschung zum vorgratianischen Recht untersucht würden, scheint zu fehlen. Mordek, Systematische Kanonessammlungen vor Gratian (1985), Müller, Forschungsstand (1994) und Gaudemet, Regards (1985) geben vor allem einen Überblick über den jeweiligen Stand der Editionstätigkeit, zeigen aber auch die Interessensschwerpunkte der Forschung (Eherecht, Strafrecht) auf. Landau, Neue Forschungen (1984), 4–14 resümiert einige Stationen der Forschung (Antonio Augustin, etc), fragt aber nicht nach ihren Prämissen und Voraussetzungen. Eine historiographische Verortung erfolgte zum Beispiel auf der Konferenz „New Discourses in Medieval Canon Law Resarch: Challenging the Master Narrative" (Zürich, Juli 2014), deren Ergebnisse bald als Buch greifbar sein werden (hg. Christof Rolker).

235. Als eine solche Materialsammlung, als eine Sammlung von Texten, die Bernold von Konstanz und sein Umfeld interessierte, lässt sich die Handschrift St. Gallen, Stiftsbibliothek, 676 verstehen; zu dieser Handschrift siehe 271–274, 295.

236. Zu diesen „farraginous collections" siehe 71f.

sammlungen den Blick und die Perspektive eines Kompilatoren wider. Rechtssammlungen sollen in dieser Arbeit also in erster Linie nicht als programmatische Schriften begriffen werden (obwohl sie es durchaus sein können), sondern als Möglichkeit, Wissensbestände zu erkennen und Strukturen juristischen Wissens herauszuarbeiten. Das in verschiedenen Sammlungen hervortretende Wissen kann dann verglichen und kontextualisiert werden.[237]

Über die (Re)Konstruktion und den Vergleich von Wissensbeständen hinaus fragt diese Studie aber auch nach der Bildung solcher Wissensbestände. Dies klang zuvor schon an, als darauf hingewiesen wurde, dass Burchard von Worms die Zustimmungspflicht des Papstes zur Einberufung von Konzilien auf ‚allgemeine' Konzilien beschränkte.[238] Der Gedanke soll hier nochmals aufgegriffen werden, denn es ist frappierend, dass der Jurisdiktionsprimat erst nach 1050 zum Thema in Kanonessammlungen wurde, aber aus Kanones geformt wurde, die zumeist aus dem ersten Jahrtausend stammten. Insofern konnte Hubert Mordek konstatieren, dass „[a]uch die gregorianische Kanonistik [...] fundamental auf das überkommene alte, uralte Recht [baut]."[239] Daher stellt sich die Frage nach der Änderung des Vorgehens, nach dem Wandel der Arbeitsweisen und Methoden der Kompilatoren, die es ihnen erlaubten, aus älteren Bausteinen neue Gebäude zusammenzusetzen.

Zwar beobachtete schon im 19. Jahrhundert Albert Hauck die Texteingriffe Burchards und beschrieb seine Arbeitsweise, doch waren die Retuschen weniger als Methode erkannt denn als Möglichkeit gesehen worden, die ekklesiologische oder politische Intention des jeweiligen Kompilatoren zu erfragen.[240] Erst seit den 1990er Jahren ist das methodische Potential vorgratianischer Sammlungen vollständig erkannt worden. Harald Siems hat in seiner 1992 publizierten Habilitationsschrift „Handel und Wucher" u.a. das Wucherverbot in frühmittelalterlichen Rechtsaufzeichnungen untersucht und auf die changierende Überlieferung eines Kanons und die damit hervorgerufene „Vitalität von Kanonessammlungen" hingewiesen.[241] Zwei Jahre

237. Sekundär bleibt aber, ob den Päpsten eine planende Rolle bei der Neudefinition ihrer eigenen Stellung zukam, ob Kompilatoren den römischen Zentralismus förderten oder ein gestärktes Papsttum zur Verfolgung eigener Interessen instrumentalisierten. Der Weg über den Jurisdiktionsprimat führt nicht zur Diskussion des Verhältnisses von Reform und Recht zurück.

238. Siehe 13f., 128.

239. Mordek, Kanonistik und Gregorianische Refom, 81.

240. Hauck, Ueber den liber decretorum (1894).

241. Siems, Handel und Wucher, 847–848, hier 848.

später, 1994, hat Jörg W. Busch in einem seine Dissertation zu Placidus von Nonantola flankierenden Aufsatz die Entwicklung „vom einordnenden Sammeln zur argumentierenden Darlegung“ nachgezeichnet und die Bedeutung von Rubriken und Ordnungszusammenhängen hervorgehoben, in die Kanones gestellt wurden.[242] Anhand des Umgangs von Burchard von Worms mit Kanones machte er eine „rubrizierende Einordnung“ geltend, die im 12. Jahrhundert beispielsweise Placidus mit einer „argumentierende[n] Darlegung“ ablöste. Die einführende Erläuterungen der Kompilatoren und die Reduzierung der Kanones auf ihren rechtlichen Kern, den Busch als Quintessenz bezeichnete, kennzeichneten den im 12. Jahrhundert neuartigen Umgang mit tradierten kirchenrechtlichen Texten. Diese Technik stelle einen wesentlichen Schritt hin zu Gratians Arbeitsweise dar.[243]

In seinem umgreifenden Beitrag „Ordnung durch Ordnen“ führte Christoph H. F. Meyer diese Überlegungen fort und befragte die Sammlungen des Fulgentius Ferrandus, Cresconius sowie Deusdedits auf ihre Strukturen, um an diesen exemplarisch Ordnungsmuster zwischen Spätantike und Dekretalistik darzustellen.[244] Andreas Thier griff in seiner 2011 erschienenen Habilitationsschrift diese Beobachtungen auf und verdichtete sie am Beispiel der Bischofsbestellung zu einer Gesamtthese: Prägend für die Arbeit mit vorgratianischen Quellen sei eine Methodik, die sich mit den Instrumenten der Rubrizierung, Wortlautänderung und Textanordnung beschreiben lässt.[245] Thier grenzte dabei die Kanones als primäre Normen von den mit Hilfe dieses Instrumentariums entwickelten sekundären Normen ab. Er sprach deshalb von „sekundärer Normbildung“.[246] Die Rubrizierung eines Kanons kann nämlich nicht nur die Richtung vorgeben, in die der Leser einen Kanon interpretiert, sondern eine sentenzenhafte Rubrizierung kann selbst zu einer Art ‚Regel‘ oder ‚Rechtssatz‘ werden, die durch den nachfolgenden Kanon nur untermauert wird, seiner aber nicht mehr notwendigerweise

242. Busch, Vom einordnenden Sammeln zur argumentierenden Darlegung (1994); Dissertation: Busch, Der Liber de Honore Ecclesiae des Placidus von Nonantola (1990).

243. Busch, Vom einordnenden Sammeln zur argumentierenden Darlegung, insbes. 246 (Zitate).

244. Meyer, Ordnung durch Ordnen (2006), insbes. 315–331. Der instruktive Beitrag von Palmer, Kapitel und Buch (1989) berücksichtigt nicht kirchenrechtliche Aufzeichnungen.

245. Thier, Hierarchie und Autonomie (2011), 343–350.

246. Thier, Hierarchie und Autonomie, 348; ausgeführt schon zuvor in Thier, Dynamische Schriftlichkeit, insbes. 7. Zustimmend zum Konzept der „sekundären Normbildung“ beispielsweise Christof Rolker, Rez. Thier, Hierarchie und Autonomie, in: Zeitschrift für Geschichtswissenschaft 11, 2011, 970–972.

bedarf.[247] Exemplifiziert haben Siems, Busch und Thier ihre Beobachtungen mit einem diachronen Schnitt durch die Überlieferung einiger Kanones. So hat Siems die frühmittelalterliche Überlieferung des in c. 17 des Konzils von Nizäa verankerten Wucherverbots nachgezeichnet;[248] Busch den Ordnungszusammenhang des Pseudo-Anaklet-Exzerptes im *Decretum Burchardi* (dort c. 1.1) und in der Sammlung Anselms von Lucca untersucht;[249] und Thier die Rezeption von c. 12 und c. 13 des Konzils von Laodicea verfolgt.[250]

Auch wenn die Instrumentarien – nämlich Ordnung und Struktur, Rubrizierung und Texteingriffe – benannt sind, so ist ein Desiderat der Forschung die umfassende Analyse eines thematischen Komplexes in mehreren, nicht nur vorgratianischen Sammlungen. Hier besteht eine Ansatzmöglichkeit, Neues zur Diskussion beitragen zu können. Die vorliegende Studie will mit der Analyse von Jurisdiktionsprimat und Zölibat gesichertere Kenntnisse über Umfang, Einsatz und Entwicklung dieser rechtsbildenden Instrumente im Hochmittelalter finden. Ob und in welchem Umfang die einzelnen Kompilatoren mit der Anordnung von Kanones, mit Titel- und Rubrikenbildung sowie Texteingriffen operierten, ist eine leitende Perspektive der folgenden Untersuchung, die somit auf die Umformung des grösstenteils seit der Spätantike überlieferten Rechtswissens fragt.

Mit diesen Überlegungen haben wir uns zum zweiten Mal den Fragestellungen dieser Arbeit genähert, und zwar weniger von der Konzeption des ‚Wissens' her als vielmehr von historiographischen Aspekten zur historischen Kanonistik. Die so zwischen den Polen der Wissenskulturen einerseits und der Kanonistik andererseits oszillierende Fragestellung bietet die Möglichkeit, an die Perspektiven und Befunde anderer Disziplinen anzuknüpfen. So ist beispielsweise mit der Analyse der (Re)Präsentation von Rechtswissen auf einem Pergamentblatt, das in der Forschung auch als *mise-en-page* bezeichnet wird, die Frage nach der Verknüpfung von innerer Struktur von Wissensordnungen mit graphischer Präsentation gestellt: War ein analytischer Zugriff auf den Rechtsstoff wirklich erst ab Mitte des 12. Jahrhunderts eröffnet, während vorher nur eine lineare Annäherung möglich war?[251] Zudem ist in der

247. Siehe zur interpretatorischen Kraft von Rubriken die Beispiele von Greta Austin, Rubrics in the Panormia (2016).
248. Siems, Handel und Wucher, 503–544.
249. Busch, Vom einordnenden Sammeln zur argumentierenden Darlegung, 246–249.
250. Thier, Hierarchie und Autonomie, 381–417.
251. Hierzu 482–493.

Selbst- wie Fremdbeschreibung von Kompilatoren der Begriff *auctor* häufiger benutzt, so dass kirchliche Normsammlungen mit der Diskussion, die in den neueren Literaturwissenschaften zum Begriff des Autors im Mittelalter geführt werden, verknüpft werden können.[252] Sollte sich die Frage nach der Bildung und dem Wandel von Wissensordnungen des Rechts zwischen 1000 und 1215 als fruchtbarer Ansatz erweisen, der die Bedeutung der kanonistischen Quellen für die Rechtsgeschichte wie für die Nachbardisziplinen aufzeigte, so hätte diese Studie einen über ihr engeres Ziel hinausgehenden Zweck erfüllt.

252. Hierzu 494–502.

Kapitel 2

AUSGANGSPUNKT: KANONESSAMMLUNGEN IM 11. UND 12. JAHRHUNDERT

Ordnungsversuche. Versuche, den tradierten Rechtsstoff in eine sinnvolle Form zu bringen, dem Leser Kanones geordnet anzubieten und ihn zur Lektüre einzuladen und durch das Buch zu führen. Von diesen Versuchen des Ordnens im 11. und 12. Jahrhundert erzählt dieser Teil, indem er sich einigen Sammlungen des kirchlichen Rechts nähert. Dieser Teil will Antworten auf drei Fragen formulieren, nämlich: Welches Wissen repräsentieren diese verschiedenen Sammlungen über Jurisdiktionsprimat und Zölibat (2.), mit welchen Mitteln wurde dieses Wissen aus älteren Texten zusammengesetzt (3.), und wie reflektierten diese Kompilatoren ihren eigenen Umgang mit rechtlichen Texten (4.)?

1. Quellenkunde: Vorgratianische Kanonessammlungen

Der sperrige Begriff der ,vorgratianischen Kanonessammlungen' bezeichnet „Sammlungen kirchlichen Rechts, in die neben Konzilstexten und Dekretalen auch Exzerpte aus der Heiligen Schrift, den Vätern, weltlichen Gesetzen und ähnliches mehr Aufnahme finden konnten."[1]

1. Hubert Mordek, Art. Kanonessammlungen, in: LexMA 5, Sp. 900–903, hier Sp. 900. Eine Einführung in die Quellengattung der Kanonessammlungen geben darüber hinaus Maassen, Geschichte der Quellen und Literatur des canonischen Rechts im Abendlande, vol. 1: Die Rechtssammlungen bis zur Mitte des 9. Jahrhunderts (1870); Fournier/Le Bras, Histoire des collections canoniques en Occident depuis les fausses décrétales jusqu'au décret de Gratien, vol. 1: De la réforme carolingienne à la réforme grégorienne (1931), vol. 2: De la réforme grégorienne au décret de Gratien (1932); Fransen, Collections canoniques (1973) und Collections canoniques (Mise à jour) (1985); Gaudemet, Les sources du droit de l'Église (1985), 73–91, 129–161; May, Bemerkungen zu der Kirchenrechtswissenschaft (1989); Brundage, Medieval Canon Law (1995), 18–43; und insbesondere Kéry, Canonical Collections of the Early Middle Ages (1999) mit bibliographischen Hinweisen zu einzelnen Sammlungen und einer Liste der bekannten Manuskripte. Einen Überblick mit teilweise überholten Angaben und fragwürdigen Wertungen bietet Giordanengo, Auctoritates et auctores dans les collections canoniques (1050–1140) (2001); überholt ist durch neuere Forschungsergebnisse sowie die Überblicksdarstellungen von Fowler-Magerl, Clavis Canonum (2005) und Kéry, Canonical Collections (1999) auch: Ferme, Introduction to the History of the Sources of Canon Law (1998, englische Übersetzung 2007). Fowler-Magerl, Clavis Canonum (2005) bietet neben Hinweisen zur Überlieferung einzelner Sammlungen vor allem eine unverzichtbare Datenbank, mit der die Überlieferung einzelner Canones nachzuvollziehen ist. Die Datenbank ist auch online zugänglich: www.mgh.de/ext/clavis.

Kennzeichnend sind „die Vielzahl und die regionale wie inhaltliche Vielfalt der meist anonymen, privaten Kanonessammlungen."[2] Diese Vielgestaltigkeit erschwert es, allgemeingültig Aussagen zu treffen und diese Quellengattung trennscharf von anderen abzugrenzen. Begnügt man sich hingegen mit der Bestimmung zentraler Merkmale, so ist eine Typisierung deutlich einfacher.

In zeitlicher Hinsicht sind es ‚vorgratianische' Sammlungen, die vor der Entstehung des *Decretum Gratiani* in der Mitte des 12. Jahrhunderts kompiliert wurden; der Quellentyp selbst entstand nach dem 4. Jahrhundert.[3] In sachlicher Hinsicht transportieren die Kanonessammlungen kirchenrechtliche Normen, häufig in thematischer Beschränkung auf Straf- oder Bussrecht, auf kirchliches Prozessrecht oder Vorschriften zur Bistumsverwaltung.[4] Die Rechtsquellen, die in den Kanonessammlungen aufgenommen wurden, erweisen sich als ähnlich disparat wie der Inhalt: Konzilsbeschlüsse und Dekretalen bilden den Grundstock einer Sammlung; darüber hinaus konnte prinzipiell jeder Text, der als autoritativ angesehen wurde, aufgenommen werden.[5] Kanonessammlungen

2. Hubert Mordek, Art. Kanonessammlungen, in: LexMA 5, Sp. 900–903, hier Sp. 900.

3. Inwieweit das *Decretum Gratiani* von Aufbau und Methode eher vorgratianischen Sammlungen vergleichbar ist oder einer neuen Epoche des juristischen Arbeitens angehört, wird auf 407–412 thematisiert.

4. Die Unterscheidung in materielles und prozessuales Recht ist unbekannt, so Müller, Kirchenrechtssammlung, 165. Die Abgrenzung von Kanonessammlungen zu Bussbüchern, Kapitulariensammlungen (die auch geistliche Dinge regeln konnten) und den *Capitula episcoporum*, also Anweisungen von Bischöfen zur Verwaltung ihrer Diözese, ist schwierig. Zwar könnte man eine Differenzierung nach Rechtsquellen dahingehend versuchen, dass Kanonessammlungen eher ‚altes', tradiertes Recht transportieren, wohingegen zumindest Kapitularien und *Capitula episcoporum* den Anspruch haben, neues Recht zu schaffen, und Bussbücher eine Busse für katalogartig aufgeführte Verfehlungen vorschlagen (zu den letzteren Raymund Kottje, Art. Bussbücher. I. Definition, in: LexMA 2, Sp. 1118–1122, Sp. 1118). Das Quellenstudium lässt diese Grenze jedoch wieder verschwimmen, da einige Kanonessammlungen das neu geschaffene Recht rezipieren – wie Regino von Prüm, der die *Capitula episcoporum* karolingischer Bischöfe ausführlich zitierte (Dusil, Entstehung und Funktion, insbes. 399–407) oder wie Burchard von Worms, dessen 19. Buch ein Bussbuch ist (*Decretum Burchardi*, 19. Buch: *Liber hic corrector vocatur et medicus quia correctiones corporum et animarum medicinas plene continet* ...). Und wie sind Fälschungen wie Pseudoisidor einzuordnen, die vorgeben, altes Recht zu tradieren, aber tatsächlich neues schaffen? – Dass sich die Forschung in dem letzten Jahrhundert eher mit einzelnen Sammlungen und Manuskripten befasst hat und weniger trennscharfe Abgrenzungen zwischen einzelnen Quellengattungen aufzustellen versuchte, mag seinen Grund haben. Zum – zugegebenermassen nicht mehr ganz aktuellen – Forschungsstand: Mordek, Systematische Kanonessammlungen vor Gratian (1985); Gaudemet, Regards (1985); Müller, Forschungsstand und aktuelle Aufgabenplanung (1994).

5. Ursprünglich ist ‚Kanon' die Bezeichnung für ‚Richtstab' und ‚Lineal' im wörtlichen und für ‚Massstab' im bildlichen Sinne; daher ist ‚Kanon' auch als ‚Regel' oder ‚Norm'

waren somit Speichermedium für Konzilsbeschlüsse und Dekretalen, für Exzerpte aus Bibel wie patristischen Schriften, für Extrakte aus Kapitularien und römischem Recht.

Es gehört zu den Gepflogenheiten der historischen Kanonistik, Kanonessammlungen in historisch-chronologische und systematische Sammlungen zu unterteilen. Historisch-chronologische Sammlungen boten den gesamten Wortlaut eines Konzilsbeschlusses oder einer Dekretale und ordneten die Texte in der Reihenfolge ihrer Entstehung.[6] Parzelliert in sachlich Zusammengehöriges bereiteten hingegen die systematischen Kanonessammlungen ihre Quellen auf: Unter einem vom Kompilator selbst entworfenen Ordnungsschema wurden Exzerpten Überschriften, Titel und Rubriken zugeordnet – Wissen ist in diesen Kompilationen also sachlich geordnet. Die Dichotomie in historisch-chronologisch und systematisch verdeckt allerdings, dass Mischformen vorkamen und diese vielleicht nicht einmal selten waren. Zudem impliziert der Begriff ‚systematisch' nicht notwendigerweise eine Stringenz im heutigen Sinne, sondern kann auch für eine lose, vielleicht sogar eher assoziative Abfolge von Kanones stehen. Insofern könnte man vielleicht eher von thematisch organisierten Kanonessammlungen als von systematischen sprechen.[7]

Neben solchen Sammlungen, die zumindest prinzipiell einem Ordnungsschema folgten, gab es auch Zusammenstellungen von normativen Texten, die eher an Notiz- oder Exzerptbücher erinnern. Diese kirchenrechtlichen Sammlungen werden häufig als *Farragines* oder als *farraginous collections* bezeichnet.[8] Der Begriff *farrago* bedeutet

zu verstehen, vgl. Assmann, Kulturelles Gedächtnis, 87–129, insbes. 110f. In der frühen Kirche bezeichnete ‚Kanon' nur die Entscheidung einer Synode, während ‚Dekretale' die päpstliche Normsetzung meinte, siehe Hubert Mordek, Art. Kanonessammlungen, in: LexMA 5, Sp. 900–903, hier Sp. 900; Stanley Chodorow, Art. Dekretalensammlungen, in: LexMA 3, Sp. 656–658; Lothar Wächter, Art. Kanon im Kirchenrecht, in: LThK 5, 1996, Sp. 1185. In Übereinstimmung mit der neueren Literatur soll der Begriff ‚Kanon' hier weit verstanden werden, so dass er sowohl Auszüge aus päpstlichen Dekretalen wie Konzilsbeschlüssen umfasst.

6. Zu der Gruppe der historisch-chronologischen Sammlungen zählen zum Beispiel die pseudoisidorischen Dekretalen, die die Papstbriefe nach der Lebenszeit ihrer vermeintlichen Verfasser ordneten.

7. Kritik übt zum Beispiel Meyer, Ordnung durch Ordnen, 321: „Das alles ist sein langem bekannt, ebenso die Tatsache, daß sich dieses Lehrbuchwissen nur zum Teil mit dem tatsächlichen Befund deckt." Seine Kritik zielt auf den Inhalt des Begriffs ‚systematisch', der in der Tat viele Sammlungen nicht zu charakterisieren weiss. In der Sache besteht aber zwischen einem chronologischen Aufbau einer Sammlung und einer thematischen Abfolge von Kanones ein Unterschied, der nicht verwischt werden sollte.

8. Zum Beispiel von Fowler-Magerl, Collection and Transmission, 131.

wörtlich ‚Mengfutter', was auf den im übertragenen Sinne ‚vermischten Inhalt' hinweist.[9] Solche Sammlungen sind zwar für die Überlieferung und Verbreitung von Kanones von grosser Bedeutung,[10] doch stellen sie den Historiker zugleich vor Interpretationsschwierigkeiten, da sich häufig nur wenige Informationen zu Entstehungskontext und Ordnungsprinzipien einer solchen Kompilation zusammentragen lassen.[11]

Vorgratianische Kanonessammlungen unterscheiden sich aber nicht nur nach ihren Ordnungsprinzipien, sondern lassen auch unterschiedliche Zwecke erkennen, derentwegen sie angelegt wurden. Der (intendierte) Zweck lässt sich bei einigen Sammlungen recht gut erschliessen: Das Sendhandbuch Reginos von Prüm diente als Handbuch für ein episkopales Wandergericht zur Kontrolle der Lebensführung der Gläubigen, die *Collectio Sangermanensis XXI titulorum* könnte im Lehrbetrieb eingesetzt worden sein, Burchard von Worms kompilierte mit seinem *Decretum* ein Kompendium für die Bistumsverwaltung und zur Klerikerausbildung, und die Sammlung in 74 Titeln diente vermutlich der Verteidigung monastischer Ansprüche.[12]

Charakteristisch für Kanonessammlungen ist weiterhin, dass sie in der Regel ‚private Aufzeichnungen' sind. Mit der Bezeichnung als private Aufzeichnung soll verdeutlicht werden, dass solche Sammlungen in der Regel nicht von einem Hoheitsträger (wie dem römischen Bischof) approbiert wurden. Insofern stellt es eine Ausnahme dar, dass Papst Hadrian I. im Jahre 774 Karl dem Grossen die nach ihm benannte Überarbeitung der *Dionysiana* (*Dionysio-Hadriana*) überreicht haben soll.[13]

9. Georges, Ausführliches lateinisch-deutsches Handwörterbuch, Band 1, Sp. 2689. Müller, Forschungsstand, 233 übersetzt *farragines* mit „Steinbruch" bzw. „Blockstruktur".

10. Auf die Bedeutung dieses Sammlungstyps weist Fowler-Magerl, Collection and Transmission (2008) hin.

11. Die Gruppierung und Charakterisierung der Kanonessammlungen soll hier abgebrochen werden. Fransen, Les abrégés de collections canoniques (1978) und Fransen, Collections canoniques, 13f. möchte desweiteren Abrégés, also Kurzfassungen bestehender Sammlungen, als weitere Untergruppe von Sammlungen nennen; die Liste liesse sich verlängern.

12. Zu Regino von Prüm: Dusil, Entstehung und Funktion (2012); zur *Collectio Sangermanensis XXI titulorum*: Siems, Die Collectio Sangermanensis XXI titulorum – Kanonessammlung oder Unterrichtswerk? (2009); zum *Decretum Burchardi*: Müller, Kirchenrechtssammlung, 169; zur Sammlung in 74 Titeln: Rolker, The Collection in Seventy-four Titles (2009). Cushing, Polemic or handbook (2008) und Cushing, Papacy and law, 142f. weist darauf hin, dass Anselms von Lucca *Collectio canonum* wohl zunächst als ‚Polemik' geplant war, bevor sie zu einem praktisch nutzbaren Handbuch – in Form der ‚Rezension Bb' – ergänzt wurde.

13. Siehe 33.

Mit dem Mangel an autoritativer Konfirmation geht eine fluide Gestalt der Kanonessammlungen einher. So stellten Kompilatoren Sammlungen zusammen, indem sie einzelne Kanones(reihen) exzerpierten oder ältere Sammlungen zu einer neuen verbanden. Beispielsweise arbeitete Burchard von Worms auf diese Weise, als er den Beginn seines *Decretum* auf verschiedenen Vorlagen aufbaute, nämlich der *Collectio Anselmo Dedicata*, dem Sendhandbuch Reginos von Prüm sowie der *Collectio Canonum* des Pseudo-Remedius'.[14] Diese Formen des Überarbeitens, des Ergänzens und Kürzens, des Trennens und Neuzusammenfügens bei der Erstellung einer neuen Sammlung sind seit längerem bekannt. Jüngst wurde wiederholt darauf hingewiesen, dass auch Sammlungen selbst Veränderungen unterworfen waren, indem sich Textbestand und Aussehen innerhalb der Manuskripttradition veränderten.[15] Die italienische Kopie des *Decretum Burchardi* aus der Mitte des 12. Jahrhunderts könnte also von der Wormser Urfassung des beginnenden 11. Jahrhunderts abweichen.[16] Insofern ist das Augenmerk auch und gerade auf die späteren Überarbeitungen einer Kanonessammlung zu richten.

Diese doppelte Formbarkeit von Kanonessammlungen öffnet sie für theologische, politische, kulturelle und andere Einflüsse in zweierlei Hinsicht: Zum einen ist zu vermuten, dass die politischen Reformen und theologischen Bewegungen nach 1050 die Anlage neuer Sammlungen inspiriert haben, zum anderen ist zu fragen, ob nicht auch ältere Sammlungen überarbeitet und modifiziert wurden. Die damit verbundene Offenheit des kanonischen Rechts erlaubt es, die Frage nach dem Wandel des kirchlichen Rechtswissens im 11. und 12. Jahrhundert zu stellen.

Aus der grossen Gruppe der Kanonessammlungen des 11. und beginnenden 12. Jahrhunderts sind für diese Untersuchung vier ausgewählt, nämlich das *Decretum* Burchards von Worms, die Sammlung in 74 Titeln, die *Panormia* sowie die *Collectio Canonum* Kardinal Deusdedits. Burchards Dekret entstand Anfang des 11. Jahrhunderts und

14. Zum ersten Buch des *Decretum Burchardi* siehe Hoffmann/Pokorny, Dekret, 173–181.

15. Firey, Ghostly Recensions (2000); Brett, Editions, Manuscripts and Readers (2004); Firey, Codices and Contexts (2008); Firey, Mutating Monsters (2010). Auch im ‚weltlichen' Recht beobachtet Karl August Eckhardt eine vergleichbare ‚weiche' oder ‚offene' Überlieferung (Eckhard, Pactus legis Salicae, XL). Es wäre zu fragen, ob diese Offenheit für das (früh)mittelalterliche Recht nicht viel charakteristischer ist als bislang gedacht.

16. Selbst das gratianische Dekret ist, wie Winroth, Making of Gratian's Decretum (2000), gezeigt hat, in (mindestens) zwei Versionen überliefert, siehe 330f.

ist deshalb von den politischen und theologischen Diskussionen der zweiten Hälfte des 11. Jahrhunderts noch unberührt. Es dient daher als vorgregorianische Kontrastfolie für die Sammlungen der Reformzeit. Die *Panormia* ist in die Untersuchung als weitverbreitete Sammlung des 12. Jahrhunderts inkorporiert. Spiegeln das *Decretum Burchardi* und die *Panormia* eher den ‚kanonistischen Mainstream' um 1100 wider, so gehören die beiden anderen Sammlungen, also die Sammlung in 74 Titeln und die *Collectio Canonum* Deusdedits, zu den ‚Reformsammlungen', deren Kompilatoren die politischen Änderungen und theologischen Herausforderungen des 11. Jahrhunderts erfasst und verarbeitet haben. Mit diesen vier Kanonessammlungen sind – so steht zu hoffen – verschiedenartige Bearbeitungen des Kirchenrechts erfasst, die einen repräsentativen Querschnitt durch das kirchliche Rechtswissen des 11. und beginnenden 12. Jahrhunderts geben können.[17]

2. *Primus liber continet*: Die Darstellung des Jurisdiktionsprimats und des Zölibats in vorgratianischen Sammlungen

Beginnen wir diese Untersuchung mit den Wissensbeständen dieser vier Kompilationen, und zwar zunächst mit ihrem Wissen zum Jurisdiktionsprimat (a), sodann zum Zölibat (b). Im Ausgangspunkt interessiert dabei nur die ‚ursprüngliche' Perspektivbildung in der ‚Urfassung' einer Sammlung, soweit sie sich mit Hilfe von Manuskripten und Editionen rekonstruieren lässt. Nebenbei ist es Aufgabe des folgenden Teils, die zentralen Quellen dieses Kapitels, ihr Entstehungsumfeld sowie ihre Autoren einleitend vorzustellen und die Überlieferungslage zu skizzieren.

17. Der Kreis der zu untersuchenden Handschriften und Sammlungen liesse sich zwar beliebig erweitern, zum Beispiel mit Anselm von Luccas *Collectio Canonum*, Ivos *Decretum* wie der nur in einer Handschrift überlieferte Sammlung BAV, vat. lat. 3829, doch bliebe das grundsätzliche Problem der beschränkten Quellenauswahl bestehen, so dass die Frage nach der Validität des Quellencorpus erneut gestellt werden könnte.

a) *primae sedis episcopus aut princeps sacerdotum*? Der Jurisdiktionsprimat zwischen episkopal-dezentraler und römisch-primatialer Perspektive

(1) Das Decretum *Burchards von Worms*

Burchard von Worms gehört zu den Bischöfen des Mittelalters, die in der rechtshistorischen Forschung das Interesse gleichermassen der Germanisten wie der Kanonisten auf sich ziehen. Die ersteren arbeiten vorrangig über sein Hofrecht, die *Lex Familiae Wormatiensis*, die letzteren vornehmlich mit den *Decretorum libri XX*, seiner kirchenrechtlichen Sammlung.[18] Als Bischof von Worms war Burchard sowohl mit weltlichen wie mit geistlichen Angelegenheiten betraut und drang darauf, beide Bereiche normativ zu erfassen und Missstände abzustellen, sei es, dass er neue Regeln für seine Grundherrschaft im Hofrecht aufstellte, sei es, dass er bestehende kirchenrechtliche Regeln systematisierte und harmonisierte.

Burchard wurde um 965 geboren und entstammte wohl einer niederen Adelsfamilie, die im heutigen Nordhessen – Fritzlar, Frankenberg – Güter besass. Nach der Ausbildung in Koblenz und dem Kanonikat stieg er in das Umfeld von Bischof Williges von Mainz auf und war als Domkämmerer sowie als Propst von St. Viktor/Mainz tätig. Kaiser Otto III. setzte Burchard im Jahre 1000 als Bischof von Worms ein, wo er bis zu seinem Tode am 20.8.1025 den Bischofsstuhl innehatte.[19]

Als Bischof, der sowohl mit Reichsangelegenheiten als auch mit der Diözesanverwaltung befasst war, versuchte Burchard, das Kirchenrecht seiner Zeit zu systematisieren und in einem Codex zusammenzufassen.

18. Burchards Hofrecht ist greifbar in: MGH Const. 1, ed. Weiland, 639–644 (datiert auf 1023–1025) sowie in: Weinrich, Quellen zur deutschen Verfassungsgeschichte, Nr. 23, 90–125 (dort auch mit deutscher Übersetzung). Zu seinem Hofrecht siehe die jüngeren Beiträge von Dilcher, Mord und Totschlag im alten Worms (1993) und Dilcher, Der Kanonist als Gesetzgeber (2000) sowie Theuerkauf, Burchard von Worms (1968), der sich mit Hofrecht wie Dekret auseinandersetzt. Zur Überlieferung des *Decretum Burchardi* siehe 76–78.

19. Zur Person Burchards siehe die Beiträge: Fournier/Le Bras, Histoire 1, 364–367; J. Pétrau-Gay, Art. Burchard de Worms, in: DDC 2 (1937), Sp. 1141–1157; A. H. Benna, Art. Buchard von Worms, in: HRG 1, Sp. 541–543; Max Kerner, Art. Burchard von Worms, in: Die deutsche Literatur des Mittelalters. Verfasserlexikon 1, Sp. 1121–1127; Fuhrmann, Einfluß und Verbreitung 2, 442–446; Metz, Zur Herkunft und Verwandtschaft (1976); R. Kaiser/Max Kerner, Art. Burchard I., Bischof von Worms, in: LexMA 2, Sp. 946–951; Kölzer, Burchard I., Bischof von Worms (1992); Brommer, Burchard von Worms (1993); Jörg Müller, Art. Burchard von Worms (965–1025), in: HRG 1, 2. Aufl., Sp. 734–736; Austin, Shaping Church Law, 15–31. Eine aktuelle Bibliographie bietet Michael Bachmann, Art. Burchardus Wormatiensis episcopus, in: Compendium Auctorum Latinorum Medii Aevi 2, 521f.

Dieses Werk, die *Decretorum libri XX*, schloss er im ersten Viertel des 11. Jahrhunderts ab.[20] Burchard von Worms sammelte insgesamt 1785 Kanones zu ganz unterschiedlichen Bereichen der bischöflichen Tätigkeit. Er eröffnete sein Dekret mit Kanones zur Kirchenstruktur, sowie zu Bischöfen und Prozessen (1. Buch), es folgen Regelungen zu Priestern und Diakonen sowie zur Kirchenadministration und zum Zehnten (2. und 3. Buch).[21]

Jede Beschäftigung mit dem *Decretum Burchardi* steht vor der Herausforderung, dass der Breite der mittelalterlichen Überlieferung eine nur unzureichende Editionslage gegenübersteht. Burchards Dekret ist zwar in mindestens 77 Manuskripten, 24 Fragmenten und mehreren verkürzten Fassungen überliefert, doch – oder gerade deswegen – fehlt bis heute eine kritische Edition des Dekrets.[22] Durch die Studien vor allem von Gérard Fransen zur Systematisierung der Handschriften sowie den Untersuchungen von Hartmut Hoffmann und Rudolf Pokorny zur Entstehung des Dekrets und dessen Redaktionsstufen besitzen wir heute jedoch einen soliden Überblick über die Überlieferungsgeschichte.[23]

20. Das *Decretum* ist sicherlich vor die Seligenstädter Synode 1023 zu datieren, aber ob man seine Entstehung zwischen 1008 und 1012 eingrenzen darf, ist offen. Die Datierung auf 1008/12 beruht auf der bei Sigebert von Gembloux überlieferten, jedoch nicht sicheren Annahme der Mitwirkung Olberts, siehe Kölzer, Burchard I., Bischof von Worms, 16 Fn. 56.

21. Der Überblick orientiert sich an dem Vorwort von Burchard (siehe Fransen/Kölzer, Burchard von Worms (Nachdruck), 45–49, insbes. 46a–48; ausführlich zusammengefasst von Fournier/Le Bras, Histoire 2, 368–371; J. Pétrau-Gay, Art. Burchard de Worms, in: DDC 2, 1937, Sp. 1142–1148. Eine englische Übersetzung des Vorworts bieten Somerville/Brasington, Prefaces, 99–104. Die weitere Bücher sind hier nicht von Interesse. Die behandelten Themen sind: 1. Buch: Kirchenstruktur, Bischöfe, Prozesse; 2. Buch: Priester und Diakone; 3. Buch: Kirchenadministration und Zehnt; 4. Buch: Taufe; 5. Buch: Eucharistie; 6. Buch: Totschlag; 7. Buch: Inzest; 8. Buch: Mönche und Nonnen; 9. Buch: Jungfrauen; 10. Buch: Witwen und Ehen; 10. Buch: Zauberei; 11. Buch: Exkommunikation; 12. Buch: Eid und Meineid; 13. Buch: Fasten; 14. Buch: Völlerei und Trunkenheit; 15. Buch: Laien; 16. Buch: Gerichtsverfahren; 17. Buch: Unzucht; 18. Buch: Visitation Kranker; 19. Buch: Poenitential (*Corrector vel Medicus* genannt); 20. Buch (*Speculator*): Texte theologischen Inhalts u.a. zum Jüngsten Gericht und zum Antichristen.

22. Zur Überlieferung des *Decretum* siehe 76 Anm. 23. Vgl. zu diesem reziproken, fast typisch zu nennendem Verhältnis zwischen Manuskriptüberlieferung und Editionslage Rolker, Canon Law, 123: „The huge number of manuscripts [of the Panormia – S.D.] in which it survives are at once a cogent proof of its success and a formidable obstacle to its detailed study."

23. Zentrale Beiträge zur Überlieferung sind: Meyer, Überlieferung und Verbreitung (1935); Fransen, Brief notes (1969); Fransen, La tradition manuscrite (1969); Fransen, Trois notes (1970); Fuhrmann, Einfluß und Verbreitung 2, 450–455; Fransen, Le Décret de Buchard de Worms. Valeur du texte de l'édition. Essai de classement des manuscrits (1977); Fransen, Le Décret de Burchard de Worms (1992) sowie Hoffmann/Pokorny, Das Dekret des Bischofs Burchard von Worms. Textstufen–Frühe Verbreitung–Vorlagen (1991). Ferner sind für die

Nach aktuellem Forschungsstand sind aufgrund der Anordnung der Kanones sowie der Ergänzungen und Auslassungen vier Gruppen von Handschriften zu unterscheiden. Zu einer ersten, recht kleinen Gruppe lassen sich drei Manuskripte zusammenfassen, deren prominentester Vertreter der Doppelband vat. pal. lat. 585/586 ist.[24] Zu einer zweiten Gruppe, die auch unter dem Namen ,Konstanzer Ordnung' bekannt ist, zählen 23 Manuskripte mit charakteristischen Umstellungen am Ende einiger Bücher.[25] Darüber hinaus sind – drittens und viertens – eine frühe lombardisch-burgundische sowie eine italienische Gruppe zu unterscheiden; letztere konstituiert sich vor allem durch gemeinsame Auslassungen.[26]

Da im folgenden nur die (ursprüngliche) Präsentation des Jurisdiktionsprimats im ersten Buch, nicht aber dessen spätere Rezeption interessiert, beschränkt sich die Untersuchung auf zwei Handschriften, nämlich auf den Doppelband vat. pal. lat. 585/586 und Frankfurt Barth. 50 (siehe Abb. 12).[27] Beide spiegeln die älteste Überlieferung des *Decretum Burchardi* wider. Sie sind in Worms unter der Hand

Überlieferungsgeschichte Pelster, Dekret in vatikanischen HSS (1946) sowie Pelster, Dekret in einer Redaktion (1947) von Bedeutung. Jüngere Ergänzungen von Fowler-Magerl, Fine Distinctions (1997), insbes. 146–152; eine Liste mit Manuskripten bietet Kéry, Canonical Collections, 134–148. Ein Verzeichnis aller Kapitelanfänge bietet Kozur, Index alphabeticus singulorum capitulorum Decreti Burchardi (1989; allerdings auf Grundlage von Migne, PL).

24. Kéry, Canonical Collections, 134, die sie „Order of Worms, Typ A" nennt.

25. Kéry, Canonical Collections, 134–137 („Order of Worms, Typ B"). Der Name ,Konstanzer Ordnung' leitet sich von der Handschrift Freiburg, Universitätsbibliothek 7 ab, die vermutlich aus Konstanz stammt und lange als einer der ältesten Vertreter des Dekrets angesehen wurde (Meyer, Überlieferung und Verbreitung, 152–154, 153: „zugleich wohl eine der ältesten [Handschriften – S.D.] überhaupt"; siehe Fransen, Brief notes, 514; zur Konstanzer Ordnung auch kurze Bemerkungen von Fowler-Magerl, Clavis Canonum, 89). „Konstanzer Ordnung" verwendet beispielsweise Pelster, Dekret in einer Redaktion, 327. Aufgrund der Untersuchungen von Hoffmann/Pokorny, Dekret, passim, ist hingegen der Frankfurter Codex Barth. 50 an die Spitze der Manuskripte der „Konstanzer Ordnung" gerutscht. Zu den Änderungen in Frankfurt Barth. 50 im einzelnen: Hoffmann/Pokorny, Dekret, 41–49; zur Freiburger Handschrift siehe 233–245.

26. Kéry, Canonical Collections, 137–142; die Auslassungen umfassen die Artikelgruppen cc. 8.38–8.49, 12.10–12.20, 19.109–Ende des 19. Buchs und 20.57–Ende der Sammlung. Vertiefend Fransen, Le Décret de Buchard, 34–38; Fransen, Le Décret de Burchard de Worms. Valeur du texte, insbes. 2, 8–12; Fransen, La tradition manuscrite, 115. Fransen, Le Décret de Burchard de Worms. Valeur du texte, 8 nennt diese ,defekten' Manuskripte daher *deteriores* („Nous parlons, à dessein, de groupes et non de classes, parce que les manuscrits du second groupe ne sont, en réalité, que des *deteriores*, dépendant tous d'un manuscrit auquel manquent les quatre passages cités plus haut."). Fowler-Magerl, Fine Distinctions, 146–152 hat zudem gemeinsame Ergänzungen herausgearbeitet.

27. Zu den späteren Manuskripten, die Aufschluss über die Rezeption Burchards im Italien des 12. Jahrhunderts geben, siehe 247–263.

Burchards – oder zumindest in seiner Werkstatt – entstanden und erlauben, den Entstehungsprozess des Dekrets nachzuzeichnen.[28] Mit diesen beiden Codices sind die Arbeitsredaktionen und -schritte Burchards am unmittelbarsten zu erfassen.[29] Die *Editio Princeps*, also der Erstdruck von 1548, das sei hier noch angefügt, steht der Gruppe um V nahe – ihr Herausgeber Barthold Questenburg hat also ein Manuskript als Vorlage gewählt, dass gerade nicht der üblicherweise überlieferten Burchard-Fassung entsprach, sondern eine seltene Sonderüberlieferung darstellte.[30] Dennoch bietet der Neudruck dieser Ausgabe einen guten und vor allem recht authentischen Zugriff auf eine mittelalterliche Fassung des *Decretum Burchardi*.[31]

28. Handschriftenbeschreibung von vat. pal. lat. 585/586: Hoffmann/Pokorny, Dekret, 29–37; von Frankfurt Barth. 50: ebd., 37–39. Die Entstehungsstufen des Dekrets werden rekonstruiert bei Hoffmann/Pokorny, Dekret, 40–64. Zuvor waren schon Pelster, Dekret in vatikanischen HSS, 116–132 die Besonderheiten des vatikanischen Doppelbandes aufgefallen.

29. Diese Handschriften wählt auch Austin, Shaping Church Law, insbes. 20f. bzw. Austin, Jurisprudence in the Service of Pastoral Care, 936 aus. Zwar existieren weitere frühe Handschriften, doch sind diese aus verschiedenen Gründen nicht berücksichtigt: Würzburg, Universitätsbibliothek, M. p. th. f. 167 steht nahe vat. pal. lat. 585/586 – sie ist entweder aus dieser abgeleitet oder eine Schwesterhandschrift –, jedoch ist sie fragmentarisch und enthält das entscheidende erste Buch nicht. Sie beginnt mit Buch 3 Capitulatio zu c. 226. Diese Handschrift stammt aus Amorbach; drittes Viertel des 11. Jahrhunderts (Hoffmann/Pokorny, Dekret, 59–61, 143–147; Thurn, Handschriften, 4). Das gleiche gilt für den ebenfalls in Worms entstandenen Codex Köln, Dombibliothek 119 (Hoffmann/Pokorny, Dekret, 20f., 63f.; der Teil Praefatio–c. 2.196 fehlt neben anderen Teilen (Text beginnt c. 2.196 *ut nullatenus aliquis presumat*)). Die Handschrift Bamberg, Staatsbibliothek, can. 6 steht nahe Frankfurt Barth. 50, kann aber unberücksichtigt bleiben, da sie von der Arbeitsredaktion weiter als Frankfurt Barth. 50 entfernt ist (Hoffmann/Pokorny, Dekret, 16–18, 61f.; Hoffmann/Pokorny, Dekret, 62: „Als B[amberg can. 6] geschrieben wurde, war die Arbeit am Dekret im großen ganzen zwar abgeschlossen, doch an wenigen Punkten wurde auch danach noch geändert.“). Schliesslich überliefert noch Parma, Biblioteca Palatina 3777, eine frühe Redaktion des Texts. Dieser steht zwischen Frankfurt Barth. 50 und vat. pal. lat. 585/586, aber näher an der Frankfurter als an der vatikanischen Handschrift, und da Hoffmann/Pokorny, Dekret, 62f. keine so gravierenden Änderungen notiert haben, erscheint eine Einbeziehung nicht als erforderlich. Zudem ist die Handschrift Parma 3777 nicht in Worms entstanden.

30. Ausführlich Fransen, Le décret de Burchard (1992); Pelster, Dekret in vatikanischen HSS, 127–132.

31. Die *Editio Princeps*, Köln 1548, wurde von Barthold Questenburg vorbereitet und von Melchior von Neuss gedruckt; sie ist leicht zugänglich bei Fransen/Kölzer, Burchard von Worms, Decretorum Libri XX. Ergänzter Neudruck der Editio Princeps Köln 1548 (1992). Der Druck von Jean Foucher, Paris 1549/1650, scheint ein Nachdruck des Drucks Köln 1548 zu sein; der Pariser Druck ist mit Fehlern nachgedruckt in PL 140, Sp. 537–1058. Ein weiterer Druck erschien Köln 1560. Zu den Drucken Fransen, Le Décret de Burchard, 27–28, 32–34; Fuhrmann, Zum Vorwort des Dekrets, 384 Fn. 5; Kerner, Studien 1, 7f.; van Balberghe, Éditions du Décret de Burchard de Worms (1970).

Burchard von Worms hat das erste Buch, so wie es sich in vat. pal. lat. 585 und Frankfurt Barth. 50 darbietet, weder in Titel noch Teile untergliedert noch bietet sein *argumentum libri*, das er jedem Buch voranstellte, dem Leser eine feste Orientierung. Vielmehr enthält diese kurze Paraphrase nur einen vagen Abriss des Inhalts eines jeden Buchs und gibt keinen Hinweis darauf, mit welchem Kanon die verschiedenen thematischen Abschnitte beginnen.[32] Eine thematische Ordnung der Kanones ist indes zu erkennen, auch wenn die Gliederung manchesmal eher assoziativ gestaltet ist: „Dans chaque livre", so urteilten Fournier/Le Bras, „les canons sont présentés d'après un ordre souvent reconnaissable, quoiqu'il ne soit pas rigoureux."[33]

In diesem Sinne lässt sich der Ablauf des ersten Buchs anhand der Handschriften vat. pal. lat. 585 und Frankfurt Barth. 50 locker umreissen:[34] Burchard begann mit drei Kanones zur herausgehobenen Stellung des römischen Bischofs, die auf der Einsetzung Petri durch Jesu selbst beruhe (cc. 1.1–1.3). Er behandelte dann das Bischofsamt mit der Weihe (cc. 1.4–1.41), Synoden und die synodale Rechtsprechung (cc. 1.42–1.62) sowie Primaten und Metropoliten (cc. 1.63–1.66). Sodann trug er Kanones zu Rechten und Pflichten von Bischöfen zusammen (cc. 1.67–1.132). Des Weiteren beschäftigte er sich mit dem Gerichtsverfahren, nämlich mit der Anklage von Bischöfen und deren Wiedereinsetzung sowie u.a. mit Appellationen, mit der Person des Anklägers und Vorladungen (cc. 1.133–1.184).[35] Den letzten Teil (cc. 1.185–1.233) hat

32. Aus diesem Grunde ist auch über die genaue Abschnittsgliederung Diskussion möglich. Das *argumentum libri* zum ersten Buch lautet gemäss vat. pal. lat. 585, fol. 22vb/Frankfurt Barth. 50, fol. 6va: *Incipit primus liber de potestate et primatu apostolicę sedis, patriarcharum ceterorumque primatuum metropolitanorum et de synodo celebranda, et vocatione ad synodum, de accusatis et accusatoribus, de expoliatis iniuste, de iudicibus ac de omni honore competenti ac dignitate et diverso negotio et ministerio episcoporum.*

33. Fournier/Le Bras, Histoire 2, 370.

34. Zwar repräsentieren vat. pal. lat. 585/586 und Frankfurt Barth. 50 verschiedene Bearbeitungsstufen des Dekrets, doch finden sich im ersten Buch wenige Änderungen im Sinne einer Umstrukturierung; allein nach c. 1.169 enthält vat. pal. lat. 585 eine Rasur, die mit einer Streichung in Frankfurt Barth. 50 korrespondiert – dieser Kanon wurde zu c. 16.30. Eine ähnliche Überarbeitung findet sich nach c. 1.170: Zwei Kapitel wurden radiert (vat. pal. lat. 585) bzw. gestrichen (Frankfurt Barth. 50), das erste findet sich nun als c. 16.31, das zweite fiel weg; siehe Hoffmann/Pokorny, Dekret, 52f. Umstellungen von Kanonesreihen finden sich jedoch am Schluss anderer Bücher, doch sind Kanones zum Jurisdiktionsprimat von diesen Änderungen nicht betroffen (siehe Hoffmann/Pokorny, Dekret, 41–49).

35. Dieser Teil wiederum lässt sich untergliedern in folgende Abschnitte: Grundsätzliche Erlaubtheit der Anklage von Bischöfen (cc. 1.133–1.139); Wiedereinsetzung von (vertriebenen) Bischöfen (cc. 1.140–1.143); Urteile über Bischöfe sowie deren Appellation nach Rom (cc. 1.144–1.150); Person des Anklägers (cc. 1.151–1.153). Die cc. 1.154–1.184 lassen sich

Burchard im *argumentum libri* zutreffend mit *et* [*de*] *diverso negotio et ministerio episcoporum* umschrieben. In diesem Teil hat er Kanones zum Beispiel zum Pallium, dem Recht, Waffen zu tragen, sowie zur Vererbbarkeit materieller Güter zusammengetragen (cc. 1.185–1.219). In diesem Schlusspart nahm er teilweise schon behandelte Themen wieder auf: So finden sich hier, zu Ende des ersten Buchs, Texte zur Weihe und Anklage von Bischöfen, zu Erbschaften, aber auch zur Translation von Bischöfen (cc. 1.220–1.233). Die aufgrund von paläographischen und kodikologischen Überlegungen getragene Vermutung von Hoffmann und Pokorny, dass Burchard diesen letzten Teil später nachgetragen habe, könnte erklären, weshalb er zum Schluss des ersten Buchs schon zuvor erörterte Themen wieder aufnahm.[36]

Welches Wissen über den Jurisdiktionsprimat lässt sich bei Burchard rekonstruieren? Von grosser Bedeutung ist für ihn die Appellation nach Rom, die jedem Bischof offensteht.[37] Verbunden damit ist die Entscheidungskompetenz des römischen Bischofs in allen wichtigen bzw. schwierigen Angelegenheiten, zu denen auch Urteile über Bischöfe gehörten. So sollte eine Verurteilung von Bischöfen ohne päpstliche Mitwirkung nicht möglich sein.[38] Desweiteren nahm er zwei Kanones auf, von denen der erste vorschrieb, dass Anklagen von Bischöfen durch Bischöfe zu beenden seien; der zweite Kanon wollte Zweifelsfälle durch den Primas der jeweiligen Region klären lassen.[39] Über die Appellation

nur schwer gliedern, da eine Struktur nicht ohne weiteres erkennbar ist. Zum einen werden schon behandelte Themen – wie die Person des Anklägers (c. 1.164), die Immunität von *doctores* (cc. 1.165–1.166), Primaten und Patriarchen (cc. 1.154–1.159) – wieder aufgegriffen; zum anderen spricht Burchard neue Themen an. Er handelt über die Säumigkeit vorgeladener Bischöfe (cc. 1.160–1.162), über Ankläger und Zeugen (cc. 1.171–1.174), über die Mündlichkeit des Gerichtsverfahrens (c. 1.177) sowie die Appellationen zum römischen Bischof bzw. die Entscheidungsgewalt des römischen Bischofs in schwierigen Fällen (cc. 1.176 und 1.178–1.179).

36. Hoffmann/Pokorny, Dekret, 41 (nur cc. 1.1–1.219 ursprünglich).

37. So c. 1.144 (alle wichtigen Angelegenheiten sowie Urteile gegen Bischöfe sind vom Papst zu fällen, auch wenn die Untersuchung solcher Vorwürfe durch andere Bischöfe möglich ist); c. 1.148 (Appellation bei befangenem Richter); c. 1.176 (ähnlich c. 1.144); c. 1.179 (Appellation aller Bischöfe).

38. So c. 1.2 (Papst solle entscheiden über *maiores causae sicut sunt episcoporum et potiorum cure negotorium*); c. 1.64 (*ad hanc apostolicam sedem, cui omnia episcoporum judicia terminare praecepta sunt*); c. 1.140 (durch päpstliche Gewalt sollen Vorwürfe gegen Bischöfe ausgeräumt werden); c. 1.178 (*difficiliores causae* durch Papst zu entscheiden); c. 1.175 (ohne päpstliche Beteiligung keine Verurteilung). Zur Appellation siehe Kerner, Studien I, 83–88.

39. Einerseits c. 1.145, andererseits c. 1.157, hierzu Sieben, Konzilsidee des lateinischen Mittelalters, 215f. – Wie sind diese Kanones in Einklang zu bringen? Liegt ein Regel-Ausnahme-Verhältnis (welches?) vor oder soll eine Harmonisierung auf andere Art und

der Bischöfe hinaus nannte Burchard als weiteren primatialen Aspekt das päpstliche Vorrecht, Synoden einzuberufen, so dass ohne päpstliche Approbation eine Synode, jedenfalls eine Universal- oder Generalsynode, nicht rechtskräftig war: *Nec ullam synodum generalem ratam esse legimus, quae eius non fuerit autoritate congregata vel fulta.*[40]

Aufschlussreicher noch als diese beiden angeführten primatialen Aspekte sind diejenigen, die Burchard nicht ansprach. Zwar behandelte Burchard ausführlich die Frage, ob Bischöfe überhaupt angeklagt werden konnten, indem er Kanones aufnahm, denen zufolge sich Bischöfe nur Gott, nicht aber Menschen verantworten mussten (cc. 1.133–1.134, Ausnahme ist der Häresiefall, cc. 1.135–1.139), doch erwähnte er die päpstliche Immunität nicht. Diese fehlt bei ihm.[41] In Burchards Dekret fehlt ferner ein Kanon, der die Appellation von einem Urteil des römischen Bischofs beispielsweise zu einem allgemeinen Konzil unterband, und auch das Appellationsrecht aller Gläubigen kannte er nicht. Schliesslich ist zu konstatieren, dass Burchard weder administrative noch legislative Aspekte des Jurisdiktionsprimats ansprach – er kannte weder ein päpstliches Recht, in die Bistumsverwaltung einzugreifen oder neue Gesetze zu erlassen, noch mahnte er die Beachtung päpst-

Weise erfolgen? Burchard lässt den Leser hier alleine. Vielleicht intendierte Burchard auch gar nicht so sehr den Ausgleich und die Harmonisierung von Kanones mit dem Ziel, ein widerspruchsfreies Prozesssystem zu schaffen – falls ein solches auf Grundlage der pseudoisidorischen Dekretalen und der widerspruchsreichen „Prozessverhinderungsordnung" der *Capitula Angilramni* überhaupt möglich gewesen wäre (siehe 34f.). Diese Schwierigkeit, ein stimmiges und praktikables Prozessrecht herauszuarbeiten, unterstreicht auch c. 1.63, der in einer anti-metropolitanen Tendenz den bedrängten Bischöfen die Möglichkeit eröffnet, vom Primas oder vom Heiligen Stuhl gehört zu werden, ohne dass das Verhältnis zur auch ansonsten eröffneten Appellation an den römischen Bischof deutlich wird (c. 1.63: Papst Annicius an die gallischen Bischöfe .4, JK † 57/J³ † 104 (www.pseudoisidor.mgh.de/html/027.htm, Hinschius, 121, 14–26). Auch wenn sich im Einzelnen viele Rückfragen an Burchard ergeben, so kann man doch festhalten, dass sein Wissen den jurisdiktionellen Aspekt des Jurisdiktionsprimats umfasste.

40. c. 1.42 (vat. pal. lat. 585, fol. 36vb/Frankfurt Barth. 50, fol. 13va): Isidor Mercatorus, Praef. .8 (www.pseudoisidor.mgh.de/html/001.htm, Hinschius, 19 Zeile 9–13); ähnlich c. 1.179. Kerner, Studien 1, 78–82 untersucht das Verhältnis von Papst und Konzil und weist darauf hin, dass die offensichtlichen Vorlagen Burchards (CAD 1.9 bzw. CAD 1.62) *generalem* nicht aufweisen, so dass hier eine Ergänzung durch Burchard vorliegen könnte (so auch Fuhrmann, Einfluß und Verbreitung 2, 484). Kerner, ebd., will aber die Unterschiede zwischen ‚einfacher' und ‚Generalsynode' nivellieren. Diese Interpretationsversuche setzen allerdings voraus, dass Burchard überhaupt einen solche Kohärenz herstellen wollte. Vielleicht ist es besser, „diese verschiedenen und scheinbar uneinheitlichen Aussagen" (Kerner, Studien 1, 82) nebeneinander stehen zu lassen.

41. Zur Frage, ob Burchard einen solchen Kanon kannte, siehe 120f. Für die hier zu verfolgende Perspektivbildung genügt die Feststellung, dass sich solche Kanones in seiner Sammlung nicht finden.

licher Dekretalen an.[42] Aspekte jenseits des episkopalen Wirkungskreises mit Appellation und Synoden beachtete Burchard also nicht – oder sie interessierten ihn nicht.[43]

Es lässt sich also zum Wissen Burchards festhalten, dass ihm zufolge alle Bischöfe (aber nicht alle Gläubigen!) zum römischen Bischof appellieren konnten; dem römischen Bischof kam die Entscheidung über alle wichtigen Angelegenheiten zu und ohne seine Zustimmung war eine Generalsynode nicht rechtskräftig. Weitergehende Aspekte des Jurisdiktionsprimats erwähnte er indes nicht: Er kannte weder die Immunität des Papstes noch das Recht des Papstes, alle Kirchen zu richten; weder findet sich bei ihm das Appellationsverbot zu einer Synode noch administrative oder legislative Rechte des Papstes. Der Jurisdiktionsprimat, so lässt sich resümieren, ist bei Burchard von Worms noch nicht entwickelt. Burchards Wissen über die Kirchenstruktur umfasst primär die episkopale Sphäre und klammert die päpstliche aus; nur wenn sich beide berührten – wie bei der Einberufung von Synoden oder der dem Schutz von Bischöfen dienenden Appellation – beinhaltet es auch primatiale Aspekte. Insofern liesse sich vielleicht zuspitzend resümieren, dass sein Blick noch der pseudoisidorische ist, der auf episkopale Rechte, nicht auf Vorrechte des Papstes gerichtet ist.[44]

Die theologische Vorrangstellung des Bischofs von Rom – im Gegensatz zur juristischen – würde Burchard von Worms wohl kaum bestreiten. So begann er sein Werk mit der Feststellung, dass der Priesterstand seinen Anfang mit Petrus genommen habe, der von Jesus Christus selbst eingesetzt worden sei. Mit dem in einem Exzerpt aus einem Pseudo-Anaklet-Brief zitierten *Tu es Petrus* nahm Burchard die Einsetzungsworte aus dem Matthäus-Evangelium auf (c. 1.1).[45] Die diesem Anaklet-Brief nachfolgende Gleichheit der Apostel liess Burchard jedoch aus, als wolle er die Stellung des römischen Bischofs stärken – doch endete auch seine vermutliche Vorlage an dieser Stelle, so

42. Siehe auch 120–133.

43. Burchard von Worms intendierte die „Einflussnahme anderer kirchlicher Institutionen und nicht-diözesaner Hierarchien in die inneren Geschäfte und Rechtsvorgänge des Bistums" abzuwehren, wie Will, Rechtsverhältnisse, 177 einmal formulierte; sie stellte a.a.O. fest: „Provinzialsynoden, fremde Bischöfe oder auch Verteter des Apostolischen Stuhls haben keine die bischöfliche Kompetenz substituierende Rechte, sondern ergänzen und bekräftigen sie."

44. Siehe 35f. zur Intention von Pseudoisidor; ähnlich in der Beurteilung Kerner, Studien 1, 85.

45. c. 1.1: Anaklet I. 2.24, JK † 3/J³ † 16 (www.pseudoisidor.mgh.de/html/013.htm; Hinschius, 79 Zeile 1–7). Hierzu vor allem Kerner, Studien 1, 47–61.

dass das Schweigen Burchards keine sicheren Schlüsse erlaubt.[46] Der zweite Kanon Pseudo-Melchiades' erlaubt allerdings, auf eine herausgehobene Stellung des römischen Bischofs zu schliessen: Burchard sprach ausdrücklich von der *discretio potestatis*, von der unterschiedlichen Gewalt, die den Aposteln gegeben worden war. Auch wenn ihre Berufung gleich gewesen sei (*par electio*), so sei Petrus doch zugestanden worden, anderen vorzugehen und ihre Rechtsstreitigkeiten zu schlichten.[47] Ihre Grenze fand diese hervorgehobene Stellung jedoch in c. 1.3, demzufolge der *primae sedis episcopus* nicht *princeps sacerdotum aut summus sacerdos*, sondern nur *primae sedis episcopus* genannt werden dürfe. Ursprünglich ist dieser Kanon, der wohl aus dem nordafrikanischen Konzil von 397 stammt, auf die afrikanische Kirche und den karthagischen Bischof bezogen, doch übertrug Burchard diese Regel durch ihre Positionierung in seinem Dekret auf den römischen Bischof.[48] Eine über den bischöflichen Stand hinausgehende höhere Gewalt sprach er dem römischen Bischof damit gerade nicht zu. Fournier/Le Bras wollten hier „le désir de donner une leçon de modestie

46. Burchard übernahm c. 1.1 wohl aus CAD c. 1.2, da beide Texte u.a. denselben Umfang aufweisen (siehe Hoffmann/Pokorny, Dekret, 173). Kerner, Studien 2, 35 Fn. 45 vermutete allerdings eine doppelte Vorlage (Burchard und Pseudoisidor), u.a. deswegen, weil die Rubrik differiere: Burchard schreibe *post Christum dominum nostrum* (wie einige pseudoisidorische Handschriften), während die CAD nur *post Christum* habe. Dieser Schluss beruht auf der Benutzung allein des Abdrucks der Pariser Handschrift (Paris, Bibliothèque Nationale, lat. 15392) von Jean-Claude Besse (Besse, Collectionis Anselmo Dedicata Liber Primus, 214f.; kritisch zu diesem Versuch Ryan, Observations on the pre-Gratian canonical collections, 94 sowie Gabriel Le Bras in der Diskussion zu: Ryan, Observations on the pre-Gratian canonical collections, 103f.). In der Tat weist die CAD-Abschrift Bamberg can. 5, fol. 4rb – in Übereinstimmung mit Besses Pariser Handschrift – die kürzere Fassung auf, während die Kopie in vat. pal. lat. 580, fol. 3rb *post Christum dominum nostrum* schreibt. Das Beispiel zeigt, wie unsicher Schlüsse sind, solange die genaue Handschriftenvorlage nicht bekannt ist oder nur mit einer begrenzten Handschriftenauswahl gearbeitet wird. – Eine weitergehende Auseinandersetzung mit der Frage nach der Vorlage von c. 1.1 und den vorgebrachten Argumenten muss hier nicht erfolgen.

47. c. 1.2 (vat. pal. lat. 585, fol. 23rb-va/Frankfurt Barth. 50, fol. 6vb): Melchiades .3, JK † 171/J³ † 355 (www.pseudoisidor.mgh.de/html/066.htm; Hinschius, 243 Zeile 24–43): *Et licet cunctorum par electio foret, beato tamen Petro concessum est, ut aliis praeemineret, et eorum quę ad quęrelam venirent causas et interrogationes prudenter disponeret.*

48. c. 1.3 (vat. pal. lat. 585, fol. 23vb/Frankfurt Barth. 50, fol. 6vb): *Ut primę sedis episcopus non appelletur princeps sacerdotum aut summus sacerdos aut aliquid huiusmodi, sed tantum primę sedis episcopus*; vgl. Bruns, Canones apostolorum, 127 (Concilium Carthaginense III, c. 26, wohl 397 n. Chr.); Munier, Concilia Africae, 185 (Registri ecclesiae Carthaginensis excerpta, c. 39). Die Glosse zum *Decretum Gratiani* ad D. 99 c. 3 v° *prime* hingegen schreibt *prime id est patriarchalis* (Decretum Gratiani (1528), fol. 151r b) und versteht diesen Kanon gerade nicht im engen Burchard'schen Sinne.

au Pontife romain" erkennen.[49] Mit der Gegenüberstellung von c. 1.2 und c. 1.3 verliert die Position, die Burchard gegenüber dem römischen Bischof einnahm, an Eindeutigkeit und verschwimmt.[50]

Insgesamt lässt sich ein differenziertes Wissen Burchards zum römischen Primat ausmachen: Er akzeptierte offensichtlich die besondere, auf Christus selbst beruhende Stellung des römischen Bischofs und dessen – wie auch immer ausgeformte – theologische Vorrangstellung; soweit sie Bischöfen nützte, achtete Burchard auch dessen juristische Stellung als oberster Richter. Diese war allerdings noch nicht zu einem umfassenden Jurisdiktionsprimat verdichtet. Der römische Bischof erscheint eher wie eine Mutter, bei der man in Bedrängnis Schutz sucht, als wie der geistliche Herrscher, der Gesetzgeber, Richter und Administrator der Kirche in einer Person ist.[51]

(2) Die Collectio 74 Titulorum

Ein Beispiel für einen ganz anders gearteten Wissensbestand stellt die *Collectio 74 Titulorum* dar, die Sammlung in 74 Titeln, die auch als *Diversorum Patrum Sententiae* bekannt ist (siehe Abb. 13).[52] Die Sammlung entstand wohl zwischen 1050 und den frühen 1070er Jahren

49. Fournier/Le Bras, Histoire 2, 390; vgl. auch Kerner, Studien 1, 62f.

50. Siehe – mit unterschiedlichen Interpretationen der Position Burchards – Kerner, Studien 1, 36–38; Fuhrmann, Einfluß und Verbreitung 2, 447–450; Sprandel, Ivo von Chartres, 53f.; Laudage, Gregorianische Reform, 78–80; Busch, Vom einordnenden Sammeln zur argumentierenden Darlegung, 246–248; J. Pétrau-Gay, Art. Burchard de Worms, in: DDC 2, 1937, Sp. 1151f. sowie eher grundsätzlich Laudage, Priesterbild, 56–78.

51. Siehe c. 1.144 (vat. pal. lat. 585, fol. 73ra/Frankfurt Barth. 50, fol. 31va): *ad eam* [*apostolicam sedem – S.D.*] *quasi ad matrem confugiant.* Greulich, Kirchenpolitische Stellung Bernolds, 16 spricht davon, „daß [Burchard von Worms – S.D.] [...] dem Papste ein mehr passives Recht zuschrieb, derart, daß dieser nicht selbst ständig jeglichen Fall vor sein Forum zitierte, sondern nur um Hilfe angerufen werde und so, gleichsam wie eine ‚schützende Mutter ihre Kinder' vor Unbill und Schaden rette."

52. Zur Sammlung in 74 Titeln siehe die Bibliographien bei Kéry, Canonical Collections, 207–210 und Fowler-Magerl, Clavis Canonum, 117–119. Als wichtigste Publikationen sind zu nennen: Fournier, Le premier manuel canonique (1894); Fournier/Le Bras, Histoire 2, 14–20; Michel, Die Sentenzen des Kardinals Humbert, das erste Rechtsbuch der päpstlichen Reform (1943); Haller, Pseudoisidors erstes Auftreten im deutschen Investiturstreit (1947); Pelster, Dekret in einer Redaktion (1947); Fuhrmann, Über den Reformgeist der 74-Titel-Sammlung (1972) (ähnlich Fuhrmann, Einfluß und Verbreitung 2, 486–509); Fowler-Magerl, Fine Distinctions (1997); Fowler-Magerl, Clavis Canonum, 110–119 sowie Rolker, The Collection in Seventy-four Titles (2009). Die Sammlung in 74 Titel ist ediert (und zitiert nach): Gilchrist, Diuersorum Patrum Sententiae siue Collectio in LXXIV titulos digesta (1973). Eine englische Übersetzung stammt von Gilchrist, A Canon Law Manual of the Gregorian Reform (1980).

vermutlich westlich des Rheins, vielleicht in Nordfrankreich.[53] Die früheren Versuche, den Kompilator zu identifizieren sowie Ort und Zeit ihrer Entstehung zu bestimmen, müssen als gescheitert betrachtet werden; sie ist als anonyme Sammlung zu behandeln.[54] Sie galt lange Zeit als „Kanal, durch den Pseudo-Isidor in das Kirchenrecht des Mittelalters eingedrungen ist“[55] und wurde als “premier manuel canonique de la réforme du XIe siècle” geschätzt[56] oder sogar zum “erste[n] Rechtsbuch der päpstlichen Reform”[57] stilisiert. Die Forschung der letzten Jahre ist mit solchen Zuschreibungen vorsichtiger geworden. Nachdem Anfang der 1970er Jahre Horst Fuhrmann den Reformgeist der 74-Titel-Sammlung in Frage gestellt hatte, hat Christof Rolker 2009 ihre Intention vom Kopf auf die Füsse gestellt: Er verstand die Sammlung in 74 Titeln nicht als papalistische Sammlung, sondern als promonastische Kompilation, die zur Erreichung ihres Zwecks, nämlich des Schutzes von Klöstern, eine Schwächung der intermediären Gewalten, nämlich des Ortsbischofs, zugunsten eines starken Papsttums intendierte.[58]

Die Sammlung ist, wie der Name impliziert, in 74 Titel gegliedert, auf die gut 300 Kanones verteilt sind.[59] Sie ist damit – jedenfalls im Vergleich zu Burchards Dekret – eine eher kurze Sammlung. Ihr erster Titel ist mit *De primatu romane ecclesie* überschrieben, in welchem

53. Zu Entstehungszeit und -ort: Fowler-Magerl, Fine Distinctions, 154f.; Fowler-Magerl, Clavis Canonum, 111–114; Rolker, The Collection in Seventy-four Titles, 63f., der die Sammlung in die „regions north of the Loire and west of or along the Rhine valley“ lokalisiert; „the Rémois seems particularly attractive“.

54. In der Mitte des 20. Jahrhunderts versuchte Anton Michel nachzuweisen, dass Humbert von Silva Candida die Sammlung zusammengestellt hatte (Michel, Sentenzen, insbes. 93–132; kurze Zusammenfassung: Michel, Pseudo-Isidor (1948) und Michel, Humbert von Silva Candida, 105–117); er datierte die Sammlung auf das Jahr 1051 (Michel, Sentenzen, 130f.). Alphons Stickler vermutete Humberts Einfluss, datierte die Sammlung aber auf 1074–1076 und nahm daher einen Schüler/Kollegen als Autor an (Stickler, Historia iuris canonici latini 1, 168: „probabilius confecta est inter aa. 1074-76“); ähnliche Datierung von Pelster, Dekret in einer Redaktion, 351 („aus den ersten Jahren Gregors VII.“). Gilchrist favorisierte eine Kompilation in den 1070er Jahren (Gilchrist, Changing the Structure, 95: „1075?“) und vermutete eine Kompilation in Zentralitalien, da seine Leithandschrift (Monte Cassino, Archivio della Badia, Ms 522) aus dieser Region stammt (Gilchrist, Diuersorum Patrum Sententie, xxii). Anders die neuere Literatur (siehe 85 Anm. 53), die über die Nutzung seltener Sammlungen den Entstehungsort einzugrenzen versucht.

55. Haller, Der Weg nach Canossa, 280.

56. Fournier, Le premier manuel canonique de la réforme du XIe siècle (1894).

57. Michel, Die Sentenzen des Kardinals Humbert, das erste Rechtsbuch der päpstlichen Reform (1943).

58. Fuhrmann, Über den Reformgeist der 74-Titel-Samlung, 1110–1120; Fuhrmann, Einfluß und Verbreitung 2, 506–509; Rolker, The Collection in Seventy-four Titles (2009).

59. Zur Struktur der Sammlung in 74 Titeln: Knox, Finding the Law, 442–447; Gilchrist, A Canon Law Manual of the Gregorian Reform, 23–29.

der Kompilator Aspekte des päpstlichen Primats ausbreitete; im zweiten Titel demonstrierte er die römische Superiorität durch historische und biblische Argumente (*Item de eadem re et quod Petrus et Paulus passi sunt una die*).[60] Titel 3 und 4 widmete der Kompilator der Autorität von Privilegien und den Freiheiten der Klöster; Titel 5 bis 14 dem Prozessverfahren. Die übrigen Titel (15–74) sind für die Untersuchung des Jurisdiktionsprimats von geringerem Interesse, da sie vornehmlich von Klerikern, Weihen, Sakramenten und anderem handeln.[61]

Wie ist der Jurisdiktionsprimat des Bischofs von Rom aus Sicht des unbekannten Kompilators ausgestaltet? Für diese Frage ist vor allem der erste Titel von Interesse. Der Kompilator betonte, dass alle wichtigen Fälle in Rom behandelt werden sollen (cc. 2, 12) und dass jeder zur römischen Kirche bzw. zum römischen Bischof appellieren dürfe (cc. 3, 10 bzw. cc. 6, 7). Diese Grundregel ist in cc. 83–85 sowie cc. 87–88 aufgenommen und ausgeführt. Der Kompilator hob hervor, dass es zwar der römischen Kirche zukomme, über alle zu urteilen, dass aber niemand ihre Urteile richten könne (c. 10, siehe ebenso c. 17 und c. 64) sowie dass keiner von einem Urteil des römischen Bischofs zu einer anderen Kirche appellieren dürfe (c. 10). Zudem komme dem römischen Bischof das Recht zu, ohne vorherige Synodalentscheidung zu verurteilen oder Verurteilte zu lösen (c. 10).[62] Die päpstliche Immunität schliesslich ist in zwei Kanones erörtert (cc. 8, 11). Damit werden alle wesentlichen Aspekte des jurisdiktionellen Jurisdiktionsprimats kurz, aber präzise angesprochen.

Über diesen Aspekt der Rechtsprechung hinaus schärfte der Kompilator in Titel 23 die Beachtung der Dekrete römischer Bischöfe ein, wie in c. 15 (*Nulli fas est*) schon anklang. Alle Anordnungen des apostolischen Stuhls, so liess er Papst Agatho (678–681) in c. 183 sprechen, seien so aufzunehmen, als ob sie von der Stimme Petri selbst bestätigt seien.[63] Der Kompilator nahm ferner ein Exzerpt Leos des Grossen auf, dass das Kirchenrecht *pro consideratione etatum* oder *pro necessitate*

60. Zum Beispiel argumentierte der Kompilator, dass Petrus und Paulus in Rom am selben Tag starben (cc. 21–23) und dass Jesus Christus Petrus mit den Worten eingesetzt habe: *Tu es Petrus et super hanc petram edificabo ecclesiam meam* (cc. 21–22).

61. Aspekte des römischen Primats werden aber erneut im Titel 23 berührt (*De observatione decretorum pontificum romanorum*, cc. 178–183).

62. Siehe hierzu auch Titel 10 (*De iudicio et examinatione episcoporum*), in welchem der Sammler darlegt, dass Bischöfe nicht ohne Zustimmung des apostolischen Stuhls verurteilt werden können.

63. c. 183, JE 2108: *Sic omnes apostolice sedis sanctiones accipiende sunt tamquam ipsius divini Petri voce firmate*.

rerum gemildert werden könne, doch dürfe dies nur im Rahmen der durch das Evangelium oder die Kirchenväter (*sancti patres*) aufgestellten Regeln erfolgen.[64] Damit gestand der Kompilator dem Papst zwar ein Dispensrecht, aber kein explizites Gesetzgebungsrecht zu. Er erwähnte auch nicht das päpstliche Recht, Synoden einzuberufen oder bestätigen zu dürfen, so dass sich insgesamt ein „Desinteresse an der Konzilsinstitution“ konstatieren lässt.[65] Zudem streifte er nur indirekt administrative Rechte des Papstes, nämlich Zustimmungspflichten zu Bischofstranslationen.[66] Wie schon Burchard zuvor, so konzentrierte sich auch der Kompilator der Sammlung in 74 Titeln auf die jurisdiktionellen Aspekte des Jurisdiktionsprimats, doch streifte er zumindest kurz auch legislative und administrative Elemente.

Insofern ist der Beurteilung zuzustimmen, dass die Sammlung in 74 Titeln „in einer bis dahin ungewöhnlichen Weise“ den „jurisdiktionelle[n] Rang des Papstes“ hervorhob und „die römische Autorität innerhalb der pseudoisidorischen Rezeption aus der Schutzfunktion für die Bischöfe“ löste. Der Papst erscheint somit als „Ordnung schaffende[r] höchste[r] Richter“[67] – selbst wenn die Stärkung des Papstes nur Nebenfolge des Schutzes von Klöstern war.[68] Die Sammlung in 74 Titeln lässt also ein grundsätzlich anderes Wissen über den Jurisdiktionsprimat erkennen als das Dekret, das Burchard knapp 50 Jahre zuvor zusammengestellt hatte.[69] Die Komprimierung des jurisdiktionellen und – zumindest angedeuteten – legislativen und administrativen

64. c. 180, JK 544/J³ 1098.
65. Zitat: Sieben, Konzilsidee des lateinischen Mittelalters, 217.
66. c. 188.
67. Fuhrmann, Einfluß und Verbreitung 2, 507f.: „Es ist fraglos richtig, daß in einer bis dahin ungewöhnlichen Weise der jurisdiktionelle Rang des Papstes hervorgehoben und die römische Autorität innerhalb der pseudoisidorischen Rezeption aus der Schutzfunktion für die Bischöfe gelöst wird. Auch die Zurückdrängung des episkopalen Akzents zugunsten eines gesamtkirchlichen ist offensichtlich, wenn auch der Grund für diese Haltung weniger in ekklesiologischen Gedankengängen gelegen haben dürfte, als vielmehr in der Absicht, den Papst als den Ordnung schaffenden höchsten Richter herauszustellen: daher der große Schub pseudoisidorischen Sentenzengutes vornehmlich auf dem Gebiet des Prozeßwesens.“ Ebd., 508: „Des Autors Ideal ist eine starre hierarchische Kirche mit einem starken Papst, unfreundlich gegen Laien und mit wenig Sinn für frommen Eifer.“
68. Rolker, The Collection in Seventy-four Titles, insbes. 71: „the stress on this primacy was not an aim in itself“.
69. Damit ist nicht gesagt, dass die Sammlung in 74 Titeln ‚gregorianisch‘ *avant la lettre* ist. Jedenfalls in einem Punkt scheint der Kompilator nämlich gregorianischem Gedankengut – wie es im *Dictatus Papae* zu Tage tritt – zu widersprechen. In Titel 24 (cc. 184–185) versammelte er Kanones, denenzufolge der römische Bischof gerade nicht *universalis* genannt werden soll. Gregor VII. forderte dies indes im *Dictatus Papae*, Nr. 16 (siehe 41f.).

Primats zu Beginn der Sammlung in 74 Titeln lässt auf ein sich veränderndes Wissen über die Rolle und Funktion des Bischofs von Rom schliessen.

(3) Die Panormia

Die *Panormia* galt lange Zeit neben dem *Decretum* und der *Tripartita* als drittes Werk Ivos, Bischofs von Chartres (1090–1115).[70] Ivo nahm zweifellos massgeblichen Einfluss auf die Politik und prägte das Kirchenrecht seiner Zeit wie kaum ein anderer, doch während das Dekret und der rechtstheoretische Prolog sicherlich ein Werk Ivos sind, ist seine Autorschaft an der *Panormia* mit überzeugenden Gründen bestritten worden.[71] Mit dem Wegfall der Zuschreibung an Ivo ist auch die Entstehungszeit der *Panormia* unsicher geworden: Nahm Paul Fournier noch eine unmittelbare zeitliche Nähe zum Dekret an und vermutete eine Entstehung vor 1095,[72] so kann heute die Entstehung des ivonischen Dekrets im Jahre 1094 nur noch als *terminus post quem* dienen. Die *Panormia* entstand nach 1094 und vor 1116/1118, als sie erstmalig in den *Leges Henrici Primi* verwendet wurde. Sie entstand vielleicht um 1110, vielleicht um 1115.[73] Hier genügt es, die *Panormia* zu Beginn des 12. Jahrhunderts zu verorten. Mit der Aufhebung der Zuschreibung an Ivo ist schliesslich auch die Verortung in Chartres brüchig geworden; zwar ist sicherlich ein Einfluss von

70. Zu Ivo von Chartres, der um 1040 geboren wurde und unter anderem Abt in St. Quentin/Beauvais war, bevor er 1090 als Bischof von Chartres eingesetzt wurde, sowie zur *Panormia* siehe jeweils mit weiteren Nachweisen: Sprandel, Ivo von Chartres (1962); A. Becker, Art. Ivo I. von Chartres, in: LexMA 5, Sp. 839f.; Klaus-Gunther Wesseling, Art. Ivo von Chartres, in: BBKL 18, 2001, Sp. 704–710; Rolker, Canon Law, insbes. 5–24; Violi, Il Prologo, 35–83; Lars-Arne Dannenberg, Art. Ivo von Chartres (um 1040–1115), in: HRG 2, 2. Aufl., Sp. 1339f.

71. Rolker, Canon Law (2010); vorab in Rolker, Ivo's Eucharist florilegium (2007); zusammenfassend Rolker, Ivo of Chartres and the Panormia (2010). Einige Überlegungen zu dem Kompilator (oder den Kompilatoren) der *Panormia* entwickelt Rolker, Canon Law, 285–289, der möglicherweise unter den Schülern Ivos zu suchen ist.

72. Siehe Fournier, Collections attribuées à Yves (1896), 677; Fournier, Collections attribuées à Yves (1897), 75, 314, 325f.

73. Neuer Datierungsvorschlag bei Rolker, Canon Law, 272–284, der sich auch mit den älteren Datierungsvorschlägen auseinandersetzt. Einen Überblick über die Datierungsvorschläge bieten die Einleitung zum *Panormia*-Projekt von Brett/Brasington, siehe http://ivo-of-chartres.github.io/panormia/method.pdf (1f.); Brett, Urban II (1992) sowie Genka, Prologus des Ivo von Chartres, 512–516; zu den *Leges Henrici Primi*: Brasington, Canon Law, insbes. 299; eine Einführung bietet Carsten Fischer, Art. Leges Henrici Primi, in: HRG 3, 2. Aufl., Sp. 695–697.

Chartres vorhanden, doch kann die *Panormia* auch an einem anderen Ort in Nordfrankreich kompiliert worden sein.[74]

Der Einfluss der *Panormia* ist kaum zu unterschätzen. Eine massive handschriftliche Verbreitung ist schon in den 1120er Jahren nachzuweisen und hielt bis in das 13. Jahrhundert an. Der Text selbst ist in einer kaum zu überblickenden Manuskriptfülle überliefert: Rund 150 Handschriften sind derzeit bekannt.[75] Diese Vielzahl der Manuskripte hat wohl auch den Zugang zum Text selbst erschwert.[76] Zwar ist die *Panormia* mehrfach gedruckt, erstmalig von Sebastian Brant 1499, später, 1557, von Melchior Vosmedian, dessen Version im 19. Jahrhundert Jacques-Paul Migne nachdruckte.[77] Doch hat die Forschung der letzten drei Jahrzehnte immer wieder herausgestellt, dass diese Drucke unzuverlässig sind. So sind beispielsweise einige Rubriken ein Phantasieprodukt der Drucker, da sie diese dem *Decretum Gratiani* entnommen haben.[78] Festeren editorischen Boden, auf dem man sich zumindest derzeit sicher bewegen kann, bietet die im Internet veröffentlichte Edition von Martin Brett und Bruce Brasington.[79] Zwar räumen die Herausgeber ein, dass sie nur einen „highly provisional" und keinen „secure text" bieten können,[80] doch ist die Edition mit einer Erfassung und Auswertung von rund einem Drittel der bekannten Manuskripte eine deutlich solidere Arbeitsgrundlage als die früheren Drucke.[81]

74. Rolker, Canon Law, 284f.

75. Zur frühen Überlieferung siehe Rolker, Canon Law, 280; zur Anzahl der Manuskripte: Brett, Creeping up on the Panormia, 208; eine Manuskriptliste findet sich ebd., 260–270 sowie auf http://ivo-of-chartres.github.io/panormia/mslist.pdf und bei Kéry, Canonical Collections, 254–258. Durch die neueren Forschungen sind nur noch von eingeschränktem Wert Munier, Pour une édition de la Panormie (1969); Fransen, La tradition manuscrite de la Panormie (1987); Fransen, La tradition manuscrite de la Panormie (1992).

76. Siehe 76 Anm. 22.

77. Brant, Liber Decretorum sive Panormia (1499); Vosmedian, Pannormia (1557); Migne, PL 161, Sp. 1041–1344.

78. Landau, Rubriken und Inskriptionen (1982), insbes. 40: „Echte Panormierubriken sind in der Regel diejenigen, die in Brants Ausgabe stehen, aber nicht bei Gratian vorkommen." Bemerkungen zu den Drucken auch von Brett/Brasington: http://ivo-of-chartres.github.io/panormia/method.pdf (2). Ein vergleichbares, aber weniger ausgeprägtes Vorgehen legten die Drucker des ivonischen Dekrets an den Tag, vgl. Landau, Dekret des Ivo von Chartres, 30f.

79. Siehe die Startseite des Projekts: http://ivo-of-chartres.github.io/panormia.html.

80. So in der Einleitung: http://ivo-of-chartres.github.io/panormia/method.pdf.

81. Es wäre bei dieser Editionslage vermessen, auf einige *Panormia*-Handschriften zurückzugreifen und sie zur Grundlage dieser Arbeit zu machen. Vielmehr liegt der folgenden Untersuchung die Edition von Brett/Brasington zugrunde.

Die *Panormia* ist auf den ersten Blick eine einfach aufgebaute Kollektion: Sie basiert vornehmlich auf Ivos Dekret, aus dem rund 9/10 der Kanones entnommen sind, welche mit Übernahmen von rund 180 Kanones aus der Sammlung in 4 Büchern sowie aus einer intermediären Sammlung angereichert sind, die ähnlich dem Manuskript Paris, Bibliothèque de l'Arsenal 713 gestaltet war.[82] Der Kompilator reduzierte jedoch die Anzahl der Dekret-Kanones von 3760 auf 1200 und die Zahl der Bücher von 17 auf 8, indem er einige Themen – wie zum Beispiel die Busse – vollständig ausliess. Die auf acht Bücher aufgeteilten Kanones lassen sich grob den folgenden Themen zuordnen: Glauben, Glaubensabweichungen und Sakramente (Buch 1); Aufbau der Kirche, Priester und Zehnt (Buch 2); geistlicher Stand, Wahl und Weihe von Päpsten, Erzbischöfen, Bischöfen (Buch 3); Primat der römischen Kirche, Konzilien, Gerichtsverfahren und Appellation (Buch 4); Exkommunikation (Buch 5); Eherecht (Buch 6 und 7) sowie Strafrecht (Buch 8).

Für die Untersuchung des Jurisdiktionsprimats ist das vierte Buch von besonderer Bedeutung. Die *Panormia* selbst gibt in einer Art *argumentum libri* einen Überblick über dieses Buch, ohne dass sich diese Unterteilung im Text der Manuskripte in Überschriften, Kapiteln oder Titeln widerspiegeln würde.[83] Das vierte Buch eröffnet mit dem Primat, gefolgt von Kanones zu Konzilien, Primaten und Metropoliten sowie zu Vorschriften zum Prozessrecht.[84] Der an den Anfang des

82. Hierzu Brett, Creeping up on the Panormia, insbes. 209f.; Rolker, Canon Law, 123–126; zur Methodik der Überarbeitung auch Austin, Editorial concerns (2003) (insbesondere zum Umgang mit Kanones aus Burchards Dekret). Zur Sammlung in 4 Büchern siehe neben Kéry, Canonical Collections, 210–213 und Fowler-Magerl, Clavis Canonum, 119–121 vor allem Gilchrist, Changing the Structure (1991) und Gilchrist, Manuscripts of the Canonical Collection in Four Books (1983). Die Sammlung in 4 Büchern ist eine Überarbeitung der Sammlung in 74 Titeln, die deren Lesarten verbessert und insbesondere deren zweite Hälfte neu strukturiert und mit – in der Sammlung in 74 Titeln fehlenden – konziliären Kanones ergänzt. Die Sammlung entstand „not long after the 74T" (Fowler-Magerl, Clavis Canonum, 119) und ist vermutlich in demselben Skriptorium kompiliert worden. Zu dem Manuskript Paris, Bibliothèque de l'Arsenal 713: Brett, Sources and Influcence (1997); Somerville, Papal Excerpts in Arsenal MS 713B (1997); Austin, Were There Two Arsenal Collections? (2012).

83. Die Gliederung mit Überschriften bei Migne, PL 141, Sp. 1041–1344 ist nachträglich, siehe 89 Anm. 78.

84. Im Einzelnen: Der Primat wird in den cc. 4.1–4.12 behandelt, es folgen Vorschriften zu Konzilien (cc. 4.13–4.22), Kirchenprovinzen (cc. 4.23–4.24), und Primaten und Metropoliten (cc. 4.25–4.29); zu Rechtsstreitigkeiten von Klerikern und Gerichtsständen (cc. 4.30–4.41), zur Wiedereinsetzung vertriebener Bischöfe (cc. 4.42–4.52), zum Verfahren im Gericht (cc. 4.53–4.82) und zu Zeugen (cc. 4.83–4.100); ferner zur Fristgewährung zur Verfahrensvorbereitung (cc. 4.101–4.104), zu Angeklagten, die sich dem Gerichtsverfahren entziehen (cc. 4.105–4.107) sowie zu Richtern (cc. 4.108–4.119B) und zur Appellation (cc. 4.120–4.136).

vierten Buchs gestellte Primatsteil beginnt mit einem Exzerpt aus der konstantinischen Schenkung, also aus der wohl in Rom um 800 entstandenen Fälschung zugunsten der Päpste, derzufolge der römische Bischof den Lateranspalast sowie die kaiserlichen Insignien überantwortet bekommen und welchem der Kaiser den Stratordienst zu leisten hatte.[85] Nach diesem markanten Beginn, der das Verhältnis von geistlicher und weltlicher Macht pointiert darstellte, schob der Kompilator die theologische Begründung für die primatiale Rolle Roms nach, nämlich die Einsetzung durch Christus und die Blutweihe Roms durch das gemeinsame Martyrium von Petrus und Paulus (cc. 4.2–4.4). Die Entscheidungskompetenz des römischen Bischofs über schwierige Fälle ist zwar – in dem einem Anaklet-Brief entnommenen – c. 4.2 angesprochen – *si que cause difficiliores inter vos orte fuerit, ad huius sancte sedis apicem eas* [...] *referte, ut apostolico terminentur iudicio* –, doch scheint dieser Kanon von dem Kompilator eher in einem theologischen, nicht in einem juristischen Sinne verstanden worden zu sein, jedenfalls betonen die wenigen marginal überlieferten Rubriken weniger den Aspekt der päpstlichen Entscheidungskompetenz als vielmehr die Begründung des Primats mit der Einsetzung durch Christus.[86]

Primär normative Aspekte des Primats fügte der Kompilator im Anschluss an. Grossen Wert legte er auf die päpstliche Immunität (cc. 4.5–4.8), indem er unter anderem aus einem Schreiben von Papst Nikolaus I. den Kanon *Nunc autem divina inspiratione* sowie *In tantum autem hanc presumptionen* zitierte.[87] Die Kanones zur Immunität können daher auch als „groupe le plus important" gelten.[88] Zudem führte der Kompilator aus, dass die römische Kirche zwar über alle richten könne, sie aber selbst keinem Urteil unterworfen sei und auch von ihren Urteilen nicht appelliert werden dürfe (cc. 4.9–

85. Die konstantinische Schenkung ist zugänglich bei Fuhrmann, Das Constitutum Constantini (1968).

86. Ps.-Anaklet 3.30 und 3.34, JK † 4/J³ † 17 (www.pseudoisidor.mgh.de/html/014.htm, Hinschius, 83 Zeile 4–9, 84 Zeile 13–15 und 84 Zeile 10f.). Siehe die vermerkten Rubriken in der Online-Edition von Brett/Brasington: http://ivo-of-chartres.github.io/panormia/pan_4.pdf (dort 4): *Quod Romana ecclesia non ab apostolis sed a Christo Ihesu primatum obtinuit; Quod Romana ecclesia auctoritate Ihesu Christi ceteris ecclesiis sit prelata*; *De primatu Romane ecclesie*.

87. Zu diesen beiden Kanones und ihrem Inhalt siehe 32. Einen Überblick über diesen Teil der *Panormia* vermittelt Gaudemet, Collections canoniques et primauté pontificale, 108–112.

88. Gaudemet, Collections canoniques et primauté pontificale, 108.

4.11). Der erneute Hinweis auf die der römischen Kirche verliehene Schlüsselgewalt Petri rundet diesen ersten Teil ab (c. 4.12).

In dem sich anschliessenden Teil über Konzilien und ihre Einberufung klingt gleich im ersten Kanon die päpstliche Kompetenz an, um über auf unterer Ebene nicht gelöste Fälle zu entscheiden – ein solcher Rechtsstreit solle, wie Papst Leo der Grosse formulierte, *ad nostram cognitionem* gebracht werden (c. 4.13).[89] Dass zumindest Universalkonzilien nur mit Zustimmung des römischen Bischofs rechtsgültig waren, ist in c. 4.14 verankert, und c. 4.16a flankiert diesen Gedanken, demzufolge ein *integrum [...] et perfectum concilium* die Beiwohnung eines Metropoliten erfordere.[90]

Die *Panormia* widmete der Appellation der Bischöfe breiten Raum, wenn auch nicht zu Beginn, sondern zum Schluss des vierten Buchs. Sie führte aus, dass angeklagte Bischöfe nicht nur in schwierigen Fällen, sondern auch bei befangenen Richtern und bei voreingenommenen Metropoliten appellieren können (cc. 4.120–4.126). Die *Panormia* eröffnete also Bischöfen grundsätzlich die Appellation nach Rom, auch wenn sie diese durch die nachfolgenden Kanones wieder einschränkte, indem sie Verfahrensregeln aufstellte. So sollte zum Beispiel die Appellation an Fristen gebunden sein.[91]

Das vierte Buch ist nicht das einzige, das den Primat anspricht, jedoch ist es das einzige mit Aspekten des Jurisdiktionsprimats. Während die Papstwahl (angesprochen in cc. 3.1, 8.135 und 8.136) von geringerer Bedeutung ist, ist die theologische Begründung des Primats noch einen Blick wert. Der als c. 3.82 zitierte Anaklet-Auszug ist aus Burchards Dekret (dort c. 1.1) bekannt: Doch während Burchard mit der Petrus verliehenen Schlüsselgewalt endete, führte die *Panormia* den ursprünglichen Text weiter und fügte die grundsätzliche Gleichheit der Apostel an und setzte die Bischöfe mit den Aposteln und die Priester mit den 70 Jüngern gleich.[92]

Zusammenfassend lässt sich festhalten: Zu Beginn des vierten Buchs ist insbesondere die päpstliche Immunität von Interesse, auch wenn die Durchbrechung durch die Häresie-Klausel fehlt; zu Ende dieses Buchs beschäftigte den Kompilator das Appellationsrecht der Bischöfe. Die

89. c. 4.13, Leo I. an Anastasius, Bischof von Thessaloniki, JK 404/J³ 907 (www.pseudoisidor.mgh.de/html/245.htm, Hinschius, 619f., sub Nr. VI).

90. Zum Konzil in der *Panormia* weiterführend Sieben, Konzilsidee des lateinischen Mittelalters, 222f.

91. Siehe 145–147.

92. Siehe 83.

Appellation aller Gläubigen fehlt allerdings in der *Panormia* ebenso wie der Hinweis darauf, dass sich der römische Bischof über ein Urteil einer Synode hinwegsetzen und Verurteilungen aufheben konnte. Es findet sich ferner weder die Pflicht zur Beachtung der römischen Dekrete noch die Möglichkeit, kirchenrechtliche Vorschriften zu mildern, sondern allein die Bestimmung, dass alle Entscheidungen des römischen Bischofs so aufzunehmen seien, als seien sie von der Stimme Petri bestätigt (c. 2.101).[93] Im Übrigen sind im vierten Buch vor allem die theologischen Grundlagen des Primats – und hier insbesondere die Schlüsselgewalt – von Bedeutung. Die Darstellung des Jurisdiktionsprimats in der *Panormia* ist also gebrochen: Einerseits thematisierte der Kompilator die jurisdiktionellen Aspekte des Primats – wie die Appellation der Bischöfe und die päpstliche Zuständigkeit für *causae maiores* – und erwähnte die Immunität des Papstes sowie das Bestätigungsrecht für Synoden, andererseits fehlen die Appellation aller Gläubigen sowie das Recht des Papstes, sich über eine Synode hinwegsetzen zu können, genauso wie der administrative Primat. Ferner fällt gegenüber der Sammlung in 74 Titeln die Positionierung des Jurisdiktionsprimats auf, der nicht zu Beginn der Sammlung konzentriert ist, sondern sich über das gesamte vierte Buch erstreckt – die Appellation der Bischöfe ist damit von der Immunität der Päpste abgetrennt.[94]

(4) Die Collectio Canonum *Deusdedits*

Deusdedits *Collectio Canonum* gehört zu den Sammlungen, die in den letzten Jahren wieder verstärkt Aufmerksamkeit erfahren haben und die inzwischen deutlich positiver beurteilt werden als noch vor vier Jahrzehnten. Horst Fuhrmann schätzte sie nicht sonderlich: Sie mache einen „rohen" und „streckenweise einen primitiven Eindruck und habe bei weiten nicht den Grad systematischer Information wie die Collectio canonum des Anselm von Lucca."[95] „[W]ie ein Buchhalter romgünstiger Pseudoisidorsätze," arbeite Deusdedit, so Fuhrmann weiter, „der verschiedene Rechtssammlungen und das Archiv auf Privilegien zugunsten Roms durchgesehen hat."[96] Hubert Mordek sprach kaum weniger

93. 74T c. 183 = 4L c. 2.10, JE 2108: *Sic omnes apostolice sedis sanctiones accipiende sunt tamquam ipsius diuini Petri uoce firmate.*

94. Siehe hierzu 143.

95. Fuhrmann, Einfluß und Verbreitung 2, 524–533 zu Deusdedit, Zitat 524.

96. Fuhrmann, Einfluß und Verbreitung 2, 533: „Die Sammlung des Deusdedit macht streckenweise einen primitiven Eindruck und hat bei weiten nicht den Grad systematischer

freundlich vom „etwas plumpe[n] Werk des eifrigen Deusdedit".[97] In der jüngeren Forschung hat sich diese Perspektive deutlich gewandelt: Christoph Meyer betonte die Systematisierungs- und Ordnungsleistung Deusdedits, die eher in das 13. als in das ausgehende 11. Jahrhundert weise, und Uta-Renate Blumenthal sah in ihm weniger den „Buchhalter" als den „patient collector who saved numerous ancient documents illustrating papal claims to prerogatives and census payments from oblivion."[98]

Wer war dieser Deusdedit, dessen Person zu solch unterschiedlichen Betrachtungen einlud? Deusdedit stammte vermutlich aus Aquitanien und war Benediktinermönch in Tulle (Diözese Limoges), bevor er vor dem 1. November 1078 als Kardinalpriester der Kirche SS. Apostolorum in Eudoxia, heute bekannt als San Pietro in Vincoli, installiert wurde.[99] Möglicherweise begleitete er den Kardinalbischof und päpstlichen Legaten Odo von Ostia, den späteren Papst Urban II., nach Sachsen und vielleicht nahm er sogar an der Priesterweihe Bernolds von Konstanz am 21./22. Dezember 1084 teil. In Rom gehörte er dem inneren Reformkreis an. Er verstarb am 2. März des Jahres 1098 oder 1099.

Deusdedit ist nicht nur als Kanonist und streitbarer Verteidiger einer Reformkirche, sondern auch als Poet bekannt: Wirkungsmächtiger als seine *Carmina* sind aber sein *Libellus contra invasores et simoniacos* und seine *Collectio canonum* geworden.[100] Letztere schloss er vor 1087 ab und dedizierte sie Papst Viktor III. Sie ist heute in der Ausgabe Viktor Wolf von Glanvells (1905) zugänglich.[101] Dessen Edition beruht auf

Information wie die Collectio canonum des Anselm von Lucca. Stärker als bei Anselm jedoch und zentraler als selbst bei den Sentenzen sind die Vorrechte der römischen Kirche gehortet […]. Bei Deusdedit sind auch nicht die leichten Umbiegungen Pseudoisidors zu finden wie in den Sentenzen und bei Anselm: vom episkopalen Bezug auf die Gesamtkirche, von den Bischöfen auf die Äbte. Deusdedit verfährt wie ein Buchhalter romgünstiger Pseudoisidorsätze, der verschiedene Rechtssammlungen und das Archiv auf Privilegien zugunsten Roms durchgesehen hat: Sein Werk ist mehr eine Ansammlung von Vorrechten der römischen Kirche als eine Sammlung von Rechten."

97. Mordek, Kanonistik und Gregorianische Reform, 69.

98. Meyer, Ordnung durch Ordnen, insbes. 327–331; Blumenthal, Reflections, 147.

99. Der folgende Überblick beruht auf: von Glanvell, Kanonessammlung, ixf.; Hirsch, Leben und Werke (1905); A. van de Wouw, Art. Deusdedit, Kardinal, in: LexMA 3, Sp. 739f.; Johannes Laudage, Art. Deusdedit, OSB, Kardinal, in: LThK 3, 1995, Sp. 115; zur Weihe Bernolds vor allem Fuhrmann, Einfluß und Verbreitung 2, 522–524 sowie Robinson, Bernold von Konstanz und der gregorianische Reformkreis, 180f.

100. Jacobsen, Carmina des Kardinals Deusdedit (2002); Libellus contra invasores et symoniacos, ed. Sackur (MGH LdL 2), 292–365.

101. von Glanvell, Die Kanonessammlung des Kardinals Deusdedits (1905); zuvor erschien die kritisch berurteilte Edition von Martinucci, Deusdedit […] Collectio Canonum

dem einzigen Manuskript, welches die *Collectio Canonum* vollständig überliefert – es ist „a very defective but complete transcription“ dieser Sammlung.[102] Neben diesem Manuskript, das heute in der Biblioteca Apostolica Vaticana als vat. lat. 3833 aufbewahrt wird (Abb. 1), sind eine frühneuzeitliche Abschrift wohl desselben (Mailand, Biblioteca Ambrosiana, C. 288 inf.) sowie eine Reihe von Exzerpten überliefert. Trotz der nur marginalen vollständigen Überlieferung lassen die Vielzahl der Exzerpte und ihre Einflüsse auf andere Sammlungen eine gewisse Bedeutung der Kanonessammlung Deusdedits vermuten.[103]

Deusdedit teilte – je nach Zählung[104] – 1216 bzw. 698 Kanones auf vier Bücher auf, deren erstes von den Vorrechten der römischen Kirche sowie dem Primat handelt, das zweite vom Klerus, das dritte vom Kirchengut und das vierte von der Freiheit sowohl der Kirche als auch des Klerus und des Kirchenguts sowie deren Unabhängigkeit von der weltlichen Macht.[105] Ein Prolog und eine Art *Capitulatio* sind der Sammlung vorausgestellt. Dieser Überblick über die Sammlung verdeutlicht die Intention Deusdedits. Dieser wollte die Vorherrschaft der römischen Kirche allen bekannt machen: *Itaque ego auctoritatis ipsius privilegium, quo omni Christiano orbi preminent, ignorantibus patefacere cupiens.*[106] Themen jenseits der römischen Kirche werden

(1869). Von Glanvell, Kanonessammlung, xliv–xlviii weist frühere Drucke nach. Zu Deusdedits Sammlung siehe die Bibliographie bei Kéry, Canonical Collections, 228–233 sowie Fowler-Magerl, Clavis Canonum, 160–163. Nachzutragen sind die neueren Publikationen: Somerville, Cardinal Deusdedit's Collectio Canonum (2004); Blumenthal, Reflections (2009); Cushing, Papacy and Law, 95–102.

102. Blumenthal, Reflections, 139. Zur Qualität der Kopie auch von Glanvell, Kanonessammlung, xxiv: „durchaus ungenau“; Fournier/Le Bras, Histoire 2, 50: „un très mauvais manuscrit, transcrit avec une extrême négligence“.

103. Zur Überlieferung siehe von Glanvell, Kanonessammlung, xix–xliv, insbes. xxivf. zu Mailand, Biblioteca Ambrosiana, C. 288 inf.: „nicht lange vor 1616 angefertigt“; die Manuskripte, die Fragmente aus der *Collectio* Deusdedits transportieren, überliefern nur einzelne Auszüge und bis auf Paris, Bibliothèque Nationale, lat. 1458 (siehe von Glanvell, Kanonessammlung, xxviii) keine längeren Passagen; zur Überlieferung weiterhin Blumenthal, Episcopal Handbook (1992), insbes. 20f.; Kéry, Canonical Collections, 229–230; Somerville, Cardinal Deusdedit's Collectio Canonum (2004); Blumenthal, Reflections, insbes. 137f.

104. Die Edition von von Glanvell besitzt eine von der Handschrift vat. lat. 3833 abweichende Zählung der Kanones; die mittelalterliche Zählung findet sich in Klammern hinzugesetzt (siehe von Glanvell, Kanonessammlung, liii). Die in der *Capitulatio* Deusdedits aufgeführten Verweisziffern beziehen sich auf die mittelalterliche, nicht auf die von Glanvell'sche Nummerierung, weshalb auch die Verweise in dieser Arbeit auf die ursprüngliche, mittelalterliche, nicht auf die von Glanvell'sche Zählung bezogen sind.

105. Eine Inhaltsübersicht bietet das Vorwort (von Glanvell, Kanonessammlung, 2 Zeile 30 – 3 Zeile 2).

106. Deusdedit, Prolog (von Glanvell, Kanonessammlung, 2 Zeile 26–27). Insofern wird

weder genannt noch folgen später nach. Die Sammlung ist daher nicht als umfassendes Handbuch wie Burchards *Decretum* oder die *Panormia* konzipiert, sondern als Kompilation zu einem ganz bestimmten Zweck.

Widmen wir uns nun intensiver Deusdedits Wissen über den Jurisdiktionsprimat. Da sein Wissen von der Darstellungsmethode, die er gewählt hat, nicht zu trennen ist, und seine Art der Präsentation von Kanones von der der bislang vorgestellten Sammlung abweicht, scheint es notwendig, schon jetzt seinen methodischen Zugriff auf das Kirchenrecht zu skizzieren. Grundsätzlich unterlagen kirchenrechtliche Sammlungen zwei alternativen Ordnungsmodellen: Entweder waren die kirchenrechtlichen Texte historisch-chronologisch dargeboten – wobei der Stoff häufig nach Rechtsquellen (Dekretalen, Konzilsbeschlüsse) getrennt war –, oder aber die aus den Texten exzerpierten Kanones waren thematisch gruppiert.[107] Burchards Dekret, die Sammlung in 74 Titeln und die *Panormia* gehören zu dem letzteren Typ von Sammlungen. Die Nachteile beider Ordnungsmodelle liegen auf der Hand: Die passende Stelle in einer historisch-chronologischen Sammlung zu finden, setzte das oft mühsame Durcharbeiten des gesamten Texts voraus; thematische Sammlungen erlaubten zwar einen schnell(er)en Zugriff, aber ein einmal gefundenes Exzerpt entbehrte des ursprünglichen Kontextes, so dass die Interpretation eines Kanons aus dem Zusammenhang, aus dem er entstammte, unmöglich geworden war. Deusdedit versuchte die Nachteile beider Sammlungstypen zu vermeiden, indem er den Stoff innerhalb eines Buchs zwar historisch-chronologisch präsentierte, ihn aber mit einer Art *Capitulatio* thematisch erfasste und durchdrang.[108]

Wie sieht die Sammlung konkret aus? Schauen wir uns das erste Buch und dessen *Capitulatio* genauer an (siehe Abb. 1). 199 rubrikenartige Überschriften erfassen das erste Buch inhaltlich, das nach Glanvell'scher Zählung 327, nach Deusdedits eigener 251 Kanones

sie auch als „die wohl am meisten römisch geprägte“ angesehen, so von A. van de Wouw, Art. Deusdedit, Kardinal, in: LexMA 3, Sp. 739. Von Glanvell, Kanonessammlung, xi bemerkt „streng zentralistisch-römischen Geiste“.

107. Siehe 71f.

108. Die Kanones innerhalb der einzelnen Bücher sind nicht vollständig historisch-chronologisch geordnet, sondern nur innerhalb von ‚Quellengruppen‘. An erster Stelle bringt Deusdedit Konzilstexte, an zweiter stehen Dekretalen, es folgen Auszüge aus Kirchenvätern und historische Zeugnisse sowie weltlicher Rechtsstoff. Erst innerhalb dieser Gruppen versuchte Deusdedit, eine grobe historisch-chronologische Reihung zu erreichen (siehe von Glanvell, Kanonessammlung, xii; Fournier/Le Bras, Histoire 2, 43f.; Fournier, Collections canoniques romaines, 333–335).

umfasst. *Quod Romanam ecclesiam nemo possit iudicare*, schrieb Deusdedit beispielsweise in der Kapitulation und führte als Beleg für die Aussage, dass die römische Kirche nicht gerichtet werden dürfe, fünf Kanones an.[109] Eine Sachaussage ist also mit mehreren Quellen aus der kirchenrechtlichen Tradition belegt. Zugleich verwies er mehrfach auf einen Kanon: Exzerpte aus einem Pseudo-Zepherinus-Brief ordnete er fünf Rubriken, Auszüge aus einem Pseudo-Anaclet-Brief acht Rubriken zu.[110] Auf diese Weise konnte Deusdedit einem Kanon mehrere Sachaussagen zuweisen, ohne dass er den Kanon wiederholen musste.[111] Dieses differenzierte System funktionierte natürlich nur solange, wie sich der Schreiber getreu an die Vorlage hielt. Sorgfalt solle er walten lassen, mahnte Deusdedit den Schreiber deshalb im Prolog, dass er die Nummern sorgfältig übertrage, um den Leser nicht zu erzürnen.[112]

109. von Glanvell, Kanonessammlung, 8 Zeile 16f.: *Quod Romanam ecclesiam nemo possit iudicare. Cap. LXXV et LXXVI et CVIII et CXXVIIII et CCXXV.* Der Verweis erfolgt auf Deusdedits eigene, nicht auf die von Glanvell'sche Nummerierung, siehe 95 Anm. 104.

110. Zu c. 1.59 (von Glanvell, Kanonessammlung, 67 als c. 1.70): Peudo-Zepherinus 1.2, 6 (www.pseudoisidor.mgh.de/html/033.htm, Hinschius, 131 Zeile 13f., 132 Zeile 5f., 8–19): (*Quod eodem iubente id ipsum apostoli instituerunt*) (6 Zeile 5); *Quod eius privilegia nulla possint virtute convelli* (6 Zeile 11f.); *Quod patriarchis, primatibus vel provincialibus episcopis accusati coepiscopi causam discutere non diffinire liceat, nisi apostolice sedis auctoritate* (8 Zeile 31–33); *Quod ab omnibus oppressis apostolica sede et sacerdotum iudicio appellari possit* (9 Zeile 28f.); *De auctoritate canonum apostolorum, quorumlibet canonum* (11 Zeile 20f.); zu c. 1.50 (von Glanvell, Kanonessammlung, 63 als c. 1.61): Pseudo-Anaclet 3.30–34 (www.pseudoisidor.mgh.de/html/014.htm, Hinschius, 83 Zeile 4–27, 83 Zeile 31–34 und 84 Zeile 13–15): *Quod Romana ecclesia a Christo primatum optinuit* (6 Zeile 2f.); *Quod ab eodem omnium ecclesiarum caput sit instituta* (6 Zeile 3); *Quod idem Romanam ecclesiam universo orbi pretulerunt* (6 Zeile 14); *Quod ipsi [Petrus et Paulus] eam primam fecerint sedem* (6 Zeile 15); *Quod pro eadem specialiter orent* (6 Zeile 16); *Quod tres principales sedes in orbe constituerint* (6 Zeile 18); *Quod post Christum Petrus primus ecclesię pontifex sit* (7 Zeile 35); *Quod sicut Petrus est princeps omnium apostolorum, ita Romanus pontifex omnium pontificum* (8 Zeile 1f.). Meyer, Ordnung durch Ordnen, 328f. weist zudem auf c. 1.103 (Gelasius, u.a. *Cuncta per mundum*) (von Glanvell, Kanonessammlung, 88f. als cc. 1.126– 27) hin, dem fünf Rubriken zugeordnet sind.

111. Meyer, Ordnung durch Ordnen, 319–331, insbes. zu Deusdedit 327–331, der den Begriff ‚Gemination' (*leges geminatae*) verwendet.

112. Deusdedit, Prolog (von Glanvell, Kanonessammlung, 3 Zeile 3–11): *Singulas autem deflorationes huic operi insertas iuxta ordinem capitulorum minime locaui, quia pene omnes alię bina, alię plura in se negotia continent. Et si secundum numerum negotiorum, de quibus agunt, acciperent sectionem, mihi laborem plurimum et auctoritati afferent derogationem. Ideoque moneo scriptorem, ne lector graviter offendatur, ut non solum in emendatione codicis verum etiam in utrisque numeris recte scribendis et cautissime emendandis diligentiam adhibeat, scilicet in eo, qui subpositus est quibusque capitulis et item in eo, qui per totum codicem prepositus est singulis deflorationibus.*

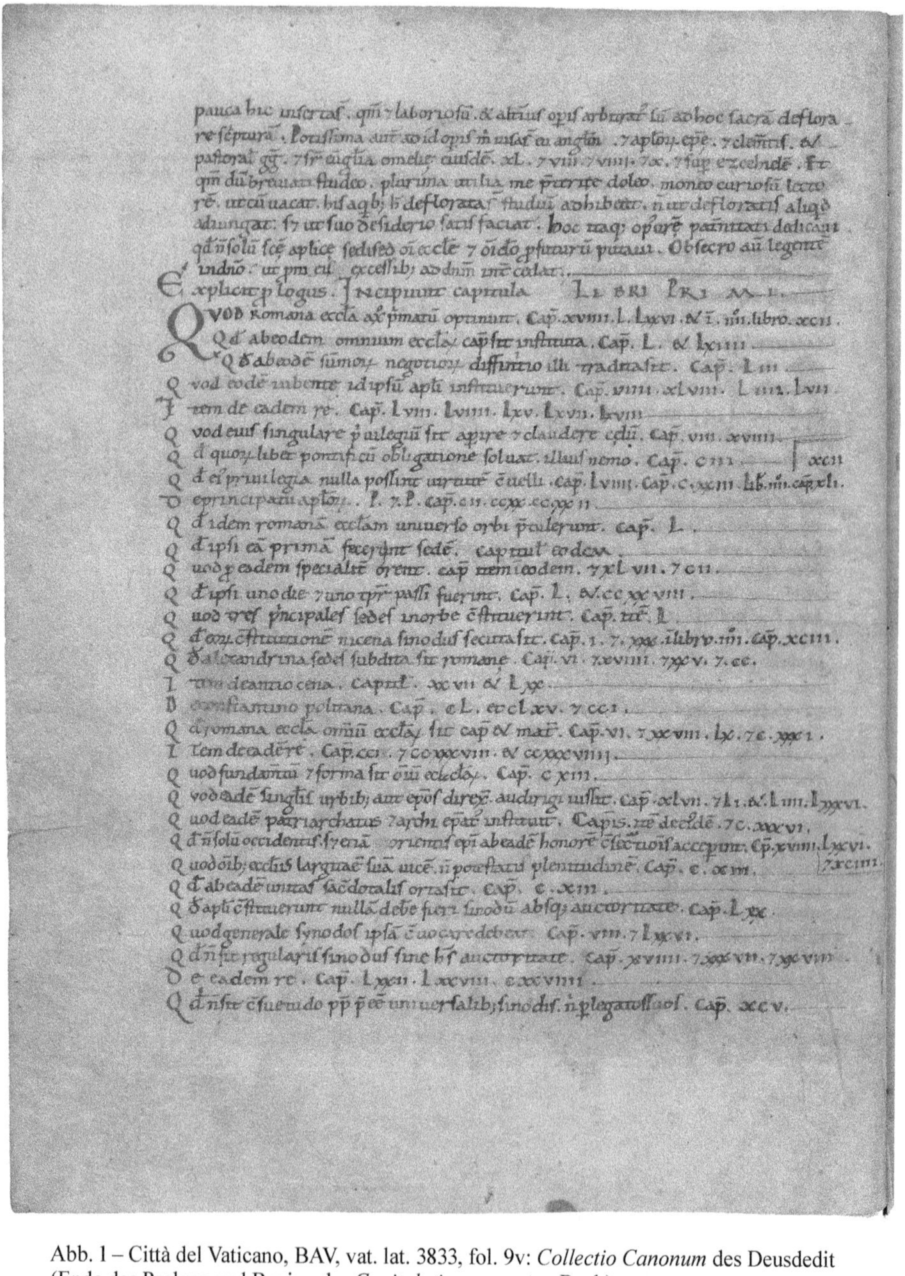

Abb. 1 – Città del Vaticano, BAV, vat. lat. 3833, fol. 9v: *Collectio Canonum* des Deusdedit (Ende des Prologs und Beginn der *Capitulatio* zum ersten Buch)

Dieses Verweis- und Belegsystem ermöglicht einen doppelten Zugriff auf Deusdedits Wissen zum Jurisdiktionsprimat: Wie die Auswahl der Kanones Einblick in seine Konzeption des Primats gibt, so weist auch die ihnen vorangestellte Kapitulation – vielleicht sogar noch deutlicher als der Hauptteil – auf Deusdedits eigene Schwerpunktsetzung hin.[113] Beginnen wir daher mit der Kapitulation zum ersten Buch, in der er ein umfassendes wie differenziertes Bild des Jurisdiktionsprimats entwarf.[114] Weder dürfe die römische Kirche gerichtet werden dürfe noch dürfe ein höherer Bischofssitz von einem niedrigerem verurteilt werden, so Deusdedit; der römische Bischof sei allein dem Urteil Gottes unterworfen.[115] Eine gerichtliche Entscheidung über Bischöfe sei ohne päpstliche Zustimmung nichtig.[116] Patriarchen, Primaten und Bischöfe dürften Fälle angeklagter Mitbischöfe zwar untersuchen, aber nicht entscheiden.[117] Bischöfe, so führte er weiter aus, könnten genauso zum Heiligen Stuhl appellieren wie alle anderen Unterdrückten, die Hilfe dort suchten.[118] So könne zwar aus allen Teilen der Kirche, sogar von einem Universalkonzil, zu ihm appelliert werden, von ihm aber zu keiner höheren Instanz – päpstliche Urteile waren für Deusdedit also unanfechtbar.[119] Deusdedit sprach zudem dem Papst das Recht zu, Synoden überall einzuberufen, und behielt ihm zugleich das Recht vor, ohne und auch gegen die Entscheidung einer Synode zu handeln und Verurteilungen aufzuheben.[120] Zudem erkannte er nur die von ihm

113. Zwar wäre es dem mittelalterlichen Leser auch möglich gewesen, auf den Inhalt der Sammlung ohne Kapitulation zuzugreifen, doch setzte dies das Durcharbeiten der gesamten Sammlung voraus. Aus diesem Grunde ist der Kapitulation grösseres Gewicht beigemessen. Ganz ähnlich ging Hirsch, Rechtliche Stellung, 596 vor: „Deusdedit legt aber in seinem Inhaltsverzeichnis, in welchem seine eigenste Auffassung am besten zum Ausdruck kommt…".

114. Zum Jurisdiktionsprimat bei Deusdedit vor allem Hirsch, Rechtliche Stellung (1908), insbes. 601–624; zu Konzilien Sieben, Konzilsidee des lateinischen Mittelalters, 219f.

115. *Quod Romanam ecclesiam nemo possit iudicare* (von Glanvell, Kanonessammlung, 8 Zeile 16f.); *Quod maior sedes a minori non possit iudicari* (8 Zeile 18f.); *Quod causa Romani pontificis dei sit iudicio relinquenda* (8 Zeile 27f.).

116. *Quod episcoporum iudicia apostolice sedis auctoritate finita ad eandem referri debent, ut ibi dein terminentur* (9 Zeile 10f.); *De episcopis expulsis absque eius sententia* (9 Zeile 12f.).

117. *Quod patriarchis, primatibus vel provincialibus episcopis accusati coepiscopi causam discutere non diffinire liceat, nisi apostolice sedis auctoritate* (8 Zeile 31–33).

118. *De appellationibus episcoporum ad apostolicam sedem* (9 Zeile 15f.); *Quod ab omnibus oppressis apostolica sede et sacerdotum iudicio appellari possit* (9 Zeile 28f.).

119. *Quod de qualibet mundi parte ad eandem appelletur, ab illa nusquam* (9 Zeile 31f.) sowie *Quod necessitate exigente universalibus synodis ad Romanam sedem appellatur* (7 Zeile 21f.).

120. *Quod ei liceat ubilibet sinodum celebrare et consecrationes facere* (10 Zeile 5f.);

autorisierte Synoden als *synodi regulares* an.[121] Wie wichtig einige der so eben genannten Vorrechte für Deusdedit waren, unterstreicht sein Hinweis auf die 318 Kirchenväter, die im Konzil von Nizäa dem römischen Bischof eine primatiale Rolle zuschrieben: *CCCXVIII patres statuerunt* [...], *non debere absque Romani pontificis sententia concilia celebrari nec episcopos damnari et omnia maiora negotia ad eiusdem iudicium debere deferre.*[122]

Das Primatsbild in der Kapitulation entspricht mit dem Appellationsrecht der Bischöfe und aller Gläubigen, der päpstlichen Immunität sowie der Unanfechtbarkeit päpstlicher Entscheidungen dem im ausgehenden 11. Jahrhundert zu erwartenden Wissen über den Jurisdiktionsprimat. Deusdedit ging allerdings über diese Punkte hinaus und zeichnete den Jurisdiktionsprimat mit deutlicheren Strichen. Er hob hervor, dass es ein Vorrecht des römischen Bischofs sei, ohne Mitbischöfe Rechtsfälle zu entscheiden, während andere Bischöfe ihre Mitbischöfe (*conprovinciales episcopi*) hinzuziehen müssten.[123] Auch Fälle von Klerikern geringeren Weihegrads, die üblicherweise in den Kompetenzbereich des Ortsbischofs fielen, könne der römische Bischof entscheiden.[124] Zudem bliebe ein einmal von ihm gefälltes Urteil bestehen, es sei denn, er nähme es mit hinreichendem Grund zurück.[125] Bei Sedisvakanz oder Absenz des Papstes dürfe sogar der römische Klerus an seiner Stelle Urteile fällen, so dass die laufenden Geschäfte vom apostolischen Stuhl weitergeführt würden.[126] Schliesslich erweiterte er den eigentlich für theologische Fragen reservierten Begriff der Heterodoxie auch auf die-

Quod sine ulla sinodo solvat, quos iniqua sinodus damnat (10 Zeile 7); *Quod etiam cum solo concilio clericorum suorum damnet quos oporteat* (10 Zeile 8f.); *Quod absque sinodo episcoporum damnaverit episcopos* (10 Zeile 10f.); *Quod sine huius consensu nulla sinodus quempiam damnet episcopum* (10 Zeile 12f.); *Quod hęc sola sedes sine ulla episcoporum sinodo quemlibet damnet episcopum* (10 Zeile 14f.).

121. *Quod generales synodos ipsa convocare debeat* (7 Zeile 10f.); *Quod non fit regularis sinodus sine huius auctoritate* (7 Zeile 12f.; siehe auch 7 Zeile 14). Weiter ist hingegen die Rubrik *Quod apostoli constituerunt, nullam debere fieri sinodum absque auctoritate* (7 Zeile 8f.), die sich auf alle Synoden zu beziehen scheint. Hierzu Hirsch, Rechtliche Stellung, 599.

122. Prolog zur Kanonessammlung (von Glanvell, Kanonessammlung, 1 Zeile 9–13).

123. *Quod solus Romanus pontifex absque comprovincialibus episcopis quorumlibet causas audiat, quod nulli alii pontifici licet* (10 Zeile 3f.).

124. *Quod Romana sedes etiam inferiorum clericorum causas determinat* (9 Zeile 35f.).

125. *Quod apostolicę sedis iudicium retractari non possit* (10 Zeile 18f.); *Quod ratione exigente ipsa suum retractare [possit] iudicium* (10 Zeile 20f.).

126. *Quod appellationis causas ipsa finire possit etiam absente pontifice* (9 Zeile 17f.); *Quod absente Romano pontifice clerus eius quorumlibet causas diiudicat* (17 Zeile 1f.); Deusdedit weist auch im Prolog (von Glanvell, Kanonessammlung, 2 Zeile 15) auf die Sedisvakanz hin (*etiam dum careret pontifice*). Hierzu Hirsch, Rechtliche Stellung, 597.

jenigen, die nicht mit der römischen Kirche übereinstimmten oder deren Privilegien angreifen wollten.[127]

Auch die Synodaltätigkeit, auf die Deusdedit grossen Wert legte, ist durch eine Ausführlichkeit der rubrikenartigen Sätze und Detailfreude der Regelungen charakterisiert. So erwähnte Deusdedit beispielsweise, dass der Papst einer Universalsynode regelmässig nicht vorsitze, sondern sich durch Legaten vertreten lasse. Es sind gerade die Legaten, die in vielen dieser Rubriken auftauchen: Sie sollten als erste ihre Stimme abgeben und auch als erste die Verdammungsurkunde unterschreiben; sie sollten an päpstlicher Stelle Entscheidungen von Provinzialsynoden überprüfen und annullieren können.[128] An der häufigen Nennung der Legaten lässt sich der in der zweiten Hälfte des 11. Jahrhunderts einsetzende Wandel der Kirchenstruktur ablesen – der unter Gregor VII. von Legaten verstärkt vorgetragene Herrschaftsanspruch Roms spiegelt sich in der Sammlung Deusdedits wider.[129]

Gegenüber dem Dekret Burchards, der Sammlung in 74 Titeln und der *Panormia* fällt des Weiteren auf, dass Deusdedit zwei bislang unausgesprochene Punkte tangierte. Er berührte in seiner Sammlung erstmals ausdrücklich den administrativen Teil des päpstlichen Primats, indem er die Eingriffsrechte des Papstes in die Kirchenstruktur erläuterte: Weder durften neue Basiliken ohne Erlaubnis des römischen Bischofs geweiht noch neue Bistümer errichtet werden noch Bischöfe ihr Bistum wechseln; darüber hinaus stünde ihm das Recht zu, Bistümer oder Klöster zusammenzulegen.[130] Erstmalig findet sich auch explizit das

127. *Quod heretici sint, qui Romanę ecclesiae non concordent et qui eius privilegia nituntur auferre* (8 Zeile 22–24).

128. *Quod legati eius in omnibus sinodis primi damnationis sententiam inferunt et primi subscribunt* (7 Zeile 17–19), Hirsch, Rechtliche Stellung, 599f. interpretiert *damnationis sententiam inferre* als Stimmrecht; *Quod ei liceat comprovinciales sinodos et omnia provincialia negotia etiam per vicarios suos retractare* (7 Zeile 25–27). Deusdedit benutzt hier das Verb *retractare*, das im klassischen Latein ‚erneut verhandeln' wie ‚widerrufen' bedeuten kann, vgl. Georges, Ausführliches lateinisch-deutsches Handwörterbuch, Band 2, Sp. 2368f. Niermeyer/Van De Kieft, Mediae Latinitatis Lexicon Minus, Band 2, 1197 übersetzen mit ‚missbilligen', ‚tadeln', ‚in Verruf bringen'. Stelten, Dictionary of Ecclesiastical Latin, 231 übersetzt *retractare* mit „reconsider, revise, review, withdraw, retract, refuse, decline". Hier deutet der Kontext eher auf ein Widerrufen und Annulieren einer früheren Entscheidung denn auf ein blosses erneutes Beschäftigen mit dieser Angelegenheit hin. In der Kapitulation zum vierten Buch ist das Verhältnis der Legaten zum weltlichen Herrscher thematisiert: *De legatis Romanę ecclesię, quos sibi imperator mitti postulat* (26 Zeile 27f.); *De imperatoribus, qui Romanę ęcclesie legatos suscipere noluerint* (26 Zeile 29f.).

129. Zur Legatentätigkeit siehe 40f.

130. *Ut absque Romano pontificis licentia basilicę novę non consecrentur* (11 Zeile 22f.); *Ut item absque eius licentia nove parrochię non instituantur* (11 Zeile 24f.); *Quod absque*

Gesetzgebungsrecht verankert: Anweisungen der Heiligen Väter könnten nicht nur gemildert werden, wenn es die Notwendigkeit erfordere, sondern der apostolische Stuhl könne bei Bedarf sogar neue Gesetze erlassen.[131] Weit über die verfahrensrechtlichen Aspekte des Jurisdiktionsprimats hinaus behandelte Deusdedit alle drei primatialen Bereiche des Jurisdiktionsprimats. Das gehäufte Auftreten von legislativen wie administrativen Aspekten ist in diesem Umfang zum ersten Mal in der *Collectio Canonum* des Deusdedit zu beobachten, was auf eine Neukonzeptionierung der Stellung des römischen Bischofs hindeutet.

So wie der Jurisdiktionsprimat in der Kapitulation Deusdedits besonders detailreich konturiert ist, so sind auch die allgemeinen theologischen Aussagen zum Primat und dessen politischen Implikationen schärfer als üblich formuliert. Deusdedit stellte den römischen Bischof in die unmittelbare Sukzession Petri, die eine besondere Ehrerbietung erfordere, in dem beispielsweise seine Füsse von allen Gläubigen zu küssen seien.[132] Dass eine solche Ehre dem Papst schon immer erbracht worden sei, belegte er mit historischen Beispielen und verwies auf die Achtung, die Kaiser Konstantin und die fränkischen Könige diesem entgegengebracht hätten.[133] Die römische Kirche, so führte Deusdedit in der Kapitulation ebenfalls aus, habe in Glaubensfragen niemals geirrt;[134] dem Papst komme nach seiner rechtmässigen Weihe Amtsheiligkeit zu; die Synode von Nizäa habe ihn *papa* genannt und überhaupt sei er schon zuvor *papa universalis* gewesen.[135] Ausserdem sei eine Schrift

eo episcopus non mutatur a sede ad sedem (12 Zeile 1f.); *Quod illi liceat duas episcopales sedes et dua monasteria unire* (11 Zeile 26f.).

131. *Quod causa exigente sanctorum patrum temperet instituta* (10 Zeile 26f.); *Quod necessitate cogente novas instituat leges* (10 Zeile 22f.). Die Beachtung der Dekrete findet sich in c. 1.119 (von Glanvell, Kanonessammlung, 97 als c. 1.145). Zur Frage, ob und in welchem Umfange sich der römische Bischof dabei über die kanonistische Tradition und Beschlüsse von (Universal)Konzilien hinwegsetzen kann, siehe Hirsch, Rechtliche Stellung, 610–619.

132. *Quod sicut Petrus est princeps omnium apostolorum, ita Romanus pontifex omnium pontificum* (8 Zeile 1f.); *Quod potestatem sibi traditam a domino Petrus soli Clementi contulerit* (8 Zeile 3f.); *Quod hęc eius potestas ad ipsius transiit successores* (8 Zeile 5f.); *Quod illius pedes a fidelibus obsculari debent* (8 Zeile 7).

133. *De reverentia antiquorum imperatorum erga eandem* (24 Zeile 21–23); *Item de reverentia Francorum imperatorum* (24 Zeile 24–26); *Item de reverentia regum Anglorum* (24 Zeile 27). Vgl. Hirsch, Rechtliche Stellung, 600f.

134. *Quod Romana ecclesia numquam a vera fide erraverit* (10 Zeile 30f.). Zur Lehrautorität Hirsch, Rechtliche Stellung, 606–609.

135. *Quod ipse indubitanter sanctus sit, si canonice consecratus est* (8 Zeile 8f.); *Quod a Nicena synodo nominatus sit papa* (8 Zeile 10); *Item quod ante eam vocatus sit papa universalis* (8 Zeile 11); *Quod a Chalcedonensi sinodo DCXXX patrum universalis sit appellatus* (8 Zeile 12f.).

erst dann kanonisch, wenn sie vom heiligen Stuhl anerkannt worden sei.[136] Die politische Auseinandersetzung zwischen weltlicher und geistlicher Macht im sogenannten Investiturstreit schimmert schliesslich durch, wenn Deusdedit beide Gewalten voneinander trennen respektive die weltliche Macht der geistlichen unterordneten wollte – so könne der Papst beispielsweise Untertanen von ihrem Treueid lösen, den sie gegenüber einem von ihm selbst abgesetzten weltlichen Herrscher geleistet hätten.[137] Dass eine solche Aneinanderreihung von kräftigen Rechtssätzen zum theologisch-politischen wie rechtlichen Primat des römischen Bischofs Ernst Sackur Ende des 19. Jahrhunderts an den *Dictatus Papae* erinnerte und er Deusdedit als dessen Urheber vorschlug, verwundert kaum.[138]

Zugleich liegt in der die *Capitulatio* durchziehenden Dichotomie von *papa/pontifex romanus* und *sancta romana ecclesia* eine besondere Charakteristik der Sammlung Deusdedits: Papst und römische Kirche sind nicht – wie bei Anselm von Lucca oder in der Sammlung in 74 Titeln – eins, sondern stehen sich als zwei Personen gegenüber; die *romana ecclesia* als Korporation, als Körperschaft oder „corporate entity", und der Papst als natürliche.[139] So erklärt sich auch, dass die *sancte romana ecclesia numquam a vera fide erraverit*, der Papst aber, wie gleich zu zeigen sein wird, als *papa hereticus* angeklagt werden konnte.[140]

Wie geht Deusdedit mit dem Jurisdiktionsprimat in seinem Hauptteil um, nämlich in der Sammlung von Kanones? Eine Inkongruenz von Kapitulation einerseits und Materialsammlung andererseits ist in zwei Richtungen festzustellen: Seine Materialsammlung geht einerseits über die Kapitulation hinaus, andererseits bleibt sie hinter der rubrikenartigen Zusammenfassung zurück. Die erste Inkongruenz kann die Immunität

136. *Quod nulla scriptura sit autentica, nisi illius iudicio sit roborata* (10 Zeile 28f.).

137. *Quod Romanus pontifex solvat a iuramento eos, qui iuraverunt depositis ab illo* (27 Zeile 33f.).

138. Sackur, Der Dictatus papae und die Canonsammlung des Deusdedit (1893). Hirsch, Rechtliche Stellung (1908) nimmt deshalb den *Dictatus Papae* in seine Betrachtung des Jurisdiktionsprimats bei Deusdedit mit auf. Zum Thema auch Meyer, Ordnung durch Ordnen, 330.

139. So explizit Blumenthal, Fälschungen bei Kanonisten, 251–256; Blumenthal, Rom in der Kanonistik, 34–39; Blumenthal, History and Tradition, 192–196; „corporate entity" bei Cushing, Papacy and law, 100f. zur Identifikation von *romana ecclesia* und *papa* bei Anselm von Lucca.

140. Einerseits von Glanvell, Kanonessammlung, 10 Zeile 30–31, andererseits c. 1.231 (von Glanvell, Kanonessammlung, 177 Zeile 26 – 178 Zeile 6 als c. 1.306).

und ihre Durchbrechung in der Häresieklausel beispielhaft verdeutlichen, transportiert die Sammlung doch ausdifferenzierteres Wissen als die Kapitulation. Was lässt sich konkret beobachten? Deusdedit widmete in seiner Kanonessammlung der päpstlichen Immunität wie ihrer Durchbrechung in Form der Häresieklausel weiten Raum.[141] So findet sich bei ihm der einem Bonifatius zugeschriebene Kanon, dass der nachlässige und das Heil nicht verkündende Papst in der Hölle gezüchtigt werde; im gleichen Kanon heisst es ferner, dass der Papst von keinem zu richten sei, es sei denn, er wiche vom Glauben ab.[142] Bemerkenswert ist, dass er diesen Kanon weder mit einer Rubrik in der Kapitulation verzeichnete noch ihn überhaupt als Beleg für eine Rubrik anführte, so als ob Deusdedit ihm keine allzu grosse Aufmerksamkeit beimessen wollte.

Dieser Interpretation widerspricht jedoch eine andere Beobachtung. An prominenter Stelle des Werkes, nämlich im ersten Absatz des Prologs, zählte Deusdedit die Petrus verliehenen Rechte und Pflichten auf: Christus habe Petrus, als er ihm die Himmelsschlüssel gegeben habe, befohlen, seine Schafe zu hüten, und er habe ihn beauftragt, seine Brüder im Glauben zu stärken. Für ihn, Petrus, bete er, Christus, damit dieser nicht vom Glauben abweiche.[143] Diese Stelle mutet wie ein Einschub an, der den ursprünglichen Gedankengang der Aufzählung der besonderen petrinischen Aufgaben unterbricht, und in der Tat ist *et pro cuius fide ne deficeret specialiter oraverat* in der Handschrift vat. lat. 3833 am Rande nachgetragen, was auf eine spätere Addition deuten könnte.[144] Allerdings findet sich der Nachtrag offensichtlich auch in anderen Handschriften, so dass er doch als ursprünglich zu vermuten ist.[145] Tönt in dieser Wendung eine kaum versteckte Kritik an dem moderaten und eher an einem Ausgleich mit dem Kaisertum bestrebten Papst Viktor III. an? Oder schwingt das Zerwürfnis zwischen

141. Die Immunität ist beispielsweise belegt mit c. 1.75 (von Glanvell, Kanonessammlung, 74 als c. 1.89); aber auch c. 1.76 (von Glanvell, Kanonessammlung, 75 als c. 1.90); c. 1.108 (von Glanvell, Kanonessammlung, 91 als c. 1.131); c. 1.129 (von Glanvell, Kanonessammlung, 101 als c. 1.56); c. 1.225 (von Glanvell, Kanonessammlung, 173 als c. 1.298).

142. c. 1.231 (von Glanvell, Kanonessammlung, 177f. als c. 1.306); siehe hierzu 37f. Blumenthal, Reflections, 140 fragte, ob dieser Kanon nicht vielleicht sogar aus Deusdedits Feder stamme.

143. Prolog, von Glanvell, Kanonessammlung, 1 Zeile 4–8: *Ipsi enim hęc ordinatio maxime competebat, cui principaliter Christus dei filius celestis regni clavibus traditis suas oves pascere iusserat (et pro cuius fide ne deficeret specialiter oraverat), cuique fratres suos in eadem fide confirmare preceperat.*

144. BAV, vat. lat. 3833, fol. 8r.

145. In der Edition von von Glanvell, Kanonessammlung, 1 sind zwar die Abweichun-

Viktor III. und Deusdedit mit, welcher dem Papst vorwarf, das von ihm als unkanonisch beurteilte Papstwahldekret 1059 mitunterzeichnet zu haben?[146]

Die Inkongruenz von Kapitulation und Sammlung lässt sich auch für den umgekehrten Fall belegen: In einem Aspekt des Jurisdiktionsprimats geht die Sachaussage der Kapitulation offensichtlich über den Aussagegehalt der Kanones hinaus. In der Kapitulation stellte Deusdedit den Grundsatz auf, dass der römische Bischof auch ohne Mitbischöfe, also als Einzelrichter, richten könne, während im Übrigen nur ein Bischofskollegium rechtmässige Urteile fällen könne. Deusdedit belegte diese Aussage mit zwei – wortgleichen – Kanones (cc. 1.13, 1.56), die besagen, dass unbeschadet des in allen Dingen zu beachtenden Privilegs der römischen Kirche (*salvo in omnibus Romanę ęcclesię privilegio*) kein Metropolit ohne seine Suffraganbischöfe einen Rechtsfall anhören möge, da eine als Einzelrichter gefällte Entscheidung nichtig sei.[147] Der interpretatorische Weg von den Privilegien der römischen Kirche, die unangetastet bleiben sollen, zu dem Umkehrschluss, dass der Papst als Einzelrichter fungieren dürfe, ist indes weit.[148] Man muss Deusdedit wohl so verstehen, dass er aus dem der römischen Kirche verliehenen Privileg folgern möchte, dass die Verfahrensvorschriften, die für Metropoliten aufgestellt sind, für den Papst gerade keine Geltung beanspruchen können.

Welcher Wert dieser Stelle für die Methode Deusdedits zukommt, soll später erörtert werden;[149] für die hier anstehende Beschreibung des Jurisdiktionsprimats bei Deusdedit genügt es festzuhalten, dass die Aussagen der Kapitulation offensichtlich über die kanonistischen Belege hinausreichten. Wir können zusammenfassen, dass der Juris-

gen im Prolog zu den Handschriften V_1 (Rom, Biblioteca Vallicelliana C. 19) und V_2 (Rom, Biblioteca Vallicelliana C. 24) vermerkt, aber nicht, dass dieser Marginalzusatz fehle.

146. Blumenthal, Fälschungen bei Kanonisten, 257f.

147. c. 1.13 (von Glanvell, Kanonessammlung, 36 als c. 1.15) = c. 1.56 (von Glanvell, Kanonessammlung, 66 als c. 1.66): Pseudo-Viginius 1.2 (http://www.pseudoisidor.mgh.de/html/023.htm, Hinschius, 114 Zeile 15–18), fast übereinstimmend mit Pseudo-Iulius 3.12 (http://www.pseudoisidor.mgh.de/html/133.htm, Hinschius, 469 Zeile 7–9). Deusdedit bringt in c. 1.13 die Formulierung: *Salvo in omnibus Romanę ęcclesię privilegio nullus metropolitanus absque cęterorum omnium comprovincialium episcoporum instantia aliquorum audiat causas, quia irritę erunt aliter acte quam in conspectu eorum omnium ventilatę, et ipse, si fecerit, coerceatur a fratribus.*

148. Auch von Glanvell, Kanonessammlung, 10 vermerkte in Anm. 69 zu c. 1.13: „Stimmt wenig“.

149. Siehe 153–161.

diktionsprimat in der Ausgestaltung, die er bei Deusdedit vor allem in der Kapitulation erfahren hat, neben den weit verbreiteten verfahrensrechtlichen Aspekten des Primats zugleich auch legislative wie administrative Momente umfasste: Der Papst war Appellationsinstanz, er konnte Synoden einberufen und sich zugleich über synodale Entscheidungen hinwegsetzen, Gesetze erlassen und die Kirche neu ordnen. Zugleich zeugt die Differenzierung von Amt und Person, von *sancta romana ecclesia* und *papa*, von einer theoretisch reflektierten Durchdringung der Kirchenstruktur und damit auch des Primats.

(5) Wissensproduktion im Wandel: Resümierende Beobachtungen

Was können wir zur Ausgangsfrage nach Wissensbeständen, Wissenswandel und Wissensproduktion im 11. und 12. Jahrhundert festhalten? Der erste Durchgang durch die vier Sammlungen des 11. und beginnenden 12. Jahrhunderts hat unterschiedliches Wissen zum Jurisdiktionsprimat zu Tage gefördert. Zum gemeinsamen Wissen über den Jurisdiktionsprimat zählen nur einige verfahrensrechtliche Aspekte, nämlich das Appellationsrecht aller Bischöfe und die päpstliche Zuständigkeit für die *causae maiores*. Insofern könnte man von diesen Rechten als Kernbestand des jurisdiktionellen Jurisdiktionsprimats sprechen.[150] Mit Blick auf andere Aspekte lassen sich jedoch Verschiebungen im Wissensbestand konstatieren: Während Burchard von Worms die Letztgültigkeit päpstlicher Entscheidungen wie die päpstliche Immunität nicht kannte, behandelten die drei übrigen Kompilatoren diese beiden Aspekte zum Teil sogar in grosser Ausführlichkeit. Die Häresieklausel als Einschränkung der päpstlichen Immunität hat jedoch nur Deusdedit aufgenommen. Es ist ferner zu beobachten, dass zwar Deusdedit und die Sammlung in 74 Titeln das Appellationsrecht aller Gläubigen erwähnten, Burchards Dekret und die *Panormia* dieses aber wohl nur Bischöfen vorbehielten, jedenfalls ein allgemeines Appellationsrecht nicht ausdrücklich ansprachen.

Wechselt man von den jurisdiktionellen zu den legislativen Aspekten, so zeigt sich ein vergleichbarer Wandel des Wissens. Während die *Panormia* allein die Beachtung der Gesetze anmahnte, kannte die Sammlung in 74 Titeln zusätzlich das Recht, Vorschriften zu mildern und von ihnen zu dispensieren; Deusdedit schliesslich ergänzte diese

150. Neben der Intention des Kompilators, diesen jurisdiktionellen Jurisdiktionsprimat hervorzuheben, erklärt sich diese Gemeinsamkeit auch wohl daher, dass die zentralen Texte zu diesem Thema auf pseudoisidorischen Werken beruhten, die weit verfügbar waren.

zwei Punkte mit dem päpstlichen Recht, neue Gesetze zu erlassen. Burchards Konzeption des römischen Bischofs umfasste hingegen die legislativen Kompetenzen des Papstes nicht.

In administrativer Hinsicht war es wiederum allein Deusdedit, der dem römischen Bischof Eingriffsrechte in die Diözesanstruktur erlaubte, während die Sammlung in 74 Titeln dieses Thema kaum und die *Panormia* überhaupt nicht beleuchtete und wie Burchard die Diözesanebene von fremden Eingriffen frei wissen wollte. Das Verhältnis von (Universal-)Synoden und römischem Bischof behandelte Deusdedit als einziger ausführlich. Er gestand dem Papst sowohl zu, sich über Synodalentscheide hinwegzusetzen, als auch (Universal-)Synoden einzuberufen oder zu bestätigen. Letzteres Recht kannten auch Burchards Dekret und die *Panormia*, während die Sammlung in 74 Titeln hierzu schwieg. Dafür sprach die Sammlung in 74 Titeln das päpstliche Recht kurz an, gegen Entscheidungen einer Synode zu handeln.

Dieser Überblick zeigt, dass Deusdedit das facettenreichste Bild des Jurisdiktionsprimats zeichnete, welcher jurisdiktionelle, administrative wie legislative Aspekte des Jurisdiktionsprimats ansprach. Burchard von Worms konzentrierte sich auf rudimentäre Elemente vor allem der Appellation, wohingegen die Sammlung in 74 Titeln und die Panormia legislative Aspekte zumindest touchierten. In diesem Sinne lassen diese vier Sammlungen mit ihren unterschiedlichen Perspektiven, die im Spannungsverhältnis zwischen episkopal-dezentral (Burchard von Worms) und römisch-primatial (Deusdedit) zu verorten sind,[151] auf unterschiedliches Wissen schliessen. Dieses Wissen hat sich in knapp 100 Jahren, zwischen dem Beginn des 11. und dem Anfang des 12. Jahrhunderts, grundsätzlich gewandelt; anders formuliert: Die vier Kompilatoren generierten mit ihren Sammlungen unterschiedliches Wissen über den Bischof von Rom.

b) *ut de carnali fiat spiritale coniugium*: Der Zölibat

Ob sich der Befund eines sich verändernden Wissens auch bei einer Analyse anderer Themenfelder bestätigen lässt, soll im Folgenden exemplarisch mit Hilfe eines weiteren Themas, nämlich des Zölibats, überprüft werden. Der Blick auf die normative Regelung des Zölibats in Burchards Dekret, der Sammlung in 74 Titeln und der *Panormia* kann

151. In einem ähnlichen Sinne, wenn auch auf die Konzilsidee bezogen, urteilt Sieben, Konzilsidee des lateinischen Mittelalters, 223f., der eine „extreme Position" (Sammlung in 74 Titeln) und eine „mittlere Position" (*Decretum Burchardi, Panormia*) ausmacht.

die bisherigen Ergebnisse unterstreichen oder kontrastieren. Deusdedits *Collectio Canonum* hingegen ist für eine derartige Untersuchung nicht geeignet, da den Kompilator zwar der Primat, der Klerus und die kirchliche Freiheit interessierten, nicht aber Fragen der innerkirchlichen Klerikerdisziplin.[152] Kanones zum Zölibat finden sich bei ihm nicht.

(1) Das Decretum *Burchards von Worms*

Sedes materiae für Kanones zum Zölibat ist vorrangig das zweite Buch des Dekrets, das über Kleriker handelt. Burchard eröffnete das zweite Buch mit formellen Aspekten der Klerikerweihe, ging dann zu den persönlichen Weihevoraussetzungen über und fügte anschliessend eine lange Passage zur Lebensweise von Klerikern an.[153] Zum Zölibat finden sich an zwei Stellen normative Aussagen, nämlich bei den Weihevoraussetzungen wie bei der Klerikerdisziplin. Im Zuge der Weihevoraussetzungen zu Beginn des zweiten Buchs führte Burchard mehrere Kanones an, in denen das in frühchristlicher Zeit wurzelnde Digamieverbot als Weihehindernis thematisiert wurde:[154] Laien, die zum zweiten Mal verheiratet waren, durften ebenso wenig geweiht werden wie Laien, die nach dem Tode der ersten Frau eine Konkubine zu sich genommen hatten.[155] Dass Majoristen mit ihren Frauen weder verkehren noch zusammenleben, geschweige denn (ein erstes oder zweites Mal) heiraten durften, nahm Burchard später im Kontext der Vorschriften zur Klerikerdisziplin auf. Zwar durften Majoristen als Laien oder Minoristen heiraten und Kinder zeugen, nicht aber mehr nach dem Empfang der höheren Weihen.[156] Aus der fleischlichen sollte somit eine geistliche Ehe werden – *ut de carnali fiat spiritale coniugium*, wie Leo der Grosse in einem Brief an Rusticus von Narbonne formuliert hatte.[157]

152. Siehe hierzu 95f.

153. Das zweite Buch behandelt in cc. 2.1–2.8 grundsätzliche Fragen des Klerikertums sowie die formellen Voraussetzungen einer Weihe; in cc. 2.9–2.49 werden die persönlichen Weihevoraussetzungen angesprochen, in cc. 2.50–2.239 die Klerikerdisziplin.

154. Zum Digamieverbot siehe 52.

155. cc. 2.19, 2.33, 2.38. Ferner sollten auch Büssende nicht geweiht werden, siehe cc. 2.33, 2.35. Zu den Weihevoraussetzungen siehe auch Koeniger, Burchard I. von Worms, 19–21.

156. c. 2.114: Leo. I. an Rusticus von Narbonne, ep. 167, c. 3, JK 544/J^3 1098 (siehe 51): *Qui cum essent laici sive lectores licito et uxores ducere et filios procreare potuerunt, sed cum ad predictos pervenerint gradus, coepit eis non licere quod licuit.* Hauptsächlich regelte Burchard den Zölibat in den cc. 2.108–2.118.

157. c. 2.114: vat. pal. lat. 585, fol. 137rb/Frankfurt Barth. 50, fol. 61ra; siehe auch Anm. 156.

Grossen Wert legte Burchard auf die Frage, mit wem ein Kleriker zusammenleben durfte. Er nahm c. 3 des Konzils von Nizäa auf, welches nur Mutter, Tante und Schwester zu den erlaubten Personen zählte.[158] Zugleich verschärfte er aber diese Regel mit einem Auszug aus einem Bischofskapitular Theodulfs von Orléans, der sogar diese unverdächtigen Personen aus dem Haushalt eines Priesters ausschliessen wollte, was auf ein generelles Trennungsgebot von Frauen hinauslief.[159] Aus dem Verbot des Lebens mit Syneisakten, also aus der Unterdrückung der ‚geistlichen Ehe', war bei Burchard das Verbot des Zusammenlebens mit der Ehefrau geworden.[160] In dem Sinne, Versuchungen für Majoristen möglichst zu vermeiden, lassen sich auch die verschiedenen Kanones verstehen, mit denen Burchard Priester von Hochzeiten fernhalten wollte: Keine Liebeslieder, keine anstössigen Gesänge, keine obszönen Körperbewegungen bei Tänzen sollten Priestern bei Hochzeiten die Verlockungen des weiblichen Geschlechts präsentieren, vielmehr schickte Burchard sie vor Beginn solcher Darbietungen nach Hause.[161]

Das normative Wissen zum Zölibat, das Burchard hier formulierte, spiegelt den zu Beginn des 11. Jahrhunderts erreichten Rechtsstand wider: Verheiratete Kleriker durften zwar höhere Weihen empfangen, soweit sie in erster Ehe verheiratet waren, doch sollten sie nach der Weihe enthaltsam leben. Zudem war ein – erster oder zweiter – Eheschluss nach der Weihe verboten. Subdiakone zählte Burchard mit Papst Leo dem Grossen zu den Majoristen und schloss sie in das zölibatäre Gebot ein.[162] Bei Verstössen sollten die Kleriker abgesetzt, jedoch nicht von der Kommunikation ausgeschlossen werden.[163] Hervorhebenswert ist zudem, dass Burchard diejenigen Gläubigen mit dem Anathem bele-

158. c. 2.109: Konzil von Nizäa, c. 3 (siehe 51f.).

159. c. 2.116: Zweites Bischofskapitular Theodulfs von Orléans, cc. 1.6–7, gedr.: Brommer, Capitula episcoporum 1, 151 Zeile 3–28.

160. Zu den Syneisakten siehe 52.

161. cc. 2.132–2.135; c. 2.134: Konzil von Agde 506, c. 39 (Munier, Concilia Galliae, 209f.); c. 2.135: Martin von Braga, Capitula, c. 60 (Barlow, Martini Episcopi Bracarensis Opera Omni, 138).

162. Leo I. der Grosse an Anastasius von Thessaloniki, ep. 14, c. 4, JK 411/J[3] 918 (siehe 50).

163. Siehe c. 2.108: *Presbyter si uxorem acceperit ab ordine deponatur. Si vero fornicatus fuerit aut adulterium perpetraverit, amplius pelli debet et ad poenitentiam redigi.* […] sowie c. 2.189: *Presbiter aut diaconus qui in fornicatione aut periurio aut furto aut homicidio captus est, deponatur, non tamen communione privetur.*

gen wollte, die die Messe eines verheirateten Priesters missachteten[164] – an verheirateten, aber enthaltsam lebenden Klerikern nahm Burchard also offenbar keinen Anstoss.[165]

(2) Die Collectio 74 Titulorum

Wie Burchard von Worms unterschied auch der Kompilator der Sammlung in 74 Titeln zwischen Weihevoraussetzungen und Enthaltsamkeit, erstere regelte er im 16. Titel *Quibus sacri ordines sint tribuendi quibusve denegandi*, letztere im 21. Titel *De munditia sacerdotum et continentia clericorum*. Breites Augenmerk legte er auf die Voraussetzungen der Weihe, indem er statuierte, dass Klerikerkandidaten weder mit einer Witwe, noch in zweiter Ehe lebend, noch mit einer Frau, die schon einen anderen Mann gekannt hatte, verheiratet sein durften; allein eine Jungfrau durften sie geehelicht haben.[166] Nach der Weihe durften Priester unter Androhung der Deposition von zwölf Jahren nicht heiraten und sollten – ebenso wie Diakone und Subdiakone – enthaltsam leben.[167] Um die Enthaltsamkeit zu erleichtern oder auch erst zu ermöglichen, waren die Personen, mit denen ein Kleriker zusammenleben durfte, auf die weiblichen Familienangehörigen beschränkt.[168] In der für die Sammlung in 74 Titeln fast schon charakteristischen Kürze sind damit zentrale Regelungsansätze zu den verschiedenen Facetten des Zölibats aufgenommen. Zwar wählte der Kompilator andere Kanones als Burchard, indem er keine Konzilsbeschlüsse, sondern – wie auch

164. c. 3.75, c. 3.207 sowie c. 19.5 (vat. pal. lat. 586, fol. 175va-vb/Frankfurt Barth. 50, fol. 253vb: *Sprevisti missam vel orationem vel oblationem coniugati presbiteri, ita dico ut nolles tua peccata sibi confiteri, vel ab eo accipere corpus et sanguinem domini ob hoc quia peccator tibi esse videretur? Si fecisti, unum annum per legitimas ferias poeniteas.*) Zum *fons materialis*, dem Konzil von Gangra (340/341), siehe Gryson, Les origines du célibat ecclésiastique, 93f.

165. Dies wird in der älteren Sekundärliteratur fast bedauernd zur Kenntnis genommen, beispielsweise von J. Pétrau-Gay, Art. Burchard de Worms, in: DDC 2, 1937, Sp. 1141–1157, Sp. 1143: „Le mariage leur est formellement interdit: cependant, comme en fait un grand nombre de prêtres sont mariés, Burchard n'ose pas réagier aussi vigoureusement qu'il aurait fallu; il tente de réprimer l'incontinence du clergé et s'occupe de la situation des fils de prêtres." Einen Überblick über den Zölibat in Burchards Dekret vermittelt Gaudemet, Gratien et le célibat ecclésiastique, 346–349. Zu diesem Kanon siehe 238–245 und Abb. 3.

166. cc. 143–145, 150, 152, 155.

167. cc. 170–172. Die Frage, ob ein Kleriker nach Sünde und abgeleisteter Busse wieder eingesetzt werden kann, behandelt der Kompilator im 28. Titel *De reparatione sacerdotum post lapsum*, in dem er eine recht abgewogene Position einzunehmen scheint, indem er ein aufrichtiges Bedauern zur Bedingung einer grundsätzlich möglichen Wiedereinsetzung macht (siehe insbes. c. 202).

168. c. 173.

sonst so häufig – Auszüge aus den pseudoisidorischen Dekretalen übernahm, doch stimmen seine Aussagen inhaltlich mit denen Burchards überein.[169]

(3) Die Panormia

Und auch die *Panormia* bringt in der Frage des Zölibats kaum neue Impulse. Im dritten Buch der *Panormia*, das über den geistlichen Stand handelt, finden sich wie bei Burchards *Decretum* und der Sammlung in 74 Titeln die Weihevoraussetzungen getrennt von der Frage der Enthaltsamkeit.[170] Als Voraussetzungen der Majoristenweihe nannte die *Panormia* die bekannten Bedingungen, nämlich dass der Kandidat nicht in zweiter Ehe verheiratet sein durfte; er durfte sich nicht absichtlich verstümmelt haben und keine Busse ableisten. Die *Panormia* diskutierte aber auch, ob die Tatsache, dass der Kandidat Priestersohn ist, eine Irregularität begründete.[171] Im Rahmen der Enthaltsamkeitsvorschriften finden sich die bekannten Gebote wieder: Minoristen durften zwar heiraten und Kinder zeugen, Majoristen hingegen, zu denen nun auch die Subdiakone zählten, sollten sich indes enthalten und von ihren Frauen getrennt leben.[172]

Neu ist hingegen die Ermächtigung zur zwangsweisen Trennung: Sollten Majoristen diesem Trennungsgebot trotz bischöflicher Ermah-

169. Zur Kanonauswahl siehe 40f.

170. Der Aufbau des dritten Teils der *Panormia* ist (aufgrund der fliessenden Übergänge hier leicht abweichend von der Gliederung, die Migne, PL 161, Sp. 1127D–1182A vorschlägt) wie folgt: cc. 3.1–3.6 *De electione et consecratione pape*; cc. 3.7–3.20 *De electione archiepiscoporum, episcoporum*; cc. 3.21–3.41 *De ordinibus*; cc. 3.42–3.67 *De clericis et laicis ordinandis et de non ordinandis*; cc. 3.68–3.75 *De mutatione episcoporum*; cc. 3.76–3.83 *De ordinatis non reordinandis*; cc. 3.84–3.115 *De continentia ordinatorum*; cc. 3.116–3.127 *De simoniace ordinatis et ordinatoribus, qui omnino sunt deponendi et qui misericorditer reconciliandi*; cc. 3.128–3.132 *De professione hereticorum*; cc. 3.133–3.152 *De lapsis in sacris ordinibus qui non debeant ministrare et qui misericorditer ad ministrandum possunt accedere*; cc. 3.153–3.155 *De clericis homicidis qui non debeant et qui debeant ministrare*; cc. 3.156–3.162 *De usurariis*; cc. 3.163–3.166 *De servis per ignorantiam ordinatis, qui debeant manere in ordine, qui non*; cc. 3.167–3.173 *De clericis ebriosis scurrulatoribus*; cc. 3.174–3.184 *De monachis*; cc. 3.185–3.186 *De etate qua possint parentes contradicere religioni filiorum et qua non possunt*; cc. 3.187–3.208 *De viduis et virginibus velatis*; cc. 3.209–3.215a *De abbatissis*. Zum Zölibat in der *Panormia* siehe Gaudemet, Gratien et le célibat ecclésiastique, 350f.

171. Zur Digamie siehe c. 3.49 und c. 3.62; zur Verstümmelung c. 3.55; zum Büssenden cc. 3.59–3.61; zum Priestersohn cc. 3.51–3.54 (siehe auch 59).

172. Zur Begründung des Enthaltsamkeitsgebots siehe cc. 3.92–3.96; zum Enthaltsamkeitsgebot selbst siehe cc. 3.97–3.111; zur Frage, mit wem ein Priester leben darf, cc. 3.112–3.115.

nung nicht freiwillig nachkommen, so durften weltliche Herrscher ermächtigt werden, die Frauen von Klerikern der Knechtschaft zu unterwerfen, wie Urban II. auf der Synode von Melfi 1089 beschlossen hatte (c. 3.101).[173] Insofern rezipierte die *Panormia* die neuere, päpstlich motivierte Gesetzgebung.

Zum Abschluss der Untersuchung der *Panormia* ist noch auf zwei Punkte hinzuweisen: Beachtenswert ist zum einen, dass der Kompilator die Regelung des Zölibats in der Ostkirche darstellte und sie in Kontrast zur abendländischen Kirche setzte,[174] zum anderen, dass er die Wiedereinsetzung des sündigen, aber reuigen Klerikers intensiver als andere Sammlungen behandelte, nämlich in einem eigenen Abschnitt *De lapsis in sacris ordinibus*, in dem er in zwanzig Kanones die Frage nach dem Umgang vor allem mit geschlechtlich verkehrenden Klerikern erörterte.[175] Bei der *Panormia* lässt sich also ein Wandel des normativen Wissens beobachten, der allerdings weniger in neuen Sachaussagen zu greifen ist, als sich vielmehr in der Generierung differenzierterer Aussagen manifestiert.

(4) Konstante Wissensbestände: Zusammenfassende Gedanken

Die drei Kanonessammlungen weisen grosse Gemeinsamkeiten im Wissen über den Zölibat auf. Sie behandeln Weihevoraussetzungen und Enthaltsamkeitszölibat getrennt an verschiedenen Stellen, da sie diese Themen als unterschiedliche Fragen verstehen, nämlich als Frage des Zugangs zum Klerikerstand einerseits und als Frage der Klerikerdisziplin andererseits. Nicht nur in der Struktur, sondern auch in den Sachaussagen stimmen die drei Sammlungen grösstenteils überein. In Ausformung des paulinischen *unius uxoris vir*[176] stand ausschliesslich Männern, die nur in erster Ehe und nur mit einer unbescholtenen Frau, nicht aber mit einer Witwe verheiratet waren, die Majoristenweihe offen. Nach der Weihe hatten sie ihre körperliche Ehe in eine geistliche zu verwandeln und sich von ihren Frauen fernzuhalten. Ein – erster oder zweiter – Eheschluss nach der Majoristenweihe war verboten. Und schliesslich stimmt das Wissen dieser drei Kompilatoren auch mit Blick auf die Subdiakone überein, denn sie zählten diese einhellig zu den Majoristen.

173. c. 3.101, Urban II. in der Snyode von Melfi, cap. 12 (Somerville, Pope Urban II, 256, engl. Übersetzung 261f.). Siehe auch Matecki, Bestimmungen des Konzils von Melfi (2009).
174. Zu diesem Vorgehen siehe 151f.
175. cc. 3.133–3.152.
176. Siehe 49 Anm. 167, 52.

Dieses Wissen entspricht der zum Ausgang der Antike geformten Rechtslage, die bis in die gregorianische Zeit unverändert blieb und erst im Zweiten Laterankonzil 1139 in der Feststellung der Nichtigkeit einer Majoristenehe eine neue Form der juristischen Durchdringung erfuhr.[177] Diese Neuansätze erfolgten jedoch nach der Kompilation der hier untersuchten Kanonessammlungen.

Die geringen Unterschiede zwischen den verschiedenen Sammlungen lassen also auf eine grundsätzliche Konstanz des Rechtswissens zwischen dem Beginn des 11. und dem Anfang des 12. Jahrhunderts schliessen. Dennoch lassen sich en détail Verschiebungen ausmachen: Für Burchard scheint die Frage nach dem Zölibat von geringerem Interesse gewesen zu sein, da er die Enthaltsamkeit eher en passant im zweiten Buch ansprach. Im Gegensatz zu ihm vertiefte sich die *Panormia* in die Diskussion um einen keuschen Lebenswandel und stellte der Rechtslage der Westkirche die der Ostkirche gegenüber. Zudem beschäftigte sie sich ausgiebig mit dem Umgang mit gefallenen, sündigen Priestern. Diese Verschiebungen lassen auf einen neuen innerkirchlichen Diskurs schliessen, der ja nicht erst mit Papst Urban II., sondern schon zuvor mit seinen Vorgängern Nikolaus II. und Gregor VII. und ihrem Bestreben eingesetzt hatte, sexuell aktive Priester zu isolieren. In der *Panormia* hallen somit die politischen Diskussionen der zweiten Hälfte des 12. Jahrhunderts nach, auch wenn sie nur gedämpft zu vernehmen sind.

c) Wandel und Konstanz kirchlichen Rechtswissens im 11. und 12. Jahrhundert: Jurisdiktionsprimat und Zölibat im Vergleich

Die Befunde der Untersuchung der vier Kanonessammlungen erlauben einen doppelten Vergleich. Zum einen kann man die Unterschieden und Gemeinsamkeiten der vier Sammlungen in Bezug auf das jeweilige Untersuchungsthema festhalten, zum anderen die Unterschiede und Gemeinsamkeiten, die zwischen dem Wissen zum Jurisdiktionsprimat und dem zum Zölibat bestehen, beleuchten. Vergleicht man zunächst den Umgang der vier Sammlungen mit dem jeweiligen Thema, so treten der Wandel und die Konstanz in den Wissensbeständen deutlich hervor. Das Wissen zum Jurisdiktionsprimat hat sich zwischen dem beginnenden 11. und dem beginnenden 12. Jahrhundert grundsätzlich gewandelt, wobei es im perspektivischen Spannungsfeld von episkopal-

177. Siehe 58f.

dezentral und römisch-primatial oszilliert, wohingegen sich das Wissen über den Zölibat kaum geändert hat. Wie lässt sich eine solche Beobachtung erklären? Sie wurzelt sicherlich in der Konstanz der Rechtslage zum Zölibat, die erst mit den Beschlüssen des Zweiten Laterankonzils 1139 einen neuen Impuls erfuhr. Die zeitgenössischen Diskussionen um den zölibatären Lebenswandel von Majoristen, um Klerikerehe und den Umgang mit Priesterfrauen hallten zwar in der *Panormia* wider, doch in eher gemässigter Form. Zudem waren weniger die normativen Grundpositionen beim Zölibat diskutiert, sondern die Vehemenz, mit der sie umgesetzt werden sollten, denn es war eine Sache, die Trennung der Priester von ihren Frauen zu fordern, aber eine andere, das Volk gegen sexuell aktive Priester aufzuhetzen. Ort der Diskussion der politischen Umsetzung waren eher die Streitschriften und weniger die Kanonessammlungen.

Verfolgen wir den Gedanken der Konstanz des normativen Grundgefüges weiter, so stösst man auf die scheinbar widersprechende Beobachtung, dass ja auch der Jurisdiktionsprimat im 11. Jahrhundert keinen neuen rechtlichen Ausdruck erhielt, sondern vor allem politisch umstritten war. Jurisdiktionsprimat und Zölibat scheinen sich also weniger in der normativen Grundkonstellation zu unterscheiden, denn beide sind seit der Spätantike immer wieder postuliert und eingefordert, aber selten konsequent realisiert worden. Es ist wohl eher die politische Dimension, die beide Themen unterscheidet. Der päpstliche Jurisdiktionsprimat erscheint als Kristallisationspunkt für Vorstellungen zur Kirchenstruktur und als Projektionsfläche von Wünschen und Hoffnungen. Dass sich das Wissen über den Primat im 11. Jahrhundert so fundamental wandelte, zeigt die Bedeutung des römischen Bischofs im Diskurs: Der Bischof von Rom wird im Wissen der Zeitgenossen zum Zentrum der Kirche; er wird wirklich Papst.

Kommen wir sodann zur zweiten Frage und blicken auf die Gemeinsamkeiten und Unterschiede, die zwischen dem Wissen zu Jurisdiktionsprimat und zum Zölibat bestehen. Burchard kannte keinen Jurisdiktionsprimat und beachtete den Zölibat kaum, die *Panormia* behandelte den Jurisdiktionsprimat nur am Rande und widmete sich dafür länger dem Zölibat, die Sammlung in 74 Titeln betonte den Primat deutlich und streifte den Zölibat nur, während Deusdedit allein den Primat, diesen aber erschöpfend, behandelte. Lassen sich mit diesem Befund Gruppen von Kanonessammlungen herausarbeiten? Die Bildung von zwei Gruppen ist nur beim Jurisdiktionsprimat möglich. Die erste Gruppe liesse sich mit den Begriffen ‚praxisorientiert' und ‚handbuchartig' umschreiben und umfasst neben Burchards Dekret auch die *Panormia*; die andere Gruppe würde die ältere Kanonistik als ‚Reformsammlung‘ oder als ‚collections canoniques grégoriennes‘ apostrophieren, die jüngere würde vielleicht eher von ‚partisan‘ oder ‚polemic collections‘ sprechen.[178] Zu dieser zweiten Gruppe zählen die Sammlung in 74 Titeln und Deusdedits *Collectio Canonum*. Dieser Befund bestätigt die ältere Beobachtung, dass es zu kurz griffe, in den Kanonessammlungen des 11. und 12. Jahrhunderts eine lineare Entwicklung hin zum Jurisdiktionsprimat des römischen Bischofs vermuten zu wollen.[179] In ihrem perspektivischen Wissen sind die Kanonessammlungen dieser Zeit dafür zu vielschichtig.

Im Zentrum der älteren Kanonistik stand die Frage nach dem Wechselspiel von politischem Wandel, Kirchenrecht und Kirchenstruktur, der die Tendenz zu eigen war, Kanonessammlungen zugleich nach ihrer ekklesiologischen Programmatik zu befragen.[180] Diese Diskussion soll hier zwar nicht wieder aufgenommen werden, es lohnt sich aber doch, bei dem Verhältnis von Wissen und Intention kurz zu verweilen. Es greift sicherlich zu kurz, eine direkte Kausalität zwischen der Absicht eines Kompilators und dem sich in der Sammlung widerspiegelnden Wissen zu ziehen, aber es ist wohl nicht von der Hand zu weisen, dass die jeweilige ‚Wirklichkeit‘ des Kompilators sein in der Sammlung ablesbares Wissen beeinflusste; zugleich versuchte er, eben diese Realität zu beeinflussen. Gerade die Sammlung in 74 Titeln zeigt deutlich, dass das Wissen des Kompilators über die Position des Papstes in der Kirche die Gegenwart zu verändern suchte: Zum Schutz der Klöster und zur Ausschaltung intermediärer Gewalten wurde Pseudoisidor in einem primatialen Sinne dem Leser nahegebracht – und daher durfte jeder Gläubige (und das heisst: nicht nur Bischöfe, sondern auch Mönche!) rechtlichen Schutz beim Papst suchen. Eingriffsrechte des Papstes umfasste dieses Wissen aber gerade nicht, da ein päpstliches Recht zur Zusammenlegung von Klöstern dem intendierten monastischen Schutz zuwider gelaufen wäre.[181]

178. May, Kirchenrechtsquellen I, 20: „Reformsammlung“; Gaudemet, Primauté pontificale dans les collections canoniques grégoriennes (1994).

179. In diesem Sinne Rolker, Canon law, 85–88.

180. Siehe 60–68.

181. Hinzu kommt im Fall der Sammlung in 74 Titeln, dass zum Schutz der Klöster die Durchsetzung der Klerikerdisziplin eher zweitrangig war. Weiterhin ist die Sammlung in 74 Titeln, die ja auf 1050 bis 1070 datiert wird, vielleicht zu ‚früh‘ entstanden, um das Thema Zölibat vollständig aufzunehmen.

Burchard war hingegen Kind der spätottonischen Zeit: Seine Position als Reichsbischof spiegelt sich in der Konzentration auf Bischöfe, die er in das Zentrum seines kirchenrechtlichen Wissens stellte. Die Kompilationssituation ist auch an der *Collectio canonum* des Deusdedit abzulesen, denn man bemerkt den intimen Blick auf die kurialen Abläufe des apostolischen Stuhls, der Deusdedits Sammlung auszeichnet. Im Gegensatz zu anderen Kompilatoren machte sich Deusdedit Gedanken über die Sedisvakanz oder die Absenz des Papstes und wollte die Weiterführung der Amtsgeschäfte sicherstellen. Deusdedit schrieb also mit der Kenntnis eines römischen Insiders. Und es ist vor allem Deusdedit, dessen Sammlung um die zentralisierenden Aspekte der Politik Gregors VII. wusste: Den Legaten kam in Deusdedits Sammlung insbesondere bei Synodalgeschäften eine so herausragende Rolle zu, dass er sie in seiner Kapitulation immer wieder erwähnte.[182] Deusdedits Sammlung ist in ihrer Perspektivbildung zentralistisch, römisch und wohl auch gregorianisch, wenn auch gegenüber dem Amtsinhaber des römischen Bischofstuhls, Viktor III., skeptisch gestimmt.[183] Dass sie in Rom entstand, wundert ebenso wenig wie die Entstehung des *Decretum Burchardi* in Worms.

Wir dürfen also eine Korrelation zwischen dem verschiedenen Wissen und den der jeweiligen Sammlung zugrunde liegenden Interessen vermuten. Der römische Bischof erhielt jeweils die Stellung zugeschrieben, die ein Kompilator ihm beimessen wollte: Für die einen diente er dem Schutz der Bischöfe, für die anderen wachte er über die Freiheit der Klöster, für dritte wiederum war er die Spitze der hierarisch überhöhten *sancta romana ecclesia*.[184] Versteht man den Kompilator weniger individuell, sondern institutionell, so lässt sich ein verschiedenes Wissen über den Bischof von Rom und dessen Stellung in der Kirche für unterschiedliche Personengruppen konstatieren: Was Bischöfe wussten, konnte sich fundamental von dem Wissen von Mönchen unterscheiden;

182. Zur Sedisvakanz siehe oben in diesem Kapitel; *Ut vocatus episcopus ad suam sedem non redeat, nisi causa sua peracta* (von Glanvell, Kanonessammlung, 9 Zeile 25f.), *Ut peracta causa non redeat absque apostolicis litteris* (ebd., 9 Zeile 27); zu den Legaten siehe 40f.

183. von Glanvell, Kanonessammlung, xi: „von streng zentralistisch-römischem Geiste erfüllte Kanonessammlung"; Mordek, Kanonistik und gregorianische Reform, 69: „gregorianischen Purismus verkörpernde Rechtssammlung".

184. Gerade bei Deusdedit lässt sich eine solche ‚interessierte' Sammeltätigkeit auch an anderer Stelle belegen – er versucht nämlich auch den geistlichen Rang seiner Kirche, SS. Apostolorum in Eudoxia/S. Pietro in Vincoli, durch Nennung oder Einschub in seiner *Collectio Canonum* zu erhöhen, so Blumenthal, Fälschungen bei Kanonisten, 245, 250.

was Mönche wussten, konnte von dem Wissen von Kurienmitgliedern differieren. Das *Decretum Burchardi* und die *Collectio Canonum* Deusdedits vermitteln nachdrücklich die divergenten Wissensbestände im 11. Jahrhundert.

3. Die Formierung juristischen Wissens. Zu Texteingriffen, Rubriken und Ordnungskonfigurationen

Das methodische Instrumentarium, mit dem Kompilatoren von Kanonessammlung im 11. Jahrhundert arbeiten konnten, ist bekannt: Mit der Auswahl von Kanones, ihrer Reihung und Anordnung in Bücher, Titel und Teile, mit Rubriken und Textretuschen vermochten sie tradierte Normen ihren Ordnungsvorstellungen anzupassen und neues Wissen zu generieren.[185] Um über die grundsätzliche Feststellung des Einsatzes solcher Instrumente hinaus auch den Umfang der Verwendung ermessen zu können, sollen die vier Kanonessammlungen nun einer Detailanalyse unterzogen werden. Zur Strukturierung der Untersuchung sowie zur Ermöglichung eines aussagekräftigen Vergleichs ist ein Kernbestand von zehn Kanones gewählt, deren Übernahme oder Auslassung, deren Ergänzung oder Kürzung, deren Rubrizierung und Anordnung Auskunft über die Methodik des Kompilators geben soll. Flankierend hierzu sind die weiteren, von den jeweiligen Kompilatoren zusätzlich verwendeten Kanones berücksichtigt und in die Untersuchung einbezogen. Bei den ausgewählten zehn Kanones handelt es sich um:

- Pseudo-Anaklet, *Sacrosancta Romana et apostolica ecclesia – apostolico terminentur iudicio*,[186]
- Pseudo-Zepherinus, *Ad Romanam ecclesiam ab omnibus – et in celis*,[187]
- Pseudo-Fabianus, *Si quis iudicem adversus sibi senserit – iudice dicta constringat*,[188]

185. Hierzu 65–67.

186. Pseudo-Anaklet, ep. 3.30 und 34, JK † 4/J³ † 17 (www.pseudoisidor.mgh.de/html/014.htm; Hinschius, 83 Zeile 4–9, 84 Zeile 13–15, 10f.). Dieser Kanon ist in dieser Gestalt erstmals in der Sammlung in 74 Titeln nachzuweisen, siehe 137.

187. Pseudo-Zepherinus, ep. 1.6, JK † 80/J³ † 147 (www.pseudoisidor.mgh.de/html/033.htm; Hinschius, 132 Zeile 8–16).

188. Pseudo-Fabianus, ep. 3.27 und 28 und 29, JK † 94/J³ † 191 (www.pseudoisidor.mgh.de/html/043.htm; Hinschius, 167 Zeile 23 – 168 Zeile 5 und 14).

– Pseudo-Silvester, *Nemo iudicabit primam sedem – a populo iudex iudicabitur,*[189]
– Gelasius I., *Cuncta per mundum novit ecclesia – et retinebit,*[190]
– Pseudo-Symmachus, *Aliorum hominum causas – exhibere conscientiam,*[191]
– Nikolaus I., *Nemini sit de sedis apostolice iudicio – divinitus collatum,*[192]
– Agatho, *Sic omnes apostolice sedis sanctiones – voce firmate,*[193]
– Nikolaus I., *Patet profecto sedis apostolice – decreta mandarunt,*[194]
– [Bonifatius], *Si papa sue – a fide devius.*[195]

Eine solche Untersuchung muss sich indes zwei methodischen Herausforderungen stellen. Erstens ist zwischen *fontes formales* und *fontes materiales* zu differenzieren. Unter *fons materialis* ist die ursprüngliche Quelle eines Kanons verstanden, in der Regel also der ‚Autor', sei es ein Konzil, ein Papst oder ein Kirchenvater. Der *fons formalis* hingegen bezeichnet die Quelle, aus der der Kompilator geschöpft hat, also beispielsweise die *Collectio Hibernensis*, die *Collectio Anselmo Dedicata* oder eine andere Sammlung. Um Änderungen im Wortlaut und in der Rubrizierung dem Kompilatoren zuschreiben zu können, ist die Kenntnis der *fons formalis* nötig; die Identifizierung der *fontes materiales* allein genügt nicht, da im Falle der blossen Übernahme einer schon modifizierten Quelle Fehlzuschreibungen erfolgen könnten.[196] Zweitens darf nicht von dem Nichtvorhandensein eines Kanons auf die Intention eines Kompilators geschlossen werden, vielmehr ist dies nur dann gerechtfertigt, wenn sichergestellt ist, dass er diesen Kanon zur Verfügung hatte und ihn – so ist dann zu unterstellen – mit Absicht unberücksichtigt liess.

Der als Kontrollthema gewählte Zölibat soll ebenfalls über einige zum Vergleich ausgewählte Kanones erschlossen werden. Zentrale rechtliche Aussagen zum Zölibat enthalten die folgenden neun Kanones:

189. Pseudo-Silvester, siehe 30.
190. Gelasius I., siehe 29.
191. Pseudo-Symmachus (Ennodius, *Libellus pro synodo*; siehe 31).
192. Nikolaus I. an Hinkmar von Reims, siehe 32f.
193. Agatho, *fragmentum*, JE 2108 (siehe hierzu Gilchrist, Diuersorum Patrum Sententie, xci Fn. 13).
194. Nikolaus I. an Kaiser Michael, siehe 32.
195. Der Kanon stammt angeblich von Bonifatius, siehe 37f.
196. Zu dieser Unterscheidung beispielsweise (explizit) Fransen, Collections canoniques, 38–44 und (implizit) Gilchrist, Diuersorum Patrum Sententie, lxxxix.

- Konzil von Elvira, *Placuit in totum prohiberi episcopis – ab honore clericatus exterminetur*,[197]
- Konzil von Nizäa, *Interdixit per omnia magna synodus – personas quae suspicionem effugiunt*,[198]
- Synode von Karthago (390), *Omnibus placet ut episcopus – qui altario inserviunt*,[199]
- Innozenz I., *Qui zelo fidei ac disciplinae ductus – quod vivendo illicite polluerunt*,[200]
- Innozenz I., *Ut mulierem clericus non ducat uxorem – pervenire non posset*,[201]
- Leo I., *Nam cum extra clericorum ordinem constitutis – frenasse detegitur*,[202]
- Leo I., *Lex continentiae – et cessit opera nuptiarum*,[203]
- Nikolaus II., *Ut nullus missam audiat presbyteri – Deo concedente procedat*,[204]
- Zweites Laterankonzil, *Ad haec praedecessorum nostrorum – matrimonium non esse censemus*.[205]

Die Untersuchung dieser Kanones führt vom Allgemeinen zum Besonderen: Zunächst fragt sie nach der Auswahl der Kanones und ihrer Anordnung, nach Rubriken- und Überschriftenbildung und erst dann nach Eingriffen in die textliche Fassung der Kanones. Dabei wird in der Darstellung nicht mehr zwischen Jurisdiktionsprimat und Zölibat unterschieden, um eine stringentere Präsentation zu ermöglichen und herauszuarbeiten, ob der Kompilator denselben Umgang mit Kanones bei beiden Vergleichsthemen wählte.

197. Konzil von Elvira/*Concilium Eliberritanum*, c. 33 (Martínez Díez/Rodríguez, La Colección Canónica Hispana IV, 253; siehe 50).

198. Konzil von Nizäa, c. 3 (Wohlmuth, Conciliorum Oecumenicorum Decreta 1, 7; siehe 51f.).

199. Synode von Karthago 390, c. 2 (Munier, Concilia Africae, 13; siehe 51).

200. Innozenz I. an Maximus und Severus, ep. 38, JK 315/J^3 713 (Coustant, Sp. 913 A/B; siehe 51).

201. Innozenz I. an Victricius von Rouen, ep. 2, c. 4, JK 286/J^3 665 (Coustant, Sp. 750A, PL 20, Sp. 473A; siehe 52 Anm. 178).

202. Leo I. an Anastasius von Thessaloniki, 446?, ep. 14, c. 4, JK 411/J^3 918 (PL 54, Sp. 672B–673A; siehe 50 Anm. 171).

203. Leo I. an Rusticus von Narbonne, 458–459, ep. 167, c. 3, JK 544/J^3 1098 (PL 54, Sp. 1204A; siehe 51 Anm. 173).

204. Nikolaus II., Synode von 1059 (*Vigilantia universalis*), c. 3, JL 4405, 4406 (MGH Const. 1, ed. Weiland, Nr. 384, 546–548; siehe 56).

205. Zweites Laterankonzil 1139, c. 7 (Wohlmuth, Conciliorum Oecumenicorum Decreta 2, 198; COGD II/1, 106; siehe auch 58f.).

a) Methodische Beobachtungen zum Umgang mit Kanones

(1) Das Decretum *Burchards von Worms*

α) Kanones zum Jurisdiktionsprimat

Burchards Wissen, das er im Dekret vermittelte, beschränkte sich hinsichtlich des Jurisdiktionsprimats auf die Appellationsmöglichkeit von Bischöfen und das päpstliche Vorrecht, endgültige Entscheidungen über Bischöfe zu treffen, sowie das Recht zur Einberufung von Generalsynoden.[206] Auf welche weiteren Kanones und damit Themenfelder hätte er denn Zugriff gehabt, so dass diese als mit Bedacht ausgelassen gewertet werden können? Aus der *Collectio Anselmo Dedicata* (CAD), einer norditalienischen Sammlung des 9. Jahrhunderts,[207] übernahm Burchard den Pseudo-Silvester zugeschriebenen Kanon, demzufolge der Kleriker mit einem niederen Rang den höher Gestellten nicht anklagen dürfe,[208] sowie die Regel, dass ein Priester keinen Bischof anklagen dürfe; er liess aber den letzten Satz des Kanons aus: *Neque presul summus a quoquam iudicetur. Quoniam scriptum est non est discipulus super magistrum.*[209] Sollte Burchard nicht eine defekte Kopie der CAD vorgelegen haben, in der dieser Satz fehlte, so muss man konstatieren: Die päpstliche Immunität lag ausserhalb seines Blickfeldes, jedenfalls erwähnte er sie nicht.

206. Siehe 80–84.

207. Zur *Collectio Anselmo Dedicata* siehe die Literatur bei Kéry, Canonical Collections, 124–128; Fowler-Magerl, Clavis Canonum, 70–74; nachzutragen wäre zum Beispiel Landau, Bernhard von Pavia und die Collectio Anselmo Dedicata (2002/2003) sowie Zechiel-Eckes, Quellenkritische Anmerkungen (2007). Zur handschriftlichen Überlieferung der Sammlung vor allem Scaravelli, La collezione canonica Anselmo dedicta (2002). Ausgewählt sind hier die Handschriften Bamberg, Staatsbibliothek, can. 5, Città del Vaticano, BAV, vat. pal. lat. 580 sowie vat. pal. lat. 581. Die Überlieferung der CAD teilt sich in eine italienische und eine cisalpine Gruppe. Zur letzteren gehört das Bamberger Manuskript; die beiden vatikanischen Manuskripte stellen womöglich eine mittlere Überlieferung zwischen beiden Versionen dar, jedenfalls sind sie nicht von Bamberg kopiert (Scaravelli, La collezione canonica Anselmo dedicta, 41: „... tanto piu che essi tramandano una particolare versione che si deve collocare in un punto intermedio tra le due famiglie, italiana e cisalpina."). Siehe auch die weiteren Hinweisen auf die ältere Literatur bei Scaravelli; belastbarere Aussagen zur Abhängigkeit der Manuskripte lassen sich nach heutigem Stand der Forschung nicht formulieren. Einen Abdruck des ersten Buchs nach der Handschrift Paris, Bibliothèque Nationale, lat. 15392 bietet Besse, Collectionis Anselmo Dedicata Liber Primus (1959) (zur Kritik an dieser Teiledition siehe 83 Anm. 46).

208. Zum Kanon siehe 31 Anm. 91; zur Übernahme Hoffmann/Pokorny, Dekret, 178.

209. c. 1.151: Pseudo-Silvester I. c. 2, JK I 29/J³ † 366 (www.pseudoisidor.mgh.de/html/126.htm, Hinschius, 449 Zeile 16–21) = CAD c. 3.96 (Bamberg can. 5, fol. 84vb = vat. pal. lat. 580, fol. 88ra als c. 3.91 = vat. pal. lat. 581, fol. 106v-107r als c. 3.91).

Obwohl ihn das Thema der Appellation im ersten Buch beschäftigte, überging Burchard bei der Lektüre der CAD auch den Vergleichskanon des Papstes Zepherinus sowie den pseudo-fabianischen Kanon *Si quis iudicem*, in denen Appellationen nach Rom gestattet wurden.[210] Horst Fuhrmann hat darauf hingewiesen, dass er auch „jene eindrucksvollen Partien über die besondere Stellung Roms unter sämtlichen Kirchen, speziell den Patriarchatskirchen", wie er sie in CAD c. 1.11 vorfand, ausgelassen hat.[211] Weitere zur oben genannten Vergleichsgruppe gehörende Kanones sind jedoch weder in der *Collectio Anselmo Dedicata* noch in *Pseudo-Remedius* oder in Reginos von Prüm *Libri duo de synodalibus causis*, zwei weiteren Hauptquellen für Burchards erstes Buch, aufzufinden, so dass Burchard sie jedenfalls nicht aus diesen Vorlagen zur Verfügung hatte.[212] Kannte er sie aber direkt aus Pseudoisidor? Dies muss unsicher bleiben. Für eine solche Kenntnis könnte jedoch sprechen, dass vermutlich eine Cluny-Version der pseudoisidorischen Fälschungen neben Burchards Schreibpult lag, so dass er wohl zumindest von dem gelasianischen Kanon *Cuncta per mundum* hätte Kenntnis nehmen können, der die Appellation von einem Urteil des römischen Bischofs beispielsweise zu einem allgemeinen Konzil unterband.[213] Gewissheit lässt sich in dieser Frage allerdings nicht gewinnen.[214] Ins-

210. Zepherinus, *Ad romanam ecclesiam*: CAD c. 1.16 (Bamberg can. 5, fol. 5va-b = vat. pal. lat. 580, fol. 4va-b); Fabianus, *Si quis iudicem*: CAD c. 1.34 (Bamberg can. 5, fol. 8ra = vat. pal. lat. 580, fol. 7ra = vat. pal. lat. 581, fol. 3rb-va).

211. Fuhrmann, Einfluß und Verbreitung, 485; CAD c. 1.11: Pseudo-Anaklet, *Haec vero sacrosancta*: ep. 3.30, JK † 4/J³ † 17 (www.pseudoisidor.mgh.de/html/014.htm; Hinschius, 83 Zeile 4–19 (Bamberg can. 5, fol. 5ra-b = vat. pal. lat. 580, fol. 4ra-b)).

212. Die *fontes formales* des ersten Buchs sind zumeist aufgeführt bei Hoffmann/Pokorny, Dekret, 173–181 unter ‚Provenienz'. Die *Collectio Canonum* des Pseudo-Remedius (von Chur) entstand Ende des 9. Jahrhunderts in St. Gallen oder auf der Reichenau und beruht wesentlich auf pseudoisidorischen Exzerpten. Eine Edition liegt vor von John, Collectio canonum Remedio Curiensi episcopo perperam ascripta (1976). Literatur zu Pseudo-Remedius ist nachgewiesen bei Fowler-Magerl, Clavis Canonum, 60f. und Kéry, Canonical Collections, 184f. Regino von Prüm stellte seine *Libri duo de synodalibus causis et disciplinis ecclesiasticis* um 906 zusammen; Literatur bei Fowler-Magerl, Clavis Canonum, 77–79 und Kéry, Canonical Collections, 128–133 sowie Dusil, Entstehung und Funktion, 369–380 (auch mit Überblick über den Forschungsstand).

213. Der Kanon *Cuncta per mundum* resp. *Nec plane tacemus quod cunta per mundum* (Gelasius I. an die Bischöfe Dardaniens, www.pseudoisidor.mgh.de/html/265.htm) ist bei Pseudoisidor überliefert, den Burchard in der sogenannten Cluny-Version kannte, siehe Kerner/Kerff/Pokorny/Schon/Tills, Textidentifikation und Provenienzanalyse im Decretum Burchardi, 33–44; www.pseudoisidor.mgh.de/html/ca_0404_burchard_von_worms.htm). Die Cluny-Version umfasst grds. beide Dekretalen-Teile und damit auch den Brief von Gelasius (www.pseudoisidor.mgh.de/html/teil_iii.html).

214. Ungeklärt bleibt ebenfalls das Verhältnis von Burchards Dekret und der Freisin-

gesamt zeigt die Kanonesauswahl Burchard als Kompilator, der zwar die Bischöfen eröffnete Appellationsmöglichkeit beachtete und in Länge behandelte, päpstliche Vorrechte – wie die Immunität – aber sehenden Auges überging.

Dieser Eindruck verstärkt sich bei einem Blick auf die Anordnung der Kanones. Weder entwarf Burchard ein eigenes Buch zum Primat, geschweige denn zum Jurisdiktionsprimat, noch widmete er einen eigentlichen Abschnitt diesem Thema, vielmehr ist die Stellung des Papstes als oberster Richter Folge der Bischöfen eröffneten Appellationsmöglichkeit zum römischen Bischof.[215] Auch die Titelbildung des ersten Buchs unterstreicht, wie wenig Burchard den päpstlichen Primat anvisierte. Zwar nennt er als ein Thema im *Argumentum libri* zu seinem ersten Buch *De primatu sedis apostolice*, doch zeigt das Zusammenspiel mit dem Inhalt der ersten drei Kanones, dass Burchard dabei nicht an den Jurisdiktionsprimat dachte, sondern eine theologisch begründete Vorrangstellung des römischen Bischofs meinte.[216] Ein ähnlicher Titel, *De primatu romane ecclesie*, ist in der Sammlung in 74 Titeln, wie gleich zu zeigen sein wird, grundsätzlich anders verstanden.[217]

Wie ging Burchard mit den Rubriken um? Für viele Kanones des ersten Buchs bildete Burchard Rubriken, die, wie Greta Austin bei ihrer Analyse anderer Bücher des *Decretum* feststellte, häufig von ihm selbst überarbeitet oder geschaffen wurden.[218] Austin ist zwar zuzustimmen,

ger *Collectio duodecim partium*. Nach derzeitigem Stand ist davon auszugehen, dass das Burchard'sche Dekret die *Collectio duodecim partium* beeinflusst hat, aber nicht andersherum. Während Jörg Müller eine zumindest indirekte Abhängigkeit der Burchard'schen Sammlung von der *Collectio duodecim partium* annahm, da sie auf einer in Freising kompilierten Zwischensammlung beruhen soll (siehe Müller, Untersuchungen zur Collectio Duodecim Partium, 3–14 zum Forschungsstand, 261–276 zum Verhältnis zu Burchards Dekret sowie Müller, Collectio Duodecim Partium und Decretum Burchardi (1992) und Müller, Die Collectio Duodecim Partium und ihr Freisinger Umfeld (1995)); zu dieser These äusserten sich kritisch Hoffman/Pokorny, Dekret, 87–107 die umgekehrt eine Abhängigkeit der *Collectio duodecim partium* von dem Wormser Dekret annahmen. Austin, Freising and Worms (2007) schlug vor, dass der Kompilator der *Collectio duodecim partium* einen Entwurf des Burchard'schen Dekrets besass; die Annahme einer Zwischensammlung sei nicht erforderlich. Zu diesem Thema ferner die Beiträge von Weigand, Neue Erkenntnisse, insbes. 127–131; Austin, Secular Law in the *Collectio Duodecim Partium* and Burchard's *Decretum* (2008) sowie überblicksartig Austin, Shaping Church Law, 17–19. Vor dem Hintergrund des aktuellen Forschungsstandes ist eine Beschäftigung mit der *Collectio duodecim partium* als möglicher *fons formalis* nicht angeraten.

215. Siehe 80–82.
216. Siehe 82–84.
217. Hierzu 133–140.
218. Austin, Shaping Church Law, 98–101.

dass Burchard den jeweiligen Kanon zusammenzufassen versuchte, aber dieses Unterfangen nahm er doch von einer bestimmten Warte her vor, nämlich von einer episkopalen.[219] In diesem Sinne ersetzte Burchard regelmässig den in der Rubrik der *Collectio Anselmo Dedicata* vorgefundenen *doctor, pastor* oder *praelatus* durch *episcopus* oder fügte *episcopus* überhaupt erst ein. So wurde aus der CAD-Rubrik

> *De accusatoribus et testibus*

unter Burchards Hand

> *De accusatoribus et testibus episcoporum,*[220]

und die in der CAD vorgefundene Überschrift

> *De doctoribus vel pastoribus ecclesie si a fide exorbitaverint et ut plebes adversus pastorem suum non tumescant aut clerus detractionibus non vacet*

wandelte er um in

219. Insofern greift es für das erste Buch zu kurz, wenn Austin, Shaping Church Law, 100 mit Blick auf die Bücher 6, 10, 11, 12 feststellte, dass „the rubrics reflect accurately the canons' contents…". Eine solche Sicht blendet das komplexe Phänomen der ‚sekundären Normbildung' aus (hierzu 66).

220. Rubrik zu DB c. 1.171: *De accusatoribus et testibus episcoporum* = Rubrik zu CAD c. 3.51 (Bamberg can. 5, fol. 80ra = vat. pal. lat. 580, fol. 82ra als c. 3.46 = vat. pal. lat. 581, fol. 99va als c. 3.46): *De accusatoribus et testibus*. Weitere Beispiele aus den Kanones des ersten Buchs, zu denen Burchard neue Rubriken bildete: Rubrik zu DB c. 1.135: *De episcopis qui ab ovibus suis criminantur ut eorum criminatio non recipiatur*; Rubrik zu DB c. 1.137: *De eadem re* (= *Episcopos a suis ovibus non reprehendendos quod absit nisi in fide erraverint*); Rubrik zu DB c. 1.144: *Ut episcopi criminati libere apostolicam appellent sedem*; Rubrik zu DB c. 1.169: *Ut non accusetur episcopus a criminosis* (übernommen aus Pseudo-Remedius c. 74, 18, wo es ohne Rubrik überliefert ist, siehe John, Collectio Canonum, 185 und Hoffmann/Pokorny, Dekret, 179); Rubrik zu DB c. 1.170: *Quod nullus episcopus extra suam provinciam ad iudicium invitetur* (Schon, Capitula Angilramni, c. 17 (124)). Eine Ausnahme bildet DB c. 1.163: *Qui primates sint, qui metropolitani* geht entweder zurück auf Pseudo-Remedius c. 74, 13 (John, Collectio Canonum, 183f., ohne Rubrik) oder auf CAD c. 1.4 (Bamberg can. 5, fol. 4rb = vat. pal. lat. 580, fol. 3rb), wo der Kanon mit *De eadem re* (= *Quod a petro ceperit exordium et apostolatus et episcopatus in Christo*) rubriziert ist (zur Provenienz bei Burchard siehe Hoffmann/Pokorny, Dekret, 179). Selbstverständlich lässt sich dieser Kanon, den Burchard als Abgrenzung der Primaten von den Metropoliten versteht, nicht mit *episcopus* rubrizieren.

Episcopos a suis ovibus non reprehendendos quod absit nisi in fide erraverint.[221]

Die Liste liesse sich verlängern;[222] Ausnahmen sind selten.[223] Burchard präzisierte mit den Rubriken die Kanones und schränkte zumindest bei einigen Kanones auch ihren Anwendungsbereich ein: Subdiakone, Diakone und Priester (*sacerdos*) wurden nicht mehr erfasst, wenn er statt *clericus* oder dem allgemeinen *si quis* explizit *episcopus* schrieb. Der pseudoisidorische Schutz für Geistliche stand damit nur noch Bischöfen offen.

Vor dem Hintergrund dieses Befundes wundert es nicht, dass Burchard auch in den Wortlaut der Kanones selbst eingegriffen hat. Das griffige Zitat von dem „so oft fröhlich fälschende[n] Burchard"[224] offenbart

221. Rubrik zu DB c. 1.136 = Rubrik zu CAD c. 2.139 (Bamberg can. 5, fol. 44va = vat. pal. lat. 581, fol. 55rb als c. 2.133).

222. Untersucht sind DB cc. 1.1–1.3 und cc. 1.133–1.184. Weitere Beispiele aus diesen Kanones: DB c. 1.141: *Ut episcopus non diiudicetur qui suis rebus est expoliatus* = CAD c. 3.144 (Bamberg can. 5, fol. 89ra = vat. pal. lat. 580, fol. 93rb als c. 3.138 = vat. pal. lat. 581, fol. 113vb als c. 3.138): *Quod nullus possit iuxta canonicam institutionem accusari vocari iudicari aut damnari donec suis est rebus expoliatus aut a sede propria pulsus vi aut terrore* (die der Kanon-Rubrik unmittelbar vorangehende Titel-Rubrik lautet: *Item de episcopis vel quibuscumque ecclesiasticis viris rebus suis expoliatis et a sede expulsis* und unterstreicht das breitere Verständnis der CAD); DB c. 1.147: *Ut episcopi comprovinciales peregrina iudicia non patiantur* = CAD c. 3.179 (Bamberg can. 5, fol. 92rb = vat. pal. lat. 580, fol. 97rb als c. 3.173 = vat. pal. lat. 581, fol. 119rb als c. 3.173): *De peregrinis iudiciis prohibendis*; DB c. 1.148: *De episcopo criminato, si iudicem suspectum habuerit* = CAD c. 3.175 (Bamberg can. 5, fol. 92ra = vat. pal. lat. 580, fol. 97ra als c. 3.169 = vat. pal. lat. 581, fol. 118vb als c. 3.169): *Ut si quis iudicem adversum sibi senserit vocem appellationis exhibeat*; DB c. 1.151: *Ut episcopis nullus laicus crimen imponere possit* = CAD c. 3.96 (Bamberg can. 5, fol. 84vb = vat. pal. lat. 580, fol. 88ra als c. 3.91 = vat. pal. lat. 581, fol. 106vb als c. 3.91): *Ut nullus laicus crimen clerico audeat inferre et ut minores nullam dent accusationem adversus maiores*; DB c. 1.156: *De vocatione accusati episcopi* = CAD c. 3.129 (Bamberg can. 5, fol. 87vb = vat. pal. lat. 580, fol. 91vb als c. 3.124 = vat. pal. lat. 581, fol. 111va als c. 3.124): *De vocatione ad synodum*; DB c. 1.180: *De induciis criminatorum episcoporum, quales esse debeant* = Pseudo-Remedius c. 72 (John, Collectio Canonum, 179): *De indutiis dandis*.

223. Zwei Beispiele lassen sich finden, in denen *doctor* bzw. *sacerdos* erhalten bleiben: DB c. 1.165: *De criminationibus adversus doctores non suscipiendis et de peregrinis iudiciis* = CAD c. 3.180 (Bamberg can. 5, fol. 92rb = vat. pal. lat. 580, fol. 97rb als c. 3.174 = vat. pal. lat. 581, fol. 119rb als c. 3.174): *De criminationibus adversus doctores non suscipiendis et de peregrinis iudiciis*; DB c. 1.183: *Cur sancti apostoli eorumque successores voluerint difficilem esse accusationem sacerdotum* = CAD c. 3.107 (Bamberg can. 5, fol. 85va = vat. pal. lat. 580, fol. 89rb als c. 3.102 = vat. pal. lat. 581, fol. 108rb als c. 3.102): *Cur sancti apostoli eorumque successores voluerunt difficilem esse accusationem sacerdotum*.

224. Seckel, Zu den Acten der Triburer Synode, 380: „Regino [von Prüm – S.D.] sinkt also nicht, seiner Autorität entkleidet, auf die gleiche Stufe mit jedem beliebigen Canonensammler, mit Burchard und Genossen herab [...]. Und merkwürdig genug: die rettende Eigenschaft der Coll.[ectio] Cat.[alaunensis] [...] kommt in gewissem Grade auch dem so oft fröhlich fälschenden Burchard von Worms zu gute." Ähnlich Seckel, Die ältesten

zwar mehr über dessen Urheber und sein Verständnis von Authentizität und Fälschung im Mittelalter als über Burchard selbst, aber in der Sache hat dessen Autor, Emil Seckel[225], natürlich etwas Richtiges beobachtet: Burchard griff in die Textgestalt ein und verkürzte, wenn nötig, erweiterte, falls die Formulierung unklar war, und harmonisierte, wo Widersprüche bestanden. Da für alle Arten des Textumgangs schon Beispiele zusammengetragen wurden, genügen hier einige zur Illustration.[226] Die pseudoisidorischen Behauptung, dass *nullus* angeklagt werden dürfe, modifizierte Burchard zu *nullus episcopus* und setzte die schon bei der Rubrikbildung zu beachtende Tendenz der Konzentration auf Bischöfe fort. Zudem konkretisierte er die Bestimmung desselben Kanons, dass ein vertriebener Bischof wieder „lange" – *diu* – in sein Amt eingesetzt sein musste, bevor er sich gerichtlich verantworten sollte, zu *annum vel plus*.[227] Der Kanon stellt sich nach der Überarbeitung durch Burchard wie folgt dar:

> *Nullus enim*[a] *qui suis est rebus expoliatus aut a sede propria vi aut terrore*[b] *pulsus antequam omnia sibi ablata ei*[c] *legibus restituantur et ipse pacifice diu*[d] *suis fruatur honoribus sedique proprie*[e] *regulariter restitutus eius multo tempore libere potiatur honore*[f] *iuxta canonicam*[g] *accusari vocari iudicari aut damnari institutionem*[h] *potest.*[228]
>
> [a] *enim* add. FVc *episcopus* [b] *terrore* Va corr. ex *errore* [c] *ei* om. FVc [d] *diu* FVc *annum vel plus* [e] *proprie* add. FVc *sit* [f] *eius multo tempore libere potiatur honore* om. FVc [g] *canonicam* add. FVc *institutionem* [h] *institutionem* om. FVc

B	Bamberg can. 5, fol. 89ra (CAD als c. 3.144)
Va	vat. pal. lat. 580, fol. 93rb-va (CAD als c. 3.138)
Vb	vat. pal. lat. 581, fol. 113vb-114ra (CAD als c. 3.138)
F	Frankfurt Barth. 50, fol. 30ra (DB als c. 1.141)
Vc	vat. pal. lat. 585, fol. 72ra-b (DB als c. 1.141)

Pseudoisidor in der Fassung CAD c. 3.144 bzw. DB c. 1.141

Canones von Rouen, S. 621: „… falsche canones Rotomag. fließen […] reichlich aus Burchards skrupelloser Feder." Zu den Beschlüssen des Konzils von Rouen siehe Hartmann, Zur Entstehungszeit der Kanones der angeblichen Konzilien von Nantes und von Rouen (2016); einige Bemerkungen zu den Änderungen auch von Diederich, Dekret, 58–60.

225. Zu Seckel siehe die biographische Einführung von Gerhard Schmitz, Art. Seckel, Emil Paul Georg, in: NDB 24, 2010, 113f.

226. Insbesondere Hauck, Ueber den liber decretorum, insbes. 71–86; Fuhrmann, Einfluß und Verbreitung 2, 479–484.

227. Zudem liess Burchard *eius multo tempore libere potiatur honore* aus, wodurch sich jedoch keine Sinnänderung ergibt.

228. Zurückgehend auf: Pseudoisidor, Praefatio c. 6 (www.pseudoisidor.mgh.de/html/001.htm, Hinschius, 18 Zeile 15–19).

Die beiden Fassungen des Kanons lauten unter Verzicht auf den textkritischen Apparat:

CAD c. 3.144	**DB c. 1.141**
Nullus enim	*Nullus enim episcopus*
qui suis est rebus expoliatus aut a sede	*qui suis est rebus expoliatus aut a sede*
propria vi aut terrore pulsus antequam	*propria vi aut terrore pulsus antequam*
omnia sibi ablata ei legibus restituantur	*omnia sibi ablata legibus restituantur*
et ipse pacifice diu	*et ipse pacifice annum vel plus*
suis fruatur honoribus sedique	*suis fruatur honoribus sedique*
proprie regulariter restitutus	*proprie sit regulariter restitutus*
eius multo tempore libere potiatur	
honore	*iuxta canonicam institutionem*
iuxta canonicam accusari vocari	*accusari vocari iudicari aut damnari*
iudicari aut damnari institutionem	*potest.*
potest.	

Vergleich der CAD c. 3.144 und DB c. 1.141

In ähnlicher Weise wandelte Burchard die pseudo-anakletische Behauptung um, dass als Ankläger und Zeugen diejenigen vor Gericht nicht auftreten dürften, die ‚gestern oder vorgestern' Feinde gewesen seien. Übereinstimmend mit Pseudo-Anaklet schrieb die CAD *ante hesternum aut nudiustertius diem*, während Burchard verallgemeinernd auf *in proximo* abstellte, also auf die letztvergangenen Tagen, auf ‚zuvor'.[229] Mit den Änderungen zu *annum vel plus* oder *in proximo* intendierte er wohl eine Erweiterung des bischöflichen Schutzes, sei es, dass *diu* zu einer bestimmten Frist wurde, sei es, dass er das auch wörtlich zu verstehende ‚gestern oder vorgestern' durch das unbestimmte ‚zuvor' ersetzte; jedenfalls machte Burchard die Norm insgesamt „elastischer".[230]

Neben Textänderungen lassen sich bei Burchard noch weitere Eingriffe wie Kürzungen, Ergänzungen und Verdeutlichungen nachweisen.

229. Pseudo-Anaclet I. 3.35, JK † 4/J^3 † 17 (www.pseudoisidor.mgh.de/html/014.htm, Hinschius, 84 Zeile 16–18) = DB c. 1.152: *Accusatores autem et testes esse non possunt qui in proximo facti sunt inimici ne irati nocere cupiant* ... = CAD c. 3.41 (Bamberg can. 5, fol. 78va = vat. pal. lat. 580, fol. 80ra als c. 3.36 = vat. pal. lat. 581, fol. 97vb als c. 3.36): *Accusatores autem et testes esse non possunt qui ante hesternum aut nudius tertius diem inimici fuerunt ne irati nocere cupiant* .... http://www.pseudoisidor.mgh.de/html/014.htm - sdfootnote176sym

230. So Fuhrmann, Einfluß und Verbreitung 2, 483.

So überging Burchard bei der Übernahme eines Kanons aus der CAD die Stelle, dass der *presul summus* von keinem gerichtet werden dürfe.[231] Burchards Tendenz zur Verdeutlichung exemplifiziert die Inserierung *episcopus* in die Wendung *iudicatus a conprovincialibus*[232] wie auch eine weitere Einfügung, in der er erklärt, wie die Aussage, dass keine schriftliche Anklage angenommen werden darf, zu verstehen sei, nämlich *accusatore et eo qui accusatur absentibus.*[233] Auch an anderen Stellen griff Burchard verdeutlichend ein.[234]

Burchard kürzte, ergänzte und verdeutlichte nicht nur, sondern baute Kanones auch vollständig um. Für den Jurisdiktionsprimat ist das folgende Beispiel von Interesse: In der CAD las Burchard die nicht bearbeitete Fassung von Pseudo-Fabianus, derzufolge derjenige, der einen befangenen Richter hatte, appellieren konnte – ob Pseudo-Fabianus die Appellationsmöglichkeit auf Bischöfe beschränken wollte, erschliesst sich aus dem Kontext nicht.[235] Es verwundert kaum, dass Burchard die Appellation explizit nur Bischöfen eröffnete. Bemerkenswerter ist jedoch die folgende, zum ersten Mal bei Burchard nachzuweisende Änderung:

231. Siehe 120.

232. Pseudo-Viktor ep. 1.5, JK † 74/J³ †133 (www.pseudoisidor.mgh.de/html/031.htm, Hinschius, 128 Zeile 18f.) = DB c. 1.176: *Placuit ut accusatus vel iudicatus a conprovincialibus in aliqua causa episcopis licenter appellet...* = CAD c. 1.15 (Bamberg can. 5, fol. 5va = vat. pal. lat. 580, fol. 4va (dort interl. *episcopus* nach *iudicatus* von späterer Hand nachgetragen): *Placuit ut accusatus vel iudicatus a conprovincialibus in aliqua causa episcopis licenter appellet...* Siehe Fuhrmann, Einfluß und Verbreitung 2, 480.

233. Pseudo-Stephan I. c. 8, JK † 131/J³ † 256 (www.pseudoisidor.mgh.de/html/048.htm, Hinschius, 185 Zeile 5–10) = DB c. 1.177: *Per scripta enim nullius accusation accusatore et eo qui accusatur absentibus suscipiatur, sed propria voce ...* = CAD c. 3.105 (Bamberg can. 5, fol. 85rb-va = vat. pal. lat. 580, fol. 88vb-89ra als c. 3.100 = vat. pal. lat. 581, fol. 107vb-108ra als c. 3.100): *Per scripta enim nullius accusatio suscipiatur, sed propria voce ...* Siehe auch Fuhrmann, Einfluß und Verbreitung 2, 480.

234. Fuhrmann, Einfluß und Verbreitung 2, 483, der auf die Änderung in DB c. 1.171 gegenüber CAD c. 3.51 hinweist (*non permittendi sunt eos accusare* gegenüber *non permittuntur maiores natu accusare*) und dies mit dem Billigkeitsdenken Burchards erklären möchte.

235. Pseudo-Fabianus 3.27, JK † 94/J³ † 191 (www.pseudoisidor.mgh.de/html/043.htm, Hinschius, 167 Zeile 23 – 168 Zeile 3). In Pseudo-Fabianius c. 3.25 spricht dieser von *sacerdotes* und *maiores*, in c. 3.26 von *episcopi*.

CAD c. 3.175[236]	**DB c. 1.148**[237]
Ut si quis iudicem adversum sibi senserit vocem appellationis exhibeat	*De episcopo criminato, si iudicem suspectum habuerit*
Si quis vero	*Si quis vero*
	episcopus
iudicem	*iudicem*
adversum sibi senserit vocem appellationis exhibeat.	*suspectum habuerit, et viderit se ingravari, libere sedem apostolicam appellet.*
Appellantem autem non habeat afflictio ulla ...	*Appellantem autem non habeat afflictio ulla ...*

Vergleich der CAD c. 3.175 und DB c. 1.148

Der Bischof, der sich einem befangenen Richter gegenüber sah, sollte also nicht nur appellieren, sondern sich sogar an den apostolischen Stuhl wenden dürfen. Hinter dieser Vorschrift verbirgt sich aber wohl weniger eine Betonung des Papsttums als eine Festschreibung der Position der Bischöfe (oder sogar ihrer Stärkung), die sich – wie auch in anderen Kanones (z.B. DB c. 1.176) statuiert – an den römischen Bischof wenden durften.[238]

Eine letzte Stelle sei zur Verdeutlichung der Burchard'schen Arbeitsweise angeführt: Die pseudoisidorische Forderung nach der päpstlichen Ratifizierung von Synoden schwächte Burchard ab, in dem er diese nur für eine *synodus generalis* gelten lassen möchte. Bischöfen war damit ein autonomer Handlungsrahmen für Provinzialsynoden eröffnet, den sie unabhängig von päpstlicher Genehmigung nutzen konnten.[239]

So viel zum Quellenbefund. Wie lassen sich diese Beobachtungen interpretieren? Solche zum Teil gravierenden Eingriffe in die Textgestalt wurden lange Zeit mit der Frage diskutiert, ob Burchard hier der Fälschung schuldig sei.[240] Mit der deutlich differenzierteren Wahr-

236. CAD c. 3.175 (Bamberg can. 5, fol. 92ra = vat. pal. lat. 580, fol. 97ra als c. 3.169 = vat. pal. lat. 581, fol. 118vb-119ra als c. 3.169).

237. DB c. 1.148 (vat. pal. lat. 585, fol. 75ra = Frankfurt Barth. 50, fol. 32va).

238. Dieser Kanon ist in der Burchard'schen Fassung aufgenommen worden z.B. in die *Panormia* c. 4.120 (https://ivo-of-chartres.github.io/panormia/pan_4.pdf) und in das Ivonische *Decretum* c. 5.261 (https://ivo-of-chartres.github.io/decretum/ivodec_5.pdf); siehe 144.

239. DB c. 1.42; siehe Fuhrmann, Einfluß und Verbreitung 2, 484; Hauck, Ueber den liber decretorum, 84; Sieben, Konzilsidee des lateinischen Mittelalters, 214.

240. Hauck, Ueber den liber decretorum, 73: „Man kann diese Behandlung des Textes unmöglich eine Fälschung nennen. Aber mit dem letzten Beispiel stehen wir doch an der

nehmung des Problemkreises „Fälschungen im Mittelalter" spätestens im Nachklang zu der 1986 von den Monumenta Germaniae Historica organisierten gleichnamigen Konferenz ist die pauschale Verurteilung Burchards einer abwägenderen Beurteilung gewichen.[241] Weiterführender als die – letztlich moralische – Beurteilung Burchards ist folgende Beobachtung: Burchard nutzte das einem vorgratianischen Kompilatoren offenstehende Instrumentarium vollständig aus. Über Kanonesauswahl, Titelbildung, Rubrizierung und Texteingriffe passte er die Kanones dem Ordnungs- und Strukturkonzept an, welche er dem ersten Buch zugrunde gelegt hatte. Er konzentrierte sich auf Bischöfe, auf deren Rechte und Stellung, erhob gleichsam den Bischof „zum denkbar höchsten Reliefbild" und untermauerte dieses Konzept mit passenden Kanones.[242] Ihm unpassend oder unwichtig erscheinende Exzerpte liess er aus: Die päpstliche Immunität kopierte er schlichtweg nicht; die Stellung des römischen Bistums als Patriarchatskirche überging er. Burchard schuf damit ein episkopal dominiertes Wissen auf Kosten des Jurisdiktionsprimats. Dabei erweist sich Burchard nicht als Antagonist päpstlicher Würde und Ehre, da er Kirchenvätern und Päpsten Kanones zuschrieb, deren tatsächliche Herkunft – beispielsweise aus dem römischen Recht – er verschleiern wollte; diese Neuzuweisungen an Päpste in den Inskriptionen unterstreichen die Wertschätzung und Achtung, die Burchard den Bischöfen von Rom als Quelle autoritativen Rechts entgegenbrachte.[243] Diese Beobachtungen stehen in einem gewissen Spannungsverhältnis, das sich aber mit Burchards konsequenter Scheidung von theologischer und jurisdiktioneller Ebene auflösen lässt. Zudem hatte Burchard wohl vor Augen, eine Sammlung

Grenze, wo die Bearbeitung aufhört und die Umgestaltung anfängt." Siehe auch die in Anm. 224 aufgeführten Beurteilungen Emil Seckels.

241. Fälschungen im Mittelalter. Internationaler Kongreß der Monumenta Germaniae Historica München, 16.–19. September 1986, Hannover 1988–1990 (MGH Schriften 33, 1–6), insbes. Band 2: Gefälschte Rechtstexte. Der bestrafte Fälscher, Hannover 1988 (MGH Schriften 33, 2). Abwägender dann auch die Beurteilung in der neueren Literatur, so beispielsweise von Landau, Gefälschtes Recht, 32; Hoffmann/Pokorny, Dekret, 158f.; Austin, Shaping Church Law, insbes. 218–221.

242. Koeniger, Burchard I. von Worms, 63: „... in Bs. [Burchards – S.D.] Dekret erhebt sich das Amt und die Persönlichkeit des Bischofs zum denkbar höchsten Reliefbild". Vgl. auch Fournier, Études critiques sur le Décret de Burchard, 572–574; Landau, Gefälschtes Recht, 31. Dieser Befund deckt sich mit der Beobachtung von Thier, Hierarchie und Autonomie, insbes. 397–402, der eine Betonung des episkopalen Elements bei der Bischofsbestellung bei Burchard erkennt.

243. Austin, Shaping Church Law, inbes. 110f.; Austin, Authority and the Canons, insbes.

mit „praktisch-episkopale[m] Zuschnitt" zu kompilieren.[244] Entscheidend für seine Methode ist, dass er sein Wissen durch einen breiten Einsatz des methodischen Instrumentariums generierte, das ihm zur Verfügung stand, nämlich mit Texteingriffen und -kürzungen, mit neuen Rubriken, mit Titeln und mit der Anordnung der von ihm ausgewählten Kanones.

β) Kanones zum Zölibat

Dieser Befund steht in einem gewissen Gegensatz zu den Beobachtungen, die sich anhand des zum Kontrast gewählten Themas Zölibat formulieren lassen, da sich bei diesen Kanones Retuschen und Eingriffe in viel geringerem Umfang nachweisen lassen. *Fontes formales* für den Zölibatsteil im zweiten Buch ist Reginos Sendhandbuch und die CAD.[245] Insgesamt reduzierte Burchard zwar die Anzahl der Kanones seiner Vorlagen, doch überging er dabei keine wesentlichen Regelungsansätze.[246] Der einzige inhaltliche Unterschied ist in dem Weiheverbot für Männer, die mit einer Witwe verheiratet sind, zu sehen. Dieses sprach die CAD häufiger aus, während Burchard es überging: Zwar

44–50; Landau, Gefälschtes Recht, 30; Fournier, Études critiques sur le Décret de Burchard, 299–331 und insbes. 308–314; zu den Umarbeitungen auch Hoffmann/Pokorny, Dekret, 159.

244. So Fuhrmann, Einfluß und Verbreitung 2, 458.

245. Hofmann/Pokorny, Dekret, 184–186 lassen als Quelle Burchards vor allem Reginos Sendhandbuch erkennen. Aus Regino stammen die cc. 2.19 (= RP c. 1.427), 2.33 (= RP App. II, c. 8), 2.108 (= RP c. 1.85), 2.111 (= RP c. 1.95), 2.112 (= RP c. 1.101), 2.115 (= RP c. 1.104), 2.116 (= RP c. 1.105), 2.117 (= RP c. 1.90), 2.118 (= RP c. 1.89), 2.132 (= RP c. 1.336), 2.134 (= RP c. 1.335), 2.135 (= RP c. 1.337), 2.189 (= RP c. 1.87). Folgende Kanones hat Burchard aus der CAD geschöpft: cc. 2.109 (= CAD c. 2.174 bzw. c. 5.21), 2.110 (= CAD c. 2.175 bzw. c. 5.26), 2.114 (= CAD c. 4.88), 2.148 (= CAD c. 4.148). Keine *fons formalis* war für die cc. 2.38, 2.113 und 3.75 erschliessbar. DB c. 2.109 geht vermutlich auf CAD c. 2.174 (Bamberg can. 5, fol. 48va = vat. pal. lat. 581, fol. 60va als c. 2.167) bzw. c. 5.21 (Bamberg can. 5, fol. 127va) zurück, da Burchard und die CAD *effugiunt* schreiben anstatt RP c. 1.91 *suffugiunt*. Auch DB c. 2.110 (*quas propter solas necessitudinis causas habitare*) ist wohl eher aus CAD c. 2.175 (Bamberg can. 5, fol. 48va = vat. pal. lat. 581, fol. 60va als c. 2.168) bzw. c. 5.26 (Bamberg can. 5, fol. 127vb) (*quas propter solas necessitudinum causas habitare*) geschöpft denn aus RP c. 1.92 (*quas proprie sola necessitudinis causa habitare*). Dies gilt auch für DB c. 2.114, der wohl auf CAD c. 4.88 zurückgeht (DB und CAD c. 4.88 (Bamberg can. 5, fol. 113vb): *et cessent opera nuptiarum* gegenüber RP c. 1.97 *et cesset operatio nuptiarum*). Dies zeigt einmal mehr die Wichtigkeit der *Collectio Anselmo Dedicata* als *fons formalis* für Burchards *Decretum* und unterstreicht die Beobachtung von Kerner/Kerff/Pokorny/Schon/Tills, Textidentifikation und Provenienzanalyse im Decretum Burchardi, 47f., dass manches Mal eher die CAD als Regino als Vorlage für Burchard anzunehmen ist. Diese Beobachtung mahnt zugleich die Notwendigkeit einer Edition der bislang ungedruckten CAD an.

246. *Sedes materiae* für den Zölibat ist RP cc. 1.85–1.105 bzw. CAD insbes. cc. 2.174–2.175, 2.177–2.180, 4.82–4.93, 4.147–4.149 (Zählung nach der Handschrift Bamberg can. 5).

durften Digame und Büssende, Unfreie und Wahnsinnige nicht geweiht werden, wohl aber Männer, die mit einer Witwe verheiratet waren.[247] Warum Burchard diesen Punkt nicht so deutlich herausgestellt hat, erschliesst sich aber nicht. Von den weiteren zum Vergleich ausgewählten Kanones finden sich zwar zwei in der CAD, nämlich der Beschluss der Synode von Karthago *Omnibus placet ut episcopus* sowie der Kanon Innozenz' I. *Qui zelo fidei ac disciplinae ductus*, doch ist mit dem Übergehen dieser Kanones kein wesentlicher Gedanke ausgelassen.[248]

Die von Burchard aufgenommenen Kanones ordnete er entsprechend dem Gliederungsprinzip, das er dem zweiten Buch zugrundelegte. Er sprach zunächst die Weihevoraussetzungen an (cc. 2.9–2.49), bevor er später das Enthaltsamkeitsgebot darlegte (cc. 2.106–2.118). Dass das Kontinenzgebot für Subdiakone im Kanon c. 2.148 an späterer Stelle kommt, könnte seinen Grund in der Struktur der Vorlage finden: Auch in der CAD wird das Enthaltsamkeitsgebot für Subdiakone an späterer Stelle als das für Priester und Diakone angesprochen (cc. 4.82–4.93), da die CAD die Vorschriften für Kleriker nach Weihegraden getrennt abhandelte.[249] Bemerkenswert ist zudem, dass die Fragen an die Gläubigen, die die Messe verheirateter Priester schmähen, von Burchard in späteren Büchern aufgenommen worden sind (cc. 3.75, 3.207, 19.5) –

247. Siehe DB cc. 2.21 – 2.38 zu den Weihevoraussetzungen, insbes. c. 2.33 zu den Digamen, c. 2.34 zu den vom Teufel Besessenen. Die CAD behandelt das Weiheverbot für mit Witwen verheirateten Männern in den cc. 5.27, 5.28, 5.31 (Bamberg can. 5, fol. 127vb und fol. 128ra). Bei Burchard scheint sich das Weiheverbot von mit Witwen Verheirateten nur bei den Voraussetzungen zur Bischofswahl zu finden (DB c. 1.5). Zum Weihehindernis bei Digamen vgl. Hinschius, System des katholischen Kirchenrechts 1, 22–26.

248. Von Burchard nicht übernommen sind die Kanones: Konzil von Karthago, *Omnibus placet ut episcopus – qui altario inserviunt* (CAD 2.187, Bamberg can. 5, fol. 48vb-49ra in der Fassung: *Faustinus episcopus ecclesiae potentianae provinciae niceni legatus romanae ecclesiae dixit: Placet ut episcopus, presbiter, et diaconus vel qui sacramenta contrectant pudicitiae custodes ab uxoribus se abstineant. Ab universis episopis dictum est: Placet ut in omnibus et ab omnibus pudicita custodiatur, qui altari inserviunt.*); Innozenz I., *Qui zelo fidei ac disciplinae ductus – quod vivendo inlicite polluerunt* (CAD c. 4.100, Bamberg can. 5, fol. 114rb-va). In den Vorlagen Burchards finden sich hingegen nicht: Konzil von Elvira, *Placuit in totum prohiberi episcopis – ab honore clericatus exterminetur*; Innozenz I., *Ut mulierem clericus non ducat uxorem – pervenire non posset*. Von den Vergleichskanones finden sich hingegen: Konzil von Nizäa, *Interdixit per omnia magna synodus – personas quae suspicionem effugiunt* als c. 2.109; Leo I., *Nam cum extra clericorum ordinem constitutis – frenasse detegitur* als c. 2.148 und Leo I., *Lex continentiae – et cessit opera nuptiarum* als c. 2.214. Später als Burchards Dekret datieren Nikolaus II., *Ut nullus missam audiat presbyteri – Deo concedente procedat* sowie das Zweite Laterankonzil, *Ad haec praedecessorum nostrorum – matrimonium non esse censemus*.

249. Enthaltsamkeitsgebot für Subdiakone: CAD c. 4.148, Bamberg can. 5, fol. 117va-b.

das Enthaltsamkeitsgebot für Kleriker und die Pflicht zum Messbesuch sind für Burchard also anscheinend nicht unmittelbar zusammengehörig, auch wenn die Themen aus heutiger Sicht komplementär erscheinen. Möglicherweise unterschied Burchard zwischen den unterschiedlichen Adressaten (Kleriker hier, Laien dort), vielleicht legten auch seine formalen Quellen eine solche Trennung nahe.

Mit Blick auf die Rubriken lässt sich ein sparsamer Einsatz der redigierenden Hand Burchards feststellen: Er übernahm Rubriken aus seinen Vorlagen wörtlich, kürzte andere und formulierte wiederum andere neu, doch modifizierten diese Änderungen den Sinn des jeweiligen Kanones nicht.[250] Und auch die Texteingriffe sind marginal, da kleinere Umstellungen oder Tempiwechsel nicht ins Gewicht fallen.[251]

250. Wortlich übernommen ist zum Beispiel die Rubrik zu DB c. 2.133 *Quod non oporteat in bigami nuptiis orare presbiterum* aus CAD c. 4.66 (Bamberg can. 5, fol. 112va); gekürzt sind die Rubriken zu DB c. 2.19 *De filiis concubinarum* gegenüber RP c. 1.427 *De filiis concubinarum ne ad clerum admittantur*; c. 2.114 *Quod diaconi sicut episcopus et presbyter cessare debeant ab opere coniugali* gegenüber CAD c. 4.88 (Bamberg can. 5, fol. 113vb) *Quod diaconi sicut episcopus et presbiter cessare debent ab opere coniugali non tamen repudiare coniugia*; c. 2.117 *De incontinentibus* gegenüber RP c. 1.90 *De incontinentia sacerdotum*. Auf Burchard gehen zurück die Rubriken zu c. 2.108 *De presbytero, si uxorem acceperit, deponatur* (RP c. 1.85 hat nur *De incontinentia sacerdotum*); zu c. 2.113 *Ut ancille a cellario presbyterorum removeantur* (RP c. 1.102 *Ne ancillae vel libertae cellarium teneant vel secretum impendant ministerium clericorum* bzw. CAD c. 5.24 (Bamberg can. 5, fol. 127va) *De ancillis vel libertis clericorum*); zu c. 2.132 *Ut illi quibus uxores ducendi licitum non est, aliorum nuptias devitent* gegenüber RP c. 1.336 *De eadem re*, das auf *Ut clerici non intersint nuptiis* verweist. Im übrigen arbeitete Burchard häufig mit *De eadem re* (so zum Beispiel in cc. 2.109, 2.110, 2.111, 2.112, 2.115, 2.116), um auf die Hauptrubrik zu verweisen. Die Rubrik zu DB c. 2.118 *De ordinatis si capti fuerint in fornicatione periurio aut furto* passt zu dem Inhalt des Kanons nicht; möglicherweise liegt hier ein Schreiberversehen vor (siehe die ähnliche Rubrik zu c. 2.189). Diese Rubrik ist im Erstdruck zu *De ordinatis quod cum mulieribus coire non debeant* korrigiert, im Inhaltsverzeichnis aber beibehalten worden (Fransen/Kölzer, Burchard von Worms (Nachdruck), fol. 45ra bzw. 33va). Die Rubrik zu c. 2.133 *Quod non oporteat in bigami nuptiis orare presbiterum* ist im Erstdruck zu *Quod non oporteat in bigami nuptiis prandere presbiterum* verändert (Fransen/Kölzer, Burchard von Worms (Nachdruck), fol. 45vb).

251. Als Änderungen lassen sich nachweisen: DB c. 2.19 *et uxores legitimas post habuerunt* gegenüber RP c. 1.427 *et uxores legitimas habuerunt*; in DB c. 2.116 ist gegenüber RP c. 1.105 *qui instigante – illarum* umgestellt; DB c. 2.117 *priventur* gegenüber RP c. 1.90 *privarentur*; DB c. 2.118 *cottidianis* gegenüber RP c. 1.89 *cottidiani*; DB c. 2.148 *a voluptate uxoria* gegenüber CAD c. 4.148 (Bamberg can. 5, fol. 117va-b) *a voluptate uxoris*. Die einzig grössere Umstellung findet sich in DB c. 2.115, doch erklärt sie sich damit, dass Burchard eine Regino-Handschrift ähnlich Wien, Österreichische Nationalbibliothek, lat. 694 vorlag, die eben diese Änderungen auch aufweist: DB und Wien lat. 694 *nulli clerici* und *male* gegenüber RP c. 1.104 *nullam clerici ... familiaritatem* und *mali*. Darüber hinaus ändert Burchard den Perfekt *contigit* in das praesentische *contingit* und ersetzt das Objekt im letzten Satz: *Si quis vero clericus post interdictum episcopi sui his inherere presumpserit* gegenüber *Si quis vero clericus post interdictum episcopi sui illicitis familiaritatibus extranearum feminarum*

Unverständlich bleibt allein, weshalb Burchard die vom Konzil von Nizäa erlaubten Töchter aus dem Haushalt eines Klerikers verbannen möchte.[252] Oder ging er davon aus, dass Majoristen keine Töchter hatten?

Zusammenfassend lässt sich also festhalten, dass Burchard beim Zölibat zu deutlich geringeren Eingriffen als beim Jurisdiktionsprimat tendierte. Die neuen Rubriken, die massiven Eingriffe in den Wortlaut, das Umstellen von Sätzen – als das lässt sich zwar beim Jurisdiktionsprimat, nicht aber beim Zölibat nachweisen. Es scheint, als ob Burchard die Kanones zum Zölibat eher bereit war zu akzeptieren; vermutlich war der Zölibat auch nicht so sehr in seinem Blickfeld wie die Stellung der Bischöfe. Burchard griff in die ihm vorliegenden Wissensstrukturen zum Jurisdiktionsprimat stärker ein als bei denen zum Zölibat; hier änderte er, dort akzeptierte er, hier schuf er neues Wissen, dort behielt er überkommenes bei.

(2) Die Collectio 74 Titulorum

α) Kanones zum Jurisdiktionsprimat

In methodischer Hinsicht erweist sich auch die Sammlung in 74 Titeln als ergiebige Quelle. Sie transportiert ein ausgeprägtes Primatsbild und betont insbesondere die Position des Papstes als höchster Richter. Der anonyme Kompilator hat die meisten der Vergleichskanones zum Jurisdiktionsprimat inkorporiert und – bis auf den Kanon Agathos *Sic omnes apostolice sedis sanctiones* – zu Beginn seiner Sammlung im ersten und zweiten Titel zusammengestellt.[253] Es fehlen allein die

voluerit inherere. Ein Bedeutungswandel ist damit nicht verbunden. Zur Wiener Handschrift als Vorlage von Burchard siehe Kerner/Kerff/Pokorny/Schon/Tills, Textidentifikation und Provenienzanalyse im Decretum Burchardi, 44–62. Ohne Änderungen sind DB c. 2.108 (= RP c. 1.85), DB c. 2.109 (= CAD c. 2.174 bzw. c. 5.21), DB c. 2.111 (= RP c. 1.95), DB c. 2.112 (= RP c. 1.101), DB c. 2.114 (= CAD c. 4.88), DB c. 2.132 (= RP c. 1.336), DB c. 2.133 (= CAD c. 4.66), DB c. 2.134 (= RP c. 1.335 (DB und Wien lat. 694 *non est licitum* gegenüber sonst *licentia non est*)), DB c. 2.135 (= RP c. 1.337), DB 2.189 (= RP c. 1.87), DB c. 3.207 (= CAD c. 4.74 bzw. RP App. III c. 12).

252. DB c. 2.113 *cum matre tantum et sorore et nepte* gegenüber RP c. 1.102 *cum matre tantum et sorore, filia et nepte* bzw. CAD c. 5.24 (Bamberg can. 5, fol. 127va) *cum matre tantum sorore, filia et nepte*.

253. c. 2: Pseudo-Anaklet, *Sacrosancta Romana et apostolica ecclesia – apostolico terminentur iudicio*; c. 3: Pseudo-Zepherinus, *Ad Romanam ecclesiam ab omnibus – et in celis*; c. 6: Peudo-Fabianus, *Si quis iudicem adversus sibi senserit – iudice dicta constringat*; c. 8: Pseudo-Silvester, *Nemo iudicabit primam sedem – a populo iudex iudicabitur*; c. 10: Gelasius I., *Cuncta per mundum novit ecclesia – et retinebit*; c. 11: Pseudo-Symmachus, *Aliorum hominum causas – exhibere conscientiam*; c. 17: Nikolaus I., *Nemini sit de sedis*

Kanones *Patet profecto* und der Häresiekanon *Si papa sue*; letzterer hätte jedoch eine Einschränkung der päpstlichen Immunität bedeutet.

Diese Vergleichskanones reicherte der Kompilator zudem mit weiteren Kanones an, die die ausgeprägte Jurisdiktionshoheit des römischen Bischofs untermauerten: Pseudo-Kalixtus zufolge war die römische Kirche die Mutter aller Kirchen, von der die Glieder nicht abweichen durften, sondern *iuxta sacre scripture testimonium omnia membra caput sequantur.*[254] Pseudo-Sixtus wiederholte die in anderen Kanones eröffnete Appellationsmöglichkeit,[255] die Schlüsselgewalt der römischen Kirche rief Pseudo-Iulius erneut ins Gedächtnis[256] und Gregor IV. verbot das Übertreten der *apostolice sedis precepta* und *eius dispositionis ministerium.*[257] An den Beginn der Sammlung jedoch stellte der Kompilator ein Zitat aus dem Alten Testament, mit dem er auf die Behauptung zielte, die kirchliche Hierarchie sei schon in israelitischer Zeit vorgebildet gewesen: „Wenn Du bemerkst, dass Dir ein Urteil schwer fällt", zitierte er aus dem Buch Deuteronomium, „so stehe auf und gehe zu dem von Gott gewählten Ort und frage die dortigen Richter des Stammes Levi um Rat … Ihre Entscheidung sollst Du befolgen, ohne nach rechts oder links abzuweichen."[258] Im Zusammenspiel mit dem unmittelbar folgenden Kanon, nämlich der pseudo-anakletischen Verleihung des Primats an die römische Kirche durch Christus selbst, wird der römische Bischof zu eben diesem, von Gott eingesetzten Richter: Wie den Richtern des Stammes Levi so sollten auch dem Bischof von

apostolice iudicio – divinitus collatum; c. 183: Agatho, *Sic omnes apostolice sedis sanctiones – voce firmate.*

254. c. 4: Pseudo-Kalixtus ep. 1.1 und .2, JK † 85/J³ † 160 (www.pseudoisidor.mgh.de/html/035.htm, Hinschius, 136 Zeile 7–14): *Nulli vero dubium est, quod apostolica ecclesia mater sit omnium ecclesiarum...*

255. c. 7: Pseudo-Sixtus I. ep. 2.5 und .6, JK † 32/J³ † 59 (www.pseudoisidor.mgh.de/html/021.htm, Hinschius, 108 Zeile 16–26 und 109 Zeile 4–6): *Si quis vestrum pulsatus fuerit in aliqua adversitate, licenter hanc sanctam et apostolicam appellet sedem....*

256. c. 9: Pseudo-Iulius ep. 3.11, JK † 196/J³ † 443 (www.pseudoisidor.mgh.de/html/133.htm, Hinschius, 464 Zeile 27f.): *Habet sacrosancta Romana ecclesia potestatem singulari privilegio sibi concessam aperire et claudere ianuas celestis regni quibus voluerit.*

257. c. 15: Gregor IV., ep. spuria: MGH Epp. 5 (Karolini Aevi 3), 77 Zeile 7–17 (Brief Nr. 14 vom 8. Juli 883), JE † 2579.

258. c. 1: *Si difficile et ambiguum apud te iudicium esse perspexeris ..., surge et ascende ad locum quem elegerit dominus deus tuus veniesque ad sacerdotes levitici generis et ad iudicem, qui fuerit illo tempore, queresque ab eis, qui iudicabunt tibi iudicii veritatem. Et facies quodcumque dixerint ..., et docuerint te iuxa legem eius, sequeris sententias eorum nec declinabis ad dexteram uel ad sinistram. Fons materialis* ist Deuteronomium 17, 8–13; *fons formalis* wohl Jonas von Orléans *De institutione laicali*, so Fowler-Magerl, Clavis Canonum, 113. Zur Interpretation siehe Fuhrmann, Einfluß und Verbreitung 2, 494f.

Rom die schwierigen Fälle vorgelegt werden. Rhetorisch geschickt verknüpfte der Kompilator so das Alte Testament und die dort gewährten Rechtsschutzmöglichkeit mit der Position des römischen Bischofs.

Welchen Aufbau wählte der Kompilator der Sammlung in 74 Titeln? Er konzentrierte die aufgenommenen Kanones zu Beginn der Sammlung: Den Jurisdiktionsprimat behandelte er ausschliesslich in Titel 1 (*De primatu romane ecclesie*) und Titel 2 (*Item de eadem re et quod Petrus et Paulus passi sunt una die*), wenn er auch das Exzerpt aus einer Schrift Papst Agathos im 23. Titel der Sammlung unter der Rubrik *De observatione decretorum pontificum romanorum* anführte.[259] Schon die genannten Titel verdeutlichen die Schwerpunktbildung des Kompilators, der zwei Titel seines Werkes explizit dem Primat widmete, auch wenn er allgemein von *De primatu romane ecclesie* und nicht von *De primatu pape* oder ähnlichem sprach.

Eine genauere Analyse des Aufbaus der Sammlung in 74 Titeln kann die methodischen Prinzipien des Kompilators noch schärfer umreissen, wie das Beispiel der päpstlichen Immunität zeigen kann. Der Kompilator trug in den Titeln 5 bis 12 prozessuale Regeln zusammen, die er grob nach dem Ablauf des Gerichtsverfahrens ordnete. Zum Beispiel beschrieb er, wer anklagen durfte (keine Infamen) und wie anzuklagen war (nur mündlich; Titel 5); er forderte des weiteren, zuerst den freundlichen Ausgleich mit dem Anzuklagenden zu suchen und erst dann eine gerichtliche Lösung des Konflikts anzustreben (Titel 8); darüber hinaus stellte er Regeln zum Verfahren gegen Bischöfe, zu ihrer Absetzung ohne päpstliche Approbation und zu Richtern zusammen (Titel 10–12). Von besonderem Interesse sind in diesem Kontext der siebte und der neunte Titel, da der Kompilator in ihnen Kanones sammelte, denen zufolge der rangniedere Kleriker den ranghöheren nicht anklagen durfte (Titel 7) und Laien nur im Fall der Häresie zur Anklage berechtigt waren (Titel 9).[260] Die päpstliche Immunität findet sich nicht in Titel 7 oder 9, in denen sie aus sachlichen Gründen eher zu verorten gewesen wäre, sondern im ersten Titel *De primatu romane ecclesie*. Daraus lässt sich folgern, dass der Kompilator diese Kanones weniger als prozessuale Regeln denn als Pfeiler des Primats verstanden hat. Ihre Stellung betont nicht nur den Jurisdiktionsprimat, sondern

259. c. 183.

260. Siehe t. 7: *Quod ordine inferiores non possint accusare superiores*; t. 9: *Quod non possunt oves accusare pastores*; die Häresieklausel ist erwähnt in c. 74: *si a fide exorbitaverit*; c. 78: *nisi in fide erraverit* and *si autem a fide deviaverit*.

erlaubt wohl auch den Schluss, dass der Papst, der weder in Titel 7 noch 9 genannt ist, weder von Klerikern noch von Laien angeklagt werden durfte.[261] Durch diese Stellung liegt die Vermutung nicht fern, dass die Häresieklausel, die im neunten Titel auf Priester und Bischöfe bezogen ist, auf ihn keine Anwendung finden sollte.

Es lässt sich also bilanzieren, dass der Kompilator mit einer Wahl passender Kanones, die er zu Beginn seiner Sammlung prominent platzierte und unter dem Gesichtspunkt des Primats verstanden wissen wollte, den Eindruck erreichte, er betone den Jurisdiktionsprimat.[262] Das Zusammenspiel mit anderen Titeln hebt die Stellung des römischen Bischofs, wie das Beispiel der päpstlichen Immunität gezeigt hat, noch hervor.

Neben der Auswahl und Anordnung der Kanones nutzte der Kompilator auch noch weitere Instrumente, um sein Wissen zu präsentieren: Er kürzte längere Kanones, fügte aber auch pseudoisidorische Aussagen neu zusammen und kreierte so Sinnzusammenhänge, die in seiner Vorlage nicht enthalten waren. Dafür haben insbesondere Horst Fuhrmann und John Gilchrist vielfältige Beispiele zusammengetragen, von denen nur einige prominente beleuchtet werden sollen.[263]

Bei der sprachlichen Gestaltung der einzelnen Kanones lässt sich beobachten, dass der Kompilator zu einem eher präzisen Ton neigte, die manches Mal barock-salbungsvolle Sprache seiner (spätantiken)

261. Bemerkenswerterweise ist der Papst in dem Pseudo-Silvester zugeschriebenen c. 69 ausgelassen. Pseudo-Silvester legt in diesem Kanon dar, welcher geistliche Rang (*ostiarus, lector, exorcista, acolitus, subdiaconus, diaconus, presbiter, episcopus*) wen anklagen darf (siehe 30f.). Der entscheidende Satz *neque presul summus a quoquam iudicabitur* ist indes ausgelassen. Möglicherweise fehlte dieser Teil in der Vorlage, die der Kompilator von 74T benutzte, aber weder Hinschius, 449, noch Jacques Merlin (PL 130, Sp. 609D), noch die Online-Edition von Schon (pseudoisidor.mgh.de/html/126.htm) vermerken ihr Fehlen. Möglicherweise hat der Kompilator diesen Satz absichtlich ausgelassen, da Titel 7 nicht von der Anklage des Papstes handeln sollte.

262. Besondere Rubriken für jeden einzelnen Kanon fügte der Kompilator indes – im Gegensatz zu Burchard – nicht ein, sondern beschränkte sich regelmässig mit einem Verweis – *Item de eodem* – auf die Titelrubrik.

263. Fuhrmann, Über den Reformgeist der 74-Titel-Sammlung, 1114–1118; Fuhrmann, Einfluß und Verbreitung 2, 494–506; Gilchrist, Diuersorum Patrum Sententie, cviii–cxvi. Benutzt hat der Kompilator vermutlich direkt die pseudoisidorischen Dekretalen und nicht eine intermediäre Sammlung, so Fuhrmann, Einfluß und Verbreitung 2, 497. Daher erfolgt hier auch der Vergleich mit dem Text der online-Kollationierung von Karl-Georg Schon. Nicht vollständig geklärt ist jedoch, welche Form Pseudoisidors der Kompilator vorliegen hatte, vermutlich aber eine Handschrift der A-Klasse oder eine der Cluny-Version; zu dieser Frage vgl. Fuhrmann, Einfluß und Verbreitung 2, 500: erweiterte A1-Handschrift/Handschrift der Langform?; Gilchrist, Diuersorum Patrum Sententie, xcix–cviii: A1 oder A2, wohl nicht Cluny; Schon, Capitula Angilramni, 58f.: A oder wohl eher Cluny (bei ihm als K bezeichnet).

Vorlage vereinfachte und den Texten so „a note of general legislative authority“[264] zu geben versuchte. So wurden die Texte unter seiner Hand „verständlicher und durchsichtiger [...], so daß sie in ihrer Kürze und Zuspitzung geradezu Aphorismencharakter tragen“.[265] In diesem Sinne fiel das eher rhetorisch gedachte *haec vero* zu Beginn des Pseudo-Anaclet-Kanons (74T c. 2) weg; die Hauptaussage des gelasianischen Kanons (74T c. 10) wurde vom Nebensatz in den Hauptsatz gehoben durch Auslassung der einleitenden Phrase *Nec plane tacemus quod*[266] und in 74T c. 77 wurde „[d]as etwas überhöhte und deshalb unklare in *hoc saeculo vindicata* [...] ersetzt durch *in hoc mundo iudicata.*"[267] – Für eine Tendenz zur Generalisierung sprechen auch die Inskriptionen, die häufig um die historischen Empfänger gekürzt sind und sich an *omnes episcopi* richten.[268]

Neben diesem sprachlichen Feinschliff finden sich jedoch auch deutlichere Texteingriffe. Das Exzerpt aus dem Brief Pseudo-Anaklets (74T c. 2) ist eine Kompilation aus verschiedenen unzusammenhängenden Stücken dieses Briefes: Der Kompilator überging nach dem Beginn, demzufolge die römische Kirche von Christus selbst eingesetzt worden sei, die Reihenfolge der Patriarchatskirchen und fügte direkt die Stellung Roms als *cardo* und *caput* aller Kirchen an, die sich gerade aus der Einsetzung durch Christus ergeben solle – das diese Konnexität erstellende *ergo* ist die Zutat des Kompilators. Aus der Einsetzung durch Christus und aus der Stellung Roms ergibt sich für ihn zwangsläufig die Appellationsmöglichkeit – *igitur* ist wieder Zusatz des Kompilators –, die sich im Original ein paar Zeilen oberhalb der vorhergehenden Aussage befindet.[269] Aus Einzelsätzen des Anakletbriefs deduzierte der Kompilator damit die Stellung des Papstes als obersten Richters aus der

264. Gilchrist, Diuersorum Patrum Sententie, cix.
265. Fuhrmann, Über den Reformgeist der 74-Titel-Sammlung, 1114.
266. Siehe Gilchrist, Diuersorum Patrum Sententie, cxii.
267. Fuhrmann, Einfluß und Verbreitung 2, 501. c. 77: Pseudo-Alexander, ep. 1.7, JK † 24/J³ † 49 (pseudoisidor.mgh.de/html/017.htm, Hinschius, 98 Zeile 24–26): *Non potest autem humano condemnari examine, quem deus suo reservavit iudicio. Si omnia namque in hoc saeculo vindicata essent, locum divina non haberent iudicia.* 74T c. 77: *Non potest autem humano condemnari examine, quem deus suo reservavit iudicio. Si omnia namque in hoc mundo iudicata essent, locum divina non haberent iudicia.* Die Tatsache, dass der Kompilator nicht nur das Verb (*vindicata – iudicata*), sondern auch das Nomen geändert hat (*saeculo – mundo*), macht deutlich, dass er nicht nur ein nachlässig geschriebenes *vindicata* (*uīdicata*) als *iudicata* gelesen hat.
268. Siehe Gilchrist, Diuersorum Patrum Sententie, cx–cxi.
269. Siehe Fuhrmann, Einfluß und Verbreitung 2, 494f. Zusammengefügt sind: Hinschius, 83 Zeile 4–6, 84 Zeile 13–15 und Zeile 10f.

Einsetzung durch Christus selbst – der Jurisdiktionsprimat ist mit einer kleinen Umstellung und der Einfügung zweier Konklusionswörter als gottgegeben dargestellt.

Im ersten Titel der Sammlung in 74 Titeln findet sich ein weiteres Beispiel für eine solche sinntragende Änderung. Als c. 7 nahm der Kompilator einen Kanon Pseudo-Sixtus' auf, in dem dieser Bischöfen nicht nur die Appellation ermöglichte, sondern sie auch anwies, einer Ladung nach Rom Folge zu leisten, um ihren Streit dort beizulegen.[270] In ihre Bistümer sollten sie erst nach Streitbeendigung und mit einer darüber ausgestellten schriftlichen Bestätigung – *litterae apostolicae vel formatae* – zurückkehren. Bis hierhin übernahm der Kompilator seine Vorlage ohne Modifikation, doch überging er den folgenden Part, in dem Pseudo-Sixtus festgesetzt hatte, dass kein vertriebener Bischof gerichtet werden könne, da auch ein Nackter nicht ausgeraubt werden könne (*quia non est privilegium, quo exspoliari possit iam nudatus*); Pseudo-Sixtus bekräftigte dieses Verbot des Richtens mit der Androhung päpstlichen Tadels für ein solches Fehlverhalten. Die Sammlung in 74 Titel überging indes den Gedanken der Exspoliation, so dass der Tadel gerade den Bischöfen angedroht ist, die keinen Gehorsam gegenüber dem Papst zeigten.[271] Der Kompilator verkehrte Pseudoisidor somit in sein Gegenteil: Statt Bischöfe zu schützen, forderte er Gehorsam und band sie enger an Rom.

Diese Beobachtung lässt sich an anderen Passagen der Sammlung in 74 Titeln wiederholen: Während die *Capitula Angilramni* den König oder Mächtige, die die Kanones übertraten, wie Verletzer des Glaubens behandelten, ist „der Schuldspruch auf die Bischöfe ausgedehnt, und als Norminstanz sind die Dekrete der römischen Bischöfe genannt."[272] Der Sammlung in 74 Titeln haftete also ein antiepiskopales Element insofern an, als dass sie Bischöfe an den Papst und dessen Dekrete band. In anderen Kanones machte der Kompilator den Schutz der Bischöfe

270. Zu 74T c. 7 siehe 134 Anm. 255.

271. c. 7: [...] *Si quis autem aliter agere presumpserit, sciat censuram huius sedis cum omnibus membris suis sibi non deesse venturam, et sicut egerit ita recipiat. Si bene bene, si grave grave, si pessime pessime, quoniam dignus est operarius mercede sua.*

272. Fuhrmann, Einfluß und Verbreitung 2, 505; Schon, Capitula Angilramni, 59f.; auch Harder, Pseudoisidor, 151f. Capitula Angilramni, ed. Schon, c. 20bis, *constituimus ut* [...] *velut praevaricator catholicae fidei* [...] *reus existat, quicumque regum vel potentum deinceps canonum censuram in quocumque crediderit vel permiserit violandum*. 74T c. 307: *constituimus ut* [...] *velut prevaricator catholice fidei* [...] *reus existat, quicumque regum seu episcoporum vel potentum deinceps Romanorum pontificum decretorum censuram in quocumque crediderit vel permiserit violandum.*

von päpstlicher Mitwirkung abhängig,[273] oder unterstrich, dass neue Erlasse nicht gegen päpstliche Dekrete verstossen dürften, wohingegen im Original die Gültigkeitsgrenze durch Kanones, Papstdekrete und die guten Sitten gezogen wurde.[274]

Darüber hinaus hat Fuhrmann noch auf zwei weitere inhaltliche Modifikationen hingewiesen. Zum einen bezog der Kompilator Klöster in den kirchenrechtlichen Schutz mit ein, so dass nicht mehr die *privilegia ecclesiarum vel sacerdotum*, sondern die *privilegia ecclesiarum et monasteriorum* unverändert bleiben sollten,[275] zum anderen war die pseudoisidorische Konzentration auf Bischöfe aufgehoben und der Schutz auf alle Geistlichen ausgedehnt. So ist die Anklagebeschränkung von Bischöfen auf alle *pastores vel rectores ecclesie* erweitert worden,[276] und der Kompilator erlaubte allen (Geistlichen) die Appellation nach Rom, während Pseudo-Fabianus wohl nur die Bischöfe berechtigt hatte.[277]

Diese drei Elemente – nämlich die Erweiterung des Schutzes auf Klöster, die Einbeziehung aller Geistlichen sowie eine antiepiskopale Tendenz – lassen die Sammlung in 74 Titeln als Sammlung erscheinen, die gegenüber Burchard eine ganz andere Perspektive einnahm: Nicht Bischöfe standen im Vordergrund, sondern Geistliche im Allgemein, Klöster und der Bischof von Rom. Da der Bischof von Rom gerade aufgrund seiner starken Stellung die Freiheit der Klöster gegenüber dem Bischof garantieren sollte, erscheint der päpstliche Jurisdiktionsprimat weniger als Selbstzweck denn als Instrument zum Schutz von Klöstern.[278] Diese Umdeutung erreicht der Kompilator der Sammlung

273. So in c. 91 (betr. Absetzung von Bischöfen) und in c. 188 (betr. Bischofstranslation), wo *sine auctoritate romani pontificis* eingefügt ist. Siehe hierzu Fuhrmann, Einfluß und Verbreitung 2, 503; Gilchrist, Diuersorum Patrum Sententie, cxi–cxii.

274. Capitula Angilramni, ed. Schon, c. 37: *Constitutiones contra canones et decreta praesulum Romanorum vel bonos mores nullius sint momenti*. 74 T c. 291: *Constitutiones contra decreta sacrosancta Romanorum presulum nullius sint momenti*. Siehe auch Fuhrmann, Einfluß und Verbreitung 2, 595; Schon, Capitula Angilramni, 59.

275. c. 24, siehe Gilchrist, Diuersorum Patrum Sententie, cxii–cxiii.

276. c. 86: Pseudo-Felix II. ep. 2.12 can. 18, JK † 230/J^3 † 505 (pseudoisidor.mgh.de/html/136.htm, Hinschius, 488 Zeile 12): *Quoties episcopus* Orig.] 74T *pastor vel rector ecclesie super certis accusatur criminibus*. Weitere Beispiele bei Fuhrmann, Einfluß und Verbreitung 2, 503.

277. 74T c. 6, siehe vorne Anm. 188. Kurz vor dem Zitat und kurz danach ist von *episcopus/episcopi* die Rede (so ep. 3.25 (Hinschius, 167 Zeile 21) und ep. 3.29 (Hinschius, 168 Zeile 12)).

278. So die Interpretation von Rolker, The Collection in Seventy-four Titles (2009), siehe auch 63, 85.

in 74 Titeln mit einem massiven Eingriff in die Textstruktur sowie mit der Anordnung der Kanones, die durch die exponierte Stellung des ersten Titels *De primatu* unterstrichen wird.

β) Kanones zum Zölibat

Blicken wir zum Abschluss der Untersuchung der Sammlung in 74 Titeln auf den Einsatz des methodischen Instrumentariums beim Zölibat. Aufgespalten in Weihevoraussetzungen und Enthaltsamkeitszölibat finden sich die Vergleichskanones an zwei verschiedenen Stellen, nämlich im 16. und im 21. Titel.[279] Die Kanones, die der Kompilator aufnahm, zählen zum grössten Teil jedoch nicht zu den für diese Untersuchung ausgewählten Kanones, da der Kompilator keine Konzilsbeschlüsse aufnahm, sondern sich auf eine Auswertung Pseudoisidors beschränkte.[280] Die Tendenz zum sprachlichen Feinschliff lässt sich auch beim Zölibat beobachten: Hier entfernte der Kompilator den Einzelfallbezug der Vorlage, dort liess er eine Begründung aus.[281] So deutliche Textretuschen wie beim Jurisdiktionsprimat lassen sich hingegen kaum finden: c. 151 ist zwar eine Eigenkomposition des Kom-

279. Siehe 110f.

280. Von 74T aufgenommen sind folgende Vergleichskanones: c. 171: Innozenz I., *Qui zelo fidei ac disciplinae ductus – quod vivendo illicite polluerunt*; c. 172: Leo I., *Nam cum extra clericorum ordinem constitutis – frenasse detegitur.* Es fehlen: Konzil von Elvira, *Placuit in totum prohiberi episcopis – ab honore clericatus exterminetur*; Konzil von Nizäa, *Interdixit per omnia magna synodus – personas quae suspicionem effugiunt*; Synode von Karthago, *Omnibus placet ut episcopus – qui altario inserviunt*; Innozenz I., *Ut mulierem clericus non ducat uxorem – pervenire non posset*; Leo I., *Lex continentiae – et cessit opera nuptiarum*; sowie Nikolaus II., *Ut nullus missam audiat presbyteri – Deo concedente procedat* und das Zweite Laterankonzil 1139, *Ad haec praedecessorum nostrorum – matrimonium non esse censemus*. Das Lateranum datiert jedenfalls, der Kanon Nikolaus' II. möglicherweise nach der Entstehung der Sammlung in 74 Titeln.

281. So in c. 152 (dort ist *sicut gestis prioribus ante praescriptum est* ausgelassen, vgl. www.pseudoisidor.mgh.de/html/254.htm, Hinschius, 630 l. Sp. Zeile 54f.); 74T c. 171 (*huiusmodi qualem querelam detulerit, libelli eius series adnexa declarat* sowie *libelli qui subiectus est tenore perspecto* fehlen, so dass der Einzelfallbezug schwächer wird, vgl. www.pseudoisidor.mgh.de/html/168.htm, Hinschius, 544, l. Sp. Zeile 55–57 und r. Sp. Zeile 4f.); 74T c. 172 (die Erläuterung *ut, et qui habent, sint tamquam non habentes, et qui non habent, permaneant singulares*, vgl. www.pseudoisidor.mgh.de/html/245.htm, Hinschius, 619 r. Sp. Zeile 12–14). In 74T c. 155 heisst es *digamos* gegenüber *bigamos* bei Pseudoisidor, aber diese Variante findet sich auch in einigen pseudoisidorischen Handschriften und lässt keinen Rückschluss auf einen Eingriff zu (vgl. www.pseudoisidor.mgh.de/html/267.htm #sdfootnote159sym). Ohne Änderungen verbleiben: 74T cc.138, 139, 143, 145, 150, 170 und wohl auch cc. 156 und 173, wobei die Vorlage der Gregor-Briefe unbekannt ist; Gilchrist, Diuersorum Patrum Sententie, xcii vermutet eine Quelle „a source book compiled directly from the Register and *Vita*".

pilators, der aus Rubrik und Haupttext einen neuen Kanon formte, doch änderte er dessen inhaltliche Aussage nicht.[282]

Allein c. 144 zeugt von einer Modifikation, die den Neuschöpfungen im Bereich des Jurisdiktionsprimats vergleichbar ist. Der Laie, so heisst es im originalen Brief Innozenz' I. wie auch in der Sammlung in 74 Titeln, der mit einer Witwe verheiratet war, durfte nicht mehr zum Klerus zugelassen werden, unabhängig davon, ob er die Ehe vor oder nach der Taufe geschlossen hatte; die Taufe heilte also diese ‚persönliche Irregularität' nicht. Im ursprünglichen Schreiben Innozenz' folgten anschliessend entsprechende Überlegungen zur zweiten Ehe, die ebenfalls ein Weihehindernis konstituierte; Leo schloss mit dem Gedanken, dass wenn die Ehefrau, die der Kandidat vor seiner Taufe genommen hatte, nicht zu berücksichtigen sei, dann seien ja auch die aus dieser Ehe hervorgegangenen Kinder nicht als legitime zu zählen. Der Kompilator der Sammlung in 74 Titeln übernahm diese Androhung unter Übergehung der neuen Fallkonstellation – eben der zweite Ehe – und fügte sie an den vorhergehenden Kanon zur Witwenheirat an, um deutlich zu machen, dass auch die Kinder aus einer Ehe mit einer Witwe, die vor der Taufe geboren worden sind, als illegitime gelten sollten.[283] Überhaupt scheint die Sammlung in 74 Titeln in Priestern, die mit Witwen verheiratet waren, eine Gefahr zu sehen: Gegenüber Burchards Dekret fällt die starke Betonung des Weiheverbots für mit Witwen Verheiratete auf.[284]

Zusammenfassend lässt sich festhalten, dass der Einsatz des methodischen vorgratianischen Instrumentariums sich in der Sammlung in 74 Titeln fast vollständig auf den Jurisdiktionsprimat beschränkt – die Verve, mit der beim Jurisdiktionsprimat älteres kanonistisches Material überarbeitet, redigiert und neu zusammengesetzt wurde, lässt sich beim Zölibat gerade nicht beobachten.

282. c. 151: Der Kompilator übernahm aus der Rubrik den Tatbestand *Quicumque viduarium mariti vel habentes numerosa coniugia ad sacerdotium promoti fuerint* und aus dem Kanon die Rechtsfolge *ab omnibus ecclesiasticis officiis et a sacerdotali nomine apostolice sedis auctoritate iubemus arceri.* (vgl. www.pseudoisidor.mgh.de/html/242.htm, Hinschius, 614 l. Sp. Zeile 26–29 sowie r. Sp. Zeile 30–32). Inhaltlich ergibt sich durch dieses Vorgehen keine Änderung.

283. c. 144 ist aus Hinschius, 530 l. Sp. Zeile 21–26 und Zeile 49–52 zusammengesetzt, vgl. www.pseudoisidor.mgh.de/html/158.htm.

284. Dieser Gedanke findet sich in 74T cc. 139, 143, 144, 150, 151.

(3) Die Panormia

α) Kanones zum Jurisdiktionsprimat

Der Kompilator der *Panormia* widmete sich in seinem vierten Buch primatialen Aspekten, in dem er die päpstliche Immunität, das Recht des Papstes, Synoden einzuberufen, sowie die Appellation zum Papst behandelt. Fast alle zum Vergleichscorpus zählenden Kanones finden sich in der *Panormia*, so dass sie ein umfassendes Bild primatialer Rechte zu vermitteln scheint.[285] Es fehlen allein zwei Kanones, nämlich *Ad romanam ecclesiam* – der aber gegenüber den aufgenommen Appellationskanones nichts substantiell Neues bringt –, sowie *Si papa sue*. Letzterer Kanon hätte einen kräftigen Kontrapunkt zu der ansonsten breit ausgeführten Immunität des Papstes gesetzt, doch hat der Kompilator diesen nicht aus dem Dekret Ivos übernommen,[286] auf dem er die *Panormia* ganz wesentlich aufbaute.[287]

Zudem fehlt in der *Panormia* ein weiterer Aspekt des Jurisdiktionsprimats, nämlich der Hinweis darauf, dass der römische Bischof sich auch über ein Urteil einer Synode hinwegsetzen und Verurteilte lösen konnte. Ein solcher Gedanke ist in dem gelasianischen *Cuncta per mundum* (4L c. 1.10/74T c. 10) enthalten. Dass der Kompilator der *Panormia* diesen Gedanken nicht rezipierte, ist insofern bemerkenswert, als dass er für diesen Abschnitt die Sammlung in 4 Büchern ausgewertet hat, die wie

285. c. 4.2: Pseudo-Anaklet, *Sacrosancta Romana et apostolica ecclesia – apostolico terminentur iudicio*; c. 4.5: Pseudo-Silvester, *Nemo iudicabit primam sedem – a populo iudex iudicabitur*; c. 4.8: Pseudo-Symmachus, *Aliorum hominum causas – exhibere conscientiam*; c. 4.9: Gelasius I., *Cuncta per mundum novit ecclesia – et retinebit* (nur Auszug); c. 4.10: Nikolaus I., *Nemini sit de sedis apostolice iudicio – divinitus collatum*; c. 4.11: Nikolaus I., *Patet profecto sedis apostolice – decreta mandarunt*; cc. 4.120–123: Peudo-Fabianus, *Si quis iudicem adversus sibi senserit – iudice dicta constringat* (leicht überarbeitet); c. 2.101: Agatho, *Sic omnes apostolice sedis sanctiones – voce firmate*.

286. Überliefert als ID c. 5.23; siehe https://ivo-of-chartres.github.io/decretum/ivodec_5.pdf.

287. Zu den Quellen der *Panormia*, nämlich neben Ivos Dekret die Sammlung in 4 Büchern sowie eine Sammlung ähnlich Paris, Bibliothèque de l'Arsenal 713, siehe 90 Anm. 82, zur Sammlung in 4 Büchern siehe insbes. Anm. 82. Für die Arbeit mit der Sammlung in 4 Büchern wurden drei der bekannten 18 Manuskripte ausgewählt, nämlich Paris, Bibliothèque nationale, lat. 4281A, Bern, Burgerbibliothek 314 und Leiden, Bibliotheek der Rijksuniversiteit, BPL 111.I. So weit es sich ohne Edition feststellen lässt, tradieren diese drei Manuskripte einen zuverlässigen Text und gehören zu verschiedenen Überlieferungszweigen, wie ein provisorisches Stemma zeigt (siehe Gilchrist, Manuscripts of the Canonical Collection in Four Books, 71; weitere Bemerkungen in Jasper, Papstwahldekret, 19f., vor allem Anm. 70, 25 Anm. 85; Kéry, Canonical Collections, 210–212 und Fransen, Autour de la Collection en 74 Titres, 61f.). Zu Paris lat. 4281A siehe Gilchrist, Manuscripts of the Canonical Collection in Four Books, 67, 74 (Basistext der 4L für Gilchrist); zu Bern 314: ebd., 65, 75; zu Leiden BPL 111.I: ebd., 67, 75.

ihre Vorlage, die Sammlung in 74 Titeln, diese Kanones enthielt. Der Kompilator der *Panormia* kürzte seine Vorlage offensichtlich und nahm nur ihren ersten Teil als c. 4.9 auf.[288] Und auch die in der Sammlung in 74 Titeln wie in der Sammlung in 4 Büchern eingeschärfte Pflicht zur Beachtung der römischen Dekrete wie die Möglichkeit, kirchenrechtliche Vorschriften zu mildern, liess die *Panormia* weitgehend aus.[289] Allein die Vorschrift, dass alle Entscheidungen des römischen Bischofs so aufzunehmen seien, als seien sie von der Stimme Petri bestätigt (4L c. 2.10), findet sich im zweiten Buch der *Panormia* (c. 2.101).[290] Doch riss der Kompilator diesen Kanon aus seinem primatialen Kontext – verdeutlicht durch den Titel der Sammlung in 74 Titeln *De observatione decretorum pontificum romanorum* – , in welchem er als Gehorsamsaufforderung gegenüber römischen Dekreten verstanden wurde, und überführte ihn in einen allgemeinen Abschnitt über authentische und nicht authentische Schriften (*De scriptis et conciliis autenticis et non autenticis*).[291]

Während die Sammlung in 4 Büchern bzw. in 74 Titeln den Primat zu Beginn der Sammlung konzentriert überlieferte, brach die *Panormia* ihn zugunsten einer thematischen, an Sachgesichtspunkten orientierten Gliederung auf. Die Stellung des Papstes als oberster Richter ist daher nicht als Baustein des Primats verstanden – sonst müsste sie wie in der Sammlung in 74 Titeln/4 Büchern unter dem Titel *De primatu* auftauchen –, sondern als Folge der Appellationsmöglichkeiten der Bischöfe. Dies ergibt sich daraus, dass die jurisdiktionelle Stellung des Papstes am Ende des vierten Buchs behandelt wird. Der Aufbau der *Panormia* lässt vermuten, dass es dem Kompilator gerade nicht darauf ankam, ein ausführliches Gemälde päpstlicher Vorrechte zu zeichnen; vielmehr fügte er einzelne primatiale Rechte in seine eher praktischen Zwecken dienende Ordnung ein. Aus diesem Grunde sammelte er nicht Kanones unter dem Leitgedanken des Jurisdiktionsprimats, sondern ordnete Texte unter Sachkriterien wie Immunität, Gerichtsbarkeit und Appellation.

288. 4L c. 1.10 entspricht 74T c. 10 und ist als c. 4.9 in die *Panormia* aufgenommen; zu den Vorlagen Gilchrist, Diuersorum Patrum Sententiae, 24 (c. 10) sowie Gilchrist, Manuscripts of the Canonical Collection in Four Books, 80f. Die Möglichkeit einer defekten 4L-Kopie ist indes nicht auszuschliessen.

289. Zur Beachtung päpstlicher Entscheide: 74T cc. 178–183 bzw. in ähnlicher Weise 4L cc. 2.5–2.10.

290. 74T c. 183 = 4L c. 2.10, JE 2108: *Sic omnes apostolice sedis sanctiones accipiende sunt tamquam ipsius diuini Petri uoce firmate*.

291. So das *argumentum libri* zu Beginn des zweiten Buchs der *Panormia*, siehe https://ivo-of-chartres.github.io/panormia/pan_2.pdf (1).

Bemerkenswert ist ferner, dass sich kaum Texteingriffe in der *Panormia* finden: Der Kompilator übernahm die Kanones aus Ivos *Decretum* oder – zumindest in dem primatialen Abschnitt – aus der Sammlung in 4 Büchern (und damit indirekt aus der Sammlung in 74 Titeln). Die von dem Kompilator der Sammlung in 74 Titeln vorgenommenen Änderungen akzeptierte er: Die Entscheidungskompetenz über *causae difficiliores* ist auch in der *Panormia* Konsequenz der von dem Kompilator der Sammlung in 74 Titeln geschaffenen Einsetzung durch Christus.[292] Es lassen sich nur zwei kleinere Überarbeitungen feststellen. Erstens kürzte der Kompilator den Gelasius-Kanon *Cuncta per mundum* um gut die Hälfte und liess die Entscheidungskompetenz des Papstes ohne synodale Zustimmung weg. Der Grund hierfür ist vermutlich, dass dieser Kanon im Kontext der Kanones zur Immunität Aufnahme fand und der Kompilator Fragen der Synodaltätigkeit an anderer Stelle behandelte.[293] Zweitens verwob er zwei Überlieferungstraditionen eines pseudo-fabianischen Kanons (cc. 4.120–4.123): Während der erste Satz dieses Kanons auf Ivos Dekret und damit indirekt auf die Burchard'sche Schöpfung zurückgeht, stimmt der zweite bis vierte Satz mit der Sammlung in 4 Büchern überein, wie die für die Sammlung in 74 Titeln/4 Büchern typische Anfügung des letzten Satzes – *nec quemquam sententia non a suo iudice dicta constringat* – zeigt.[294] Burchard'sches Gedankengut findet sich aber nicht nur in der Einfügung der Appellationsmöglichkeit nach Rom, sondern auch und gerade in der Konzentration auf Bischöfe. *Episcopi* finden sich sowohl hier wie in dem nachfolgenden Kanon, so dass man konstatieren kann, dass – im Gegensatz zu der Sammlung in 74 Titeln – der Kompilator nur Bischöfen diesen Rechtsschutz eröffnen wollte.[295] Die *Panormia* ist in diesem Punkt Beispiel für das Zusammenführen und Verweben von Kanones aus der Sammlung in 74 Titeln und aus Burchards Dekret.

Die *Panormia* tritt in methodischer Hinsicht also scheinbar wesentlich bescheidener als die beiden zuvor vorgestellten Sammlungen auf:

292. IP c. 4.2.

293. IP c. 4.9 (nur *Cuncta per mundum – est appellare permissus*). Synodale Fragen werden ab IP c. 4.13 behandelt.

294. In der Online-Edition von Brett/Brasington als IP cc. 4.120–4.123 aufgeführt. Den ersten Satz (IP c. 4.120) brachte der Kompilator in der Überarbeitung durch Burchard (… *et viderit se ingravari libere sedem apostolicam appellet*) (siehe 128); der Rest (IP c. 4.121–4.123) ist offensichtlich aus 4L c. 1.6 übernommen (siehe Paris lat. 4281A, fol. 18rb; Bern 314, fol. 2r-v; Leiden BPL 111.I., fol. 5v).

295. Vgl. c. 4.120 und c. 4.124.

Weniger Texteingriffe, keine Rubriken, allein über die Anordnung der Kanones transportierte der Kompilator seine Perspektive. Und doch ist diese Anordnung noch einen genaueren Blick wert, wie insbesondere die Appellation zeigt, die in den Schlusskanones ausgeführt ist.

Die ersten Schlusskanones (cc. 4.120–4.126) erlauben grundsätzlich die Appellation, die Bischöfen nicht nur in bedeutenderen Fällen (*graviores causae*) offenstehe, sondern auch bei Befangenheit des Richters (*suspectus iudex*). Die *Panormia* schränkte diese von Pseudoisidor fast schrankenlos gewährte Appellationsmöglichkeit jedoch wieder ein, indem sie Verfahrensregeln aufstellte. „Wegen der weiten Erlaubnis der Appellanten und damit es nicht den Anschein habe, als ob die Überprüfung eines Urteils in dessen freiem Ermessen stünde", so formulierte es der folgende Kanon, sollten Regeln das Appellationsrecht einschränken.[296] So musste zum Beispiel der Appellant die Appellation binnen fünf Tagen bei dem *iudex a quo* eingereicht, die *Apostoli*[297] gefordert, empfangen und zum *iudex ad quem* gebracht haben.[298] Der Tag, an dem der Appellant diese *Apostoli*, auch *litterae dimissoriae* genannt, empfing, war in diese Fünf-Tages-Frist einzuberechnen; allein der längere Weg zum höheren Richter sollte nicht in diese Frist einbezogen werden.[299] Wer diese Frist versäume, sei an einem weiteren Betreiben des Prozesses gehindert und habe eine

296. c. 4.127: *Propter superfluam appellatorum licentiam, ne in retractandis vel revocandis sententiis liberum habere arbitrium viderentur ...*

297. c. 4.128 spricht von *epistola*, nicht *apostoli*, wie es in den Paulus-Sentenzen 5, 36, 1 (hier nach der Lex Romana Visigothorum, ed. Haenel, 442) heisst. Unter *Apostoli* ist eine schriftliche Stellungnahme des Ausgangsrichters zu verstehen, die für den Berufungsrichter bestimmt ist, aber dem Appellanten ausgehändigt wird, so Kaser/Hackl, Römisches Zivilprozessrecht, 508.

298. Zum Appellationsverfahren im klassischen römischen Recht Kaser/Hackl, Römisches Zivilprozessrecht, 507–509, 619–621.

299. c. 4.127, zit. nach: https://ivo-of-chartres.github.io/panormia/pan_4.pdf: *Propter superfluam appellatorum licentiam, ne in retractandis vel revocandis sententiis liberum habere arbitrium viderentur, et tempora appellationis et pene constitute sunt, ut quicumque apud iudicem qui causam eius audivit appellare et ad alium iudicem provocare voluerit, infra quinque dies appellet, et in his ipsis quinque diebus ad iudicem ad quem provocaverit sine aliqua dissimulatione perveniat, et ipse dies in quo accepit litteras in his quinque diebus specialiter computetur. Quod si longius iter sit, exceptis his quinque diebus, spatium dierum quo iter agi possit, computetur*. c. 4.128, zit. nach: https://ivo-of-chartres.github.io/panormia/pan_4.pdf: *Ab eo a quo appellatum est ad eum qui de appellatione cogniturus est littere dimissorie dirigantur, que vulgo epistola appellatur, quarum postulatio et acceptio intra quintum diem ex officio facienda est. Ista iam superius sub titulo de cautionibus et penis appellationum interpretata est. Qui intra tempora prestituta dimissorias non postulaverint vel acceperint, vel reddiderint, rescriptione ab agendo submoveantur, et penam appellationis ferre cogantur.*

Busse zu tragen.[300] Missbräuchliche Appellationen, also solche, die nicht *confidentia iuste cause*, sondern zur Verzögerung (*causa afferende more*) eingelegt wurden, sollten grundsätzlich nicht zugelassen werden.[301] Gegen schiedsrichterliche Entscheidungen war ohnehin keine Appellation möglich.[302]

Diese verfahrensrechtlichen Kanones stammen zum kleineren Teil aus Konzilsbeschlüssen und damit aus dem kirchlichen Rechtskreis,[303] zum grösseren Teil jedoch aus dem römischen Recht. Sie sind zusammengesetzt aus den pseudo-paulinischen Sentenzen, einer vorjustinianischen Schrift, die auf das Ende des 3. Jahrhunderts datiert wird und – fälschlicherweise – dem berühmten gleichnamigen Juristen zugeschrieben wurde, sowie der dazugehörenden *Interpretatio Pauli Sententiarum*, einer wohl im 5. Jahrhundert in Gallien entstandenen Erläuterung dieser Sentenzen.[304] Überliefert sind Sentenzen wie ihre Interpretation in der *Lex Romana Visigothorum/Breviarium Alarici*, einer frühmittelalterlichen, 506 erlassenen Sammlung des römischen (Vulgar)Rechts für die im westgotischen Reich lebende römische Bevölkerung.[305]

300. Siehe c. 4.128 letzter Satz (wie Anm. 299).

301. c. 4.129, zit. nach: https://ivo-of-chartres.github.io/panormia/pan_4.pdf: *Quicumque non confidentia iuste cause sed causa afferende more, ne contra eum sententia proferatur, appellaverit, vel si de facto suo confessus, ne addicatur appellare voluerit, huiusmodi appellationes non recipiuntur.*

302. c. 4.132, zit. nach: https://ivo-of-chartres.github.io/panormia/pan_4.pdf: *Iudices autem episcopos quos communi consensu elegerint, non liceat quemquam provocare, et quisquis probatus fuerit pro contumacia nolle obtemperare iudicibus, cum hoc prime sedis episcopo fuerit probatum, det litteras ut nullus ei communicet episcoporum donec obtemperet.*

303. Nämlich cc. 4.132 und 4.133.

304. Die Paulus-Sentenzen (*Sententiarum receptarum ad filium libri V*) und ihrer Interpretation sind greifbar bspw. in: Lex Romana Visigothorum, ed. Haenel, 338–444; nachgedruckt von Kaser/Schwarz, Interpretatio zu den Paulussentenzen (1956); zum Inhalt: Liebs, Rolle der Paulussentenzen (2008); Liebs, Römische Jurisprudenz in Africa (1989), 230–247; Liebs, Römische Jurisprudenz in Africa (2005), 41–128, 136: „erfolgreichste römische Juristenschrift überhaupt"; Liebs weist die pseudopaulinischen Sentenzen Afrika zu. Siehe auch Liebs, Römische Jurisprudenz in Gallien, 99, 118; Conrat, Westgothischer Paulus, insbes. 231–237 zum Verfahrensrecht. Schellenberg, Interpretationen, 68 vermutet eine Entstehung der *Interpretatio* nicht lange vor 460 in Südgallien. Die Herkunft der einzelnen Artikel ist: IP c. 4.127: IPS ad 5, 25, 1 (Lex Romana Visigothorum, 440; Kaser/Schwarz, Interpretatio zu den Paulussentenzen, 56f.); IP c. 4.128: PS 5, 36, 1 und IPS ad 5, 36, 1 und PS 5, 36, 2 (Lex Romana Visigothorum, 442; Kaser/Schwarz, Interpretatio zu den Paulussentenzen, 57); IP c. 4.129: IPS ad 5, 37, 2 (Lex Romana Visigothorum, 442; Kaser/Schwarz, Interpretatio zu den Paulussentenzen, 58); IP c. 4.130: IPS ad 5, 38, 1 und PS 5, 38, 2 (Lex Romana Visigothorum, 442–444; Kaser/Schwarz, Interpretatio zu den Paulussentenzen, 58); IP c. 4.131: PS 5, 39, 1 (Lex Romana Visigothorum, 444).

305. Lex Romana Visigothorum, ed. Gustav Haenel (1849, ND 1962). Während die *Pauli*

In der *Panormia* diente also die Aufnahme römischen Prozessrechts zur Strukturierung der durch Pseudoisidor eröffneten weitreichenden Appellationsmöglichkeiten. Zugespitzt formuliert: Pseudo-Paulus fing Pseudoisidor ein und zähmte ihn für die Praxis.

Diese Methode der Gegenüberstellung von Pseudoisidor einerseits und Paulus-Sentenzen andererseits ist aufschlussreich. Wenn an anderer Stelle der *Panormia* Anfänge scholastischer Präsentation der Kanones entdeckt wurde,[306] so deutet auch der Schluss des vierten Buchs der *Panormia* auf eine solche Struktur hin, selbst wenn das Thema ‚Appellation' eher weit gefasst ist und die Kanones sich eher ergänzen als widersprechen. Diese Gegenüberstellung lässt vermuten, dass der Kompilator die Appellation als mehrdimensionales, vielschichtiges Thema begriff. Hier lassen sich Ansätze zu einem ‚komplexen Rechtswissen' ausmachen, in denen normative Aussagen aufeinander bezogen und miteinander verknüpft wurden. Eine solche Verknüpfung nahm der Kompilator bei der päpstlichen Immunität hingegen nicht vor, da der Kontrapunkt in Form des ausgelassenen Kanons *Si papa sue* fehlt. Diese bleibt perspektivisch eindimensional. Und auch bei den Vorschriften zur Abhaltung von Konzilien lässt sich eine Kontrastierung verschiedener Ansätze nicht eindeutig ausmachen.[307]

Wir können zum Abschluss der methodischen Betrachtungen des Jurisdiktionsprimats in der *Panormia* festhalten, dass deren Kompilator weniger mit Texteingriffen und Rubriken als vielmehr mit der Anordnung der Kanones arbeitete. Dem vierten Buch liegt eine recht klare Struktur zugrunde, die der Kompilator in dem *argumentum libri* offenlegte – und dieser Struktur ordnete er Kanones zu. Behandeln die von ihm ausgewählten Kanones noch weitere Themen, so scheute er sich nicht, diese passend zuzuschneiden – der Gelasius-Kanon *Cuncta per mundum* zum Beispiel ist um thematisch unpassende Teile gekürzt. Die Anordnung der Kanones erfolgte, das legt zumindest das Ende des vierten Buchs nahe, in scholastischer Weise: Zuerst wurde

Sententiae breit überliefert sind, findet sich die *Interpretatio* zu ihr nur in der *Lex Romana Visigothorum*. Zum Einstieg: Giulio Vismara, Art. Lex Romana Visigothorum, in: LexMA 5, 1991, Sp. 1931; Detlef Liebs, Art. Lex Romana Visigothorum, in: HRG 3, 2. Aufl., Sp. 918–924; Liebs, Römische Jurisprudenz in Gallien, 166–176.

306. Rolker, Canon Law, 248–256.

307. Es sei denn, man möchte IP c. 4.16A (*Integrum autem et perfectum concilium dicimus illud cui metropolitanus episcopus interfuerit*), demzufolge die Anwesenheit eines Metropoliten für eine rechtmässige Synode nötig ist, als Kontrapunkt zu IP c. 4.14 verstehen, demzufolge eine *synodus generalis* der Zustimmung des päpstlichen Stuhls bedarf.

die Appellation mit pseudoisidorischen Exzerpten eröffnet, dann mit pseudo-paulinischen Auszügen eingeschränkt.

β) Kanones zum Zölibat

Dieses Gegenüberstellen von Kanones zu einem Thema als methodischer Zugriff lässt sich auch beim Zölibat beobachten. Vergleichbar mit Burchard von Worms und dem Kompilator der Sammlung in 74 Titeln unterschied auch der Kompilator der *Panormia* zwischen Weihevoraussetzungen und Enthaltsamkeit.[308] Auch wenn er die zentralen Themenbereiche und rechtlichen Aussagen ansprach, so nahm er doch nicht alle Referenzkanones auf; insbesondere fehlen das leonische *Nam cum extra clericorum ordinem constitutis*, mit dem Subdiakone in den Enthaltsamkeitszölibat einbezogen werden, und der Kanon *Qui zelo fidei ac disciplinae ductus* Innozenz' I., in dem Priestern das Zeugen von Nachwuchs verboten wurde.[309] Der jüngste Vergleichskanon Nikolaus' II., der Gläubigen verbot, die Messe eines unkeuschen Priesters zu hören und dem Priester das Lesen der Messe untersagte, folgte unter den Strafen für geschlechtlich verkehrende Priester als c. 3.135 nach.[310]

Bei der Einbeziehung der Texteingriffe in die Untersuchung zeigt sich die bekannte Schwierigkeit, den *fons formalis* der *Panormia* sicher zu bestimmen. Zwar ist bekannt, dass sie auf Ivos Dekret, der Sammlung in 4 Büchern und einer Handschrift ähnlich Arsenal 713 beruht, doch reichen diese Angaben eben nicht zur genauen, wortgetreuen Bestimmung der Vorlage aus.[311] Zudem differieren die Manuskripte der Sammlung in 4 Büchern beispielsweise in ihrem Kanonesbestand, so dass nur ein

308. Die hier im Fokus stehenden Weihevoraussetzungen sind in cc. 3.49–3.62, das Enthaltsamkeitsgebot in cc. 3.84–3.115 geregelt.

309. Der Brief Leos I. *Nam cum extra clericorum ordinem constitutis – frenasse detegitur* ist in ID c. 6.221 überliefert; der Kanon Innozenz' I. *Qui zelo fidei ac disciplinae ductus – quod vivendo illicite polluerunt* in ID c. 6.96; beide finden sich nicht in der *Panormia*. Ebenfalls nicht aufgenommen ist Innozenz I., *Ut mulierem clericus non ducat uxorem – pervenire non posset*, welcher in 4L c. 2.60 (Leiden BPL 111.I, fol. 41v = Bern 314, fol. 28r = Paris 4281A, fol. 44v) überliefert ist. Enthalten sind in der *Panormia* aber: IP c. 3.112: Konzil von Nizäa, *Interdixit per omnia magna synodus – personas quae suspicionem effugiunt*; IP c. 3.106: Leo I., *Lex continentiae – et cessit opera nuptiarum*; IP c. 3.135: Nikolaus II., *Ut nullus missam audiat presbyteri – Deo concedente procedat*. Weder ID, noch 4L, noch Arsenal 713 enthalten das Konzil von Elvira, *Placuit in totum prohiberi episcopis – ab honore clericatus exterminetur* und die Synode von Karthago, *Omnibus placet ut episcopus – qui altario inserviunt*. Der Kanon des Zweiten Laterankonzils 1139 *Ad haec praedecessorum nostrorum – matrimonium non esse censemus* postdatiert die *Panormia*.

310. IP c. 3.135, dieser Unterabschnitt beginnt bei IP c. 3.133.

311. Brett, Sources and Influence of Arsenal 713, insbes. 156–160, 158f.: „[O]ne need not suppose that the *Panormia* was taken directly from our manuscript [Arsenal 713 – S.D.]."

Überlieferungszweig der Sammlung in 4 Büchern als Vorlage für die *Panormia* in Betracht kommt, nämlich eine Handschrift ähnlich Leiden, BPL 111.I.[312] Das methodische Problem der Bestimmung des *fontes formales* ist zwar grundlegend, beeinträchtigt diese Untersuchung aber aus folgender Überlegung nicht: Insgesamt lassen sich – wie gleich gezeigt wird – von den vermuteten Vorlagen kaum Abweichungen finden, und wenn, dann beschränken sich diese regelmässig auf Tempiwechsel oder ausgelassene oder missverstandene Worte. Dies spricht dafür, dass der Kompilator der *Panormia* auf grössere Texteingriffe verzichtete. Stimmt der Text der *Panormia* aber mit dem Haupttext des ivonischen Dekrets und der Handschrift Arsenal 713 überein, dann ist es wahrscheinlicher, dass die *Panormia* diesen Text unverändert übernommen hat, als dass sie eine vom Haupttext abweichende Vorlage so korrigiert hat, dass sie mit der Fassung des Haupttextes wieder übereinstimmt.

Welche Beobachtungen zum Umgang mit Texten lassen sich zusammentragen? Insgesamt stimmen viele Kanones mit der vermuteten Vorlage wörtlich überein[313] oder weisen so geringe Abweichungen auf (Wortumstellungen, *ibi* statt *illic*, etc.),[314] dass eher eine variierende

312. So ist IP c. 3.89 = 4L c. 1.124a nur in der Handschrift Leiden BPL 111.I, fol. 25v überliefert, nicht aber in den Kopien Bern 314, fol. 17r oder Paris 4281A, fol. 33ra.

313. Keine Änderungen sind nachzuweisen in den folgenden Kanones: IP c. 3.49 = 4L c. 2.69 (Leiden BPL 111.I, fol. 43r = Bern 314, fol. 29r = Paris 4281A, fol. 45va); IP c. 3.51 = ID c. 6.410; IP c. 3.56 = ID c. 6.374; IP c. 3.57 = Arsenal 713, fol. 171r; IP c. 3.60 = ID c. 6.136; IP c. 3.61 = ID c. 6.138; IP c. 3.62 = ID c. 6.139; IP c. 3.90 = Arsenal 713, fol. 149v; IP c. 3.91 = Arsenal 713, fol. 150r (vermutlich, da Reihenfolge der Kanones; der Kanon selbst ist aber identisch mit einer längeren Fassung in ID c. 6.185a); IP c. 3.93 = Arsenal 713, fol. 150r; IP c. 3.95 = Arsenal 713, fol. 149v; IP c. 3.96 = Arsenal 713, fol. 149v; IP c. 3.102 = Arsenal 713, fol. 149v; IP c. 3.103 = Arsenal 713, fol. 150v; IP c. 3.105 = Arsenal 713, fol. 149v; IP c. 3.108 = Arsenal 713, fol. 149r; IP c. 3.110 = Arsenal 713, fol. 149v.

314. Geringfügige Abweichungen finden sich in den Kanones: IP c. 3.50 = 4L c. 2.70 *residens* IP] *presidens* 4L; *gradus* IP] add. *quisquam* 4L; *convenerint precepta* IP] *precepta convenerint* 4L (Leiden BPL 111.I, fol. 43r = Bern 314, fol. 29r = Paris 4281A, fol. 45va); IP c. 3.55 = ID c. 6.107 *patiuntur* IP] *patitur* ID (aber variierend in beiden Sammlungen); *pretorio* IP] *petitorio* ID; IP c. 3.58 = ID c. 6.60b *ibi* IP] *illic* ID; IP c. 3.84 = Arsenal 713, fol. 132r *aliter huius* IP] *aliter huius huius* Ars.; IP c. 3.85 = Arsenal 713, fol. 132r *dicens esse* IP] *esse dicens* Ars.; IP c. 3.86 = Arsenal 713, fol. 132r *hi nullo modo prohibentur* IP] *hic nullo modo prohibeatur* Ars., *quod abstinere debeant* IP] *quod abstinere debeat* Ars., *communione legalis uxoris sue* IP] *communionis legalis uxoris sue* Ars.; IP c. 3.87 = Arsenal 713, fol. 131v *protestati* IP] *protestata* Ars., *cessare debent* IP] *cessare debebunt* Ars.; IP c. 3.89 = Arsenal 713, fol. 131v-132r (parallel überliefert in 4L c. 1.124a, welcher aber nur in Leiden BPL 111.I, fol. 25v überliefert ist, er fehlt in Bern 314, fol. 17r sowie in Paris 4281A, fol. 33ra) *neque castitatem promisit* IP Ars.] *neque castitatem ante proposuit* Leiden BPL 111.I, fol. 25v, *per propositum* IP Leiden BPL 111.I, fol. 25v] *per prepositum* Ars., *atque ut in bono suo* IP Ars.] *et in bono suo* Leiden BPL 111.I, fol. 25v, *nolumus promoveri* IP] *nolumus* Ars. Leiden BPL 111.I, fol. 25v; IP c. 3.92 = Arsenal 713, fol. 149v

oder defekte Vorlage denn ein bewusster Texteingriff zu vermuten ist. Aber der Kompilator der *Panormia* griff auch ab und an in den Text seiner Quellen ein: Hier verband er einen Kanon mit der Rubrik des Dekrets zu einem neuen Kanon,[315] dort schnitt er einen Satz oder einen Satzteil aus einem Text aus und fügte ihn als selbständigen Kanon ein,[316] an anderer Stelle verband er den Wortlaut von Ivos Dekret mit dem von Arsenal 713.[317] Solche Eingriffe erfolgten, aber sie sind von anderer Qualität als bei Burchard: In der *Panormia* blieb der Wortlaut in der Regel identisch und nur der Zuschnitt des Kanons änderte sich, während Burchard den Wortlaut selbst variierte. Der Kompilator der

ut semper queant altari IP] *ut super altari queant* Ars.; IP c. 3.97 = ID c. 6.376 *non posse* IP] *se non posse* ID; IP c. 3.98 = Arsenal 713, fol. 149v *removeatur* IP] *inveniatur* Ars.; IP c. 3.99 = Arsenal 713, fol. 149v *de singulis* IP] *de sicul* Ars.; IP c. 3.101 = Arsenal 713, fol. 149v *subdiaconatum* IP] *subdiaconum* Ars., *vacare noluerint* IP] *vacare voluerint* Ars.; IP c. 3.104 = Arsenal 713, fol. 152r *probate* IP] *probate sit* Ars.; IP c. 3.106 = Vorlage unsicher: ID c. 6.68 hat andere *inscriptio* als IP und Arsenal 713, fol. 149v, zudem: *oportet eos dimittere* IP] *oportet eos nec dimittere uxores* ID Ars., *quasi non habeant habere* IP] *quasi non habeant sic habere* ID *quasi non habeant non habere* Ars.; IP c. 3.107 = Arsenal 713, fol. 149v *sine consensu* IP] *sine consensu vel* Ars., *fiat de carnali* IP] *de carnali fiat* Ars.; IP c. 3.109 = Arsenal 713, fol. 149r-v *precipimus* ID] *precimus* Ars.; IP c. 3.111 = Arsenal 713, fol. 149v *cum ad annos* ID] *cum annos* Ars.; IP c. 3.112 = Vorlage unsicher: ID c. 6.186 und Arsenal 713, fol. 151r weichen ab: *sancta sinodus* IP] *magna sinodus* ID Ars., *qui in clero* IP ID] *qui clero* Ars., *licere subintroductam habere mulierem* IP ID] *non licere subintroductam habere mulierem* Ars., *aut eas etiam idoneas personas* IP] *vel eas tantum personas* ID *aut eas tantum personas* Ars.; IP c. 3.113 = Arsenal 713, fol. 151r *propriam uxorem* IP] *uxorem propriam* Ars.; IP c. 3.114 = Arsenal 713, fol. 151r *numquam accedere* IP] *accedere numquam* Ars. (dub.); IP c. 3.115 = Arsenal 713, fol. 149v sowie Arsenal 713, fol. 151r *propriam uxorem* IP] *uxorem propriam* Ars., *nec tamen deinceps foret inter eos ulterius* IP] *nec tamen foret deinceps inter eos* Ars.; IP c. 3.135 = Arsenal 713, fol. 151r *posuit dicens* IP] *statuit dicens* Ars., *fuerint inobedientes* IP] *fuerint obedientes* Ars.

315. IP c. 3.59 besteht aus ID c. 6.134 und der Rubrik von ID c. 6.135; der Text ist ansonsten unverändert.

316. IP c. 3.100 = ID c. 6.98, aus dem der Kompilator den Mittelteil entnommen und als selbstständigen Kanon eingefügt hat. Der Brief ist in ID Innozenz zugeschrieben, stammt aber von Leo I., dem 4L c. 1.124 den Brief richtigerweise zuschrieb. Auch wegen des in 4L c. 1.124 fehlenden *ut et qui habent – permaneant singulares* kann das Exzerpt nicht auf 4L beruhen (Leiden BPL 111.I, fol. 25r-v = Bern 314, fol. 17ra = Paris 4281A, fol. 32vb-33r). Ein vergleichbares Vorgehen legte der Kompilator in IP c. 3.58 = ID 6.60b an den Tag; hier entnahm er seiner Vorlage nur deren zweiten Teil. Vergleichbares Zuschneiden findet sich in: IP c. 3.52 = Arsenal 713, fol. 132v (im übrigen mit einigen abweichenden Daten); IP c. 3.53 = Arsenal 713, fol. 132v; IP c. 3.54 = Arsenal 713, fol. 132v (im übrigen: *propria uxore* IP] *uxore* Ars.); IP c. 3.88 = Arsenal 713, fol. 131v (*vel casti sunt* IP] *vel casti sunt et c....tis vite* Ars.

317. c. 3.94 geht anscheinend auf Arsenal 713, fol. 149v und ID c. 6.94 zurück – vielleicht eine Kombination beider Überlieferungen? Arsenal 713 endet mit *occupantur*, IP c. 3.94 endet wie ID c. 6.94, der erste Satz variiert aber. Zudem: *de templo dei* IP] *de templo dei sacerdotes* ID.

Panormia blieb sich also unter diesem Gesichtspunkt im Umgang mit Kanones zum Jurisdiktionsprimat und zum Zölibat treu.

Und in der Tat lässt sich noch eine weitere methodische Gemeinsamkeit zwischen den beiden hier vorgestellten Regelungskomplexen beobachten, die insbesondere im Zölibatspart deutlich hervortritt: Der Kompilator der *Panormia* intendierte das Gegenüberstellen von unvereinbar scheinenden Passagen. Dies lässt sich an den Kanones cc. 3.84–3.96 deutlich zeigen. Der Kompilator der *Panormia* begann mit einem Kanon, den er einem Stephanus, der einer Lateransynode vorsass, zuschrieb.[318] In diesem benannte er konkret die Differenzen der Ost- und Westkirche: In der Ostkirche könnten Priester, Diakone und Subdiakone heiraten, in der Westkirche nicht.[319] Anschliessend stellte der Kompilator zuerst die Rechtslage in der Ostkirche vor, in dem er von der Paphnutius-Legende ausgehend darlegte, dass Priester, Diakone und Subdiakone gerade kein Enthaltsamkeitsgelübde abgelegt hätten, auch wenn sie zu Zeiten des Altardienstes enthaltsam leben sollten.[320] Zudem könne sich der Diakon, der nicht enthaltsam leben wolle, einen späteren, nach der Weihe erfolgenden Eheschluss vorbehalten.[321]

Diesem ostkirchlichen Regelungsgefüge stellte der Kompilator die Normtradition der abendländischen Kirche gegenüber. Er begann mit dem Gedanken, dass (nur) keusch lebende Diakone *in ministerio* eingesetzt werden können.[322] Er schloss einen Auszug aus einem Schreiben Gregors I. an den Subdiakon Petrus in Süditalien an, in dem er diesen über den römischen Brauch informierte, dass ohne ein

318. CICO Fontes 1, Nr. 374, 785 (dort wird der Kanon Stephan IX. (1057–1058) zugeschrieben).

319. c. 3.84: *Aliter se habet orientalium traditio ecclesiarum, aliter huius sancte Romane ecclesie.*

320. c. 3.85 und 3.86 (*Oportet eos qui altari ministrant, in tempore oblationis sanctorum continentes esse in omnibus...*, zit. nach https://ivo-of-chartres.github.io/panormia/pan_3.pdf. Die legendäre Geschichte um den Bischof Paphnutius besagt, dass sich dieser monastisch und streng zölibatär Lebende auf dem Konzil von Nizäa für den geschlechtlichen Verkehr von Priestern mit ihren Ehefrauen, die sie vor den Weihen geheiratet hatten, ausgesprochen habe. In der Folge habe sich das Konzil von Nizäa mit diesem Thema nicht weiter auseinandergesetzt, siehe Franz-Bernhard Stammkötter, Art. Paphnutios, hl., in: LThK 7, 1998, Sp. 1325; Heid, Zölibat, 276–279.

321. c. 3.87.

322. c. 3.88, *fons materialis*: cap. 1 des Konzil von Toledo, vgl. Martínez Díez/Rodríguez, La Colección Canónica Hispana IV (Concilium Toletanum I), 328: *Placuit ut diacones vel integri vel casti sint; et continentis vitae, etiamsi uxores habeant, in ministerio constituantur; ita tamen ut si qui etiam ante interdictum quod per Lusitanos episcopos constitutum est, incontinenter cum uxoribus suis vixerint, presbyterii honore non cumulentur. Si quis vero ex presbyteris ante interdictum filios susceperit, de presbyterio ad episcopatum non admittatur.*

Keuschheitsgelübde keiner zum Majoristen geweiht werden könne.[323] Ein Kanon Leos IX. und ein Beschluss des Konzils von Neocaesarea setzten weitere normative Eckpunkte: Ohne Schwur der Keuschheit dürfe keiner geweiht werden; nach der Weihe sei ein Eheschluss verboten.[324] Zwischen diesen beiden divergenten Regelungstraditionen der griechischen Ost- und der lateinischen Westkirche entschied sich die *Panormia* für die letztere. Ihr Kompilator begründete die westliche Enthaltsamkeitspflicht mit sechs Kanones, unter anderem mit dem Gedanken, dass der Priester, der ständig beten solle, auch ständig und nicht nur temporär enthaltsam leben müsse.[325]

In dieser Gegenüberstellung wird der dreischrittige Aufbau der *Panormia* besonders augenfällig: Der Kompilator präsentierte erst eine Auffassung – hier die der Ostkirche zur Enthaltsamkeit – , stellte dieser dann eine konträre gegenüber – nämlich die der abendländischen Kirche – , und schloss daran seine eigene Lösung an, die er mit mehreren Kanones untermauerte.[326] Dieses Beispiel deutet auf einen scholastischen Aufbau der *Panormia* hin, indem ein rudimentäres *sic et non* zumindest ab und an der Anordnung der Kanones zugrundegelegt wird. Sowohl beim Zölibat wie beim Jurisdiktionsprimat hielt sich der Kompilator aber mit Einschüben, Äusserungen und *Dicta* zurück: Der Ablauf und der Übergang von einem Part zum anderen erfolgte implizit, nicht explizit. Und auch die in den Manuskripten häufigen Rubriken leiten den Leser nicht, so dass dieser bei dem Versuch, widersprechende Kanones in Einklang zu bringen, auf sich gestellt bleibt.[327]

323. c. 3.89.

324. c. 3.90 (JL 4308) und c. 3.91.

325. cc. 3.92–3.96; IP c. 3.96: *Si laicus et quicumque fidelis orare non potest, nisi careat officio coniugali, sacerdoti cui semper pro populo offerenda sunt sacrificia, semper orandum est. Si semper orandum, ergo semper carendum matrimonio.*

326. Ganz vergleichbar ist der Aufbau in der *Panormia* in cc. 3.133–3.152; in diesem Teil behandelt der Kompilator den Umgang mit *lapsi*, also mit Klerikern, die gesündigt haben, und bei denen in Frage steht, ob sie nach einer Busse wieder in das Amt gesetzt werden können. In den cc. 3.133–3.146 wird diese Frage verneint, in den cc. 3.147–3.148 bejaht; die cc. 3.149–3.152 differenzieren nach der Ehrlichkeit der Busse (c. 3.149) und nach der Frage, ob die Verfehlung ein *scandalum* ist, also ob sie allgemein bekannt ist oder heimlich (dem Beichtvater) gestanden wurde (cc. 3.150 –3.152).

327. Wie Gratian seine D. 29–31 auf genau diesem Teil der *Panormia* aufbaute und wie er mit den Kanones umging, dazu siehe 380–383.

(4) Die Collectio Canonum *Deusdedits*

Deusdedit zeichnete in seiner *Collectio Canonum* nicht nur das farbenreichste Primatsbild, sondern schuf durch die Kombination von *Capitulatio* und Materialsammlung auch eine methodische Besonderheit, die eine doppelte Annäherung an seine Sammlung erlaubt.[328] Zentrales Element seines Gliederungsschemas war die – im Rahmen der einzelnen Bücher und der jeweiligen Quellengruppen – weitgehend historisch-chronologische Anordnung seiner Exzerpte, die sich von der in den anderen Sammlungen vorherrschenden thematischen Gliederung unterschied.[329] Deusdedit ordnete aber nicht nur anders, sondern griff – zumindest bei den zum Vergleich ausgewählten Kanones – auf eine ursprünglichere Textfassung mancher pseudoisidorischer Kanones zurück (oder verwendete zumindest einen anderen *fons formalis* als die *Panormia*).[330] Der Kanon *Sacrosancta Romana et apostolica ecclesia* kann hierfür zur Illustration dienen: Während die *Panormia* über die Sammlung in 4 Büchern auf die von dem Kompilator der Sammlung in 74 Titeln geschaffene Fassung zurückgriff, exzerpierte Deusdedit die längere Fassung des ursprünglichen pseudo-anakletischen Briefs. Zwar ist der erste Satz in beiden Fassungen weitgehend identisch, doch übernahm Deusdedit den in der Sammlung in 74 Titeln ausgelassenen Gedanken, dass Paulus zeitgleich mit Petrus das Martyrium erlitten habe, und er nannte auch die Reihenfolge der Patriarchatskirchen. Der zweite Satz der Sammlung in 74 Titeln (*Haec apostolica sedes…*) stimmt dann wieder mit Deusdedit überein, jedoch fehlt bei ihm der dritte Satz, demzufolge schwierige Fälle in Rom zu entscheiden seien, so dass er die in der Sammlung in 74 Titeln zum Schluss mitgeteilte Jurisdiktionsbefugnis ausgelassen hat. Auch die Konsekutivwörter *ergo* und *igitur*, die den Jurisdiktionsprimat als von Gott

328. Siehe 95–106.
329. Siehe 71, 96.
330. Die *fontes formales* Deusdedits scheinen bislang nur unzureichend erforscht. Zu seinen Vorlagen gehörten wohl Pseudoisidor (Fuhrmann, Einfluß und Verbreitung 2, 527: „Es ist deshalb auch sehr wohl denkbar, dass Deusdedit mehrere Pseudoisidorhandschriften herangezogen hat."), Dionysius Exiguus, die *Collectio Hispana* und wohl auch Burchards Dekret, Attos *Breviarium* und die Sammlung in 74 Titeln (Cushing, Papacay and Law, 97), vielleicht zudem eine intermediäre Sammlung, die auch Anselm von Lucca benutzt hat (Fournier, Collections canoniques romaines, 365–396; Fuhrmann, Einfluß und Verbreitung 2, 526 Fn. 268 und 527 Fn. 271, 529–533). Zu den *fontes materiales* siehe Fournier/Le Bras, Histoire 2, 44–49 und Fournier, Collections canoniques romaines, 335–352.

eingesetzt erscheinen lassen, finden sich nicht.[331] Es ergibt sich somit folgender Aufbau der beiden Exzerpte:

Sammlung in 74T, c. 2	**Deusdedits *Collectio Canonum*, c. 1.50**
Sacrosancta Romana – et reliqua.	*Haec vero sacrosancta Romana – et reliqua.*
/	*Adhibita est etiam – episcopis tenendam tradiderunt.*[332]
Ergo haec apostolica sedes – domino disponente reguntur.	*Haec vero apostolica sedes – domino disponente reguntur.*
Igitur si quae causae – apostolico terminentur iudicio.	/

Vergleich des pseudo-anakletischen Briefs 3.30, 34 in 74T c. 2 und in Deusdedits *Collectio Canonum* c. 1.50

Dieses Beispiel verdeutlicht nicht nur, wie Deusdedit auf die längere pseudoisidorische Fassung zurückgegriffen hat, sondern zeigt auch, dass er eigenständig wichtige Passagen exzerpiert hat. Die Überlieferung anderer Kanones bestätigt diesen Befund, so ist zum Beispiel das gelasianische *Cuncta per mundum* mit der ursprünglichen Einleitung *Nec plane tacemus* überliefert.[333]

Den historisch arbeitenden Kanonisten stellt dieser variierende Zuschnitt vor das Problem, dass die Vergleichbarkeit der Kanones erschwert ist. So ist auch das in c. 3 der Sammlung in 74 Titeln überlieferte Appellationsrecht, das mit den Worten *Ad Romanam ecclesiam ab omnibus appellandum est* beginnt, in der Mitte eines Kanones überliefert und dadurch in seiner Visibilität abgeschwächt.[334] Dieses methodische *Caveat* vorausgeschickt, ergibt sich, dass die Kanones *Si quis iudicem, Nemini est* sowie *Patet profecto* fehlen, obgleich Deusdedit zumeist aus den entsprechenden Briefen zitierte;[335] *Sacrosancta Romana et apostolica ecclesia, Ad Romanam ecclesiam, Nemo iudicabit, Cuncta*

331. Zu den Konsekutivwörtern siehe 137f.

332. Auch der in der Handschrift vat. lat. 3833 überlieferte Auszug aus dem Brief Anaklets enthält Lücken, siehe zum Beispiel von Glanvell, Kanonessammlung, 63 Fn. 16.

333. c. 1.103 (von Glanvell, Kanonessammlung, 89 als c. 1.127).

334. c. 1.59 (von Glanvell, Kanonessammlung, 67f. als c. 1.70).

335. Es fehlen: Peudo-Fabianus, *Si quis iudicem adversus sibi senserit – iudice dicta constringat* (zitiert ist aus dem dritten pseudo-fabianischen Brief in c. 1.61 (von Glanvell, Kanonessammlung, 69 als c. 1.73)); Nikolaus I., *Nemini sit de sedis apostolice iudicio – divinitus collatum*; Nikolaus I., *Patet profecto sedis apostolice – decreta mandarunt* (zitiert

per mundum und *Si papa sue* nahm Deusdedit wenn auch in anderen Textfassungen oder Textausschnitten – auf;[336] allein Agathos *Sic omnes apostolicae sedis* und Pseudo-Symmachus‘ *Aliorum hominum* finden sich bei ihm unverändert.[337] Mit dieser Auswahl geht jedoch kein inhaltlicher Verlust einher, da die fehlenden Kanones *Patet profecto* oder *Nemini est* nicht über das gelasianische Programm hinausgehen, welches dieser in *Cuncta per mundum* entworfen hatte.

Die Kanones selbst sind breit gestreut über die Sammlung. Zwar finden sie sich zumeist im ersten Buch, aber der die päpstliche Immunität statuierende Kanon *Nemo iudicabit* ist in das vierte Buch integriert, obwohl der inhaltlich parallele Kanon *Aliorum hominum* ins erste Buch eingeordnet ist. Inhaltlich Zusammengehöriges steht an verschiedenen Stellen, da Deusdedit die thematische Ordnung zugunsten einer historischen Anordnung der Kanones aufgebrochen hat. Da er einem Kanon mehrere Sachaussagen zugeordnet hat,[338] fehlen – konsequenterweise – auch Rubriken für die einzelnen Kanones. Selbst Titel für die Bücher versagte sich Deusdedit, obwohl er eine inhaltliche Ordnung für die vier Bücher entworfen hatte und diese im Vorwort offenlegte.[339]

Die Texteingriffe, die Paul Fournier und Horst Fuhrmann, Peter Landau und Uta-Renate Blumenthal zusammengetragen haben, runden das Bild des methodischen Umgangs Deusdedits mit kirchenrechtlichen

ist aus dem Brief Nikolaus I. an Michael in c. 1.129 (von Glanvell, Kanonessammlung, 101 als c. 1.156) (*Nunc autem divina inspiratione*)).

336. Mit anderen Textausschnitten, einer anderen Satzanordnung oder ohne die in der Sammlung in 74 Titeln und der *Panormia* anzutreffenden Texteingriffe sind überliefert: c. 1.50 (von Glanvell, Kanonessammlung, 63f. als c. 1.61): Pseudo-Anaklet, *Sacrosancta Romana et apostolica ecclesia – apostolico terminentur iudicio*; c. 1.59 (von Glanvell, Kanonessammlung, 67f. als c. 1.70): Pseudo-Zepherinus, *Ad Romanam ecclesiam ab omnibus – et in celis*; c. 4.35 (von Glanvell, Kanonessammlung, 418 als c. 1.41): Pseudo-Silvester, *Nemo iudicabit primam sedem – a populo iudex iudicabitur*; c. 1.103 (von Glanvell, Kanonessammlung, 88 als c. 1.126): Gelasius I., *Cuncta per mundum novit ecclesia – et retinebit*; c. 1.231 (von Glanvell, Kanonessammlung, 177f. als c. 1.306): [Bonifatius], *Si papa sue – a fide devius*. Der letztere Kanon ist bei Deusdedit erstmals überliefert.

337. c. 1.119 (von Glanvell, Kanonessammlung, 97 als c. 1.145): Agatho, *Sic omnes apostolice sedis sanctiones – voce firmate*; c. 1.108 (von Glanvell, Kanonessammlung, 91f. als c. 1.133): Pseudo-Symmachus, *Aliorum hominum causas – exhibere conscientiam*. Letzterer Kanon ist allerdings zu *Aliorum omnium* entstellt, doch kann diese Änderung auch auf einem Schreibfehler der allgemein als schlecht eingeschätzten Kopie vat. lat. 3833 beruhen. Zur Qualität der Kopie siehe 95.

338. Siems, Entwicklung von Rechtsquellen, 276 spricht davon, dass ein „mehrfach relevanter Kanon [...] über verschiedene Rubriken inhaltlich aktiviert werden [kann]“.

339. Zum Aufbau der Sammlung siehe 95f. Die Inhaltsübersicht im Vorwort: von Glanvell, Kanonessammlung, 2 Zeile 30 – 3 Zeile 2.

Texten schliesslich ab.[340] Auch wenn Deusdedit erklärend eingriff, Autorennamen zur Verdeutlichung einfügte (*ut ait martyr et pontifex Stephanus*, c. 3.45), seine eigene Kirche, nämlich San Pietro in Vincoli, hervorhob (c. 2.86, c. 2.91) und auch manchesmal Passagen ausliess, so geschah dies doch in einem vergleichsweise geringen Umfang und „nicht so energisch“ wie bei Burchard oder dem Kompilator der Sammlung in 74 Titeln.[341] Während der Kompilator der Sammlung in 74 Titeln die Aussagen Pseudo-Anaklets in seinem Sinne neu zusammensetzte, überlieferte Deusdedit diesen Kanon in ursprünglicher Reihung. Dass er zudem Auslassungen häufig mit *et infra* oder *et post pauca* kenntlich machte, spricht für sein Bemühen um eine gewisse Texttreue, zumindest jedenfalls für ein gegenüber anderen Kompilatoren weitergehendes Interesse an der ursprünglichen Textfassung. Dieser Befund deckt sich mit der auch im Übrigen zu beobachtenden archivarischen Arbeitsweise Deusdedits, der wohl das päpstliche Archiv auf Dokumente durchgesehen hat, die die Stellung Roms stützten. So inskripierte er einen Kanon: *Hęc itaque, quę secuntur, sumpta sunt ex tomis Lateranensis bybliothecę*.[342] Auch sind einige Texte sogar erstmals bei ihm überliefert.[343]

Zusammenfassend ist ein sparsamer Einsatz des methodischen Instrumentariums in der Kanonessammlung selbst zu konstatieren: Wenige Texteingriffe, weder Rubriken für Kanones noch für Bücher, eine weitgehend historisch-chronologische Anordnung anstelle einer thematischen Gliederung. Im Vergleich zu Burchard oder zur Sammlung in 74 Titeln scheint Deusdedit in methodischer Hinsicht zurückhaltender aufzutreten. Dieser Eindruck ändert sich jedoch bei einem Blick auf seine *Capitulatio*.

Es findet sich eine doppelte Inkongruenz zwischen *Capitulatio* und Materialsammlung: Einerseits geht die Kanonessammlung über die Aussagen der *Capitulatio* hinaus, da sich zum Beispiel die Häresieklausel in c. 1.231 findet, aber in der *Capitulatio* nicht aufgenommen

340. Fournier, Collections canoniques romaines, 352–360; Fuhrmann, Einfluß und Verbreitung 2, 524–528; Landau, Gefälschtes Recht, 36–38 (Eingriffe zugunsten der *Cardinales* und Betonung des Gehorsams der Bischöfe gegenüber Dekreten der römischen Bischöfe); Blumenthal, Fälschungen bei Kanonisten, 243–250, die insbesondere die Verehrung für den Apostel Paulus betonte.

341. Fuhrmann, Einfluß und Verbreitung 2, 532. In dieselbe Richtung deuten die Beobachtungen von Siems, Entwicklung von Rechtsquellen, 275f.

342. c. 3.149 (von Glanvell, Kanonessammlung, 353 Zeile 12f.). Siehe auch c. 3.149 (von Glanvell, Kanonessammlung, 363 Zeile 22): *Haec ex tomis patriarchii Lateranensis*. Siehe Fournier, Collections canoniques romaines, 342–347; Blumenthal, Reflections, 146f.

343. Hierzu Blumenthal, Fälschungen bei Kanonisten, 243 insbes. Fn. 9.

wurde; andererseits ist die Aussage in der *Capitulatio*, dass der Papst als Einzelrichter richten kann, von den als Beleg angeführten Stellen kaum gedeckt.[344] Anscheinend liess sich in der kanonistischen Tradition kein Kanon finden, der ein solches verfahrensrechtliches Privileg für den römischen Bischof bot. Auch bei anderen Verweisen Deusdedits merkte der Editor der Sammlung, Victor Wolf von Glanvell, häufig in den Fussnoten seiner Edition an: „Stimmt wenig", „Stimmt nicht" oder „Bei den Haaren herbeigezogen". In dieselbe Richtung zielte die Feststellung Yves Congar, der 1961 konstatierte: „Seine [Deusdedits – S.D.] Aussage geht nun aber häufig über die Texte hinaus, so weit, daß sie keinen Bezug mehr zu ihnen aufweist."[345] Diese interpretatorischen Überschreitungen des tradierten Textes scheinen also Programm zu sein. Und in der Tat lassen sich weitere Beispiele hierfür zusammentragen.

Als erstes Beispiel für diese interpretatorischen Überschreitungen dient ein administrativer Aspekt des Jurisdiktionsprimats, nämlich die päpstliche Kompetenz der Vereinigung von Bistümern und Klöstern. In der *Capitulatio* stellte Deusdedit den Satz auf, dass der römische Bischof zwei Bischofssitze oder zwei Klöster vereinigen durfte: *Quod illi liceat duas episcopales sedes et dua monasteria unire.*[346] Zur Begründung verwies er auf drei Exzerpte aus Briefen Gregors I. (cc. 1.152–1.154). Wie valide ist seine Begründung?

c. 1.152 ist ein Auszug aus einem Brief Gregors I., den dieser im November 592 an Bischof Agnellus gerichtet hatte und mit dem er ihn nach der Wahl durch Klerus und Volk als Bischof von Terracina (südlich von Rom) einsetzte. Dessen Vorgänger in Terracina, Petrus war verstorben, und Bischof Agnellus eigenes Bistum, das benachbarte Fondi, war zuvor von den Langobarden zerstört worden, weshalb er einen neuen Bischofsstuhl einnahm.[347]

344. Siehe 105. Insofern greift die Beschreibung von Siems, Entwicklung der Rechtsquellen, 275 der *Capitulatio* als „Sachregister" zu kurz.

345. von Glanvell, Kanonessammlung, 10 Fn. 69, 70, 83, ferner Fn. 85 („Stimmt wenig."), 11 Zeile 113 („Stimmt nicht.") und öfters; Congar, Platz des Papsttums, 208; ebenso Sieben, Konzilsidee des lateinischen Mittelalters, 220: „Freilich beweisen auch diese echten Texte [die Deusdedit als Beleg anführt – S.D.] oft nicht, was sie beweisen sollen. Deusdedit überinterpretiert und lässt den Kontext seiner *auctoritates* ausser acht."

346. von Glanvell, Kanonessammlung, 11 Zeile 26f.

347. c. 1.152 (von Glanvell, Kanonessammlung, 116 als c. 1.191): Brief Gregors I. an Bischof Agnellus, November 592: Reg. 3, 13; JE 1217/J³ 2247; MGH Epp. 1, 171–173, hier 172 Zeile 7–9 und 172 Zeile 26 – 173 Zeile 1, gedr. ebenso Norberg, Sancti Gregorii Magni Registrum 1 (CCL 140), 159f. Die Diskussion um die Begrifflichkeit des *episcopus cardinalis* spielt hier keine Rolle, siehe hierzu Scholz, Transmigration und Translation, insbes. 89–101, der 92–98 die hier vorgestellten Quellen bespricht, sowie Fürst, Cardinalis, 32–58.

Wenden wir uns nun c. 1.153 zu. Schon wenige Monate vor der soeben vorgestellten Entscheidung, nämlich im Juli 592, hatte sich Gregor I. eine ähnliche Frage gestellt, deren Antwort Deusdedit in c. 1.153 aufnahm: Das ursprüngliche Bistum Bischofs Johannes, wohl Alessio/Lezha in der Nähe von Durazzo/Durrës in Albanien, war von Feinden eingenommen worden. Den vertriebenen Bischof setzte Gregor I. in Squillace/Kalabrien ein.[348] Beide Kanones sprechen in erster Linie von der Translation von Bischöfen, also von einem Bistumswechsel eines Bischofs, wobei nur diejenige von Johannes nach Squillace eine „regelrechte Bischofsversetzung" war, da Gregor I. sie frei verfügte und sie wohl auch ohne Zustimmung von Volk und Klerus zustande gekommen war.[349] Eine Bistumsvereinigung strebte Gregor I. jedenfalls im Falle des Johannes gerade nicht an, da dieser, sobald es die politische Lage erlaubte, nach Alessio zurückkehren solle.[350] Im Fall des Agnellus sprach Gregor jedoch davon, dass dieser nicht aufhöre, Bischof von Fondi zu sein (*ut et Fundensis ecclesiae pontifex esse non desinas nec curam gubernationemque eius praetereas*) und ihm dort weiter die bischöfliche Gewalt zustände (*ut ante dictae Fundensis ecclesiae tibi iura potestatemve nullo modo subtrahamus*).[351] Dass Agnellus nach der Einsetzung nur noch als Bischof von Terracina tituliert, zeigt, dass er daselbst tatsächlich Bischof war und nicht nur Verwalter. Dieser Brief Gregors I. lässt sich also wirklich als Vereinigung des Bistums Fondi mit dem Bistum Terracina interpretieren – also so, wie es Deusdedit tat.[352] Dahingegen kann die Einsetzung des Johannes in Squillace die Aussage Deusdedits, der Papst könne Bistümer vereinigen, in keiner Weise stützen, da beide Bistümer unverändert bestehen blieben.

348. c. 1.153 (von Glanvell, Kanonessammlung, 116 als c. 1.192): Brief Gregors I. an Bischof Johannes, Juli 592: Reg. 2, 37; JE 1191/J³ 2213; MGH Epp. 1, 132 Zeile 28 – 133 Zeile 6; gedr. ebenso Norberg, Sancti Gregorii Magni Registrum 1 (CCL 140), 117f. (als II, 31).

349. Scholz, Transmigration und Translation, 2, 96.

350. MGH Epp. 1, 133 Zeile 4–8: […] *aliam* […] *debeas ecclesiam gubernare, ita tamen, ut si civitatem illam ab hostibus liberam effici, et Domino protegente ad priorem statum contigerit revocari, in eam in qua es prius ordinatus ecclesiam revertaris. Sin autem praedicta civitas continua captivitatis calamitate premitur, in hac in qua et a nobis incardinatus es debeas ecclesia permanere.*

351. MGH Epp. 1, 172 Zeile 27 – 173 Zeile 1 sowie 173 Zeile 3f. (letzterer Satz fehlt in c. 1.152 (von Glanvell, Kanonessammlung, 116 als c. 1.191)).

352. Fürst, Cardinalis, 54 („Vereinigung zweier Bistümer in Personalunion"); ähnlich Paul Ewald, in: MGH Epp. 1, 173 Fn. 4 („Gregorius ita adiungit ecclesiae Fundensi Terracinensem, ut idem episcopus utramque administret."); eher offen Scholz, Transmigration und Translation, 95; kritisch auch Kuttner, Cardinalis, 133–135, insbes. 133 Fn. 5.

Der dritte zu besprechende Kanon, c. 1.154, wurde von Deusdedit angeführt, um das Recht des Papstes, Klöster zu vereinigen, zu belegen. Auch dieser Kanon ist ein Exzerpt aus einem Brief Gregors I., in dem dieser das *monasterium quod in fundo Marciano provinciae Campaniae situm est* und welches von Feinden so stark zerstört wurde, dass dort kein Mönch mehr lebte, mit dem Kloster des Abtes Agabit in Sorrent vereinte (*tuo illud monasterium* [...] *utile prospeximus uniendum*).[353] Dieser sollte für das Kloster sorgen, es wieder besiedeln und klösterliches Leben erneut aufblühen lassen.[354] Dieser Kanon stützt somit die Ausgangsthese Deusdedits, dass der Bischof von Rom Klöster zusammenlegte durfte.

Für die Begründung der generellen Berechtigung des Papstes, zwei Bistümer oder Klöster vereinigen zu dürfen, bot Deusdedit also drei Kanones auf, von denen einer die Aussage überhaupt nicht trug; den beiden anderen Kanones lässt sich ein solches Recht hingegen in Ansätzen entnehmen. Sie entstammen jedoch nicht normativen Quellen, sondern Briefen Gregors I., in denen er die entsprechenden Massnahmen angeordnet hatte. Zur Norm erhob Deusdedit damit historische Einzelfälle, vielleicht sogar Sonderfälle, da Gregor diese administrativen Massnahmen in einer Krisensituation Italiens, nämlich den andauernden Zerstörungen durch die Langobarden,[355] gefasst hatte. Der historische Einzelfall begründete bei Deusdedit das generelle Eingriffsrecht des Papstes.

Ein zweites Beispiel vermag diese interpretatorischen Überschreitungen noch deutlicher zu fassen. In seiner *Capitulatio* stellte Deusdedit die These auf, dass die römische Kirche neue Gesetze erlassen dürfe (*novas leges instituere*) und verwies auf drei Kanones (cc. 1.101, 1.199 und 1.236).[356] Ob diese Texte die Begründung eines Gesetzgebungsrechts tragen, lohnt der näheren Betrachtung. c. 1.101 ist ein Auszug aus einem

353. c. 1.154 (von Glanvell, Kanonessammlung, 117 als c. 1.193): Brief Gregors I. an Abt Agabit, Juli 601: Reg. 11, 54; JE 1846/J³ 2979; MGH Epp. 2, 328f., hier 328 Zeile 26 – 329 Zeile 1 und 329 Zeile 2–4; auch gedr. Norberg, Sancti Gregorii Magni Registrum 2 (CCL 140A), 958.

354. Siehe hierzu Jenal, Italia Ascetica 1, 287.

355. Siehe hierzu Scholz, Transmigration und Translation, 97.

356. Zum Gesetzgebungsrecht ausführlich Hirsch, Rechtliche Stellung, 610–619. Eine ähnliche Vorgehensweise bei Bonizos *Liber de vita christiana* bemerkte Berschin, Bonizo von Sutri, 108: „In De vita christiana läßt sich beobachten, daß Rubriken wie ‚Daß die römische Kirche vom Herrn selbst gegründet wurde‘ (IV/51) und ‚Daß wer die Macht der römischen Kirche zu mindern wünscht, in die Häresie gleitet‘ (IV/87) nur ganz ungenügend in dem jeweiligen Kapitel, zum dem sie stehen, verankert sind, also Sätze sind, die von außen an die kanonistischen Texte herangetragen wurden.“

Brief Leos I. an Bischof Rusticus von Narbonne, der von einer Milderung der Gesetze *pro consideratione etatum* oder *pro necessitate rerum* spricht, also aufgrund der Zeitumstände oder Notwendigkeit.[357] Die Schaffung neuer Gesetze erwähnte Leo I. in seinem Brief aber nicht. Der zweite Beleg, den Deusdedit anführte, spricht hingegen tatsächlich von einem Gesetzgebungsrecht *contra noviter excrescentes excessus*, doch ist dieser Satz einem Brief Gregors VII. vom 29. März 1075 entnommen, weshalb er in den 1080er Jahren bei der Abfassung der Sammlung kaum zur gefestigten kirchenrechtlichen Tradition gerechnet werden kann.[358] Und schliesslich führt er als dritten Beleg für ein Gesetzgebungsrecht eine Novelle Kaiser Valentinians III. von 445 an: *Set hoc illis omnibus que pro lege sit, quicquid sanxit vel sanxerit apostolice sedis auctoritas*, gestand Valentinian dem römischen Bischof zu.[359] Zwar attestierte hier der römische Kaiser dem Bischof von Rom eine legislative Vollmacht, doch ist diese Stellung als Gesetzgeber dem römischen Bischof von aussen, nämlich vom weltlichen Herrscher, angetragen.[360] Innerkirchliche Dokumente jenseits des Postulats Gregors VII. konnte Deusdedit wohl nicht finden, um ein Gesetzgebungsrecht der römischen Kirche zu begründen.[361]

357. c. 1.101 (von Glanvell, Kanonessammlung, 87 als c. 1.114): Leo I. an Bischof Rusticus von Narbonne, 458–459: JK 544/J³ 1098; PL 54, Sp. 1197–1209B, hier Sp. 1202B. Aufgenommen u.a. von Pseudoisidor (www.pseudoisidor.mgh.de/html/244.htm, Hinschius, 616 r. Sp. Zeile 19–27).

358. c. 1.199 (von Glanvell, Kanonessammlung, 144 als c. 1.248): Gregor VII. an Anno von Köln, 29. März 1075: JL 4949; Reg. Gregor VII. II, 67; MGH Reg. Gregor VII.1, ed. Caspar, 223–225, hier 224 Zeile 2–5: [...] *semper licuit semperque licebit contra noviter excrescentes excessus nova quoque decreta atque remedia procurare, quę rationis et auctoritatis edita iudicio nulli hominum sit fas, ut irrita refutare* (von Glanvell, Kanonessammlung, 144 Zeile 2–5).

359. c. 1.236 (von Glanvell, Kanonessammlung, 181f. als c. 1.311): Novelle Valentinians III., 445, Tit. XVI *De episcoporum ordinatione* (Haenel, Novellae constitutiones, Sp. 172–176); von Glanvell, Kanonessammlung, 182 Zeile 21f. Zu dieser Passage auch Kuttner, Urban II and the Doctrine of Interpretation, 67 sowie Landau, Kirchenverfassungen, 117.

360. Vermutlich spiegelt diese Novelle auch das Selbstverständnis Leos I. wider, vgl. die Einschätzung von Martin, Weg zur Ewigkeit, 103–105, hier 105: „Das Gesetz des Kaisers gibt keine Grenzen für die kirchlichen Vollmachten Leos an und geht weit über das hinaus, was die Vorgänger Valentinians als dem römischen Bischof zustehend betrachtet haben. Es liest sich wie ein von der weltlichen Herrschaft verfaßtes Manifest der Kirchengewalt Roms und entspricht dem Selbstverständnis Leos, der eine strikt monarchische Ordnung der Kirche nicht nur konsistent begründete, sondern in seinem Handeln und in der Anerkennung, die er genoss, auch repräsentierte. Er kann deshalb mit Recht als der erste Papst bezeichnet werden."

361. Selbst der von Deusdedit in diesem Kontext nicht aufgenommene Kanon c. 4.95 (von Glanvell, Kanonessammlung, 479f. als c. 4.168) hätte seine These nicht untermauert:

Man darf also festhalten, dass Deusdedit sowohl in administrativen als auch in legislativen Aspekten die Interpretation der kanonistischen Tradition überspannte oder – wie bei dem Recht des Papstes, als Einzelrichter zu fungieren – mit gewagten Umkehrschlüssen argumentierte, um eine seinen Vorstellungen entsprechende Primatstheorie zu konstruieren. Dies heisst zugleich, dass der Umfang des Jurisdiktionsprimats, wie ihn Deusdedit skizzierte, über das tradierte Mass der Kanones hinausging – Deusdedit schuf neues Rechtswissen.[362] Er verliess die Aussagen der ihm zusammengetragenen Kanones und gestaltete die Rechte und Vorrechte des Papstes neu. Zwar erfand er weder Kanones noch verfälschte er sie, doch schuf er mit den in der Kapitulation enthaltenen Rubriken Sachaussagen, die die nachfolgenden Kanones nicht oder nur schwer nachvollziehbar belegten. Das bedeutet also für die methodische Betrachtung, dass sich die Rubriken in der *Capitulatio* von den Aussagen der als Beleg angeführten Kanones lösten. Der Jurisdiktionsprimat bei Deusdedit reizte das vorgratianische Methodenprogramm aus und fand in den interpretatorischen Überschreitungen neue Wege des Textumgangs jenseits der hergebrachten Reihungen, Rubriken und Retuschen.

Nikolaus I. (Brief vom 1. November 865 an Michael) sprach auch hier von der Aufhebung von Gesetzen aus Gründen des Umstände oder der Notwendigkeit: *Non negamus eiusdem sedis sententiam posse in melius commutari, cum aut sibi surreptum aliquid fuerit aut ipsa consideratione aetatum vel temporum seu gravium necessitatum dispensatorie quiddam ordinare decreverit.* Eine These in der *Capitulatio* zum vierten Buch lautet: *Quod illud, quod necessitas pro remedio reperit, cessante necessitate debet cessare* (von Glanvell, Kanonessammlung, 28 Zeile 25f.) und verweist auf „CLVII". Gemeint ist also in diesem Kontext nicht der durchaus passende c. 4.95, sondern wohl ein anderer Kanon, der in der von Glanvell'scher Zählung die Nummer c. 4.336 trägt (von Glanvell, Kanonessammlung, 569, ebenfalls ein Brief Leos I., der inhaltlich mit c. 1.101 übereinstimmt).

362. Diese Überschreitungen der kanonistischen Tradition lassen an den *Dictatus Papae* Gregors VII. denken und es kommt wohl nicht von ungefähr, dass der *Dictatus Papae* zwischenzeitlich Deusdedit zugeschrieben war, siehe 103. Übereinstimmungen zwischen der *Capitulatio* und dem *Dictatus Pape* lassen leicht finden. Die „verschärfenden Umbiegungen" (Fuhrmann, Quod catholicus non habeatur, 287) des *Dictatus Papae* gehen jedoch weiter als Deusdedit: Weder gesteht Deusdedit dem römischen Bischof das Recht zu, Abwesende zu richten, noch soll der Papst Herrscher absetzen können. Und während Gregor VII. nicht einmal versuchte, Belege für seine Thesen zusammenzutragen, gab Deusdedit vor, sich im Rahmen der Tradition zu bewegen. Zu möglichen kanonistischen Begründungen für den *Dictatus Papae* siehe MGH Reg. Gregor VII.1, ed. Caspar, 202–208 (nachgewiesen jeweils in den Fussnoten); ferner: Fuhrmann, Quod catholicus non habeatur (1977); Fuhrmann, Papst Gregor VII. und das Kirchenrecht (1989).

b) *Aliter se habet orientalium traditio ecclesiarum, aliter huius sancte Romane ecclesie.* Vom Texteingriff zur Interpretation?

Die in diesem Kapitel zusammengetragenen Beispiele für den Einsatz des methodischen Instrumentariums zeigen die grundsätzliche Bereitschaft der Kompilatoren mittelalterlicher Sammlungen des Kirchenrechts, mit dem überlieferten Textmaterial zu arbeiten und es dem Zweck und der Zielsetzung ihrer Sammlung entsprechend anzupassen. Sie änderten Wörter und griffen in die Textstruktur ein, sie fügten Konjunktionen ein, spitzten zu und formulierten um; sie rissen einzelne Sätze aus ihrem ursprünglichen Kontext und verketteten sie zu neuen Sinnzusammenhängen. Dies geschah jedoch bei den einzelnen Kompilatoren in unterschiedlichem Umfang. Burchard von Worms und der Kompilator der Sammlung in 74 Titeln nutzten die Methode der Textbearbeitung intensiv; Burchard bearbeitete gerade beim Jurisdiktionsprimat den Wortlaut der Kanones, indem er häufig *episcopus* einfügte. Der Kompilator der Sammlung in 74 Titeln ging darüber hinaus und bildete neue Sachaussagen durch das Zusammenstellen von pseudoisidorischen Exzerpten: Der Gehorsam gegenüber Rom erschien von Papst Sixtus angeordnet, wo jener eigentlich die Verurteilung eines vertriebenen Bischofs verhindern wollte. Die *Panormia* und insbesondere Deusdedits *Collectio Canonum* sind demgegenüber texttreuer: Zwar wurde hier und da gekürzt und erklärend-verdeutlichend eingefügt, doch geschah dies in wesentlich geringerem Umfang als bei den beiden anderen Kompilationen.

Die Rubrizierung, ein weiteres Instrument vorgratianischer Kompilatoren, setzte allein Burchard extensiver ein und schrieb seine Interpretation der Kanones mit *episcopi* in die Rubriken hinein. Die übrigen Kompilatoren hielten sich mit den Rubriken zurück: Die Rubriken in der Sammlung in 74 Titel beschränken sich auf *Item de eodem* und verweisen auf *De primatu romane ecclesie*; die *Panormia* ist weder durchgehend rubriziert noch wirken die vorhandenen Rubriken leitend und führend; Deusdedits *Collectio Canonum* schliesslich enthält überhaupt keine Rubriken.

Die Anordnung der Kanones im Gesamtgefüge der jeweiligen Sammlung sowie die Rubrizierung der jeweiligen Bücher oder Titel zeigt ein vergleichbar differenziertes Bild wie die Rubrizierung und die Texteingriffe. Allein die Sammlung in 74 Titeln vereinigte die zum Vergleich ausgewählten Kanones zum Jurisdiktionsprimat im ersten und zweiten Titel unter der Überschrift *De primatu romane ecclesie* und gab dem

Leser so eine Interpretation für die nachfolgenden Kanones vor. In der *Panormia* und in Burchards Dekret sind die primatialen Kanones nicht an einer Stelle konzentriert, sondern als Beleg unter Sachrubriken gefasst. Die Stellung des römischen Bischofs als höchster Richter ist beispielsweise in der *Panormia* nicht als eigenständiger Primatspfeiler wie in der Sammlung in 74 Titeln ausgestaltet, sondern Folge des Appellationsrechts der Bischöfe und damit episkopales Vorrecht. Anders formuliert: Fluchtpunkt für den Kompilator der Sammlung in 74 Titeln war der jurisdiktionelle Jurisdiktionsprimat, für Burchard und die *Panormia* waren es Sachaspekte wie die Appellation. Überhaupt füllten Burchard und die *Panormia* den im jeweiligen *argumentum libri* genannten Begriff *primatus* anders: Für Burchard war der Primat vorrangig der theologische Primat des Bischofs von Rom, für den Kompilator der *Panormia* umfasste er darüber hinaus auch die päpstliche Immunität. Deusdedit wählte hingegen kein konsequent an thematischen Gesichtspunkten orientiertes Strukturprinzip. Sein Augenmerk lag (im Rahmen des Vier-Bücher-Schemas) auf einer Ordnung nach Quellentypen – Konzilsbeschlüsse, Dekretalen, historische Nachrichten –, innerhalb derer er die Kanones grob historisch-chronologisch anordnete. Inhaltlich Zusammengehöriges findet sich daher an verschiedenen Stellen seiner *Collectio Canonum*.

Diese am Jurisdiktionsprimat gewonnenen Beobachtungen stehen in einem gewissen Gegensatz zu den Befunden zum Zölibat. Zwar finden sich auch bei den Kanones zum Zölibat dem Jurisdiktionsprimat vergleichbare Eingriffe in die Textstrukturen, doch sind diese bei allen Kompilatoren deutlich abgeschwächt oder sogar kaum vorhanden. Offenbar musste bei diesen Kanones weniger in den Inhalt eingegriffen werden als bei den primatialen Texten.

Die Untersuchung des Jurisdiktionsprimats im 11. Jahrhundert zeigte, dass sich das methodische Instrumentarium der Textbearbeitung verschob: Während die älteren Sammlungen, nämlich Burchards Dekret und die Sammlung in 74 Titeln, dessen Bandbreite noch voll ausschöpften, beschränkten sich die *Panormia* und Deusdedits *Collectio Canonum* auf einen sparsameren und selteneren Einsatz, ohne aber völlig darauf zu verzichten. Das tradierte Instrumentarium der Textbearbeitung scheint an der Schwelle zum 12. Jahrhundert an Bedeutung verloren zu haben. Stattdessen versuchte der Kompilator der *Panormia*, eine scholastisch-inspirierte praktisch-handhabbare Sammlung zusammenzustellen. In dieser stehen sich zwar widersprechende Texte gegenüber, doch löste er den Widerspruch nicht oder nur andeutungsweise auf. So deutete der Stephan zugeschriebene Kanon nur an, welche Erklärung es für den Widerspruch im Umgang mit der Enthaltsamkeit gab, indem er die unterschiedlichen Traditionen in der Ost- und Westkirche nannte: *Aliter se habet orientalium traditio ecclesiarum, aliter huius sancte Romane ecclesie*. In der griechischen Ostkirche sei also ein Eheschluss möglich, nicht aber in der lateinischen Westkirche.[363]

Deusdedit wählte demgegenüber einen anderen Weg: Seine Sachaussagen lösten sich von den Belegen. An die Stelle des Redigierens und auch Manipulierens von Texten trat eine analytische Auseinandersetzung mit den Aussagen der Texte, die sich weit von ihrem ursprünglichen Gehalt entfernte, denn seine in der *Capitulatio* gebildeten Sachaussagen fanden häufig keine Entsprechungen in den Belegen. Dies gilt vor allem für den administrativen wie legislativen Primat, für den Deusdedit offensichtlich keine ausreichenden Begründungen in der kirchenrechtlichen Normtradition fand. Wie weit sich Deusdedit methodisch von hergebrachten Ordnungssystemen gelöst hat, zeigt seine *Capitulatio*, die zwar einerseits die Untergliederung in vier Bücher widerspiegelt, andererseits alle Bücher erfasst, indem sie mehrfach auf inhaltlich korrespondierende Kanones anderer Bücher verwies; ja, Deusdedit ging sogar darüber hinaus und verwies innerhalb der *Capitulatio* eines Buchs sogar nur auf andere Bücher.[364] Sachaussagen und Belegstellen entfernten sich voneinander.

Die beiden jüngeren Sammlungen, also die *Panormia* und die *Collectio Canonum*, zeugen also von einem um 1100 einsetzenden methodischen Experimentieren, indem sie das hergebrachte Instrumentarium von Textretuschen und Rubrikbildung zu verlassen suchten. Deusdedit ging diesen methodischen Schritt zwar am weitesten, aber doch nicht konsequent zu Ende – seine Textarbeit löste sich zwar von dem tradierten Instrumentarium, gab es aber nicht ganz auf, da er mit der

363. IP c. 3.84: *Aliter se habet orientalium traditio ecclesiarum, aliter huius sancte Romane ecclesie. Nam eorum sacerdotes, presbiteri scilicet, diaconi atque subdiaconi, matrimonio copulantur. Istius autem ecclesie vel occidentalium, nullus sacerdotum a subdiaconis usque ad episcopum licentiam habet coniugium sortiendi.*

364. Deusdedits *Capitulatio* enthält häufig Verweise auf andere Bücher, z.B. im ersten Buch: von Glanvell, Kanonessammlung, 6 Zeile 12 (*libro IIII° cap. XLI, XCII*), 6 Zeile 20 (*in libro III° cap XCIII*), 8 Zeile 2 (*in libro III cap I*), 8 Zeile 11 (*cap. I libro IIII*), 9 Zeile 6 (*Capitula CLVI libro quarto*), 10 Zeile 21 (*et in libro III° XCII, CCXXIII*) und öfters; Verweise auf andere Bücher zB.: von Glanvell, Kanonessammlung, 28 Zeile 10 (*De his, que legitime non fiunt. In I libro LXXXIIII*), 28 Zeile 28f. (*Quedam de penitentia. In primo libro cap. XXXVIII. In II: XVIIII, CI, CII, CIII, CIIII. In III: LXXXVI. In IIII: cap. XV, LXXII, LXXVI, CXVII, CLX*) und öfters.

thematischen Bücherstruktur auch im überkommenen Pfad verblieb. Insofern stiess er in diesem Bemühen an die Grenzen des medialen Rahmens, den er gewählt hatte. Deusdedit ist in dieser Hinsicht Endpunkt der vorgratianisch ausgeformten Hermeneutik der Kanonessammlungen, die neuer, scholastischer Impulse bedurfte, um zukunftsweisende Textdeutungsinstrumente zu entwickeln. Mehr Wissen, so liesse sich resümieren, war mit dem hergebrachten Instrumentarium nicht zu generieren.

Die vier Sammlungen weisen aber nicht nur einen unterschiedlichen methodischen Umgang mit Kanones auf, sondern differieren auch in Wissen und Perspektivbildung. Burchard konzentrierte sich auf die Bischöfe und ihre Rechte, Deusdedit hob den Primat der römischen Kirche hervor, während die Sammlung in 74 Titeln den Jurisdiktionsprimat des römischen Bischofs betont. Das neuartige methodische Vorgehen ging dabei nicht Hand in Hand mit der politisch-ekklesiologischen Aussage einer Sammlung. So verschieden ihr ekklesiologischer Wissensgehalt war, so vergleichbar sind die methodischen Mittel, derer sich Burchard von Worms und der Kompilator der Sammlung in 74 Titeln bedienten. Und auch die beiden als ‚gregorianisch' apostrophierten Sammlungen weisen einen ganz unterschiedlichen Umgang mit tradierten Texten auf: Massive Texteingriffe in der Sammlung in 74 Titeln, relative Texttreue bei Deusdedit. Ähnliches zeigt sich bei Burchards Dekret und der *Panormia*: Umfangreicher Einsatz des methodischen Instrumentariums der Textbearbeitung bei Burchard, sparsame Verwendung in der *Panormia*. Methodisches Experimentieren fand also nicht notwendigerweise in den politisch exponierten Sammlungen statt. Der Wandel im Umgang mit Texten scheint eher eine Frage der Entstehungszeit denn der politischen Aussage zu sein; Wissensinhalt und Methodik sind also nicht miteinander verknüpft.

Unabhängig von der Entstehungszeit der Sammlungen lässt sich aber konstatieren, dass die Kanones zum Jurisdiktionsprimat bei allen Kompilatoren deutlich stärker als diejenigen zum Zölibat bearbeitet worden sind. Burchard, der Kompilator der Sammlung in 74 Titeln wie derjenige der *Panormia* übernahmen ihre Vorlagen zum Zölibat im Wesentlichen unverändert. Die Stellung des römischen Bischofs in der Gesamtkirche lässt sich daher als Spiegel und als Projektionsfläche für Wünsche, Hoffnungen und Erwartungen der Kompilatoren begreifen, was in den divergenten Wissensbeständen sichtbar wird. Der Zölibat erreichte diese Dimension trotz seiner politischen Relevanz nach 1050 nicht.

Wenn Paul Fournier und Gabriel Le Bras in ihrer „Histoire des collections canoniques“ ein wenig apodiktisch behaupteten: „Les canonistes grégoriens rajeunissent les textes, mais ne les soumettent pas, comme le faisait Burchard, à un démarquage systématique“,[365] so haben sie in der Tat etwas Richtiges beobachtet, aber zu wenig das analytische Potential insbesondere Deusdedits berücksichtigt. Deusdedit kann „la tradition fâcheuse“ (Paul Fournier)[366] von Burchard hinter sich lassen, da er nicht mehr redigieren und ändern muss, sondern mit der Formulierung von Sachaussagen interpretieren kann. Die Dichotomie von Wahrheit und Fälschung, in der Fournier neben vielen anderen gedacht hat, trifft den Kern des mittelalterlichen Umgangs mit Texten nicht. Es geht eben nicht um wahr oder falsch, um Original oder Fälschung, sondern um verschiedene Arten des Textumgangs: Der eine redigierte, manipulierte und fügte zusammen, was nicht zusammengehörte, der andere interpretierte und formulierte Sachaussagen, die über den ursprünglichen Text hinausgingen. Mittelalterliche Kanonistik ist keine Frage von Wahrheit oder Fälschung, sondern der Hermeneutik.

4. *mihi canones facere non licet*? Zur Reflexion des Umgangs mit normativen Texten

a) Prologe zu Kanonessammlungen als Spiegel der Ordnungsvorstellungen der Kompilatoren

Eine intensivere Auseinandersetzung mit Prologen zu Kanonessammlung ist erst in den letzten drei Jahrzehnten zu verzeichnen.[367] Neben der kritischen Edition des Vorworts von Ivo von Chartres liegen nun auch

365. Fournier/Le Bras, Historie 2, 51.

366. Fournier, Collections canoniques romaines, 360: „Rien ne prouve que Deusdedit ait eu le dessein de donner sciemment à ces textes des *inscriptiones* fausses, et de forger ainsi des apocryphes pour induire le lecteur en erreur. Il me paraît certain que lui-même, comme Anselme de Lucques, a sur ce point abandonné la tradition fâcheuse dont le Décret de Burchard de Worms contient la plus complète manifestation. Les canonistes grégoriens rajeunissent les textes, mais ne les démarquent pas.“

367. So konstatierte Mordek, Kirchenrecht und Reform, 34 Fn. 96 schon 1975: „Vorreden zu systematischen und auch historisch geordneten Rechtssammlungen geben oft nicht nur in bezeichnender Weise Auskunft über die Person des Autors und die eigentlichen oder vorgeblichen Beweggründe, die zur Abfassüng der Werke führten […]. Eine – noch fehlende – ideengeschichtliche Untersuchung der Praefationes von Dionysius Exiguus bis Gratian könnte auch tiefere Einblicke vermittteln in die ekklesiologischen Anschauungen der jeweils angesprochenen Zeit und ihre Einstellung aufzeigen zu den verschiedenen Quellen des kirchlichen Rechts.“

ausgewählte Prologe von Dionysius Exiguus bis Bartholomäus von Brescia in englischer Übersetzung vor.[368] In ihrer Dissertation verstand Kaaren Lynn Sorensen „the Preface as Hermeneutical Vehicle in Canon Law Collections“ und wertete mehrere Prologe der Reformzeit aus.[369] Greta Austin setzte in ihrer 2009 publizierten Dissertation das Vorwort von Burchard mit seiner Art, Kanones für den Leser aufzubereiten, in Beziehung und stellte Parallelen zwischen Burchards Vorwort und seiner Arbeitsweise heraus.[370]

Gemeinsam ist all diesen Ansätzen die Wertschätzung für Vorworte als einer der wenigen Orte in vorgratianischer Zeit, an denen Reflexionen über den Umgang mit normativen Texten erfolgten. Vorworte erlauben somit einen Blick auf die kompilationsleitenden Vorstellungen von mit kirchenrechtlichem Material Arbeitenden, der ansonsten verschlossen ist: „They [the prologues – S.D.] provide the place for consistent reflection by the compiler on his task, sometimes tersely stated in comments on the compilation's structure, sometimes elaborated through rhetorical strategies justifying and explaining the work in light of tradition.“[371] Das Vorwort ist also der „self-concious part of the book“, in welchem der Autor „his purpose, his method of working, and anything else he cared to impart to readers“ ausdrücken konnte.[372] Was wollten nun Burchard, Deusdedit und Ivo dem Leser über ihre Ordnungsversuche mitteilen?[373]

368. Zur Edition Ivos siehe 173; die englischen Übersetzungen finden sich bei Somerville/Brasington, Prefaces to Canon Law Books in Latin Christianity (1998).

369. Sorensen, The Preface as Hermeneutical Vehicle in Canon Law Collections, 1075–1175 (2000).

370. Austin, Shaping Church Law around the Year 1000 (2009), insbes. 75f.; in ähnlicher Weise Austin, Jurisprudence in the Service of Pastoral Care (2004).

371. Brasington, Prologues to Canonical Collections, 227. Ähnlich Sorensen, Preface as Hermeneutical Vehicle, vf.: „It was and remains my contention that these prefaces, which have received little scholarly attention, may be read as hermeneutical texts yielding valuable insights both into the methodological developments of an intellectually formative period in the West and into the ways in which medieval Christians understood and interpreted their sacred, authoritative texts.“

372. Somerville/Brasington, Prefaces, 15f.

373. Die Sammlung in 74 Titeln weist kein Vorwort auf; nur einige Manuskripte überliefern einen kurzen Prolog, doch lässt dieser nur erkennen, dass die Sammlung von päpstlichen Legaten *in Gallias* gebracht wurde; methodische Überlegungen fehlen. Gilchrist, Diuersorum Patrum Sententie, 19: *Incipiunt ecclesiastice regule ex sententiis sanctorum patrum deflorate a legatis ipsius sedis apostolice in Gallias pro ecclesiasticarum dispositione causarum deportate.*

(1) colligere*: Das Vorwort zum* Decretum *Burchards von Worms*

Das Vorwort zu Burchards Dekret, das in der *Editio Princeps* 1548 wie in dem auf diesen Erstdruck zurückgehenden Nachdruck bei Migne zugänglich ist, entspricht nicht dem Handschriftenbefund. Offensichtlich hat Barthold Questenburg, der den Erstdruck betreute, den Prolog dem Zeitgeschmack seiner Leser angepasst.[374] Allein die Brüder Ballerini hatten in ihrem *De collectionibus et collectoribus canonum* einen einer Handschrift entsprechenden Text gedruckt;[375] Gérard Fransen hat dem Nachdruck der *Editio Princeps* eine auf der frühen Wormser Handschrift vat. pal. lat. 585 beruhende und um einen kritischen Apparat erweiterte Edition vorangestellt.[376]

Schenkt man diesem aus den Handschriften rekonstruierten Vorwort Burchards Glauben, so war Burchard ein eifriger, aber auch schlichter Sammler: *Nihil addidi de meo nisi laborem*, nichts habe er von sich aus ausser Arbeit hinzugefügt, sondern er habe nur aus den heiligen Zeugnissen mit grosser Anstrengung exzerpiert.[377] Denn, so schrieb Burchard an anderer Stelle, ihm stehe es nicht zu, Kanones zu machen, sondern es sei ihm nur erlaubt, diese zu sammeln.[378] Diese Bescheidenheit heischenden Worte Burchards sind ebenso bekannt wie sein Bemühen, ein *libellus* für den Schulgebrauch zu erstellen, um junge Kleriker im richtigen Gebrauch der Kanones – und das hiess vor allem der Busskanones – zu unterweisen und ihnen eine Handreichung für die seelsorgerische Praxis zu geben.[379] Denn die Kanones, so ist der

374. Fransen, Le Décret de Burchard, in: Fransen/Kölzer, Burchard von Worms (Nachdruck), 27, 30.

375. Ballerini, De collectionibus et collectoribus canonum, hier nach: PL 56, Sp. 322B–324C; siehe Fransen, Les sources de la Préface, 1; zu eben diesem Ergebnis gelangt auch Fuhrmann, Zum Vorwort des Dekrets (1994).

376. Edition: Fransen, Le Décret de Burchard, in: Fransen/Kölzer, Burchard von Worms (Nachdruck), 45–49; eine englische Übersetzung bieten Somerville/Brasington, Prefaces, 99–104.

377. Fransen, Le Décret de Burchard, in: Fransen/Kölzer, Burchard von Worms (Nachdruck), 49: *Nihil addidi de meo nisi laborem, sed ex divinis testimoniis ea quae in eo inveneris magno sudore collegi.*

378. Fransen, Le Décret de Burchard, in: Fransen/Kölzer, Burchard von Worms (Nachdruck), 48: *... quia haec ex aliorum labore collegeram, quia mihi soli canones facere non licet, colligere licitum est, quod et feci, Deus novit, non pro arrogantia quadam, sed pro nostrę aecclesię necessitudine.*

379. Die Seelsorge wird immer wieder im Vorwort genannt, siehe Fransen, Le Décret de Burchard, in: Fransen/Kölzer, Burchard von Worms (Nachdruck), 46: *... rogavit me dilectio tua, ut hunc libellum breviter collectum, nunc demum pueris traderem addiscendum, ut quod nostri cooperatores in maturiore etate positi nostris diebus et antecessorum nostrorum tarditate neglexerant, modo aetate teneris et aliis discere volentibus traderetur: siquidem ut*

Ausgangsbefund Burchards, seien verwirrend und widersprüchlich und von keiner Autorität gestützt, so dass sie wegen der Widersprüchlichkeit nur von Gebildeten verstanden werden könnten.[380] Wie sollten sie dann junge Kleriker verstehen und die richtige Busse auferlegen können? Aus diesem Zwecke habe er nun ein Buch mit Kanones verfertigt, in dem er Normen zusammengetragen, aber keine neuen geschaffen habe.

Einige Wendungen in seinem Vorwort gehören zwar zu den mittelalterlichen Topoi, da sie sich in ähnlicher Form auch in anderen Vorworten oder Textcorpora finden, doch hat Burchard sie überarbeitet und für seinen Prolog angepasst, so dass es erlaubt scheint, in ihnen mehr als nur topische Formulierungen zu sehen.[381] Ist dem so, so kann man die Abwesenheit einer expliziten Rechtstheorie festhalten: Burchard gab keine Hinweise auf seinen Umgang mit Kanones, seine Überarbeitungen und Ergänzungen, die geänderten Rubriken und Neuzuschreibungen; er schwieg über Normanordnung und Struktur und gab dem Leser auch keine Hilfestellung bei der Frage, wie dieser Kanones auslegen solle.[382] Dem Befund einer massiven Bearbeitung älterer Textstücke steht also die fehlende Reflexion dieses Vorgehens gegenüber. Darüber hinaus lässt sich eine grundsätzliche Abwesenheit von methodischen Überle-

prius fierent probi discipuli, post plebium et doctores et magistri, et ut perciperent in scolis quid quandoque dicere deberent sibi commissis. Zur Seelsorge und zur Unterweisung von Klerikern siehe Dusil/Hill, Singing Canon Law (2017); einige Bemerkungen zum Vorwort auch von Theuerkauf, Burchard von Worms, 152–155.

380. Fransen, Le Décret de Burchard, in: Fransen/Kölzer, Burchard von Worms (Nachdruck), 45: [...] quia *canonum iura et iudicia poenitentium in nostra diocesi sic sunt confusa atque diversa et inculta ac si ex toto neglecta et inter se valde discrepantia et pene nullius auctoritate suffulta, ut propter dissonantiam vix a sciolis possint discerni.* sowie ebd., 45f.: *Quapropter quia hoc nisi a sapientibus et legis divinę eruditis fieri nequit.*

381. So auch Austin, Shaping Church Law, 75f.; Austin, Jurisprudence in the Service of Pastoral Care, 937 Fn. 39. Zu den Vorlagen siehe Fuhrmann, Zum Vorwort des Dekrets (1994); Fransen, Les sources de la Préface, 1–7, zu denen neben dem Bussbuch Halitgars von Cambrai auch die *Capitula* des Bischofs Haito von Basel sowie Persius und wohl auch Martial gehören. Zum Vorwort nun auch Kynast, Neue Perspektive (2016).

382. Greta Austin hat gegenüber diesem Fehlen einer ausdrücklichen Anweisung das Vorhandensein einer „implicit iurisprudence" (Austin, Jurisprudence in the Service of Pastoral Care, 948–950, 959) vorgetragen: Burchard schweige zwar über sein methodisches Konzept, doch besitze er eine stillschweigende, nur zwischen den Zeilen zu lesende rechtliche Methodik. Er kannte vor allem in der Bibel ausgesprochene, aber auch auf der kanonistischen Tradition beruhende Rechtsprinzipien, denen er Kanones zuordnete; den diesen Prinzipien widersprechenden Kanones überging er bei der Auswahl der Exzerpte – „he seems to have used the principles as a way of eliminating conflicts among canons" (ebd., 947). Diesen die Prinzipien verdeutlichenden Kanones sind Anwendungsbeispiele, *cases*, zur Seite gestellt, die den Gebrauch in der Praxis illustrieren. Burchard von Worms, so Austin, passte Kanones bei der Erstellung seines Œuvre seinen Prinzipien an, indem er sie überarbeitete und seinen Zwecken gemäss formte.

gungen beobachten: Ideen zu Hierarchie von Normen, zur Interpretation von Kanones und zum Ausgleich von Widersprüchen gab Burchard dem Leser nicht mit auf den Lektüreweg. In seinem Vorwort vermittelte Burchard durchaus den Eindruck, eher Sammler und Kompilator denn Rechtsschöpfer zu sein. Ob Burchard durch die Tradition seiner Vorlagen, auf denen er seinen Prolog aufbaute, gebunden war, und deren Sprechtraditionen nicht überwinden konnte, ob er die Eingriffe nicht reflektierte, oder ob er sie, reflektierend, seinen Lesern nicht mitteilen konnte oder wollte, kann nicht entschieden werden.

Einen einzigen Punkt führte er länger aus, nämlich *dass* er Ordnung geschaffen habe. Burchards Ausgangspunkt war, dass die *iura canonum confusa, diversa, inter se valde discrepantia* gewesen seien. In diese *dissonantia* habe es *in arbitrio sacerdotis* gelegen, welche Busse aufzuerlegen war – eine Entscheidungsgewalt, die nur von den Weisen und im göttlichen Recht Gelehrten (*a sapientibus et legis divinę eruditis*), nicht aber von den Lernenden, genutzt werden konnte. Und hier setzte er an, indem er Widersprüche gleich auf Textebene zu beseitigen suchte, da diese seiner Vorstellung von Ordnung zuwider zu laufen schienen.[383] Ordnung musste also sein, doch wie er Ordnung schuf, kommunizierte Burchard dem Leser nicht.

(2) discretio*: Die Praefatio zur* Collectio Canonum *des Deusdedit*

Kardinal Deusdedit stellte seiner *Collectio Canonum* ebenfalls einen Prolog voraus, in dem er nicht nur sein Ziel betonte, nämlich die Vorherrschaft der *Sancta Romana Ecclesia* zu unterstreichen, sondern in dem er auch seine komplexe Methodik der Aufbereitung des kanonistischen Stoffs reflektierte. Er erklärte dem Leser, dass er seiner Sammlung eine *Capitulatio* vorausgestellt habe, deren Aussagen er einzelne Kanones als Beleg zugeordnet habe, so dass er die ursprünglichen Texte in einer weitgehend historisch-chronologischen Aneinanderreihung bieten könne, ohne sie zu zerstückeln oder zu verdoppeln.[384] Über diese Ausführungen hinaus bietet das Vorwort auch eine methodische Beschreibung, wie mit konfligierenden Kanones umzugehen sei. Deusdedit schlug ein abgestuftes Autoritätskonzept vor: Er ging von dem Befund aus, dass sich selbst in den Evangelien Gegensätzliches finden lasse, aber sich solche Widersprüche bei einer sorgfältigen Analyse

383. Hartmann, Autoritäten, 431.
384. Siehe 96f.

(discretione adhibita) leicht als scheinbare herausstellen würden (*facile patebit, quod neque sibi nec extra positis scripturis adversentur*).[385] Erscheine aber doch ein Widerspruch, so solle die niedere Autorität der höheren weichen.[386] Das Verhältnis der beiden Lösungsvorschläge zueinander – es gäbe bei genügender *discretio* keine Widersprüche und wenn doch, dann obsiege die Quelle mit der höheren Autorität – , legte er jedoch nicht dar.[387]

Anschliessend an seinen grundsätzlichen Vorschlag einer Autoritätenhierarchie versuchte Deusdedit, diese näher auszuführen, auch wenn er keine absolute Hierarchie aufstellte, sondern sich mit Hinweisen begnügte, welche Texte er als autoritativ einstufte. An erster Stelle nannte er die Universalkonzilien, also beispielsweise das Konzil von Nizäa (325), Ephesus I. (431) sowie das von Chalcedon (451); über deren Autorität könne – ausser einem Tor – keiner zweifeln.[388] Im Übrigen zählte er ohne Rangverhältnis nur die für ihn autoritative Quellen auf: Die Konzilien der Ostkirche, soweit sie von römischen Bischöfen in deren Schreiben zitiert würden;[389] ferner die Synode von Karthago und andere Universal- oder Provinzialsynoden, die von dem (Universal)Konzil von Chalcedon 451 generell bestätigt worden seien;[390] ausserdem die fünfzig *Canones Apostolorum*, die Papst Clemens aus dem Griechischen ins Lateinische übersetzt habe; und nicht zuletzt die Kirchenväter wie Hieronymus, Augustinus, Cyprian. Er, Deusdedit, habe jedenfalls Texte so ausgesucht, dass sie von *plenissima auctoritas* seien.[391]

385. Deusdedit, Prolog (von Glanvell, Kanonessammlung, 3 Zeile 12–14): *Porro si qua hic inserta, quod etiam in evangelistis sepe contingit, sibi invicem contraria videbuntur, discretione adhibita facile patebit, quod neque sibi nec extra positis scripturis adversentur.* Ob sich hinter der anzuwendenden *discretio* zur Auslegung von Kanones eine *distinctio*, also eine Unterscheidung im rechtstechnischen Sinne, verbirgt, sei hier nur als Frage formuliert.

386. Deusdedit, Prolog (von Glanvell, Kanonessammlung, 3 Zeile 14f.): *Quod si patenter adversari contigerit, inferior auctoritas potiori cedere debebit.*

387. So Sorensen, Preface as Hermeneutical Vehicle, 54: „Deusdedit's advice on this question is twofold and itself not without apparent contradiction."

388. Deusdedit, Prolog (von Glanvell, Kanonessammlung, 3 Zeile 20): *De quarum auctoritate, nisi qui insaniat, nemo [est] qui dubitet.*

389. Deusdedit, Prolog (von Glanvell, Kanonessammlung, 3 Zeile 20–24): *Set et de reliquis conciliis Orientalibus non abreputavi, quę congrua mihi visa sunt, mutuare, a quibus videbam Romanos pontifices in suis constitutionibus, quod et curiosus lector deprehendere poterit, auctoritatem accepisse.*

390. Deusdedit, Prolog (von Glanvell, Kanonessammlung, 3 Zeile 30 – 4 Zeile 2): *... sciendum est, quoniam omnia concilia sive universalia sive provincialia, quę ante Chalcedonensem sinodum acta fuerant, postea confirmata et corroborata fuerunt in eadem cap. I, quod ita se haberet: „Regulas sanctorum patrum per singula nunc usque concilia constitutas proprium robur obtinere decrevimus".*

391. Deusdedit, Prolog (von Glanvell, Kanonessammlung, 4 Zeile 27–30): *Et omnimodis*

Autorität beruhte für Deusdedit somit zuallerst auf dem Legislator – hier der Bischöfe in Universalkonzilien, dort der Päpste –, konnte sich aber auch aus der nur impliziten Konfirmation durch einen der erstgenannten Gesetzgeber ergeben: Provinzialkonzilien erhielten Gewicht, wenn ihre Beschlüsse von einem Universalkonzil generell bestätigt worden waren; ostkirchliche Synoden gewannen an Autorität, wenn sie von den römischen Bischöfen zitiert und somit approbiert waren. Die von einigen bezweifelte Authentizität der Briefe Pseudo-Clemens an Jakob räumte Deusdedit mit dem Hinweis auf die Aufnahme dieser Briefe in Schreiben anderer Päpste beiseite.[392] Insofern könnte man für das Verhältnis von Konzil und römischem Bischof von einer ‚inversen Autorisierung' sprechen; im Übrigen gewann eine Rechtsquelle durch zustimmende Zitierung von Päpsten an Autorität.[393] Die Autorisierung von normativen Texten verbunden mit einer Autoritätenhierarchie, in der der Rechtssatz einer niederen Rechtsquelle dem einer höheren zu weichen habe, führte zu einer allgemeinen und universalen Ordnung von normativen Texten, die zwar starr und unflexibel, doch zugleich auch eindeutig zu handhaben war.

Wie wollte Deusdedit also ordnen? Zumindest in Ansätzen legte er sein methodisches Vorgehen offen: Er erklärte dem Leser seine besondere Art des Aufbaus mit Kapitulation und Hauptteil und thematisierte das Problem konfligierender Kanones; bei Widersprüchen zwischen Kanones schlug er dem Leser vor, nach Autoritäten gewichtend zu entscheiden. Ohne eine strenge Hierarchie aufzustellen, schien er jedoch die Vorstellung eines grundsätzlichen wie absoluten Vorrangs bestimmter Rechtsquellen zu haben – im Konkreten liess er den Leser aber mit der Autoritätsfrage allein. Vor allem aber reflektierte er seine eigenen interpretatorischen Überschreitungen, die seine Sammlung in so charakteristischer Weise auszeichnen, nicht.

opera impendi, ut essent plenissima auctoritate, quę hic congessi, quoniam sicut aliquos, quibus hec placerent, ita non defuturos quosdam, qui his inviderent, non ignoravi.

392. Deusdedit, Prolog (von Glanvell, Kanonessammlung, 4 Zeile 19–23): *Epistolas autem Clementis ad Iacobum, contra quas quidem garrire videntur, autenticas ostendunt successores eius Anacletus et Alexander et quidam alii pontifices et a deo benedictus monachorum pater, qui ex illis plures sententias in suis scriptis inseruerunt.* Zu dieser Stelle auch Somerville/Brasington, Prefaces, 127 Fn. 53–55; Sorensen, Preface as Hermeneutical Vehicle, 56.

393. Hierzu Sorensen, Preface as Hermeneutical Vehicle, 54–57.

(3) dispensatio*: Der Prolog Ivos von Chartres*

Ivos von Chartres Prolog gilt als die wohl bedeutendste theoretische Auseinandersetzung mit normativen Texten vor Gratian.[394] Seine weite handschriftliche Verbreitung in mehr als 170 Textzeugen, sein Einfluss auf andere Werke und das seit 100 Jahren ungebrochene Interesse der Forschung zeugen von dem Wert dieser Schrift.[395] Bei der Erforschung des Prologs sind seit dem letzten Jahrzehnt des 20. Jahrhunderts grosse Fortschritte zu verzeichnen: So liegen nun erstmals kritische Editionen dieses Werkes vor, nämlich eine erste, die Bruce Brasington 1990 in einer maschinenschriftlichen Dissertation vorgelegt hat und die 2004 im Druck erschien, sowie eine zwischenzeitlich publizierte Edition von Jean Werckmeister, die ganz wesentlich auf der Arbeit von Brasington beruht.[396] Durch die genauere Kenntnis der handschriftlichen Überlieferung des Prologs haben sich zwar weitere Fragen gestellt, die derzeit nur unzureichend beantwortet sind.[397] Doch da der Text als solcher

394. Zur Reputation des Prologs siehe Brasington, Ways of Mercy, 8–10; Brasington, Rezeption des Prologs, 167: „erste systematische Darstellung der Prinzipien kanonistischer Rechtswissenschaft"; Werckmeister, Yves de Chartres. Prologue, 32: „Yves présente dans son *Prologue*, pour la première fois dans l'histoire de la science canonique, une théorie générale de la dispense."

395. Die Überlieferung in 170 Textzeugen ist genannt bei Brasington, Prologue of Ivo of Chartres, 4; zum „Nachleben" des Prologs siehe Brasington, Prologue to the Decretum, 695–1221; Brasington, Studies in the *Nachleben* of Ivo of Chartres (1997); Brasington, Require in Prologo (2001).

396. Brasington, The Prologue to the Decretum and Panormia of Ivo of Chartres. An Eleventh-Century Treatise on Ecclesiastical Jurisprudence (1990); die Edition ist mit Einleitung gedruckt in Brasington, Ways of Mercy (2004); Werckmeister, Yves de Chartres. Prologue (1997). Die ältere Forschung hat mit dem Druck in PL 161, Sp. 47B–60A gearbeitet; zu diesem Nachdruck und dessen Vorlagen siehe Brasington, Prologue of Ivo of Chartres, 3 Fn. 3. Eine englische Übersetzung von Ivos Prolog bieten Somerville/Brasington, Prefaces, 132–158; eine französische Werckmeister, Yves de Chartres, Prologue, 62–129 und eine italienische Violi, Il prologo, 367–401.

397. Zu den derzeitig strittigen Punkten zählt zum Beispiel die Frage, ob der Prolog, der sowohl mit der *Panormia* als auch mit dem *Decretum* überliefert ist, ursprünglich für die eine oder die andere Sammlung konzipiert war oder ob er nicht vielleicht vorher sogar als selbständiger Traktat kursierte. Eine ursprünglich selbständige Überlieferung des Prologs hat Brasington, Prologue of Ivo of Chartres (1992) vorgeschlagen; einen solchen Text sieht er in der Handschrift Liege, UB 230 überliefert, dem der einleitende wie der abschliessende Teil des Prologs (bei Werckmeister, Yves de Chartres. Prologue, Nr. 1–2 (62–65) sowie Nr. 53 (128)) fehlen. Zur selbständigen Überlieferung vertiefend Brasington, Rezeption des Prologs (1991), dort als Appendix eine Liste der Handschriften, in denen der Prolog überliefert ist (173f., jeweils mit Kontextangabe); Nachträge hierzu bei Rolker, Canon Law, 266 Fn. 84. Eine Zuschreibung ursprünglich an die *Panormia* nahm bspw. Fournier, Les collections canoniques attribuées à Yves, 579–581 vor, ihm widersprach Bliemetzrieder, Zu den Schriften Ivos von Chartres, 4–17, der eine Verbindung mit dem *Decretum* vermutete. Landau, Ivo von Chartres (ca. 1040–1115), insbes. 423f. fragte, ob eine frühe Kompilation

recht stabil überliefert ist und sich die Abweichungen auf Einleitung und Schluss beschränken,[398] können die editorischen Fragen bei der Analyse des Prologs für die Frage nach dem Denken über Recht an der Schwelle vom 11. zum 12. Jahrhundert ausgeklammert bleiben. Ivos Ansatz, Recht im Spannungsverhältnis von *iudicium* und *misericordia* zu verorten, erschliesst sich auch ohne Klärung aller Fragen zur Entstehungsgeschichte des Prologs.[399]

Warum aber ist hier auf den Prolog Ivos überhaupt einzugehen? Denn wenn Ivo gar nicht der Autor der *Panormia* war und der Prolog der *Panormia* ursprünglich ihm wohl auch nicht zugeordnet werden kann, warum ihn dann lesen und interpretieren? Allein die regelmässige Überlieferung des Prologs mit der *Panormia* in mittelalterlichen Handschriften rechtfertigt eine Beschäftigung mit Ivos Gedanken – was der mittelalterliche Leser als Einheit sah, sollte der neuzeitliche Forscher nicht trennen.[400]

Ivo stellte in seinem Prolog Recht (*iudicium*) und Gnade (*misericordia*) gegenüber, die durch *caritas* ausbalanciert werden, da diese entschied, wie zu verfahren sei. Wie der Mediziner entscheiden musste,

unabhängig von *Decretum* und *Panormia* möglich sei. Die Frage nach der ursprünglichen Verbindung ist noch nicht entschieden, obwohl mit Rolkers These der Spätdatierung der *Panormia* viel für eine ursprüngliche Verbindung mit dem Dekret spricht. Als weiterer strittiger Punkt sind die Entstehungsphasen des Prologs zu nennen, die nicht gesichert sind. Auch ist Brasingtons Vorschlag, eine Urfassung, eine kürzere und eine längere Fassung zu unterschieden, nicht ohne Vorbehalte aufgenommen worden. Diese Urfassung möchte Brasington in der Handschrift Liège, UB 230 sehen; darüber hinaus stellte er eine kürzere und eine längere Fassung vor, die sich u.a. in der Fassung des Schlusses unterscheiden, siehe Brasington, Prologue of Ivo of Chartres (1992); Brasington, Ways of Mercy, 112. Diesem Vorschlag aufgeschlossen stand Sorensen, Preface as Hermeneutical Vehicle, 80–84 gegenüber, kritisch verblieb Rolker, Canon Law, 265–272, der sich dafür aussprach, dass der Prolog in zeitlichem Zusammenhang mit dem Dekret (also eher vor 1100) und auch aus inhaltlichen Gründen als Vorwort für das Dekret geschrieben wurde; siehe ferner auch Genka, Prologus des Ivo von Chartres, insbes. 520–530, der sich insbesondere gegen die These einer ‚Urfassung' in Liege, UB 230 wendet, sondern in ihr eher eine Abbreviation erblicken möchte. Mit der Frage nach den verschiedenen Textstufen ist schliesslich die Frage nach der möglichen Entstehungszeit verbunden: Eine Spätdatierung der *Panormia* auf das zweite Jahrzehnt des 12. Jahrhunderts macht eine ursprüngliche Verbindung mit dem Prolog sehr unwahrscheinlich; siehe hierzu Rolker, Canon Law, 265–272.

398. So Brasington, Prologue to the Decretum, 73.

399. Aus der neueren Literatur zum Prolog: Doran, Canon Law, 25–38; Brasington, Prologue to the Decretum (1990); Werckmeister, Yves de Chartres. Prologue, 21–44; Meyer, Distinktionstechnik, 132–136; Sorensen, Preface as Hermeneutical Vehicle, 68–111; Brasington, Ways of Mercy (2004); Violi, Il Prologo di Ivo di Chartres (2006); Brasington, Lessons of Love (2006); Dannenberg, Charity and Law, 18–20.

400. Zur Überlieferung von Prolog und *Panormia* siehe die Manuskriptliste bei Brasington, Rezeption des Prologs, 173f.

ob ein Glied gerettet werden konnte oder amputiert werden musste, so mussten die *spirituales medici* dem Sünder die angemessene Busse auferlegen.[401] Dafür unterschied Ivo kategorisch verschiedene Arten von ‚Recht', nämlich Ermahnung (*admonitio*), Genehmigung (*indulgentia*), Gebot (*preceptio*) und Verbot (*prohibitio*).[402] Die Ermahnung (*admonitio*) war für Ivo nicht zwingendes Recht, sondern nur Ratschlag für ein besseres und tugendvolleres Leben: Dem Ratschlag musste man nicht folgen, und insbesondere führte die Nichtbefolgung nicht zur Strafe, doch hatte man sich entschlossen, dem Rat zu folgen, so musste man dies auch konsequent tun. Ivo verdeutlichte dies am Beispiel des Eides: Einmal abgelegt, binde er.[403] Ähnlich verhalte es sich mit der Genehmigung (*indulgentia*), die ein Zugeständnis, eine Art Heilmittel (*remedium*) sei. Die Ausübung des genehmigten Verhaltens gäbe keinen Vorteil, sondern sei für Menschen gedacht, die der eigentlichen Regel nicht folgen könnten. So sei zwar der geschlechtliche Verkehr ausserehelich nicht erlaubt, da er eine *fornicatio* darstelle, in der Ehe jedoch zugestanden; nahmen die Partner dieses Zugeständnis aber in Anspruch, so mussten sie sich treu bleiben. Wer diese Konzession jedoch nicht beanspruchte – also enthaltsam lebte –, erhalte eine himmlische Gegenleistung; wer hingegen in der Ehe verkehre, erhalte zwar kein Malus, aber auch keine himmlische Gegenleistung.[404]

Im Gegensatz zu *admonitio* und *indulgentia* sind für Ivo das Gebot (*preceptio*) und das Verbot (*prohibitio*) hingegen prinzipiell zwingend. Ivo unterschied jedoch unveränderliche (*immobilis*) von veränderlichen (*mobilis*) Gebote bzw. Verboten. Erstere beruhten auf der *lex aeterna* – Ivo dachte hierbei an den Dekalog[405] –, die letzteren seien aus Nützlichkeitserwägungen (*utilitas*) eingeführt worden. Hierzu zählte er die jüngere Tradition, also auch das Neue Testament. Verständlicherweise waren veränderliche Verbote bzw. Gebote zahlreicher als die unver-

401. Brasington, Ways of Mercy, 116–118; Werckmeister, Yves de Chartres. Prologue, Nr. 4f. (66–68); sowie den Überblick über den Prolog von Werkmeister, Le premier „canoniste" (1997).

402. Siehe die Überleitung: Brasington, Ways of Mercy, 118; Werckmeister, Yves de Chartres. Prologue, Nr. 6 (68–70).

403. Brasington, Ways of Mercy, 118f.; Werckmeister, Yves de Chartres. Prologue, Nr. 7 (70–72).

404. Brasington, Ways of Mercy, 119f.; Werckmeister, Yves de Chartres. Prologue, Nr. 8 (72–74). Ein anderes Beispiel von Ivo: Wer, zum täglichen Fasten animiert, dieses Angebot ausschlägt, sündigt nicht, erhält aber auch nicht wie der Fastende einen himmlischen Vorteil; nimmt er es aber auf sich, fastend zu leben, so ist er an dieses Vorhaben gebunden.

405. Brasington, Ways of Mercy, 34f.

änderlichen.[406] Die Beachtung der *immobiles preceptiones* führe zum Heil, ihre Nichtbeachtung zur Verdammnis, wie Ivo am Gebot des Ehrens von Vater und Mutter erläuterte.[407] Die Beachtung der *mobiles preceptiones* führte hingegen nicht notwendigerweise zum Heil, sie konnte aber helfen, es zu erlangen. So sollte man Häretiker nach zwei Gesprächen meiden, nicht, weil man sein Seelenheil durch Gespräche mit Häretikern notwendigerweise in Gefahr brachte, sondern weil sie einfachere Gemüter korrumpieren könnten.

Dieselbe Unterscheidung von Veränder- und Unveränderbarkeit applizierte Ivo auch auf die Verbote: ‚Du sollst nicht töten' war für ihn ein unveränderbares Verbot, das bei der Nichtbeachtung zwingend zur Verdammnis führte, dessen Beachtung aber nicht zwingend das Heil implizierte; das Verbot, nicht zu schwören, ein veränderbares: Es sei zwar nicht verboten, zu schwören, aber doch ratsam, da derjenige, der selten schwur, nicht in die Gefahr geriet, sein Seelenheil auf das Spiel zu setzen.[408]

Ivo benötigte diese Unterscheidung in veränderbare und unveränderbare Geboten bzw. Verbote, um eine Theorie der *dispensatio* zu entwickeln: Während von dem kleinen Teil der unveränderlichen Gebote und Verbote nicht dispensiert werden durfte, war der grössere Teil der gesetzten und damit veränderlichen Normen der Aufhebung oder Milderung zugänglich.[409] Ivo illustrierte diese Dispens mit einem biblischen Beispiel: Jesus sandte die Jünger in die Städte Israels aus und

406. Brasington, Ways of Mercy, 35: „They are authoritative, but historical, based on considerations of necessity and utility."

407. Brasington, Ways of Mercy, 120f.; Werckmeister, Yves de Chartres. Prologue, Nr. 9f. (74–76).

408. Brasington, Ways of Mercy, 121f.; Werckmeister, Yves de Chartres. Prologue, Nr. 11f. (76f.).

409. Brasington, Ways of Mercy, 123: *In his igitur in quibus observatis salus acquiritur, vel in quibus neglectis mors indubitata consequitur, nulla est admittenda dispensatio, set ita sunt omnia mandata vel interdicta servanda, sicut sunt eterna lege sancita.* Die *dispensatio* bei Ivo ist im Gegensatz zur heutigen Dispens offener und weniger strikt; Werckmeister, Yves de Chartres. Prologue, 36–41, 39: „On le voit, la *dispensatio* n'est présentée par Yves ni comme une exception, ni comme une valeur négative (non-application d'une loi), mais bien plutôt comme la mise en œuvre par les responsables de l'Église de la miséricorde même de Dieu. La dispense est, en dernière analyse, une des façons de mettre en pratique la caritas." [Hervorheb. im Orig.]. Siehe auch Meyer, Distinktionstechnik, 132 und zur *dispensatio* Sprandel, Ivo von Chartres, insbes. 77–85. Der Begriff *dispensatio* bei Ivo deckt sich also nicht mit dem modernen Dispensbegriff, der die Nichtanwendung eines Gesetzes im Einzelfall meint (vgl. Aymans/Mörsdorf, Kanonisches Recht 1, § 28, 269–282); Ivo verwendet den Begriff weiter und weniger scharf abgegrenzt.

verbot ihnen zunächst, Geldbeutel, Reisesack und Sandalen mitzunehmen.[410] Kurz vor seiner Verhaftung erinnerte Jesus an das Verbot und ermahnte seine Jünger, nun einen Geldbeutel zu nehmen, sich einen Rucksack umzubinden und ein Messer zu erwerben, da sie gerüstet sein sollten.[411] Ivo löste diesen offensichtlichen Widerspruch zwischen beiden Bibelstellen mit dem Rückgriff auf die Notwendigkeiten der Zeit (*necessitas temporis*), die das grundsätzliche Verbot im Einzelfall aufhoben.[412]

Die Dispens hat aber auch Grenzen. Ivo betonte, dass sie nur vorübergehender Natur sei, so dass mit dem Wegfall des Dispensgrundes auch die Dispensation entfiele.[413] Grund für die Aufhebung eines Gesetzes sei die *necessitas*, die Notwendigkeit: *Ubi necessitas non est, nullo modo violentur sanctorum patrum statuta*, nahm Ivo ein Wort Leos des Grossen auf, ohne Notwendigkeit sollten die Vorschriften der Väter nicht verletzt werden. Erfordere es aber der Nutzen für die Kirche, so dürfe von den Vorschriften abgewichen werden.[414] Damit ist ein mit der Dispens zu erreichendes Ziel schon genannt: Der Nutzen der Kirche. Er konnte ausnahmsweise rechtfertigen, dass Priestersöhne sogar Bischöfe wurden, obwohl ihnen der Zutritt zum Klerikerstand grundsätzlich versagt war.[415] Neben der *utilitas ecclesiae* konnte die Dispens

410. Lukas 10, 4: *Nolite portare sacculum neque peram neque calciamenta et neminem per viam salutaveritis.*

411. Lukas 22, 35f.: *Et dixit eis quando misi vos sine sacculo et pera et calciamentis numquid aliquid defuit vobis, at illi dixerunt nihil. Dixit ergo eis: sed nunc qui habet sacculum tollat similiter et peram et qui non habet vendat tunicam suam et emat gladium.*

412. Brasington, Ways of Mercy, 124; Werckmeister, Yves de Chartres. Prologue, Nr. 16 (80f.): *Dominus quippe mittens discipulos ad predicandum, interdixit eis et peram et sacculum et quia vita domini Iesu in terris disciplina est morum, instante tempore passionis sue et peram reddidit et sacculum, in seipso primo dans exemplum, quod in huiusmodi tradicionibus necessitati temporis cedendum est.*

413. Brasington, Ways of Mercy, 140; Werckmeister, Yves de Chartres. Prologue, Nr. 49 (124f.): *Sic alie dispensaciones salubri deliberacione admisse cessante necessitate debent et ipse cessare nec est pro lege habendum quod aut utilitas suasit aut necessitas imperavit.*

414. Brasington, Ways of Mercy, 137; Werckmeister, Yves de Chartres. Prologue, Nr. 44c (118f.): *Ubi vero necessitas fuerit ad utilitatem ecclesie, qui potestatem habet ea dispenset. Ex necessitate enim fit mutacio legis.* Das Zitat stammt aus: Leo der Grosse an die Bischöfe in Caesarea Mauretania (heute: Cherchell/Algerien), um 446, JK 410/J[3] 916. Ein vergleichbarer Gedanke findet sich in Brasington, Ways of Mercy, 129; Werckmeister, Yves de Chartres. Prologue, Nr. 31 (94–97): *Set necessitas temporis id fieri magnopere postulabat. Ergo quod necessitas pro remedio repperit, cessante necessitate debet utique cessare pariter quod urgebat, quia alius est ordo legitimus, alia usurpacio, quam ad presens fieri tempus impellit.*

415. Beispiele: Brasington, Ways of Mercy, 132–134; Werckmeister, Yves de Chartres. Prologue, Nr. 38, 42 (102f., 106–111) bzw. Nr. 40f. (103–105).

aber auch der *utilitas personarum*, also dem Wohl des Einzelnen oder des Kirchenvolkes, dienen.[416]

So deutlich Ivo seine theoretischen Grundlagen auch zeichnete und mit Zitaten aus der kanonistischen Tradition begründete, so undeutlich blieb er bei der eher praktischen Frage, wer zur Dispens autorisiert war. Er sprach von den *principes ecclesiarum*, denen das Dispensrecht zukäme, sowie von *qui potestatem habet ea dispenset*; in seinen Beispielen sind es häufig die römischen Bischöfe, aber auch ‚Richter', die dispensieren.[417] Es liegt daher wohl nahe, sowohl den Bischof von Rom als auch jeden anderen Bischof (der zugleich Richter ist) als zum Dispens berechtigt anzusehen. In diesem Sinne argumentierte auch Ivo als Bischof von Chartres in Briefen mit seiner eigenen Dispenstheorie.[418]

Welche Bedeutung kann man dieser Methode zuschreiben? – Betrachtet man Ivos *iudicium et misericordiam* aus der Perspektive der späteren Distinktionstechnik, so fällt der Befund mager aus: Meyer konstatierte eine nur handwerkliche Distinktionstechnik und rudimentäre diairetische Methoden – Ivo war für ihn in dieser Hinsicht nicht der intellektuelle Vorläufer der in der Dekretalistik perfektionierten Distinktionstechnik und auch ein grösseres Interesse an der Dialektik sagte er ihm nicht nach.[419] Aber diese Beurteilung wird Ivo nicht gerecht. Ivos

416. Brasington, Ways of Mercy, 125; Werckmeister, Yves de Chartres. Prologue, Nr. 19 (84f.): *Multa quoque principes ecclesiarum pro tenore canonum districtius iudicant, multa pro temporum necessitate tolerant, multa pro personarum utilitate vel strage populorum vitanda dispensat. Multa eciam a sanctis patribus imminuta scripturarum testimoniis comprobantur*. Die Quellenzitate lassen sich beliebig verlängern, siehe auch Brasington, Ways of Mercy, 126; Werckmeister, Yves de Chartres. Prologue, Nr. 21 (84–87): *Sicut quedam sunt que nulla possunt racione convelli, ita multa sunt que aut pro necessitate temporum aut pro consideracione etatum oportet temperari, illa semper consideracione servata ut in his que dubia fuerint aut obscura, id noverimus sequendum quod nec preceptis evangelicis contrarium nec decretis sanctorum patrum inveniatur adversum.* Das Zitat stammt aus einem Brief Leos der Grosse an Rusticus, Bischof von Narbonne, ep. 167, JK 544/J[3] 1098.

417. *principes ecclesiarum:* Brasington, Ways of Mercy, 125; Werckmeister, Yves de Chartres. Prologue, Nr. 19 (84f.); *qui potestatem habet ea dispenset:* Brasington, Ways of Mercy, 137; Werckmeister, Yves de Chartres. Prologue, Nr. 44c (118f.); Beispiele für Päpste: Leo I. der Grosse (Brasington, Ways of Mercy, 125; Werckmeister, Yves de Chartres. Prologue, Nr. 20 (84f.)) und Gregor der Grosse (Brasington, Ways of Mercy, 140; Werckmeister, Yves de Chartres. Prologue, Nr. 48 (124f.)); Richter: Brasington, Ways of Mercy, 128; Werckmeister, Yves de Chartres. Prologue, Nr. 29 (92f.): *Soleo audire in potestate esse iudicis mollire sententiam et mitius vindicare quam leges.*

418. Werckmeister, Yves de Chartres. Prologue, 29f., 38f.

419. Meyer, Distinktionstechnik, 132–136, vor allem 134; Brasington, Prologue to the Decretum, 481: „concordance is not Ivo's main concern" sowie „His language echos the

Ansatz, dies hat Christof Rolker nachdrücklich betont, sei eben nicht der Versuch, auf theoretischer und textlicher Ebene einen Ausgleich zwischen sich widersprechenden Kanones zu finden; Ivos Augenmerk liege vielmehr auf der Praxis, denn als Bischof musste er das tradierte Recht anwenden.[420] Zur Lösung eines konkreten Rechtsfalls sah Ivo in konfligierenden Textaussagen einerseits das Prinzip der Strenge, andererseits das der Milde verwirklicht, zwischen welchen er mit Hilfe der *caritas* entscheiden wollte.[421] „Anstatt die Widersprüchlichkeit der kirchlichen Tradition als bloß scheinbare abzutun", so Rolker weiter, „verschärft Ivo das Problem noch, insofern er in Rückgriff auf theologische Argumente nicht nur die einzelnen Texte als widersprüchlich anspricht, sondern diese als Ausdruck widersprüchlicher Prinzipien ansieht."[422] Aus diesem Grund scheute Ivo die Widersprüche nicht; vielmehr lebte das von ihm kompilierte *Decretum* von gegensätzlichen Aussagen, die er sammelte, um mit seiner Methode des Ausgleichs mit Kanones Lösungen für Rechtsfragen zu erarbeiten.[423] In diesem Sinne erklärte Rolker das Dekret Ivos auch nicht zur „travail préparatoire", zum „magasin de documents", wie Fournier es tat,[424] das Ivo für die *Panormia* auswertete, sondern zu *der* Sammlung, die Ivos Gedanken am besten widerspiegele.[425] Die scholastisch inspirierte *Panormia* fügt sich insofern viel weniger in das Denken Ivos ein und lässt sich als

world of Gregory the Great, not the evolving dialectical sophistication of the wandering magistri of the late eleventh century."

420. Brasington, Ways of Mercy, 30, 101–104; Zitat: Brasington, Ways of Mercy, 40: „Ivo turned to the canons not for theoretical speculation but in order to make decisions; most theorists never labored under that responsibility." Ähnlich urteilt Salgado, La méthode d'interprétation, 34*: Ivo sei „plutôt un practicien de l'interprétation".

421. Zur *caritas* neuerdings Brasington, From Charitable Sentences to Amicable Settlements (2011).

422. Christof Rolker, Rez. zu Violi, Il prologo, in: H-Soz-u-Kult, 23.10.2006, http://hsozkult.geschichte.hu-berlin.de/rezensionen/2006-4-070.

423. Rolker, Canon Law, 167: „Ivo [...] made little effort to achieve doctrinal unity in the *Decretum*; he deliberately gathered incongruous material."

424. Fournier, Les collections canoniques attribuées à Yves, 582: „Mais prenez l'œuvre pour ce qu'elle est en réalité, un travail préparatoire, un magasin de documents plus riche que toutes les collections antérieures; ce recueil peut alors très bien être imputé à Yves ou aux secrétaires qui travaillaient sous ses ordres. Une fois le *Décret* compilé, l'œuvre méthodique restait à faire; et cette œuvre fut la *Panormia*." Schon zuvor Wasserschleben, Beiträge zur Geschichte der vorgratianischen Kirchenrechtsquellen, 60 („Privatvorarbeit für die Pannormie") und 77 („Magazine").

425. Rolker, Canon Law, 209: „Among the collections attributed to Ivo, the Decretum represents his canonical and theological thought best, not because it contained only authorities Ivo approved of, but rather precisely because it contained the contradictory traditions he preferred to choose between when developing his own solutions."

eine Sammlung, die mit der Gegenüberstellung von Kanones mit divergenten Sachaussagen und vermittelnden Kanones eine Lösung von Widersprüchen auf Textbasis anstrebt, schwerer als das Dekret mit den im Prolog entwickelten Gedanken in Verbindung setzen.[426]

Ivos Ordnung, die er dem Leser im Prolog vorschlug, war eine gedachte Ordnung des Lesers, die dieser selbst im Einzelfall schaffen musste. Ivo gab dem Leser zwar die zentralen Bausteine – Ermahnung, Genehmigung, Gebot und Verbot sowie Dispens – vor, doch dieser musste selbst aufgrund der *caritas* zwischen *iudicium* und *misericordia* wählen. Ein starres Hierarchiekonzept wie das des Deusdedit hatte Ivo zugunsten eines flexiblen eingetauscht.

b) Von Sammlern und Interpreten: Resümierende Beobachtungen

Blicken wir auf die drei Vorworte zu den hier untersuchten Sammlungen zurück und greifen die Frage auf, inwiefern die Kompilatoren ihr Selbstverständnis reflektierten, Zweck und Ziel ihrer Sammlungen erwähnten sowie den Umgang mit widersprüchlichen Autoritäten thematisierten. Zunächst zu ihrem Selbstverständnis. Während Deusdedit dem Leser keinen Hinweis gab, wie er seine eigene Tätigkeit sah, hoben Burchard und Ivo ihre Tätigkeit als Kompilator hervor. Sie selbst seien keine Legislatoren, keine Gesetzgeber, sondern fleissige Sammler. So schrieb Ivo: *nonnullo labore in uno corpore adunare curavi*;[427] wohingegen Burchard von dem *vigilanti animo* sprach, mit dem er das *corpus in unum colligerem,* und dass er nichts ausser Arbeit hinzugefügt habe: *nihil addidi de meo nisi laborem.*[428] So vergleichbar ihre Tätigkeitsbeschreibung, so verschieden das Ziel, das die drei Kompilatoren verfolgten. Wollte Deusdedit die Vorherrschaft der *Sancta Romana Ecclesia* herausstellen, so rückten Burchard und Ivo die praktische Seite der Verwendung ihrer Sammlung in den Vordergrund, sei es, dass sie das Werk für den Unterricht und zur Unterweisung jüngerer Kleriker

426. So zum Beispiel Rolker, Canon Law, 251: „Reducing contradictions between single canons was the most important concern of the *Panormia* compiler." Die dem Prolog vorlaufenden Traditionen interessieren hier weniger; zum Einfluss von Bec und Lanfrancus eher aufgeschlossen Brasington, Non veni Corinthum (1991); eher kritisch Rolker, Canon Law, insbes. 6–9, 89–92.

427. Brasington, Ways of Mercy, 115; Werckmeister, Yves de Chartres. Prologue, Nr. 1 (62–65).

428. Fransen, Le Décret de Burchard, in: Fransen/Kölzer, Burchard von Worms (Nachdruck), 45, 49.

konzipierten, sei es, dass sie an eine Anwendung in der Rechtsprechung oder bei der Auferlegung von Bussen dachten.[429]

Grundsätzliche Unterschiede zeichnen sich hingegen bei der Reflexion des Umgangs mit konfligierenden Kanones ab. Burchard mied solche offensichtlichen Widersprüche: *Confusa atque diversa* [...] *et in se valde discrepantia* seien die Kanones, stellte er im Vorwort fest – und zur Erleichterung ihrer Anwendung harmonisierte er sie; er glättete, reformulierte und änderte den Wortlaut, er fügte Rubriken ein und passte Kanones in sein Gliederungsschema ein. Seine Sammlung sollte eine möglichst widerspruchsfreie sein. Im Gegensatz zu Burchard lebte Ivos Ansatz von eben diesen Widersprüchen, auf die Ivo den Leser an prominenter Stelle, nämlich zu Beginn des Vorworts, auch explizit hinwies: Der Leser, der nicht sofort alles verstehe oder für widersprüchlich erachte, solle ihn, Ivo, nicht tadeln, sondern überlegen, *quid secundum rigorem, quid secundum moderacionem, quid secundum iudicium, quid secundum misericordiam dicatur*.[430] Damit ist die Aufgabe und die Rolle verschieden, die beide Kompilatoren dem Leser ihrer jeweiligen Sammlung zuschrieben: Burchard widmete sein Werk dem nicht voll ausgebildeten, vielleicht erst lernendem Anwender, der eine Antwort auf eine konkrete Frage suchte; Ivo erwartete von seinem Leser, das er selbstdenkend einen Ausgleich zwischen *rigor* und *moderatio*, zwischen *iudicium* und *misericordia* erstellen konnte.[431] Der eine schuf eine gemachte Ordnung, der andere eine gedachte Ordnung.[432]

429. Zur *Sancta Romana Ecclesia* siehe 5f., zu Burchard siehe 168–170, zu Ivo 173–180.

430. Brasington, Ways of Mercy, 116; Werckmeister, Yves de Chartres. Prologue, Nr. 2 (64f.): *In quo prudentem lectorem premonere congruum duximus, ut si forte, que legerit, non ad plenum intellexerit vel sibi invicem adversari existimaverit, non statim reprehendat, sed quid secundum rigorem, quid secundum moderacionem, quid secundum iudicium, quid secundum misericordiam dicatur, diligenter attendat, que inter se dissentire non sentiebat, qui dicebat: Misericordiam et iudicium cantabo tibi, Domini.*

431. Diese Überlegungen stehen auch nicht in einem Spannungsverhältnis zu Austins Überlegungen (Austin, Jurisprudence in the Service of Pastoral Care, 955f.), die auch bei Burchard Rechtsprinzipien entdecken möchte: Mit Hilfe der impliziten Prinzipien bei Burchard lassen sich zwar vielleicht Lücken schliessen, aber keine Widersprüche auflösen. Es ist zudem eine „implicit jurisprudence", die dem Leser und Anwender die Aufgabe der Entscheidung und Lösung nicht offen anträgt.

432. Die Begriffe ‚gemachte Ordnung' und ‚gedachte Ordnung' finden sich auch bei Meyer, Ordnung durch Ordnen, insbes. 313 (siehe auch 15f.). Stärker als bei Meyer ist hier mit ‚gedachter Ordnung' die ungeschriebene, in der Rechtsanwendung durch den Leser entstehende Ordnung der Regeln zueinander gemeint; selbstverständlich ist die schriftlich festgehaltene Ordnung der Kanones in der *Panormia* zugleich Ausdruck der ‚gedachten Ordnung' des Kompilators.

Deusdedit steht mit seiner Sammlung zwischen Burchard und Ivo: Ihm war zwar bewusst, dass Widersprüche auftreten konnten, doch behandelte er sie entweder als Scheinwidersprüche, die mit der richtigen *discretio* aufzulösen seien, oder als tatsächlich bestehende, bei denen die niedere der höheren Autorität weichen solle. Seine Lösung zum Ausgleich des Konflikts von Autoritäten ist damit eine statische, da er eine absolute, hierarchische Über- und Unterordnung nach Rechtsquellen vor Augen hatte. Aber auch diesen Ausgleich musste der Leser selbst vornehmen, dem Deusdedit nur einige Indizien an die Hand gab. Demgegenüber propagierte Ivo eine fallbezogene Anwendungstheorie, mit der normative Texte im Spannungsverhältnis von Strenge und Gnade mit der *caritas* gewichtet werden sollten. Die Autorität auch einer im Einzelfall zurückgewiesenen Quelle blieb im Prinzip bestehen.[433] Ivo löste also nicht scheinbare oder wirkliche Widersprüche auf Textebene auf, sondern liess den Leser in der Einzelfallanwendung selbst zu einem Ausgleich kommen.[434] Die Strukturen des Rechtswissens, so legen diese drei Vorworte nahe, wurden im Laufe des 11. Jahrhunderts zum Objekt von Reflexionen und die Aufgabe, über Recht nachzudenken, muteten Kompilatoren in immer grösserem Masse nicht nur sich selbst, sondern auch dem Leser zu.

Schliesslich haben diese im jeweiligen Vorwort skizzierten (oder bisweilen auch dissimulierten) methodischen Programme auch Auswirkungen auf die Methode, mit der Jurisdiktionsprimat und Zölibat dargestellt wurden. Ivos Programm ermöglichte eine vorlagengetreue Wiedergabe der Kanones, da er in der praktischen Anwendung Widersprüche auflösen wollte; Deusdedit bot eine im Vorwort und vor allem in der *Capitulatio* programmatische Methode, während Burchard im Vorwort wenig Methodisches anzubieten hatte und gezwungen war,

433. Rolker, Canon Law, 170: „While theologians (and later canon lawyers) were more ready to accept real contradictions between authorities, Ivo was mainly interested in case-to-case solutions which sometimes involved dispensation but rarely the rejection of an authority."

434. Brasington, Ways of Mercy, 30: „He [Ivo] is engaged in systematization and definition of canonistic norms; this effort, however, is not oriented towards harmonization of discrete texts. Dispensation, defined and limited by precept and prohibition, moveable and immoveable, guided by *caritas* could harmonize varying distinctions of law. Resolving the conflict of legal norms, rigor and mercy, not textual conflict itself, is Ivo's concern." An anderer Stelle (Brasington, Ways of Mercy, 74) stellt er fest: „In contrast to Ivo's dispensation as an ecclesiological/juridical medicine to heal the Church, polemicists were concerned with its source and agent." bzw. Brasington, Ways of Mercy, 43: „Ivo considered dispensation a flexible way of judging disputes and maintaining harmony, not a strictly defined, exclusive legal category."

Kanones stillschweigend zu frisieren. In vergleichbarer Weise wurde die Autoritätenfrage von den Autoren gelöst: Burchard kannte Autoritäten und passte die Inskriptionen in seiner Sammlung seinen Autoritätsvorstellungen entsprechend an, indem er zum Beispiel Auszüge aus dem weltlichen Recht verschleierte.[435] Er warf die Autoritätenfrage also nicht explizit auf, sondern löste sie implizit, während Deusdedit die Frage stellte, die Widersprüche aber als nur scheinbare abtat bzw. über die Rechtsquellenhierarchie eine statische Lösung anvisierte. Für Ivo stellte sich die Frage hingegen nicht mehr: Normative Aussagen behielten im Prinzip ihre Autorität und wurden nur im Einzelfall in ihrer Anwendung eingeschränkt. Ivo und Deusdedit konnten daher ihre Texte weitgehend vorlagengetreu wiedergeben.

Der Vergleich dieser drei Vorworte zeigt somit eine Verlagerung des Verhältnisses von Sammlung und Vorwort: Je stärker die Autoren ein hermeneutisches Programm entwickelten, umso weniger sorgten sie sich um die Kanonessammlungen selbst. Wenn die Prologe zur „form of jurisprudence in a world without formal legal training" wurden,[436] dann wurde der Aufwand für die Sammlung geringer, und doch zugleich der Umgang mit normativen Texten schwieriger. Nun war der Leser gefordert: Er musste lesen, mitdenken und vergleichen, Autoritäten gewichten, Strenge und Gnade unterscheiden und selbst urteilen. Der Umgang mit Rechtswissen war zu Beginn des 12. Jahrhunderts komplizierter geworden.

435. Fournier, Études critiques sur le Décret de Burchard, 569f.
436. Brasington, Prologues to Canonical Collections, 241.

Kapitel 3

DIE GEMACHTE UND DIE GEDACHTE ORDNUNG. ORDNUNGSVORSCHLÄGE UND IHRE UMSETZUNG

War der Umgang mit Recht Ende des 11. Jahrhunderts schon kompliziert, so wurde er im Laufe des 12. Jahrhunderts noch komplizierter. Die Ansätze von Deusdedit und Ivo von Chartres standen nicht vereinzelt, sondern betteten sich in eine breite Diskussion ein: Mönche und Scholaren, Artisten und Theologen, Autoren von Streitschriften und Traktaten, sie alle lasen, verglichen, interpretierten und legten aus – und ordneten dabei Recht. Wer nach der Ordnung des Rechtswissens fragt, kommt nicht daran vorbei, auch die *artes liberales* und ihre Handreichungen zum Ordnen zu betrachten. Entfernen wir uns also vorübergehend von den Sammlungen des Rechts und betrachten die grundsätzlichen Möglichkeiten, normative Texte in Verbindung zueinander zu setzen. Zunächst soll ein Streifzug durch die gedachte Ordnung einen Überblick über die Möglichkeiten geben, Rechtswissen zu ordnen (1.). Nach der exemplarischen Präsentation eines Autors, Bernold von Konstanz (a)), sollen sodann verschiedene Bausteine – wie dialektische und rhetorische Figuren, Zirkumstanzien und Dispensationen – vorgestellt werden, mit deren Hilfe Ordnung geschaffen werden konnte (b)). Diese gerade in den Streitschriften benutzten Techniken ermöglichten es, die Idee, dass Kanones zwar verschieden, aber nicht widersprüchlich waren, in Traktaten umzusetzen (c)). Wie diese gedachte Ordnung in die gemachte Ordnung der Kanonessammlungen umgesetzt wurde, fragt dann der nächste Teil (2.). Beispielhaft wird zu Beginn der Umgang Bernolds von Konstanz mit der überkommenen Ordnung des Dekrets Burchards analysiert (a)), bevor dann die inhaltliche Rezeption von Jurisdiktionsprimat und Zölibat in den ausgewählten Kanonessammlungen untersucht wird (b)). Leitend ist dabei die Frage, ob sich die Wissensbestände jüngerer Abschriften gegenüber den älteren Handschriften ändern, also ein Wissenswandel zu verzeichnen ist. Sodann ist der Blick darauf zu richten, ob die als Bausteine bezeichneten Techniken aufgenommen worden sind; im Mittelpunkt des Abschnitts steht also die Überarbeitung der Kanonessammlungen in methodischer Hinsicht. Anschliessend sollen vier weitere Sammlungen des 12. Jahrhunderts auf ihr methodisches Potential hin befragt werden (c)), bevor Bilanz gezogen werden kann (3.).

1. Die gedachte Ordnung

Beginnen wir diesen Streifzug durch die ‚gedachten Ordnungen' zunächst mit einem konkreten Beispiel, nämlich mit Bernold von Konstanz, in dessen zentralem Werk *De fontibus iuris ecclesiastici* sich viele methodische Gedanken und theoretische Überlegungen des ausgehenden 11. Jahrhunderts wie in einem Brennglas bündeln.

a) Ein hinführendes Beispiel: Bernold von Konstanz

Bernold von Konstanz zählt zu den geistreichsten Autoren des ausgehenden 11. Jahrhunderts. Er stand auf der Seite der Kirchenreformer, verteidigte Gregor VII. und unterstützte dessen Kampf gegen Simonie und Priesterehe – und für diesen Kampf arbeitete er intensiv mit Konzilsbeschlüssen, päpstlichen Dekretalen und sich widersprechenden Autoritäten. Auf dieser Auseinandersetzung mit kirchlichen Texten basiert eine der kreativsten Thesen zum Umgang mit der normativen kirchlichen Tradition des 11. Jahrhunderts.[1]

Wer war dieser Bernold? Als er im September 1100 starb, konnte er auf ein erfülltes, aber auch wohl nicht allzu langes Leben zurückblicken.[2] Geboren wohl als Sohn eines Priesters um 1050, wurde er in der Domschule von Konstanz erzogen und am 21. Dezember 1084 durch den Kardinallegaten Odo von Ostia, den späteren Papst Urban II., zum Priester geweiht.[3] Er ist in der Umgebung Bischof Gebhards III. von

1. Siehe die Beurteilung von Robinson, Bernold von Konstanz und der gregorianische Reformkreis, 155: „Bernold, zunächst Kleriker in Konstanz und später Mönch von St. Blasien und Allerheiligen, Schaffhausen, war der produktivste und vielleicht auch der einflußreichste Autor des Investiturstreits in Deutschland."

2. Der Todestag wird auf den 16. bzw. 17. September 1100 datiert; zu den verschiedenen Datierungen siehe Stöckly, Bernold von Konstanz, De excommunicatis vitandis, 2 Fn. 6. Zu Bernold siehe neben Stöckly, Bernold von Konstanz, De excommunicatis vitandis, 2–5 auch Ian S. Robinson, Art. Bernold von St. Blasien, in: Verfasserlexikon 1, 1978, Sp. 795–798; Wilfried Hartmann, Art. Bernold von Konstanz, in: LexMA 1, 1980, Sp. 2007f.; Johannes Laudage, Art. Bernold von Konstanz, in: LThK 2, 1994, Sp. 285f.; Wattenbach/Holtzmann, Deutschlands Geschichtsquellen 2, 521–528 (Georgine Tangl); Thomas Ehlen, Art. Bernoldus Constantiensis, in: Compendium Auctorum Latinorum Medii Aevi 2, 2008, 376–378 sowie Strelau, Leben und Werke des Mönches Bernold, insbes. 2–14 und Münsch, Neues zu Bernold von Konstanz, 207–209. Einen biographisch-bibliographischen Abriss seines Lebens geben Robinson, Bernold von Konstanz und der gregorianische Reformkreis, insbes. 171–188 sowie Robinson, Friendship Circle (1999); zu Kontakten und politischen Positionen auch Walther, Zwischen Polemik, Verschweigen und pragmatischem Umgang (2012).

3. Siehe 94.

Konstanz (1084–1110) nachzuweisen, später weilte er in Sankt Blasien sowie seit 1091 im Kloster Allerheiligen in Schaffhausen, wo er bis zu seinem Tode blieb.[4] Bernold war auf der Fastensynode 1079 in Rom anwesend, auf der die Verurteilung Berengars von Tours beschlossen wurde; er ist ebenso als Teilnehmer der Synode von Quedlinburg 1085 zu vermuten. Er stand in Kontakt mit Adalbert und Bernhard von Hildesheim, seinen Lehrern in Konstanz, und vermutlich traf er 1079 in Rom den Kanonisten und Bischof von Lucca, Anselm (II.). Vielleicht sah er bei seiner Priesterweihe sogar Kardinal Deusdedit, der möglicherweise Odo von Ostia auf einer Legatenreise begleitete.[5]

Auch wenn Bernolds persönliches Wirkungsfeld vor allem der deutsche Südwesten geblieben ist, so zählt er dank seiner Briefe und Traktate zu theologischen, kanonistischen, historischen wie liturgischen Themen zu den einflussreicheren Autoren des ausgehenden 11. Jahrhunderts. In sogenannten Streitschriften bezog Bernold immer wieder in der politischen Auseinandersetzung Stellung.[6] Zu seinen bekanntesten Werken zählt die liturgische Abhandlung *Micrologus de ecclesiasticis observationibus*; die als Autograph erhaltene Weltchronik Bernolds, in der er die Geschichte der Welt von der Schöpfung bis in das Jahr 1100 darstellte, sowie der *Apologeticus*, in dem Bernold die antisimonistischen und gegen die Unenthaltsamkeit der Priester gerichteten Dekrete der Fastensynode des Jahres 1075 verteidigend erläuterte.[7] Darüber hinaus ist Bernold auch eine Überarbeitung und Ergänzung der Sammlung in

4. 1086 nennt er sich *Bernaldus ultimus fratrum de sancto Blasio* (*Apologeticae rationes contra scismaticorum obiectiones* (*Libellus V*), ed. Friedrich Thaner, in: MGH LdL 2, 94–101, hier 95 Zeile 4f.). Zu dieser Formulierung auch Robinson, Bernold von Konstanz und der gregorianische Reformkreis, 187.

5. Siehe Stöckly, Bernold von Konstanz, De excommunicatis vitandis, 3; zu den Reisen Deusdedits siehe 94.

6. Zur Historiographie und zur ‚Wiederentdeckung' Bernolds im 19. Jahrhunderts siehe den Überblick bei Robinson, Bernold von Konstanz und der gregorianische Reformkreis, 155–170.

7. *Micrologus de ecclesiasticis observationibus*, in: PL 151, Sp. 977–1022; zu dem Werk Bäumer, Der Micrologus, ein Werk Bernold's von Konstanz (1893); Taylor, Micrologus Bernolds von Konstanz (1996) und Taylor, A new Inventory of Manuscripts (1998). *Bernoldi Chronicon*, ed. Georg Heinrich Pertz, in: MGH SS 5, 385–467 bzw. die Neuedition von Ian Robinson, in: MGH SS rer. Germ. N.S. 14, 383–540. *Apologeticus super decreta, quae venerabilis papa Gregorius eiusdem nominis septimus in romana synodo promulgavit contra symoniacos et incontinentes altaris ministros*, ed. Friedrich Thaner als *Libellus III*, in: MGH LdL 2, 59–88. Einen weiteren Überblick über die Werke Bernolds vermitteln Manitius, Geschichte der lateinischen Literatur 3, 37–39 und Thomas Ehlen, Art. Bernoldus Constantiensis, in: Compendium Auctorum Latinorum Medii Aevi 2, 2008, 376–378.

74 Titeln zugeschrieben worden, die unter dem Namen ‚Schwäbischer Appendix' firmiert.[8]

Unter den kanonistischen Schriften ist der *Libellus X* für diese Arbeit am bedeutsamsten. Der von dem MGH-Editor Friedrich Thaner an die zehnte Stelle in der chronologischen Ordnung gestellte Traktat beschäftigt sich mit Schismatikern und Häretikern, mit der Busse und den Quellen des Kirchenrechts. Daher rührt auch der lateinische (Kunst)Name *De excommunicatis vitandis, de reconciliatione lapsorum et de fontibus iuris ecclesiastici*. Zwar klingen auch in anderen Schriften Bernolds – wie in *De statutis ecclesiasticis sobrie legendis*[9] – seine Auslegungs- und Harmonisierungsgrundsätze für kirchenrechtliche Texte an, aber in seiner Ausführlichkeit und Deutlichkeit sticht *De fontibus iuris ecclesiastici* oder *Libellus X* doch hervor.[10]

Der Traktat *De fontibus iuris ecclesiastici* gliedert sich in zwei Teile. Im ersten stellte Bernold die Quellen des Rechts vor, im zweiten legte er seine Auslegungsmethode dar. Drei ‚Typen' der kirchlichen Rechtsquellen unterschied Bernold: Beschlüsse der Apostel, Dekrete der Päpste und Entscheidungen von Konzilien.[11] Die Apostel, so Bernold, haben in verschiedenen Synoden Grundentscheidungen für die Kirche getroffen sowie in den *Canones apostolorum* Vorschriften für die Kirche erlassen.[12] Ferner hätten die Päpste als Nachfolger der Apostel durch Dekretalen Recht gesetzt.[13] Konzilsbeschlüsse bildeten schliesslich die dritte Rechtsquelle. Bernold unterteilte diese in Universal- und Provinzialkonzilien; zu den ersteren zählte er die sechs ökumenischen

8. Autenrieth, Bernold von Konstanz und die erweiterte 74-Titel-Sammlung (1958). Ihr wurde, soweit ersichtlich, nie widersprochen.

9. *De statutis ecclesiasticis sobrie legendis*, ed. Friedrich Thaner als *Libellus XV*, in: MGH LdL 2, 156–159.

10. Der Text *De fontibus iuris ecclesiastici* wurde lange Zeit in die Jahre 1090/91 datiert (siehe Strelau, Leben und Werke des Mönches Bernold, 61); Stöckly hat in ihrer Neuedition auf eine inhaltliche Nähe zum *Apologeticus* von 1075 sowie einen auf 1076 zu datierenden Brief Bernolds hingewiesen. Möglicherweise datiert dieser Text also schon in den 1070er Jahre. *De fontibus iuris ecclesiastici* ist zugänglich in der älteren Edition von Friedrich Thaner (MGH LdL 2, 112–142 (*Libellus X*) bzw. 123–142 (*De fontibus iuris ecclesiastici*), 1892) und in der neueren von Doris Stöckly (Bernold von Konstanz, Libellus X, 2000). Nach der letzteren Edition wird im Folgenden zitiert. Strelau, Leben und Werke des Mönches Bernold, 61 war gegenüber den Texten kritischer eingestellt: „Auf den Inhalt beider Schriften [*Libellus X* und *XV* – S.D.] verlohnt nicht einzugehen."

11. Zu den Quellen und insbesondere zu den Konzilien ausführlich Sieben, Konzilsidee, 129–147.

12. Stöckly, Bernold von Konstanz, De excommunicatis vitandis, cap. 25–28, 120–126. Die *Canones apostolorum* weist Bernold nicht als unauthentisch zurück.

13. Stöckly, Bernold von Konstanz, De excommunicatis vitandis, cap. 29–31, 126–129.

Synoden (Nizäa 325, Konstantinopel 381, Ephesus 431, Chalcedon 451, Konstantinopel 553 sowie Konstantinopel 680/681), die letzteren unterteilte er in östliche und westliche Provinzialsynoden. Die westlichen Synoden zerfielen wiederum in afrikanische, gallische, spanische und sonstige.[14]

Zum Abschluss dieses Quellenteils kam Bernold erneut auf die Rolle des Papstes zu sprechen.[15] Er postulierte eine prinzipielle Überordnung der Päpste über die Konzilien und machte dies beispielsweise daran fest, dass Päpste die Abhaltung von Konzilien vorschrieben oder sie sogar einberiefen. Zudem wurden sie häufig von päpstlichen Legaten auf Konzilien vertreten, welche für eine Verbreitung der Beschlüsse sorgten. Auch wenn das Konzil dem Papst beigeordnet und beide Akteure aufeinander bezogen waren, so schrieb Bernold dem Papsttum letztlich doch den Vorrang gegenüber dem Konzil zu.[16] Eine Rangordnung der Rechtsquellen nach ihren Autoritäten stellte Bernold zwar nicht explizit auf, doch lässt sich eine solche erschliessen: Auf die *Canones Apostolorum* folgten die Papstdekrete, es schlossen sich die Beschlüsse der Universalkonzilien, dann die der Provinzialkonzilien an; den Abschluss bildeten die Kirchenväter sowie Heiligenviten.[17]

Wie wollte Bernold von Konstanz widersprüchliche normative Texte in Einklang bringen? Er entwickelte eine Antwort auf diese Frage im zweiten Teil des Traktats, in dem er eine Auslegungs- und Harmonisierungstheorie entwickelte. Ausgangspunkt Bernolds ist die Feststellung, dass Priester Rechtskenntnisse benötigen.[18] Diese könnten sie erlangen, indem sie die Kanones wieder und wieder läsen und durch dieses Studium den eigentlichen, passenden Sinn eines Kanons (*competens sensus*) erkannten.[19] Zur Illustration zeigte Bernold im Folgenden

14. Die Universalsynoden behandelt Bernold in den cap. 33–39 (Stöckly, Bernold von Konstanz, De excommunicatis vitandis, 129–142); die östlichen Provinzialsynoden in den cap. 41–43 (Stöckly, Bernold von Konstanz, De excommunicatis vitandis, 143–148), die westlichen in den cap. 44–50 (Stöckly, Bernold von Konstanz, De excommunicatis vitandis, 148–170).

15. Zum Folgenden: Stöckly, Bernold von Konstanz, De excommunicatis vitandis, cap. 51, 170–172.

16. Vertiefend Sieben, Konzilsidee, 144–147.

17. Greulich, Kirchenpolitische Stellung Bernolds, 8; Ian S. Robinson, Art. Bernold von St. Blasien, in: Verfasserlexikon 1, 1978, Sp. 797; Genka, Hierarchie der Texte (2009) vergleicht Bernold von Konstanz mit Gratian.

18. Stöckly, Bernold von Konstanz, De excommunicatis vitandis, cap. 52, 172 Zeile 14f.: *Quapropter sacerdotibus necessaria est scientia canonum.*

19. Stöckly, Bernold von Konstanz, De excommunicatis vitandis, cap. 52, 172 Zeile 15–19: *Hanc autem nobis ita potissimum comparare poterimus, si eos frequenter legere et in*

scheinbare Widersprüche auf, die sich durch intensives Studium der kirchlichen Texte erklären liessen, wie die verschiedenen Auffassungen zur Translation von Bischöfen, ihrer Immunität oder zur Verurteilung Abwesender. Bei all diesen offensichtlichen Widersprüchen, so Bernold, müsse man zum eigentlichen Sinn der Kanones verstossen, um nicht das zu verwerfen, was apostolisch approbiert und damit richtig sei. Dieser eigentliche Sinn liesse sich erst durch verschiedene Interpretationsmethoden erkennen.

Diesen Interpretationsmethoden widmete sich Bernold im Anschluss. Es sei nicht ausreichend, so konstatierte er zu Beginn, nur in systematischen Sammlungen thematisch organisierte Auszüge aus längeren Texten zu lesen, sondern man solle auf den vollständigen, ursprünglichen Text (*integrae descriptiones*) zurückgreifen. In diesem Sinne empfahl er an anderer Stelle, ältere und authentische Sammlungen zu durchforsten (*antiqua et autentica perscrutare exemplaria*).[20] Für Bernold besassen daher auch die frühmittelalterlichen, chronologischen Sammlungen wie die *Dionysio-Hadriana* oder die *Hispana* grossen Wert – die annotierten Kopien der *Dionysio-Hadriana* (heute: Freiburg, UB 8) oder die der *Quesnelliana* (heute: Einsiedeln, Stiftsbibliothek 191) zeugen von der intensiven Lektüre Bernolds.[21]

legendo compententiam sensus inquirere studeamus. Nam quamvis sacri canones apertam videantur praetendere litteraturam, multa tamen in eis obscura reperiuntur; ähnlich ebd., cap. 56, 180 Zeile 1f.: *Sic ergo et in aliis canonum diversitatibus competentem sensum inquirere debemus.* In vergleichbarer Weise argumentierte Bernold in dem *Libellus XV, De statutis ecclesiasticis sobrie legendis*, in: MGH LdL2, 156–159, hier 156 Zeile 28–31: *Ipsa vero decreta sobrium lectorem et circumspectissimum intellectorem requirunt, qui patienter ferre sciat, etiamsi non omnia in primo aditu pleniter intelligat. Nam multa in eis diversa reperiuntur, quae veritati nequaquam repugnantia deputanda sunt, si competenter intelligantur.*

20. Bernold von Konstanz, *De prohibenda sacerdotum incontinentia*, ep. 1, ed. Friedrich Thaner, in: MGH LdL 2, 7–11, hier 8 Zeile 12–14: *Si autem fortasse negas eandem synodum prohibuisse clericis habitare cum feminis, antiqua et autentica perscrutare exemplaria, quae idem concilium in XX capitulis cum CCCXVIII patrum subscriptione continent roboratum.*

21. Zu den von Bernold annotierten Handschriften: Autenrieth, Domschule, 68–75 bzw. 41–50. Zu den Lektürevorlieben Bernolds vgl. Mordek, Kanonistik und gregorianische Reform, 74f.; Hartmann, Autoritäten, 435f. sowie Stöckly, Bernold von Konstanz, De excommunicatis vitandis, 39. Leider lassen sich die methodischen Überlegungen Bernolds nicht mit einer Lektüre von einführenden dialektischen oder rhetorischen Werken verknüpfen, da jedenfalls die kursorische Durchsicht durch Autenrieth, Domschule, 30–115 keine Hinweise auf eine glossierende Lektüre artistischer Schriften ergibt. Ob und gegebenenfalls welche Handschriften in der Domschule von Konstanz eine Einführung in die *artes liberales* boten, ist heute kaum noch zu ermitteln; aus dem mittelalterlichen Konstanzer Bibliothekskatalog von 1343 ist jedenfalls ein solches Werk nicht ersichtlich, vgl. Lehmann, Bistümer Konstanz und Chur, 192–200. Möglicherweise wurden solche ‚Schulbücher' aber

Für Bernold waren neben dem vollen Wortlaut eines zu interpretierenden Kanons auch dessen ursprünglicher Kontext sowie Parallelstellen von Bedeutung. Die Zusammenstellung verschiedener kirchlicher Normtexte zu einem Thema (*collatio diversorum statutorum*) diene dem besseren Verständnis, *quia unum sepe aliud elucidat.*[22] Vor allem aber sei die Berücksichtigung von Zeiten, Orten und Personen (*consideratio temporum, locorum sive personarum*) nötig, denn nur die Einbeziehung der Entstehungsumstände wie die Zeit des Normerlasses, des Gebiets der Normgeltung sowie der Person des Verfassers respektive des Empfängers einer Regel ermögliche das richtige Verständnis einer kirchlichen Norm. Diese Entstehungsumstände und Intentionen – Bernold sprach auch von den *originales causae* – seien für die Interpretation unerlässlich, lösten sich doch so scheinbare Widersprüche zwischen kirchenrechtlichen Normen auf.[23] Und nicht zuletzt ist auf falsche Zuschreibungen oder gar Fälschungen zu achten, wie Bernold in *De statutis ecclesiasticis sobrie legendis* ausführte.[24]

gar nicht in der Bibliothek aufbewahrt und damit nicht vom Katalog erfasst, vgl. zu dem ähnlichen Phänomen, dass der Katalog der Konstanzer Bibliothek kein *Decretum Gratiani* verzeichnet, Autenrieth, Kanonistische Handschriften, 18.

22. Stöckly, Bernold von Konstanz, De excommunicatis vitandis, cap. 57, 180 Zeile 10–18: *Non solum autem excerptiones canonicarum institutionum sed et integras earum descriptiones diligenter considerare et ad invicem conferre non tedeat, si ad plenam earum noticiam pervenire nos libeat. Nam quȩlibet capitula in locis suis considerata nonnunquam satis aperte patebunt, quȩ per se inspecta aut vix aut nullo modo competenter intelligi potuerunt. Ipsa enim circumstantia lectionis multa nobis praescribere solet, quȩ unum singulare capitulum non habet, sine quibus tamen pleniter intelligi non valet, sed diversorum statutorum ad invicem collatio multum nos adiuvat, quia unum sepe aliud elucidat. Consideratio quoque temporum, locorum sive personarum sepe nobis competentem subministrat intellectum, ut etiam diversitas statutorum nequaquam absurda vel contraria videatur, cum diversitati temporum, locorum, sive personarum apertissime distributa reperiatur.* Zum methodischen Programm Bernolds ferner Grabmann, Geschichte der scholastischen Methode, 234–239, insbes. 237f.; Greulich, Kirchenpolitische Stellung Bernolds, insbes. 9f.

23. Stöckly, Bernold von Konstanz, De excommunicatis vitandis, cap. 57, 180f. Vergleichbar Bernold im *Libellus XV*, *De statutis ecclesiasticis sobrie legendis*, in: MGH LdL 2, 156–159, hier 156 Zeile 32–35: *Sed ad hoc dinoscendum non solum excerptiones decretorum sufficere possunt, immo integrae eorum considerationes studiosis vix satis sufficiunt, ut consideratis eorum originalibus causis a quolibet pleniter dinoscatur, quid eorum generaliter, [quid] dispensatorie tenendum esse videatur.*

24. Bernold im *Libellus XV*, *De statutis ecclesiasticis sobrie legendis*, in: MGH LdL 2, 156–159, hier 157 Zeile 5–8: *Sunt autem multa sanctorum patrum statutis falso ascripta, ut scriptum Widonis musici de symoniacis, et illud sub nomine sancti Gregorii, quod coniugium duarum sororum cum duobus fratribus prohibere videtur, quod ipse Gregorius scribens Augustino licitum esse testatur.*

Das so explizierte Methodenprogramm Bernolds führte zur Erkenntnis, welche kirchliche Norm vorübergehend und welche auf Dauer festgesetzt wurde.[25] Was aber als Heilmittel in einer konkreten Situation normiert wurde, müsse dann wieder aufgehoben werden, wenn sich die Rahmenbedingungen änderten, also die Notwendigkeit entfiel, deretwegen eine Norm erlassen worden war.[26] Bei der Unterscheidung von generell-geltenden, allgemeinen und speziellen, nur temporäre Geltung beanspruchenden Normen liess Bernold es nicht bewenden: Auch von den allgemeinen Normen durfte mit vernünftigem Grund (*rationalis causa*) bis auf die Vorschriften der Evangelien und der Schriften der heiligen Väter dispensiert werden. Den genauen Verlauf der Grenze zwischen dispensierbaren und unumstösslich geltenden Normen erläuterte er aber nicht.[27]

Es lässt sich also bilanzieren: Im methodischen Programm Bernolds führte die historische wie systematische Verortung von Kanones zur Erkenntnis des Geltungsanspruchs, denn während einige Normen als generelle erlassen waren, stellten andere eine Sonderregel als temporäre Anordnung in einer bestimmten historischen Situation dar. Scheinbare Widersprüche lösten sich so auf.

Zum Abschluss des Traktats sprach Bernold erneut die Stellung des Papstes an.[28] Dieser stand im Zentrum seiner Rechtslehre, hatte er doch vorrangig die Macht, Gesetze zum Nutzen der Kirche zu mildern oder zu ändern. Zudem kam ihm die Binde- und Lösegewalt zu: *Est utique sedis apostolicae privilegium*, schrieb Bernold in *De statutis ecclesiasticis sobrie legendis*, *ut iudex sit canonum sive decretorum et ipsa pro tempore nunc intendat, nunc remittat, sicuti ad presens ecclesiasticae utilitati magis competere videat.*[29] Mit der von Christus verliehenen

25. Stöckly, Bernold von Konstanz, De excommunicatis vitandis, cap. 57, 181 Zeile 3–6: *Hoc utique studiosissime indagandum et indagatum memorię tenaciter commendandum, quid sancti patres dispensatorię quasi ad tempus servandum instituerint, quid etiam generaliter omni tempore tenendum censuerint.*

26. Stöckly, Bernold von Konstanz, De excommunicatis vitandis, cap. 57, 181 Zeile 9f.; Innozenz I. an die Bischöfe von Mazedonien, 414 Dezember 13, c. 5, JK 303/J^3 691.

27. Stöckly, Bernold von Konstanz, De excommunicatis vitandis, cap. 51, 182 Zeile 11–19. Zum Dispens bei Bernold auch Fabritz, Sanatio in Radice, 105f. In diesem Sinne schon zuvor Stöckly, Bernold von Konstanz, De excommunicatis vitandis, cap. 25, 121 Zeile 11–14: *Non ergo mirandum, si et successores apostolorum aliqua dispensatorię instituerunt, quę eorum posteri, mutatione temporis hoc exigente, rationabiliter aliquando mutare vel penitus abrogare consueverunt.*

28. Stöckly, Bernold von Konstanz, De excommunicatis vitandis, cap. 51, 182.

29. Bernold im *Libellus XV*, *De statutis ecclesiasticis sobrie legendis*, in: MGH LdL 2,

Binde- und Lösegewalt war die Einsetzung Petri nicht nur mit einem theologisch, sondern auch mit einem rechtlich verstandenen Primat verbunden.[30] Wie stark Bernold seine Rechtslehre auf den Papst als Zentrum abstimmte, lässt sich flankierend an weiteren Punkten ablesen. So stellte Bernold nicht die ordnungsgemässe Datierung von Normen mit Datum und Konsulatsangabe bei der Gültigkeitsprüfung in den Vordergrund, sondern die apostolische und allgemeine Zustimmung.[31] Autorität wurde also nicht formal, sondern material generiert.

Für Bernold leitete sich zudem die Geltung von Provinzialsynoden aus der Übereinstimmung mit päpstlichen Normen oder der (fiktiven oder tatsächlichen) päpstlichen Zustimmung zu den Rechtssätzen ab.[32] Bischöfen hingegen war es nicht zugestanden, Kanones zu setzen oder über gegebene zu urteilen, da dies das alleinige Recht des römischen Bischofs sei; vielmehr war der Bereich ihrer *iurisdictio* auf mindere Angelegenheiten wie Busskanones beschränkt. Das Verfügungsrecht über Kanones, das Bernold dem Papst als deren Interpret zuschrieb, stimmte somit mit dessen legislativer Position überein: Standen die Anordnungen der Päpste prinzipiell über denen eines Konzils, so war es folgerichtig, dass primär der Papst über Dispensationen vom kirchlichen Recht oder dessen Neuerlass entschied, nicht aber ein Bischof. Trotz dieses Vorrangs des Papstes ist es bemerkenswert, dass Bernold dessen Stellung nicht mit dem Primat päpstlicher Gesetze verknüpfte – es ist nicht ersichtlich, dass päpstliche Dekretalen immer Geltungsvorrang

156–159, hier 157 Zeile 2–4. Siehe auch Greulich, Kirchenpolitische Stellung Bernolds, 15, insbes. Fn. 11.

30. Zur Schlüsselgewalt vertiefend Weisweiler, Päpstliche Gewalt, 131–138 sowie grundlegend Hödl, Geschichte der scholastischen Literatur und der Theologie der Schlüsselgewalt (1960).

31. Stöckly, Bernold von Konstanz, De excommunicatis vitandis, cap. 47, 155 Zeile 7–11: *Sed ecclesiastica statuta, non tam ex temporis sive consulis annotatione quam ex apostolica et universali assensione tantum firmitatis acceperunt, ut nequaquam de eorum auctoritate dubitetur. Quapropter et nos eorum auctoritati praeiudicare non debemus, etiamsi certum tempus institutionis eorum ignoremus.*

32. Siehe Stöckly, Bernold von Konstanz, De excommunicatis vitandis, cap. 45, 152 Zeile 1–3: *Horum autem conciliorum statuta ab Affricanis patribus Romano pontifici ad confirmandum directa leguntur* [...]; ebd., 168 Zeile 4 – 169 Zeile 5: *Preter hęc autem plura inveniuntur concilia [...], quę tamen nequaquam contempnere debemus, cum multa in his ecclesiasticę dispositioni necessaria reperiamus, praesertim cum et Romani pontifices illa per provincias celebrari iusserint eaque suis legationibus auctorizare consueverint. Hoc vero generaliter in quibuslibet provincialibus conciliis est observandum, ut illa semper capitula recipiamus, quęcumque apostolicis et universalibus institutis consonare et ęcclesiasticę utilitati competere videamus.* Zum Verhältnis von Papsttum und Synode vertiefend Sieben, Konzilsidee, 132–140.

vor Konzilsbeschlüssen behaupten konnten. In diesem Sinne war sein Programm beides, prinzipiell hierarchisch und zugleich flexibel.

Bernolds Konzept ist für eine Beschäftigung mit dem Jurisdiktionsprimat und dem Zölibat im 11. und 12. Jahrhundert aus zwei Gründen bedeutsam. Erstens entwickelte er ein papalistisches Konzept, in dessen Zentrum der Bischof von Rom stand, der sowohl primäre Quelle des Kirchenrechts als auch dessen vorrangiger Interpret war. Zweitens stellte Bernold in methodischer Hinsicht ein Programm der Harmonisierung und des Ausgleichs konfligierender Kanones auf. Obwohl beide Aspekte aufeinander bezogen und ineinander verzahnt sind, steht hier die Methodik im Vordergrund.

Was bietet Bernold von Konstanz also auf methodischer Ebene? Er entwickelte eine weitgehend konsistente Ordnungsvorstellung, mit deren Hilfe er normative Texte voneinander abgrenzen konnte, so dass er ein Konzept zur Ordnung des Rechtswissens besass. Darüber hinaus beherrschte Bernold viele der in der Entstehung begriffenen neuen theoretischen Ordnungsansätze, die im nächsten Kapitel näher vorgestellt werden. Hier sei nur kurz darauf hingewiesen: Er differenzierte mit Distinktionen, seien es sprachliche *alia-alia*-Distinktionen oder inhaltliche wie die Unterscheidung von Wirksamkeit und Wirklichkeit von Sakramenten;[33] er unterschied Wortbedeutungen, indem er den Begriff *impositio manus* aufspaltete (die sog. *divisio vocis in significationes*); und er verfügte über eine dialektische Terminologie mit *species* und *divisio*.[34] Christof Meyer urteilte über Bernold, dass dieser „über einen beachtlichen Grundbestand an Distinktionstechniken [verfügt – S.D.], über welche die theologischen Texte bis Abaelard und die kanonistischen bis Gratian kaum hinausgehen."[35]

Ein Beispiel zum Schluss kann seine argumentative Technik illustrieren. Im Traktat *De fontibus iuris ecclesiastici* erörterte Bernold in scholastischer Art die Frage, ob Abwesende gerichtet werden dürften.[36] Als These stellte er den Satz auf, dass auch ein Abwesender verurteilt

33. Zum Beispiel: Stöckly, Bernold von Konstanz, De excommunicatis vitandis, cap. 41, 143 Zeile 13f.: *Horum autem alia sunt orientalia, alia occidentalia*; ebd., cap. 57, 181 Zeile 6f.: *Alia enim ratio est eorum, quę dispensatorię instituta videntur, alia generalium*. Weitere Beispiele bei Meyer, Distinktionstechnik, 139 Fn. 341; Grabmann, Geschichte der scholastischen Methode, 235f. und Greulich, Kirchenpolitische Stellung Bernolds, 52.

34. Meyer, Distinktionstechnik, 138f.

35. Meyer, Distinktionstechnik, 139. Thaner, Hinkmar von Rheims und Bernald, 697 sah in Bernolds Methode sogar eine „Vorbedingung für die Schöpfung neuen Rechtes".

36. Zur *quaestio* in der (allerdings vornehmlich philosphischen) Scholastik Schönberger, Scholastik, 52–80.

werden dürfe, *quia praesentia eius necessaria non est, cuius excessus praesens est.*[37] Demgegenüber wandte er ein, dass viele Autoren den Abwesenden wohl von einem Urteilsspruch ausschlössen: *Nec plane dubitaverim, quin plures inveniantur, qui ita absentes sententiam dampnationis exceperint quam qui praesentes canonicam examinationem et dampnationem expectaverint.*[38] These und Antithese, oder wie Bernold formulierte, *diversitas sententiarum*, liessen sich aber leicht auflösen (*facile concordabimus*), wenn man nach der ordnungsgemässen Ladung und damit nach der – die moderne Terminologie sei hier gestattet – Möglichkeit rechtlichen Gehörs differenziere. Der Säumige, so Bernold, der kanonisch geladen und ohne Entschuldigung fehlte, dürfe auch abwesend verurteilt werden, während im Übrigen eine Verurteilung Abwesender ausgeschlossen sei.[39] Diese Passage verdeutlicht, dass Bernold auch das dialektische Gegenüberstellen im Rahmen eines *Sic et Non* beherrschte. Er hat also vieles – vielleicht sogar: fast alles? – vorgedacht und exemplifiziert, was Gratian und die spätere Dekretistik auszeichnete.

b) Bausteine des Ordnens

Bernold von Konstanz besass eine deutliche Vorstellung, wie normative Aussagen miteinander verbunden werden sollten, wie Rechtswissen zu ordnen war. In der konzisen Komprimierung ist er sicherlich singulär, doch sind neben ihm noch weitere Autoren zu nennen, die ebenfalls eine reflektierte Methodik benutzten. Einige Aspekte einer Methode, die bei Bernold schon anklangen, sollen nun auf breiterer Basis untersucht werden. Durch das Ausleuchten des intellektuellen Hintergrunds wird das Neuansetzen im Umgang mit normativen Quellen deutlicher und es lässt sich das geistige Feld besser abstecken, auf dem eine Neuorganisation des Rechtswissens im 12. Jahrhundert ansetzte. Dieses Unterfangen soll in mehreren Schritten erfolgen: Um die Bausteine des

37. Stöckly, Bernold von Konstanz, De excommunicatis vitandis, cap. 56, 179 Zeile 4f.
38. Stöckly, Bernold von Konstanz, De excommunicatis vitandis, cap. 56, 179 Zeile 7–10.
39. Stöckly, Bernold von Konstanz, De excommunicatis vitandis, cap. 56, 179 Zeile 10 – 180 Zeile 1: *Harum autem sententiarum diversitatem facile concordabimus, si superiorem sententiam de absente non iudicando ad illum solummodo referamus, cuius causa adhuc ventilanda videtur, qui locum respondendi potius non habuit quam canonice oblatum refutaverit. Nam si canonice vocatus venire contempsisset nec tamen canonicam excusationem praetenderet, tam apud antiquos quam apud modernos etiam absens canonice dampnari posset. Si igitur ita exponimus utramque sententiam de absente, rationabilem esse videbimus, ut et absens iudicetur, qui canonicam vocationem sive ammonitionem contempsisse detegitur, et absens non iudicetur, de cuius contumatia adhuc dubitatur.*

Ordnens zu erkunden, soll zunächst ein Überblick über Lektürekanon und Unterrichtsstoff (1) gegeben werden; sodann wird nach der Verwendung dialektischer Termini, syllogistischer Schlüsse (2) und der Zirkumstanzien (3) sowie historischer Beispiele (4) gefragt werden; ferner ist auf die Dispens und den Begriff der ‚Notwendigkeit' (5) sowie die Rangfolge der Autoritäten (6) einzugehen. Diese verschiedenen Bausteine stehen einerseits nebeneinander und sind daher einzeln zu betrachten, andererseits aber auch miteinander verbunden und fügen sich zu einer neuen Vorstellung zusammen, wie geordnet werden kann (c).

(1) Isagoge *und* inventio*: Zum Lektürekanon und zur Schulbildung im 11. und 12. Jahrhundert*

Die Schullektüre bestand vor allem aus Werken zu den *septem artes liberales*, den sieben freien Künsten, von denen hier insbesondere die Dialektik und Rhetorik interessieren.[40] Grundbegriffe der antiken Dialektik vermittelten Martianus Capella in seiner Übersicht über die freien Künste *De nuptiis Philologiae et Mercurii* (vor allem Buch 4), Cassiodor in seinen *Institutiones divinarum et saecularium litterarum*, einem spätantiken Überblick über christliche Schriften und Autoren sowie über die freien Künste, Boethius in *De differentiis topicis* und *De hypotheticis syllogismis*.[41] Zu nennen sind ferner Isidors von Sevilla *Etymologien* (hier insbesondere Buch II, 25) sowie Alkuin, der in dem fiktiven Lehrdialog *De dialectica* Karl dem Grossen dialektisches Grundwissen vermittelte.[42] Für die Unterweisung in der Rhetorik

40. Einen Überblick über Lektürekanon und Unterrichtsstoff geben Hartmann, Rhetorik und Dialektik, 77; Fried, Nutzen der Rhetorik, IXf.; Appuhn, Trivium und Quadrivium (1900) sowie mit Blick auch auf literarische Werke Glauche, Schullektüre im Mittelalter (1970). Auf gelehrte Netzwerke und die Formen der Wissensvermittlung konzentriert sich Steckel, Kulturen des Lehrens (2011). Zu den *artes liberales* siehe Günter Bernt/Ludwig Hödl/Heinrich Schipperges, Art. Artes Liberales, in: LexMA 1, 1980, Sp. 1058–1063; Lindgren, Artes liberales in Antike und Mittelalter (2004); Koch (Hg.), Artes liberales (1959).

41. Martianus Capella, De nuptiis Philologiae et Mercurii ist ediert von Willis, Martianus Capella (1983); eine deutsche Übersetzung dieses Werkes bietet Zekl, Die Hochzeit der Philologia mit Merkur (2005). Die Institutionen von Cassiodor sind ediert von Mynors (1961) (bzw. unter dem Titel *Institutiones divinarum et saecularium litterarum* zugänglich in: PL 70, Sp. 1105–1220); als Werke von Boethius sind zu nennen: De differentiis topicis, in: PL 64, Sp. 1173–1216 sowie De hypotheticis syllogismis, ediert von Obertello (1969) mit italienischer Übersetzung (bzw. in: PL 64, Sp. 831–876).

42. Isidor von Sevilla, Etymologien sind zugänglich bei Lindsay, Isidori Hispalensis episcopi Etymologiarum (insbesondere tom. 1, II, 25, 107f.) bzw. das zweite Buch bei

dienten etwa Martianus' Capella *De nuptiis* (Buch 5), der ehemals Cicero zugeschriebene, heute als anonym geltende Text *Auctor ad Herennium*, Ciceros *De inventione* und ein weiterer Lehrdialog Alkuins, nämlich *De arte rhetorica*.[43] Aber auch Cassiodor hielt im zweiten Buch seiner *Institutiones* einen Überblick über die Rhetorik bereit.[44]

Die konkrete Schulausbildung im 11. Jahrhundert wird indes nur selten sichtbar.[45] Umso dankbarer ist es, dass die Handschrift Bonn, Universitätsbibliothek, S 218 einen Blick auf die „alltägliche[...] Unterrichtswirklichkeit" ermöglicht.[46] Diese Handschrift, entweder „das Sammelheft eines gelehrigen Schülers oder das Notizbuch eines gelehrten Klosterlehrers", enthält in bunter Abfolge Texte zu verschiedenen Themen: Texte zum *Trivium* – und hier wiederum neben Rhetorik und Dialektik vor allem Grammatik –, Notizen zur Mathematik, Medizin und Kräuterkunde, aber auch die Beschlüsse des Triburer Konzils von 895.[47] Wie die Ausbildung junger Kleriker aber im Einzelnen verlief, lässt sich über die wenigen Blicke, die dieses „Rheinische Schulbuch"[48] gestattet, nur schwer rekonstruieren, so dass undeutlich bleiben muss, in welchem Umfang dialektische Definitionen und Begriffe bloss auswendig gelernt oder auch inhaltlich durchdrungen wurden.[49] Tendenziell lässt sich jedoch eine immer stärkere inhaltliche Auseinandersetzung mit dialektischen Methoden am Übergang vom 11. zum 12. Jahrhundert vermuten.[50]

Marshall, Isidore of Seville. Etymologies (1983); Alkuin, De dialectica: in: PL 101, Sp. 949–976.

43. *Auctor ad Herennium*: Rhetorica ad Herennium, ed. Nüßlein (1994); Cicero, *De inventione*: Rhetorici libri duo qui vocantur De inventione, ed. Stroebel (1915, ND 1977); Alcuin, *De arte rhetorica*: Disputatio de rhetorica et de virtutibus, ed. Halm (1983) bzw. in: PL 101, Sp. 919–950 bzw. Howell, Rhetoric of Alcuin and Charlemagne (1965).

44. Cassiodor, Institutiones, ed. Mynors, 2, 2, 1–17 (bzw. PL 70, Sp. 1157–1167); eine deutsche Übersetzung stammt von Bürsgens, Cassiodor, Institutiones Divinarum et Saecularium Litterarum/Einführung in die geistlichen und weltlichen Wissenschaften, 2 Bde (2003).

45. Bemerkungen zum Schulunterricht finden sich zum Beispiel bei Köhn, Schulbildung und Trivium (1986); zur Bamberger Domschule Fried, Bamberger Domschule, insbes. 163–175.

46. Reiche, Rheinisches Schulbuch, 217. Ein anderes Beispiel für ein ‚Schulbuch' nennt Hartmann, Rhetorik und Dialektik, 78, indem er auf Oxford, Bodleian Library, MS Laud. Lat. 49 hinweist.

47. Reiche, Schulbuch, 215 (Zitat) und 211–215 (tabellarische Übersicht über den Inhalt der Handschrift).

48. So der Titel von Reiche, Rheinisches Schulbuch (1976).

49. Appuhn, Trivium und Quadrivium, 110.

50. Hartmann, Rhetorik und Dialektik, insbes. 93f. beobachtet, dass im 12. Jahrhundert die Dialektik wie selbstverständlich angewendet wird.

Die aufgeführten Schriften boten mittelalterlichen Lesern die Chance, Grundzüge der Dialektik wie Rhetorik kennenzulernen. Blättern wir in den Schriften von Martianus Capella, aber auch von Cassiodor, Isidor und anderen, um zumindest in Grundzügen das potentielle Wissen um 1100 rekonstruieren zu können. Grundbegriffe der antiken Dialektik vermittelte Martianus Capella[51], indem er die aristotelische Lehre zusammenfasste und fünf Prädikabilien nannte, also die Unterscheidung in *genus* („Seinsgeschlecht"; „die Zusammenfassung einer Vielzahl von Erscheinungsformen mittels einer Bezeichnung" – wie: das Lebewesen), *species/forma* („Erscheinungsform"; eine Erscheinungsform des *genus*, die mehrere gleichartige Individuen umfasst – wie: der Mensch), *differentia* (der eigentümliche Unterschied zwischen zwei zu vergleichenden Dingen – *differentia* zwischen Mensch und Pferd? zweifüssig vs. vierfüssig), *proprium* (das eigentümliche Merkmal einer Erscheinungsform, die diese Sache von allen anderen abgrenzt – der Mensch kann lachen) sowie *accidens* (was einer Erscheinungsform zukommen und nicht zukommen kann – der Bart des Mannes).[52] Diesen Prädikabilien ordnete er die zehn Kategorien oder Prädikamente zu, die etwas über den Gegenstand aussagen, nämlich *substantia* („das Zugrundeliegende" – wie: ein Mensch), *quantitas* („Quantität" – zwei Fuss lang), *qualitas* („Qualität" – helle Farbe), *relatio* („relativ" – auf etwas hin, wie: Vater oder Bruder), *locus* („Ort" – in Rom), *tempus* („Zeit" – gestern), *situs* („Lage" – sitzend), *habitus* („Zustand" – bewaffnet), *actio* („Tun" – schneiden), *passio* („angetan bekommen" – geschnitten). Das erste Prädikament, die *substantia*, ist das Zugrundeliegende, der die letzteren neun Prädikamente als Akzidentien zugeordnet sind.[53]

Nach den Grundbegriffen der Dialektik führte Martianus Capella in die syllogistischen Schlüsse ein, also in die logischen Operationen, mit deren Hilfe aus festen Begriffen und Aussagen neue Aussagen abgeleitet

51. Zu Martianus Capella, dem nordafrikanischen Autor wohl des 5. Jahrhunderts: Herbert Backes, Art. Martianus Capella, in: LexMA 6, 1993, Sp. 338f.; Gernot Krapinger, Art. Martianus Capella, in: Der Neue Pauly 7, 1999, Sp. 961–963 mwN.

52. Martianus Capella, De nuptiis, ed. Willis, cap. 344–348; deutsche Zitate von Zekl, Hochzeit, 126–128; siehe auch Isidor von Sevilla, Etymologien, ed. Lindsay, Buch II, cap. 25. Zur Dialektik siehe die Überblicke von Stump, Dialectic (1983); A. Müller, Art. Dialektik. II. Die Dialektik in der Antike bis Quintilian, in: Historisches Wörterbuch der Philosophie 2, 1972, Sp. 167–175 und L. Oeing-Hanhoff, Art. Dialektik. III. Die Dialektik von Boethius bis Jungius, in: Historisches Wörterbuch der Philosophie 2, 1972, Sp. 175–184.

53. Martianus Capella, De nuptiis, ed. Willis, cap. 361–363; deutsche Zitate bzw. Begriffe von Zekl, Hochzeit, 131–133; vertiefend dann von Martianus Capella in den cap. 364–383 ausgeführt. Hierzu auch Isidor von Sevilla, Etymologien, ed. Lindsay, Buch II, cap. 26.

werden konnten.[54] Nach einem kurzen Aufriss der Aussagenlogik zur Umkehrbarkeit von Sätzen und die Vereinbarkeit von Aussagen diskutierte er Syllogismen. Wohl bekanntester Syllogismus ist der Schluss von einer ersten Prämisse, dem Obersatz, wie „Alle Menschen sind sterblich", über eine zweite Prämisse, den Untersatz, „Sokrates ist ein Mensch", zu dem Schluss „Sokrates ist sterblich". Darüber hinaus bot Martianus weitere, in der antiken Dialektik bekannte Schlussformen an.[55]

Über die dialektischen Grundbegriffe hinaus boten Martianus Capella und andere Autoren auch eine Einführung in die Rhetorik. Sie stellten zum Beispiel die fünf Arbeitsschritte dar, die zu einer gelungenen Rede führten, nämlich Stoffsammlung (*inventio*), Anordnung (*dispositio*), sprachliche Ausgestaltung (*elocutio*), Memorieren (*memoria*) und eigentlicher Vortrag (*pronuntatio*).[56] Darüber hinaus widmeten sich die Autoren auch den sechs Teilen einer Rede, zu denen sie die Einleitung (*exordium*) zählten, die Sacherzählung (*narratio*), den Überblick über die Beweisführung (*partitio, divisio*) sowie die eigentliche Beweisführung mit positivem Beweis (*confirmatio*) und der Widerlegung gegnerischer Argumente (negativer Beweis) (*reprehensio, refutatio*) sowie schliesslich den Schluss (*conclusio, peroratio*).[57]

Da die antike Rhetorik zu einem guten Teil Gerichtsrhetorik war, enthielten die einführenden Werke nicht nur Hinweise zur Vorbreitung und zum Aufbau einer Rede, sondern auch Bemerkungen zur Fall-

54. Martianus Capella, De nuptiis, ed. Willis, cap. 384–422; Übersetzung von Zekl, Hochzeit, 140–155. Parallel Isidor von Sevilla, Etymologien, ed. Lindsay, Buch II, cap. 28.

55. Diese Schlüsse haben alle verschiedene Namen, wobei die Vokale in dem jeweiligen Namen des Schlusses den Schluss näher charakterisieren: *a* steht für eine allgemein bejahende Aussage, *i* für eine partikulär bejahende Aussage (abgeleitet von *affirmo*); *e* für eine allgemein verneinende Aussage, *o* für eine partikulär verneinende Aussage (abgeleitet von *nego*). Auf diese Weise lassen sich auch die Namen der Schlüsse erklären: Der oben erwähnte besteht aus drei allgemein bejahenden Aussagen (*aaa*) und heisst daher *Modus Barbara*. Daneben existieren der *Modus Darii*, *Modus Celaront*, *Modus Camestres*, *Modus Darapti*, etc.

56. Martianus Capella, De nuptiis, ed. Willis, cap. 442; Übersetzung von Zekl, Hochzeit, 161. Das ganze Buch V ist nach den fünf Arbeitsschritten gegliedert. Die fünf Schritte zu einer Rede zum Beispiel auch bei Cassiodor, Institutiones, ed. Mynors, 2, 2, 2 (bzw. PL 70, Sp. 1160f.) und Auctor ad Herennium, ed. Nüßlein, Buch 1, 3 (8f.). Zur Rhetorik der Überblick von Camargo, Rhetoric (1983) und A. Weische, Art. Rhetorik, Redekunst, in: Historisches Wörterbuch der Philosophie 8, 1992, Sp. 1014–1025.

57. So beispielsweise bei Cassiodor, Institutiones, ed. Mynors, 2, 2, 9 (bzw. PL 70, Sp. 1164) und Auctor ad Herennium, ed. Nüßlein, Buch 1, 4 (10f.). Isidor von Sevilla, Etymologien, ed. Lindsay, Buch II, cap. 7 kennt demgegenüber nur vier Teile, nämlich *exordium, narratio, argumentatio, conclusio*, ohne dass sich der Ablauf selbst wesentlich änderte.

präsentation, zur Beweisführung und zur rechtlichen Einordnung von Fällen wie zur Auslegung der Gesetze.[58] Einige Aspekte sind dabei von besonderem Interesse. Wurde dem Gericht ein Rechtsfall im Zuge der *narratio*, der Sacherzählung, dargelegt, so sollte dies klar, kurz und plausibel erfolgen. In der Erzählung waren die sieben Grundbestandteile oder auch Umstände (*circumstantia*) eines Falles zu nennen, nämlich *quis, quid, ubi, quibus auxiliis, cur, quomodo, quando* – also wer, was, wo, mit wessen Hilfe, warum, auf welche Art und Weise und wann getan hat.[59]

Die Überlegungen zur Beweisführung und zur Auslegung von Gesetzen waren in einem weiteren Abschnitt der Rede verortet (*confirmatio* bzw. *refutatio*); geordnet waren sie in der sogenannten Statuslehre, also einem System von verschiedenen, möglicherweise vor Gericht aufkommenden Fragestellungen. Zu unterscheiden sind vier *status*. Im *status coniecturalis* wurde nach der Beurteilung von Tatsachen gefragt, also ob jemand überhaupt Täter der ihm vorgeworfenen Tat war; im *status definitionis* wurde die gesetzliche Einordnung einer Tat untersucht, also unter welchen gesetzlichen Tatbestand eine Handlung fiel; der *status qualitatis* behandelte die rechtliche Beurteilung im ethischen Sinne (Rechtfertigung, Entschuldigung, Reue), während in der *translatio* verfahrensrechtliche Fragen erörtert wurden.[60] Da sich diese vier *status* mit der Tat beschäftigten, heissen sie auch *status rationales*. Waren die auf Tatseite verorteten Fragen der *status rationales* gelöst, so konnte die Frage nach der Auslegung und dem richtigen Verständnis von Gesetzen aufkommen. Diese Fragen waren im *status legales* erörtert. Bei der Auslegung von Gesetzen wie von Geschriebenem überhaupt waren

58. Von der Gerichtsrede (*genus iudiciale*) ist die Lobrede (*genus demonstrativum*) und die politische Rede (*genus deliberativum*) abzugrenzen, vgl. Auctor ad Herennium, ed. Nüßlein, Buch 1, 2 (8f.).

59. Siehe zum Beispiel (Pseudo-)Aurelius Augustinus, De rhetorica, ed. Halm, cap. 7f. (141f.): *quis, quid, quando, ubi, cur, quem ad modum, quibus adminiculis* sowie Auctor ad Herennium, ed. Nüßlein, Buch 1, 16 (24–27); Martianus Capella, De nuptiis, ed. Willis, cap. 551f., schreibt: *narrationis etiam elementa sunt sex: persona, causa, locus, tempus, materia, res*. Zekl, Hochzeit, 197 übersetzt: „Die Darstellung hat auch Grundbestandteile, nämlich sieben: Person, Fall, Art und Weise, Ort, Zeit, Stoff, Tatbestand." Mit weiteren Hinweisen Glauche, Schullektüre, 40f.; Fried, Nutzen der Rhetorik, XIIf.; Meyer, Distinktionstechnik, 33 Fn. 37.

60. Die Übersicht über die Statuslehre erfolgt hier nach Martin, Antike Rhetorik, 28–52. Im einzelnen gibt es Abweichungen, so kennt der *Auctor ad Herennium* nur drei Status, die er zudem anders benennt, vgl. Auctor ad Herennium, ed. Nüßlein, Buch 1, 18 (28–31) zur *constitutio coniecturalis*; Buch 1, 19–23 (30–37) zur *constitutio legitima*; Buch I, 24–25 (38–43) zur *constitutio iuridicialis*.

vier Interpretationsprobleme zu unterscheiden, nämlich die Unklarheit wie beispielsweise die Doppeldeutigkeit eines Wortes (*ambiguitas*), der Widerspruch von Gesetzeswortlaut und Gesetzessinn (*verba et sententia* bzw. *scriptum et voluntas*), sich widersprechende Gesetzesbestimmungen (*leges contrariae*), sowie die Fälle, in denen von einer gesetzlichen Regelung auf eine ungeregelte Fallkonstellation geschlossen werden musste (*collectio* oder *ratiocinatio*).[61] Diese letztgenannte Auslegung von Gesetzen erlaubte den Schluss von etwas Gesetztem auf etwas nicht Gesetztes, welcher in Form einfacher argumentativer Figuren erfolgte und damit an der Grenze von Rhetorik und Dialektik stand. Die Schlüsse sind vergleichbar mit den noch heute benutzten argumentativen Figuren *a simili* oder *per analogiam*, *a consequenti*, *a maiore ad minus*, *a minore ad maius* und *a contrario*.[62] – Dieser einleitende Überblick über die Dialektik und Rhetorik ermöglicht, das Angebot der *artes liberales* an die anderen, im Entstehen begriffenen Wissenschaften zu umreissen.

(2) Schweinehirt und König: Zur Verwendung dialektischer und rhetorischer Figuren im normativen Kontext

Welchen Niederschlag haben diese artistischen Grundbegriffe um 1100 in der Beschäftigung mit normativen Texten gefunden? In zeitlicher Hinsicht lässt sich beobachten, dass sich die Verwendung dialektischer Grundbegriffe und Termini schon zu Beginn des 11. Jahrhunderts nachweisen lässt, so zum Beispiel in der Älteren Wormser Briefsammlung, die in das zweite Viertel des 11. Jahrhunderts datiert.[63] Doch ist eine

61. Martianus Capella, De nuptiis, ed. Willis, cap. 462–466; Übersetzung bei Zekl, Hochzeit, 169f. Parallel hierzu Isidor von Sevilla, Etymologien, ed. Lindsay, Buch II, cap. 5 (vgl. Marshall, Isidore of Seville, 34f.); Cassiodor, Institutiones, ed. Mynors, 2, 2, 6 (bzw. PL 70, Sp. 1163) sowie Cicero, De inventione, ed. Stroebel, Buch II, 116–154 (128–145). Der Auctor ad Herennium, ed. Nüßlein, Buch 1, 22 (34f.) nennt noch weitere Formen wie bspw. die *translatio*, also verfahrensrechtliche Fragen wie zum Beispiel nach der Zuständigkeit eines Gerichts, die aber üblicherweise als eigenständiger Status behandelt werden.

62. Martianus Capella, De nuptiis, ed. Willis, cap. 465; Übersetzung bei Zekl, Hochzeit, 169f.

63. Bulst, Ältere Wormser Briefsammlung (1949). In ihr wird in fast schulmässiger Weise der syllogistische Schluss in Form des *modus barbara* zitiert, dass nämlich „wenn jeder Kleriker ohne Kirchenamt [d.h. der absolut ordiniert ist] ‚kopflos' (*acęphalus*) genannt wird, und du ohne Kirchenamt bist, so wirst auch du ‚kopflos' genannt werden." Siehe Bulst, Ältere Wormser Briefsammlung, Nr. 21 (1027–1043), 41 Zeile 24 – 42 Zeile 1: *Hinc colligo: Si omnis clericus sine titulo acęphalus dicitur, tu autem sine titulo es, igitur et tu acęphalus diceris, et ut concludatur syllogismus, omnis ergo clericus sine titulo acęphalus est. Acephalus* meint in diesem Kontext, dass jemand absolut, also nicht für ein bestimmtes Kirchenamt ordiniert

verstärkte Verwendung der *artes liberales* erst in Texten aus der zweiten Hälfte des 11. Jahrhunderts auszumachen, und zwar vor allem in den Streitschriften. Diese Streitschriften sind eine heterogene Sammlung politischer Traktate aus dem Investiturstreit, in denen aktuelle Ereignisse und theologisch-juristische Entwicklungen – wie die Bannung Heinrichs IV. oder Versuche, die priesterliche Enthaltsamkeit durchzusetzen – diskutiert wurden.[64]

Die Applizierung des neuen Wissens lässt sich in den Streitschriften auf verschiedenen Ebenen beobachten: Die aus der Rhetorik stammende Unterteilung einer Rede in verschiedenen Partien (*exordium, narratio*, etc.) gliederte Streitschriften und rhetorische Figuren (Chiasmus, Anapher und Antithese) sorgten im Sinne der *elocutio* für eine gefällige, ansprechende Sprache.[65] Vielleicht noch aussagekräftiger als die die äussere Form der Rede betreffenden Elemente sind die argumentativen Figuren und Termini, die sich bei einigen Autoren nachweisen lassen. Es sind Humbert von Silva Candida und Petrus Damiani, Manegold von Lautenbach und Berengar von Tours, der normannische Anonymus und der schon erwähnte Bernold von Konstanz, die sich „als Träger der literarischen Bildung ihrer Zeit" hervortun.[66] So verwendete beispielsweise Berengar von Tours Termini wie *accidens*, *proprium* und *substantia*,[67] dialektische Begründungen lassen sich bei dem norman-

worden ist; er ist „weder Kleriker noch Laie", so Sohm, Altkatholisches Kirchenrecht, 206f. Dem Gedanken der Ordination als Weihe *und* Anstellung steht die Trennung von *potestas ordinis* und *potestas iurisdictionis* der späteren Kanonistik gegenüber. Zur Verwendung des Begriffs *acephalus* siehe Mittellateinisches Wörterbuch 1, 1967, Lemma ‚acephalus', Sp. 108f., hier Sp. 108 (sub I.A.1.b); zur Sache Sohm, Altkatholisches Kirchenrecht, 206f. sowie Fuchs, Ordinationstitel (1930). Ein ähnlicher Schluss ebd., Nr. 38 (1025–1044), 73 Zeile 23–25: *Quod sillogistica ratione sic colligi potest. Omne quod ad salutem fit, innocentia est, confessio autem ad salutem fit. Igitur confessio innocentia est.* Weitere Hinweise auf die Verwendung dialektischer Termini im früheren 11. Jahrhundert bei Hartmann, Rhetorik und Dialektik, 75f.

64. Zugänglich sind diese Streitschriften in der dreibändigen MGH-Abteilung *Libelli de lite imperatorum et pontificum saeculis XI et XII* (Band 1: Hannover 1891, Band 2: Hannover 1892, Band 3: Hannover 1897). Diese Sammlung der Streitschriften ist ein Kind des konfessionellen 19. Jahrhunderts; problematisch erscheint vor allem, dass mit der Sammlung eine Einheit der Diskussion suggeriert wird, die so wohl kaum im 11. oder 12. Jahrhundert stattfand. Zudem sind einige Streitschriften nur in einem Textzeugen überliefert, so dass deren Einfluss wohl eher als gering einzuschätzen ist.

65. Hartmann, Rhetorik und Dialektik, 79; zum Schulunterricht in der Rhetorik Appuhn, Trivium und Quadrivium, 93–96.

66. Hartmann, Rhetorik und Dialektik, 79; zur Verwendung der Dialektik auch Reinke, Schuldialektik (1937). Vertiefend jetzt insbesondere zu Petrus Damianus: Holopainen, Dialectic and Theology, 6–43.

67. Hartmann, Rhetorik und Dialektik, 80f.

nischen Anonymus nachweisen, Petrus Diamanus argumentierte mit hypothetischen Syllogismen und Humbert von Silva Candidas Schrift *Libri III adversus simoniacos* gilt als „Fundgrube rhetorischer und dialektischer Terminologie".[68] Das alles ist bekannt und soll hier nicht weiter verfolgt werden.

Einer vertiefenden Analyse bedarf hingegen die Anwendung rhetorischer wie dialektischer Strategien im Kontext normativer Texte. Dafür sollen zwei Momente näher betrachtet werden, nämlich die logischen Schlüsse und der Begriff *circumstantia.* Zunächst zu den logischen Schlüssen. Eine Untersuchung der Streitschriften erweist, dass insbesondere Petrus Damiani, Manegold von Lautenbach und Bernold von Konstanz, aber auch Papst Gregor VII. die *ratiocinatio*, also das Schliessen von Geregeltem auf nicht Geregeltes, beherrschten. Bei ihnen finden sich das *argumentum a minore ad maius*, das *argumentum a maiore ad minus* oder *a fortiori.*[69] Wenn schon Laien keusch beten sollten, so begründete zum Beispiel Bernold von Konstanz das Kontinenzgebot für Kleriker mit der Anwendung des Schlusses *a minore*, um wieviel mehr müssten erst dann Kleriker keusch leben, die doch täglich beten sollen?[70] Und Manegold von Lautenbach argumentierte in ähnlicher Weise, als er darlegte, dass wenn schon der untreue Schweinehirt von der Herde davonzujagen sei, um wieviel mehr dann der die Menschen verderbende Regent?[71]

(3) circumstantia*: Autoritätskonstruktion und Autoritätsrelativierung*

Wenden wir uns nun dem Begriff *circumstantia* zu, der einen Einfluss der *artes liberales* vermuten lässt, erinnert er doch an die sieben Umstände einer Rede, an das *quis, quid, ubi, quibus auxiliis, cur, quomodo, quando.* Was aber ist mit den ‚Umständen' gemeint? Manegold, Propst von Marbach und Verfasser von politischen Schriften, war ein Zeitgenosse Bernolds. Er legte in seinem *Liber ad Gebehardum* dem

68. Hartmann, Rhetorik und Dialektik, 80–85, Zitat 82.

69. Hartmann, Rhetorik und Dialektik, 85–87 mit Hinweis auf Manegold von Lautenbach und dessen Beispiel vom Schweinehirten und auf Papst Gregor VII. (Brief Gregors VII. an Bischof Hermann von Metz, 1081 März 15, gedr.: MGH Reg. Gregor VII.2, ed. Caspar, Nr. 21, 544–563).

70. Bernold von Konstanz, Erster Brief an Alboin, in: MGH LdL 2, 7, 26–29: *Si igitur laici die, qua volunt orare, prohibentur ab opere coniugali, liquido consequitur, ut sacerdotes, quibus cotidianum est officium orandi vel sacrificandi vel baptizandi, nunquam a die ordinationis suae coniugibus suis debeant commisceri.*

71. Manegold von Lautenbach, Liber ad Gebehardum, in: MGH LdL 1, 308–430, hier: 365 Zeile 18–31; zu der Stelle Hartmann, Rhetorik und Dialektik, 85f.

Leser nahe, bei der Lektüre die *circumstantiae locorum* zu berücksichtigen. Damit meinte er den Ort, dem ein Text entnommen war, und den es nach Punkt und Komma zu analysieren galt.[72] Ein unmittelbarer Zusammenhang mit den sieben Umständen einer Rede ist bei ihm jedoch noch nicht ersichtlich. Bernold von Konstanz verwendet *circumstantia* hingegen im Zusammenhang mit *lectio*. Er schlug vor, die *circumstantia lectionis* zu beachten, womit er ebenfalls primär den Kontext meinte, in dem eine Textpassage stand, aber wohl auch parallele Textstücke, die ein ähnliches Thema behandelten (*diversorum statutorum ad invicem collatio multum nos adiuvat, quia unum sepe aliud elucidat*). [73] Beiden schwebte somit eine kontextbezogene Textanalyse vor.[74]

Wie weit der Begriff *circumstantia* artistisch aufgeladen ist, lässt sich zwar nicht mit endgültiger Sicherheit feststellen, doch sprechen einige Indizien dafür. Zwar meinte Manegold mit *circumstantia locorum* nur

72. Manegold von Lautenbach, Liber ad Gebehardum, in: MGH LdL 1, 308–430, hier: 385 Zeile 3–5: *Sequuntur enim post hec nonnulla ex dictis apostoli testimonia, que sane omnia omnino illis contraria intelligit, quisquis circumstantias locorum, unde furata sunt, diligenter attendit.* bzw. ebd., 410 Zeile 30–35: *Solent namque indocti et negligentes lectores sic quedam scripturarum evolvere, ut, ubi debuerant correctionem accipere, ibi contingat eos errorem incurrere. Dum enim quasdam sententiarum particulas arripiunt, sed nequaquam omnes lectionis lineas et divisiones, cola et commata, media et extrema per omnes circumstantias diligenter intendunt, sepe illa probantur nescire, quorum sibi scientiam non dubitant arroganti professione assignare.* Die Verwendung von *circumstantia locorum* schon zuvor, nämlich ebd., 383 Zeile 13–15: *Inducuntur enim ibi multa scripturarum testimonia, que videlicet omnia sobrię intellecta, pie considerata, illis inveniuntur contraria, nobis proficua, sicut in omnibus unde furata sunt locorum docet circumstantia.* Zu Manegold von Lautenbach siehe Tilman Struve, Art. Manegold von Lautenbach, in: LexMA 6,1993, Sp. 190; den längeren Beitrag von Hartmann, Manegold (1970), der einen Teil seiner Dissertation darstellt, sowie neuerdings Ziomkowski, Manegold of Lautenbach, 1–31; zu der letztgenannten Passage Hartmann, Rhetorik und Dialektik, 87f.

73. Siehe 191. Der Begriff findet sich auch bei Bernold von Konstanz, *De statutis ecclesiasticis sobrie legendis*, 157 Zeile 16f.: *Quodsi circumstantia lectionis hunc intellectum admittit, et nobis placere debebit, quia in hoc euangelio nec repugnabitur, nec indigne cuilibet apostolico ascribitur.*

74. Den Kontext einer Stelle interpretiert auch Herrand von Halberstadt in einem Brief an Walram von Naumburg (1095), indem er jeweils den Satz vor und nach der zu interpretierenden Bibelstelle nennt, vgl. Hartmann, Manegold, 131 sowie Hartmann, Rhetorik und Dialektik, 88 mit Verweis auf MGH LdL 2, 286–291, hier 290 Zeile 24–29, insbes. Zeile 26–29: *Non hoc intellexisse apostolum et illa sententia manifestat, quae praecedit, et illa, quae sequitur. Praecedit enim:* [...]. *Sequitur autem:* [...]. Der Begriff *circumstantia* wird im Übrigen kaum in den *Libelli de lite* 1–3 verwendet, neben den beiden in Anm. 73 genannten Stellen findet er sich noch im Briefwechsel mit Alboin (*De incontinentia sacerdotum*, MGH LdL 2, 16 Zeile 25 und 20 Zeile 15) sowie bei Humbert von Silva Candida, Adversus simoniacos 1, in: MGH LdL 1, 129 Zeile 3, wo der Begriff *circumstantia* in einem vergleichbaren Umfeld, hier nämlich der Eigenarten von Personen und Sünden, auftritt: *Et tamen utraque sententia vera est, quia Domini est, sed pro qualitate personarum et culparum ex circumstantiis suis competenter intellegenda est.*

die Herkunft einer Stelle und auch Bernold dachte bei *circumstantia lectionis* noch nicht an die sieben Grundbestandteile eines Falles, doch folgte bei ihm schon im nächsten Satz die *consideratio temporum, locorum sive personarum*, die an die *circumstantia* im rhetorischen Sinne denken lässt, also an die Bestandteile einer jeden Rede, die dem *quando, ubi* und *quis* entsprechen.[75] Noch einen Schritt näher an die Zirkumstanzienlehre gelangt man im Briefwechsel Bernolds mit dem im Übrigen unbekannten Alboin.[76] Beide stritten über die Priesterehe, die Alboin unter anderem mit Hinweis auf den Historiker Sozomenos verteidigte, aus dessen kirchengeschichtlichem Werk er die Geschichte von Paphnutius geschöpft hatte. Paphnutius lebte als Mönch zwar selbst enthaltsam, wollte aber auf dem Konzil von Nizäa den Priestern den Geschlechtsverkehr erlauben.[77] Alboin reagierte in der zweiten Antwort auf Bernolds Kritik an seiner Argumentation recht gereizt, und brachte vor, dass er an dem Ort der Geschichte, der Zeit, den Personen, und der Übersetzung nichts Unwahrscheinliches gefunden habe: *quia nil in eodem certo loco, tempore, probatisque personis recitato, scripto, translato, nisi autenticum et probabile perspicio*.[78] Die rhetorischen Zirkumstanzien dienten ihm also zur analytischen Herstellung der Glaubhaftigkeit eines Textes und dessen Aussagen.[79]

75. So auch Meyer, Distinktionstechnik, 137f.

76. Libellus I: De prohibenda sacerdotum incontinentia, MGH LdL 2, 4–26. Zum Briefwechsel bspw. Mirbt, Publizistik, 284–293. Ob wir an dieser Stelle Alboin hören oder Bernold selbst, der die Diskussion als „brieflichen Dialog“ verfasste, ohne dass dieser „Niederschlag einer wirklichen Korrespondenz“ ist, muss – und kann auch – offen bleiben, vgl. Hartmann, Rhetorik und Dialektik, 89.

77. Zu Paphnutius siehe 151.

78. MGH LdL 2, 16 Zeile 20–30: *Cum me vero tuis curatioribus scriptis coacervatisque sanctorum testimoniis, ceu fideliter premonendo, a canonica regula deviasse ex obliquo notasti, quales grates, vel quid boni promeruisses, non satis facile invenire potui, quia amicum sine causa admonere quid est, nisi infamiae maculam in ullum plus spargere? Nam ubi neque res neque opus admonendi instat, ubi, quid, quando, cui, immo quaeque circumstantia vacat: ergo absque his quid alicuius admonere aliud valeat, nisi tantum, ut poeta: Omne supervacuum pleno de pectore manat? Me vero in recepto Sozomeni capite, de quo adhuc sub iudice lis est, nil unquam a sana doctrina deviasse, cuique scire volenti patet gemina ratione, una scilicet, quia nil in eodem certo loco, tempore, probatisque personis recitato, scripto, translato, nisi autenticum et probabile perspicio*.

79. Bernold ist übrigens mit den angedeuteten Zirkumstanzien weit von einer patristischen, frühmittelalterlichen Tradition abgerückt: Augustinus verstand unter *circumstantia lectionis* allgemein die Auslegung des Textes; der karolingische Abt von Corbie, Paschasius Radbertus, die Gegenüberstellung von Parallelstellen in den Evangelien. Zu Augustinus vgl. Augustinus, Enarrationes in Psalmos, ed. Dekkers/Fraipont, 63, 5 (811 Zeile 10–17) zur Frage, ob Christus in der dritten oder sechsten Stunde gekreuzigt worden sei: *Considerantes autem omnem circumstantiam lectionis, quanta agi potuerint, cum apud Pilatum Dominus*

Dass die Glaubhaftigkeit und Autorität eines Textes durch die Zirkumstanzien generiert wurde, ist kein Einzelfall.[80] Hier sei noch ein weiteres Beispiel vorgestellt, nämlich die Apokalypse des Johannes. Johannes gibt sich in der Apokalypse nach den einleitenden Worten als Autor zu erkennen, indem er berichtet, wer er sei und wo und wann Gott zu ihm gesprochen habe: Er sei Johannes und – wie der Leser – in Bedrängnis und Verfolgung, und doch in Erwartung der Wiederkehr Christi. Aufgrund seines Eintretens für Christus sei er auf die Insel Patmos verbannt worden, wo er an einem Sonntag eine Vision hatte. Er hörte hinter sich eine Stimme wie eine gewaltige Posaune, die zu ihm sagte: Schreibe auf, was du siehst, und schicke es an die sieben Gemeinden…"[81] Warum sollte der mittelalterliche Mensch dieser Vision Glauben schenken?

Der Theologen Anselm von Laon († 1117)[82], der um 1100 die Schule von Laon führte und einen auf der karolingischen Exegese des Haimo von Auxerre[83] aufbauenden Kommentar zur Apokalypse des Johannes

accusaretur, ut crucifigeretur, invenimus horam tertiam esse potuisse, quando illi clamaverunt: Crucifige, crucifige. Ergo verius illi tunc occiderunt, quando clamaverunt. Apparitores potestatis hora sexta crucifixerunt; praevaricatores legis hora tertia clamaverunt; quod illi manibus hora sexta, hoc illi lingua hora tertia. Vgl. ferner Paschasius Radbertus, Expositio in Evangelium Matthaei, in: PL 120, Sp. 818B: *Sed si omnis circumstantia lectionis consideretur, et evangelistarum collatio facta fuerit, nimia difficultas nascitur* […].

80. Nicht im Kontext differenzierender Textauslegung, sondern im Umfeld allgemeiner differenzierter Betrachtung bewegen sich zwei Beispiel bei Humbert von Silva Candida, nämlich Adversus simoniacos II, in: MGH LdL 1, 157 Zeile 21–24: *Quorum primi non solum sunt laudandi et imitandi, verum et beatificandi; medii autem laudandi quidem, sed miserandi; postremi vero pariter miserandi et arguendi et tamen pro tempore et causa, si corripi et corrigi patiuntur, patienter tolerandi et expectandi.* sowie Adversus simoniacos III, in: MGH LdL 1, 240 Zeile 19–22: *Quod revera metonomicos dicitur agere, quia postulare facit et impetrare, cum ipse cum Patre et Filio postuletur et donet etiam per ministerium criminosis, sed tamen catholicis a catholicis impositum, ut necessitati vel utilitati catholicorum pro tempore et loco consulatur.*

81. Biblia Sacra iuxta vulgatam versionem, Apokalypse 1, 9–11: *Ego Iohannes, frater vester et particeps in tribulatione et regno et patientia in Iesu, fui in insula, quae appellatur Patmos, propter verbum Dei et testimonium Iesu. Fui in spiritu in dominica die, et audivi post me vocem magnam tamquam tubae dicentis: quod vides scribe in libro et mitte septem ecclesiis ….*

82. Zu Anselm von Laon siehe Ludwig Hödl/Rolf Peppermüller/Heinrich J. F. Reinhardt, Art. Anselm von Laon, in: TRE 3, 1978, 1–5; Heinrich J. F. Reinhardt, Art. Anselm von Laon, in: LexMA 1, 1980, Sp. 687f.; Friedrich Wilhelm Bautz, Art. Anselm von Laon, in: BBKL 1, 1990, Sp. 185; Christian Heitzmann/Chiara Verri, Art. Anselmus Laudunensis schol., in: Compendium Auctorum Latinorum Medii Aevi 1, 2003, 292–294 sowie zu Anselm wie zur Schule von Laon Giraud, Per verba magistri (2010) sowie Andrée, „Diuersa sed non aduersa" (2017).

83. Haimo von Auxerre, Expositio in Apocalypsin, in: PL 117, Sp. 937–1120; zu Haimo

schrieb, erklärte diese Vision des Johannes für glaubhaft.[84] Johannes empfehle seine Vision nämlich dem Leser aus vier Gründen, aus der Person, dem Ort, den Umständen und der Zeit (*et ibi commendat visionem ex quatuor rebus, scilicet ex persona videntis, ex loco, ex causa, ex tempore*).[85] Erstens nenne er sich als Autoren, und stelle sich kurz vor (*commendatio ex persona*); zweitens erwähne er den Ort, an dem er sich aufhalte, nämlich die griechische Insel Patmos, die wegen ihrer Einsamkeit für die Offenbarung himmlischer Geheimnisse besonders geeignet sei (*commendatio ex loco*); drittens erkläre er, weshalb er dort sei, weil er nämlich Zeugnis für Christus abgelegt habe und deswegen auf die Insel verbannt worden sei (*commendatio ex causa*); und viertens nenne er die Zeit, an der er die Vision hatte, nämlich an einem Sonntag, denn die Bedeutung eines Ereignisses könne man an der Zeit ablesen, an der es geschähe: Johannes war ganz in der Ruhe und dem Frieden des Herrn (*commendatio ex tempore*).[86]

siehe B. Gansweidt, Art. Haimo von Auxerre, in: LexMA 4, 1989, Sp. 1864. Das Werk ist bei Migne (vgl. PL 117, Sp. 937) fälschlicherweise Haimo von Halberstadt zugeschrieben.

84. Der Kommentar von Anselm ist gedruckt in: PL 162, Sp. 1499–1586; der Text wurde leicht modifiziert in die *Glossa ordinaria* zur Bibel aufgenommen, die in einem jüngeren Nachdruck zugänglich ist: Biblia Latina cum Glossa Ordinaria, gedr. von Adolph Rusch, Strassburg 1480/81, 4 Bände (ND Turnhout 1992). Handschriften des Textes nennt Stegmüller, Repertorium, Nr. 1361–1371. Verglichen wurde der PL-Text mit der Handschrift Troyes, Médiathèque de l'Agglomération troyenne, Ms 1223, fol. 4r. Vertiefend zur Frühgeschichte von Laon Contreni, School of Laon (1978); zum Apokalypse-Kommentar Lobrichon, Bible au Moyen Âge, 109–144 sowie Lobrichon, L'apocalypse (1979).

85. Enarrationes in Apocalypsin, in: PL 162, Sp. 1504A: *Ego Joannes: finita salutatione antequam narret, exponit quomodo vel quando vidisset, et ibi commendat visionem ex quatuor rebus, scilicet ex persona videntis, ex loco, ex causa, ex tempore; et sic dicit* [...].

86. Enarrationes in Apocalypsin, in: PL 162, Sp. 1504A–C: [...] *et sic dicit: Ego Joannes, Commendatio ex persona. Quasi dicat: Attendite quae vidi ego*] ego om. Troyes 1223 *apostolus tanti nominis, frater in unitate fidei et particeps in tribulatione; et quia tribulatio sine patientia inutilis est, ideo apponit, et patientia et tandem regno. Haec ample deducuntur*] *Haec ample deducuntur* om. Troyes 1223 *praemonstratis omnibus his in Jesu, tribulatus enim Dominus patienter habet regnum. Fui in insula ad litteram, et est commendatio ex loco. Locus enim solitarius aptus est in quo secreta coelestia fidelibus revelentur. Quae appellatur Pathmos. Pathmos fretum interpretatur. Propter verbum Dei. Commendatio per causam et testimonium Jesu Christi scilicet quia testimonium perhibui divinitati et humanitati Salvatoris. Fui in spiritu, id est spiritualiter vidi in Dominica die. Commendatio ex tempore. Solet enim rerum qualitas tempore notari: ut Abraham vidit angelos in meridie, id est in fervore fidei. Adam vidit angelum in persona quidem Dei post meridiem, scilicet post lapsum. Loth vidit perditionem Sodomae in vespere, quia cito futura erat. Salomon sapientiam recepit nocte, quia non bene conservavit eam. Significat enim Dominica dies requiem illam veram quam iam obtinet et sanctis promittit ille qui Dominica die resurrexit, ideoque cessamus in eodem die ab opere. Significabatur eadem requies in veteri lege per Sabbatum, sed re impleta cessavit figura. In hac requie iam saltem spe totus erat apostolus: unde attendenda est revelatio, quae fit eo tempore* [...].

Aus vier Gründen (*ex persona, ex loco, ex causa* und *ex tempore*) empfehle Johannes also seine Erscheinung dem Leser, stellte Anselm fest.[87] Die Nennung der näheren Umstände der Vision mache diese authentisch und den Bericht über sie autoritativ. Person, Ort, Grund und Zeit waren somit Autorisierungskomponenten für Anselm. Anselm umschrieb diese Autorisierung mit der Wendung *et ibi commendat visionem ex quatuor rebus*; die Glossa ordinaria zur Bibel nahm diesen Gedanken später auf und formulierte verdeutlichend: *ad commendationem ipsius revelationis* seien diese vier Umstände erwähnt.[88]

Einen vergleichbaren Weg schlug Bernold (und später auch Gratian) ein.[89] Er generierte jedoch nicht mit Hilfe der Zirkumstanzien Autorität, sondern begrenzte die Autorität und damit den Geltungsanspruch von normativen Texten mit ihrer Hilfe: Normative Texte hätten nur bestimmte Fälle vor Augen, stellte Bernold fest, da sie in bestimmten historischen Situationen entstanden seinen. Insofern seien sie nur temporär von Bedeutung. In diesem Sinne unterschied Bernold zwischen der Zeit der Christenverfolgungen in den ersten drei Jahrhunderten, in der Bischöfe gezwungen wurden, das Bistum zu wechseln, von der Zeit nach der Anerkennung des Christentums im Toleranzedikt von Mailand 313, in der Bistumswechsel grundsätzlich untersagt waren. Die Differenzierung nach der Zeit der Normentstehung (*tempus*) erklärte den unterschiedlichen Umgang mit dem Bistumswechsel.[90] *Persona, causa, locus* und *tempus* sind damit Grundbestandteile oder Einzelaspekte eines Falls, die Autorität generieren oder relativieren.

Resümieren wir: Bernold, Manegold und Anselm zählen zu den Autoren, die artistische Bildung in Traktaten, Streitschriften und Bibelkommentaren aufnahmen. Sie hinterfragten normative Texte, reflektierten deren Entstehung und grenzten ihren Geltungsbereich durch Zerlegung in verschiedene Facetten ein. Auch wenn der Zusammenhang der Analyse eines normativen Textes mit den *circumstantiae* eines Rechtsfalles, dem *quis, quid, ubi, quibus auxiliis, cur, quomodo, quando*, nicht

87. Die Parallelität der Begriffe bemerkte schon Landau, ohne dieser Beobachtung weiter nachzugehen: Landau, Apokryphe Isidoriana, 839 Fn. 11.

88. Biblia Latina cum Glossa Ordinaria, ed. Adolph Rusch (1480/81), Band 4 (550): *Ego Iohannes. Finita salutatione progreditur ad narrationem imponendo quattuor, personam, locum, causam ipsius loci, tempus, quae valent ad commendationem ipsius revelationis.*

89. Zu Gratian siehe 400–405.

90. Zur Migration/Translation siehe Stöckly, Bernold von Konstanz, De excommunicatis vitandis, cap. 53f., 172–175.

expliziert wird, so darf man vielleicht doch von einem artistischen Hintergrundrauschen im 11. Jahrhundert sprechen, das den Textumgang prägte.[91]

Dieses Hintergrundrauschen wurde im Laufe des 12. Jahrhunderts so laut, das man es deutlich vernehmen konnte. Nur ausblicksartig sei auf Johannes von Salisbury (1115/20–1180) hingewiesen, der im *Policraticus* (1156–1159) urteilte, dass die Jagd nach den Umständen wie Ort, Zeit, Art, Person und Zweck nützlich und ehrenhaft sei.[92] Garnerius von Langres sprach im 12. Jahrhundert ganz offen aus, dass jede Sünde nach sieben Umständen zu beurteilen sei: *Omne enim peccatum ex septem circumstantiis cognoscitur: ex actu et agente, ex peccati complicibus, ex loco, ex tempore, ex causa et modo.*[93]

91. Ein weiteres Beispiel für den Einfluss der Artistik könnte der Begriff *modus locutionis* darstellen. Damit ist die Verwendung eines Wortes in Form einer konkreten oder figurativen Verwendung gemeint. Manegold verwies häufiger auf diesen *modus locutionis*, den es bei dem Verständnis von Texten zu berücksichtigen galt (vgl. Manegold von Lautenbach, Liber ad Gebehardum, in: MGH LdL 1, 308–430, hier cap. 45, 388–390, der den Begriff mehrfach verwendet, zum Beispiel 388 Zeile 29–31: *Multi sunt enim locutionum modi, multa et genera, quibus pro diversitate causarum et personarum non solum sanctorum sermones, sed et communes et vulgares dispensantur locutiones*; vertiefend Hartmann, Manegold von Lautenbach, 135, der auf die Verwendung des *modus locutionis* schon bei Augustinus (Augustinus, De doctrina christiana, ed. Green, III, 33 (88)) hinweist), aber auch Humbert von Silva Candida (Humbert von Silva Candida, Libri III adversus simoniacos, ed. Friedrich Thaner, in: MGH LdL 1, 95–253, hier 124 Zeile 46–125, Zeile 5: *Qui modus locutionis tam creber in divinis vel humanis reperitur litteris seu etiam in quotidianis confabulationibus nostris, ut prisci grammatici proprio tropo, qui catacrisis dicitur, eum donari vel adornari censuerint. Cuius etiam vocabuli vim taliter edocent. Catacrisis est usurpatio alieni nominis, ut piscina, cum pisces non habeat. Fit ergo tropo hoc, ut res non habens suum nomen usurpet alienum. Itaque constat hoc modo sanctos patres nostros aliena nomina rite ex aliqua rerum similitudine usurpasse, ubi eis propria, quae utique pauca sunt et aliquando narrationi minus apta, contigit non adesse.*) und Gerhoh von Reichersberg (Gerhoh von Reichersberg, De investigatione antichristi liber I, ed. Ernst Sackur, in: MGH LdL 3, 304–395, z.B. 330 Zeile 18f.) waren sich der verschiedenen Ausdrucksformen bewusst. Gerhoh von Reichersberg, De investigatione antichristi, in: LdL 3, 330 Zeile 18f. verwies – wie schon vor ihm Humbert – auf die *grammatici*, also auf die Lehrer der Grammatik als *ars liberalis*, die diese als ‚Metonymie' bezeichneten: *Qui videlicet locutionis modus efficiens pro effecto vel e converso ponens apud grammaticos ‚metonomia' dici solet.* Auch dieses Beispiel zeigt die bewusste Verwendung der Sprache und ihrer Ausdrucksmöglichkeiten, was auf einen reflektierten Umgang mit biblischen und anderen normativen Texten schliessen lässt. Im Kontext des *modus locutionis* ist noch darauf hinzuweisen, dass Bernold von Konstanz auch die Technik der *divisio vocis in significationes* beherrschte, also die Aufspaltung eines Begriffs, wie er es anhand der Wendung *manus impositio* vorführte (hierzu vertiefend Meyer, Distinktionstechnik, 138, mit Hinweis auf Stöckly, Bernold von Konstanz, De excommunicatis vitandis, cap. 16f., 94–98).

92. Ioannis Saresberiensis [Johannes von Salisbury], Policraticus, ed. Keats-Rohan, cap. I, 4 (39 Zeile 288f.): *Potest igitur venatica esse utilis et honesta, sed ex loco, tempore, modo, persona, et causa.* Eine Übersetzung bietet Pike, Frivolities, 23. Zu Johannes von Salisbury siehe Hans-Werner Goetz, Art. Johannes von Salisbury, in: LexMA 5, 1991, Sp. 599–601.

93. Werner von Langres/Garnerius von Rochefort, Sermones, in: PL 205, Sp. 559–828,

Kurz vor 1100, so darf man an dieser Stelle festhalten, haben sich einige Autoren ein Instrumentarium des Textumgangs zurechtgelegt, das eine differenzierte Analyse von Texten ermöglichte. Dass sich diese neue Methode auch und gerade in der Literaturgattung der Streitschriften wiederfindet, wundert kaum, galt es doch, die politischen Veränderungen des ausgehenden 11. Jahrhunderts kommentierend zu begleiten, also unterstützend voranzutreiben oder kritisch abzulehnen. So stellte die Klerikerehe den Kristallisationspunkt dar, an dem Bernold und Alboin ihre methodischen Fähigkeiten erprobten und darlegten.[94] Dialektische Grundtechniken wie die Aufteilung allgemeiner Begriffe in spezifischere Unterbegriffe oder rhetorische Elemente wie die Umstände einer Rede waren somit Techniken, die Ende des 11. Jahrhunderts zumindest von den Bildungsträgern beherrscht wurden. Mit der Abgrenzung von normativen Texten mit Hilfe der Zirkumstanzien und der Unterscheidung von Fällen im Rahmen einer Distinktionstechnik sind zentrale methodische Elemente beschrieben, mit denen im 12. Jahrhundert Rechtswissen geordnet werden sollte. Sie können daher auch als Bausteine der späteren Kanonistik bezeichnet werden.

(4) exempla*: Zur Verwendung historischer Beispiele*

Die Zirkumstanzien waren aber nicht nur Auslegungshilfe bei der Interpretation von normativen Texten, sondern halfen auch bei der richtigen Einordnung historischer Beispiele. Beispiele aus dem Alten wie Neuen Testament sowie der frühen Kirchengeschichte sollten in Streitschriften eine Auffassung begründen oder widerlegen.[95] Die Geschichte, *historia*, erhielt so in den Jahrzehnten nach 1050 eine neue Bedeutung als Argumentations- und Begründungsmittel. So argumentierten gregorianische Autoren mit einer Episode aus der Frühzeit der Kirche, um die damalige Auseinandersetzung zwischen Kaiser und Papst zu beurteilen. Sie wiesen darauf hin, dass Bischof

hier Sermo 36, Sp. 805: *Omne enim peccatum ex septem circumstantiis cognoscitur: ex actu et agente, ex peccati complicibus, ex loco, ex tempore, ex causa et modo.* Zum Autor: Ludwig Hödl, Art. Garnerius von Rochefort, in: LexMA 4, 1989, Sp. 1119.

94. Ob der Investiturstreit die Beschäftigung mit den *artes liberales* gefördert hat oder ob die Kenntnis der *artes* erst die schriftliche Diskussion ermöglicht hat, ist hier ohne Bedeutung, da entscheidend allein ist, *dass* sich im ausgehenden 12. Jahrhundert diese methodischen Diskussionen finden.

95. Ziese, Historische Beweisführung in Streitschriften des Investiturstreites (1972); Goetz, Geschichte als Argument (1987); auch Goetz, Wissenschaftssystem (1993). Grundsätzlich zu Exempla Moos, Geschichte als Topik (1988).

Ambrosius Kaiser Theodosius nach dessen blutiger Rache für die Ermordung eines kaiserlichen Beamten in Thessaloniki gebannt hatte. Um wieviel mehr konnte dann Papst Gregor VII. Kaiser Heinrich IV. exkommunizieren?[96] Und weiter: Hatten nicht Kaiser wie Konstantin und Karl der Grosse sich immer der Investitur enthalten, so dass die spätere Praxis der Mitsprache bei der Besetzung geistlicher Ämter als Usurpation erschien?[97]

Aufschlussreicher als diese gradlinige Verwendung von Beispielen sind die historischen *exempla*, die sich nicht so einfach in die Argumentation einfügen wollten, sondern der Erklärung, Erläuterung und Umdeutung bedurften. Hier konnte eine Parallele zum Umgang mit normativen Texten auftreten, galt es doch, Beispiel in ihrer Aussagekraft so einzuschränken, dass sie die jeweilige Position unterstützten und sich damit in ein Argumentationsgeflecht einfügten. Der Verwender eines Beispiels musste verdeutlichend darlegen, warum das angeführte Beispiel ein Sonderfall und nicht die Regel darstellte, oder welche zeitlichen Umstände zu einem bestimmten *exemplum* führten. Genau dieser Umdeutungsprozess erfolgte verschiedentlich in Streitschriften.[98]

Ein erstes Beispiel ist der *Liber de honore ecclesiae*, den Placidus von Nonantola wohl 1111 verfasste, und in dem er sich insbesondere mit dem Investiturrecht auseinandersetzte.[99] Er erörterte unter anderem das Beispiel, dass Papst Hadrian Karl dem Grossen das Investiturrecht verliehen habe; doch habe er dies nicht getan, damit die Kirche ihm untergeordnet sei, sondern damit er ihr besser diene.[100] Placidus deutete also diese geschichtliche Begebenheit in seinem Sinne, lieferte allerdings keine Begründung für seine Deutung.

96. Vgl. Goetz, Geschichte als Argument, 38–45.

97. Goetz, Geschichte als Argument, 50–53, hier 51f. mit Verweis auf Humbert von Moyenmoutier.

98. Die folgenden Beispiele sind gewählt in Anlehnung an Goetz, Geschichte als Argument, 44.

99. Vertiefend Busch, Liber de Honore Ecclesiae (1990).

100. Placidus von Nonantola, Liber de honore ecclesiae, ed. von Heinemann/Sackur, in: MGH LdL 2, 566–639, hier 619 Zeile 10–16: *CIII. Quare permissum sit imperatoribus aecclesias investire/Cum igitur haec certum sit beatissimum Adrianum de electione pontificis docuisse, mirum, quomodo inveniatur, ut quidam aiunt, Karolo imperatori investiendi aecclesias licentiam tribuisse. Quid igitur in his considerandum est, quid aestimandum, nisi quia, etsi verum est hoc ei concessum fuisse, non ideo hoc factum est, ut aecclesiam Dei suo iuri in tempore haberet subiectam, sed ut magis magisque per hoc signum se ei servire et eam ab inimicis defendere quodammodo promitteret?* Zu Placidus von Nonantola grundlegend Busch, Liber de Honore Ecclesiae (1990).

Ein zweites Beispiel stellt der *Liber de unitate ecclesiae conservanda* dar, dessen unbekannter, kaiserfreundlicher Verfasser schon überzeugender als Placidus argumentierte, indem er den Nutzen für die Kirche hervorhob, um eine ihm unliebsame historische Begebenheit umzudeuten. Zwar musste er zugestehen, dass Ambrosius Kaiser Theodosius gebannt und ihn erst nach seinem Einlenken gelöst habe, doch um dieses Beispiel in seine pro-henrizianische Argumentation einzufügen, blieb ihm nur der Ausweg, die durch die Bannung ermöglichte Abwendung der Spaltung der Kirche als für beide Seiten nützlich, als *utilis* [...] *ecclesiae pariter atque ipsi imperatori Theodosio* darzustellen.[101] Der Nutzen für Kirche wie Kaiser in einer singulären Situation sollte das historische Beispiel relativieren und ihm die Schärfe nehmen.

Und ein drittes: Noch eindeutiger äusserte sich der 1084 von Gregor VII. abgefallene Kardinal Beno von St. Martino, der sich mit derselben geschichtlichen Begebenheit auseinandersetzte.[102] Zwar habe Gregor VII. zutreffend dargestellt, dass Kaiser Theodosius vom heiligen Ambrosius exkommuniziert worden sei, aber doch habe dieser die Umstände der Exkommunikation (*modus excommunicationis*) verschwiegen. Beno zufolge habe Ambrosius nämlich den aus eigenem Antrieb Bekennenden und reumütig Büssenden von der Teilhabe an den heiligen Sakramenten ausgeschlossen, da er, Ambrosius, die kirchlichen Regeln kannte, denenzufolge keiner aufgrund eines erzwungenen Geständnisses verurteilt werden durfte.[103] Beno liess nun eine lange Reihe von Belegen für die notwendige Freiwilligkeit eines Geständnisses folgen, und er schloss mit dem Vorwurf an Gregor VII., dass dieser bekannte Feinde des Kaisers zur Anklage des abwesenden Kai-

101. Liber de universitate ecclesiae conservanda, ed. Wilhelm Schwenkenbecher, in: MGH LdL 2, 173–284, hier cap. I, 8 (195 Zeile 9–12): *Ecce illa excommunicatio, quam utilis erat ecclesiae pariter atque ipsi imperatori Theodosio, quae nunc in ea, de qua agitur, scriptura prodendi scismatis ponitur exemplo, quo separentur principes vel milites rei publicae ab imperatoris sui consortio simul et obsequio.* Eine deutsche Übersetzung dieser Stelle bietet Schmale-Ott, Quellen 2, 304–307.

102. Zu Beno von St. Martino einige Bemerkungen bei Robinson, Papacy, 37.

103. Gesta Romanae aecclesiae contra Hildebrandum, ed. Kuno Francke, in: MGH LdL 2, 369–422 (als Teil der Edition Benonis aliorumque cardinalium schismaticorum contra Gregorium VII. et Urbanum II. scripta (MGH LdL 2, 366–422)), hier 392 Zeile 32–37: *Recte optulisti, dum Theodosium caesarem a beato Ambrosio excommunicatum dixisti. Non recte divisisti, dum modum excommunicationis tacuisti. Salvo enim caesaris honore ad tempus eum sacramentorum aecclesiasticorum communione sponte confitentem et devote pęnitentem privavit. Ad liquidum enim noverat regulas aecclesiae, quibus precipitur neminem esse ligandum de extorta confessione.* Zur Auseinandersetzung zwischen Theodosius und Ambrosius: Hauschild, Lehrbuch der Kirchen- und Dogmengeschichte 1, 149; Kolb, Bußakt von Mailand (1980); McLynn, Ambrose of Milan, insbes. 315–330.

sers geschickt und sich herausgenommen habe, den weder geständigen noch überführten Kaiser Heinrich IV. zu exkommunizieren.[104] Benos Argumentationstechnik erscheint sogar noch bemerkenswerter, wenn man genauer blickt. Beno differenzierte und distinguierte, um den Gegner zu überwinden: Er bestätigte Tatsachen der Gegner als richtig (*recte optulisti*), entwertete sie aber mit einer distinguierenden Betrachtung (*non recte divisisti*).[105] Im Falle des Ambrosius führte er die genaueren Umstände an, die diesen Fall in einem anderen Lichte erscheinen lassen sollten – die vorausgegangene Busse verstand er nämlich als ein für eine Exkommunikation notwendiges Geständnis. Ein solches Geständnis aber hatte Heinrich IV. nie abgelegt, so dass er zu Unrecht verurteilt schien.

Dieses distinguierende Vorgehen legte Beno auch bei der Frage der Investitur durch den König an den Tag, indem er zwischen der heidnischen und der christlichen Zeit unterschied. So konnte er einen unterschiedlichen normativen Umgang mit der königlichen Mitsprache bei der Einsetzung in geistliche Ämter erklären. Die Apostel hätten, unter heidnischen Herrschern lebend, beschlossen, dass keiner durch die weltliche Macht in ein geistliches Amt gehoben werden dürfe, wohingegen Gregor I., unter christlichen Herrschern lebend, festgeschrieben habe, dass keiner ohne den König ein Amt erhalten solle.[106] Für diese differenzierte Betrachtung brachte er argumentativ Augustinus in Stellung: *Divide tempora et solvisti questiones*. Teile die Zeiten, betrachte also die Entstehungszeit, und Du hast die (Auf)Lösung von Widersprüchen gefunden. Dieser (pseudo-augustinische) Satz, nach der Zeit zu distinguieren, war Benos Programm.[107]

104. Beno, Gesta Romanae aecclesiae contra Hildebrandum, in: MGH LdL 2, 392 Zeile 38 – 393 Zeile 31, Zitat 393 Zeile 32–34: *Publicos inimicos caesaris ad accusationem ipsius absentis admisisti, neque sponte confessum neque legitime convictum excommunicare presumpsisti*. Ob die Argumentation zwingend ist, kann offenbleiben; jedenfalls bannte Ambrosius Kaiser Theodosius zuerst und löste ihn dann nach dessen Reue wieder. Beno versteht die Reihenfolge der Ereignisse wohl anders, damit die Reue als Geständnis und damit als Voraussetzung für eine Bannung gedeutet werden kann.

105. Beno, Gesta Romanae aecclesiae contra Hildebrandum, in: MGH LdL 2, 391 Zeile 36f.; ebenso ebd., 392 Zeile 32, 33; 394 Zeile 16f.; 396 Zeile 18f., 20f. und öfters.

106. Beno, Gesta Romanae aecclesiae contra Hildebrandum, in: MGH LdL 2, 392 Zeile 25–31: *Non recte divisisti, si beati Gregorii et religiosorum principum tempora a temporibus apostolorum, sub paganis principibus pro tempore, pro re decernentium, nichil differre estimasti. Sub paganis principibus apostoli decreverunt, ne quisquam per secularem potestatem aecclesiasticam optineret dignitatem. Sub principibus orthodoxis et aecclesiae defensoribus secure beatus Gregorius decrevit in predicto privilegio, ne sine rege provintiae eligeretur abbatissa vel locum regiminis optineret.*

107. Das Zitat lässt sich nicht bei Augustinus finden (siehe: Francke, in: MGH LdL 2,

Bei Beno erfolgte der Hinweis auf die Zeit als eine der Zirkumstanzien explizit; bei anderen Autoren waren die Zirkumstanzien zur Eingrenzung und Relativierung der *exempla* eher implizit, wenn zum Beispiel hinter dem Begriff *utilitas ecclesiae* die *causa* anklingt.[108] Wie stark Zirkumstanzien und damit rhetorische Techniken jedenfalls im zweiten Viertel des 12. Jahrhunderts mit der *historia* verwoben waren, zeigt Hugo von Sankt Viktor († 11.2.1141).[109] Als Regularkanoniker des 1108 von Wilhelm von Champeaux gegründeten Klosters St. Viktor in Paris formulierte er in der um 1130 anzusetzenden Schrift *De tribus maximis circumstantiis gestorum* das Konzept einer Lernmethode, die als Handreichung für Schüler diente. Diese sollten sich historische Ereignisse als *fundamentum omnis doctrinae* memorieren, und damit dies gelänge, empfahl Hugo ihnen, nach einer rudimentären Zirkumstanzienlehre zu lernen, nämlich sich auf die Person, den Ort und die Zeit zu konzentrieren – *personae a quibus res gestae sunt, loca in quibus gestae sunt* sowie *tempora quando gestae sunt.*[110] Diese drei Aspekte eines Falls dienten also dem Erinnern historischer oder biblischer Begebenheiten. Bemerkenswert erscheint hier, wie Hugo rhetorische Grundbegriffe für seinen theologischen Unterricht fruchtbar machte und sie damit aus dem ursprünglich iudizialen Bereich in einen theologisch-didaktischen überführte.

Hugo bettete seine Aufspaltung der geschichtlichen Ereignisse in einen noch grösseren Kontext ein. Die Auslegung der Bibel sollte

392 Anm. 2 *Hunc locum non inveni*); es ist so auch nicht bei (Pseudo-)Aurelius Augustinus, De rhetorica, ed. Halm (1863) erwähnt. Ähnliche Formulierungen finden sich jedoch bei Augustinus, sermo 83, in: PL 38, Sp. 519: *certe si quis, quod solum verum est, distinguit tempora, et solvit quaestionem, verum est* bzw. sermo 132, in: PL 38, Sp. 735: *Accede ad professionem, et solvisti quaestionem* sowie in der augustinischen Schrift *De gratia Christi et de peccato originali libri duo*, 2.26.30: *Non igitur, sicut Pelagius et eius discipuli, tempora dividamus...* (PL 44, Sp. 400). Möglicherweise hat Beno – oder ein anderer vor ihm – hier Satzbau und Wendungen von Augustinus zu einem ihm passenden programmatischen Satz verschmolzen.

108. Siehe 212 insbes. Anm. 101.

109. Zu Hugo von Sankt Viktor: Joachim Ehlers, Art. Hugo von St-Viktor, in: LexMA 5, 1991, Sp. 177f.; Rainer Berndt, Art. Hugo von St-Viktor, in: LThK 5, 1996, Sp. 311f.

110. Hugo von Sankt Viktor, De tribus maximis circumstantiis gestorum, ed. Green, 491 Zeile 10–18: *Sed nos hystoriam nunc in manibus habemus, quasi fundamentum omnis doctrinae primum in memoria collocandum. Sed quia, ut diximus, memoria brevitate gaudet, gesta autem temporum infinita pene sunt, oportet nos ex omnibus brevem quandam summam colligere quasi fundamentum fundamenti, hoc est, primum fundamentum, quam facile possit animus comprehendere et memoria retinere. Tria igitur sunt in quibus praecipue cognitio pendet rerum gestarum, id est, personae a quibus res gestae sunt, le* [sic] *loca in quibus gestae sunt, et tempora quando gestae sunt.* Zu dieser Stelle Ehlers, Hugo von St. Viktor, 51–54; Schwarzbauer, Geschichtszeit, 146–148; Kortüm, Necessitas temporis, 35–37.

in einem dreifachen Sinn erfolgen: Das Verstehen (und Memorieren) der historische Begebenheit war die erste und zugleich schlichteste Auslegungsmethode, denn sie zielte nur auf den wörtlichen Sinn. Die zweite Auslegungsform war die allegorische, die nach der dogmatisch-theologischen Einordnung fragte; die dritte die tropologische, die auf die Handlungsebene zielte.[111] Gegenüber der mehrfachen Auslegung der Bibel mutet der Umgang mit normativen Texten wie Konzilsbeschlüssen oder päpstlichen Dekretalen oder historischen *exempla* fast schlicht an – aber: Könnte die mehrfache Auslegung eines Bibelverses nicht den Sinn für einen reflektierteren Umgang mit normativen Textstücken geweckt haben?

(5) dispensatio *und* necessitas*: Das Abweichen von der Norm als Standard*

Greifen wir nach den historischen Beispielen einen weiteren Punkt heraus, der schon in Bernolds theoretischem Ansatz eine grosse Rolle spielte, nämlich die *dispensatio*, also die Vorstellung, dass Gesetze aufgrund bestimmter Umstände keine Geltung beanspruchen können. Bernold wollte mit Hilfe der Zirkumstanzien *tempus*, *locus* und *persona* eine relative Geltung von Rechtssätzen begründen; den inneren Grund für die Aufhebung von Normen im Einzelfall sah er vor allem in der zeitbedingten Notlage, der *necessitas temporum*, sowie dem Nutzen für die Kirche, der *utilitas ecclesiae*. Für ihn konnte schliesslich – hier verblieb Bernold undeutlich – wohl jeder vernünftige Grund (*causa rationalis*) eine Norm derogieren.[112] In diesem Sinne, so schrieb Bernold, habe Papst Innozenz einen Beschluss des Konzils von Nizäa als zeitgebunden aufgehoben, der erlaubte, dass Heterodoxe – in diesem Fall Novatianer – unter grundsätzlicher Bewahrung ihres Weiheranges in die Kirche aufgenommen werden sollten. Und Bernold fügte an, dass ein nordafrikanisches Konzil entschieden habe, die heterodoxen Donatisten ohne Bewahrung des Weiherangs aufzunehmen, es sei denn, die Kirche habe einen Nutzen (*utilitas ecclesiastica*) davon.[113]

111. Die anagogische, also eschatologische Dimension der Auslegung der Heiligen Schrift, die andere Autoren kannten, nannte Hugo in diesem Kontext nicht. Vertiefend zur Bibelauslegung insbes. bei Hugo von St. Viktor: Reventlow, Epochen der Bibelauslegung 2, 170–180; Berndt, Hugo von St. Victor, insbes. 101–103; Goetz, Wissenschaftssystem, insbes. 194–196.

112. Stöckly, Bernold von Konstanz, De excommunicatis vitandis, cap. 57, 180–182.

113. Stöckly, Bernold von Konstanz, De excommunicatis vitandis, 181 Zeile 13 – 182 Zeile 1: *Hac ratione beatus Innocentius statutum Niceni concilii de hereticis cum ordine*

In ähnlicher Weise argumentierte Ivo von Chartres, der Rechtssätze im Spannungsverhältnis zwischen strikter Anwendung (*rigor*) und Aufhebung im Einzelfall (*misericordia*) verortete, um mit Hilfe der *caritas* zu entscheiden, welches Prinzip im konkreten Fall Vorrang beanspruchen konnte. Die Grenzen der Dispens lagen für ihn bei den *praeceptiones immobiles* respektive den *prohibitiones immobiles*, welche vor allem der Dekalog konstituierte. Insofern sind Bernold und Ivo nicht allzu weit voneinander entfernt, doch ihre Gemeinsamkeiten enden bei der Frage, wer dispensieren durfte, da Bernold dies als Aufgabe des Papstes sah, während Ivo – ein wenig undeutlich bleibend – wohl jeden Richter selbst entscheiden liess.[114] Möglicherweise spiegelt dieser Unterschied auch den verschiedenen Ansatz und die unterschiedliche Lebenswelt beider Autoren wider: Der im Kloster lebende Schriftsteller hier, der dem Bistum vorstehende Richter dort; hier der Theoretiker, der ein widerspruchsfreies System von Normen anvisierte, dort der Praktiker, der im Einzelfall eine gerechte Lösung treffen musste.[115]

Der Gedanke der *dispensatio* findet sich auch bei Manegold von Lautenbach wieder, der von *dispensatio* oder *dispensatorie* im Kontext der Gesetzesgeltung sprach, indem er ausführte, dass selbst wenn dem Kaiser *temporis vel cause dispensatione* ein Investiturprivileg verliehen worden sei, dies doch nicht hiesse, dass sich dies irgendein König anmassen dürfe.[116] Den Gedanken der Dispens nahm auch Bruno,

recipiendis non iam adtendendum asseruit, eo quod iam necessitas illo tempore iam transierit, quę Nicenos patres ita Novatianos recipere compulerit. Unde et Affricani patres cap. XXXV decreverunt, ne Donatistę cum ordine reciperentur illis tamen exceptis, per quorum susceptionem ęcclesiasticę utilitati consuleretur.

114. Siehe 178.

115. Eine ähnliche Beurteilung stammt von Salgado, La méthode d'interprétation, 34*: Ivo sei „plutôt un practicien de l'interprétation", wohingegen Bernold von Konstanz „semble prendre goût au travail d'explication lui-même, quoique nulle part il n'exclue que l'explication des lois soit en vue de leur application". Hartmann, Autoritäten, 445 spricht vom „Opportunitätsprinzip bei der Anwendung rechtlicher Normen".

116. Manegold, Liber ad Gebehardum, in: MGH LdL 1, 390 Zeile 19–22: *Cum igitur haec ita esse certa comprehendantur ratione, certe tamen, si Gregorius aliqua temporis vel causarum dispensatoria ratione funestam legem ad omnium noticiam non distulit insinuare fecitque transmittere, certe, inquam, hoc facto sedem beati Petri divinitus concesso nequaquam privavit privilegio.* Ebenso Manegold, Liber ad Gebehardum, in: MGH LdL 1, 409 Zeile 24f.: *Si enim hoc regibus illis sub umbra adhuc aliqua vel temporis vel cause dispensatione concessum esset* […]; sowie Manegold, Liber ad Gebehardum, in: MGH LdL 1, 412 Zeile 17–20: *Quamquam, etsi hoc inperatori privilegium aliqua temporis vel cause dispensatione concessum esset, non quilibet regum consequenter idem usurparet, presertim cum idem Gregorius, ut longe prefati sumus, inperatores a regibus longe inconparabili disterminet dignitate.* Eine Durchsicht der LdL-Bände zeigt, dass *dispensatio* im Übrigen häufig die Verteilung kirchlicher Güter an Arme oder die Verteilung der Gaben des Heiligen Geistes meint.

Bischof von Segni und später Abt von Monte Cassino († 18.7.1123), in seinem *Libellus de symoniacis* auf, den er zwischen 1085 und 1109, vermutlich aber in den 1090er Jahren, verfasste. In ihm formulierte er, dass in der Kirche viele Dinge aufgrund von Dispensen – bedingt durch die Notwendigkeit der Zeiten oder die Natur des Geschäfts – erfolgten, die bei einer strikten Anwendung der Regeln undenkbar seien.[117] Auf der Suche nach der *dispensatio* wird man auch in dem bayerischen Text *De vitanda missa uxoratorum sacerdotum* fündig,[118] dessen unbekannter Autor behauptete, dass die Überschreitung eines allgemeinen Gesetzes entweder aufgrund von Dispens erfolge oder Gesetzesverletzung sei.[119]

Der Gedanke einer einschränkbaren und damit relativen Rechtsgeltung zählt somit zu den verbreiteten Ideen in der Zeit des Investiturstreits. Dass diese Idee aber von Papst Urban II. stammte, der die Strenge der gregorianischen Reformmassnahmen mit einer Mässigung in der Praxis verbinden wollte, wie Paul Fournier mutmasste, ist eher unwahrscheinlich.[120] Denn schon bei einem seiner Vorgänger, Papst Nikolaus II., findet sich im Rahmen der Simonie-Debatte das Spannungsverhältnis von *iustitia* und *misericordia*, indem er die von Simonisten Geweihten tolerierte, wenn sie ohne Gegenleistung geweiht worden waren und im Übrigen ein den Regeln gemässes Leben führten. Sie sollten *non tam censura iusticiae, quam intuitu misericordiae*

117. Bruno von Segni, Libellus de Symoniacis, ed. Ernst Sackur, in: MGH LdL 2, 543–562, insbes. 559f., hier 559 Zeile 31–33: *Et multa quidem dispensatorie in aeclesia fiunt pro temporis necessitate et negotii qualitate, quae utique non fierent, si districto canonicoque iuditio fierent.* Zu Bruno von Segni vgl. Girolamo Arnaldi, Art. Bruno, Bischof von Segni, in: LexMA 2, 1983, Sp. 791–793 sowie Melve, Bruno of Segni (2009), zu dieser Passage 92.

118. Epistola de vitanda missa uxoratorum sacerdotum, ed. Ernst Sackur, in: MGH LdL 3, 1–11; zum Text: Frauenknecht, Von Nikolaiten und Häretikern (2001), der u.a. eine textliche Abhängigkeit von Bernold von Konstanz konstatiert (inwiefern Bernold auch in methodischer Hinsicht Vorbild war, muss hier offen bleiben) sowie Deutinger, Epistola de vitanda missa uxoratorum sacerdotum (2007), der u.a. einen weiteren Textzeugen vorstellt und ebenso auf die Abhängigkeit von Bernold von Konstanz bzw. Manegold von Lautenbach hinweist.

119. Epistola de vitanda missa uxoratorum sacerdotum, in: MGH LdL 3, 4 Zeile 19–25: *Cessent ergo Nicolaitae eorumque defensores contra tam generalem et eternalem doctoris gentium sanctionem singularem et temporalem Nicolai pape ad neophitos Bulgarorum proferre dispensationem. Quicquid enim contra universalem regulam est, aut dispensatio aut prevaricatio est. Dispensatio autem cessante necessitate debet utique cessare, si non vult teneri prevaricationis crimine. Hinc est, quod iam dudum apud Anglos cessavit terciae et quarte generationis copula, quam eis ad tempus pro teneritudine sua dispensatio contulerat Gregoriana.*

120. Fournier, Un tournant de l'histoire du droit, 155–165. Kritik äusserte zum Beispiel Kuttner, Urban II and the Doctrine of Interpretation (1972). Grundsätzlich zur Historiographie siehe 60–68.

behandelt werden; es seien nämlich so viele, dass es notwendig sei, vorübergehend von der konsequenten Durchsetzung der Normen gegen Simonisten abzusehen.[121] – Als Zwischenergebnis zu diesem Durchgang durch Schriften des 11. Jahrhunderts ist festzuhalten, dass *dispensatio* und *necessitas* verbreitet eingesetzt worden sind, und zwar nicht nur von Ivo von Chartres, sondern auch von anderen Autoren.

Nähern wir uns nun den beiden Begriffen von einer anderen Seite her, nämlich vom Verwendungskontext und ihrer Funktion her. *Dispensatio* wie *necessitas* sind nämlich nicht nur im Hochmittelalter häufig verwendet, sondern auch schon zuvor, nämlich in der Spätantike. In welchem Kontext sind sie anzutreffen und welche Funktion nahmen sie ein?

Dispensatio findet sich zum Beispiel in einem Brief Gelasius' I. (492–496) aus dem Jahre 494[122] sowie in einem Schreiben Papst Nikolaus I., das dieser 865 an den oströmischen Kaiser Michael richtete. In diesem führte er aus, dass Entscheide des römischen Stuhls zwar prinzipiell unumstösslich seien, eine Ausnahme aber dann zugelassen sei, wenn diese erschlichen oder nur vorübergehend (*dispensatorie*), da Notlagen bedingt, erlassen worden seien.[123] Den Begriff *necessitas* verwendeten im 4. und 5. Jahrhundert die Päpste Innozenz I., Leo I. und Gelasius I.

Papst Innozenz I. (402–417) berief sich auf die *necessitas*, um die mazedonischen Bischöfe in der Frage zu beraten, wie die Kirche mit Klerikern, die von dem heterodoxen Bonosus geweiht worden waren,

121. Nikolaus II., Laterankonzil April 1060, MGH Const. 1, ed. Weiland, 549–551, Nr. 386, hier 550 Zeile 23–30: *Quia igitur usque adeo haec venenata pernicies hactenus inolevit, ut vix quaelibet aecclesia valeat reperiri que hoc morbo non sit aliqua ex parte corrupta, eos, qui usque modo gratis sunt a symoniacis consecrati, non tam censura iusticiae, quam intuitu misericordiae in acceptis ordinibus manere permittimus, nisi forte alia culpa ex vita eorum contra canones eis existat. Tanta quippe talium multitudo est, ut, dum rigorem canonici vigoris super eos servare non possumus, necesse sit, ut dispensatorie ad piae condescensionis studium nostros animos ad presens inclinemus.* Einen kurzen Überblick über die Geschichte der *dispensatio* gibt McCarthy, Genius of Concord, 121–124.

122. Gelasius an die Bischöfe Lukaniens, ep. 9, 494 März 11, JK 636/J³ 1270, siehe 219f., insbes. Anm. 126.

123. Nikolaus II. an Kaiser Michael, ep. 88, 865 September 28, JE 2796, in: MGH Epp. 6, 454–487. Der längere Brief diente als Vorlage für den Kanon *Patet profecto*, hier 480 Zeile 26 – 481 Zeile 14 (mit Auslassungen): *Patet profecto sedis apostolicae, cuius auctoritate maior non est, iudicium a nemine fore retractandum* [...] *Ergo de iudicio romani praesulis non retractando, quia nec mos exigit, quod diximus comprobato, non negamus eiusdem sedis sententiam posse in melius commutari, cum aut sibi subreptum aliquid fuerit aut ipsa pro consideratione aetatum vel temporum seu gravium necessitatum dispensatorie quiddam ordinare decreverit, quoniam et egregium apostolum Paulum quaedam fecisse dispensatorie legimus, quae postea reprobasse dinoscitur.* [...]

umzugehen habe: „Ich habe, wie ich meine, die Zweifelhaftigkeiten bezwungen“, schrieb Innozenz und erklärte: „Nämlich, was zur Heilung zeitweiliger Schäden und aus einer Notlage heraus festgesetzt worden ist, das hat sicher vorher nicht bestanden; bestanden haben aber die alten Regeln, welche die römische Kirche als von den Aposteln und apostolischen Männern überliefert bewahrt und zu bewahren heisst allen, die auf sie zu hören gewohnt sind. Aber die Not der Zeit (*necessitas temporis*) erheischte gebieterisch [davon abzuweichen]. Also muss, was die Notlage als Heilmittel erfand, wenn die Notlage vorüber ist, durchaus aufhören, ebenso wie die Ursache. Denn eines ist die rechtmässige Ordnung, ein anderes die Abweichung wider Recht, welche die Zeit im Augenblick erzwingt.“[124]

Auch Papst Leo I. (440–461) äusserte sich zu diesem Thema. Er schickte einen Brief an Rusticus von Narbonne, in dem er erläuterte, dass – selbst wenn es auch einige unabänderliche Gesetze gäbe – viele Gesetze unter Berücksichtigung der Zeit und der Notwendigkeit der Dinge geändert werden könnten: *Quia sicut quaedam sunt quae nulla possunt ratione convelli, ita multa sunt quae aut pro consideratione aetatum, aut pro necessitate rerum oporteat temperari.*[125]

Und schliesslich hielt Gelasius I. (492–496), an die Bischöfe von Lukanien schreibend, fest: „Die Nothwendigkeit einer Ordnung erfordert es und die Stellung des apostolischen Stuhles bringt es mit sich, die Anordnungen der väterlichen Canones unsererseits so abzuwägen

124. Innozenz I. an die Bischöfe Mazedoniens, 414 Dezember 13, JK 303/J^3 691, gedr. PL 20, Sp. 526–537, hier cap. 5, Sp. 532A: *Vicimus, ut opinor, ambigua. Iam ergo quod pro remedio ac necessitate temporis statutum est, constat primitus non fuisse, ac fuisse regulas veteres, quas ab Apostolis vel apostolicis viris traditas ecclesia Romana custodit, custodiendasque mandat eis, qui eam audire consueverunt. Sed necessitas temporis id fieri magnopere postulabat. Ergo quod necessitas pro remedio invenit, cessante necessitate, debet utique cessare pariter quod urgebat: quia alius est ordo legitimus, alia usurpatio, quam tempus fieri ad praesens impellit.* Die Übersetzung stammt von Caspar, Geschichte des Papsttums 1, 312.

125. Leo an Rusticus von Narbonne, ep. 167, 458–459, JK 544/J^3 1098, gedr. PL 54, Sp. 1197–1209, hier Sp. 1202B. Der Text lautet vollständig: *Quia sicut quaedam sunt quae nulla possunt ratione convelli, ita multa sunt quae aut pro consideratione aetatum, aut pro necessitate rerum oporteat temperari. Illa semper conditione servata, ut in his quae vel dubia fuerint aut obscura, id noverimus sequendum, quod nec praeceptis evangelicis contrarium, nec decretis sanctorum patrum inveniatur adversum.* Eine Übersetzung bietet Gilchrist, A Canon Law Manual of the Gregorian Reform, 169 (74T c. 180): „Just as there are some decrees which can for no reason be altered, so there are many which either from consideration of the times or out of some necessity ought to be modified. Let this condition always be observed that, in matters which are doubtful or obscure, we should recognize that what is found to be neither contrary to evangelical precepts nor opposed to the decrees of the sacred fathers is to be followed.“

und die Vorschriften der früheren Vorsteher und unserer Vorgänger so zu bemessen, daß wir jene Erleichterungen, welche die Bedrängniß der gegenwärtigen Zeiten im Interesse der Kirchen erheischt, nach reiflicher Überlegung und so weit als möglich, eintreten lassen."[126]

In der früheren Geschichte der Kirche ist damit die Möglichkeit, Gesetze zu mildern und damit von ihnen zu dispensieren, nicht unbekannt. Ob der Gedanke, im Notfall von einer Norm abweichen zu dürfen, im Sinne eines Staatsnotstandes römisch-rechtlich geprägt ist[127] oder christliche Wurzeln hat, ist von geringem Belang; entscheidend ist vielmehr, dass das Konzept schon in der Spätantike an prominenter Stelle formuliert worden ist. Es fand nicht nur bei der Diskussion, wie mit von Heterodoxen gespendeten Sakramenten umzugehen sei, sondern auch bei Bischofstranslationen Anwendung.[128]

Soviel zum spätantiken Hintergrund beider Begriffe. Hier ist nicht der Raum, eine (Begriffs)Geschichte der *necessitas* im ersten Jahrtausend zu schreiben,[129] so dass wir die Rezeption der Texte von Innozenz I., Leo I. und Gelasius I. in der karolingischen Zeit bei Papst Nikolaus, Hinkmar von Reims, Papst Johannes VIII. und Pseudoisidor überspringen[130] und sofort zu den hochmittelalterlichen Autoren Bernold von

126. Gelasius an die Bischöfe Lukaniens, ep. 9, 494 März 11, JK 636/J³ 1270, gedr. Thiel, Epistolae, 360–379, hier 362 (PL 59, Sp. 47–57, hier Sp. 48C): *Necessaria rerum dispensatione constringimur et apostolicae sedis moderamine convenimur; sic canonum paternorum decreta librare, et retro praesulum decessorumque nostrorum praecepta metiri, ut quae praesentium necessitas temporum restaurandis ecclesiis relaxanda deposcit, adhibita consideratione diligenti, quantum potest fieri, temperemus.* Übersetzung nach Wenzlowky, Die Briefe der Päpste und die an sie gerichteten Schreiben 7, 135–157, hier 135f.

127. Jürgen von Ungern-Sternberg, Art. Notstand, in: Der Neue Pauly 8, 2000, Sp. 1014f. sowie von Ungern-Sternberg, Notstandsrecht (1970) behandeln nur die römische Republik.

128. Zu Bischofstranslationen vgl. Scholz, Transmigration, 96, der darauf hinweist, dass seit dem 4. Jahrhundert Translationen regelmässig mit dem Hinweis auf die *necessitas* und *utilitas* erlaubt wurden.

129. Die Geschichte von *necessitas* als Ausnahmezustand, Belagerungszustand resp. Staatsnotstand seit dem Spätmittelalter behandelt Boldt, Ausnahmezustand (1972); zu *necessitas* im frühen Mittelalter Krause, Cessante causa cessat lex (1960) (der aber die frühe Verwendung bei Innozenz I. übersieht; kritisch auch Kuttner, Urban II and the Doctrine of Interpretation, 62 Anm. 22 (78–81)); Klinkenberg, Theorie der Veränderbarkeit (1969); Kuttner, Urban II and the Doctrine of Interpretation (1972), insbes. 60–69; Kortüm, necessitas temporis (1993); Leisching, Quod illi soli licet pro temporis necessitate novas leges condere (2001); und Roumy, L'adage canonique *Necessitas non habet legem* (2006).

130. Der gelasianische Text ist zum Beispiel rezipiert von: Papst Nikolaus I. an Kaiser Michael, 865, JE 2796, gedr. PL 119, Sp. 926–962, hier Sp. 954; Papst Hadrian II. an Kaiser Basilius, 869, JE 2914, gedr. PL 122, Sp. 1286–1291, hier Sp. 1287; Hinkmar von Laon, Pittaciolus, MGH Conc. 4,2, ed. Schieffer, 57–97, hier 92 Zeile 5–9; Papst Johannes VIII. an die Bischöfe der Provinz Berry, 876, JE 3055, gedr. PL 126, Sp. 689–690, hier Sp. 689;

Konstanz und Ivo von Chartres übergehen können, die, auf diese Tradition rekurrierend, ihr methodisches Konzept argumentativ absicherten. So stützte sich Bernold auf die drei so eben vorgestellten spätantiken Texte;[131] Ivo auf die Aussagen Leos und Innozenz sowie einen inhaltlich verwandten, aber im Wortlaut verschiedenen Satz, den er Gelasius zuschrieb.[132]

Bernold und Ivo gaben sich so den Anschein, in einer ungebrochenen Tradition zu stehen, doch haben sie, ohne es dem Leser offen zu legen, die älteren Texte umgedeutet. Bezeichnete *necessitas* in den älteren Texten ein Notlagen bedingtes Abweichen von einem im Übrigen geltenden Rechtsprinzip – der Historiker Erich Caspar sprach 1930 von einer „nicht präjudizierlichen Notstandsmassnahme“[133] – , so wurde der Begriff um 1100 in zwei Richtungen aufgeweicht und damit konturenloser. Zum einen war *necessitas* bei Bernold von Konstanz nur noch ein Fall der *causae rationales*, der Dispensationen begründen konnten, so dass jeder vernünftige Grund, nicht mehr nur *necessitas* oder *utilitas ecclesie* das Zurücktreten eines Gesetzes rechtfertigen konnte. Zum anderen veränderte sich der mit der *necessitas* verbundene Handlungsrahmen. Eröffnete *necessitas* in der Spätantike eine reaktive Handlungsmöglichkeit, indem in einer Notlage von einer Norm abgewichen werden durfte, so ermöglichte *necessitas* um 1100 auch aktive Handlungen, nämlich das Setzen neuen Rechts. Dass Bernold *necessitas* in diesem Sine verstand, liess er in seinem *Apologeticus* anklingen: *Nam apostolica sedes [...] obtinuit et obtinebit primatum, ut totius mundi ecclesias non solum antiquis institutis, sed etiam novis disponat, prout diversorum necessitas temporum expostulat.*[134]

6. Synode des Symmachus, überliefert bei Pseudoisidor (www.pseudoisidor.mgh.de/html/276.htm, Hinschius, 679 Zeile 11–21).

131. Stöckly, Bernold von Konstanz, De excommunicatis vitandis, cap. 57, 181f. Das Zitat von Gelasius, das Bernold aufnahm (ebd., 181 Zeile 5f.), stammt allerdings nicht aus der in Anm. 126 angegebenen Passage, sondern findet sich einige Zeilen später (vgl. Thiel, Epistolae, 362).

132. Innozenz (JK 303/J³ 691): Brasington, Ways of Mercy, 129; Werckmeister, Yves de Chartres. Prologue, Nr. 31 (94f.); Leo (JK 544/J³ 1098): Brasington, Ways of Mercy, 126; Werckmeister, Yves de Chartres. Prologue, Nr. 21 (84f.); der gelasianische Text findet sich bei: Brasington, Ways of Mercy, 137; Werckmeister, Yves de Chartres. Prologue, Nr. 44b (118f.) und lautet: *Et papa Gelasius dicit quoniam ubi necessitas non est inconvertibilia maneant sanctorum patrum decreta.* Zu dem Satz vgl. die Anmerkungen in MGH LdL 3, 713 Anm. 2.

133. Caspar, Geschichte des Papsttums 1, 312.

134. Bernold von Konstanz, Apologeticus (Libellus III), ed. Friedrich Thaner, in: MGH LdL 2, 58–88, hier 86 Zeile 6–11; vertiefend Hartmann, Autoritäten, 441f.

Deutlicher zur *necessitas* äusserte sich Deusdedit in seiner *Capitulatio*, die er der Kanonessammlung voranstellte. Häufig rekurrierte er in diesen sentenzenartigen Sätzen auf ein zwingendes Moment (*cogens*), sei es die Vernunft (*ratio*), der Einzelfall (*causa*) oder die Notwendigkeit (*necessitas*), das es ermöglichte, die Vorschriften der Väter zu mildern, neue Gesetze zu erlassen oder eigene Urteile zu widerrufen.[135] Gerade die *necessitas cogens*, die ein Gesetzgebungsrecht des Papstes begründete, ist von Interesse, denn bei ihrer Erörterung findet sich eine der bei Deusdedit häufigeren interpretatorischen Überschreitungen.[136] Deusdedit postulierte zwar ein Gesetzgebungsrecht (*novas leges instituere*) in der *Capitulatio*, doch deckten die von ihm zur Begründung angeführten Kanones dies kaum: Der leonische Kanon erlaubte zwar eine Milderung bestehender, aber doch kein Schaffen neuer Gesetze; ein Exzerpt aus einem Brief Gregors VII. ist nicht mehr als Spiegel zeitgenössischer päpstlicher Proklamationen und der dritte Beleg, ein Ausschnitt aus einem Text des römischen Kaisers Valentinians III., ist auf Veranlassung Leos des Grossen formuliert.[137] Deusdedit stand also kaum in einer seit der Antike ungebrochenen kirchlichen Tradition, sondern deutete ältere Begriffe neu, um eine Notsituation zur Begründung eines Gesetzgebungsrechts zu benutzen. Dieselbe Begründungsstrategie findet sich auch bei Gregor VII., und zwar nicht nur in dem soeben genannten Auszug, sondern auch in dem enigmatischen *Dictatus Papae*, welchen er in sein Briefregister diktierte: *Quod illi soli licet pro temporis necessitate novas leges condere.* Ferner machte er in einem Brief an den Erzbischof Anno von Köln 1075 deutlich, dass *contra noviter excrescentes excessus* er *nova decreta atque remedia* schaffen wolle.[138] Mit

135. *Necessitas* findet sich in der Kapitulatio Deusdedits an folgenden Stellen: *Quod necessitate exigente universalibus sinodis ad R[omanam] sedem appellatur* (7 Zeile 21f.); *Quod ratione exigente ipsa suum retractare [possit] iudicium* (10 Zeile 20f.); *Quod necessitate cogente novas instituat leges* (10 Zeile 22f.); *Quod causa exigente sanctorum patrum temperet instituta* (10 Zeile 26f.); *Quod si necessitas exigat, possit invitari ad cooperandum* (13 Zeile 34f.; gemeint ist die weltliche Gewalt (*laicalis potestas*), siehe 13 Zeile 31); *Quod de alia ecclesia episcopus nisi necessitate cogente non eligatur* (15 Zeile 6f.); *Quod illud, quod necessitas pro remedio reperit, cessante necessitate debet cessare* (28 Zeile 25f.).

136. Siehe 103–106, 156–161.

137. Siehe 159f.

138. MGH Reg. Gregor VII.1, ed. Caspar, Nr. 55a, 203, Nr. VII. Zum *Dictatus Papae* siehe 45. Gregor VII. an Anno von Köln, 29. März 1075: JL 4949, MGH Reg. Gregor VII.1, ed. Caspar, 223–225, hier 224 Zeile 2–5: [...] *semper licuit semperque licebit contra noviter excrescentes excessus nova quoque decreta atque remedia procurare, quę rationis et auctoritatis edita iudicio nulli hominum sit fas, ut irrita refutare.*

diesen beiden Modifikationen, nämlich der Einordnung der *necessitas* als Unterfall der *causas rationales* und inhaltlichen Ausweitung auf ein Gesetzgebungsrecht, war der Begriffsinhalt aber so unscharf geworden, dass auch auf ihn verzichtet werden konnte – das Dekretalenrecht der Juristenpäpste kam ohne den argumentativen Rekurs auf *necessitas* aus.[139]

Dispensatio und *necessitas* sind somit spätantike Begriffe, die zum Beispiel bei Bischofstranslationen zum Tragen kamen, indem das Abweichen von dem strikten Verbot mit einer Notlage erklärt werden konnte. Zentrale normative Aussagen hierzu stammen von Innozenz I., Leo I. und Gelasius I. Im 11. Jahrhundert haben Bernold von Konstanz und Ivo von Chartres diese Texte wieder aufgenommen und mit ihnen eine Methode der Ordnung von Normen entwickelt, indem sie manche Aussagen als generell, andere als nur temporär einstuften.[140] Deusdedit, Placidus und Gregor VII. gingen noch einen Schritt weiter und begründeten mit der *necessitas* allgemein ein Gesetzgebungsrecht der Päpste. Die Notstandsmassnahme der Spätantike war somit zum Ausgangspunkt einer Theorie des Gesetzes und der Gesetzgebung geworden. Für die Frage nach dem Ordnen des Rechtswissens bedeutet dies, dass in

139. Placidus von Nontola diskutierte in seinem *Liber de honore ecclesiae* das Gesetzgebungsrecht des Papstes ausführlich, ohne überhaupt auf die *necessitas* einzugehen. Er unterstrich, dass diejenigen recht hätten, die sagten, der Papst dürfe neue Gesetze erlassen, doch sah er den Kernbereich des päpstlichen Gesetzgebungsrecht dort, wo Jesus, die Apostel und Kirchenväter keine Regeln getroffen haben. Hätten sie hingegen Normen festgesetzt, so stünde dem Papst gerade kein Recht zur Gesetzgebung zu, vgl. Placidus von Nonantola, Liber de honore ecclesiae, ed. von Heinemann/Sackur, in: MGH LdL 2, 566–639, hier 597 Zeile 28–39: *LXX. Romano pontifici summo studio procurandum est, ut sanctorum instituta serventur // Sunt autem quidam dicentes Romano pontifici semper bene licuisse novas condere leges. Quod et nos non solum non negamus, sed etiam valde affirmamus. Sed sciendum summopere est, quia inde novas leges condere potest, unde sancti patres et pracipue apostoli vel euangelistae aliquid nequaquam dixerunt. Ubi vero aperte Dominus vel eius apostoli et eos sequentes sancti patres sententialiter aliquid diffinierunt, ibi non novam legem Romanus pontifex dare, sed potius quod praedicatum est usque ad animam et sanguinem confirmare debet. Si enim quod docuerunt apostoli et prophetae destruere, quod absit, niteretur, non sententiam dare, sed magis errare convinceretur. Sed hoc procul sit ab eis qui semper Domini aecclesiam contra luporum insidias optime custodierunt.*

140. Die Texte waren vorher ja nicht unbekannt, doch wurden erst Ende des 11. Jahrhunderts die verschiedenen Elemente verbunden. Es kennt zum Beispiel Burchard von Worms das Konzept der *dispensatio*, vgl. DB c. 7.19 (Frankfurt Barth. 50, fol. 141ra: *Quid sanctus Gregorius Augustino Anglorum praedicatori propter teneritatem novę fidei permiserit // Gregorius papa requisitus ab Augustino anglorum gentis episcopo quota generatione fideles debeant copulari dispensatorie sic rescribit. Quaedam lex in romana republica permittit ut sive frater et soror seu duorum fratrum germanorum vel duarum sororum filius et filia misceantur, sicut experimento didicimus, ex tali coniugio subolem non posse succrescere. Unde necesse est ut iam quarta vel quinta generatio fidelium licenter sibi iungantur.*).

der zweiten Hälfte des 11. Jahrhunderts nicht nur spätantike Begriffe und Institutionen eingesetzt wurden, um normative Texte in Einklang zu bringen, sondern diese auch zu einem päpstlichen Gesetzgebungsrecht fruchtbar weiterentwickelt wurden.

(6) auctoritates*: Hierarchie als Ordnung*

Neben der Verwendung historischer Beispiele in Streitschriften zur argumentativen Absicherung des eigenen Standpunkts und der Darlegung der Entstehungsumstände eines Textes lässt sich um 1100 auch eine Diskussion von Autoritäten beobachten. Welche Rechtsquelle einer anderen übergeordnet war, war dabei nicht nur von grundsätzlichem Interesse, sondern aktualisierte sich gerade dann, wenn Kanones verschiedener Rechtsquellen und damit unterschiedlicher Rechtsautoritäten konfligierend aufeinandertrafen.[141] Schon das frühere Mittelalter hielt Ordnungsvorschläge bereit. Die *Collectio Hibernensis* schlug vor, bei einem Widerspruch die höhere Autorität (*maior auctoritas*) entscheiden zu lassen, ohne aber dieses Stufenverhältnis näher auszuführen.[142] Viel praktikabler erscheint auch eine Isidor von Sevilla (560–636) zugeschriebene Formel nicht, die in dem *Epistola ad Massonam* überliefert ist, und in der der spanische Gelehrte der Regel folgen wollte, die das Konzil mit der älteren oder höheren Autorität (*antiquior aut potentior auctoritas*) erlassen hatte.[143] Burchard von Worms nahm diese Ansätze nicht auf, als er Anfang des 11. Jahrhunderts seinen Prolog formulierte. Zwar lässt sich vermuten, das Burchard Sätze des kirchlichen Rechts vor jenen des weltlichen Rechts bevorzugte (warum sonst hätte er fränkische Kapitularien mit neuen Inskriptionen versehen sollen?), doch legte er diese Tendenzen nicht offen.[144] Auch seine Auflistung der Quellen, aus denen er schöpfte, lässt keinerlei Ordnungs- und damit Autoritätendenken erkennen. Auf die *Canones Apostolorum* folgten bei ihm die Beschlüsse der nordafrikanischen,

141. Grundlegend Hartmann, Autoritäten, insbes. 428–438.

142. Wasserschleben, Irische Kanonensammlung, 1: ... *ubi si quidpiam discordare videtur, illud ex eis eligendum est, quod majoris auctoritatis esse decernitur*. Dieser Teil des Vorwortes ist allerdings singulär überliefert, vgl. Somerville/Brasington, Prefaces, 58 Fn. 73.

143. Isidor von Sevilla, Epistola ad Massonam, ed. Ford, Letters of Isidore of Seville, 26, c. 13: *In finem autem epistolae huius hoc adiiciendum putavi, ut quotiescunque in gestis conciliorum discors sententia invenitur, illius concilii magis teneatur sententia, cuius antiquior aut potentior exstat auctoritas*. Vgl. Meyer, Distinktionstechnik, 129f., insbes. Fn. 310.

144. Siehe 168–178.

germanischen und gallischen Provinzialkonzilien, und dann erst die Dekrete der römischen Bischöfe: *Ex canone apostolorum quędam, ex transmarinis conciliis quędam, ex Germanicis et Gallicis et Hispanis quędam, ex decretis Romanorum pontificum quędam…*[145]

Diese wirre Folge wich bald einer Neuordnung. Da die Frage der Autoritäten intensiv diskutiert wurde, bildete sich eine Art Reihung heraus. Dass Rechtsquellen autoritativ zu staffeln waren, war zum Beispiel für Deusdedit eindeutig, auch wenn er die konkrete Hierarchie nicht explizit darlegte: Zwar standen an der Spitze die Universalkonzilien, doch in welcher Folge dann Provinzialkonzilien, päpstliche Dekretalen und die Kirchenväter folgten, erschliesst sich nicht.[146] Sicher war jedoch, dass die niedrigere Autorität der höheren weichen musste, denn Deusdedit postulierte: *inferior auctoritas potiori cedere debebit.*[147]

Viele andere Autoren sahen dies in ähnlicher Weise. Für Petrus Damiani waren nur die Kanones autoritativ, die entweder von verehrenswürdigen Konzilien (*in venerandis synodalibus conciliis*) – also den Universalkonzilien? – oder von den Bischöfen von Rom stammten; andere seien nicht unter die Kanones zu zählen. Insbesondere dürften Menschen keine kirchlichen Regeln erlassen (*canones edere*), da dies allein das Privileg dessen sei, der auf dem Stuhle Petri sass.[148] In eine ähnliche Kerbe schlug Atto von San Marco († um 1083), der im Vorwort seiner um 1075 kompilierten Sammlung behauptete, nur das sei authentisch, was vom römischen Bischof bestätigt worden sei. Ihm schwebte

145. Fransen, Le Décret de Burchard, in: Fransen/Kölzer, Burchard von Worms (Nachdruck), 49: *Ex ipso enim nucleo canonum, quod a quibusdam corpus canonum uocatur, quęque nostro tempore necessaria excerpsi: ex canone apostolorum quędam, ex transmarinis conciliis quędam, ex Germanicis et Gallicis et Hispanis quędam, ex decretis Romanorum pontificum quędam, ex doctrina ipsius uęritatis quędam, ex ueteri testamento quędam, ex apostolis quędam, ex dictis sancti Gregorii quędam, ex dictis sancti Ieronimi quędam, ex dictis sancti Augustini quędam, ex dictis sancti Ambrosii quędam, ex dictis sancti Benedicti quędam, ex dictis sancti Ysidori quędam, ex dictis sancti Basilii quędam, ex Poenitentiali Romano quędam, ex Pęnitentiali Theodori quędam, ex Penitentiali Bedę quędam.*

146. Siehe 170–172.

147. Deusdedit, Prolog (von Glanvell, Kanonessammlung, 3 Zeile 14f.): *Quod si patenter adversari contigerit, inferior auctoritas potiori cedere debebit.*

148. Reindel, Briefe des Petrus Damiani I, Brief Nr. 31, 304 Zeile 5–12: *Constat nimirum, quod omnes autentici canones aut in venerandis synodalibus conciliis sunt inventi aut a sanctis patribus sedis apostolicae pontificibus promulgati, nec cuiquam soli homini licet canones edere, sed illi tantummodo hoc competit privilegium, qui in beati Petri cathedra cernitur praesidere. Haec autem, de quibus loquimur, spuria canonum vitulamina et a sacris conciliis noscuntur exclusa et a decretis patrum omnino probantur extranea, sequitur ergo, ut nequaquam inter canones habeantur, quae nec a decretalibus patrum edictis nec a sacris videntur prodire conciliis.*

dabei eine subtile Differenzierung vor: Soweit Beschlüsse von transalpinen Konzilien nicht *contra rationem aut contra instituta Romanae ecclesiae* verstiessen, sollten sie am Entstehungsort gelten; südlich der Alpen durften sie aber nur rezipiert werden, sofern sie päpstlich approbiert waren oder beide Parteien dieser Regel zustimmten.[149] Zweifelsohne sah auch Bernold von Konstanz den Papst im Zentrum des kirchlichen Rechts und ordnete die päpstliche Gewalt der konziliaren über, so dass man von einem Autoritätsgefälle zwischen Papst und Konzil sprechen könnte.[150]

Die scheinbare Beliebigkeit Burchards ist damit einer bisweilen sehr präzis formulierten Idee gewichen, wie Rechtsquellen zu ordnen waren. Quelle des Rechts war prinzipiell der Papst, der als einziger Gesetze erlassen durfte; wie sich die konziliare Gewalt in dieses Konzept einfügte, erschliesst sich aber nur schwer – an der Geltungskraft und Autorität der Universalkonzilien hat aber sicherlich keiner gezweifelt. Aber welche Rolle kam Provinzialkonzilien zu? Mit Blick auf diese betonte Deusdedit, dass Bonifatius als päpstlicher Legat karolingischen Konzilien beiwohnte, so dass sie ihre Autorität vom Papst ableiteten.[151] Deusdedit schwebte also eine abgeleitete, derivative Geltung dieser Normen vor, sei es, dass päpstliche Legaten wie Bonifatius anwesend waren, sei es, dass die Beschlüsse später vom Papst bestätigt wurden. In dieser Hinsicht teilten Deusdedit und Atto von San Marco eine statischhierarchische Ordnungsvorstellung.

Dieser statischen Sicht steht eine Beobachtung gegenüber, die sich auf den ersten Blick nur schwer einfügen lässt. Blickt man nämlich auf den Ausgleich konfligierenden Kanones verschiedener Rechtsquellen im Einzelfall, so erscheint bemerkenswert, dass Bernold von Konstanz seine hierarchische Ordnungsvorstellung im Kontext seiner Dispenstheorie nicht wieder aufnahm. Er schlug gerade nicht vor, im

149. Atto von San Marco, Breviarium, ed. Mai, 60–100, hier 60f. (nachgedruckt in PL 134, Sp. 27–52): [60] … *ut non sit scriptum auctenticum quod a romano pontifice non fuerit confirmatum.* […] [61] *Transalpina vero concilia, quae in Burcardo leguntur, si non sunt contra rationem aut contra instituta romanae ecclesiae, in locis suis, ubi facta sunt obtinent firmitatem. Alias autem, si non sint hac confirmata, non valent nisi ex partis utriusque consensu.* Der Prolog ist auszugsweise auch ediert von Pelster, Dekret in einer Redaktion, 323 Anm. 5.

150. Siehe 189, 192–194.

151. Deusdedit, c. 3.27 (von Glanvell, Kanonessammlung, 280 Zeile 14f.): *In concilio Magontino, cui prefuit Romanus legatus Bonifatius martyr et episcopus.* Zu (Winfried)-Bonifatius siehe Josef Semmler, Art. Bonifatius (10.) I. Leben und Wirken, in: LexMA 2, 1983, Sp. 417–420; Arnold Angenendt, Art. Bonifatius, in: LThK 2, 1994, Sp. 575–577; Lutz E. von Padberg, Art. Bonifatius, in: HRG 1, 2. Aufl., Sp. 645f.

Konfliktfall die Wirksamkeit von Konzilsbeschlüssen generell aufzuheben und nur den Dekretalen zur Geltung zu verhelfen, sondern wollte Kanones beider Normtypen zu einem Ausgleich bringen. Beide Typen, Konzilsbeschlüsse wie Dekretalen, konnten schliesslich dispensables Recht enthalten.[152]

Dieses flexible Vorgehen ist auch in Ivos Prolog zu beobachten. Ivo wollte ja die Aufhebung einzelner Gesetze – mit Ausnahme des unveränderlichen Rechts des Dekalogs – im Einzelfall erlauben. Sicherlich hätte auch Ivo nicht gezweifelt, einer päpstlichen Dekretale grösseres normatives Gewicht als einem Beschluss eines Provinzialkonzils zukommen zu lassen, doch liegt die Dispenstheorie eigenartig quer zu einer Hierarchie der Normen.[153] Es drängt sich der Eindruck auf, als ob die Autoren, die eine flexible und damit auch praktikable Lösung bevorzugten, die Idee einer statisch-hierarchischen Ordnung der Rechtssätze nur ansatzweise rezipierten.[154]

c) *diversi, sed non adversi*: Zusammenfassende Überlegungen

Bestandsaufnahme. Ende des 11. Jahrhunderts waren in Mitteleuropa mehrere spätantike Werke bekannt, die Grundbegriffe der antiken Bildung in Form der *artes liberales* vermittelten.[155] Zu den von Martianus Capella, Isidor und anderen vermittelten Bildungselementen gehörten die Strukturierung von Reden, die Aufbereitung des rhetorischen Stoffes und dessen argumentative Präsentation. Ferner legten sie dar, dass vor Gericht die Umstände (*circumstantia*) eines Rechtsfalles, das *wer*,

152. Vgl. Stöckly, Bernold von Konstanz, De excommunicatis vitandis, cap. 57, 181f. Hartmann, Autoritäten, 436 weist zudem darauf hin, dass Bernold in seinen Traktaten auch Beschlüsse von Provinzialkonzilien aufnahm, obwohl diese nach seiner eigener Theorie wenig Autorität besassen.

153. Hartmann, Autoritäten, 436 weist auf die Vorrede Ivos hin, in der dieser in einer bestimmten Reihenfolge seine Quelle nennt, nämlich erst Dekretalen, später lateinische Bischofskonzilsbeschlüsse, dann griechische Kirchenväter, und zum Schluss königliches Recht. Ob Ivo damit aber eine Rangfolge aufstellen wollte, wäre noch darzulegen (vgl. Brasington, Ways of Mercy, 115: *Exceptiones ecclesiasticarum regularum partim ex epistolis romanorum pontificum partim ex gestis conciliorum catholicorum episcoporum partim ex tractatibus orthodoxorum patrum partim ex institutionibus catholicorum regum nonnullo labore in uno corpore adunare curavi.*).

154. In diesem Sinne wohl auch Hartmann, Autoritäten, 438 und Genka, Hierarchie der Texte, 112f., 120 (für Bernold).

155. Zusammenfassende und überblicksartige Bemerkungen zu diesem Thema auch bei Dempf, Hauptform, 77–82; Ghellinck, Mouvement théologique, 60–65; Hartmann, Autoritäten (1991); Melve, Bruno of Segni (2009); Sprandel, Ivo von Chartres, insbes. 79–82.

was, *wann* und *wie*, vorzutragen waren; sie vermittelten die Unterscheidung in *genus* und *species* und führten in die logischen Schlüsse ein. Verschiedene Elemente dieser Bildung haben in die Literatur um 1100 Eingang gefunden; so sind in den Streitschriften rhetorische wie dialektische Figuren der *artes liberales* zu finden. Die Schlussfolgerung vom Schweinehirt auf den Regenten mit Hilfe des *argumentum a minore ad maius* und die Idee, einen Oberbegriff (*genus*) in verschiedene Unterbegriffe (*species*) aufzuspalten, belegen den Einfluss der Artistik. Über die Anwendung bestehender Grundbegriffe hinaus entwickelten einige Autoren diese auch weiter. So begrenzte Bernold von Konstanz den Geltungsbereich von Normen nach *causa*, *locus* und *persona*. Seiner Meinung nach konnte ein normativer Text eben nicht unbeschränkte Geltung beanspruchen, sondern war in seiner zeitlichen, örtlichen oder personalen Bedingtheit zu lesen. Insofern lässt sich ein wachsendes Bewusstsein für die Historizität des Rechts beobachten.[156] Dieselbe Technik des Reduzierens des Geltungsanspruchs wird auch im Umgang mit historischen *exempla* in Streitschriften sichtbar. Unterstützte ein historisches Beispiel nicht die eigene Argumentation oder galt es, das historische Beispiel des Gegners zu widerlegen, so war solange mit den Zirkumstanzien des Beispiels zu spielen, bis es sich wieder in die eigene Argumentation einfügte. Beno fuhr sogar das schwerste Geschütz eines mittelalterlichen Gelehrten auf, den Kirchenvater Augustinus, um seine Methode abzusichern: *Divide tempora et solvisti questiones*.

Die historische Bedingtheit und damit Beschränktheit verband sich mit dem Gedanken, dass nicht alle Rechtssätze nebeneinander denselben Grad der Verbindlichkeit beanspruchen konnten: Was das Konzil von Nizäa beschlossen hatte, durfte Papst Innozenz als vorübergehend gesetzte Norm lesen, von der er später zu recht abweichen durfte. Als Motiv für ein solches Abweichen von einer Norm ist die *necessitas temporum*, die Notwendigkeit einer bestimmten Zeit, oder der Nutzen der Kirche, *utilitas ecclesiae,* angeführt. Mit dem Rekurs auf *necessitas* scheinen Bernold und andere in einer patristischen Tradition zu stehen, doch adaptierten sie deren Vorschläge, entwickelten sie weiter und verknüpften sie mit dem Angebot der *artes liberales*. Diese Verbindung von *necessitas*, *dispensatio* und Zirkumstanzien erfolgte allerdings unausgesprochen – vielleicht wollten sie den Leser in der Sicherheit patristischer Autoritäten wiegen. Mit diesen Elementen –

156. Zum mittelalterlichen ‚Historismus' mit weiteren Nachweisen Goetz, Geschichte als Argument, 33.

bedingte Geltung von normativen Texten, Beschränktheit von normativen Aussagen und Sinn für die historische Bedingtheit von Normen – sind einige zentrale Momente dieses neuen, bislang so nicht explizifizierten Umgangs mit normativen Texten genannt. Um 1100 war damit eine flexible Möglichkeit gefunden, normative Texte voneinander abzugrenzen und ihnen ihren Platz in einer zu schaffenden Systematik der Normen zuzuschreiben. Bernold, Ivo und andere entwickelten eine Vorstellung, wie Rechtswissen zu ordnen ist.

Vielfalt und Einheit. Es gehört zu den Allgemeinplätzen kanonistischer Klagen, sich über die *diversitas* der Normen zu beschweren. Regino von Prüm wusste von den Unterschieden, als er um 906 im Vorwort seines Sendhandbuchs formulierte, dass „wie die verschiedenen Völkerschaften sich durch ihre Abkunft, ihre Sitten, ihre Sprache und ihre Gesetze voneinander unterscheiden", so auch die über den ganzen Erdkreis verbreitete Kirche „hinsichtlich der kirchlichen Bräuche uneinheitlich ist".[157] Schon zuvor hatte der Kompilator der *Collectio Hibernensis* (8. Jahrhundert) die *diversitas inconsona* der Normen beklagt, die mehr zerstöre als aufbaue, und von der *ingens silva scriptorum* gesprochen.[158] Auch Abbo (940/945–1004), Abt des Klosters Fleury/St. Benoît-sur-Loire, dessen Sammlung kurz vor 1000 anzusetzen ist, wusste, dass es *terrarum situs, qualitas temporum, infirmitas hominum, et aliae necessitates rerum* waren, die die Landesbräuche zu beeinflussen pflegten.[159] Was ein Konzil vorschrieb, konnte ein anderes verbieten: *quod in altero concilio precipitur, in altero prohibetur.*

157. Regino von Prüm, Prolog (Wasserschleben, Libri duo, 2 bzw. Hartmann, Sendhandbuch, 22f. (dort auch mit Übersetzung)): *Nec non et illud sciendum, quod sicut diversae nationes populorum inter se discrepant genere, moribus, lingua, legibus, ita sancta universalis ecclesia toto orbe terrarum diffusa, quamvis in unitate fidei coniungatur, tamen consuetudinibus ecclesiasticis ab invicem differt.*

158. Wasserschleben, Irische Kanonensammlung, 1: *Synodicorum exemplariorum innumerositatem conspiciens ac plurimorum ex ipsis obscuritatem rudibus minus utilem providens nec non ceterorum diversitatem inconsonam, destruentem magis quam aedificantem prospiciens, brevem plenamque ac consonam de ingenti silva scriptorum in unius voluminis textum expossitionem degessi; plura addens, plura minuens, plura eodem tramite degerens, plura sensu ad sensum neglecto verborum tramite adserens, hoc ergo solum in omnibus contendens, ne meo iudicio quae videbantur velut commendaticia describerentur* [...]. Eine Übersetzung des Prologs bieten Somerville/Brasington, Prefaces, 58. Zum Begriff *silva* vgl. die Überlegungen von Meyer, Spuren im Wald, insbes. 39.

159. Zu Abbo von Fleury siehe Karl Ferdinand Werner, Art. Abbo von Fleury, in: LexMA 1, 1980, Sp. 15; bibliographische Angaben bei Kéry, Canonical Collections, 199–201; Fowler-Magerl, Clavis Canonum, 75–77 sowie Riché, Abbon de Fleury (2004), insbes. 163–170 sowie Roumy, Remarques (2009) mit Nachweisen der *fontes formales et materiales*. Die *Collectio Canonum* ist wohl zwischen 994 und 996 anzusetzen. Die einzige erhaltene

Bei dieser Klage blieb es im Wesentlichen aber auch. Regino von Prüm teilte zwar dem Leser mit, dass er die *diversorum patrum diversa statuta* geordnet habe (*in ordine digessi*), aber er überliess es dem Leser, die richtigen Normen herauszusuchen (*lectoris iudicio derelinquens, quid potissimum eligere ac approbare malit).*[160] Hilfe dabei leistete er nicht. Demgegenüber wollte der Kompilator der irischen Kanonessammlung trotz der *silva scriptorum* eine *brevis*, *plena* und *consona expositio* schaffen, für die er Texte arrangierte und änderte. Wie er diese Ordnung schuf, liess er allerdings im Dunkeln.[161] Und auch Abbo von Fleury, der die Widersprüche erkannte, wusste sie nicht sorgfältig aufzulösen, sondern verwies auf die pseudoisidorischen Dekretalen, denen zufolge *sententiae plurimorum unius romani pontificis exspectent iudicium.*[162] Deutlich wird sein methodisches Programm indes nicht.

Im früheren Mittelalter war die Beobachtung der widersprüchlichen Normen benannt und als Problem gesehen, für das es keine offensichtli-

Handschrift befindet sich in Paris, Bibliothèque Nationale, lat. 2400, fol. 154r-162v; einen unzuverlässigen Druck bietet PL 139, Sp. 473–508. Die hier zu besprechende Passage findet sich in cap. 7 *De eo quod necessitas excludit leges et canones* der Sammlung, gedr. PL 139, Sp. 473–508, hier Sp. 481; das folgende Zitat richtet sich nach der Handschrift Paris lat. 2400, fol. 156v: *Unde considerandus est terrarum situs, qualitas temporum, infirmitas hominum, et aliae necessitates rerum, quae solent mutare regulas diversarum provinciarum. Potestate etiam multa mutata sunt pro communi utilitate ecclesiarum, quae nemo reprehendit fidelium. Et quid mirum? Cum nonnunquam inveniantur canones sibi contradicentes, et quod in altero concilio precipitur, in altero prohibetur. Quod non frustra factum ab his existimatur, qui pro temporalis vitae commodo nunquam cupiunt declinare a virtute ad vitia, nec a veritate ad mendacium. Nam in decretis pontificum eadem ratio existit, quorum tanta auctoritas est, ut sententiae plurimorum unius romani pontificis exspectent iudicium.* Bemerkenswert bei diesem Kapitel erscheint, dass Abbo von Fleury diese Passage selbst konstruiert hat; zwar griff er auf ältere Belege zurück (Nachweise bei Roumy, Remarques, 318 Anm. 349), doch formulierte er einen eigenständigen Text, was für eine *Collectio Canonum* ungewöhnlich ist. Eine französische Übersetzung und Interpretation bietet Salgado, La méthode d'interprétation, 209*f.

160. Regino von Prüm, Prolog (Wasserschleben, Libri duo, 2 bzw. Hartmann, Sendhandbuch, 22f. (dort auch mit Übersetzung)): M*onet praeterea scriptura, terminos, id est leges et decreta, quae patres nostri posuerunt, omnimodis observandos, nec ullatenus temeraria praesumtione transgrediendos, quapropter antecessorum nostrorum vestigia sequens, diversorum patrum diversa statuta in ordine digessi, lectoris iudicio derelinquens, quid potissimum eligere ac approbare malit.* Zu Regino insbes. der Beitrag von Siems, Begrifflichkeit in Reginos Sendhandbuch, insbes. 74–76.

161. Zwar enthält das Vorwort zur *Collectio Hibernensis* eine Vorrede, derzufolge: *ubi si quidpiam discordare videtur, illud ex eis eligendum est, quod majoris auctoritatis esse decernitur*; aber diese Vorrede ist nur in einer Handschrift überliefert (Wasserschleben, Irische Kanonensammlung, 1). Ob sie authentisch ist, bleibt unsicher. Inhaltlich entspricht eine Hierarchisierung nach Autoritäten dem pseudoisidorischen Programm der *Epistola ad Massonem*, siehe 224.

162. Vgl. 229 Anm. 159.

che Lösung gab; ausser: Ordnen, auch wenn die Methode des Ordnens nicht offen reflektiert, sondern verschwiegen wurde. So ging Regino vor, als er Kanones *in ordine* stellte, aber dem Leser die Entscheidung überliess, welcher Norm er folgen solle; so handelte der Kompilator der irischen Sammlung; so arbeitete auch Burchard Anfang des 11. Jahrhunderts.[163] Zwar führte das Isidor von Sevilla zugeschriebene Programm, nach Autoritäten zu gewichten, scheinbar weiter, es lief aber auf die Alternative Alles oder Nichts hinaus, da ein Rechtssatz ihm zufolge entweder Geltung besass oder nicht, sich aber nicht auf einen bestimmten Anwendungs- und Geltungsbereich beschränken liess.[164] Die Idee, dass die Vielfältigkeit von Normen in einer inneren Einheit aufgehen konnte, dass es eine innere Harmonie auch bei Widersprüchen gab, die sich durch eine Anwendungsreduktion ergab, war im früheren Mittelalter unbekannt.[165] Die Schreiber des ausgehenden 11. Jahrhunderts hingegen waren sich der Widersprüche bewusst, doch glaubten sie an eine Harmonisierungsmöglichkeit. So schrieb Bernold, dass sich durch das richtige Verständnis der Normen die Vielfalt in eine Einheit bringen liesse: *Sed hae sententiae, etsi diversae, a veritate tamen nusquam deviare probantur, si conpetenter intelligantur.*[166] Und eine zeitgenössische Parömie brachte es auf den Punkt: verschieden, aber nicht entgegengesetzt – *diversi, sed non adversi.*[167]

2. Die gemachte Ordnung

Bernold von Konstanz, Ivo von Chartres und andere schlugen in der zweiten Hälfte des 11. Jahrhunderts verschiedene Wege vor, um widersprüchlich scheinende Normen zu harmonisieren. Mit der Unterschei-

163. Zu Burchard siehe 168–170.

164. Zu der *Epistola ad Massonem* siehe 224.

165. Eine solche Ordnung ist wohl schon vorgedacht bei Hinkmar von Reims, Opusculum LV capitulorum, cap. 20 (MGH Conc. 4,2, ed. Schieffer (214 Zeile 8–12): *Quorum decreta in usu ecclesiastico etiam a tempore maiorum nostrorum praevaluisse comperimus. Verum et ut de legibus publicis quaedam sunt abrogata, quędam vero inmutata, quaedam etiam superadiecta, ita nihilominus quaedam decreta catholicorum pro tempore et ratione atque necessitate prolata, sed postea abrogata vel inmutata fuerunt*...), allerdings zumindest nicht auf Kanonessammlungen angewendet worden. Vertiefend hierzu Siems, Begrifflichkeit in Reginos Sendhandbuch, 75f.

166. Bernold von Konstanz, De sacramentis excommunicatorum (Libellus IV), ed. Friedrich Thaner, in: MGH LdL 2, 89–94, hier 90 Zeile 34f.

167. Hierzu Lubac, A propos de la formule (1951/1952) sowie Silvestre, Diversi sed non adversi (1964), der als möglichen Urheber der Formel Anselm von Laon vermutet (125, 130).

dung zwischen temporären und generellen Normen und der nach Zeit, Ort und Person beschränkten Geltung schufen sie ein theoretisches Modell des Ordnens. Diese gedachte Ordnung konnte ihre Ordnungsfunktion dann am besten erfüllen, wenn sie auch in der Praxis, also in den Kanonessammlungen selbst, umgesetzt wurde. Wie änderten sich Kanonessammlungen unter dem Einfluss dieser Ordnungsvorstellungen? Eine Antwort auf diese Frage soll mit zwei perspektivischen Ansätzen versucht werden, zum einen mit der Untersuchung älterer Kompilationen, die aus der Zeit vor diesem methodischen Neuansätzen stammen (b)), und zum anderen mit der Analyse jüngerer Sammlungen, die erst um 1100 angelegt worden sind (c)). Zu den älteren Sammlungen zählen das *Decretum Burchardi* wie die Sammlung in 74 Titeln, und, mit Einschränkungen, auch die *Panormia*; aus der Gruppe der jüngeren Sammlungen sollen hier die Sammlung in 3 Büchern, der *Polycarpus*, Bonizos von Sutri *Liber de vita christiana* und Algers von Lüttich *De misericordia et iustitia* betrachtet werden.

In welchem Umfang lassen sich Änderungen in älteren wie neueren Sammlungen erwarten? Eine erste Beobachtung stimmt skeptisch. Wendet man den Blick nicht auf die methodischen Innovationen Bernolds, sondern auf die Verbreitung seines Traktats *De fontibus iuris ecclesiastici*, so muss man konstatieren, dass er nur in zwei mittelalterlichen Zeugen auf uns gekommen ist.[168] Die Resonanz auf Bernolds theoretische Überlegungen war also eher verhalten. Diese bemerkenswerte Beobachtung[169] steht in Einklang mit der spärlichen Überlieferung

168. *De fontibus iuris ecclesiastici* ist der vierte und letzte Teil der Langfassung des *Libellus X*; Stöckly, Bernold von Konstanz, De excommunicatis vitandis, 61: „Die Rezeption des Libellus X ist äußerst schwach." Zur Langfassung Stöckly, Bernold von Konstanz, De excommunicatis vitandis, 25–27; die beiden Handschriften sind: Bernkastel-Kues, Bibliothek des St. Nikolaushospitals, Cod. 52 und Wien, Österreichische Nationalbibliothek, Cod. 862. Die Überlieferung des *Libellus X* untersucht auch Märtl, Aus dem Umkreis Bernolds, 531–537.

169. Märtl, Aus dem Umkreis Bernolds, 536f. vermutet, dass konkrete Anweisungen für das tägliche Leben von grösserem Interesse waren als theoretische Abhandlungen. Ein Grund für die Rezeption oder Nichtrezeption mittelalterlicher Texte könnte auch in ihrer Verfügbarkeit zu sehen sein: Waren sie an erreichbaren Orten – also beispielsweise in zentralen Bibliotheken – vorhanden, ist ihre Rezeption eher zu erwarten denn bei einer archivartigen Aufbewahrung. Im Fall Bernolds kann man aber wohl weniger die Überlieferungssituation ins Feld führen als vielleicht mit etwas argumentieren, was man als „intendierten Überlieferungskontext" bezeichnen könnte. Ivos Prolog ist (im Gegensatz zu Bernolds Traktat) jedenfalls schon früh mit einer Kanonessammlung verbunden worden. Die Intention einer Überlieferung mit einer Kanonessammlung – und gerade die Überlieferung mit der handlichen *Panormia* – mag zum Erfolg des Prologs beigetragen haben. Bernolds Traktat hingegen wurde keiner Sammlung als Auslegungsprogramm vorangestellt. Neben dieser

vieler anderer Streitschriften. So ist auch der Traktat *De unitate ecclesiae conservanda* singulär überliefert, und zwar nicht einmal in einer Handschrift, sondern in einem frühneuzeitlichen Druck, den Ulrich von Hutten 1520 besorgt hat.[170] Dem steht eine zweite Beobachtung gegenüber. Mit weit mehr als 100 mittelalterlichen Textzeugen ist Ivos Prolog breit überliefert und nicht nur dem *Decretum*, sondern auch der *Panormia* vorangestellt. Dass seine methodischen Gedanken Niederschlag in der geschriebenen Ordnung fanden, ist also im Bereich des Denkbaren, vielleicht sogar des Wahrscheinlichen. Beginnen wir hinführend mit einer Untersuchung, die man auch als Lackmustest der historischen Kanonistik bezeichnen könnte: Wie ging der Methodiker Bernold von Konstanz mit der überkommenen Ordnung Burchards von Worms um?

a) Ein hinführendes Beispiel: Bernold von Konstanz liest Burchard von Worms

Bernold von Konstanz hat mit Schriften und Traktaten meinungsfreudig in die Auseinandersetzungen des 11. Jahrhunderts eingegriffen und seine päpstliche Position immer wieder begründet und verteidigt. Dass er so überzeugend argumentieren konnte – sein Kontrahent Alboin, der die Priesterehe verteidigte, gab schliesslich auf! – beruhte nicht zuletzt auf seiner stupenden Kenntnis der kanonistischen Tradition.[171] Aufgrund dieser umfassenden Kenntnis konnte er Kanones aus ihrem Entstehungskontext heraus verstehen. Dafür nutzte er weniger die systematischen Sammlungen, die ein Mosaik von Rechtsnormen boten, sondern die historisch-chronologischen Sammlungen wie die *Ques-*

eher auf formalen Aspekten beruhenden Überlegung tritt eine zweite, inhaltliche. Ivos Prolog entwickelte zwar ein ähnliches Programm von generellen und dispensierbaren Normen wie Bernolds Traktat, er wirkt aber aufgrund des Fehlens des historisch-kritischen Auslegungsprogramms schlichter und dadurch handhaberer und praxisfreundlicher. Verkürzend formuliert liesse sich das eine Konzept als ‚wissenschaftlich', das andere als ‚praxisorientiert' charakterisieren. Hinzu tritt, dass Ivos Konzept des Dispens offen ist: Wenn bei Ivo auch der Bischof als Richter Auslegungs- und Dispenskompetenz besass, so erleichterte dies sicherlich die Rezeption, während das Bernold'sche Konzept, das den Papst in das Zentrum des Rechts stellte, in der Praxis schwerfällig und im täglichen Geschäft eines Bischofs sperrig und unhandlich war, wenn auch in politischer und methodischer Hinsicht sicherlich weitreichend und wegweisend.

170. Liber de unitate ecclesiae conservanda, ed. W. Schwenkenbecher, in: MGH LdL 2, 173–284; erstmalig gedr. Hutten, De unitate ecclesiae conservanda (1520).

171. Vgl. Libellus I: De prohibenda sacerdotum incontinentia, in: MGH LdL 2, 26 Zeile 14–28 (ep. 6).

nelliana oder die *Dionysio-Hadriana*.[172] Er las aber auch Burchards Dekret, nämlich die Kopie, die heute als Manuskript 7 in der Freiburger Universitätsbibliothek aufbewahrt wird. Diese annotierte Burchard-Handschrift ermöglicht den seltenen Blick auf den Umgang mit älteren Kanonessammlungen in der zweiten Hälfte des 11. Jahrhunderts. Sie zeigt, welche Themen von Interesse waren, wie Texte behandelt und wie mit dem Burchard'schen Ordnungsvorschlag umgegangen wurde. Welche Ergebnisse bringt die Autopsie der ehemals Konstanzer, heute in der Universitätsbibliothek Freiburg im Breisgau konservierten Handschrift?

Die Handschrift wurde für Bischof Eberhard von Konstanz (1034–1046)[173] in Konstanz angefertigt und zählt zu den frühen Dekret-Handschriften.[174] Das Manuskript zeugt von einer intensiven Bearbeitung, denn nur wenige Blätter sind ohne Anmerkungen und Ergänzungen, Paraphrasen und Nota-Zeichen. Johanne Autenrieth, die sich mit der Konstanzer Dombibliothek im Mittelalter auseinandergesetzt hatte, konnte einige dieser Einträge Bernold von Konstanz persönlich zuweisen. Bernold war aber nicht der Einzige, der dieses Manuskript aufmerksam gelesen hat. Autenrieth konnte neben ihm noch weitere Konstanzer Leser identifizieren, unter anderem einen unbekannten Schreiber, den sie als ‚Anonymus A' bezeichnete, und der neben Bernold und einem Kleriker namens Wolferad häufiger in Konstanzer Handschriften zu finden ist.[175] Dieser Anonymus A hat auf fast jeder Seite etwas zu schreiben gewusst: Er paraphrasierte den Inhalt von Kanones am oberen Seitenrand, präzisierte und erweiterte die Rubriken,

172. Zur Lektüre Bernolds vgl. Autenrieth, Domschule, 41–50 zur *Quesnelliana* (heute: Einsiedeln, Stiftsbibliothek 191; online: http://www.e-codices.unifr.ch/de/list/one/sbe/0191), 68–75 zur *Dionysio-Hadriana* (heute: Freiburg, Universitätsbibliothek 8, online: http://dl.ub.uni-freiburg.de/diglit/hs8) und 94–97 zum *Decretum Burchardi* (heute: Freiburg, Universitätsbibliothek 7, online: http://dl.ub.uni-freiburg.de/diglit/decretorum1034). Vertiefend Autenrieth, Kanonistische Handschriften, 8f., 11f., 14f.

173. Zu Bischof Eberhard von Konstanz siehe Maurer, Konstanzer Bischöfe, 180–188.

174. Wissenschaftsgeschichtlich hat sie eine gewisse Berühmtheit erlangt, verlieh sie doch einer ganzen Gruppe von Burchard-Manuskripten ihren Namen, nämlich der ‚Konstanzer Ordnung' (siehe 77). Der Konstanzer Bibliothekskatalog von 1343 nennt sie noch, vgl. Lehmann, Bistümer Konstanz und Chur, 196 Zeile 19–22: *Item est ibi liber, qui intitulatur Burchardus per quendam episcopum Wormaciensem conpositus de synodalibus preceptis et statutis sanctorum patrum et sunt libri viginti numero in uno volumine de litera antiqua*; im 19. Jahrhundert erwarb sie die Universitätsbibliothek Freiburg. Zur Geschichte der Handschrift vgl. die Bemerkungen bei Autenrieth, Domschule, 94.

175. Zu den Händen Autenrieth, Domschule, insbes. 22–28. Mit dem ‚Konstanzer Kreis' beschäftigt sich auch Robinson, Arbeitsweise (1978), insbes. 101–122.

fasste stichwortartig das ihn Interessierende am Seitenrand zusammen und markierte wichtige Stellen mit einem Nota-Zeichen (siehe Abb. 2 und 3).

Wie gingen diese Leser mit Burchards Dekret um? Konzentrieren wir uns auf die Vergleichsthemen, die uns schon länger begleiten, nämlich den päpstlichen Jurisdiktionsprimat und den Zölibat. Der päpstliche Primat, den Burchard gleich zu Beginn des ersten Buchs angesprochen hatte, interessierte weder den Anonymus A noch Bernold ausweislich der Glossen sonderlich; Wolferad, der dritte Glossator im Konstanzer Umfeld, den Autenrieth ausmachen konnte, konnte sich für kanonistische Themen sowieso nicht erwärmen.[176] Während Bernold die ersten Kanones bei Burchard überging, fasste der Anonymus A das c. 1.1 mit den Worten *Quod a beato petro post christum primo sacerdotalis ceperit ordo* zusammen. Die nachfolgenden Kanones (cc. 1.2–1.4) resümierte er mit den Worten: *De privilegio romanę sedis et ut papa non vocetur summus ępiscopus sed primę sedis ępiscopus et quod ordo sacerdotum sit bipertitus idest in ępiscopos et presbiteros*.[177] Diese Paraphrasen sind genauso zutreffend wie unaufgeregt – ein aussergewöhnliches Aufmerken des Lesers kann man hieran nicht ablesen. Das einzige Nota-Zeichen auf dieser Seite befindet sich an der Stelle, an der Pseudo-Melchiades von der gleichen Wahl der Apostel spricht (*et licet cunctorum par electio foret*), nicht aber am anschliessenden Adversativsatz *beato tamen petro concessum est ut aliis premineret*.[178] Und auch die Appellationsmöglichkeit nach Rom, die Burchard den Bischöfen eröffnet hatte, fand keine besondere Beachtung, wohingegen prozessuale Aspekte im allgemeinen immer wieder beachtet wurden.[179] Der Jurisdiktionsprimat stiess also nicht auf sonderliches Interesse.

Stärker als in Burchards Dekret ist der Jurisdiktionsprimat hingegen in der ebenfalls in Konstanz annotierten *Quesnelliana* hervor-

176. Zu den Interessen Wolferads Autenrieth, Domschule, insbes. 154.

177. Freiburg 7, fol. 7r ad c. 1.2 (siehe Abb. 2).

178. Zu dieser Stelle siehe 83.

179. Es findet sich z.B. an der Appellationsmöglichkeit nach Rom, die in c. 1.144 eröffnet wird, ein Nota-Zeichen (wohl nicht vom Anonymus A) (Freiburg 7, fol. 32va in marg.), am selben Kanon dann auch (Freiburg 7, fol. 33ra in marg.) verschiedene wohl vom Anonymus A stammende Nota-Zeichen zu allgemeinen prozessualen Themen wie auch zur Appellation nach Rom; c. 1.148 verbleibt ohne Randbemerkung (Freiburg 7, fol. 33va); neben c. 1.154 befindet sich ein schwaches, wohl von A stammendes Nota-Zeichen (Freiburg 7, fol. 34ra in marg.).

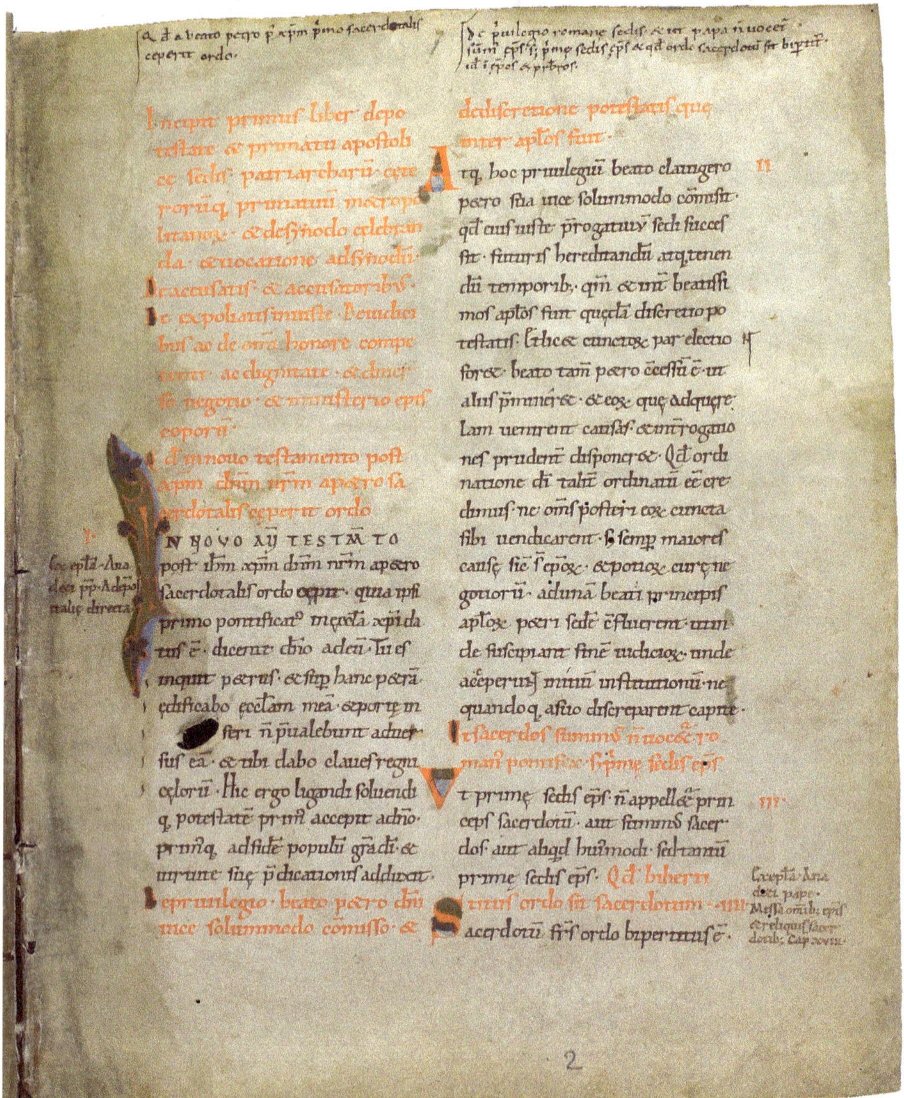

Abb. 2 – Freiburg, Universitätsbibliothek 7, fol. 7r: Beginn des *Decretum Burchardi* mit Paraphrasen am Kopf der Seite, die häufig von dem ‚Anonymus A‘ stammen

gehoben.[180] Alle *maiores causae* sollten nach dem erstinstanzlichen Bischofsurteil dem apostolischen Stuhl vorgelegt werden, vermerkte der Anonymus A;[181] Bernold betonte die Letztentscheidungsgewalt des apostolischen Stuhls über Synodalbeschlüsse wie die petrinische Schlüsselgewalt, und er war es auch, der die Gewohnheit des Papstes hervorhob, Synoden nicht persönlich, sondern durch Legaten beizuwohnen.[182]

Gegenüber diesen flüchtigen Spuren der Lektüre des Jurisdiktionsprimats in Burchards Dekret ist der Zölibat in allen drei Handschriften breiter annotiert. Viele der Kanones, die die Enthaltsamkeit der Priester und Diakone vorschreiben, haben aufmerksame Leser gefunden. So hob Bernold in der *Quesnelliana* die Strafe der Absetzung des heiratenden Priesters hervor, indem er den Kanon am Rand paraphrasierte;[183] und in der *Dionysio-Hadriana* finden sich gleich zu Beginn viele Kanones zum Zölibat, die das Interesse Bernolds gefunden haben – er fasste ihren Inhalt am Rande zusammen.[184] In diesem Sinne findet sich an jedem Kanon Burchards, in dem er die Enthaltsamkeit einschärfte, ein Nota-Zeichen.[185] Zudem hob – wohl der Anonymus A – zu dem Burchard-Kanon c. 2.117 hervor, demzufolge Unenthaltsame nicht als Priester eingesetzt werden können: *Nota quod dicit non admittantur ad tale ministerium.*[186] Überhaupt interessierte – wohl Anonymus A – die

180. Einsiedeln 191; die zur Abschrift der *Dionysio-Hadriana* (Freiburg, Universitätsbibliothek 8) von Autenrieth, Domschule, 68–75 verzeichneten Glossen weisen überhaupt keine Anmerkungen zum Jurisdiktionsprimat auf.

181. Einsiedeln 191, fol. 56r: *Nota quod maiores causę post episcopale iudicium ad sedem apostolicam referendę sint et ibi terminandę* (vgl. Autenrieth, Domschule, 44).

182. Einsiedeln 191, fol. 99v: *Nota in sinodo non valere quod sedes apostolica recusaverit* (vgl. Autenrieth, Domschule, 47); Einsiedeln 191, fol. 110r: *Nota privilegium apostolici: Quicquid ligatur a quibuslibet episcopis potest ab apostolico solvi, sed quod apostolicus ligat a nullo nisi ab ipso potest solvi* (vgl. Autenrieth, Domschule, 48); Einsiedeln 191, fol. 202r: *Nota non solere papam extra Romam concilium adire* (vgl. Autenrieth, Domschule, 50); ferner Einsiedeln 191, fol. 103r: *Nota privilegium romanae sedis* (vgl. Autenrieth, Domschule, 47).

183. Einsiedeln 191, fol. 22r: *Nota. Presbiter si uxorem duxerit ab ordine deponatur* (vgl. Autenrieth, Domschule, 43); vgl. ferner die bei Autenrieth, Domschule, 42–50 aufgeführten Glossen, in denen immer wieder zölibatäre Aspekte angesprochen werden.

184. Vgl. Autenrieth, Domschule, 69–72, u.a. Freiburg 8, fol. 21r: *Nota illum qui concubinam habuerit non posse ordinari*; fol. 21v: *Nota tantum lectores licite uxores duxere*.

185. Ein Nota-Zeichen findet sich an jedem der Kanones cc. 2.108–2.118 (Freiburg 7, fol. 64vb-65va).

186. Freiburg 7, fol. 65va in marg ad c. 2.117. Ein anderer Schreiber hat an den Kanon zuvor, c. 2.116, hinzugesetzt *ut mulieres non accedant ad altare nec presbitero ministrent ad altare* und damit der langsamen Verdrängung der Frauen von dem Altardienst Vorschub geleistet. Wohl dieselbe Hand hatte schon zuvor zu c. 2.107 angefügt: *ut mulieres non habitent cum presbiteris* (Freiburg 7, fol. 64va in marg.).

Klerikerdisziplin in Form des Verbotes, an Hochzeiten und ähnlichen Feiern teilzunehmen, da sich an cc. 2.132–2.135 Nota-Zeichen finden.[187]

Aspekte des Zölibats finden sich bei Burchard aber nicht nur im zweiten Buch, das Fragen der Klerikerdisziplin behandelt, sondern auch an späteren Stellen, nämlich im dritten und neunzehnten Buch (cc. 3.75, 3.207, 19.5). Diese sind besonders aufschlussreich, findet sich doch hier u.a. die Vorschrift des Konzils von Gangra aus der Mitte des 4. Jahrhunderts, das die Gläubigen zur Busse aufforderte, die die Messen verheirateter Priester ablehnten.[188] Wie haben Bernold und sein Umkreis auf diese Stellen reagiert? Die Kanones c. 3.75 wie c. 3.207, die beide das Anathem denjenigen Gläubigen androhten, der die Messen verheirateter Priester schmähten, sind mit einem Nota-Zeichen versehen, die auf ein Aufmerken des Lesers deuten. Paraphrasiert sind die Kanones am Kopfrand mit *Ut nemo spernat oblationem et missam presbiteri qui fuit coniugatus antequam ordinaretur*… bzw. mit … *et ut is anathema sit qui spernit oblationem presbiteri qui habuit uxorem priusquam ordinaretur*…[189]

Der dritte hier zu beachtende Kanon ist Teil des neunzehnten Buchs Burchards, eines Bussbuches oder Poenitentials, das mit vorformulierten Fragen das Erforschen der Sünden der Büssenden ermöglichte. Unter diesen Fragen findet sich die Problematik, ob der Büssende die geistlichen Handlungen eines verheirateten Priesters abgelehnt habe und von ihm weder die Kommunion empfangen noch die Absolution erhalten wollte. Diese Frage ist im Bussbuch nicht nur mit einem Nota-Zeichen (wohl des Anonymus A) versehen, sondern auch mit der Randnotiz (einer häufiger kommentierenden, aber nicht näher zuortbaren Hand): *de his qui spernunt missam et oblationem presbiteri qui habuit coniugem antequam ordinaretur* (siehe Abb. 3).[190]

Bemerkenswert ist hier die Ergänzung *antequam ordinaretur*, die sich sowohl im 19. wie auch im 3. Buch findet. Der Glossator hat diese Stelle über den ursprünglichen Wortlaut des Konzilsbeschlusses hinaus dahingehend konkretisiert, dass die Ehe vor der Weihe bestand. Was er aber damit meinte, erschliesst sich nicht: Sollten die Sakramente eines im Ehestand lebenden Priesters oder eines überhaupt jemals verheirateten Priesters nicht gemieden werden? Und wie dieser Kanon

187. Freiburg 7, fol. 66v.
188. Siehe 109f.
189. c. 3.75: Freiburg 7, fol. 89vb in marg. sowie c. 3.207: Freiburg 7, fol. 104ra in marg.
190. c. 19.5: Freiburg 7, fol. 249va in marg.; das Resumée am Kopfrand von fol. 249vb lautet: *De his qui spernunt missam coniugati presbiteri ante ordinationem suam*…

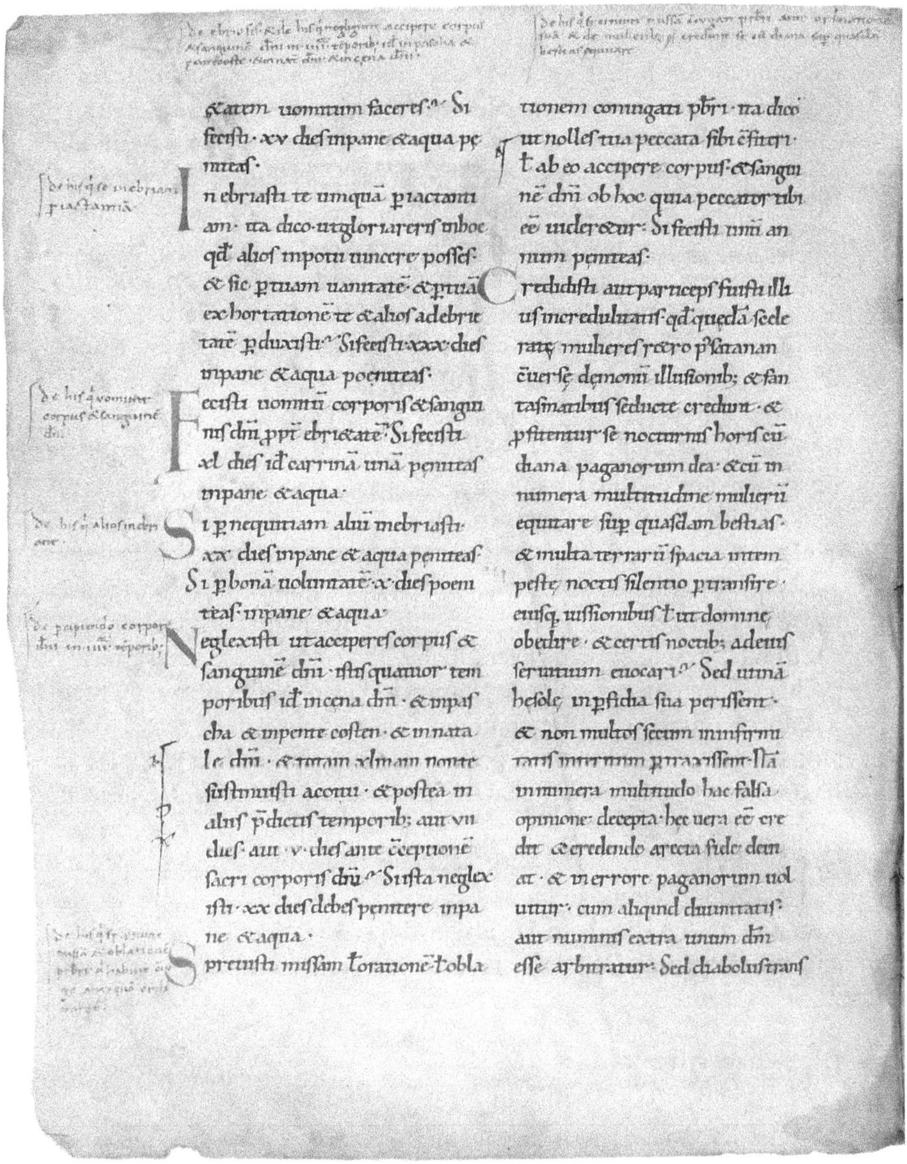

Abb. 3 – Freiburg, Universitätsbibliothek 7, fol. 249v: Auszug aus dem Bussbuch des *Decretum Burchardi* (c. 19.5) mit der Frage: *Sprevisti missam vel orationem …* (Wechsel von der linken zur rechten Spalte) mit Randbemerkungen

mit den Beschlüssen der Synode Nikolaus II. von 1059 oder den Entscheidungen Gregors VII. in Einklang zu bringen sind, die den Gläubigen vorschrieben, die Messen von verheirateten und unkeusch lebenden Priestern zu meiden, bleibt ebenfalls im Dunkeln.[191]

Fassen wir zusammen: Was interessierte die Leser in Bernolds Umkreis? Es war der päpstliche Primat, der die Aufmerksamkeit auf sich zog; mehr aber noch waren es die Kanones zum Zölibat, die immer wieder glossiert wurden. Darüber hinaus waren es Fragen zur Simonie und zur Eucharistie, zu den Sakramenten und zur Kirchengeschichte, doch diese Aspekte sollen hier nicht weiter verfolgt werden.[192]

Die Randbemerkungen in Burchards Dekret lassen nicht nur Rückschlüsse auf Leseinteressen zu, sondern auch auf den methodischen Umgang mit Vorlagen. Es sind zwar nicht viele Anmerkungen, die Bernold in der Freiburger Burchard-Handschrift hinterlassen hat, aber sie zeigen eins deutlich, nämlich sein Interesse an der Herkunft eines Kanones und an dessen ursprünglichem Wortlaut.[193] Dies wird gerade in einer Anmerkungen zu Burchards Dekret c. 1.112 deutlich: *Hic deest multum*, vermerkte er am Rande, und wies so auf Burchards Arbeitsweise des Kürzens und Redigierens hin.[194] Nicht den originalen Text bot Burchard, sondern einen verkürzten, eben einen, der sich der historischen, philologisch-exakten Interpretation Bernolds entzog.[195] Auch war für ihn die genaue Bestimmung eines Rechtssatzes von Bedeutung, wie sich an seinen nachgetragenen Inskriptionen ablesen lässt: *Innocentius papa k[apitulo] XXIIII°* ergänzte er hier, *Ex decretis sancti Calisti papae*, fügte er dort ein.[196] Bernolds Methode, wie er sie in *De fontibus iuris ecclesiastici* vorgeschlagen hatte, fand Niederschlag in seiner Lektüre Burchards.

Stärker als die Burchard-Handschrift hat Bernold die *Quesnelliana* und die *Dionysio-Hadriana* glossiert; zwei Sammlungen, die mit

191. Zu diesen Beschlüssen siehe 56f.

192. Die Glossen wertet Autenrieth, Domschule, 118–168 aus, vgl. ebd., insbes. 128–132 und 151–154.

193. Vertiefend Autenrieth, Domschule, 95. Es sind zumeist Inskriptionen, also Herkunftsangaben, die Bernold nachtrug; es findet sich nur eine inhaltliche Anmerkung in Freiburg 7, fol. 125rb in marg.: *Nota non debere dari intinctam eucharistiam pro complemento communionis*.

194. Freiburg 7, fol. 27ra in marg.; vgl. Autenrieth, Domschule, 95.

195. DB c. 1.112 (Konzil von Chalcedon, c. 2). Dieser Kanon ist auch in den italienischen Burchard-Handschriften des 12. Jahrhunderts ergänzt, siehe 250f.

196. Freiburg 7, fol. 170ra in marg. sowie fol. 192ra in marg.; vgl. Autenrieth, Domschule, 95.

längeren Auszügen seinen Ansprüchen an den Text besser gerecht zu werden schienen als der nur Ausschnitte bietende Burchard. *Haec XVIII. capitula quae sequuntur non ex niceno concilio sed ex sardicensi concilio sunt*, verbesserte Bernold die *Quesnelliana.*[197] Auch bemerkte er Unterschiede im Zuschnitt der Kanones: *Huius concilii capitula in hoc libro aliter incipere vel finiri quam in aliis libris inveniantur*;[198] und er ergänzte die *Dionysio-Hadriana*: *Nota hanc sententiam contineri etiam in secundo capitulo Anthiocheni concilii.*[199] Aufgrund seiner Vergleiche kam er zu dem Schluss, dass einige Kanones der Fälschung verdächtig waren;[200] im Übrigen fasste er die Essenz vieler Kanones am Rande zusammen.[201]

Wenn Bernold fehlende Inskriptionen ergänzte und falsche korrigierte, wenn er Kürzungen bemerkte und den Wortlaut von Kanones zwischen den Sammlungen verglich, ja, wenn er sogar beobachtete, dass die Chronologie innerhalb der pseudoisidorischen Dekretalen nicht stimmen konnte, so zeugt dies von seiner Suche nach der wahren Herkunft und dem korrekten Wortlaut eines Kanons.[202] Erst das Wissen um den Ursprung eines normativen Satzes und die Kenntnis der ursprünglichen Fassung ermöglichte die genaue Interpretation und das richtige Verständnis eines Rechtssatzes. Bernolds Anliegen, das in den vielfältigen Bemerkungen zu Kanonessammlungen hervortritt, könnte man auch als ‚Textkonstituierung' bezeichnen.

Zurück zur Abschrift des Burchard'schen Dekrets in der Freiburger Universitätsbibliothek. Nicht nur Bernold, sondern vor allem der Anonymus A hat das Manuskript durchgearbeitet. Was lässt sich über seine Arbeitsweise zusammentragen? Der Anonymus A korrigierte nicht nur Schreibfehler, die die Haupthand der Handschrift gemacht hatte, sondern hinterliess auch Anmerkungen.[203] Er war es, der den Kanon Coelestins I. *Nullus invitus detur episcopus*, demzufolge Volk

197. Einsiedeln 191, fol. 10r, vgl. Autenrieth, Domschule, 42.

198. Einsiedeln 191, fol. 10r, vgl. Autenrieth, Domschule, 42. Ein weiteres Beispiel Einsiedeln 191, fol. 61r: *Nota in aliis libris multo aptiorem huius capituli translationem inveniri*, vgl. Autenrieth, Domschule, 45.

199. Freiburg 8, fol. 21r; vgl. Autenrieth, Domschule, 69.

200. Vertiefend und mit Beispielen Autenrieth, Domschule, 141, 89 (Zeile 4).

201. Siehe die Auflistung der Glossen bei Autenrieth, Domschule, insbes. 42–50 und 69–73.

202. Autenrieth, Domschule, insbes. 126–128.

203. Korrekturen der Haupthand finden sich z.B.: Freiburg 7, fol. 10rb ad c. 1.23 *precio* superscribiert über *iudicio*; fol. 17vb ad c. 1.68 *magis* corr. ex *maius* sowie *aut duo eligantur* corr. ex *aut unus eligatur*.

und Kleriker der Bischofswahl zustimmen mussten, mit *vere*, ‚richtig', kommentierte;[204] und der *in margine* die drei Arten der Simonie resümierte, die Gregor der Grosse in seinen Evangelienhomilien unterschieden hatte: *munus ab obsequio, munus a manu, munus a lingua* – der Erwerb von Ämtern gegen Willfährigkeit und ungebührliche Unterwerfung, Geld, oder Gunst und Ergebenheit.[205]

Neben solchen Kommentaren und Paraphrasen finden sich bei den Konstanzer Lesern aber auch Spurenelemente einer artistischen Grundbildung: So dachten der Anonymus A und Wolferad an anderer Stelle über die Etymologie eines Begriffs nach oder strukturierten einen Text mit *questio* und *solutio*.[206] Bemerkenswerterweise finden sich *questio* und *solutio* weniger in kanonistischen Handschriften, sondern vor allem in Handschriften mit Texten von Ambrosius und Augustinus, Gregor und Hieronymus.[207] Vielleicht ist es vor diesem Hintergrund auch kein Zufall mehr, dass die wenigen *questio/solutio*-Vermerke in dem Dekret Burchards im 20. Buchs zu finden sind, dem *Speculator*, der theologische Texte zum Jüngsten Gericht und zum Antichristen, zur Auferstehung und zum ewigen Leben vereinte.[208]

Dem Freiburger Manuskript des Burchard'schen Dekrets lässt sich also die Suche nach einem ‚richtigen' Text entnehmen; zudem spiegeln sich Ansätze einer artistischen Bildung der Leser wider. Was aber findet sich nicht? Vergeblich sucht man nach Querverweise zu anderen Stellen und *require*-Vermerke, erfolgslos forscht man nach Interpretationen von Kanones und die Auflösung von Widersprüchen. Gerade der offensichtliche Widerspruch zwischen dem Beschluss des Konzils von Gangra und den zuvor genannten Kanones ist in der Handschrift selbst nicht aufgelöst. Zwar vermerkte Bernold zu den Konzilsbeschlüssen von Gangra in der *Quesnelliana*: *Contra hanc heresim constitutum est capitulum, ut qui missam coniugati presbiteri ... refutaverit, anathema*

204. Freiburg 7, fol. 7vb in marg. ad c. 1.7: *vere* (vermutlich Anonymous A). Der Kanon *Nullus invitus detur episcopus*: Coelestin I. an die Bischöfe an die Bischöfe der Provinz Vienne und Narbonne, Dekretale *Cuperemus*, 24.7.428, JK 369/J³ 821, c. 5, gedr.: Coustant, Sp. 1065–1972, hier Sp. 1070f.; zur Sache Thier, Hierarchie und Autonomie, insbes. 104f. und sowie Thier, Dynamische Schriftlichkeit, 9–13.

205. Freiburg 7, fol. 27rb ad c. 1.113; zum *fons materialis*: Gregor der Grosse, Homiliae in Evangelia/Evangelienhomilien, ed. Fiedrowicz, Band 1, Buch 1, Homilie 4.4 (98f.).

206. Autenrieth, Domschule, 149–151.

207. Jedenfalls weist Autenrieth, Domschule, 149f. Fn. 160 diese nicht aus.

208. *questio/solutio* finden sich: Freiburg 7, fol. 294vb ad c. 20.54, fol. 304va ad c. 20.90 und fol. 306vb ad c. 20.96. In der *Quesnelliana* findet sich zweimal *questio* an den Rand getragen, nämlich Einsiedeln 191, fol. 49r und 49v. Beidesmal fehlt aber *solutio*.

sit;[209] aber wie die Stellen zusammenhängen, erschliesst sich weder aus der Lektüre des *Decretum Burchardi* noch der *Quesnelliana*. Musste der Gläubige nun die Messe eines verheirateten Priesters meiden oder war er unter Androhung von Busse verpflichtet, diese zu besuchen?

Die Auflösung dieses Widerspruchs erfolgte an anderer Stelle. Im *Apologeticus* verteidigte Bernold die Beschlüsse der Fastensynode Gregors VII. von 1075.[210] Nun musste Bernold Farbe bekennen, denn die Entscheidung der Synode von Gangra stand der neuen Regelung entgegen. Mitnichten liess sich Bernold durch Gangra aus der argumentativen Ruhe bringen; er wischte den Einwand des imaginären Gegners beiseite: *Sed frustra*, und fuhr fort: *Nam predictum capitulum illos tantum anathematizat, qui respuunt presbiteri oblationem, non qui modo habet, sed qui quondam habuit uxorem.*[211] Beide Kanones hätten eine völlig verschiedene Konstellation vor Augen, legte er dar, denn der Beschluss

209. Einsiedeln 191, fol. 23v: *Nota. Contra hanc heresim constitutum est capitulum, ut qui missam coniugati presbiteri, idest qui matrimonium contraxit, refutauerit, anathema sit, quippe execrans nuptias. Hoc autem capitulum in cangrensi concilio invenies, ubi plenarie per totum est descriptum*; vgl. Autenrieth, Domschule, 43.

210. Zur Fastensynode vertiefend Blumenthal, Gregor VII., 161–167.

211. Apologeticus super decreta, quae venerabilis papa Gregorius eiusdem nominis septimus in romana synodo promulgavit contra symoniacos et incontinentes altaris ministros, ed. Friedrich Thaner als *Libellus III*, in: MGH LdL 2, 59–88, hier 83 Zeile 1–25 (cap. 19): *Quidam tamen satis imperite nostro apostolico obiciunt quartum Gangrensis concilii capitulum: Quicumque discernit a presbitero, qui uxorem habuit, quod non oporteat eo ministrante de oblatione percipere, anathema sit. Hoc etiam capitulum iuxta Petri apostoli attestationem in suam ipsorum pernitiem depravantes ita pronuntiant: Quicumque recusaverit missam coniugati presbiteri, anathema sit, scilicet ut eos anathematizatos esse demonstrent, qui apostolicis institutis obedientes incontinentium presbiterorum missas recipere detrectant. Sed frustra. Nam predictum capitulum illos tantum anathematizat, qui respuunt presbiteri oblationem, non qui modo habet, sed qui quondam habuit uxorem. Eo enim tempore, ut prologus Gangrensis a concilii testatur, erant heretici sectatores cuiusdam Eustasii, qui legitimas nuptias quasi mortale crimen condemnabant, asserentes nullum in coniugali gradu positum spem habere apud Deum. Unde et oblationes presbiterorum etiam ante ordinationem legitime coniugatorum respuisse traduntur, quippe legitimum coniugium pro mortali crimine deputantes, quale etiam si quis hoc tempore perpetrasse detegitur, altari ministrare iuxta canones non permittitur. Merito igitur anathematizati sunt idem heretici dogmatizantes contra illud apostoli: Si acceperis uxorem, non peccasti, et illud: Oportet episcopum unius uxoris esse virum. Sepe positum autem nostri apostolici institutum nulli prohibet audire missam illius presbiteri, qui iuxta apostolicam permissionem ante sacrum ordinem unam tantum uxorem habuit, quando et sine crimine uxorem ducere potuit, sed illius presbiteri, qui contra apostolum in crimine fornicationis detegitur iacere, quem ipse apostolus et reliqui sancti patres successorque eorum noster apostolicus a sacratissimo officio segregavere. Igitur quicumque huiusmodi presbiterorum missas respuit, nullatenus tamen superiori Eustasianorum anathemati subiacebit, cum optime apostolo consentiat, qui et sacerdotibus continentiam indicit, et fidelibus prevaricatoribus sermonum eius admisceri non permittit.*

des Konzils von Gangra sollte nicht die Gläubigen zur Busse zwingen, die die Messe eines gegenwärtig verheirateten Priesters schmähten, sondern solche, die die Messe eines ehemals verheirateten Priesters mieden. Dass ein Mann aber legitim verheiratet sein konnte, *bevor* er zum Priester geweiht wurde, bestritt nicht einmal Gregor VII. – allein *nach* der Weihe musste der Priester enthaltsam leben.

Diese auf den ersten Blick seltsam anmutende Differenzierung gewinnt an Plausibilität bei Berücksichtigung des historischen Hintergrunds, den Bernold ebenfalls darlegte. Häretiker um Eustasius von Sebaste († nach 377)[212] hätten die Ehe insgesamt für schlecht erachtet (*legitimas nuptias quasi mortale crimen condemnabant*), und behauptet, dass keiner, der durch eine Ehe gebunden sei, in den Himmel kommen könne. Gegen diese Irrlehre habe sich das Konzil von Gangra gewandt und die Gläubigen aufgefordert, die Messen verheirateter Priester nicht zu schmähen. Mit dieser spätantiken Situation sei die neue Anordnung Gregors VII. nicht zu vergleichen: Denn er, Gregor, schreibe ja nicht vor, die Messe derjenigen Priester zu meiden, die vor ihrer Weihe rechtmässig eine Frau hatten, sondern solche, die *in crimine fornicationis* verharrten. Bernold hatte diese Lösung, nach der Entstehungszeit der Kanones zu differenzieren und sie so zu harmonisieren, schon in der *Dionysio-Hadriana* angedeutet. In zwei Glossen zu den Beschlüssen des Konzils von Gangra[213] erklärte er deren Hintergrund, nämlich dass Eustasius die Ehe wie ein *crimen mortale* gemieden habe.[214] Ferner bemerkte er zum besagten vierten Konzilsbeschluss: *illorum [presbiterorum oblationes], inquam, qui non in presenti, sed quondam uxores habuerunt*.[215] Explizit führte er seinen Gedanken hingegen nicht aus.

212. Zu Eustathios/Eustasius, dem Führer einer asketischen Bewegung in Kleinasien: Hanns Christof Brennecke, Art. Eustathios von Sebaste, in: LThK 3, 1995, Sp. 1015f.; Wolf-Dieter Hauschild, Art. Eusthathios von Sebaste, in: LexMA 4, 1989, Sp. 113f.; zum Konzil Georg Schöllgen, Art. Gangra, in: LThK 4, 1995, Sp. 288f.

213. Die Glossierung beginnt Freiburg 8, fol. 31ra: *Incipiunt synodi sancti suprascripti gangrensis praefatio* bzw. fol. 31vb *Incipiunt regulae gangrensis quae post nicenum concilium expositae sunt numerum xx* und endet fol. 32vb *explicit regulae gangrensis concilii.*

214. Freiburg 8, fol. 31v: *Nota Eustasianos hoc ideo dogmatizasse quia nuptias quasi mortale peccatum execravere, quod etiam qui hoc tempore palam perpetraverit altari ministrare non poterit.*

215. Freiburg 8, fol. 31v: Bernold notiert am Rande zu dem Kanon (fol. 31vb *IIII. De presbiteris qui habuere coniugia // Quicumque discernit a presbitero qui uxorem habuit quod non oporteat eo ministrante de oblatione percipere anathemasit.*): *Nota In hoc capitulo anathematizantur illi qui presbiterorum oblationes respuunt illorum inquam qui non in presenti sed quondam uxores habuerunt.*

Rückblickend können wir festhalten: Bernold berücksichtigte den Entstehungskontext dieses Kanons und wandte somit das theoretische Instrumentarium an, das er in *De fontibus iuris ecclesiastici* vorgestellt hatte.[216] Implizit klingt eine Distinktion nach der Zeit und dem Fall an, wenn er von *eo enim tempore erant heretici sectatores* schrieb,[217] doch schlug sich seine Methodik vor allem in der Diskussion innerhalb der Traktate nieder, kaum in den Kanonessammlungen selbst. Weder in der *Quesnelliana* noch im *Decretum Burchardi* löste Bernold den Widerspruch zwischen den Normen auf – kein Querverweis, keine *require*, kein *sed notandum*. Von der Kontextualisierung des Gangra-Kanons zeugt nur der kleine, aus sich heraus nicht verständliche Hinweis *antequam ordinaretur*[218] sowie der etwas verständlichere *inquam*-Einwurf Bernolds in der *Dionysio-Hadriana*. Deutlich tritt hier hervor, was Bernold und sein Umfeld mit der Burchard-Handschrift *nicht* anstrebten: Eine *concordia* sich widersprechender Kanones. Die von Bernold studierten Kanonessammlungen bleiben in der zweiten Hälfte des 11. Jahrhunderts von seinen methodischen Neuerungen fast völlig unberührt. Anders formuliert: Die von Bernold gedachte Ordnung schlägt sich nicht in der gemachten Ordnung nieder.[219] Beide stehen vor 1100 noch unverbunden nebeneinander.

b) Zur Überarbeitung älterer Sammlungen

Blickt man Bernold von Konstanz bei seiner Arbeit zu, so kann man beobachten, dass sich seine methodischen Innovationen zwar in der Argumentation in Traktaten widerspiegeln, jedoch seinen Umgang mit Normen in den Kanonessammlungen so gut wie nicht beeinflussen. Methodologie und Kanonessammlung stehen bei Bernold also noch nebeneinander. Ist er ein Einzelfall? Um diese Frage zu beantworten, soll die Überlieferung von Burchards Dekret, der Sammlung in 74 Titeln sowie der *Panormia* näher betrachtet werden. Leitend ist dabei

216. Vgl. auch Autenrieth, Domschule, 123f., die vor allem die Zitiertechnik Bernolds beleuchtet; sowie Robinson, Arbeitsweise, 70–75 mit Hinweisen zur Datierung des Apologeticus (wohl 1075).

217. Apologeticus, in: MGH LdL 2, 83 Zeile 9f.

218. Siehe oben Anm. 189 und 190. Der Glossator will – ähnlich wie Bernold oder im Anklang an Bernold – mit *antequam ordinaretur* den Kanon wohl in dem Sinne verdeutlichen, dass der Mann vor der Priesterweihe verheiratet gewesen war; er bezieht sich nicht auf den Vollzug der Ehe nach der Priesterweihe. Insgesamt ist die Erklärung des Glossators aber nicht eindeutig.

219. Dies gilt auch für die wohl von Bernold von Konstanz entworfene Ergänzung der Sammlung in 74 Titeln, dem ‚Schwäbischen Appendix'; siehe 272, 288f.

die Frage, welchen Änderungen eine Sammlung im Laufe ihrer Überlieferungsgeschichte unterworfen war. Nach einer kurzen Einführung in die handschriftliche Überlieferung der Sammlung und die Begründung der Manuskriptauswahl sollen jeweils inhaltliche Modifikationen untersucht (1) und methodische Änderungen beleuchtet werden (2).

(1) Zwischen Erhaltung und Adaption. Zur inhaltlichen Rezeption von Jurisdiktionsprimat und Zölibat

Das Dekret Burchards von Worms und die *Collectio Canonum* Deusdedits, die Sammlung in 74 Titeln sowie die *Panormia* spiegeln vier verschiedene Deutungen von Jurisdiktionsprimat und Zölibat zwischen dem Beginn des 11. und dem Anfang des 12. Jahrhunderts wider. Die Spannbreite reicht von einer episkopal-orientierten Sicht unter fast vollständigem Übergehen des Jurisdiktionsprimats bis hin zu einer umfassenden und detaillierten Beschreibung primatialer Rechte. Das Verständnis des Zölibats hat indes keinen derart fundamentalen Wissenswandel durchlaufen.[220] Diese Befunde beruhen auf der Untersuchung der Versionen der Kanonessammlungen, die ein frühes Überlieferungsstadium widerspiegeln und damit als ‚nahe' dem Kompilatoren stehend zu vermuten sind.[221] In jüngerer Vergangenheit ist immer wieder auf die Veränderbarkeit von Kanonessammlungen hingewiesen worden, welche sich im Laufe der Überlieferung wandeln konnten: Textverschlechterungen traten genauso auf wie Textkorrekturen mit Hilfe einer Parallelüberlieferung; Additionen von Kanones finden sich sowohl im Verlauf einer Sammlung wie zu deren Ende.[222] Als derzeitiger Konsens der Forschung kann der Befund gelten, dass die Grenzen von Kanonessammlungen fliessend waren – die älteren Vorstellungen der klaren Abgrenzbarkeit einzelner Sammlungen ist also zu revidieren. Dieser Befund des textlichen Wandels regt dazu an, der Überlieferung der Sammlungen nachzugehen und zu fragen, ob und gegebenenfalls wie sich die Darstellung des Jurisdiktionsprimats und des Zölibats gewandelt hat.

Eine derartige Frage kann allerdings nur unter massiver Einschränkung des Quellencorpus gestellt werden: Mindestens zwei Dutzend Kopien der Sammlung in 74 Titeln, knapp 100 Burchard-Manuskripte und rund 150 Handschriften der *Panormia* sind weder zu überblicken

220. Siehe 74–117.
221. Zur Manuskriptauswahl siehe 77–79, 84f., 89, 94f.
222. Siehe hierzu 284–293 sowie die Ergebnisse von Szuromi, Reading book (2010).

noch auszuwerten. Aus diesem Grund wurde ein exemplarisches Vorgehen gewählt, indem aus der Burchard-Überlieferung sechs Handschriften verschiedener ‚Gruppen' oder Klassen ausgewählt wurden; der Variantenapparat der Gilchrist-Edition ist mit der Analyse einiger weiterer Handschriften angereichert, während die Untersuchung der *Panormia* sich allein auf die Brett/Brasington-Edition stützt.[223] Auf eine Analyse der Überlieferung der *Collectio Canonum* Deusdedits muss hingegen verzichtet werden: Seine Sammlung ist nur in einer Handschrift und einigen Fragmenten bzw. Exzerpten überliefert, so dass sich die Möglichkeit einer vergleichenden Untersuchung nicht eröffnet.[224]

α) Das Decretum *Burchards von Worms*

Aus der breiten Überlieferung des *Decretum Burchardi* mit knapp 100 Handschriften wurden zunächst zwei Manuskripte ausgewählt, nämlich der vatikanische Doppelband vat. pal. lat. 585/586 sowie der Frankfurter Codex Barth. 50.[225] Die vatikanische Handschrift repräsentiert die erste deutsche Gruppe, die nur drei Manuskripte umfasst; das Frankfurter Manuskript vertritt die zweite deutsche Gruppe, die früher als ‚Konstanzer Ordnung' bezeichnet wurde.[226] Um die spätere Rezeption Burchards zu erfassen, sind aus dieser zweiten deutschen Gruppe weitere Manuskripte ausgewählt, nämlich die vatikanische Handschrift vat. lat. 3809 und die Münchener Clm 4570. Neben diesen beiden deutschen Gruppen werden eine frühe lombardisch-burgundische Gruppe sowie eine italienische Hauptgruppe unterschieden. Da sich die besonderen Kennzeichen der lombardisch-burgundischen Gruppe nicht erschliessen und diese Gruppe mit nur vier Handschriften marginal vertreten ist, ist sie nicht in die Untersuchung einbezogen. [227] Zur italienischen Gruppe

223. Zur genauen Auswahl der einzelnen Manuskripte siehe 247f., 263f., 281.

224. Zur Überlieferung der *Collectio Canonum* Deusdedits siehe 94f.

225. Zur Überlieferung von Burchard siehe 77f. sowie Fransen, Trois notes, 446f.; Mordek, Handschriftenforschung, insbes. 636–650; Herbert Schneider, in: MGH Ordines de concilio celebrando, 231 Fn. 2 und die in den folgenden Fussnoten genannte Literatur.

226. Hierzu 77, 234.

227. Kéry, Canonicial Collections, 137 nennt diese Handschriftengruppe „Early Lombard-Burgundian Codices"; zu ihr gehören vier Handschriften. Deren Charakteristika erschliessen sich jedoch nicht, da zumindest Milano, Biblioteca Ambrosiana, E. 144 sup. dieselben Lücken wie andere Handschriften der italienischen Gruppe aufweist, so dass es sich möglicherweise um die älteste Handschrift der Gruppe der *deteriores* (um 1080) handelt, doch ist sie im ersten Buch unvollständig und steht daher einer Analyse nicht offen; vgl. Fowler-Magerl, Fine Distinctions, 146f. mit Berufung auf Gérard Fransen; zur Lücke Kéry, Canonical Collections, 137.

zählt hingegen jede fünfte Burchard-Handschrift.[228] Gérard Fransen hatte in seinen Studien in den 1960er und 1970er Jahren auf diese Gruppe von Manuskripten aufmerksam gemacht, deren Charakteristikum vier Lücken sind, weshalb er sie auch *deteriores* nannte.[229] Es fehlen die Artikelgruppen cc. 8.38–8.49, cc. 12.10–12.20, cc. 19.109–Ende des Buchs 19 und cc. 20.57–Ende der Sammlung. Über die von Fransen entdeckten Lücken hinaus hat Linda Fowler-Magerl darauf hingewiesen, dass diese Manuskripte auch kleinere inhaltliche Additionen aufweisen.[230] Aus dieser breit überlieferten italienischen Gruppe sind drei Handschriften in die Untersuchung eingeflossen, die in das ausgehende 11. oder in das 12. Jahrhundert zu datieren sind.[231] Es handelt sich um den Doppelband Paris, BN, lat. 4283/Troyes, Médiathèque de l'Agglomération troyenne [früher: Bibliothèque Municipale], Ms 1386,[232] sowie die Handschriften Monza, Biblioteca Capitolare, h-5/154 (T.IV.214)[233] und Madrid, Biblioteca Nacional, 391 (C 7).[234]

228. Fowler-Magerl, Clavis Canonum, 89: „One out of five of the surviving copies of the *Liber decretorum* belong to this group." Eine Liste mit Manuskripten bietet Kéry, Canonical Collections, 137–142.

229. Fransen, Le Décret de Burchard de Worms, insbes. 2, 8–12; sowie schon eher Fransen, La tradition manuscrite, 115 und Fransen, Le Décret de Burchard de Worms, 8. Siehe auch 77.

230. Fowler-Magerl, Fine Distinctions, 146–152, die auf Ergänzungen in c. 1.21 *Cavendum est summopere* sowie c. 1.112 *Si quis episcopus* hinweist; weitere Ergänzungen (c. 3.015a und c. 16.38) listet Fowler-Magerl, Clavis Canonum, Sigle BW auf.

231. Zwar hat Fransen, Le Décret de Burchard de Worms, 18, Handschriften der ersten und zweiten Gruppe vorgeschlagen, die er einer Edition zu Grunde legen würde (nämlich vat. pal. lat. 585/586, Bamberg 6, Paris 12449, Parma, Biblioteca Palatina 3777 und vielleicht Saint-Omer, BM 194 – aufgrund der Ergebnisse von Hoffmann/Pokorny, Dekret (1992) wäre diese Auswahl jedoch zu überdenken), er hat solche Vorschläge jedoch nicht für die italienische Gruppe unterbreitet: „Le classement des manuscrits du second groupe est plus délicat, mais je pense pouvoir en établir sans trop tarder une esquisse [...]." (Fransen, Le Décret de Burchard de Worms, 18). Eine derartige Skizze scheint jedoch nicht erschienen zu sein, da sie in Fransen, Bibliographie de Gérard Fransen (1996) nicht verzeichnet ist.

232. Paris 4283 und Troyes 1386 waren ursprünglich eine Handschrift; die erste Lage (fol. 1-8) ist heute als Teil von Paris 4283 separat überliefert. Zu Paris 4283/Troyes 1386: wohl 12. Jh., evtl. Kirchenprovinz Vienne; Fransen, Collections canoniques dans le manuscrit 4283 de la Bibliothèque nationale (1976); Fransen, Le Burchard de Montpellier (1974); Fowler-Magerl, Clavis Canonum, 89; Herbert Schneider, in: MGH Ordines de celebrando concilio, 239.

233. Zur Handschrift siehe Belloni/Ferrari, La Biblioteca Capitolare di Monza, 135f.: 306 Bll., 11. oder 12. Jahrhundert, Norditalien; Herbert Schneider, in: MGH Ordines de celebrando concilio, 235: erste Hälfte 12. Jahrhundert, Oberitalien.

234. Zu Madrid 391: Inventario General de Manuscritos de la Biblioteca Nacional I, 256f. Carmen del Camino Martinez, Sevilla, war so freundlich, die Handschrift zu überprüfen und datiert sie auf das Ende des 11. oder in das 12. Jahrhundert und vermutet eine italienische

Welche Änderungen sind in diesen späteren Manuskripten zu beobachten, und zwar in der Darstellung des Jurisdiktionsprimats sowie in der Präsentation der Kanones zum Zölibat? – Beginnen wir mit den drei Manuskripten der italienischen Gruppe. Das Ergebnis der Untersuchung sei vorweg genommen: Den Erwartungen zum Trotz wird das Burchard'sche Bild des Jurisdiktionsprimat unverändert in das 12. Jahrhundert transportiert. In den Manuskripten ist weder die päpstliche Immunität ergänzt noch sind legislative oder administrative Rechte des Papstes nachgetragen. Eine ähnliche Beobachtung liefert auch die Untersuchung zum Zölibat, der in seinen Grundaussagen ohne Modifikationen verbleibt; so sind zum Beispiel die zölibatären Vorschriften des Laterankonzils nicht eingefügt, dem Papst Nikolaus II. 1059 vorsass. Insofern verbleibt das *Decretum Burchardi* in den im Rahmen dieser Arbeit untersuchten Passagen unverändert. Dennoch weisen die untersuchten drei italienischen Handschriften Änderungen auf, die sich gerade in dem hier näher untersuchten ersten Buch finden lassen, von denen einige kurz vorgestellt seien.

Erstens. Fowler-Magerl hat auf den verlängerten Simonie-Kanon c. 1.21 hingewiesen, der nach *in maledictionem convertitur* hinzusetzt *qui ad hoc ut fiat hereticus, ordinatur* sowie die Einschübe *Quisquis contra simoniacam – flagitium* und *Quisquis hoc pretio – concupiscit* enthält, bevor er mit dem in der ursprünglichen Burchard-Fassung unmittelbar sich anschliessenden *Dolens, inquit – non poterit* endet.[235] Wie auch c. 1.21 selbst behandeln beide Einschübe die Simonie und verbieten die Einsetzung in das Bischofsamt aufgrund von Geldzahlungen. Diese Ergänzungen sind offensichtlich auch schon der Handschrift Mailand, Biblioteca Ambrosiana, E.144 sup. zu eigen, die ja als älteste Handschrift der Gruppe der *deteriores* gilt.[236] Über diese Änderung hinaus findet sich in allen drei Handschriften in unmittelbarer Nähe

Herkunft (Mail vom 17. Mai 2011); Herbert Schneider, in: MGH Ordines de celebrando concilio, 298: 12. Jahrhundert, Italien.

235. c. 1.21 geht auf c. 43 der Synode von Meaux/Paris 845/846 (MGH Const. 3, ed. Schwalm, 61–132, hier 105) zurück und ist um zwei weitere Exzerpte aus Briefen Gregors I. ergänzt worden (siehe Fowler-Magerl, Fine Distinctions, 147 (insbes. Fn. 8 und 9) sowie 149). Über diese subtile Änderung hinaus ist allen drei Handschriften der italienischen Gruppe eine weitere Modifikation zu eigen: Während die ursprüngliche Fassung (vat. pal. lat. 585, fol. 29r a-b) *Cur non perpendit, quia benedictio illi in maledictionem convertitur* lautet, haben die italienischen Abschriften eine erweiterte Fassung (Madrid 391, fol. 5ra; Monza h-5/154, fol. 10ra; Paris 4283, fol. 8r): *Cur non videtur, cur non perpenditur, quia benedictio illi in maledictionem convertitur. Qui ad hoc ut fiat hereticus ordinatur*. Hierzu Fowler-Magerl, Fine Distinctions, 147–149; Fransen, Le Burchard de Montpellier, 306.

236. So Fowler-Magerl, Fine Distinctions, 146f. mit Berufung auf Gérard Fransen.

eine weitere Addition, nämlich post c. 1.23. Nach diesem Kanon ist c. 29 der *Canones Apostolorum* eingefügt, demzufolge ein Bischof, Priester oder Abt, der sein Amt mit Geldzahlung erhalten hatte, aus dem Amt entfernt werden und dem Anathem unterfallen solle.[237]

Zweitens. Schon Bernold von Konstanz hatte zu dem Simonieverbot in c. 1.112 des Burchard'schen Dekrets vermerkt: *Hic deest multum.*[238] Und in der Tat überliefert Burchard das vom Konzil von Chalcedon ausgesprochene Simonieverbot in gekürzter Fassung.[239] Bei ihrer Autopsie der Handschrift Paris 4283/Troyes 1386 stellte Fowler-Magerl fest, dass eben dieser Kanon c. 1.112 in einer ausführlicheren Fassung als bei Burchard überliefert ist.[240] Dieser Befund lässt sich mit den Manuskripten Monza h-5/154 und Madrid 391 zumindest teilweise bestätigen, wie die folgende Analyse zeigt.

Der Kanon c. 1.112 entstammt den Beschlüssen des 451 abgehaltenen Konzils von Chalcedon als *fons materialis* und ist über das Sendhandbuch Reginos von Prüm als *fons formalis* in Burchards Dekret gekommen; dort, wie in Reginos Dekret, ist er in einer gekürzten Fassung überliefert.[241] Alle drei Handschriften überarbeiteten diesen Kanon und ergänzten ihn um die bei Burchard fehlenden Teile. In den Handschriften Troyes 1386 und Madrid 391 finden sich weitge-

237. Canones Apostolorum, c. 29, ed. Turner, Ecclesiae occidentalis monumenta, 20. Hier nach Monza H-5/154, fol. 10rb (siehe ebenso Madrid 391, fol. 5rb und Paris 4283, fol. 8r): *De eadem re/In canone apostolorum // Si quis episcopus aut presbiter aut abbas per pecuniam hanc obtinuerit dignitatem deiciatur ipse et ordinator eius et a communione sancta modis omnibus abscidatur. Et sit anathema sicut simon magus a petro.* Im Gegensatz zu der von Turner edierten Version weist diese Fassung *abbas* (anstelle von *diaconus*) auf. Offensichtlich ist diese Änderung auch in Ivos *Decretum* aufgenommen worden, siehe Ivo *Decretum* c. 5.78 (https://ivo-of-chartres.github.io/decretum/ivodec_5.pdf). Jedenfalls findet sich der neue Canon als ID c. 5.78 in einer längeren Strecke, die Ivo aus Burchards Dekret übernommen hat (ID cc. 5.57–5.78). Die Beobachtung Fowler-Magerls, Fine Distinctions, 149, dass Ivo auch ein Manuskript der italienischen Gruppe zur Verfügung stand, wird durch die Aufnahme nicht nur der längeren Fassung von DB c. 1.21 in ID 5.75, sondern auch dieses Kanons in ID c. 5.78 untermauert.

238. Siehe 240. Siehe zu dieser Stelle auch Autenrieth, Domschule, 126.

239. c. 2 des Konzils von Chalkedon 451, siehe Wohlmuth, Conciliorum Oecumenicorum Decreta 1, 75–103, insbes. 87f. Der Kanon sieht vor, dass ein Bischof mit dem Verlust des Amtes rechnen muss, wenn er gegen Bezahlung einen anderen Bischof, einen Presbyter, Diakon oder eine andere zum Klerus gehörende Person weiht oder gegen Bezahlung einen Verwalter oder Kirchenbewacher aus Gewinnsucht einstellt. Der Ordinierte soll des durch die Bezahlung erlangten Amtes enthoben werden. Wer als Vermittler in einem solchen Geschäft tätig geworden ist, soll, falls er Kleriker ist, des Amtes enthoben werden; ist der Mönch oder Laie, soll er mit dem Anathem belegt werden.

240. Fowler-Magerl, Fine Distinctions, 149f.

241. Regino von Prüm, Sendhandbuch c. 1.237 (Wasserschleben, Libri duo, 116); eine verbesserte lateinische Fassung sowie eine Übersetzung bietet Hartmann, Sendhandbuch,

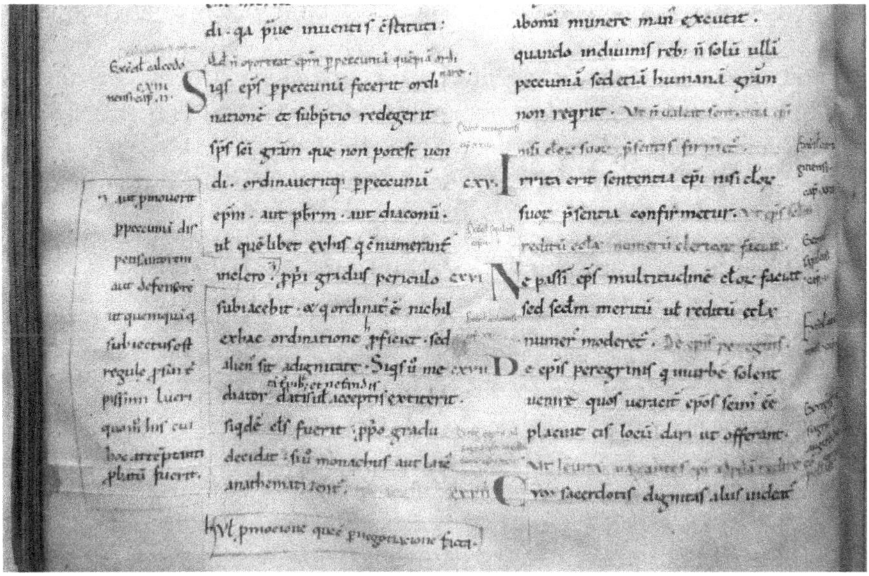

Abb. 4 – Monza, Biblioteca Capitolare, h-5/154 (T.IV.214), fol. 26va: *Decretum Burchardi* in einer späteren Handschrift mit Überarbeitung des Kanons zu Simonie (c. 1.112) *in margine*

hend übereinstimmende Ergänzungen, die die Texthand im Kanon vornahm – die Handschrift wirkt also so, als sei sie nie überarbeitet worden.[242] Ganz anders in dem Manuskript Monza h-5/154: Die Texthand schrieb die gekürzte Burchard'sche Fassung, die eine zweite Hand redigierte, welche der Texthand zwar nicht unähnlich, aber wohl nicht mit dieser identisch ist. Die Intention der überarbeitenden Schreiber war es, in allen drei Manuskripten eine ursprünglichere Fassung des Chalcedon-Kanons herzustellen, doch finden sich die Überarbeitungen an unterschiedlichen Stellen eingefügt, was – zumindest für Monza h-5/154 – auf eine von den anderen Überarbeitungen unabhängige Korrektur schliessen lässt (siehe Abb. 4).[243]

Was ändert sich durch die Verlängerung inhaltlich? Nach der Korrektur ist nicht mehr nur die bezahlte Weihe von Klerikern, also vor

131. Literatur zu Regino weist nach Dusil, Entstehung und Funktion (2012). Zu Regino als *fons formalis* Burchards siehe Hoffmann/Pokorny, Dekret, 176.

242. Vgl. Troyes 1386, fol. 147r; Madrid 391, fol. 15ra-b.

243. Monza h-5/154, fol. 26va. Es bleibt unklar, mit welcher Sammlung die Korrekturen vorgenommen wurden. c. 2 des Konzils von Chalcedon ist u.a. in Bernolds von Konstanz *Apologeticus* überliefert, siehe Libelli Bernaldi presbyteri monachi, ed. Friedrich Thaner, in: MGH LdL 2, 58–88, 65.

allem von Bischöfen, Presbytern und Diakonen verboten, sondern auch die Einstellung gegen Bezahlung von Verwaltern, Kirchenbewachern und anderen, die dem Kirchenrecht (*regula*) unterstehen, unter Strafe gestellt. Die Überlieferung des Kanons c. 1.112 in den drei Handschriften der italienischen Gruppe bildet sich wie folgt ab:

> *Si quis episcopus per pecuniam fecerit ordinationem et sub pretio redegerit spiritus sancti gratiam*[a] *que non potest vendi ordinaveritque per pecuniam episcopum aut presbyterum aut diaconum*[b] *vel*[c] *quemlibet ex his qui connumerantur in clero*[d] *proprii gradus periculo subiacebit*[e] *et qui ordinatus est nihil ex hac ordinatione*[f] *proficiet*[g] *sed alienus sit a*[h] *dignitate*[i]*. Si quis vero mediator*[k] *datis vel acceptis extiterit, si quidem clericus fuerit*[l] *proprio gradu decidat, si vero monachus aut laicus anathematizetur.*
>
> [a] *gratiam sancti spiritus* T [b] *aut procuratorem vel dispensatorem ecclesiae* add. Ma T [c] om. Ma [d] *aut promoverit per pecuniam dispensatorem aut defensorem [a]ut quemquem qui subiectus est regule pro sui turpissimi lucri quo modo his cui hoc attemptanti probatum fuerit* add. in marg. Mo *pro sui turpissimi lucri commodo* add. Ma *pro sui turpissimi lucri quo modo* add. T [e] *subiacebit periculo* T [f] corr. ex *ordicione* T *vel promocione que est per negotiacionem facta* add. in marg. Mo [g] *proficiat* Ma T [h] *ea* Ma [i] *vel sollicitudine quam pecuniis adquisivit* add. Ma T [k] *tam turpibus et nefandis* add. Ma T add. interl. Mo [l] *fuerit clericus* T

Ma	Madrid, BN, 391 (C 7), fol. 15ra-b
Mo	Monza, BC, h-5/154 (T.IV.214), fol. 26va
T	Troyes, Médiathèque de l'Agglomération troyenne, Ms 1386, fol. 147r

Kollationierungsgrundlage: Città del Vaticano, BAV, vat. pal. lat. 585, fol. 62ra-b

Decretum Burchardi c. 1.112

Unter Verzicht auf den quellenkritischen Apparat lassen sich die Änderungen (hier unterstrichen) deutlicher darstellen:

DB c. 1.112 in der Fassung von vat. pal. lat. 585, fol. 62ra/b	**DB c. 1.112 in überarbeiteter Form in den Manuskripten der italienischen Gruppe**
Si quis episcopus per pecuniam fecerit ordinationem	*Si quis episcopus per pecuniam fecerit ordinationem*
et sub pretio redegerit spiritus sancti gratiam	*et sub pretio redegerit spiritus sancti gratiam*

que non potest vendi	*que non potest vendi*	
ordinaueritque per pecuniam episcopum	*ordinaveritque per pecuniam episcopum*	
aut presbyterum aut diaconum	*aut presbyterum aut diaconum*	
	aut procuratorem vel dispensatorem	
	ecclesiae [Ma T]	
vel quemlibet ex his qui connumerantur	*vel quemlibet ex his qui connumerantur*	
in clero	*in clero*	
	aut promoverit	*pro sui turpissimi*
	per pecuniam	*lucri commodo*
	dispensatorem	[Ma]
	aut defensorem	
	aut quemquem	
	qui subiectus est	*pro sui turpissimi*
	regule pro sui	*lucri quo modo* [T]
	turpissimi lucri	
	quo modo his cui	
	hoc attemptanti	
	probatum fuerit	
	[Mo]	
proprii gradus periculo subiacebit	*proprii gradus periculo subiacebit*	
et qui ordinatus est nihil ex hac	*et qui ordinatus est nihil ex hac*	
ordinatione	*ordinatione*	
	vel promocione que est per	
	negotiacionem facta [Mo]	
proficiet	*proficiet*	
sed alienus sit a dignitate.	*sed alienus sit a dignitate*	
	vel sollicitudine quam pecuniis	
	adquisivit [Ma T].	
Si quis vero mediator	*Si quis vero mediator*	
	tam turpibus et nefandis [MA Mo T]	
datis vel acceptis extiterit, si quidem	*datis vel acceptis extiterit, si quidem*	
clericus fuerit proprio gradu decidat,	*clericus fuerit proprio gradu decidat, si*	
si vero monachus aut laicus	*vero monachus aut laicus*	
anathematizetur.	*anathematizetur.*	

Drittens. Über diese massiven Änderungen in c. 1.112 hinaus lassen sich in Troyes 1386 nach c. 1.112 noch drei weitere kleinere Texte gegen die Simonie finden, die u.a. auf das Simonieverbot Nikolaus II. (*Erga symoniacos*) zurückgehen, das dieser in der Lateransynode 1060 verkündet hatte.[244] Diese fehlen jedoch in Madrid und Monza.[245] Madrid 391

244. Troyes 1386, fol. 147r. Fowler-Magerl, Fine Distinctions, 149f.; Fowler-Magerl, Clavis Canonum, Sigle: BW 01.112.02a, BW 01.112.02b, BW 01.112.02c. Es handelt sich um Auszüge aus der Lateransynode 1060 unter Nikolaus II., gedr. MGH Const. 1, ed. Weiland, 550 Zeile 18–20 (*Erga symoniacos – sanctimus*) und 550 Zeile 35 – 551 Zeile 2 (*Si quis – persistat*). Der dritte Text ist unidentifiziert.

245. Madrid 391, fol. 15rb; Monza h-5/154, fol. 26va-b.

weist dafür als einzige Handschriften einen neu eingefügten c. 1.46 auf, der von Bischöfen handelt, die ohne päpstliche Zustimmung abgesetzt wurden.[246] *De restitutis episcopis per romanum pontificem* ist dieser Kanon rubriziert und nimmt den Pseudo-Sixtus II. zugeschriebenen Brief auf, demzufolge zu Unrecht abgesetzte Bischöfe vom Papst restituiert werden können.[247]

Was lässt sich aus diesen Beobachtungen folgern? Diese Modifikationen in den drei Manuskripten der italienischen Gruppe erlauben, auf ein vorrangiges Interesse an Fragen der Simonie zu schliessen.[248] Darauf deuten die Ergänzungen in c. 1.21 wie post c. 1.23 sowie in Troyes 1386 post c. 1.112 hin. Und dass c. 1.112 das Interesse mindestens zwei verschiedener Schreiber geweckt hat, nämlich sowohl des Schreibers der Vorlage von Madrid 391 und Troyes 1386 sowie des Korrektors in Monza h-5/154, unterstreicht diesen Befund. Die korrigierende Hand

246. Madrid 391, fol. 8ra: *De restitutis episcopis per romanum pontificem // Fratres vero quos timore terreno iniuste dampnatis scitote a nobis iuste esse restitutos, quibus ex auctoritate sancti petri auctoritate omnia que eis ablata sunt integerrime reddi precipimus. Si non vultis et vos et principes vestri a collegio nostro et membris ecclesiae imitate aut inevitabili causa sed solius propriae voluntatis habitu sese ad celebrandum concilium non collegerit.* Der Kanon ist in dieser Fassung allerdings kaum verständlich: Anstelle von *imitate – collegerit* wäre ein blosses *separari* zu erwarten gewesen (Ps.-Sixtus II., 2.7 (www.pseudoisidor.mgh.de/html/050.htm, Hinschius, 192 Zeile 26–30)). Der tatsächlich vorhandene Schluss könnte fälschlich aus dem vorhergehenden Kanon (DB c. 1.45) angefügt worden sein, wobei der Zeilensprung bei *infirmitate/imitate* erfolgt wäre.

247. JK † 134/J[3] † 268.

248. Die Beobachtungen anhand der drei Manuskripte lassen sich ohne weitere Handschriftenautopsie und ohne deutliche Verbreiterung der Quellenbasis kaum zu belastbaren stemmatischen Thesen verdichten. Es fällt aber schon bei Untersuchung dieses kleinen Quellencorpus auf, dass alle drei Handschriften der italienischen Gruppe den erweiterte c. 1.21 und die Einfügung post c. 1.23 aufweisen, was vermuten lässt, dass der Archetyp (zumindest dieser drei Handschriften, vielleicht sogar der gesamten italienischen Gruppe) diese Ergänzungen auch schon besass. Im übrigen sind die Handschriften aber unabhängig voneinander überarbeitet worden, wobei Paris 4283/Troyes 1386 und Madrid 391 hinsichtlich c. 1.112 parallel gehen, also vermutlich auf eine gemeinsame Handschrift zurückzuführen sind. Auch im zweiten Buch fallen einige Modifikationen gegenüber der ursprünglichen Dekret-Fassung auf, wie sie in Frankfurt Barth. 50 und den beiden vatikanischen Handschriften vat. pal. lat. 585/586 überliefert ist. So ist zum Beispiel in den Handschriften Madrid 391 und Troyes 1386 ein Kanon verschoben, nämlich c. 2.23 *De rebus vero*, der post c. 2.18 *Illiteratos quoque* und vor c. 2.19 *De his qui ex concubinis* steht (Madrid 391, fol. 32rb-va; Troyes 1386, fol. 164v). Monza h-5/154, fol. 48vb-49ra weist diesen Bindefehler zwar nicht auf, doch steht c. 2.23 nicht unter der eigentlichen Rubrik *De bonis illorum qui a dominis propriis libertate donantur*, sondern fälschlicherweise unter *De filiis concubinarum*. In den Handschriften Madrid 391, fol. 56ra, Monza h-5/154, fol. 84rb sowie Troyes 1386, fol. 188r sind im übrigen c. 3.80 und c. 3.81 vertauscht. Eine engere Verwandschaft von Madrid 391 (fol. 41ra) und Troyes 1386 (fol. 172v) wird im Übrigen durch die gemeinsame Schreibung in c. 2.148 *Nam cum extra* (… *qui se a voluptate uxoria* Mo] Ma T *luxurie necdum frenasse detegitur*) unterstrichen.

in Monza h-5/154 berichtigte zwar auch an anderen Stellen des ersten Buchs vereinzelt Zeilensprünge und verderbte Texte, doch ist c. 1.112 der einzige Kanon, der schon vor der Überarbeitung einen sinnvollen Text bot und dennoch einer Revision unterzogen wurde.[249] Dies verdeutlicht den hohen Stellenwert der Simonie, den diese im ausgehenden 11. und 12. Jahrhundert genoss: Plötzlich musste der Bischof nicht nur bei der Weihe von Bischöfen, Priestern und Diakonen, sondern auch bei der Einstellung von Kirchenverwaltern und -aufsehern Vorsicht walten lassen.

Soweit zu den drei Handschriften der italienischen Gruppe. Zwei weitere der hier untersuchten Handschriften zählen zur zweiten deutschen Gruppe, der sogenannten ‚Konstanzer Ordnung', nämlich die vatikanische Handschrift vat. lat. 3809 und die Münchener Clm 4570. Franz Pelster hatte schon vor mehr als sechzig Jahren auf diese beiden Kopien hingewiesen, die er als eine „Redaktion aus dem Beginn der Gregorianischen Reform" apostrophierte.[250] Das vatikanische Manu-

249. In Monza h-5/154 umfasst der Text des ersten Buchs die fol. 7ra-44vb. Auf diesen Seiten finden sich u.a. folgende Ergänzungen in marg.: fol. 22r b zu c. 1.94 (Beginn des aus Reginos Sendhandbuch c. 2.4 (Wasserschleben, Libri duo, 208) übernommenen Fragekatalogs angemerkt: *Inc[ipiunt] octuag[i]nta octo interrogationes[,] quae in contestu* [*contextu* – zur Verschiebung von *xt* zu *st* insbes. bei den Ableitungen von *texere* siehe Stotz, Handbuch der lateinischen Sprache 3, VII § 282.3 (322)] *secundum ordinem inveniuntur[,] diligentissime interroget*; fol. 26va zu c. 1.112 (Ergänzung wie oben besprochen); fol. 30rb zu c. 1.136 (sinnentstellende Umstellung korrigiert); fol. 35rb zu c. 1.169 (vermeintliche Auslassung ergänzt); fol. 35vb zu c. 1.172 (Auslassung ergänzt (Zeilensprung)); fol. 37ra zu c. 1.180 (Auslassung ergänzt (Zeilensprung)).

250. So der Titel von Pelster, Das Dekret Burkhards von Worms in einer Redaktion aus dem Beginn der Gregorianischen Reform (1947). Zum einem „Decrescendo" mahnte Fuhrmann, Einfluß und Verbreitung 2, 455 („Durch eine These F. Pelsters ist der Vorgang der Burchardrezeption in Italien dramatisiert worden."). Pelster, Dekret in einer Redaktion, 336–339, 343–347 stellte die These auf, dass Humbert von Silva Candida Autor dieser Überarbeitung sei und begründet diese u.a. mit Hilfe der stilistischen Merkmale, die Anton Michel herausgearbeitet haben will. Konsequenterweise musste Pelster dann aber die Sammlung in 74 Titeln, die Anton Michel, Die Sentenzen des Kardinals Humbert (1943) Humbert zugewiesen hatte, später datieren (347–351). Kritisch zu Pelsters Zuweisung äusserten sich Michel, Pseudo-Isidor, 159–161; Fuhrmann, Einfluß und Verbreitung 2, 455–458, 456 („Es spricht nicht viel für Pelsters These.") und Walther Holtzmann, Rez. zu Studi Gregoriani per la storia di Gregorio VII e della riforma Gregoriana raccolta da G.B. Borino, Band 1–3, 1947–1948, in: DA 8, 1951, 552–554, insbes. 553f. Die methodische Basis für die Pelster'sche Zuordnung, nämlich die Sprache Humberts, mit der sich Anton Michel beschäftigt hatte, ist mit zwingenden Argumenten kritisiert worden ist, siehe 38 Anm. 120. Insgesamt erscheint sowohl das Bemühen, Sammlungen einzelnen Autoren zuzuweisen als insbesondere die Auseinandersetzung um Humberts Rolle als Autor von Rechtssammlungen als zutiefst zeitgebunden und verwurzelt in Diskussionen der späten vierziger und fünfziger Jahre des 20. Jahrhunderts, die vor allem um die Person Anton Michels kreisen; hierzu siehe Dusil, Learning from Gaius?, 175f.

skript ist italienischen Ursprungs und stammt wohl aus der zweiten Hälfte des 11. Jahrhunderts;[251] die Münchener Handschrift stammt aus der Bibliothek in Benediktbeuren, vielleicht ursprünglich aus Chur, und sie wurde laut Kolophon am 20. März 1108 beendet.[252]

Welche Änderungen beim Jurisdiktionsprimat und Zölibat zeigen sich in diesen beiden Handschriften? Grundsätzlich bleibt die ursprüngliche Perspektive Burchards erhalten,[253] doch weisen auch diese Handschriften einige Umstellungen, Ergänzungen und Modifikationen auf, die kurz vorzustellen sind.[254]

Erstens. In beiden Manuskripten sind vor der Kapitulation des ersten Buchs einige Textstücke eingetragen.[255] Als erste Ergänzung fügte der Kompilator die Geschichte des ersten Bischofs von Laon, Genebaudus, ein, der gesündigt hatte, aber nach einer Bussleistung wieder eingesetzt

251. vat. lat. 3809: Pelster, Dekret in einer Redaktion (1947), 324 („meines Erachtens noch aus dem 11. Jahrhundert"); 177 Pergamentblätter, mind. drei Hände; sowie Pelster, Dekret in vatikanischen HSS, 135–140 und den ungedruckten Katalog von Stephan Kuttner, Catalogue of Manuscripts in the Vatican Library, Band 3 (sub vat. lat. 3809).

252. München Clm 4570: 245 Pergamentblätter, am 20. März 1108 beendet (fol. 239v: *Anno domini millesimo cviii indictione ii xiii kalendas aprilis completus est liber iste*). Zur Handschrift siehe: Catalogus Codicum Latinorum Bibliothecae Regiae Monacensis I/2, 209; Koeniger, Beiträge (1907); Meyer, Überlieferung und Verbreitung, 158, 164–166; den Churer Ursprung vermutet Holtzmann, Ende des Bischofs Heinrich II. von Chur (1949). Die Handschrift Lambach, Bibliothek des Benediktinerstifts, XVI stellt wohl eine „Vorstufe der genannten Rezension" (Rudolf Weigand) dar, da einige Zusätze (wie die Genebaudus-Legende) fehlen, andere jedoch schon vorhanden sind, siehe detailliert Weigand, Lambacher Handschrift XVI (1990), 28 sowie 33: „In der Lambacher Handschrift stehen nicht wenige Notazeichen zu den Stellen, die den Vorrang des Papstes betonen, so daß daraus auf einen Benutzer geschlossen werden kann, der während des Investiturstreits auf der päpstlichen Seite stand."

253. Auch die Veränderungen in den beiden folgenden Artikeln vermögen nicht, den Eindruck der Textstabilität zu erschüttern: Es findet sich in München 4570, fol. 6r die Ergänzung: *Ut prime sedis episcopus non appelletur princeps sacerdotum aut summus sacerdos*] M add. *vel pontifex aut aliquid huiusmodi sed tantum prime sedis episcopus*. Vat. lat. 3809, fol. 5va weist diese Änderung nicht auf. Zudem referiert der Schreiber von München 4570 in c. 1.149 nicht nur auf die Festsetzungen alter Konzilien, sondern grundsätzlicher auch auf die der Canones (München 4570, fol. 23r ad c. 1.149: *secundum statuta veterorum conciliorum*] M *secundum statuta canonum vel veterorum conciliorum*).

254. Allerdings sind diese Modifikationen nicht mit denjenigen der italienischen Gruppe identisch. Es finden sich in vat. lat. 3809 und München 4570 weder die Ergänzungen in c. 1.21 oder post c. 1.23 (München 4570, fol. 8r; vat. lat. 3809, fol. 7r), noch in c. 1.112 oder post c. 1.112 (München 4570, fol. 19r; vat. lat. 3809, fol. 16r), noch steht c. 2.23 post c. 2.18 (München 4570, fol. 38v/39r; vat. lat. 3809, fol. 32v), noch sind c. 3.80 und c. 3.81 (München 4570, fol. 64v; vat. lat. 3809, fol. 53rb) vertauscht.

255. Zu den Nachträgen am Ende der anderen Bücher siehe Pelster, Dekret in einer Redaktion, 325–332; diese sind hier von geringerer Bedeutung.

wurde.[256] Angefügt sind weiter die auch in Pseudoisidor überlieferten *Epistola Aurelii Cartaginensis archiepiscopi ad Damasum papam* und die Antwort des Papstes Damasius, in welcher er der Bitte Aurelius' um Übersendung von Dekretalen nachkam und deren Beachtung anmahnte. In dem Schreiben, so hebt die Rubrik hervor, habe Damasius darauf gedrungen, *ut norma sanctorum canonum, qui sunt spiritu Dei conditi, ab omnibus sciatur et diligenter tractetur.*[257]

Zweitens. Das erste Buch Burchards wurde mit drei Kanones verlängert, das zweite Buch mit einem zusätzlichen Kanon. Welche Gedanken beinhalten diese neuen Texte? Der erste der drei im Buch 1 angefügten Kanones sieht das regelmässige Abhalten von Konzilien vor; der zweite wie dritte behandeln Fragen der Simonie, u.a. sollten durch Simonie in ihr Amt Gekommene entfernt, von Simonisten ohne Geldzahlungen Geweihte aber gnadenhalber im Amt gelassen werden.[258] Dem zweiten Buch ist ein Kanon des vierten Konzils von Toledo angefügt, der die Zulassungsvoraussetzungen zum Priesterstand zusammenfasst und festsetzt, dass Kandidaten nicht nur ein würdiges Leben führen und mindestens dreissig Jahre alt sein müssen, sondern auch in einer

256. vat. lat. 3809, fol. 2ra-vb; München 4570, fol. 1v-2v): *De lapsu et penitentia Genebaudi episcopi* (MGH SS rer. Merov. 3, 300 Zeile 32 – 304 Zeile 5).

257. vat. lat. 3809, fol. 2vb; München 4570, fol. 2v-3r: *Rescriptum beati pape Damasi Aurelio archiepiscopo directum, in quo et monet, ut norma sanctorum canonum, qui sunt spiritu Dei conditi, ab omnibus sciatur et diligenter tractetur*. Pelster, Dekret in einer Redaktion, 326 liest *editi* anstelle von *conditi*. Der Text findet sich bei Pseudoisidor unter www.pseudoisidor.mgh.de/html/002.htm und www.pseudoisidor.mgh.de/html/003.htm; Hinschius, 20–21. Die Pseudoisidor-Handschrift Pistoia, Bibl. Cap. Fabr. 102 überliefert genau diese Rubrik/Überschrift (siehe www.pseudoisidor.mgh.de/html/003.htm Fn. 2).

258. vat. lat. 3809, fol. 28rb-29va; München 4570, fol. 33v: c. 1.235 (neu): *Ut in anno bis concilia celebrentur*, der Kanon ist einem Konzil von Toledo (c. 105) zugeschrieben, aber in Vives, Concilios visigóticos (1963) nicht zu finden; siehe zu diesem Kanon auch Koeniger, Beiträge, 394–396 (mit Transkription aus München 4570); vat. lat. 3809, fol. 28va-b; München 4570, fol. 33v-34r: c. 1.236 (neu): *De symoniacis vel de electione pape // Domnus papa Nycolaus – intronizatus sit* (MGH, ed. Weiland, 549–551, Nr. 386, Laterankonzil April 1060 von Nicolaus II., hier: 550 Zeile 17 – 551 Zeile 14); vat. lat. 3809, fol. 28vb-29rb, c. 1.237 (neu): *Item de symoniacis // Fraterne mortis – saeculo remittatur* (Widonis Monachi Epistola ad Heribertum Archiepiscopum, ed. Friedrich Thaner, in: MGH LdL 1, 1–7, hier: 5 Zeile 2 – 7 Zeile 15). In dem überlieferten Beschluss der Synode 1060 heisst es: *Erga symoniacos nullam misericordiam in dignitate servanda habendam esse decernimus, sed iuxta canonum sanctiones et decreta sanctorum patrum eos omnino damnamus ac deponendos esse apostolica auctoritate sancimus.* (MGH Const. 1, ed. Weiland, 550 Zeile 18–20) bzw. [...] *eos, qui usque modo gratis sunt a symoniacis consecrati, non tam censura iusticiae, quam intuitu misericordiae in acceptis ordinibus manere permittimus, nisi forte alia culpa ex vita eorum contra canones eis existat* (MGH Const. 1, ed. Weiland, 550 Zeile 25–28).

bestimmten Eheform leben sollen. Diejenigen nämlich seien nicht zuzulassen, *qui secunde uxoris coniunctionem sortiti sunt, qui viduam vel a marito relictam duxerunt aut corruptarum mariti fuerunt, qui concubinas fornicatiores habuerunt.*[259] Diese Beschreibung entspricht zwar den Anforderungen an das Sexualleben der Priester, die im ersten Jahrtausend formuliert wurden, doch reflektiert dieser Kanon die neuen Ansprüche Nikolaus' II. und Gregors VII. nicht.[260]

Drittens. Über die vor- wie nachgeschalteten Kanones hinaus ist ein neu gestaltetes *Argumentum libri* der einzelnen Bücher beachtenswert. Der Kompilator hat hier eine Zusammenfassung der einzelnen Bücher geschaffen, die sich teils eng an Burchards Version anlehnt, teils – wie bei Buch 1 und 2 – eigenständig ist.[261] Burchards *argumentum* des ersten und zweiten Buchs lautet nach der Teiledition durch Fransen/Kölzer im Nachdruck der *Editio princeps*[262]:

> *Primus liber continet de potestate et primatu apostolicę sedis, patriarcharum cęterorumque primatuum metropolitanorum, et de synodo celebranda, et vocatione ad synodum, de accusatis et accusatoribus et testibus, de expoliatis iniuste, de iudicibus ac de omni honore competenti ac dignitate, et diverso negotio et ministerio episcoporum.*
>
> *Secundus liber continet de congruenti dignitate et diversa institutione ac nutrimento vel qualitate vitę et diverso negotio et ministerio presbyterorum et diaconorum seu reliquorum ordinum aecclesiasticorum.*

Die neue Zusammenfassung in vat. lat. 3809, fol. 1va und München Clm 4570, fol. 1r lautet:[263]

> *Primus liber continet de primatu sedis apostolicae, de electione et ordinatione episcoporum, de ordinatis et non receptis, de parrochiis ac rebus ecclesiasticis per xxx*[a] *annos possessis, de synodis celebrandis,*

259. München 4570, fol. 55r; vat. lat. 3809, fol. 45vb-46ra: c. 2.240 (neu): *Perniciosa consuetudo – in sacerdotio eliguntur*. Der Kanon entstammt dem vierten Konzil von Toledo, cap. 18, überliefert unter anderem bei Pseudoisidor (www.pseudoisidor.mgh.de/html/108 .htm, Hinschius, 367f.).

260. Siehe 54, 56f.

261. Siehe zum neuen Vorwort Pelster, Dekret in einer Redaktion, 342f. Die ältere Burchard'sche Zusammenfassung ist aber nicht völlig verschwunden, da in München 4570 wie vat. lat. 3809 das Vorwort mit der Zusammenfassung zwar fehlt, aber das alte Burchard'sche *Argumentum libri* vor den einzelnen Bücher wieder überliefert ist (vgl. München 4570, fol. 5v bzw. fol. 37v; vat. lat. 3809, fol. 3rb bzw. fol. 29va.

262. Fransen/Kölzer, Buchard von Worms (Nachdruck), 46a.

263. Die italienischen Handschriften überliefern ein an dieser Stelle unverändertes Vorwort, vgl. Paris 4283, fol. 1v; Monza h-5/154, fol. 1v; Madrid 391, fol. 1r ist zu Beginn der

de synodalibus iuramentis et interrogationibus, de non presumendis inlicitis ordinationibus, de excommunicatis iniuste, que sint infames persone, de induciis criminatorum, de hereditatibus ordinatorum.

Secundus liber continent de ordinatione presbiterorum et reliquorum ordinum, quales ad sacrum ministerium[b] *provehantur, ut peculiares missę per dies solemnes in publico non fiant, de doctrina et officio parrochialium, de communibus vel privatis orationibus, qui dies feriandi sint per annum et de observatione diei dominici, de habitaculis et negociis presbiterorum, de intemperate viventibus, de criminatis vel criminatoribus, exemplar formatę epistolae, quibus ex causis abiciantur presbiteri*[c].

[a] *xxxta* M [b] *ministerium sacrum* M [c] om. M

M München, Bayerische Staatsbibliothek, Clm 4570

Kollationierungsgrundlage ist Città del Vaticano, BAV, vat. lat. 3809 [Vd]

Das *argumentum libri* zu Buch 1 und Buch 2

Was lässt sich aus den Änderungen der *argumenta librorum* ableiten? Während Burchard in seinem Prolog zum ersten Buch den Primat und die Gewalt sowohl des apostolischen Stuhls als auch der Patriarchen und Metropoliten erwähnte und dann zu den Synoden überging, hob der unbekannte Kompilator den Primat und die Herrschaftsgewalt des römischen Stuhls hervor und schritt unter Auslassung der Metropoliten und Patriarchen sofort zu Kanones zur Wahl und Weihe von Bischöfen. Aus dem gesamten prozessualen Verfahren, das Burchard mit Angeklagten, Anklägern, Zeugen, zu Unrecht Vertriebenen und Richtern umriss, griff der Kompilator nur die Frage heraus, wer infam und deswegen von der Anklage ausgeschlossen sei, und er betonte, dass Friedenszeiten (*induciae*) zu gewähren seien. Burchard fasste also den Gedankengang seines ersten Buches zwar mit allgemeinen Begriffen, aber doch recht zutreffend zusammen, während im neuen *argumentum libri* nur der ein oder andere Aspekt herausgegriffen wurde.[264] Für die Frage nach dem Jurisdiktionsprimat ist jedenfalls bedeutsam, dass in dem neuen *argumentum libri* zwar der Primat des römischen Bischofs unter

Handschrift unvollständig und beginnt erst mit dem Ende des Vorworts (*[perpe]tue vite*..., vgl. Fransen/Kölzer, Burchard von Worms (Nachdruck), 48 Zeile 10).

264. Insofern ist es zumindest für die *Capitulatio* zu Liber 1 nicht ganz zutreffend, wenn Fuhrmann, Einfluß und Verbreitung 2, 457 zu dieser Überarbeitung bemerkte: „Eher wird man von einer systematischeren Erschließung des Rechtsstoffes mitsamt einer präziseren Capitulatio sprechen dürfen."

Übergehung der intermediären Gewalten hervorgehoben, der Jurisdiktionsprimat jedoch nicht besonders betont wird. Überhaupt fehlen prozessuale Aspekte in dieser Zusammenfassung weitgehend. Insoweit können wir eine prinzipiell veränderte Sicht auf das erste Buch mit der Betonung des Primats des Heiligen Stuhls konstatieren, aber gerade keine Umreissung der primatialen Rechte des Papstes feststellen. In vergleichbarer Weise ist auch das neue *argumentum* zum zweiten Buch gestaltet. Während Burchard in sehr allgemeinen Worten den Inhalt grob zusammenfasste, ermöglicht die neue Inhaltszusammenfassung einen viel detailreicheren Überblick über den Inhalt des zweiten Buches. Aber auch hier gilt: Der Überarbeitende stellte das Zölibatsgebot nicht explizit heraus.

Was bedeuten diese Beobachtungen an den fünf Burchard-Handschriften nun für die Rezeption des Burchard'schen Wissens zu Jurisdiktionsprimat und Zölibat im ausgehenden 11. und 12. Jahrhundert? – Für alle fünf Handschriften wurde eine besondere gregorianische Ausrichtung behauptet: Pelster behauptete den Fund einer eigenständigen „Redaktion aus dem Beginn der Gregorianischen Reform", während Fransen den „Burchard grégorien" entdeckt haben wollte.[265] In der Tat weisen die Ergänzungen in allen Handschriften auf ein besonderes Interesse der Schreiber resp. Überarbeiter an ‚gregorianischen' Themen hin, vorrangig allerdings der Simonie. Dies zeigen sowohl die Texteingriffe in den Manuskripten der italienischen Gruppe als auch die Additionen in vat. lat. 3809 und München 4570. Die verschiedenen Schreiber, die die Manuskripte überarbeitet haben, griffen bei ihrem Bemühen, die Simonie zurückzudrängen, sogar zu demselben Text: Der in Troyes 1386 überlieferte Kanon *Erga simoniacos* ist dem Beschluss der Lateransynode entnommen, die im April 1060 unter Papst Nikolaus II. zusammenkam, und der vollständig in den beiden Überarbeitungen der ‚Konstanzer Ordnung' überliefert ist.[266] Wenn man die Aufnahme des Simonieverbots für ‚reformerisch' oder ‚gregorianisch' hält, mag man diese Handschriften mit einem entsprechenden Label versehen. Doch zeigt sich an dieser Stelle auch deutlich die Spannbreite der Umgangsformen mit Simonie: Sieht der in Troyes 1386 überlieferte Auszug aus dem Laterankonzil von 1060 die Entfernung von Simonisten

265. Pelster, Das Dekret Burkhards von Worms in einer Redaktion aus dem Beginn der Gregorianischen Reform (1947); „Burchard grégorien" nach Fowler-Magerl, Fine Distinctions, 149 insbes. Fn. 18; Fransen, Le Décret de Burchard, in: Fransen/Kölzer, Burchard von Worms (Nachdruck), 38: „recension grégorienne".

266. Siehe 257 Anm. 258.

vor und fordert der Beschluss des in den italienischen Manuskripten überlieferten Konzils von Chalcedon die radikale Entfernung von Simonisten wie der von ihnen Geweihten, so nimmt die Langfassung der in den beiden Handschriften der ‚Konstanzer Ordnung' überlieferten Lateransynode von 1060 einen konzilianteren Standpunkt ein: Der von einem Simonisten ohne Geld (*non per pecuniam sed gratis*) Geweihte darf, ein untadeliges Leben im Übrigen vorausgesetzt, im Amt verbleiben.[267]

Beleuchtet man diesen Befund aus der Perspektive des Jurisdiktionsprimats und Zölibats, so kann man konstatieren, dass sich gegenüber der Ursprungsfassung des Dekrets aus dem ersten Viertel des 11. Jahrhunderts keine wesentlichen Änderungen beobachten lassen. Vielmehr lässt sich von einer Text- und Überlieferungsstabilität sprechen: Der von Burchard nur skizzenhaft umrissene Jurisdiktionsprimat wurde weder um päpstliche Immunität noch um administrative Eingriffsrechte ergänzt; die primatialen Aspekte blieben so rudimentär wie Burchard sie hinterlassen hat. Weder verschärften sich die zölibatären Anforderungen an die Majoristen noch wurden die Gläubigen in den Kampf um die Priesterehe einbezogen – der Beschluss des Konzils von Gangra, der ja gerade zum Besuch der Messen verheirateter Priester aufforderte, ist in den jüngeren Burchard-Handschriften unverändert tradiert. Insofern lässt diese Text- und Überlieferungsstabilität auch auf eine Stabilität des Wissens zu Jurisdiktionsprimat und Zölibat schliessen, der die Modifikation des Wissens über Simonie gegenübersteht.

Die Annahme einer solchen Konstanz des Wissens, ja vielleicht sogar eines relativen Desinteresses an primatialen und zölibatären Fragen legen auch die seltenen Marginalien der Leser nahe. Die wenigen Randbemerkungen, also Nota-Zeichen, überdimensionierte Finger oder Striche *in margine*, die diese fünf Handschriften aufweisen, deuten gerade nicht auf ein überhaupt vorhandenes grösseres Interesse an Fragen des Primats oder Zölibats hin.[268] Nur eine einzige Hand, die ein Leser Burchards hinterlassen hat, weist auf den Konzilsbeschluss von Gangra hin und lässt auf ein Aufmerken schliessen; wann diese Hand

267. Die Ergänzungen in der Handschrift Troyes 1386, fol. 147r lassen den Mittelteil des Synodalbeschlusses (MGH Const. 1, ed. Weiland, 550 Zeile 21–34) aus.

268. Die Handschriften sind insgesamt wenig glossiert; in den Handschriften Frankfurt Barth. 50, vat. lat. 585/586, Madrid 391, Monza h-5/154 sind keine oder nur wenige Lesespuren zu entdecken.

hinzugefügt wurde, ist schwer abzuschätzen.[269] Wenn überhaupt ein Thema die Aufmerksamkeit der Leser der Handschriften München 4570 und vat. lat. 3809 fand, dann das Prozessrecht.[270] Einzig im Manuskript Troyes 1386 wird man auch zum Primat fündig: Ein neugieriger Leser malte einen Finger zur Gleichheit der Apostel in c. 1.159 und notierte darunter: *patet supra in principio* und verwies somit auf den Beginn der Sammlung, nämlich c. 1.2. Allerdings stammt diese Hand nicht von einem Schreiber der Reformzeit, sondern aus dem 14. oder 15. Jahrhundert.[271]

Bringt man nun das Interesse der Leser mit den Überarbeitungen der Sammlungen in Verbindung, so deuten diese Beobachtungen auf denselben Befund hin, nämlich darauf, dass Jurisdiktionsprimat wie Zölibat gegenüber prozessualen Fragen oder Fragen der Simonie nicht sonderlich betont sind. Sie scheinen also keinen besonders herausgehobenen Stellenwert besessen zu haben. Wenn die Forschung die Diskussionen, ja, den Kampf um päpstlichen Primat und klerikalen Zölibat als für die gregorianische Zeit prägend einstufte,[272] so mahnen die wenigen untersuchten Kanonessammlungen doch eine differenziertere Betrachtung an, denn ein inhaltlicher Wandel des Dekrets Burchards lässt sich zwar bei der Simonie, nicht aber bei Jurisdiktionsprimat und Zölibat nachweisen. Vielmehr wird das Wissen Burchards über Jurisdiktions-

269. München 4570, fol. 74v ad c. 3.207. Zu bemerken ist ferner, dass die Handschrift den Kanon mit einer leichten Sinnänderung überliefert, nämlich *qui uxores habet* anstelle von *qui uxorem habuit*. Mit dem Präsens ist vielleicht auch die besondere Aufmerksamkeit erklärt, die dieser Kanon erregte.

270. Randbemerkungen in München 4570 zum Beispiel: fol. 22v ad c.1.144 mit zwei Nota-Zeichen; fol. 23v ad c. 1.151; fol. 25v ad c. 1.169; fol. 25v ad c. 1.171; fol. 26r ad c. 1.173 mit zwei Nota-Zeichen; fol. 28r ad c. 1.183, und öfters. Randzeichen in vat. lat. 3809 finden sich: fol. 19va ad c. 1.144; fol. 20ra ad c. 1.151; fol. 20rb ad c. 1.153; fol. 21va ad c. 1.162; fol. 21vb ad c. 1.169; fol. 22ra ad c. 1.170; fol. 22rb ad c. 1.174. Ohne Nota-Zeichen o.ä. verbleiben die zentralen cc. 2.108–2.217 (München 4570, fol. 46r-v; vat. lat. 3809, fol. 28vb-39ra), c. 3.75 (München 4570, fol. 64r; vat. lat. 3809, fol. 53ra), c. 3.207 (vat. lat. 3809, fol. 59v); zum Nota-Zeichen ad c. 3.207 in München 4570 siehe 262 Anm. 269 sowie das Konzil von Gangra in Buch 19 (München 4570, fol. 190v; vat. lat. 3809, fol. 147ra). Auch der in diesen beiden Handschriften neue Artikel c. 2.240 ist mit einem Nota-Zeichen versehen (nur vat. lat. 3809, fol. 46ra), allerdings findet sich dieses nicht an dem Teil des Satzes, der die Anforderungen an den ehelichen Lebenswandel konstituiert, sondern an der die Aufzählung einleitenden Passage. Ob die Folgerung auf eine römische Heimat des Annotators, die Pelster, Dekret in vatikanischen HSS, 138f., u.a. aus den Nota-Zeichen zieht, richtig ist, scheint doch eher fraglich.

271. Troyes 1386, fol. 152r ad c. 1.159 zu *Nam et inter beatos apostolos quędam fuit discretio. Et, licet omnes essent apostoli* ist unter einem Finger notiert *patet supra in principio*.

272. Siehe 295 Anm. 378.

primat und Zölibat unverändert in das 12. Jahrhundert transportiert der Sturm der gregorianischen Reform scheint über den grösseren Teil des *Decretum Burchardi* hinweggefegt zu sein.

β) Die Collectio 74 Titulorum

Die Sammlung in 74 Titeln hat bei weitem nicht die Verbreitung erfahren, die Burchards Dekret genoss. Von dieser Sammlung sind nur gut 20 Manuskripte bekannt, von denen die Edition John Gilchrists 18 umfasst; einige unvollständige Manuskripte und Exzerpt-Sammlungen hat er ausser Acht gelassen[273] und andere Manuskripte – wie Berlin, Staatsbibliothek Preußischer Kulturbesitz, theol. lat. fol. 281[274] oder Città del Vaticano, BAV, reg. lat. 818[275] – waren ihm wohl unbekannt geblieben. Die ursprüngliche Sammlung in 74 Titeln vermittelte ein recht ausgeprägtes Primatsbild vor allem in den ersten beiden Titeln und

273. Die Liste mit den berücksichtigten Manuskripten befindet sich in: Gilchrist, Diuersorum Patrum Sententie, xxxii–lx, eine Liste mit „Fragments and Excerpts" auf lx–lxii. Nicht näher berücksichtigt hat er beispielsweise Vatikan, vat. lat. 4977, das auf fol. 6v-23v ein Fragment der Sammlung in 74 Titeln enthält; überliefert sind cc. 1–27, 29–129 (endend mit *videat quod imitetur*), c. 28 fehlt (Fowler-Magerl, Clavis Canonum, XA001–XA128). Nach Gilchrist, Diuersorum Patrum Sententie, lxi: Liège-Gruppe. Der zweite Teil des Manuskripts (Fowler-Magerl, Clavis Canonum, XB001–XB424) enthält eine davon unabhängige Sammlung. Zum Verhältnis beider Sammlungen: Fournier/Le Bras, Histoire 2, 125–127, 125 („deux recueils canoniques d'écritures différentes, rapprochés par le hasard de la reliure"), dagegen Gilchrist, Diuersorum Patrum Sententie, lxi und Kuttner, Some Roman Manuscripts, 7; korrigierend wieder Fowler-Magerl, Clavis Canonum, 204. Weitere Literatur: Fournier, Le premier manuel, 554; Fournier, Un groupe de recueils canoniques italiens, 324–326; Gossman, Urban II, 16–18; Reynolds, Transmission of the Hibernensis, 31f. Das Fragment Stuttgart, Württembergische Landesbibliothek, Cod. Frag. 41 enthält Reste von drei Lagen (cc. 1–129, einige Zeilen fehlen). Autenrieth, Domschule, 105: Schrift „konstanzisch", zweite Hälfte des 11. Jahrhunderts. Weitere Literatur: Autenrieth, Bernold von Konstanz und die erweiterte 74-Titel-Sammlung, 387; Autenrieth, Domschule, 105f. und Gilchrist, Diuersorum Patrum Sententie, lxi.

274. Berlin, Staatsbibliothek Preußischer Kulturbesitz, theol. lat. fol. 281, vermutlich 12. Jahrhundert, stammt wohl aus Prüm und enthält cc. 1–315 der Sammlung in 74 Titeln mit Ausnahme von c. 259. Das Manuskript gehört zur „zweiten Cassino-Gruppe" und steht Namur, Musée Archéologique 5 nahe. Zum Manuskript: Rose, Handschriften, Nr. 322, 107–112; Fingernagel, Illuminierte lateinische Handschriften 1, 76f.; Kéry, Canonical Collections, 206; Fowler-Magerl, Clavis Canonum, 116 (für ihre Aussage, dass theol. lat. fol. 281. Exzerpte aus der schwäbischen Version enthält, finden sich allerdings keine Belege); Knaus, Rheinische Handschriften in Berlin, 271f.; Mordek, Kirchenrecht und Reform im Frankenreich, 7 Fn. 18; Horst Fuhrmann, Rez. zu Gilchrist, Diuersorum Patrum Sententie, in: DA 31, 1975, 249–251, 250 und Gilchrist, Collection in Seventy-Four Titles, 30 Fn. 45 (zur Verortung im Stemma).

275. Die Handschrift Città del Vaticano, Biblioteca Apostolica Vaticana, reg. lat. 818 stammt aus dem 16. Jahrhundert (1536?) und ist womöglich eine Kopie von Città del Vaticano, Biblioteca Apostolica Vaticana, vat. lat. 4160; siehe Kéry, Canonical Collections, 206.

sprach prozessuale Aspekte in den Titeln 7 und 9 an. Die Beachtung römischer Dekrete schärfte sie anschliessend im Titel 23 ein. Die Weihevoraussetzungen regelte die Sammlung im 16. Titel, den eigentlichen Enthaltsamkeitszölibat im 21. Titel. Was sagt nun die Edition Gilchrists und das Studium der Manuskripte über Perspektivwechsel und Wissenswandel im Laufe der Überlieferung der Sammlung in 74 Titeln aus?

αα) Konstanz und Wandel

Zunächst zum Textbestand des Jurisdiktionsprimats. Der grösste Teil der Manuskripte, dies zeigt die Edition Gilchrists, überliefert den Jurisdiktionsprimat (Titel 1, 2, 7, 9, 23) unverändert und ohne Auslassungen, Ergänzungen oder Umstellungen der Kanonesreihenfolge.[276] Kleinere Modifikationen finden sich jedoch in einigen Manuskripten. Der Kanon *Nemo iudicabit* (c. 8) ist beispielsweise in der Handschrift Stuttgart, Württembergische Landesbibliothek, HB.VI.107 nicht überliefert – vermutlich handelt es sich um Schreiberversehen und nicht um ein inhaltliches Statement, da das die päpstliche Immunität ebenfalls konstituierende c. 11 überliefert ist.[277] In der Münchener Handschrift Clm 9515 ist eben dieser Kanon *Nemo iudicabit* überarbeitet, indem die in der Sammlung in 74 Titeln übliche Kurzfassung durch eine längere ersetzt wurde.[278] Die einzige Handschrift mit grösseren Änderungen ist

276. Nach der Edition von Gilchrist, Diuersorum Patrum Sententie, xxxii–lx verbleiben unverändert: Brüssel, Bibliothèque Royale, Ms 9706-25; Monte Cassino, Archivio della Badia, Ms 522; Engelberg, Stiftsbibliothek, 52; Florenz, Biblioteca Laurenziana, Pluteus 16 cod. 15; St. Gallen, Stiftsbibliothek, Ms 676; El Escorial, Real Biblioteca de San Lorenzo, L.III.19; El Escorial, Real Biblioteca de San Lorenzo, Z.III.19; Namur, Musée Archéologique, Ms 5; Rom, Biblioteca Vallicelliana, F. 54; Città del Vaticano, BAV, vat. lat. 4160; Wien, Österreichische Nationalbibliothek, lat. 2206 (c. 181 und c. 182 vertauscht); Wolfenbüttel, Herzog-August-Bibliothek, Ms 9.4. August 4°; New Haven, Yale University Law Library, Ms 31. Hinzuzufügen ist das Manuskript Berlin theol. lat. fol. 281 und die beiden Fragmente Città del Vaticano, BAV, vat. lat. 4799 und Stuttgart, Württembergische Landesbibliothek, Cod. Frag. 41. Die Handschrift Florenz, Biblioteca Laurenziana, Conventi soppr. 91 wiederum ersetzt c. 1 mit einem Auszug aus einem Pseudo-Clemens-Brief, siehe Gilchrist, Diuersorum Patrum Sententie, 19.

277. Gilchrist, Diuersorum Patrum Sententie, 23.

278. München, Staatsbibliothek, Clm 9515, fol. 2r, c. 8: *Silvester papa in generali synodo presidens dicit / Nemo iudicabit primam sedem quia omnis sedes a prima sede iusticiam temperare debet. Enim ab augusto neque ab omni clero neque a regibus neque a populo iudex iudicabitur*. Diese längere Version findet sich auch in der Exzerpt-Sammlung München, Staatsbibliothek, Clm 22289, fol. 191v: *Silvester papa in generali synodo residens diem* [sic] // *Nemo iudicabit primam sedem quia omnis sedes a prima sede iustitiam temperari desiderat. Neque enim ab augusto neque ab omni clero neque a regibus neque a populo iudex iudicabitur.* Der Schreiber bzw. die Schreiber versuchten offensichtlich einen sinnvollen Text zu erstellen: *temperare* (wie in der Liège- oder der schwäbischen Gruppe) ist noch

die Kopie in dem Manuskript Rom, Biblioteca Casanatense, 2010, in der mehrere Kanones hinzugefügt wurden, von denen der eine Kanon (ante c. 8) die Vorrangstellung des Bischofs von Rom und dessen Recht zur Streitschlichtung betont, wohingegen der zweite Kanon (ante c. 9), der schon aus Burchards Dekret bekannt ist (dort c. 1.3), die Regel aufstellt, dass der Bischof von Rom nicht *princeps sacerdotum* oder *summus sacerdos*, sondern *prime sedis episcopus* zu nennen sei.[279]

Dieser Eindruck der grundsätzlichen Textkonstanz, der sich bei der Lektüre des Jurisdiktionsprimats verfestigt, lässt sich – jedenfalls mit Abstrichen – auch bei der Untersuchung des Zölibats bestätigen. So ist der 21. Titel, der die Enthaltsamkeit nach der Weihe fordert, unverändert; allein der 16. Titel, der die Weihevoraussetzungen normiert, wurde einer kleineren Revision unterzogen. Dies gilt jedenfalls für einige Manuskripte der schwäbischen Version, die im 16. Titel neue Kapitel aufweisen. Eine erstes Kapitel ist einem Ausschnitt aus dem zweiten Brief des Papstes Innozenz I. an Victricius nachgebildet, dem auch c. 144 entnommen war.[280] Der Kanon betrifft die Zulassung zum Klerikerstand und lautet:[281]

schwieriger zu übersetzen als die passive Form *temperari*. Gilchrist, The Collection in Seventy-Four Titles, 75 übersetzt diesen Kanon recht frei: „No one shall judge the first see seeking that justice be done. Neither by the emperor, nor by any of the clergy, nor by kings, nor by the people shall the judge be judged." Die zwei Versionen sind gedruckt bei Mansi 2, Sp. 631f. Weitere Literatur: Gilchrist, The Collection in Seventy-Four Titles, xcvii–xcviii; Kuttner, Cardinalis, 203–214; Wirbelauer, Zwei Päpste, 246, 315.

279. Rom, Biblioteca Casanatense, Ms. 2010, fol. 11r: ante c. 8: *Ex decretis meltiadi papae hispanie episcopo tradita // Miltiades apostolice sedis episcopus omnibus episcopis hispanie partibus // Atque hoc privilegium dominus beato clavigero petro sua vice solummodo conmisit. Quod eius iuste perogativum successit sedi futuris hereditandum atque tenendum temporibus quoniam et inter beatissimos apostolos fuit quedam discretio potestatis. Et licet* [fol.11v] *cunctorum par electio foret beato tamen petro concessum est, ut aliis premineret et eorumque ad querelam venirent causas et interrogationes prudenter disponeret. Quod dei ordinatione taliter ordinatum esse credimus ne omnes pestiferi eorum cuncta sibi vendicarent. Sed semper cause maiores sicut sunt episcoporum et potiorum cure negotiorum ad unam beati petri principis apostolorum sedem confluerent ut inde suscipiant finem iudiciorum unde aceperunt initium constitutionem ne quandoque a suo discreparent capite.* (Pseudo-Miltiades, ep. .3; www.pseudoisidor.mgh.de/html/066.htm, Hinschius, 243 Zeile 24–34; JK † 171/J³ † 355); fol. 11v: ante c. 9: *Ex decretis meltiadi papae x / Ut prime sedis episcopus non appelletur princeps sacerdotum aut summus sacerdos aut aliquid huiusmodi sed tantum prime sedis episcopus*. (Concilium Carthaginense III., c. XXVI (Bruns, Canones apostolorum et conciliorum saeculorum 1, 127); überliefert u.a. bei Pseudoisidor www.pseudoisidor.mgh .de/html/083.htm). Die neue Ordnung ist: cc. 1–7, ante c. 8, c. 8, ante c. 9, cc. 9–24. Weitere Ergänzungen in anderen Titeln weist Gilchrist, Diuersorum Patrum Sententie, xliv–xlvi nach.

280. Innozenz I. an Victricius von Rouen, 404 Februar 15, ep. 2.10, JK 286/J³ 665; gedr.: Coustant, Sp. 754A.

281. Das *capitulum* lautet bei Coustant, Sp. 754A: ... *aut si corruptus, postea baptizatus,*

Innocentius k. xvii / Si quis vel ante baptismum corruptus fuerit uxorem deinceps ducere[a] non poterit. Si clericus fieri voluerit, quia nec benedici [b]potest cum sponsa[b] iam ante corruptus.

[a]*querere* Vl [b]*cum sponsa potest* Vl

E Engelberg 52, fol. 24vb-25ra: ante c. 143
S Stuttgart HB.VI.107, fol. 23r: ante c. 146
Vl Città del Vaticano, vat. lat. 4160, fol. 28r: ante c. 144.

Kollationierungsgrundlage: ES

c. 144 der Sammlung in 74 Titeln in einigen Handschriften der schwäbischen Version

Ein zweites Kapitel entstammt dem bekannten Brief Gregors des Grossen an den Subdiakon Petrus, in dem dieser einen konzilianteren Umgang mit verheirateten Klerikern anstrebte und auf die Freiwilligkeit der Übernahme der Zölibatsverpflichtung abstellte.[282] Dieser Kanon ist allerdings nur in der Handschrift vat. lat. 4160 nachgetragen. Er weist im Gegensatz zum Original die Besonderheit auf, dass nicht der Zugang zum Subdiakonat, sondern zum Diakonat im Raum steht.[283] Berücksichtigt man jedoch, dass diese Ergänzungen nur drei Handschriften betreffen, so lässt sich auch bei den Weihevoraussetzungen eher von einer Konstanz des Wissens als vom Wandel sprechen. Nach diesem Streifzug durch die spätere Überlieferung der Sammlung in 74 Titeln kann man festhalten, dass vor allem das Wissen zum Jurisdiktionsprimat, aber auch zum Zölibat weitgehend unverändert transportiert worden ist.

ββ) Ein neuer Entwurf? Zur Redaktion der schwäbischen Version

Während in einem Grossteil der Handschriften der Sammlung in 74 Titeln das Wissen über Jurisdiktionsprimat und Zölibat ohne grössere Änderungen überliefert ist, so lohnt sich in diesem Kontext, auf die Manuskripte der schwäbischen Version einen genaueren Blick zu werfen, die deutlich grössere Umgestaltungen aufweisen. Als schwäbische Version werden die Manuskripte der Sammlung in 74 Titeln bezeichnet, die sich zum einen durch gemeinsame Bindefehler auszeichnen, darüber

et in monasterio sedens, ad clericatus ordinem accedere voluerit, uxorem omnino habere non poterit, quia nec benedici cum sponsa potest iam corruptus.

282. Gregor I. an Subdiakon Petrus, 591 Mai, JE 1112/J[3] 2128, ed.: MHG Epp. 1, Nr. I, 42 (61–69, hier 67 Zeile 20–32).

283. vat. lat. 4160, fol. 27v: ante c. 140: *ut nullum facere diaconum presumant, nisi qui se victurum caste promiserit.* Der ‚Diakon' anstelle des ‚Subdiakons' findet sich auch noch im *Decretum Gratiani*, D. 31 c. 1.

hinaus aber regelmässig einen neuen Titel für die gesamte Sammlung besitzen und einen Appendix aufweisen.[284] Diesem neuen Titel ist zu entnehmen, dass die Sammlung von Legaten des Heiligen Stuhls *in Gallias* gebracht wurde, um dort bei der Beilegung kirchenrechtlicher Streitigkeiten dienlich zu sein.[285] Den Appendix wiederum hat Johanne Autenrieth Bernold von Konstanz zugeschrieben, den dieser wohl in der zweiten Hälfte der 1070er komponierte.[286]

Für die Frage nach der Rezeption des Jurisdiktionsprimats ist die schwäbische Version aufschlussreich, denn es lässt sich an ihr ein höheres Interesse an primatialen Fragen ablesen, wie Eingriffe in den eigentlichen Text der Sammlung in 74 Titeln, die Zusammenstellung von Kanones im Appendix sowie die Anmerkungen von Lesern zeigen. Die ausgezeichnete Edition Gilchrists hat indes gerade bei der schwäbischen Version Schwächen, die vor allem darauf beruhen, dass Gilchrist einige Manuskripte unbekannt waren oder er kürzere Exzerpte unberücksichtigt liess, denn sein Interesse bestand eher darin, einen ‚ursprünglichen' Text zu konstituieren als die spätere Überlieferung in ihren Verästelungen abzubilden.[287] Jede Beschäftigung mit diesem Überlieferungsstrang der Sammlung in 74 Titeln hat daher ohne eine vertiefte Auseinandersetzung mit der gesamten Überlieferung und einer möglicherweise erneut notwendigen Teilkollationierung der schwäbischen Version vorläufigen Charakter. Dennoch lassen sich einige Beobachtungen zu Texteingriffen, dem Appendix und den Glossen zusammentragen, die für die Frage nach dem Wandel von Wissensbeständen von Bedeutung sind.

284. Zur schwäbischen Version Gilchrist, Diuersorum Patrum Sententie, xxvii–xxxi, lxxviii–lxxxii, lxxxvii–lxxxviii.

285. *Incipiunt ecclesiastice regule ex sententiis sanctorum patrum deflorate a legatis ipsius sedis apostolice in gallias pro ecclesiasticarum dispositione causarum deportate*, siehe Gilchrist, Diuersorum Patrum Sententie, 19.

286. Grundlegend: Autenrieth, Bernold von Konstanz und die erweiterte 74-Titel-Sammlung (1958); Autenrieth, Kanonistische Handschriften, 15–18; Robinson, Bernold von Konstanz und der gregorianische Reformkreis, insbes. 168f. Der Schwäbische Anhang besteht aus cc. 316–330. Zur Datierung: Fowler-Magerl, Clavis Canonum, 110: „some time after 1077"; Jasper, Burchards Dekret in der Sicht der Gregorianer, 178: „um 1075/1076". Fowler-Magerls Datierung stützt sich auf 74T c. 330, das vermutlich aus dem Register Gregors VII. stammt und auf 1077 Mai 31 datiert (Reg. IV, 24 (MGH Reg. Gregor VII.1, ed. Caspar, 338 Zeile 11–14), ähnlich Reg. IV, 23 (MGH Reg. Gregor VII.1, ed. Caspar, 336 Zeile 7f.)).

287. Von Gilchrist sind nicht näher berücksichtigt worden die Manuskripte: Admont, Stiftsbibliothek, 257, fol. 72r-87r (Exzerpte aus der Sammlung in 74 Titeln gefolgt von weiteren Kanones, wohl 12. Jahrhundert, siehe Autenrieth, Bernold von Konstanz und die erweiterte 74-Titel-Sammlung, 386 sowie Buberl, Handschriften in Steiermark, Nr. 156 (157)); München, Bayerische Staatsbibliothek, Clm 22289, fol. 191r-207v (12. Jahrhundert,

Erstens, zu den Texteingriffen. Im ersten Titel finden sich Eingriffe in den Text, die von der Korrektur mit einer weiteren Handschrift zeugen, wie insbesondere der Gelasius-Kanon *Cuncta per mundum* (c. 10) zeigt. Im Gegensatz zum originalen Text des Gelasius liess der Kompilator der Sammlung in 74 Titeln den einleitenden Satz *Nec plane tacemus quod* aus und wandelte den inhaltlich entscheidenden Satz von einem Neben- zu einem Hauptsatz.[288] In der Aufzählung der päpstlichen Rechte liess der Kompilator das Recht zur Lösung des durch einen Bischof Gebundenen aus und ging direkt zu den jurisdiktionellen und verfahrensrechtlichen Aspekten über. Die schwäbische Version hingegen fügte die Auslassung zwar nicht wörtlich, aber doch inhaltlich wieder ein, und verbreiterte mit der Einfügung der Schlüsselgewalt die Aussage des Kanons.[289] Die folgende Gegenüberstellung kann die Änderungen verdeutlichen:

Original (Gelasius 26.2)	**Cassino/Liège Version, c. 10**	**Schwäbische Version, c. 10**
Nec plane tacemus, quod		
cuncta per mundum novit ecclesia, quoniam	*Cuncta per mundum novit ecclesia quod*	*Cuncta per mundum novit ecclesia quod*
	sacro sancta romana ecclesia	*sacrosancta romana ecclesia*
quorumlibet sententiis ligata pontificum sedes beati Petri apostoli ius habeat resolvendi, utpote que		*quorumlibet episcoporum ligata possit absoluere*
de omni ecclesia fas habeat iudicandi neque cuiquam liceat de eius iudicare iudicio.	*de omni ecclesia fas habeat iudicandi neque cuiquam de eius liceat iudicare iudicio.*	*et de omni ecclesia fas habeat iudicandi neque cuiquam de eius liceat iudicare iudicio.*

74T c. 10 in verschiedenen Versionen (nach Gilchrist, Diuersorum Patrum Sententie, 24)

aus Windberg/Bayern; Exzerpte aus der Sammlung in 74 Titeln, von Gilchrist, Diuersorum Patrum Sententie, lx nur für den Appendix benutzt); München, Bayerische Staatsbibliothek, Clm 9515, fol. 1v-5r (Fragment der Sammlung in 74 Titeln, aus Oberaltaich/Bayern; siehe Gilchrist, Diuersorum Patrum Sententie, lxii und Catalogus Codicum Latinorum Bibliothecae Regiae Monacensis, ed. Halm/Meyer, 2/1, 96); und Stuttgart, Württembergische Landesbibliothek, Cod. Frag. 41 (siehe Gilchrist, Diuersorum Patrum Sententie, lxi). Gilchrist, Diuersorum Patrum Sententie, lxxxi räumte selbst ein: „This proposed relationship [Stemma der schwäbischen Version – S.D.] is not entirely satisfactory.“

288. Siehe 137.

289. Gilchrist, Diuersorum Patrum Sententie, 24 Zeile 3.

Deutliche Überarbeitungsspuren weist auch c. 8 in den beiden Münchener Manuskripten Clm 9515 und Clm 22289 auf. Die päpstliche Immunität war diesen beiden Schreibern einen Blick in eine weitere Sammlung wert, aus der sie die längere – und sinnvollere – Version entnommen haben, ohne dass sich diese Vorlage identifizieren liesse.[290]

Pseudo-Silvester (erste Version)	**Pseudo-Silvester (zweite Version)**	**74T nach Gilchrist, Diuersorum Patrum Sententie, c. 8**	**München Clm 9515, fol. 2r**	**München Clm 22289, fol. 191v**
Nemo iudicabit primam sedem	*Nemo iudicabit primam sedem*	*Nemo iudicabit primam sedem*	*Nemo iudicabit primam sedem*	*Nemo iudicabit primam sedem*
iustitiam temperari desiderantem.	*quoniam omnes sedes a prima sede iustitia desiderant temperari.*	*iustitiam temperari / temperare desiderantem.*	*quia omnis sedes a prima sede iusticiam temperare debet.*	*quia omnis sedes a prima sede iustitiam temperari desiderat.*
Neque enim ab augusto, neque ab omni clero, neque a regibus, neque a populo iudex iudicabitur.	*Neque ab augusto, neque ab omni clero, neque a regibus, neque a populo iudex iudicabitur.*	*Neque enim ab augusto, neque ab omni clero, neque a regibus, neque a populo, iudex iudicabitur.*	*Enim ab augusto neque ab omni clero neque a regibus neque a populo iudex iudicabitur.*	*Neque enim ab augusto neque ab omni clero neque a regibus neque a populo iudex iudicabitur.*

74T c. 8 in verschiedenen Versionen

Die Liste mit Überarbeitungen liesse sich verlängern.[291] Diese Beispiele lassen sich als Wunsch des Überarbeiters zur Konstituierung eines korrekten Textes verstehen, der nicht nur aus sich selbst heraus verständlich war, sondern zudem möglichst nah der originalen Fassung kam. Von wem die Überarbeitungen der schwäbischen Version stammen, ist ungewiss. Reizvoll wäre es zwar, sie Bernold von Konstanz zuzuweisen, doch ist diese Vermutung unbelegbar; wahrscheinlich ist

290. Siehe 264f. Anm. 278.
291. Ein vergleichbares Vorgehen lässt sich in 74T c. 15 beachten, der in der schwäbischen Version mit dem Original (?) verbessert wurde, siehe Gilchrist, Diuersorum Patrum Sententie, 27 Zeile 9 ad c. 15.

jedoch, dass sie im südwestdeutschen Reformerkreis entstanden ist.[292] An diesen subtilen Ergänzungen, die eine Korrektur mit einem zweiten Text belegen, zeigt sich jedenfalls eine ähnliche Arbeitsweise wie bei den Korrekturen und Ergänzungen der Burchard'schen Abschrift, in der ja Bernold von Konstanz vermerkte: *Hic deest multum*.[293]

Wie ist derjenige vorgegangen, der die Sammlung in 74 Titeln überarbeitet hat?[294] Zwar steht der Kanon c. 24 ausserhalb der hier untersuchten Titel, doch soll er kurz vorgestellt werden, da sich an ihm die Arbeitsweise sehr gut zeigen lässt. c. 24 stammt aus einem pseudo-anakletischen Brief und schrieb in seiner ursprünglichen Fassung den Schutz der Privilegien von Kirchen und Priestern vor; die Apostel hätten auf Befehl Christi beschlossen, so Pseudo-Anaklet, dass diese in Ewigkeit unverletzt bleiben sollten. Der Kompilator der Sammlung in 74 Titel modifizierte diesen Kanon so, als ob Papst Pseudo-Anaklet festgeschrieben hätte, dass die Privilegien der Kirchen und Klöster unverletzt bleiben müssten.[295] In einigen Handschriften der schwäbischen Version ist dieser Kanon erneut überarbeitet worden.[296] Die Überlieferung lässt sich wie folgt abbilden:

Original (Pseudo-Anacletus, ep. 1.15)	**74T, c. 24 (Edition Gilchrist, S. 33)**	**St. Gallen 676, c. 24**	**Stuttgart HB.VI.107, c. 24**	**Wien lat. 2153, c. 24**	**München Clm 9515, München Clm 22289, Stuttgart Frag. 41, c. 24**
Privilegia enim ecclesiarum	*Privilegia ecclesiarum*	*Privilegia ecclesiarum*	*Privilegia ecclesiarum*	*Privilegia ecclesiarum*	*Privilegia ecclesiarum*

292. Siehe die Diskussion bei Gilchrist, Diuersorum Patrum Sententie, xxvii–xxx (§§ 19–24), der lxxviii als Autor Bernold von Konstanz vermutet.

293. Siehe 240.

294. Hier ist im Singular von einem Überarbeiter gesprochen; möglich wäre es natürlich, dass mehrere diesen Text korrigiert haben, so wie auch mehrere die kanonistischen Handschriften in Konstanz (Freiburg 7, Freiburg 8, Einsiedeln 191) gelesen haben.

295. Siehe Gilchrist, Diuersorum Patrum Sententie, 33 (c. 24).

296. Die Passage findet sich in den Handschriften: St. Gallen 676, p. 104a; Stuttgart HB.VI.107, fol. 5v; Wien lat. 2153, fol. 5v; München Clm 9515, fol. 3v; München Clm 22289, fol. 192r; Stuttgart Frag. 41 [ohne Blattzählung, Bild 33; der Text der Sammlung in 74 Titel ist auf diesem Blatt teilweise hinter dem Abdruck einer spätmittelalterlichen Handschrift verborgen (siehe Abb. 5)]; die Handschriften Engelberg 52, fol. 11ra; Wolfenbüttel 9.4. Aug. 4°, fol. 4ra; und vat. lat. 4160, fol. 10v weisen diese Änderungen nicht auf, zählen aber zur schwäbischen Version; ebenso zählt zur schwäbischen Version die Exzerptsammlung Admont 257, die c. 24 gerade auslässt (fol. 73r). Mit diesen Beobachtungen erklären sich auch die Zweifel

et sacerdotum		*vel sacerdotum*	*monasteriorum*	*monasteriorum*	*et monasteriorum*
	et monasteriorum	*et monasteriorum*	*vel sacerdotum* [interl.]	*sacerdotum*	*vel sacerdotum* [add. Frag. 41 interl.]
sancti apostoli iussu salvatoris					
intemerata et inviolata aevis	*intemerata et inviolata eius*[297]	*intemerata et inviolata eis*	*intemerata et inviolata eis*	*intemerata et inviolata eis*	*intemerata et inviolata eis*
decreverunt manere temporibus.	*decrevimus manere temporibus.*	*decrevimus manere temporibus.*	*decrevimus manere temporibus.*	*decrevimus manere temporibus.*	*decreverunt manere sancti apostoli.*

74T c. 24 in verschiedenen Versionen

Das Inserieren der *sacerdotes* an verschiedenen Stellen lässt darauf schliessen, dass im ursprünglichen Text eine Marginalglosse stand, die mit einem Einschalthäkchen mit dem Haupttext verbunden war. Allerdings war die Zuordnung nicht eindeutig (oder gut lesbar), jedenfalls zögerten spätere (Ab)Schreiber und fügten die ‚Priester' an verschiedenen Stellen ein; andere vergassen die *sacerdotes* ganz und trugen sie später interlinear nach. Diese Passagen unterstreicht die Beobachtung, dass vor allem ein korrekter Text – und damit auch eine korrekte normative Aussage – konstituiert werden sollte: Die ‚Priester' wurden in den pseudo-anakletischen Schutz wieder einbezogen, aus dem sie der Kompilator der Sammlung in 74 Titeln entlassen hatte. Und auch das Subjekt wurde verändert: Statt Pseudo-Anaklet (*decrevimus*) gewährten in drei Handschriften (München Clm 9515, München Clm 22289, Stuttgart Frag. 41) wieder die Apostel (*decreverunt*) den Schutz der Privilegien. Dass sich diese zweite Revision auch in den Handschriften München Clm 9515 und München Clm 22289 findet, ist wohl kein

an dem Stemma, das Gilchrist, Diuersorum Patrum Sententiae, lxxxi vorschlägt (siehe oben Anm. 287). Zu den Handschriften auch Autenrieth, Bernold von Konstanz und die 74-Titel-Sammlung, 385–387; zu St. Gallen 676 auch Autenrieth, Bernold von Konstanz und der Codex Sangallensensis 676 (1955).

297. Während die schwäbische Rezension *eis* aufweist, haben die übrige Mss. *eius*; nur in Engelberg 52 steht *eis* hinter *manere*.

Zufall: Diese beiden Handschriften weisen auch die überarbeite, sinnvollere Fassung von c. 8 auf.[298] Wer auch immer die Sammlung in 74 Titeln dieser Revisionen unterzogen hat, er tat es aus der Motivation heraus, einen verständlichen und sinnvollen Text herzustellen, der der Originalfassung nahestand.

Zweitens, zum Appendix. Sucht man nach primatialen Überarbeitungsspuren in der schwäbischen Fassung, so fällt der Blick auf den Appendix. Dieser wird in der Arbeit im Kontext anderer Appendizes näher untersucht werden; hier ist nur das Ergebnis festzuhalten, nämlich dass der Appendix zwar die tradierte Perspektive des Jurisdiktionsprimats abrundete, ihn aber nicht auf legislative oder administrative Elemente erstreckte.[299]

Drittens, zu den Glossen. Die wenigen Glossen, die in den Manuskripten der Sammlung in 74 Titeln zu finden sind, bestätigen den Befund des Interesses an primatialen Fragen ohne grundlegende Neugestaltung des Primatswissens.[300] Während die Handschriften dieser Sammlung grundsätzlich eher spärlich glossiert sind,[301] finden sich zumindest in den Handschriften der schwäbischen Version verstärkt Glossierungen und sogar einige doppelte Glossen, von denen jedenfalls einige primatiale oder jurisdiktionelle Aspekte hervorheben:[302] Bischöfe sollten ohne schriftlichen Rechtsentscheid nicht aus Rom in ihre Diözese zurückkehren;[303] diejenigen würden Apostaten genannt, die sich über christliche Vorschriften bewusst hinwegsetzten (mit der Folge, dass sie nicht mehr anklagen duften);[304] das weltliche Gesetz

298. Ob Stuttgart Frag. 41 diesen neuen c. 8 auch hatte, ist leider nicht mehr festzustellen – der Kanon ist in dem fragmentarischen Codex leider dem Blattbeschnitt zum Opfer gefallen. Überliefert ist nur *a regibus neque populo iudex iudicabitur* (Stuttgart Frag. 41 [ohne Blattzählung]).

299. Näheres 288f.

300. Glossen zum Zölibat sind nicht ersichtlich, siehe 523–534.

301. Vorhandene Glossen sind erwähnt in der jeweiligen Handschriftenbeschreibung bei Gilchrist, Diuersorum Patrum Sententie, xxxii–lx.

302. Diese doppelten Glossen könnten sicherlich helfen, die Abhängigkeit der Handschriften untereinander zu überprüfen; (doppelte) Glossen finden sich gerade in den von Gilchrist nicht näher berücksichtigten Manuskripten München Clm 22289, Stuttgart Frag. 41 und Admont 257. Zu dem Ansatz, Textabhängigkeiten durch Glossen mitzukonstituieren, vgl. Autenrieth, Bernold von Konstanz und der Sangallensis 676, 15.

303. *Episcopum per apostolicam vocationem romam profectum absque apostolicis litteris reverti non debere:* Stuttgart Frag. 41 ad c. 7 Zeile 10f. (verstümmelt wegen Blattbeschnitt) und München Clm 22289, fol. 191v (irrtümlicherweise ad c. 6).

304. *Spontaneos violatores sue legis vocari apostatas*: St. Gallen 676, p. 108a ad c. 42 (bezieht sich aber auf den in der rechten Spalte (p. 108b) nebenstehenden c. 44 (von Texthand, so Autenrieth, Bernold von Konstanz und der Codex Sangallensis 676, 5); Stuttgart

sei dem göttlichen untergeben.[305] Ein Glossator fügte an, dass das Volk Priester nicht nur – wie üblich – im Fall von Glaubensabweichungen anklagen dürfe, sondern auch im Fall der Ungerechtigkeit (er erweiterte also die Anklagemöglichkeit);[306] und in einer Stuttgarter Handschrift hob der Schreiber hervor, dass eine Anklage des Volkes auch dann statthaft sei, wenn Bischöfe von römischen Dekreten abwichen.[307]

All diese Glossen in der schwäbischen Version hoben Kanones hervor und paraphrasierten Aussagen, die zu Themen gehörten, die in der zweiten Hälfte des 11. Jahrhunderts intensiv diskutiert wurden. Damit liegt es nicht fern, insbesondere in den Handschriften der schwäbischen Version einen Spiegel der damaligen politischen Auseinandersetzungen zu erblicken. Inwieweit diese Handschriften auf Bernold von Konstanz und seinen Kreis weisen und deren Interessen illustrieren, kann zwar nicht sicher entschieden werden, steht aber zu vermuten. Denn die Handschrift Stuttgart HB.VI.107, die die Anklage bei Untreue gegenüber Rom hervorhob, ist wohl eine Abschrift eines Bernold'schen Handbuchs,[308] zudem steht die Glosse unter einem Nota-Zeichen, wie es für Bernold typisch ist (siehe auch Abb. 5 und 6).[309] Zwar ist es nicht seine Hand, die diese Glosse hinzusetzte, sondern offensichtlich die Texthand, aber da in anderen Teilen des Codex die Texthand die Glossen Bernolds nachahmte, ist es naheliegend, einen ähnlichen Vorgang hier

HB.VI.107, fol. 9r ad c. 44; Stuttgart Frag. 41, ad c. 44 Zeile 6. Siehe auch Gilchrist, Diuersorum Patrum Sententie, liii.

305. *Ex decretis Pii papae k[apitulo] iii° lex imperatorum non est supra legem dei sed subtus*: München Clm 22289, fol. 197r ad c. 227.

306. *Simmachus papa cesario episcopo/Oves suum pastorem accusare non possunt nisi pro heresi aut pro iniusticia*: Engelberg 52, fol. 17ra (im Haupttext post c. 81); Admont 257, fol. 75r (ad c. 78) (verstümmelt wegen Blattbeschnitt); siehe: 5. Synode unter Papst Pseudo-Symmachus (www.pseudoisidor.mgh.de/html/275.htm, Hinschius, 676 Zeile 10f.).

307. *Hic apostolica auctoritate est concessum immo preceptum ut subditi suum episcopum accusent si eum decreta romanorum prevaricari viderint*: Stuttgart HB.VI.107, fol. 27r ad c. 182.

308. Siehe Autenrieth, Handschriften der Württembergischen Landesbibliothek, 100f.; Autenrieth, Bernold von Konstanz und die erweiterte 74-Titel-Sammlung, 392; Autenrieth, Domschule, 106–115; Robinson, Bernold von Konstanz und der gregorianische Reformkreis, 170 sowie Taylor, Early Liturgical Compilation (1997), der diese Handschrift mit Bernolds *Micrologus* vergleicht. In welchem Verhältnis die Fragmente München Clm 9515 und München Clm 22289 zu St. Gallen 676 stehen, einem Text, an dem Bernold selbst mitgearbeitet hat (Autenrieth, Bernold von Konstanz und die erweiterte 74-Titel-Sammlung, insbes. 392 sowie Autenrieth, Bernold von Konstanz und der Codex Sangallensis 676 (1955)) wäre noch zu prüfen.

309. Eine Beschreibung der Hand Bernolds bietet Autenrieth, Domschule, 24–26, mit Abbildung der Hand Bernolds ebd., nach 64.

zu vermuten.[310] Vieles spricht dafür, dass es sich um Bernold handelt, der dem Volk die Anklage des Bischofs erlaubte, wenn sich dieser als ungehorsam gegenüber dem Papst erwiesen habe.[311]

Und noch bei zwei weiteren Glossen kommt man zumindest in die Nähe Bernolds, wenn nicht sogar zu ihm selbst. In der fragmentarischen Abschrift der Sammlung in 74 Titeln Stuttgart, Württembergische Landesbibliothek, Cod. Frag. 41 sind die beiden einzigen überlieferten Glossen auffällig, denn sie stehen unter dem für Bernold so charakteristischen Nota-Zeichen (siehe Abb. 5).[312] Die Hand, die dieses schrieb, ist zwar nicht so weit von Bernolds Hand entfernt wie die Glosse in Stuttgart HB.VI.107, aber ob es sich tatsächlich um Bernold persönlich handelt, ist nicht sicher zu entscheiden.[313] Sollten die Glossen aber nicht von ihm stammen, so hat zumindest jemand seine Glossen übertragen und dabei seine Art des Anbringens nachgeahmt. – Im übrigen behandeln alle drei Glossen die Autorität des römischen Bischofs und seiner Anordnungen, was inhaltlich durchaus zu Bernold passen würde.

Diese Glossen gehen aber nicht über den durch die Sammlung in 74 Titeln gesetzten Rahmen hinaus: Der Jurisdiktionsprimat des Papstes wurde weder durch neue Kanones erweitert noch finden sich wesentlich neue Aspekte zum Primat. Die Glossen sind vielmehr zusammenfassende Glossen, die den Inhalt eines Textes resümieren, aber inhaltlich

310. Zu dieser Form des Kopierens Autenrieth, Domschule, 141f.; Robinson, Arbeitsweise, 60–62; Kottje, Kirchenrechtliche Interessen im Bodenseeraum, 38.

311. Ob sich hier eine Verbindung zu den Ereignissen in Konstanz 1075 ziehen lässt? – Es war Bischof Otto I. von Konstanz, der sich gegen die Beschlüsse der Fastensynode von 1075 und gegen Papst Gregor VII. stellte und offen für die Priesterehe eintrat. Suchte Bernold hier nach rechtlichen Argumenten gegen den ungeliebten Bischof? Zu Bischof Otto I. von Konstanz (1071–1080 (1086)) und den Ereignissen in der Mitte der 1070er Jahren vgl. Maurer, Konstanzer Bischöfe, 208–217, insbes. 209–211.

312. Die Glossen sind ediert im Anhang, siehe 534 sowie Abb. 5 und 6. Die Handschrift Stuttgart Frag. 41 ist zwar sowohl von John Gilchrist wie von Johanne Autenrieth gesehen, aber nicht näher untersucht worden; Gilchrist, Diuersorum Patrum Sententie, lxi beschreibt sie kurz, ohne sie zu berücksichtigen; Autenrieth, Domschule, 105f. kündigte eine Untersuchung an, doch ist diese m.E. nicht erfolgt (vgl. Autenrieth, Bernold von Konstanz und die erweiterte 74-Titelsammlung, 387 nennt das Manuskript nur kurz; Autenrieth, Bernold von Konstanz und der Codex Sangallensis 676 (1955) geht auf es nicht ein). Die Schrift des Manuskriptes Frag. 41 ist konstanzisch; es stammt aus der zweiten Hälfte des 11. Jahrhunderts (Autenrieth, Domschule, 105).

313. Zwar ist der Duktus der Hand sehr ähnlich, aber die wenigen Buchstaben reichen nicht für einen positiven Beweis: Der Schaft des *a* ragt nicht über die m- oder n-Linie heraus, der Schaft des *s* ist nicht markant unter die Zeile gezogen und es findet sich ein e-caudata (*suę legis*), was bei Bernold im Übrigen nicht nachweisbar ist. Diese Beobachtungen deuten eher darauf hin, dass diese Glosse nicht von Bernold selbst stammt. Die Handschrift Bernolds ist beschrieben von Autenrieth, Domschule, 24–26.

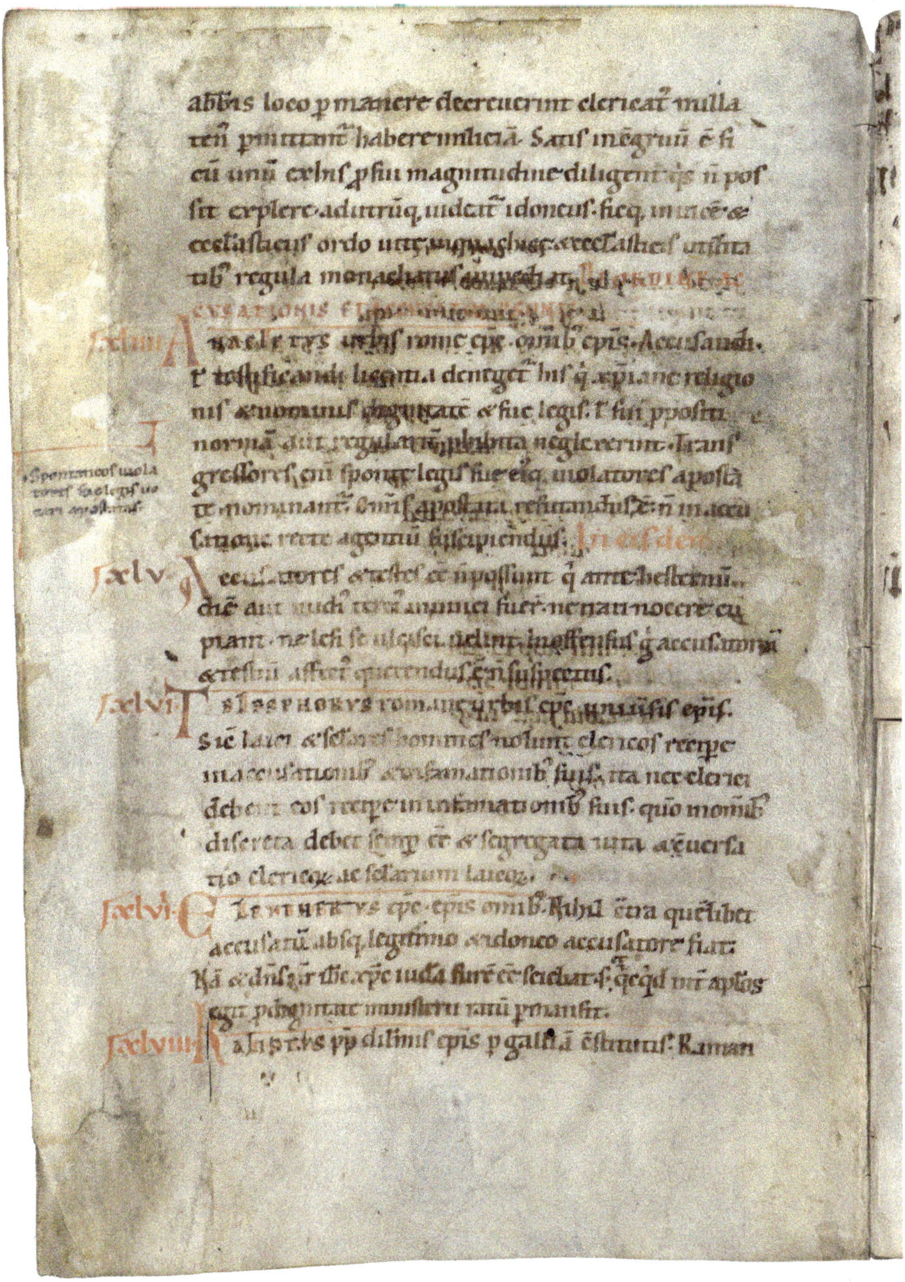

Abb. 5 – Stuttgart, Württembergische Landesbibliothek, Cod. Frag. 41: Fragment der *Collectio 74 Titulorum*/Sammlung in 74 Titeln mit Glosse zu c. 44: *spontaneos violatores sue legis vocari apostatas*

kaum verändern, sieht man einmal von der Bischofsanklage auch aufgrund ungerechten Verhaltens ab. Bernold von Konstanz und sein Umfeld hatten wohl dreierlei im Sinn, nämlich die Konstituierung eines verständlichen Textes, die Sammlung authentischen, korrekten Materials und die resümierende Pointierung; sie zielten aber nicht auf die grundsätzliche Umänderung, Erweiterung oder gar Neustrukturierung der von ihnen intensiv genutzten Sammlung in 74 Titeln. Ihr Umgang mit tradiertem kanonistischem Material, sei es bei der Bearbeitung von Burchards Dekret oder der Sammlung in 74 Titeln, blieb identisch.

Überblicken wir diese Überarbeitungen der Sammlung in 74 Titeln, so lassen sich zwei gegenläufige Beobachtungen kontrastieren. Einerseits lassen viele Abschriften der Sammlung in 74 Titeln nur wenige Überarbeitungsspuren (Ergänzungen, Glossen) erkennen, in ihnen verbleibt der Jurisdiktionsprimat und der Zölibat also so, wie ihn der Kompilator skizziert hatte; andererseits werden Abschriften deutlich überarbeitet. Zu dieser zweiten Gruppe zählt insbesondere die schwäbische Version, die in Südwestdeutschland entstand und sich nicht nur durch einen neuen Prolog, einen Appendix und Ergänzungen von Kanones innerhalb der Sammlung auszeichnet, sondern auch durch vermehrte Glossierungen. In dieser Arbeit war nicht der Raum, Manuskripte erneut zu kollationieren, neue entdeckte hinzuzufügen und die Entstehung dieser Rezension mit dem Leben und der Arbeitsweise Bernolds von Konstanz umfassend zu verknüpfen; aber schon der kursorische Blick in einige Manuskripte hat gezeigt, dass das Interesse dieses Leserkreises auf primatialen Fragen und dem Zölibat, vor allem aber auf Bischöfen, lag. Diese Leser drangen zudem auf eine korrekte Textfassung, um Kanones historisch richtig verorten zu können, indem sie die Fassungen der Sammlung in 74 Titeln mit anderen Überlieferungen verglichen. Ferner fassten sie ihnen relevante Aussagen pointiert *in margine* zusammen. Insofern bewahrten sie in erster Linie das rechtliche Wissen, das der Kompilator der Sammlung in 74 Titeln vorgegeben hat, und entwickelten es nur partiell weiter.

γγ) Überarbeitung oder neue Sammlung? Zu einigen Derivaten der *Collectio 74 Titulorum*

Wenden wir nun den Blick kurzzeitig auf einige Derivate der Sammlung in 74 Titeln und dies aus zwei Gründen: Erstens zeigen diese Derivate, wie schwer die Grenze zwischen ‚überarbeiteter Sammlung' und ‚neuer Sammmlung' zu ziehen ist, und zweitens erlauben diese Derivate einen Blick auf konstante oder sich wandelnde Wissensbestände zum Jurisdiktionsprimat. – Verblieben die bislang untersuchten Manuskripte in

Umfang und Struktur in dem Rahmen, den die zu kopierenden Sammlung in 74 Titeln gesetzt hatte, so existieren auch Abschriften, die in Länge und Aufbau grundlegend von ihrer Vorlage abweichen. Der Benutzer einer Handschriftenabteilung stösst häufig auf solche Codices mit kirchenrechtlichen Kollektionen, die zwar auf bekannten Sammlungen aufbauen, diese aber mal in grösserem, mal in geringerem Umfang verändern. Diese Überarbeitungen stellen den Forscher vor ein methodisches Problem: Wertet er eine solche derivative Sammlung als blosse Überarbeitung oder als eigenständige, die einen neuen Namen verdient? Im ersteren Sinne beurteilte Gilchrist die schwäbische Version und kollationierte sie mit, im letzteren Sinne urteilte er über die Sammlung in vier Büchern, die er nicht in seiner Edition aufnahm.[314] Es ist wohl vom Erkenntnisinteresse des Forschenden abhängig, in welchem Umfang er bereit ist, überarbeitete Manuskripte als zu einer Sammlung zugehörig zu akzeptieren. Editionen jedenfalls verstellen dieses Problem, da sie eine Sammlung ‚fixieren' und als abgeschlossenen Textkorpus erscheinen lassen.[315]

Zwei Beispiele können diese schwierige Grenzziehung verdeutlichen, nämlich die Handschriften Wien, Österreichische Nationalbibliothek, lat. 2153 und San Daniele di Friuli, Biblioteca Civica Guarneriana, Ms 203. Die heute in Wien befindliche Handschrift lat. 2153 ist eine Sammlung von Exzerpten. Sie beruht massgeblich auf der Sammlung in 74 Titeln. Ihr fehlt jedoch rund ein Viertel aller Kanones, insbesondere lässt sie einige verfahrensrechtliche Vorschriften aus; mehrfach sind Kanones als Marginalien nachgetragen.[316] Zwar ist der primatiale Teil weitgehend unverändert überliefert, doch sind sowohl die Voraus-

314. Brett, Edition, Manuscripts and Readers, 209 fragte in Anbetracht dieser fliessenden Grenzen zu recht: „At what point, for instance, do the various forms of the Collection in Seventy-Four Titles, with or without the ‚Swabian appendix', become something else? The Collection in Two Books, or Eight Parts, the Collection in Four Books or the first version of the Collectio Tarraconensis are all so heavily dependent on it as to represent almost a sub-group of its circulation, however significant their additions. On the most restrictive view, the Seventy-Four Titles is a fascinating but obsolescent collection of relatively limited circulation; on the most liberal, it was one of the central means for the dissemination of a particular and partly novel view of papal authority well into the twelfth century, and even beyond."

315. Siehe hierzu instruktiv Firey, Codices and Contexts (2008).

316. Gilchrist, Diuersorum Patrum Sententie, lviii–lx. Es fehlen cc. 1, 8, 51, 58, 64, 67, 70, 74, 92, 106, 111, 113, 117–119, [...], 182–183, etc. Additionen finden sich ante c. 269 sowie *in margine*, aufgeführt von Gilchrist, Diuersorum Patrum Sententie, lix–lx. Die Handschrift stammt aus dem Beginn des 12. Jahrhunderts und wurde vermutlich in Niederösterreich/Norditalien geschrieben.

setzungen, wer in den geistlichen Stand aufgenommen werden darf (cc. 138–156), wie auch der eigentliche Enthaltsamkeitszölibat (cc. 170–173) stark ausgedünnt; aus Titel 21 ist allein die Vorschrift Gregors, mit wem ein Bischof leben darf (c. 173), übernommen. Unter dem Titel *De dampnatione invasorum ecclesiasticorum prediorum* wird – mehr oder weniger überraschend – das Verhältnis von weltlicher und geistlicher Macht, von Kaiser und Papst angesprochen.[317] Der bearbeitende Kompilator des Wiener Manuskripts bezog eindeutig Stellung: *Imperator si catholicus est* [...] *filius est non presul ecclesie. Quod ad religionem conpetit discere ei convenit non docere.*[318] Und einige Zeile tiefer notierte er: *Hereticum esse constat qui romane ecclesie discordat.*[319] Die um 1100 geführte Diskussion um das Verhältnis von Kaiser und Papst hat in diesem Manuskript deutlichen Niederschlag gefunden; der Jurisdiktionsprimat ist indes in diesem Kontext nicht wieder angesprochen. Wien lat. 2153 stellt mit den Auslassungen und Ergänzungen ein Beispiel für eine deutliche Überarbeitung der Sammlung in 74 Titeln dar; trotz dieser starken Modifikationen hat Gilchrist es als zur Sammlung gehörig mitkollationiert.

Ein weiteres Beispiel ist die Handschrift San Daniele di Friuli, Biblioteca Civica Guarneriana, Ms 203, auf die Uta-Renate Blumenthal im Jahr 1975 hingewiesen hatte. Auch sie enthält eine überarbeitete Fassung der Sammlung in 74 Titeln.[320] Die Handschrift entstand wohl Ende der 1120er/Beginn der 1130er Jahre in Italien.[321] Der Kompilator liess die cc. 1–222 weitgehend unverändert, restrukturierte aber den Schluss, indem er die vorhandenen Kanones neu ordnete und 53 weitere Kanones einfügte.[322] Während Blumenthal bereit war, dieses Manuskript als ein

317. Wien lat. 2153, fol. 37r-39r (tit. 61). Die neuen Kanones ante c. 269 führt Gilchrist, Diuersorum Patrum Sententie, lix auf.

318. Wien lat. 2153, fol. 38r: *Imperator si catholicus est – presulibus non preferre* (wohl Papst Felix III., gedr. als Gelasius, ep. 1 (JK 611/J³ 1233), c. 10 bei Thiel, Epistolae, 292f.; zur Überlieferung auch Thiel, Epistolae, 21–24).

319. Wien lat. 22153, fol. 38v: vgl. Gregor VII. (MGH Reg. Gregor VII.2, ed. Caspar, 504 Zeile 26 – 505 Zeile 1).

320. Blumenthal, Codex Guarnerius 203: A manuscript of the Collection in 74 Titles at San Daniele del Friuli (1975).

321. Blumenthal, Codex Guarnerius 203, 13f. Zur Handschrift haben sich weiterhin u.a. geäussert: Blumenthal, The text of a lost letter of pope Honorius II (1974); Kretzschmar, Alger von Lüttich, 87–92 zur Verortung im Stemma der Sammlung in 74 Titeln; über den Text *De penitentie regis* einerseits Uta-Renate Blumenthal, Canossa and Royal Ideology (1978), andererseits Märtl, Ein angeblicher Text zum Bussgang von Canossa (1982).

322. Siehe Blumenthal, Codex Guarnerius 203, insbes. 12f., 16–33: Bis c. 222 sind drei Kanones, nämlich post c. 61 (betr. Examination Ankläger/Angeklagter), post c. 164

„manuscript of the Collection in 74 Titles“ zu akzeptieren, widersprach ihr Gilchrist: „The description of another manuscript [...] by [...] Blumenthal [...] as containing the 74T is somewhat misleading for the last third of this text extensively rearranges the 74T with additions and some omissions”.[323] Diese Diskussion fortzusetzen erscheint müssig. Für die Rezeption des Jurisdiktionsprimats kann man auch hier konstatieren: Das primatiale Bild des Kompilators der Sammlung in 74 Titeln, das er zwischen 1050 und 1070 entwickelt hat, ist auch in der italienischen Handschrift rund fünfzig Jahre später ohne Änderungen verblieben; ebenso wenig sind die zölibatären Anforderungen geändert worden. Der Kompilator hat sich zwar die Mühe gemacht, die programmatische Sammlung in 74 Titeln in eine praktikable Sammlung zu transformieren, die für den täglichen Gebrauch geeignet war, indem er Kanones zu den ursprünglich unterdokumentierten Themen Busse, Eherecht und Taufe einfügte, dennoch – oder gerade wegen dieses Interesses – liess er den Anfangsteil unverändert.[324] Die neue Struktur, die er dem letzten Drittel gab, mit der Betonung der Themen Häresie, Simonie und

(betr. Verbot der absoluten Ordination) und post c. 210 (betr. Kirchweihe) eingefügt, im Anschluss daran sind 53 Kanones zum Teil in grösseren Blöcken addiert. Der Liste von Blumenthal zu ergänzen ist der Kanon c. 309 bb [fol. 50r]: *Africano concilio cap. xlvi // Excommunicatorum, qui inter annum causam suam purgare contempserit, nulla vox postea penitus audiatur.* (überliefert auch als c. 12 des fünften Karthagischen Konzils bei www.pseudoisidor.mgh.de/html/085.htm, Hinschius, 307). Die Kanones 74T cc. 246, 249, 250 scheinen zu fehlen. Additionen sind bei Blumenthal, Codex Guarnerius 203, 32f. nachgewiesen; zusätzlich finden sich zwei Kanones fol. 25r *in margine* (verstümmelt wegen Blattbeschnitt): *[C]alixtus episcopus ecclesie catho[licae] urbis rome Benedicto fr[atri et] episcopo salutem in domino/Crim[ina]tiones vero contra doct[orem] nemo suscipiat quia [non] oportet filios patres [re]prehendere nec servos d[ominos] lacerare. Doctores [ergo] qui et patres vocantur m[agis] portandi quam repreh[enden]di sunt, nisi recta fide [erra]verint.* (Pseudo-Calixtus 1.3, JK † 85/J³ † 160 (www.pseudoisidor.mgh.de/html/035 .htm, Hinschius, 136 Zeile 15f., 19f.)) sowie *[O]ves vero qui pasto[ri suo] commisse fuerunt, [eum] nec reprehendere, nisi [a rec]ta fide exorbita[ve]rint debent n[ec ul]latenus accusare p[os]sunt quia facta past[orum ...] eorum gladio ferien[da] non sunt quamquam rec[te] reprehendenda vi[de]antur.* (Pseudo-Johannes I. an Erzbischof Zacharias, JK † 872/J³ † 1690 (www.pseudoisidor.mgh.de/html/288.htm, Hinschius, 694 Zeile 24–27)).

323. Gilchrist, The Collection in Seventy-Four Titles, 30 Fn. 45. Bei anderen Handschriften war er indes grosszügiger: Die mit rund 30 zusätzlichen Kanones ebenfalls deutlich erweiterte Kopie in Rom, Biblioteca Casanatense, 2010 hat er in seine Edition aufgenommen (siehe Gilchrist, Diuersorum Patrum Sententie, xliii–xlvi).

324. Blumenthal, Codex Guarnerius 203, 13: „It is reasonable to conclude that Sd [the manuscript San Daniele 203 – S.D.] was transcribed from an exemplar that had probably been compiled in order to adapt 74T to early twelfth-century requirements.“ Erweiterungen finden sich u.a.: Tit. 56 *Qualis debeat esse modus penitentie* (cc. 251–254) wird um cc. 253a und 253b erweitert; Tit. 62 *De legitimis coniugiis* (c. 271) wird um cc. 271a–271c erweitert; zudem befinden sich dort, fol. 59r-60r, mehrere Kanones zum Eherecht am Seitenrand nachgetragen (siehe Blumenthal, Codex Guarnerius 203, 33); Tit. 63 *De coniugiis aliqua*

Exkommunikation lassen zudem vermuten, dass diese Themen einen Interessensschwerpunkt des Überarbeitenden bildeten.[325] Dies wird durch den Überlieferungskontext der überarbeiteten Sammlung in 74 Titeln unterstrichen: Diese wurde mit einer Abschrift des Konkordats von Worms von 1122, dem *Libellus contra invasores et symoniacos et reliquos scismaticos* Deusdedits sowie Exzerpten zum Begriff ‚Häretiker' und einem Kapitel, in denen erörtert wird, ob der einem weltlichen Herrscher geleistete Eid bindend sei, verbunden.[326] San Daniele 203 ist somit ein Beispiel für eine Überarbeitung der Sammlung in 74 Titeln, die zwar verschiedene Themen nachtrug, den Jurisdiktionsprimat aber nicht um legislative oder administrative Aspekte erweiterte.

Neben dem bislang eher selten betrachteten Manuskript San Daniele 203 sind weitere, durchaus renommierte und häufiger analysierte Handschriften mit Sammlungen überliefert, die auf der 74-Titel-Sammlung aufbauten, diese aber modifizierten, erweiterten oder andersweitig umstrukturierten. Zu diesen Kompilationen gehören die Sammlung in vier Büchern, die Sammlung in acht Teilen und die *Collectio Tarraconensis*.[327] Diesen Sammlungen soll hier nicht weiter nachgegangen werden, da zu vermuten ist, dass ihre Untersuchung die bisherigen Ergebnisse zur Rezeption des Jurisdiktionsprimats zwar verfeinern, aber nicht wesentlich modifizieren würde. Eine Sondierung am Beispiel der päpstlichen Immunität hat gezeigt, dass kaum Änderungen auftreten.[328] Der Jurisdiktionsprimat, dies kann hier zum Abschluss

necessitate divisis (c. 272) bleibt gleich; Tit. 64 *Quod religionis causa non sint solvenda coniugia* (cc. 273–275) wird um cc. 274a–274n erweitert, davon betreffen cc. 274i–274n die Taufe.

325. Siehe Blumenthal, Codex Guarnerius 203, insbes. 24–31. Tit. 38 *De his qui ab hereticis ordinantur* (c. 222) wird um die cc. 222a–222i erweitert; Tit. 39 *De clericis in heresim lapsis et post conversis* (c. 223) wird um c. 223a erweitert. Es folgt regulär Tit. 40 *De sedibus episcoporum et de potestate eorum* (cc. 224–225); anschliessend wird die ursprünglich erst in Tit. 68 angesprochene Exkommunikation vorgezogen: *Ut excommunicatis non communicetur*, es folgen c. 309 und weitere neue Kanones (cc. 309a–309c sowie cc. 321–321g, cc. 314–315 und cc. 315a–315b. Insgesamt wird dieser Part von ursprünglich drei Kanones (nämlich cc. 309, 314, 315) auf 17 Kanones erweitert. Blumenthal, Codex Guarnerius 203, 12: „… the additions urge strict observance of the rules governing excommunication."

326. Wormser Konkordat: fol. 143r-v; Deusdedits *Libellus*: fol. 108r-142v; *Definitiones sanctorum patrum de nomine quod dicitur hereticus vel heresis*: fol. 143v-144r; *De his qui iuramentis regis violant*: fol. 154r.

327. Zu der Sammlung in vier Büchern siehe 142 Anm. 287; zur Sammlung in acht Teilen (*Collectio 8 partium*) siehe Kéry, Canonical Collections, 228 und Fowler-Magerl, Clavis Canonum, 150–155; zur *Collectio* (*Liber*) *Tarraconensis:* Kéry, Canonical Collections, 214f. und Fowler-Magerl, Clavis Canonum, 133–136, 166f.

328. Siehe Stephan Dusil, Patterns of Interpretation in Canonical Collections. The

der Untersuchung resümierend festgehalten werden, ist in der Überlieferungsgeschichte der Sammlung in 74 Titeln unverändert geblieben; nur die Manuskripte der schwäbischen Version zeigen Interesse an ihm, ergänzen ohne ihn aber nicht um legislative oder administrative Aspekte.

γ) Die Panormia

Die Überlieferung der *Panormia* erlaubt keine ähnlich intensive, handschriftenbasierte Analyse wie Burchards Dekret und die Sammlung in 74 Titeln. Schon allein die Menge von rund 150 Manuskripten erschwert jede Annäherung an den Text und dessen Tradition – und einzelne Manuskripte herauszugreifen, ist ohne Anhaltspunkte zur stemmatischen Gruppenbildung ein wahlloses und wissenschaftlichen Grundsätzen entbehrendes Unterfangen, das keine zuverlässigen Aussagen ergeben würde. Jedoch bietet die von Martin Brett und Bruce Brasington betreute Online-Edition im „Conspectus of canons added and omitted in the Panormia" einen Überblick über die „substantial omissions and additions" in 47 Manuskripten – sie bildet also rund ein Drittel der Überlieferung ab.[329] Zudem listen die Editoren die Appendizes zu einzelnen Manuskripten auf.[330] Mit diesen Quellen kann zwar nur ein vorläufiger Eindruck von der späteren Überlieferung der *Panormia* gewonnen werden, doch wäre es anders nicht möglich, überhaupt Beobachtungen zu dieser Kanonessammlung zu formulieren.

Welchen Eindruck liefert nun der *Conspectus*? Zunächst zum Jurisdiktionsprimat. Die Kanones cc. 4.1–4.16A sind in aller Regel ohne Zusätze oder Auslassungen überliefert; allein zwei Handschriften überspringen den grösseren Teil dieser Kanonesreihe.[331] Die betreffenden Handschriften Edinburgh, National Library of Scotland, Adv. 18.8.6 und London, British Library, Add. 11440 sind in diesem Bereich als Exzerpthandschriften ohne Anspruch auf vollständige Kopie anzusehen (Brett/Brasington: „heavily abbreviated in b[oo]ks i-iv" bzw. „massi-

Example of Papal Immunity in the Collection in 74 Titles and its Derivatives (unpublished thesis, submitted as requirement for the degree of Licence in Mediaeval Studies, Pontifical Institute of Mediaeval Studies, Toronto, Canada (2010)).

329. Siehe http://ivo-of-chartres.github.io/panormia/conspectus.pdf.

330. Siehe http://ivo-of-chartres.github.io/panormia/panend.pdf; dazu auch 291f.

331. Nach dem *Conspectus* fehlen in Edinburgh, National Library of Scotland, Adv. 18.8.6: cc. 4.1, 4.3–4.5, 4.7 stark abgekürzt/fragmentarisch, 4.8–4.14; in London, British Library, Add. 11440: cc. 4.1–4.15, 4.16A.

vely abbreviated“[332]), weshalb ihnen keine weitere Aufmerksamkeit geschenkt werden soll.[333]

Im Bereich der Appellation (cc. 4.120–4.136) ist die Überlieferung hingegen schon uneinheitlicher. Es ist wiederum die Londoner Handschrift Add. 11440, die grosse Teile der auf c. 4.120 folgenden Kanones auslässt;[334] im Übrigen finden sich in verschiedenen Handschriften vereinzelt Kanones eingestreut, die aber nicht den Eindruck vermitteln, dass die *Panormia* hätte grundlegend überarbeitet werden sollen. Bemerkenswerterweise finden sich jedoch zu Ende des vierten Buchs nicht Ergänzungen zu den pseudoisidorischen Kanones, die die Appellation zum römischen Bischof eröffneten, sondern zu den römisch-rechtlichen Exzerpten, die das Appellationsrecht einschränkten.[335] Offensichtlich bestand ein Bedürfnis der Überarbeiter, die Appellation präziser zu erfassen und damit einzugrenzen. Zu den beiden übrigen Kanones, die für den Jurisdiktionsprimat bedeutsam sind, nämlich c. 2.101 sowie c. 3.82, ist festzuhalten, dass der erste, c. 2.101, in der Exzerpthandschritt London, British Library, Add. 11440 fehlt, während zum zweiten, c. 3.82, keine Auslassungen oder Ergänzungen vermerkt sind.[336]

Dieser anhand der Edition des Haupttextes gewonnene Eindruck einer weitgehend unveränderten Überlieferung des Jurisdiktionsprimats deckt sich also mit den Beobachtungen zum *Decretum Burchardi* und der Sammlung in 74 Titeln. Die einzige Kopie der *Panormia*, die in der Tat sowohl den primatialen Teil zu Beginn als auch die Appellationsvorschriften zu Ende des vierten Buchs massiv überarbeitet hat, ist die in der Handschrift Città del Vaticano, Biblioteca Apostolica Vaticana, Archivio di San Pietro, G19 bis enthaltene Abschrift, die immer wieder Exzerpte vor allem aus dem *Decretum Gratiani*, aber auch aus den Digesten einfügt. Diese aussergewöhnliche Handschrift ist von Brett/Basington gesondert behandelt und soll daher auch hier nicht näher berücksichtigt werden.[337]

332. Zu den Handschriften siehe http://ivo-of-chartres.github.io/panormia/mslist.pdf; dort (3 und 5 des pdf) auch die Zitate.

333. Die im Übrigen anzutreffenden Auslassungen deuten ebenfalls nicht auf eine Überarbeitung des Primats hin: c. 4.1 fehlt zudem in Paris, Bibliothèque Nationale, lat. 3869 und c. 4.16A in Admont, Stiftsbibliothek, 257.

334. In London, British Library, Add. 11440 fehlen die cc. 4.120–4.126, 4.128–4.135.

335. Siehe http://ivo-of-chartres.github.io/panormia/conspectus.pdf (dort 49f.).

336. Siehe http://ivo-of-chartres.github.io/panormia/conspectus.pdf (dort 30 bzw. 38). Zu den beiden Kanones siehe 92f., 143.

337. Siehe http://ivo-of-chartres.github.io/panormia/conspectus.pdf (dort 1): „Vp [Città del Vaticano, Biblioteca Apostolica Vaticana, Archivio di San Pietro, G19 bis] has been

Wie sieht es in den Partien zum Zölibat aus (cc. 3.42–3.67 und cc. 3.84–115)? Es sind wieder die beiden Exzerpthandschriften Edinburgh Adv. 18.8.6 und London Add. 11440, die grosse Teile der Weihevoraussetzungen auslassen;[338] darüber hinaus finden sich zwar Ergänzungen, die aber, soweit ersichtlich, keine neuen Gedanken hinzufügen, sondern schon genannte wiederholen.[339] Ein noch deutlicheres Bild ergibt die Analyse des dritten Teils, in dem die Enthaltsamkeit gefordert wird. Neben Auslassungen[340] findet sich eine Ergänzung, und zwar eine Art Zusammenfassung am Rand der Handschrift Troyes, BM 480.[341] Die rechtlichen Aussagen der *Panormia* werden im Übrigen nicht modifiziert.

Überblickt man diese zugegebenermassen nur oberflächliche Annäherung an die Überlieferung der *Panormia*, so scheint sich der Befund einer weitgehend unveränderten Überlieferung des Jurisdiktionsprimats zu bestätigen. Zwar finden sich in dem einen oder anderen Manuskript Änderungen, doch treten diese aus der Masse der rund 50 analysierten Manuskripte nicht entscheidend hervor. Auch die Präsentation des Zölibats verbleibt innerhalb der Sammlung offensichtlich ohne Modi-

studied, but it is so heavily interpolated that most of its idiosyncratic additions are not noticed here. They would drown the text." Änderungen in diesem Manuskript sind aufgeführt in: http://ivo-of-chartres.github.io/panormia/vpconspectus.pdf.

338. Dem *Conspectus* zufolge fehlen in Edinburgh, National Library of Scotland, Adv. 18.8.6: c. 3.43 stark abgekürzt/fragmentarisch, cc. 3.44–3.45, 3.49, 3.54–3.61, 3.63, 3.66–3.67; in London, British Library, Add. 11440: cc. 3.44, 3.52, 3.55 stark abgekürzt/fragmentarisch, 3.57, 3.63.

339. Die Handschrift Paris, BN, lat. 10742 wiederholte das Verstümmelungsverbot in einem Kanon nach c. 3.44 und fügte zwei Kanones nach c. 3.45 ein; im Übrigen ergänzte die Handschrift London, British Library, Cott. Vit. A iii drei Kanones nach c. 3.59 *in margine*, die kaum lesbar sind; einer von diesen stimmt mit einer Ergänzung in London, British Library, Royal 7 B v, nach c. 3.61 überein (Kanon entspricht in etwa D. 33 c. 2). In diesem wird inhaltlich neben anderem das Verbot wiederholt (vgl. c. 3.59), dass Männer in zweiter Ehe, Männer von Witwen, verstossenen Frauen oder Prostituierten, geweiht werden. Die vielen Ergänzungen in Città del Vaticano, Biblioteca Apostolica Vaticana, Archivio di San Pietro, G19 bis bleiben wiederum ausser Betracht (vgl. http://ivo-of-chartres.github.io/panormia/conspectus.pdf, dort 36–38).

340. Dem *Conspectus* gemäss fehlen in Edinburgh, National Library of Scotland, Adv. 18.8.6: cc. 3.87–3.90, 3.92–3.93, 3.95–3.100, 3.102, 3.105–3.107, 3.109–3.110, 3.113, 3.115b; in London, British Library, Add. 11440: cc. 3.85–3.90, 3.92–3.102, 3.104–3.107, 3.109–3.112, 3.114, 3.115b; in Città del Vaticano, Biblioteca Apostolica Vaticana, Archivio di San Pietro, G19 bis c. 3.88; in Admont, Stiftsbibliothek 257: c. 3.95; in Avranches, BM 147: c. 3.95; in Paris, BN, lat. 3873: c. 3.100 (nur Inskription vorhanden, nicht der Text); ferner in Paris, BN, lat. 10742: c. 3.115a (nur Inskription vorhanden, nicht der Text).

341. Troyes, BM 480 nach c. 3.101, vgl. http://ivo-of-chartres.github.io/panormia/conspectus.pdf, 38; daneben bietet Paris, BN, lat. 4284 am Fuss der Seite die Rubrik zu c. 3.87, vgl. http://ivo-of-chartres.github.io/panormia/conspectus.pdf, 38.

fikationen. Ein grundsätzlicher Wandel des rechtlichen Wissens lässt sich also auch bei der *Panormia* nicht beobachten.

δ) Appendizes – ein Sonderfall?

Standen bislang die Additionen innerhalb der Sammlungen im Vordergrund, so ist nun auf einen zweiten Ort zu blicken, an dem sich Ergänzungen in mittelalterlichen Handschriften häufig finden, nämlich am Ende der eigentlichen Sammlung. Die Appendizes sind vielfältig: Einige stammen von der Haupthand (die sie vielleicht schon von der Vorlage kopiert hatte), andere sind von zeitgleichen oder späteren Schreibern hinzugefügt worden; einige enthalten Konzilsbeschlüsse oder Dekretalen, andere Auszüge aus patristischen Schriften oder zeitgenössischen Autoren; einige überliefern Entscheidungen von allgemeiner kirchlicher Bedeutung und andere waren von Interesse nur für einen lokalen Adressatenkreis.

Schon diese Vielfältigkeit erschwert die Interpretation der Appendizes. Hinzu kommt, dass unklar ist, wann ein Appendix als zur Sammlung gehörig zu werten ist. Weniger Schwierigkeiten werfen die Kanones auf, die unmittelbar an das Ende einer Sammlung angefügt sind, also ohne Unterbrechung oder neuen Titel, da sie offensichtlich aus Schreibersicht zu der älteren Sammlung zählten sollten.[342] Diffiziler wird es, wenn eine Überschrift die angehängten Kanones abtrennt, und vollends verschwindet die Zusammengehörigkeit von Sammlung und Appendix, wenn dieser nicht im Anschluss an die Sammlung folgt, sondern an anderer Stelle im Manuskript steht. Ein Beispiel für diese Lösung von Sammlung und Appendix ist das Manuskript St. Gallen 676, in dem die Sammlung in 74 Titeln und Teile des schwäbischen Appendix auseinandergerissen sind.[343]

Nicht nur die Vielfältigkeit und das manchesmal undeutliche Band von Sammlung und Appendix erschweren den Zugriff auf die Appendizes, sondern auch die Editionen. Selbst wenn die Sammlungen ediert

342. Ein Beispiel hierfür bietet die Handschrift Monte Cassino 522, in der der Beschreibung Gilchrists zufolge 37 Kanones unmittelbar an die Sammlung in 74 Titel angeschlossen sind, vgl. Gilchrist, Diuersorum Patrum Sententie, xxxiii: „The collection [of 37 chapters – S.D.] is presented as a continuation of No. 3 [Collection in 74 Titles – S.D.], i.e. there is no distinct break.“ Derselbe Anhang auch in Florenz, Biblioteca Laurenziana, Pluteus 16 cod. 15, siehe Gilchrist, Diuersorum Patrum Sententie, xxxv (siehe auch 289f.). Einige grundlegendere Bemerkungen zu Appendizes von Meyer, Überlieferung und Verbreitung, 169.

343. St. Gallen 676, p. 98a–156b: Sammlung in 74 Titeln, p. 156b–158b sowie p. 259–261: Schwäbischer Appendix; vgl. Gilchrist, Diuersorum Patrum Sententie, liif. sowie Autenrieth, Bernold von Konstanz und der Codex Sangallensis 676, 5, 9.

sind, so haben deren Editoren die Appendizes häufig als nicht zur Sammlung zugehörig ausfallen lassen. Dies gilt zum Beispiel für die Edition der Sammlung in 74 Titeln: John Gilchrist war an einem guten, ursprünglichen Text gelegen und er hat bis auf den Schwäbischen Appendix, der in mehreren Manuskripten auftaucht, die Additionen am Schluss der Sammlung zwar erwähnt, aber nicht ediert.[344] Anders haben Martin Brett und Bruce Brasington gearbeitet, die die Anhänge zumindest einiger Handschriften der *Panormia* verzeichnet haben.[345] Vor dem Hintergrund der skizzierten Editionslage sind also, sofern möglich, erneut die Handschriften zu konsultieren.[346] Welchen Befund liefert die Untersuchung der drei Sammlungen?

αα) Das *Decretum* Burchard von Worms

Beginnen wir mit den Burchard-Handschriften, und zwar mit den frühen, die noch in Worms entstanden sind. Die Beschlüsse der Synode von Seligenstadt (1023) sind dem vat. pal. lat. 586 wohl noch in Worms angefügt worden;[347] der ebenfalls in Worms entstandene Frankfurter Codex Barth. 50 kennt diesen Entscheid jedoch nicht. Es finden sich dafür in dieser Handschrift der pseudoisidorische *Epistola ad Massonem episcopum* in einer unvollständigen Kopie sowie von einer späteren Hand ein Beschluss des unter Paschalis II. abgehaltenen Konzils von Guastalla.[348]

Die drei Manuskripte der italienischen Gruppe, also Madrid 391, Monza h-5/154 sowie Troyes 1386 enthalten alle – wenn auch teils verschiedene – Konzilsordines;[349] Troyes besitzt zudem noch weitere

344. Der Schwäbische Appendix umfasst in der Edition Gilchrists die cc. 316–330. Ausgelassen hat Gilchrist zum Beispiel die 37 Kanones, die sich in der Handschrift Monte Cassino 522 der Sammlung in 74 Titeln anschliessen (vgl. Anm. 342).

345. Vgl. http://ivo-of-chartres.github.io/panormia/panend.pdf.

346. Es versteht sich, dass für diese Arbeit nicht verschiedene Appendizes kollationiert und im Einzelnen untersucht werden konnten, da dies eine eigenständige Arbeit darstellen würde.

347. Das Konzil von Seligenstadt 1023 ist nachgetragen in vat. pal lat. 586, fol. 277vb-280va; vertiefend Hoffmann/Pokorny, Dekret, 31f. (Hand H).

348. Zu Frankfurt Barth. 50 vgl. Powitz/Buck, Handschriften des Bartholomaeusstifts, 104f. sowie Hoffmann/Pokorny, Dekret, insbes. 37–39 (mit Datierung der Hände). In Frankfurt Barth. 50 findet sich auf fol. 5va der c. 4 des Konzils von Guastalla (1106 Oktober 22, ed. MGH Const. 1, ed. Weiland, Nr. 395, 565f.; Hand des 12. Jahrhunderts) sowie nach dem Ende des Dekrets auf fol. 315va der Isidor von Sevilla zugeschriebene Brief *Epistola ad Massonem episcopum* (fol. 315va-b; unvollständig, Wormser Hand wohl noch des zweiten Viertels des 11. Jahrhunderts; zum Brief siehe 224).

349. Zu den Konzilsordines: Herbert Schneider, in: MGH Ordines de concilio celebrando, insbes. zu Madrid 391: 298 (Ordo 7, nach Buch 20; Hand etwas später als der Haupttext

Ergänzungen im Anschluss an Buch 20, unter ihnen Auszüge aus *Benedictus Levita* und dem römischen Recht sowie die Beschlüsse des Konzils von Vienne (1060).[350] Dieses Konzil verabschiedete unter Leitung von Kardinallegat Stephan von St. Crisogono, der im Auftrage Papst Nikolaus II. präsidierte, am 31. Januar 1060 Beschlüsse, mit denen er die Reformpolitik des Papstes umzusetzen suchte. Simonie, Zölibat und Inzest wollte der Kardinallegat in Frankreich verhindern und die Ordensdisziplin stärken.[351] Der Beschluss des Konzils von Vienne bewegte sich dabei noch im bekannten Rahmen: Enthaltsamkeitszölibat für Majoristen, aber keine Ehenichtigkeit.[352] In diesem Nachtrag zu Burchard in der Handschrift aus Troyes spiegelt sich also die neue Gesetzgebung aus der zweiten Hälfte des 11. Jahrhunderts wider, die sonst eher selten Aufnahme gefunden hat.

Gegenüber diesen doch nur mässig ergänzten Burchard-Manuskripten sind die beiden miteinander verwandten Handschriften München 4570 und vat. lat. 3809 in einem grösseren Umfang überarbeitet worden. Neben den drei Kanones, die Burchard vorgeschaltet sind, besitzen diese Handschriften am Ende von Buch 1 und Buch 2 Ergänzungen, unter denen sich die schon zuvor vorgestellten Anti-Simonie-Beschlüsse

von Burchard); zu Monza h-5/154: 235f. (Ordo 5, nach Buch 3); zu Troyes 1386: 239 (Ordo 5, nach Buch 3). Seiner Liste mit Burchard-Handschriften mit Ordo 5 ist Madrid 391, fol. 69ra-70va hinzuzufügen. Siehe auch Schneider, Vorgratianische Kanonessammlungen und Synodalordines, 56f.

350. Troyes 1386, fol. 298v, endet nach c. 20.57; es folgen: fol. 298v-299r: Konzilsbeschluss von Vienne, 1060 Januar 31 (vgl. Mansi 19, Sp. 925f.; Somerville, Cardinal Stephan of St. Crisogono (1977), insbes. 160–163); fol. 299v-300r: cc. 39–42 der Sammlung in 74 Titeln; fol. 300r-v: Auszüge u.a. aus den *Epitome Iuliani* zur *praesumptio* (vgl. hierzu Fransen, Le Burchard de Montpellier, 309); fol. 300v: Gregor der Grosse an den Subdiakon Petrus, 591 März 16 (MGH Reg. 1, ed. Ewald/Hartmann, 39a, c. 2 (53)); fol. 300v: c. 33 des Vierten Konzil von Toledo; fol. 300v: Auszug aus der Interpretatio zur Novelle XXXV *De episcopali iudicio et de diversis negotiis* (ed. Mommsen/Meyer, Theodosiani Libri XVI, vol. 2, 452 April 15, 150 Zeile 163–173); fol. 300v: Gratianus Valentinianus: *Quicumque de rebuis suis – habeat liberam potestatem* (vgl. Conrat, Breviarium Alaricianum, 274) und *Cum inter duas – nullatenus revocetur* (vgl. Lex romana raetica curiensis, ed. Karl Zeumer, lib. 3, interpretatio ad c. 7, in: MGH LL 5, 289–444, hier 328 Zeile 40f.); fol. 300v: Auszug angebl. aus einem Kapitular Karls des Grossen (vgl. Wasserschleben, Libri Duo, Appendix 1, 27 (401f.); entnommen aus *Benedictus Levita* 2, 99).

351. Vgl. Hefele, Conciliengeschichte 4, 775–777.

352. Konzil von Vienne 1060, c. 6 (nach Troyes 1386, fol. 299r): *Ut quicumque episcoporum, presbiterorum, diaconorum, subdiaconorum, qui post cognitum interdictum domini nostri papae nicholai, mulieri cuiuslibet carnali detentus copula, a ministerio et beneficio altaris non cessavit, sive deinceps cognoscens prelibatum apostolice sedis interdictum, aut mulierem aut ministerium ecclesie cum beneficio non statim deserverit, nullam restitucionis in pristino gradu veniam sibi se reservare cognoscat.*

Nikolaus' II. aus dem Jahre 1060 nach Buch 1 befinden.[353] Zudem tradieren diese beiden Codices weitere Eintragungen nach Buch 20, und zwar unter anderem die pseudo-leonische *Admonitio synodalis* sowie ein Schreiben Papst Lucius III. (1182).[354] Mit diesen deutlicheren Ergänzungen heben sich diese beiden Schwesterhandschriften aus der Gruppe der untersuchten Manuskripte hervor.

Im Ergebnis lässt sich resümieren: Viele Handschriften sind zwar ergänzt worden, doch geschah dies in einem unterschiedlichen, häufig eher als bescheiden zu charakterisierendem Umfang. Synodalordines finden sich häufiger eingefügt, wohingegen neuere Dekretalen und ältere Kanones seltener nachgetragen sind. Zwar liest man hier die Beschlüsse des Laterankonzils von 1060, dort die des Konzils von Guastalla 1106, doch genügen diese nicht, um die Perspektive Burchards, mit der er auf Jurisdiktionsprimat und Zölibat blickte, wesentlich zu verändern. Allein die Handschrift Troyes 1386 nahm mit den Beschlüssen des Konzils von Vienne die Reformpolitik der 1060er Jahre auf, doch verblieb es inhaltlich bei der Wiederholung und Einschärfung der Enthaltsamkeit für Majoristen.

Dieser zugegebenermassen provisorische Befund deckt sich in der Tendenz mit den Ergebnissen der von Otto Meyer 1935 unternommenen Manuskriptschau. Auch er förderte viele Codices zu Tage, die Konzilsordines enthalten, was auf eine praktische Verwendung Burchards in der Diözesanverwaltung schliessen lässt; in einigen Bänden sind zudem Synodalbeschlüsse – unter ihnen das Konzil von Seligenstadt 1023 – überliefert, von denen einige sogar nur aus diesen Codices bekannt sind.[355] Insgesamt lassen die Sichtung Meyers, aber auch die Einzelbeobachtungen Gérard Fransens und anderer auf eine zwar vorhandene, aber doch nicht ausgeprägte Überarbeitung Burchards schliessen.[356] Wenn sich jemand an die Arbeit machte, Burchard mit neuem Material

353. Zu München 4570 und vat. lat. 3809 vgl. Anm. 258; zu den Exzerpten ebenfalls in Troyes 1386 siehe 253 Anm. 244.

354. Zu München 4570 vgl. Catalogus Codicum Latinorum Bibliothecae Regiae Monacensis I/2, 209 sowie Koeniger, Beiträge, 394–406; zu vat. lat. 3809 vgl. Pelster, Dekret in einer Redaktion, 324–332; Pelster, Dekret in vatikanischen HSS, 135–138 und den ungedruckten Katalog von Stephan Kuttner, Catalogue of Manuscripts in the Vatican Library, Band 3 (sub vat. lat. 3809). Zur *Admonitio synodalis* mit weiterer Literatur: Pokorny, Nochmals zur Admonitio synodalis (1985).

355. Meyer, Überlieferung und Verbreitung, 168–176.

356. Neben Meyer, Überlieferung und Verbreitung (1935) finden sich Einzelbeobachtungen zu zwei Manuskripten bei Fransen, Textes ajoutés (1988); wichtig auch die Untersuchungen von Koeniger und Pelster (siehe 287 Anm. 354). Der Beitrag von Fransen, La tradition manuscrite (1969) führt zwar einige grundlegenden Beobachtungen zur Überarbeitung von

zu ergänzen, dann trug er eher älteres Material nach, also patristische Auszüge und frühere Konzilsbeschlüsse, als dass er aktuelle Beschlüsse ergänzte; und wenn, dann vielleicht die Beschlüsse Nikolaus' II., selten aber umfassend neue Dekretalen.

ββ) Die *Collectio 74 Titulorum*

Die Sammlung in 74 Titeln ist unter anderen Bedingungen als Burchards Dekret überliefert: Während das Dekret Burchards wohl aufgrund seines Umfangs – zumindest in den hier analysierten Handschriften – separat überliefert ist, ist die Sammlung in 74 Titeln (fast) immer mit anderem Material zusammen tradiert.[357] Aus dieser Beobachtung folgen zwei Konsequenzen: Zum einen wird man auf der Suche nach Additionen so häufig fündig, dass die Materialfülle kaum zu bewältigen ist; zum anderen stellt sich die Frage nach der Zugehörigkeit zu den Sammlungen. Zur Verdeutlichung: Sind die Kanones, die sich in den Handschriften Florenz, Biblioteca Laurenziana, Pluteus 16 cod. 15 und Monte Cassino, Archivio della Badia 522 auf mehr als zehn Blättern ohne Unterbrechung anschliessen, noch Teil der Sammlung in 74 Titeln oder sind sie eine neue Sammlung? – Der Schreiber des Florentiner Codex hielt die ersten sechs Blätter noch für zugehörig und erfasste deren Kanones in der *Capitulatio*, während er die weiteren Kanones ausliess; der Schreiber der Schwesterhandschrift Monte Cassino 522 nahm hingegen keinen der Kanones in die *Capitulatio* auf.[358] Das Beispiel zeigt, dass schon die mittelalterlichen Kopisten über den Umgang mit Appendizes uneins waren. Um trotz der skizzierten Schwierigkeiten einen Eindruck formulieren zu können, sollen hier exemplarisch zwei Appendizes vorgestellt werden, zum einen der schon erwähnte Schwäbische Appendix, zum anderen der soeben angesprochene Appendix zum Florentiner Manuskript. Im Übrigen sollen einige Beobachtungen zur Edition Gilchrists die Eindrücke abrunden.

Zunächst zum Schwäbischen Appendix. Der Schwäbische Appendix besteht aus bis zu 15 Kanones, die in den verschiedenen Manuskripten unterschiedlich angeordnet sind und somit keine feste Form gefunden

Sammlungen an (insbes. 112f.), konzentriert sich aber im Übrigen auf das Buch 12. Für die Frage der Appendizes hilft Fransen, Le Décret de Burchard de Worms (1977) nicht weiter.

357. Eine Ausnahme bildet die Handschrift El Escorial, Real Biblioteca de San Lorenzo, L.III.19 (Lc), die unvollständig in c. 236 abbricht (Gilchrist, Diuersorum Patrum Sententie, xxxvf.).

358. Siehe Gilchrist, Diuersorum Patrum Sententie, xxxiii und xxxv.

haben; es handelt sich also um einen offen überlieferten Text.[359] Dessen Kompilator, wohl Bernold von Konstanz, war insbesondere an Fragen der Exkommunikation interessiert und trug zu diesem Thema Kanones zusammen.[360] Er zitierte längere Passagen unter anderem aus Briefen des Papstes Gelasius an Faustus sowie an die Bischöfe Dardaniens. So nahm er den Auszug *Ipsi sunt canones* auf, demzufolge der Bischof von Rom Appellationen der ganzen Kirche entscheiden sollte; zudem seien dessen Urteile unwiderruflich und er würde selbst keinem Richter unterstehen.[361] Desweiteren findet sich erneut der gelasianische Text *Cuncta per mundum*.[362] Ausserdem – und soweit ersichtlich zum ersten Mal in der Sammlung in 74 Titeln – ist dem Papst das Recht zugeschrieben, sich über die Entscheidung einer ungerechten Synode (*synodus iniqua*) hinwegsetzen zu dürfen.[363] Zudem wurde dem Papst die Absetzungsbefugnis gegenüber Königen zugestanden.[364] Der Appendix, so kann man resümieren, ergänzte den Jurisdiktionsprimat zwar und rundete ihn ab, weitete ihn aber nicht grundsätzlich auf administrative und legislative Aspekte aus. Bernolds Überarbeitung der Sammlung, welche Spiegel der politischen Stimmung in Süddeutschland in den 1070er Jahren ist, geht also nicht wesentlich über das vom Kompilator der Sammlung in 74 Titeln ursprünglich dargebotene Mass hinaus.

Von anderer Qualität ist hingegen der Appendix zu dem Manuskript Florenz Plut. 16 cod. 15. Er schliesst sich direkt an c. 315 der Sammlung in 74 Titeln an und ist vom Index erfasst, was darauf schliessen lässt, dass ihn der Schreiber als Teil der Sammlung in 74 Titel ansah.[365]

359. Gilchrist, Diuersorum Patrum Sententie, lxxxviif. Ein Verzeichnis der *fontes formales* wie *materiales* bietet Autenrieth, Bernold von Konstanz und die erweiterte 74-Titel-Sammlung, 379–384.

360. Zur Zuschreibung an Bernold siehe Autenrieth, Bernold von Konstanz und die erweiterte 74-Titel-Sammlung (1958). Der Zölibat ist in dem Appendix nicht erwähnt.

361. c. 327 (2), siehe 29.

362. c. 327 (4) (Gilchrist, Diuersorum Patrum Sententie, 189 Zeile 73–78); schon zuvor als c. 10.

363. c. 327 (4) (Gilchrist, Diuersorum Patrum Sententie, 189 Zeile 79–88); siehe ebenso c. 327 (5).

364. cc. 329 und 330. Zum *fons materialis* dieser beiden Kanones Autenrieth, Bernold von Konstanz und die erweiterte 74-Titel-Sammlung, 384.

365. Es handelte sich aber vermutlich nicht um den Schreiber des Manuskripts Florenz Plut. 16 cod. 15, sondern um den der Vorlage. Die Kanones sind in der *Capitulatio* nummeriert, aber die Nummern sind – zumindest auf dem Mikrofilm – nicht zu erkennen. Ein Film des Manuskripts aus Monte Cassino lag nicht vor, so dass hier allein auf das Florentiner Manuskript abgestellt wird.

Was ergänzte der Schreiber?[366] Inhaltlich fügte er Vorschriften zur Stellung der Diakone und überhaupt zur Hierarchie in der Kirche an, zum Schwur von Geistlichen sowie zum Meineid und falschem Zeugnis, zum Kirchendiebstahl, zur Nottaufe und zum Eherecht; darüber hinaus finden sich auch Regeln zur Laieninvestitur und zur Simonie. In formaler Hinsicht ist es zumeist das *ius antiquum*, das der Schreiber aufnahm, nämlich Beschlüsse des Konzils von Nizäa und von Sardica, Auszüge aus Gelasius und Pseudoisidor sowie aus Bussordnungen; seltener das *ius novum*. Von Interesse sind hier allein zwei jüngere Texte, nämlich eine Konstitution Heinrichs III. aus dem Jahre 1047 zum Schwur von Geistlichen sowie Auszüge aus der Synode Gregors VII., die dieser im Herbst 1078 hielt.[367] Aus den Beschlüssen letzterer Synode stammen die Kanones zur Laieninvestitur und zur Weihe, zur Busse und zum Zehnt. Zölibat und Jurisdiktionsprimat sind in diesem Appendix aber nicht angesprochen.

Wirft man abschliessend noch einen kursorischen Blick auf die in den Handschriftenbeschreibungen der Edition Gilchrists angegebenen Kanones, so bestätigt sich der Befund, dass neuere Entscheidungen zum Zölibat selten aufgenommen worden sind. Zwar finden sich hier und da aktuellere Texte nachgetragen – zum Beispiel in der Handschrift Namur 5 (siehe Abb. 13) ein Brief Gregors VII., in dem dieser die Gläubigen in Italien und Deutschland in den Kampf um die Klerikerdisziplinierung einbezog und ihnen den Messbesuch unkeuscher Priester verbot – , doch sind dies Einzelfälle. Vor allem der Entscheid des Zweiten Laterankonzils von 1139 scheint nicht hinzugefügt worden zu sein.[368] Mit diesen Beobachtungen kann eine Antwort auf die

366. Siehe 516–523.

367. Vermutlich: Kaiser Heinrich III., De iuramentis clericorum, 1047 April 3, in: MGH Const. 1, ed. Weiland, Nr. 50, 96f.; MGH Reg. Gregor VII.2, ed. Caspar, Nr. VI, 5b (400–406).

368. In der Handschrift Namur, Musée archéologique 5, fol. 84r findet sich ein weiterer Brief Gregors VII. (ed. Cowdrey, Epistolae Vagantes of Pope Gregory VII, Nr. 32 (84–87)) sowie einen Auszug aus der römischen Fastensynode von 1078 zur Sakramentenspendung von Exkommunizierten (MGH Reg. Gregor VII.2, ed. Caspar, Nr. V, 14a (368–373, hier 372, cc. 14–16); zur Handschrift Gilchrist, Diuersorum Patrum Sententie, xxxvi–xxxviii); Rom, Biblioteca Vallicelliana, F.54 enthält zudem eine Sammlung mit kanonistischem Material u.a. von Gregor VII. und Urban II., allerdings scheint dieser Teil des Manuskripts dem 12. Jahrhundert anzugehören und nicht ursprünglich als Ergänzung der Sammlung in 74 Titeln gedacht gewesen zu sein (vgl. Gilchrist, Diuersorum Patrum Sententie, xlvii–xlix; Kuttner, Some Roman Manuscripts, 23–25); Wolfenbüttel, HAB, MS 9.4 Aug. 4° ist u.a. mit einem Auszug aus der Synode von 1080 zum Wahlverfahren von Bischöfen ergänzt (MGH Reg. Gregor VII.2, ed. Caspar, Nr. VII, 14a (479–487, hier 482, c. 6)). Darüber hinaus

Leitfrage dieser Durchsicht formuliert werden: Weder wurde die Zölibatsforderung um die aktuelle Legislation der ausgehenden 1130er Jahre vervollständigt und damit verschärft, noch wurde der von der Sammlung in 74 Titeln explizit vorgetragene jurisdiktionelle Part des Primats um legislative oder administrative Elemente ergänzt.

γγ) Die Panormia

Martin Brett hat jüngst festgestellt, dass es insgesamt mehr Manuskripte der *Panormia* mit Additionen gibt als ohne.[369] Der von Brett/Brasington ihrer Online-Edition der *Panormia* hinzugefügte Überblick über die Appendizes unterstreicht dies eindrucksvoll.[370] Aus der Fülle der von Brett/Brasington aufgeführten Appendizes stechen zwei hervor, nämlich derjenige in Paris, Bibliothèque Nationale, 2472 und derjenige in Wien, Österreichische Nationalbibliothek, 2200, da beide Kanones zum päpstlichen Primat enthalten. In dem letzteren Manuskript findet sich zu Ende der Sammlung das auch in den schwäbischen Anhang (74T c. 330) aufgenommene Exzerpt eines Briefs Gregors VII., demzufolge Könige abgesetzt und von der Teilnahme an der Kommunion ausgeschlossen werden sollen, wenn sie sich den Anordnungen des apostolischen Stuhls widersetzten.[371] In der Pariser Handschrift 2472 ist wiederum, wenn auch in neuer Reihenfolge, der grösste Teil aus Titel 1.20 der Kanonessammlung Polycarps übernommen, der Exzerpte zum Thema *De regali subiectione ad pontificem Romanum et ad omnes episcopos* enthält und somit die weltliche Unterordnung unter die geistliche Macht vorschreibt.[372] In diesen beiden Handschriften ist die primatiale Stellung des Bischofs von Rom zwar wieder angesprochen, doch finden sich Regelungen zum Jurisdiktionsprimat nicht.

Der Zölibat ist hingegen, wenn auch nicht allzu oft, aber doch wesentlich häufiger als der Primat angesprochen. Während einige Handschriften dieses Thema zwar erneut anschneiden, aber doch nur

enthält fast jede Handschrift weiteres älteres Material, vgl. Gilchrist, Diuersorum Patrum Sententie, xxxii–lx.

369. Brett, Margin and Afterthought, 140 Fn. 4: „As things stand, copies without at least modest additions are the exception rather than the rule.“ Appendizes zur *Panormia* untersucht auch Szuromi, From a reading book, insbes. 39–41, 97–105, 110–116.

370. Vgl. http://ivo-of-chartres.github.io/panormia/panend.pdf.

371. Wien 2200, c. a18, http://ivo-of-chartres.github.io/panormia/panend.pdf (dort 137).

372. Paris 2472: cc. a1–a13, http://ivo-of-chartres.github.io/panormia/panend.pdf (dort 64–66); aufgenommen sind aus *Polycarpus* cc. 1.20.5–1.20.13, 1.20.1, 1.20.3, 1.20.4 (zum Polycarpus: www.mgh.de/fileadmin/Downloads/pdf/polycarp.pdf).

ältere Entscheidungen wiederholen,[373] nehmen andere neue Impulse auf: Sie enthalten die Beschlüsse des Zweiten Laterankonzils, das 1139 unter Innozenz II. tagte. Diese Gruppe von Handschriften fügte damit neue kirchenrechtliche Entscheidungen an die ältere *Panormia* an, und ergänzt die Zusammenstellung von normativen Texten zur Enthaltsamkeit mit einer eindeutigen Aussage: Majoristen müssen ihre Frauen verlassen, denn ihre Ehen waren aufgelöst.[374]

Die Untersuchung der *Panormia* unterstreicht also weitgehend die Ergebnisse der Analyse des Dekrets Burchards und der Sammlung in 74 Titeln: Trotz mannigfaltiger Ergänzungen wird die ursprüngliche Perspektive nicht wesentlich verändert; eine Ausnahme bilden allein die Handschriften, in denen die Beschlüsse des Zweiten Laterankonzils nachgetragen sind. In diesen Handschriften ist das rechtliche Wissen zum Zölibat grundlegend geändert und der aktuellen Legislation aus der Mitte des 12. Jahrhunderts angepasst.

δδ) Zusammenfassende Beobachtungen

Bilanzieren wir an dieser Stelle: Alle drei Sammlungen weisen Ergänzungen auf, wobei die *Panormia* und die Sammlung in 74 Titeln offensichtlich häufiger als Burchards Dekret mit Appendizes verse-

373. Zu diesen Handschriften zählen Paris, Bibliothèque Nationale, lat. 4284 sowie Vatican, BAV, reg. lat. 972 mit dem Kanon a17 (*Lector si viduam uxorem acceperit, in lectoratu permaneat – Similiter qui bigamus fuerit.* (D. 34 c. 18), der das Digamieverbot und das Verbot der Witwenheirat wiederholt (vgl. http://ivo-of-chartres.github.io/panormia/panend.pdf, 96); dieselben zwei Handschriften fügen als Kanon a30 und a31 Rubrik und Haupttext eines Beschlusses des Konzils von Gangra ein (cf. *Tripartita* c. 2.4.15, http://ivo-of-chartres.github.io/tripartita/trip_a_2.pdf, D. 30 c. 14), demzufolge keiner seiner Kinder unter dem Vorwand der Enthaltsamkeit vernachlässigen darf. In der Linie des Alttradierten bewegt sich auch die Ergänzung in der Handschrift Paris, BN, lat. 17526, fol. 11v, in der wohl DB c. 2.108/D. 28 c. 9 hinzugefügt ist (vgl. http://ivo-of-chartres.github.io/panormia/panend.pdf, 97f.).

374. Brett/Brasington führten in der 2009-Edition ihrer Online-Edition folgende Handschriften auf: Admont, Stiftsbibliothek 257; Douai, BM 584; Edinburgh, National Library of Scotland, Adv. 18.8.6; London, BL Add. 18371; Oxford, Bodleian Library, lat. misc. d. 74; Paris, BN, lat. 3870; Rom, Biblioteca Casanatense 335; St. Petersburg, Hermitage lat. 25; Salzburg, Erzabtei St. Peter, a VIII 15; Stuttgart, Württembergische Landesbibliothek, Jur. Q 146; Città del Vaticano, BAV, lat. 1359 sowie auch London, BL, Egerton 749 als Kanon a6 (Eugen III., 1148 zugeschrieben). In der neuesten Ausgabe ihrer Online-Edition verzichten sie jedoch explizit auf diesen Teil, da die Überlieferung deutlicher komplexer sei als ursprünglich gedacht und sich die Beschlüsse des Zweiten Laterankonzils nicht immer eindeutig von älteren Konzilien – wie dem von Pisa – abgrenzen lassen (http://ivo-of-chartres.github.io/panormia/panend.pdf, 143f.). Insofern erfolgen die Aussagen hier mit einer gewissen Vorsicht. Siehe auch die Auflistung bei Brett, Margin and Afterthought, 154 Fn. 59 sowie die neuere Zusammenfassung von Brett/Somerville, Transmission, 256–271.

hen wurden.[375] Ergänzenswert hielten Schreiber vieles: Dekretalen und Konzilsbeschlüsse, ältere Texte der Spätantike und aktuelle Konzilien, römisches Recht und Auszüge aus Pseudoisidor. Der Jurisdiktionsprimat ist indes, soweit ersichtlich, kaum erneut behandelt worden; wenn er aber doch angesprochen wurde, dann nur wiederholend-ergänzend, nicht vervollständigend-erweiternd. Legislative und administrative Aspekte fehlen weiterhin. Der Zölibat ist in den Anhängen häufiger als der Jurisdiktionsprimat berührt. Zwar enthalten Handschriften des Dekrets Burchards und der Sammlung in 74 Titeln kaum Ergänzungen zu diesem Thema in Appendizes, doch weisen einige Abschriften der *Panormia* die Konzilsbeschlüsse von 1139 im Anhang auf, in denen Klerikerehen für nichtig erklärt wurden. In diesen wenigen Manuskripten wurde das rechtliche Wissen der *Panormia* aktualisiert; in Kopien des Dekrets Burchards und der Sammlung in 74 Titeln erfolgte diese Aktualisierung offensichtlich nicht. Insofern veränderten die Appendizes die von den ursprünglichen Kompilatoren gewählten Wissensbestände nur selten.

ε) Zur Tradition der Ordnung: Bilanzierende Überlegungen

Die Untersuchung der Handschriften des *Decretum Burchardi*, die Analyse der Edition der Sammlung in 74 Titeln unter Einbeziehung von Handschriften sowie die kursorische Auswertung der *Panormia* haben gezeigt, dass das Verständnis des Jurisdiktionsprimats wie des Zölibats in späteren Kopien und häufig sogar in derivativen Sammlungen unverändert geblieben ist. Burchards episkopale Interpretation überliefern nicht nur Wormser Handschriften des beginnenden 11. Jahrhunderts, sondern auch italienische Manuskripte aus dem Anfang des 12. Jahrhunderts, so dass man beim Jurisdiktionsprimat gerade keine einsetzende ‚Gregorianisierung' feststellen kann. Auch die Sammlung in 74 Titeln verblieb in den primatialen wie zölibatären Teilen ohne weitergehende Überarbeitungen, wenn man von den Manuskripten der ‚schwäbischen Version' absieht. Ein vergleichbarer Befund lässt auch die Durchsicht der *Panormia* vermuten. Da Deusdedits *Collectio Canonum* sinuglär überliefert ist, besteht keine Möglichkeit, die Rezeptionsgeschichte dieser Sammlung zu analysieren.

Die vielen Überarbeitungen deuten im Allgemeinen auf eine Ergänzung oder sogar Änderung des überlieferten Wissens hin: Burchards

375. Ob sich dieser Eindruck aber bei einer Untersuchung einer grösseren Anzahl von Burchard-Manuskripten aufrecht erhalten liesse, muss offen bleiben.

erstes Buch ist an mehreren Stellen und von mehreren Schreibern unabhängig voneinander um weitere Simonieverbote ergänzt worden; in dem Appendix zur Sammlung in 74 Titeln trug Bernold von Konstanz insbesondere Regeln zu dem ihm wichtigen Thema der Exkommunikation zusammen; der Kompilator der kleineren Sammlung in dem Manuskript San Daniele 203 ergänzte die Sammlung in 74 Titeln mit Regeln zu Busse, Eherecht und Taufe. In den Anhängen zu Manuskripten der *Panormia* schliesslich, so legt es die Übersicht von Brett/Brasington nahe, spiegelt sich die gesamte Bandbreite kirchenrechtlichen Interesses des 12. Jahrhunderts vom Eherecht bis zur Exkommunikation.[376] Doch trotz dieser Ergänzungen muss man für den Jurisdiktionsprimat konstatieren, dass das Wissen des jeweiligen Kompilators nicht modifiziert wurde: Burchards Dekret verblieb ohne päpstliche Immunität, die Sammlung in 74 Titeln ohne administrative Eingriffsrechte des Papstes und die *Panormia* ohne ausformuliertes Legislativrecht. Das Wissen zum Zölibat ist ebenfalls eher unverändert bewahrt, denn nur vereinzelte Appendizes zu Manuskripten der *Panormia* überliefern ein materiell neues Verständnis: Sie tradieren die Beschlüsse des Zweiten Laterankonzils von 1139, demzufolge Majoristenehen unwirksam waren. Grosso modo lässt sich somit festhalten, dass sich das Rechtswissen im 11. Jahrhundert derart ausdifferenziert hatte, dass zwar unterschiedliches Wissen über den Jurisdiktionsprimat bestand, dieses aber bis in das 12. Jahrhundert unverändert tradiert wurde. Unterschiedliche, teils konträre Wissensbestände zur Grundkonzeption der Kirche standen also auch nach 1100 noch nebeneinander, ohne sich anzunähern.

Für diese Beobachtung der relativen Konstanz von Rechtswissen bieten sich drei Erklärungsansätze an. Erstens ist in Erinnerung zu rufen, dass innerhalb der politischen und theologischen Umwälzungen in der zweiten Hälfte des 11. Jahrhunderts der Leitungsanspruch des Papstes nicht nur von ihm selbst, sondern auch von Dritten verstärkt vorgetragen wurde. Kanonessammlungen reagierten auf diese Änderungen, was sich an dem Entstehen von ‚Reformsammlungen' gut ablesen lässt.[377] Interpretiert man Kanonessammlungen als Spiegel dieser neuen politisch-theologischen Diskussionen, so lässt die Konstanz in Burchards Dekret darauf schliessen, dass der Jurisdiktionsprimat keine

376. Diese Beobachtung deckt sich mit dem Befund, den Rolker, Canon Law, insbes. 63–68, 85–88 formuliert, hier 88: „So while the political debates of the time are perhaps more spectacular, the impetus of these day-to-day issues for the renewed interest in old law should not be overlooked."

377. Zu Reformsammlungen siehe 74, 115.

derartige Bedeutung gewonnen hatte, als dass gegebene Sammlungen daraufhin überarbeitet worden wären. Der päpstliche Jurisdiktionsprimat lag – jedenfalls im Spiegel einiger Kanonessammlungen – eher am Rande des zeitgenössischen Interesses, während andere Themen wie Simonie näher an der Lebenswelt der Schreiber und Kompilatoren des ausgehenden 11. und 12. Jahrhunderts waren.[378] Dass indes einige Kompilatoren – wie Deusdedit – den Jurisdiktionsprimat so prominent präsentierten, zeugt von einem sich ausdifferenzierendem Wissen, stellt aber die grundsätzliche Konstanz nicht in Frage.

Kanonessammlungen, so darf man als zweiten Gedanken formulieren, scheinen im 11. und 12. Jahrhundert nicht der zentrale Ort der Austragung solcher politisch-motivierten Diskussionen gewesen zu sein. Bernolds von Konstanz Arbeitsweise zeigt dies deutlich: Die Auseinandersetzungen mit den Gegnern eines pro-papalistischen Kurses erfolgten im *Apologeticus*, in *De solutione iuramentorum* und anderen Schriften, während die Sammlung in 74 Titeln (trotz ihres Anhangs) für ihn vielleicht eher als Wissensspeicher diente, aus der er Texte schöpfen konnte, um sie in anderen Quellengattungen einzusetzen. Dies kann auch die Handschrift St. Gallen, Stiftsbibliothek 676 unterstreichen, an der Bernold selbst mitgearbeitet hat, und die insofern als eine „Materialsammlung für den praktischen Gebrauch" bezeichnet wurde.[379] Sein ekklesiologisches Konzept legte Bernold von Konstanz an anderer Stelle dar.[380] Für einen Kompilatoren wie Deusdedit mag hingegen schon allein die Zusammenstellung von Kanones eine Positionierung in der theologisch-politischen Auseinandersetzung der damaligen Zeit dargestellt haben.

Es lohnt sich, bei dem Begriff der ‚Materialsammlung' länger zu verweilen, denn er umschreibt vielleicht am treffendsten einen Funktionswandel der Kanonessammlungen: Burchards ernsthafte Ordnung des Materials, widerspruchsfrei und harmonisiert, verkommt unter der

378. Als wichtige Themen in der Streitschriftenliteratur arbeitet Mirbt, Publizistik (1894) den Zölibat (239–342), die Simonie (343–371) und die Laieninvestitur heraus (463–542).

379. Abschriften von Materialsammlungen sind auch der Codex Stuttgart HB.VI.107 und Schlettstadt 13; hierzu Robinson, Zur Arbeitsweise Bernolds von Konstanz und seines Kreises (1978). Zu Bernold und seinem Standpunkt gegenüber der päpstlichen Gewalt in Streitschriften siehe Weisweiler, Päpstliche Gewalt (1952). Die Einschätzung als „Materialsammlung" häufig bei Autenrieth, u.a. Autenrieth, Bernold von Konstanz und der Codex Sangallensis 676, 17.

380. Greulich, Kirchenpolitische Stellung Bernolds, 14–25 zeichnet Bernolds von Konstanz Position gegenüber dem Papst und dessen Jurisdiktionsprimat anhand seiner sonstigen Schriften nach.

Hand Bernolds zu einem Quellencorpus, das seziert, verglichen und rezipiert, aber auch verworfen werden durfte. War Burchards Dekret nur noch ein Textmagazin neben der *Quesnelliana* oder der *Dionysio-Hadriana*, dann verloren seine inhaltlichen Aussagen an Bedeutung. Ob Burchards Dekret episkopal oder die Sammlung in 74 Titel papalistisch orientiert war, war ohne Bedeutung, solange sie die Texte vollständig, verständlich und korrekt transportierten. Ein solcher Funktionswandel könnte auch die Beobachtung der Beständigkeit erklären: Materialsammlungen bedurften nicht der inhaltlichen Überarbeitung, da die Auseinandersetzung mit den inhaltlichen Aussagen in anderen Textgattungen, den Traktaten, stattfand.

Drittens. Dem Gedanken des Funktionswandels der Kanonessammlungen steht eine Beobachtung konträr gegenüber, nämlich die Rezipientenperspektive. Blickt man nämlich auf die Darbietung des rechtlichen Stoffes am Beispiel des Jurisdiktionsprimats, so kann man in der ersten Hälfte des 12. Jahrhunderts ein weites Angebot an politischen Meinungen, ekklesiologischen Entwürfen und rechtlichen Konzeptionen beobachten, welches gegenüber der Jahrtausendwende deutlich erweitert und differenziert ist, so dass die ekklesiologische Spannbreite nach 1100 – zumindest was den Jurisdiktionsprimat angeht – so breit war wie nie zuvor. Eine normative Fixierung auf einen jurisdiktionellen, administrativen und legislativen Primat des römischen Bischofs setzte gerade nicht ein, vielmehr stehen verschiedene Entwürfe und Perspektiven in den Sammlungen unverbunden nebeneinander.

Es lohnt sich, diese Beobachtung mit den Leserkreisen in Verbindung zu setzen. Die Sammlung in 74 Titeln als pro-monastische Sammlung (die Stärkung des Papstes war ja nur Mittel zum Schutz der Klöster!) ist in der Tat häufig in Klöstern überliefert (und dass sie vielfach mit Chartularien in einem Manuskript vereinigt wurde,[381] unter-

381. Die Sammlung in 74 Titeln ist mehrfach mit Chartularien verbunden worden; zu nennen sind folgende Kopien: Erstens das Chartular des Benediktinerklosters Rheinau, geschrieben wohl 1126/1127 in einer Auseinandersetzung mit den Grafen von Lenzburg (heute: Staatsarchiv Zürich, C II 17 Nr. 1a, fol. 1r-2r, überliefert sind 74T cc. 24–28, 30–40, vertiefend: Seibert, Unbekannte Überlieferung (1987)); zweitens die Abschrift von Urkunden des beneventanischen Klosters St. Sophia bei Neapel, die vermutlich 1119 beendet wurde (*Chronicon Sanctae Sophiae*, heute: Città del Vaticano, BAV, vat. lat. 4939, fol. 16r-22v, überliefert sind 74T cc. 24–32, 33–38, 179, 39 (vgl. die Auflistung in: Bertolini, Collezione canonica beneventana, 124); eine Edition bieten Bertolini, Collezione canonica beneventana, 128–137 und Martin, Chronicon Sanctae Sophiae, 257–272; vertiefend Degl'Innocenti/Cantelli, La riforma gregoriana, 492; García y García, Historia del Derecho Canonico I, 316f.; Mordek, Systematische Kanonessammlungen vor Gratian, 198; Fuhrmann,

streicht, dass ihre Intention von den mittelalterlichen Zeitgenossen nicht verkannt wurde). Burchards Handbuch zur Bistumsverwaltung lag häufig in Kathedralbibliotheken, wohingegen man an Bischofssitzen die Sammlung in 74 Titeln offensichtlich nicht las.[382] Dieser Überlieferungskontext erklärt vielleicht ein Stück weit, warum Sammlungen nicht verändert wurden: Der bischöfliche Leser hatte so wenig Interesse an einer Stärkung des päpstlichen Jurisdiktionsprimats wie der Mönch an Neuerungen im Zölibatsrecht, war er doch durch ein Gelübde gebunden.[383] Jede Sammlung fand ihren Leser, jede Interpretation ihren Rezipienten. Insofern spiegeln Kanonessammlungen die Vorstellungen, Erwartungen und Konzepte wieder, die verschiedene kirchliche Gruppen im Hochmittelalter entwickelt haben.

Diese Erklärung aus Sicht des Rezipientenkreises steht jedoch in einem gewissen Spannungsverhältnis zur Überlegung, mit dem Funktionswandel von Sammlungen die Konstanz des Wissens erklären zu können, denn entweder behandelten Leser Kanonessammlungen als Materialsammlungen, dann aber war die Perspektive zweitrangig, oder die Perspektive war erheblich, dann aber waren sie keine Materialsammlung mehr. – So wie das frühere Mittelalter rechtliche Widersprüche

Einfluß und Verbreitung II, 507 Fn. 223); drittens die gefälschte *Magna Carta Dunstani* (um 1100?, überliefert sind 74T cc. 24–25; siehe Scholz, Two forgered charters, 472, 477; zur Überlieferung Sawyer, Anglo-Saxon charters, Nr. 1293 (373f.); vertiefend Rolker, The Collection in Seventy-four Titles, 69f.); viertens das Manuskript Paris, Bibliothèque Nationale, n.a.l. 326 (ursprünglich aus der Abtei St. Denis, Urkunden auf den fol. 1v-25v, eine leicht überarbeitete Fassung von 74T auf fol. 26r-77r; vertiefend: Levillain, Études sur l'Abbaye, 299–330; Gilchrist, Gregory VII, 125–127; Fowler-Magerl, Fine Distinctions, 152–166; Grosse, Saint-Denis zwischen Adel und König, 70–78; Fowler-Magerl, Clavis canonum, 114–117). Das Beispiel einer weiteren auf Pseudoisidor, aber wohl nicht auf der Sammlung in 74 Titel beruhenden Sammlung nennt Theodor Kölzer mit der *Collectio Farfensis* aus dem mittelitalienischen Kloster Farfa (Città del Vaticano, BAV, vat. lat. 8487, ed. Kölzer, Collectio Canonum Registro Farfensi inserta (1982); vertiefend: Kölzer, Farfenser Kanonessammlung (1977)). Grundlegend zu diesen „monastischen Kanonessammlungen" auch Kölzer, Mönchtum und Kirchenrecht (1983).

382. Zur Beurteilung Burchards vgl. Meyer, Überlieferung und Verbreitung, 167: „Man griff offenbar nach ihm [dem Decretum Burchardi – S.D.] nicht als nach einem wissenschaftlichen System des Kirchenrechts, sondern nach einem Handbuch, das in der kirchlichen Verwaltungsarbeit gute Dienste leisten konnte. Deshalb seine Beliebtheit am Bischofssitze; [...]." Jedenfalls stammt kein Manuskript der Sammlung in 74 Titel bekanntermassen aus einer Kathedralbibliothek, so Rolker, The Collection in Seventy-four Titles, 70 Fn. 55. Zur Überlieferung von Burchard vgl. Meyer, Überlieferung und Verbreitung, insbes. 166, der nachweist, dass 32 von 69 der Herkunft nach untersuchten Manuskripte von Bischofssitzen stammen.

383. Diese Erklärung findet aber ihre Grenze an der Beständigkeit der zölibatären Vorschriften; einem Bischof ist wohl (im eigenen Interesse) zu unterstellen, die Diskussionen und Entwicklungen auf dem Gebiet der Enthaltsamkeit der Majoristen zu verfolgen.

aushielt, ohne sie aufzulösen,[384] so darf vielleicht auch dieser bestehen bleiben: Beide Erklärungen können zutreffen, wenn auch nicht für denselben Leser.

(2) Notandum quod... Überarbeitungen älterer Kanonessammlungen in methodischer Hinsicht

Nach dem Studium der inhaltlichen Änderungen der drei Kanonessammlungen sollen nun ihre Überarbeitungen in methodischer Hinsicht in Augenschein genommen werden. Mehren sich bei jüngeren Handschriften die interlinearen Glossen und marginalen Ergänzungen? Häufen sich die Kommentare, erfolgen Verweise auf andere Kanones, werden Widersprüche zwischen Autoritäten aufgezeigt und gelöst? Es gilt also zu erkunden, ob die Leser älterer Sammlungen in tradierten Bahnen verblieben oder ob sie den medialen Rahmen der Ordnung des Rechts aufbrachen und das artistische Instrumentarium in den Kanonessammlungen applizierten. Hierfür sind zunächst einige Beobachtungen des Manuskriptstudiums zusammenzutragen, also gleichsam die positiven Befunde darzustellen; sodann soll in negativer Hinsicht gefragt werden, welche Arbeitsweisen sich gerade nicht finden lassen, obwohl man sie hätte erwarten können. Schliesslich sind diese Ergebnisse unter der Perspektive des Wandels des methodischen Rahmens zusammenzuführen. Die Beobachtungen zu Burchards Dekret, der Sammlung in 74 Titeln sowie zu Deusdedits *Collectio Canonum* werden in folgender Reihenfolge präsentiert: Fehlerkorrekturen, Variantenangaben und textkritische Glossen, Worterklärungen sowie Scholien in Form von resümierenden, kommentierenden und Parallelstellen angebenden Glossen.[385]

384. Zu den unaufgelösten Widersprüchen im früheren Mittelalter vgl. zum Beispiel die Beobachtungen von Siems, Textbearbeitung, 61.

385. Zum Begriff ‚Glosse': Die Philologie versteht ‚Glosse' als Übersetzung oder Erklärung eines zumeist lateinischen Wortes; sie besitzt damit ein eher engeres Verständnis, siehe Stricker, Definitorische Vorklärungen, 31: „Als Glosse bezeichnet man ein Wort oder Syntagma, das ein Bezugswort oder einen Bezugskontext in der Regel lexikalisch, zuweilen auch grammatisch oder syntaktisch übersetzt, erklärt oder kommentiert. Für eine Glosse ist also der Bezug auf ein anderes Wort konstitutiv, für eine volkssprachige Glosse darüber hinaus auch die Identifizierung in einer anderen Sprache." Dahingegen wird der Begriff in der Rechtsgeschichte üblicherweise, soweit man überhaupt von einem ausgeprägten Sprachgebrauch sprechen kann, weiter verstanden und umfasst über einzelne Worterklärungen hinaus auch inhaltliche Kommentare zu einer Textstelle (siehe Tiefenbach, Volkssprachige Wörter, 958f.). Glossen in juristischen Handschriften finden sich häufig; wissenschaftlich bearbeitet sind die Glossen zum *Decretum Gratiani* insbesondere durch Rudolf Weigand (zum Beispiel: Weigand, Development of the Glossa ordinaria (2008)); Glossen zum Sachsenspiegel analysierte Kannowski, Umgestaltung (2007). Scheint ein

Beginnen wir zunächst mit den kleineren Korrekturen und Überarbeitungen der Sammlungen.[386] In den Kopien des *Decretum Burchardi* wie der Sammlung in 74 Titeln überwiegen Überarbeitungen von späterer Hand, die man als reine Textkorrekturen bezeichnen könnte. Hierbei kann es sich um die Verbesserung von Schreibfehlern oder das Einfügen übersprungener Wörter, aber auch um das Ergänzen ganzer Satzteile handeln, die im Zuge eines Augensprungs ausgelassen worden sind. Offensichtlich hatte diese zweite Hand eine weitere Abschrift der zu korrigierenden Sammlung oder eine andere Sammlung zur Hand, die den Kanon parallel überlieferte. Diese Form der reinen Fehlerkorrektur macht die Hauptgruppe der Überarbeitungen in Burchards Dekret[387]

Schwerpunkt der juristischen Glossenforschung auf der Zeit nach 1150 zu liegen, so sind Glossen zu vorgratianischen Kanoneshandschriften offensichtlich eher selten Objekt der Forschung gewesen (so auch der Eindruck von Brasington, Glossing Strategies, 155: „... audiences of earlier collections remain largely unexamined"). Neben dem älteren Beitrag von Maassen, Glossen des canonischen Rechts (1877) sind vor allem Publikationen von Bruce Brasington zu nennen (Glossing Strategies (2000); Amplificatio Sententie (2001); A Note on Selected Glosses to the Collection in V Books (2002/03); Carolingian Canon Law Manuscript (2003); Notes from the Edge (2008); *Antiquis fas erat* (2009); Visual Glosses (2010)) sowie schliesslich Firey, How Carolingians Learned Canon Law, insbes. 364–368. Bergmann/Blum, Canones-Glossierung, 549 stellten fest, dass es „[e]inen Forschungsstand zur Canones-Glossierung im Ganzen [...] nicht [gibt]". Ihr Urteil ist zwar aus philologischer Perspektive gefällt, doch gilt es *cum salis grano* auch für den originär kanonistischen Forschungsstand zu vorgratianischen Glossen. Wenn die Proceedings-Bände Seismograph für Forschungsschwerpunkte sind, so gehören vorgratianische Glossen eher zu den Kalmenzonen. Zu Glossen und Klassifikation der Glossen vgl. als Einstieg: H. H. Munske, Art. Glosse, in: HRG 1, Sp. 1712f.; Birgit Meineke, Art. Glossen, in: HRG 2, 2. Aufl., Sp. 412–415; Rudolf Weigand, Art. Glossen 2. (kanonisches Recht), in: LexMA 4, 1989, Sp. 107f. (der für die vorgratianische Zeit von „sporadisch vorkommen[den]" Glossen spricht, die von einer „mehr unsystematischen Beschäftigung" zeugen); J. Splett, Art. Glossen und Glossare. § 1 Althochdeutsche und altsächsische Glossen, in: RGA 12, 2. Aufl., 1998, 218–226, insbes. 222 zu Glossen in Kanonessammlungen. Zur Typologie von juristischen Glossen siehe z.B. Brasington, A Note on Selected Glosses to the Collection in V Books, 13f. sowie Lange, Römisches Recht im Mittelalter 1, 119–122.

386. Zum Quellencorpus der Untersuchung: Systematisch ausgewertet sind Buch 1 und 2 des Burchard'schen Dekrets und die cc. 1–40 der Sammlung in 74 Titeln sowie die einzige Handschrift Deusdedits, vat. lat. 3833. Auf eine Analyse der *Panormia*-Handschriften ist verzichtet worden, da ein Herausgreifen einzelner Handschriften nur unsystematische Ergebnisse erbringen kann. Berücksichtigt sind einzig Tintenglossen, da nur diese auf Filmen und Reproduktionen erkennbar sind; Griffelglossen, also in das Pergament gekratzte Glossen, sind, sollten sie nach 1100 überhaupt noch verbreitet gewesen sein, nicht ausgewertet.

387. Folgende Korrekturen lassen sich im Dekret Burchards ausmachen: Madrid 391, fol. 40rb ad c. 2.129: Während Burchard vorschreibt: ... *ut nullus ... tabernas ingredi audeat*, schreibt die Haupthand verderbt: ... *ut nullus ... tabernas ingredi habeat*, was eine zweite Hand zu ... *ut nullus ... tabernas ingrediendi licentiam habeat* korrigiert; im übrigen sind in Buch 1 und 2 der Madrider Handschrift keine interlinearen Eintragungen ersichtlich. Monza h-5/154 weist viele Korrekturen und einige Anmerkungen zur Texterschliessung

wie in der Sammlung in 74 Titeln[388] aus, findet sich aber auch häufiger in der einzigen Handschrift der *Collectio Canonum* Deusdedits.[389]

Neben der Fehlerkorrektur lassen sich in den Manuskripten auch die Verzeichnung anderer Lesarten und Varianten sowie textkritische Glosse nachweisen. Dies gilt jedoch weniger für die Manuskripte der Sammlung in 74 Titeln als für die Burchard-Handschriften. Bei den letzteren sind vor allem die im Wormser Skriptorium entstandenen Handschriften Frankfurt Barth. 50 und vat. pal. lat. 585/586 sowie die beiden Manuskripte der ‚Konstanzer Gruppe', nämlich München Clm 4570 und vat. lat. 3809, zu nennen. Diese zeichnen sich durch das Einfügen von Textvarianten aus, die über die Korrektur vergessener oder sinnentstellender Wörter hinausgehen und regelmässig mit *vel* oder mit *aliter* gekennzeichnet sind. Einige Beispiele: Der Korrektor der Handschrift vat. lat. 3809 wies darauf hin, dass Gott wohl nicht zu Mose, sondern zu

auf (siehe zum Beispiel oben nach Anm. 235). Auch die dritte italienische Handschrift, Paris 4283/Troyes 1386, ist häufig korrigiert (z. Bsp. fol. 139v ad c. 1.50 *aut ceterum fratrum et ecclesiae* corr. in *aut ceterum fratrum antequam;* fol. 143r ad c. 1.88; fol. 151v ad c. 1.151 *presbiterum non subdiaconus adverus* in marg. (Augensprung); fol. 152r ad c. 1.155 *integram habeat facultatem verum post mentem* in marg. (Augensprung); und öfters). Clm 4570: fol. 11r Rubrik ad c. 1.46: *synodum congregare neglexerit* corr. in *synodum annuntiare neglexerit*; fol. 20r ad c. 1.123 *et peribunt viri – quasi non sint* in marg. (Augensprung); und öfters). vat. lat. 3809: fol. 7rb ad c. 1.23 *precio* nachgetragen; fol. 11v ad c. 1.76 *potius ecclesia episcopo – amare et diligere* in marg. (Augensprung); fol. 24r ad c. 1.188 *egrotat dispensator talis – illius in regimine* in marg. (Augensprung); fol. 33r ad c. 2.26 *sicut alii qui eiusdem sunt ingenuitatis* in marg. (Augensprung). Frankfurt Barth. 50: fol. 19rb ad c. 1.84 *populumque confirmet ac doceat* interl. nach *circumeat*; fol. 19va ad c. 1.87 *visitationem dioceseos* interl. nach *implicatus*; fol. 24va ad c. 1.97 *studere constiterit* interl. nach *litteris*; fol. 37vb ad c. 1.183 *statuerunt ne accusarentur – ut supra dictum est* nach *predictum est* (Augensprung); und öfters. Weitere Glossen in der Handschrift weisen Hoffmann/Pokorny, Dekret, 65f. nach. Die Handschrift vat. pal. lat. 585 weist in Buch 1 und 2 offensichtlich nur die bei Hoffmann/Pokorny, Dekret, 65f. nachgewiesenen Glossen auf.

388. Bei der Sammlung in 74 Titeln wurden exemplarisch die cc. 1–40 untersucht; Gilchrist hat in seiner Edition folgende Korrekturen bzw. Angaben von Lesevarianten aufgeführt: vat. lat. 4160, ad c. 1, Zeile 11: *vel* superscr. *nec*; St. Gallen 676, ad c. 15, 5 *decretis*] *preceptis* und *vel decretis* in marg.; Rom F. 54, ad c. 15, 5 *extorris* corr. ex *exterioris*; Rom F. 54, ad c. 15, 7 *sede* interl.; Namur 5, ad c. 15, 10 *aliis* corr. ex *alios*; Namur 5, ad c. 19, 13 *pandit* corr. in *expandit*; vat. lat. 4160, ad c. 29, 6 *derogabo* corr. ex *denegabo;* Wien 2206, ad c. 29, 7 *honore* corr. ex *honorare*; Florenz Plut. 16 cod. 15, ad c. 30, 3 *laudande* corr. ex *laude*; vat. lat. 4160, ad c. 33, 4 *collationibus* corr. ex *cogitationibus*; Monte Cassino 522, ad c. 33, 5 *obligabit* corr. ex *obligavit*; Rom F. 54, ad c. 33, 5 *obligabit* corr. ex *obligavit*; St. Gallen 676, ad c. 35, 2 *Valentinianus* corr. ex *Valentianus*; Monte Cassino 522, ad c. 36, 5 *immutetur* corr. ex *immutemur*; Namur 5, ad c. 39, 3 *Quam* corr. ex *Cum*; Namur 5, ad c. 39 Zeile 13 *possit* corr. ex *possint*; Namur 5, ad c. 39, 35 *causas* superscr. *cartas*; Namur 5, ad c. 39, 36 *faciat* superscr. *vel finiat*; Rom F. 54, ad c. 39, 51 *canonicis iuribus* corr. ex *canonicis vel viris* [dub.]; Namur 5, ad c. 39, 52 *ac* corr. ex *a*; Namur 5, ad c. 40, 6 *prebeatur* corr. ex *prohibeatur*; Bruxelles 9706-25, ad c. 40, 7 *conventibus* corr. ex *convenientibus.*

389. vat. lat. 3833, siehe die Bemerkungen von von Glanvell, Kanonessammlung, xxii.

Ezechiel sprach, dass er als Wächter über das Haus Israel eingesetzt sei (weswegen sich auch Bischöfe regelmässig um das ihnen anvertraute Volk kümmern sollten).[390] Er wies ferner darauf hin, dass es statt *istud iuramentum* auch *sacramentum* heissen könne, und er schlug vor, statt „die dem heiligen Geheimnis Gewidmeten“ (*sacro mysterio dediti*) „die dem heiligen Dienst Gewidmeten“ (*sacro ministerio dediti*) zu lesen. Schliesslich fragte er sich, ob nicht die Todsünde (*capitale peccatum*) der körperlichen Sünde (*corporale peccatum*) (jedenfalls als Textvariante) vorzuziehen sei.[391] Diese Bemerkungen unterstreichen den Willen einiger Leser des Burchard-Textes, einen sinnvollen und korrekten Text zu erstellen.[392] Kritische Textkonstituierung war also ihr Ziel.

Dem Verständnis des Textes diente hingegen eine weitere Gruppe von interlinearen Glossen, nämlich diejenigen, die seltene Worte erklärten oder unklare Stelle verdeutlichten; solche sind häufig mit *id est* eingeleitet. Auch hier seien wieder einige Beispiele zur Illustration genannt: Das in Burchards Dekret wohl schwerverständliche Wort *intuitus* erklärten gleich zwei Leser – wohl unabhängig voneinander – mit *id est prospectus*.[393] Das klassische *decessor* verdeutlichte ein anderer mit *antecessor*,

390. vat. lat. 3809, fol. 12va ad c. 1.83 ... *cum dominus moysi dicat* ist über *moysi* nachgetragen *aliter ezehieli*; das Zitat findet sich bei Ezekiel 3,17.

391. vat. lat. 3809, fol. 13rb ad c. 1.93 *Istud iuramentum* ist superscripiert mit *vel sacramentum*; fol. 39rb ad c. 2.131 *Quod non oporteat sacro mysterio deditos* ist über *mysterio* nachgetragen *vel ministerio*; fol. 34vb ad c. 2.49 *Presbiter si preoccupatus corporali peccato promoveatur* ist über *corporali* nachgetragen *aliter capitali.*

392. Weitere Beispiele: Ergänzung des Subjekts in c. 1.124 in der Handschrift vat. lat. 3809, fol. 17va sowie Clm 4570, fol. 20r: nach *praecipiebat* ist *scilicet Petrus* nachgetragen; in ähnlicher Weise ist in Monza h-5/154, fol. 56ra in c. 2.94 nach *docebat* das Subjekt *petrus apostolus* ergänzt. Zudem: Die Handschrift Clm 4570, fol. 46r ad c. 2.111 schreibt über *suspicione pernotantur* die Worte *vel de[notantur]* und fol. 8v ad c. 1.26 *in una provincia ubi* interlinear über *ubi* die Alternative *vel in qua.* Weitere Beispiele aus vat. lat. 3809: fol. 7v ad c. 1.29 *per amentiam sicut dictum est* ist superscibiert *uel dicendum*; fol. 8rb ad c. 1.33 *Licentia danda passim non est* über *licentia* ist superscribiert *scilicet episcopos ordinare*; fol. 9va ad c. 1.45 *studiis conferamus* ist superscribiert *vel confluamus;* fol. 10vb ad c. 1.66, hier ist der Halbsatz *et alterius episcopi est parochię super cuiusdam dispositione* mit *scilicet causae* nach *cuiusdam* verdeutlicht; fol. 12ra ad c. 1.79 *ut nec laicam communionem accipiat* ist superscribiert *vel habeat*; fol. 12rb ad c. 1.83 *utiliter agere studeat* ist superscribiert *aliter suadet*; fol. 13va ad c. 1.94 (Interrogatio VIII) *Est aliquis femina* ist superscribiert *vel aliqua*; fol. 16va ad c. 1.117 *Nam consentire videtur erranti qui corrigenda* ist superscribiert *vel [corrigen]dis*; fol. 23va ad c. 1.182 *atque rursus ad hoc qualibet* ist superscribiert über *hoc* das Wort *uel hunc*; fol. 32vb ad c. 2.22 *milicie fuerit aggerandus* ist superscribiert *vel agregandus.* Wohl schon die Hand des Haupttextes hat auf fol. 39v ad c. 2.133 *Presbiterum in bigami nuptiis prandere* über *prandere* gesetzt *vel orare*, was der Burchard'schen Rubrik besser entspricht.

393. Clm 4570, fol. 8v ad c. 1.29 *Si quis tibi esset intuitus ad normam ecclesiasticę disciplinę*, dazu ist über *intuitus* nachgetragen *id est prospectus*; die identische Glosse findet

und wiederum ein anderer erläuterte *herciscundę* mit *id est dividendę*.[394] Auch ein Leser der Kopie der Sammlung in 74 Titeln in der Handschrift San Daniele 203 machte sich den Text zugänglicher: Die ihm nicht vertraute cyprianische Aufforderung *avelle* (trenne!) erklärte er mit dem bekannteren *ammove*.[395]

Diese Glossen, die dem Bemühen der Textkonstituierung und dem Textverständnis entsprungen sind, nehmen breiten Raum ein. Darüber hinausgehende Glossen sind eher selten zu finden. Diese längeren Glossen – von einigen auch Scholien genannt – sollen nun im Zentrum stehen, wobei sich die Darstellung von der Funktion der Glossen leiten lässt. Zu unterscheiden sind resümierende, also den Inhalt paraphrasierende Glossen; Glossen, die den Inhalt eines Kanons kommentierend begleiten; den Text strukturierende Glossen; Glossen, die Hinweise zur Überlieferung geben sowie schliesslich Glossen, die auf Parallelstellen verweisen.[396]

Zunächst zu den resümierenden Glossen. Diese paraphrasierenden Glossen lehnen sich in der Regel stark an den Wortlaut des Kanons an: Es finden sich regelmässig dieselben Begriffe, dieselben Wortverbindungen wie in dem zu glossierenden Kanon und nur selten werden eigene Worte gebraucht. Diese Beobachtung gilt für die meisten Glossen in der Sammlung in 74 Titeln in der Handschrift New Haven 31, aber auch für viele Glossen in St. Gallen 676, vat. lat. 4160, Clm 22289, Stuttgart Frag. 41 und anderen Manuskripten.[397] Selten finden sich resümierende Glossen, die mit eigenen Worten und ohne Anlehnung an den

sich in den Handschriften vat. lat. 3809, fol. 7vb, vat. pal. lat. 585, Frankfurt Barth. 50 sowie Bamberg 6, vgl. Hoffmann/Pokorny, Dekret, 65. Zudem findet sich sowohl in vat. lat. 3809 sowie in den drei von Hoffmann/Pokorny, Dekret, 65 ausgewerten Handschriften über *Si quis* nachgetragen *scilicet tibi*, die Ergänzung *tibi* ist in Clm 4570, fol. 8v in den Haupttext gerutscht (*Si quis tibi* ...). Ob diese identischen Glossierungen eine – wie auch immer geartete – textliche Abhängigkeit nahelegen, muss offen bleiben.

394. Clm 4570, fol. 55r ad c. 2.240 (Nachtrag zu Buch 2, siehe 258 Anm. 259) *qui a decessoribus in sacerdotio eliguntur*, hier steht über *decessoribus* nachgetragen *vel ab antecessoribus*; zur Erklärung von *herciscundę* vgl. Hoffmann/Pokorny, Dekret, 66; ähnlich *infucatim*, das mit *sine dolo* erklärt wird (ebd.).

395. San Daniele 203, fol. 18r ad c. 19, Zeile 7: *id est ammove*. Die Passage lautet: *Avelle radium solis a corpore, divisionem lucis unitas non capit*...; in der Übersetzung Gilchrists, The Collection in 74 Titles, 82: „Separate the sun's ray from the body, the unity of light is not broken…".

396. Zu Glossentypen siehe 298; die Unterscheidung der verschiedenen Glossentypen erfolgt hier vom Erkenntnisziel des methodischen Wandels aus.

397. Siehe den Überblick über die Glossen 523–534. Es drängt sich der (vorläufige) Eindruck auf, als ob sich diese häufiger in Manuskripten der Sammlung in 74 Titeln als in Burchards Dekret fänden.

zu glossierenden Text den Inhalt paraphrasieren. Eine solche eigenständige Glosse findet sich zum Beispiel in New Haven 31 zu c. 146, der die körperliche Unversehrtheit von Weihekandidaten behandelt; jemand formulierte frei und ohne Anklänge an den Kanon: *De his qui aliquam partem membrorum imminuti sunt.*[398]

Von diesen Paraphrasen lassen sich kommentierend-begleitende Glossen unterscheiden, die den Haupttext ergänzen und erweitern, interpretieren und Stellung beziehen. So erklärte ein Leser der Burchard-Handschrift aus Monza, was er darunter verstehe, dass ein Lektor die Gemeinde nicht begrüssen dürfe: *id est non dicat ‚dominus vobiscum'*. An anderer Stelle erweiterte er sogar den Tatbestand eines Kanons des Konzils von Braga: Nicht nur derjenige sollte mit der Exkommunikation bestraft werden, der den Vorwurf der Unzucht, den er gegenüber einem Kleriker erhoben hatte, nicht beweisen konnte, sondern jeder, der ohne Beweise einen Kleriker eines Verbrechens bezichtigt habe.[399] Und gleich zwei Leser verschiedener Burchard-Handschriften folgten dem Burchard'schen Vorschlag, einen der *Canones Apostolorum* so umzudeuten, dass das Verbot für Bischöfe und Priester, ihre Frauen unter dem Vorwand der Religion zu verlassen, als *matrimonium spirituale* zu verstehen sei, also als geistliche Ehe des Bischofs mit seinem Bistum, das nicht gewechselt werden durfte. Vor dem einen Leser lag die Handschrift aus Monza, der er über *uxorem propriam* erklärend anfügte *ecclesiam ad quam ordinatur*; vor dem anderen lag die Burchard-Handschrift aus Freiburg, deren Wendung *uxorem propriam* er mit *id est ecclesiam* superscribierte.[400]

398. New Haven 31, fol. 31v ad c. 146 (*imminuere* wird in c. 146 nicht verwendet).

399. Monza h-5/154, fol. 48rb ad c. 2.11: *ut lector populum non salutet* ist interlinear ergänzt von *id est non dicat dominus vobiscum*; fol. 64rb ad c. 2.202 *Placuit ut si quis aliquem clericorum in accusatione fornicationis impetit*, nach *fornicationis* ist superscribiert *vel alius criminis*. *Fons materialis* ist nach Hoffmann/Pokorny, Dekret, 188 das Konzil von Braga II (572), c. 8.

400. Monza h-5/154, fol. 20rb ad c. 1.78; Freiburg 7, fol. 19va ad c. 1.78; zur Umdeutung bei Burchard Hauck, Ueber den liber decretorum, 74; *fons materialis* ist Canones apostolorum, c. 6. Der Kanon c. 1.78 lautet auszugsweise: *Episcopus aut presbiter uxorem propriam nequaquam sub obtentu religionis abiiciat*. Burchard von Worms verstand die Ehe im übertragenen Sinne als geistliches Band, wie die Rubrik (zu c. 1.77) andeutet: *De mutatione episcoporum*. Die in Rom 2010, fol. 62v anstelle des tit. 66 neu eingestreute Erklärung, woher der Begriff der Simonie kommt (siehe 528), scheint zwar auf den ersten Bick kommentierend-erläuternd zu sein, auf den zweiten Blick handelt es sich bloss um eine Zitat aus den Etymologien von Isidor (5.8.2–3); unklar verbleibt zudem, worauf sich diese Erklärung beziehen soll, da im Umkreis von Titel 66 die Simonie nicht behandelt wird.

Eine weitere Gruppe von Marginalien diente der Stukturierung des Textes, so dass eine – unübersichtliche – Handschrift mit Randbemerkungen erschlossen werden konnte: Die Stichworte am Rand halfen genauso Stellen wiederaufzufinden wie die inhaltlichen Paraphrasen in der Kopfzeile;[401] das Vermerken von *questio* und *solutio* am Rande des Textes sollte genauso wie das Markieren von Zitaten in längeren Texten diese dem Leser zugänglicher machen.[402] Allzu häufig sind solche Lesehilfen indes nicht.

Von grösserem Interesse sind hier die zwei letzten Gruppen der Glossen, nämlich solche zur Überlieferung eines Textes sowie diejenigen, die Parallelstellen anzeigen. Bei der Suche nach Glossen zur Textüberlieferung wird man insbesondere in den Manuskripten der schwäbischen Version zur Sammlung in 74 Titeln fündig. So wies zum Beispiel der Glossator der Engelberger Handschrift auf die Parallelüberlieferung einer Aussage hin: *Hoc decretum a leone papa etiam est promulgatum ad episcopos mauritanie*;[403] an anderer Stelle erörterte der Glossator den historischen Hintergrund einer Vorschrift: *Hanc synodum factam vi^o anno leonis imperatoris et hunc gregorium tercium non secundum nominari et sanctum bonifacium mogantiensem archiepiscopum ordinavit* (siehe Abb. 6);[404] und an wiederum anderer vermerkte er, dass ein

401. Ein Beispiel für eine Textgliederung durch Marginalglossen ist die Handschrift Rom F. 54, die folgende gliedernde Marginalien aufweist: fol. 22v ad c. 114: *Causae*; fol. 24v ad c. 125: *Simoniaca haeresis*; fol. 25r ad c. 125: *haeresis sim[...]*; fol. 25v ad c. 125: *excellentia*; fol. 26r ad c. 126: *suggestio*; fol. 26v ad c. 126: *haeresis simon*; fol. 27r ad c. 127: *ut fiat hereticus*; fol. 36v ad c. 175: *pitacia*; fol. 36v ad c. 176: *studia*; fol. 37r ad c. 177: *pontificalis ambitus*; fol. 52v ad c. 242: *praedicare*; fol. 52v ad c. 243: *palla, cathedra, baptisterium, fossae*; fol. 53r ad c. 245: *pallae*; fol. 55v ad c. 259: *vicedominus, maior domus*; fol. 59v ad post c. 275: *dei ancilla.* Der Inhalt eines Blattes ist regelmässig in der Kopfzeile der Handschrift Freiburg 7 paraphrasiert. Im Erscheinungsbild sehr ähnlich, in der Funktion aber verschieden sind die kurzen Repetitionen der Titel in Handschriften der Sammlung in 74 Titeln. Sie teilten wohl dem Rubrikator den einzufügenden Text mit und hätten später weggeschnitten werden sollen. Solche Hinweise sind erkennbar auf den *recto*-Seiten oben in der Handschrift Rom 2010, und zwar: fol. 39r: [nicht lesbar]; fol. 43r: *de observatione decretorum pontifici romanorum* [...] [tit. 23]; fol. 53r: *ne presumat quis clericum servum retinere alienum cap. viii* [vgl. tit. 42; kaum lesbar wegen Beschnitt]; fol. 54r: *de pastoribus luporum laude gloriantibus* [tit. 46]; fol. 55r: *de cubi[cu]lariis pontificum* [tit. 52]; fol. 59r *de coniugiis aliqua necessitate* [tit. 63]. Ebenso erkennbar in der Handschrift Wien lat. 2153, z.B. fol. 9v, 11v, 17r (?), 27r, 33r, 34r, 34v, 35r und öfters.

402. Zu den *questio/solutio*-Vermerken in den Burchard-Handschriften siehe oben Anm. 208; die Markierung von Zitaten in Freiburg 7, fol. 1ra, 42r, 60ra, 292r, 305v, und öfters.

403. Engelberg 52, fol. 24rb ad c. 137.

404. Hier zitiert nach Stuttgart HB.VI.107, fol. 42r ad tit. 65; mit leicht geändertem Wortlat ebenso vat. lat. 4160, fol. 48v ad tit. 65 sowie in Wolfenbüttel Ms 9.4 Aug. 4°, fol. 27rb post c. 289/ante tit. 66.

auszugsweise vorliegender Brief von anderen als apokryph abgestempelt würde: *Nota hanc epistolam non greg[o]rianam sed apocrifam reputari a quibusdam.*[405] Solche Glossen, die die Überlieferungssituation eines Textes betreffen, könnte man auch als philologische Glossen bezeichnen.[406]

Noch seltener als diese philologischen Glossen ist die zweite Gruppe der verweisenden Glossen, auch Allegationen genannt. Diese lassen sich in inhaltliche wie formale Verweise unterteilen. Mit formalem Verweis ist der Hinweis auf einen anderen, konkret bestimmten Kanon desselben oder eines anderen Manuskripts gemeint, mit materiellem Verweis das Anfügen eines Kanons. Für solche formalen Verweise innerhalb einer Handschrift hat das Manuskriptstudium nur zwei Beispiele zu Tage gefördert. Der eine Verweis befindet sich in den drei italienischen Burchard-Handschriften, in denen post c. 1.23 ein weiterer Kanon eingefügt wurde, der die Simonie verbot.[407] Da Burchard die Simonie aber an späterer Stelle des ersten Buchs behandelt hatte, setzte der Schreiber hinzu: *Require de hoc in capitulo cxii et cxiii istius libri* und verwies auf eine andere Passage des ersten Buchs.[408] Allerdings fehlt der Rückverweis, so dass man nur von einer partiellen Erschliessung der Handschrift sprechen kann. Dieses eine *require* ist ein Sonderfall, der nur in diesen drei Manuskripten auftritt. Vermutlich handelt es sich bei dem Verweis um eine Glosse, die in den Haupttext gerutscht ist und stemmatisch wohl schon recht früh angefügt wurde, anderenfalls wäre es kaum zu erklären, dass alle drei italienischen Handschriften diesen Verweis besitzen.[409] Methodisch innovativ war der Schreiber allerdings nicht, denn *require* ist schon von Regino von Prüm und in der *Collectio Anselmo Dedicata* benützt, zählt also zu dem hergebrachten Instrumentarium der Texterschliessung.[410]

405. St. Gallen 676, p. 139b ad c. 201; vgl. Autenrieth, Bernold von Konstanz und der Codex Sangallensis 676, 6.

406. Für weitere Beispiele zu dieser philologischen Arbeit siehe einerseits 304f., andererseits Autenrieth, Domschule, 127; Autenrieth, Bernold von Konstanz und der Codex Sangallensis 676, 10–12; Fuhrmann, Kritischer Sinn, 91 sowie Fuhrmann, Zitatenkampf, 60–63.

407. Siehe 250.

408. Monza h-5/154, fol. 10rb; Madrid 391, fol. 5rb; Paris 4283, fol. 8r.

409. Siehe 254 Anm. 248 zu stemmatischen Überlegungen.

410. Beispiele aus Regino von Prüm, ed. Wasserschleben, Libri duo, post c. 1.67 (55), c. 1.183 (96), c. 1.215 (108), und öfters; siehe auch die Bemerkungen von Wasserschleben im Vorwort zur Ausgabe, xv sowie Siems, In ordine posuimus (2007). In der *Collectio Anselmo Dedicata* findet sich *require* bspw. in c. 2.156 (Bamberg can. 5, fol. 46rb), c. 3.101 (Bamberg can. 5, fol. 85ra), c. 3.127 (Bamberg can. 5, fol. 87va).

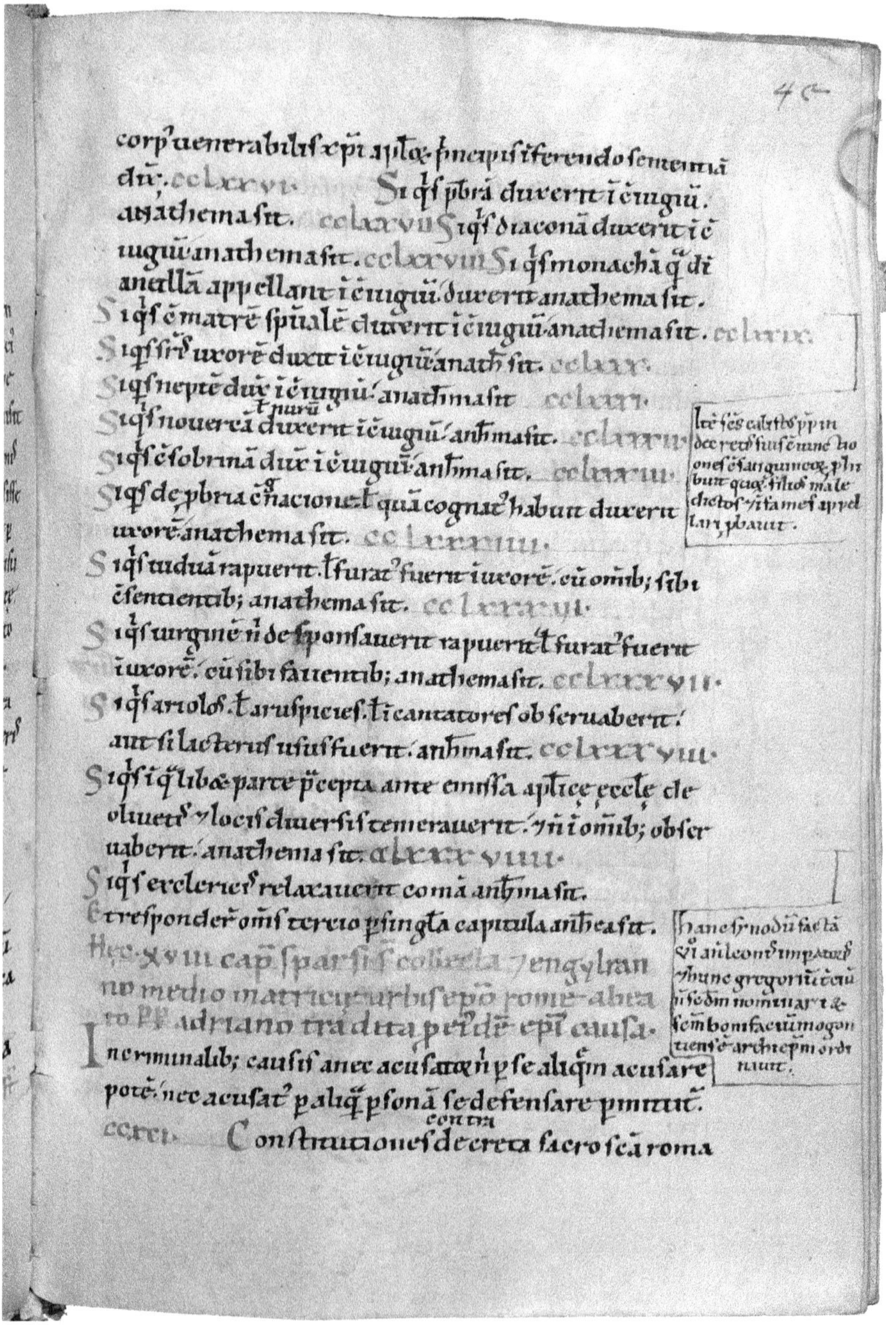

Abb. 6 – Stuttgart, Württembergische Landesbibliothek, Ms. HB VI.107, fol. 42r: *Collectio 74 Titulorum*/Sammlung in 74 Titeln mit Glossen zu cc. 282–284 und tit. 65

Der andere Verweis findet sich in der einzigen Handschrift von Deusdedits *Collectio Canonum*, in der zu c. 4.131 wohl nicht von der Haupthand, aber jedenfalls von einer nicht viel späteren Hand hinzugefügt wurde: *Notandum quod hoc caput et sequens prohibet clericos pugnare, set humanum auxilium expetere concedit eis. cap. XVI. XXII. XXVII. LI. LXI. LXII. LXVIII. LXXVIII. CVII. CVIII. CXIII. CXIIII. In primo libro CCXXXVI.*[411] Der Leser hat also nicht nur den Text zusammengefasst, sondern zugleich auch dessen Sinn erfasst und weitere, passende Kanones aufgeführt.

Neben diesen beiden Verweisen auf konkrete Kanones lassen sich auch solche aufspüren, die nicht explizit einen Kanon, sondern einen inhaltlichen Paralleltext anführen. *Item sanctus calistus papa in decretis suis coniunctiones consanguineorum prohibuit quorum filios maledictos et infames appellari probavit,* ergänzte die Haupthand in Stuttgart HB.VI.107 *in margine* und verwies somit von den Inzestvorschriften des Konzils von 721, das unter Gregor II. stattgefunden hatte, auf einen Calixtus zugeschriebenen Brief, in dem dieser ebenfalls Verwandtenehen verboten hatte.[412] Dieselbe Stuttgarter Hand verwies von einem anderen Kanon auf eine weitere Parallelstelle: *Item canones apostolorum cap. xi° et antiocenum concilium cap. ii precipiunt.*[413] Und in den Handschriften Münchener Clm 22289 sowie Wolfenbüttel Ms 9.4 Aug. 4° findet sich im Kapitel zur Predigt der Verweis auf ein weiteres Schreiben Leos, in dem er allen ausser Priestern das Predigen verbot: *Item sanctus leo papa scribens…*[414] Auch solche inhaltlich verweisenden Glossen sind selten; weitere als diese drei Beispiele liessen sich aus den Quellen nicht schöpfen.[415] Das Bemerkenswerte an diesen Glossen ist, dass sich bei diesen Verweisen der Glossator gleichsam als Kommentar aus dem Off einmischte: Er gab Hinweise zur weite-

411. vat. lat. 3833, fol. 127v ad c. 4.141 (von Glanvell, Kanonessammlung, als c. 4.246); vgl. von Glanvell, Kanonessammlung, 533 Anm. 42.

412. Stuttgart HB.VI.107, fol. 42r ad cc. 282–284; die Parallele in Pseudo-Calixtus ep. 2.16 (pseudoisidor.mgh.de/html/036.htm, Hinschius, 140).

413. Stuttgart HB.VI.107, fol. 42v ad cc. 303–304. Zu dieser Stelle Autenrieth, Domschule, 126f., insbes. Fn. 101.

414. München Clm 22289, fol. 198v ad c. 242: *Idem sanctus leo papa scribens ad maximum antiocenum episcopum precipit ne quis preter sacerdotes audeant [sic] predicare*; Wolfenbüttel Ms. 9.4 Aug. 4°, fol. 24ra in c. 242: *Idem sanctus leo papa scribens ad maximum antiocenum episcopum precipit ne quis preter sacerdotes audeat predicare. Fons materialis* des Texts ist: Leo I., der Grosse, an Maximus, 453 Juni 11, JK 495/J³ 1029.

415. Siems, Textbearbeitung, 39f. bezeichnet diese Querverweise als „gehobene, anspruchsvolle Bearbeitung“, die erst in den Glossen zum Liber Papiensis den Stoff wirklich inhaltlich durchdringen würden.

ren Normüberlieferung (*item…*), hob bemerkend hervor (*notandum quod*) oder wies den Leser explizit an, an anderer Stelle zu schauen (*require*!). Eine solche Form der Einmischung des überarbeitenden Lesers ist ausgesprochen selten.

Gegenüber diesen expliziten Einmischungen des Lesers fallen die deutlich häufigeren kommentarlosen Additionen neuer Kanones am Rande in methodischer Hinsicht ab. Sie sind gleichsam als ‚schweigende Additionen' im Gegensatz zu den *expressis verbis* vorgenommenen Ergänzungen zu verstehen. Untersucht man diese Additionen *in margine* in den Handschriften der Sammlung in 74 Titeln – die hier untersuchten Burchard-Manuskripte weisen keine Additionen am Rande auf! – ,[416] so fällt auf, dass es eher den Haupttext unterstützende, ergänzende oder vertiefende Kanones sind, die angeführt werden, nicht aber gegensätzliche und widersprechende Kanones. Hier genügt es, einige Beispiele aufzuführen:[417] c. 79 der Sammlung in 74 Titeln, der die Anforderungen an die Person eines Anklägers eines Bischofs aufzählt, ist in Rom 2010 um eine neue Entscheidung Papst Paschalis II. (1099–1118) zu Fragen der Anklage aus der *familia* des Bischofs ergänzt worden;[418] eine Glosse in Stuttgart HB.VI.107 nahm die Frage der Reichweite der Binde- und Lösegewalt mit einem Zitat aus dem *Libellus expostulationis* Hinkmars von Reims wieder auf;[419] und in einer heute in Spanien liegenden Handschriften, Escorial Z.III.19, sind die Rechtsfragen um das Taufsakrament (tit. 36) mit einem Papst Siricius zugeschriebenen Entscheid zur Wirksamkeit der Taufe mit Wein (in Ermangelung von Wasser) erweitert.[420] Zu nennen ist ferner die in Admont 257 und Engelberg 52 anzutreffende Anklageerweiterung, der zufolge Bischöfe vom Volk nicht nur *pro heresi*, sondern auch *pro iniusticia* verfolgt werden durften.[421] All diese ergänzten Kanones

416. Dies gilt für die Bücher 1 und 2 des Dekrets von Burchard in den Handschriften vat. lat. 585, Frankfurt Barth. 50, München Clm 4570, vat. lat. 3809 sowie Monza h-5/154, Madrid 391 und Paris 4283/Troyes 1386.

417. Weitere Beispiele finden sich im Anhang 523–534.

418. Rom 2010, fol. 24r: ad c. 79, Paschal II (1099–1118) (X 5.1.5.) (Hand des 12. Jahrhunderts?) (siehe auch 528): *Pascalis / Nulli episcoporum ab accusatione sua [repellere liceat] quos antequam ab eis […]dos* [fälschlich für *impetendum*?] *cognosceret a [sua communi] familiaritate ne[glexerit] separare*. Nota Bene: Dies ist einer der wenigen Kanones, die neues Dekretalenrecht enthalten, nicht aber auf ältere Normen zurückgehen.

419. Stuttgart HB.VI.107, fol. 43v, siehe 533.

420. Escorial Z.III.109, fol. 57v ad c. 219. Weitere Beispiele sind dem Anhang 525 zu entnehmen. Zu diesem Kanon vgl. Ubl, Bonifatius, 443.

421. Admont 257, fol. 75r ad c. 78 sowie Engelberg 52, fol. 17ra post c. 81; siehe 524.

wiederholen die rechtliche Aussage des Haupttextes oder erweitern das Thema, sie widersprechen aber dem Kanon des Haupttextes nicht.

Fassen wir die bisherigen Beobachtungen zusammen: Von den untersuchten Handschriften des Dekrets Burchards und der Sammlung in 74 Titeln sind die meisten gar nicht oder nur schwach bearbeitet, nur einige wenige sind stärker annotiert. Der grösste Teil dieser Bearbeitungen lässt sich den Kategorien Korrektur und Lesevarianten zuordnen, ein geringerer Teil erklärt Worte und Begriffe, und sehr selten finden sich Kommentare und inhaltliche Auseinandersetzungen mit dem Haupttext oder Verweise auf Parallelstellen. Für den hochmittelalterlichen Leser stand somit das Bemühen, einen sinnvollen Text zu schaffen, im Vordergrund: Nicht nur die Korrektur von Schreibfehlern, sondern vor allem der Vermerk abweichender und alternativer Lesarten (*vel, aliter*) deuten auf eine Textkonstituierung hin, die man als eine mittelalterliche (Vor)Form der neuzeitlichen kritischen Editionen verstehen kann.[422] Gegenüber diesen häufig anzutreffenden Formen der Kommentierung sind kritische Auseinandersetzungen mit Kanones im Sinne einer Echtheitsprüfung selten. Nur einige Glossen deuten auf eine Auseinandersetzung mit der Frage apokryph versus echt hin.[423] Und noch viel seltener stösst man bei der Durchsicht der Handschriften auf Verweise auf andere Kanones: An nur wenigen Stellen leitete der sich selbst im Hintergrund haltende Kommentator zu anderen Autoritäten oder zu anderen Kanones der Sammlung über und erstellte somit Querverbindungen zwischen Kanones oder rechtlichen Ideen.

Welche Beobachtung ergibt sich, wenn man diese abstrakt zusammengetragenen Glossenbefunde mit den Handschriftengruppen in Verbindung setzt? Bei den Burchard-Manuskripten sind es vor allem die Wormser Handschriften, die stärker glossiert sind – Hoffmann/Pokorny wollten deshalb auf einen Schulbetrieb schliessen, da die in den Wormser Codices identischen Glossen vielleicht sogar noch unter der Aufsicht Burchards angebracht wurden.[424] Ob eine solche (Kloster)Schule auch für die Heimatorte vor allem der an inhaltlichen Glossen reicheren

422. Auch Autenrieth, Domschule, 150f. sieht einen Schwerpunkt der Glossen Wolferads und des Anonymus A im Bereich der Worterklärungen und Textkonstituierung.

423. Wenig relevant ist an dieser Stelle, wie man die mittelalterlichen Vorstellungen von echt und apokryph versteht; Fuhrmann, Kritischer Sinn, 94f. schlägt vor, apokryph als irrgläubig, unwirksam, von der kirchlichen Tradition nicht aufgenommen zu verstehen, so dass zwar gefälschte, aber als rechtgläubig rezipierte Texte *echt* sind, wobei die Frage nach dem historisch echten Ursprung im Sinne neuzeitlicher Quellenkritik keine Rolle spielt.

424. Es handelt sich bei diesen Handschriften um vat. pal. lat. 585/586, Frankfurt Barth. 50, Bamberg 6, Köln 119 sowie Parma Cod. 3777. Jedenfalls sind die gemeinsamen

Handschriften Clm 4570 – Benediktbeuren? – sowie vat. lat. 3809 anzunehmen ist?

Der Eindruck der asymmetrischen Verteilung von inhaltlichen Glossen verstärkt sich bei einem Blick auf die Sammlung in 74 Titeln. Abgesehen von der Handschrift New Haven 31 sowie Rom 2010 gehören alle stärker glossierten Manuskripte zur schwäbischen Rezension. Dies ist wohl kein Zufall: Die Handschriften dokumentieren offensichtlich die Arbeit von Bernold von Konstanz und dessen Kreis. Wer sonst, möchte man fragen, hätte sich so virtuos in der Überlieferung ausgekannt, um nicht nur einen korrekten Text schaffen zu wollen, sondern zugleich so viele Informationen über historische Entstehungsumstände, Fälschungsmomente und Paralleltexte zusammentragen zu können? Welche Glossen nun Bernolds Werk sind und welche auf das Konstanzer Umfeld des ausgehenden 11. Jahrhunderts zurückzuführen sind, lässt sich wohl nicht mehr klären; vielleicht gehen aber die beiden einzigen Glossen mit inhaltlichen Verweisen aus der Stuttgarter Handschrift auf Bernold persönlich zurück.[425] Die Analyse der Glossen unterstreicht also einmal mehr die aussergewöhnliche Rolle, die Bernold und sein Umfeld in der zweiten Hälfte des 11. Jahrhunderts einnahmen – intensive Textarbeit fand im ausgehenden 11. und beginnenden 12. Jahrhundert nicht flächendeckend, sondern nur punktuell statt.

Soweit zu den positiven Befunden. Ein Vergleich mit späteren Manuskripten zeigt aber auch die Grenzen der Textbearbeitung auf und verdeutlicht, was noch nicht geleistet wurde. Diese negativen Befunde werden im Vergleich mit der *Glossa ordinaria* aus dem zweiten Jahrzehnt des 13. Jahrhunderts deutlich.[426] Nimmt man sie zu Hand und analysiert die Glossen, die die Rechtstexte jetzt umrahmen, so fallen die Unterschiede deutlich ins Auge: Das Zusammentragen und Gegenüberstellen von Belegstellen fehlt, das Distinguieren und Unterscheiden, das Abgrenzen von Normen und das Auflösen von Widersprüchen.[427] Die Bearbeitungen um 1100 erschöpfen sich in der Konstituierung eines korrekten Textes, der Erklärung unbekannter Worte, der Überprüfung seiner Echtheit und vielleicht noch dem Sammeln von parallelen Belegstellen. Im Übrigen bleibt die Ordnung der Sammlungen unberührt:

Glossen dieser Codices in Worms angefügt worden; zumindest teilweise stammen sie auch von den Texthänden, vgl. Hoffmann/Pokorny, Dekret, 67f.

425. Autenrieth, Domschule, 141f. vermutet dies jedenfalls für Glossen in einem anderen Teil des Codex.

426. Vertiefend zur *Glossa ordinaria* siehe 436f.

427. Zu distinguierenden Glossen Lange, Römisches Recht im Mittelalter 1, 121.

Kanones werden hintereinander gesetzt, mit Rubriken erschlossen und in Kapiteln gruppiert; der überarbeitende Leser hält sich aber mit Kommentaren zum Text und den vermittelten rechtlichen Aussagen zurück. Selbst Bernold von Konstanz lässt die tradierte Ordnung von Kanones unberührt: Der Schwäbische Appendix, den Bernold wohl schuf, blieb in der überkommenen Form – Kommentare und Erläuterungen des Kompilatoren zu einzelnen Kanones fehlen. Einzig die Freiburger *Quesnelliana*-Kopie enthält Ansätze zu einer harmonisierenden Auslegung des Gangra-Konzils.[428]

In den Traktaten hingegen erklärte Bernold Kanones, interpretierte sie und grenzte die rechtlichen Aussagen normativer Texte erläuternd ab und applizierte so das in den *artes liberales* Gelernte auf normative Texte. Die älteren Kanonessammlungen des 11. Jahrhunderts verblieben hingegen auch im 12. Jahrhundert in dem medialen Rahmen, in dem sie geschaffen worden waren: Die Kanones standen dem Leser weiterhin wie unbehauene Steine gegenüber, die es erst noch zu bearbeiten galt, deren Argumente herausgemeisselt und in ein Bauwerk der juristischen Ordnung eingefügt zu werden bedurften. Um 1100 hatte sich der Leser den Text noch nicht unterworfen und gefügig gemacht – der Weg vom überarbeiteten Burchard des 12. Jahrhunderts zu Gratian ist noch weit.

c) Neues Ansetzen? Die *Collectio Trium Librorum*, der *Polycarpus* sowie Bonizos *De vita christiana* und Algers *De misericordia et iustitia*

Die Überarbeitungen hergebrachter Sammlungen stellen nach den bisherigen Beobachtungen kaum den Weg dar, der von dem Zusammenfügen und Aneinanderreihen von Kanones bei vorgratianischen Sammlern zu dem argumentativen System der Dekretisten führte. Zu gering ist dafür die Durcharbeitung älterer Sammlungen, zu selten sind dafür Anmerkungen und Glossen, Querverweise und Kommentare, zu schwach die inhaltliche Durchdringung und Systematisierung des Stoffes. Wenn es aber nicht die Überarbeitungen älterer Sammlungen sind, die methodische Innovationen stärker verarbeitet haben, sind es dann die neuen Kompilationen? Greifen wir einige Beispiele heraus und untersuchen, was diese Sammlungen methodisch zu bieten haben. Aus der Vielzahl der Sammlungen des ausgehenden 11. und beginnenden 12. Jahrhunderts stehen vier Sammlungen im Mittelpunkt, nämlich die

428. Siehe 233–245.

Collectio Trium Librorum, der *Polycarpus*, Bonizos von Sutri *De vita christiana* sowie *De misericordia et iustitia* des Algers von Lüttich.

(1) Die Collectio Trium Librorum *und der* Polycarpus

Zunächst zur *Collectio Trium Librorum*, der Drei-Bücher-Sammlung. Diese Sammlung entstand nach 1111 und wohl vor 1123 und ist italienischen Ursprungs, vielleicht stammt sie aus Pistoia.[429] Sie kommt ganz klassisch mit der thematischen Einteilung in Bücher und Kapitel aus und enthält Titelrubriken, Inskriptionen und Kanones. Mit längeren thematischen Titelrubriken und den kürzeren, sich zumeist auf *De eadem re* beschränkenden Kanonesrubriken erinnert sie an die Ordnung der Sammlung in 74 Titeln; der einzige Unterschied liegt darin, dass sie als weitere Gliederungsebene *Libri* einzieht, unter die sie die Titel gruppiert.[430] Schon diese Struktur deutet auf hergebrachte Bahnen hin, in der sich die Darstellung rechtlichen Wissens bewegt, und die sogenannten *ex-ratione*-Stelle unterstreichen dies zusätzlich. Worum handelt es sich bei diesen Stellen? Eine Vorlage der Drei-Bücher-Sammlung war der *Liber de honore ecclesiae*, den Placidus von Nonantola 1111 kompiliert hatte.[431] In dieser Schrift legte er seine Position zur Investiturfrage dar, indem er in insgesamt 169 Kapiteln Probleme und Thesen behandelte, die er in der jeweiligen Kapitelrubrik ankündigte. So fragte er im 53. Kapitel: *Quare antiqui patres nominatim non contradixerunt investituras aecclesiarum a laicis fieri?* und im 70. Kapitel forderte er: *Romano pontifici summo studio procurandum est, ut sanctorum instituta serventur*.[432] Auf die das Thema bezeichnende Rubrik liess

429. Die Sammlung in drei Büchern ist ediert von Motta, Collectio Canonum Trium Librorum (2 Bde, 2005, 2008); zur Sammlung siehe Motta, Collezione canonica (1980) sowie Fowler-Magerl, Clavis Canonum, 234f. und Kéry, Canonical Collections, 269–271. Zur Datierung Motta, Collezione canonica (1980) sowie Motta, Collectio Canonum I, xxxvf. Dass diese Sammlung zumindest als Textlieferant Gratians von Bedeutung war, erkannte Erickson, The Collection in Three Books (1972), vgl. hierzu auch Landau, Neue Forschungen, 23–25. Die Sammlung ist nur in den Handschriften Pistoia, Archivio capitolare 135 und vat. lat. 3831 überliefert.

430. Siehe zum Beispiel die Gliederung bei Motta, Collectio Canonum I, 3: *Primus liber continet: I. De primatu romane ecclesie, II. De puritate fidei romane ecclesie, III. De principatu Petri, IV. De ordinatione romani pontificis, V. De papa et apostolica sede non iudicandis*, etc.

431. Der *Liber de honore ecclesiae* des Placidus von Nonantola ist ediert von Lothar von Heinemann und Ernst Sackur in: MGH LdL 2, 566–639; zum Werk siehe Busch, Liber de Honore Ecclesiae (1990). Die Datierung des *Liber des honore ecclesiae* auf 1111 bildet den *terminus post quem* für die Drei-Bücher-Sammlung.

432. c. 53: MGH LdL 2, 589 Zeile 23f.; c. 70: MGH LdL 2, 597 Zeile 28f.

Placidus dann eigene Überlegungen folgen, die er häufig mit *ex ratione* kennzeichnete, und die er mit der biblischen oder kanonistischen Tradition absicherte. Der *Liber de honore ecclesiae* bot also eine enge Verzahnung von eigenen Ausführungen und Belegstellen.

Wie ging die Drei-Bücher-Sammlung mit diesen Stellen um? Sie schöpfte zum Beispiel im Titel *De symoniaca heresi et investitura ecclesie* (Buch 2, Titel 9) wesentlich aus Placidus' Werk und übernahm diese *ex ratione*-Stellen, fügte sie aber wie einen Auszug aus einem Konzilsbeschluss oder einer Dekretale in das Werk ein, wobei sie auf die *Inscriptio* verzichtete. Die Ausführungen zur Bewahrung der älteren Vorschriften, die Placidus im 70. Kapitel vornahm und die er mit *Sunt autem quidem dicentes* begann, finden sich in der Sammlung in drei Büchern als c. 2.9.28.[433] Indem der Kompilator der Drei-Bücher-Sammlung die bei Placidus einleitenden Fragen ausliess und diese Stellen in das hergebrachte Schema der Aneinanderreihung von Kanones presste, obsiegte die Form einer Kanonessammlung über die besondere Struktur des *Liber de honore ecclesiae* mit eigens formulierten Thesen und Belegen. Zudem nivellierte der Kompilator der Drei-Bücher-Sammlung auf diese Weise die prinzipiell andere Textqualität dieser *ex-ratione*-Stellen. Mit dieser Form der Präsentation normativer Texte bewegte sich die Sammlung in drei Büchern in tradierten Bahnen – in dieser Sammlung scheint also nicht der geistige Vorläufer Gratians zu liegen.[434]

Auch der *Polycarpus*, eine weitere Kanonessammlung des 12. Jahrhunderts, tritt in methodischer Hinsicht konservativ auf.[435] Ihr Schöpfer, Gregor, Kardinalpriester von S. Crisogono, erkannte zwar die Bedeu-

433. Zur Rezeption des Placidus in der Sammlung in drei Büchern und Gratian vgl. Busch, Liber de Honore Ecclesiae, 54f. sowie Busch, Einordnendes Sammeln, 254. Die Ausführungen von Placidus in c. 53 des *Liber de honore ecclesiae*, dem anderen hier vorgestellten Beispiel, sind in der Drei-Bücher-Sammlung als c. 2.9.25 aufgenommen.

434. Zu den Glossen im Manuskript vat. lat. 3831 siehe 450f.

435. Die heute über die MGH-Homepage zugängliche Edition des *Polycarpus* ist angelegt worden von Carl Erdmann, überarbeitet von Uwe Horst und Michael Klein und herausgegeben von Horst Fuhrman; siehe www.mgh.de/datenbanken/kanonessammlung-polycarp/einleitung. Unter www.mgh.de/fileadmin/Downloads/pdf/polycarp.pdf ist sie online abrufbar. Erschlossen ist sie von Horst, Die Kanonessammlung Polycarpus des Gregor von S. Crisogono (1980), hierzu die Rezensionsmiszelle von Gilchrist, The Polycarpus (1982). Kurze Einführung von Robert Kretzschmar, Art. Polycarp, in: LexMA 7, 1995, Sp. 73f.; weitere Literatur bei Fowler-Magerl, Clavis Canonum, 229–232 sowie Kéry, Canonical Collections, 266–269. Zu ergänzen sind diese Literaturlisten bspw. mit Brasington, Crimina que episcopis inpingere dicis (2008). Zur möglichen Verbindung von *Polycarpus* und Gratian siehe Landau, Neue Forschungen, 23. Ein auf dem *Polycarpus* aufbauendes Manuskript stellt Paxton, Canonical Dossier (1985) vor. Der *Polycarpus* wird üblicherweise auf die Jahre

tung des Ordnens und der Systematik für die Leserführung, denn um den Leser nicht zu verwirren, so erklärte er im Prolog zum *Polycarpus*, stelle er seiner Sammlung eine *Capitulatio* mit Büchern und Titelrubriken voran.[436] Damit erschöpfte sich seine Hilfestellung aber: Kommentierende Ein- und Überleitungen fehlen ebenso wie Fragen, Erklärungen und Deutungshilfen. Einen neuen Umgang mit Kanones entwickelte er in seiner Aneinanderreihung von Exzerpten nicht.

Diese beiden Sammlungen, die *Collectio Trium Librorum* und der *Polycarpus*, haben zwar als *fontes formales* Gratians eine gewisse Bekanntheit unter Kanonisten erlangt, doch scheiden sie als Methodenlieferant für Gratian und als Inspirationsquelle für die spätere Kanonistik aus. Dafür ist die von dem jeweiligen Kompilator gewählte Darstellungsform des Rechts doch zu bieder. – Fündiger wird man indes in zwei anderen Sammlungen, nämlich Bonizos von Sutri *Liber de vita christiana* und Algers *De misericordia et iustitia*. Was bieten diese Werke an Präsentationsformen?

(2) Bonizos von Sutri *Liber de vita christiana*

Der *Liber de vita christiana* stammt von Bonizo von Sutri, der wohl in der Mitte der 1040er Jahre geboren wurde. Er war Anhänger der gregorianischen Reform, Bischof des nördlich von Rom gelegenen Sutri und später Bischof von Piacenza. Mitte der 1090er Jahre, vielleicht 1094, starb er, von Feinden geblendet und verstümmelt.[437] Neben dem *Liber ad amicum*[438] verfasste er wohl zum Lebensende hin ein Buch über das christliche Leben, in dem er Anweisungen für ein gottgefälliges

zwischen 1111 und 1113 datiert; Fowler-Magerl, Clavis Canonum, 229f. vermutet vielleicht sogar schon eine Entstehung 1104.

436. So explizit Gregor von S. Crisogono im Prolog zu seiner Sammlung, siehe www.mgh.de/fileadmin/Downloads/pdf/polycarp.pdf (1): *Preterea ne per libri seriem lectorem res indistincta turbaret, huius operis titulos preponere placuit, ut suis locis exigere possit, quod sub numero competenti predictum esse cognoscit.* Eine englische Übersetzung des Vorworts bieten Somerville/Brasington, Prefaces, 129f.

437. Zu Bonizo siehe Werner Goez, Art. Bonizo von Sutri, in: LexMA 2, 1983, Sp. 424f.; Rudolf Schieffer, Art. Bonizo, Bischof von Sutri, in: LThK 2, 1994, Sp. 584; Friedrich Wilhelm Bautz, Art. Bonizo, Bischof von Sutri, in: BBKL 1, 1990, Sp. 694; ferner zur Vita Bonizos Berschin, Bonizo von Sutri, 3–21; Mazzanti, Brevi note (2003); Dempsey, Bonizo of Sutri, insbes. 38–93; Förster, Bonizo von Sutri, 5f. sowie das Werkverzeichnis bei Francesco Vermigli, Art. Bonizo Sutrinus episcopus, in: Compendium Auctorum Latinorum Medii Aevi 2, 2008, 487f.

438. Das *Liber ad amicum* ist ediert von Philipp Jaffé/Ernst Dümmler in: MGH LdL 2, 568–620; zum Werk vgl. nur die neueste Interpretation, nämlich: Förster, Bonizo von Sutri (2011).

Leben aller Menschen zusammenstellte, für Kleriker wie für Laien, für Majoristen und Minoristen wie für Fürsten, Handwerker, Händler und Bauern.[439] Im Gegensatz zu der nach Sachgesichtspunkten strukturierten *Panormia* oder Sammlung in 74 Titeln legte Bonizo diesem Werk ein Gesellschaftsmodell zugrunde, deren einzelnen Gruppen er Regeln und Vorschriften zuwies.[440] So unterschied er höheren und niederen Klerus, differenzierte zwischen Berufen oder ‚Ständen' und wies den einzelnen Gruppen Aufgaben und Anforderungen zu. Mit der Idee einer gesellschaftlichen Ordnung gliederte Bonizo auch sein Werk und ging vom Episkopat zur römischen Kirche über, von dort zum Säkularklerus und zu Mönchen; schliesslich endete er bei den Laien. Im achten Buch behandelte Bonizo beispielsweise Eherecht und Zehnt, zwei Themen, in denen sich die christlichen, von der Kirche konkretisierten Anforderungen an das Leben von Laien mit der geistlichen Sphäre ganz wesentlich berührten.[441]

Ist Bonizos thematisches Herangehen schon beachtenswert, so ist seine Methodik noch ungewöhnlicher. Die von ihm gewählte Präsentation des juristischen Stoffes weist nämlich deutlich über das zuvor skizzierte Mass der Durchdringung und Aufarbeitung des Stoffes hinaus. Verweise innerhalb der Sammlung, Kommentare zu Kanones und Überleitungen von einem Textauszug zum anderen sowie Distinktionen sind von ihm mehrfach bewusst eingesetzt. Schliesslich löste er auch scheinbare Widersprüche zwischen Autoritäten auf. Dieses methodische Vorgehen lohnt einer näheren Betrachtung.

Zunächst zur Erschliessung der Sammlung, die an den internen Verweisen abzulesen ist. Die Vorverweise, die Bonizo einfügte und mit denen er von einem Kanon auf ein späteres Buch verwies, wo er das Thema erneut aufnahm, zeugen von der planenden Gestaltung Bonizos und der inneren Durchdringung des Stoffes. Solche Vorverweise formulierte er beispielsweise mit den Worten *in ... libro plenius enarrabo*.

439. *Liber de vita christiana* ist ediert von Ernst Perels (1930, ND 1998). Zur Edition und zu den Handschriften siehe auch Berschin, Bonizo von Sutri, 57–61 sowie Berschin, Nachwort (1998). Die Struktur der Sammlung ist wie folgt: Buch 1: Taufe; Buch 2 und 3: Episkopat; Buch 4: römische Kirche; Buch 5: Säkularklerus; Buch 6: Mönchtum; Buch 7: führende Laienstände/weltliche Gewalt; Buch 8: Laien inkl. Zehnt, Eherecht; Buch 9 und 10: Busse. Zur Struktur und zu den ‚Ständen' vgl. Lewald, Schwelle, 9–18; Perels, Bonizo, Liber de vita christiana, XXIV; Berschin, Bonizo von Sutri, 61.

440. Zu den ‚Ständen': Lewald, Schwelle, 9–18; einige Bemerkungen zu Bonizo auch bei Kittel, Staatsauffassung, 16.

441. Zum Zehnt Bonizo, Liber de vita christiana, cc. 8.2–8.10, zum Eherecht cc. 8.11–8.65. Vertiefend zum Eherecht siehe Lewald, Eherecht (1938).

Häufiger als diese Vorverweise finden sich Rückverweise zu vorhergehenden Büchern; diese werden häufig mit … *libro dixisse me memini* bezeichnet.[442] Allerdings verwies er von den Zielstellen nicht wieder zum Ausgangspunkt, so dass die inhaltliche Verknüpfung des Stoffes doch wieder in ihren Ansätzen steckenblieb.

Bemerkenswerter als die von dem Kompilator selbst eingefügte Binnenstrukturierung sind seine Kommentare, die sogenannten *dicta*. Der Begriff stammt von der älteren Forschung, die sie in Verbindung mit den *dicta Gratiani* brachte und sie daher auch als *dicta Bonizonis* bezeichnete.[443] Er selbst leitete seine *dicta* nur mit *Bonizo* oder *Bonizo Episcopus* ein, wenn überhaupt, so dass die Nennung seines Namens die Funktion einer *Inscriptio*, einer Herkunftsangabe, einzunehmen scheint.[444] Ursula Lewald hat diese *dicta* in drei inhaltliche Gruppen eingeteilt, und zwar in solche mit liturgischem oder pastoralem Inhalt, solche zur Deutung und Erklärung der Kanones und schliesslich solche mit Ausführungen zur Geschichte von kirchlichen Institutionen.[445] Von grösserem Interesse als die inhaltliche Gruppierung dieser *dicta* sind jedoch ihr methodischer Gehalt und ihr Wert für die Struktur der Sammlung. In äusserer Hinsicht ist festzuhalten, dass sie zwar in der gesamten Sammlung vorkommen, aber doch recht ungleich verteilt sind. An einigen Stellen schrieb Bonizo fast traktatgleich über mehrere Druckseiten seine Gedanken nieder; an anderen Stellen kommen Dutzend Kanones ohne seinen Kommentar aus.[446]

Welche Funktionen der *dicta* lassen sich erkennen? Eine erste Funktion der *dicta* liegt in der Führung der Leser. Bonizo fasste häufig das zuvor durch Kanones Gesagte zusammen, leitete zu neuen Aspekten

442. Vorverweise finden sich: c. 2.52 (Perels, Bonizo, Liber de vita christiana, 61 Zeile 8: *in nono libro* […] *plenius enarrabo*) mit Verweis auf c. 9.4 sowie c. 2.56 (Perels, Bonizo, Liber de vita christiana, 65 Zeile 1–3: *in quinto libro* […] *aperte demonstrabimus*) mit Verweis auf c. 5.6. Rückverweise finden sich: c. 2.55 auf c. 2.52 (Perels, Bonizo, Liber de vita christiana, 62 Zeile 29: *superius dixisse me memini*); c. 10.1 auf c. 9.1 (Perels, Bonizo, Liber de vita christiana, 305 Zeile 2: *superiori libro dixisse me memini*); c. 10.78 auf c. c. 9.3 (Perels, Bonizo, Liber de vita christiana, 332 Zeile 21: *anteriori libro dixisse me memini*); vgl. Perels, Bonizo, Liber de vita christiana, XXIV.

443. So explizit Lewald, Schwelle, 18.

444. Vgl. cc. 1.43, 1.44, 4.98, 5.6, und öfters. Häufig fehlen solche Inskriptionen, so dass an einigen Stellen unsicher bleibt, ob ein Stück von Bonizo stammt, vgl. Perels, Bonizo, Liber de vita christiana, XXIII.

445. Lewald, Schwelle, 18f.

446. So bestehen zum Beispiel die cc. 2.27–2.46 nur aus *dicta* (12 Druckseiten in der Perels-Edition!), während zum Beispiel zu Beginn des dritten Buchs nur ein einziges *dictum* von mehr als 100 Kanones eingerahmt ist (cc. 3.1–3.30, c. 3.31 ist ein *dictum*, cc. 3.32–3.104). Zur Verteilung der *dicta* über die einzelnen Bücher vgl. Berschin, Bonizo von Sutri, 67.

über und verband verschiedene Teile. Diese *dicta* sind also Rück- wie Ausblicke.[447] Dennoch lassen sich diese gliedernden *dicta* nicht überall dort finden, wo man sie erwarten würde: Der Beginn des dritten Buchs muss ohne *dictum* auskommen, so dass der Leser erst in c. 3.31 erfährt: *Huc usque de metropolitanis*. Dann aber wird er wieder an die Hand genommen: *Restat nunc, ut de episcopali excellentia ... succinte ... dilucidare*.[448] Die Leserführung und Einbettung des juristischen Stoffes gestaltete Bonizo also nur inkonsequent.

Eine zweite Funktion der *dicta* liegt darin, Ideen und Gedanken in einer Deutlichkeit und Präzision zu vermitteln, die sich aus den Kanones selbst nicht ergibt. So explizierte Bonizo beispielsweise die soziale Ordnung, die ihm vorschwebte, in einem eigenen Kommentar. So teilte er die Menschheit in einem ersten Schritt in zwei Gruppen, *Christianorum alii sunt clerici, alii laici*, und in einem zweiten Schritt zergliederte er beide Gruppen erneut: *et in his condicionibus alii subditii, alii prelati*. Erklärend fügt er an: *Prelatorum in clericali ordine positorum alii sunt episcopi, alii secundi ordinis sacerdotes, alii abbates, alii prepositi. In laicali vero ordine alii reges, alii iudices*.[449] An späterer Stelle nahm er die Unterteilung der Laien in Führungsschicht und Volk (*plebs*) wieder auf, und unterteilte letzteres in Handwerker, Händler und Bauern.[450] Diese Stelle ist übrigens eine von zweien, an denen er eine *divisio* explizit vornahm.[451] Diese rudimentären Distinktionen sind von Bonizo zur Darlegung seines Gesellschaftsmodells genutzt, aber sie dienen ihm eher zur Gliederung und Systematisierung der gesellschaftlichen Ordnung und damit auch der Darstellung im *Liber de vita christiana* denn zur Lösung von Widersprüchen zwischen normativen Texten.[452]

Die Distinktionen, die Bonizo in den *dicta* vornahm, bedürfen eines genaueren Blicks. Es sind zwar nur wenige Stellen, an denen Bonizo sich zu juristischen Themen distinguierend äusserte, aber diese sind

447. Zusammenfassende Rückblicke und Überleitungen zum nächsten Teil bieten zum Beispiel die cc. 2.1, 2.23, 2.46, 5.1 (auf drei Bücher), 8.1, 10.1.

448. c. 3.31 (Perels, Bonizo, Liber de vita christiana, 81 Zeile 24 und 82 Zeile 5f., 12f.).

449. c. 2.3 (Perels, Bonizo, Liber de vita christiana, 35 Zeile 1–4).

450. c. 8.1 (Perels, Bonizo, Liber de vita christiana, 252 Zeile 4–6): *Et primum plebis faciamus divisionem; nam ex plebe alii sunt artifices, alii negotiatores, alii vero agricolę*.

451. Die andere ist in c. 2.2 (Perels, Bonizo, Liber de vita christiana, 34 Zeile 25f.) (übrigens in unmittelbarer Nähe zur vorgestellten Gesellschaftsgliederung in c. 2.3); die Anzahl der expliziten *divisiones* nennt Lewald, Schwelle, 21.

452. So Lewald, Schwelle, 21: „Seine [Bonizos – S.D.] Distinktionen dienen nur in den seltensten Fällen der Lösung von Widersprüchen zwischen den Autoritäten, im allgemeinen stellen sie den durchaus eigenwilligen Versuch dar, durch vielfältiges Einteilen zu größerer Klarheit und Systematik zu gelangen.“

für seine Methode aufschlussreich. So unterschied er mit *alii-alii*-Distinktionen verschiedene Formen der Exkommunikation und der Busse, des Ehebruchs wie des Diebstahls oder trennte – ohne dies mit distinguierenden Worten darzulegen – zwischen *sacramentum* und *effectus sacramenti*.[453] Auch die Unterscheidung der kirchlichen Normen in freiwilligen Rat und verpflichtendes Gesetz kannte Bonizo; letzteres wiederum unterteilte er in zwingendes und dispensatorisches Recht.[454] Mit der Dispens konnte er den unterschiedlichen Umgang mit den Weihevoraussetzungen im Laufe der Geschichte erklären. An diesen wenigen Stellen nutzte Bonizo also das von der Artistik angebotene System der Aufspaltung und Unterscheidung, blieb aber mit den wenigen *alii-alii*-Distinktionen und der nicht einmal explizierten Unterscheidung zwischen Sakrament und seiner Wirkung eher an der methodischen Oberfläche.

Und wie ging Bonizo mit gegensätzlichen Texten um? An einer Stelle löste er den Widerspruch zwischen dem Verbot, Bigame und Neophyten zu weihen, und ihrer vielfachen Weihe mit der Dispens auf;[455] an anderer Stelle sucht er nach dem historischen Kontext, in dem die sich widersprechenden Normen entstanden waren. Der Fall, an dem sich der Streit entzündet hatte, ist einfach: Sollten vom Glauben und christlichen Leben Abgefallene, sogenannte *lapsi*, später wieder in ihren Weihegrad

453. Es sind die folgenden Stellen: c. 2.52 zu den Formen der Exkommunikation und der Wiederaufnahme in die kirchliche Gemeinschaft; c. 6.47 zur Busse; c. 9.8 zum Ehebruch; c. 10.28 sowie c. 9.62 zu den unterschiedlichen Arten des Diebstahls. In c. 7.16 stellt Bonizo verschiedene Richter vor und in c. 2.39 konstatiert er, dass Menschen verschieden anzusprechen seien: *Aliter enim ammonendi sunt senes, aliter iuvenes, aliter adulescentes, aliter pueri, aliter continentes, aliter coniugati, aliter viri, aliter feminę, aliter docti, aliter indocti, aliter ebetes, aliter veloces, aliter qui peccata preterita deflent, aliter qui peccata perpetrata defendunt, aliter qui iustos se esse simulant, aliter qui se peccatores esse cognoscunt, et ut breviter cuncta comprehendam: Diversis hominibus et diversis pro culpis diversa sunt predicationum adhibenda medicamina* (Perels, Bonizo, Liber de vita christiana, 53 Zeile 20–27). Die Differenzierung zwischen *sacramentum* und *effectus sacramenti* erfolgt in c. 1.43 (Perels, Bonizo, Liber de vita christiana, 32 Zeile 4f.).

454. c. 2.63: *Preterea sciendum est canonum alios in voluntate positos, alios sub precepto. Voluntarii canones sunt, ut est illud dominicum: Si vis perfectus esse, vade et vende omnia, que habes.* […] *Canonum, qui sub precepto sunt, alii sunt necessarii, alii dispensatorii. Necessarii vero sunt, qui nulla ratione possunt mutari, ut fides symboli et regula baptismatis et confectio sacramentorum* […]. *Alii vero fere omnes tam in veteri quam in novo testamento dispensatorii sunt et possunt inflecti et levari et propter melius quid faciendum inmutari* (Perels, Bonizo, Liber de vita christiana, 70 Zeile 13–23). Zur Dispens Lewald, Schwelle, 32f.; Berschin, Bonizo von Sutri, 108f. sowie Förster, Bonizo von Sutri, 155f.; zur Frage, in welchem Umfang der Papst selbst an die von ihm gesetzten Regeln gebunden war, vgl. Lewald, Schwelle, 36–38 und Förster, Bonizo von Sutri, 155–158.

455. c. 2.57; vgl. Lewald, Schwelle, 32f.

zurückkehren können? Papst Clemens I. (91?–101?) und andere hatten dies verboten, Papst Calixtus I. (217?–222) aber gestattet. Bonizo erklärte diese unterschiedliche Behandlung damit, dass Clemens Ende des 1. Jahrhunderts so strikt geurteilt habe, um Christen von der Sünde abzuhalten; diese hätten aber so selten gesündigt, dass es nicht notwendig gewesen sei, über die Wiedereinsetzung nachzudenken. Anders hingegen Calixt im dritten Jahrhundert: Nach der Ausbreitung des Christentums war die Religion auch durch Verfolgungen stärker bedroht und es waren die Neidischen, die die Wiederaufnahme von Gefallenen verbieten wollten; Calixt ermöglichte die Wiederaufnahme in den vorherigen Grad, ohne diese aber zwingend vorzuschreiben.[456] Es war somit der historische Entstehungskontext eines Textes, der diesen Widerspruch als scheinbaren enttarnte. Die Beachtung der historischen Entstehungsumstände einer Norm führte zu einer Harmonisierung des auf den ersten Blick Widersprüchlichem. Ähnlich wie Bernold von Konstanz Normen aus der Geschichte erklärte, verstand auch Bonizo Recht als historisch gewachsene Grösse.[457] Während Bernold dies aber theoretisch ausführte und in Traktaten anwendete, applizierte Bonizo diese Konkordanz-Methode im Umfeld einer Kanonessammlung. Er präsentierte zunächst die widersprüchlichen Aussagen, nämlich einerseits Clemens I. sowie weitere strenge Kirchenväter wie Leo und Gregor, andererseits Calixtus I. und den ebenfalls nachsichtigen (Pseudo-)Isidor,[458] sodann löste er diesen Widerspruch in einem *dictum* auf: *De hac controversia, de reparatione scilicet lapsorum, multi non bene intelligentes putant sanctos patres sibi invicem in hac re esse diversos…* [*Capitula Clementis et Calixti* – S.D.] *diligenter consideremus, et inveniemus sanctos viros non diverso sensisse, set unum.*[459]

In methodischer Hinsicht ist der scholastische Aufbau des *sic et non* und der anschliessenden *solutio* in Bonizos Kommentar bemerkenswert; bemerkenswert ist aber auch, wie unvollständig er die *questio* präsentiert: Es fehlt die einleitende Fragestellung mit dem Aufriss des Themas, die Einführung in die eine und in die andere Meinung, nur der auflösende Schluss ist mit *de hac controversia* eingeleitet. Die unvollkommene Leserführung beruht auf dem gebrochenen Charakter des *Liber de vita*

456. c. 5.49 (Perels, Bonizo, Liber de vita christiana, 193f.).
457. So Lewald, Schwelle, 35.
458. Clemens: c. 5.32; Leo: c. 5.41, Gregor c. 5.42, etc.; Calixt: c. 5.46; Pseudoisidor: c. 5.47.
459. c. 5.48 (Perels, Bonizo, Liber de vita christiana, 193 Zeile 2f., 12f.).

christiana. Einerseits präsentierte Bonizo Kanones zur Klerikerdisziplin, die er in thematischer Abfolge anordnete, andererseits löste er kommentierend Widersprüche zwischen diesen Kanones.[460] Diese Passage ist also eine Mischung aus eindimensionaler Präsentation von normativen Texten und mehrdimensionaler Auflösung von zwischen ihnen bestehenden Widersprüchen. Dass er eine solche Gemengelage nicht ohne innere Brüche darstellen konnte, ist Bonizo nicht vorzuwerfen. Doch man darf wohl auch konstatieren: Die von ihm im *Liber de vita christiana* gewählte Präsentationsform des Rechts ist innovativ, aber nicht konsequent zu Ende gedacht.[461] Die *dicta Bonizonis* sind eher narrativ und erzählend, sie durchdringen indes selten den Stoff; Bonizo gliederte zwar die Gesellschaft in Teile und differenzierte sie mit Hilfe von Distinktionen aus, doch selten spaltete er juristische Begriffe, um so unterschiedliche Positionen zu erklären; Bonizo erklärte zwar hier und da Widersprüche zwischen den Kanones, aber er stellte nicht durchgehend Fragen und warf nicht ständig neue rechtliche Probleme auf. Bonizo war, wenn man es zuspitzen möchte, nicht mehr Burchard, aber auch noch nicht Gratian.

(3) Algers von Lüttich De misericordia et iustitia

Algers Werk *De misericordia et iustitia* ist nicht nur methodisch innovativer als Bonizos, sondern auch eine der direkten Quellen Gratians, aus denen er schöpfte, weswegen es sich lohnt, länger bei diesem Werk zu verweilen.[462] Wer war Alger? – Alger von Lüttich wurde wohl um 1060 geboren und leitete als Diakon die Schule der Lütticher Kirche St. Bartholomäus. Später, als Mitglied des Lütticher Domkapitels, war er lange bischöflicher Sekretär und somit für die Korrespondenz des Bistums verantwortlich. Zu Beginn der 1120er Jahre, wohl 1121, zog er sich in das Kloster Cluny zurück, wo er seinen Lebensabend verbrachte.[463] Neben Briefen sind vor allem zwei Werke

460. So zum Beispiel zu Beginn des fünften Buches, wo Bonizo von Sutri über die Priester und insbesondere über die *lapsi* handelt.

461. Jenseits dieses methodischen Elements liegen die Beobachtungen Dempseys, Bonizo of Sutri, 302–358, der die Elemente einer Streitschrift („ecclesio-political polemic") im *Liber de vita christiana* betont.

462. Zu Algers *De misericordia et iustitia* als Quelle Gratians vgl. nur Kretzschmar, Alger von Lüttich, 141–154 sowie Le Bras, Liber de misericordia et iustitia, 89.

463. Zur Person Algers siehe Le Bras, Liber de misericordia et iustitia, 83–88; Amanieu, Art. Alger de Liége, in: DDC 1, 1935, Sp. 390–403; Merzbacher, Alger von Lüttich, 230–233; Ludwig Ott, Art. Alger von Lüttich, in: LexMA 1, 1980, Sp. 410f.; Kretzschmar, Alger von Lüttich, 1–8.

von ihm bekannt geworden, nämlich der eucharistische Traktat *De sacramento corporis et sanguinis domini* sowie der kanonistische *De misericordia et iustitia*.[464] Um letzteren soll es hier gehen.

De misericordia et iustitia schrieb Alger vor seinem Weggang aus Lüttich, also vor 1121, aber nach 1095. Der *terminus post quem* bildet der Prolog Ivos, auf den sich Alger wesentlich stützte.[465] *De misericordia et iustitia* ist, zuspitzend formuliert, die Applizierung der ivonischen Dispenstheorie auf eine Kanonessammlung. – Wie ging Alger vor? Er stellte die Gnade, also die Abweichung von einer Norm aus Billigkeit im Einzelfall, der strengen Anwendung einer Norm gegenüber und legte dar, wann welches Prinzip zum Tragen kommen musste. Der Anwendung der *misericordia* widmete er sich im ersten Buch seines Werkes, der *iustitia* im zweiten; im dritten beschäftigte er sich mit den unterschiedlichen Formen der Häresie und den Häretikern, also mit den ausserhalb der kirchlichen Gemeinschaft stehenden Sündern, und entwarf Regeln zum Umgang mit ihnen.[466] In seinem Traktat behandelte Alger verschiedene Fragen des kirchlichen Lebens, zu denen er Antworten zusammentrug, die er im Spannungsverhältnis von *misericordia* und *iustitia* ausgleichen wollte.[467] Ausgiebig diskutierte er beispielsweise die Frage, ob Sünder zu akzeptieren seien: Musste der sündige Bischof von den Gläubigen toleriert oder angeklagt werden? Konnte der in Sünde verharrende Kleriker rechtmässig Sakramente spenden? – Von Interesse sind hier jedoch weniger die Antworten, die Alger gab, als vielmehr die Form, die er nutzte, um seine Antworten einzuleiten.

„Son mode d'exposition est nouveau", stellte der französische Kanonist Gabriel Le Bras 1921 fest;[468] und der deutsche Kirchenrechtler Friedrich Merzbacher fand „[d]ie später bei Gratian deutlich zu beobachtenden wissenschaftlichen Reflexionen, Distinktionen und Harmo-

464. Die Alger zugeschriebenen Werke diskutiert Kretzschmar, Alger von Lüttich, 8–22; ob der Kurztraktat über den freien Willen (*De libero arbitrio*) ebenfalls von ihm ist, stellt Kretzschmar (ebd., 9f.) in Frage.

465. Zur Datierung Kretzschmar, Alger von Lüttich, 27–30 sowie ebd., 23–27 zum lokalgeschichtlichen Hintergrund.

466. Den Inhalt des Werkes stellen u.a. vor: Amanieu, Art. Alger de Liége, in: DDC 1, 1935, Sp. 393–396; Kretzschmar, Alger von Lüttich, 31–39.

467. Während Alger den Zölibat unter der Frage des Nikolaitismus intensiv diskutierte, schwang der päpstliche Jurisdiktionsprimat zwar mit, wurde aber nicht explizit behandelt (vgl. Kretzschmar, Alger von Lüttich, 31–57, insbes. 46).

468. Le Bras, Liber de misericordia et iusticia, 92.

nisationen […] bereits in den Anlagen auch bei Alger von Lüttich.“[469] Alger reihte eben nicht nur Kanones aneinander, sondern verband sie mit Kommentaren, Reflexionen und Erläuterungen zu einem harmonischen Ganzen, dessen Grundgerüst *misericordia* und *iustitia* bildete.

Wie Alger genau vorging, kann der Beginn des ersten Buchs illustrieren. In den ersten vier Kanones legte er dar, dass vom kirchlichen Recht überhaupt abgewichen werden durfte; in den folgenden (cc. 1.5–1.15) führte er aus, unter welchen Umständen dies erlaubt war.[470] Gleichsam als Obersatz für diesen Teil formulierte er die Rubrik: *Quod precepta canonica pro tempore, pro persona, pro variis rerum eventibus vel partim temperata vel omnino sunt intermissa, aliquando necessitatis, aliquando utilitatis, aliquando solo pietatis intuitu.*[471] Es folgte anschliessend eine kurze Wiederholung dieser These in einem *dictum*,[472] bevor Alger in den folgenden Kanones die Belege für die Milderung *pro eventu rei, pro persona, pro tempore* sowie *pro necessitate* und *utilitate* anführte.[473] Die einzelnen Quellenauszüge leitete Alger bisweilen länger, bisweilen kürzer ein; häufig kommentierte und erklärte er sie auch.

Dieses Beispiel verdeutlicht Algers Vorgehen, das sich durch sein Werk hindurch zieht: Er teilte den Stoff auf drei Bücher auf, in denen er in *dicta* oder Rubriken rechtliche Aussagen traf, die er dann belegte; er warf Rechtsfragen auf, die er dann mit der kanonistischen Tradition beantwortete.[474] Er suchte Belege zusammen, führte den Leser paraphrasierend in die Normen ein, fasste ihm zentrale Aussagen mit *In quo notandum est* zusammen; er wies auf Übereinstimmungen zwischen den Texten und auf Widersprüche hin, die er dann mit Hilfe von Distinktionen zu lösen versuchte. Häufig fasste er dann seine Ergebnisse zum Schluss eines Absatzes zusammen.[475]

Um die verschiedenen Aussagen auszugleichen, bediente er sich in erster Linie der Unterscheidung in dispensables und nicht dispensables Recht. Über diese zentrale Distinktion hinaus kannte Alger weitere wie

469. Merzbacher, Alger von Lüttich, 256.

470. Zitiert nach der Edition, die Robert Kretzschmar, Alger von Lüttich (1985) vorgelegt hat.

471. Rubrik zu c. 1.5 (Kretzschmar, Alger von Lüttich, 196 Zeile 16–19).

472. dict. c. 1.5 (Kretzschmar, Alger von Lüttich, 196 Zeile 21f.): *Inveniuntur precepta canonica etiam pro tempore, pro persona, pro variis rerum eventibus vel partim temperata vel omnino intermissa.*

473. cc. 1.6–1.16.

474. So zum Beispiel in c. 1.47 dict. a. Weitere Belege bringt Kretzschmar, Alger von Lüttich, 64 Fn. 45.

475. Kretzschmar, Alger von Lüttich, 64–66 mit vielen Belegen.

die Unterscheidung in den unwürdigen, aber rechtgläubigen und den unwürdigen wie häretischen Priestern.[476] Als Kriterien für die Dispensation nannte Alger neben *locus*, *tempus* und *persona* auch *necessitas*, *utilitas* und *pietas*, also normativ resp. teleologisch ausgerichtete Zirkumstanzien.[477] Diese verband er mit der isidorischen Formel, jener Behauptung eines Pseudoisidors, dass die Autorität des älteren oder vorzüglicheren und wichtigeren Konzils vorzuziehen sei, indem er das Kriterium des Alters auf die Wahrheit, das der Bedeutsamkeit auf die Nützlichkeit bezog: *Antiquior dixit ad veritatem, potior ad utilitatem*.[478] Somit beruhte Algers Ordnungsprinzip auf Dispens und den beiden Dreiklängen *locus, tempus, persona* bzw. *necessitas, utilitas, pietas*. Der vor allem in den Streitschriften häufig verwendeten historischen Beispiele, der *exempla*, bediente sich Alger indes weniger.[479]

Die Bedeutung Algers auf dem Gebiet des kanonischen Rechts liegt in dieser kommentierend-erklärenden Darstellungsform. In Ansätzen vergleichbar mit Placidus‘ von Nonantola Vorgehen im *Liber de honore ecclesie* mischte auch er Fragen und Thesen mit selbstformulierten Aussagen und dazugehörigen Quellenbelegen, ging aber konsequenter vor.[480] In dem Praktischen liegt Algers Bedeutung, nämlich in der Harmonisierung von normativen Texten auf Schriftebene, während er in theoretischer Hinsicht nicht zu überschätzen ist: Er ging nicht über das hinaus, was Ivo von Chartres vorgedacht hatte; auch Bernold von Konstanz war kreativer.[481] Und selbst auf praktischer Ebene war Alger nicht konsequent: *De misericordia et iustitia* ist keine „Addition stets gleich strukturierter Einheiten“[482], keine durchkomponierte Zusammenstellung von Fragen, Lösungsvorschlägen und Antworten, sondern das Zusammentragen von Thesen, Meinungen und Antworten. Es ist nicht

476. Kretzschmar, Alger von Lüttich, 60 mit Fn. 9 nennt verschiedene Distinktionen.

477. Siehe oben Anm. 471; Meyer, Distinktionstechnik, 142.

478. So in c. 2.43 dict. j, can. j und dict. k (Kretzschmar, Alger von Lüttich, 293 Zeile 9–15): *Cum vero beatus Isidorus duas sanctorum sententias autentice et rationabiliter discrevisset, ut ostenderet et has et ceteras pro persona, pro tempore iuste et utiliter esse discernendas, adiecit: ‚In fine huius epistole hoc adiciendum putavi, ut quotiens discors sententia invenitur, illius concilii magis teneatur sententia, cuius antiquior et potior extat auctoritas.‘ Antiquior dixit ad veritatem, potior ad utilitatem*. Zur isidorischen Formel siehe 224.

479. Kretzschmar, Alger von Lüttich, 62.

480. Zum *Liber de honore ecclesie* siehe 211, 312f.

481. So Kretzschmar, Alger von Lüttich, 60f. mit dem Nachweis weiterer Literatur.

482. Kretzschmar, Alger von Lüttich, 65. In der Beurteilung ganz ähnlich Meyer, Distinktionstechnik, 143: „Von der durchgängigen Umsetzung eines Harmonisierungsprogramms kann in *De misericordia et iustitia* jedoch keineswegs die Rede sein.“

viel mehr als der Versuch, auf Schriftebene zur Harmonisierung von Autoritäten zu gelangen – aber dennoch ist es, wie Le Bras formulierte, „le premier essai de ce genre".[483]

(4) Vom Aufbrechen der Gattungen: Zusammenfassende Überlegungen

Ausgangspunkt der vorstehenden Überlegungen war die Frage nach der Innovationskraft jüngerer Sammlungen. Bonizos von Sutri *Liber de vita christiana*, Algers von Lüttich *De misericordia et iustitia* und – wenn auch nur indirekt angesprochen – Placidus' von Nonatola *Liber de honore ecclesiae* zählen zu den wenigen Werken, die sich von der tradierten Form der Präsentation des juristischen Wissens verabschiedet haben und mit Neuem experimentierten. Möglicherweise nahm die eine oder andere, hier nicht vorgestellte *Collectio canonum* ebenfalls neuere methodische Ansätze auf, doch blieb der grössere Teil der im 12. Jahrhundert verfassten Kanonessammlungen ähnlich der *Collectio Trium Librorum* und dem *Polycarpus* der traditionellen Form von Rubriken, Inskriptionen und Kanones verhaftet.

Im Zusammenhang mit der Frage nach der Vermittlung von Rechtswissen muss die Frage gestellt werden, ob Algers und Bonizos Werke als Kanonessammlungen oder als Traktate einzuordnen sind. Den Unterschied zwischen den beiden Literaturgattungen markiert die Form der Textverarbeitung: Kanonessammlung reihen Kanones als Belege an kürzere, selbstformulierte Rubriken, während bei Traktaten die eigenständige Formulierung von Aussagen im Vordergrund steht, denen Belege aus der kanonistischen Tradition häufig in verkürzter Form nachgeschoben werden.[484] In diesem Sinne ist Burchards Dekret sicherlich als Kanonessammlung anzusehen, während Bernolds Arbeit über die Quellen des Kirchenrechts (*De fontibus iuris ecclesiastici*) als Traktat zu bezeichnen ist. Der Editor des *Liber de vita christiana*, Ernst Perels, formulierte vorsichtig, dass der *Liber* „nicht zutreffend als Kanones-

483. Le Bras, Alger et Gratien, 18: „Nous disons un exemple, non une simple leçon de dialectique : il y a dans les règles d'interprétation qu'Alger rappelle peu d'inédit. Yves de Chartres les avait toutes posées. Mais nul n'avait encore tenté leur application à un ensemble de textes. Le *Liber de misericordia* est le premier essai de ce genre." Ähnlich McCarthy, Genius of Concord, 124: „The chief merit of the work [Algers *De misericordia et iustitia* – S.D.] lies in its success in *applying* far more extensively than any preceding collection these rules of harmony".

484. Siehe zur Unterscheidung Kretzschmar, Alger von Lüttich, 62f. Zu Kanonessammlungen und den Schwierigkeiten, sie zu klassifizieren, siehe 69–74.

sammlung bezeichnet werden“ könne; Ursula Lewald stellte in ihrer Dissertation schon mutiger fest: „Um eine reine Canonessammlung handelt es sich nicht.“[485] Und Wilhelm von Giesebrecht hielt es für „ein Mittelding zwischen einer Kanonensammlung und einem theologischen Tractat“.[486] Auch Algers *De misericordia et iustitia* ist nur schwer einzuordnen. Üblicherweise wird es als Traktat bezeichnet, es firmierte aber auch schon als Kanonessammlung.[487] Alfons Maria Stickler sprach von *collectio vel melius tractatus*, und der Editor, Robert Kretzschmar, entschied sich, die Entscheidung zu vermeiden: Er bezeichnete Algers Schrift als *opus sui generis*.[488]

Diese Klassifizierungsschwierigkeiten (die letztlich nur definitorischer Natur sind) könnten auf sich beruhen, würden sie nicht den Kern dessen treffen, was die Vermittlung von Rechtswissen ausmacht. Wird Recht weiterhin als ein zwar thematisch zusammenhängender, aber nicht explizit kommentierter Stoff präsentiert, oder ist das rechtliche Wissen auf- und durchgearbeitet und wird dem Leser in – jedenfalls ansatzweiser – kohärenter Form dargelegt? Dass sich sowohl Bonizos wie auch Algers Werk der Einordnung entziehen, verdeutlicht, dass sich die Autoren von dem reinen Sammeln von Kanones entfernten und Neues ausprobierten – damit aber lösten sich um 1100 auch die literarischen Genres auf.

Von anderer Perspektive aus betrachtet lässt sich formulieren: Während bis in die zweite Hälfte des 11. Jahrhunderts und darüber hinaus reine Kanonessammlungen wie Burchards Dekret, die Sammlung in 74 Titeln und die *Panormia* dominierten, so entwarfen Bernold von Konstanz, Ivo von Chartres und andere eine Theorie der Neuordnung des Rechts in Form eines harmonischen Ausgleichs zwischen den Normen. Für die Darlegung dieser Theorie wählten sie eine andere Form der Darstellung, nämlich die Traktate. Erst später, zögerlich bei Bonizo in den 1090er, deutlicher bei Placidus 1111 und massiv dann in dem zeitgleichen Opus Algers wirkte das anderswo theoretisch Dargelegte

485. Perels, Bonizo von Sutri, Liber de vita christiana, XXII; Lewald, Schwelle, 98.

486. von Giesebrecht, Gesetzgebung der römischen Kirche, 154; Otto Meyer (zit. nach Lewald, Schwelle, 98 Fn. 2) stellte eher auf den Inhalt ab, als er es als „christliche Hauspostille“ titulierte.

487. Amanieu, Art. Alger de Liége, in: DDC 1, 1935, Sp. 402: „avant tout une collection de textes“; weitere Nachweise bei Kretzschmar, Alger von Lüttich, 61 Fn. 20, der jedenfalls im Buchtitel das Werk weiterhin als ‚Traktat‘ bezeichnet.

488. Stickler, Historia iuris canonici latini 1, 192: *Algerus* [...] *collectionem vel melius tractatum de disciplina ecclesiastica composuit.* Als *Opus sui generis* charakterisiert es Kretzschmar, Alger von Lüttich, 61f.

auf die Form der Kanonessammlungen zurück – diese änderten ihr Erscheinungsbild. Der erste Schritt war es, Kanones zu sammeln; der zweite, rechtliche Themen in den Traktaten theoretisch zu behandeln; und erst in einem dritten Schritt wurden beide Darstellungsformen miteinander vereint und verbunden. Das Wissen über und um das Recht hat Anfang des 12. Jahrhunderts eine neue Ausdrucksform gefunden.

3. Zwischen Theorie und Praxis: Bilanz

Seit der zweiten Hälfte des 11. Jahrhunderts ist vielfach vorgeschlagen worden, wie normative Texte zu ordnen seien. Diese Vorschläge gingen von den *artes liberales*, insbesondere von der Rhetorik und Dialektik, aus, die Martianus Capella und andere aus der Spätantike in das Mittelalter vermittelt hatten. Zu diesen Vorschlägen gehörte es, eine Rede rhetorisch überzeugend zu gestalten, mit einfachen logischen Schlüssen wie dem *argumentum a maiore* zu argumentieren, Begriffe in Unterbegriffe aufzuspalten und die sieben Umstände eines Falles zu beachten, also das *quis, quid, ubi, quibus auxiliis, cur, quomodo, quando* einer jeden Erzählung. Diese Umstände eines Falles dienten einer differenzierten Betrachtung von normativen Texten wie von historischen Beispielen, denn wenn deren geschichtlicher Kontext geklärt war, konnte ihr örtlicher, sachlicher und persönlicher Geltungsanspruch erkannt und begrenzt werden. Mit dieser Anwendungsreduktion war die Möglichkeit geschaffen, in Verbindung mit der Theorie der Dispens zu ‚flexiblem Recht' zu kommen, denn nicht jede Norm konnte gleiche Geltung beanspruchen, vielmehr trat die nur vorübergehend erlassene hinter der generell verkündeten zurück. Andere Autoren erzielten einen solchen Ausgleich über eine Abstufung der Rechtsquellen: Die Autorität eines Universalkonzils überstieg die eines Provinzialkonzils, die einer päpstlichen Dekretale die eines Kirchenvaters. All diese Ansätze dienten einem Ziel, nämlich der Schaffung eines Ausgleichs von Normen. Mochten diese auch widersprüchlich erscheinen, so waren sie es bei genauerer Betrachtung nicht.

Ein solcher Ausgleich zwischen Autoritäten fand in den Traktaten und Schriften des Investiturstreits statt, den sogenannten Streitschriften. Hier argumentierten Gegner und Befürworter der Kirchenreform, hier tauschten sie Meinungen und Argumente aus, belegten ihre Behauptungen und entkräfteten die Interpretationen der Gegner. Hier versuchten sie, Gegner mit logischen Schlüssen zu überzeugen und deuteten die historischen Beispiele der Gegenseite mit dem Hinweis auf die Umstände des Falles um. Offensichtliche Widersprüche zwischen den Autoritäten lösten sie mit dem Zurücktreten qua Dispens auf. Hierfür werteten Bernold von Konstanz, Manegold von Lautenbach und andere die Sammlungen von Kanones aus, denen sie Texte als Argumente entnahmen. Die Struktur der Kanonessammlungen änderten sie jedoch nicht: Auch unter der Hand von Bernold und seinem Umfeld blieben Burchards Dekret und die Sammlung in 74 Titeln was und wie sie zuvor gewesen waren. Es finden sich in den Handschriften nur wenige Querverweise, selten Allegationen, kaum inhaltliche Auseinandersetzungen mit dem Text selbst. Nur hin und wieder erklärte Bernold einen Text für apokryph oder echt. Häufiger schon suchten sie und andere Leser nach einem korrekten Text, indem sie parallele Lesarten (*aliter*, *vel*) nachwiesen oder gekürzte Kanones ergänzten. Textkonstituierung war das Ziel um 1100, nicht Autoritätenausgleich innerhalb einer Kanonessammlung. Dies war den Traktaten und Streitschriften vorbehalten, in denen Kanones als Belege angeordnet wurden; dort fand der Stoff eine neue Ordnung.

Auch wenn ältere Kanonessamlungen und neue Kompilationen wie die *Collectio Trium Librorum* oder der *Polycarpus* in der hergebrachten Struktur von thematisch organisierten Rubriken–Inskriptionen–Kanones verblieben, so ist doch ein Aufbrechen und Experimentieren mit den tradierten Formen zu beobachten. Deusdedits *Collectio* beispielsweise verblieb zwar in der historisch-chronologischen Abfolge von Kanones, aber doch erschloss er die Sammlung mit einem vorgeschalteten Index, der zugleich Inhalts- wie Schlagwortverzeichnis war. Der Kompilator der *Panormia* wählte einen anderen Weg: Er stellte zu verschiedenen Auffassungen Kanones zusammen, die er gruppierte und scholastisch gegenüberstellte. Und auch Bonizo von Sutri suchte Ende des 11. Jahrhunderts einen neuen Weg. Er fand ihn, indem er Kanones zwar in hergebrachter Weise aneinanderreihte, diese aber ansatzweise nach Meinungen sortierte und sich schliesslich selbst in den Text einbrachte: *Bonizo episcopus* überschrieb er seine eigenen Stellungnahmen. Vergleichbar, aber wesentlich konsequenter als Bonizo organisierte Alger von Lüttich sein Werk, in der er zu Beginn eines Abschnitts Fragen aufwarf, Meinungen präsentierte und Lösungen zu finden versuchte. Die bei Bernold gedachte Ordnung des Stoffes wurde bei Alger zu gemachten Ordnung; die Idee der Harmonisierung realisierte sich im verschriftlichten Ausgleich von normativen Texten.

Prinzipiell bedienten sich dabei alle der Ordnungsvorschläge, die die Artistik unterbreitet hatte. Doch war der Ordnung nach Autoritäten, die auch Pseudoisidor von Sevilla vorgeschlagen hatte (*antiquior et potior*), wenig Erfolg beschieden. Zu schwierig erschien es wohl, grundsätzlich zu entscheiden, welches Konzil und welche Dekretale grössere Autorität besass. Es war einfacher, nach Dispens und bindendem Recht zu sortieren und die eine Norm nur im Einzelfall zurücktreten zu lassen, nämlich unter Berücksichtigung von Ort, Zeit und Person zu differenzieren und zu distinguieren. Bernold präsentierte dieses Programm theoretisch, Alger von Lüttich stellte es seiner Sammlung voran und setzte es in seiner *Collectio canonum* um. Die Theorie beeinflusste erstmals die Ordnung des Rechtsstoffes; die gedachte Ordnung schlug sich in der gemachten Ordnung nieder.

Kapitel 4

EINE JANUSKÖPFIGE KOMPILATION? DAS *DECRETUM GRATIANI*

Das *Decretum Gratiani* schloss die Zeit des Sammelns und Ordnens von Kanones ab und läutete die Epoche einer neuartigen Auseinandersetzung mit dem Kirchenrecht ein: Die *Concordia discordantium canonum* nahm Elemente der Kanonessammlungen, aber auch Ordnungsvorschläge der *artes liberales* auf und schuf erstmals eine umfassende Ordnung des kirchlichen Rechtswissens. Um dieses gemachte Rechtswissen soll es nun gehen. Dafür sollen nach einer kurzen Einführung in die Entstehung und Überlieferung des Dekrets (1.) beide Versionen des Dekrets mit Blick auf Jurisdiktionsprimat und Zöllibat miteinander verglichen werden (2.), bevor sie auf die Aufnahme methodischer Innovationen abgeklopft werden können (3.). Im Ergebnis soll argumentiert werden, dass die erste Fassung Gratians eher einem schlanken Traktat gleicht, während die zweite Fassung wieder Wissensspeicher – ähnlich den älteren Kanonessammlungen – ist (4.).

1. Quellenkunde: Das *Decretum Gratiani*

a) Die vielen Gratiane

Noch vor einigen Jahrzehnten hätte man auf die Frage, wer dieser Gratian war und wann er sein Dekret zusammenstellte, recht sicher antworten können: Gratian wurde in Carraria bei Orvieto/Chiusi geboren und war wohl als (Kamaldulenser)Mönch Lehrer der Theologie im Kloster St. Felix und Nabor in Bologna. Um 1142 beendete er seine scholastisch aufgebaute Sammlung des Kirchenrechts, die später um die *Paleae* sowie den letzten Teil *De consecratione* ergänzt wurde.[1] Gegenüber dieser Narrative hat John T. Noonan als erster 1979 auf die „changing identity" von Gratian hingewiesen, der mal als Magister in Bologna bezeichnet wurde, mal als (Kamaldulenser)Mönch, mal

1. Aus der älteren Literatur siehe Alfons M. Stickler, Art. Gratian, in: LThK 4 (2. Aufl., 1960), Sp. 1168f.; Friedrich Merzbacher, Art. Gratian, HRG 1, Sp. 1798f. Eine aktuellere Übersicht stammt von Peter Landau, Art. Gratian (Ende 11. Jh.–um 1145), in: HRG 2, 2. Aufl., Sp. 530–533. Gratian wurde auch als „father of the science of canon law" apostrophiert, siehe Kuttner, Father of the Science of Canon Law (1941).

als Bischof von Chiusi firmierte.[2] Die älteren Vorstellungen über Gratian, sein Leben und seinen Werdegang sind jedoch von der jüngeren Forschung so sorgfältig hinterfragt worden, dass festgestellt werden konnte: „Gratian himself has become even more enigmatic than ever."[3] Heute kann nur noch als gesichert gelten, „that he was a teacher with theological knowledge and a lawyer's point of view", der an einer Textsammlung zum kanonischen Recht in der ersten Hälfte des 12. Jahrhunderts in Bologna gearbeitet hat.[4] Weitere sichere Erkenntnisse gibt es nicht – das *Decretum*, das diesem Gratian zugeschrieben ist, muss für sich sprechen.

Dieses *Decretum Gratiani* steht seit jeher im Interesse der Forschung – und dieses Interesse hat seit Ende der 1990er Jahre noch zugenommen. Mit der Entdeckung, dass (mindestens) zwei Versionen dieses Dekrets überliefert sind, hat die Gratian-Forschung neue Dynamik erhalten. Zwar wurden erste Zweifel an der Vorstellung, dass das *Decretum* aus einem Guss ist, schon in den 1980er Jahren geäussert,[5] doch konnte erst Anders Winroth Ende der 1990er Jahre den Beweis für dessen schrittweise Entstehung liefern.[6] Winroth vermochte zu zeigen, dass es (mindestens) vier Manuskripte gibt, die der bekannten, hundertfach abgeschriebenen und von Friedberg edierten Fassung (‚Gratian 2') vorgehen und eine frühe Fassung dieses Textes (‚Gratian 1') abbilden.[7] Diese These wurde u.a. von Jean Werckmeister, José Viejo-Ximénez, Rudolf Weigand und Mary Sommar überprüft und konnte jedes Mal

2. Noonan, Gratian slept here (1979).

3. Winroth, Recent work, 1, 23; Winroth, Marital Consent, insbes. 119–121 und Winroth, Making of Gratian's Decretum, 175–192.

4. Neuerer Überblick zu Gratian bei Landau, Gratian and the Decretum Gratiani, 23f.; Pennington, La biografia di Graziano (2014); de León, La biografia di Graziano (2003); Lenherr, Exkommunikationsgewalt, 3–11. Zitat: Winroth, Recent work, 1. Neuerdings hat Winroth, Where Gratian slept (2013) vorgeschlagen, dass Gratian an seinem Lebensende von ca. 1143 bis ca. 1145 Bischof von Chiusi war. Selbst wenn Winroth Recht haben sollte, so wirft diese Erkenntnis doch nur wenig Licht auf Gratian als Rechtsgelehrten.

5. Kuttner, Research on Gratian, 10 („... was it [das *Decretum Gratiani* – S.D.] drafted and completed in one grandiose thrust, or did the original version go through successive redactions?"); Lenherr, Exkommunikationsgewalt, insbes. 106–114; Landau, Gratians Arbeitsplan, 697 vermutet D. 29 „wahrscheinlich als spätere[n] Einschub" (teilweise bestätigt von Winroth, Making of Gratian's Decretum, 199).

6. Winroth, Making of Gratian's Decretum (2000, ND 2007), Rezensionen u.a. von Jörg Müller, in: Ius Commune 28, 2001, 381–387 sowie Peter Landau, in: ZRG.GA 119, 2002, 589–594; kurze Vorstudie/Vorabveröffentlichung: Winroth, Two recensions (1997).

7. Es handelt sich um die Manuskripte Admont, Stiftsbibliothek, 23 und 43; Barcelona, Arxiu de la Corona d'Aragó, Santa Maria de Ripoll, 78; Florenz, Biblioteca Nazionale Centrale, Conventi Soppressi A 1.402 und Paris, Bibliothèque Nationale, n.a.l. 1761.

bestätigt werden.[8] Insofern kann man die Existenz von (mindestens) zwei ‚Redaktionen', ‚Rezensionen' oder ‚Stufen' (eben ‚Gratian 1' und ‚Gratian 2') zum derzeit sicheren Wissen zählen.[9]

Darüber hinaus gehende Punkte bleiben hingegen umstritten. Carlos Larrainzar hat aus der Gruppe der Gratian 1-Manuskripte die Florentiner Handschrift hervorgehoben. Er war der Auffassung, dass Gratian dieses Manuskript persönlich benutzt hat, um die zweite Redaktion zu erarbeiten.[10] Ihm haben Anders Winroth und Titus Lenherr widersprochen, ohne dass ersichtlich ist, dass jemand Larrainzar beigesprungen wäre.[11]

Eine zweite These von Larrainzar hat indes mehr Widerhall gefunden. Er hat auf das Manuskript St. Gallen, Stiftsbibliothek, 673 (siehe Abb. 7) hingewiesen, das er als Vorstufe zu Gratian 1 verstand.[12] Zwar wurde ihm allgemein zugestimmt, dass St. Gallen 673 eher „in die Nähe" von Gratian 1 als Gratian 2 einzuordnen sei,[13] doch hat seine These im Übrigen ganz unterschiedliche Resonanz erfahren. Deutlichen Widerspruch erhielt er von Winroth, der in St. Gallen 673 nur eine Abbreviation von Gratian 1 erblickte.[14] Ebenso urteilte Werckmeister: „Saint-Gall est donc postérieur à la version courte, et probablement aussi à la version longue, puisque les canons de Latran II ont été ajoutés tardivement à cette dernière."[15] Titus Lenherr kam zu ähnlichen Ergebnissen, wobei er eingestand, dass es sich nicht um „eine ‚gewöhnliche' Abbreviation handeln [muss]. Es könnte eine ‚Transformation', aber auch die *Reportatio* einer Vorlesung sein [...]."[16] John Wei folgte Winroth zwar im Grundsatz, vermerkte aber auch Einfluss von Gratian 2: „an abbreviation of a first-recension manuscript

8. Werckmeister, Les deux versions (1998); Viejo-Ximénez, Concordia y Decretum (1999); Weigand, Causa 25 des Dekrets (2000); Sommar, Gratian's Causa VII, 78–86; eher kritisch hingegen Larrainzar, La ricerca attuale (2003), insbes. 72–88. Zum Forschungsstand auch die Überblicke von Werckmeister, Gratien: Bilan et Perspektives (1998); Viejo-Ximénez, La composición del decreto de Graciano (2005) sowie die jüngeren Beiträge von Wei, Law and Religion, 15–20; Wei, Gratian the Theologian, 6–9; Larson, Master of Penance, insbes. 16–28; Eichbauer, Gratian's Concordia discordantium canonum, 5–27.

9. Einen aktuelleren Forschungsüberblick bietet Eichbauer, Gratian's Decretum (2013).

10. Larrainzar, El Decreto de Graciano (1998).

11. Winroth, Le manuscrit florentin (2001); Lenherr, Vier Fassungen, 377f.

12. Larrainzar, El borrador de la „Concordia" de Graziano: Sankt Gallen, Stiftsbibliothek MS 673 (1999).

13. Siehe Lenherr, Vier Fassungen, 375.

14. Winroth, Recent Work, 11–21.

15. Werckmeister, Décret de Gratien: Le Mariage, 16; vertiefend Werckmeister, Le manuscrit 673 de Saint-Gall (2010).

16. Lenherr, Handschrift 673, 18; Lenherr, Vier Fassungen, 377: St. Gallen 673 sei eher im „mündlichen Milieu", Gratian 1 eher im „schriftlichen" anzusiedeln.

interpolated with canons taken from a second-recension manuscript".[17] Während Mary Sommar und Fred Paxton unentschieden blieben, ob es sich bei dem Manuskript um eine Abbreviation, eine Vorstufe oder eine Art studentischer (Vorlesungs)Mitschrift handelt,[18] haben Kenneth Pennington und seine Schüler (Atria Larson, Melodie Harris Eichbauer) Larrainzars Überlegungen eher untermauert. Für sie handelt es sich bei St. Gallen 673 um eine Art Vorstufe zu Gratian 1. Während sich Kenneth Pennington dabei auf eine Analyse der Causa 19 stützte, untersuchte Larson den Teil *de poenitentia*, den sie im Sankt Galler Manuskript als Vorstufe zu Gratian 1 einschätzte, zugleich aber akzeptierte, dass die Handschrift mit der zweiten Fassung ‚kontaminiert' wurde.[19] Eichbauer kam durch eine Untersuchung der Rubriken in Sankt Gallen 673 zum Schluss, dass diese Handschrift eine Abschrift eines „teaching tool" sei, also das Unterrichtsmaterial widerspiegele, das Gratian erst für sich, dann für Studenten zusammengestellt habe.[20] Es sei eben kein ‚Urgratian', sondern „a stage of Gratian's teaching, which began prior to the manuscript's production. This stage is a precursor to the first recension and not an abbreviation of the first recension."[21] Sie betont die evolutionäre Entwicklung des Dekrets: „Gratian did not compile his Decretum in one, or even two, sittings. The work changed over time as his views on law evolved. Beginning as a teaching tool for his personal use, it developed into a teaching text, then into one for priests/lawyers, and finally into a comprehensive code of canon law".[22]

Wie ist mit der Handschrift St. Gallen, Stiftsbibliothek, 673 und ihrer unsicheren Zuordnung und Einordnung umzugehen? Eine Lösung dieser seit Jahren intensiv diskutierten Frage hier anzustreben, wäre vermessen. Auch wenn die Vorstellung, die Entstehung des Dekrets anhand der St. Galler Handschrift von Nahem verfolgen zu können, verführerisch klingt, so wiegen die von Winroth, Lenherr und Wei geäusserten

17. Wei, Reconsideration, 142.

18. Sommar, Gratian's Causa VII, 86–90; Paxton, Le cause 13 de Gratien (2001).

19. Pennington, Gratian, Causa 19 and the Birth of Canonical Jurisprudence (2004) (zuvor schon in veränderter Fassung erschienen: Pennington, Gratian, Causa 19 and the Birth of Canonical Jurisprudence (2003)); Larson, Master of Penance, 18f. Siehe auch die Studie von Larson, Evolution (2004–2006).

20. Eichbauer, From Gratian's Concordia discordantium canonum to Gratian's Decretum (2010); Vorstudie hierzu in: Eichbauer, St. Gall Stiftsbibliothek 673 (2007); zudem Eichbauer, Progressive Evolution (2011/2012).

21. Eichbauer, Gratian's Concordia discordantium canonum, 225. Ähnliches vermutet auch Wei, Reconsideration, 177–179, der von mehr als zwei Stufen in der Entwicklung des *Decretum* ausgeht.

22. Eichbauer, Gratian's Concordia discordantium canonum, 345.

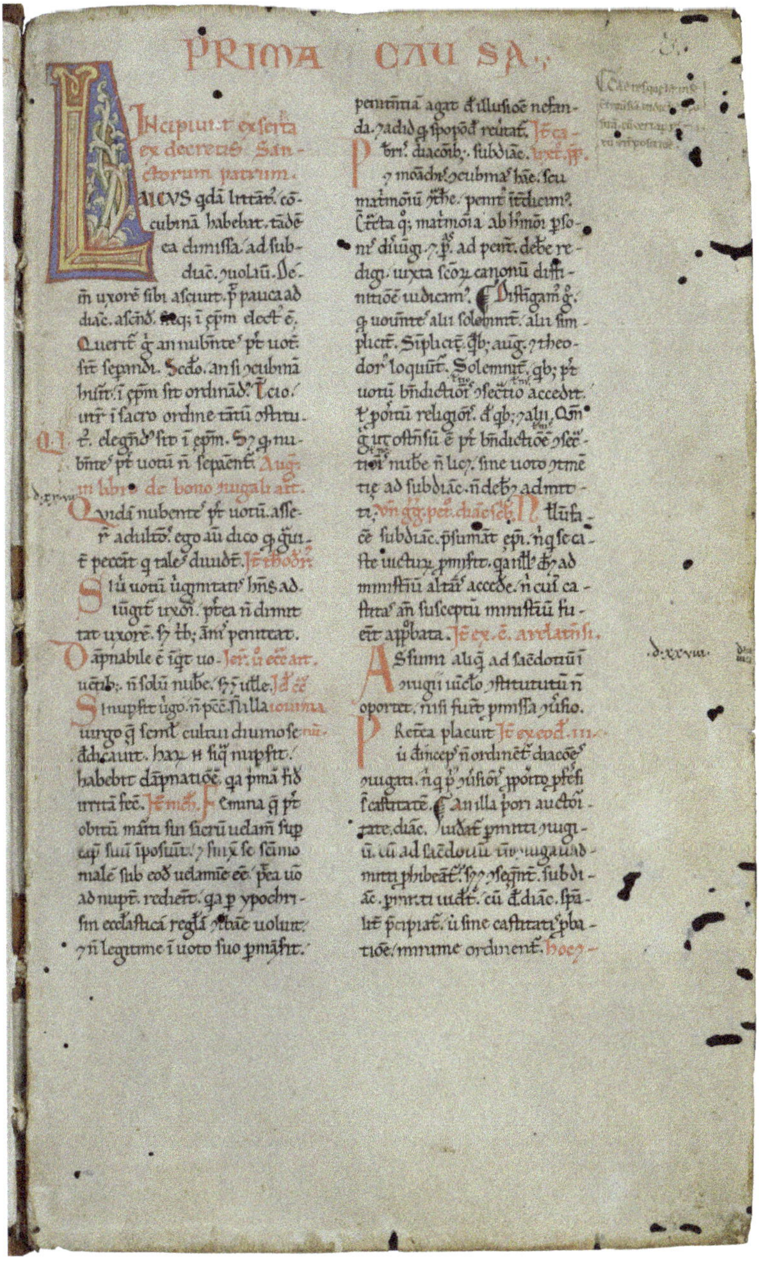

Abb. 7 – Sankt Gallen, Stiftsbibliothek, 673, p. 3b: Handschrift des *Decretum Gratiani* mit der späteren D. 28; in der rechten Spalte das reformulierte d. p. c. 8 mit der Distinktion *solemniter–simpliciter*

Bedenken schwer.[23] Vor dem Hintergrund dieser derzeitigen *non-liquet*-Situation soll auf eine Einbeziehung der Handschrift aus St. Gallen verzichtet werden. Es erscheint gewagter, Thesen auf einer Handschrift aufzubauen, die sich später möglicherweise als Gratian 1 nachgehend erweist, als auf ihre Analyse gänzlich zu verzichten. Ein solches Vorgehen ist auch inhaltlich zu rechtfertigen: Eine diachrone Untersuchung des Wissenswandels über einen Zeitraum von rund 200 Jahren kann auf einen singulär überlieferten Text verzichten, da dieser eben auch ‚nur' ein Beispiel für Wissensorganisation darstellt.

Zum Schluss sei die Frage nach der zeitlichen Verortung der verschiedenen Redaktions- oder Entwicklungsstufen aufgeworfen. Gratian 2, dies scheint derzeit wohl unumstritten, ist in die 1140er Jahre zu datieren, jedenfalls nur unwesentlich früher.[24] In Gratian 2 werden nämlich Entscheidungen des Zweiten Laterankonzils 1139 wiedergegeben, das somit als terminus post quem dienen kann.[25] Die Datierung von Gratian 1 erweist sich als schwieriger, so dass sich, etwas vergröbert, eine Spät- und eine Frühdatierung gegenüber stehen.[26] Welche Passage ist Auslöser dieser Diskussion? Gratian 1 enthält in D. 63 d. p. c. 34 einen Verweis auf eine *snyodus generalis* Innozenz II. (1130–1143). Sollte hiermit das Zweite Laterankonzil von 1139 gemeint sein, so könne Gratian 1 nicht allzu lange vor Gratian 2 entstanden sein, nämlich frühestens Ende der 1130er Jahre (Larrainzar, Winroth). Sollte mit *synodus generalis* aber gar nicht das Zweite Laterankonzil, sondern eine frühere Synode angesprochen sein, deren Entscheidungen auf dem Zweiten Laterankonzil wörtlich wiederholt wurden, so könnte Gratian 1 auch eher kompiliert worden sein, nämlich nach 1133 (Larson).[27] Wäre der Hinweis in D. 63 d. p. c. 34 aber später interpoliert,

23. Zudem gibt selbst Larson, Master of Penance, 18f. zu, dass das Manuskript mit der zweiten Version kontaminiert ist.

24. Winroth, Recent work, 5. Zu Datierungsfragen auch den jüngsten Überblick bei Eichbauer, Gratian's Concordia discordantium canonum, 15–18.

25. Das Zweite Laterankonzil von 1139 ist genannt zum Beispiel in C. 27 q. 1 c. 40 (nur in Gratian 2); hierzu u.a. vertiefend Werckmeister, Décret de Gratien: Le mariage, 51–53, der jedoch die These einer späteren Interpolation dieses Kanons vertritt.

26. Im Einzelnen unterscheiden sich die Vorschläge der einzelnen Forscher, siehe beispielsweise die Auflistung bei Werckmeister, Décret de Gratien: Le mariage, 39. Auch wenn diese Frage für die Entstehung des Dekrets wichtig scheint, so ist sie für eine inhaltliche Auseinandersetzung mit den Dekreten doch zweitrangig, da auch das Entstehungsdatum anderer Sammlungen häufig nur ungefähr zu bestimmen ist.

27. Larson, Early Stages of Gratian's Decretum (2007); auf die Unbeweisbarkeit ihrer Argumentation weist Werckmeister, Décret de Gratien: Le mariage, 39f. hin; kritisch auch Winroth, Innocent II (2008).

so könnte Gratian 1 sogar schon kurz nach 1120 entstanden sein (Pennington, Werkmeister).[28] Für eine Frühdatierung spricht jedenfalls, dass die im Übrigen von Gratian 1 verwendeten Kanones spätestens aus dem Jahre 1119 stammen.[29] Welche Folgerungen die Idee einer evolutionären Entstehung für die Datierung der frühen Redaktionsstufen hat, ist noch nicht abzusehen. Darf man vermuten, dass Gratian schon vor 1130, vielleicht um 1120 oder sogar schon eher, mit Rechtsunterricht in Bologna begonnen hatte? Ist Gratian also Zeitgenosse des ebenfalls von Mythen umrankten Begründers der Legistik, Irnerius? – Das alles bleibt Spekulation. Die Datierungsfragen können hier auf sich beruhen, da für eine Längsschnittuntersuchung eine Datierung von Gratian 2 auf ‚um 1140', von Gratian 1 auf ‚1120–1140' ausreicht.

Und wer war nun der Autor von Gratian 1 und Gratian 2? Auch das bleibt offen. Die Arbeitsweise, die beiden Versionen zugrunde liegt, die Intention und das Interesse der beiden Autoren unterscheiden sich jedenfalls so deutlich, dass die Annahme von zwei verschiedenen Autoren naheliegt.[30] Gratian 1 war, wie Winroth einmal formulierte, „a pastor with a strong interest in law; Gratian 2 was a professional jurist".[31] Oder sollte Gratian 2 nur ein älterer und reiferer Gratian 1 geworden sein, der seine juristische Methodik und rechtliche Meinungen geändert hatte? – Die Diskussionen der letzten Jahre haben mehr Fragen aufgeworfen als beantwortet.

b) Zur Überlieferung des *Decretum Gratiani*

Die Forschungen der letzten Jahre haben nicht nur unser Wissen über die Entstehung des *Decretum Gratiani* bereichert, sondern auch die Textüberlieferung Gratians 2 näher beleuchtet. Die Edition des *Decretum Gratiani*, die Emil Friedberg 1879 vorlegte, ist (schon seit längerem) in Kritik geraten, da sie sich in Teilen als unzuverlässig erwiesen hat.

28. Pennington, Gratian, Causa 19 and the Birth of Canonical Jurisprudence, 354; Werkmeister, Les études, 372–376, insbes. 374; Werckmeister, Les deux versions, 312–314.

29. Winroth, Making of Gratian's Decretum, 137. Die Überlegung von Waelkens, Le Décret de Gratien (2013), der die erste Version als Auseinandersetzung mit dem Konkordat von Worms versteht, liegt quer zu den allgemein diskutierten Fragen und scheint nicht rezipiert zu sein.

30. Siehe zu dieser Frage insbes. 407–412.

31. Zu dieser Frage zum Beispiel Winroth, Marital Consent, insbes. 119–121 (Zitat: 121) und Winroth, Making of Gratian's Decretum, 175–192.

Welche Möglichkeiten stehen heute offen, um einen vertrauenswürdigen Text der ersten wie der (frühen) zweiten Version des Dekrets zu gewinnen?

(1) Die erste Version (Gratian 1)

Eine (jedenfalls vorläufige Teil)Edition der ersten Version – von einigen auch als „pre-Vulgate recension" bezeichnet[32] – existiert erst seit kurzem.[33] Bis dahin – und so auch für die Erstellung dieser Arbeit – war auf Manuskripte zurückzugreifen. Gratian 1 ist in vier Handschriften[34] überliefert, die den Text entweder nur fragmentarisch überliefern oder mit einer Gratian 2-Handschrift verunreinigt sind, so dass erst das Nebeneinanderlegen dieser Handschriften einen Gesamteindruck von Umfang und Inhalt der ersten Version ergibt.[35] Eine solche Zusammenschau bietet der Appendix der Winroth'schen Dissertation.[36]

32. So Pennington, Gratian and Compurgation, 253.

33. Siehe nun die Edition auf www.gratian.org, die jedenfalls teilsweise auch nur auf dem Friedberg-Text basiert. Die Teiledition des Eherechts, die Werckmeister, Décret de Gratien: Le mariage (2011) vorgelegt hat, ist unzureichend: Er hat die Friedberg-Edition nur mit Fussnoten, in denen er die Gratian-1-Varianten nachweist, abgedruckt, ohne Haupttext und Varianten umzuwechseln. Seine ‚Edition' des Eherechts in beiden Gratianen ist also nur der Friedberg-Text aufgespalten in Gratian 1 und Gratian 2-Kanones mit textkritischem Apparat, vgl. Stephan Dusil, Rez. zu Werckmeister, Décret de Gratien–Causes 27 à 36 (Paris 2011), in: Studia Canonica 47, 2013, 531–534.

34. Zudem gibt noch ein Blatt in der Handschrift Paris, BN, lat. 3884 die erste Fassung des *Decretum* wieder, siehe 339 Anm. 49; siehe zudem Larson, Abbreviatio (2011/2012), die eine Abbreviatio des *Decretum* in München, Bayerische Staatsbibliothek, Clm 22272 vorstellt.

35. Admont, Stiftsbibliothek, 23 und 43 (Aa): 1160–1180, Admont; mit Gratian 2 kontaminiert; die Manuskripte umfassen: Ms. 23: *In prima parte agitur, Hoc opus inscribitur,* D. 1–C. 14 sowie Nachtrag der in Gratian 1 fehlenden Kanones; Ms. 43: *In prima parte agitur* (ohne *De consecratione*), *Hoc opus inscribitur,* C. 15–C. 36 sowie Nachtrag der in Gratian 1 fehlenden Kanones und weitere Stücke. Barcelona, Arxiu de la Corona d'Aragó, Santa Maria de Ripoll, 78 (Bc): Italien, 12. Jahrhundert; Kanones der zweiten Version *in margine* nachgetragen; das Manuskript umfasst: *In prima parte agitur* (ohne *De consecratione*) und D. 1–C. 12. Florenz, Biblioteca Nazionale Centrale, Conventi Soppressi A.1.402 (Fd): 2. Hälfte des 12. Jahrhunderts, Apulien (?); Kanones der zweiten Version *in margine* und im Anschluss an die erste Version nachgetragen; das Manuskript umfasst: D. 28 d. p. c. 13–C. 34. Paris, Bibliothèque Nationale, n.a.l. 1761 (P): Beginn des 13. Jahrhunderts?, Frankreich (?); keine Kanones *in margine* nachgetragen, kaum Glossen; das Manuskript umfasst: D. 1–C. 12 q. 2 c. 39. Siehe hierzu Winroth, Making of Gratian's Decretum, 23–33. Im Einzelnen mögen die Datierungen oder die Angaben zur Herkunft verfeinert werden, doch helfen diese Informationen nur begrenzt für eine inhaltliche Auswertung weiter.

36. Winroth, Making of Gratian's Decretum, 197–227.

(2) Die zweite Version (Gratian 2)

Als der Leipziger Professor Emil Friedberg im Jahre 1879 das *Decretum Gratiani* in einer kritischen Edition vorlegte, vollendete er ein Werk, dessen Mühen kaum zu ermessen sind: Alleine und ohne die heute zur Verfügung stehenden Hilfsmittel schuf er einen Text, der bis heute Bestand hat und nicht ersetzt werden konnte.[37] Die Kritik an seiner Edition stützt sich jedoch auf seine Handschriftenauswahl, da er nur Texte aus deutschen Bibliotheken berücksichtigte; zudem habe er wichtige Textzeugen zur Rate gezogen, aber nicht unbedingt die frühesten Abschriften der zweiten Version des Dekrets.[38] Dass heutigen philologischen und editorischen Ansprüchen die Friedberg-Edition nicht mehr genügt, ist *common sense*, doch welchen Grundsätzen eine Neuedition folgen sollte und welche Handschriften dieser anstelle der von Friedberg gewählten zugrunde liegen sollten, ist umstritten. Es haben sich jedoch einige Handschriften herauskristallisiert, die in der Diskussion um die richtige Textgrundlage immer wieder genannt werden. Die hier intendierte inhaltliche Untersuchung des Dekrets benötigt jedoch keine Neuedition, sondern kann sich mit einer Kollationierung des Friedberg-Texts mit einigen Handschriften begnügen, um einen Text herzustellen, der demjenigen der frühen zweiten Version (auch „Vulgate text“ genannt[39]) näher kommt als die Friedberg-Ausgabe. Für diese Aufgabe genügt es, aus den Vorschlägen von Titus Lenherr[40], Regula

37. Zu Friedberg vgl. Stefan Ruppert, Art. Friedberg, Emil von (1837-1910), in: HRG 1, 2. Aufl., Sp. 1803f.; Adalbert Erler, Art. Friedberg, Emil Albert von, in: Neue Deutsche Biographie 5, 1961, 443f.; Ruppert, Kirchenrecht und Kulturkampf, 112–122; Link, Emil Friedberg (1993). Das *Decretum Magistri Gratiani* ist erschienen als Teil 1 des Corpus Iuris Canonici (1879). Vorarbeiten zur Edition Friedbergs stammen von Emil [Aemilius] Ludwig Richter, zu ihm Peter Landau, Art. Richter, Aemilius Ludwig, in: Neue Deutsche Biographie 21, 2003, 522.

38. Zur Kritik an Friedberg beispielsweise Kuttner, De Gratiani opere noviter edendo, 118f.; Vetulani, Encore un mot (1948); Winroth, Making of Gratian's Decretum, 9–11; Gujer, Concordia discordantium codicum manuscriptorum, 5–7. Zu einer Neuedition siehe Weigand, Zur künftigen Edition (1997); Weigand, Chancen und Probleme (1998); Werckmeister, Gratien: Bilan et perspektives, 378f.; Larrainzar, L'edizione critica del decreto di Graziano (2006); Larrainzar, „Etapas“ y „esquemas“ de redacción (2010).

39. So zum Beispiel Pennington, Gratian and Compurgation, 251.

40. Lenherr, Exkommunikationsgewalt, insbes. 13f.: München, Bayerische Staatsbibliothek, Clm 28161 (für Inskriptionen, Auctoritates und Dicta aufgrund ihrer Nähe zu den formalen Quellen) und München, Bayerische Staatsbibliothek, Clm 4505 (für Summarien). Lenherr, Summarien, insbes. 543f.: Salzburg, Erzabtei St. Peter, a.XI.9; Köln, Dom- und Diözesanbibliothek 127 und 128; Paris, Bibliothèque Nationale, lat. 3884. Lenherr, Arbeiten, 163f.: München, Bayerische Staatsbibliothek, Clm 28161; Salzburg, Erzabtei St. Peter, a.XI.9; Paris, Bibliothèque Nationale, lat. 3895; Biberach, Spitalarchiv, B.3515; sowie München,

Gujer[41] und Atria Larson[42] und anderen[43] einige Manuskripte auszuwählen. Auch wenn die Vielzahl der vorgeschlagenen Manuskripte und die editorischen Differenzierungen Gujers eine Annäherung an Gratians Dekret eher zu erschweren als zu erleichtern scheinen und jede Entscheidung für ein Manuskript mit guten Gründen kritisiert werden kann, so wurden bei der folgenden Untersuchung über die Edition Friedbergs hinaus vier Manuskripte mitgelesen, nämlich:

> Biberach, Spitalarchiv, B.3515 [Bi],[44]
> Salzburg, Erzabtei St. Peter, a.XI.9 [Sb],[45]
> München, Bayerische Staatsbibliothek, Clm 13004 [Me][46] und
> Heiligenkreuz, Stiftsbibliothek, 44 [Hk].[47]

Bayerische Staatsbibliothek, Clm 17161 bzw. Clm 13004. Die Bedeutung der Handschrift München, Bayerische Staatsbibliothek, Clm 13004 betont auch Lenherr, Fehlende Paleae, 507.

41. Gujer, Concordia discordantium codicum manuscriptorum, insbes. 5–19; einen Ausschnitt aus ihren Überlegungen stellt ihr Beitrag Gujer, Zur Überlieferung des Decretum Gratiani (1997) dar. Gujer unterscheidet drei Aspekte, nämlich Stufen in der Textentwicklung, Textform und Textqualität. Bei der Stufe in der Textentwicklung fragt sie nach Entstehungsort und -zeit, der Anzahl der Doubletten und der *Paleae* sowie dem Umgang mit dem römischen Recht und den *fontes formales*; im Zuge der Untersuchung der Textform analysiert sie signifikante Variationen wie Auslassungen, Ergänzungen und Transpositionen, und im Rahmen der Textqualität listet sie Schreibfehler, grössere Lücken und Zusätze auf. Im Ergebnis spricht sie sich gegen Leithandschriften und für Leithandschriftengruppen aus. Für eine Edition schlägt sie als Vertreter einer frühen Stufe der Textentwicklung die Handschriften Biberach, Spitalarchiv, B.3515 und Salzburg, Erzabtei St. Peter, a.XI.9 sowie eventuell Paris, Bibliothèque Nationale, lat. 3890 und München, Bayerische Staatsbibliothek, Clm 4505 vor; eine spätere Stufe der Textentwicklung, aber eine recht frühe Textform findet sich in den Handschriften München, Bayerische Staatsbibliothek, Clm 13004; Heiligenkreuz, Stiftsbibliothek, 44 sowie Paris, Bibliothèque Nationale, lat. 3884.

42. Larson, Evolution, insbes. 85: Köln, Dom- und Diözesanbibliothek, 127; Bremen, Universitätsbibliothek, a.142; Biberach, Spitalarchiv, B.3515; Salzburg, Erzabtei St. Peter, a.XI.9 sowie München, Bayerische Staatsbibliothek, Clm 28161.

43. Pennington, Gratian and Compurgation (2014).

44. Biberach, Spitalarchiv B.3515 (Bi): 12. Jahrhundert, Norditalien, so Weigand, Dekrethandschrift, insbes. 76; vgl. auch Weigand, Glossen zum Dekret 2, 692f. sowie Gujer, Concordia discordantium codicum manuscriptorum, 228, insbes. Fn. 173 mit weiterer Literatur.

45. Salzburg, Erzabtei St. Peter, a.XI.9 (Sb): spätes 12. Jahrhundert, vermutlich Italien, so Weigand, Glossen zum Dekret 2, 935f.; vgl. Gujer, Concordia discordantium codicum manuscriptorum, 327 Fn. 453.

46. München, Bayerische Staatsbibliothek, Clm 13004 (Me) ist entstanden in Salzburg oder Umgebung zwischen 1160 und 1170, vgl. Weigand, Glossen zum Dekret 2, 848–850 sowie Gujer, Concordia discordantium codicum manuscriptorum, 278 Fn. 321.

47. Heiligenkreuz, Stiftsbibliothek 44 (Hk) stammt aus dem 12. Jahrhundert, ist vielleicht vor den 1180er Jahren geschrieben worden (so Weigand, Glossen zum Dekret 2, 773–775); weitere Hinweise bei Gujer, Concordia discordantium codicum manuscriptorum, 250–253.

Diese Handschriftenauswahl ist ohne Frage angreifbar. Aber: Diese Handschriften sind in der Diskussion um die Grundlage für eine Neuedition immer wieder genannt und bestätigt worden. Darüber hinaus interessiert in dieser Arbeit die inhaltliche Aufbereitung und Darbietung des Stoffes, wofür keine kritische Edition nötig ist, sondern ein Text, der der handschriftlichen Basis nahe kommt. Zudem hat die Probeedition Gujers der D. 16 gezeigt, dass die Handschriften inhaltlich nicht allzu weit voneinander entfernt sind.[48] Und schliesslich würde ein Abwarten der Publikation einer Neuedition des *Decretum Gratiani* jede Beschäftigung mit Kirchenrecht in der Mitte des 12. Jahrhunderts unmöglich machen.

Vor dem Hintergrund der geäusserten methodischen Einschränkungen ist noch ein weiteres editorisches *Caveat* nötig: ‚Gratian 1' und ‚Gratian 2' sind in dieser Arbeit idealtypisch angenommene Fassungen eines Textes. Wenn beide Gratiane hier gegenübergestellt und verglichen werden, so erfolgt dies mit dem Wissen, dass sich beide Fassungen nicht sicher abgrenzen lassen. Zum einen gibt es Mischüberlieferungen wie im Manuskript Paris, BN, lat. 3884, einer frühen Kopie der zweiten Fassung, der ein Blatt aus einem Manuskript der ersten Fassung vorgebunden ist;[49] zum anderen sind Lesarten der ersten Version in frühen Manuskripten der zweiten Version überliefert.[50] Damit sind die Grenzen zwischen Gratian 1 und Gratian 2 aber nicht mehr trennscharf zu ziehen. Es zeigt sich hier also ein fliessender und kaum zu greifender Übergang zwischen einzelnen Sammlungen, der sich auch bei vorgratianischen Kompilationen beobachten lässt – Gratians *Concordia* ist ein *living text*, der für die hier verfolgten Zwecke auf zwei Schichten ‚eingefroren' ist.[51]

48. Probeedition der D. 16 bei Gujer, Concordia discordantium codicum manuscriptorum, 389–415; Weigand, Chancen und Probleme, 69 fragte sogar, ob sich der Text einer Neuedition von dem Text Friedbergs sehr unterscheiden würde.

49. Paris, Bibliothèque Nationale, lat. 3884, fol. 1; vgl. Larrainzar, El decreto de Graziano, 449; Winroth, Making of Gratian's Decretum, 32.

50. Winroth, Making of Gratian's Decretum, 128–130.

51. Winroth, Making of Gratian's Decretum, 130, 133, 135 würde auf jeden Fall für Gratian 1 und wohl auch für Gratian 2 die Charakterisierung als ‚living text' ablehnen, doch zeugen die Überarbeitung von Gratian 1 zu Gratian 2 und die unterschiedlichen Additionen in den Manuskripten von Gratian 1 sowie die späteren Ergänzungen, die sogenannten *Paleae*, von einer kontinuierlichen Überarbeitung eines ursprünglichen Textcorpus. Als ‚living text' ordnet wohl Larson, Master of Penance, 236 die verschiedenen Versionen des *Decretum Gratiani* ein.

2. Wandel und Beharrung: Die Darstellung des Jurisdiktionsprimats und des Zölibats

a) Der Jurisdiktionsprimat

Das *Decretum Gratiani* erkannte den Primat des Bischofs von Rom grundsätzlich an: Der Papst war oberster Richter, konnte Dekretalen erlassen und über die Bistumsorganisation entscheiden. Im Gegensatz jedoch zu den vorgratianischen Kanonessammlungen, die in der Regel zumeist die ekklesiologische Struktur der Kirche unter dem Titel *De primatu* diskutiert haben, ist der Jurisdiktionsprimat im *Decretum Gratiani* aufgefächert, so dass man einen zentralen Ort der Diskussion vergebens sucht. Vielmehr wird man an verschiedenen Stellen fündig. Eine wichtige Stelle, an der Gratian die Rechtsprechungskompetenz des Papstes diskutierte, ist C. 2 q. 6; die administrativen Kompetenzen sind vor allem in C. 16 q. 1 behandelt und die legislativen Aspekte unter anderem in D. 17 verankert. Da sich zwischen den beiden Versionen des Dekrets grundsätzliche Unterschiede herausarbeiten lassen, bietet sich eine getrennte Untersuchung von Gratian 1 und Gratian 2 an.[52]

(1) Eine Bleistiftskizze: Gratian 1

Welches Bild vom Jurisdiktionsprimat bietet die erste Version des *Decretum Gratiani*? Beginnen wir mit der Rechtsprechungskompetenz des Papstes. Gratian 1 fragte zu Beginn der C. 2 q. 6: *Quo remedio causa vitiata sublevetur*? und führte anschliessend aus, dass eine fehlerhafte Entscheidung mit der Appellation beseitigt werden könne: *Liceat appellatori vitiatam causam remedio appellationis sublevare.*[53] Im Anschluss daran legte er ausführlich dar, dass höchste Appellationsinstanz der Bischof von Rom sei, zu dem jeder, Bischöfe wie andere Bedrängte, *quasi ad matrem* flüchten könne, um Schutz zu erhalten. Zudem seien *negotia maiora* sowie *difficiles causae* zum Bischof von Rom als *maior sedes* zu bringen.[54] Den Gedanken der Rechtsprechungssuprematie

52. Gaudemet, Primauté pontificale dans le décret de Gratien (1992) gibt einen Überblick über primatiale Kanones im *Decretum*, behandelt aber verständlicherweise nur die zweite Version. Zum Primat im *Decretum Gratiani* vgl. ferner seine Beiträge: Gaudemet, Collections canoniques et primauté, 111–116 sowie Gaudemet, Primauté pontificale dans les collections canoniques grégoriennes (1994) mit einigen Hinweisen zum *Decretum Gratiani*.

53. C. 2 q. 6 d. a. c. 1 und C. 2 q. 6 c. 1 (in Gratian 1: Aa, fol. 129v; Bc, fol. 126va; Fd, fol. 29ra; P, fol. 112ra).

54. C. 2 q. 6 c. 3 (in Gratian 1: Aa, fol. 129v; Bc, fol. 126va-b; Fd, fol. 29ra; P, fol. 112ra-b).

führte Gratian 1 zu Beginn der q. 6 ausführlich aus, indem er den Appellationszug nach Rom mit Auszügen aus der kirchenrechtlichen Tradition belegte.[55] Zudem wies er darauf hin, dass von befangenen Richtern auch appelliert werden durfte, bevor das Urteil gesprochen worden war.[56] Mit der Appellation erschöpft sich das Wissen Gratians 1 um die Rechtsprechungskompetenz des Papstes aber auch: Dass der Bischof von Rom letztgültige Entscheidungen treffen konnte, nannte er nicht; auch fehlt dessen Immunität. Der jurisdiktionelle Jurisdiktionsprimat ist also rudimentär ausgestaltet.

Der Befund einer nur ausschnittsartigen Präsentation des Jurisdiktionsprimats setzt sich indes bei den administrativen wie legislativen Aspekten nicht fort, vielmehr sind diese umfassender dargestellt. Zunächst zu den administrativen Momenten. Dass der Bischof von Rom Bischofstranslationen unter bestimmten Umständen vornehmen konnte, zählt zu den Verwaltungskompetenzen, die ihm seit der Spätantike zugeschrieben sind. Und auch Gratian 1 nahm dieses Thema wie selbstverständlich in C. 7 q. 1 (in der späteren *pars V*) auf und führte kanonistische Belege für eine Translation *necessitatis vel utilitatis causa* an.[57] Einen weiteren Aspekt des administrativen Primats, nämlich das Recht des Papstes, Bistümer zusammenzulegen resp. zu teilen, legte Gratian 1 im Rahmen der C. 16 q. 1 dar.[58] Der päpstliche Anspruch, auch Abteien zusammenlegen zu dürfen – diesen erhob zum Beispiel Gregor VII. im *Dictatus Papae* –, hat hingegen keinen Widerhall in der ersten Fassung des Dekrets gefunden.[59]

Legislative Aspekte des Primats diskutierte Gratian 1 ausführlich in den Distinktionen 1 bis 20.[60] Dieser einführende Teil enthält Gedanken zu göttlichem Recht, zu dem von Menschen gesetztem Recht sowie zum Gewohnheitsrecht, so dass er sich als Ort rudimentärer rechtstheoretischer Überlegungen verstehen lässt.[61] Nach allgemeine-

55. Gratian 1 enthält folgende Capitula der C. 2 q. 6: d. a. c. 1, c. 1, cc. 3–9, d. p. c. 10, c. 11 in gekürzter Form, c. 12 in gekürzter Form, d. p. c. 12, c. 13, d. p. c. 14, c. 15, c. 17, d. p. c. 17, d. p. c. 19, c. 20, c. 21, d. p. c. 21, etc.

56. C. 2 q. 6 c. 21 (in Gratian 1: Aa, fol. 131r; Bc, fol. 127vb; Fd, fol. 29rb; P, fol. 113rb).

57. Insbesondere C. 7 q. 1 d. p. c. 33 und c. 34 (in Gratian 1: Aa, fol. [Paginierung nicht lesbar]; Bc, fol. 152ra; Fd, fol. 37ra-b; P, fol. 135rb–va).

58. C. 16 q. 1 d. p. c. 47 und c. 48 (in Gratian 1: Aa, fol. 25v; Fd, fol. 59rb).

59. Zum *Dictatus Papae* siehe 41f.

60. Eine englische Übersetzung der D. 1–20 inklusive Glosse bieten Thompson/Gordley, Treatise on Laws (1993); eine Einführung bietet Christensen, Introduction (1993). Kritisch zur Textgrundlage der Übersetzung, die auf Grundlage der Editio Romana erfolgte, Winroth, Making of Gratian's Decretum, 9.

61. Arnold, Rechtslehre des Magisters Gratianus (1953); McCarthy, Genius of Concord,

ren Ausführungen zu Recht, Gesetz und Gewohnheit (D. 1–14) ging Gratian auf die kirchlichen Rechtsquellen ein (D. 15–20). Im Rahmen dieser Einführung erörterte Gratian 1 Aspekte, die für den päpstlichen Primat von Bedeutung waren, nämlich das Verhältnis von Konzilien und Papsttum.[62] Normativer Ausgangspunkt hierfür war D. 20, zu deren Beginn er feststellte: *Decretales itaque epistole canonibus conciliorum pari iure exequantur*.[63] Päpstliche Dekretalen und Konzilsbeschlüsse besassen also gleichen Wert und gleiche normative Verbindlichkeit, doch galt diese Parität wohl nicht für alle Konzilsbeschlüsse, sondern nur für die von Generalkonzilien. Gegenüber Konzilsbeschlüssen und Dekretalen nahmen die Schriften der Kirchenväter einen niedrigeren Rang ein. Sie seien zwar von der Weisheit des Heiligen Geistes erfüllt, doch stünden sie normhierarchisch unterhalb der Dekretalen/Konzilsbeschlüsse und seien nur im Falle einer Lücke heranzuziehen.[64] Die Generalkonzilien unterteilte Gratian wiederum in verschiedene Gruppen.[65] Die erste Gruppe der Konzilien, denen die höchste Autorität zukam, waren die Konzilien von Nizäa, Konstantinopel I, Ephesus und Chalcedon.[66] Eine zweite Gruppe stellten die acht Ökumenischen Konzilien der Alten Kirche dar, zu denen neben den eben genannten vier auch die Synoden von Konstantinopel II – IV sowie das zweite Konzil von Nizäa zählten.[67] Schliesslich gab es noch eine weitere, jedoch nicht abgeschlossene Gruppe von Generalkonzilien, zu denen Gratian zum Beispiel die Konzilien von Arles, Orange und Lyon rechnete.[68] Eine solche – möglicherweise zu idealtypisch formulierte Differenzierung – sollte bei Gratian jedenfalls weniger zu einem Zurücktreten der niederen Autorität im Konfliktfall führen als die „Ordnung der Kirche" ausdrücken.[69]

Wer sollte diese Konzilien einberufen? Gratian stellte im d. a. c. 1 zu D. 17 apodiktisch fest: *Auctoritas vero congregandorum conciliorum*

139–151; Fürst, Zur Rechtslehre Gratians (1971); Gaudemet, La doctrine des sources du droit (1951).

62. Hierzu ausführlich Sieben, Konzilsidee des lateinischen Mittelalters, 224–231.

63. D. 20 d. a. c. 1 (in Gratian 1: Aa, fol. 24r; Bc, fol. 33va; P, fol. 17rb).

64. Hierzu: D. 20 d. a. c. 1 und c. 1 zur Frage der Lückenfüllung (in Gratian 1: Aa, fol. 24r-v; Bc, fol. 33va-b; P, fol. 17ra-vb). Zum Wert der patristischen Literatur vertiefend Munier, Gratiani patristica, insbes. 290–294.

65. Eine recht klare Hierarchie der Normen beschreibt Sieben, Konzilsidee des lateinischen Mittelalters, 226; etwas offener Arnold, Rechtslehre des Magisters Gratianus, 476f.

66. D. 15 c. 1 (in Gratian 1: Aa, fol. 17v-18r; Bc, fol. 25va-26ra; P, fol. 10va-11rb).

67. Vgl. D. 16 c. 8 (in Gratian 1: Aa, fol. 19v-20r; Bc, fol. 27va; P, fol. 13ra-b).

68. D. 16 c. 11 (in Gratian 1: Aa, fol. 20v-21r; Bc, fol. 28ra-28vb; P, fol. 14ra-vb).

69. So Genka, Hierarchie der Texte, insbes. 125.

penes apostolicam sedem est und begründete dieses päpstliche Einberufungsrecht mit einem Auszug aus dem pseudoisidorischen Brief des Papstes Marcellus.[70] Doch für welche Synoden galt dies, nur für Generalsynoden oder auch für Provinzialsynoden? Gratian 1 bezog die päpstliche Autorisierung von Synoden auch auf lokale Konzilien: Provinzialsynoden ohne päpstliche Anwesenheit hätten kein Gewicht, rubrizierte er einen nachstehenden Kanon und führte Papst Simmachus ins Feld, der behauptet hatte, dass einer Bischofssynode (*concilia sacerdotum*) kein Wert zukomme, *quia presentiam pape non habent.*[71] Gratian 1 hielt die Anwesenheit des Papstes wohl in Form von Legaten für notwendige Voraussetzung, damit die Beschlüsse einer jeglichen Synode Rechtskraft erhielten. Er fuhr damit einen strikten papalistischen Kurs, den Gratian 2, wie später zu zeigen ist, aufweichte, indem dieser Bischöfen wieder einen – wenn auch begrenzten – autonomen Handlungsrahmen zuwies.[72]

Im Kontext der Überlegungen zur Legislation ist ein weiterer Punkt zu bedenken, nämlich das Verhältnis von normativer Tradition und privilegialer Abweichung; konkret: War der Papst an ältere Entscheidungen gebunden? Um dies zu diskutieren, entwarf Gratian in C. 25 folgenden Fall: Eine Pfarrkirche (*ecclesia baptismalis*) erhielt vom Papst das Privileg, den Zehnten gänzlich zu behalten und nicht, wie eigentlich von den Kanones vorgeschrieben, zu vierteln. Konnte der Papst solch ein Privileg erlassen, dass gegen die Tradition verstiess? Gratian führte zunächst Autoritäten ins Feld, die besagten, dass auch der Papst an die Tradition gebunden war: *Decreta vero sanctorum canonum neminem magis quam apostolicum servare oportet.*[73] Anschliessend, im d. p. c. 16, behauptet er aber das Gegenteil und kam zum Ergebnis, dass ein päpstliches Privileg von der allgemeinen Norm abweichen

70. D. 17 d. a. c. 1: *Generalia concilia quorum tempore*[a] *celebrata sint vel quorum auctoritas ceteris premineat, sanctorum auctoritatibus supra monstratum est. Auctoritas vero congregandorum conciliorum penes apostolicam sedem est.*

[a] *quattuor tempora* P

(nach Aa, fol. 21v kollationiert mit P, fol. 15rb; Bc, fol. 29r folgt nicht der ersten Version, sondern enthält Kanones der zweiten Version, da fol. 29 nach Angaben von Winroth, Making of Gratian's Decretum, 28 nachträglich der Handschrift hinzugefügt wurde).

71. D. 17, Rubrik zu c. 6: *Provincialia concilia sine romani pontificis presentiam pondere carebunt* (nach Aa, fol. 22r; P, fol. 15rb).

72. Zu Gratian 2 siehe 345–351.

73. C. 25 q. 1 d. a. c. 1 (in Gratian 1: Aa, fol. 99v; Fd, fol. 74ra). Zur C. 25 q. 1 vgl. Arnold, Rechtslehre des Magister Gratianus, 468–470; McCarthy, Genius of Concord, 149f.; Chodorow, Christian Political Theory, 141–148; Weigand, Causa 25, insbes. 285–289.

könne, solange nicht die *rationis equitas* verletzt sei und das Privileg nicht zu einer unbilligen Härte für andere führe.[74] Gratian begründete diese Entscheidung damit, dass die römische Kirche den Normen zwar Geltung verleihe, aber durch sie nicht gebunden sei (zugespitzt formuliert ist der Papst *legibus solutus*). Zudem nähmen sich ältere Konzilsbeschlüsse sowieso häufig zurück, indem sie vorbehaltlich der Rechte der römischen Kirche ergingen.[75] Gratian 1 hob also „mit grossem Scharfsinn" im Rahmen der C. 25 q. 1 die Bindung des Papstes an die normative Tradition soweit auf, als dass dieser unter Vermeidung unbilliger Härten Privilegien gegen allgemeine Regeln setzen konnte.[76] Dieser Befund bestätigt das zuvor gewonnene Ergebnis der normativen Prärogative des Papstes über Konzilien. Bei allem Respekt und aller Achtung vor Generalkonzilien und kanonistischer Tradition sah Gratian 1 den Schwerpunkt der Legislation doch eindeutig beim apostolischen Stuhl.

74. C. 25 q. 1 d. p. c. 16, § 4 *Valet ergo, ut ex premissis colligitur, sancta Romana ecclesia quoslibet suis privilegiis munire, et extra generalia decreta*[a] *quedam speciali beneficio indulgere, considerata tamen rationis equitate, ut que mater iustitie est in nullo ab ea dissentire inveniatur, ut privilegia videlicet, que ob religionis, vel necessitatis, vel exhibiti*[b] *obsequii gratiam conceduntur, neminem relevando ita divitem faciant, ut, multorum detrimenta non circumspiciendo, in paupertatis miseriam nonnullos deiciant.*
[a] om. Aa [b] *exhibita* Fd

(nach Aa, fol. 101r und Fd, fol. 75ra post correctionem).

75. C. 25 q. 1 d. p. c. 16, § 1: *Sacrosancta Romana ecclesia ius et auctoritatem sacris canonibus impertit, sed non eis alligatur. Habet enim ius condendi canones, utpote que caput et cardo est omnium ecclesiarum, a cuius regula nemini dissentire licet. Ita ergo canonibus auctoritatem prestat, ut se ipsam non subiciat eis.* resp. ebd., § 2: *Quamquam si decretorum*[a] *intentionem diligenter advertamus*[b], *nequaquam contra sanctorum canonum auctoritatem concedere inveniantur. Sacri siquidem canones ita aliquid constituunt, ut sue interpretationis auctoritatem sancte romane ecclesie reservent. Ipsi namque soli canones valent interpretari, qui habent ius condendi eos. Unde in nonnullis capitulis conciliorum, cum aliquid observandum decernitur, statim subinfertur, nisi auctoritas romane ecclesie aliter imperaverit, vel: salvo tamen in omnibus iure sancte romane ecclesie, vel: salva tamen in omnibus apostolica auctoritate. Quecumque ergo de decimis vel de quibuslibet ecclesiasticis negotiis sacris canonibus diffiniuntur, intelligenda sunt necessario servari, nisi auctoritas romane ecclesie aliter fieri mandaverit vel permiserit.*
[a] *discretorum* Fd [b] *attendamus* Aa

(nach Aa, fol. 99r, 99v-101r und Fd, fol. 74vb post correctionem). Weigand, Causa 25, 286 spricht von einem „Paukenschlag", mit dem der Contra-Teil beginnt.

76. Weigand, Causa 25, 286: „Auf diese scheinbar klare Feststellung hin bietet Gratian mit kanonistischen, bibel-theologischen und sogar römisch-rechtlichen Argumenten mit großem Scharfsinn eine Lösung, die dem Papst grossen Entscheidungsspielraum lässt."

Zusammenfassend lässt sich also ein gebrochenes Bild des Jurisdiktionsprimats in der ersten Version des *Decretum Gratiani* beobachten. Auf der einen Seite steht der deutliche Vorrang des Papstes in legislativen Fragen, da selbst ein Provinzialkonzil nur mit seiner Einwilligung abgehalten werden konnte. Auf der anderen Seite ist die Rechtsprechungskompetenz des Papstes nur rudimentär erfasst: Zwar ist der Bischof von Rom ohne Frage oberste Appellationsinstanz, doch ob er endgültige Entscheidungen treffen konnte und darüber hinaus immun war, darüber schwieg Gratian 1. Administrative Aspekte des Jurisdiktionsprimats lassen sich in dem Spannungsfeld zwischen diesen beiden Polen verorten: Zwar nannte Gratian 1 die Tanslationsbefugnis wie das Recht, Bistümer zusammenlegen zu dürfen, doch führte er sie nicht weiter aus. Dieses gebrochene Bild des Jurisdiktionsprimats bedeutet jedoch nicht, dass Gratian 1 am Jurisdiktionsprimat des Papstes gezweifelt hätte. Der päpstliche Primat nicht nur in jurisdiktionellen, sondern auch in theologischen Fragen zieht sich vielmehr als Grundrauschen durch das Dekret. So hat die römische Kirche ihren Primat von Gott selbst erhalten und ist die wichtigste der Kirchen vor Alexandria und Antiochia;[77] sie dürfe führen, die anderen müssten folgen.[78] So entschied sich Gratian 1 für den Primat des Bischofs von Rom und dessen jurisdiktionelle Suprematie, führte sie aber weder weiter aus noch belegte er sie mit den rhetorisch überladenen Selbstbeschreibungen eines Gelasius oder Nikolaus. Diese wurden erst in der zweiten Fassung des Dekrets wieder Teil des kirchlichen Rechtswissens.

(2) Ein farbenprächtiges Gemälde: Gratian 2

Die zweite Version des gratianischen Dekrets zeichnete ein dichteres Bild des Jurisdiktionsprimats als die erste Version. Die Rechte des Papstes wurden deutlicher ausgeführt und seine Immunität stärker hervorgehoben. Die Bleistiftskizze des Gratian 1 wurden von den spätantiken Selbstbeschreibungen der römischen Bischöfe zu einem farbenprächtigen Gemälde ausgemalt. Erst Gratian 2 nahm den Leitungs- und Herrschaftsanspruch des Papstes wieder auf, den Gregor VII. und andere formuliert hatten. Dies ist besonders daran abzulesen, dass sich nur in Gratian 2 die klassischen Textstücke finden, in denen Gelasius, Nikolaus und andere Päpste ihren Anspruch auf den Jurisdiktionsprimat

77. D. 22 d. a. c. 1 sowie c. 2 (in Gratian 1: Aa, fol. 26v, 27r; Bc, fol. 35va-b; P, fol. 19vb-20ra, 20rb-va).
78. D. 21 c. 4 (in Gratian 1: Aa, fol. 26v; Bc, fol. 35rb; P, fol. 19vb).

durchdekliniert haben. Diese Änderungen im Wissensbestand sollen nun näher dargestellt werden.

Beginnen wir erneut mit einem Blick auf die Rechtsprechungsgewalt. Gratian 2 nahm keine inhaltlichen Änderungen an der C. 2 q. 6 vor, in der Gratian 1 ausgeführt hatte, dass der Papst oberste Gerichtsinstanz war, zu dem jeder appellieren durfte.[79] Dahingegen führte er die in Gratian 1 fehlenden und den Jurisdiktionsprimat flankierenden Aspekte ein: Der Papst durfte letztgültige Entscheidungen treffen, so dass eine Appellation an ein Konzil verboten war;[80] er selbst war nur Gott, nicht aber einem irdischen Gericht unterworfen, es sei denn, dass er der Häresie verfallen war.[81]

Auch die administrativen wie legislativen Kompetenzen führte Gratian 2 stärker aus und zeichnete sie bunter als Gratian 1, wenn er sie auch nicht so stark wie den Rechtszug überarbeitete. Dass der Bischof von Rom Bistümer zusammenlegen und teilen durfte, hatte Gratian 1 schon behauptet und belegt; Gratian 2 führte hierfür jedoch weitere Belege aus der kanonistischen Tradition an.[82] Zudem erhielt der Papst das Recht, von der Gewalt des Erzbischofs selbst gegen dessen Willen zu eximieren.[83] Das Translationsrecht blieb im Wesentlichen bestehen und wurde nur breiter belegt; das päpstliche Recht zur Zusammenlegung von Abteien jedoch, das beispielsweise Deusdedit behauptet hatte, ist auch in Gratian 2 nicht zu finden.[84]

79. C. 2 q. 6 c. 2 zählt zu den *Paleae*, also zu den später eingefügten Kanones, die nachträglich zu Gratian 2 addiert wurden, vgl. Buchner, Paleae, 321. Ebenso ist C. 2 q. 6 c. 10 erst in Gratian 2 eingefügt. Dieser Kanon aber wiederholt nur das zuvor Ausgeführte. Neu ist ebenfalls C. 2 q. 6 c. 16, ein Kanon, der die in c. 15 angesprochene Appellationsmöglichkeit wiederholte; in C. 2 q. 6 c. 18 erörterte Gratian 2 die Unterschiede zwischen dem weltlichen und kirchlichen Prozess.

80. Zu den letztgültigen Entscheidungen und zur Appellation an ein Konzil vgl. C. 9 q. 3 c. 10, C. 9 q. 3 c. 16 und c. 17; weiterführend: Becker, Appellation (1988); Chodorow, Christian Political Theory, 178–186 umreisst die Stellung des Papstes in der Kirche auf Grundlage von ‚Gratian 2'. Ausnahmsweise konnte eine Entscheidung eines kirchlichen Gerichts und auch des Papstes zurückgenommen oder geändert werden, und zwar im Falle der Erschleichung oder Täuschung oder ähnlichem, hierzu C. 35 q. 9.

81. Zur Immunität siehe D. 21 c. 7, C. 9 q. 3 c. 10, c. 13, c. 14, c. 15 und c. 16, die Einschränkung der Immunität im Fall der Häresie in D. 40 c. 6; zu dem Kanon *Si papa sue* siehe 37f.

82. Das in Gratian 1 vorhandene C. 16 q. 1 c. 48 wird mit C. 16 q. 1 c. 49 ergänzt.

83. C. 16 q. 1 c. 52, ergänzt ist dementsprechend auch das vorstehende *dictum Gratiani* p. c. 47.

84. Zu Deusdedit siehe 157–159; im Bereich der Translation, also insbes. in C. 3 q. 7 c. 34–39, sind die cc. 36–38 nur in Gratian 2 zu finden.

Eine vergleichbare Verbreiterung der rechtlichen Aussagen ist auch im Bereich der Gesetzgebung zu beobachten. Blicken wir zunächst auf D. 17, in welcher Gratian 1 allein dem Papst die Autorisierung von Synoden zuschrieb. Diese Distinktion ist zwar in Gratian 2 deutlich länger, doch ohne wesentlichen Modifikationen: Die neuen cc. 2–5 wiederholen in anderen Worten und von unterschiedlichen Perspektiven das Recht des Papstes zur Einberufung von Synoden.[85] Hatte Gratian 1 jedoch noch apodiktisch festgestellt, dass selbst Provinzialsynoden zur Validität der päpstlichen Anwesenheit bedurften, so fügte Gratian 2 eine neue *distinctio* ein, nämlich D. 18, in der er den Wertungen Gratians 1 wenn nicht widersprach, so doch diese deutlich modifizierte: *Concilia episcoporum*, so hielt er im d. a. c. 1 fest, seien zwar *invalida ad diffiniendum et constituendum, non autem ad corrigendum*, doch zur Ausführung der Entscheidungen anderer Synoden und zur Aufrechterhaltung der innerkirchlichen Disziplin seien sie sogar notwendig (*necessaria*).[86] Bischöfen räumte Gratian 2 also wieder einen – wenn auch auf exekutive Aspekte beschränkten – Handlungsrahmen ein: Ihre Synoden dienten zwar weder der „Konstituierung des Rechts" noch waren sie „autonome Rechtsquelle", doch sorgten sie für die „Durchsetzung des alias statuierten Rechts".[87] Gratian 2 führte diese Überlegung in D. 18 jedoch weder weiter aus noch belegte er sie, sondern diskutierte vielmehr Zeit, Ort, und Ablauf von Konzilien, sprach also eher die formale Organisation von Synoden an.[88]

85. Vgl. Sieben, Konzilsidee des lateinischen Mittelalters, 227f. Wieder aufgenommen ist der Gedanke, dass ohne Wissen des römischen Bischofs keine Konzilien zu feiern seien, in C. 3 q. 6 c. 9.

86. D. 18 d. a. c. 1: *Episcoporum igitur concilia*[a]*, ut ex premissis apparet, sunt invalida ad diffiniendum et*[b] *constituendum, non autem ad corrigendum. Sunt enim*[c] *necessaria episcoporum concilia ad exortationem et correctionem*[d]*, que etsi non habent*[e] *vim constituendi, habent tamen auctoritatem imponendi et indicendi*[f]*, quod alias statutum est et generaliter seu specialiter observari preceptum*[g].

[a] *concilia igitur* Me [b] om. Hk Me Sb [c] *autem* Hk [d] *ad correctionem et ad exortationem* Sb [e] *habeant* Me Sb [f] *et indicendi* interl. Me [g] *et* add. Hk Me

(Friedberg, Decretum Gratiani, Sp. 53 kollationiert mit Hk, fol. 17rb; Me, fol. 41rb; Sb, fol. 21vb).

87. Zitate von Sieben, Konzilsidee des lateinischen Mittelalters, 229.

88. Sieben, Konzilsidee des lateinischen Mittelalters, 230 spricht unverständlicherweise von sieben weiteren Kanones als *Paleae*. Nach Friedberg, Decretum Gratiani, Sp. 57f. sind nur D. 18 c. 11 und c. 16 *Paleae*; nach Buchner, Paleae, 317, 319 nur D. 18 c. 11, nicht aber das in keiner Handschrift bezeugte D. 18 c. 16.

Auch die C. 25 erweiterte Gratian 2 mit mehreren Kanones, unter anderem führte er einen Kanon ein, den er einem Papst Urban zuschrieb (C. 25 q. 1 c. 6). Dieser vorgebliche Urban-Brief geht aber auf Placidus von Nonantola zurück, der die Überlegung in den Raum gestellt hatte, dass der römische Bischof zwar Gesetze erlassen könne, aber doch nur soweit, wie Christus, die Apostel oder die *sancti patres* in dieser Frage nichts entschieden hätten, da gegen sie auch der römische Bischof nicht handeln dürfe.[89] In diesem Sinne wurde die Tradition zur Grenze der Gesetzgebungsgewalt des Papstes, was sich mit der Grundtendenz dieses ersten Teils der C. 25 q. 1 deckt.

Die zweite Version des *Decretum Gratiani*, so darf man die Beobachtungen resümieren, behandelte alle drei Aspekte des Jurisdiktionsprimats ausführlich. Gratian 2 schwächte zwar die Rolle des Papstes bei der Konstituierung von Synoden ein wenig ab, doch fügte er die päpstliche Immunität und die Letztentscheidungsgewalt des Papstes ein. Insgesamt entstand in Gratian 2 ein umfassenderes Bild des päpstlichen Primats in Rechtsdingen. Vor allem aber nahm Gratian 2 in der C. 9 q. 3 die farbenfrohen Kanones wieder auf, die die aussergewöhnliche Stellung des Bischofs von Rom beschreiben: Erst hier findet sich der bekannte Kanon *Patet profecto* wieder, ein Auszug aus einem Schreiben Papstes Nikolaus II. an Kaiser Michael; erst hier nahm der Gedanke, dass der Papst keinem irdischen Gericht unterstehe, mit den Kanones *Nemo iudicabit primam sedem* und *Aliorum hominum causas* sowie dem Kanon *Facta subditorum iudicantur a nobis* wieder Gestalt an.[90] Auch die gelasianischen *Ipsi sunt canones* sowie *Cuncta per mundum*, die beide den römischen Bischof als obersten und letzten Richter installieren, fehlen in diesem Kontext nicht.[91] Und schliesslich sei es Aufgabe der Päpste, zu Unrecht abgesetzte Bischöfe zu restituieren,[92] und deren Recht, Kleriker einer jeden Kirche nach Rom zu rufen und auch wei-

89. C. 25 q. 1 c. 6: Placidus von Nonantola, Liber de honore ecclesie, ed. von Heinemann/Sackur, in: MGH LdL 2, 597 (cap. 70); siehe auch 211, 312f.). Siehe Kuttner, Brief Notes: Urban II and Gratian, 504f. sowie Weigand, Causa 25, 288, insbes. Fn. 34.

90. Zu dem Kanon *Patet profecto* (C. 9 q. 3 c. 10) siehe 32, *zu Nemo iudicabit primam sedem* (C. 9 q. 3 c. 13) siehe 30, zu *Aliorum hominum causas* (C. 9 q. 3 c. 14) siehe 31. *Facta subditorum iudicantur a nobis* (C. 9 q. 3 c. 15): Ps.-Anterus, ep. .5, JK † 90/J³ † 187, 235/236 März 20 (www.pseudoisidor.mgh.de/html/040.htm, Hinschius, 154 Zeile 21, 23–25). Zu C. 9 q. 3 vgl. Gaudemet, Primauté pontificale dans le décret de Gratien, 148f.

91. Zu *Ipsi sunt canones* (C. 9 q. 3 c. 16) sowie zu *Cuncta per mundum* (C. 9 q. 3 c. 17) siehe 29.

92. C. 9 q. 3 c. 19: Ps.-Sixtus II., ep. 2.7, JK † 134/J³ † 268 (www.pseudoisidor.mgh.de/html/050.htm, Hinschius, 192 Zeile 26–30).

hen zu dürfen.[93] C. 9 q. 3 ist somit nicht zu Unrecht als „l'expression principale de la Primauté" im Dekret Gratians bezeichnet worden.[94]

Thematisch sind diese Kanones eher locker mit dem sie umgebenden Teil verbunden: Die vorgehenden Kanones (C. 9 q. 3 cc. 1–9) behandelten die Abgrenzung der Kompetenzen zwischen Bischöfen und Metropoliten, allein die cc. 10–21 beschäftigen sich mit den Rechten des Papstes. Assoziativ sind beide Teile mit dem Gedanken verknüpft, dass im Gegensatz zu Metropoliten nur der Papst über alle richten dürfe: *Sola enim romana ecclesia sua auctoritate valet de omnibus iudicare; de ea vero nulli iudicare permittitur* leitete Gratian 2 diesen Teil ein (d. p. c. 9). So entwickelte also Gratian 2 anhand der Kompetenzen innerhalb eines Metropolitanbezirkes die Idee der päpstlichen Immunität und Suprematie, die er en passant in Gratian 1 einflocht.

In vergleichbarer Weise fügte Gratian 2 der eher knappen Beschreibung der Kirchenhierarchie, die Gratian 1 in D. 21 vorgelegt hatte, primatiale Ideen bei. Hob Gratian 1 mit der etymologisch-orientierten Skizze der Kirchenstruktur, die aus Isidors Etymologien stammt, den Bischof von Rom nicht sonderlich hervor, so holte Gratian 2 dies nach, indem er mit dem pseudo-anakletischen *In novo testamento* und dem gelasianischen *Quamvis universae per orbem* die Verleihung des Primats durch Christus selbst unterstrich.[95] Schliesslich führte er noch weitere Auszüge aus einem Brief Papst Nikolaus II. ins Felde, mit denen er belegte, dass Höhere nicht von Niederen gerichtet werden dürften.[96]

Auch an anderen Stellen fügte Gratian 2 jeweils einen Schuss Jurisdiktionsprimat und eine Prise Suprematie der römischen Kirche zu Gratian 1 hinzu. Es sind jedoch weniger neue Gedanken als Zuspitzungen und Ergänzungen, die Gratian 2 an dem ihm vorliegenden Text vornahm: Satzungen gegen die *decreta presulum romanorum* seien ungültig,[97] von der römischen Gewohnheit sei nicht abzuweichen,[98] und die apostolischen Institute sind genauso wie das, was die römische

93. C. 9 q. 3 c. 21 und c. 20.
94. Gaudemet, Collections canoniques et primauté, 114.
95. D. 21 c. 1 ist schon in Gratian 1 überliefert; D. 21 c. 2 und c. 3 sind in Gratian 2 ergänzt; vertiefend Chodorow, Christian Political Theory, 179f.
96. D. 21 cc. 6–9; unter anderem c. 7: *Nunc autem divina inspiratione*, und c. 9: *In tantum hanc presumptionem*, zu diesen Kanones siehe 32. Vertiefend vgl. Gaudemet, Primauté pontificale dans le décret de Gratien, 141f.
97. D. 10 c. 4, hierzu vgl. Gaudemet, Primauté pontificale dans le décret de Gratien, 147.
98. D. 11 c. 3.

Kirche festgesetzt hat, zu bewahren.[99] Im Rahmen der Diskussion des *Privilegium fori* für Geistliche (C. 11 q. 1) schimmert auch wieder der Primatsanspruch des Bischofs von Rom hindurch.[100] Und die Unanfechtbarkeit päpstlicher Urteile ist in die Frage assoziativ eingebunden, ob Mönche beim Verlassen ihres Klosters ihr eingebrachtes Gut wieder mitnehmen dürfen.[101]

Was lässt sich zum Wissen über den Jurisdiktionsprimat von Gratian 1 und Gratian 2 festhalten? Gratian 1 behandelte die administrativen und legislativen Aspekte des Primats deutlich länger als die jurisdiktionellen. Zwar stellte er ausführlich die Appellation zum Bischof von Rom dar, nannte aber nicht explizit dessen Letztentscheidungskompetenz und hielt sich auch bei der päpstlichen Immunität bedeckt. Bemerkenswert ist, dass er alle Synoden der päpstlichen Autorisierung unterstellen wollte. Gratian 2 hingegen verwässerte die strikte Haltung Gratians 1 und überliess jedenfalls die Ausführung der Entscheidungen anderer Synoden den Bischofsversammlungen vor Ort. Er belegte administrative Aspekte wie die Organisationshoheit über Bistumsgrenzen stärker und fügte die päpstliche Exemtionsbefugnis ein. Vor allem aber baute Gratian 2 die Prärogative der römischen Kirche aus (insbes. D. 21) und fügte die päpstliche Letztentscheidungsbefugnis und Immunität ein (C. 9 q. 3). Immer wieder finden sich Kanones, fast assoziativ eingestreut, die Aspekte des Jurisdiktionsprimats aufnahmen, vertieften und wiederholten. So sind zwischen Gratian 1 und 2 zum einen Unterschiede in der Tiefe der Präsentation des Jurisdiktionsprimats festzuhalten, die sich in einer akzentuierten Darstellung manifestieren, zum anderen aber auch in der Breite, da Gratian 2 häufig an die umfassende Leitungsgewalt des Papstes in verstreuten, *obiter dicta*-artigen Kanones erinnerte. Erst Gratian 2 spiegelte den Wissensbestand über den Jurisdiktionsprimat wieder, wie ihn vor ihm beispielsweise Deusdedit besessen hatte.[102] Insbesondere aber hat weder Gratian 1 noch 2 in seinem Dekret einen einzelnen Platz dem Jurisdiktionsprimat gewidmet: „N'ayant pas consacré une place spéciale aux divers degrès de la hiérarchie ecclésiastique

99. D. 11 cc. 10–11 und auch D. 12 cc. 1–2; vgl. Gaudemet, Primauté pontificale dans le décret de Gratien, 140f. Vergleichbare Einfügungen dann in der D. 19 in den cc. 3–5.

100. C. 11 q. 1 c. 14.

101. C. 17 q. 4 c. 30; zu diesem Kanon Gaudemet, Primauté pontificale dans le décret de Gratien, 150.

102. Vgl. Gaudemet, Primauté pontificale dans le décret de Gratien, 153: „Au total, moins de textes que dans les larges *de Primatu* des grands ‚Grégoriens', Anselme, Deusdedit ou Bonizo de Sutri, mais plus que dans le *de Primatu* du Décret d'Ives (V, 1–52).“

[...] Gratien ne pouvait présenter en une seule fois et dans toute son ampleur la fonction du Pontife romain. C'est tout au long du Décret qu'elle est mise en évidence".[103] Bevor wir uns jedoch den Gründen für die Entscheidung Gratians zuwenden, auf einen Ort zu verzichten, an dem er den Jurisdiktionsprimat verankerte, soll der Blick auf die Sachaussagen zum Zölibat fallen.

b) Konstanz statt Wandel? Der Zölibat

Gratian 1 verankerte die Diskussion um den Zölibat im Distinktionenteil, und zwar vornehmlich in den D. 26–34. Hatte er in den D. 1–20 noch allgemeinere Gedanken zum Kirchenrecht zusammengetragen, so setzte er sich jetzt mit den Voraussetzungen der Majoristenweihe, vor allem mit der Ordination zum Bischof, auseinander. Gratian 1 legte diesem Teil den Brief des Paulus an Timotheus (1. Tim. 3) zugrunde: Der Bischof solle *unius uxoris vir* sein, was er in den D. 26–34 behandelte, ferner *sobrius* und *non vinolentus* (D. 35), *prudens* (D. 36), *ornatus et hospitalis* (D. 40), *non percussor* (D. 45), *non litigiosus* (D. 46) und kein *neophitus* (D. 48).[104] *Unius uxoris vir* ist das Thema, das hier näher interessiert.[105]

Welche rechtlichen Kenntnisse besass Gratian 1 über den Zölibat? Er behandelte Weihevoraussetzungen und Zölibat getrennt voneinander, aber doch in unmittelbarer Folge. Mit den Weihevoraussetzungen setzte er sich in der D. 26 sowie in der D. 33 und D. 34 auseinander. In D. 26 verbot er Digamen die Weihe, wobei er das Paulus-Wort des *unius uxoris vir* so auslegte, dass eine Weihe auch dann verboten sei, wenn der zu Ordinierende vor der Taufe *eine* Frau, nach der Taufe eine *andere* hatte.[106] Als weitere Hindernisse nannte er die Verheiratung mit einer Witwe, Ehebrecherin oder Prostituierten, schliesslich den Abschluss einer zweiten Ehe.[107]

103. Gaudemet, Primauté pontificale dans le décret de Gratien, 153.

104. Zum Brief des Paulus an Timotheus siehe 49 Anm. 167. Gratian führt zwar die Diskussion der Weihevoraussetzungen bis D. 59 fort, doch stützt er die letzteren Distinktionen nicht mehr auf den Paulus-Brief.

105. Zum Zölibat im *Decretum Gratiani* vgl. die Überblicke von Gaudemet, Gratien et le célibat ecclésiastique (1967) und Liotta, La continenza dei chierici, 3–30. Zur Gliederung des Distinktionenteils vgl. Feine, Gliederung und Aufbau, 361f.

106. D. 26 d. p. c. 4: *bigami dicuntur* [...] *qui ante baptimum unam et post baptismum alteram habuisse probantur;* Aa, fol. 33v; Bc, fol. 42va; P, fol. 27ra.

107. D. 33 cc. 1–2; D. 34 cc. 9–18. Gratian 2 fügte in die D. 33 weitere Gründe ein, eine Weihe nicht vorzunehmen, nämlich wenn der Kandidat Epileptiker oder von bösen Geistern

Den Zölibat als Keuschheit nach der Majoristenweihe diskutierte Gratian ausgiebig. Nachdem er diese Frage in D. 27 c. 1 und d. p. c. 1 kurz gestreift hatte, kam er in D. 28–32 auf sie zurück und begründete, weshalb Majoristen (also alle Weihegrade inklusive Subdiakonat) unter Strafe des Amts- und Pfründenverlusts enthaltsam leben und nicht mit ihren Ehefrauen verkehren sollten.[108] Im hinteren Part des Distinktionenteils, im sogenannten Epilog der D. 81–101, kam er auf die Enthaltsamkeit erneut zu sprechen und wiederholte die Enthaltsamkeitsanforderungen für Majoristen.[109]

En passant touchierte Gratian weitere Themen im Kontext des Zölibats. So fragte er, ob eine Ehe, die nach einem Keuschheitsgelübde geschlossen wurde, wirksam sei;[110] er erörterte, mit wem ein Kleriker leben dürfe, um nicht der fleischlichen Gefahr zu erliegen;[111] und er legte dar, dass die Enthaltsamkeit des Majoristen nicht bedeutete, dass er seine Frau und die gegebenenfalls vorhandenen Kinder nicht zu versorgen brauche.[112] Ferner nahm schon Gratian 1 neuere Dekretalen auf und gebot mit einem Kanon Papst Alexanders II. den Gläubigen, die Messen inkontinenter Priester zu meiden.[113] Sein Wissen um die Disziplinierung des sexuellen Lebens von Klerikern entsprach also dem damals erreichten Rechtsstand: Zwar konnten Laien oder Minoristen heiraten, mussten aber nach der Majoristenweihe (bei ihm ab dem Subdiakonat) enthaltsam leben. Die Weihevoraussetzungen – zum Beispiel in erster Ehe verheiratet, aber nicht mit einer Witwe – entsprechen den regelmässig genannten Aspekten der Klerikerweihe.

Gratian 2 baute auf den normativen Aussagen Gratians 1 auf. Er vergrösserte den Umfang dieses Teils, indem er Kanones einfügte; vor allem aber ergänzte er kurze Aussagen Gratians 1 in einem solchen Umfang, dass sie später zu eigenen Distinktionen wurden (D. 29 und D. 30). Die Sachaussagen der ersten Version änderte Gratian 2 indes nicht, ausser an einem Punkte: Er nahm den Beschluss des Zweiten

besessen sei, vgl. D. 33 cc. 2–5. Weitere Weihevoraussetzungen enthalten die D. 49 bis D. 59.

108. Vgl. D. 28, in der Gratian 1 vor allem die Enthaltsamkeit von Subdiakonen und Diakonen diskutierte; in D. 29 und D. 30 schob er methodische Überlegungen ein, die für die Auslegung von Kanones wichtig waren, siehe hierzu 400–405. Schliesslich folgt eine Art Resumé in D. 32. D. 33 und D. 34 behandeln u.a. Konkubinen.

109. D. 81 c. 6; D. 84 c. 3.

110. D. 27 cc. 2–9; siehe hierzu 353f.

111. D. 32 cc. 16–18.

112. D. 31 cc. 10, 11.

113. D. 32 c. 6; Gratian 2 verlängerte diesen Kanon und fügte zudem D. 32 c. 5 ein.

Laterankonzils (1139) auf, auf dem Innozenz II. die Unwirksamkeit von Majoristenehen vorgeschrieben hatte.[114] Gratian 2 fügte diesen Beschluss des Lateranums als C. 27 q. 1 c. 40 in das Dekret ein, also in eine *questio*, in der erörtert wurde, ob ein Eheschluss nach dem Gelöbnis der Keuschheit wirksam sei.[115] Schon Gratian 1 nahm so in der C. 27, die zu Beginn des Eherechts steht, eine Frage auf, die ihn bereits in der D. 27 beschäftigt hatte: Stellte das *votum castitatis* ein Ehehindernis dar?[116] Glaubt man der Literatur zum Zweiten Laterankonzil, so ist diese Frage ohne Zögern zu bejahen, da jede nach der Weihe geschlossene Majoristenehe nichtig sei.[117] Ist dem aber wirklich so? Es lohnt sich, bei dieser Frage ein wenig länger zu verweilen, eröffnet sie doch ein Blick auf die Wissensbestände Gratians 1 und seiner späteren Bearbeiter.

In der D. 27 d. p. c. 1–c. 9 warf Gratian 1 die Frage auf, ob ein Eheschluss nach dem Keuschheitsgelübde zulässig sei. Er beantwortete die Frage, indem er zwei Arten des Gelöbnisses unterschied, nämlich das *votum simplex* und das *votum sollemne* (das Gratian jedoch noch nicht so nannte).[118] Nach einem *votum simplex* war der nachfolgende Eheschluss unerwünscht und mit Busse bewehrt, doch konnten die Partner weiter zusammenleben, während die Partner nach einem *votum sollemne* zu trennen seien.[119] Ein solches feierliches Gelübde lag für Gratian in der *benedictio consecrationis vel propositum religionis*, zum Beispiel in der Einsegnung oder im Ergreifen des Schleiers oder einer anderen manifesten Handlung. Aus dieser Unterscheidung hat

114. Siehe 58f.

115. Zur Einfügung des C. 27 q. 1 c. 40 siehe Larson, Early Stages of Gratian's Decretum, 21, die von einer „apparently hasty incorporation" spricht; auf eine Einfügung zu einem eher späteren Zeitpunkt deuten auch die Beobachtungen von Lenherr, Summarien, insbes. 549–551.

116. Gratian behandelte die Frage des Gelübdes auch kurz in C. 17 q. 1.

117. Stickler, Klerikerzölibat, 34; Denzler, Papsttum und Amtszölibat, 84: „Diese Kanones [c. 6 und c. 7 des Zweiten Laterankonzils 1139 – S.D.] erklären die Ehe, die ein Priester eingegangen ist, für ungültig, das heißt die Priesterweihe stellt von nun an ein trennendes Ehehindernis dar."

118. D. 27 d. p. c. 8: *Hic distinguendum est quod voventium alii sunt simpliciter voventes, de quibus Augustinus et Theodorus locuti sunt, alii sunt quibus post votum accedit benedictio consecrationis vel propositum religionis, de quibus Ieronimus, Nicolaus et Kalixtus scripserunt* (Aa, fol. 34r; Bc, fol. 43ra; P, fol. 27va). Der Eheschluss nach einem *votum simplex* ist in D. 27 c. 3 mit Busse bedroht und c. 2 verbietet die Trennung der Partner. Zu den unterschiedlichen Formen der *vota* im Ehekontext vgl. Liotta, La continenza dei chierici, 19; Scharnagl, Feierliches Gelübde, 111–114.

119. Die Unterscheidung ist in D. 27 d. p. c. 8 getroffen; das *votum simplex* (von *simpliciter voventes* spricht Gratian) ist in c. 2 und c. 3, das *votum sollemne* in cc. 4–6, 8 (c. 7 ist ein *Palea*) belegt.

die Dekretistik die Differenzierung in verbietendes und trennendes Ehehindernis entwickelt: Das *votum simplex* verbot die Ehe, trennte sie aber nicht; das *votum sollemne* verbot nicht nur, sondern führte auch zur Trennung.[120]

Kannte Gratian 1 aber auch schon diese Unterscheidung? Gratian nahm in c. 8 einen Kanon der Synode von Reims 1119 auf, in welchem diese das Verb *disiungere* benutzt hatte, was eher auf eine faktische Trennung denn auf eine Nichtigkeit hindeutet.[121] Auch in der C. 27, in der Gratian die Frage nach dem Gelübde als Ehehindernis wieder aufnahm, stellte er im d. p. c. 40 der q. 1 fest, dass der Eheschluss nach dem Gelübde verboten (*voventes prohibentur contrahere matrimonium*) und die Zuwiderhandelnden voneinander getrennt werden müssten (*separari iubentur*).[122] Auch diese Wendung ist nicht eindeutig im Sinne einer Nichtigkeit der Ehe zu verstehen, eher als Trennungspflicht von Tisch und Bett. Sollte man Gratian 1 also so verstehen, dass er den dem Gelübde bzw. Weihe nachfolgenden Eheschluss zwar verbot, die Ehe aber nicht für nichtig hielt?[123]

Gratian 2 fügte diesen Ausführungen jedenfalls einen neuen Gedanken hinzu, nämlich den als C. 27 q. 1 c. 40 aufgenommenen c. 7 der Beschlüsse des Zweiten Laterankonzils, demzufolge Majoristen, die sich mit ihren Frau vereinigten, getrennt (*separare*) werden sollten, denn eine solche Verbindung sei keine Ehe (*matrimonium non esse censemus*).[124] In der Formulierung, dass keine Ehe vorliege, klingt die Nichtigkeit eines nach der Weihe erfolgten Eheschlusses an, aber: Auch das Zweite Laterankonzil sprach nicht von einem *matrimonium*

120. Siehe Glossa ad D. 27 c. 2 v°*post votum*: *Quidam dicunt illud votum esse simplex quod fit per verba de futuro* [...] *hoc votum impedit, ut dicunt, sed non dirimit matrimonium. Votum solemne est quod fit per verba de presenti* [...] *istud et impedit et dirimit* (Admont 35, fol. 34rb; übereinstimmend mit der späteren Form der *Glossa ordinaria*, vgl. Decretum Gratiani una cum glossis, Venedig 1525, Bl. 41r). Die Differenzierung zwischen den beiden Arten des Gelübdes findet sich auch in der Dekretalistik, vgl. X 4.6.3. Einen Überblick über die spätere Entwicklung bietet Scharnagl, Feierliches Gelübde, 114–195.

121. Zur Snyode von Reims 1119 vgl. Denzler, Papsttum und Amtszölibat, 80f.

122. C. 27 q. 1 d. p. c. 40: *His omnibus auctoritatibus voventes prohibentur contrahere matrimonia et quidam eorum*[a] *si contraxerint separari iubentur.*

[a] *quibusdam eorum* Fd

(Aa, fol. 113v und Fd, fol. 79rb).

123. Ähnlich tentativ auch Denzler, Papsttum und Amtszölibat, 85: „Gratian geht anscheinend doch von der Voraussetzung aus, daß die Ehe, obwohl nach der höheren Weihe geschlossen, rechtlich zwar bestehe, praktisch aber nicht gelebt werden dürfe."

124. Zu dem Kanon siehe 58f.

irritum oder ähnlichem, um die Nichtigkeit eines solchen Eheschlusses zu bezeichnen. Möglicherweise meinte Innozenz II. auf dem Zweiten Laterankonzil etwas wie Nichtigkeit, doch vermochte er es noch nicht in Worte zu fassen. Erst die Dekretistik erfasste diese Unterscheidung begrifflich sauber und hielt die Rechtsinstitute auseinander.[125]

Halten wir fest: Mit der Entscheidung des Zweiten Lateranums 1139 kam ein neuer Gedanke in die Diskussion um den Eheschluss der Kleriker, den man rückblickend als den Punkt sehen kann, an dem die Nichtigkeit einer nach der Majoristenweihe geschlossenen Ehe festgesetzt wurde – die Majoristenweihe war als (trennendes) Ehehindernis etabliert. Insofern unterschied sich Gratian 2 in diesem Punkt von Gratian 1: Zwar verbaten beide den Eheschluss von Majoristen, doch hätte Gratian 1 die Wirksamkeit einer solchen Ehe wohl nicht bezweifelt, auch wenn er Tisch und Bett der Partner hätte getrennt sehen wollen; Gratian 2 tendierte hingegen wohl zu einer Nichtigkeit der Ehe. Wir können mit Blick auf die erste und zweite Version des *Decretum Gratiani* also feststellen, dass sie nur in der Frage der rechtlichen Einordnung der nach der Weihe bzw. dem Gelübde geschlossenen Majoristenehe differierten, in den übrigen Sachaussagen aber übereinstimmten. Beide vertraten die Auffassung, dass Verheiratete zwar die Majoristenweihe empfangen durften, danach aber zur Enthaltsamkeit verpflichtet waren, zudem war und blieb ein Eheschluss nach der Majoristenweihe verboten.[126] Insofern spiegeln beide Versionen des *Decretum* eine weitgehende Konstanz des Rechtswissens, die über die *Panormia* bis in die Mitte des 12. Jahrhunderts unverändert blieb.

125. Vgl. das Zitat aus der Glossa ordinaria (wie 354 Anm. 120) und siehe vertiefend 419, 421, 427. Zur Ausprägung einer juristischen Terminologie im 12. Jahrhundert siehe Dusil, *Fides* (2015). Überraschenderweise verwendet die Handschrift Sankt Gallen, Stiftsbibliothek, 673, p. 3b die Unterscheidung in *solemniter* und *simpliciter*, die Gratian 1 wie 2 gerade nicht kennen. Diese begriffliche Ausdifferenzierung spricht nicht für eine jedenfalls der ersten Fassung vorgehende Version des Dekrets (siehe 331–334), wenn man die juristische Begrifflichkeit eines Textes als Kriterium zur Datierung verwenden darf. D. 27 d. p. c. 8 lautet in Sankt Gallen 673, p. 3b (siehe Abb. 8): *Dinstingamus ergo quod voventes alii solemniter allii simpliciter. Simpliciter quibus augustinus et theodorus loquuntur. Solemniter quibus post votum benedictionis*[a] *consecratio*[b] *accedit vel propositum religionis de quibus et alii.* [D. 28 d. a. c. 1] *Quoniam igitur ut ostensum est post benedictionem*[c] *consecrationis*[d] *nubere non licet sine voto continentię ad subdiaconum non deberet admitti.*
[a] *vel [benedic]tio* add. interl. [b] *vel [consecratio]nis* add. interl. [c] *vel [benedictio]nis* add. interl. [d] *vel [consecration]em* add. interl.

126. Dass die Ehe Weihehindernis ist, wurde erst im CIC/1917 normiert (siehe 59).

3. Beobachtungen zur Methode Gratians

Nach einem ersten Durchgang durch die Sachaussagen der beiden Gratiane stellt sich nun die Frage, wie die beiden Autoren mit ihren Quellen umgingen und mit welcher Methode sie Rechtswissen präsentierten.

a) Vom perspektivischen Argumentieren zur ausführlichen Darstellung: Der Jurisdiktionsprimat

Beginnen wir mit einem Blick auf die Quellen des Dekrets und den von den Gratianen gewählten Umgang mit diesen. Parallel zu der Untersuchung der vorgratianischen Sammlungen ist nach der Auswahl der Kanones und ihrer Anordnung, nach der Bildung von Rubriken und Eingriffen in den Text selbst zu fragen. Ziel des Kapitels ist es, ihre Arbeitsweise auf einer Mikroebene zu untersuchen, um dann später auf einer Makroebene nach leitenden Ordnungsprinzipien zu fragen.

(1) Das normative Grundgerüst: Gratian 1

Welches Material nahm Gratian 1 auf, um sein Wissen über den Jurisdiktionsprimat zu skizzieren? Von den zehn zum Vergleich ausgewählten Kanones[127] nahm er nur vier auf, nämlich den pseudo-anakletischen Kanon *Sacrosancta Romana et apostolica ecclesia* sowie den pseudo-zepherinischen *Ad Romanam ecclesiam ab omnibus*, ferner den pseudo-fabianischen Kanon *Si quis iudicem adversus sibi senserit* und Pseudo-Agathos *Sic omnes apostolice sedis sanctiones.* Die übrigen Kanones, insbesondere die gelasianischen Stücke über den Primat, finden sich bei ihm nicht.[128] Gratian 1 konzentrierte seine ausgewählten Kanones nicht in einer *distinctio* oder *causa*, sondern verstreute sie über das gesamte Dekret, nämlich sowohl im Distinktionen-Teil (D. 19 c. 2, D. 21 c. 2) sowie in C. 2 q. 6, in welcher Gratian 1 die Appellationsmöglichkeiten, mit denen eine *causa vitiata* aufgehoben werden konnte, erörterte. Hier fügte er die Kanones *Ad Romanam ecclesiam ab omnibus* sowie *Si quis iudicem adversus sibi senserit* ein. Benutzte die Sammlung in 74 Titeln diese beiden Kanones, um die Stellung des Bischofs von Rom als höchsten Richter zu begründen, so sah Gratian 1 diese aus der prozessualen Perspektive des Appellanten, dem sie die Möglichkeit eröffneten, ein

127. Siehe zu diesen Kanones 117f.
128. Detaillierter hierzu 363f.

falsches Urteil zu korrigieren.[129] Er fügte sie somit aus der Sicht des am Prozessrecht Interessierten in sein Dekret ein und benutzte sie weniger, um eine Facette des jurisdiktionellen Primats zu begründen.

Die beiden anderen Kanones (*Sic omnes apostolice sedis sanctiones* sowie *Sacrosancta Romana et apostolica ecclesia*) fügte Gratian 1 in den Distinktionen-Teil ein. Dass alle Vorschriften des römischen Bischofs so zu akzeptieren seien, also ob die Stimme Petri sie verkündet habe, wie Pseudo-Agatho behauptet hatte, ist Teil der D. 19, in welcher Gratian fragte, wie mit Dekretalen umzugehen sei, die nicht zur kanonistischen Tradition zählten (*in corpore canonum non inveniantur*).[130] Kam solchen Dekretalen Autorität zu oder waren sie zu verwerfen? Er belegte mit einem langen Auszug aus einem Brief Papst Nikolaus, dass die geringe Verbreitung von normativen Texten keinen Zweifel an ihrer Autorität begründen würde (D. 19 c. 1). An dieses Kapitel schloss Gratian nun den Auszug Pseudo-Agathos an (D. 19 c. 2). Er las diesen Kanon also sehr konkret als Antwort auf die Frage nach der Geltungskraft selten überlieferter Dekretalen, die alle *tanquam ipsius divina voce petri firmate* zu befolgen seien. Der Kompilator der Sammlung in 74 Titeln fügte ihn hingegen unter die Rubrik *De observatione decretorum pontificum romanorum* und verstand ihn eher allgemein als Befestigung des Geltungsanspruchs von Dekretalen.[131]

Als vierten Kanon nahm Gratian 1 den Auszug *Sacrosancta romana et apostolica ecclesia* Pseudo-Anaklets auf. Dieser Kanon bedarf der näheren Betrachtung, denn trotz des identischen Beginns handelt es sich bei D. 22 c. 2 nicht um den aus der Sammlung in 74 Titeln und der *Panormia* bekannten Kanon, der ja eine verdichtete Form des anakletischen Briefes darstellt. Vielmehr nahm Gratian eine längere und ursprünglichere Fassung auf, so dass sich bei ihm die Reihung der Patriarchatskirchen findet, in der Rom an erster Stelle steht, an zweiter Alexandria und an dritter Antiochia, die beide in der verkürzten Fassung ausfallen.[132] Gratian 1 schloss, hier wieder übereinstimmend mit der kürzeren Version, mit der Folgerung, dass der römische Bischofsstuhl *caput et cardo* sei, der von Gott zur Leitung der anderen Kirchen eingesetzt sei. Mit dieser längeren Fassung griff Gratian 1 nicht auf

129. *Ad romanam ecclesiam ab omnibus*: 74T c. 3, C. 2 q. 6 c. 8; *Si quis iudicem adversus sibi senserit*: 74T c. 6, C. 2 q. 6 c. 21.

130. D. 19 d. a. c. 1: Aa, fol. 22r; Bc, fol. 32ra, P, fol. 15rb.

131. Zu 74T c. 183 siehe 86.

132. Siehe 133f., 142, 153f.; der Kanon ist als 74T c. 2 überliefert; der gleich beginnende 74T c. 21 bricht früher ab.

eine über die Sammlung in 74 Titeln und die *Panormia* vermittelte Überlieferungstradition zurück, sondern auf einen ausführlicheren Traditionszweig, auf dem auch die Sammlungen Deusdedits wie Anselms von Lucca beruhten.

Nicht nur in der Länge unterscheidet sich D. 22 c. 2 von dem entsprechenden Kanon, der in der Sammlung in 74 Titeln oder der *Panormia* Aufnahme gefunden hatte, sondern auch im Zuschnitt des Kanons. Der sich in der Sammlung in 74 Titeln und in der *Panormia* anschliessende Satz, dass alle Schwierigkeiten zu eben diesem Stuhl gebracht werden sollten (entnommen dem nächsten Kapitel des anakletischen Briefes), fiel bei Gratian 1 aus. Gratian verstand diesen Kanon also weniger als Begründung des Primats im weiteren Sinne noch als Anordnung des Appellationszugs, sondern viel allgemeiner, nämlich zur Klärung der Reihenfolge der Patriarchate, um den im *dictum* vorgeschalteten Satz *maior a minore iudicari non debet* mit Inhalt zu füllen.[133] Gratian 1 kam im Anschluss an dieses Exzerpt auch nicht auf Aspekte des Jurisdiktionsprimats zu sprechen, sondern führte aus, dass der zweite Rang von Alexandria auf Konstantinopel übergegangen sei.[134] Gratian 1 schuf also eine Hierarchie der Patriarchatskirchen, an deren Spitze die römische Kirche stand. Die von der Sammlung in 74 Titeln erstellte und von der Sammlung in 4 Büchern, der *Panormia* und anderen akzeptierte Verbindung von Primat und Rechtszug nahm Gratian 1 nicht auf, sondern verstand diesen Text so, wie ihn Anaklet ursprünglich konzipiert hatte. Dieser Befund deckt sich mit der Rubrik dieses Kanons, in der Gratian den Primat der römischen Kirche betonte, den diese nicht von den Aposteln, sondern von Gott selbst erhalten habe: *Non ab apostolis sed ab ipso domino romana ecclesia primatum obtinuit.*[135]

Halten wir an dieser Stelle fest: Gratian 1 führte Kanones als Belege für Aussagen an, die er gleichsam als Obersatz an den Beginn eines Abschnitts stellte. Damit gab er die Lesart vor, mit der der Leser die Kanones verstehen sollte; sie standen somit noch weit weniger als in vorgratianischer Zeit der Interpretation des Lesers offen. Mit diesen Vorgaben verengte Gratian 1 gleichzeitig die Aussagekraft

133. D. 22 d. a. c. 1: Aa, fol. 26v; Bc, fol. 35va; P, fol. 19vb-20ra.

134. D. 22 d. p. c. 3 und c. 3: Aa, fol. 27r; Bc, fol. 37ra; P, fol. 20va-b.

135. D. 22 c. 1. Die anderen Kirchen sind eben ‚nur' durch die Apostel geweiht, so geht die Kirche von Alexandria auf Marcus zurück; Antiochia ist durch einen Aufenthalt Petri, während dessen er Ignatius als Bischof einsetzte, hervorgehoben.

der normativen Texte, indem er sie perspektivisch interpretierte und letztlich als Argument in einer in der *questio* und im *dictum* formulierten Aussage einsetzte.

Diese Interpretation ermöglichte Gratian 1 – wie vor ihm schon dem Kompilator der *Panormia* oder Deusdedit – Kanones ohne grössere Eingriffe zu übernehmen, so dass sich im Ergebnis festhalten lässt, dass sich zwischen Gratian 1 und den vermuteten Vorlagen nur minimale Abweichungen finden lassen. Der Weg zu diesem Ergebnis ist indes steinig, denn die Bestimmung der Vorlagen Gratians zählt noch immer zu den offenen Fragen der Gratian-Forschung. Die Identifizierung der *fontes formales* Gratians ist von grossem Interesse, kann sie doch Licht auf seine Arbeitsweise werfen. Daher soll kurz grundsätzlicher nach dem derzeitigen Stand der Forschung gefragt werden. Seit den Forschungen Peter Landaus zu Gratian ist bekannt, dass dieser genauso wenig wie die Kompilatoren vor ihm auf Originalquellen zurückgegriffen hat, vielmehr hat er andere Kanonessammlungen durchpflügt, um das für ihn brauchbare Material herauszubrechen.[136] Zu den Sammlungen, die Gratian 1 intensiver genutzt hatte, zählen die *Panormia* sowie die Sammlung Anselms von Lucca (Version A‘, aber auch Rezension Bb), ferner der *Polycarpus*. Auch Algers von Lüttich *Liber de misericordia et iustitiae* ist ein *fons formalis* Gratians.[137] Gratian 2 wertete vor allem die *Tripartita* aus, stützte sich aber auch auf Anselm und die Sammlung in 3 Büchern.[138] Vermutlich hat aber auch Gratian 1 schon auf die Sammlung in 3 Büchern zurückgegriffen.[139] Während Ivos Dekret offensichtlich nicht zu den Quellen Gratians zählt, hat er Kanones aus Burchards Dekret jedenfalls sporadisch übernommen.[140] „The issue of Gratian's formal sources is far from closed“, stellte Atria Larson in

136. Zu den *fontes materiales* des Dekrets siehe zum Beispiel den Beitrag von Gaudemet, Les sources du décret de Gratien (1998).

137. Zu Alger von Lüttich vgl. den grundlegenden Beitrag von Le Bras, Alger de Liège et Gratien (1931).

138. Einen Überblick über die Quellen Gratians geben: Landau, Neue Forschungen, 13–29; Landau, Gratian and the Decretum Gratiani, 30–35 sowie Larson, Peter Landau's Contribution to the Study of Gratian (2016). Konkretisierungen stammen von Landau, Gratians Arbeitsplan (1994) sowie Landau, Gratian und Dionysius Exiguus (1996). Zur Sammlung in 3 Büchern als Quelle Gratians: Erickson, Collection in 3 Books (1972).

139. Siehe zum Einfluss von der *Collectio Trium Librorum* auf Gratian 1 auch Baker, Gratian's 'Tract on Monks and the Outside World' and Its Sources (2016) sowie Wei, Law and Religion, 221.

140. Ob Gratian Ivos Dekret kannte oder nicht, bleibt umstritten, siehe die Bemerkungen von Wei, Law and Religion, 14f. Zu den wenigen Hinweisen auf eine Verwendung Burchards durch Gratian siehe Landau, Burchard de Worms et Gratien (1998).

einem jüngeren Überblicksbeitrag fest, „research in this arena is still bearing much fruit and demanding more work."[141] Für die Suche nach den Vorlagen Gratians, die er für seine Stellen zum Jurisdiktionsprimat wie zum Zölibat ausgewertet hat, sind zwei Beobachtungen der jüngeren Forschung zentral: Gratian griff grundsätzlich auf jüngere Sammlungen zurück und mied ältere; er nutzte zudem einige Sammlungen schwerpunktmässig, andere zog er hingegen nur sporadisch heran.[142]

Welche Vorlagen lassen sich für die vier Kanones vermuten?[143] D. 19 c. 2 ist für eine Vorlagenbestimmung recht kurz, und da er in den möglichen Vorlagen Gratians weit verbreitet ist, fällt eine Entscheidung schwer.[144] Bemerkenswert ist jedoch, dass Gratian 1 *divina* auf *voce* bezieht, die Vorlagen jedoch alle *divini* (mit Bezug auf *Petri voce*) aufweisen, nur in der Edition der *Panormia* ist als Variante *divina* nachgewiesen.[145] Dies reicht aber kaum für eine Entscheidung zugunsten der *Panormia* aus. D. 22 c. 2 ist hingegen ohne grössere Schwierigkeiten einer Sammlung zuzuweisen. Da dieser Kanon mit der Nennung der anderen Patriarchatskirchen länger ist als ‚üblich', kommt als Vorlage nur die *Collectio Canonum* Anselms (c. 1.66) in Betracht.[146] Zwar lassen sich einige Abweichungen sprachlicher Art feststellen, doch sind diese unbedeutend, da nur Wortumstellungen.[147]

141. Larson, Peter Landau's Contribution to the Study of Gratian, 1177.

142. Larson, Peter Landau's Contribution to the Study of Gratian, 1177: „Gratian worked mainly from a handful of relatively recent and large collections, but he also seems to have dug deep into smaller, less successful collections and florilegia in order to extract rarer canons, decretals, and patristic texts, forged or genuine."

143. Zur Vorlagenbestimmung grundsätzlich die Überlegungen von Landau, Neue Forschungen, 14f.; Wei, Law and Religion, 13.

144. D. 19 c. 2 ist überliefert in der *Panormia* als c. 2.101, in der *Tripartita* als c. 3.8.1, im *Polycarpus* als c. 1.19.06, in der Sammlung in 3 Büchern als c. 1.10.2 und in Ivos Dekret als c. 4.238. In Anselms *Collectio Canonum* findet sich der Kanon hingegen nicht. Diese Sammlungen benutzt auch Winroth, Making of Gratian's Decretum, 35–37, 62f., 80–84 für seine Untersuchungen der *fontes formales*.

145. D. 19 c. 2: *Item agatho papa omnibus episcopis / Omnes sanctiones apostolice sedis inrefragabiliter*[a] *sunt observande // Sic omnes apostolice sedis sanctiones accipiende sunt tanquam ipsius divina*[b] *voce petri firmate.*

[a] *irrefragabiliter* Aa [b] om. Aa

(nach: Aa, fol. 23r; Bc, fol. 32vb; P, fol. 16rb-va). Zur *Panormia* c. 2.101: http://ivo-of-chartres.github.io/panormia/pan_2.pdf.

146. D. 22 c. 2 ist vermutlich Anselm von Lucca, c. 1.66 (Thaner, 34f.) entnommen, da die übrigen Transmissionsriemen (IP c. 4.2; *Polycarpus* c. 1.2.1 bzw. c. 1.1.5a; 3L c. 1.1.2; Anselm c. 1.2) eine kürzere Fassung mit anderem Zuschnitt überliefern.

147. Vergleich von Anselm c. 1.66 und Gratian 1: *Haec vero sacrosancta* Anselm] G 1

Auch C. 2 q. 6 c. 8 scheint der *Collectio Canonum* Anselms entnommen zu sein (dort c. 2.6), da sich der Kanon in den anderen möglichen Vorlagen Gratians nicht findet[148] und er sich von Anselms Version kaum unterscheidet.[149] C. 2 q. 6 c. 21 (*Si quis iudicem*) ist wiederum recht kurz für eine Vorlagenbestimmung. Der Kanon ist breiter überliefert und da sich keine signifikanten Abweichungen finden, scheint eine eindeutige Zuordnung zu einer Quelle unmöglich zu sein.[150] So lässt sich zum Schluss der Bestimmung der Vorlagen und dem Vergleich zu den vermuteten *fontes formales* festhalten, dass sich grundlegende Abweichungen zwischen den Vorlagen und Gratian 1 nicht finden; er hat sich somit recht treu an den Wortlaut der Vorlagen angelehnt. Dies bestätigt frühere Untersuchungsbefunde.[151]

Zwar lehnte sich Gratian 1 im Wortlaut recht eng an seine *fontes* an, doch war er deutlich freier in der Modifikation der Rubriken. Soweit sich seine direkten Vorlagen ermitteln lassen, zeigen auch seine neu entwickelten Rubriken die perspektivische Einarbeitung der Kanones.[152]

Sacrosancta; *romana ecclesia et apostolica* Anselm] G 1 *romana et apostolica ecclesia*; *sicut ipse beato Petro* Anselm] G 1 *sicut beato Petro*; *Adhibita est etiam* Anselm] G 1 *Adhibita est*; *gloriosa morte cum petro* Anselm] G 1 *cum petro gloriosa morte*; *aliisque omnibus* Anselm] G 1 *atque aliis omnibus*; *atque venerando* Anselm] G 1 *quam venerando*; *omnium sanctorum fundatur oratio* Anselm] G 1 *fundatur omnium sanctorum oratio* (zitiert nach der Edition von Thaner, 34).

148. Der Kanon findet sich weder in der *Panormia* noch in der *Tripartita*, noch im *Polycarpus*, noch im Dekret Ivos oder in der Sammlung in 3 Büchern; er ist aber bspw. aus 74T c. 3 bekannt.

149. Vergleich Anselm c. 2.6 und Gratian 1: *appellandum est* Anselm] G 1 *est appellandum*; *defendantur et* Anselm] G 1 *defendantur*.

150. C. 2 q. 6 c. 21 ist überliefert in der *Tripartita* als c. 1.18.9, im *Polycarpus* als c. 1.8.3, bei Anselm als c. 2.10 sowie in Ivos Dekret als c. 5.248b und c. 6.331. Er findet sich nicht in der *Panormia*. Abweichungen sind bei diesen wenigen Worten nicht zu entdecken.

151. Lenherr, Langsame Annäherung, 321 spricht bei der Untersuchung der Exzerpte aus den *Moralia in Iob* von akribischer Arbeit Gratians. Ähnliches beobachtet Kretzschmar, Alger von Lüttich, 148. Auf eine Ausnahme (in C. 23 q. 5 c. 7) hat allerdings Lenherr, *Reos sanguinis* [non] *defendat ecclesia* (2006) hingewiesen.

152. Die Rubriken zu D. 22 c. 2 *Non ab apostolis sed ab ipso domino romana ecclesia primatum obtinuit* ist vermutlich von der Rubrik der vermuteten Vorlage, Anselm c. 1.66, inspiriert: *Quod romana ecclesia ab ipso domino primatum obtinuit, et quod ambo apostoli Petrus et Paulus una die sua eam morte consecraverunt, et quod ipsa prima sedes est, secunda Alexandrina, tertia Antioceno* und lehnt sich recht eng an diese an. Gratian rubrizierte C. 2 q. 6 c. 8 mit *Ab omnibus appelatur ad romanam ecclesiam quasi ad matrem* (Sb, fol. 111vb) bzw. *Ad romanam ecclesiam quasi [ad] matrem appelletur* (Hk, fol. 95rb) bzw. *Quasi ad matrem ab omnibus appelletur ad romanam ecclesiam* (Me, fol. 120va) bzw. *Ad romanam ecclesiam appelletur ab omnibus quasi ad matrem* (Friedberg, Decretum Gratiani, Sp. 468) und orientierte sich dabei wohl an Anselm c. 2.6: *Quod ad romanam ecclesiam ab omnibus oppressis appellandum est, ubi etiam omnes ecclesiasticae causae maiores sunt terminandae*.

Dies ist in Ansätzen an der neuen Rubrik zu D. 19 c. 2 abzulesen, für die Gratian 1 *Omnes sanctiones apostolice sedis inrefragabiliter sunt observande* wählte. Er betonte also weniger den primatialen Kontext, sondern eher die Gehorsamspflicht gegenüber päpstlichen Dekretalen und band diese in die Frage nach der Autorität seltener überlieferter Dekretalen ein.[153]

Deutlicher noch wird diese Kontextualisierung bei C. 2 q. 6 c. 21, dem Gratian die Rubrik *Ante datam sententiam licet alicui appellare* gab und ihn damit als Beleg für die Aussage verstand, dass eine Appellation selbst *vor* einem Urteil möglich sei, nämlich bei befangenen Richtern. Das *dictum* p. c. 17, das die zu belegende Aussage enthält, unterstreicht dies: *Oppressi et se pregravari putantes intelliguntur ante datam sententiam, iniuste dampnati post datam.*[154] Damit wurde die Appellation *vor* einem Urteil aber zur Ausnahme von der Regel, die eine Appellation nur *nach* dem Urteil vorsah. Gratian 1 konkretisierte so durch Rubrik und Kontext die Aussage dieses Kanons, indem er ihn als Regelung für *ante datam sententiam* verstand. Die möglichen Sammlungen, aus denen Gratian diesen Kanon schöpfte, begriffen den Text hingegen weiter, als grundsätzliche Möglichkeit der Appellation. Die gratianische Lesart ‚vor einem Urteil' ist zwar sicherlich sinnvoll und vertretbar, aber doch zugleich Interpretation, denn es wäre auch möglich, dass ein Urteil nur *nachträglich* aufgrund der Befangenheit der Richter mit der Appellation angefochten werden konnte.

Für Gratian 1, so darf man resümieren, war nicht der Wunsch leitend, den Jurisdiktionsprimats des Papstes vollständig zu umreissen. Er negierte ihn keineswegs, sondern setzte ihn voraus. Daher wählte er von den Vergleichskanones nur wenige aus und fügte sie an verschiedenen,

153. Die möglichen Rubriken zu D. 19 c. 2, die Gratian 1 vorfand – der *fons formalis* ist ja nicht sicher zu bestimmen –, lauten: *De primatu apostolice sedis* (*Tripartita* c. 3.8.1), *Quod non sit sentiendum contra Romanam ecclesiam, et de obedientia ei debita* (*Polycarpus* tit. 1.19) bzw. *Nichil agendum contra romanam ecclesiam* (Sammlung in 3 Büchern c. 1.10.2). Die *Panormia*, c. 2.101, und Ivos Dekret, c. 4.238, sind nicht rubriziert.

154. C. 2 q. 6 d. p. c. 17: Aa, fol. 129v-130r; Bc, fol. 127vb; Fc, fol. 29rb; P, fol. 113rb. Rubriken zu diesem Kanon (C. 2 q. 6 c. 21) sind: *De appellatione* (*Tripartita* c. 1.18.9); *De appellanda sede apostolica* (*Polycarpus* c. 1.8.3); *Ut ei qui iudicem sibi senserit adversum, liceat appellationis remedio viciatam causam relevare et nulla detentionis iniuria affligatur, etiam his qui in supplicia sunt destinati fas sit appellare* (Anselm c. 2.10) sowie *Quod infames non sunt repellendi a propriis causis* (Ivos Dekret, c. 5.248b) bzw. *Que accusationes non sunt admittende* (Ivos Dekret, c. 6.331). Auch in der Sammlung in 74 Titeln (c. 6) war dieser Satz zusammen mit anderen prozessualen Regeln überliefert, die ihn als grundsätzliche Eröffnung der Appellation lasen, siehe 133f.

ihm adäquat erscheinenden Stellen in sein Werk ein, um jeweils andere Aussagen zu belegen: Der Auszug aus dem Brief Anaklets diente weniger dazu, den Papst als höchsten Richter zu etablieren, als vielmehr zur Reihung der Patriarchatskirchen; die Bekräftigung Pseudo-Agathos, Dekretalen zu befolgen, nutzte Gratian 1 als Argument in der Diskussion um die Geltungskraft selten überlieferter päpstlicher Beschlüsse. Somit ordnete Gratian 1 die Kanones in das von *Questiones* und *Dicta* vorgegebene Frageschema ein, indem er sie seinen *fontes formales* entnahm, ohne dass eine Überarbeitung erkennbar wäre. Damit bestätigt sich der Befund, dass Gratian 1 Texte interpretierte, aber nicht mehr in die Texte selbst eingriff.

(2) Die umfassende Ausformung: Gratian 2

Auf diesen Ordnungsprinzipien Gratians 1 baute Gratian 2 auf: Er liess die Struktur der Sammlung intakt, fügte aber weitere Kanones in die Distinktionen und Questiones ein, warf neue Probleme auf und kreierte weitere Fragen. Zum eigentlichen Ort des Primats entwickelte Gratian 2 C. 9 q. 3, nicht aber D. 22, die ja ebenfalls denkbar gewesen wäre. Gratian 1 behandelte in dieser *questio* das Problem der Kompetenzabgrenzung zwischen Bischof und Erzbischof und gestand dem Erzbischof ein Eingriffsrecht in Belange des Suffraganbischofs nur dann zu, wenn dieser seine Aufgaben vernachlässigte.[155] In diesen geschlossenen Gedankengang schob Gratian 2 nun recht assoziativ den jurisdiktionellen Jurisdiktionsprimat ein: Allein die römische Kirche – hier wohl verstanden als der Bischof von Rom – dürfte über alle richten, sei aber selbst immun: *Sola enim romana ecclesia sua auctoritate valet iudicare de omnibus, de ea vero nulli iudicare permittitur.*[156] Von den Eingriffsrechten der Erzbischöfe gelangte Gratian 2 zu den Rechten des Papstes. In diesem Einschub (cc. 10–21) versammelte Gratian 2 Kanones zur jurisdiktionellen Stellung des Bischofs von Rom; hier findet der Leser die päpstliche Immunität mit den Kanones *Nemo iudicabit* und *Aliorum hominum causas*, hier ist endlich auch das gelasianische *Cuncta per mundum* und der Auszug aus einem Brief

155. Vgl. insbes. C. 9 q. 3 d. p. c. 21.

156. C. 9 q. 3 d. p. c. 9: *Sola enim*[a] *romana ecclesia sua auctoritate valet iudicare de omnibus, de ea uero nulli iudicare permittitur.*

[a] om. Hk

(nach: Bi, fol. 140vb; Hk, fol. 125va; Me, fol. 151ra; Sb, fol. 142va).

Nikolaus' I. *Patet profecto* aufgenommen.[157] Bemerkenswerterweise nutzte Gratian 2 die *questio* aber nicht, um die Spielarten der Immunität ganz auszuführen – die Häresieklausel ist an ganz anderer Stelle Teil des Dekrets geworden, nämlich in der D. 40.

Die D. 40 ist Teil des Abschnitts, in dem Gratian 1 die Voraussetzungen des Weihekandidaten diskutierte. *Ornatus* und *hospitalis* sollte der Bischof sein, führte Gratian 1 zu Beginn der D. 40 aus, und in fast mahnendem Ton fügte er an, dass aus dem übernommenen Amt die Notwendigkeit eines vorbildlichen Lebens flösse, nicht aber die Erlaubnis zu sündigen.[158] Gratian 2 führte in diese Überlegungen dann mit dem Kanon *Si papa suae* den Gedanken ein, dass der Papst auch das Heil der gesamten Kirche im Auge behalten und umsichtig in seinem Handeln sein müsse, da er sonst der Hölle zugeführt würde. Im Anschluss an diesen Gedanken folgt dann im zweiten Teil dieses Kanons die Häresieklausel.[159] Für Gratian 2 scheint also der erste Teil des Kanons (in welchem das sittsame Leben des Papstes und seine Sorge für die gesamte Kirche angesprochen wurde) im Vordergrund gestanden zu haben, da sich nur dieser in den von Gratian 1 vorgegebenen Gedankenablauf einfügt.[160] Das Abweichen von der Rechtgläubigkeit als Voraussetzung der Anklage des ansonsten als immun reklamierten Papstes scheint somit eher en passant in das Dekret gekommen zu sein.

Diese assoziative Arbeitsweise Gratians 2, der Überlegungen und Gedanken, die Gratian 1 formuliert hatte, aufnahm, weiterspann und zu einem regelrecht unerwartetem Ende führte, ist auch an der Causa 17 abzulesen. In der C. 17 q. 4, die eigentlich von einem speziellen Fall der Entfremdung von Kirchengut handelt, findet sich der Kanon *Nemini est de sedis apostolice iudicio iudicare* eingestreut.[161] Wie kam es dazu?

157. *Nemo iudicabit*: C. 9 q. 3 c. 13; *Aliorum hominum causas*: C. 9 q. 3 c. 14; *Cuncta per mundum*: C. 9 q. 3 c. 17 und 18; *Patet profecto*: C. 9 q. 3 c. 10.

158. D. 40 d. a. c. 1: *Oportet quoque episcopum esse*[a] *esse episcopum quoque ornatum et hospitalem.* [...] *Non enim loca, se vita et mores sanctum faciunt sacerdotem. Unde ex offitio suscepto non licentiam peccandi, sed necessitatem bene vivendi se noverint assecutos.*

[a] *esse episcopum* Hk

(nach: Bi, fol. 35vb; Hk, fol. 34ra; Me, fol. 57vb; Sb, fol. 42va).

159. Zu dem Kanon *Si papa suae* (D. 40 c. 6) siehe 37f.

160. Die assoziative Arbeitsweise Gratians 2 zeigt sich auch an der Rubrizierung dieses Kanons mit *Dampnatur apostolicus* ... (Sb, fol. 42vb), womit der Papst gemeint ist. Im Übrigen spricht Gratian 2 in der D. 40 aber von *episcopi* resp. *sacerdotes*, hat also einen weiteren Adressatenkreis der Normen im Auge als den Papst. Für die Bedeutung *apostolicus* als Synonym für Papst siehe zum Beispiel D. 79 d. a. c. 1 und c. 1 und c. 9 sowie C. 25 q. 2 c. 4.

161. C. 17 q. 4 c. 30.

Ausgangspunkt der q. 4 ist die schlichte Frage Gratians 1, ob der Abt verpflichtet sei, dem Mönch, der dessen Klöster verliess, die von ihm eingebrachten Sachen wiederzugeben. Kirchliches Eigentum und *res ecclesiae traditae* seien nicht herauszugeben, beantwortete er schon im d. a. c. 1 die Frage, um diese Antwort dann mit drei Kanones zu belegen.[162] Zudem stellte Gratian 1 fest (C. 17 q. 4 c. 5), dass derjenige, der Kirchengüter entfremde, ein Sakrileg begehe. Gratian 2 nahm diese Überlegungen zum Anlass, über das Sakrileg intensiver zu reflektieren. Er fragte nicht nur, wie ein Sakrileg begangen werden könne und wie es zu bestrafen sei, sondern verglich in seinem d. p. c. 29 auch die Straftaten gegenüber Klerikern und Kirchengütern mit dem *crimen lesae maiestatis*.[163] Wie kann dieses *crimen* begangen werden? Man könne die heiligen Gesetze verletzen, schrieb Gratian 2, um ein solches Verbrechen zu begehen; aber ein *crimen lesae maiestatis* läge auch dann vor, wenn man höchste Urteile des Richters mit dem Zweifel bestreite, ob derjenige Richter, den der Herrscher erwählt habe, würdig sei: *aut qui de principali iudicio disputant, dubitantes, an is dignus sit, quem princeps elegerit*.[164] Nun folgte das argumentative Hochreck, auf dem Gratian 2 turnte: *Similiter de iudicio summi pontificis alicui disputare non licet*, schloss Gratian 2 von dem Schutze des römischen Kaisers auf den Schutz päpstlicher Urteile und fügte zur Begründung den Auszug aus dem Brief Papst Nikolaus I. an Hinkmar von Reims ein.[165] Gratian 2 führte also seinen Gedankengang von der Entfremdung von Kirchengut

162. C. 17 q. 4 d. a. c. 1: *Si autem* [a]*sine licentia abbatis de monasterio*[a] *discesserit, queritur, utrum* [b]*sunt sua*[b] *ei*[c] *reddenda an non? Sed possessiones et res ecclesiae traditas quolibet modo alienare nec abbati nec alicui licet.*

[a-a] *de monasterio sine abbatis licentia* Hk [b-b] *sua sunt* Bi [c] om. Hk

(nach: Bi, fol. 197vb; Hk, fol. 170ra; Me, fol. 194va; Sb, fol. 183va). Als Beleg folgen C. 17 q. 4, cc. 1, 4 und 5.

163. Zum *crimen lesae maiestatis* in Antike und Mittelalter vgl. die Einführungen von Rolf Lieberwirth, Art. Crimen laesae maiestatis (Majestätsverbrechen), in: HRG 1, Sp. 648–651 und Rolf Lieberwirth, Art. Majestätsverbrechen, in: HRG 3, 2. Aufl., Sp. 1194–1201 sowie Adriano Cavanna, Art. Majestätsverbrechen, in: LexMA 6, 1993, Sp. 148–150 sowie Schminck, Crimen laesae maiestatis, insbes. 19–27.

164. C. 17 q. 4 d. p. c. 29: *Committunt etiam*[a] *sacrilegium qui contra divine legis sanctitatem aut nesciendo conmittunt*[b] *aut negligendo violant et offendunt*[c], *aut qui de principali iudicio disputant, dubitantes, an is dignus sit, quem princeps elegerit; [...] ... Similiter de iudicio summi pontificis alicui disputare non licet.*

[a] *et* Sb [b] om. Bi [c] *offendant* Sb

(nach: Bi, fol. 199rb; Hk, fol. 171ra; Me, fol. 195vb; Sb, fol. 184vb).

165. Zu dem Kanon siehe 33.

über das Sakrileg hin zum römisch-rechtlichen Majestätsverbrechen, unter das auch Zweifel an der Richtigkeit päpstlicher Urteile subsumiert wurden. Gratian 2 stellte, so darf man zuspitzen, den Jurisdiktionsprimat unter den Schutz des *crimen lesae maiestatis*.[166]

Und schliesslich lässt sich an einem weiteren Vergleichskanon ablesen, dass Gratian 2 nicht nur ergänzte und weiterführte, sondern die feine Ordnung der ersten Version auch zerstörte. Gratian 1 hatte unter das *dictum*, das Unterdrückte schon *vor* einem Urteil, zu Unrecht Verurteilte aber erst *nach* einem Urteil appellieren dürfen (C. 2 q. 6 d. p. c. 17), als Beleg für die zweite Aussage c. 20, als Beleg für die erste c. 21 eingefügt, nämlich den Vergleichskanon *Si quis iudicem adversum sibi senserit*. Gratian 2 zerstörte diesen Chiasmus: c. 18 behandelt die Appellation *vor* einem Urteil, c. 19 den Ungehorsam (*contumax*; er bricht thematisch heraus), c. 20 dann die Appellation *nach*, c. 21 *vor* einem Urteil. Die feine Gedankenstruktur Gratians 1 ist durch das Nachschieben von Kanones also unterbrochen; die Verbindungen zwischen Behauptungen in den *dicta* und belegenden Kanones gelöst.

Wir dürfen rückblickend auf die Auswahl der Kanones und ihre Verwendung festhalten, dass Gratian 2 die rudimentäre Skizze des Jurisdiktionsprimats erweiterte, indem er alle zum Vergleich gewählten Kanones aufnahm, diese an häufig unerwarteten Stellen einflocht und sie eher assoziativ mit dem Gedankengang Gratians 1 verband. Dieses Vorgehen Gratians 2 führt zum Eindruck einer gewissen Gebrochenheit des Dekrets, da zwar alle wichtigen Kanones zum Primat vorhanden sind, diese sich aber doch über das Dekret verstreut finden. Jean Gaudemet vermutete, dass Gratian „a jugé plus habile d'en rappeler le principe ou les applications tout au long du Décret." Dies sei eine Lösung, „qui peut-être rendait moins voyante la Primauté romaine, mais qui en faisait mieux sentir l'importance fondamentale dans l'organisation de l'Église médiévale".[167] Die Analyse der Entstehungsumstände des Dekrets legt hingegen eher den Schluss nahe, dass Gratian 2 aufgrund der Struktur des Dekrets, die er vorfand, zu einem Einstreuen des Jurisdiktionsprimats gezwungen war.

Seine Quellen übernahm Gratian 2, soweit sich die *fontes formales* identifizieren lassen, hingegen ohne grundlegende Eingriffe in den Text,

166. Inwiefern sich hier Kontinuitätslinien zur karolingischen Zeit zurückverfolgen lassen, bedürfte der näheren Analyse. Unter anderem hat Hageneder, Crimen Maiestatis (1983) gezeigt, dass sich Papst Leo. III (795–816) als *maiestas* verstand, dem der Schutz dieses Rechts zukam.

167. Gaudemet, Collections canoniques et primauté, 117.

so dass er sich in dieser Hinsicht in den Bahnen Gratians 1 bewegte. Woher nahm Gratian 2 seine Kanones? Der Kanon *Si papa sue* (D. 40 c. 6) ist in der *Tripartita* wie im Dekret Ivos überliefert, doch nur die *Tripartita* stimmt völlig mit der gratianischen Fassung überein, da in dem Dekret *ipse iudicaturus* zu *iudicaturus ipse* umgestellt ist.[168] Möchte man auf diesem Unterschied eine Abhängigkeit begründen, so kommt als *fons formalis* nur die *Tripartita* in Betracht, zu welcher kein Unterschied zu erkennen ist.[169]

Die Schwierigkeit, den *fons formalis* zu bestimmen, tritt in aller Deutlichkeit auch bei dem Kanon *Patet profecto* (C. 9 q. 3 c. 10) hervor, einem Kanon, der weit verbreitet ist, da er sich in der *Panormia*, der *Tripartita*, bei Anselm von Lucca und im Dekret Ivos findet.[170] Die im *Decretum* erfolgte Zuschreibung an Papst Innozenz (*quod Innocentius papa rupho ... scribens ait*) stimmt mit keiner der möglichen Vorlagen überein, da diese auf einen Brief eines *Bonifacius* rekurrieren.[171]

168. D. 40 c. 6: *Item ex gestis bonifacii martiris / Dampnatur apostolicus qui sue et fraterne salutis est negligens // Si papa sue et fraterne salutis*[a] *negligens*[b] *reprehenditur inutilis et remissus in operibus suis et insuper a bono taciturnus quod magis officit sibi et omnibus nichilominus innumerabiles populos catervatim secum ducit primo mancipio gehenne cum ipso plagis multis in eternum vapulaturus. Huius culpas istic redarguere presumit mortalium nullus quia cunctos ipse iudicaturus a nemine est iudicandus nisi deprehendatur a fide devius pro cuius perpetuo statu universitas fidelium tanto instantius orat quanto suam salutem post deum ex illius*[c] *incolomitate animadvertunt propensius pendere.*

[a] *est* add. Bi [b] *est* add. Hk [c] *ex illius* interl. Hk

(nach: Bi, fol. 35vb; Hk, fol. 34ra; Me, fol. 58ra; Sb, fol. 42vb).

169. D. 40 c. 6 ist überliefert in der *Tripartita* als c. 3.8.3 sowie im Dekret Ivos als c. 5.23. Der Text findet sich weder in der *Panormia*, noch im Polycorpus, noch in der Sammlung in 3 Büchern noch bei Anselm von Lucca.

170. C. 9 q. 3 c. 10 ist in der *Panormia* als c. 4.11, in der *Tripartita* als c. 1.62.5, bei Anselm als c. 1.72 (Thaner, 45) sowie in Ivos Dekret als c. 5.19 überliefert. Der Kanon fehlt im *Polycarpus* und in der Sammlung in 3 Büchern.

171. C. 9 q. 3 c. 10: *Unde nicholaus*[a] *papa / Apostolice sedis iudicium a nemine*[b] *est retractandum // Patet profecto sedis apostolice cuius auctoritate maior*[c] *non est iudicium a nemine fore retractandum neque cuiquam de eius liceat iudicare iudicio iuxta quod innocentius papa rufo*[d] *et ceteris episcopis per tessaliam*[e] *constitutis scribens ait: Nemo unquam apostolico culmini de cuius*[f] *iudicio non licet retractari manus* [g]*obvias audacter*[g] *intulit*[h]*. Nemo in hoc rebellis extitit nisi qui de*[i] *se voluit*[k] *iudicari et beatus papa gelasius nec de eius id est romane ecclesie canones unquam preceperunt iudicari iudicio sententiamque illius constituerunt non oportere dissolui cuius potius sequenda decreta mandaverunt.*

[a] *nicholaus* Bi Hk Sb *nycolaus* Me [b] *inane* Hk [c] *maius* Hk [d] *rupho* Sb [e] *tesaliam* Bi Hk *tesaliam* Sb[ac] [f] *decus* Hk [g] *audacter obvias* Bi [h] *voluit iudicium* add. Bi [dub.] [i] om. Hk [k] *uoluerit* Sb

(nach: Bi, fol. 140vb; Hk, fol. 125va; Me, fol. 151ra; Sb, fol. 142va). Siehe auch die Hinweise von Friedberg, Decretum Gratiani, Sp. 609, c. 10 Fn. ** (*Notationes correctorum*).

Auch die im Übrigen auffindbaren Unterschiede lassen keine eindeutige Zuordnung zu: *fore retractandum* findet sich jedenfalls im Variantenapparat jeder Sammlung ausser der *Tripartita*;[172] das bei Gratian 2 zu lesende *ait: Nemo* ist in jeder Vorlage zu *Nemo, ait* vertauscht, wobei die gratianische Formulierung als Variante in der *Panormia* zu finden ist.[173] Schreibt Gratian *sententiamque* zum Schluss des Kanons, so findet sich diese Wendung nur in der *Tripartita* und bei Anselm; Ivos Dekret und die *Panormia* überliefern *nec sententiam*. Das bei Gratian überlieferte *mandaverunt* ist nur im Variantenapparat der *Panormia* und von Ivos Dekret nachzuweisen, im Übrigen ist *mandarunt* überliefert – allerdings ist auf die Kurzform *mandarunt* statt *mandaverunt* eine Abhängigkeit kaum zu stützen.[174] Eine Wertung der Befunde lässt mit der Übereinstimmung *fore retractandum* und *sententiamque* eine Übernahme aus Anselms Sammlung vermuten, aber dies ist nicht vollends abzusichern. Für die hier verfolgte Frage der Änderungen, die Gratian 2 an seinen Vorlagen vorgenommen hat, lässt sich jedoch sicher festhalten: Ausser einer Transposition (*nemo ait/ait nemo*), der Änderung der Kurzform *mandarunt* in *mandaverunt* oder vielleicht dem Wechsel von *foris/fore* (falls doch *Tripartita* c. 1.62.5 Vorlage sein sollte) sind keine Eingriffe in den Textbestand nachzuweisen.

Der *fons formalis* für C. 9 q. 3 c. 13 und C. 9 q. 3 c. 14 ist hingegen einfacher zu bestimmen: *Nemo iudicabit* wie *Aliorum hominum causas* stammen beide aus der Sammlung in 3 Büchern. Nur diese Sammlung weist wie Gratian den Kanon *Nemo iudicabit* Papst Innozenz zu; die übrigen Sammlungen (*Panormia*, *Polycarpus*, Anselms *Collectio*) nennen richtigerweise Sylvester als Urheber.[175] *Aliorum hominum causas* folgt in der Sammlung in 3 Büchern in unmittelbarer Nähe,

172. Siehe *Panormia* c. 4.11, Anselm c. 1.72 sowie Ivos Dekret c. 5.19; die Edition der *Tripartita* c. 1.62.5 weist nur *foris* nach.

173. Zur Variante in der *Panormia* c. 4.11 siehe http://ivo-of-chartres.github.io/panormia/pan_4.pdf, dort Fn. 7.

174. Zur Variante in der *Panormia* c. 4.11 siehe http://ivo-of-chartres.github.io/panormia/pan_4.pdf, dort Fn. 15; zu Ivos Dekret c. 5.19 siehe http://ivo-of-chartres.github.io/decretum/ivodec_5.pdf, dort Fn. 4. Zur Kurzfassung im klassischen Latein siehe Rubenbauer/Hofmann, Lateinische Grammatik, § 73.3 (68).

175. C. 9 q. 3 c. 13 hat wie die Sammlung in 3 Büchern c. 1.5.1 *Innocentius*; dem Papst *Silvester* weisen die *Panormia* c. 4.5, der *Polycarpus* c. 1.18.7 sowie Anselm c. 1.19 den Text zu. Der Kanon fehlt in der *Tripartita* wie in Ivos Dekret. Diese Zuweisung auch von Motta, Collectio Canonum II, 412.

so dass eine Übernahme aus dieser Sammlung näher liegt als aus der ebenfalls denkbaren *Collectio* Anselms.[176]

Die Herkunft des Kanons *Cuncta per mundum* (C. 9 q. 3 c. 17 bzw. C. 9 q. 3 c. 18) ist demgegenüber wieder schwieriger zu benennen. c. 17 stellt nämlich die erstmalig in der Sammlung in 74 Titeln nachzuweisende Kurzfassung des Kanons dar. Der Einschub *quorumlibet sententiis ligata pontificum sedes beati Petri apostoli ius habeat resolvendi, utpote que* fehlt; dieser Satz wird als c. 18 nachgetragen, wobei dieser Kanon dann mit *etc.* abbricht.[177] Ivos Dekret und die *Tripartita* scheiden als Quelle aus, da sie diesen Kanon nicht überliefern; die Fassung, die in der *Panormia* c. 4.9 steht, ist zu kurz.[178] Auch *Polycarpus* c. 1.9.2 ist auszuschliessen, da dieser den in Gratian 2 fehlenden Satz überliefert und es unwahrscheinlich ist, dass Gratian 2 gerade den Satz ausgelassen hat, den schon der Kompilator der Sammlung in 74 Titeln übersprungen hatte. Viel wahrscheinlicher ist eine Übernahme entweder aus der Sammlung in 3 Büchern (c. 1.7.1 und c. 1.7.4) oder aus Anselms Sammlung (c. 2.16 und c. 2.24). Zu entscheiden ist dies nicht ohne weiteres, da es keine Variante gibt, die gegen eine der beiden möglichen Vorlage spricht.[179] Schliesslich bleibt noch *Nemini est* (C. 17

176. C. 9 q. 3 c. 14 ist wohl der Sammlung in 3 Büchern c. 1.5.4 entnommen. Die bei Gratian 2 aufgenomme Langfassung ist nur in der Sammlung in 3 Büchern wie in Anselm c. 1.24 zu finden; *Panormia* c. 4.8, *Tripartita* c. 1.48.4 und Ivos Dekret c. 5.10 haben eine kürzere Fassung und scheiden als Vorlage deswegen aus. Gegen eine Übernahme aus Anselm c. 1.24 spricht die Transposition *voluit deus* anstelle des bei Gratian und der Sammlung in 3 Büchern zu lesende *deus voluit*. Diese Zuweisung auch von Motta, Collectio Canonum II, 412.

177. C. 9 q. 3 c. 17: *Idem*[a] *[Gelasius] omnibus episcopis*[b] *// Cuncta per mundum novit ecclesia quod sacrosancta*[c] *romana ecclesia fas de omnibus habet*[d] *iudicandi neque cuiquam de eius liceat iudicare iudicio. Siquidem ad illam de qualibet mundi parte appellandum est ab illa*[e] *autem nemo est appellare permissus. Sed nec ipsa*[f] *preterimus quod apostolica sedes sine ulla sinodo precedente et solvendi quos synodus iniqua dampnaverat*[g] *et dampnandi nulla existente synodo quos oportuit habuerit*[h] *facultatem et hoc nimirum pro suo principatu quem*[i] *beatus petrus apostolus*[k] *domini voce et tenuit* [l]*semper et*[l] *tenebit. // [C. 9 q. 3 c. 18] Idem episcopis per dardaniam constitutis // Cuncta*[m] *per mundum novit ecclesia*[n] *quoniam quorumlibet sententiis ligata pontificum sedes beati petri apostoli*[o] *ius habet*[p] *resolvi*[q] *utpote que de omni ecclesia fas habet iudicandi etc.*

[a] *Item* Me Sb [b] *De eodem* add. Me [c] *sancta* Me [d] *habeat* Me [e] *eius* add. et exp. Bi [f] *illa* Bi Me [g] *dampnaverit* Sb [h] *habuit* Hk [i] *qui* Me [k] *apostolus petrus* Me [l] *semperque* Hk [m] *ecclesia* add. Hk [n] om. Hk [o] om. Me [p] *habeat* Me [q] corr. in *resolvendi* Hk *solvendi* Bi

(nach: Bi, fol. 141rb; Hk, fol. 126ra; Me, fol. 151rb; Sb, fol. 142vb).

178. *Panormia* c. 4.9 bricht schon nach *est appellare permissus* ab.

179. Die einzig ansatzweise signifikante Variante ist *semper et tenebit* bei Gratian gegen *semper et retinebit* in Anselm c. 2.15 bzw. Sammlung in 3 Büchern c. 1.7.1.

q. 4 c. 30). Als Vorlage kommen die *Panormia*, der *Polycarpus*, die Sammlung in 3 Büchern und Anselms *Collectio* in Betracht; doch ist der Kanon zu kurz, um eine Vorlage sicher identifizieren zu können.[180]

Die Vorlagenanalyse hat gezeigt, dass eine sichere Bestimmung der Vorlagen Gratians 2 kaum möglich ist, was vor allem darauf beruht, dass Gratian weit verbreitete Kanones verwendet, die zudem häufig recht kurz waren, so dass die Chance für aussagekräftige Varianten gering ist. Zudem lässt sich mit einem ausgefallenen *forte* oder mit dem Wechsel *voluit/voluerit* oder eine Transposition von Worten (*ait nemo/nemo ait*) eine Abhängigkeit kaum sicher begründen. Trotz dieser Schwierigkeiten liess sich für die hier untersuchten Kanones mindestens eine Vorlage identifizieren, die dem Text Gratians sehr nahesteht. Dies spricht dafür, dass auch Gratian 2 seine Vorlagen ohne Änderungen exzerpiert hat. In dem Umgang mit ihren Quellen unterscheiden sich Gratian 1 und Gratian 2 nicht voneinander.

Im Zuge der Vorstellung der Vergleichskanones kam das Verständnis schon kurz zur Sprache, mit dem Gratian die Kanones las und verstand. Darauf soll jetzt ausführlicher zurückzukommen sein. Mit welchen Rubriken und unter welchen Überschriften ordnete Gratian 2 die Kanones ein? Beginnen wir wieder mit der C. 9 q. 3, in welche Gratian 2 viele Kanones zum Jurisdiktionsprimat eingefügt hat. Die Rubriken erweisen sich als unauffällig: Sie paraphrasieren die Kanones, ohne sie übermässig zu interpretieren. *Patet profecto* ist mit der Rubrik *Apostolice sedis iudicium a nemine est retractandum* überschrieben; *Nemo iudicabit* und *Aliorum hominum causas* firmieren beide unter *Prima sedes nullius iudicio subiaceat*.[181] Auffällig ist allein, dass Gratian 2 auch *Cuncta*

Bemerkenswerterweise weisen Anselm und die Sammlung in 3 Büchern den ersten Kanon (C. 9 q. 3 c. 17) als Brief aus, den Gelasius *omnibus episcopis* geschickt habe, während sie beim zweiten (C. 9 q. 3 c. 18) als Empfänger genauer angegeben: *universis episcopis per Dardaniam constitutis*.

180. C. 17 q. 4 c. 30 ist wie folgt überliefert: *Panormia* c. 4.10, *Polycarpus* c. 1.18.9, Sammlung in 3 Büchern c. 1.5.2 sowie Anselm c. 1.21. Er fehlt in der *Tripartita* und Ivos Dekret. Anselm c. 1.21 weist jedenfalls als Variante den mit Gratian übereinstimmenden Wortlaut *Nemini est* auf; der von Thaner edierte Haupttext lautet *Nemini enim est*.

181. Zu C. 9 q. 3 c. 10: siehe 367 Anm. 171; Rubrik zu C. 9 q. 3. c. 13: *Prima sedes*[a] *nullius iudicio subiaceat*[b].

[a] om. Hk [b] *subiacebit* Hk

(nach: Bi, fol. 141ra; Hk, fol. 125vb; Me, fol. 151rb; Sb, fol. 142va). Rubrik zu C. 9 q. 3. c. 14: *De eodem* (nach: Bi, fol. 141ra; Hk, fol. 125vb; Me, fol. 151rb; Sb, fol. 142va). Sollte *Patet profecto* aus Anselms Sammlung stammen, so ist er dort im längeren Kontext überliefert, wo er unter der Rubrik *Quod sacerdotibus imperatores obedire debent non iubere* steht (Thaner,

per mundum als Beleg für diesen Gedanken der päpstlichen Immunität bringt, obwohl der gelasianische Text deutlich mehr Ansatzpunkte geboten hätte.[182] Den ‚Häresiekanon' *Si papa suae* rubrizierte Gratian 2 mit *Dampnatur apostolicus qui sue et fraterne salutis est negligens*, wodurch er die Anforderungen an die Person des Papstes hervorhob, die Häresieklausel aber vernachlässigte. Diese Rubrizierung deckt sich mit dem Verständnis des Kanons als Konstituierung persönlicher Voraussetzungen für die Übernahme eines Amtes, wie seine Einordnung in den Weihetraktat nahelegt.[183] Sollte Gratian 2 diesen Kanon tatsächlich der *Tripartita* entnommen haben, so hat er durch die neue Rubrik die Lesart deutlich verändert: Jedenfalls einige Handschriften der *Tripartita* überliefern die Überschrift *Quod papa a nemine redargui possit, nisi a fide deviare deprehendatur* und stellen die Anklagemöglichkeit, nicht aber die persönlichen Voraussetzungen in den Vordergrund.[184]

Mehr Aufmerksamkeit bedarf der Kanon *Nemini est*, der in C. 17 q. 4 eingefügt ist. Die Rubrik zu diesem Kanon differiert in den frühen Handschriften. Allein Biberach B.3515 weist die auch von Friedberg edierte Rubrik *Nulli licet romanam ecclesiam iudicare vel eius sententiam retractare* auf,[185] während München Clm 13004 und Heiligenkreuz 44 *Nemini permissum est romanam ecclesiam iudicare vel eius sententiam retractare* schreiben.[186] Die Rubrik in Salzburg a.XI.9 scheint zu lauten: *Nemini permissum est quod propter deum statutum est iudicium* … [dub.] *ecclesiam retractare*.[187] Inhaltlich sind

39). Die Kanones *Nemo iudicabit* und *Aliorum hominum causas* sind beide in 3L tit. 1.5 unter der Titelrubrik *De papa et apostolica sede non iudicandis* überliefert (der einzelne Kanon ist nur mit *De eadem re* überschrieben).

182. Gratian 2 fand die mit *Cuncta per mundum* beginnen Kanones (C. 9 q. 3 c. 17 und c. 18) entweder in der Sammlung in 3 Büchern unter *De potestate pape sine synodo deponere episcopos restituere transmutare incardinare* (3L tit. 1.7) resp. *Quod possit ab aliis damnatos solvere* (c. 1.7.4) oder in Anselm unter *Quod sancta Romana ecclesia fas habet iudicandi de omnibus, de illa vero nullus, et potestatem habet solvendi iniuste damnatos et damnandi quos oportuerit absque synodo* (c. 2.16) resp. *Quod apostolica sedes ab aliis ligatos potest solvere, ab illa vero ligatos nemo, de qua presumptione Acatius dampnatus est* (c. 2.24).

183. Siehe 351.

184. Zur *Tripartita* siehe http://ivo-of-chartres.github.io/tripartita/trip_b_a.pdf.

185. Biberach, Spitalarchiv, B.3515, fol. 199rb.

186. München, Bayerische Staatsbibliothek, Clm 13004, fol. 195vb; Heiligenkreuz, Stiftsbibliothek, 44, fol. 171rb.

187. Salzburg, Erzabtei St. Peter, a.XI.9, fol. 184vb (auf Film schwer lesbar). Der Kanon ist in den möglichen Vorlagen wie folgt rubriziert: Der Titel 1.18 im *Polycarpus* lautet: *De papa et apostolica sede non iudicandis nec contristandis*; die Titelrubrik in der Sammlung in 3 Büchern tit. 1.5: *De papa et apostolica sede non iudicandis*; die Rubrik zu Anselm c. 1.21: *Ut nemo presumat iudicium prime sedis retractare aut iudicare*. Die *Panormia* hat zu c. 4.10 keine Rubrik.

die Rubriken zwar nicht weit voneinander entfernt, doch ist die an dieser Stelle zu Tage tretende Variabilität der Rubrizierung bemerkenswert, welche in den frühen Handschriften noch keine feste Form gefunden hat.[188] Möglicherweise war dieser Kanon ursprünglich nicht rubriziert, so dass die verschiedenen Schreiber Rubriken entwerfen mussten.[189]

Insgesamt lässt die Formulierung der Rubriken in Gratian 2 auf eine eher schwach ausgeprägte perspektivische Einordnung der Kanones schliessen: Im Gegensatz zu Gratian 1 sind sie kaum argumentativ verflochten und weniger sorgfältig mit den vorhergehenden *dicta* verbunden. Dies wird besonders in der C. 9 q. 3 deutlich: Unter das Oberthema, dass die römische Kirche über alle, keiner aber über sie richten darf, folgen Kanones zu verschiedenen Aspekten des Jurisdiktionsprimats, die sich nicht alle unter das vorgegebene Thema subsumieren lassen, sondern darüber hinausgehen. Zudem ist bemerkenswert, dass Gratian 2 die Rubriken, der er vorfand, nie wörtlich übernahm, sondern neue entwickelte.

Vergleichen wir zum Abschluss Gratian 1 und Gratian 2 und fragen nach der Bedeutung dieser Beobachtungen für die Ordnungen des Rechtswissens im 12. Jahrhundert. Gegenüber Gratian 1 verbreiterte Gratian 2 die Aspekte des Jurisdiktionsprimats zu einem umfassenderen Panorama des Primats, indem er die bei Gratian 1 nur rudimentär ausgeprägte jurisdiktionelle Oberhoheit des Bischofs von Rom behandelte. Dafür fügte er weitere, bei Gratian 1 nicht vorhandene Kanones in das Dekret ein, so dass die zweite Version alle Vergleichskanones beinhaltet. Damit einher geht ein Wandel des Umgangs mit Kanones. Gratian 1 tendierte zu einer eher perspektivischen Argumentation, in der einzelne Kanones als Beleg für eine in dem Dictum aufgestellte Aussage eingeführt wurden, Gratian 2 zu einer eher sammelnden Arbeitsweise: Die ihm wichtig erscheinenden Kanones fügte er an ihm plausibel erscheinenden Stellen in die erste Version ein, wodurch er häufig deren Argumentationsstruktur unterbrach und den Leser zu abschweifenden Überlegungen einlud, ab und an brach er auch den gedanklichen Aufbau Gratians 1 auf und wirbelte ihn durcheinander. Zwar findet sich immer ein Gedanke, anhand dessen der Leser sich durch den Text hangeln kann, doch ist dieser, wie C. 17 q. 4 c. 30 zeigt, jedenfalls für den neuzeitlichen Leser manches Mal eher fernliegend und reichlich assoziativ angebunden. Der unterschiedliche Umgang mit Kanones

188. Zu diesen Phänomen vertiefend 385–387.
189. Selbes vermutet Lenherr für C. 27 q. 1 c. 40, siehe 385.

deckt sich mit den Unterschieden in der Rubrizierungstechnik: Beide fassten zwar recht konsistent den Inhalt eines Kanones zusammen, doch neigte Gratian 1 eher zu einer mit der aufgeworfenen Frage konsistenten Interpretation der Kanones, während Gratian 2 – deutlich in C. 9 q. 3 – Kanones eher summarisch zusammenfasste und auch schon einmal mehrere verschiedene Belege unter *de eodem* gruppierte. Es ergibt sich damit der Eindruck, dass Gratian 2 Kanones einschob, ohne sie so sorgfältig wie Gratian 1 mit der Umgebung zu verknüpfen. Bei Texteingriffen unterscheiden sich beide Gratiane hingegen nicht: Sie behielten die Textversion, die sie vorfanden, in der Regel bei, so dass Retuschen, wie sie Burchard von Worms und der Kompilator der Sammlung in 74 Titeln vornahmen, nicht mehr nachzuweisen sind.[190]

Diese Beobachtungen lassen sich abschliessend mit zwei Überlegungen verknüpfen. Welche Form hat das Rechtswissen in den beiden Versionen des *Decretum* inhaltlich gefunden? Einzelne Facetten des Jurisdiktionsprimats des Bischofs von Rom beschäftigten Gratian 1 zwar immer wieder, doch fokussierte er nicht auf sie. Vielmehr floss die Stellung des Papstes im Kontext anderer Überlegungen in das Dekret ein; der Jurisdiktionsprimat ist zwar integraler Teil der kirchlichen Rechtskultur in der ersten Hälfte des 12. Jahrhunderts, fand jedoch nur dann Erwähnung, wenn Gratian 1 ihn anlässlich eines von ihm konstruierten Rechtsfalls touchierte. Gratian 2 fügte ihn hingegen an verschiedenen Stellen, vor allem aber in C. 9 q. 3, recht unvermittelt und eher unverbunden ein. Diesem ersten Gedanken lässt sich ein zweiter zur Methodik beider Gratiane anfügen. Gratian 1 anvisierte eine konzise und schlanke Darstellung von rechtlichen Problemen wie von deren Lösungen; er legte argumentierend dar, belegte Thesen und verband somit Elemente von Traktaten mit einer Kanonessammlung.[191] Gratian 2 hingegen sammelte in erster Linie, fügte Kanones ein und suchte eine umfassendere Darstellung eines Themas. Kurz: Gratian 1 argumentierte, Gratian 2 sammelte. Und Gratian 2 wandelte somit, zuspitzend formuliert, die mit Kanones belegte These der ersten Version wieder in einen Speicher von Rechtswissen um, der erst der Auswertung bedurfte. Die Entwicklung von der einordnenden Sammlung zur argumentierenden Darlegung, die an kirchenrechtlichen Quellen des 11. und 12. Jahrhunderts beobachtet wurde,[192] kehrt sich hier ein Stück weit um:

190. Zu einer solchen Ausnahme siehe aber Anm. 151.
191. Hierzu ausführlicher 391.
192. Busch, Einordnendes Sammeln (1994).

Als Wissensspeicher erinnert Gratian 2 methodisch an vorgratianische Wissensordnung, deren Struktur Gratian 1 überwunden hatte.

b) Vom Ordnen und Zerstören: Der Zölibat

(1) Ordnen nach causa, tempus, locus*: Gratian 1*

Beginnen wir die Analyse des methodischen Zugriffs bei Gratian 1 und seines Umgangs mit Kanones bei seiner Auswahl von Texten. Von den neun Vergleichskanones finden sich bei ihm fünf, nämlich die beiden Auszüge aus Briefen Leos I. *Lex continentiae – et cessit opera nuptiarum* (D. 31 c. 10) und *Nam cum extra clericorum ordinem constitutis – frenasse detegitur* (D. 32 c. 1) sowie den Beschluss des Konzils von Nizäa, *Interdixit per omnia magna synodus – personas quae suspicionem effugiunt* (D. 32 c. 16). Der Kanon, der auf einen Brief Innozenz I. zurückgeht und mit den Worten *Qui zelo fidei ac disciplinae ductus* beginnt, ist in D. 81 c. 6 aufgenommen; der Beschluss der Synode von Karthago *Omnibus placet ut episcopus – qui altario inserviunt* in D. 84 c. 3.[193] Somit sind zwei Orte auszumachen, an denen sich Gratian 1 mit dem Zölibat beschäftigte, nämlich in erster Linie die D. 31 und D. 32, in zweiter die D. 81 und D. 84.

Wie fügte Gratian 1 die Kanones in seinen Gedankengang bei den D. 31 und D. 32 ein? Er begann seine Überlegungen zum Zölibat in der D. 28, in der er ja die Verpflichtung zur Keuschheit von niederen Majoristen diskutierte, indem er nach der Enthaltsamkeit von Subdiakonen und Diakonen fragte. Hierzu trug er widersprüchliche Aussagen zusammen, stellte sie gegenüber und versuchte, sie in Ausgleich zu bringen, indem er sie *vel ex tempore vel ex loco* interpretierte. Das Konzil von Neocaesarea (Niksar/Türkei, 314/325) habe dem Diakon den Verkehr gestatten können, so Gratian 1 im d. p. c. 13, *quia nondum introducta erat continentia ministrorum altaris* – er reduzierte also den Geltungsgehalt *ex tempore*. Das Konzil von Ankyra (Ankara/Türkei, 314) habe dem Diakon nach der Weihe die Heirat gestatten können, *qui utraque sinodus orientalis est, et orientalis ecclesia non suscipit generale*

193. Es fehlen also die Vergleichskanones: Konzil von Elvira, *Placuit in totum prohiberi episcopis – ab honore clericatus exterminetur;* Innozenz I., *Ut mulierem clericus non ducat uxorem – pervenire non posset*; Nikolaus II., *Ut nullus missam audiat presbyteri – Deo concedente procedat*; Zweites Laterankonzil, *Ad haec praedecessorum nostrorum – matrimonium non esse censemus.* Zu den Vergleichskanones siehe 118f.

votum castitatis – Gratian 1 reduzierte den Geltungsanspruch *ex loco.*[194] Diesen Gedanken führte er im Folgenden weiter aus. Er verkomplizierte die Rechtslage, indem er weitere Kanones anführte, die gegen die Enthaltsamkeit der Majoristen sprachen. So nahm Gratian 1 einen Kanon aus den *Canones Apostolorum* auf, demzufolge derjenige dem Anathem unterfallen solle, der fordere, dass Priester aus religiösen Gründen ihre Frauen gering schätzen sollten; und er fügte den aus dem Dekret Burchards bekannten Konzilsbeschluss von Gangra hinzu, der die Ablehnung verheirateter Priester unter Strafe stellte.[195]

In D. 29 bis D. 31 führte Gratian das in D. 28 d. p. c. 13 angedeutete methodische Programm des Distinguierens nach *causa*, *tempus* und *locus* aus.[196] Als *causa* für die Regelungen der genannten Kanones identifizierte er in D. 30 d. a. c. 1 die Häresie der Manichäer, die die Ehe als Institution grundsätzlich abgelehnt hätten; die Zeit (*tempus*) als diairetisches Unterscheidungsmerkmal erläuterte er in D. 31 d. a. c. 1 (*tempus quia nondum erat institutum ut sacerdotes continentiam servarent*), anschliessend erörterte er den Ort (*locus*; D. 31 d. p. c. 13) (siehe Abb. 8).[197] Somit stellen die D. 28 d. p. c. 13/c. 14–D. 31 eine Einheit dar, die durch die Einschübe in der zweiten Version – dazu sogleich genauer – und der nachfolgenden Distinktioneneinteilung auseinandergerissen ist.[198]

In die Erörterung der ‚Zeit' als Unterscheidungskriterium fügte Gratian 1 den Vergleichskanon Leos I. *Lex continentie* (D. 31 c. 10) ein. Wie fügt sich dieser in den Gedankengang Gratians 1 ein? In D. 28 c. 14 stellte Gratian den Apostelkanon vor, demzufolge ein Priester seine

194. D. 28 d. p. c. 13: *Illud autem neocesariensis* [D. 28 c. 9] *et anchiritane sinodi* [D. 28 c. 8] *vel ex tempore vel ex loco intelligitur. Ex tempore quia nondum erat introducta continentia ministrorum altaris. Ex loco quia utraque sinodus orientalis est et orientalis ecclesia non suscipit generale votum castitatis*. (Aa, fol. 35v; Bc, fol. 44rb; Fd, fol. 1ra; P, fol. 29ra).

195. D. 28 c. 14 und c. 15.

196. Siehe den konzisen Überblick von Lenherr, Handschrift 673.

197. [D. 29 d. a. c. 1] *Sed notandum est quod secundum ysidorum pleraque capitula ex causa ex loco ex tempore consideranda sunt*. [D. 30 d. a. c. 1] *Illud autem quod in canone apostolorum et in vi. sinodo legitur ex causa consideratur et ex tempore. Causa fuit heresis manicheorum que coniugium detestabatur*. [D. 31 d. a. c. 1] *Tempus quia nondum erat institutum ut sacerdotes continentiam servarent*. (Aa, fol. 36v; Bc, fol. 44va; Fd, fol. 1rb; P, fol. 29va-b). Die Handschrift Aa ist an dieser Stelle mit der zweiten Version kontaminiert, da sich vor dieser Stelle, auf fol. 36r, die drei Kanones der D. 29 nachgetragen finden; ferner fügte eine Hand auf fol. 36v in marg. *et in gangrensi concilio* nach *in canonibus apostolorum* ein; ebenfalls ein Einschub der zweiten Version.

198. So schon Gillmann, Distinktioneneinteilung, 519–521; Lenherr, Handschrift 673, 8f.

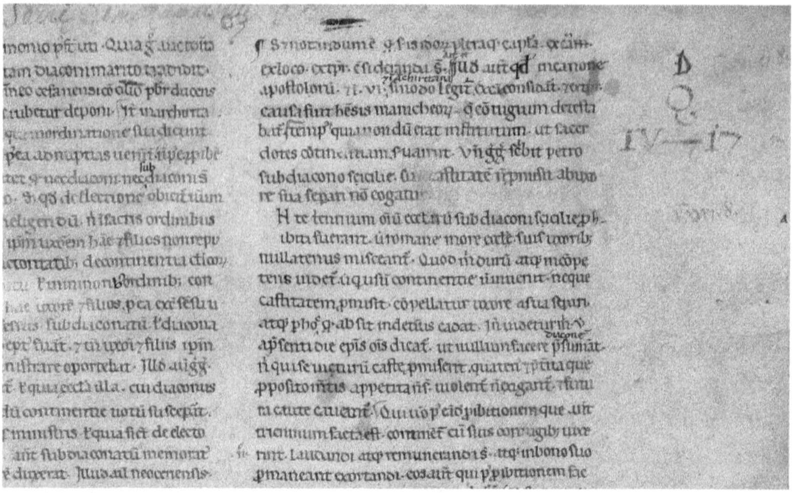

Abb. 8 – Florenz, Biblioteca Nazionale Centrale, Conv. Soppr. A.1.402, fol. 1r: *Decretum Gratiani* (erste Version) mit dem Beginn der späteren D. 29 *Sed notandum* in der rechten Spalte

Frau nicht unter dem Vorwand der Religion verstossen dürfe, was er anschliessend als *ex-causa* respektive *ex-tempore* Regelung enttarnte. Aber es sei noch eine weitere Auslegung des Apostelskanons möglich, nahm Gratian 1 diesen Gedanken in D. 31 d. p. c. 9 wieder auf, nämlich: Der Priester solle nicht *die* Frau gering schätzen, die er nach der Weihe geheiratet habe (*uxorem quam in sacerdotio accepit*), sondern diejenige, die er *dum esset adhuc laicus vel in minoribus ordinibus constitutus* geehelicht hatte. Diese Frau müsse er vielmehr achten und für ihren Unterhalt (*necessaria*) sorgen.[199] Für diese Interpretation des Kanons führte er nun den Vergleichskanon Leos I. *Lex continentie* ins Feld, der ja auch die fleischliche Ehe in eine geistliche verändern wollte (*ut de carnali fiat sprituale coniugium*). Der Leo-Kanon diente als Argument

199. D. 31 d. p. c. 9: *Potest et aliter intelligi illud quod in canone apostolorum legitur ut iste sit sensus capituli. Si quis docet* [a]*sacerdotem uxorem suam*[a] *contempnere, non uxorem quam in sacerdotio accepit sed quam dum adhuc esset laicus vel in minoribus ordinibus constitutus sibi copulavit. Cum qua continentiam professus est cum ad sacros ordines conscenderet quam nullus debet contempnere. Hoc est ab animo et cura sua abicere quin ei necessaria provideat.*

[a–a] *uxorem suam sacerdotem* Fd

(nach: Aa, fol. 37r; Bc, fol. 45rb; Fd, fol. 1va; P, fol. 30va).

für die Alternativauslegung des Apostelkanons, der nicht mehr im Sinne der historischen, sondern der wörtlichen Auslegung interpretiert wurde.

Die Diskussion des richtigen Verständnisses der gegensätzlichen Enthaltsamkeitsvorschriften beendete Gratian 1 in der D. 31, so dass er die D. 32 zusammenfassend mit den Worten *Servanda est ergo continentia ab omnibus in sacris ordinibus constitutis* beginnen konnte.[200] Die zu bewahrende Enthaltsamkeit belegte er anschliessend mit verschiedenen Auszügen aus der kanonistischen Tradition, die er in etwa den Weihestufen entsprechend anordnete. In diesem Sinne verstand er den zweiten Kanon Leos I. *Nam cum extra clericorum ordinem constitutis* als Beleg für die Enthaltsamkeit der Subdiakone.[201] Zu Ende dieser Distinktion widmete er sich der Umsetzung der Enthaltsamkeit. Kleriker sollten nur mit unverdächtigen Personen zusammen wohnen, so hiess es in c. 3 des Konzils von Nizäa, das er einfügte; und im Anschluss an diese Entscheidung führte er aus, dass Geistliche ihre Frauen *quasi sororem* lieben und *quasi hostem* fürchten sollten.[202]

Zum Umgang mit Kanones lässt sich somit resümieren, dass Gratian 1 die Vergleichskanones argumentativ in seine Diskussion einfügte, indem er sie mit einer zuvor getroffenen Aussage verknüpfte. Dies zeigt gerade der Kanon Leos I. *Lex continentia* (D. 31 c. 10) deutlich. Insofern bestätigt sich hier die an der Untersuchung der Kanones zum Jurisdiktionsprimat formulierte Beobachtung, dass Gratian 1 normative Texte als Argument für eine zuvor formulierte Aussage verwendete.[203] Bestätigt werden kann auch die zuvor anhand des Jurisdiktionsprimats getroffene Feststellung, dass Gratian 1 seine Kanones ohne grössere textliche Modifikationen übernahm, wie im Folgenden gezeigt wird.

Soweit sich die *fontes formales* für diese fünf Kanones ermitteln lassen, sind folgende Befunde zu formulieren: Gratian 1, dies konnte Lenherr zeigen, baute seine D. 31 und D. 32 in erster Linie auf der

200. D. 32 d. a. c. 1: *Servanda est ergo continentia ab omnibus in sacris ordinibus constitutis* (Aa, fol. 38r; Bc, fol. 46rb; Fd, fol. 1vb; P, fol. 31vb).

201. D. 32 c. 1.

202. D. 32 c. 16, c. 18. Der zweite Ort, an dem sich Vorschriften zum Zölibat finden, sind die D. 81 bis D. 101, dem sogenannten Epilog, in dem Gratian vorher Behandeltes erneut aufgriff und Kanones gleichsam nachtrug. So touchierte er den Zölibat erneut in D. 81 unter der Frage, wie mit *lapsi*, also sündigen Klerikern, umzugehen sei, da er das Stichwort *sine crimine* behandelt. Gratian 1 stellte als eine Form des Verstosses gegen kirchliche Regeln die sexuelle Aktivität der Majoristen dar. In D. 84 c. 3 nahm er den Gedanken der Enthaltsamkeit aller Altardiener wieder auf, ohne dass sich aber diese Ausführungen an die zuvor dargestellte (verbotene) Akzeptanz von fremden Vergehen (D. 83) thematisch anschlössen.

203. Siehe 361–363.

Panormia, in zweiter Linie auf der *Tripartita* auf.[204] Als *fons formalis* für D. 31 c. 10 kommen die *Panormia* c. 3.106 und *Tripartita* c. 1.43.10 in Betracht. Eine Entscheidung zwischen den beiden Quellen ist aufgrund der sprachlichen Gestaltung nicht möglich; allein die Tatsache, dass die Kanones danach respektive davor aus der *Panormia* stammen, spricht für diese als *fons formalis*.[205]

Auch D. 32 c. 1 ist nicht eindeutig einer Sammlung zuzuweisen. Da sich in der *Panormia* c. 3.100 nur der Mittelteil *Ad exhibendam ...* findet, scheidet diese Sammlung als Vorlage aus. In Betracht kommt der *Polycarpus* c. 4.32.28 oder die *Tripartita* c. 1.43.48. Für die *Tripartita* spricht vor allem die Wendung *episcopali excellentia*, die sie mit Gratian teilt (gegen *temporali excellentia* im *Polycarpus*), jedoch ist der Zuschnitt der *Tripartita* anders, da sie eine längere Fassung des Kanons übermittelt.[206] Mangels weiterer Anhaltspunkte ist eine Entscheidung nicht möglich.[207]

Für D. 32 c. 16 (*Interdixit per omnia*) kommt hingegen mit grosser Wahrscheinlichkeit die *Panormia* c. 3.112 als formale Quelle in Betracht. Zum einen spricht die Reihung für eine Exzerpierung aus der *Panormia*;[208] zum anderen überliefert die *Panormia* jedenfalls als Variante die Addition *non subdiacono*, die in der *Tripartita* zu fehlen scheint – in der *Tripartita* ist das Subdiakonat aus den bestimmten Anforderungen an die Wohnverhältnisse ausgeklammert, in der *Panormia* und bei Gratian 1 einbezogen.[209]

Es bleiben die beiden in den D. 81 und D. 84 nachgetragenen Kanones. D. 81 c. 6 stammt vermutlich aus der Sammlung in 3 Büchern;[210] D. 84

204. Lenherr, Handschrift 673, 14.

205. Siehe die Übersicht über die formalen Quellen, die Lenherr, Handschrift 673, 14 bietet. Gratian 1 weicht von der *Panormia* c. 3.106 wie von der *Tripartita* c. 1.43.10 wie folgt ab: *episcopis aut presbiteris* G 1] IP IT *episcopis atque presbiteris*; *set qui habent sic habere quasi non habent* G 1] *et quasi non habeant habere* IP *et quasi non habeant sic habere* IT.

206. *Tripartita* c. 1.43.48 beginnt mit dem Satz *Sacerdotum enim tam excellens est electio ut hec que in aliis membris ecclesie non vocantur ad culpam in illis tamen habeantur illicita*, der in Gratian 2 nachgetragen ist, allerdings mit der Eigenart *in aliis membris ecclesie vacant a culpa*.

207. Lenherr, Handschrift 673, 14 Fn. 40 stellte die Frage, ob nicht eine Komposition aufgrund gleichzeitiger Benutzung von *Panormia* und *Tripartita* erfolgte.

208. Eine Gegenüberstellung von *Decretum Gratiani* und *Panormia* ergibt folgendes Resultat: D. 32 c. 9–IP c. 3.99; c. 10–c. 3.101; c. 11–c. 3.103; c. 12–c. 3.104; c. 13–c. 3.105; c. 14–c. 3.107; c. 15–c. 3.110; c. 16–c. 3.112; c. 18–c. 3.114 (nach Lenherr, Handschrift 673, 14f.).

209. Weder in der Online-Edition der *Tripartita* zu c. 2.1.3 noch in der Edition von Anselms *Collectio* zu c. 6.183 ist *non subdiacono* nachgewiesen.

210. Der Kanon D. 81 c. 6 ist überliefert in folgenden Sammlungen: *Polycarpus* c. 4.41.3, Sammlung in 3 Büchern c. 2.17.14 und c. 2.18.33 sowie Anselms *Collectio* c. 8.14. Gegen

c. 3 ist in den möglichen Vorlagen Gratians nur in der *Tripartita* als c. 2.16.1 überliefert, aus der es Gratian 1 wahrscheinlich geschöpft hat.[211] Unterschiede lassen sich jedoch nicht feststellen. Blickt man also auf den Umgang Gratians 1 mit seinen Vorlagen bei den Kanones zum Zölibat, so lässt sich konstatieren, dass grundlegende Abweichungen von den vermuteten Vorlagen nicht nachzuweisen sind. Wie beim Jurisdiktionsprimat so ist auch beim Zölibat eine Texttreue Gratians zu konstatieren.

Im Gegensatz zu der Texttreue, die sich als charakteristisch für die Arbeitsweise Gratians 1 bei Jurisdiktionsprimat und Zölibat erweist, änderte er beim Zölibat seinen Umgang mit den Rubriken. Zwar entwickelte Gratian 1 zu den meisten Vergleichskanones passende Rubriken, die den Inhalt der ausgewählten Stücke paraphrasierten und in den Gedankengang einfügten, doch lässt sich keine stärkere perspektivische Verortung der Kanones nachweisen, wie sie der Untersuchung des Jurisdiktionsprimats zu Tage trat.[212] Einzig bei D. 31 c. 10 wechselte Gratian womöglich die Perspektive und betrachtete eher die Enthaltsamkeitsverpflichtung für Majoristen als die Erlaubnis der Minoristen, Kinder zu zeugen.[213]

eine Übernahme aus *Polycarpus* und Anselm spricht vor allem, dass beide nach *filius noster* ergänzen: *agens in rebus huiusmodi*; zudem haben sie den Satz *Quod non licere exponerem nisi nossem vestram prudentiam legis totius habere noticiam* nach *procreasse* eingeschoben. 3L c. 2.17.8 ist als *fons formalis* unwahrscheinlich, da sich hier der eingeschobene Satz *Quod non licere exponerem*... findet. Motta, Collectio Canonum II, 430 vermutet c. 2.18.33 als Vorlage für Gratian.

211. Die Überlieferung in der Sammlung in 3 Büchern c. 2.17.12 ist zu kurz, um als Vorlage in Betracht zu kommen.

212. D. 31 c. 10 (Leo I., *Lex continentiae–et cessit opera nuptiarum*): G 1: *Ministris altaris episcopis et presbiteris eadem est lex continentie; Panormia* c. 3.106 in einigen Handschriften: *Quod clerici licenter possint uxores ducere et filios procreare*; *Tripartita* c. 1.43.10: *Quod dyaconi sicut episcopus et presbiter cessare debent ab opere coniugali, non tamen repudiare coniugia*. – D. 32 c. 1 (Leo I., *Nam cum extra clericorum ordinem constitutis–frenasse detegitur*): G 1: *Nec etiam conubium subdiaconibus conceditur*; *Polycarpus* c. 4.32.28: ohne Rubrik, die Titelrubrik zu 4.32 lautet: *De vita et moribus et munditia sacerdotum clericorumque vel subiectorum*; *Tripartita* c. 1.43.48: *De castitate ministrorum*. – D. 32 c. 16 (Konzil von Nizäa, *Interdixit per omnia magna synodus–personas quae suspicionem effugiunt*): G 1: *Non habitent cum clericis mulieres nisi que naturali federe omnem suspitionem excludunt*; *Panormia* c. 3.112: ohne Rubrik. – D. 81 c. 6 (Innozenz I., *Qui zelo fidei ac disciplinae ductus*): G 1: *Alienus fiat a ministerio qui illud vivendo illicite polluit*; Sammlung in 3 Büchern c. 2.18.33: ohne Rubrik, die Titelrubrik zu 2.18 lautet: *De clericorum lapsu et restitutione* (die Titelrubrik zu 2.17, in dem der Kanon als c. 14 ebenfalls überliefert ist, lautet: *De munditia sacerdotum*). – D. 84 c. 3 (Synode von Karthago, *Omnibus placet ut episcopus–qui altario inserviunt*): G 1: *Qui sacramentis divinis deserviunt continentiam in omnibus servent*; *Tripartita* c. 2.16.1: *Ut castitas a levitis et sacerdotibus custodiatur*.

213. Siehe die in Anm. 212 nachgewiesenen Rubriken. Dies gilt jedenfalls dann, wenn

Überblickt man die bisherigen Beobachtungen, so lassen sich einige Aspekte herausgreifen und verbinden. Gratian 1 machte die D. 28–32 zum Zentrum der Zölibatsdiskussion, während er in den D. 81 und D. 84 nur einige Kanones nachtrug. In den D. 28–31 diskutierte Gratian 1 den Zölibat in einer Tiefe und Intensität, die er dem Jurisdiktionsprimat niemals hat zukommen lassen. Beim Zölibat stellte er normative Aussagen gegenüber und versuchte, diese mit Hilfe von den Umständen des Falls, der Zeit und des Orts zu erklären und somit Widersprüche aufzulösen. So entschärfte Gratian 1 den Konzilsbeschluss von Gangra als eine *ex-causa*-Einzelfallregelung der früheren Kirche ohne grundsätzliche normative Relevanz für die Kirche im 12. Jahrhundert.[214]

Die intensiven Diskussionen, die Gratian 1 im Zusammenspiel von *dicta* und Normmaterial führte, steht in Zusammenhang mit der Texttreue und den unauffälligen Rubriken. Von dem Wortlaut und den Rubriken der Kanones hat sich der Schwerpunkt der Darstellung auf die *dicta* und die Reihung der Kanones verschoben. Stärker noch als beim Jurisdiktionsprimat ist beim Zölibat eine kommentierte Reihung normativer Aussagen und deren Erörterung zu beobachten.

Ein zweiter Blick auf seinen Zölibatsteil vermag noch schärfer zu konturieren, in welchem Masse Gratian 1 mit einer kommentierten Reihung von Kanones arbeitete. Dafür soll der Aufbau der *Panormia* mit demjenigen des *Decretum Gratiani* verglichen werden. Zunächst zur *Panormia*, die Kanones zur Enthaltsamkeit von Klerikern im dritten Teil (cc. 3.84–3.115) zusammentrug. Diesem Part liegt – grob zusammengefasst – folgende Gliederung zu Grunde: Die *Panormia* begann mit der Feststellung *Aliter se habet orientalium traditio ecclesiarum, aliter huius sancte romane ecclesie* – Ost- und Westkirche hätten also unterschiedliche Rechtstraditionen und damit auch verschiedene Regelungen zur Enthaltsamkeit von Majoristen gefunden (c. 3.84). Es folgten vier Kanones, die die ostkirchlichen Regeln darstellten (cc. 3.85–3.88). Diesen stellte der Kompilator die Normen der Westkirche gegenüber, die ein Rubrikator mit dem folgenden Titel versah: *Mos Romane ecclesie est ut non ordinetur presbiter, diaconus, subdiaconus nisi professionem continentie fecerit.*[215] Deutlich wird in der Rubrik also, dass nun, ab c. 3.89, die Regeln der römischen Kirche folgen. Die *Panormia* führte

Gratian diesen Kanon aus der *Panormia* exzerpierte und er eine *Panormia*-Kopie mit Rubriken besass. Sollte er diesen Kanon der *Tripartita* entnommen haben, so betont diese gleich Gratian die Enthaltsamkeit.

214. So in der D. 30 d. a. c. 1.

215. Rubrik zu IP c. 3.89; die Rubrik ist nicht in allen Handschriften enthalten, siehe die

nun die Enthaltsamkeitsanordnungen aus (cc. 3.89–3.91), begründete sie (cc. 3.92–3.96) und stellte Übertretungen unter Strafe (cc. 3.97–3.111). Den Abschluss bildeten Kanones zur Frage, mit wem ein Kleriker wohnen dürfe, gefolgt von der Ermahnung, dass die Trennung von Tisch und Bett nicht die Erlaubnis beinhalte, für den Unterhalt der Frau nicht mehr zu sorgen (cc. 3.112–3.115). Der *Panormia* liegt in diesem Abschnitt also ein dreischrittiger Aufbau zugrunde, der von der These zu einer Gegenthese führt, die anschliessend begründet wird. Eine rudimentäre Auflösung dieses Gegensatzes, vielleicht auch nur der Ansatzpunkt, warum die Kirche so verschiedene Regelungen entwickelt hat, gibt der einleitende Kanon, c. 3.84, der von den zwei Regelungstraditionen in Ost und West spricht. Im Übrigen liess der Kompilator den Leser allein: Weder interpretierte er die einzelnen Kanones noch gab er ihm eine konsequente Lösung an die Hand.[216]

Was machte Gratian 1 mit diesem Teil? Er behielt zwar diese Struktur grob bei, zerlegte diesen Teil aber blockweise, und ordnete insbesondere die Kanones zur Ostkirche neu. Schauen wir uns dies näher an. D. 32 folgt der *Panormia*: Verbunden mit der grundsätzlichen Feststellung, dass alle Majoristen sich zu enthalten haben, sind Strafvorschriften bei Inkontinenz eingeflochten (D. 32 cc. 1–15–IP cc. 3.99–3.111); es folgen zum Abschluss Regelungen zum Umgang mit Frauen (D. 32 c. 16, c. 18–IP c. 3.112, c. 3.114).[217] Demgegenüber beruht zwar auch D. 31 wesentlich auf der *Panormia* (c. 3.84–3.96), doch organisierte Gratian 1 das vorgefundene Normmaterial neu. Seine Struktur ist wesentlich komplexer als die *Panormia*: Begnügte sich die *Panormia* mit dem Dreischritt der Gegenüberstellung der Normen der Ost- und Westkirche und einer Begründung des abendländischen Entwurfs, so diskutierte

Edition http://ivo-of-chartres.github.io/panormia/pan_3.pdf. Zum Aufbau dieses Teils der *Panormia* siehe 151f.

216. Sollte Rolker, Canon Law, 350 jedoch mit der Überlegung recht haben, dass der jeweilige Schlusskanon von besonderer Bedeutung ist, dann nimmt die *Panormia* in c. 3.115 eine gemässigte Position ein: Majoristen, Subdiakone eingeschlossen, müssen zwar enthaltsam leben, dürfen ihren Frauen aber nicht den Unterhalt verweigern, schliesslich seien alle Apostel ausser Johannes und Paulus verheiratet gewesen.

217. Die Kanones zur Enthaltsamkeit in Gratian 1 entsprechen wie folgt der *Panormia* (nach Lenherr, Handschrift 673, 14f.): D. 32 c. 1–IP c. 3.100 (aber wohl aus *Polycarpus* c. 4.32.28 exzerpiert); c. 3–IP c. 3.108 (aber wohl aus *Tripartita* c. 1.55.87 exzerpiert); c. 4–*Tripartita* c. 1.62.45; c. 6a–IP c. 3.135 (aber wohl aus *Tripartita* c. 1.66.2.3 exzerpiert); c. 7–IP c. 3.102 (aber wohl aus *Tripartita* c. 2.11.2 exzerpiert); c. 8–IP c. 3.111 (aber wohl aus *Tripartita* c. 2.17.11 exzerpiert); c. 9–IP c. 3.99; c. 10–IP c. 3.101; c. 11–IP c. 3.103; c. 12–IP c. 3.104; c. 13–IP c. 3.105; c. 14–IP c. 3.107; c. 15–IP c. 3.110; sowie die Kanones zur Lebensführung D. 32 c. 16–IP c. 3.112; c. 18–IP c. 3.114.

Gratian 1 die einzelnen Kanones und erklärte sie für zeit-, orts- und fallgebundene Regelungen. Gleichsam als methodischen Obersatz stellte er in der späteren D. 29 dieses Auslegungsprogramm als das isidorische vor, das er auszuführen gedachte.[218] Der Brief Gregors an den Subdiakon Petrus in Sizilien diente zur Erklärung des *ex tempore* (D. 32 c. 1–IP 3.100/*Polycarpus* c. 4.32.28). Im Anschluss erklärte Gratian 1 den Grund für die Enthaltsamkeit, wofür er blockweise die *Panormia* übernahm (D. 31 cc. 2, 3, 4, 6, 7–IP cc. 3.92–3.96). Der *ex causa*-Erklärung (*manicheorum causa*) widmete sich Gratian in den D. 31 cc. 8 und 9, die er einer unbekannten Quelle entnahm. Im Kontext der *causa manicheorum* überlegte er die schon vorgestellte alternative Auslegung des Apostelkanons (D. 31 cc. 10, 11–IP c. 3.106/*Tripartita* c. 1.43.10, IP c. 3.115). Schliesslich wandte Gratian 1 ein, dass Priester der Ostkirche heiraten könnten, wofür er die Kanones c. 3.85 und c. 3.86 der *Panormia* nutzte, die er als *ex loco*-Regelung in ihrem Geltungsumfang begrenzte, wofür er c. 3.84 als Begründung nachschob (D. 31 c. 14).

Gratian 1 stellte also den Teil der *Panormia* zur Ostkirche vom Kopf auf die Füsse: Der *Aliter se habet*-Kanon, der in der *Panormia* die ostkirchlichen Regelungen anführt (IP c. 3.84), ist bei Gratian der letzte Kanon der D. 31. Mehr noch: In der *Panormia* hat dieser Kanon die Funktion, die unterschiedlichen Regelungsansätze zwischen Ost und West zu erklären, ja, er ist der einzige Kanon, mit dessen Hilfe der Leser die Unterschiede auflösen konnte. Dahingegen nutzte Gratian 1 diesen Kanon nur als Argument für eine *ex loco*-Auslegung, die er neben die anderen Auslegungsarten *ex tempore* und *ex causa* stellte. Seine Interpretationsmöglichkeiten verdreifachten sich damit aufgrund der zusätzlich eingeführten Zirkumstanzien *tempus* und *causa* gegenüber dem von der *Panormia* gegebenen *locus*.

Gegenüber der Vorlage ist zudem bemerkenswert, dass der Kanon *Aliter se habet* (wie auch viele andere Kanones) nicht mehr für sich spricht, sondern zur Begründung einer woanders gefundenen Aussage herangezogen wird. Hier ist es die isidorische Unterscheidung in D. 29 d. p. c. 1, die die Struktur und Gliederung des Teils vorgibt. Dass Gratian Autoritäten nur noch als Argument in einer Diskussion sah, unterstreicht auch der Schlusskanon dieser *Panormia*-Strecke, c. 3.115, in dem sowohl die Enthaltsamkeit aller Majoristen wie deren Sorge für ihre Frauen festgeschrieben waren. Gratian 1 nutzte ihn als zweite

218. Zu D. 29 und dem isidorischen Auslegungsprogramm siehe 400–405.

Begründung für die Alternativauslegung des D. 28 c. 14, die er neben den Leo-Auszug *Lex continentie* stellte.

Gratian 1 zeichnet sich vor allem dadurch aus, dass er seine Überlegungen und Gedanken offenlegte: Er machte explizit, was in der *Panormia* nur implizit war. Das Verständnis der Paphnutius-Geschichte und des Beschlusses der sechsten Synode als ortsgebundene Entscheidungen (D. 31 cc. 12, 13) ist zwar in der *Panormia* durch den vorhergehenden *Aliter se habet*–Kanon (IP cc. 3.84–86) angedeutet, aber erst von Gratian auf den Punkt gebracht: *Hoc autem ex loco intelligendum est.*[219] So ist also in der *Panormia* fast alles zum Zölibat enthalten, was die D. 31 ausmacht: Unkeusche Priester und Paphnutius, Enthaltsamkeitsvorschriften und auch die Idee, dass die eine Kirche zwei verschiedene Regelungstraditionen entwickeln konnte. Aber es bleibt unausgesprochen, wie diese Elemente zusammengehören. Vielleicht hatte der Kompilator der *Panormia* eine Vorstellung, wie die Harmonisierung erfolgen musste, er behielt sie aber für sich – jedem Leser war es selbst überlassen, eine Lösung zu finden.[220] Erst Gratian 1 schrieb eine mögliche Lösung auf Pergament nieder – und überliess sie seinen Lesern zum Nachdenken und Fortentwickeln, zum Ausbauen und Kritisieren.

(2) Assoziieren und Abschweifen: Gratian 2

Methodisch brachte Gratian 2 nichts Neues. Er vertiefte und weitete aus, er ergänzte und verkomplizierte – und zerstörte so die ursprüngliche Argumentation Gratians 1. Unter der Hand Gratians 2 erodierte die konzise Argumentation derart stark, dass das überarbeitete Dekret wie eine fahrige Aneinanderreihung von Gedanken wirkt. Dies erreichte Gratian 2 vor allem durch das Einfügen von neuen Kanones und damit neuer Gedanken. Dies zeigt sich weder an der D. 27, die unverändert blieb, noch an der D. 28, die er nur geringfügig überarbeitete, sondern vor allem an den D. 29 und D. 30.[221] Er ergänzte D. 29 um drei Kanones, die das methodische Programm des Auslegens belegen sollten, und blähte D. 30 mit anderen Beschlüssen des Konzils von Gangra auf: Den

219. Aa, fol. 38r; Bc, fol. 46ra; Fd, fol. 1vb; P, fol. 31va.

220. Was sie auch taten, sei es, dass sie Rubriken entwarfen, die den Leser führten, oder ab und an *questio* (IP c. 1.12), *solutio* (IP c. 1.13, c. 1.14) oder *contraria* (vgl. IP c. 1.96, c. 1.97) ergänzten.

221. D. 27 c. 7 ist ein *Palea*, vgl. Buchner, Palea, 319. Zu den Ergänzungen in D. 28 siehe die Liste von Winroth, Making of Gratian's Decretum, 199.

Hinweis von Gratian 1, den Konzilsentscheid von Gangra doch *ex causa* und *ex tempore* zu verstehen, nahm Gratian 2 zum Anlass, auch andere Konzilsbeschlüsse von Gangra nachzutragen und die diversen Häresien der Manichäer näher vorzustellen.[222] Demgegenüber blieb D. 31 (bis auf den kleinen Verweis in D. 31 d. p. c. 11) unverändert. In der D. 32 führte Gratian 2 im Rahmen des c. 6 die Wirksamkeit von Sakramenten der Häretiker aus, im Übrigen liess er diese Distinktion ohne Änderung.[223] Den Epilog, insbesondere die D. 81 und D. 84, entwickelte Gratian 2 hingegen nicht zu dem Ort, an dem er den Zölibat vertieft ausführte.[224]

Gehen wir nun auf die Auswahl der Kanones ein. Dem schon nicht ganz kleinen Bestand an Vergleichskanones bei Gratian 1 fügte Gratian 2 noch zwei weitere hinzu, nämlich *Nullus missam audiat* von Nikolaus II. sowie den Entscheid des Zweiten Laterankonzils *Ad haec praedecessorum nostrorum.*[225] Gehen wir zunächst vertiefend auf die D. 32 ein, in die Gratian 2 den Vergleichskanon *Nullus missam audiat* einfügte, der auf das Konzil Nikolaus II. im Jahre 1059 zurückgeht.[226] Gratian 1 hatte einen Auszug aus einem Konzil Alexanders II., des Nachfolgers Nikolaus II., für sein Dekret gewählt, auf dem der Beschluss des Konzils von 1059 wörtlich bestätigt wurde. So kannte Gratian 2 nun zwei identische Aufforderungen, die Messen verheirateter Priester zu meiden – konsequenterweise brach er den Kanon Nikolaus II. dann auch in der Mitte ab. Inhaltlich Neues fügte Gratian 2 an dieser Stelle also nicht ein.

Anders hingegen in der C. 27 q. 1, in der er den Beschluss des Zweiten Laterankonzils nachtrug, demzufolge nach der Weihe geschlossene Majoristenehen keine Ehen darstellten, und in die er somit inhaltlich

222. D. 30 d. a. c. 1 (ab *sicut etiam quorundam*)–c. 17.

223. D. 32 c. 2 und c. 17 sind *Paleae*, vgl. Buchner, Palea, 319; c. 5, die Sakramentsdiskussion in c. 6 (zweite Hälfte) und c. 19 sind nur in Gratian 2 enthalten. Die spätere Distinktionenteilung tat ein Übriges, um diesen einheitlichen Gedanken von D. 28 bis D. 32 sinnwidrig zu portionieren, siehe 386f.

224. Gratian 2 fügte noch D. 84 c. 4 ein, der zwar Bischöfe, Priester und Diakone zur Enthaltsamkeit zwang, nicht aber Subdiakone. Im Übrigen ergänzte Gratian 2 die D. 84 mit dem d. a. c. 1 sowie c. 2, in denen er die Anforderungen an den Bischofskandidaten wieder aufnahm, nämlich dass dieser umsichtig und wachsam sein solle, für die Armen sorgend, die Unterdrückten ermutigend sowie die Klöster beschützend. Zu diesem Oberthema passen die Zölibatsvorschriften nicht mehr.

225. Es fehlen von den neun zum Vergleich gewählten Kanones (siehe 118f.) in der endgültigen Fassung nur zwei, nämlich das Konzil von Elvira, *Placuit in totum prohiberi episcopis–ab honore clericatus exterminetur* sowie Innozenz I., *Ut mulierem clericus non ducat uxorem–pervenire non posset.*

226. Siehe 56.

Neues einfügte.[227] Der Ort der Insertion ist von Gratian 2 geschickt gewählt, stellt die C. 27 q. 1 doch den zentralen Ort der Diskussion des Gelübdes als Ehehindernis dar; die Überlegungen in D. 27 d. p. c. 1–c. 9 sind mit der Unterscheidung der beiden Formen des Gelübdes zwar wichtig, aber doch eher rudimentär.[228]

Wie Gratian 2 mit seinen Vorlagen und deren Rubriken umging, lässt sich leider nicht feststellen, da die *fontes fomales* von D. 32 c. 5 und C. 27 q. 1 c. 40 nicht zu ermitteln waren. D. 32 c. 5 könnte auf IP c. 3.135 zurückgehen oder auf die Fassung A‘ der Sammlung des Anselms von Lucca;[229] die Vorlage des Entscheids des Laterankonzils von 1139 ist nicht auszumachen. Die Rubrik zu D. 32 c. 5 *Non audiatur missa presbiteri concubinam habentis* fasst den Inhalt des Kanons konzise zusammen, ohne weitere Aufmerksamkeit auf sich zu ziehen. Anders hingegen die Rubrik zu C. 27 q. 1 c. 40. Zwar überliefern alle vier zum Vergleich herangezogenen Handschriften die Rubrik *Post professam continentiam quisquis uxorem duxerit ab ea separetur*, doch hat Lenherr zeigen können, dass noch weitere Summarien nachzuweisen sind, nämlich *De monacha que ad lapsum adulterii deducitur* sowie *Post professam continentiam quisquis uxoribus iungitur peniteat*. In einer Handschrift fehlt sogar die Rubrik.[230] Er hat diese Variabilität damit erklärt, dass der Kanon erst in einer späten Redaktionsstufe ins Dekret kam und ursprünglich keine Rubrik besass. Die Rubriken wurden erst von späteren Schreibern kreiert.[231] Die Rubrik *De monacha que ad lapsum adulterii deducitur* entstammt C. 27 q. 1 c. 28 und passt nicht recht zum Kanon des Zweiten Laterankonzils; aber auch die hauptsächlich vertretene Rubrik *Post professam continentiam quisquis uxorem duxerit ab ea separetur* erkennt begrifflich nicht das potentiell Neue, nämlich die Nichtigkeit einer Ehe, sondern spricht in traditioneller Weise von *separare*, also der Trennung von Tisch und Bett.

Es lässt sich festhalten, dass Gratian 2 die inhaltlichen Aussagen Gratians 1 zur zölibatären Lebensform von Majoristen nicht modifizierte, abgesehen von der Einfügung des Beschlusses des Zweiten Laterankonzils in C. 27 q. 1. Im Übrigen wiederholte er häufig die Aussagen Gratians 1, wie der Kanon *Nullus missam audiat* zeigt, oder er fügte eher

227. Hierzu 58f., 374.
228. Siehe 353–355.
229. Nach Fowler-Magerl, Clavis Canonum: AC 8.135.
230. Vgl. Lenherr, Summarien, 542.
231. Lenherr, Summarien, 549f.

abseitig liegende Kanones ein, wie die Konzilsbeschlüsse von Gangra in D. 30 darlegen. Im Umgang mit den Kanones selbst sind indes keine Unterschiede zu konstatieren, soweit sich die Arbeitsweise Gratians 2 ermitteln lässt. Es bleibt die Tendenz Gratians 2 zu betonen, Aussagen doppelt zu belegen oder Kanones zu verlängern: So ist zum Beispiel der Vergleichskanon D. 32 c. 1 in Gratian 2 mit einem Einleitungssatz überliefert, der inhaltlich nichts Neues anfügte, aber für Gratian 2 dazuzugehören schien.[232] In diesem Sinne hat Jean Werckmeister Gratian 2 als „plus prolixe" bezeichnet, „qui n'hésite pas à se perdre [...] dans toutes sortes de digressions".[233] Und Jean Gaudemet hatte in seinem Beitrag zum Zölibat schon zuvor verwundert, ja fast bedauernd festgestellt, dass der „Maître" diesen Teil so wirr und überladend konzipiert habe: „Soucieux de donner beaucoup de textes, Gratien a peut-être été quelque peu dérouté par leurs divergences. Les *dicta* auraient pu lui offrir l'occasion de classer les solutions et de proposer des choix. Le Maître ne s'y est guère employé."[234] Die Analyse beider Gratiane zeigt aber, dass dies nicht auf das Konto Gratians 1 geht; vielmehr zeichnet der überarbeitende Gratian 2 dafür verantwortlich. Hinzu kommt, dass die Distinktionen die gestellten Fragen nicht umfassend behandelten oder die Beantwortung einer Frage über eine Distinktion hinausging, also auch Schwächen in der Grobstruktur vorhanden waren.[235] In welchem Masse die Distinktioneneinteilung die Interpretationen beider Fassungen des gratianischen Dekrets erschwert, kann exemplarisch an der D. 27 gezeigt werden.[236]

In der D. 27 behandelte Gratian nämlich zwei Themen, zum einen die Frage der Enthaltsamkeit nach der Weihe (D. 27 d. a. c. 1 und c. 1), zum anderen die nach der Gültigkeit einer Ehe, die nach Ablegen eines Enthaltsamkeitsgelübdes geschlossen worden war (D. 27

232. Die Verdopplung der Ideen ist augenfällig bei D. 32 c. 5 und c. 6. D. 32 c. 1 ist in der zweiten Version in einer längeren Fassung überliefert, da *Cum sacerdotum tam–tamen habeantur illicita* in der ersten nicht überliefert ist (Bc, fol. 46ra (in marg. später ergänzt); Fd, fol. 1vb; P, fol. 31vb).

233. Werckmeister, Les deux versions, 311: „Probablement faut-il parler de deux auteurs: le premier Gratien, auteur de la version courte, qui a le sens de la concision et qui répond avec clarté aux questions posées. Le second (qui pourrait être collectif), plus prolixe et qui n'hésite pas à se perdre (et à égarer le lecteur) dans toutes sortes de digressions." Ähnlich ebd., 306: „Globalement, la version courte, du fait même de sa plus grande cursivité, est plus incisive, moins verbeuse, plus convaincante."

234. Gaudemet, Gratien et le célibat ecclésiastique, 368.

235. In diese Richtung Gaudemet, Gratien et le célibat ecclésiastique, 386.

236. Beispiele für eine Distinktioneneinteilung, die thematisch Zusammengehöriges zerreisst, liefert Gillmann, Distinktioneneinteilung, 513–530.

d. p. c. 1–c. 11). Der Eindruck, Gratian habe Unzusammenhängendes in einer Distinktion abgehandelt, geht jedenfalls zum Teil auf das Konto des Editors zurück respektive auf die kanonistische Tradition, von der sich Emil Friedberg nicht löste. Was ist damit gemeint? Der gesamte Distinktionen-Teil enthält weder in den Gratian 1-Manuskripten noch in den frühen Gratian 2-Handschriften Unterteilungen, es fehlen sowohl die *distinctiones* wie auch die Unterteilung der Distinktionen in *partes*.[237] Wo endete also D. 26? In den Gratian 1-Handschriften findet sich vor *Sed quod unius uxoris vir* (D. 27 d. a. c. 1) weder ein Absatz noch ein rubriziertes Paragraphenzeichen, dafür aber vor *Hac auctoritate datur intelligi* (D. 27 d. p. c. 1).[238] Und erst hier begann auch für denjenigen, der die Distinktionennummern in einigen dieser Gratian 1-Handschriften eingetragen hat, die D. 27.[239] Dasselbe Bild ergibt auch die Autopsie der zum Vergleich mit Friedberg herangezogenen Gratian 2-Manuskripte.[240] Bemerkenswerterweise ist in Heiligenkreuz 44 der neben *Hac auctoritate* vermerkte Distinktionenbeginn von einer späteren Hand durchgestrichen und an der heutigen Stelle (*Quod autem unius uxoris vir*) nachgetragen; in Biberach B.3515 finden sich beide Eintragungen; ein älterer Eintrag neben *Hac auctoritate*, einer von jüngerer Hand neben *Quod unius uxoris*. Wir dürfen also konstatieren, dass die später gefundene Einteilung nicht notwendigerweise die von Gratian (1 oder 2) intendierte widerspiegelt.

Aufgrund dieses Befundes lässt sich der Beginn der D. 27 (also d. a. c. 1 und c. 1) als eigenständiger Gedanke verstehen, in dem Gratian 1 der Enthaltsamkeit nach der Weihe nachging. Das d. p. c. 1 nimmt die Funktion einer Überleitung ein, in dem Gratian 1 einerseits den vorhergehenden Part – Enthaltsamkeit nach der Majoristenweihe – zusammenfasste, andererseits die Frage nach dem Verhältnis von Gelübde und Ehe aufwarf. Er legte im *dictum* dar, dass der verheiratete Mann, der zum Diakon geweiht worden war und später aus kirchlichem Dienst austrat, mit seiner Ehefrau wieder verkehren dürfe – selbst der Bruch des (bei der Weihe abzulegenden) Enthaltsamkeitsgelübdes hob das Sakrament der Ehe nicht auf.[241] Den in etwa entgegengesetzten Fall

237. Zu den Distinktionen Vetulani, Distinktioneneinteilung, 346–358; Gillmann, Distinktioneneinteilung (1932).

238. Aa, fol. 33v-34r; Bc, fol. 42va; P, fol. 27ra.

239. In P sind sie nachträglich eingetragen; in Bc vermutlich vom Rubrikator.

240. Bi, fol. 27rb; Hk, fol. 25v; Me, fol. 49va; Sb, fol. 32va.

241. D. 27 d. p. c. 1: *Nam etsi in ordinatione sua*[a] *castitatis votum obtulerit, tamen tanta est vis*[b] *in sacramento coniugii*[c], *quod nec ex violatione voti potest dissolvi ipsum coniugium.* [a] *sue* A [b] om. Aa [c] *vis* add. Aa

behandelt er in den D. 27 c. 2–c. 9, da er hier eine andere Reihenfolge – erst Enthaltsamkeitsgelübde, dann Eheschluss – zugrundelegte, um dann die Frage nach der Wirksamkeit der Ehe erneut zu stellen.[242]

Ob es tatsächlich Paucapalea war, der den ersten Teil in Distinktionen unterteilte, bedarf hier keiner Diskussion – für die Interpretation der beiden Gratiane ist hingegen wichtig, dass die Unterteilung des ersten Teils nicht ursprünglich ist und der Eindruck der Gliederung und Einteilung, den die frühneuzeitlichen Drucke und die Edition Friedbergs vermitteln, nicht dem ursprünglichen Konzept der Gratiane entsprochen hat. Diese haben vielmehr einen durchlaufenden Text konzipiert, der ohne Untergliederung blieb.[243]

Was bedeuten diese Beobachtungen für die Ordnung des Dekrets? Es ist Gaudemet zu konzedieren, dass Gratian die Frage nach der Enthaltsamkeit von Majoristen, die er zu Beginn der D. 27 aufwarf, erst in der D. 28 wieder aufnahm: *Ecce ostensum est, quod nolentes continentiam nec ad subdiaconatum, nec ad superiores gradus conscendere possunt.*[244] Der Bruch ist allerdings weniger stark als er in der Friedberg'schen Edition mit der Distinktioneneinteilung scheint, vielmehr reihte Gratian zwanglos verschiedene Fallkonstellationen aneinander: Er begann mit der Konstellation ‚erste Ehe–Taufe–zweite Ehe–Weihe' (D. 26), schloss dann ‚Ehe–[Bischofs]Weihe' an (D. 27), und kehrte über ‚Keuschheitsgelübde–Ehe' (D. 27) zur Konstellation ‚Ehe–Weihe' zurück (D. 28–32).[245]

(nach: Aa, fol. 34r; Bc, fol. 42vb; P, fol. 27ra). In diesem Sinne versteht diesen Kanon auch Scharnagl, Feierliches Gelübde, 113 Fn. 4 (erst Ehe, dann Weihe).

242. Die Handschrift Sankt Gallen, Stiftsbibliothek, 673 unterstreicht diesen Befund. Unabhängig davon, welchen Stellenwert man dieser Handschrift zuschreiben möchte (siehe 331–334), so ist doch bemerkenswert, dass ihr Autor seine C. 1 mit D. 27 c. 2 beginnen lässt; das Thema von c. 1 gehörte für ihn nicht dazu (fol. 3ra: *Queritur igitur an nubentes post votum sit separandi*). Dies deutet ebenfalls darauf hin, dass hier Verschiedenes und Unzusammengehöriges in einer Distinktion abgehandelt wurden.

243. Zur These, dass Paucapalea die Distinktioneneinteilung vorgenommen hat, vgl. Vetulani, Distinktioneneinteilung, inbes. 354.

244. Gaudemet, Gratien et le célibat ecclésiastique, 354: „Cette observation le conduit à interrompre son développement sur le célibat ecclésiastique pour citer des textes relatifs aux effets du vœu sur le mariage. C'est seulement le c. 8 qui revient au sujet en donnant le texte du concile de Reims de 1119."

245. Das *ecce ostensum est* (D. 28 d. a. c. 1) ist in der gratianischen Konzeption wohl nur auf D. 27 c. 1 zu beziehen und nicht auf c. 1 und c. 8, wie es die spätere Glosse (Glossa ad D. 28 d. a. c. 1 *Casus*: *Ostensum est supra in illo capitulo diaconi* [D. 27 c 1] *et capitulo presbyteris* [D. 27 c. 8] *quod*... (Decretum Gratiani una cum glossis, Venedig 1525, Bl. 42r))

Das argumentative Herzstück der Ausführungen zur Enthaltsamkeit bilden die späteren D. 28 c. 14–D. 31, in der Gratian ost- und westkirchliche Regeln vergleichend und erklärend gegenüberstellte. Dieser Teil beruht ganz wesentlich auf der *Panormia*, und wenn zu den *Causae* des Dekrets beobachtet wurde, dass sie „around a kernel of canons" gewachsen sind, so scheint sich dieser Befund hier im Distinktionenteil zu bestätigen.[246] Ausgehend von der *Panormia* (und, in geringerem Umfang, der *Tripartita* und dem *Polycarpus*) baute Gratian 1 seine Diskussion um die Enthaltsamkeit der Majoristen auf. Er übernahm grosse Teile der *Panormia*, ordnete diese Kanones aber neu und fügte sie als Argument in ein vorgegebenes Interpretationsschema, in dem er nach *causa*, *tempus* und *locus* unterschied. Gratian 2 brach den engen Argumentationszusammenhang der Kanones auf und fügte gerade in D. 30 assoziativ verbundene, aber von der Enthaltsamkeitsdiskussion wegführende Kanones ein. In diesem Sinne ist Gratian 2 dann wieder mehr Wissensspeicher und Kanonessammlung als interpretierender Traktat.

c) Von Wissensspeichern und kommentierten Autoritäten: Zusammenfassende Überlegungen

Fassen wir zum Abschluss der Manuskriptstudien einige Ergebnisse der Untersuchung der beiden Versionen des *Decretum Gratiani* zusammen. Die Gegenüberstellung der beiden Versionen des *Decretum Gratiani* hat eine grosse Konstanz des Wissens über die Enthaltsamkeit der Majori-

und die historische Kanonistik (siehe Am. 244) taten und damit eine Klammerstellung der beiden Kanones zum Zölibat annahmen, in welcher die Überlegungen zum Verhältnis von Gelübde und Ehe als Fremdkörper wirken, zumal Gratian dieses Thema in C. 27 q. 1 ausgiebiger darstellte. In diesem Verständnis hat Gratian wohl eher den zweiten Halbsatz von D. 27 c. 8 betont, der das Trennungsgebot vorschreibt, und weniger den ersten Halbsatz, der die Keuschheit vorsah.

246. Winroth, Making of Gratian's Decretum, 125 (Zitat); in dieselbe Richtung Lenherr, Exkommunikationsgewalt, 187. Beispielsweise argumentierte Gratian 1 in der Causa 24 mit Exzerpten aus der *Panormia* und dem *Polycarpus*, die er anordnete und mit *dicta* verband (Lenherr, Exkommunikationsgewalt, 187f.; Winroth, Making of Gratian's Decretum, insbes. 76). Gratian 2 fügte weitere Kanones ein, die er hauptsächlich der *Tripartita* und der Sammlung in 3 Büchern entnahm. In C. 11 q. 3 stützte sich Gratian vor allem auf die *Collectio Canonum* Anselms von Lucca und die *Tripartita*, aber auch auf Ivos *Panormia* und eine nicht identifizierbare Quelle (Winroth, Making of Gratian's Decretum, 77–121, insbes. die Tabelle 80–84). Die grundsätzliche Frage von Landau, Gratians Arbeitsplan (1994), ob das Quellencorpus langsam erweitert wurde oder alle Quellen von Beginn der Arbeit an vollständig zur Verfügung standen (ähnlich der Bluhm'schen Massentheorie zur Erstellung der Digesten), scheint damit beantwortet. Landau selbst tendierte zur ersten Alternative (insbes. 693).

sten gezeigt, da nur der Gedanke neu ist, dass nach der Majoristenweihe geschlossene Ehen nicht als Ehen anzusehen seien. Demgegenüber generierte Gratian 2 mit Blick auf den Jurisdiktionsprimat neues Wissen: Er fügte häufiger Belege für den Jurisdiktionsprimat in das Dekret ein und nannte mit der päpstlichen Immunität und dem Ausschluss der Appellation vom Papst auch mehr Aspekte der jurisdiktionellen Suprematie als Gratian 1 vor ihm, so dass er das Wissen um den Jurisdiktionsprimat erweiterte und vertiefte. Zwar hätte auch Gratian 1 nicht am jurisdiktionellen Primat des Bischofs von Rom gezweifelt, doch kam er aufgrund des von ihm gewählten Aufbaus eher en passant auf die Stellung des Papstes zu sprechen. Die von ihm gewählte Aufteilung in einen ersten durchgehenden Teil, der insbesondere von der Klerikerweihe handelt, sowie in einen zweiten Teil mit Rechtsfragen gestattete es ihm zwar, einzelne Aspekte des Primats anlässlich der Diskussion anderer Fragen – wie der Appellation – zu streifen, doch sucht man vergebens einen zentralen Ort, an dem er die juristische Bedeutung des Bischofs von Rom für die Gesamtkirche darstellte. Sein grundlegendes Ordnungsschema mit einer Unterteilung in Weihetraktat und Rechtsfälle (*Causae*) legte eine ekklesiologische Gesamtbetrachtung nicht nahe. Der Jurisdiktionsprimat war für Gratian 1, so darf man diese Beobachtung wohl zuspitzen, weder Selbstzweck noch Instrument zur Verfolgung anderer Interessen wie dem Schutz von Klöstern.[247]

Nicht nur in den Sachaussagen unterscheiden sich die beiden Gratiane, sondern auch in ihrer Art, Rechtswissen darzustellen. Die Unterschiede treten indes weniger bei dem Umgang mit Kanones zu Tage. Beide Bearbeiter des *Decretum Gratiani* zeichnen sich, soweit nachweisbar, durch Texttreue aus, da sie die Kanones nicht bearbeiteten oder retuschierten, sondern aus ihren *fontes formales* wortgetreu exzerpierten. Im Gegensatz zu seiner Texttreue, die Gratian 1 bei den Kanones an den Tag legte, ging er mit den vorgefundenen Rubriken freier um: Er übernahm sie, wo sie ihm richtig schienen, zögerte aber nicht, neue Rubriken zu entwerfen, um mit ihrer Hilfe den Kanon in seine Argumentation einzubetten. Demgegenüber war Gratian 2 bei den Rubriken weniger kreativ: Häufig findet sich in seinem Part *De eodem*, womit er eine vorhergehende Rubrik übernahm. Diese Beobachtung deutet auf einen zentralen Unterschied zwischen den beiden Gratianen hin: Gratian 2 vertiefte häufig die Belegdichte Gratians 1 und verdoppelte

247. So aber in der Sammlung in 74 Titeln, siehe 139.

oder verdreifachte die Kanones zu einer Aussage, was vielfach einen redundanten Eindruck vermittelte. Häufig ergänzte Gratian 2 aber nicht nur Kanones als Belege, sondern auch Kanones, die sich eher assoziativ einfügten. Das Stichwort der Manichäer in D. 30 nahm Gratian 2 zum Anlass, andere Häresien der Manichäer nachzutragen, die mit ihrer Missachtung der Ehe nicht in Verbindung standen und vom eigentlichen Thema der Enthaltsamkeit wegführten; die Nennung des Sakrilegs in C. 17 q. 4, in der Gratian 1 über die Entfremdung von Kirchengut handelte, führte über assoziative Hängebrücken zum *crimen lesae maiestatis*, unter dessen Schutz der Papst stand.

Die beiden Darstellungsformen des Rechtswissens lassen sich also kontrastieren: Auf der einen Seite steht – überspitzt ausgedrückt und idealtypisch formuliert – der argumentierende Gratian 1, der Autoritäten mit *dicta* und Rubriken passgenau in seinen Gedankengang einfügte und ihnen einen Platz in seiner Argumentation zuwies; auf der anderen Seite steht Gratian 2, der sammelnd zusammentrug und eher eine umfangreiche Sammlung an rechtlichen Texten anstrebte als eine schlanke Anleitung zum Interpretieren des Rechts.[248] In diesem Sinne erinnert Gratian 2 wieder an die ältere Form, Rechtswissen zu präsentieren, nämlich an die vorgratianischen Kanonessammlungen, die mehr oder weniger wohlsortierte Speicher kirchlichen Rechtswissens waren, aus denen der Leser das heraussuchen konnte, dessen er bedurfte.

4. Die Einheit der Ordnungen. Eine Bilanz

Stand bislang die Mikroebene des *Decretum Gratiani* im Fokus der Untersuchung, also der Umgang der beiden Gratiane mit dem Normmaterial und dessen Anordnung, so soll diese Perspektive nun zugunsten der Betrachtung grösserer Einheiten verlassen werden. Nun soll gefragt werden, wie gerade Gratian 1 sein Dekret strukturierte, woher die Idee stammte, Normen mit Kommentaren zu versehen und auf welche scholastischen und artistischen Hilfen er bauen konnte. Es gilt also den Einflüssen nachzuspüren, die auf beide Gratiane wirkten. Dafür ist nun gleichsam ein Schritt zurückzutreten und das Dekret aus einer gewissen Distanz erneut zu betrachten.

248. Dass eine solche Charakterisierung idealtypisch ist, zeigt das erneute Aufgreifen von zuvor behandelten Themen im Epilog (D. 81–101), in dem sich ja auch Kanones zum Zölibat finden. Insofern weist auch Gratian 1 diese sammelnden Momente auf.

a) Struktur, inhaltliche Erschliessung und *dicta*

Der wohl markanteste Gegensatz der Ordnung des Dekrets gegenüber den vorhergehenden Sammlungen ist die Aufhebung einer das gesamte Werk einheitlich gliedernden Ordnung chronologischer oder thematischer Natur zugunsten einer prinzipiellen Zweiteilung in einen ersten Part (mit späteren *distinctiones*) und einen zweiten mit schon ursprünglichen *causae* und *questiones*.[249] Dem ersten Teil liegt keine thematische Ordnung mit Büchern, Titeln und Rubriken zugrunde, sondern Gratian 1 wählte als Binnengliederung für die einzelnen Abschnitte andere Ordnungsprinzipien: Dem Anfang des Dekrets legte er zum Beispiel Isidors Etymologien zugrunde, die er mit weiteren Texten anreicherte; den Weihe-Part gliedern die Worte des Paulus, die dieser an Timotheus richtete.[250] Es ist eine literarische Ordnung, die diesem Teil vorgegeben ist. Der zweite Teil mit der Unterteilung in fiktive Rechtsfälle (*Causae*) scheint hingegen ohne Vorbild zu sein[251] – Gratian 1 hat hier eine Ordnung des Stoffes erfunden, die ohne Vorläufer ist. Diese Kombination zweier grundsätzlich verschiedener Ordnungssysteme in einer Sammlung ist von vorgratianischen Sammlungen nicht bekannt.

In der zweiten Version des Dekrets wurde ein dritter Part angefügt, der später in dem Gewande des Ordnungsprinzips des ersten Teils erscheint, nämlich mit Distinktionen untergliedert: *De consecratione*, in dem Fragen des Sakramentenrechts behandelt werden. Diese Dreiteilung liess frühere Kanonistengenerationen über Gratians Gliederungsprinzipien rätseln: Stand das römisch-rechtliche *personae–res–actiones* Pate? Oder unterschied Gratian *ministeria–negotia–sacramenta*, wie zum Beispiel Rufinus vermutete?[252] Heute kann man sagen: Der Dreiteilung liegt wohl weniger eine bewusste Strukturentscheidung Gratians als vielmehr die Entstehungsgeschichte des Dekrets zugrunde. Die ersten zwei Teile sind später um einen dritten ergänzt worden, der sich wie ein vorgratianischer Appendix anschliesst. Allzu grosse Bedeutung

249. Eine kurze Einführung in das *Decretum Gratiani* und dessen Aufbau bieten bspw. Landau, Gratian and the Decretum Gratiani (2008); Schrage, Utrumque Ius, 91–95 (mit Hinweisen zur Zitierung); Feine, Gliederung und Aufbau (1953) sowie von Schulte, Geschichte der Quellen und Literatur 1, 46–75.

250. Zu dem Anfangspart vgl. Gaudemet, La doctrine des sources du droit (1951).

251. So Wei, Law and Religion, 325f.

252. Vgl. Feine, Gliederung und Aufbau, 354f.; Meyer, Ordnung durch Ordnen, 336f. Rufinus, Summa Decretorum, ed. Singer, 5 schreibt zum Beispiel: *Modus vero tractandi hic est: Librum suum in tribus partibus distinguit, quarum primam ministeriis, secundam negotiis, tertiam ecclesiasticis deputat sacramentis.*

ist dieser Teilung wohl nicht beizumessen, da das Dekret wenn nicht ein „unfertiges Produkt“, so doch ein „product of necessity and not a product of design“ war.[253]

Diese Überlegungen zur Grobgliederung führen zu einem weiteren Gedanken. Schon Vetulani und Gillmann war bei der Untersuchung der Einteilung des Dekrets aufgefallen, dass Gratian selbst nie auf Distinktionen verwies, sondern auf einen *tractatus ordinandorum, tractatus de promotionibus clericorum* oder *tractatus decretalium epistolarum*.[254] Sie nutzten diese Beobachtung als Argument für eine nachträgliche Einteilung des ersten Parts in Distinktionen. Winroth betonte, dass die Verweise in der ersten Version noch sehr offen und frei formuliert worden seien, wohingegen sie in der zweiten Version stärker formalisiert wurden.[255] So schwankte in der ersten Version die Begrifflichkeit: Es gab als Bezeichnung für die einzelnen Teile *tractatus*, *principium*, *initium*, *capitulum*, *causa* und *titulus*.[256] Feste Termini für die Teile des Dekrets hatten sich also unter Gratian 1 noch nicht herausgebildet. Christoph Meyer verstand die wenigen Verweise auf einen *tractatus ordinandorum* (C. 1 q. 7 d. p. c. 6) oder einen *tractatus decretalium epistolarum* (C. 1 q. 1 d. p. c. 96) als Hinweis auf eine ursprünglich kleinteilige Gliederung des Dekrets. Es habe aus Sicht der Redaktoren nur „thematisch abgeschlossene Einheiten wie die Rechtsquellen oder das Eherecht“, nicht aber grösse Abschnitte wie zwei oder drei Abschnitte gegeben.[257] Vieles spricht dafür, dass – wie Meyer vermutet – diese Einteilung auf der schrittweisen Entstehung des Dekrets beruht, die ihren Ursprung in der Unterrichtssituation fand.[258] Bemerkenswerterweise kannten Gratian 1 wie 2 zwar diese *tractatus*, doch finden sich diese Bezeichnungen nur als Verweise, nicht aber als gliedernde Abschnitte im Dekret selbst, so dass man folgern darf, dass von einer konsequenten Erschliessung und Aufteilung des Dekrets beide Gratiane noch weit entfernt waren.

Die wenigen Verweise im *Decretum Gratiani* sollen hier noch in einem anderen Licht gedeutet werden, denn sie weisen nicht nur auf eine

253. „Unfertiges Produkt“ bei Meyer, Ordnung durch Ordnen, 338; das Zitat „product of necessity … “ stammt von Eichbauer, Gratian’s Concordia discordantium canonum, 336, das sie allerdings in einem anderen Kontext verwendet.

254. Vetulani, Distinktioneneinteilung, 353f.; Gillmann, Distinktioneneinteilung, 506–508.

255. Winroth, Making of Gratian’s Decretum, 179–183.

256. Winroth, Making of Gratian‘s Decretum, 180.

257. Meyer, Ordnung durch Ordnung, 337.

258. Meyer, Ordnung durch Ordnung, 337.

kleinteilige Gestaltung des Dekrets hin, sondern sind auch Anzeichen für eine relationale Präsentation von Rechtswissen, indem normative Aussagen miteinander verknüpft und Verbindungen und Querweise zwischen Thesen und Belegen gezogen werden. Die Verknüpfungen, die so unscheinbar in die erste Version eingepflegt waren und noch keinem vereinheitlichten Standard folgten, lassen sich in vorgratianischen Manuskripten eher selten nachweisen.[259] So bemerkenswert diese Verweistechnik bei Gratian 1 auch ist, so rudimentär verblieb sie. Dies lässt sich zum einen an der Quantität der Verweise ablesen. Zwar verdoppelte Gratian 2 ihre Anzahl, indem er sie von 13 auf 29 erhöhte, doch finden sich acht in C. 11 q. 3 d. p. c. 24 und drei weitere in unmittelbarer Nähe – das Dekret ist in der zweiten Version nicht flächendeckend besser erschlossen. Zum anderen deutet auch die Qualität der Verweise auf eine nur ansatzweise Erschliessung des Dekrets hin. Von den 13 Verweisen, die Gratian 1 einfügte, benutzte er acht als Dubletten-Verweis, mit denen er auf einen anderen Kanon derselben Sammlung verwies, um die Duplizierung eines Kanones zu verhindern.[260]

Interessanter sind die Verweise auf inhaltliche Aussagen, die also nicht allein ein *capitulum* vertreten. Es handelt sich dabei um fünf Verweise bei Gratian 1. Ein solcher findet sich eingefügt in C. 6 q. 1 d. p. c. 19: *Hereticos namque acccusare infamibus non prohibetur, ut supra patuit in ea causa, ubi de accusatione minorum adversus maiores disputatum est*; ein anderer in C. 13 q. 2 d. p. c. 1: *Quomodo autem distinguende sint he auctoritates, in causa monachorum invenietur.*[261] Hier verwies Gratian 1 nicht allein auf einen Kanon, sondern auf ein zuvor entwickeltes Ergebnis. Gratian 2 fügte einen solchen ‚inhaltlichen Verweis' hingegen nur einmal ein; hauptsächlich setzte er Verweise ein, um Dubletten zu vermeiden.[262]

259. Dies zeigen jedenfalls die untersuchten Glossen der vorgratianischen Manuskripte, siehe 305–311.

260. Und um so sog. *leges geminatae* zu verhindern, siehe 97.

261. Weitere Beispiele: C. 11 q. 1 d. p. c. 26: *Require in principio ubi differentia designatur inter ius nature et ius constitutionis*; C. 15 q. 3 d. p. c. 4: *Sed sicut circa huius operis initium premissum est, tociens legibus inperatorum in ecclesiasticis negociis utendum est, quociens sacris canonibus obviare non inveniuntur* sowie – mit Abschwächungen – in C. 25 q. 2 d. p. c. 25: *Hostilitatis quoque vel paupertatis necessitate episcopales sedes vel mutantur, vel due in unum rediguntur, sicut supra in titulo de mutationibus episcoporum Beatus Gregorius fecisse legitur.*

262. Ein solcher inhaltlicher Verweis findet sich in D. 32 d. p. c. 6: *Verum principia harum auctoritatum contraire videntur Ieronimo, Augustino et ceteris, qui christi sacramenta neque*

Halten wir als Ergebnis fest: Interne Verweise im *Decretum Gratiani* sind ausgesprochen bemerkenswert, finden sie sich doch in älteren Sammlungen eher selten. Burchards Dekret, die Sammlung in 74 Titeln und die *Panormia* verzichteten fast vollständig auf Verweise; Deusdedit entwickelte eine andere Technik, um Dubletten zu vermeiden. Hier griff Gratian 1 dankbar eine ältere Technik wieder auf. Doch blieb die Erschliessung seines Textes sporadisch: Zumeist waren es Dubletten-Verweise, die er aufnahm, und nur selten verwies er auf Überlegungen, die er an anderen Stellen niedergeschrieben hatte. Die Gegenüberstellung von Gratian 1 und Gratian 2 zeigt zudem, dass die inhaltliche Aufbereitung des Dekrets in der zweiten Version nicht besser war als in der ersten, vielmehr finden sich im Verhältnis zur vermehrten Anzahl der Kanones kaum mehr Verweise: 13/1860–29/3945.[263]

Interne Verweise waren eine Möglichkeit, die Stofffülle dem Leser einfacher zugänglich zu machen, eine andere war es, Kommentare und Erklärungen, Erläuterungen und Wegweisungen für den Leser einzuflechten. Auch solche fügte Gratian 1 in Form der *dicta* ein, auf deren Bedeutung als hermeneutisches Mittel schon wiederholt hingewiesen wurde.[264] Die Konsequenz, mit der Gratian 1 dieses Instrument der Textdeutung einsetzte, ist frappant und zeichnet das Dekret aus. Allerdings verbleibt Gratian 1 auch hier nicht ohne Vorläufer. Algers von Lüttich *De misericordia et iustitia* kannte diese verbindenden Kommentare ebenso wie eine andere Vorlage Gratians, nämlich die theologische Sammlung *Deus itaque summe atque ineffabiliter bonus*.[265] John Wei hat bei der Untersuchung von *De penitentia* darauf hingewiesen, dass der Abschnitt über die Busse in weiten Teilen auf *Deus itaque summe* beruht, einer wohl italienischen Überarbeitung des aus Laon stammenden *Deus non habet initium vel terminum*.[266] Auch dieser Text weist diese charakteristische Art der Textkommentierung auf. Schliesslich findet sich die

in bono, neque in malo homine fugienda demonstrant, sicut subsequens causa simoniacorum plenius ostendit. Die weiteren von Winroth, Making of Gratian's Decretum, 181f. angeführten Verweise beziehen sich nur auf konkrete Kanones.

263. Die Anzahl der Kanones in beiden Versionen nach Winroth, Making of Gratian's Decretum, 122.

264. Zum Beispiel McCarthy, Genius of Concord, 292f.

265. Zum Einfluss Algers von Lüttich auf Gratian vgl. Kretzschmar, Alger von Lüttich, 141–154.

266. Hierzu Wei, Law and Religion, 94–119; eine vertiefte Auseinandersetzung mit diesen Texten legt Wei, Sentence Collection Deus non habet (2011; Edition 37–118). Zu einem weiteren verwandten theologischen Text, der Gratian möglicherweise vorgelegen hat, zu *Ut autem hoc evidenter*, vgl. Wei, Treatise on Charity (2012; Edition 30–50).

Kombination von kommentierenden Passagen und autoritativen Texten auch in den *Libelli de lite*, wenn auch in diesen der Kommentar quantitativ wohl überwiegt. Welches diese Werke vorbildhaften Einfluss auf Gratian entwickelte, ist heute nicht mehr festzustellen; jedenfalls weist auch die Form, Autoritäten mit Kommentaren zu versehen, auf die Zeit vor Gratian zurück.[267]

b) Dialektik und Kanonistik. Zur Aufnahme rhetorischer und dialektischer Techniken

Der Hinweis auf die Streitschriften führt zu einem weiteren Gedanken, den es zu verfolgen lohnt. Bei deren Untersuchung war deutlich geworden, in welchem Masse deren Autoren auf Logik und Dialektik rekurrierten, um ihren Standpunkt argumentativ zu bestärken.[268] Einfache logische Schlüsse wie das *argumentum a minore ad maius* oder *a maiore ad minus* finden sich in den Streitschriften ebenso wie dialektische Begriffe wie *genus* und *species*, zudem Zirkumstanzien wie *locus* und *persona*. Diese Instrumente der Argumentation wandte auch Gratian 1 an, um normative Texte zu verstehen und zu interpretieren. Dies soll im Folgenden an einigen Beispielen exemplifiziert werden.[269]

Gratian 1 operierte mit logischen Schlüssen. So findet sich bei ihm das *argumentum a maiore ad minus* wieder, das er häufig mit *si ergo–multo minus* einleitete, aber auch der gegenteilige Schluss, das *argumentum a minore ad maius* (häufig *si ergo–multo magis* formuliert).[270] Ebenso benutzte Gratian 1 den Analogieschluss *ex similitudine*, um den Leser argumentativ zu überzeugen, wie auch den Umkehrschluss *e contrario*.[271] Über die logischen Schlüsse hinaus hat Christoph Meyer

267. Skeptisch gegenüber einem allzu grossen Einfluss von Alger von Lüttich äussert sich Meyer, Distinktionstechnik, 164f.; vorsichtiger Kretzschmar, Alger von Lüttich, 149f. und 152. Wei, Law and Religion, 326 weist auf *Deus itaque summe* als anderes mögliches Vorbild hin.

268. Siehe 196–203.

269. Die Beispiele beruhen auf den Belegstellen, die Meyer, Distinktionstechnik, 156–169 zusammengetragen hat. Eine kursorische Durchsicht des gesamten Dekrets deutet auf eine relative Vollständigkeit der Belegstellen Meyers hin. Hingewiesen sei ferner auf die reichen Beiträge von Viejo-Ximénez, Cicéron y Graciano (2013) und Viejo-Ximénez, Origins (2014), der dem Einfluss antiker Ordnungsstrukturen sowie der Rhetorik auf Gratian nachgeht.

270. Das *argumentum a maiore ad minus* findet sich bei Gratian 1: C. 14 q. 1 d. a. c. 1; C. 16 q. 7 d. p. c. 30; C. 27 q. 2 d. p. c. 29 § 2; C. 32 q. 1 d. p. c. 10. Das *argumentum a minore ad maius* verwendete Gratian 1: D. 42 d. a. c. 1 § 3; D. 44 d. p. c. 12; C. 2 q. 7 d. p. c. 41; C. 11 q. 2 [das Beispiel nennt Meyer, Distinktionstechnik, 156 Fn. 407 nicht]; C. 22 q. 2 d. p. c. 2 § 1; C. 22 q. 5 d. a. c. 1; C. 22 q. 5 d. p. c. 8; De pen. D. 3 d. p. c. 44.

271. Der Analogieschluss findet sich in: D. 55 d. p. c. 6; C. 1 q. 1 d. p. c. 29; C. 16 q. 1

bei Gratian auch den Gebrauch von dialektischen Begriffen wie *substantia*, *species*, *genus* und *diffinito* nachgewiesen. Doch habe Gratian diese dialektischen Termini nicht immer in einem eigentlich technisch-dialektischen Sinne benutzt, so stellte er fest, sondern auch untechnisch, gleichsam als „vulgarisiertes philosophisches oder theologisches Bildungsgut".[272] Charakteristisch für Gratian 1 sei vor allem der Gebrauch von Distinktionen, mit denen er Begriffe zergliederte und Unterschiede verdeutlichte.[273] Welche benutzte er? Inhaltlich unterschied Gratian 1 zwischen *rigor* und *dispensatio* und nahm damit die von Ivo von Chartres und anderen bekannte Unterteilung in strikte Befolgung des Rechts und gnadenweise Abweichung von der Norm auf. In diesem Zusammenhang lässt sich im Dekret auch die Unterscheidung von rechtlich verbindlicher Norm und blosser Ermahnung nachweisen.[274]

Über *rigor* und *dispensatio* hinaus unterschied Gratian 1 auch mit den Zirkumstanzien, mit deren Hilfe er Texte kontextualisierte und historisierte. Wie Gratian mit Entstehungszeit und -ort von Regeln operierte, hat schon die Untersuchung des Zölibats gezeigt;[275] aber auch bei der Frage nach der Wiederaufnahme von Häretikern in die christliche Gemeinschaft interpretierte er Texte unter verschiedenen Vorzeichen (C. 1 q. 7). Unterschied Gratian 1 beim Zölibat *causa*, *locus* und *persona*, so benutzt er bei der Frage der Wiederaufnahme von Häretikern die Aspekte *tempus*, *persona*, *pietas*, *necessitas*, *utilitas* und *eventus rei* als Kriterien zur differenzierten Auslegung von Kanones.[276] An wiederum anderen Stellen distinguierte Gratian 1 mit *causa* und *tempus*.[277] Im Übrigen differenzierte er häufiger mit *aliud–aliud*,

d. p. c. 40 § 2; C. 29 q. 1 d. a. c. 1 § 2; C. 29 q. 1 d. a. c. 1 § 5; C. 30 q. 1 d. p. c. 10. Meyer, Distinktionstechnik, 157 Fn. 409 nennt noch C. 23 q. 4 d. p c. 49 § 1 ohne dass diese Stelle ersichtlich mit einer Analogie operieren würde. Den Umkehrschluss, das *argumentum e contrario*, verwendte Gratian 1 in C. 32 q. 2 d. p. c. 5.

272. Meyer, Distinktionstechnik, 157. Beispiele für dialektische Termini in Gratian 1 sind: D. 3 d. a. c. 1 (*species*; technisch); C. 1 q. 4 d. p. c. 11 § 7 (*substantia*; untechnisch); C. 22 q. 2 d. p. c. 7 § 1 (*genus*; technisch); C. 26 q. 5 d. a. c. 1 (*genus*; untechnisch?); C. 27 q. 2 d. a. c. 1 § 1 (*diffinitio*, *efficiens causa*; beide technisch); De pen. D. 3 d. p. c. 49 (*diffinitio*; technisch); De pen. D. 4 d. p. c. 8 (*diffinire*; technisch).

273. So beispielsweise das Urteil von Meyer, Distinktionstechnik, 161.

274. Die Unterscheidung von *rigor* und *dispensatio* findet sich in Gratian 1: D. 50 d. p. c. 32 § 2; D. 56 d. p. c. 12; C. 1 q. 7 d. p. c. 5; C. 2 q. 7 d. p. c. 39 § 3; C. 2 q. 7 c. 43. Die Differenzierung von rechtlich verbindlicher Norm und Ermahnung steht in C. 13 q. 2 d. p.c. 7 § 2.

275. Zum Zölibat siehe 374–383.

276. Vertiefend zur C. 1 q. 7 Dusil, Learning from Gaius? (2018).

277. Verwendung von *causa* in Gratian 1 auch in D. 61 d. p. c. 8, von *tempus* in C. 26 q. 2 d. p. c. 1 und C. 32 q. 4 d. p. c. 2.

seltener mit *aliquando–aliquando*, *partim–partim*, *quidam–quidam* und *hic–ibi*.[278] Mehrstufige Distinktionen verwandte Gratian 1 jedoch ebenso selten wie Subdistinktionen.[279] Inhaltlich aufgeladene Distinktionen, die über *aliud–aliud* oder *partim–partim* hinausgehen, sind jedoch eher selten. Solche Distinktionen finden sich in den Gegenüberstellungen von *specialis–generalis/specialiter–generaliter*, aber auch von *extrinseca–intrinseca, exterior–interior* und anderen.[280] Schliesslich ist noch der Umgang mit Worten anzusprechen, den Gratian 1 pflegte: Er definierte zum Beispiel, was ein *canon* ist, nämlich eine *ecclesiastica constitutio*; er unterschied zwischen *auctoritates* und den Bedeutungen von Worten und verband die Distinktionstechnik mit semantischen Unterscheidungen, benutzte also die *divisio vocis in significationes*.[281]

Als Ergebnis des Durchgangs durch das logisch-dialektische Instrumentarium Gratians 1 können wir festhalten, dass er diese hermeneutischen Instrumente nutzte, um Kanones argumentativ in seinen Gedankengang einzufügen. Dies unterscheidet Gratian 1 von den vorgratianischen Kanonessammlungen, die auf solche expliziten Operationen verzichteten. Bei Gratian 1 verband sich also die in der Artistik erlernte und in den Streitschriften ausprobierte Methodik mit der Präsentation von normativen Texten. Allerdings schätzte Christoph Meyer die Distinktionstechnik Gratians 1 nicht sonderlich hoch und sprach eher von einem topischen denn von einem wissenschaftlichen Niveau.[282] Sicherlich entwickelte Gratian 1 keine kohärente Distinktionstechnik, vielmehr lassen sich hier und da Zirkumstanzien finden, die unverbunden sind, wie der Kontrast der Zölibatsdiskussion mit dem Häretikerpart zeigt. Und auch sonst nahm Gratian keinen Bezug auf die Denker der *logica vetus* oder *logica modernorum* – er zeichnet sich also durch einen „very limited background in grammar, dialectic, and philoso-

278. Nachweise bei Meyer, Distinktionstechnik, 165f.

279. Sie finden sich ausnahmsweise in Gratian 1 bei D. 3 d. p. c. 2 und C. 2 q. 1 d. p. c. 17.

280. Nachweise bei Meyer, Distinktionstechnik, 168.

281. Vertiefend Wei, Law and Religion, 329–332; Larson, Master of Penance, 287–289; Beispiele bei Meyer, Distinktionstechnik, 171f. Die Definition von *canon* findet sich in D. 3 d. a. c. 1 § 1, die Unterscheidung von *auctoritates* in D. 25 d. p. c. 3 § 2, die Addition von Bedeutungen in C. 36 q. 1 d. p. c. 3 sowie die Unterscheidung von Bedeutung in C. 14 q. 5 d. p. c. 14 und C. 22 q. 1 d. p. c. 14. Die *divisio vocis in significationes* weist Meyer, Distinktionstechnik, 172 bei folgenden Stellen in Gratian 1 nach: C. 27 q. 2 d. p. c. 39 § 2; ferner D. 61 d. p. c. 10; D. 74 d. p. c. 6; C. 1 q. 1 d. p. c. 106; C. 25 q. 1 d. p. c. 16 § 2 sowie De pen. D. 4 d. p. c. 11 § 3.

282. Meyer, Distinktionstechnik, 164.

phy" aus.[283] Legt man den Fokus hingegen nicht auf das, was fehlt, sondern auf das, was in einer Sammlung von normativen Texten vorhanden ist, so kann man die Befunde anders gewichten. Gratian 1 bot erste Ansätze, auf denen die spätere Dekretistik und Dekretalistik aufbauen konnte. Er zeigte den Weg auf, wie normative Texte mit der Distinktionstechnik verbunden werden konnten, ohne ihn konsequent bis zum Ende zu gehen. Insofern dürfen wir die Leistung Gratians 1 vor dem zeitgenössischen Hintergrund nicht zu bescheiden einschätzen.

Gegenüber diesem Ansetzen Gratians 1 fällt die Leistung Gratians 2 ab: Obwohl er später als Gratian 1 schrieb und daher eine stärkere Vertrautheit mit rhetorischen und dialektischen Begriffen wie Operationen zu vermuten ist, verwendete er sie in geringerem Umfang. Logische Schlüsse setzte Gratian 2 in seinen *dicta* kaum ein: Er benutzte weder ein *argumentatum a minore* noch *a maiore* noch eine Analogie, es findet sich allein ein Umkehrschluss in den neu eingefügten *dicta*.[284] Auch mit dialektischen Begriffen (*substantia, species, genus*, etc.) operierte Gratian 2 nur einmal.[285] Fiel bislang das Ergebnis der Durchsicht eher mager aus, so sind immerhin verschiedene Distinktionen nachweisbar, wie etwa die Unterscheidung nach *rigor* und *dispensatio* sowie nach verbindlicher Norm und unverbindlicher Ermahnung.[286] Häufiger findet sich hingegen bei Gratian 2 die Auseinandersetzung mit Begriffen und ihrem Inhalt: Er erklärte, was ein *sacrilegium* ist, löste Widersprüche nach *generaliter* und *specialiter* auf und unterschied verschiedene Bedeutungen eines Begriffs.[287] Auch die *divisio vocis in significationes* beherrschte er.[288]

Was lässt sich aus diesen Beobachtungen folgern? Auch wenn sich bei Gratian 2 – bis auf die logischen Schlüsse – viele der schon bei Gratian 1 anzutreffenden Techniken finden, so ist der Umfang ihres Einsatzes doch wesentlich geringer. Gratian 2 wollte anscheinend

283. Wei, Law and Religion, 329.

284. Der Umkehrschluss findet sich in De pen. D. 2 d. p. c. 20.

285. C. 2 q. 5 d. p. c. 20 (*genus*; technisch)

286. Die Distinktion nach *rigor* und *dispensatio* findet sich in D. 34 d. p. c. 7; C. 1 q. 5 d. p. c. 1; C. 1 q. 7 d. p. c. 9 und C. 12 q. 2 d. p. c. 11. Die Unterscheidung von Norm und Ratschlag steht in C. 31 q. 1. d. p. c. 10.

287. Die Definition von *sacrilegium* findet sich in C. 17 q. 4 d. p. c. 20; die Unterscheidung von *generaliter* und *specialiter* in C. 16 q. 1 d. p. c. 38 sowie die weite und enge Bedeutung eines Begriffs in D. 25 d. p. c. 3 § 4.

288. Die *divisio vocis in significationes* findet sich in C. 11 q. 3 d. p. c. 24 § 3 und C. 23 q. 4 d. p. c. 11.

weniger argumentierend darlegen als Gratian 1. Diese Beobachtung deckt sich mit dem zuvor formulierten Befund, dass Gratian 2 mehr als Gratian 1 das Dekret als Wissensspeicher verstand.[289]

Setzt man diese Beobachtungen beider Gratiane in Verbindung zu der zeitgleichen Beschäftigung mit dem römischen Recht, so sind die Befunde weitgehend deckungsgleich. Gerhard Otte hat in seinem Buch zu ‚Dialektik und Jurisprudenz' zeigen können, dass es vor allem dialektisch-rhetorische Schlüsse waren, die die frühen Glossatoren des 12. Jahrhunderts benutzten; zudem errichteten sie kleine Begriffssysteme durch die *divisio generis in species*; weniger aber beschäftigten sie sich mit Fragen der Definition. Substrahiere man diese Techniken von der Arbeitsweise der Glossatoren, so bliebe nicht mehr übrig, als was auch das 9. und 10. Jahrhundert zu bieten hatten.[290] Insofern scheinen sich im Grad der Aufnahme dialektischer Mittel die frühe Kanonistik von der frühen Romanistik kaum zu unterscheiden. Dieser Befund erstaunt hinsichtlich der Nähe beider Disziplinen in dem entstehenden Wissenschaftsbetrieb der ersten Hälfte des 12. Jahrhunderts nicht.

c) Die Autorität zur Autoritätsrelativierung. *Isidor* als Argument für relative Rechtsgeltung

Standen in den vorherigen Überlegungen die rhetorisch-dialektischen Operationen im Vordergrund, die Gratian im gesamten Dekret nutzte, um seine Ergebnisse argumentativ abzusichern, so ist im Folgenden gleichsam in einer Tiefenbohrung den Zirkumstanzien nachzugehen. Welche Begründung gibt Gratian an, um normative Texte nach *causa*, *persona* und *locus* auszulegen und damit eine relative Rechtsgeltung zu begründen? Anders formuliert: Welche Autoritäten rechtfertigen eine Relativierung der Autorität normativer Texte?

Gratian 1 rechtfertigte sein Programm nicht, sondern stellte apodiktisch fest: *Sed notandum est quod secundum ysidorum pleraque capitula ex causa ex loco ex tempore consideranda sunt* (siehe Abb. 8).[291] Im Anschluss daran führte er sein Programm anhand einiger Kanones zum Zölibat aus. Gratian 2 genügte dies jedoch nicht. Er sah sich genötigt, eine Begründung für dieses Programm nachzuschieben, indem er drei

289. Siehe 391.
290. Otte, Dialektik und Jurisprudenz, 227; paraphrasierende Überlegungen von Otte, Einteilungstechniken (1997).
291. Siehe 375 Anm. 197.

Kapitel einfügte. Das erste schrieb er Isidor zu, das zweite Gregor, das dritte Hieronymus.

In dem ersten Kanon sagte ein Isidor (D. 29 c. 1): *Sciendum est pleraque capitula ex causa ex persona ex loco ex tempore consideranda sunt. Quorum modi quia medullitus non indagantur in erroris laberinthum nonnulli intricando impinguntur cum ante iudicant quam intelligant, ante inculpant quam iterando lecta perquirant.*[292] „Man muss wissen", lässt Gratian 2 also diesen Isidor behaupten, „dass die meisten Kapitel durch ihren Motivgrund, die Person, den Ort und die Zeit zu verstehen sind. Da sie diese Faktoren [*modus*; also: Inhalt, Lesarten, Bedeutungen] nicht bis ins Innere erkennen, verirren sich einige im Labyrinth fehlerhafter Annahmen, da sie urteilen, bevor sie verstehen, und tadeln, bevor sie durch mehrfaches Lesen [den Sinn] erforschen." So eindeutig die Aufforderung zur reflektierten Lektüre ist, so unsicher ist die Herkunft dieses Textes. Ein dementsprechender Textauszug ist jedenfalls von Isidor von Sevilla nicht überliefert, und auch bei Pseudoisidor findet sich keine vergleichbare Passage.[293] Bemerkenswert ist ferner, dass es weder eine weitere Kanonessammlung gibt, die diesen Kanon überliefert, noch er sonst tradiert ist.[294] Es handelt sich also um einen – im eigentlichen Wortsinne – pseudoisidorischen Text. Gratians Auslegungsprogramm, so darf man vermuten, ist singulär überliefert.

Allerdings finden sich inhaltliche Anklänge an dieses gratianische Kapitel in Isidors von Sevilla *Synonyma*,[295] in denen er schrieb: *Praespice quoque quid, cui aptum sit tempori, quid, ubi, quando,*

292. D. 29 c. 1: *Sciendum est quod*[a] *pleraque*[b] *capitula ex causa, ex persona,* [c]*ex loco, ex tempore*[c] *consideranda sunt*[d]. *Quorum modi quia medullitus non indagantur*[e] *in erroris laberinthum non nulli intricando inpinguntur cum ante iudicant quam intelligant, ante inculpant quam iterando lecta perquirant.*

[a]om. Bi Hk Sb [b]*pluraque* Sb [c]*ex tempore ex loco* Me [d]om Sb. [e]*intelliguntur* Me [f]*autem* Sb

(nach: Friedberg, Decretum Gratiani, Sp. 106; Bi, fol. 28vb; Hk, fol. 27ra; Me, fol. 51ra; Sb, fol. 34ra).

293. Zu D. 29 c. 1 grundlegend Landau, Apokryphe Isidoriana bei Gratian (1999). Einige Hinweise auch von Liotta, La continenza dei chierici, 20–23 zur Konzeption dieser Passage.

294. Überprüft anhand Fowler-Magerl, *Clavis Canonum* (dort mit einer Incipit-Suche *Sciendum est quod* bzw. Explicit-Suche *consideranda sunt* bzw. *lecta perquirant*) sowie anhand der online-Fassung von Migne und LLT–A und –B.

295. Die Synonyma ist zugänglich in der Edition Isidori Hispalensis Episcopi, Synonyma, ed. Jacques Elfassi (2009); ein früherer Druck bei PL 83, Sp. 825–868. Zu dem Werk Sciacca, Finding the right words, insbes. 16–36; Elfassi, Les *Synonyma* d'Isidore de Séville (2006); Elfassi, Trois aspects (2006).

qualiter, quamdiu facere debeas.[296] Die Passage ist im Kontext einer Anleitung zum rechten Leben überliefert, in der Isidor ausführte, dass man moderat und überlegt handeln und leben solle. Was mit Bescheidenheit ausgeführt wird, stellte Isidor dort fest, sei gut, doch sogar das Gute könne bei unmässigem Gebrauch schaden. Daher solle man das der Zeit Angemessene berücksichtigen und auch den Ort, die Zeit und die Art und Weise beachten. Ferner legte er dem Leser nahe, die Motive der Dinge oder Handlungen sowie die Regeln der Zeiten ebenso zu beachten wie die Unterschiede zwischen verschiedenen Handlungen: *Causas rerum et temporum regulas inspice, singulorum operum discretiones agnosce.*[297] *Diligenter distingue*, so hielt er fest, *omnia quae agis*. Für beide Autoren, Isidor von Sevilla wie den gratianischen Pseudoisidor, sind also die äusseren Umstände einer Handlung bzw. eines Texts beachtenswert.

Die *Synonyma* Isidors zählen mit rund 500 mittelalterlichen Handschriften, 112 Auszügen, vier Übersetzungen und mehreren Überarbeitungen zu einem der meist gelesenen Werke des spanischen Autors.[298] Auch Gratian baute auf diesem Werk auf: An immerhin sieben Stellen nahm er die *Synonyma* Isidors auf, auch wenn er sie vermutlich nicht direkt exzerpierte, sondern die von ihm zitierten Stellen aus intermediären Werken wie der *Panormia* entnommen hatte. [299] Die genaue Herkunft des hier interessierenden pseudoisidorischen D. 29 c. 1 bleibt jedoch weiterhin offen.

Peter Landau hielt es 1999 für denkbar, dass der Weg des pseudoisidorischen Gedankens zu Gratian nicht über die *Synonyma*, sondern über

296. Isidor, Synonyma, ed. Elfassi, II, 78 (127). Im Kontext heisst es bei Isidor von Sevilla, Synonyma, ed. Elfassi, II, 77 – II, 78 (126f.): [II, 77] […] *Tene modum in omni opere, in omni re tene temperamentum. Nihil intemperantius agas, ne minus ne nimium aliquid, ne ultra quam oportet ne infra. Etiam in bonis inmoderatum esse non decet.* [II, 78] *Bona inmoderato usu noxia efficiuntur. Nimietas enim omnis in vitio deputatur. Omne autem quod cum moderatione fit, salubriter fit. Quae cum temperantia fiunt salubria sunt.* bzw. in anderer Überlieferung: *Omnia mediocria utilia, omnia in suo modo perfecta. Quae cum temperantia fiunt salubria sunt. Bona autem immoderato usu noxia efficiuntur. Nimietas enim omnis in vitio deputatur.* Die Texte gehen einheitlich weiter: *Praespice quoque quid cui aptum sit tempori, quid, ubi, quando, qualiter, quamdiu facere debeas*. Zu der doppelten Überlieferung der Synonyma siehe Elfassi, Les deux recensions des *synonyma* (2008).

297. Isidor, Synonyma, ed. Elfassi, II, 79 (128): *Causas rerum et temporum regulas inspice, singulorum operum discretionem agnosce. Diligenter distingue omnia quae agis.*

298. Zur Verbreitung der Synonyma: Elfassi/Poirel, Isidorus Hispalensis Episcopus, 224f., die 491 Handschriften nennen; Elfassi, La réception des *Synonyma*, 107 gibt 507 Manuskripte an, von denen aber viele aus dem 14. und 15. Jahrhundert stammen. Zur Rezeption in kanonistischen Werken Elfassi, Trois aspects, 132–152.

299. Elfassi, Trois Aspects, 142.

deren Umarbeitung und Nachdichtung in *De norma vivendi* erfolgte.[300] In diesem Text, der in mehr als 80 Handschriften ebenfalls weit verbreitet ist,[301] entwarf ein unbekannter Autor in Anlehnung an Isidor eine Skizze des massvollen Lebens.[302] Vermutete aber die noch Forschung des ausgehenden 20. Jahrhunderts die Entstehung von *De norma vivendi* im Spanien des siebten Jahrhunderts,[303] so hat Jacques Elfassi jüngst den Vorschlag einer Spätdatierung auf das 14. Jahrhundert und einer Entstehung in Böhmen unterbreitet. Sein Vorschlag kann sich auf die bislang umfassendste Handschriftenanalyse stützen: Das Werk ist in 84 Handschriften überliefert, von denen sich bis auf zwei alle in Bibliotheken in Deutschland, Österreich, Polen, Ungarn, Slowakei und Tschechien finden. Die eine Ausnahme ist eine Pariser Handschrift, die aber deutscher Provenienz ist; die andere eine verschollene Handschrift, die in einem italienischen Testament erwähnt ist, über die aber keine nähere Aussage möglich ist. Die älteste Handschrift befindet sich heute in Prag und wurde Anfang des 14. Jahrhunderts (1316) geschrieben.[304] Damit ist zwar kein endgültiger Beweis für eine Entstehung von *De norma vivendi* im Spätmittelalter (in Böhmen?) geführt, da immer noch eine frühere, heute verlorene Überlieferung denkbar ist, doch ist dieser Text als Transmissionsriemen für pseudoisidorische Gedanken an Gratian eher unwahrscheinlich geworden.

Wir können an dieser Stelle also festhalten: Der Entwurf des methodischen Programms bei Gratian in D. 29 c. 1 ist ein pseudoisidorischer Text, dessen Herkunft sich nicht nachweisen lässt. Zwar finden sich

300. Landau, Apokryphe Isidoriana, 839; siehe aber schon die Bemerkungen von Friedberg, Decretum Gratiani, Sp. 105f. Fn. 3 (ad D. 29 c. 1).

301. Der Text *De norma vivendi* ist zugänglich in dem Druck in PL 83, Sp. 1247–1252; eine neuere Ausgabe existiert nicht. Zu dem Werk Machielsen, Clavis Patristica Pseudoepigraphorum Medii Aevi II, Nr. 3434 (774f.) mit weiteren Angaben; sowie Elfassi, Los centones de los *Synonyma*, insbes. 397f. Die Liste mit wenigen Handschriften bei Bloomfield, Incipits of Latin Works, Nr. 0340 (44) ist durch die neueren Ergebnisse Jacques Elfassis obsolet geworden.

302. *De norma vivendi*, PL 83, Sp. 1250: [Nr. 20] *Tene modum in omni tempore, ut nihil intemperatum agas, nec minus, nec ultra quam oportet, nec in bonis nisi moderatus esse non debes. Omnia enim medicamenta utilia sunt, et cum tempore omnia fiunt utilia; recta enim immoderato usu corrumpuntur, omnis nimietas in vitio est; prospice igitur quid aptum sit tibi, et tempori, et ubi, quando, quare, quandiu facere debeatur; causas rerum et tempora inspice, et singulorum operum discretiones diligenter distingue.*

303. McNally, Isidoriana, 442 Anm. 78: „probably later than the middle of the seventh century"; Sierra, La conversión, 325 wohl für spanische Herkunft; Machielsen, Clavis Patristica Pseudoepigraphorum Medii Aevi II, Nr. 3434 (774): „probabiliter s. VII[med] posterior".

304. Elfassi, Los centones de los *Synonyma*, 397f.

Anklänge an Isidors von Sevilla Mahnung, die dieser in den *Synonyma* aussprach, bewusst und entschieden zu handeln und genau zu überlegen, was der Zeit angemessen war, unter Beachtung der *causae rerum et temporum regulae*. Der Weg von der Anleitung zum moralischen Leben zur Interpretation von Recht wäre indes weit: Er würde von der Ermahnung an den Einzelnen, ‚richtig' zu leben und seine Handlungen bewusst zu reflektieren, zu einem differenzierenden Lesen und Interpretieren von normativen Texten führen. Erst dann wäre man bei der relativen, beschränkten Geltung von Recht.

Was bedeuten die vergeblichen Bemühungen, eine Vorlage für den Isidor zugeschriebenen Text in D. 29 c. 1 zu finden? Es scheint, als ob Gratian 1 sein methodisches Auslegungsprogramm mit einer der grössten Autoritäten des Frühmittelalters absichern wollte, nämlich mit Isidor von Sevilla, und dafür einen Gedanken aufnahm, der sich bei Isidor in dieser Schärfe nicht findet. Gratian 2 setzte dem die Spitze auf, in dem er einen Text einfügte, der genau diese Aussage fast wörtlich belegte. Dass ein isidorischer Text singulär überliefert ist und dann noch an einer so zentralen Stelle im *Decretum Gratiani* auftritt, macht stutzig. Sollte Gratian 2 einen Beleg erfunden haben, um das von Gratian 1 formulierte methodische Programm abzusichern? Kreiierten die Gratiane also eine Autorität zur interpretierenden Autoritätsrelativierung? Sind die Gratiane also die letzten Fälscher, die ihr methodisches Programm fälschend absicherten, aufgrund dessen sie interpretieren durften?[305]

Verlassen wir den Bereich der Spekulationen und wenden uns wieder dem Dekret zu. Der zweite Beleg, ein kurzer, Gregor zugeschriebener Text, bleibt nur unwesentlich weniger dubios. Das c. 2 der D. 29 besagt: *Regule sanctorum patrum pro tempore, loco et persona negotio instante necessitate tradite sunt.*[306] Vermutlich entstammt dieser Kanon der Sammlung in 3 Büchern als *fons formalis*, in der er als c. 2.34.22 überliefert ist, und die Gratian 2 auch an anderen Stellen ausgewertet hat.[307] Der *fons materialis* dieses Texts ist jedoch ungeklärt. Jaffé hat

305. Vgl. die Beurteilung von Peter Landau 408 Anm. 319.

306. D. 29 c. 2: *Regule sanctorum patrum pro tempore*[a] *loco et persona negotio instante necessitate tradite sunt.*

[a] *pro* add. Bi

(nach: Friedberg, Decretum Gratiani, Sp. 106f; Bi, fol. 28vb; Hk, fol. 27ra; Me, fol. 51ra; Sb, fol. 34rb).

307. Neben der Sammlung in 3 Büchern überliefert auch die Sammlung Bb des Anselm

den Kanon als *capitulum incertum* ausgewiesen und Gregor I. zugeschrieben;[308] Landau vermutet eine Entstehung zur Zeit Gregors VII.[309] So unsicher die Herkunft dieses Kanons ist, eines ist sicher: Auf Gregor (den Grossen) lässt sich diese Aussage nicht zurückführen.

Der dritte Kanon, den Gratian 2 zur Absicherung des methodischen Programms anführte, ist indes echt. Verschiedene Briefe hätten nämlich, so Hieronymus im Prolog zum Kommentar, den er zum Brief an die Epheser verfasst hatte, aufgrund der Verschiedenheit der Orte, Zeiten und Personen auch verschiedene Umstände, Argumente und Ursprünge.[310] Auch dieser Kanon hatte Aufnahme in der Sammlung in 3 Büchern gefunden, von wo aus er vermutlich in das Dekret gelangte.[311]

Der Durchgang durch die Kanones, die Gratian 2 in die D. 29 einfügte, zeigt also die Bemühungen Gratians 2, das von Gratian 1 nur behauptete methodische Programm zu belegen. Es bedurfte anscheinend der Rechtfertigung eines methodischen Auslegungsprogramms, das auch in der Artistik wurzelte. Für diese Rechtfertigung wurden grosse Autoritäten wie Isidor, Gregor und Hieronymus bemüht. Zwar ist einer der Texte authentisch (D. 29 c. 3), doch sind die anderen beiden apokryph: Der Gregor zugeschriebene Kanon ist immerhin noch in zwei anderen Sammlungen überliefert und vielleicht im 11. Jahrhundert entstanden; der zentrale Isidor-Kanon ist nirgends sonst überliefert. Gratian 2, so lässt sich daraus schliessen, bemühte sich um die Absicherung eines Ordnungsprogramms, das Gratian 1 vorgeben hatte, und dafür nutzte er – jedenfalls aus heutiger Sicht – apokryphe Texte. Offensichtlich benötigten beide Gratiane eine Autorität, die ihnen die Relativierung von Autoritäten erlaubten.

d) Vorläufer und Einflüsse

Treten wir erneut einen Schritt zurück und überlegen, welche vorlaufenden Traditionen auf das *Decretum* wirkten und welche Einflüsse messbar sind. Die Artistik ist als ein wichtiges Moment erkannt, das auf Gratian Einfluss nahm und seine Vorstellungen beeinflusste, wie normative Aussagen zu ordnen seien. Neben der Rhetorik und der Dialektik

von Lucca dieses Capitulum (nach Angaben von Thaner, 222 Anm. ad c. 3.50). Motta, Collectio Canonum II, 449 gibt die Sammlung in 3 Büchern als *fons formalis* für Gratian an.

308. JE † 1944/J³ † 3103.

309. Landau, Apokryphe Isidoriana, 839 Fn. 9.

310. Hieronymus, In epistolam ad Ephesios, ed. PL 26, Sp. 439–554, hier Sp. 440C–441A.

311. Sammlung in 3 Büchern, c. 3.19.111; nach Motta, Collectio Canonum II, 468 ist die Sammlung in 3 Büchern *fons formalis* für D. 29 c. 3.

war es aber auch die Theologie, die auf Gratian wirkte. Dabei stand Gratian aber noch in einer nicht verzweigten Wissenskultur, in der Theologie und Recht noch nicht ausdifferenziert waren: Theologie trat, spätestens sobald sie die Busse tangierte, in Kontakt mit Kanonessammlungen, und Kanonessammlungen enthielten nicht nur Handlungsanweisungen, sondern auch spekulative, ‚theologische' Texte über das Ende der Welt und das Jüngste Gericht.[312] Vor diesem Hintergrund wundert es nicht, dass Gratian die *Glossa ordinaria* für den ersten Teil seines Dekrets ebenso auswertete wie er in *De penitentia* auf die theologische Summe *Deus non habet/Deus itaque summe* rekurrierte.[313] Vermutlich sind es eher solche kleineren Schriften, aus denen Gratian scholastische Grundbegriffe lernte, und weniger die Werke wie Abaelards *Sic et Non*, die heute als Klassiker des 12. Jahrhunderts gelten.[314]

Ferner nahm Gratian auch römisches Recht auf. Allerdings ist der Umfang der Beeinflussung gerade Gratians 1 durch römisches Recht schwer zu messen: Es sind wenige Texte, die er in der ersten Version aufnahm.[315] Vermutlich ist es keine Aversion des Klerikers Gratian gegen das weltliche Recht, wie Mitte des 20. Jahrhunderts wohl im Nachgang zum Kulturkampf Adam Vetulani vermutete, sondern es waren schlicht die rudimentären Kenntnisse Gratians im römischen Recht, die vor allem darauf beruhten, dass bei der Entstehung der ersten Version (zwischen 1120 und 1140) die Kenntnisse des römischen Rechts insgesamt nicht ausgeprägt waren.[316]

Und schliesslich sei im Kontext der Überlegungen zum römischen Recht auf eine Quellengattung hingewiesen, deren Bedeutung für die Entstehung der Rechtswissenschaft im 12. Jahrhunderts umstritten ist: Das lombardische Recht. Charles Raddings These, den Ursprung der

312. So zum Beispiel der *speculator*, das 20. Buch Burchards Dekret, siehe 76 Anm. 21.

313. Lenherr, Die „Glossa Ordinaria" zur Bibel als Quelle von Gratians Dekret (2000); Wei, Law and Religion, insbes. 196f.; Larson, Master of Penance, 287–297.

314. Dies betont Wei, Law and Religion, 329–332 gegenüber der älteren Narrative, die beispielsweise von Thaner, Abälard und das canonische Recht (1900) vertreten und von Meyer, Distinktionstechnik, 169–77 diskutiert wurde.

315. Zusammenfassend zur ersten Version: Winroth, Making of Gratian's Decretum, 148–157. Dies beobachtete schon Vetulani, Gratien et le droit romain (1946/47); ergänzend Vetulani, Encore un mot sur le droit romain (1948).

316. Die Beurteilung Vetulanis findet sich in: Vetulani, Le Décret de Gratien, 337–339; Bestätigung erhielt er von Kuttner, New Studies on the Roman Law (1953); weiterführende Beobachtungen stammen von Gaudemet, Droit canonique et droit romain (1966); vertiefend auf Basis der zwei Versionen dann Winroth, Making of Gratian's Decretum, 146–174, insbes. 157 sowie die Zusammenfassung Winroth, Les deux Gratien et le droit romain (1998); weiterhin Viejo-Ximénez, Étapes de l'incorporation (2001).

wissenschaftlichen Beschäftigung mit Recht bei Richtern in Pavia, den *iudices sacri palatii*, zu verorten, ist zwar eher zurückhaltend aufgenommen worden,[317] doch scheint hier, nicht zuletzt mit Blick auf die zumindest im deutschsprachigen Raum kaum noch ausgeprägten lombardistischen Studien, das letzte Wort noch nicht gesprochen zu sein.[318] Welche Bedeutung die Arbeiten zur Lombardistik im 11. Jahrhundert für den Umgang mit kirchlichen Normtexten besitzen, ist, soweit ersichtlich, noch nicht überlegt worden.

Belassen wir es hier bei diesen wenigen Beobachtungen und den vielen Fragen. Wichtig ist ein Punkt: Die Ordnung, die Gratians Dekret zugrunde liegt, ist ein Amalgam aus verschiedenen Disziplinen. Die Tradition der Kanonessammlungen ist ein wichtiger Baustein, aber ebenso die Rhetorik und Dialektik wie die Theologie und vielleicht auch die Beschäftigung mit dem weltlichen Recht.

e) Nochmals: Die gemachte und die gedachte Ordnung

Überblicken wir zum Abschluss der Untersuchung des *Decretum Gratiani* die Beobachtungen und Ergebnisse. Beginnen wir mit einer schlichten, aber fundamentalen Beobachtung zur Ordnung: Das Dekret ist eine gewachsene Sammlung mit Inkohärenzen, keine am Reissbrett entworfene Zusammenstellung von Kanones. Dies lässt sich schon daran ablesen, dass das Dekret im Laufe seiner Entstehung gewachsen ist, nämlich von zwei auf drei Teile. Diese sind zusammen überliefert, stehen aber nebeneinander und unterscheiden sich durch ihre innere Gliederung: Eine fliessende Darstellung im ersten Teil, eine Einteilung in Rechtsfälle im zweiten Teil, wieder eine eher durchgängige Darstellung im dritten Teil.

Treten wir von der Betrachtung der groben Organisation des Dekrets einen Schritt näher heran zu dessen feinerer Struktur. Das Dekret zeichnet sich durch kommentierte Autoritäten aus: Kanones, die wie in frühen Sammlungen aneinandergereiht sind, werden von Rubriken und *dicta* eingerahmt. Während die Rubriken ein tradiertes Mittel der Leserfüh-

317. Radding, Origins of Medieval Jurisprudence (1988); kritisch zum Beispiel Johannes Fried, in: DA 45, 1989, 287f.

318. Einer der wenigen im deutschsprachigen Raum, der intensiver über lombardisches Recht gearbeitet hat, ist Christoph H. F. Meyer, zum Beispiel: Meyer, Auf der Suche nach dem lombardischen Strafrecht (1999) und Meyer, Langobardisches Recht nördlich der Alpen (2003), der in beiden Beiträgen u.a. auf die Probleme der Edition des lombardischen Rechts in der MGH hinweist (Edictus Langobardorum, ed. Friedrich Bluhme (MGH LL 4), 1–225; Liber Legis Langobardorum Papiensis, ed. Alfred Boretius (MGH LL 4), 289–585).

rung waren, sind die Kommentare in diesem Umfang in einer Sammlung normativer Texte eher ungewöhnlich. Gerade Gratian 1 leitete die Leser, warf Fragen auf, diskutierte Antworten und formulierte Lösungen. Erstmals bei Gratian mischte sich also der Kompilator gleichsam aus dem Hintergrund ein und brachte seine eigene Meinung ein. Insofern kann man von einer argumentierenden Darlegung sprechen, in der die zum Beleg herangezogenen Aussagen zum Argument in einer Diskussion wurden. Der Schwerpunkt der Arbeit des Kompilatoren hat sich von den Kanones auf die Kommentare verschoben: Retuschierte Burchard sein Material, frisierte der Kompilator der Sammlung in 74 Titel seine Kanones, so konnte Gratian – wie auch schon der Kompilator der *Panormia* zuvor – die normativen Texte unverändert lassen. Gratian 1 interpretierte, manipulierte aber nicht mehr. An die Stelle des Fälschers war, wie Peter Landau einmal provokant formulierte, der geschulte Jurist getreten.[319]

Können die so eben formulierten Ergebnisse Geltung für die Autoren der ersten und der zweiten Version beanspruchen, so lassen sich en détail deutliche Unterschiede zwischen beiden herausarbeiten: Gratian 1 arbeitete stärker mit *dicta*, argumentierte häufiger mit logischen Schlüssen und verwandte in grösserem Masse dialektische Begriffe und Distinktionen, um normative Texte anzuordnen. Gratian 2 beherrschte diese Techniken zwar auch, wandte sie aber in viel geringerem Umfange an; selten benutzte er dialektische Termini, kaum arbeitete er mit Umkehrschlüssen, gar nicht mit dem *argumentum a maiore*. Und auch bei der Einarbeitung der Kanones zeigen sich Unterschiede. Während Gratian 1 recht fein ziselierte Argumente vorbrachte und Kanones sorgfältig in seinen Gedankengang einbettete, durchbrach Gratian 2 häufig die Gedankengänge, die er vorfand; er zerstörte Argumentationsketten und führte den Leser mit abschweifenden Ausführungen von der Hauptidee fort. Häufig nahm Gratian 2 ein Stichwort, das er vorfand, zum Anlass, nur assoziativ verknüpfte Kanones anzuschliessen.

Noch ein zweiter Punkt erklärt den Eindruck einer gewissen Unsortiertheit des Dekrets: Gratian 2 behielt bei der Überarbeitung die Ordnungsstrukturen bei, die er vorfand. Er fügte zwar einen dritten Teil, *De consecratione*, gleichsam als Appendix an, doch schob er in

319. Landau, Gefälschtes Recht, 49: „Der Erfolg des Decretum Gratiani zeigte sich nicht zuletzt darin, daß der Fälscher nicht mehr gebraucht wurde, damit das Recht seine Ordnungsaufgaben erfüllten konnte; an seine Stelle trat der geschulte Jurist."

den ersten beiden Teilen nur einzelne Kanones oder Kanonesblöcke ein, die, auch wenn sie später sogar zu einzelnen Distinktionen wurden, doch die vorgefundene Struktur nicht gänzlich aufbrachen. Neue *Causae* erfand er nicht, vielmehr fütterte er den gegebenen Text an. Diese punktuellen Ergänzungen fügen ihren Teil zum Eindruck des Weitschweifigen bei.[320]

Die Entscheidung, die Ordnungsstruktur Gratians 1 beizubehalten und nur punktuell aufzubrechen, kann auch inhaltliche Eigenarten erklären. Gratian 1, so darf man aus dem Vorstehenden folgern, interessierte sich zwar für einzelne Rechtsfragen im Kontext des Jurisdiktionsprimats, nicht aber für den Primat als theoretisches Konzept. Diese Wertentscheidung versuchte Gratian 2 zu korrigieren, indem er fehlende Kanones nachtrug und das Panorama vervollständigte, doch konnte er diese Texte nur hier und da einfügen, da ein zentraler Aufhänger für den Jurisdiktionsprimat fehlte. Auf einen eigenen Abschnitt *De primatu* hatte Gratian 1 gerade verzichtet.[321] Diese Arbeitsweise erklärt, warum sich der Jurisdiktionsprimat durch das ganze Dekret zieht, ohne eine zentrale Verankerung zu haben, während Gratian 1 dem Zölibat in D. 27–32 eine zentrale Stelle bot, an der er (ebenso wie Gratian 2) Fragen zur Enthaltsamkeit von Klerikern erörtern konnte.

Noch grundsätzlicher liesse sich anhand dieser Beobachtungen zum Jurisdiktionsprimat formulieren, dass Gratian 1 sich mit der ausgleichenden Darstellung von Lösungen zu Rechtsproblemen begnügte, während Gratian 2 ein umfassendes Kompendium normativer Texte anstrebte. An die Stelle einer argumentativen, logischen Verknüpfung von Kanones trat eine assoziative Verbindung. Diese Art der Überarbeitung führt einerseits häufig zu dem Eindruck, dass es der Darstellung Gratians an Präzision und Konsistenz mangelt, weckt aber andererseits Erinnerungen an die Methode vorgratianischer Kompilatoren, die eher einen Speicher kirchlichen Rechtswissens schufen als dieses kohärent darbieten wollten. Dies ist nicht unbedingt ein Rückschritt: Zwar verlor

320. Jeder, der einmal einen abgeschlossenen Text überarbeitet hat, hat erfahren, wie schwer es ist, diesen aufzubrechen und neue Gedanken und Ideen einzufügen, ohne dass man es dem Text anmerkt. Gratian 2 jedenfalls ist dies nicht gelungen: Auf Brüche in der Argumentation, falsche Übergänge und logische Sprünge im *Decretum Gratiani* haben viele hingewiesen – seit Anders Winroth wissen wir auch, warum diese existieren.

321. Es ist wohl weniger die Mitte des 12. Jahrhunderts allgemein verbreitete Akzeptanz des Jurisdiktionsprimats, die zu einer rudimentären und zerstückelten Darstellung in der ersten Version des Dekrets führt, als vielmehr Gratians Ordnungsvorstellung, die den Blick auf den Jurisdiktionsprimat nicht erlaubte.

das Dekret in dieser Überarbeitung an Konsistenz, doch gewann es an Breite, da sich der bei Gratian 1 nur rudimentär ausgeprägte Jurisdiktionsprimat in Gratian 2 wieder vollständig findet. Vielleicht war die Fülle an Wissen auch für den Leser hilfreicher, der Unterricht gab, konnte er doch so juristische Diskussionen auf eine breitere Stoffauswahl stützen.[322]

Vertiefen wir punktuell noch die Anordnung der Kanones. Die Untersuchung der Passagen zum Zölibat hat gezeigt, dass das Dekret ganz wesentlich auf der Struktur der *Panormia* beruhte. Gratian 1 modifizierte diese, änderte Kanones, liess aber die grundsätzliche Entscheidung intakt, ost- und westkirchliche Regeln gegenüberzustellen. Es wäre sicherlich zu weitgehend, die *Panormia* als eine bewusste Vorarbeit zum Dekret, als ein Vorsortieren von Kanones zu begreifen,[323] doch ist es richtig, wenn Peter Landau die *Panormia* als „die eigentliche *Initialzündung* [Hervorhebung im Original–S.D.] für Gratians eigenes Unternehmen" verstand.[324] Die scholastische Aufbereitung des tradierten Stoffes in der *Panormia* – hier verstanden als Gegenüberstellen von Positionen – erleichterte Gratians eigene Arbeit; vielleicht ermöglichte sie sie sogar erst.

Fragt man nach dem Einfluss von Kanonessammlungen, den sie auf Gratian 1 ausgeübt haben, so fällt die Antwort eher bescheiden aus: Zwar übernahm er an einigen Stellen den scholastischen Aufbau der *Panormia*, doch ob Algers von Lüttich *De misericordia et iustitia* bei der Bildung von *dicta* Pate stand, ist ungewiss. Wahrscheinlicher ist, dass ein kleineres theologisches Florilegium, *Deus non habet/Deus itaque summe*, auf Gratian Einfluss nahm und ihn zu *dicta* motivierte. Zudem zitierte Gratian immer wieder aus einer Frühform der *Glossa ordinaria* zur Bibel. Darüber hinaus lassen sich Grundkenntnisse der Rhetorik vermuten, die es Gratian ermöglichte, einfache Schlüsse zu bilden, sowie dialektische Begriffe, die diairetische Operationen

322. Zu dieser Diskussion Dusil, Learning from Gaius?, 178–180.

323. Dieser Gedanke wäre allerdings reizvoll, wenn man die Entstehung der *Panormia* in Nordfrankreich lokalisieren möchte und einen Studienaufenthalt Gratians in Laon vermutet.

324. So Landau, Gratians Arbeitsplan, 694; ähnlich ebd., 706f.: „Der umfassende Plan des Gratianischen Dekrets war nur denkbar, nachdem durch Ivo der Reichtum jahrhundertelanger Überlieferung kanonistisch verwertbarer Texte griffbereit zugänglich war. Dieses Erbe aus ganz unterschiedlichen geistesgeschichtlichen Traditionen bedurfte nur systematisch geordneter Erfassung und juristischer Durchdringung, die von Gratian geleistet wurde. *Ivo von Chartres* und *Gratian von Bologna* [Hervorhebungen im Original–S. D.] haben die Fundamente für die anschließende jahrhundertelange Gedankenarbeit der päpstlichen Rechtssetzung und der wissenschaftlichen Kanonistik gelegt [...]".

ermöglichten. Auch wenn es schlichte Operationen waren, so ist es doch bemerkenswert, dass er sie überhaupt einsetzte.

Hieran schliesst sich eine letzte Überlegung an. All die Techniken, die in den Jahren um 1100 durchdacht wurden und hier und da in den Streitschriften Anwendung fanden, applizierte Gratian 1 in einem bislang unbekannten Masse auf Kanones. War es bis zu diesem Zeitpunkt dem Leser überlassen, mit Hilfe artistischer Grundbegriffe und anderer Techniken eine Ordnung in das normative Material zu bringen, so schlug sich nun die gedachte Ordnung in der gemachten Ordnung nieder. Gratian 1 verband die gedachte mit der gemachten Ordnung, so dass bei ihm das rechtliche Wissen eine neue Darstellung auf dem Pergament fand. Die Gattungen der Kanonessammlungen als Speicher normativen Wissens und die interpretierenden Traktate, die zur Zeit Bernolds von Konstanz noch getrennt waren, vermischten sich und so entstand eine Melange mit Charakteristika beider Gattungen. Gratian 1 selbst unterstrich dies, als er seine Sammlung als aus *tractatus* bestehend beschrieb.[325]

Doch weder Gratian 1 noch Gratian 2 reflektierten offen, was sie taten. Zwar sind die ersten zwanzig Distinktionen als eine Art Vorwort zum Dekret begriffen worden, doch sind diese verschieden von den Vorworten, die Burchard, Deusdedit und andere ihren Sammlungen vorausgestellt haben.[326] Hilfestellungen zur Benutzung seiner Sammlung, zu seiner Methode, Kanones zu ordnen, gab Gratian nicht – und musste er vielleicht auch nicht geben. Das Dekret atmet nämlich, wie wiederholt betont wurde, die Luft eines Klassenraumes.[327] Es ist also aus dem Kontakt des Lehrenden mit dem Lernenden geboren, der Fragen stellen, Lösungen präsentieren und mit den Schülern diskutieren konnte. Vielleicht benötigte ein solches Lehrbuch kein Vorwort, konnte doch der Lehrer diese Einführung übernehmen; vielleicht waren es auch schlicht die Entstehungsbedingungen des Dekrets, die dazu führten, dass es ohne Einleitung Verbreitung fand. In seinem universitären Kontext steht das Dekret jedenfalls in einem anderen Bildungszusammenhang als die vorherigen Kanonessammlungen. Von der Klosterschule zur Universität, so

325. Zu den *tractatus* siehe 393.

326. Als Vorwort wertet McCarthy, Genius of Concord, 259, die ersten 20 Distinktionen.

327. Zu Gratian als Lehrer siehe Larson, Master of Penance, 297–312; Meyer, Distinktionstechnik, 165 spricht davon, dass die *dicta* mit der Wendung *his ita respondetur* „in ihrer dialektisch-dialogischen Form die Atmosphäre einer Schule ein[fangen]". Pennington/Müller, Decretists, 121: „The *Decretum* began as a book for teaching, and it remained a text for the classroom".

könnte man die Entwicklung benennen, und unter diesem Blickwinkel steht das *Decretum* in der Tat an dem Beginn einer neuen Beschäftigung mit normativen Texten – Gratian trägt insofern nicht zu Unrecht den Titel als „father of the science of canon law".[328] Und doch verkennt die zu starke Betonung des Neuanfangs durch Gratian, die ihn als Wasserscheide zwischen ungelehrt und gelehrt, zwischen Sammeln und Argumentieren, zwischen vorgratianischem Kirchenrecht und Dekretistik/Dekretalistik erscheinen lässt, die Kontinuitätslinien, die sich durch das Dekret ziehen.[329] Wenn das Dekret einmal als zugleich „comprehensive collection" und „didactic text book" begriffen wurde,[330] so können wir heute präziser formulieren, dass Gratian 1 eher Lehrbuch, Gratian 2 eher Kanonessammlung ist. Die zweite Version des Dekrets greift auf ältere Traditionen der Wissensdarstellung zurück, während die erste methodisch Neues ausprobiert. Insofern lässt sich das Dekret als janusköpfige Kompilation bezeichnen, das zugleich in die Vergangenheit des Sammelns und in die Zukunft des Argumentierens weist.

328. Siehe 329 Anm. 1. Die Charakterisierung als Übergang von einer ‚monastic' zu einer ‚scholastic lectio' findet sich u.a. bei Parker, Influence, 115.

329. Die Vorstellung von Gratian als ‚Wasserscheide in der Kanonistik' lässt sich u.a. daran ablesen, dass Werke in der Regel nur die vor- oder die nachgratianische Zeit behandeln. So beginnen die folgenden Darstellungen mit Gratian: Schulte, Geschichte der Quellen und Literatur des Canonischen Rechts von Gratian bis auf die Gegenwart, Band 1: Einleitung. Die Geschichte der Quellen und Literatur von Gratian bis auf Papst Gregor IX. (1875); Landau, Die Entstehung des kanonischen Infamiebegriffs von Gratian bis zur Glossa ordinaria (1966); Weigand, Die Naturrechtslehre der Legisten und Dekretisten von Irnerius bis Accursius und von Gratian bis Johannes Teutonicus (1967); Müller, Anteil der Laien an der Bischofswahl. Ein Beitrag zur Geschichte der Kanonistik von Gratian bis Gregor IX. (1977); Lenherr, Die Exkommunikations- und Depositionsgewalt der Häretiker bei Gratian und den Dekretisten bis zur Glossa ordinaria des Johannes Teutonicus (1987); Hartmann/Pennington, The History of Medieval Canon Law in the Classical Period 1140–1234. From Gratian to the Decretals of Pope Gregory IX. (2008). Thier, Hierarchie und Autonomie (2011) umfasst Gratian nur ausblicksartig. Meyer, Ordnung durch Ordnen (2006) ist einer der wenigen, die eine diachrone Untersuchung über Gratian hinaus vorgelegt haben.

330. Kuttner, Father of the science of canon law, 2 und 15. In diesem Sinne wertet auch McCarthy, Genius of Concord, 136: „The work [of Gratian–S.D.] is obviously two things at once, viz., a collection of canons and a commentary upon the canons."

Kapitel 5

RELATIONALES RECHTSWISSEN. KANONISTIK ZWISCHEN KANONESSAMMLUNGEN UND *GLOSSA ORDINARIA*

War der Blick bisher auf vorgratianische Kanonessammlungen und das *Decretum Gratiani* gerichtet, so soll nun die Dekretistik im Zentrum stehen, also jene wissenschaftliche Bearbeitung des *Decretum Gratiani*, die in den 1140er Jahren einsetzte und mit der *Glossa ordinaria* des Johannes Teutonicus um 1215 ihren Abschluss fand. Die Untersuchung der zur Dekretistik zählenden Quellen, der Glossen und Summen, Apparate und Distinktionen kann hier nur ausschnittsweise und stichprobenartig erfolgen. Angestrebt ist keine umfassende Analyse, sondern eine Skizze, die die Ergebnisse zum vorgratianischen Material wie zu Gratian kontrastiert und diese dadurch deutlicher hervortreten lässt. In einem ersten Schritt sollen einige dieser neuen Literaturformen vorgestellt und sowohl auf Wissensinhalt als auch Form der Wissensvermittlung befragt werden (1.); in einem zweiten Schritt soll der Umgang der Dekretistik mit älteren Ordnungsvorstellung beleuchtet werden (2.), bevor einige Überlegungen zum juristischen Experimentieren in einer Transformationsphase die Ausführungen dieses Kapitels beenden (3.).

1. Die Unterwerfung des *Decretum Gratiani*: Die Dekretistik

a) Quellenkunde: Dekretistische Literatur

Die neueren Literaturformen, die in der zweiten Hälfte des 12. Jahrhunderts entstanden, werden üblicherweise in die beiden grossen Werkgattungen *summa* und *apparatus* unterteilt; hinzu kommen kleinere Gattungen wie *Distinctiones*, *Notabilia*, *Brocarda*, *Questiones* sowie *Consilia* und *Casus*.[1] *Summae*/Summen werden als zusammenfassende

1. Die kleineren Gattungen werden hier nicht behandelt. Zu nennen sind: Erstens, *Distinctiones*. Als Arbeitstechnik war die Distinktion „die Zerlegung eines Oberbegriffs durch Heranziehung entgegengesetzter Sondermerkmale“ (Kuttner, Repertorium, 209), die methodische Grundlage für die Arbeit in Summen und Glossen war; als Literaturgattung versteht man unter *distinctio* die Gegenüberstellung von gegensätzlichen Texten und die Präsentation einer *solutio* (vertiefend: Kuttner, Repertorium, 208–227; Pennington/Müller, Decretists, 161f.; Fransen, Les questions disputées, 237–242 auch mit Blick auf die Abgrenzung der Genres). Ein bekanntes Beispiel einer Distinktionensammlung ist diejenige von Ricardus Anglicus, die aus dem Ende des 12. Jahrhunderts stammt (Silano, Distinctiones Decretorum

Darstellungen beschrieben, die einzelne Abschnitte des Dekrets synthetisch behandelten, wohingegen *apparatus*/(Glossen)Apparate einzelne Begriffe oder Rechtssätze näher erklärten. Apparate standen häufig *in margine* des zu kommentierenden Textes; Summen waren regelmässig ohne Dekrettext überliefert. Dass diese idealtypische Klassifikation viele Werke nicht adäquat erfasst,[2] ist bekannt und wird die folgende Untersuchung erneut bestätigen können. In diesem Teil der Arbeit wird analysiert, wie die Dekretisten in Summen und Glossen mit dem

of Ricardus Anglicus (1981), Bd. 1: 1–18 zu Autor und Werk, 19–42 zur Methode; eine Edition der Distinctiones enthalten Bd. 1, 88–710, Bd. 2 beherbergt den kritischen Apparat. Zu diesem Werk auch Taliadoros, Law, Theology, and the Schools: The Use of Scripture in Ricardus Anglicus's *Distinctiones decretorum* (2016)); ein anderes die *Distinctiones Monacenses*, die jedoch sowohl als Distinktionen- wie als Questionensammlung bezeichnet wurden, was die klassifikatorischen Schwierigkeiten illustriert (Edition: Sorice, Distinctiones 'Si mulier eadem hora' seu Monacenses (2002). Sie sind vermutlich im Kloster Liesborn in Westfalen entstanden, vgl. Meyer, Gratian in Westfalen (2002); zur schwankenden Klassifikation dieses Werkes siehe Hersperger, *superstitio*, 116). Zweitens, *Notabilia* sind im weiteren Sinne glossenartige Hinweise auf eine bestimmte Stelle des Dekrettextes (cf. *Nota*); im engeren Sinne verstand Kuttner, Repertorium, 233 darunter Zusammenfassungen mit dem „Charakter einer abstrahierten Rechtsregel", die den Kern eines normativen Rechtssatzes paraphrasierten; solche Notabilien beginnen regelmässig mit *Nota quod*, *Notandum*, *Argumentum quod* oder *Hinc collige* (Kuttner, Repertorium, 232–239; Pennington/Müller, Decretists, 162f.). Drittens, im Zusammenhang mit den Notabilien stehen die *Brocarda*. Brocarda enthalten wie Notabilien Rechtsregeln, die jedoch – im Gegensatz zu diesen – nur eingeschränkte Geltung besitzen, und als Argument in einer rechtlichen Auseinandersetzung dienen konnten (Peter Weimar, Art. Brocarda, Brocardica, in: LexMA 2, 1983, Sp. 707f.; Peter Weimar, Art. Brocarda, Brocardica, in: HRG 1, 2. Aufl., Sp. 685f. sowie Kuttner, Repertorium, 239; ferner Kuttner, Réflexions sur les Brocards des Glossateurs (1951); Weimar, Argumenta brocardica (1967) und Pennington/Müller, Decretists, 163). Viertens, die *Questiones*. Unter Questionen sind ausführliche Pro- und Contra-Sammlungen von rechtlichen Aussagen zu Fragen zu verstehen, deren Antwort sich nicht ohne weiteres aus dem normativen Material selbst ergibt. Sie zielen also auf „Erweiterung des quellenmässigen Rechtsstoffes" und führen die fragende Form der gratianischen *Causae* fort (Kuttner, Repertorium, 243f., eine Aufstellung von Questionen findet sich ebd., 245–256; weitere Hinweise von Pennington/Müller, Decretists, 164–170 sowie grundlegend Fransen, Les questions disputées (1985), insbes. 231–237 zum Genre; zivilistische und kanonistische *Questiones* vergleicht Gouron, Diffusion (1992); ein Beispiel stellt Fransen, Questiones Vindobonenenses (1992) vor). Fünftens, *Casus* sind kurze Inhaltsangaben eines *capitulum*, die häufig mit *Casus sic ponitur* oder *Magister sic ponit casum* eingeleitet sind (siehe Kuttner, Repertorium, 228–232; Pennington/Müller, Decretists, 172). Sechstens, *Consilia* sind Rechtsgutachten, die Juristen in einem Rechtsfall erstattet haben (Pennington/Müller, Decretists, 170–172). Diese verschiedenen Literaturformen sind als eher idealtypische Beschreibungen zu verstehen, denn in den Handschriften finden sich häufig Überlappungen und Mischformen, die sich schwer einordnen lassen. Vergleichbar idealtypisch lässt sich die Funktion dieser Texte bestimmen: Vor allem Summen, aber auch Notabilien dienten in erster Linie dazu, dem Lernenden den Zugriff auf den Stoff zu erleichtern; *Brocarda* konnten in der forensischen Praxis, aber auch in der Schule Anwendung finden, während Glossen und Questionen wohl eher im akademischen Milieu zu verorten sind, aber durchaus auch Praxisbezug aufweisen konnten.

2. Siehe zum Beispiel Kuttner, Repertorium, 123–125.

Decretum umgingen und es langsam erschlossen. Das *Decretum* verfing sich innerhalb eines guten halben Jahrhunderts im Spinnennetz der Dekretisten, die mit Allegationen und Querverbindungen aus dem komplexen Rechtswissen des Dekrets relationales Rechtswissen schufen. Um diesen Schritt nachzuvollziehen, ist der Blick erneut auf Handschriften und Editionen kanonistischer Werke zu werfen.

b) Beobachtungen zu Summen und Glossen

Aus der dekretistischen Literatur sollen nun beispielhaft einige Glossen und Summen herausgegriffen werden. Aus den Glossenschichten sollen die erste und die siebte Glossenschicht sowie die *Glossa ordinaria* näher betrachtet werden, aus der Gattung der Summen die Summa *Quoniam in omnibus* und die des Rufinus, zwei einflussreiche Bologneser Werke der 1150er und 1160er Jahre, ferner die *Summa Parisiensis*, die französischer Provenienz ist (1160er Jahre), sowie die *Summa Coloniensis*, ein Werk der rheinischen Kanonistik (vor 1169). Mit dieser Quellenauswahl ist ein repräsentativer Querschnitt gewählt, der die verschiedenen literarischen Gattungen und Schulen in den ersten drei Jahrzehnten nach Entstehung des *Decretum Gratiani* erfasst.[3]

(1) Apparat-Summen: Die Summa Quoniam in omnibus*, die Summe Rufins und die* Summa Parisiensis

Beginnen wir mit einem Blick auf die drei Summen. Gemeinsam ist allen drei Summen, dass sie als ‚Apparat-Summen' zu charakterisieren sind. Doch bevor die spezifische Form der Wissensvermittlung im Zentrum der Analyse steht, die eine solche Charakterisierung begründen kann (β), soll der Blick auf die inhaltlichen Aussagen dieser Werke zu Jurisdiktionsprimat und Zölibat gerichtet werden (α).

α) Inhaltliche Aussagen zu Jurisdiktionsprimat und Zölibat

Mit den Worten *Quoniam in omnibus rebus* beginnt die erste Summe über das *Decretum Gratiani*. Das Werk ist traditionellerweise Paucapalea[4] zugeschrieben, der vielleicht ein Schüler Gratians war und

3. Ein zentrales Werk, nämlich die Summe Huguccios (um 1190), kann hier aufgrund der Editionslage nicht berücksichtigt werden. Nur D. 1–20 sind ediert (Přerovský, Huguccio Pisanus Summa Decretorum (2006)) und aufgrund der breiten Überlieferung der Summe ist eine hier angestrebte Querschnittsuntersuchung nicht möglich.

4. Zu Paucapalea siehe Hartmut Zapp, Art. Paucapalea, in: LexMA 6, 1993, Sp. 1810 sowie Schulte, Geschichte der Quellen 1, 109–114; Weigand, Frühe Kanonisten, 136;

nach unsicherer Überlieferung für die endgültige Gestalt des Dekrets verantwortlich zeichnete, indem er den ersten und dritten Teil in Distinktionen gliederte und einige Kanones nachtrug.[5] Neuere Forschungen haben diese Zuweisung an Paucapalea in Frage gestellt und sehen in der Summe *Quoniam in omnibus* eher a „school work, a compendium assembled by an anonymous author in the mid-fifties of the twelfth century."[6] Auch wenn die Frage der Autorenschaft somit wieder offen ist, so ist doch die Verortung in der Mitte der 1150er Jahre und die Zuschreibung nach Bologna gesichert.[7] Was wusste nun der Autor dieser Summe zu Jurisdiktionsprimat und Zölibat? Seine Arbeitsweise des Paraphrasierens des gratianischen Dekrets und seine deutliche Anlehnung an Gratians Text bringt es mit sich, dass sich keine tiefergehende analytische Auseinandersetzung mit dem Jurisdiktionsprimat findet. Er erwähnte zwar die Kompetenz des Papstes[8], Synoden einzuberufen, doch verband er weder in seinem Kommentar die Appellation mit dem Jurisdiktionsprimat noch interessierte ihn die lange Primatspassage in C. 9 q. 3.[9] Die Summe überging also den Jurisdiktionsprimat des Papstes, wohingegen sie dem Zölibat ein wenig mehr Aufmerksamkeit schenkte, ohne jedoch die inhaltlichen Grundpositionen Gratians

Pennington/Müller, Decretists, 128f.; Hersperger, *superstitio*, 69–71 und die Angaben unter „Paucapalea" in dem Bio-Bibliographical Guide to Medieval and Early Modern Jurists (sub Paucapalea). Noonan, True Paucapalea? (1980) schlug vor, anstelle der Summe *Quoniam in omnibus rebus* Paucapalea die Summe *Sicut vetus testamentum* zuzuschreiben, doch er stiess auf Widerstand von Weigand, Paucapalea und die frühe Kanonistik (1981). Insgesamt fand seine These keinen Anklang, siehe jetzt auch die übergreifende Beurteilung von Pennington/Müller, Decretists, 129f.

5. Von seinem Namen, *Paucapalea*, soll auch der Name *Palea* abgeleitet sein. Zu anderen etymologischen Erklärungen als ‚Spreu' (*palea*) im Gegensatz zu den von Gratian selbst stammenden Kanones, die als ‚Korn' (*granum*) bezeichnet wurden, siehe Vetulani, Distinktioneneinteilung, 365f. mit weiteren Nachweisen. Zu der ihm zugeschriebenen Distinktioneneinteilung siehe Schulte, Geschichte der Quellen 1, 111 und Vetulani, Distinktioneneinteilung, 346–358.

6. Zu dem Werk nun auch Viejo-Ximénez, The Summa *Quoniam in omnibus* Revisited (2016).

7. Zur Datierung „um 1150 oder noch etwas später": Weigand, Frühe Kanonisten, 136; Pennington/Müller, Decretists, 129 geben „between 1144 and 1150" an. Die Summe ist ediert von von Schulte, Summa des Paucapalea (1890). Zur handschriftlichen Überlieferung siehe Kuttner, Repertorium, 125–127; Hersperger, *superstitio*, 71 Fn. 192 sowie Viejo-Ximénez, The Summa *Quoniam in omnibus* Revisited, 170–175. Vielleicht stammen sogar einige Glossen aus seiner Feder, siehe Weigand, Development, insbes. 69f.

8. Paucapalea nennt den Papst übrigens durchgehend *apostolicus*, so Schulte, Geschichte der Quellen 1, 114.

9. Zu D. 17 vgl. Schulte, Summa des Paucapalea, 19; zu C. 2 q. 6 vgl. ebd., 61f.; zu C. 9 q. 3 vgl. ebd., 76.

zu verändern.[10] Wie das *Decretum* unterschied auch die Summe noch nicht trennscharf zwischen verbietendem und trennendem Ehehindernis, sondern verwies in einem Kommentar zu C. 27 q. 1 pauschal nach vorn, zur D. 27, wo diese Differenzierung jedoch nicht näher ausgeführt ist.[11] Den als C. 27 q. 1 c. 40 aufgenommenen Beschluss des Zweiten Laterankonzils analysierte die Summe *Quoniam in omnibus* überhaupt nicht. Man darf daher resümierend festhalten, dass die erste Summe zum Dekret sich bescheiden an Gratian anlehnte, dessen Wertungen beim Zölibat übernahm und den auch im *Decretum Gratiani* nicht konzentriert behandelten Jurisdiktionsprimat eher stiefmütterlich behandelte. Zölibat und insbesondere Jurisdiktionsprimat standen am Rande des Interesses, während andere Themen wie das Prozessrecht nicht nur in der Kommentierungsdichte, sondern auch in der eigener Wahrnehmung der Dekretisten in das Zentrum gerückt waren.[12]

In vergleichbaren perspektivischen Bahnen wie die Summe *Quoniam in omnibus* bewegte sich auch das Werk des Rufinus (um 1164). Rufinus lehrte in Bologna, wo er neben dieser Summe verschiedene Glossen verfasste.[13] Dass er darüber hinaus auch Bischof von Assisi und später Erzbischof von Sorrent war, das Dritte Laterankonzil 1179 eröffnete und um 1192 verstarb, wie die ältere Literatur behauptet hatte,[14] ist mit guten Gründen bestritten worden.[15] So bleibt das Leben dieses Kanonisten wohl im Dunkeln, auch wenn unbestritten ist, dass seine Summe über das Dekret mehr als zwanzig Jahre die einflussreichste war; erst Huguccios Summe löste Ende der 1180er Jahre Rufins Werk ab.[16]

10. Zu D. 27–32 vgl. Schulte, Summa des Paucapalea, 25f.; auf die D. 81 c. 6 und D. 84 c. 3 geht Paucapalea nicht ein (ebd., 44f.); die Kommentierung zu C. 27 q. 1 ist zwar sehr ausführlich, doch übergeht Paucapalea den C. 27 q. 1 c. 40 und verweist nur grundsätzlich auf die verschiedenen Formen des Gelübdes, die Gratian in D. 27 aufgezeigt hatte (ebd., 112.) Hierzu Liotta, La continenza dei chierici, 36–38.

11. Schulte, Summa des Paucapalea, 112.

12. So die Wertung von Pennington/Müller, Decretists, 130 mit Berufung auf Paucapaleas Vorwort, siehe Schulte, Summa des Paucapalea, 1 Zeile 2–11; eine englische Übersetzung des Vorworts bieten Somerville/Brasington, Prefaces, 180–185.

13. Zur Datierung vor allem Gouron, Sources civilistes, insbes. 65–68.

14. Zum Leben von Rufinus: Rudolf Weigand, Art. Rufinus, in: LexMA 7, 1995, Sp. 1089; Herbert Kalb, Art. Rufinus, Kanonist, in: LThK 8, 1999, Sp. 1351 sowie Schulte, Geschichte der Quellen 1, 121–126; Weigand, Frühe Kanonisten, 138–140; Hersperger, *superstitio*, 77f.; Bio-Bibliographical Guide to Medieval and Early Modern Jurists (sub Rufinus).

15. Deutinger, Rufinus (1999) hinterfragt die vermeintlich sicheren Erkenntnisse zu Rufins Leben.

16. Die Summe ist ediert von Singer, Rufinus, Summa decretorum (1902, ND 1963); die ältere Edition von von Schulte, Summa magistri Rufini (1892) beruht auf einer schlechten

Gegenüber der kurzen Dekretsumme *Quoniam in omnibus* fällt sofort die Länge des Werkes Rufins ins Auge – gegenüber 146 Druckseiten benötigt die Edition des rufinischen Werkes 567 Seiten. Und auch in der Analysedichte geht Rufinus über seinen Vorgänger hinaus: Die synthetischen Einschübe zu Beginn einer Distinktion oder *causa* sind länger, die Ausführungen gehen über eine Paraphrase Gratians hinaus und analysieren die normativen Texte en détail. Zwar kommentierte Rufin stärker als der Autor der Summe *Quoniam in omnibus*, zwar analysierte er schärfer und tiefgehender, doch blieb er in den perspektivischen Bahnen seines Vorgängers. So überging auch er den breiten Primatsteil in C. 9 q. 3 cc. 10–21 fast gänzlich, den er nur in der Übersicht zur *Causa* 9 kurz zusammenfasste: *ostendens,* [...] *quomodo Romanus pontifex omnium ecclesiarum et clericorum summam potestatem teneat.* Auch kommentierte er kein einziges Kapitel dieses Teils. Die jurisdiktionell herausgehobene Stellung des Papstes, die in C. 17 q. 4 c. 30 anklang, würdigte er ebenso wenig wie die päpstliche Administrativkompetenz, Abteien und Bistümer zusammenzulegen.[17] Im Zuge der Analyse der Bistumsbesetzungen schien Rufinus die Translationskompetenz des Papstes zu akzeptieren, ging aber nicht näher auf sie ein.[18] Welche Rolle der Papst als jurisdiktionelles Oberhaupt der Kirche für Rufinus spielte, lässt sich gut an seiner Bearbeitung der C. 2 q. 6 ablesen: Zwar stellte Rufinus die Appellation ausführlich dar,[19] doch schlug er den Bogen von dem Appellationsrichter nicht zum Papst als oberstem Richter. Die Kanones, die der Kompilator der Sammlung in 74 Titeln noch knapp 100 Jahre zuvor zur Begründung des Jurisdiktionsprimats eingesetzt hatte, las Rufinus nicht mehr in diesem Sinne.

Schliesslich bleibt noch die päpstliche Kompetenz zu erwähnen, Synoden einzuberufen: Selbstverständlich obläge es dem Papst, Generalsynoden einzuberufen, stellte Rufinus fest, doch könnten sich Bischöfe zu Provinzialsynoden auch ohne Zustimmung des Papstes versam-

Manuskripttradition, so Pennington/Müller, Decretists, 135 Fn. 73; ferner die Bemerkungen von Singer, Rufinus, Summa decretorum, iii und Kuttner, Repertorium, 132 Fn. 1.

17. C. 17 q. 4 c. 30 (Singer, Rufinus, Summa decretorum, 375) sowie C. 16 q. 1 cc. 48–49 (Singer, Rufinus, Summa decretorum, 356) bleiben unkommentiert.

18. Vgl. die Ausführungen von Rufinus zu C. 7 q. 1 (Singer, Rufinus, Summa decretorum, 287): [...] *ista tamen mutatio sine consultu summi pontificis facienda non est.*

19. Rufinus wählte einen anderen Aufbau für die Darstellung, da hier Gratian sehr dunkel geblieben sei, wie er kritisierte (Singer, Rufinus, Summa decretorum, 251): *Quoniam de appellatione multa diffuse confuseque in questione proposita memorantur, ideoque, ut serenius sequentia videantur, premittendum est: quid sit appellatio, et qui appellare possint, et a quibus ad quos sit appellandum* [...].

meln, sollte doch jährlich in einer Kirchenprovinz eine Synode gefeiert werden. Gleichsam als antizipierte Zustimmung des Papstes zu Provinzialsynoden entschärfte Rufinus an dieser Stelle die strikte Haltung Gratians und überführte sie in eine praxisfreundlichere Regelung.[20] Rufinus Umgang mit dem Jurisdiktionsprimat lässt sich also so verstehen, dass er zwar einzelne Aspekte – wie die Einberufung von Synoden – ausgiebiger diskutierte, im Ganzen aber weder eine synthetische Darstellung noch eine Kommentierung und Analyse des Jurisdiktionsprimats lieferte.[21]

Dieser höchst punktuellen Auseinandersetzung mit einigen Aspekten des Jurisdiktionsprimats steht eine zumindest begrifflich scharfe Analyse des Zölibats gegenüber. Über die analytischen Leistungen der Summe *Quoniam in omnibus* hinaus findet sich bei Rufinus nämlich die begriffliche Scheidung von trennendem und verbietendem Ehehindernis, die er im Zusammenspiel von D. 27 und C. 27 q. 1 entwickelte und mit deren Hilfe er die von Gratian nur angedeutete Bedeutung von einfachem und feierlichem Gelöbnis auf den Punkt brachte.[22] Die übrige Kommentierung des Zölibats bewegt sich indes in dem von Gratian gesetzten Rahmen.[23] Auch schenkte Rufinus C. 27 q. 1 c. 40 keine weitere Beachtung.[24]

Verlassen wir die Bologneser Dekretisten und gehen zu einem französischen Werk über, der *Summa Parisiensis*.[25] Das Werk ist anonym

20. Singer, Rufinus, Summa decretorum, 39: *Ergo generalia concilia non licet facere absque auctoritate speciali Romani pontificis; provincialia vero quamvis absque speciali auctoritate apostolice sedis celebrentur, non tamen preter generalem eius auctoritatem presumuntur, quia semel eius auctoritate est confirmatum, ut unaqueque provincia concilia anniversaria celebret.*

21. Die päpstliche Immunität und ihre Durchbrechung durch die Häresieklausel kommentierte Rufinus zwar, indem er u.a. auf C. 24 q. 2 c. 6 verwies (Singer, Rufinus, Summa decretorum, 96), doch nutzte er auch diese Stelle nicht zu grundsätzlicheren Erörterungen über den Jurisdiktionsprimat.

22. Singer, Rufinus, Summa decretorum, 434f.

23. Rufinus stellte aber die Begründung für den Zölibat sehr ausführlich dar, siehe Singer, Rufinus, Summa decretorum, 63f., insbesondere diskutierte er die Frage, ob ein Gelübde vor der Majoristenweihe nötig sei und wie sich die Enthaltsamkeitspflicht auch ohne Gelübde herleiten lässt. Im Übrigen überging er das Kapitel zum Zölibat in D. 81 c. 6 und sprach das in D. 84 c. 3 nur kurz an. Zum Zölibat bei Rufinus vertiefend Liotta, La continenza dei chierici, 58–65.

24. Zur Bedeutung des Kapitels im kanonistischen Diskurs siehe 353–355; zu C. 27 q. 1 c. 40 schrieb Rufinus (Singer, Rufinus, Summa decretorum, 438) nur: Ut lex *usque* conversi, *laici scilicet, qui relicta seculari conversatione ad domum religiosam habitaturi adveniunt.* professi *sollempniter, qui tamen secularem domum adhuc non deseruerunt;* Paucapalea überging es gänzlich (Schulte, Summa des Paucapalea, 112).

25. Eine Edition des nur in einer Handschrift (Bamberg, Staatsbibliothek, can. 36)

überliefert, doch steht zu vermuten, dass es dessen Autor nach Studien in Bologna in Paris oder Umgebung (Sens?) in den 1160er Jahren, vielleicht gegen Ende dieses Jahrzehntes, abfasste.[26] Der unbekannte Autor bewegte sich in anderen perspektivischen Bahnen als Rufinus, da er stärker die Kompetenzen des Papstes beleuchtete; eine zentrale Abhandlung über den Jurisdiktionsprimat sucht man indes auch bei ihm vergebens. Am deutlichsten wird die Integration des Papstes in seiner Bearbeitung der C. 9 q. 3, in der er eine Hierarchiestruktur von unten nach oben, vom Ortsbischof über den Erzbischof bis hin zum Papst entwarf: *Videtur enim quod eam potestatem habet archiepiscopus in episcopos quam episcopus in plebeianos sacerdotes et quam dominus papa in archiepiscopos*.[27] Er bezog also das Oberhaupt der Kirche in seine Darstellung der kirchlichen Hierarchie ein, während die Bologneser Werke es übergingen. Dieser Eindruck wird auch durch seine Kommentare zum d. p. c. 9 und zu den folgenden Kapitula unterstrichen: [...] *dominus papa majorum gaudet praerogativa, quia inconsultis subditis potest ordinare quem voluerit et etiam* [...] *damnatum a synodo sine synode potest absolvere et absolutum ligare*.[28] Nutzte hier der unbekannte Autor der *Summa Parisiensis* die von Gratian 2 eingefügten Kanones, um einige grundsätzlicheren Überlegungen zur Stellung des Bischofs von Rom zu entwickeln, so zeigt sich Vergleichbares, wenn auch in abgeschwächter Form, an den anderen Stellen des Dekrets, an denen Gratian den Primat behandelt hatte. So kommentierte der Verfasser der *Summa Parisiensis* C. 17 q. 4 d. p. c. 29 und erklärte, weshalb päpstliche Urteile dem Schutz des *crimen laesae maiestatis* unterstünden;[29] in seiner Bearbeitung zu C. 2 q. 6 erwähnte er – wenn auch nur kurz – den Papst.[30] Schliesslich erklärte er auch die Häresieklausel in D. 40 c. 6 ausführlich.[31] An anderen Stellen, an denen Gratian Aspekte

überlieferten Werkes stammt von McLaughlin, Summa Parisiensis on the Decretum Gratiani (1952).

26. Zu der *Summa Parisiensis* vgl. Kuttner, Repertorium, 177f.; Hersperger, *superstitio*, 102–104; Bio-Bibliographical Guide to Medieval and Early Modern Jurists (sub Summa ‚Magister Gratianus in hoc opere'); Landau, Master Peter of Louveciennes and the Origins of the Parisian School of Canon Law around 1170 (2016) schlägt eine Entstehung in Sens vor.

27. McLaughlin, Summa Parisiensis, 141.

28. McLaughlin, Summa Parisiensis, 142 (ad C. 9 q. 3 d. p. c. 9).

29. McLaughlin, Summa Parisiensis, 189 (ad C. 17 q. 4 d. p. c. 29): *Dicit enim quoniam sacrilegii instar est dubitare an is dignis quem elegit imperator et a simili ostendit nemini permissum esse sedis apostolicae sententiam retractare vel de ejus judicare judicio.*

30. McLaughlin, Summa Parisiensis, 108 (ad C. 2 q. 6).

31. McLaughlin, Summa Parisiensis, 37 (ad D. 40 c. 6).

des Jurisdiktionsprimats berührte, ging er hingegen nicht näher auf die Rolle des Papstes ein.[32] So lässt sich resümierend festhalten, dass der Autor der *Summa Parisiensis* gegenüber den Bologneser Summen den Bischof von Rom deutlich häufiger in seine Kommentierung einbezog, woraus sich folgern lässt, dass er zu dessen Wissen über das Recht der Kirche gehörte.

Blicken wir zum Abschluss der Untersuchung der *Summa Parisiensis* kurz auf die Behandlung des Zölibats. Auch dort findet sich die von Rufinus bekannte Unterscheidung in das einfache und das feierliche Gelöbnis (das der Autor der *Summa Parisiensis* allerdings *votum consummatum* nannte) und welches unterschiedliche Rechtsfolgen zeitigte – nur das feierliche Gelöbnis führte zur Trennung der nachher geschlossenen Ehe.[33] Wie die *Summa Parisiensis* mit dem Beschluss des Zweiten Laterankonzils umging (C. 27 q. 1 c. 40), ist leider nicht festzustellen, da ihr Kommentar zu den *Causae* 27 bis 29 nicht überliefert ist.

Fassen wir die Beobachtungen zum Jurisdiktionsprimat und zum Zölibat, die wir anhand der drei Summen gewonnen haben, kurz zusammen. Als wichtigstes inhaltliches Ergebnis ist festzuhalten, dass keine der drei Summen einen Ort entwickelten, an dem der Jurisdiktionsprimat des Papstes im Zusammenhang behandelt ist; vielmehr bearbeiteten sie die über das *Decretum Gratiani* verstreuten Artikel dezentral. Allerdings lassen sich grundlegende Unterschiede zwischen den beiden Werken der Bologneser Kanonistik und der *Summa Parisiensis* ausmachen, da letztere deutlich häufiger auf die Stellung des Bischofs von Rom zu sprechen kam. Ob sich diese Beobachtung aber zu der These verdichten lässt, dass die Stellung des Bischofs von Rom umso stärker beachtet wurde, je weiter der Autor von Rom entfernt war, kann erst die Untersuchung weiterer Werke erweisen. Beim Zölibat hingegen lassen sich derartige Unterschiede nicht finden. Grundsätzlich

32. So bearbeitete der Autor der *Summa Parisiensis* C. 16 q. 1 cc. 48–49 nicht (McLaughlin, Summa Parisiensis, 179); er erwähnte auch im Rahmen der C. 7 q. 1 c. 42 den Papst nicht (McLaughlin, Summa Parisiensis, 137), nannte aber die grundsätzlich erforderliche Erlaubnis des Papstes (*sine mandato domini papae*) im zusammenfassenden Einleitungspart (McLaughlin, Summa Parisiensis, 133). Die Kommentierung von D. 17 bewegt sich in dem von Gratian gesetzten Rahmen (McLaughlin, Summa Parisiensis, 17).

33. McLaughlin, Summa Parisiensis, 17 (ad D. 27 d. p. c. 1): *Votum aliud simplex, aliud consummatum ut illud quod aliquo signo roboratur, vel habitu, vel ordine, vel quia promisit super evangelia, vel accepit aliquis talis pannos altaris et similia, et qui sic vovet, si contraxerit matrimonium, separabitur. Sed si pro simplici voto quod per contrarium hujus intelligitur, non separatur.* Vertiefend Liotta, La continenza dei chierici, 67–71.

stimmen die Werke überein, wobei das älteste der drei Werke, die Summe *Quoniam in omnibus*, die Differenzierung in verbietendes und trennendes Ehehindernis noch nicht kannte.

Die Gründe für die so stiefmütterliche Behandlung des Jurisdiktionsprimats lassen sich nur vermuten. Sicherlich erschwerte die unzusammenhängende Darstellung des Jurisdiktionsprimats bei Gratian eine zusammenfassende Präsentation bei den Dekretisten, so dass – in Anlehnung an eine Wendung Marita Blattmanns aus anderem Kontext – die Materialität des Dekrets die Darstellung bei den (frühen) Dekretisten beeinflusste.[34] Darüber hinaus steht zu vermuten, dass der Jurisdiktionsprimat als Thema der Politik und damit auch der Kanonistik an Relevanz verloren hatte: War die Stellung des Papstes nach 1050 intensiv diskutiert worden, so verlor das Thema in der ersten Hälfte des 12. Jahrhunderts an Bedeutung. Gratian touchierte es nur und auch die Dekretisten sahen keinen Anlass, dieses Thema wieder auf die Agenda zu setzen.[35] Grundlegende Fragen zum Kirchenbegriff und zur Kirchenstruktur waren im 12. Jahrhundert offensichtlich nicht mehr – und wohl auch noch nicht wieder – von Belang. Ob und wie der Jurisdiktionsprimat im Laufe des Spätmittelalters, als Schismen und andere Krisen die Kirche erschütterten, erneut von Kanonisten diskutiert wurde, bedürfte einer genaueren Analyse, die hier jedoch nicht zu leisten ist.[36] Jedenfalls ist mit dem Auftauchen des Jurisdiktionsprimats als Thema im 11. und seinem Verschwinden im 12. Jahrhundert ein Wandel des kanonistischen Diskurses zu beobachten.

β) Apparat-Summen: Eine Mischform der Wissensvermittlung?

Wenden wir uns nach der inhaltlichen Untersuchung der Summen ihrer Form der Wissensvermittlung zu. Eine Summe war – im eigentlichen Sinne des Wortes – eine synthetische Darstellung, also eine Zusammenfassung eines inhaltlichen Abschnitts, wohingegen Glossen und damit auch Glossen-Apparate sich auf einzelne Worte oder Sätze konzentrierten und diese erklärten. Alle drei hier vorgestellten Werke zeichnen sich durch die Mischung beider Elemente aus, da zu Beginn der Erklärung

34. Blattmann, Über die ‚Materialität' von Rechtstexten (1994).

35. Diese Überlegung deckt sich mit einer Beobachtung Christoph Meyers, der feststellte, dass es im Dekret keinen Ort gibt, an dem Gratian die *ecclesia* erörterte oder das Prinzip der Hierarchie näher beschrieb (Meyer, Ordnung durch Ordnen, 399–406).

36. Siehe hierzu zum Beispiel Miethke, Kanonistik, Ekklesiologie und politische Theorie, insbes. 1028f. zur Erfassung der ‚Kirche' im Spätmittelalter.

einer *distinctio* oder einer *causa* jedes Mal eine Zusammenfassung der zu besprechenden Einheit steht und erst dann Einzelerörterungen zu ausgewählten Kanones folgen. Diese Kommentare haben Glossencharakter, indem sie einzelne Worte und Satzteile erklären, aber selten ein Kapitel insgesamt besprechen. Insofern wurde auch von ‚Apparat-Summen' gesprochen.[37]

Diese Beobachtung der Mischung gilt grundsätzlich für alle drei Summen, doch lassen sich auch hier Verschiebungen beobachten. In der Summe *Quoniam in omnibus* überwiegen die zusammenfassenden Momente, während die analytischen Elemente und Kommentare nur schwach ausgeprägt sind. In diesem Sinne könnte man diese Summe auch eher als einleitenden Kommentar für den Lernenden denn als vertiefte Auseinandersetzung für den Wissenden charakterisieren.[38] Überwog das synthetische Moment das analytische in *Quoniam in omnibus*, so konzentrierten sich Rufinus und der Autor der *Summa Parisiensis* auf die kommentierende Analyse der Kanones. Daher konnte Kuttner Rufins Summe als das „erste umfangreiche, summierende und glossierende (einzelexegetische) Methode verbindende Werk der Bologneser Schule" bezeichnen.[39]

Welche Folgerungen für die Präsentation rechtlichen Wissens lassen sich hieraus ziehen? Die wohl wichtigste Beobachtung ist, dass sich mit den Summen-Apparaten die Darstellung des rechtlichen Wissens vom normativen Ausgangsmaterial löste. Die Erklärung löste sich vom Text, da nun notwendigerweise zwei Werke auf dem Pult liegen mussten: Ein Text des Dekrets und ein erläuterndes Werk. Die Erläuterung war ausgelagert, und zwar so konsequent, dass der zu kommentierende Text nur mit dem *Incipit* angegeben war. Die Folge war, dass der Kommentarteil dieser Summen ohne Dekrettext unbrauchbar war – Wissen ohne Referenzwissen war nutzlos. Der Rechtssuchende benötigte nun zwei Werke, wo er vorher, bei der Lektüre von Burchards *Decretum* oder beim Studium von Gratians *Decretum*, mit einem Werk ausgekommen war. Dass es zu dieser Form der Wissensvermittlung

37. Hierzu Kuttner, Repertorium, 123.

38. So die Wertung von Hersperger, *superstitio*, 71. Die Arbeitsweise des Autors der Summe *Quoniam in omnibus* charakterisieren auch Schulte, Geschichte der Quellen 1, 112–114 und Kuttner, Forgotten Definition, 79–83. Beachtenswert sind ferner die *historiae*, die Paucapalea einfügte, indem er die Anspielungen des Dekrets auf die Bibel näher ausführte.

39. So Kuttner, Repertorium, 132; Benson, Bishop-Elect, 57 spricht von Rufins „imagination, originality, and high juridical precision"; ferner Pennington/Müller, Decretists, 135f. Den rechtstheoretischen Gehalt der Rufin'schen Summe untersucht Tierney, Ius and Metonymy in Rufinus (1992).

Alternativen gab, zeigen die *Summa Coloniensis* sowie die Glossen, die regelmässig am Rande des Dekrettextes angebracht waren.

(2) Synthese pur? Die Summa Coloniensis

Die *Summa Coloniensis*, die nach ihren Anfangsworten auch *Elegantius in iure divino* genannt wird, gilt als eines der Hauptwerke der rheinischen Kanonistik.[40] Sie entstand vor 1169 und wird nun Berthold von St. Gereon zugeschrieben, einem Verfasser kanonistischer wie legistischer Schriften, der nach seinem Studium in Italien und Frankreich in Köln wirkte.[41] Dieser wählte für den Aufbau seiner Summe eine andere Struktur, die von derjenigen der anderen Summen grundlegend abwich. Berthold von St. Gereon teilte den Stoff des Dekrets in 15 Teile (*partes*) ein, deren Abfolge sich grob an der Struktur des Dekrets orientierte.[42] Eine jede *pars* umfasst rund 80 bis 140 Abschnitte. Die einzelnen Abschnitte bestehen aus einer thematischen Abhandlung zu einer Frage respektive einem Thema, das in einer vorgehenden Rubrik genannt ist. Einzelne Kanones aus dem *Decretum Gratiani* sind zur Begründung in den Text eingeflochten, so dass sich eine gut lesbare, eingängige Abhandlung der wesentlichen Fragen des kanonischen Rechts ergibt. Da nicht über *Incipites* auf einen zweiten Text verwiesen wird, wird „die unmittelbare Benutzung des Dekrets nicht voraus[gesetzt] und überhebt den Leser, der sich nur mit dem wirklichen Rechte bekannt machen will, der Mühe, zahllose, jeder Geltung entbehrende Kapitel in den Kauf zu nehmen".[43] Der Verfasser orientierte sich zwar an dem Aufbau des Dekrets, doch „erschöpfen [seine Einheiten] bald den Stoff einer Distinktion oder Causa, bald umfassen sie mehrere Distinktionen, bald giebt eine Causa das Material für mehrere Titel".[44] In diesem

40. Zur rheinischen Kanonistik unter dem Magister Gerard Pucelle siehe Kuttner/Rathbone, Anglo-Norman Canonists, 296–303; Landau, Anfänge der Verbreitung (1986); Fried, Rezeption (1990); Weigand, Frühe Kanonisten, 144f.; Stelzer, Rezeption, 236; Meyer, Gratian in Westfalen, 283–289; sowie Landau, Kölner Kanonistik (2008). Zu Gerard Pucelle insbesondere Fried, Gerard Pucelle (1982) und Donahue, Gerard Pucelle (2000). Die *Summa Coloniensis* ist ediert von Fransen/Kuttner, Summa Elegantius in iure divino seu Coloniensis (1969–1990).

41. Die Frage der Autorenschaft meint Landau, Kölner Kanonistik, 16–18 zugunsten von Berthold von St. Gereon gegen Gottfried entscheiden zu können; aus der älteren Literatur vgl. Kuttner, Bertram of Metz (1957); Gerbenzon, Bertram of Metz (1965) sowie Kuttner, Repertorium, 170–172. Berthold von St. Gereon und Bertram von Metz sind, so Landau a.a.O., dieselbe Person.

42. Einen Überblick gibt Landau, Kölner Kanonistik, 15.

43. Schulte, Geschichte der Quellen 1, 224.

44. Schulte, Geschichte der Quellen 1, 224.

Sinne erweiterte der Kölner Verfasser den einleitenden Teil, in welchem Gratian den Rechtsbegriff erörtert hatte, indem er einen Abschnitt zur *dispensatio*, zur Abänderung von Privilegien sowie zum Geltungsbereich von Kanones und zu den Zirkumstanzien (D. 29) einfügte.[45] Gleichsam vor die Klammer gezogen stehen hier wesentliche Grundbegriffe des Kirchenrechts, so dass es naheliegt, die Einleitung als eine Art ‚allgemeiner Teil' zu charakterisieren.

Dieser Aufbau blieb nicht ohne Folgen für den Inhalt. Da sich Berthold nicht dem Diktat der zerstückelnden *distinctiones* und *causae* unterwarf, konnte er Zusammenhängendes im Kontext darstellen, Abschweifungen übergehen und auf Verweise weitgehend verzichten. So eröffnete sich ihm die Möglichkeit einer zusammenfassenden Darstellung von rechtlichen Problemen. Er konnte den Primat stärker konturieren und widmete auch endlich wieder eine zusammenhängende Einheit dem römischen Bischof (3.9–3.35). Blättert man diesen Part jedoch durch, so wird man enttäuscht. Von den primatialen Ausschmückungen der Sammlungen des 11. Jahrhunderts sind die Ausführungen Bertholds weit entfernt, stehen doch das Verhältnis zu den weltlichen Herrschern und die Papstwahl jedenfalls quantitativ im Vordergrund.[46] Doch wird der Leser immerhin zur päpstlichen Immunität fündig, die Berthold allgemein anerkannte und von der er die Ausnahmen im Falle der Häresie sowie des Schismas zuliess.[47] Die Häresie in D. 40 c. 6 setzte Berthold nämlich in Beziehung zum Schisma in C. 24 q. 2 c. 6 und erklärte, dass beide jedenfalls in ihrer Wirkung vergleichbar seien.[48]

Im Übrigen sprach Berthold Aspekte des Jurisdiktionsprimats immer wieder an, ohne sie aber zu einer Gesamtdarstellung auszubauen. Administrative Befugnisse des Papstes bei der Vereinigung respektive Trennung von Abteien und Bistümern erörterte er ebenso wie die

45. Die *dispensatio* ist behandelt in Fransen/Kuttner, Summa Coloniensis 1, 1.82–1.89; die Änderbarkeit von Privilegien, die Gratian in C. 25 diskutierte, in Fransen/Kuttner, Summa Coloniensis 1, 1. 98–1.100; zu den Zirkumstanzien und anderem aus D. 29: Fransen/Kuttner, Summa Coloniensis 1, 1.90–1.95.

46. Fransen/Kuttner, Summa Coloniensis 1, 3.13–3.35.

47. Fransen/Kuttner, Summa Colonienses 1, 3.9–3.10.

48. Siehe Fransen/Kuttner, Summa Coloniensis 1, 3.10, 117 Zeile 1–5 gleichsam als Obersatz: *Est tamen casus in quo a subditis apostolicus condempnari potest, ut si in heresi vel scismate* [...] *deprehenditur*, was im Folgenden ausgeführt wird. In Fransen/Kuttner, Summa Coloniensis 1, 3.12, 118 Zeile 1–4 heisst es: *Porro hereticus est quia fidei veritate, scismaticus vero qui a catholica unitate et pace discedit. Quia tamen nec scissio matris ecclesie sine divisione nec divisio sine scissione agitur, non immerito omnis scismaticus hereticus nominatur*.

Translation von Bischöfen.[49] Bei der Appellation ging Berthold zwar nicht speziell auf den Papst als obersten Richter ein, doch warf er die Frage auf, ob von einem weltlichen Richter zum Papst appelliert werden könne.[50] Schliesslich kam er im siebten Teil seiner Summe auf die Frage zu sprechen, ob ein durch päpstliches Urteil abgeschlossener Rechtsfall erneut behandelt werden durfte. Er diskutierte dies mit *sic* und *non* und einer *determinatio* so ausführlich, als ob ihn dieses Problem sehr beschäftigte hätte.[51] Weiter unten in demselben Part ging er dann auch auf die Jurisdiktionskompetenz der römischen Kirche über andere Kirchen ein (C. 9 q. 3 cc. 10–21), so dass Berthold neben dem Autor der *Summa Parisiensis* der einzige ist, der sich mit diesem Teil des Dekrets näher beschäftigte.[52]

Wir dürfen also konstatieren, dass einzelne Facetten des Jurisdiktionsprimats Berthold sehr interessierten, er sich aber nicht zu einer Gesamtdarstellung des Jurisdiktionsprimats hinreissen liess. Vielmehr finden sich die einzelnen Themen über seine Summe verstreut, wenn auch weniger zerstückelt als bei anderen Summen. Dies ist in erster Linie seinem Aufbau geschuldet, da er sich von der gratianischen Ordnung löste und zur Präsentation des Stoffes in grösseren Sinneinheiten tendierte.

Diese Beobachtungen bestätigen sich bei der Untersuchung des Zölibats. Berthold von St. Gereon handelte in der *secunda pars* seiner Summe von Klerikern und orientierte sich an den normativen Anforderungen, die Paulus aufgestellt hatte und die schon Gratian zugrunde lagen. *Unius uxoris vir* behandelte er in 2.15–2.32 seines Werkes und stützte sich hierbei massgeblich auf das normative Material, das in den D. 27 bis D. 32 enthalten war.[53] Berthold begann mit einer einleitenden Erklärung des paulinischen Wortes und wandte sich dann ausgiebig dem Grund des Zölibats zu (2.17), bevor er die Enthaltsamkeitsanforderung an Subdiakone diskutierte (2.18–2.21). Er schloss die Frage nach der

49. Zur Vereinigung resp. Trennung von Bistümern siehe Fransen/Kuttner, Summa Coloniensis 3, 10.76, wo Berthold Auszüge aus C. 16 q. 1 cc. 48–49 aufnahm; zur Translation vgl. Fransen/Kuttner, Summa Coloniensis 3, 8.2–8.31, wo er aus C .7 q. 1 c. 42 zitierte.

50. Zur Appellation, die bei Gratian vor allem in C. 2 q. 6 angesprochen ist, vgl. Fransen/Kuttner, Summa Coloniensis 2, 5.45–5.89. Zur Appellation von einem weltlichen Richter zum Papst vgl. Fransen/Kuttner, Summa Coloniensis 2, 5.47a.

51. Fransen/Kuttner, Summa Coloniensis 2, 7.15–7.18.

52. Fransen/Kuttner, Summa Coloniensis 2, 7.32.

53. Die methodischen Überlegungen der D. 29 stellt Berthold in Fransen/Kuttner, Summa Coloniensis 1, 1.90–1.95 vor (siehe 425 Anm. 45); D. 81 c. 6 und D. 84 c. 3 baut er nicht in seine Darstellung ein.

Enthaltsamkeit u.a. von Minoristen (Akolythen) an (2.22 und 2.23), bevor er zur Frage kam, wie mit abweichenden Vorschriften umzugehen sei, die er zu Ende der D. 28 vorfand. Wie Gratian erklärte er, dass *[s]et talia vel ex causa vel ex loco vel ex tempore interpretationem accipiunt.*[54] Handelte er diesen Widerspruch eher knapp ab, so widmete er sich länger der Frage, ob die Messe eines verheirateten Priesters zu hören sei und wie die älteren Beschlüsse – beispielweise des Konzils von Gangra – zu den jüngeren Verboten passten.[55]

Auf das Gelübde ging Berthold im Kontext des Eherechts ein, das Thema des 13. Teils war. Dort fügte er auch C. 27 q. 1 c. 40 ein, den er im klösterlichen Kontext las, nämlich im Rahmen der Erörterung des Gelübdes von Nonnen. So stellte Berthold zum Schluss seiner Überlegungen auch resümierend fest: *Ex his auctoritatibus patenter datur intelligi tam votum quam adnexum ordinem et habitum non solum impedire contrahendum verum etiam dirimere contractum matrimonium.*[56] Die trennende Wirkung des Gelübdes wie des Ordenseintritts mit Annahme des Habits für einen nachfolgenden Eheschluss war Berthold bekannt; bemerkenswerterweise bezog er das Kapitel jedoch nur auf Orden, nicht auf Kleriker im Allgemeinen, so dass er es nicht in dem umfassenden Sinne las, mit dem dieses Kapitel später interpretiert wurde.[57]

Kommen wir nun auf den Aspekt des Ordnens bei Berthold von St. Gereon zurück. Verband Gratian in D. 27 die Frage nach den Arten des Gelübdes mit der Enthaltsamkeit,[58] so ermöglichte die strikte thematische Gliederung Berthold, beides voneinander zu trennen. Die von Gratian in D. 27 aufgeführten Kanones benutzte Berthold in der Auseinandersetzung mit dem Eherecht im 13. Teil, so dass er den Rechtsstoff neu ordnete und in eine konsistentere Form brachte.[59]

Mit dem Wissen um diese Befunde können wir jetzt wieder die Ausgangsfrage, wie sich die Präsentation des Rechtswissens in der zweiten Hälfte des 12. Jahrhunderts änderte, in den Blick nehmen. Ausweislich der stichprobenartigen Untersuchungen bei den Summen lässt sich

54. Fransen/Kuttner, Summa Coloniensis 1, 2.26 (52 Zeile 1f.). Die Diskussion der Enthaltsamkeit stellte Berthold in 2.24–2.26 dar.

55. Fransen/Kuttner, Summa Coloniensis 1, 2.27–2.32.

56. Fransen/Kuttner, Summa Coloniensis 4, 13.19 (insbes. 8 Zeile 8–10)).

57. Siehe insbes. 58f.

58. Siehe 351–355.

59. Und zwar finden sich D. 27 c. 2 in 13.19a und 13.23; D. 27 c. 3 in 13.19a und 13.22; D. 27 c. 4 in 13.14 und D. 27 c. 9 in 13.24 (vgl. Fransen/Kuttner, Summa Coloniensis 4, 151).

festhalten, dass die Summe *Quoniam in omnibus*, die *Summa Parisiensis* sowie diejenige Rufins bei dem gratianischen Ordnungsansatz blieben und sich an den *distinctiones* und *causae* orientierten, die sie nach und nach paraphrasierten und aus denen sie einzelne Kapitel kommentierten. Synthetische und analytische Passagen wechselten sich ab. Berthold von St. Gereon fasste hingegen zusammen und stellte sein Rechtswissen im Zusammenhang dar; er fügte Kanones oder zumindest Auszüge in Gänze in sein Werk ein, die es zu einer gut lesbaren Einführung in das Kirchenrecht werden liessen. „So ist sie eine Summa im eigentlichen Sinne, oder noch besser gesagt *ein auf das Dekret sich stützendes Lehrbuch des Kirchenrechts*", urteilte schon Schulte.[60] Bertholds Umgang mit normativem Texten erinnert an die Gattung der Streitschriften, die um 1100 entstanden waren: In ihren Gedankengang flochten Autoren Kanones als Argumente ein, doch lag der Schwerpunkt nicht auf den Kanones, sondern auf dem begleitenden Text. In der Verbindung von eigener Darstellung, normativen Belegen und leitenden rubrikartigen Überschriften über jedem Absatz wählte Berthold eine Darstellungsform, die auch Placidus von Nonantola seinem *Liber de honore ecclesiae* zugrunde gelegt hatte. Der Unterschied zwischen den beiden Autoren liegt weniger in dem Äusseren als in der Intention: Berthold strebte eine summierende Einführung in das Kirchenrecht an, Placidus verteidigte einen autonomen Handlungsraum für die Kirche.[61] Wollte man zuspitzen, so liesse sich formulieren: Berthold von St. Gereon bedient sich in den 1160er Jahren einer Form, Rechtswissen zu vermitteln, die in das ausgehende 11. oder beginnende 12. Jahrhundert (oder in noch fernere Vergangenheit) zurückweist. Mit der dialektischen Diskussion von Fragen und der Orientierung an Gratians Dekret, die sich sowohl im Aufbau wie in der Exzerpierung gerade des Dekrets manifestiert, hat Berthold aber zugleich diese älteren Formen hinter sich gelassen.

(3) infra ix questione iii aliorum. *Einige Beobachtungen zu Glossen*

Gehen wir von den eigenständig überlieferten Summen zu den in den Kopien des Dekrets selbst niedergeschriebenen Randnotizen über, den Glossen. Glossen zählen zu den spätestens seit dem Frühmittelalter geübten kulturellen Praktiken, einen Text mit Kommentaren, Wort-

60. Schulte, Geschichte der Quellen 1, 224 (Hervorhebung im Original).
61. Zu Placidus siehe 211f.

erklärungen oder Verweisen zu erschliessen und dem Leser verfügbar zu machen, doch überragten die ab 1150 entstehenden standardisierten Glossen, allen voran die *Glossa ordinaria*, die zuvor entstandenen in Umfang und Qualität deutlich.[62] Nach ersten Untersuchungen Friedrich von Schultes im 19. Jahrhundert zur Glosse und der systematischen Erfassung der Handschriften durch Stephan Kuttner hat die Glossenforschung mit den grundlegenden Arbeiten von Rudolf Weigand neuen Boden betreten.[63] Dank Rudolf Weigand können wir nun verschiedene Glossenschichten unterscheiden und die Entstehung der Glosse zum Dekret rekonstruieren. Ab der Mitte des 12. Jahrhunderts arbeiteten Dekretisten an der Glossierung des Dekrets. Konzentrierten sie sich anfänglich auf das Anfügen von Parallelstellen und Vergleichsstellen im römischen Recht sowie paraphrasierenden Bemerkungen, so kamen später Worterklärungen, Auflösungen von Widersprüchen und anderes hinzu. So wie sich Summenautoren häufig bei der Glosse bedienten und einzelne Erklärungen übernahmen, so wanderten auch Einzelerklärungen aus (Apparat)Summen in die Glosse. Viele Glossen sind mit Siglen gekennzeichnet, so dass sich wichtige Autoren wie Rolandus, Cardinalis und Gandulphus ausmachen lassen, denen ein Glossencorpus zugeordnet werden kann.[64] Schliesslich verband Johannes Teutonicus in den Jahren nach 1214 verschiedene Glossenschichten und fügte sie zu der Glossierung zusammen, die als *Glossa ordinaria* zum Dekret bekannt ist. Bartholomäus von Brescia überarbeitete diese zwischen 1234 und 1241 erneut und schuf damit die Form, die später hundertfach abgeschrieben und gedruckt wurde.[65]

Die verschiedenen Glossenschichten, die Weigand identifiziert hat, lassen sich nur schwer auseinanderhalten, da sie ineinander übergehen können: „[W]e must never suppose that all glosses were entered from

62. Als Einstieg zu Glossen in juristischen Texten vgl. Rudolf Weigand, Art. Glossatoren. II. Kanonisches Recht, in: LexMA 4, 1989, Sp. 1506f.; Rudolf Weigand, Art. Glossen. 2. Kanonisches Recht, in: LexMA 4, 1989, Sp. 1507f.; Martin Avenarius, Art. Glossatoren, in: HRG 2, 2. Aufl., Sp. 408–412; Birgit Meineke, Art. Glossen, in: HRG 2, 2. Aufl., Sp. 412–415 sowie Lange, Römisches Recht im Mittelalter 1, 118–124. Zur sprachwissenschaftlichen Unterscheidung zum Beispiel Wieland, Interpreting the Interpretation, 59f., der ‚Glosse' (ein Wort oder Zeichen) von ‚Kommentar' (eine Sammlung von (interlinearen) Glossen) und von ‚scholion' (verstanden als längere, erklärende oder interpretierende Glosse) abgrenzt.

63. Schulte, Glosse zum Decret Gratians (1872); Kuttner, Repertorium (1937), 1–122; Weigand, Glossen zum Dekret Gratians, 2 Bände (1991).

64. Zu diesen Autoren die kurzen Bemerkungen bei Weigand, Development, 70, 73f.; zur Wechselwirkung von Summen und Glossen: Weigand, Erste Jahrzehnte (1997).

65. Zu Johannes Teutonicus und Bartholomaeus Brixiensis vgl. Weigand, Development, 82–91.

one manuscript or work; rather, texts from the most varied sources flowed together into the manuscripts or compositions being done at the time."[66] Zudem überlagern sich verschiedene Glossenschichten in den Manuskripten: Glossen wurden eingetragen, ausradiert und überschrieben, jüngere Anmerkungen quetschten sich zwischen ältere Kommentare. Diese Vielfältigkeit der Überlieferung wie auch die Tiefe der Glossierung erschwert zugleich den Zugang zu den beiden hier untersuchten Themen. Im Rahmen dieses Ausblicks soll daher das zu analysierende Feld deutlich eingeschränkt werden, nämlich auf die päpstliche Immunität und ihre Durchbrechungen, als deren zentraler normativer Anknüpfungspunkt D. 40 c. 6 zu vermuten ist. Da das Schisma ebenso wie die Häresie eine Ausnahme zur Immunität konstituieren,[67] ist auf die Querverbindung von D. 40 c. 6 zu C. 24 q. 2 c. 6 zu achten; ebenso findet sich der Grundsatz der päpstlichen Immunität in C. 9 q. 3 c. 13, c. 14 und c. 15, angedeutet ferner in den gelasianischen Exzerpten in C. 9 q. 3 c. 16 und c. 17 und D. 22 c. 5. Ob, wie und wann aus diesen über das Dekret verstreuten normativen Splittern ein kongruenter, systematischer Entwurf von Regel und Ausnahme gebildet wurde, ist eine Frage, die dieser Teil – jedenfalls in Ansätzen – beantworten soll. Welche Beobachtungen lassen sich zu einigen ausgewählten Manuskripten vor allem zu D. 40 c. 6 zusammentragen?

Die erste Glossenschicht (ca. 1150) zeichnet sich durch ein langsames Herantasten an den Text des *Decretum Gratiani* aus. Es überwiegen Allegationen, also Verweise auf thematisch verbundene Stellen im Dekret wie im römischen Recht; darüber hinaus sind viele Notabilienglossen zu finden, also kurze, sich häufig an den Wortlaut des Kanons/*dictum* anlehnende Paraphrasen. Solutionsglossen zur Auflösung von Kontradiktionen und texterklärende Glossen sind hingegen selten.[68] Diese erste Glossenschicht ist beispielsweise in den Handschriften Chambéry, Bibliothèque municipale, 13, Heiligenkreuz, Stiftsbibliothek, 43 sowie München, Bayerische Staatsbibliothek, Clm 4505 und Barcelona, Arxiu de la Corona d'Aragó, Santa Maria de Ripoll, 78 überliefert.[69] Die beiden letzteren Handschriften sollen hier exemplarisch herausgegriffen werden. Die Münchener Handschrift Clm 4505

66. Weigand, Development, 67.
67. Siehe hierzu zum Beispiel die *Summa Parisiensis* 420f.
68. Weigand, Glossen 1, 423; kurze Charakterisierung von Weigand, Development, 58f.
69. Siehe zu letzterer Handschrift 336 Anm. 35.

machte Schulte schon 1872 bekannt, es handelt sich um eine Handschrift aus Benediktbeuren, die in Bologna im ausgehenden 12. Jahrhundert entstand;[70] die in Barcelona tradierte Handschrift ist die bekannte Kopie der ersten Version des Dekrets, die neben den Additionen der zweiten Version auch diese frühe Glossen enthält.

Welche Glossen lassen sich in der ersten Glossenkomposition zu *Si papa sue* in D. 40 c. 6 ausmachen und welche Hinweise liefern diese auf das Leseverständnis dieses Textes? Beginnen wir mit den sichtbaren Befunden:[71]

Stelle / *sub voce*	**Glosse**	**Verweis auf**
v° *Si papa sue et fraterne salutis*[72]	*infra eadem parte di. lxxxiiii Nemo quippe Error*	D. 83 c. 2 und D. 83 c. 3
v° *presumit mortalium nullus*	*supra di. xxi Inferior*	D. 21 c. 4
	supra di. xxii Quam	wohl D. 22 c. 5 [*Qua traditione*]
	infra ii. q. vii Oves quoque	C. 2 q. 7 c. 13

Im Übrigen fügte nur in Ripoll 78 wohl noch die Glossenhand hinzu: *Summ*[...] *esse a nem*[...] *redarguendum*, was als *summus episcopus esse a nemine redarguendum* gelesen werden könnte und vom Charakter her einer Notabilienglosse entspricht, die paraphrasierenden Charakter besitzt (siehe Abb. 9).[73]

Wie ist D. 40 c. 6 um 1150 verortet? Der Glossator sah zwischen dem sündigen Papst und denjenigen, die Verbrechen begangen oder den Verbrechen anderer zugestimmt hatten, einen Konnex, da er zu Beginn die verwerflichen Verhaltensweisen des Papstes näher

70. Zum Codex Clm 4505: Schulte, Glosse, 9f.; Sydow, Dekret-Handschriften, 184–188; Weigand, Glossen 2, 846f.; Glauche, Katalog der lateinischen Handschriften. Benediktbeuren, 11f. Die Handschrift Clm 4505 ist die Handschrift D in der Edition von Emil Friedberg (Friedberg, Decretum Gratiani, Sp. xcvi).

71. Clm 4505, fol. 31rb; Bc, fol. 51v in marg. Weigand, Glossen 1, 401–425 hat zwar die Glossen, nicht aber die Allegationen zu bestimmten Teilen exzerpiert.

72. In Bc, fol. 51v steht die erste Allegation interlinear über [*redar*]*guere presumit mortalium*; die übrigen Allegationen sind in am rechten Rand und grösstenteils in den Buchfalz geschrieben, so dass sie (auf dem Photo) kaum lesbar sind. Zu entziffern sind: *supra di(stinctione) xii* [...]; *supra di(stinctione) xxi* [...]; *supra ii q(uestione) vii* [...].

73. Diese Glosse in Bc, fol. 51v ist so in den Buchfalz geschrieben, dass die jeweils letzten Buchstaben auf der Reproduktion nicht lesbar sind.

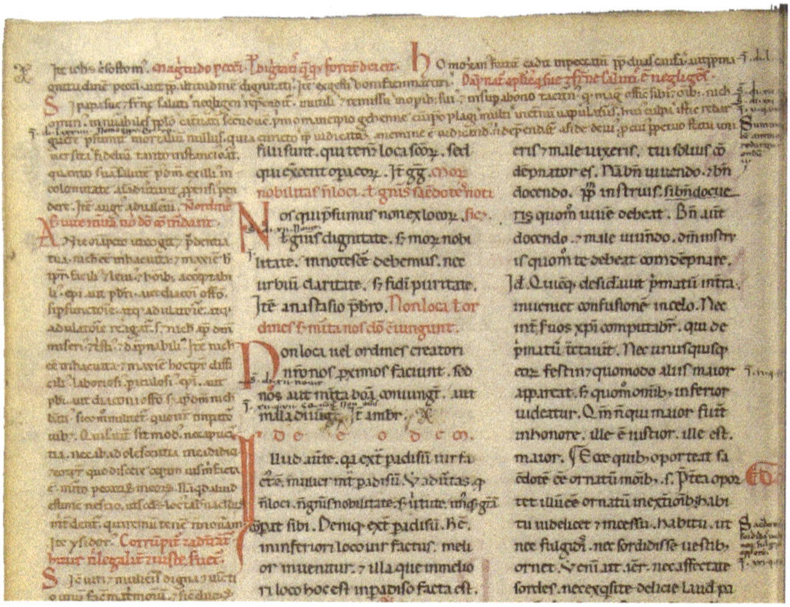

Abb. 9 – Barcelona, Arxiu de la Corona d'Arago, Santa Maria de Ripoll, 78, fol. 51v: *Decretum Gratiani* in der ersten Version; am Kopf der Seite ist der Kanon *Si papa sue* (D. 40 c. 6) nachgetragen, zu dem einige Glossen eingetragen sind

erörterte, indem er auf D. 83 verwies, wo Gratian die Zustimmung zu fremden Vergehen erörtert hatte. Für ihn schien also der Papst, der *fraterne salutis negligens* ist, auch derjenige zu sein, der die *crimina* anderer nicht verbesserte und Verbrechen nicht aktiv gegenübertrat.[74] Desweiteren verband der Glossator diesen Kanon mit der Hierarchie, die Gratian in D. 21 c. 4 und D. 22 c. 5 zum Thema gemacht hatte, insbesondere mit der Anklage von höher Gestellten durch Niedrigere und der Immunität des römischen Bischofs. Und schliesslich setzte der Glossator diesen Kanon in Verbindung mit der Anklage von Geistlichen durch Laien, die nur bei Glaubensabfall gestattet war (C. 2 q. 7 c. 13). Der Glossator konzentrierte sich also bei den Verweisen auf die Verhaltensanforderungen an den römischen Bischof und las dieses Kapitel damit so, wie es Gratian 2 in seinem Gedankengang eingefügt hatte;[75] er sah den Kanon aber auch in Verbindung zur Hierarchie und

74. Siehe D. 83 c. 3 (*Episcopus itaque, qui talium crimina non corrigit, ...*) und c. 4 (*qui manifesto facinori desinit obviare*).
75. Siehe 346.

der Anklage von Geistlichen respektive höher Gestellten.[76] Es fehlt indes der Hinweis auf das Schisma, das ebenfalls eine Anklage erlaube (C. 24 q. 2 c. 6), sowie überhaupt zu den anderen *capitula*, die die päpstliche Immunität statuierten (insbes. in C. 9 q. 3).

Dies hatte sich drei Jahrzehnte später schon geändert. Greifen wir die siebte Glossenschicht (ca. 1180) heraus, die u.a. in München, Bayerische Staatsbibliothek, Clm 28175 und Salzburg, Erzabtei St. Peter, a.XII.9 erhalten ist.[77] Diese Glossenschicht griff auf vorgängige Glossen zurück, verband und kombinierte sie und spiegelt so die zeitgenössische Bologneser Lesart des *Decretum Gratiani* wider. Wie wurde D. 40 c. 6 um 1180 verstanden? Auch hier zunächst die sichtbaren Befunde in der Handschrift Salzburg, Erzabtei St. Peter, a.XII.9:[78]

Stelle / *sub voce*	**Glosse**	**Verweis auf / Stellung**
v° *primo mancipio gehenne*	*id est diabolo*	– / interlinear
v° *vapulaturus*	*id est puniendum*	– / interlinear
v° *a nemine est iudicandus*	*infra ii q. vii Oves sacerdote [...]*	C. 2 q. 7 c. 13 / marginal
	infra viiii q. ultima Patet	C. 9 q. 3 c. 10 / marginal
	supra di. xxi Inferior	D. 21 c. 4 / marginal
	infra vi. q. i Beatus petrus (dub).	C. 6 q. 1 c. 5 / marginal
	infra xvii. q. ultima Nemini	C. 17 q. 4 c. 30 / marginal
	infra xxiiii q. ii Sane contra	C. 24 q. 2 c. 6 / marginal
	infra ix q. iii Aliorum contra	C. 9 q. 3 c. 14 / marginal

Hervorzuheben ist, dass interlineare Wortglossen auftreten, so ist der ‚erste Diener der Hölle' (*primum mancipium gehenne*) selbstverständlich der ‚Teufel'; das seltenere Wort *vapulare* ist mit *punire* erklärt.

76. Zu dem Verständnis von Gratian 2 siehe 345–351.
77. Weigand, Development, 85; insbes. Weigand, Glossen 2, 936–939.
78. Salzburg, Erzabtei St. Peter, a.XII.9, fol. 28vb.

Die Glosse zum Text bereitete dem Leser diesen (Pseudo-)Bonifatius-Kanon auf und brachte ihn ihm sprachlich nahe. Darüber hinaus fällt die juristische Verortung dieses Kanons auf, die zugleich weiter und enger ist als die erste Glossenschicht: Die siebte ist enger, weil die Verhaltensanforderungen (D. 83 cc. 2, 3) an den Papst herausgefallen sind, und sie ist zugleich weiter, da sich der Fokus auf die päpstliche Immunität richtete und sie mehr Belegstellen und Hinweise auf gegenteilige Stellen enthielt.

Im Einzelnen: Zu der Wendung *a nemine est iudicandus* sind Parallelstellen zur Anklage von Höheren und zur innerkirchlichen Hierarchie nachgetragen, nämlich allgemein zur Anklage von Höheren (C. 2 q. 7 c. 13; C. 6 q. 1 c. 5), zur Wiederaufnahme päpstlicher Entscheide (C. 9 q. 3 c. 10; C. 17 q. 4 c. 30) und grundsätzlich zum hierarchischen Prinzip (D. 21 c. 4). Die beiden weiteren Allegationen sind mit einem *contra* gekennzeichnet, das andeutet, dass dort eine gegenteilige und widersprüchliche Ansicht vertreten wird. Dies gilt auf jeden Fall für C. 24 q. 2 c. 6, da dort u.a. der Fall des Dioskur behandelt wird, der verurteilt wurde, obwohl er nicht vom rechten Glauben abgefallen war; dies gilt aber wohl auch für den Verweis auf *Aliorum hominum* (C. 9 q. 3 c. 14), einem typischen Kanon zur Konstituierung der päpstlichen Immunität, der hier wohl als grundsätzliches Prinzip verstanden wird, von dem der Bonifatius-Kanon eine Ausnahme statuierte.[79]

Wir können festhalten, dass sich in rund drei Jahrzehnten der Schwerpunkt des Verständnisses des Bonifatius-Kanons von den Verhaltensanforderungen an den Papst und der Hierarchie hin zur päpstlichen Immunität und ihren Durchbrechungen sowie zu der Frage verschoben hat, wie das Verhältnis von Schisma und Häresie als Ausnahmen zur grundsätzlich akzeptierten päpstlichen Immunität ausgestaltet war. Diese Verbindungen sind in dieser Glossenschicht um 1080 zwar gezogen, aber noch nicht *in margine* aufgelöst.

Diese Auflösung erfolgte spätestens in der *Glossa ordinaria*, die Johannes Teutonicus nach 1214 verfasst hat und die in der von Bartholomaeus Brixiensis überarbeiteten Version eine recht stabile Form gefunden hat.[80] Hier interessiert jedoch nicht diese spätere Fassung, sondern die ursprüngliche Glosse, wie sie beispielsweise in der Handschrift Admont, Stiftsbibliothek 35 überliefert ist (siehe Abb. 10).[81] In

79. Zu diesem Kanon siehe 31.
80. Zu dieser Fassung 429 Anm. 65.
81. Zur Überlieferung der Glosse siehe Weigand, Development, 85f. mit Hinweisen zu Handschriften. Admont, Stiftsbibliothek, 35 ist vom ihm als „very usable" (ebd., 86) eingestuft.

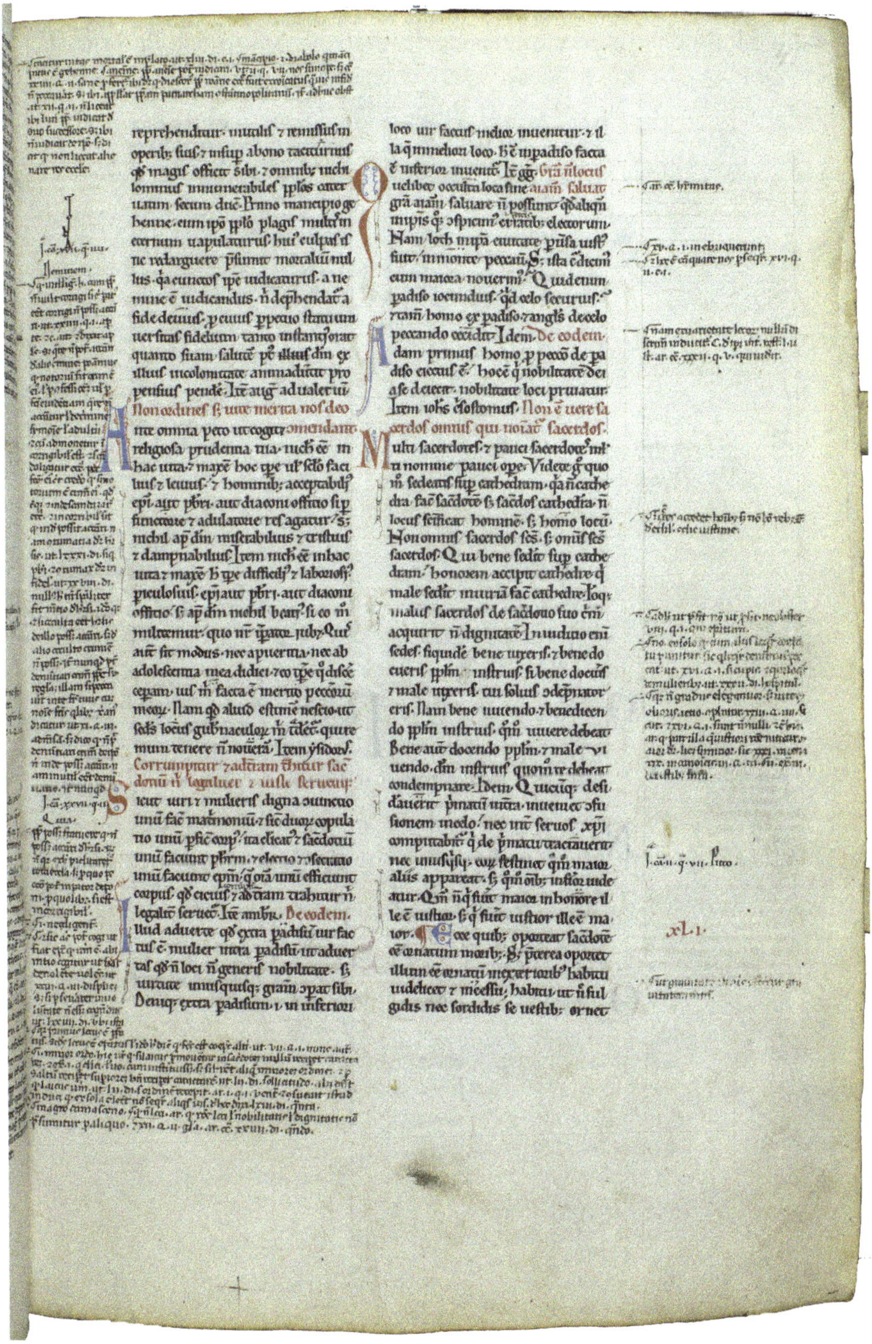

Abb. 10 – Admont, Stiftsbibliothek, 35, fol. 45ra: *Decretum Gratiani* (D. 40 c. 6) mit *Glossa ordinaria* des Johannes Teutonicus

der endgültigen Glosse finden sich Worterklärungen und Verweise, aber auch inhaltliche Erläuterungen, so dass sich verschiedene Präsentationsformen rechtlichen Wissens verbinden. Wie lautet also der originale Text der *glossa ordinaria* zu D. 40 c. 6?[82]

Stelle / *sub voce*	**Glosse**	**Verweis auf**
v° *taciturnus*	*taciturnitas mortalis est in prelato ut xliii di. c. 1*	D. 43 c. 1
v° *mancipio*	*idest diabolo qui mancipatus est gehenne*	
v° *a nemine*	*papa a nemine potest iudicari ut ii q. vii nos si incompetenter* [C. 2 q. 7 c. 41] *sed contra xxiiii q. ii sane profertur* [C. 24 q. 2 c. 6] *ibi dicitur quod dioscorus papa romanae ecclesiae fuit excommunicatus quamvis in fide non peccaverat, sed ibi appellat papam patriarcham constantinopolitanum. Item adhuc obstat xii q. ii non liceat* [C. 12 q. 2 c. 20] *ibi unus papa iudicat de suo successore sed ibi non iudicat de ipso sed dicit quod non liceat alienare res ecclesie*	C. 2 q. 7 c. 41 C. 24 q. 2 c. 6 C. 12 q. 2 c. 20
ad *Primo mancipio gehenne – in eternum vapulaturus*	*Nota* in marg.	
ad *in eternum vapulaturus*	*infra causa xvii q. iiii Neminem*	C. 17 q. 4 c. 30
v° *a fide devius*	*quod intelligit hugo cum papa non vult corrigi si enim paratus esset corrigi non posset accusari ut xxiiii q. i aperte* [C. 24 q. 1 c. 36] *et c. ait* [C. 24 q. 1 c. 35] *et q. iii dixit apostolus* [C. 24 q. 3 c. 29]. *Sed quare non potest accusari de alio crimine? ponamus quod notorium sit crimen eius vel per confessionem vel per facti evidentiam quare non accusatur vel de crimine symonie vel adulterii? et cum admonetur incorrigibilis est et scandalizatur ecclesia per factum eius, certe credo quod si notorium est crimen eius quandocunque et inde scanda[li]satur ecclesia et incorrigibilis sit quod inde possit accusari. Nam contumacia dicitur heresis ut lxxxi di. si quis*	C. 24 q. 1 c. 36 C. 24 q. 1 c. 35 C. 24 q. 3 c. 29 D. 81 c. 15 D. 38 c. 16 C. 11 q. 3 c. 24

82. D. 40 c. 6 befindet sich auf fol. 44vb–45ra, die Glosse allein auf fol. 45ra.

> *presbiteri* [D. 81 c. 15] *et contumax dicitur infidelis ut xxviii di. nullus* [wohl D. 38 c. 16]. *Hic tamen spiritualiter sit mentio de heresi ideo quia et si occulta esset heresis de illo posset accusari sed de alio occulto crimine non posset. Item nunquid potest denuntiari crimen pape secundum regulam illam. Si peccaverit in te frater tuus cum nomine fratris quilibet christianus dicatur ut xi q. iii ad mensam* [C. 11 q. 3 c. 24]. *Sed dico quod non potest denuntiari crimen de ipso, nisi inde posset accusari nam inutilis esset denuntiatio. Item nunquid papa posset statuere quod non posset accusari de heresi? Respondetur non quia ex hoc periclitaretur tota ecclesia. Sed pro quo peccato potest imperator deponi? Pro quolibet si est incorrigibilis.*

Der Glossator nahm zu Beginn seiner Glossierung die Verhaltensanforderungen an den Papst auf, indem er das Schweigen zu Verbrechen als verwerflich einstufte: *Taciturnitas mortalis est in prelato*. Zudem erklärte er – wie auch schon frühere Glossenschichten – den Begriff *mancipium*. Nach diesen zwei Glossen, die sich auf der Ebene der Begriffserläuterung und der kurzen Erklärungen bewegen, sind dann die Immunität und ihre Durchbrechungen intensiver beleuchtet. Johannes Teutonicus erklärte zuerst den Grundsatz der Immunität und erläutert, warum auch der Fall des Dioskur (C. 24 q. 2 c. 6) nicht als Widerspruch tauge: Dioskur sei zwar als ‚Papst' (*papa*) verurteilt worden, obwohl er kein Häretiker war, doch bezog sich die Titulatur *papa* hier auf den Patriarchen von Konstantinopel, für den die Immunität ja gerade nicht galt.[83] *A fide devius* ist das Stichwort, das zu der Ausnahme überleitet, in welcher der Papst angeklagt werden konnte. Johannes führte aus: Wenn sich im Falle eines *crimen notorium*, also eines durch eigenes Geständnis oder durch Tatbeweis offenkundigen Verbrechens, sich der Papst als unverbesserlich erweise und der Kirche damit ein *scandalum* zufüge, so verharre er, der Papst, in Säumigkeit (*contumacia*), die auch als Häresie und Unglauben bezeichnet würde (*nam contumacia dicitur heresis ... et contumax dicitur infidelis*). Mit diesem argumentativen

83. Die Verbindung von D. 40 c. 6 zu Dioskur zog auch Rufinus, doch löste er den scheinbaren Widerspruch anders auf, indem er zwar zwischen Häresie und Schisma unterschied, jedoch die Häresie als Begleiterscheinung des Schismas anerkannte (Singer, Rufinus, Summa decretorum, 96: *scisma autem, quamvis heresis proprie non sit, tamen sine comite heresi non permanet*). Zu dem (Gegenpapst) Dioskur (530) siehe Georg Schwaiger, Art. Dioskur, Papst, in: LThK 3, 1995, Sp. 250.

Kunstgriff ist der Kreis zum Wortlaut des Kanons – *nisi a fide devius* – dann geschlossen. Vorwurf gegenüber dem Papst ist weniger der Unglaube als vielmehr das unverbesserliche Beharren auf diesem.

c) Im Spinnennetz des Rechtswissens. Zusammenfassende Überlegungen

Innerhalb von fünfzig Jahren war das juristische Spinnennetz zu Ende gewoben. Die anfänglichen Verweisen auf andere Stellen im Dekret, die dem Leser kommentarlos entgegentraten und die dieser selbst verstehen und einordnen musste, waren nun mit Hinweisen auf gegensätzliche Passagen (*contra*) versehen worden und boten dem Leser auf diesem Wege Orientierungshilfe. Die Manuskripte erklärten unbekannte Begriffe wie *mancipium gehenne* dem Lesenden entweder interlinear oder *in margine:* Der *diabolus* drohe dem Papst in der Hölle. Und auch Solutionsglossen, die sich nur vereinzelt in den frühen Manuskripten fanden, sind nun häufiger anzutreffen, so dass die Exkommunikation Dioskurs als Scheineinwand argumentativ erledigt war. So hatte sich das zögerliche Kommentieren der einen Stelle mit einer Allegation, der anderen Stelle mit einer Worterklärung, einer dritten mit einer Erklärung eines Widerspruches zu einer umfassenden Erörterung des gesamten Dekrets entwickelt. Eine (fast) geschlossene Glosse umklammerte das Werk Gratians und hielt es zusammen, indem es auf Parallel- wie Konträrstellen verwies, Ungereimtheiten erklärte und den Stoff kohärent zusammenfügte. Das Rechtswissen war verknüpft und verbunden – relationales Rechtswissen war geschaffen, das die Kanones miteinander verzahnte, zusammenfügte und so zu einem System verband.[84]

Die Dekretisten flochten dieses Netz in den Handschriften des *Decretum* selbst, indem sie Glossen an den Rand schrieben, aber auch indem sie Summen verfassten, die sie neben das Dekret legten. In diesen erklärten sie Kanones und legten sie aus, verbanden sie und setzten sie in Beziehung zueinander. Hier reduzierten die Autoren die Geltung eines

84. Dieser Begriff des ‚relationalen Rechtswissens' ist hier in Anlehnung an das ‚relationale Recht' gewählt, das die interpersonale Komponente des Rechts betont; hierzu Hecker, Eigentum als Sachherrschaft, 184, der auf Immanuel Kant rekurriert, der das Eigentumsrecht „nicht als unmittelbares Rechtsverhältnis zu ‚Dingen'" beschrieb, „sondern als zwischenmenschliches Rechtsverhältnis in Bezug auf ‚Sachen' bestimmt, als relationales Recht". Steht bei dem ‚relationalem Recht' jedoch das Verhältnis zwischen Rechtssubjekten in Bezug auf Dinge im Vordergrund, so dominiert bei ‚relationalem Rechtswissen' das Verhältnis zwischen normativen Texten, ihre Verknüpfung und Verbindung.

normativen Textes auf eine *causa*, dort begründeten sie eine relative Rechtsgeltung, indem sie Normen in ein Regel-Ausnahme-Verhältnis einordneten oder den Geltungsanspruch eines normativen Textes durch eine Begriffsdeutung von vornherein begrenzten. Eingeflochten war von dem Beginn der Bearbeitung des Dekrets auch das römische Recht, die zweite grosse Rechtsmasse des Hochmittelalters. Gerade im Prozessrecht war römisches Recht immer Referenz, aber auch in dem Fall der Häresie: Von der Erörterung des Dioskur-Falles in C. 24 q. 2 c. 6 verwies schon der Autor der ersten Glossenschicht auf das römische Recht: *C(odex) de hereticis*.[85] Aber nicht nur das römische Recht, sondern auch die älteren Kanonessammlungen wurden Teil dieses relationalen Rechtswissens, indem sich die älteren Ordnungsstrukturen, die auf einen linearen Zugang zum Rechtswissen abzielten, sich im Spinnennetz der Dekretistik verfingen.

2. Die Eroberung der Tradition? Ältere Ordnungsvorstellungen und dekretistischer Neuansatz

Von dem Verfangen der älteren Ordnungen des Rechtswissens in dem Spinnennetz der Dekretistik erzählt der folgende Teil. Er stellt die verschiedenen Arten dar, wie die Dekretistik mit den überkommenen Sammlungen umging: Einige verdrängten sie und vergassen sie völlig, andere werteten sie als Normlieferant aus und durchforsteten sie auf der Suche nach Normen, die Gratian übergangen hatte; wiederum andere zogen sie in den dekretistischen Argumentationskontext ein und integrierten sie in das aktuelle Rechtswissen, so dass sich vorgratianische und gratianische Wissensbestände überlagerten und ergänzten. Weitere applizierten dekretistische Arbeitsweisen auf ältere Sammlungen, so dass diese Teil einer akademisch-universitären Welt wurden, und schliesslich verweigerten sich andere Kanonisten den gratianischen Rechtsfällen und seinen thematischen Digressionen und versuchten, das Rad der Kanonistik zurückzudrehen und eine thematische Ordnung des Stoffes erneut zu etablieren. Von all diesen Ansätzen handeln die folgenden Überlegungen. Ihr Ziel ist es nicht, aufgrund einer umfassenden Analyse vorgratianischer Werke nach 1150 eine quantitative Aussage zum Fortleben älterer Ordnungsstrukturen zu geben, sondern

85. München, Bayerische Staatsbibliothek, Clm 4505, fol. 229ra: *De hereticis manicheos* mit Verweis auf Codex Iustinianus 1.5: *De haereticis et manichaeis et samaritis* (Krüger, Codex Iustinianus, 73).

punktuell und exemplarisch die Phänomene in qualitativer Hinsicht zu benennen, die es dann anderswo zu quantifizieren gilt.[86]

a) Steinbrüche. Burchard von Worms als Normlieferant

Von dem Durchforsten älterer Sammlungen auf der Suche nach von den Gratianen unberücksichtigten Texten zeugen die *Paleae* im *Decretum Gratiani*.[87] Für die hier verfolgte Frage nach der Weiterbenutzung älterer Kanonessammlungen in der zweiten Hälfte des 12. Jahrhunderts sind die üblicherweise mit den rund 150 *Paleae* verknüpften Fragen von geringerem Interesse. Der Herkunft des Begriffs[88] soll ebenso wenig nachgegangen werden wie dem Problem, wann und an welchen Orten diese *Paleae* eingefügt wurden,[89] und welche überlieferungsgeschichtlichen Folgerungen man aus der An- oder Abwesenheit von *Paleae* ziehen kann.[90] Schliesslich soll auch die grundlegende Frage, wann ein *capitulum* im Dekret als *Palea*, das heisst als spätere Einfügung,

86. Untersuchungen zum vorgratianischen Recht in nachgratianischer Zeit sind bis heute ein Desiderat. Neben Maassen, Beiträge zur Geschichte der juristischen Literatur (1857), insbes. 47–63 und Schulte, Geschichte der Quellen 1, 40–46 sind vor allem Weigand, Burchardauszüge (1989) und Landau, Vorgratianische Kanonessammlungen (1992) zu nennen; Landau, Officium (1991) untersucht die Rezeption der *Collectio de ecclesiasticis officiis* auch u.a. durch Bernard von Pavia. Anhand einer Detailfrage beleuchtet Dusil, Between Burchard and Raymund (2016) diese Fragestellung; wichtige Hinweise auch von Elliot, The Worcester Collection of Canons (2016). In den letzten Jahren ist allerdings in der historischen Kanonistik, so jedenfalls der Eindruck des Verfassers, das Interesse vermehrt zu konstatieren, Fragestellungen zu entwickeln, die über Gratian hinausgehen und vor- wie nachgratianische Aspekte in die Untersuchung einbeziehen.

87. Von *Paleae* abzugrenzen sind sog. *Addenda*, also Ergänzungen zum Dekret, die zumeist nachgratianisches Dekretalenrecht enthalten; vgl. Landau, Gratian and the Decretum Gratiani, 47f. und Duggan, Decretal Collections, insbes. 253–256.

88. Zum Begriff z.B. Rambaud, Les legs de l'ancien droit, 100; Zapp, Paleae-Listen, 86 Fn. 12. Der Begriff bezieht sich wohl eher auf ‚Spreu' denn auf deren ‚Urheber' Paucapalea, siehe 416 Anm. 5. Die Literatur zu den *Paleae* ist überschaubar, zu nennen sind insbesondere: Bickell, De paleis quae in Gratiani decreto inveniuntur (1827), der 150 *Paleae* kennt (10–13); Schulte, Paleae im Dekret Gratians (1874); Friedberg, Decretum Gratiani (1879), Sp. ix–xviii mit 166 *Paleae*; Vetulani, Distinktioneinteilung (1933), 358–370; Rambaud, Les legs de l'ancien droit (1965), 100–114 mit einer Liste von 149 *Paleae* (109); Rambaud-Buhot, Paleae (1965); Lenherr, Fehlende Paleae (1982); Weigand, Zusätzliche Paleae (1992); Weigand, Fälschungen als Paleae (1998); Weigand, Versuch einer Liste (1998) mit einer Liste von 169 *Paleae* (897–899); Buchner, Paleae (2000), der 152 *Paleae* zählt (319–323).

89. Zu einer französischen Rezension des Dekrets, die um 1180 anzusetzen ist und sich durch besondere *Paleae* auszeichnet, siehe Weigand, Zusätzliche Paleae (1992). Insgesamt gehören die *Paleae* wohl alle dem 12. Jahrhundert an, vgl. den kurzen Überblick bei Landau, Gratian and the Decretum Gratiani, 47f.

90. Hierzu zum Beispiel Lenherr, Fehlende Paleae als Zeichen eines überlieferungsgeschichtlich jüngeren Datums von Dekret-Handschriften (1982).

und wann als ‚ursprünglich' zu betrachten ist, nicht erneut erörtert werden.[91] Die *Paleae* als Additionen zu einem gegebenen Text sind für eine Untersuchung des kirchlichen Rechtswissens im Hochmittelalter aus anderen Gründen von Belang. Zum einen zeugen *Paleae* von der ununterbrochenen Arbeit mit Sammlungen des Kirchenrechts. Die Kompilation Gratians hat diesen Prozess, der sich ja auch bei vorgratianischen Sammlungen beobachten lässt, in keiner Weise zum Abschluss gebracht, vielmehr setzt sich das ständige Hinzufügen und Addieren von normativen Texten fort. Zum anderen lassen die *Paleae* Rückschlüsse auf den Gebrauch älterer Kanonessammlungen zu, die weiterhin gelesen und ausgewertet wurden. Dieser Gedanken soll hier weiter verfolgt werden.

Nähert man sich den *fontes formales* der *Paleae*, so ist ein doppeltes methodisches *Caveat* zu beachten. Zum einen ist die Beurteilung schwierig, ob ein *capitulum* unter die *Paleae* einzuordnen ist, auch wenn mit der Liste, die Jürgen Buchner 2000 vorgelegt hat, ein vorläufiger Abschluss der Diskussion erreicht zu sein scheint; zum anderen erweist sich die Bestimmung der formalen Quellen immer als mit Schwierigkeiten behaftet.[92] Trotz der damit verbundenen Unschärfe sind folgende Beobachtungen festzuhalten:[93] Häufig griffen die Dekretisten, die das *Decretum Gratiani* ergänzten, auf Burchards von Worms Dekret zurück, seltener auf die italienischen Sammlungen wie die *Collectio Trium Librorum* oder die verschiedenen Versionen der Sammlung Anselms von Lucca, und nur ausnahmsweise auf die Ivo zugeschriebenen Kompilationen.[94] Darüber hinaus finden sich Kanones, die nicht

91. Hierzu Bemerkungen von Buchner, Paleae, 61–63 und die methodisch wichtigen Überlegungen von Vetulani, Distinktioneneinteilung, insbes. 369f. und Lenherr, Fehlende Paleae (1982).

92. Siehe hierzu die methodischen Bemerkungen 118, 359f.

93. Die folgenden Angaben beruhen auf einer Auswertung der Sekundärliteratur, nämlich von Buchner, Paleae (2000), der sich massgeblich auf Weigand, Burchardauszüge (1989) stützt.

94. Landau, Vorgratianische Kanonessammlungen, 97 schätzt, dass rund die Hälfte der *Paleae* Burchards Dekret entnommen worden sind. Die Dominanz Burchards wird noch deutlicher, wenn man als Stichprobe die Provenienz der ersten 40 der insgesamt 152 *Paleae* auswertet, die Buchner vorschlägt. Bei 17 Capitula waren laut Buchner keine Aussage möglich; 17 Kapitel stammen aus dem Dekret Burchards; je ein Kapitel aus dem *Polycarpus* und der *Tripartita*; aus der Sammlung Anselms von Lucca ist sicherlich ein Kapitel, ein zweites vermutlich übernommen; und aus Burchard oder der *Panormia* stammt ein weiteres Kapitel. Im Einzelnen zeigen sich folgende Befunde (die Seitenzahlen in den Klammern beziehen sich auf Buchner, Paleae): D. 5 c. 1 (Buchner, Nr. 1): keine Angaben (65–75); D. 5 c. 4 (Buchner, Nr. 2): keine Angaben (65–75); D. 6 c. 2 (Buchner, Nr. 3): keine Angaben (65–75); D. 9 c. 1 (Buchner, Nr. 4): keine Quellenangabe möglich (68); D. 9 c. 1 § 2 (Buchner,

in vorgratianischen Textmagazinen überliefert, aber in frühen Dekretalensammlungen tradiert sind; für diese Texte vermutete Landau eine Übernahme aus einer gemeinsamen Vorlage, aus denen sowohl die Dekretisten für *Paleae* wie die Dekretalisten für Dekretalensammlungen schöpften.[95] Trotz dieser Unsicherheiten lässt sich festhalten: Das Dekret Burchard von Worms diente in der zweiten Hälfte des 12. Jahrhunderts als hauptsächliche Referenz, auf die Bezug genommen wurde, um Fehlendes zu ergänzen.[96] Burchards Dekret war ergiebigster Steinbruch, aus dem die Dekretisten das gesuchte Normmaterial gewannen, das sie dann in das Dekret einpassten.

b) Die einheitliche Wissensordnung. Burchard und Gratian als Argument

Exzerpieren und Inkorporieren des Materials waren nur eine Möglichkeit des Umgangs mit dem überkommenen kanonistischen Stoff. Abgesehen von der Aufnahme in einer Sammlung als wohl engste

Nr. 5): keine Angaben (65–75); D. 9 c. 2 (Buchner, Nr. 6): Burchard c. 15.42 (68); D. 15 c. 3 § 17 (Buchner, Nr. 7): Buchard c. 3.220–c. 3.222 (69); D. 17 c. 1 (Buchner, Nr. 8): *Polycarpus* c. 1.16.1 (70); D. 18 c. 1 (Buchner, Nr. 9): Burchard c. 1.53 (71); D. 18 c. 11 (Buchner, Nr. 10): Burchard c. 8.73 (72); D. 19 c. 1 (Buchner, Nr. 11): wohl *Tripartita* c. 1.62.10 und c. 1.62.11 (74); D. 23 c. 13 (Buchner, Nr. 12): Burchard c. 1.111 (77); D. 23 c. 23 (Buchner, Nr. 13): wohl Anselm c. 10.53 (77); D. 24 c. 1 (Buchner, Nr. 14): Burchard c. 5.34 (79); D. 25 c. 5 (Buchner, Nr. 15): keine Quellenangabe möglich (82); D. 27 c. 7 (Buchner, Nr. 16): Burchard c. 8.47 oder *Panormia* c. 2.306 (84); D. 31 c. 5 (Buchner, Nr. 17): Burchard c. 3.238 (85); D. 32 c. 2 (Buchner, Nr. 18): Anselm c. 7.129 (86); D. 32 c. 17 (Buchner, Nr. 19): keine Quellenangabe möglich (87); D. 34 c. 2 (Buchner, Nr. 20): Burchard c. 2.213 (89); D. 34 c. 3 (Buchner, Nr. 21): Burchard c. 2.214 (89); D. 34 c. 6 (Buchner, Nr. 22): Burchard c. 9.15 (89); D. 35 c. 5 (Buchner, Nr. 23): keine Quellenangabe möglich (90); D. 35 c. 6 (Buchner, Nr. 24): keine Quellenangabe möglich (90); D. 35 c. 7 (Buchner, Nr. 25): keine Quellenangabe möglich (90); D. 37 c. 6 (Buchner, Nr. 26): keine Quellenangabe möglich (91f.); D. 38 c. 13 (Buchner, Nr. 27): keine Quellenangabe möglich (93); D. 38 c. 14 (Buchner, Nr. 28): keine Quellenangabe möglich (93); D. 38 c. 15 (Buchner, Nr. 29): keine Quellenangabe möglich (93); D. 42 c. 6 (Buchner, Nr. 30): Burchard c. 3.81 (94); D. 42 c. 7 (Buchner, Nr. 31): Burchard c. 3.80 (94); D. 44 c. 7 (Buchner, Nr. 32): Burchard c. 2.161 (96); D. 44 c. 8 (Buchner, Nr. 33): Burchard c. 2.162 (96); D. 44 c. 9 (Buchner, Nr. 34): Burchard c. 2.164 (96); D. 50 c. 13 (Buchner, Nr. 35): Burchard c. 1.233 (99); D. 50 c. 23 (Buchner, Nr. 36): keine Quellenangabe möglich (100); D. 50 c. 24 (Buchner, Nr. 37): keine Quellenangabe möglich (100); D. 50 c. 40 (Buchner, Nr. 38): Burchard c. 6.33 (101); D. 50 c. 41 (Buchner, Nr. 39): keine Quellenangabe möglich (101); D. 50 c. 52 § 1 (Buchner, Nr. 40): Burchard c. 19.74 (103). Die Auflistung von Weigand, Burchardauszüge, 448f. zählt 58 Burchard-Exzerpte auf ca. 150 *Paleae*.

95. Landau, Vorgratianische Kanonessammlungen, 98f.

96. Rambaud, Les legs de l'ancien droit, 110 nahm hingegen die ivonischen Sammlung als Quelle an; Schulte, Paleae, 311 und Landau, Gratian and the Decretum of Gratian, 47 sowie Weigand, Versuch einer Liste, 895f. betonten hingegen den Einfluss Burchards.

Verbindung lassen sich auch lockerere Bindungen vorstellen, nämlich die argumentative Verknüpfung der vorgratianischen Sammlungen mit Gratian selbst. Und genau dies taten die Dekretisten, indem sie über Verweise das vorgratianische Material, das den Weg nicht in das Dekret gefunden hatte, mit dem Dekret zu einem argumentativen Netz zusammenfügten.

Der Autor der Summe *Quoniam in omnibus* konzentrierte sich hingegen noch vorrangig auf das Dekret, um es aus sich selbst heraus zu erklären. Er benutzte zu dessen Explikation aber auch römisches Recht sowie – an einer Stelle – langobardisches Recht. Referenzen auf vorgratianische kanonistische Literatur sind nicht ersichtlich.[97]

Der Autor der *Summa Parisiensis* kannte und benutzte zur Erörterung des Dekrets hingegen auf jeden Fall die *Panormia*, auf die er sogar explizit mit der Wendung *in Panormia Ivonis* verwies;[98] er kannte sicherlich die falschen Dekretalen Pseudoisidors (in D. 16 c. 4); vielleicht nahm er an einer Stelle sogar Burchard auf.[99] Die wenigen Stellen, an denen er vorgratianisches Recht allegierte, erschöpfen sich bei ihm in dem blossen Verweis, ohne dass er diese Stelle argumentativ einband. So verwies er mit *sed in canonibus Ivonis multa plura sunt exempla* auf weitere Beispiele, die Ivo aufführte;[100] die Quellen, aus denen Gratian sein Dekret kompiliert hatte, identifizierte er richtig mit *videtur quod Gratianus has leges sumpsisset de canonibus Ivonis*,[101] und zu C. 13 q. 2 d. p. c. 7 untersuchte er die Rubriken möglicher Vorlagen.[102] Argumentativ band er hingegen nur eine Stelle aus dem vorgratianischen

97. Siehe Schulte, Summe des Paucapalea, xivf. sowie die Wertung von Landau, Vorgratianische Kanonessammlungen, 108, der den Befund der Nichtbenutzung vorgratianischer Textmagazine für Paucapalea/*Quoniam in omnibus* und für Rolandus feststellt.

98. C. 13 q. 2 d. p. c. 7 (McLaughlin, Summa Parisiensis, 167 und xxi); zu dieser Stelle ferner Landau, Vorgratianische Kanonessammlungen, 111f. Dass das *Decretum* Ivos dem Verfasser der *Summa Parisiensis* nicht vorgelegen haben muss, zeigen Landau, Vorgratianische Kanonessammlungen, 111f. und Lenherr, *Reos sanguinis* [non] *defendat ecclesia*, 119 Fn. 34 gegenüber McLaughlin, Summa Parisiensis, xxi.

99. McLaughlin, Summa Parisiensis, xx–xxii sowie Landau, Vorgratianische Kanonessamlungen, 111f. Zur Verwendung von lombardischem Recht vgl. McLaughlin, Summa Parisiensis, xviii.

100. Ad D. 56 d. p c. 1 (McLaughlin, Summa Parisiensis, 51 und xxi) mit Verweis auf *Panormia* c. 3.52.

101. Ad C. 2 q. 6 c. 22 (McLaughlin, Summa Parisiensis, 109 und xxi) mit Verweis auf *Panormia* c. 4.127 resp. dem Dekret Ivos c. 5.281 und die jeweils folgenden Kanones.

102. Ad C. 13 q. 2 d. p. c. 7: *Quidam libri habent rubricam praemissam huic decreto talem: „De rapacitate monachorum" et quidem in Panormia Ivonius ubi hoc decretum ponitur haec rubrica praemittitur.* (McLaughlin, Summa Parisiensis, 167 und xxi; ebenso die gegenüber den Schlüssen McLaughlins kritische Literatur in Anm. 98).

Material in seine Darstellung ein. An dieser Stelle, D. 5, diskutierte Gratian im Rahmen der Frage der Unterscheidung des göttlichen und des menschlichen Rechts das Recht der Wöchnerin, eine Kirche zu betreten. Der Lösung Gratians stellte er einen weiteren widersprechenden Text aus einem Bussbuch gegenüber: *Videtur hoc contra illud Theodori in poenitentiali*, wobei er sich vielleicht auf Burchard (c. 19.141) bezog,[103] bevor er dann in einer *Responsio* den Gegensatz auflöste. Halten wir fest: Dem Autor der *Summa Parisiensis* war einerseits eine recht grosse Bandbreite vorgratianischer Sammlungen bekannt, doch nutzte er sie hauptsächlich als Referenz und Verweisrahmen, und wohl nur in einem singulären Fall flocht er einen Kanon aus einer anderen Sammlung als Gegenargument ein.

Der Umgang mit vorgratianischem Material änderte sich grundlegend bei Rufinus. Allein die schiere Masse der Burchard-Verweise erstaunt: 83 Mal bezog sich der Autor auf Burchards Dekret, ferner ab und an auf zwei Sammlungen, die Landau als *Dionysiana Bobbiensis* und als die spanische Epitome identifiziert hat.[104] Ob Rufinus auch die *Panormia* kannte, bleibt unsicher.[105] Wie band Rufinus Burchard in seine Erörterung des Dekrets ein? Regelmässig verwies Rufinus auf Burchard, um Sachaussagen vertiefend zu belegen oder Aussagen Gratians zu konkretisieren. *Et hoc habetur in Burc. libr. XI ex concilio Aurelianensi cap. Si fur* [c. 11.60] ist für diese Verwendung eine typische Formulierung;[106] anderswo heisst es *ut in Burch. libr. XIX. cap. Si quis inhonoraverit*[107], *ut Burch. libr. XIX. cap. Animalia*[108] oder *quere in Burc. l. I. cap. Item placuit*[109]. Darüber hinaus band er Burchard aber auch argumentativ in seine Erörterung des Kirchenrechts ein und begriff ihn dabei als Widerspruch zu Gratian, den es in Einklang

103. Ad D. 5 d. p. c. 1 v° *in lege nunc autem* (McLaughlin, Summa Parisiensis, 5 und xxf. sowie Landau, Vorgratianische Kanonessammlungen, 111).

104. Zu der Anzahl der Verweise auf Burchard siehe Singer, Rufinus, Summa decretorum, ciii; zu den übrigen, nicht nur juristischen Quellen vgl. Singer, Rufinus, Summa decretorum, ciii–cxxvi sowie die Überlegungen zu den seltener benutzten Sammlungen, die Landau, Vorgratianische Kanonessammlungen, 109–111 entwickelt. Zur *Dionysiana Bobbiensis* vgl. Fowler-Magerl, Clavis Canonum, 42f. und Kéry, Canonical Collections, 13; zur spanischen Epitome siehe Fowler-Magerl, Clavis Canonum, 34f. und Kéry, Canonical Collections, 57–60.

105. Einerseits Singer, Rufinus, Summa decretorum, cvf.; skeptisch andererseits Landau, Vorgratianische Kanonessammlungen, 109.

106. Ad C. 23 q. 8 c. 33 (Singer, Rufinus, Summa decretorum, 414).

107. Ad D. 30 c. 1 (Singer, Rufinus, Summa decretorum, 69).

108. Ad D. 30 c. 13 (Singer, Rufinus, Summa decretorum, 70).

109. Ad C. 2 q. 7 c. 34 (Singer, Rufinus, Summa decretorum, 254).

mit ihm zu bringen galt. Ein Beispiel hierfür: In D. 75 c. 3 stellte Gratian die Modalitäten der Klerikerweihe dar und gab unter anderem als Voraussetzung vor: *multis coram astantibus*. Dem stellte Rufinus c. 2.7 des Dekrets gegenüber: *Contra in Burch. lib. II. quod non oporteat ordinationes sub aspectu audientium celebrari* und löste den Widerspruch mit einer unterschiedlichen Bedeutung des Begriffs der „Umherstehenden" auf: *sed ibi audientes non fidelium populos, sed catecuminos vel publice extra ecclesiam penitentes vocat.*[110]

Einen anderen Widerspruch zwischen einem Kanon, den Burchard ausgewählt hatte, und einem Kapitel Gratians löste er mit der vollständigen Aufhebung der von Burchard ausgewählten Norm auf: *Sed credendum est illud constitutum esse penitus abrogatum.*[111] Ein drittes Beispiel – aus dem Bereich des Patronatsrechts gewählt – zeigt, dass Rufinus sowohl mit Burchard als auch mit Gratian als gleichberechtigten Autoritäten argumentierte. *Quodlibet horum fieri vehementer prohibetur in Burc. l. III. ex concilio Mediomatricis, c. Perlatum est* [c. 3.42], *et infra Cs. XXII. q. II. cap. penultim. Quid igitur fiet?* fragte Rufinus, bevor er zur Lösung überleitete.[112] Die Liste der Stellen, an denen Rufinus Burchard einbezog, liesse sich verlängern.[113]

110. Ad D. 75 c. 3 (Singer, Rufinus, Summa decretorum, 165).

111. Ad C. 31 q. 1 c. 11 (Singer, Rufinus, Summa decretorum, 473): *Signatur contrarium in Burch. l. IX. ex decreto Ormisde pape, cap. Ne quisquam* [c. 9.23]; *ibi namque dicitur, ut nullus accipiat amplius quam duas uxores, quia iam tertia superflua est. Sed credendum est illud constitutum esse penitus abrogatum.*

112. Ad C. 16 q. 7 c. 26 (Singer, Rufinus, Summa decretorum, 371).

113. Weitere Beispiele: Ad C. 11 q. 3 c. 24 (Singer, Rufinus, Summa decretorum, 317: *Item assignant aliud contrarium in Burc. lib. IV. cap. Catecumini; ibi namque dicitur ex concilio Magotiensi quod catecumini non debent cum baptizatis comedere nec eis osculum dare: quanto magis gentilis, scil. non debet cum baptizatis manducare. Sed ibi agitur de neophitis, qui, cum noviter baptizati fidem Christi suscepissent, prohibebantur convivari statim cum gentilibus, ne eorum colloquio vel conversatione facile retraherentur a fide.*); ad C. 32 q. 5 c. 22 (Singer, Rufinus, Summa decretorum, 491: *Invenitur contrarium in Burc. l. VI.; ex concilio apud Vermerias habito, cap. Si qua mulier; ibi quippe dicitur quod, si mulier consiliata fuerit de nece viri sui, potest eam vir dimittere et aliam accipere. Verum quia hec constitutio evangelico precepto et canonico reperitur penitus inimica, dicamus nullam auctoritatis habere substantiam.*); ad C. 32 q. 7 (Singer, Rufinus, Summa decretorum, 492: *Si vero in Burchardo vel alibi aliqua inveniantur capitula, que expresse illud permittant, nichil momenti continere sciantur.*); ad De cons. D. 2 c. 17 (Singer, Rufinus, Summa decretorum, 554: *Contra invenitur in Burc., ubi dicitur quod publice penitentes non possunt communicare nec reconciliari ante penitentie consummationem: in l. XVIIII. ex decreto Pii pape et concilio Magotiensi. Sed credi oportet illis capitulis istud prescribere, pro eo quod maiori nititur pietate, nisi forte quis dicat pro varietate criminum et ecclesiarum intelligendam esse hanc diversitatem canonum.*); ad De cons. D. 4 c. 29 (Singer, Rufinus, Summa decretorum, 562: *Dicitur autem in Burch., ut picture in ecclesia non fiant, ne quod colitur et adoratur in*

Rufinus ging mit den anderen namentlich genannten Sammlungen in ähnlicher Weise um, die er ebenfalls als Referenz nutzte, wenn er diese auch nicht so intensiv in seine Darstellung einbezog. Dies gilt für ad D. 17 d. p. c. 6, wo Rufinus dem Leser weiterführende Literatur empfahl: *Et hoc poteris scire, si librum conciliorum, unde hoc sumptum est, volueris legere*[114]; aber auch für ad C. 12 q. 5 d. a. c. 1: *Et hoc invenitur in libro canonum ex auctoritate Affricani concilia c. LI.*[115] An dritter Stelle wiederum nutzte er ein Exzerpt aus der spanischen Epitome, um den Begriff *concilium* zu erläutern.[116] Allein bei der Frage, wer zur Anklage von Geistlichen zugelassen werden durfte, ging Rufinus näher auf einen nicht von Gratian exzerpierten Text ein.[117]

Wir können zum Abschluss des Rundgangs festhalten, dass Rufinus zur Erörterung des Dekrets Gratians sowohl auf Burchard wie auf kleinere, fast ausschliesslich in Norditalien kursierende Quellensammlungen zurückgriff.[118] Häufig nutzte er anderswo überlieferte Kanones, um die gratianischen Belege zu ergänzen und zu vervollständigen, doch band er, jedenfalls ab und an, solche Kanones auch argumentativ ein, indem er sie als Gegenpositionen aufbaute und zu widerlegen versuchte. Das Rechtswissen Rufins erstreckte sich auf Gratian und weit darüber hinaus, nämlich auf Burchards Dekret. Burchards Dekret hatte sich im Spinnennetz der Dekretistik verfangen.

Welchen Eindruck hinterlässt das vierte dekretistische Werk, das es zu untersuchen gilt? Auch die *Summa Coloniensis* verwendete Burchards Dekret häufig, nämlich nach Angaben der Editoren Fransen/Kuttner 31 Mal; sie rekurrierte aber auch auf die *Panormia* und andere Sammlungen.[119] Da die *Summa Coloniensis* unter anderem von Rufinus Summe

parietibus depingatur, l. III. ex conc. Elebertano cap. Placuit picturas. Sed illud et presentis capituli auctoritate et contraria generali consuetudine evacuatum est.)

114. Singer, Rufinus, Summa decretorum, 40.

115. Singer, Rufinus, Summa decretorum, 331.

116. Ad D. 18 c. 15 (Singer, Rufinus, Summa decretorum, 42: *aliorum enim clericorum concilia per singulos annos episcopus quilibet in sua parrochia debet celebrare, ut habetur in concilio Barcilonensi, cap.: „Annis singulis episcopus in sua diocesi concilium faciat de suis clericis et abbatibus nec non discutiat adulteros clericos vel monachos.*“)

117. Ad C. 5 q. 5 c. 4 (Singer, Rufinus, Summa decretorum, 279: *Ex concilio quoque Urbico habito sub Hylario papa sic statutum legitur: „Non licet presbitero aut diacono ubi rei torquentur stare, neque in iudicio, unde homo ad mortem traditur". Si non licet presbiteris stare in iudicio, ubi homines torquentur, quomodo ipsis in iudicio presidentibus et iubentibus cruciatibus veritas extorquebitur? Sed ante alia sciendum est quod …*).

118. So Landau, Vorgratianische Quellensammlungen, 110.

119. Zu den kanonistischen *fontes* der *Summa Coloniensis* vgl. Fransen/Kuttner, Summa Coloniensis 4, 149f.

abhängig ist, bestätigen sich viele der zuvor formulierten Befunde. So verwies deren Autor, Berthold von St. Gereon, häufig auf Burchards Werk, um Aussagen abzusichern oder um weitere Belege aus der kanonistischen Tradition anzufügen. Solche Passagen führte er ein mit *Idem habes in Burchardo lib. iii ex concilio Mediomatricis cap. Perlatum est*[120], *Quod habes in Burchardo lib. iii cap. De his que ad parrochitanas*[121] oder *Quod cum principe commutare liceat habetur ex Burchardo lib. iii cap. Si princeps*[122]. An einer Stelle verwies er den Leser, der mehr über den Ablauf der siebenjährigen Busse wissen wollte, sogar ausdrücklich auf Burchard: *Lex et modus septennis penitentie in Burchardo lib. vii. ex concilio Triburiensi invenitur.*[123] Berthold von St. Gereon kontrastierte jedoch deutlich seltener als Rufinus das Dekret Gratians mit Burchards Werk, und wenn er es tat, dann war seine Darstellung von Rufinus abhängig. *Habemus tamen in Burchardo lib. iiii. ex Maguntiensi concilio cap. Cathecumini quod ...* leitete er einen Widerspruch ein, den er mit dem rufinischen *Set ibi ...* auflöste.[124] Im Übrigen finden sich häufiger darstellerische Passagen, in denen Berthold zwar Burchard exzerpierte, aber dessen Dekret nicht als *fons formalis* auswies.[125] Diese Darstellungsweise deckt sich also mit seiner auch sonst üblichen Methode, auf Verweise zugunsten von längeren Exzerpten aus dem *Decretum Gratiani* zu verzichten. Das Dekret Burchard von

120. Fransen/Kuttner, Summa Coloniensis 3, 11.47 (144).

121. Fransen/Kuttner, Summa Coloniensis 3, 8.37 (17).

122. Fransen/Kuttner, Summa Coloniensis 3, 8.87 (37). Weitere Beispiele: Fransen/Kuttner, Summa Coloniensis 1, 2.97 (87): *Unde in Burchardo lib. vii. ex concilio Aurelianensi*; Fransen/Kuttner, Summa Coloniensis 1, 2.119 (97): *Habes etiam in Burchardo libro vii. ubi de homicidii voluntarii penitentia agitur*; Fransen/Kuttner, Summa Coloniensis 3, 9.46 (71): *ut in Burchardo lib. nono ex concilio Maguntiensi cap. Ministri*; Fransen/Kuttner, Summa Coloniensis 3, 11.106 (169): *ut in Burchardo lib. vi. cap. Ut presbiteri*; Fransen/Kuttner, Summa Coloniensis 3, 12.27 (182): *Hoc in Burchardo lib. vi. cap. Si cuius uxor* und häufiger.

123. Fransen/Kuttner, Summa Coloniensis 1, 2.125 (100) mit Verweis auf Burchards Dekret cc. 6.1–6.4.

124. Fransen/Kuttner, Summa Coloniensis 2, 7.66 (189f.) mit Verweis auf Burchards Dekret c. 4.95; die Passage ist an Rufinus, Summa decretorum ad C. 11 q. 3 c. 24 (Singer, Rufinus, Summa decretorum, 317) angelehnt; vgl. Anm. 113. Als eine andere Stelle ist zu nennen: Fransen/Kuttner, Summa Coloniensis 1, 2.118 (96): *De tempore quoque reconciliationis dubitatur, eo quod in Burchardo ... reperitur ut ... , et e contra in Agathensi concilio legatur ut ...* Vgl. Rufinus, Summa decretorum ad D. 50 c. 64 (Singer, Rufinus, Summa decretorum, 132)).

125. Hierzu zum Beispiel Fransen/Kuttner, Summa Coloniensis 1, 2.29 (54); Fransen/Kuttner, Summa Coloniensis 1, 2.36 (58), wobei das Exzerpt aus Burchards Dekret, dem *Decretum* Ivos oder der *Panormia* stammen könnte; Fransen/Kuttner, Summa Coloniensis 2, 5.39 (72); Fransen/Kuttner, Summa Coloniensis 2, 7.26 (166) und öfters.

Worms ist in seine lehrbuchartige Darstellung des geltenden Kirchenrechts also wie selbstverständlich einbezogen; er verwies auf das Dekret und benutzte es, ohne jedoch viele Widersprüche zwischen Burchard und Gratian aufzuzeigen oder gar aufzulösen. In diesem Punkt unterscheiden sich Rufinus und Berthold von St. Gereon.

Wie lassen sich diese Befunde in den Forschungen zur Dekretistik verorten? Peter Landau vermutete Unterschiede im Umgang mit vorgratianischem Material zwischen italienischen und transalpinen Dekretisten, die er darin sah, dass in Italien/Bologna „eindeutig Burchard von Worms bevorzugt" wurde, während „man in der französischen und rheinischen Dekretistik häufig über Burchard hinaus[ging]"; jenseits der Alpen kannte man auch Pseudoisidor, die Ivo zugeschriebenen Sammlungen sowie ältere *Collectiones* wie Cresconius.[126] Diesen Eindruck unterstreichen die hier vorgestellten Beobachtungen. Über die Identifizierung der verwendeten Sammlungen hinaus gilt es zukünftig aber auch, die Quantität und Qualität ihrer Verwendung zu analysieren. Sollte sich der anhand dieses kleinen Quellencorpus gefundene Eindruck bestätigen, so ist neben einer geographischen auch eine temporale Komponente zu berücksichtigen: Während die frühen Summen sich auf eine die Explikation des *Decretum Gratiani* aus sich selbst heraus beschränkten, weitete sich in den 1160er Jahren der Blick, der dann auch wieder vorgratianisches Material umfasste und in die Darstellung einbezog. Dies gilt weniger für die *Summa Parisiensis* als vielmehr für die *Summa Coloniensis* und (insbesondere) für die Summe des Rufinus. Gerade Rufinus zeichnet sich nicht nur durch die Menge der Burchard-Verweise aus, sondern auch durch die argumentative Integration von Burchard-Kanones in der Auslegung des *Decretum Gratiani*. Bei Rufinus, also in der Mitte der 1160er Jahre, ist von Gratian nicht exzerpiertes Material wieder in die Diskussion kirchlichen Rechts integriert – Burchard war wieder Bestandteil des kirchlichen Rechtswissens.

c) Die Verwissenschaftlichung des Unwissenschaftlichen: Glossen in vorgratianischen Sammlungen

Wir haben bislang zwei unterschiedliche, aber verwandte Strategien im Umgang mit vorgratianischem Material in nachgratianischer Zeit kennengelernt, nämlich die Exzerpierung von Kanones aus Burchards

126. Landau, Vorgratianische Kanonessammlungen, 115.

Dekret und anderen Sammlungen, um sie als *Paleae* in das *Decretum Gratiani* einzufügen, sowie ihre Aufnahme als Argument in Summen und Summen-Apparaten. Darüber hinaus lässt sich noch eine dritte Form des Umgangs denken, nämlich die Bearbeitung älterer Sammlungen mit den Methoden der Dekretistik, wozu Allegationen und Wort-wie Solutionsglossen zählen. Sucht man nach der Applikation dieser dekretistischen Arbeitsweisen in Manuskripten mit Kanonessammlungen, so wird man sowohl in Handschriften fündig, die aus der ersten Hälfte des 12. Jahrhunderts stammen, also nachträglich bearbeitet wurden, aber auch in jüngeren Abschriften, die in die zweite Hälfte des 12. oder gar in das 13. Jahrhundert zu datieren sind. Auch wenn immer wieder auf die Tatsache hingewiesen wurde, dass Kanonessammlungen bis in das 13. Jahrhundert regelmässig abgeschrieben und benutzt wurden,[127] so ist der Umfang dieses ‚Weiterlebens' doch schwer zu bemessen: Folgt man dem Handschriftenverzeichnis der Online-Edition der *Panormia*, das Martin Brett und Bruce Brasington angelegt haben, so sind knapp ein Viertel der ihnen bekannten Handschriften dem ausgehenden 12. oder dem 13. Jahrhundert zugehörig.[128] Solche Zahlen können allerdings nur ein erstes Indiz für die Bedeutung von Kanonessammlungen über Gratian hinaus sein. Weitere Untersuchungen sind nötig, die sich zum Beispiel von der Fragen leiten lassen könnten, an welchen Sammlungen auch nach 1150 noch Interesse bestand, welche geographischen Unterschiede es in der Weiterproduktion vorgratianischen Materials gab und in welchen Verwendungskontexten (Universitäten? Klöster?) diese Handschriften benutzt wurden?

Im Rahmen dieser Untersuchung sollen allerdings nicht Antworten auf diese Fragen versucht werden, vielmehr soll auf die Anwendung dekretistischer Arbeitsmethoden auf Kanonessammlungen hingewiesen

127. Zum Beispiel: Fransen, La tradition manuscrite de la Panormie (1987), 93; Brett, Creeping up on the Panormia, 208; Brasington, Recte docens vel credens (1996); Brasington, Glossing strategies (2000); Brasington, Amplificatio sententie (2001).

128. Nach der Manuskriptliste von Brett/Brasington stammen aus dem 13. Jahrhundert oder aus dem 12./13. Jahrhundert folgende 39 Manuskripte: Ca, Cc, Cd, Ea, Ed, Eton College, pr. bk Fb.3.7, Farfa, Archivio dall'Abbazia, Gb, Graz, UL 887, La, Le, Lg, Lk, Lm, Ln, Lo, Mc, Me, Mf, Mj, Ob, Pd?, Pm, Pn, Pq, Paris, BN, lat. 4286, Qa, Qb, Qd, Ra, Rf, Sc, Tb, Th, Vp, Vs, Vt, Wa, Wb. Ingesamt zählen sie 157 Manuskripte der *Panormia* (http://ivo-of-chartres.github.io/panormia/mslist.pdf). Dies ist selbstverständlich nur eine vorläufige Annäherung, da die Manuskripte, die nur in das 12. Jahrhundert datiert worden sind, hier nicht berücksichtigt sind, aber doch einige von diesen aus der zweiten Hälfte des 12. Jahrhunderts stammen könnten. Zudem liesse sich die Datierung, die teilweise auf Katalogangaben beruht, sicherlich noch präzisieren.

werden. Als Ergebnis der Untersuchung zu Glossen in vorgratianischen Manuskripten hatte sich gezeigt, dass Glossen des 11. und des beginnenden 12. Jahrhunderts in diesen Manuskripten eher selten zu finden sind; einige explikative Wortglossen in Burchards Dekret, wenige Annotationsglossen in der Sammlung in 74 Titeln, selten Allegationen und kaum Solutionsglossen, die, wenn überhaupt vorhanden, zumeist von Bernold von Konstanz oder aus dessen Umfeld stammen.[129] Blicken wir nun exemplarisch auf zwei Beispiele solcher vorgratianischen Kanonessammlungen, die in der zweiten Hälfte des 12. oder im 13. Jahrhundert glossiert wurden.

Als erstes Beispiel dient die Sammlung in 3 Büchern. Sie ist zwar nur in zwei Handschriften überliefert, hat aber als Textlieferant für Gratian inzwischen eine gewisse Berühmtheit erlangt.[130] Mit der 2008 fertiggestellten Edition von Joseph Motta ist diese Sammlung leicht zugänglich. Motta hat jedoch die Marginalien, die in dem Manuskript vat. lat. 3831 zu finden sind, nicht in den edierten Text aufgenommen und auch in seiner Einleitung nur kurz darauf hingewiesen.[131] Die Haupthand selbst stammt nach Angaben von Motta aus der ersten Hälfte des 12. Jahrhunderts, könnte aber auch der zweiten Hälfte des 12. Jahrhunderts angehören.[132] Die Handschrift ist italienischer Herkunft und gehörte vermutlich zum lateinischen Bistum Sidon im Libanon, nach dessen Aufhebung 1307 sie nach Avignon in päpstlichen Besitz gekommen sein könnte.[133] Die Handschrift selbst ist zwar nicht dicht annotiert, doch finden sich regelmässig, nämlich auf fast jeder Seite, einige Marginalien. Was steht in diesen? Greifen wir den Abschnitt 1.5 heraus, der von *De papa et apostolica sede non iudicandis* handelt.[134]

129. Siehe 298–311.

130. Zur Sammlung in 3 Büchern siehe 312.

131. Siehe Motta, Collectio Canonum I, xxxii: „Nei margini continui richiami, ma di mano posteriore, ad altri canoni per affinità d'argomento.“ und ebd., Fn. 40: „Nella edizione della 3L tali riferimenti non saranno presi in considerazione.“ Die Glossen scheinen auch bei Founier, Collection canonique italienne, 1–67 nicht beachtet zu sein. Das zweite Manuskript, Pistoia, Archivio Capitolare del Duomo, C. 135, ist nicht in die Untersuchung einbezogen.

132. Eine Handschriftenbeschreibung gibt Motta, Collectio Canonum I, xxxiif.; zu einer späteren Datierung tendiert Alexander Andrée, University of Toronto, wie er per Mail am 2.12.2008 mitteilte. Ihm sei für seine Hilfe herzlich gedankt.

133. Maier, Ecclesia Sidonensis (1967).

134. In der Handschrift vat. lat. 3831 umfasst dieser Teil die fol. 3v-4r.

Stelle	**Glosse**	**Verweis auf**
ad c. 1.5.1 *Nemo iudicabit primam sedem ...*	*Idem [dub.] titulo* v	[?]
ad c. 1.5.2 *Nemini est de sedis apostolicae iudicio iudicare ...*	*Infra titulo ii capitulo i*	c. 1.2.1
ad c. 1.5.3 *Achatius non fuit ...*	*Idem infra Gelasius*	c. 1.5.6
ad c. 1.5.6 *Ipsi sunt canones ...*	*Idem supra Felix*	c. 1.5.3

Diese Glossen gehören zu der Gruppe der Allegationen, verweisen also auf weitere, ebenfalls einschlägige Stellen desselben oder eines anderen Werkes. Sie sind als eher schlicht zu charakterisieren, da Hinweise auf Konträrstellen – zum Beispiel mit einem *contra*-Zeichen – nicht explizit ausgewiesen sind; zudem ist die Verweistechnik nicht standardisiert: Es finden sich sowohl Angaben nach Titel und Kapitel (wie *infra titulo ii capitulo i*) wie Verweise nach Titelrubriken (wie *Infra nullum concilium esse firmum c(a)p(itulo) ii*).[135] Darüber hinaus lassen sich paraphrasierende Glossen ausmachen, die einen Kanon kurz zusammenfassen.[136]

Schon diese wenigen Stichproben zu einigen Glossen lassen auf eine Applikation eines methodischen Instrumentariums schliessen, das mit den frühen Glossen zum Dekret vergleichbar ist.[137] Es überwiegen Allegationen und Paraphrasen, die auf eine Erschliessung der Kanonessammlung deuten. Ob sich eine darüber hinausgehende inhaltliche Durchdringung der Sammlung mit Solutionsglossen, Verweisen auf das römische Recht (oder das *Decretum Gratiani*) finden lassen, könnte eine weitere Untersuchung erhellen, auch wenn eine kursorische Durchsicht dies nicht nahelegt. Jedenfalls spiegelt dieses Manuskript eine Arbeitsweise und juristische Methodik wider, die mit den frühen Glossierungsbemühungen in der ersten Glossenschicht zum Dekret vergleichbar ist.

Als zweites Beispiel sei die Abschrift der *Panormia* vorgestellt, die heute in der University Library in Cambridge unter der Signatur Ff.iv.41 einzusehen ist. Dieses Manuskript zählt zu den späten Abschriften dieser Sammlung und stammt aus (Nord)England aus der Zeit um

135. Zum ersten Beispiel siehe oben; das zweite Beispiel findet sich: vat. lat. 3831, fol. 4rb ad c. 1.6.5 mit Verweis auf c. 1.11.2.

136. Siehe zum Beispiel die Glossen in vat. lat. 3831, fol. 9v.

137. Zu der ersten Glossenschicht siehe 431f.

1200, ist vielleicht sogar etwas später anzusetzen.[138] Diese Handschrift gehört zu den stark annotierten Kopien einer vorgratianischen Sammlung, deren Glossen zeitgleich zur Haupthand eingetragen wurden; Bruce Brasington machte mindestens zwei verschiedene Glossenhände aus.[139] In formaler Hinsicht finden sich interlineare und marginale Glossen, unter inhaltlichen Gesichtspunkten sind lexikographische Glossen und kritische Anmerkungen zu den Kanones zu unterscheiden. Brasington vermutete als Leser nicht im kanonischen Recht ausgebildete Juristen, sondern monastische Leser, die die *Panormia* zur eigenen (Weiter)Bildung lasen, erklärten und kommentierten.[140] – Was bemerkten diese Leser zur päpstlichen Immunität? Zu den Kanones c. 4.5 bis c. 4.11 finden sich drei Glossen, von denen zwei interlinear sind.[141]

Stelle / *sub voce*	**Glosse**	**Stellung**
ad c. 4.5 *Nemo iudicabit primam sedem ...*		
v° *nemo*	*si enim apostolicus in fide erraret quia toti mundo posset nocere iudicaretur a subditis vel penitentiam agere vel a sede apostolica deponi. In omnibus aliis non iudicaretur.*	marginal
v° *neque*	*idest si velit aliquantum a iustitita declinare*	interlinear
ad c. 4.6 *Nunc autem divina ...*		
v° *secundus excessus*	*idest de excommunicatione pape quamlibet*	interlinear

Die beiden interlinearen Glossen erklären mit dem einleitenden *idest* einzelne Worte – wie beispielsweise die zweite Anmassung (*secundus excessus*) des Dioskurs – und zählen somit zu den explikativen Glossen. Grösseres Interesse zieht die marginale Glosse zu dem Silvester-Kanon *Nemo iudicabit* auf sich, denn sie wiederholt einerseits den Grundsatz der päpstlichen Immunität, erläutert aber andererseits auch die Ausnahme, nämlich die Glaubensabweichung. Der Glossator kannte also die Ausnahme, die in der Hauptfassung der *Panormia* ansonsten nicht

138. Zu dem Manuskript siehe Brett/Owen, Canon Law in Cambridge, xl; Brasington, Glossing strategies, 157.

139. Brasington, Glossing strategies, 157.

140. Brasington, Glossing strategies, insbes. 158f.

141. Cambridge, University Library, Ff.iv.41, fol. 58v. Die Glossen dieser Handschrift zum vierten Teil der *Panormia* sind ediert von Brasington, Notes from the edge, 171–181.

aufgenommen wurde,[142] nahm diesen Gedanken auf und verknüpfte die Ausnahme mit der Regel. Der Glossator schuf in der Marginalie also relationales Rechtswissen.[143]

Was können wir festhalten? Zum einen zeigt diese Kopie der *Panormia* ein anhaltendes Interesse an vorgratianischen Sammlungen. Die Verbindung einzelner Rechtssätze und die Verknüpfung von Kanones waren nicht den Universitäten vorbehalten, sondern erfolgte auch an anderen Orten wie beispielsweise in Klöstern. Allerdings ist Brasington zuzugestehen, dass sich bei der Bearbeitung der vorgratianischen Sammlungen keine einheitlichen Apparate herausgebildet haben, auch wenn die Handschriften der *Panormia* vereinzelt übereinstimmende Glossen aufweisen.[144] Vergleicht man die Arbeit an einer Universität oder Rechtsschule mit der monastischen Lektüre, so tritt ein Unterschied deutlich hervor, nämlich die Professionalisierung der Beschäftigung. An den Rechtsschulen bildete sich standardisiertes Rechtswissen, das schon im 12. Jahrhundert, deutlicher noch im 13. Jahrhundert mit der *Glossa ordinaria* reproduzierbar war; in den Klöstern finden sich Erklärungen und Erläuterungen zum Text, die aber sowohl im Umfang rudimentär verblieben und auch nicht normiert wurden – eine *Glossa ordinaria* zur *Panormia* oder zu Burchards Dekret ist bislang noch nicht entdeckt.

Vielleicht liegt der wesentliche Unterschied zwischen den beiden Lektürestrategien in dem Interesse der Leser: Hier der studierende oder studierte Kanonist, der an der juristischen Bildung eines rechtlichen Systems arbeitete, dort der monastische Leser, der Texte zur eigenen Bildung und Erbauung las.[145] Ob vorgratianische Sammlungen – jenseits von Burchards Dekret, das auch an Universitäten gelesen wurde, wie das Beispiel Rufins zeigt – nicht vor allem in Klöstern überlebten und weiterlebten, wäre eine Frage, die einer weiteren Beschäftigung bedürfte. Jedenfalls ist es durchaus denkbar, dass derjenige Leser, der weniger an juristischer Konstruktion und Entscheidung von Streitfällen, sondern mehr an florilegartiger Lektüre ‚klassischer' Texte interessiert

142. Zur ursprünglichen Konzeption der *Panormia* siehe 91f.

143. Diese Kanones zur Immunität (cc. 4.5–4.11) stehen im Kontext von weiteren Kanones des vierten Teils der *Panormia*, die der Glossator annotierte. Diese Kanones betreffen das Prozessrecht, so dass Brasington hier einen prozessual interessierten Leser festmacht; die vielen Glossen zu anderen Teilen der *Panormia* lassen jedoch vielleicht eher auf einen insgesamt an kanonistischen Texten Interessierten schliessen.

144. Dies betont Brasington, Amplificatio sententie, 78.

145. Die monastische Lektüre hebt Bruce Brasington immer wieder hervor, z.B. in: Brasington, Recte docens vel credens (1996), insbes. 120–123; Brasington, Amplificatio sententie (2001) und Brasington, Notes from the edge (2008).

war, mit den thematisch strukturierten Kanonessammlungen besser bedient war als mit dem *Decretum Gratiani*, dass zwar weiter führte, aber sich weniger leicht erschloss.

d) Verweigerungen? Vom Vorteil thematischer Sammlungen

Der neuen Welt der *causae* und *distinctiones*, der *questiones* und *solutiones* verweigerte sich Kardinal Laborans – jedenfalls ein stückweit versuchte er in seiner *Compilatio decretorum* das sich weiterdrehende Rad der Kanonistik aufzuhalten und Alt und Neu zu verbinden. Kardinal Laborans wurde vielleicht in den zwanziger Jahren des 12. Jahrhunderts in der Nähe von Florenz geboren; er studierte in Frankreich, möglicherweise unter Gilbert de la Porrée in Paris, und kehrte über Deutschland nach Italien zurück, wo er im süditalienischen Capua als Kleriker wirkte. 1173 wurde er zum Kardinaldiakon von S. Mariae in Porticu, 1179 zum Kardinalpriester von S. Mariae trans Tiberim erhoben. Im gleichen Jahr nahm er am Dritten Laterankonzil teil. Er verstarb wohl 1190.[146] Seit den 1160er Jahren arbeitete er an einer Kompilation des Kirchenrechts, die er vielleicht schon in den 1170er Jahre abschloss; der Kolophon der einzigen sie übermittelnden Handschrift nennt jedenfalls den 30. April 1182 als Tag, an dem das Manuskript verfertigt war.[147] Die Rasuren sowie Ergänzungen am Rande deuten auf eine Entstehung dieser Handschrift unter den Augen des Kardinals deuten. Andere Werke als die des Kardinal Laborans enthält sie nicht. Da sich eine mittelalterliche Rezeption nicht feststellen lässt, war eine grosse Wirkung diesem Manuskript nicht vergönnt – anders als im Falle des Deusdedit, dessen Sammlung, obwohl auch nur in einer Handschrift überliefert, doch wesentlich breitere Resonanz erfahren hatte.[148]

Inwiefern aber stand Kardinal Laborans zwischen den alten und den neuen Formen der Vermittlung von Rechtswissen? Seine Hauptquelle war das *Decretum Gratiani*, da sich 90 % seiner Kapitel bei Gratian

146. Zur Biographie des Kardinal Laborans vgl. Norbert Martin, Art. Laborans, in: LexMA 5, 1991, Sp. 1601f.; Martin, Compilatio Decretorum 1, 7–14; Martin, Kardinal Laborans, 125.

147. Heute: Città del Vaticano, Biblioteca Apostolica Vaticana, Archivio Capitolare C 110, fol. 243vb: *Annus hoc opus edidit integer ab filius inceptione vicesimus, Christi vero millesimus clxxxii et ultimus dies aprilis*. Zur Handschrift siehe die Bemerkungen von Kuttner, Repertorium, 267f. sowie Martin, Compilatio Decretorum 1, 15–17; sie wird u.a. von Weigand, Naturrechtslehre, 177–179; Müller, Anteil der Laien, 90–92 und Lenherr, Exkommunikationsgewalt, 211–214 ausgewertet.

148. Siehe 94f.

finden und er immerhin 80% der Kapitel Gratians übernommen hat.[149] Darüber hinaus zitierte er Rufinus und aus dem Schriftkommentar des Gilbert de la Porrée, vermutlich auch aus Petrus Lombardus. Burchards Dekret kannte er nur über Rufinus, dafür aber exzerpierte er eifrig Kanones aus einer Sammlung in 10 Büchern, nämlich *Mare vitreum*, einem Derivat der *Caesaraugustana*, die heute nur in der Handschrift Neapel, Biblioteca Nazionale, Ms. XII A 27 überliefert ist.[150]

Wie reicherte er den juristischen Stoff Gratians mit Exzerpten aus diesen Quellen an? Er behielt nicht etwa Gratians Struktur bei und fügte nur *Paleae* ein, er verwarf vielmehr dessen Ordnung grundsätzlich und kehrte von *cause* und *questiones* zu einer thematischen Aufbereitung des Stoffes zurück; *libri*, *partes*, *tituli* und einige *collationes* als weitere Untergliederung der Titel ersetzten fiktive Fälle und Fragen. Dabei schwebte Laborans wohl vor, die eigentlich von Gratian intendierte Ordnung beizubehalten oder sogar erst herzustellen, denn er nahm das Programm ernst, das Gratian in D. 25 d. p. c. 3 entwickelt hatte, und schrieb es in sechs Büchern fort. Gratian wollte über die einzelnen Weihegrade, die Wiedereinsetzung von Klerikern und deren Deposition zur Appellation fortschreiten, und dies tat auch Laborans.[151] Er widmete sich Klerikern, ihrer Promotion und der Weihehierarchie (Buch 1), behandelte die Absetzung und Degradation von Klerikern (Buch 2) sowie ihre Wiedereinsetzung (Buch 3), bevor er über andere Arten der Bestrafung der Kleriker und das Eherecht (Buch 4) zu einer Art *ordo iudiciarius* kam, in dem er von Anklägern, Richtern, Zeugen und der Appellation handelte (Buch 5). In Buch 6 liess er den letzten Teil des gratianischen Dekrets, *De consecratione*, aufgehen.[152] Schon diese kurze Übersicht vermittelt einen Eindruck von dem Schwerpunkt, den Kardinal Laborans wählte: Sein Kirchenrecht kreiste um die Kleriker und beachtete Laien nur am Rande.

Diese sechs *libri* unterteilte er wiederum in *partes*, derem jeweiligen Beginn er eine *capitulatio* voranstellte, die die nachfolgenden *tituli*

149. Die Angaben nach Martin, Kardinal Laborans, 127.

150. Zu dieser Sammlung Martin, Compilatio Decretorum 1, 22–34 sowie Martin, Mare uitreum (1985).

151. D. 25 d. p. c. 3 lautet: *Nunc autem per singulos gradus ordine recurrentes, qui, ex quibus ordinibus, in quem gradum conscendere possint; qui post lapsum valeant reparari, vel non; quibus culpis a proprio gradu mereantur deici; quo accusante, quibus testificantibus possint convinci; cuius sententia sint solvendi vel dampnandi, breviter consideremus.* Zu den folgenden Ausführungen Martin, Compilatio Decretorum 1, 97–99.

152. Hierzu Martin, Compilatio Decretorum 1, 97–99, der auch darauf hinweist, dass Laborans die von Gratian vorgegebenen Themenabfolge bei den Bücher 2 und 3 umstellt.

enthielt. Deren Nummerierung findet sich in der Abfolge der Kapitel wieder; hierin lassen sich Ansätze zu einer Gliederung erkennen. Die Titelrubriken selbst werden nicht wiederholt und auch Rubriken für die einzelnen Kapitel finden sich nicht.[153] Die *Inscriptiones* stellte er hingegen *in margine* aus, so dass die Herkunft eines Kapitels leicht zu ersehen ist.

Inwiefern verband Kardinal Laborans nun eine ältere und eine neuere Methode der Wissenspräsentation? Die thematische Durchgliederung des Stoffes erinnert an vorgratianische Ordnungsmodelle, die Burchard, Ivo und andere ihren Kompilationen zu Grunde gelegt haben; auf eigene Kapitelrubriken verzichtete auch die Sammlung in 74 Titeln und auch das Ausstellen der *Inscriptiones* ist aus den vorgratianischen Manuskripten bekannt. Diese thematische Gliederung ermöglichte es Laborans endlich auch wieder en bloc vom Primat des Bischofs von Rom zu handeln: Er tat dies in *liber* 1, *pars* 3 und 8, indem er die bei Gratian verstreuten Exzerpte zusammenklaubte und dort konzentrierte.

Seine *pars* 3 des ersten Buchs handelt in erster Linie von der Autorität der römischen Kirche, deren Priestertum mit Petrus begann (Laborans stellte hier den pseudo-anakletischen Brief *In novo testamento post Christum Dominum* an den Beginn, den auch Burchard von Worms als ersten Kanon ausgewählt hatte) und welche den anderen Patriarchatskirchen überlegen ist. Gerade die hierarchischen Abstufungen innerhalb der einzelnen Kirchen beschäftigten Laborans ausweislich dieser Stelle sehr, denn er behandelte den Vorrang der römischen Kirche insbesondere gegenüber Konstantinopel ausgiebig.[154] Die Nennung Dioskurs in c. 1.3.3.6 veranlasste ihn zu einem gedanklichen Schlenker zur päpstlichen Immunität und ihrer Durchbrechung im Falle der Häresie. *Propter fidem non est damnatus dioscurus sed quia excommunicationem fecit domino archiepiscopi leoni*, endet c. 1.3.3.6, dem Laborans mit einem Contra-Zeichen *Si papa sue* (D. 40 c. 6) gegenüberstellte (siehe Abb. 11). Den zwischen beiden Kanones auftretenden Widerspruch löste er dann auf, worauf er mit einem marginalen *solutio* hinwies: *Porro devius*

153. Hierzu Martin, Compilatio Decretorum 1, 76–78.

154. Vgl. den Aufbau der *Compilatio decretorum* des Kardinal Laborans – Decretum Gratiani: c. 1.3.1.1–D. 21 c. 2; c. 1.3.2.1–D. 21 c. 3; c. 1.3.3.1–D. 21 c. 4; c. 1.3.3.2–D. 21 c. 5; c. 1.3.3.3–D. 21 c. 6; c. 1.3.3.4–D. 21 c. 7; c. 1.3.3.5–D. 21 c. 8; c. 1.3.3.6–D. 21 c. 9; c. 1.3.3.7–D. 40 c. 6; c. 1.3.3.8–C. 2 q. 7 c. 28; c. 1.3.3.9–C. 2 q. 7 c. 29; c. 1.3.3.10–C. 2 q. 7 c. 31; c. 1.3.4.1–D. 22 c. 2 § 2–4; c. 1.3.4.2–D. 22 c. 2 § 5; c. 1.3.4.3–D. 22 c. 2 § 6; c. 1.3.4.4–D. 22 c. 6; c. 1.3.4.5–D. 22 c. 7; c. 1.3.4.6–D. 22 c. 3; C. 1.3.5.1–D. 22 c. 4; c. 1.3.5.2–C. 24 q. 1 c. 15; c. 1.3.6.1–D. 22 c. 5; c. 1.3.6.2–C. 9 q. 3 c. 13 (nach Martin, Compilatio Decretorum 2, 32).

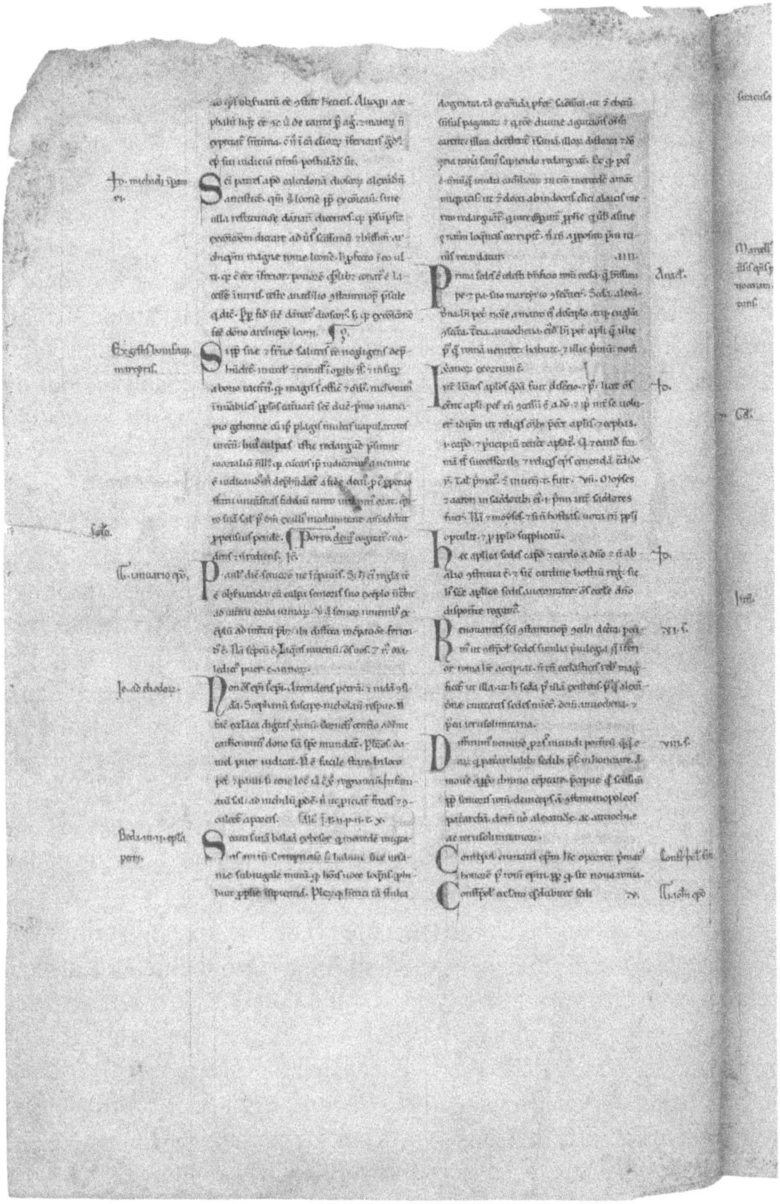

Abb. 11 – Città del Vaticano, Biblioteca Apostolica Vaticana, Archivio Capitolare di San Pietro, C 110, fol. 9v: *Compilatio Decretorum* des Kardinal Laborans (liber 1, pars 3). In der linken Spalte steht der Kanon *Si papa sue*, davor ein contra-Zeichen, links am Rand *solutio*, auf dessen Höhe nach einem Paragraphenzeichen der Vorschlag Laborans zur Auflösung des Widerspruchs steht *cogitatur vadens et non rediens*, war sein Vorschlag, den er wohl auf Psalm 78, 39 basierte: *Et recordatus est quia caro sunt, spiritus vadens et non rediens* – und Gott erinnerte sich daran, dass sie Menschen seien, ein Hauch, der hingeht und nicht wiederkehrt. Sollte der häretische Papst also wie ein Windhauch vergehen? – Eine juristisch saubere *solutio* sieht anders aus.

Den Grundsatz der päpstlichen Immunität liess Laborans ferner in c. 1.3.6.2 mit dem Kanon *Nemo iudicabit* (C. 9 q. 3 c. 13) in sein Werk einfliessen, ohne dass dieser Kanon mit der Titelrubrik *A romano pontifice Constantinopolitanus depositus fuit episcopus* sonderlich gut korrespondieren würde. Auch verband Laborans den Grundsatz *Nemo iudicabit* nicht mit der in *Si papa sue* formulierten Ausnahme. Kardinal Laborans sprach ebenfalls in *pars* 8 des ersten Buchs primatiale Aspekte an, und zwar vorrangig in Titel 14, den er mit *De auctoritate sedis apostolicae. Deque rescriptis autenticis* überschrieb.[155] In diesem Titel vereinigte er einige der bei Gratian über das gesamte Dekret verstreuten Kanones zum Primat. Er begann mit dem päpstlichen Recht zur Einberufung von Konzilien und zur Absetzung von Bischöfen (c. 1.8.14.1–C. 3 q. 6 c. 9) und fügte anschliessend Textstücke zum Jurisdiktionsprimat ein: *Nemini est* (C. 17 q. 4 c. 30) findet sich dort ebenso wie der gesamte Primatspart der C. 9 q. 3 unter Auslassung des Kanons *Nemo iudicabit* (C. 9 q. 3 c. 13), den Laborans in 1.3.6 aufgenommen hatte und auf den er nach c. 1.8.14.3 verwies: *Nemo supra parte iii titulo vi.*[156] Ferner beschäftigte sich Laborans mit prozessualen Überlegungen zum Widerruf und zur Korrektur päpstlicher Urteile und Entscheidungen (C. 35 q. 9 cc. 3–5, 6, 8) sowie mit Reskripten (Kanones aus C. 25 q. 2).

Welche Erkenntnisse können uns diese Beobachtungen vermitteln? Der thematische Aufbau seiner Sammlung ermöglichte es Kardinal Laborans leichter, primatiale Kanones unter einer Rubrik zu vereinen. Im Vergleich zur Sammlung in 74 Titeln und anderen Kompilationen des ausgehenden 11. Jahrhunderts tritt jedoch deutlich die geänderte Schwerpunktsetzung hervor: Begannen die Sammlungen der Reformzeit mit primatialen Kapiteln, so sind diese in der Sammlung des Laborans eher versteckt in der Mitte des ersten Buchs. Er sprach wichtige Aspekte des Jurisdiktionsprimats an, nämlich die Einberufung von Konzilien, die Stellung des Papstes als höchster Richter und die päpstliche Immunität.

155. Vgl. Martin, Compilatio Decretorum 2, 7.
156. Archivio Capitolare C 110, fol. 41rb.

Zwar fehlen weitergehende administrative Aspekte, doch behandelte Laborans die verstärkte Ausübung päpstlicher Legislativkompetenzen in diesem Titel ausführlich: Er verband den Jurisdiktionsprimat mit den römisch-rechtlich geprägten Passagen Gratians zu den Reskripten (C. 25 q. 2) und fasst so einen Teil der Legislativmacht des Papstes in rechtliches Gewand.[157] Hierin spiegelt die Kompilation des Laborans die Epoche der sogenannten Juristenpäpste wider, zu denen der Zeitgenosse Laborans, Alexander III. (1159–1181), zählt.

Diese Verschiebungen deuten zudem auf einen gewandelten innerkirchlichen Diskurs hin: Wenn die Frage nach dem Verhältnis von Kaiser und Papst kaum angesprochen ist,[158] wenn der Primat des Bischofs von Rom nicht mehr am Anfang einer Sammlung, sondern in dessen Mitte behandelt wird und wenn zwar die verschiedenen Aspekte des Primats skizziert, aber die Legislativkompetenz des Papstes mit rechtstechnischen Details zu Reskripten eingefangen wird, dann wird deutlich, dass auf den Schlachtfeldern des 11. Jahrhunderts längst frisches Grün gewachsen war.[159] Neue Fragen und Diskussionen prägten den dekretistischen Diskurs, und zwar nicht nur in Bologna, sondern auch bei dem süditalienischen Kleriker und späterem Kardinal Laborans.[160] Dessen Beispiel verdeutlicht darüber hinaus, dass ein Rückgriff auf ältere Formen der Wissensvermittlung nicht zugleich den Rückgriff auf ältere Wissensinhalte impliziert.

Wie ist das Werk von Laborans in der Wissensgeschichte des 12. Jahrhunderts zu verorten? Ist diese Struktur der Sammlung mit Büchern, Teilen und Titeln ein anachronistisches Ordnungsmodell, das Kardinal Laborans wiederbelebte, oder stand er an der Spitze der Dekretistik und nahm die thematische Ordnung innerhalb der Dekretalensammlungen vorweg? Seine eigene Einschätzung hilft bei dieser Frage kaum weiter, da er sein eigenes Vorgehen in einem kurzen Vorwort zwar reflektierte, aber nur davon sprach, die Kanones nicht in eine chronologische Reihung gebracht zu haben – so, als ob er sich von älteren Ordnungsprinzipien wie der der Dionysiana abgrenzen müsste und es den gratianischen Vorschlag der *cause* und *questiones* nie gegeben habe.[161] Kardinal Laborans reihte also Kapitel aneinander, aber er tat

157. Einen Überblick über den Titel 1.8.14 gibt Martin, Compilatio Decretorum 1, 108 und 2, 37. In der Interpretation ist Martin, Compilatio Decretorum 1, 108 zurückhaltender.
158. Hierauf weist Martin, Compilatio Decretorum 1, 102 hin.
159. Vergleichbar die Beurteilung von Martin, Compilatio Decretorum 1, 112f.
160. Zum Diskurswandel in Bologna siehe 428–454.
161. Archivio Capitolare C 110, fol. 2rb: *Ordo non eos condendi qui tempora sequitur*

dies bewusster als andere vor ihm, denn als Kind des 12. Jahrhunderts waren ihm doch die Widersprüche zwischen normativen Texten bewusst, die es zu beseitigen galt.[162] Dafür schaltete er sich mit Kommentaren – wie schon Gratian vor ihm – in den Ablauf der Kanones ein: Er paraphrasierte, kommentierte und schlug Lösungen vor, die er alle in den Haupttext einfügte.[163] *Vadens et non rediens* war ja sein Vorschlag, die Häresieklausel zu interpretieren. Diese Verbindung von Text und Kommentar zieht sich durch seine *Compilatio decretorum*, wie sie sich auch bei Gratian in so charakteristischer Weise findet. Und wie Gratian, aber deutlich häufiger, schrieb Kardinal Laborans Verweise in den Haupttext, um so dem Dubletten-Problem Herr zu werden. Die Allegation von *Nemo iudicabit* in 1.8.14 ist nur eines von vielen Beispielen.[164] Darüber hinaus applizierte Laborans einige Arbeitstechniken der Dekretistik. Er gruppierte die Kapitel inhaltlich, indem er häufig *contra*-Zeichen einfügte und am Rande *solutio* vermerkte, um so dem Leser einen roten Faden auf dem Weg durch die Rechtsnormen an die Hand zu geben.[165] Er wies mit *distinctio* auf Oberbegriffe hin, die er unterteilte, und kennzeichnete Worterklärungen mit *N* respektive *notio* am Rande und mit *responsio* Antworten auf Fragen.[166] Ferner setzte Laborans das in der Dekretistik verbreitete Mittel der Unterstreichung ein, um das *explicandum* hervorzuheben – und so unterstrich er auch das zu erklärende Wort *devius* in der Erörterung des Bonifatius-Kanons (siehe Abb. 11).[167]

conditorum, sed eorum multos in presentis operis serie singulis adaptandi propositis et per incidentiam circa ea constantibus, librorum sequitur ordinem et in libris ordinem titulorum (nach: Martin, Compilatio Decretorum 2, 92).

162. Wiederum in der Vorrede, Archivio Capitolare C 110, fol. 2rb: *Decretalis igitur quedam et canonica doctrina sanctorum, quae licet parva sit vastitati cuius est deliberatio, non parum tamen negotiis ecclesiasticis inchoandis, tractandis et terminandis expedire videtur, in vi. voluminis huius dividitur libros, quorum generaliter omnium communis est ecclesiastica moralis instructio, materia digna nimis et non minima copia rationum canonicum volentibus exercere conflictum et dissonantiae pugnam subinde mediante ratione dissolvere. Et quamquam singuli singulas intentiones principaliter exequantur, nonnulla tamen valde necessaria principalibus incidenter attexunt* (nach: Martin, Compilatio Decretorum 2, 92).

163. Siehe Martin, Compilatio Decretorum 1, 87f.

164. Hierzu Martin, Compilatio Decretorum 1, 85–87.

165. Das *contra*-Zeichen findet sich nach einem Paragraphen-Zeichen im Haupttext (hier nach 1.3.3.6), die *solutio* ist *in margine* zum Dictum post c. 1.3.3.7 ausgestellt.

166. Hierzu Martin, Compilatio Decretorum 1, 92–94, der auf Archivio Capitolare C 110, fol. 201vb (*notio, distinctio*) und auf fol. 146ra (*responsio*) verweist.

167. Grundsätzlich Martin, Compilatio Decretorum 1, 87f.

Der Kardinal verband also Arbeitstechniken der Dekretisten mit der interpretierenden Aufbereitung des Stoffes, die Gratian auszeichnete. Im Vergleich zur Arbeitsweise Gratians lässt sich aber ein gravierender Unterschied im Textumgang herausarbeiten: Behielt Gratian den Wortlaut seiner *fontes formales* in aller Regel bei, so scheute sich Laborans ab und an nicht, Kanones zu zerteilen und aufzuspalten, auch wenn er diese Technik eher selten einsetzte.[168] Diese Arbeitsweise erinnert im Grundsatz wieder an die Methode sowohl Burchards von Worms wie Raymunds de Peñaforte und anderer Dekretalisten, die aus Dekretalen ihren rechtlichen Gehalt unter Auslassung der tatsächlichen Umstände extrahierten.

Wie lässt sich Kardinal Laborans Weg, dem Leser Rechtswissen zu vermitteln, charakterisieren? Er wählte als Struktur das Muster der systematischen Kanonessammlungen, das er mit Kanones, gratianischen *dicta* und eigenen Wertungen füllte; er griff in einem Ausmass in Wortlaut und Zuschnitt von Kanones ein, der an ältere Traditionen der Textbearbeitung erinnert, zugleich aber bereitete er seine Gedanken mit einem rudimentären, dekretistischen Instrumentarium auf. Sein Vorschlag für die Vermittlung des Rechtswissens oszilliert zwischen verschiedenen Polen, zwischen Merkmalen der Kanonessammlungen einerseits und der Dekretalensammlungen andererseits, zwischen den Kompilationen des *ius antiquum* auf der einen und des *ius novum* auf der anderen Seite; er bediente sich der gratianischen Verbindung von Text und Kommentar, und zugleich bearbeitete er diese Melange eines Text-Kommentars mit dekretistischen Methoden weiter. Warum ist seine Kompilation wirkungslos geblieben und hat keinen nachweisbaren Einfluss entfaltet? Vielleicht wollte Kardinal Laborans zu viel: Die Symbiose von Textsammlung, Kommentar und Metakommentar musste scheitern; womöglich war er aber auch einfach zu früh: Als Kompilator von Dekretalensammlungen hätte er mit seiner Methode der Textbearbeitung und der thematischen Ordnung vielleicht mehr Erfolg gehabt.[169]

168. Zu Gratian siehe 359–362, 366–370; zur Arbeitsweise Laborans siehe Martin, Compilatio Decretorum 1, 87. Stärker noch arbeitete seine Vorlage, die Sammlung *Mare vitreum*, mit dieser Technik; viele Beispiele bringt Martin, Compilatio Decretorum 1, 22–34.

169. Vielleicht war die recht schmucke Handschrift, die nur seine eigenen Werke enthält, als ‚Privatexemplar' gedacht, das nie für einen grösseren Leserkreis bestimmt war; vielleicht wäre sein Ordnungsvorschlag in Bologna oder an einer anderen Rechtsschule auf fruchtbareren Boden als in Rom gefallen.

e) Resümierende Beobachtungen

Mit verschiedenen Strategien näherten sich die Dekretisten in der zweiten Hälfte des 12. Jahrhunderts der älteren Tradition, um diese auszublenden, einzuarbeiten oder in ihr Rechtswissen nur über Verweise zu integrieren. Sie verweigerten sich zumeist dem schlichtesten Ordnungsmodell, nämlich den historisch-chronologischen Sammlungen des ersten Jahrtausends, da eine Weiternutzung dieser Kompilationen kaum ersichtlich ist: Paucapalea begnügte sich ganz mit dem Dekret Gratians, der Autor der *Summa Parisiensis* verzichtete auf Material des ersten Jahrtausends, nur für die *Summa Coloniensis* und das Werk Rufins lässt sich eine – wenn auch seltene – Benutzung dieser historisch-chronologischen Werke belegen. So kannte der Autor der *Summa Coloniensis* Cresconius, und Rufinus war sowohl mit der *Dionysiana Bobbiensis* wie mit der spanischen Epitome vertraut.[170] Diese Beobachtung steht in einem gewissen Spannungsverhältnis zu Bernold von Konstanz, der diese chronologischen Sammlungen aufgrund ihrer Vollständigkeit hoch schätzte, ermöglichten sie ihm doch erst eine historische Verortung von Normen und deren richtige Interpretation.

Anders gingen Dekretisten mit den systematischen Sammlungen des 11. und 12. Jahrhunderts um. Vor allem das Dekret Burchards von Worms, aber auch die Sammlung in 3 Büchern und, wenn auch in geringem Masse, die *Panormia* waren weiter in Gebrauch: Einige Kanonisten exzerpierten Kanones, um sie als *Paleae* ergänzend in das *Decretum Gratiani* einzufügen, andere bezogen das ältere Material in ihre Analyse der vom *Decretum Gratiani* gestellten Rechtsprobleme mit ein. Gerade Rufinus, der als typischer Vertreter der zweiten Gruppe gelten darf, griff über das im Dekret versammelte Material auch auf die ältere Tradition zurück. Insofern liesse sich von einem einheitlichen Rechtswissen sprechen, das über das Dekret Gratians hinaus auch ältere Normsammlungen umfasste. Ob sich dieser Prozess der Einbeziehung bestimmter Werke – also der durchgehenden Inklusion von Burchard

170. Die *Summa Coloniensis* (Fransen/Kuttner, Summa Coloniensis 1, 2.111 (94)) bezieht explizit Cresconius in die Diskussion ein: *Cresconius tamen docet* … Im Übrigen ist eine Benutzung vorgratianischen Materials nicht ersichtlich, vgl. die Übersicht bei Fransen/Kuttner, Summa Coloniensis 4, 149f. Zu Rufinus siehe 444–448; ferner benutzte auch der Verfasser der Summe *Antiquitate et tempore* Cresconius, so Landau, Vorgratianische Kanonessammlungen, 115f. Möglicherweise tritt hier allerdings eine Besonderheit der Kölner Rechtsschule hervor, der die *Summa Coloniensis* sowie die Summe *Antiquitate et tempore* zuzuschreiben sind.

und der weitgehenden Exklusion der ivonischen Sammlungen – schon als ‚Kanonbildung' beschreiben lässt, ist nicht sicher zu entscheiden. Einerseits sind trotz der dominanten Position Burchards vielfältige Sammlungen nach 1150 herangezogen worden, andererseits deuten die Vorbemerkungen von Bernard von Pavia zu seiner *Summa Decretalium* doch auf einen solchen Prozess der Kanonbildung hin: *Materia sunt decretales et quaedam utilia capitula, quae in corpore canonum, registro Gregorii et Brocardo reliquerat Gratianus.*[171] So diente auch Ende des 12. Jahrhunderts Burchard als Normlieferant für den Kommentar zur *Compilatio Prima*, einer Sammlung mit Dekretalen.

Wichtig erscheint in diesem Zusammenhang zudem die Beobachtung, dass sich die kodifikationsartige Zäsur, die dem *Decretum Gratiani* häufig beigelegt wird, kaum belegen lässt. Dass die ältere Tradition wichtige Normen vermittelte, die nicht von Gratian aufgenommen worden waren, erscheint auch kaum verwunderlich, denn warum sollte ein von Gratian übersehener Konzilsbeschluss oder eine vom ihm nicht exzerpierte Dekretale weniger Geltungskraft besitzen als eine, die er in sein Dekret eingefügt hatte?

Der Umgang mit dem älteren, vorgratianischen Material beschränkte sich indes nicht nur auf eine Auswertung und Einbeziehung dieses Stoffes in Summen, sondern auch die vorgratianischen Manuskripte wurden mit dekretistischen Methoden bearbeitet. So ist das Manuskript der Sammlung in 3 Büchern mit einer allerdings recht simplen Form der Allegationen erschlossen worden; die *Panormia* erhielt in einem englischen Manuskript des 13. Jahrhunderts eine umfangreichere Glosse, und auch Kardinal Laborans nutzte Verweise und Orientierungshilfe wie *contra* und *solutio* bei der Anlage seiner *Compilatio decretorum*. Eine solche Applikation dekretistischer Arbeitsweisen auf vorgratianische Manuskripte besass aber auch Grenzen, denn es finden sich zwar die Allegationen und Notabilien in den älteren Manuskripten, selten aber tiefergehende Analysen wie zum Beispiel Solutionsglossen. Sicher festzuhalten ist jedoch, dass sich weder eine eigenständige Summenliteratur noch eine *Glossa ordinaria* zu vorgratianischen Werken entwickelt hat.

171. Bernard von Pavia, Summa Decretalium, Prooemium: *Materia sunt decretales et quaedam utilia capitula, quae in corpore canonum, registro Gregorii et Brocardo reliquerat Gratianus, poma nova et vetera nobis servans* (Laspeyres, Bernardi Papiensis Summa Decretalium, 2). Eine englische Übersetzung des Vorworts bieten Somerville/Brasington, Prefaces, 231f. Zu Bernard von Pavia und der *Compilatio Prima* als Einstieg Pennington, Decretal Collections, 295–300; ältere Bemerkungen von Friedberg, Quinque compilationes antiquae, vi–xxiii sowie 1–65.

Das anhand des *Decretum Gratiani* entwickelte Instrumentarium wurde also in Ansätzen übertragen, ohne sich vollständig zu entfalten.

Dieser Befund könnte mit den Bedürfnissen unterschiedlicher Leserkreise in Verbindung stehen: Wenn im universitären Umfeld das *Decretum Gratiani* Hauptlektüre war, dann liegt es nahe, dass eine *Glossa ordinaria*, die neben einem hohen juristischen Niveau vor allem eine über Jahrzehnte kontinuierliche Arbeit voraussetzt, zu anderen Sammlungen nicht entstehen konnte. Einen institutionellen Rahmen für die Schaffung einer Glosse zu juristischen Texten boten die Skriptorien und Bibliotheken eines Klosters offenbar nicht. Die älteren Kanonessammlungen behielten jedoch weit über Gratian ihre Bedeutung, wie die späteren Abschriften der *Panormia* nahelegen; nicht nur das Dekret Gratians, sondern auch die florileghaften Sammlungen fanden ihren Leser. Die Vermutung liegt nahe, dass ein monastischer Leser, der vielleicht mehr an innerer Erbauung durch Lektüre klassischer normativer Texte als an der Lösung juristischer Fälle interessiert war, mit systematischen Kanonessammlungen besser bedient war als mit dem *Decretum Gratiani*. Ebenso unterstreicht die Umarbeitung des Dekrets durch Kardinal Laborans in eine thematisch strukturierte Sammlung mit Büchern, Teilen und Titeln, dass die älteren Ordnungsvorstellungen fortlebten und ihre Berechtigung besassen. Insofern ist es sicherlich nicht falsch, von einer Eroberung der vorgratianischen Tradition zu sprechen, wobei die eroberte Tradition nicht unterging, sondern ihren Beitrag zur Dekretistik leistete.[172]

Die Grenzen der hier formulierten Beobachtungen sind jedoch deutlich. Die vorgestellten Strategien, mit älterem Material umzugehen, sind als qualitative Beschreibungen aufzufassen; zu quantitativen Aspekten sind kaum verlässliche Aussagen zu treffen, denn gerade zur späteren Überlieferung vorgratianischer Sammlungen liegen kaum belastbare Befunde vor. Auch ist nicht abzusehen, ob und in welchem Umfang sich die Liste mit glossierten vorgratianischen Manuskripten verlängern lässt, auch wenn die Beiträge Bruce Brasingtons darauf hindeuten.[173] Schliesslich lassen noch weitere Umarbeitungen des *Decretum Gratiani* darauf schliessen, dass alternative Ordnungsvorschläge immer wieder

172. In diese Richtung weisen auch die Überlegungen Peter Landaus, Vorgratianische Kanonessammlungen, 96: „Die Kontinuität in der Geschichte des kanonischen Rechts zeigt sich darin, daß die vorwissenschaftliche Epoche dieses Rechtsgebiets nicht nur über den Strom des durch Gratian angelegten Textmagazins mit dem gelehrten Recht verbunden war, sondern daß es noch andere Verbindungslinien gab."

173. Siehe zum Beispiel 453 Anm. 145 genannte Literatur.

probiert worden sind.[174] Eine dieser *transformationes* des *Decretum* zog die *dicta Gratiani* aus dem Haupttext und schrieb sie als Glosse *in margine*: Das von Gratian vorgeschlagene Modell der engen Verbindung von Norm und Interpretation hob diese *transformatio* auf und trennte Text und Kommentar auch wieder optisch voneinander.[175] – All diese Beobachtungen legen nahe, dass dem Umgang mit normativen Texten und deren Interpretation sowie den Formen der Vermittlung rechtlichen Wissens im 12. Jahrhundert kaum Grenzen gesetzt waren.

3. Juristisches Experimentieren in einer Transformationsphase: Zusammenführende Überlegungen

Das *Decretum Gratiani* und die vorgratianischen Sammlungen hatten sich beide im Spinnennetz der Dekretistik verfangen, in welchem sie gelesen und interpretiert, annotiert und kommentiert wurden. Gerade zum *Decretum Gratiani* hat sich seit den 1150er Jahren eine mannigfaltige Literatur in Form von Summen und Apparaten, Glossen und Notabilien, Questionen, Casus und Distinktionen entwickelt, deren Autoren versuchten, Rechtswissen dem Leser nahezubringen. Die beiden wichtigsten Gattungen waren die Summen und Glossen. Die erste Summe, die zum Dekret entstand, nämlich *Quoniam in omnibus*, paraphrasierte die Ausführungen Gratians und fasste zusammen; aber schon in der Summe des Rufinus, die um 1164 entstand, mischte sich die Synthese mit dem Kommentar: Im Anschluss an eine kurze Zusammenfassung einer *distinctio* oder einer *questio* erklärte Rufinus ausgewählte Kapitel mit Kommentaren, die an die Stilform der Glossen erinnern, indem sie Worte auslegten, Verweisstellen nannten und Widersprüche

174. Siehe Kuttner, Repertorium, 269–271, der die *Transformatio Londinensis* und die *Transformatio Oxoniensis* bekannt gemacht hatte. Ferner könnte man auch die Dekretabbreviationen auf ihre Ordnungsvorstellungen hin untersuchen; hierzu Kuttner, Repertorium, 257–266. Zu solchen Abbreviationen zählt beispielsweise die bekanntere Abbreviatio südfranzösischer Provenienz *Quoniam egestas*. Einen Überblick über diese Kurzformen vermitteln über das genannte Werk Kuttners hinaus Pennington/Müller, Decretists, 123f.; vertiefend Rambaud-Buhot, Divers types d'abrégés du Décret de Gratien (1955); Beyer, L'Analyse de l'Abbrevatio Bambergensis (1990) und Beyer, Lokale Abbreviationen des Decretum Gratiani (1998).

175. Siehe Kuttner, Repertorium, 270: „Die Umformung des Dekrets beschränkt sich hier [...] auf eine seltsame Scheidung zwischen dem Kanonesmaterial mit Inskriptionen und Rubriken einerseits, und den gratianischen Dicta (einschliesslich der positiones causarum im zweiten Teil) andererseits. Diese nämlich werden um die in der Blattmitte ohne alle Einteilung der Reihe nach disponierten Kanones wie eine Glosse herumgeschrieben, wozu noch als freie Zutat des Schreibers Parallelstellenangaben treten."

auflösten. Vergleichbar arbeiteten die Dekretisten in den Glossen, die sie um den gratianischen Haupttext schrieben. Sie begannen bescheiden um 1150 in der ersten Glossenschicht, in der Allegationen überwiegen, schritten dann über ausführlichere Kommentare, Worterklärungen und Interpretationen hin zu einer *Glossa ordinaria*, die Johannes Teutonicus Anfang des 13. Jahrhunderts kompilierte und in der er vorhergehende Glossen zusammenfasste. Wie durchlässig die Genres sind, zeigt nicht nur die Wanderung von Interpretamenten aus Glossen in Summen und umgekehrt, sondern auch das Beispiel der *Glossa Palatina*, die sowohl mit als auch ohne gratianischen Dekrettext überliefert ist.[176]

Die normativen Texte, die Gratian in seinem Dekret gesammelt hatte, wurden unter der Hand der Dekretisten zum Teil eines grösseren Ganzen; sie verbanden Kanones mit Allegationen, knüpften Verbindungen zwischen normativen Texten und setzten diese in ein bestimmtes Verhältnis zueinander: Alt und neu, geltend und derogiert, ost- und westkirchliche Regel, Ausnahme und Grundsatz sind nur einige der vielen Distinktionsmöglichkeiten. Damit schufen die Dekretisten ein relationales Rechtswissen, in welchem normative Texte einen bestimmten Wert zugewiesen bekamen. Augenfällig wird die Entstehung dieses relationalen Rechtswissens in der Entwicklung der Glossen. In den Allegationen, die in der ersten Glossenschicht überwiegen, wiesen Dekretisten auf eine Verbindung der Normen untereinander hin oder schufen erst solche Verbindungen; später erklärten sie ausdrücklich deren Konnex mit einem *contra* oder in längeren Glossen oder Summenapparaten und legten das Verhältnis der Kanones zueinander dar.

Und in diesem argumentativen Netz verfingen sich auch einige der vorgratianischen Sammlungen. Zwar bot noch um 1150 das *Decretum Gratiani* selbst genügend Stoff, so dass sich *Quoniam in omnibus* auf die Interpretation des Dekrets beschränken konnte, ohne weiteres Material einzubeziehen, doch schon ein gutes Jahrzehnt später hatte sich dies geändert: Rufinus zog auch bei Gratian nicht überlieferte Kanones in seine Darstellung ein und nutzte Burchards *Decretum* für die Durchdringung des kirchlichen Rechtswissens. War in Norditalien neben Burchards Dekret auch die Sammlung in 3 Büchern gerne als Normlieferant genutzt, so griff man in Köln sogar auf frühmittelalterliche Kompilationen wie die des Cresconius zurück, um Belege, ausführlichere Rechtsinformationen oder Widersprüche zu gewinnen. Ältere Kanonessammlungen blieben Referenz für Dekretisten.

176. Siehe Kuttner, Repertorium, 81.

Zudem wurden auch vorgratianische Sammlungen mit dem neu geschaffenen Instrumentarium der Dekretisten erfasst: Allegationen und Glossen lassen sich vermehrt in Kanonessammlungen nachweisen, die aber, so ist jedenfalls zu vermuten, vor allem von monastischen Lesern angebracht wurden. Und nicht zuletzt weisen die *transformationes* des *Decretum* darauf hin, dass der Ordnungsvorschlag Gratians nicht überall kritiklos aufgenommen wurde. Kardinal Laborans verband in seiner *Compilatio decretorum* Kanones und ihre Interpretation mit einer thematischen Grundstruktur des Werkes.

Mit welchen Stichworten lässt sich die Vermittlung des Rechtswissens im 12. Jahrhundert also beschreiben? Es existierten historisch-chronologische und thematisch strukturierte Kanonessammlungen; es entstanden normtheoretische Traktate wie derjenige Bernolds von Konstanz; die *Libelli de lite* nutzten kirchliche Rechtstexte, um mit ihnen einen kaiserlichen oder päpstlichen Standpunkt zu belegen; Gratian entwickelte *dicta*, um Kanones auszulegen und zu interpretieren, und in den anschliessend entstehenden Summen und Glossen, Questionen und Distinktionen wurde rechtliches Wissen in vielfältigen Formen dem Leser nahegebracht. Das 12. Jahrhundert erscheint unter diesem Gesichtspunkt als Jahrhundert der Vielfältigkeit und Diversität: Die ältere Traditionen der Wissensvermittlung lebten in den Kanonessammlungen fort, während zugleich neue Literaturgattungen entwickelt wurden und somit neue Formen entstanden. Die älteren und die neueren Formen der Vermittlung von Rechtswissen liefen teils parallel, teils liefen sie zusammen, so dass Mischformen entstanden: Kardinal Laborans *Compilatio decretorum* zeigt dies nachdrücklich. Die Ausdifferenzierung der Wissensvermittlung geht mit einem weiteren Differenzierungsprozess einher, nämlich der Ausbildung grundsätzlich verschiedener Leserkreise. Mit der Entstehung von Rechtsschulen entwickelte sich *à la longue* ein neuer Lesertypus, der bis dato unbekannt war, nämlich der professionelle Jurist, der besondere Bedürfnisse besass, schnelle Information benötigte und praxisnahe Lösungen erwartete.[177] Und vermutlich fanden die unterschiedlichen literarischen Genres auch ihre Leser, denn während an Rechtsschulen und Universitäten *Questiones* und *Distinctiones* vorherrschten, scheinen monastische Leser länger die Tradition der Kanonessammlungen bewahrt zu haben. In diesem

177. Einen konzisen Überblick über die Entstehung des Juristenstandes aus der Perspektive der Professionalisierung gibt Brundage, Medieval Origins of the Legal Professions (2008).

Sinne ist das 12. Jahrhundert eine Phase der Transformation, das sich durch verschiedene, nebeneinander stehende Traditionen bei der Vermittlung rechtlichen Wissens und zugleich durch deren experimentelle Verbindungen auszeichnet.

Kapitel 6

RECHTSWISSEN IM LANGEN 12. JAHRHUNDERT

1. Rückblick

a) Ordnung, Recht, Wissen. Konzepte und Ansätze

Ordnung–Recht–Wissen sind die drei zentralen Begriffe, um die diese Studie kreist. Das rechtliche Wissen, dessen Ordnung und Vermittlung zwischen dem beginnenden 11. und dem Anfang des 13. Jahrhunderts stehen im Fokus der Untersuchung. Der Weg führte von den Kanonessammlungen über das *Decretum Gratiani* hin zur Dekretistik. Für die Zwecke dieser Studie war Rechtswissen verstanden als Verfügbarkeit von (schriftlich festgehaltenen) Normen, wobei verschiedene Stufen der Komplexität unterschieden wurde, nämlich das singuläre, das komplexe und das relationale Rechtswissen. Der Begriff des singulären Rechtswissens meint den Zugriff und die Kenntnis einzelner normativer Texte; derjenige des komplexen Rechtswissens die lineare Zusammenstellung verschiedener Einzeltexte in einer Kanonessammlung, wodurch die normativen Ausgangstexte in einen neuen Interpretationskontext gestellt wurden. Eine vernetzte Form des komplexen Rechtswissens ist das relationale, das sich durch die explizite Verknüpfung einzelner normativer Texte auszeichnet.

Konkret bedeuten diese Überlegungen: Ein einzelner Rechtssatz wie zum Beispiel der Beschluss des Konzils von Gangra aus dem 4. Jahrhundert – ist regelmässig nicht allein stehend überliefert, sondern zunächst in historisch-chronologischen, später in thematisch-strukturierten Sammlungen, dann in das *Decretum Gratiani* eingebettet und schliesslich in Glossen und Summen kommentiert. Zwar blieb der Wortlaut des Kanons identisch, doch änderte sich der Interpretationskontext: Der normative Gehalt des Kanons wurde in Verbindung zu anderen Kanones gebracht, (neu) interpretiert und erhielt eine Stellung im Gefüge der normativen Aussagen, die zu einem Thema existierten. Sammlungen kirchlicher Normtexte sind damit vielerlei: Speicher kirchlichen Rechtswissens, Ort der Deutung alten und der Generierung neuen Rechtswissens sowie zugleich – wenn auch auf einer anderen Ebene – Mittel der Kommunikation eben dieses Rechtswissens.[1]

1. Zu dieser rechtstheoretischen Perspektive siehe 10–15.

Im Sinne dieser methodischen Skizze war die Frage nach Rechtswissen also mit verschiedenen, aber korrelierenden Perspektiven an die Quellen zu richten. Rechtswissen zielte – erstens – auf das materiale Wissen, das Kompilatoren bzw. Autoren einer Sammlung oder eines Kommentars zu einem bestimmten Themenkomplex generierten. So unterschied sich das Wissen Bischofs Burchards zur Stellung des Bischofs von Rom – vermittelt durch sein Dekret aus dem Beginn des 11. Jahrhunderts – fundamental von dem Wissen eines Deusdedits aus dem Ende des 11. Jahrhunderts, das dieser in seiner *Collectio canonum* niederschrieb; dessen Wissen wiederum differierte von dem der frühen Glossatoren des Dekrets.[2] Mit dieser Perspektive knüpfte die Arbeit an vorhergehende Studien wie „Episcopus" von Steffen Patzold wie auch an die Konzepte zur Erforschung des historischen Wissens an, die Achim Landwehr und andere entwickelt haben.[3] Zwar sollten mit dieser Perspektive die Fragestellungen, die die historische Kanonistik bislang dominierten, nicht abgelöst, aber doch für einen Moment ausgeblendet werden: Der ekklesiologische Gehalt einer Kanonessammlung, die (vermutete oder nachgewiesene) Intention des Kompilatoren und die Frage nach der Bedeutung des Rechts bei der Durchsetzung der Ideen der gregorianischen Reform stehen nicht mehr im Zentrum der Überlegungen.

Mit der Frage, welches Wissen der einzelne Kompilator über Jurisdiktionsprimat und Zölibat ausweislich seiner Sammlung besass, ist die Studie konzeptionell enger angelegt als diejenige Patzolds über Bischöfe im karolingischen Reich, denn sie analysiert nicht das gesamte in verschiedenen Quellengruppen greifbare Wissen über ein Sachthema in einer Epoche, sondern konzentrierte sich allein auf die Sammlungen des Kirchenrechts. Zugleich ist die Studie aber weiter gefasst, da tiefer gehend: Sie fragt nämlich auch nach der Konstruktion dieses Wissens, welche im Kirchenrecht deutlich komplexer ausfällt als in anderen Bereichen. Konnten literarische, historiographische und andere Textgattungen eher frei überarbeitet werden, da sie prinzipiell keinen Regeln unterlagen, so unterlagen kirchenrechtliche Normen grundsätzlich der bindenden Tradition: Die Aussage des Konzils von Elvira konnte nicht neu formuliert, ein Auszug aus einem Brief des Papstes Gelasius nicht erfunden, ein Satz des Augustinus nicht verändert werden, vielmehr unterlagen diese Texte der tradierenden Bewahrung. Dass

2. Siehe 74–107.
3. Hierzu 7f.

diese Gegenüberstellung idealtypisch gedacht ist (Pseudoisidor ist das wohl bekannteste Beispiel für die Erfindung normativer Texte), macht sie allerdings noch nicht falsch, soll sie doch den prinzipiell anderen Charakter von Sammlungen normativer Texte hervorheben, der stärker als andere Gattungen vor allem in der Zusammenstellung von Texten beruht und weniger Raum für kreative Auseinandersetzung lässt.

Dennoch sollte auch – zweitens – dieser kreative Raum ausgelotet werden, den Kompilatoren besassen; es sollte der Freiraum erforscht werden, den Kompilatoren sich nahmen, um ihr verschiedenes Wissen mit den prinzipiell identischen und vorgegebenen Normen zusammenzustellen und zu vermitteln. Dafür konnten sie normative Texte übergehen und auslassen, sie konnten sie verändern und in ihren Wortlaut eingreifen, sie mit neuen interpretationsleitenden Rubriken versehen und in einen bestimmten Kontext stellen und mit anderen Texten so verbinden, dass sie in einem neuen Sinnzusammenhang standen. Dieses Vorgehen ist einmal als „sekundäre Normbildung“ bezeichnet worden.[4] Diese Neukonzeptionierung tradierter Texte ermöglichte es Kompilatoren vorgratianischer Sammlungen, unterschiedliche Wissenskonzeptionen trotz identischem Ausgangsmaterial zu entwickeln. Auch Gratian und seine Nachfolger lasen und interpretierten, wenn auch weniger mit Texteingriffen als mit neuen hermeneutischen Zugängen.

Und schliesslich war – drittens – nach der Selbstreflexion der Kompilatoren zu fragen und nach ihrem Verständnis, dass sie von ihrer eigenen Tätigkeit entwickelt hatten. Wie verorteten Kompilatoren kirchenrechtlicher Sammlungen und Kommentatoren ihre eigene Arbeit im Spannungsverhältnis von schlichtem Sammeln und kreativer Rechtsschöpfung? Hierfür konnten insbesondere die Vorworte und Prologe zu den Sammlungen Auskunft geben.

Mit diesen drei Fragestellungen wurden verschiedene Perspektiven des Rechtswissens zwischen dem 11. und dem 13. Jahrhundert beleuchtet. Während diese Aspekte in der eigentlichen Quellenanalyse bislang chronologisch behandelt wurden, nämlich in vorgratianische Sammlungen, *Decretum Gratiani* und dekretistische Literatur getrennt, so soll in der Zusammenfassung ein diachroner Schnitt durch die verschiedenen Fragestellungen erfolgen. Erst ein solcher Längsschnitt lässt bestimmte Entwicklungstendenzen sichtbar hervortreten. Zugleich soll er die Vorstellung des Neuanfangs in der Mitte des 12. Jahrhunderts, also die

4. Vertiefend 66f.

‚Gratianische Wasserscheide', mit der Idee eines langen 12. Jahrhunderts von der Mitte des 11. Jahrhunderts bis 1215 kontrastieren.

b) Vom Kommen und Gehen kanonistischer Diskurse

Um den so eben skizzierten methodischen Zugriff auf hochmittelalterliche kirchenrechtliche Quellen anwenden zu können, wurden zwei Themen ausgewählt, nämlich der päpstliche Jurisdiktionsprimat und der Zölibat. Beide Themen waren um 1100 innerkirchlich stark umstritten, doch während der Jurisdiktionsprimat ekklesiologisch grundlegende Fragen berührte, tangierte der Zölibat einen eher praktischen Aspekt der Klerikerdisziplin. Der diachrone Schnitt von Burchard von Worms bis zur *Glossa ordinaria* zeigte einen grundlegend verschiedenen Umgang der Kanonistik mit den beiden Themen. Während die Diskussion um die Stellung des Papstes nach 1050 aufkam, dann kontrovers diskutierte wurde, um später wieder abzuebben, blieb die Frage nach der Geschlechtlichkeit im Leben von Klerikern grundsätzlich aktuell. Insofern weist der Längsschnitt auf einen jedenfalls partiellen Wandel der kanonistischen Diskurse hin.

Werfen wir zunächst einen Blick auf den Jurisdiktionsprimat. Der päpstliche Jurisdiktionsprimat, also die Stellung des Bischofs von Rom als oberstem Richter, Gesetzgeber und Administrator der Kirche, beschäftigte Anfang des 11. Jahrhunderts noch nicht; er wurde erst nach 1050 zu einem Thema in den Kanonessammlungen, vor allem aber in den sogenannten Reformsammlungen, die ihn ausführlich behandelten. Rund 100 Jahre später, in der Mitte des 12. Jahrhunderts, war der Jurisdiktionsprimat für Kanonisten kaum noch relevant. Im Einzelnen lässt sich beobachten, dass sich Burchard von Worms ausweislich seines Dekrets kaum für den Bischof von Rom interessierte, denn in seinem konzeptionellen Zentrum standen Bischöfe, ihre Rechte wie Pflichten, für deren Schutz der römische Bischof als Appellationsinstanz sorgen sollte. Eingriffsrechte auf Diözesanebene und Legislativrechte des Papstes gehörten nicht zum Wissen des Wormser Bischofs. Gegenüber Burchard, der hier als vorgregorianische Kontrastfolie dient, sind die Änderungen in den Wissensbeständen, die die jüngeren Sammlungen widerspiegeln, deutlich sichtbar. Dies gilt weniger für die *Panormia*, die zwar den Primat des Papstes, dessen Immunität und Stellung als oberster Appellationsrichter sogar teils ausführlich nannte, aber das Wissen nicht zu Beginn exponierte, sondern in das vierte Buch integrierte, vielmehr gilt dies für die Sammlung in 74 Titeln, in dessen rechtlicher Konzeption der römische Bischof eine zentrale Stellung einnahm. Er war Appellationsrichter für alle Gläubigen und nicht nur für Bischöfe, er war immun und oberste Instanz; er durfte dispensieren und sich über Entscheidungen einer Synode hinwegsetzen. Administrative Befugnisse schrieb der Kompilator der Sammlung in 74 Titeln dem Bischof von Rom aber nicht zu. Differenzierter als die Sammlung in 74 Titeln zeichnete Kardinal Deusdedit sein Primatsbild in der *Collectio canonum*, da er über die genannten Aspekte hinausgehend auch die Häresieklausel aufnahm sowie dem römischen Bischof das Recht zur Gesetzgebung wie zu Eingriffen in die Diözesanstruktur zugestand. Überhaupt beschäftigte sich Deusdedit ausführlich mit Synoden, ihrer Einberufung und ihren Rechten. Zusammenfassend lässt sich somit das ausdifferenzierteste Primatsbild bei Deusdedit konstatieren, der jurisdiktionelle, legislative wie administrative Aspekte des Jurisdiktionsprimats ansprach und zudem zwischen Amt (*sancta romana ecclesia*) und Person (dem Bischof von Rom) unterschied, wohingegen bei der Sammlung in 74 Titeln wie bei der *Panormia* jurisdiktionelle Aspekte überwogen. Diese verschiedenen Konzeptionen lassen sich als vier verschiedene Wissensbestände verstehen, die sich innerhalb eines guten halben Jahrhunderts grundlegend gewandelt haben. Die Konzeptionen lassen sich im Spannungsverhältnis zwischen episkopal-dezentral und römisch-primatial verorten.

Dieser Ausdifferenzierung von Wissensbeständen im 11. Jahrhundert steht eine Reduktion im 12. Jahrhundert gegenüber, jedenfalls soweit man die neuentstehenden Sammlungen, also das *Decretum Gratiani* und dessen nachfolgende Bearbeitung, untersucht.[5] In der ersten Version des *Decretum Gratiani* lässt sich ein gebrochenes Bild des Jurisdiktionsprimats beobachten. Zwar besass der Papst für Gratian 1 einen grundsätzlichen Vorrang in legislativen Dingen und einige administrative Rechte (wie das der Bischofstranslation), doch erfasste er die Rechtsprechungskompetenz des Papstes nur rudimentär. Ohne Frage war der Bischof von Rom oberste Appellationsinstanz, doch wies Gratian 1 weder auf dessen Immunität hin noch auf sein Recht, letztgültige Entscheidungen zu treffen. Gratian 2 baute diese Skizze wieder zu einem umfassenderen Panorama päpstlicher Rechte aus. Er nahm Kanones vor allem zur Prärogative der römischen Kirche auf, fügte die päpstliche Letztentscheidungsbefugnis des Papstes sowie dessen Immunität –

5. Zieht man hingegen die Weiterbenutzung älterer Sammlungen mit ein, so bleiben natürlich verschiedene Wissen zum Jurisdiktionsprimat weiterhin präsent.

und ihre Durchbrechung – ein. Überhaupt kehrte er immer wieder mit assoziativ eingestreuten Kanones zur Stellung des römischen Bischofs zurück. Das bei Gratian 1 nur ausschnittsartig erfasste Wissen zum Jurisdiktionsprimat ergänzte Gratian 2 wieder zu dem Wissen, das vor ihm ein Gelehrter wie Deusdedit vermittelt hatte.

Die stichprobenhaft erfasste dekretistische Literatur lässt eine intensivere Beschäftigung mit dem Jurisdiktionsprimat als Konzept nicht erkennen. So ist in der Literatur kein zentraler Ort der Erörterung des Jurisdiktionsprimats erkennbar; selbst C. 9 q. 3 entwickelte sich nicht zu der Stelle, an der eine theoretische Auseinandersetzung mit der Stellung des römischen Bischofs stattfand. Einzelne Aspekte – wie das Verhältnis des Papstes zu Synoden – wurden hingegen mit Interesse kommentiert.

Überblickt man diese knapp 200 Jahre kanonistischer Literatur, so tritt deutlich hervor, dass der Jurisdiktionsprimat als Thema um 1100 seinen Höhepunkt erreicht hatte – rund 80 Jahre zuvor kannte Burchard ihn nicht, ab der ersten Hälfte des 12. Jahrhunderts war er integraler Bestandteil des kirchlichen Rechtswissens, aber – wie die doch recht stiefmütterliche Behandlung bei Gratian 1 und den Dekretisten zeigt – kein Thema mehr, das sich intensiver zu diskutieren gelohnt hätte. Während die Kanonessammlungen der Reformzeit programmatisch ausgerichtet waren und eine Konzeption der Kirche und des Papstamtes entwarfen, interessierte sich die Dekretistik zwar für einzelne Aspekte wie das Verhältnis von Bischof und Synoden, von Legislativrecht und Reskripten,[6] nicht aber mehr für die Gesamtschau. Das Wissen zum päpstlichen Jurisdiktionsprimat hatte sich zwischen 1000 und 1200 von der Nichtbeachtung bei Burchard von Worms über die grundlegenden konzeptionellen Entwürfe in einigen (Reform)Sammlungen bis hin zu einer Festigung und – jedenfalls ansatzweisen – rechtstechnischen Erfassung nach 1150 grundlegend gewandelt.

Während der päpstliche Jurisdiktionsprimat das Aufkommen und Vergehen einer Diskussion widerspiegelt, blieb der Zölibat im Untersuchungszeitraum durchweg von Interesse. Auch die inhaltlichen Aussagen zum Zölibat verschoben sich nur marginal. Grundlegend für die historische Untersuchung des Zölibats ist die prinzipielle Trennung in Weihevoraussetzungen einerseits und ehelichen Verkehr andererseits: Wer überhaupt zum Majoristen geweiht werden durfte – nämlich ein Mann, der nur in erster Ehe verheiratet war und der keine Witwe zur

6. So zum Beispiel bei Kardinal Laborans; zu ihm 459.

Frau genommen hatte, etc. – war eine andere Frage als die, ob ein Mann nach der Majoristenweihe noch mit seiner Ehefrau geschlechtlich verkehren durfte.[7] Dieser Trennung tragen die Sammlungen durchweg aufgrund ihres Aufbaus Rechnung, indem sie den Zugang zum Klerikeramt und die Klerikerdisziplin getrennt voneinander behandelten.[8] Nach der Weihe sollte die körperliche in eine geistige Ehe umgewandelt werden, da waren sich alle von Burchard bis Johannes Teutonicus einig: Die Majoristen hatten sich von ihren Frauen fernzuhalten. Und auch die grundsätzliche Frage, ob Subdiakone zu den Majoristen zählten, war schon seit Burchard positiv beantwortet. Allein die *Panormia* nahm mit der jüngeren und strikten Legislation Urbans II. neuere Forderungen zur Umsetzung des Zölibats auf, die jedoch keine grundsätzlich neue Konzeption beinhalteten. In diesem Fahrwasser schwammen auch Gratian 1 und Gratian 2. Der letztere fügte mit dem Beschluss des Zweiten Laterankonzils 1139 einen neuen Aspekt ein, den man als den Anknüpfungspunkt für die spätere Unterscheidung in verbietende und trennende Ehehindernisse sehen könnte; jedenfalls auf lange Sicht hielten Juristen die nach der Weihe geschlossene Ehe für nichtig.[9] Somit lässt sich festhalten, dass sich erst unter Gratian 2 das kirchliche Rechtswissen zum Zölibat – wenn auch langsam – änderte.

Während sich in diesem rechtlichen Kernbereich des Zölibats keine Modifikationen des Wissens zwischen Burchard und den Dekretisten ausmachen lassen, sind im Umfeld des Zölibats dennoch Verschiebungen zu erkennen. Zum Beispiel ist der Gedanke, Gläubige zur Klerikerdisziplinierung zu instrumentalisieren, indem sie die Messen unkeuscher Priester meiden sollten, ein in der zweiten Hälfte des 11. Jahrhunderts neuer Gedanke, der auch Niederschlag in den Kanonessammlungen wie in dem Dekret Gratians gefunden hat. Zudem lässt sich an der Behandlung des Zölibats ein Prozess der juristischen Durchdringung und begrifflichen Erfassung ablesen. Im Zusammenhang mit dem Zölibat stellte nämlich Gratian 1 die Frage, ob nach einem Gelübde (*votum castitatis*) ein Eheschluss zulässig sei. Gratian 1 wie Gratian 2 unterschieden zwei Formen des Gelübdes, nämlich das einfache (*votum*

7. Beide Aspekte sind zu trennen, laufen aber im heutigen Kirchenrecht Hand in Hand, denn die Ehe konstituiert ein Weihehindernis und die Weihe ein Ehehindernis, und da Geschlechtlichkeit nur in der Ehe ihren Raum hat, impliziert dies keusches Leben nach der erfolgten Weihe; siehe 46–48.

8. Für die vorgratianischen Sammlungen siehe 107–113.

9. Der konstruktive Weg erfolgte dabei über das Verständnis der Weihe als (implizites) Gelübde der Keuschheit; siehe 58f. sowie Dusil, Emerging Jurisprudence (2018).

simplex) und eines, das nicht näher bezeichnet wurde (*alii sunt simpliciter voventes ... , alii sunt quibus post votum accedit benedictio consecrationis vel propositum religionis*).[10] Das erstere verbiete zwar den nachfolgenden Eheschluss, trenne aber nicht; nur das letztere führe darüber hinaus zu einer Trennungspflicht.[11] Begrifflich erfasst wurde diese angedeutete Unterscheidung in verbietendes und trennendes Ehehindernis erst später, nämlich in der frühen Dekretistik, die dann das *votum* auch als *sollemne* (so die herrschende Begrifflichkeit) oder als *consummatum* (so die *Summa Parisiensis*) bezeichnete.[12] Hier schuf die Dekretistik also eine begriffliche Differenzierung, die in den auszulegenden Texten selbst zwar angelegt, aber nicht ausgesprochen ist. Diese führt zu einer inhaltlichen Ausdifferenzierung und zugleich dogmatischen Erfassung, deren normative Stabilisierung anderswo auch als „Dogmatisierungsprozess"[13] bezeichnet wurde.

Wir können abschliessend festhalten, dass sich das in den Sammlungen kirchlicher Normtexte spiegelnde Wissen weniger beim Zölibat als vielmehr beim Jurisdiktionsprimat grundlegend gewandelt hat. Der unterschiedliche Umgang mit Wissen – Konstanz beim Zölibat versus Wandel beim Jurisdiktionsprimat – könnte damit zu erklären sein, dass das Episkopat von Rom als Projektionsfläche für Wünsche und Entwürfe diente und somit ‚politisch' war – eine Charakterisierung, die man dem Zölibat zur Klerikerdisziplinierung in diesem Masse nicht zuschreiben kann. Zugleich lässt sich an dem Wandel des Wissens über die juristische Funktion des Bischofs von Rom vielleicht sogar die Entstehung des Papsttums ablesen, denn man könnte zuspitzen: Dass sich der Bischof von Rom als höchster Richter, Lenker der Kirche und normativer Vordenker verstand und ihm – langfristig – keiner widersprach, zeigt seine neue Rolle in der Gesamtkirche.[14] Es gilt aber auch zu betonen, dass der an den Kanonessammlungen ablesbare Wissenswandel die um 1100 geführten Diskussionen über das Zölibat nur gedämpft wiedergibt. Von der Vehemenz, mit welcher um die Klerikerehe gestritten

10. D. 27 d. p. c. 8; siehe 353f.
11. Siehe D. 27 d. p. c. 1–c. 9.
12. Siehe 354, 421.
13. Zu solchen Dogmatisierungsprozessen anhand des mittelalterlichen Rechts vgl. Lepsius, Auflösung und Neubildung von Doktrinen nach der Glosse (2011) sowie die grundlegenden Ausführungen bei Jansen, Dogmatisierungsprozesse in Recht und Religion (2011).
14. In Anlehnung an Bourdieu, Praktische Vernunft, 114: „Ein Präsident der Republik ist jemand, der sich für den Präsidenten der Republik hält, aber im Unterschied zu dem Irren, der sich für Napoleon hält, als jemand anerkannt wird, der hierzu auch berechtigt ist."

wurde, von bedrohten päpstlichen Gesandten und abgesetzten Bischöfen, von dem aufgebrachten Volk in Mailand und Priestern, die trotz Verboten zu ihrer Familie hielten, erzählen die Kanonessammlungen nichts. Sie reflektieren nur in einem längeren diachronen Schnitt die sozialen, politischen und theologischen Umbrüche des ausgehenden 11. und beginnenden 12. Jahrhunderts.

c) Transformationen der Wissensstruktur

Wissensinhalt und Wissensstruktur sind zwar aufeinander bezogen, aber nicht deckungsgleich: Das Wissen zum Jurisdiktionsprimat veränderte sich grundlegend, obwohl identisches Normmaterial verwendet wurde, wohingegen das Wissen zum Zölibat recht stabil blieb, obwohl neue Konzilsbeschlüsse und jüngere Dekretalen das Wissen zum Zölibat weiterentwickelten. Widmen wir uns nun der Wissensstruktur und dem variierenden Textumgang zwischen 1000 und 1215. Beginnen wir mit einem Blick auf die Auswahl der Kanones und die Texteingriffe, gehen sodann über die Rubrikbildung zu den Ordnungsstrukturen weiter, um anschliessend ein Resumée zum Textumgang zu ziehen. Die verschiedenen Wissen gerade zum Jurisdiktionsprimat beruhen zum Teil auf einer unterschiedlichen Auswahl von Kanones. Während sich in den jüngeren Sammlungen – wie zum Beispiel bei Gratian 2 – alle zum Vergleich gewählten Kanones zum Jurisdiktionsprimat finden,[15] überging Burchard schlichtweg die Kanones zur päpstlichen Immunität, die er in der *Collectio Anselmo Dedicata* vorfand. Burchard blendete also Texte aus, die ihn nicht interessierten und sich nicht in sein Wissen über den Papst und die Bischöfe einfügten. Dieses Überspringen und Auslassen von Kanones ist die wohl schlichteste Art des Umgangs mit normativen Texten, um neues Wissen zu generieren.[16]

Eingriffe in den Textbestand stellen hingegen einen komplexeren Eingriff dar. Diese nahmen insbesondere Burchard von Worms und der Kompilator der Sammlung in 74 Titeln vor. Beide Kompilatoren zeichnen sich durch einen eher freien Umgang mit dem überkommenen Textmaterial aus: Burchard fügte hier einen Halbsatz ein und änderte dort das Subjekt; der Kompilator der Sammlung in 74 Titeln liess hier einen Satz aus und fügte dort Satzstücke so zusammen, dass ein neuer Kanon mit einer veränderten Aussage entstand; ja, er kehrte den

15. Zu diesen Vergleichskanones siehe 117f.
16. Zum Vergessen siehe Schwedler, Vergessen, Verändern, Verschweigen (2018).

pseudoisidorischen Schutz für Bischöfe sogar in das Gegenteil um und band Bischöfe im Gehorsam stärker an Rom, anstatt sie durch Rom vor Verfolgung zu schützen. Trotz gegensätzlicher ekklesiologischer Fluchtpunkte nutzten beide dasselbe methodische Instrumentarium; oder, anders formuliert, auch wenn sich das Wissen unterschied, so war die Methode der Wissensgenerierung doch identisch.

Solche Eingriffe in den Textbestand sind in den anderen untersuchten Sammlungen nicht mehr nachzuweisen, da sowohl die *Panormia* als auch die *Collectio Canonum* Deusdedits wie die beiden Versionen des gratianischen Dekrets die Kanones fast unverändert überlieferten. Zwar scheint Gratian sich auch vor kleineren Korrekturen nicht gescheut zu haben, doch sind dies Ausnahmen, die die Regel der unveränderten Texttradition unterstreichen.[17] Stärkere Textmanipulationen scheinen also zumindest seit dem letzten Viertel des 11. Jahrhunderts der Vergangenheit anzugehören.

Rubriken sind interpretationsleitende Leseanweisungen, die vorgeben, wie der Leser den Kanon verstehen soll. Solche Hinweise an den Leser finden sich von Burchard bis zu Gratian 2 und sie scheinen sich – zumindest auf den ersten Blick – kaum grundlegend geändert zu haben, da die Kompilatoren sie durchweg als Interpretationsanweisung einsetzten. Inhaltlich lassen sich dieselben Unterschiede ausmachen wie bei den Texteingriffen: Burchard hob in den Rubriken zu den Kanones über den Jurisdiktionsprimat die Bischöfe hervor, der Kompilator der Sammlung in 74 Titeln fasste diverse Kanones unter *De primatu romane ecclesie* als Titelrubrik zusammen, während die *Panormia* weitgehend auf Rubriken verzichtete. Auch die beiden Gratiane bedienten sich dieses Instrumentariums, um Kanones in ihr Werk einzufügen. Ist die Funktion dieser Rubriken eher gleich, so lassen sich dennoch Verschiebungen im Wortlaut dieser Rubriken beobachten, die auf eine Konkretisierung der normativen Aussagen hindeuten. In concreto: Burchard von Worms tendierte eher zu allgemeiner formulierten Rubriken. *Ut episcopi criminati libere apostolicam appellent sedem* überschrieb er c. 1.144; *De episcopo criminato, si iudicem suspectum habuerit* rubrizierte er c. 1.148. Gerade die mit *De* ... beginnenden Rubriken umreissen eher das Thema eines Kanones als dass sie einen spezifischen rechtlichen Satz enthielten. Diese paraphrasierenden Rubriken lassen sich auch in der Sammlung in 74 Titeln beobachten, deren Titel in der Regel

17. Lenherr, *Reos sanguinis* [non] *defendat ecclesia* (2006).

mit *De* ..., *Ut* ... oder *Quod* ... beginnen. Anders Gratian 1, der zu konkreten Rubriken neigte: Den Kanon, den Burchard als c. 1.144 in sein Dekret eingefügt hatte, rubrizierte er mit *Episcopi gravioribus causis pulsati apostolicam sedem appellent* (C. 2 q. 6 c. 5); den c. 1.148 des Burchard'schen Dekret mit *Non denegetur ei appellatio, quem in supplicio sententia destinavit* (C. 2 q. 6 c. 20). Die Paraphrase eines Textes, so kann man resümieren, ist einer konkreten Aussage mit normativem Gehalt gewichen.

Schliesslich ist auf die Ordnungsstrukturen zu blicken. Alle untersuchten Sammlungen von Burchard bis Gratian – indes mit partieller Ausnahme Deusdedits – zählen zu den thematisch organisierten Sammlungen, in denen Texte unter Sachgesichtspunkten zusammengefasst sind. Am deutlichsten wird dies wiederum bei Burchard und der Sammlung in 74 Titeln, die in Büchern respektive Titeln Sachthemen vorgeben, denen Kanones nachfolgen, die in einer eher assoziativen Abfolge stehen. Die *Panormia* scheint auf den ersten Blick ähnlich strukturiert, doch zeigen gerade die Kanones zum Zölibat eine erst auf den zweiten Blick erkennbare innere Ordnung, nämlich eine kontradiktorische Gegenüberstellung, die sich an dem *locus* der Normentstehung respektive -geltung orientiert. In der mehr angedeuteten als expliziten Applikation des scholastischen *sic et non* innerhalb der einzelnen Sinneinheiten der *partes* schuf der Kompilator der *Panormia* Neues. Deusdedit schliesslich fällt aus der hergebrachten thematischen Sachordnung heraus, da er die Vorteile der historisch-chronologischen Sammlungen mit denen der thematischen kombinierte, indem er die grob nach Quellengattungen und ihrer Entstehungszeit geordnete Texte mit einer umfangreichen Kapitulation erschloss, indizierte und damit auch interpretierte. In den Text der Kanones griffen Deusdedit und der Kompilator der *Panormia* jedoch nur noch selten ein. Das tradierte Instrumentarium der Textbearbeitung hatte also an der Schwelle zum 12. Jahrhundert an Bedeutung verloren, da neue Wege der Textinterpretation ausprobiert wurden.[18]

Ähnlich wie der Kompilator der *Panormia* und Deusdedit versuchte auch Gratian 1 neue Formen des Textumgangs. Er blieb zwar bei der

18. Anzumerken bleibt, dass Burchard von Worms und der Kompilator der Sammlung in 74 Titeln zwar bei dem Jurisdiktionsprimat teils massiv in den Textbestand eingriffen, sich bei den Regeln zum Zölibat jedoch eher zurückhielten. Dies unterstreicht die Bedeutung, die sie in ihrer jeweiligen Wissenskonzeption dem Jurisdiktionsprimat zuschrieben; der Bischof von Rom blieb (positiver wie negativer) Referenzpunkt der kanonistischen Reflexion.

grundsätzlichen thematischen Anordnung von Kanones, wie insbesondere die *pars prima* zeigt, in der er die paulinische Beschreibung des idealen Bischofs mit Kanones belegte, er verknüpfte aber die Kanones auch stärker als seine Vorgänger, indem er sie im *causa*-Teil als Antwort auf von ihm selbst formulierte Fragen scholastisch gegenüberstellte und kommentierte.

Wie ändert sich also der Textumgang in diesen knapp 200 Jahren? Zunächst ist festzuhalten, dass seit dem Ende des 11. Jahrhunderts die Kompilatoren mit dem tradierten Normmaterial zu experimentieren begannen und einen neuen Zugang zu alten Texten suchten. Deusdedit interpretierte in seiner Kapitulation die Kanones und überschritt deren normativen Aussagen in seinen Zusammmenfassungen; die *Panormia* ordnete teils scholastisch, ohne dies dem Leser ausdrücklich zu vermitteln; Ivo von Chartres legte im Prolog dem Leser die Regeln nahe und überliess es ihm, sich die im Einzelfall passende Norm herauszusuchen. Die Durchsicht der Kanonessammlungen, der Streitschriften und des Prologs Ivos lassen den Schluss zu, dass das Redigieren dem Interpretieren gewichen war.

Mit dem Interpretieren von normativen Texten ändert sich aber zugleich deren Funktion in einer Sammlung. Bei Burchard und in der Sammlung in 74 Titeln waren die Kanones nur lose in das Gesamtgefüge einer Sammlung eingepasst: Mit dem Inhalt der grösseren Ordnungszusammenhänge ist zwar ein interpretationsleitender Rahmen vorgegeben, aber dieser ist doch eher ein grober Rahmen, wie die Burchard'schen Rubriken zeigen, die paraphrasierten, ohne zu konkretisieren. Die *Panormia* ging einen Schritt weiter, indem sie Kanones gruppierte und gegenüberstellte, so dass gegensätzliche Aussagen zusammenstanden, doch erfolgte dies nur ab und an und ohne expliziten Hinweis für den Leser. Gratian 1 indes fügte Kanones passgenau in seine Sammlung ein und reduzierte mit den konkreten Rubriken die Kanones auf die Aussage, für die er sie benötigte. So las er den Kanon *Ad Romanam ecclesiam ab omnibus* als Beleg für den Instanzenzug, der in der Sammlung in 74 Titeln noch als Begründung für den Primat eingesetzt wurde,[19] und die Hilfe des Papstes, die die Sammlung in 74 Titeln mit dem Kanon *Si quis iudicem adversus sibi senserit* dem von parteiischen

19. 74T c. 3 (Pseudo-Zepherinus, *Ad Romanam ecclesiam ab omnibus–et in celis*)–C. 2 q. 6 c. 8 (Pseudo-Zepherinus, *Ad Romanam ecclesiam ab omnibus–oblivisci filium suum*); 74T c. 6 (Pseudo-Fabianus, *Si quis iudicem adversus sibi senserit–iudice dicta constringat*)–C. 2 q. 6 c. 21 (Pseudo-Fabianus, *Si quis iudicem adversus sibi senserit–vocem appellationis exhibeat*).

Richtern Bedrängten erlösend versprach, war unter der rubrizierenden Hand Gratians zur Bestimmung des Appellationszeitpunkts (*ante datam sententiam*) verkommen. Der Text wurde zum Argument, doch mit dem Argument ging die Offenheit des Textes verloren. Die Kanones waren wie behauene Steine, die nur noch in die Aussenmauer der Kirche passten, für die sie verfertigt waren, und am Innenpfeiler keine Verwendung mehr finden konnten. Für politische Entwürfe liessen sich Kanones so nicht mehr einsetzen: Während der Kompilator der Sammlung in 74 Titeln mit Gelasius, Nikolaus und einer Prise Altem Testament ein ekklesiologisches Programm aufstellte, formulierte Gratian mit diesen Autoritäten das Rechtsmittelrecht. Zuspitzend liesse sich formulieren, dass die politischen Systementwürfe der juristischen Dogmatisierung gewichen waren. – Die Harmonisierung von Kanones hatte ihren Preis.

Dieser Funktionswandel von Kanones lässt sich auch in der Burchard-Rezeption bei Rufinus ablesen, der einige der bei Burchard überlieferten Kanones in seine Darstellung aufnahm und somit in seine Auslegung des geltenden Kirchenrechts einfügte. Burchard selbst wollte ausweislich seines Vorwortes ein Buch für Lernende schaffen, ein Werk, an dem junge Priester für pastorale Arbeit ausgebildet werden konnten. Für diesen Zweck exzerpierte er ältere Sammlungen, verteilte die Kanones auf 20 Bücher, passte ihren Wortlaut an und formulierte adäquate Rubriken.[20] All das interessierte Rufinus nicht mehr: Er nutzte Burchards Dekret als Materialsammlung, als Speicher des kirchlichen Rechtswissens, da er in ihm die Texte fand, die er bei Gratian nicht las. Diese fügte er in seine Argumentation und Erörterung des Dekrets ein, indem er auf sie verwies, sie zur Verdeutlichung und zur Illustration ebenso heranzog wie er sie als Argument für eine Gegenansicht benötigte, deren Widerspruch er dann mit Hilfe von Distinktionen auflösen konnte. Bei Rufinus – aber auch bei anderen Dekretisten wie bei Berthold von St. Gereon – war Burchard das geworden, was er nie hatte sein wollen: ein Steinbruch. Die herausgebrochenen Steine aber wurden behauen und geschliffen, poliert und eingepasst: Rufinus verschaffte ihnen als Argument in seiner Summe eine Stellung, die sie in der Masse Burchard'scher Kanones nie gehabt hatten. Der Weg vom gespeicherten Wissen zum Argument war vollendet.

20. Siehe 120–133, 168–170.

2. Ausblick

Die historische Kanonistik ist eine zentrale mediävistische wie rechtshistorische Disziplin, die – jedenfalls im deutschsprachigen Raum – immer weniger bearbeitet wird. Anspruchsvoll und voraussetzungsvoll ist es, sich ihren Quellen zu nähern, und zugleich – oder gerade deswegen – bleibt die Forschung oft im Kleinen stecken: Hier noch eine Dekretale, die es vorzustellen gilt; dort noch ein Manuskript, das bislang unbekannt geblieben ist. So – im besten Sinne des Wortes – grundlegend diese Forschung ist, so wenig ist sie intra-, geschweige denn interdisziplinär anschlussfähig. Und dabei hätte die historische Kanonistik zu aktuelleren (rechts)historischen Fragen viel beizutragen![21] Der folgende Teil will den Blick vorübergehend weiten und den Brückenschlag zu medialen Ansätzen wie zu literaturwissenschaftlichen Debatten versuchen.[22] Zunächst folgt ein Überblick über die Präsentation von normativen Texten auf Pergament, also zur Mise-en-page (a)), sodann soll überlegt werden, ob sich die Strukuränderungen des Rechtswissens und seine graphische Präsentation verbinden lassen (b)). Im Anschluss daran wird mit kanonistischen Quellen an den literaturwissenschaftlichen Diskurs um *auctor* und *compilator* angeknüpft, also an die Selbst- und Fremdbeschreibungen dessen, der eine kanonistische Sammlung erstellte (c)). Abschliessend gilt es, einige Aspekte des Ausblicks hervorzuheben und mit den vorherigen Befunden resümierend zu verbinden (d)).

a) Mise-en-page und medialer Wandel

Dieser Wandel im Umgang mit normativen Texten ist nicht nur an der Funktion der Kanones abzulesen, die sie in der Sammlung oder in einem Kommentar eingenommen haben, sondern auch an der Mise-en-page, also an der optischen Präsentation der Kanones auf einem Pergamentblatt. Im Folgenden soll daher zur Diskussion gestellt werden, dass der einzelne Kanon durch eine graphische Neugestaltung der Manuskripte im 12. Jahrhundert einen Bedeutungsverlust erfuhr. Es ist nämlich davon auszugehen, dass für eine inhaltliche Ordnung des Wissens nicht nur Worte von Bedeutung sind, sondern auch die Form, in der Wissen auf dem Pergament dem Leser vermittelt wird, also die

21. Siehe zum Beispiel Thier, Hierarchie und Autonomie, 175–178.
22. Siehe 67f.

graphisch-visuelle Präsentation von rechtlichem Wissen. Inhaltliche Ordnung des Wissens und visuelle Ordnung auf dem Pergament stehen – so die These – in Interdependenz.

Die bisher zu diesem Komplex erschienene Literatur diskutierte solche Fragen unter dem Stichwort ‚Mise-en-page', ‚Grammar of legibility', ‚Typographie' von Manuskripten und ähnlichen Stichworten.[23] Starke Grundthese der Forschungen vor allem der 1970er und 1980er Jahre war, dass sich ab dem 12. Jahrhundert „New Attitudes to the Page" ausmachen lassen, wie es ein Aufsatztitel einmal zuspitzte.[24] Im 12. Jahrhundert sei mit Peter Lombards Sentenzen, Gratians Dekret und der Glosse zur Bibel eine qualitative Neuerung gegenüber dem vorherigen Zustand erreicht worden. Neue Ordnungskonzepte führten zu einer Neugestaltung von Büchern: Zweispaltiges Layout mit Kolumnentiteln, Paragraphenzeichen, Glossen mit eindeutigen Verweisen auf den Haupttext und eine marginale Paraphrase der Argumentation im Haupttext (*prima causa, secunda causa*) hätten den Text dem Leser verfügbar gemacht. Motiviert sei dieser Übergang von der „monastic lectio", die sich durch ‚wiederkäuendes Lesen' (*ruminatio*) auszeichnete, zur „scholastic lectio", die auf schnelles Finden von Informationen zielte, durch die Scholastik und das Aufblühen der Universitäten.[25] Indizes,

23. Aus der umfangreichen Literatur siehe zum Beispiel: Parker, The Influence of the Concepts of Ordinatio and Compilatio on the Development of the Book (1976); den Sammelband von Martin/Vezin, Mise en page et mise en texte du livre manuscrit (1990) sowie Gumbert, Texte intellectuel (1988) und Gumbert, ‚Typographie' der geschriebenen Seite (1992); einen Überblick vermittelt, wenn auch mit sprachwissenschaftlichem Schwerpunkt Frank, Textgestalt als Zeichen, 36–94, sowie, eher essayistisch, Illich, Weinberg des Textes (1991). Das Konzept „Grammar of Legibility" ist von Malcom B. Parkes geprägt, der mit dem Begriff fragen möchte, wie ein Schreiber einen Text graphisch so aufbereiten muss, dass ein Leser an einem anderen Ort und zu anderer Zeit diesen Text verstehen kann. Die Durchsetzung der Worttrennung oder die Markierung von Zitaten mit Diplen sind Hilfsmittel hierfür; vertiefend: Parkes, Grammar of Legibility (1987), 2: „A written text presupposes an indeterminate audience disseminated over distance or time, or both. A scribe hat no immediate respondent to interact with, therefore he had to observe a kind of decorum in his copy to ensure that the message of the text was easily understood. This decorum – the rules governing the relationships between this complex of graphic conventions and the message of a text conveyed in the written medium – may be described as ‚the grammar of legibility'."

24. Rouse/Rouse, Statim invenire. Schools, Preachers, and New Attitudes to the Page (1982).

25. Parker, Influence, 119 sieht das Wiederaufkommen der aristotelischen Logik im 13. Jahrhundert als „turning point in the history of the presentation of a text". Die Begriffe ‚monastic' und ‚scholastic lectio' ebd., 115. Ferner Rouse/Rouse, Statim invenire (1982); Illich, Weinberg des Textes, 57–66 zum Lesen in Klöstern, 99–120 zum Studium in den Universitäten. Zum Wandel der Lesegewohnheiten seit dem 12. Jahrhundert vor allem Saenger, Silent Reading (1982), z.B. 405: „transformation from an oral monastic culture to a visual

alphabetische wie thematische, hätten schliesslich den Text erschlossen und den um Antwort Suchenden rasche Information ermöglicht, so dass ab dem 13. Jahrhundert das Wissen aufbereitet und mit Verzeichnissen erschlossen gewesen sei.[26] Die äussere Struktur des Textes, sein Aufbau und seine Ordnung, habe sich langfristig der inneren Struktur des darzustellenden Gedankengangs angepasst: Methode und Gliederung seien in Einklang gebracht worden.[27]

Diese Beobachtung einer grundsätzlich neuartigen Aufbereitung des rechtlichen wie theologischen oder philosophischen Wissens im Laufe des Mittelalters ist sicherlich richtig, doch ist die Frage nach dem qualitativen Sprung erneut zu stellen. Schon die jüngere Literatur hat – durchaus mit Recht – darauf hingewiesen, dass viele der im Spätmittelalter so intensiv eingesetzten Ordnungshilfen wie Rubriken und Kolumnen schon in der Zeit vor 1150 Verwendung fanden.[28] Die Beobachtung, dass eine Gratian-Handschrift des 13. Jahrhunderts mit Klammerglosse und den vielfarbigen Verweisen von einer Burchard-Handschrift des 11. Jahrhunderts offensichtlich differiert, ist so unbestritten wie unergiebig, denn wo genau die Unterschiede in der graphisch-visuellen Gestaltung zwischen einer Handschrift des *Decretum Gratiani* aus dem 13. Jahrhundert und einer des Dekrets Burchards aus dem beginnenden 11. Jahrhundert liegen, scheint noch nicht hinreichend geklärt worden zu sein. Denn abgesehen von der Glosse sind doch zumindest auf den ersten Blick die Gemeinsamkeiten augenfällig: Dem Leser tritt in beiden Fällen ein zweispaltiger Text mit Kolumnentiteln und roten Rubriken entgegen, der – zumindest ohne nähere Untersuchung – optisch recht ähnlich scheint.[29]

scholastic one". Mit weiteren Nachweisen zur *ruminatio* Meyer, Ordnung durch Ordnen, 326f.

26. Vertiefend insbes. zu Indizes: Rouse/Rouse, Statim invenire, 218–224; von den Brincken, Tabula Alphabetica (1972).

27. So explizit Parker, Influence, insbes. 120 mit Hinweis auf den Pariser Meister Jordan, der die Methode (*forma tractandi*) und die Gliederung (*forma tractatus*) als wesentliche, auf einanderbezogene Elemente der *causa formalis* sah.

28. So Palmer, Kapitel und Buch, 58f. und Frank, Textgestalt als Zeichen, 86. Bezeichnenderweise behandelt der Sammelband von Martin/Vezin, Mise en page et mise en texte du livre manuscrit (1990) zwar in den Beiträgen von Rambaud, Le Décret de Gratien (1990) sowie Rambaud, Les Décrétales (1990) das *Decretum Gratiani* und das nachgratianische Recht, blendet aber die Tradition der früheren Kanonessammlungen aus.

29. Der hier verfolgte Untersuchungsansatz interessiert sich weniger für eine Makrostruktur des Wissens wie die Organisation von Bibliotheken noch für eine Mikrostruktur wie die Untersuchung von Worttrennungen und Schreibweisen, sondern für den Codex als Buch und in besonderem Masse für die einzelne Seite als Medium der Wissensvermittlung und als

Um einen ersten Eindruck von der optischen Aufbereitung einiger Handschriften zu gewinnen, sollen einige als repräsentativ verstandene Manuskripte herausgegriffen werden, nämlich Frankfurt, Universitätsbibliothek Johann Christian Senckenberg, Barth. 50 (*Decretum Burchardi*), Namur, Musée archéologique 5 (Sammlung in 74 Titeln), Barcelona, Arxiu de la Corona d'Arago, Santa Maria de Ripoll 78 (Gratian 1) und München, Staatsbibliothek, Clm 17161[30] (Gratian 2) (siehe Abb. 12, 13, 9, 14).[31]

Betrachten wir zunächst die Übereinstimmungen in der visuellen Gestaltung. Gerade der Vergleich von Burchards Dekret in der Frankfurter Handschrift Barth. 50, die im Wormser Skriptorium zu Beginn des 11. Jahrhunderts entstanden ist, mit den beiden gratianischen Dekret-Handschriften hebt die durchlaufenden Gestaltungselemente hervor. In allen drei Handschriften ist eine sorgfältige Seiteneinrichtung mit einem zweispaltigen Layout zu beobachten; ferner findet sich ein Kolumnentitel, in dem in der Burchard-Handschrift das jeweilige Buch und in den Gratian-Handschriften *pars prima* respektive die *causa*-Nummer vermerkt ist. Schliesslich sind die Rubriken – wie der Name vermuten lässt – in roter Farbe optisch herausgestellt.[32] Auch die Sammlung in 74 Titeln weist vergleichbare Features zur Orientierung des Lesers auf,

eigentlichen Ort der Kommunikation von Autor und Leser. Zu einer solchen Abgrenzung vgl. z.B. Palmer, Kapitel und Buch, 45. Studien zur Untersuchung der Mikroebene – Worttrennungen, Abkürzungen, etc. – laufen häufig auch unter dem Schlagwort ‚mise-en-texte' (im Gegensatz zu ‚mise-en page'); ein Beispiel für eine solche Studie stellt Parkes, Pause and Effect (1992) dar. Zu den verschiedenen typographischen Mitteln vgl. auch Gumbert, Texte intellectuel, 101f.

30. Zu dieser Handschrift siehe Viejo-Ximénez, Anotaciones marginales (2016).

31. Der Untersuchung liegt das methodische *Caveat* zugrunde, dass das Layout von Handschriften nicht notwendigerweise die Intention des Autors widerspiegelt, sondern das des Schreibers. Aber da die Frankfurter Handschrift unter der Aufsicht von Burchard selbst entstanden ist und die Gratian-Handschriften – soweit bekannt – recht uniform erscheinen, ist es wohl nicht falsch, zumindest eine gemeinsame Vorstellung anzunehmen, wie Recht zu präsentieren sei.

32. Die literaturwissenschaftlichen Ansätze zur Erklärung der Rubriken helfen bei kanonistischen Handschriften nicht weiter, vgl. zum Beispiel den Ansatz von Backes, Geordnete Texte, insbes. 314: „Ihre Konzentration [d.h. die der Textrubriken – S.D.] auf die Prosaromane bzw. ihr Auftauchen in den Prosa-Auflösungen alter Versromane legt nahe, dass Rubriken offenbar vor allem in solchen Handschriften notwendig wurden, in denen es nicht mehr nur um die bloße Aufzeichnungsfunktion ging, d.h. der festgehaltene Text nicht mehr primär als Grundlage für eine mündliche Weitergabe an ein hörendes Publikum diente. Rubriken gehörten vielmehr zu einem Layout, das sich mehr und mehr an Leser wandte, denen man mit einer graphischen Gliederung der Buchseite auch optisch das Verständnis des Textes erleichtern wollte."

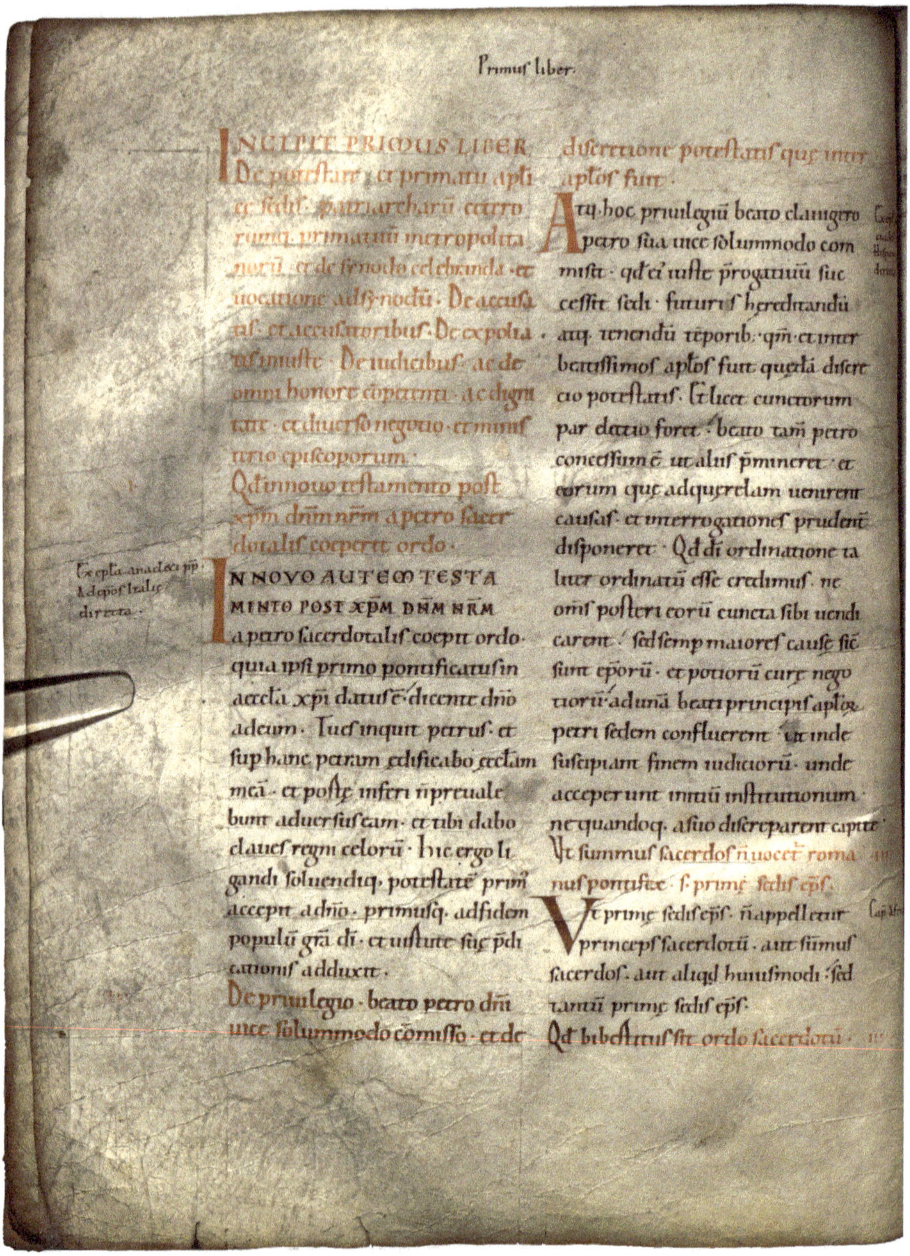

Abb. 12 – Frankfurt am Main, Universitätsbibliothek Johann Christian Senckenberg, Barth. 50, fol. 6v: Beginn des *Decretum Burchardi* in einer frühen Wormser Handschrift

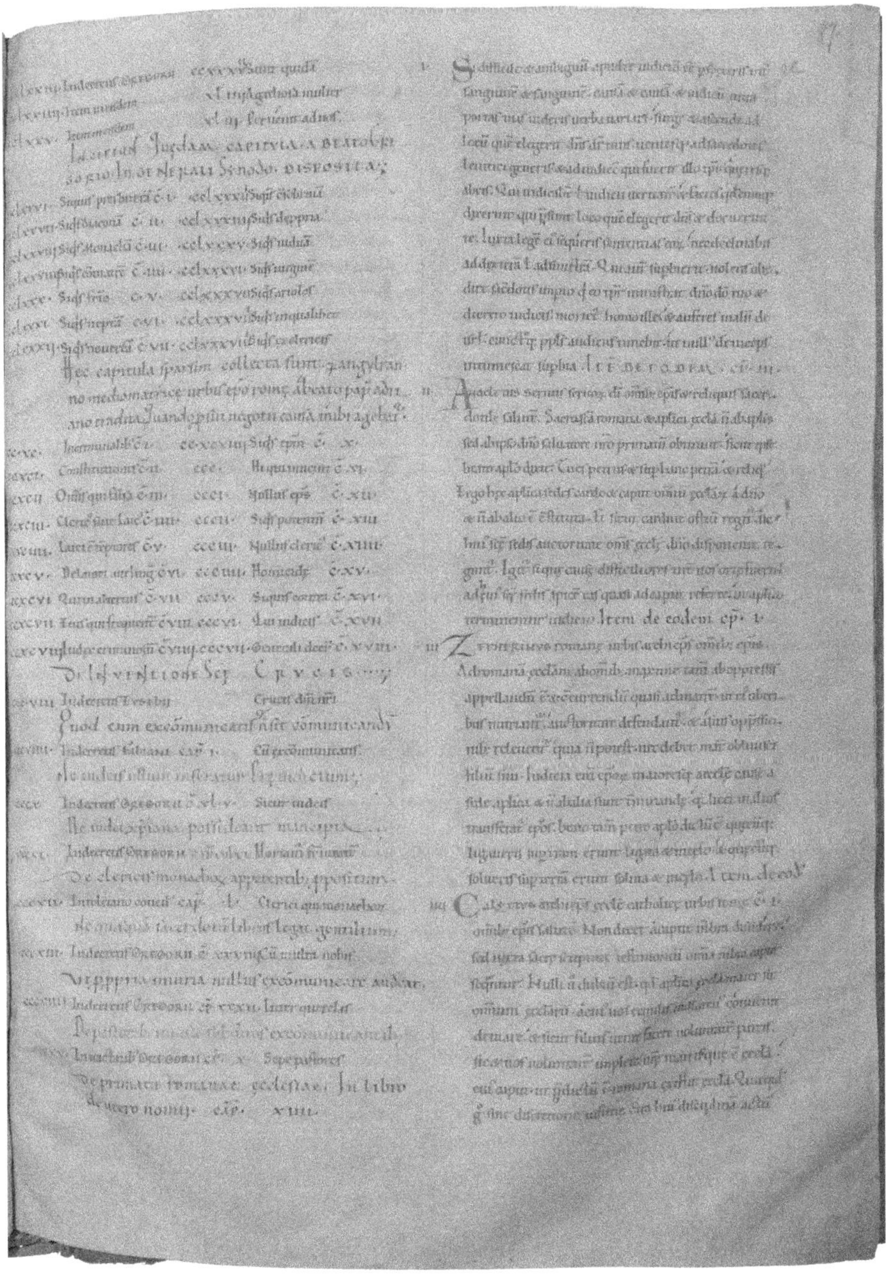

Abb. 13 – Namur, Musée archéologique, MS 5, fol. 87r: Beginn der *Collectio 74 Titulorum*/Sammlung in 74 Titeln mit Ende der *Capitulatio*

Abb. 14 – München, Bayerische Staatsbibliothek, Clm 17161, fol. 6r: Beginn des *Decretum Gratiani* in der zweiten Version mit Miniatur zur D. 1, die weltliche und geistliche Macht zeigt

wobei recht regelmässig Kolumnentitel fehlen.[33] Diesen ersten Eindruck gilt es künftig mit weiteren Handschriften zu untermauern und auszudifferenzieren; sollte sich der Eindruck aber bestätigen, so darf man mit der jüngeren Literatur konstatieren, dass schon im 11. Jahrhundert nicht nur die Möglichkeiten, graphisch Ordnung zu schaffen, bekannt waren, sondern auch – jedenfalls in einigen Manuskripten – angewendet wurden. Die Beobachtungen von „new attitudes to the page" müssten zumindest bei Rechtshandschriften doch kritisch hinterfragt werden.

Was aber ändert sich im Manuskriptlayout? Drei Aspekte sind bemerkenswert, nämlich das Einfügen von Paragraphenzeichen, die Nummerierung der Kanones sowie die Stellung der *Inscriptiones*. Erstens fallen die Paragraphenzeichen in den Gratian-Handschriften ins Auge, die den Fliesstext immer wieder untergliedern und die Rubriken und Kanones von den *dicta* abgrenzen. Diese sind in den beiden vorgestellten Handschriften schwarz (Barcelona 78) bzw. rot (Clm 17161) ausgeführt. Eine solche Textgliederung ist den früheren Sammlungen in Ermangelung von *dicta* selbstverständlich unbekannt. Zweitens verzichten diese Gratian-Handschriften auf eine Nummerierung der Kanones. Sind die Kanones in Burchards Dekret wie in der Sammlung in 74 Titeln innerhalb der Bücher respektive Titel sehr häufig durchgezählt, so lässt sich eine Zählung in Dekret-Handschriften kaum nachweisen. Ein Resultat dieses Verzichts sind auch die Verweise nach *distinctiones* respektive *causae* und *questiones* und dem jeweiligen Anfangswort eines Kanons, nicht aber nach ihrer Ordnungsnummer.[34] Und drittens sind die *Inscriptiones*, die in den Burchard-Handschriften am Rand ausgestellt sind, in die Kolumne gerutscht.[35] Es könnte sich dabei um eine gotische Mode handeln, die insgesamt zu einem verstärkten Blocksatz neigte, vielleicht steckt aber auch mehr dahinter.[36] Vincenz von Beauvais[37] schrieb in

33. Namur 5 ist ein zweispaltiges Exemplar der Sammlung in 74 Titeln, doch ist diese üblicherweise einspaltig überliefert. Die Frage, ob eine Handschrift in einer oder in zwei Spalten angelegt war, orientierte sich an dem Umfang der Handschrift resp. dem Seitenformat, so dass hieraus nichts Weiteres abgeleitet werden kann.

34. Siehe die Beispiele 431, 433, 436f., 444–447.

35. Auch die Sammlung in 74 Titeln schreibt sie häufig in die Kolumne, so auch in der Handschrift Namur 5.

36. Zur gotischen Mode und dem Hinweis auf Zierlinien, die nicht gefüllte Zeilen ausfüllen sollten, Gumbert, ‚Typographie' der geschriebenen Seite, 286.

37. Zu Vincenz von Beauvais (vor 1200–1264) vgl. R. Düchting, Art. Vinzenz von Beauvais. I. Leben und Werke, in: LexMA 8, Sp. 1705f. und Ch. Hünemörder, Art. Vinzenz von Beauvais. II. Zum Speculum naturale, in: LexMA 8, Sp. 1706f.

seinem *Speculum maius* in der Mitte des 13. Jahrhunderts, dass er den Ursprung seiner Zitate markiert habe, und zwar nicht am Rand wie im glossierten Psalter oder in Pauls Episteln oder den Sentenzen, sondern auf der Linie (*inter lineas*) wie es Gratian getan habe, damit der Autorenname nicht so leicht verrutschen könne.[38] Jedenfalls für Vincenz war das Bemühen, das Risiko für Schreiberfehler zu verringern, ausschlaggebend für die Neugestaltung des Layouts. Den Verzicht auf die Kanonesnummerierung und auf das Ausstellen der Inskriptionen deutet aber darüber hinaus auch auf einen Funktionswandel der Kanones hin, tritt doch der einzelne Kanon und dessen Aussage in den Hintergrund, wenn er als Teil eines fliessenden Textes erscheint. Er ist zwar weiterhin durch die Rubrizierung als Kanon präsent, aber doch zu einem Teil eines grösseren Ganzen geworden, so dass er visuell nicht mehr für sich steht, sondern sich in eine Gedanken- und Argumentationskette einfügt. So weist also auch die optische Gestaltung der Manuskripte darauf hin, dass Burchards Dekret als Speicher für kirchliches Rechtswissen diente, in dem das Finden von Autoritäten im Vordergrund stand; auch der Leser, der nicht das gesamte Werk durchgehen wollte, konnte das Gesuchte mit Hilfe der Titel und der ausgestellten *inscriptiones* finden, so dass auch ein ‚nicht-linearer Zugriff' dem Leser erlaubt war.

Gratian hingegen forderte den Leser in unbekannter Weise heraus: Schon die visuelle Gestaltung der Handschriften erschwert den nichtlinearen Zugriff auf den einzelnen Kanon. Der Leser musste sich vielmehr auf Gratian einlassen und ihn in Gänze lesen, denn nur so erfüllte die Handschrift ihren Zweck, in die Materie des Kirchenrechts einzuführen und Lehrbuch für Wissbegierige zu sein, und die Leser zum Nachvollziehen und Weiterdenken, zum Zustimmen und Widersprechen einzuladen. Gratian war nicht auf den Leser aus, der Texte suchte, sondern auf denjenigen, der Texte verstehen wollte. Insofern stimmen optische Gestaltung der Handschriften und intendierter Benutzungskontext überein. Vielleicht liesse sich das Dekret Gratians sogar eher als

38. Vincenz von Beauvais, Apologia actoris [d.h. die Einleitung zum Speculum maius], c. 3 (zit. nach: von den Brincken, Geschichtsbetrachtung bei Vincenz von Beauvais, 468): *Denique, quoniam, ut superius dictum est, ex diversis actoribus hoc opus contextum est, ut sciatur, quid cuius sit, singulorum dictis eorum nomina annotavi, ac ne facile transponerentur de locis propriis, nequaquam in margine, sicut fit in Psalterio glossato et Epistolis Pauli vel in sententiis, sed inter lineas ipsas, sicut fecit Gratianus in compilatione canonum, ea inserui. Interdum etiam ea, que ipse vel a maioribus meis, scilicet modernis doctoribus, didici vel in quorundam scriptis notabilia repperi, nomine meo, id est actoris, intitulavi.* Hierzu mit deutscher Übersetzung Cardelle, Plagiat im Mittelalter, 90 sowie Gillespie, From the Twelfth Century, 184.

Traktat denn als Kanonessammlung, sicherlich aber als Mischung aus beiden bezeichnen.[39] Benutzerfreundlich war dies nicht, wie die vielen Hilfsmittel zeigen, die schon bald entstanden: *In prima parte agitur* lautet die der *Concordia discordantium canonum* häufig vorangestellte Zusammenfassung des Dekrets, die eine erste Orientierung ermöglichte. Und auch die Entscheidung Gratians, auf eine *Capitulatio* zu verzichten, war konsequent, liess aber den Leser im Stich: Bei Burchard von Worms fand dieser wenigstens vor jedem Buch eine Auflistung der Rubriken mit den Nummern der Kanones, die ihm Orientierung ermöglichten; der Sammlung in 74 Titeln waren die Titelrubriken vorangestellt, unter denen die Autoren aufgelistet waren.[40] All dies bot Gratian nicht. Er zielte auf einen anderen, einen neuen Lesertyp, den universitär Geschulten, den an Rechtsschulen Gelehrten. Den bekam er, zweifellos, doch wollte auch dieser Halt im Meer der Normen: Der Kopie des Dekrets in München, Staatsbibliothek, Clm 13004 (siehe Abb. 15) ist eine Kapitulation vorangestellt, wie wir sie von Burchard kennen, und dort sind auch die Kapitel Gratians durchnummeriert, doch finden sich diese Nummern nicht im Haupttext, so dass der Leser doch wieder auf sich gestellt war – und lesen musste, um zu finden.[41]

Fassen wir zusammen: Ein nicht-linearer Zugriff auf normative Texte war auch vor Gratian schon möglich, vielleicht war dies sogar die wichtigste Funktion einer Kanonessammlung wie Burchards Dekret, nämlich Kanones zum schnellen Auffinden zur Verfügung zu stellen, wenn sie bei einem Konzil oder in der Bistumsverwaltung benötigt wurden. Bei Gratian verschwand diese Möglichkeit zugunsten eines linearen Zugriffs. Damit deckt sich die Funktion des Codex mit seiner visuellen Gestaltung: Gratian wollte kein Nachschlagewerk verfassen, kein Kompendium von Kanones, sondern ein Anleitungs- und Anregungswerk. Mit diesem visuellen Wandel deckt sich der gewandelte Umgang mit normativen Texten, die als Argument in einem traktatartigen Text aufgehen und auch optisch weniger präsent sind. Diese

39. Siehe hierzu 325.

40. Zu verschiedenen Formen solcher registerartigen Hilfen siehe Meyer, Ordo rerum (1991), insbes. 317–320 der sich jedoch auf Enzyklopädiehandschriften konzentriert, sowie von den Brincken, Tabula Alphabetica (1972).

41. München, Bayerische Staatsbibliothek, Clm 13004, fol. 9vb-29vb. Die Handschrift entstand in Salzburg und datiert aus den Jahren 1170 bis 1180, vgl. Klemm, Romanische Handschriften 1, 74f. Vorangestellt ist *In prima parte agitur* (fol. 2ra-9va). Vielleicht sind Kapitulation und Text des *Decretum* auch aus zwei verschiedenen Handschriften kopiert worden, jedenfalls erschliesst diese *Capitulatio* diese Handschrift nicht, da die Nummerierung nicht konsequent ausgeführt worden ist.

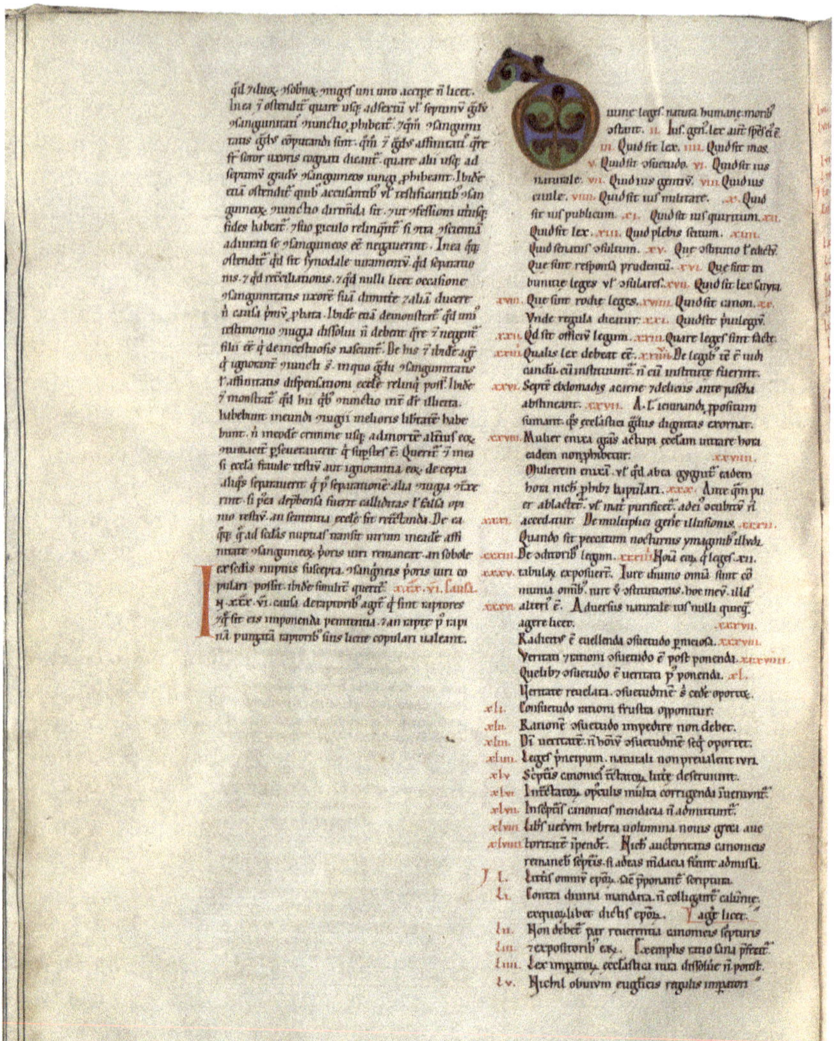

Abb. 15 – München, Bayerische Staatsbibliothek, Clm 13004, fol. 9v: Dem *Decretum Gratiani* vorgeschaltete *Capitulatio*, in der die Kanones nummeriert sind (in der rechten Spalte beginnend mit D. 1).

Änderungen setzten einen neuen Leser voraus, einen Leser, der sich auf das Werk in Gänze einliess und es studierend las. Wer musste also im Sinne der *ruminatio* wiederkäuend lesen, der Leser Burchards oder der Leser Gratians? Wem das langsame Durcharbeiten des *Decretum Gratiani* zu mühselig war, dem wiesen die spätere Distinktioneneinteilungen, die Übersichten wie *In prima parte agitur* und die Indizierungen den Weg zum Recht.

b) Von Monstern, die in Doppeltexten leben

„Ghostly recensions" und „mutating monsters" entdeckte Abigail Firey in karolingischen Handschriften, als sie die ständige Be- und Überarbeitung von Sammlungen kirchlicher Normtexte untersuchte. Diese machten es schwierig, eine Redaktion oder Sammlung von einer anderen abzugrenzen.[42] Vergleichbares lässt sich an hochmittelalterlichen Kanonessammlungen wie der Sammlung in 74 Titeln beobachten, die zur Sammlung in 4 Büchern weitergeschrieben wurde und in der *Collectio Tarraconensis* mündete;[43] doch zugleich lässt sich eine gegenläufige Tendenz jedenfalls bei einigen Sammlungen feststellen, denn offensichtlich ist Burchards Dekret stabiler und konstanter überliefert als die Sammlung in 74 Titeln, selbst wenn es immer wieder Objekt von Modifikationen war, wie die Ergänzungen zur Simonie im ersten Buch nahelegen.[44] Und auch Gratians Sammlung war nie ‚vollendet': Aus der ersten Fassung wurde die zweite Version, die die *Paleae* später erweiterten. Diese Formbarkeit des kanonischen Rechts setzte sich auch in der zweiten Hälfte des 12. Jahrhunderts fort, wenn auch vielleicht weniger in den Normsammlungen selbst als in den Glossen zum Dekret, in denen sich zwar einzelne Glossenschichten ausmachen lassen, diese Schichten aber manchesmal eher idealtypischen Charakter besitzen, da sie sich überlagerten und vermischten.[45]

Diese Kommentare zu den Sammlungen kirchlichen Rechtswissens sind noch einen zweiten Blick wert. Denn die Mise-en-page gratianischer Manuskripte mit Verzicht auf in den Rand ausgestellte Inskriptionen machte das Anbringen einer Glosse einfacher, vor allem aber entstand mit Text und Kommentar ein zweistufiger Text, den man auch

42. Firey, Ghostly Recensions (2000); Firey, Mutating Monsters (2010).
43. Anselms von Lucca *Collectio* ist ein anderes Beispiel einer instabilen Sammlung.
44. Siehe 249–255.
45. Siehe zum Beispiel Lepsius, Auflösung und Neubildung von Doktrinen, insbes. 69f.

als ‚Doppeltext' bezeichnen könnte.[46] Der Haupttext, das Dekret selbst, blieb (weitgehend) gleich, während die Kommentierungen langsam entstanden, überarbeitet, ausradiert und erneut eingetragen wurden, bis sie schliesslich in der Mitte des 13. Jahrhunderts unter Bartholomaeus von Brescia eine festere Form annahmen. – So könnte die Geschichte lauten, aber stimmt sie auch?

Die Geschichte von Text und Kommentar im Kirchenrecht ist verzwickter. Das Dekret Burchards von Worms kennt zwar keine Kommentare in der Form, wie sie das *Decretum Gratiani* später besass, doch enthält auch das *Decretum Burchardi* einen in den Rubriken versteckten Kommentar. Jede Rubrik ist wie ein Kommentar zum Kanon, in dem der Kompilator seinen Verständnisvorschlag unterbreitet. Sicherlich ist das ein schlichter, nicht allzu tiefgehender Kommentar, aber es war einer. Bonizo, Alger und Gratian gingen gegenüber diesen schüchternen Kommentaren offener ans Werk. Gerade Gratian nutzte neben den Rubriken, die er beibehielt, auch deutlichere Anmerkungen zum Text, nämlich die *dicta*, in denen er seine Lesart des Haupttextes darlegte. Diese Mischung aus Text und Kommentar gefiel nicht jedem: In der *Transformatio Oxoniensis* sind die *dicta Gratiani* glossenartig in den Rand gezogen, um die Gattungen ‚Text' und ‚Kommentar' strikter zu trennen.[47] Unter den Dekretisten entstanden dann weitere, tiefgehendere und längere Kommentare, die sie neben den Text des Dekrets schrieben oder gleich unter Verzicht auf den Haupttext in Summen zusammenfassten. – Der Kommentar war im juristischen (Kon)Text also allgegenwärtig, erst verborgen und schüchtern, später aufgrund roter Paragraphenzeichen sichtbarer, schliesslich an den Rand als neuen medialen Ort verlagert und optisch markant herausgestellt. Und so, wie sich anfänglich der Haupttext der Normsammlungen änderte, so entwickelte sich später auch der Kommentar fort, zunächst in den Rubriken, später *in margine*. Die Monster, die im Haupttext lebten, fanden ein neues Zuhause in dem Kommentar.

c) Vom Kompilator zum Autor – und zurück?

Ihre eigene Rolle bei der Interpretation und Kommentierung betonten die Kompilatoren indes nicht: Sie sahen sich durchweg als fleissige Sammler, nicht als Rechtsschöpfer; ihre Aufgabe war das Zusammen-

46. Gumbert, ‚Typographie' der geschriebenen Seite, 285f.
47. Siehe 465.

stellen von Kanones, nicht das Schaffen neuer Regeln. Burchard von Worms schrieb im Vorwort, er habe zwar mit wachem Geist Kanones zusammengetragen, aber doch nichts erfunden, da es ihm ja nicht erlaubt sei, Regeln aufzustellen, und Ivo von Chartres sekundierte ihm.[48] Dabei dissimulierte Burchard seine eigenen Eingriffe in die Texte, seine Veränderungen der Rubriken und seine Versuche, Texte seiner Wissenskonzeption zu unterwerfen. Aber was blieb ihm anderes übrig in einer Zeit, in der der Kanonist nicht zugleich auch Gesetzgeber sein durfte?[49] Ivo von Chartres durfte hingegen mit grösserer Berechtigung vom reinen Sammeln schreiben, sammelte er doch, um dem Leser die Interpretation nach *rigor* und *misericordia* zu ermöglichen und zu überlassen. Weder Gratian 1 noch Gratian 2 verrieten in einem Prolog dem Leser der *Concordia*, wie sie ihre eigene Arbeit einschätzten und welches Selbstverständnis sie vom Exzerpieren, Kompilieren und Distinguieren entwickelten. Auch die Dekretisten hielten sich mit Selbstbeschreibungen zurück, sondern liessen das *Decretum Gratiani* und ihre Kommentare für sich sprechen. In den jeweiligen Prologen aus der Feder des Rufinus sowie der Autoren der Summe *Quoniam in omnibus*, der *Summa Parisiensis* und der *Summa Coloniensis* überwogen einführende Gedanken in das Recht, Überlegungen zu unterschiedlichen Normtypen sowie zum Aufbau des Dekrets und dem methodischen Ansatz Gratians.[50] Gerade letzterer interessierte die Dekretisten. Der Autor der Summa *Quoniam in omnibus* erfasste das Vorhaben Gratians, indem er erklärte: *Intentio vero eius fuit, ipsa decreta ordinare et in superficie dissonantia ad concordiam revocare*.[51] Auch der anonyme Autor der *Summa Parisiensis* legte dem Leser nahe, dass die Widersprüche zwischen den Kanones keine echten, sondern nur scheinbare seien: ... *exponimus ‚discordantium canonum', non qui sint, sed qui videntur esse*.[52] Den Titel des Werkes des Meisters, *Concordia*

48. Siehe 168–170, 180f.

49. Zu Burchard von Worms als Gesetzgeber für seine *familia* vgl. Dilcher, Kanonist als Gesetzgeber (2000).

50. In dem Vorwort zur *Summa Coloniensis* (Fransen/Kuttner, Summa Coloniensis 1, 1.1 (1)) schreibt Berthold u.a., dass er eine Hilfestellung auf dem Weg durch das Werk Gratians anbieten möchte, um dem Rechtssuchenden zu helfen, ohne auf seine eigene Leistung oder die Gratians näher einzugehen.

51. Schulte, Summa des Paucapalea, 3; im Übrigen betonte der Autor der Summe *Quoniam in omnibus* in seinem Vorwort die Bedeutung des Prozesses, ferner führte er in die verschiedenen Typen von Rechtsquellen ein und gab einen Überblick über den Ablauf des Dekrets.

52. McLaughlin, Summa Parisiensis, 1. Eine englische Übersetzung bieten Somerville/Brasington, Prefaces, 201f.

discordantium canonum, dürfe man durchaus ernst nehmen, schrieb er, da Gratian ihn anstelle eines Vorworts (*loco proœmii*) der Arbeit vorangestellt habe.[53] Und auch Rufinus verstand die Tätigkeit Gratians als Zusammenstellen der überall verstreuten Kanones (*canones ordinata dispositione componere*) und als Auflösen der zwischen ihnen bestehenden Widersprüche (*contrarietates unire*).[54] In der dekretistischen Vorstellung gingen also das Zusammenstellen (*componere*) und das Harmonisieren (*unire*) Hand in Hand. Ihre eigene Arbeit reflektierten die hier vorgestellten Dekretisten jedoch nicht und auch nicht, dass sie jetzt Normen erklärten, die ein anderer zusammengetragen hatte.

Vom Kompilieren sprachen erst die Dekretalisten wieder, jene Gelehrten, die die neuen Dekretalen von Alexander III., Innozenz III. und anderen Päpsten studierten, deren rechtlichen Gehalt extrahierten und in neuen Sammlungen zusammenfügten. Diese neuen Sammlungen heissen auch *compilationes antiquae*, gingen sie doch der *compilatio* des *Liber Extra* voraus, dem 1234 erlassenen und den Universitäten zur Bearbeitung übersandten Rechtsbuch Gregors IX. Es war nicht mehr das *ius antiquum*, sondern das *ius novum*, nicht mehr das Recht des ersten Jahrtausends, sondern das von Päpsten neu geschaffene Recht, das jetzt in Sammlungen vereinigt wurde.[55] Und deren Kompilatoren reflektierten ihre eigene Tätigkeit wieder. Bernard von Pavia sprach in dem Vorwort zu seiner *Compilatio Prima* von den extravaganten Kanones (*extravagantia*), die er unter Titeln angeordnet habe (*sub titulis compilavi*).[56] Rainer von Pomposa, der nach der Entstehung der *Compilatio Prima* eine Sammlung mit Dekretalen aus den ersten vier Regierungsjahren Innozenz III. (1198–1216) zusammenstellte, beschrieb in deren Vorwort, dass er, zu einer solchen Zusammenstellung (*in uno volumine compilandis*) aufgefordert, dieser Bitte nachgekommen sei,

53. McLaughlin, Summa Parisiensis, 1. Zum Titel des Dekrets (*Concordia* oder *Concordantia*) siehe Köstler, Zum Titel des gratianischen Dekrets (1932).

54. Singer, Rufinus, Summa decretorum, 5: *Que omnia Gratianus in hoc libro materiam sui operis assumit. Intentio autem eius est canones in quam pluribus locis vage passimque dispersos ordinata quidem dispositione componere et eorum contrarietates interiectis distinctionibus unire.*

55. Einen Einstieg in die frühen dekretalistischen Werke bieten Pennington, Decretalists 1190–1234 (2008); Duggan, Decretal Collections (2008) sowie Pennington, Decretal Collections 1190–1234 (2008). Die *compilationes antiquae* liegen in einer Incipit-Edition vor von Friedberg, Quinque compilationes antiquae (1882).

56. Compilatio Prima, Bernard von Pavia (Friedberg, Quinque compilationes antiquae, 1): *... ego B. Papiensis prepositus extravagantia de veteri novoque iure sub titulis compilavi super operis imperfectione veniam postulans a lectore.* Eine englische Übersetzung stammt von Somerville/Brasington, Prefaces, 230f.

indem er Dekretalen aus den Registern des Papstes ausgewählt und in das Werk mit höchster Autorität eingefügt habe (*ex registris deflorans in hoc opusculo plenissima auctoritate congessi*).[57] Auch in den Vorworten zu späteren Dekretalensammlungen überwog der Begriff *compilare*, so in der Promulgationsbulle des Papstes Innozenz III. zur *Compilatio tertia*[58] und in der Bulle, die Papst Honorius anlässlich der *Compilatio quinta* ausstellte[59]. Gregor IX. benutzte hingegen das Wort *redigere*, um die Tätigkeit des Raymunds de Peñaforte zu beschreiben, der die verstreuten *constitutiones et decretales epistolas* unter Auslassung des Überflüssigen in einem Werk, dem *Liber Extra*, geordnet habe (*in unum volumen resecatis superfluis providimus redigendas*).[60]

Welchen begrifflichen Wandel können wir also in der Beschreibung der Tätigkeit des Zusammenstellens beobachten? Im 11. Jahrhundert

57. Rainers von Pomposa Dekretalensammlung ist zugänglich in: PL 126, Sp. 1173–1272, das Vorwort in Sp. 1173: ... *me vobiscum pariter suis precibus induxerunt ut aliquod temporis spatium aliis occupationibus meis subripiens, in eis ordinandis expenderem et in uno volumine sub certis titulis compilandis. Quorum votis, meae conditionis considerans famulatum, sicut debui, tam devote quam humiliter obedivi, et ad laudem et gloriam nominis ejus, legentiumque profectum, quaeque optima ex registris ejusdem, primi videlicet, secundi, et tertii anni, deflorans in hoc opusculo plenissima, quantum ad decretales et decreta pertinet, auctoritate congessi; licet quaedam, quia diversos in se continens casus, intercidenda duxerim, ut sub competentibus sibi titulis locarentur.* Das Vorwort ist übersetzt von Somerville/Brasington, Prefaces, 232f. Zu der Sammlung und zu Rainer Pennington, Decretal Collections, 301–305.

58. Compilatio tertia, Promulgationsbulle des Papstes Innozenz III. zu der von Petrus Beneventanus zusammengestellten Sammlung (Friedberg, Quinque compilationes antiquae, 105): ... *decretales et epistolas a dilecto filio magistro P., subdiacono et notario nostro, compilatas fideliter, et sub competentibus titulis collocatas, in nostris usque ad XII. annum contineri registris.* Eine englische Übersetzung stammt von Somerville/Brasington, Prefaces, 233f.; zur *Compilatio tertia* vgl. nur Pennington, Making of a Decretal Collection (1980) sowie Thier, Päpstliche Register (2002).

59. Compilatio quinta, Promulgationsbulle des Papstes Honorius (Friedberg, Quinque compilationes antiquae, 151): ... *nos quasdam epistolas decretales super his, que nostris suborta temporibus, per nos vel fratres nostros decidimus, vel etiam aliis de ipsorum consilio commisimus decidenda, compilari fecimus.* Eine englische Übersetzung stammt von Somerville/Brasington, Prefaces, 234f.

60. *Liber Extra*, Promulgationsbulle des Papstes Gregor IX. (Friedberg, Decretalium collectiones, Sp. 1–4): *Sane diversas constitutiones et decretales epistolas praedecessorum nostrorum, in diversa dispersas volumina, quam aliquae propter nimiam similitudinem, et quaedam propter contrarietatem, nonnullae etiam propter sui prolixitatem, confusionem inducere videbantur, aliquae vero vagabantur extra volumina supradicta, quae tanquam incertae frequenter in iudiciis vacillabant, ad communem, et maxime studentium, utilitatem per dilectum filium fratrem Raymundum, capellanum et poenitentiarum nostrum, illas in unum volumen resecatis superfluis providimus redigendas, adiicientes constitutiones nostras et decretales epistolas, per quas nonnulla, quae in prioribus erant dubia, declarantur.* Hierzu die englische Übersetzung von Somerville/Brasington, Prefaces, 235f.

sprach Burchard von Worms von *colligere* und Ivo von Chartres benutzte den Begriff *adunare*, um die eigene Tätigkeit zu beschreiben. Atto von San Marco verwendete den Begriff *excipere*, mit dem er seine auswählende Arbeit beschrieb, und fügte – wie vor ihm schon Burchard – an, dass er die Autoritäten selbst nicht verändert habe (*nihil addidi, nihil mutavi*), allein die Worte habe er ab und an etwas umgestellt.[61] Gregor von S. Crisogono habe, wie er im Vorwort zu seinem *Polycarpus* schrieb, aus Papstbriefen, Konzilsentscheiden und Väterschriften das Nützlichere herausgezogen und hintereinander gesetzt (*utiliora sumens seriatim componerem*);[62] und auch Alger von Lüttich benutzte den Begriff *componere*, um seine Arbeit zu beschreiben.[63] Die *Tripartita* sah sich selbst als *deflorationis opusculum.*[64]

Diese Durchsicht durch einige Vorworte der im 11. und beginnenden 12. Jahrhundert entstandenen Vorworte lässt die begriffliche Vielfalt erahnen, mit der die eigene exzerpierende und kompilierende Arbeit beschrieben wurde, neben *colligere* und *adunare* finden sich *excipere* sowie *sumere, componere* und *defloratio*. Auf *compilare* stösst man jedoch nicht. Diese Variabilität ist am Ausgang des 12. und zu Beginn des 13. Jahrhunderts zugunsten des dominierend verwendeten Terminus *compilare* verschwunden.[65] Es scheint sich also im Laufe des 12. Jahrhunderts eine juristische Terminologie verfestigt zu haben, mit der die Tätigkeit des Zusammenstellens von rechtlichen Exzerpten erfasst wurde.

In welchen grösseren Kontext lassen sich diese Beobachtungen einordnen? In dem literaturwissenschaftlichen Diskurs hat sich in

61. Atto von San Marco, Breviarium, ed. Mai, 60–100, hier 61: *Proinde quadam orta confusione, cum nesciatis inter haec quid spernere, quid tenere, hortatus a vobis ut excipiam aliquod ex sacris canonibus breviarium, quod pertineat ad dandas paenitentias et ad definitionem causarum, ... In quo hoc opusculo verbis quae ibi inveni nihil addidi, nihil mutavi. In quibusdam vero locis propter adbreviationem in eadem sententia verbis quibusdam interpositis transitum feci.* Eine Übersetzung in Englische bei Somerville/Brasington, Prefaces, 118–121.

62. Gregor von S. Crisogono, Vorwort zum *Polycarpus*: *Petistis iamdudum et hoc sepe, ut opus arduum et supra vires meas agrederer, librum canonum scilicet ex Romanorum pontificum decretis aliorumque sanctorum patrum auctoritatibus atque diversis autenticis conciliis utiliora sumens seriatim componerem.* Zum *Polycarpus* und zur Online-Edition siehe 313f. Eine englische Übersetzung des Vorworts findet sich bei Somerville/Brasington, Prefaces, 129f.

63. Kretzschmar, Alger von Lüttich, 188 Zeile 23: *hoc opusculum composui.*

64. *Tripartita* (Online-Edition: http://ivo-of-chartres.github.io/tripartita/trip_a_1.pdf): *Quoniam quorundam Romanorum decretalia pontificum synodalibus tempore prestant conventibus, non incongrue in nostre deflorationis opusculo primas sibi vendicant partes.*

65. Zur Terminologie bei Burchard von Worms und Ivo von Chartres siehe 168–170, 180f.

den letzten Jahrzehnten eine Diskussion um den Autorenbegriff im Mittelalter entsponnen, in dem nach den Bedeutungen von *compilatio*, *auctor* und Plagiat gefragt wurde.[66] Zentrale Beobachtungen waren hierbei, dass sich die *compilatio* gerade im Spätmittelalter sowohl zu einer weit verbreiteten Arbeitstechnik wie einem literarischen Genre entwickelte, das in der Theologie, in den Rechtswissenschaften und auch in der enzyklopädischen Literatur breiten Raum einnahm. Während der Kompilator zwar Texte zusammentrug, für diese aber nicht verantwortlich war, bürgte der Autor für Inhalt und Richtigkeit von Aussagen.[67] Diese Unterscheidung lässt sich an Vincenz von Beauvais ablesen, der im 13. Jahrhundert sein *Speculum maius* aus Exzerpten älterer Werke zusammensetzte, die er in Bücher, Titel und Kapitel ordnete. Sein Werk, so schrieb er im Vorwort, sei alt und neu zugleich: *antiquum certe materia et auctoritate, novum vero compilatione et partium aggregatione*; es sei kurz und lang im selben Moment: *breve quoque propter multorum dictorum in brevi perstrictionem, longum vero nichilominus propter immensam materie multitudinem.*[68] Er selbst masste sich aber in keiner Weise eine Autorenschaft an, vielmehr habe er von sich aus den Texten wenig, gleichsam nichts hinzugefügt ausser eben deren Anordnung: *Ipsorum igitur est auctoritate, nostrorum autem sola partium ordinatione.*[69] Soweit Vincenz aber keine *auctoritates* zitierte, sondern solche Schreiber, die er nicht darunter fasste, habe er sie

66. Die Literatur zu diesem Komplex ist kaum noch zu überschauen; zentrale Beiträge hierzu sind Parkes, Influence (1976); Minnis, Discussions of compilatio (1979); Minnis, Medieval Theory of Authorship (1988, erstmals 1984); Hathaway, Compilatio: From Plagiarism to Compiling (1989) mit einem begriffsgeschichtlichen Ansatz; Rouse/Rouse, Ordinatio and Compilatio Revisited (1992); zum Plagiat insbes. Cardelle, Plagiat im Mittelalter (2000). Die Diskussion hat die historische Kanonistik offensichtlich jedoch nicht berührt; als Ausnahme ist der Beitrag von Kynast, Neue Perspektive, 31–34 zu nennen.

67. Hierzu zum Beispiel Minnis, Discussions of compilatio, 389 und Cardelle, Plagiat im Mittelalter, insbes. 94f.

68. Vincenz von Beauvais, Apologia actoris [d.h. die Einleitung zum Speculum maius], c. 4 (zit. nach: von den Brincken, Geschichtsbetrachtung bei Vincenz von Beauvais, 469).

69. Vincenz von Beauvais, Apologia actoris [d.h. die Einleitung zum Speculum maius], c. 4 (zit. nach: von den Brincken, Geschichtsbetrachtung bei Vincenz von Beauvais, 470): *Quanto minus ergo nunc arguendus videor, quia multorum librorum florem quendam atque medullam in unum volumen compegi, totumque tub certis titulis ordine congruo redegi. Non autem hoc dico sanctorum patrum vel in ceterorum actorum veterum scriptis presumptuose derogando, nostrumque iactanter et inaniter extollendo, presertim cum hoc ipsum opus utique meum simpliciter non sit, sed illorum potius, ex quorum dictis fere totum illud contexui, nam ex meo pauca et quasi nulla addidi. Ipsorum igitur est auctoritate, nostrorum autem sola partium ordinatione.* Wie schon Burchard von Worms so betonte auch Vincenz, dass er die Texte nicht verändert und nichts hinzugefügt habe.

auch mit eigenem Namen unter der Bezeichnung ‚actor' aufgeführt.[70] In der Mitte des 13. Jahrhunderts lässt sich also die differenzierte Abstufung von Autoritäten wie eine Reflexion der eigenen Tätigkeit in der Begrifflichkeit von *auctor* und dessen Komplementärbegriff *compilator* beobachten.

Ein solches Reflexionsniveau besass auch Bonaventura (1217–1274), der die Sentenzen des Petrus Lombardus lesend sich fragte, wie diese einzuordnen seien. Bonaventura stellte fest, dass es vier Arten gäbe, ein Buch zu machen: Der Skriptor schreibe Fremdes, ohne etwas hinzuzufügen oder zu ändern; der Kompilator schreibe Fremdes und füge etwas bei, jedoch nichts Eigenes; der Kommentator schreibe Fremdes und Eigenes, doch sei das Fremde das Zentrale; der Autor (*auctor*) schliesslich schreibe Fremdes und Eigenes, doch das Eigene sei das Zentrale, das Fremde bestätige nur.[71] In dieser Stufenfolge verortete Bonaventura Petrus Lombardus als Autor, denn seine Äusserungen seien zentral, das Zitierte nur belegendes Beiwerk.

Zwar ist von Gratian selbst keine Selbstverortung in der Dichotomie von Kompilator und Autor überliefert, doch waren die Dekretisten in der zweiten Hälfte des 12. Jahrhunderts mit ihr vertraut. Stephan von Tournai bezeichnete Gratian nämlich nicht als *auctor*, sondern als *compositor* des Dekrets, doch reklamierte er zugleich dessen Autorenschaft für die *dicta Gratiani*: *nisi forte quis eum auctorem idcirco dicere velit, quoniam multa ex parte sua sanctorum sententias distinguendo et exponendo in paragraphis suis ponit.*[72] Bemerkenswert ist

70. Vincenz von Beauvais, Apologia actoris [d.h. die Einleitung zum Speculum maius], c. 3 (siehe 490 Amm. 38); hierzu Cardelle, Plagiat im Mittelalter, 90f.

71. Bonaventura, zit. nach: Cardelle, Plagiat im Mittelalter, 85 (dort auch eine deutsche Übersetzung): *Quadruplex est modus faciendi librum. Aliquis enim scribit aliena, nihil addendo vel mutando; et iste mere dicitur scriptor. Aliquis scribit aliena, addendo, sed non de suo; et iste compilator dicitur. Aliquis scribit et aliena et sua, sed aliena tamquam principalia, et sua annexa ad evidentiam; et iste dicitur commentator, non auctor. Aliquis scribit et sua et aliena, sed sua tamen principaliter, aliena tamquam annexa ad confirmationem; et talis debet dici auctor*.

72. Schulte, Summa des Stephanus Tornacensis, 5: *Compositorem huius operis recte dixerim Gratianum, non auctorem. Capitula namque a sanctis patribus edita in hoc volumine composuit, i. e. ordinavit. Non eorum auctor vel conditor fuit, nisi forte quis eum auctorem idcirco dicere velit, quoniam multa ex parte sua sanctorum sententias distinguendo et exponendo in paragraphis suis ponit*. Zu dieser Stelle vgl. Minnis, Discussions of compilatio, 396; ferner die – wenn auch mit anderem Zungenschlag – formulierte Einschätzung von Landau, Neue Forschungen, 19 „Vergegenwärtigt man sich die durchaus aktuelle Kenntnis Burchards im 12. Jahrhundert, dann kann man das Übergehen dieses Autors durch Gratian schwerlich anders deuten, als daß Gratian deutlich der gregorianischen Kanonistik den

ferner, dass Stephan von Tournai das Wort *componere* mit *ordinare* gleichsetzte (*capitula ... in hoc volumine composuit, id est ordinavit*), also die ordnende und harmonisierende Hand Gratians betonte. Diese Harmonisierung durch Gratian war auch für andere Dekretisten auffällig, sprachen sie doch von *ordinare et dissonantia ad concordiam revocare* (Summe *Quoniam in omnibus*) oder von *componere* und *contrarietates unire* (Rufinus).[73] Gratian übernahm also für den Leser aus Sicht der Dekretisten die Aufgabe des Gewichtens von Texten und des Entscheidens zwischen ihren Aussagen, wohingegen Vincenz von Beauvais eine solche Harmonie zwischen den Autoritäten gerade nicht herstellen wollte, vielmehr obliess er dies dem Leser: *Omnia probate, quod bonum est, tenete*.[74]

Wie hätten Bonaventura und Stephan von Tournai wohl Burchard eingeschätzt, der zwar Fremdes zusammentrug, doch auch Eigenes – wenn nicht in Form von *dicta*, sondern als Rubriken – beisteuerte und zudem eine Verantwortung für die Textgestalt besass, die er selbst nicht wahrhaben wollte? War dieser Kompilator, Kommentator oder gar schon Autor? Und wie lässt sich Ivo charakterisieren, der die Kanones wortgetreu übernahm und sich mit Rubriken zurückhielt? – Es ist müssig, diesen Fragen weiter nachzugehen, doch bleibt frappant, dass die Schätzung der eigenen Leistung der ‚Kompilatoren' des 11. Jahrhunderts und wohl auch der des 12./13. Jahrhunderts wesentlich bescheidener ausfällt als aus einer ex-post-Perspektive der Forschung, die Ordnungsstrukturen und Rubriken analysiert.

Vollends im Zerrspiegel der (literaturwissenschaftlichen) Diskurse stehen die redlichen Sammler des Kirchenrechts, wenn man die in den Literaturwissenschaften in den vergangenen Jahrzehnten geführten Diskussion um den ‚Autor' berücksichtigt. Nachdem Roland Barthes 1968 den Autor getötet (und zugleich die Geburt des Lesers proklamiert) und Michel Foucault die Grabrede für ihn gehalten hatte, war es für

Vorzug gab und daß er nicht etwa möglichst vollständig alles Erreichbare sammeln wollte. Gratian war primär Autor, nicht Sammler."

73. Siehe 495f.

74. Vincenz von Beauvais, Apologia actoris [d.h. die Einleitung zum Speculum maius], c. 9 (zit. nach: von den Brincken, Geschichtsbetrachtung bei Vincenz von Beauvais, 479): *Sic et ego pauca illa de apocriphis huic operi inserui, non vera vel falsa esse asserendo, sed tamen ea, que legi, simpliciter recitando, que salva fide possunt et credi et legi; neque enim aliter a quoquam christiano libri apocriphi sive etiam philosophici vel poetici legendi sunt, nisi in mente iugiter servando, quod dicit Apostolus: Omnia probate, quod bonum est, tenete*. Diese besondere Rolle der Kanonisten macht Minnis, Discussions of compilatio, 397f. stark.

mehrere Jahrzehnte um den ‚Autor' still.[75] Ob der Autor jetzt wiederauferstanden in die Literaturwissenschaft zurückgekehrt ist, mögen andere diskutieren.[76] Das postmoderne Gewitter hat die historische Kanonistik jedenfalls nicht erreicht. Vielleicht hat dies sogar einen tieferen Grund: Wenn normativen Texten sowieso weniger der ‚Autor' (wie ein Konzil oder der Bischof von Rom) Sinn verleiht, sondern der zusammenstellende Kompilator und der lesende Rechtsanwender, ist mit der Umdeutung von Sinngebungsprozessen wenig gewonnen. Damit sei nicht in Abrede gestellt, dass der Urheber eines Textes als *auctoritas* von Bedeutung war (ob das Konzil von Nizäa oder die Synode von Seligenstadt eine Regel beschlossen hatte, machte dann doch einen Unterschied!), aber neben diesen ersten (literaturwissenschaftlichen) Autor traten doch noch zwei weitere, nämlich der Ersteller einer Sammlung, mag er sich auch bescheiden hinter dem Begriff des *compilator* versteckt halten, und der Leser, der interpretierte und dem zuvor durch die Hand von zwei Autoren gefeiltem Text einen weiteren Sinn verlieh. Haben die drei Autoren nebenbei den *compilator* in der Kanonistik zu Grabe getragen?

d) Strukturwandel des Rechtswissens im langen 12. Jahrhundert

Kehren wir am Schluss dieser Studie zu den mittelalterlichen Ordnungen des Wissens zurück und verfolgen noch einmal die innere und die äussere Ordnung des Wissens, die gedachte und die gemachte Ordnung durch die zwei Jahrhunderte.[77] Im Rückblick lässt sich die langsame Annäherung von anfänglich parallel laufenden Ordnungen deutlich erkennen. Burchard von Worms verriet dem Leser nicht, wie sein Vorschlag lautete, um normative Texte zueinander in ein Verhältnis zu setzen, Widersprüche zwischen diesen aufzulösen und eine Harmonie herzustellen. Vielleicht besass er eine Vorstellung einer „implicit jurisprudence", aber doch gerade keine explizit geäusserte – wie das Konzil von Gangra und die übrigen Vorstellungen zum Zölibat nebeneinander bestehen konnten, legte er nicht dar.[78] Auch die Sammlung in 74 Titeln blieb in dieser Hinsicht eher schweigsam und zählt somit –

75. Barthes, Der Tod des Autoren (erstmals 1968) sowie Foucault, Was ist ein Autor? (erstmals 1969).

76. Vgl. Jannidis/Lauer/Martinez/Winko, Rede über den Autor (1999) sowie die weiteren Beiträge dieses Sammelbandes (Rückkehr des Autors, 1999); ferner beispielsweise den Beitrag von Hirsch, In Defense of the Author (1992).

77. Zur inneren und äusseren resp. gedachten und gemachten Ordnung siehe 15f.

78. Siehe 109f.

trotz des ‚reformerischen' Ansatzes – zu den ‚älteren' Sammlungen des ersten Jahrtausends. Vorschläge zur inneren Ordnung des Rechtswissens äusserten hingegen die intellektuellen Protagonisten des Investiturstreits wie Bernold von Konstanz, Humbert von Silva Candida, Petrus Damiani oder Manegold von Lautenbach, die Vorschläge der *artes liberales* in ihren Schriften aufnahmen, in denen sie das Verhältnis von *regnum* und *sacerdotium*, die Einsetzungsbefugnis von Bischöfen und das Für und Wider des zölibatären Lebens diskutierten. Bernold von Konstanz brachte dafür die von Gregor VII. vehement vorgetragenen Anforderungen an das keusche Leben der Priester in Einklang mit den Konzilsbeschlüssen von Gangra. Überhaupt stellte er im Traktat *De fontibus iuris ecclesiastici* Regeln zur Interpretation normativer Texte auf: Im Sinne einer historischen Auslegung schlug er vor, die Entstehungszeit einer Norm zu betrachten, aber auch den Fall zu analysieren, der ihr zugrunde lag, sowie den Adressaten der Regel zu berücksichtigen. Diese Untersuchung ermögliche es dann, den eigentlichen Regelungsgehalt einer Norm zu bestimmen und in Beziehung zu anderen Normen zu setzen, gegebenenfalls von ihr zu dispensieren. Neben Bernold, der in seinem Traktat eine Empfehlung formulierte, wie eine Ordnung des Rechtswissens aussehen könnte, unterbreitete auch Ivo von Chartres einen Vorschlag, indem er verschiedenen Normtypen wie zum Beispiel dispensables und indispensables Recht unterschied; die dispensablen Regelungen sollten im Spannungsfall in der Abwägung zwischen *rigor* und *misericordia* zurücktreten. Andere Autoren des Investiturstreites orientierten sich hingegen eher an einer Autoritätenhierarchie, in der sie die Universalkonzilien an die Spitze stellten, denen päpstliche Dekretalen und Konzilsbeschlüsse sowie patristische Schriften und weitere Autoren nachfolgten. Im Konfliktfall müsse gelten, dass *inferior auctoritas potiori cedere debebit*, wie Deusdedit formulierte; ein Pseudoisidor brachte es schon früher auf die Formel: *illius concilii magis teneatur sententia, cuius antiquior aut potentior exstat auctoritas*.[79]

Diese Ordnungsideen, die zumeist um die Dispens oder um eine Hierarchisierung der Normen kreisten, sind charakteristisch für die Literatur um 1100, die normative Texte auslegte und interpretierte; sie beeinflussten die gemachte Ordnung aber nur sehr zögerlich. Bernold von Konstanz, der Burchards Dekret las, wusste zwar, wie er das Konzil von Gangra zu verorten hatte, legte dies aber in der Sammlung selbst nicht dar. Er und sein Konstanzer Kreis waren mehr an der Herstellung

79. Siehe 224, 323.

von philologisch ‚korrekten' Texten durch Vergleich verschiedener Kanonessammlungen interessiert; die inhaltliche Auswertung dieser Sammlungen erfolgte anderswo, nämlich in den *Libelli de lite*. Dennoch lässt sich eine langsame Aufnahme des neuen methodischen Instrumentariums auch in der gemachten Ordnung der Sammlungen ablesen, und zwar in dem Ausprobieren von neuen hermeneutischen Zugängen zu älteren Texten. So experimentierte der Kompilator der *Panormia*, indem er auf den ersten Blick ganz bescheiden eine thematisch strukturierte Sammlung vorlegte, die er aber – ohne es dem Leser zu verraten – mindestens partiell in einem scholastisch angehauchten *sic et non*-Schema organisierte. Deusdedit griff auf den älteren Strukturvorschlag der historisch-chronologischen Sammlungen zurück, als er seine *collectio canonum* entwarf. Er organisierte Textexzerpte grob thematisch in Büchern, unter dieser Gliederungsebene nach Normtypen und innerhalb der verschiedenen Typen historisch-chronologisch, und setzte dieser Gemengelage noch eine *Capitulatio* voraus, die thesenhafte Deutung und Index in einem war und deren Aussagen er mit Verweisen auf die eigentliche Sammlung belegte.

Bonizo von Sutri wandte sich schliesslich sogar explizit an den Leser, indem er überleitende, paraphrasierende und kommentierende Anmerkungen in seine Sammlung einfügte, womit er das Tarnkleid des Kompilatoren ablegte und sich als Autor zu erkennen gab. Auch Alger von Lüttich kämpfte mit offenem Visier gegen die widersprüchlichen Kanones, als er seine eigenen Interpretations- und Auslegungsvorschläge in seine Sammlung *De misericordia et iustitia* einfliessen liess und dem Leser vorweg offen mitteilte, dass er für die Rubriken verantwortlich zeichne, die dem Informierten beim Finden helfen und den Unverständigen den Zugang erleichtern sollten.[80] Zu Beginn des 12. Jahrhunderts änderten die Sammlungen von Normtexten also allmählich ihr Erscheinungsbild und entfernten sich vom Charakter reiner Materialsammlungen. Der kompilierende Autor mischte sich ein und unterbreitete dem Leser explizit Vorschläge zum Verständnis der Normen. Ein solcher Wandel in der Präsentation des Wissens erfolgte aber zögerlich: Deusdedits Sammlung ist nur in einem Manuskript überliefert, Algers *De misericordia et iustitia* in drei Handschriften

80. Kretzschmar, Alger von Lüttich, Prolog, 189 Zeile 9–13: *Suis ergo quaslibet sententias adnotare curavi, ut et studiosis promptiores essent ad inveniendum et tardis sereniores ad intelligendum; inter quas etiam quasdam quasi ex abundanti admiscui, que et hic quasi a latere subservirent et suis in locis plena fronte suam vicem defenderent.* Eine englische Übersetzung des Vorworts findet sich bei Somerville/Brasington, Prefaces, 165–169.

und einem Auszug, Bonizos *Liber de vita christiana* in vier Handschriften und einem Fragment.[81] Die vielfach benutzten Sammlungen blieben weiterhin Burchards Dekret und die *Panormia*, so dass die althergebrachte Form von Norm- oder Materialsammlungen weiterhin präsent blieb, vielleicht sogar dominierte. Die Beobachtung, dass viele Manuskripte der vorgratianischen Sammlungen auch im 12. Jahrhundert von Glossen, Notabilien und anderen Anmerkungen frei blieben, unterstreicht diese Vermutung. Selbstverständlich sind Manuskripte überliefert, die vergleichsweise stark glossiert sind (wie Burchards Dekret, das der Konstanzer Kreis las), jedoch handelt es sich hierbei um Ausnahmen. Und wenn Glossen notiert wurden, dann waren dies vor allem paraphrasierende Glossen, also Notabilien, oder Texte mit einer den Haupttext unterstreichenden oder ergänzenden Aussage. Der Wunsch, Gegensätze aufzubauen oder *in margine* zu lösen, ist noch selten zu beobachten; allein eine Glosse Bernolds in der *Dionysio-Hadriana* zeugt von dem Bemühen, Gangra und die übrigen Zölibatsvorschriften in Harmonie zu bringen. In diesen wenigen Momenten – in Bernolds *Dionysio-Hadriana*, angedeutet in der *Panormia*, breiter ausgeführt bei Bonizo von Sutri und Alger von Lüttich – berührten sich die gedachte und die gemachte Ordnung.

Gratian 1 vereinigte beide Ordnungen in exemplarischer Weise: In seinen *dicta* legte er offen, wie er Autoritäten verstand, deren Texte interpretierte und Widersprüche auflöste. Er analysierte kommentierend. Dahingegen fügte Gratian 2 Normtexte eher assoziativ ein, wodurch auch die analysierenden *dicta* als Interpretationswerkzeug in den Hintergrund traten. Dies gab dem Dekret in seiner zweiten Fassung wieder den Charakter einer Kanonessammlung mit gespeichertem Wissen. Dieses Amalgam von Kanones und *dicta* vermochten jedoch auch die Dekretisten nicht mehr zu lösen, vielmehr wurden die Aussagen Gratians selbst zur Autorität, die kommentiert, glossiert und ausgelegt werden durfte. Zum Ende des 12. Jahrhunderts rückten die Kanonisten jedoch von dieser engen Verbindung von Texten und Kommentaren ab: Die Sammlungen der päpstlichen Dekretalen nahmen den älteren Ordnungsvorschlag wieder auf, Exzerpte aus längeren Texten in thematischer Ordnung aneinanderzureihen. *Iudex–iudicium–clerus–connubium–crimen* lautete der Vorschlag Bernards von Pavia, der sich

81. Zu Deusdedit: 94f.; zu Alger: Kretzschmar, Alger von Lüttich, 157–168; zu Bonizo von Sutri: Perels, Bonizo von Sutri, Liber de vita christiana, xlv–lxix und Kéry, Clavis Canonum, 234.

als Fünf-Bücher-Schema langfristig durchsetzte und von den Päpsten autoritativ verkündet wurde. Vielleicht schon mit der *Compilatio Prima*, spätestens jedoch mit dem *Liber Extra* war anderen Ordnungsvorschlägen eine Absage erteilt und das Schema kanonisiert, in dem Rechtswissen zu organisieren war.[82] Ist die Kanonistik damit wieder zu ihren Anfängen, zu den thematischen Sammlungen zurückgekehrt?[83] Auf den ersten Blick scheint es so, denn wie Burchard sammelten auch die Dekretalisten nur Texte, ohne sie in den Sammlungen selbst zu kommentieren.[84] Es lässt sich also eine Tradition des kommentarlosen Sammelns normativer Texte ausmachen, die vor Gratian 1 begann und die Gratian 2 fortsetzte und die in der Dekretalistik zu neuer Blüte geführt wurde. Unter dieser Perspektive betrachtet ist Gratian 1 in der Verbindung von normativem Material und Kommentar eine Ausnahme, die – abgesehen von Bonizo und Alger – vorbildlos war und auch keine Nachahmer gefunden hat. Gratian 1 ist der Brennpunkt, in dem verschiedene zuvor ausprobierte Strategien im Umgang mit normativen Texten zusammenlaufen: Er führte zusammen, er probierte aus und war der Funken, der die Dekretistik und Dekretalistik zum Leuchten brachte, doch zugleich stellte sein Ordnungsvorschlag kein zukunftsfähiges Modell der Wissenspräsentation dar.[85] Sein Vorschlag, Recht mit fiktiven Rechtsfällen zu vermitteln, hat sich als Präsentationsform für normative Texte nicht durchgesetzt: Zu schwierig war es, das Gesuchte zu finden (auch wenn im Genre der *Questiones* die Diskussion von Rechtsfragen als didaktisches Konzept fortlebte). Vor allem aber erschwerte das Amalgam von gedachter und gemachter Ordnung langfristig die kontroverse Diskussion von Texten, denn wenn der gratianische Interpretationsvorschlag selbst zur Autorität wurde, wurde die interpretationsleitende Rubrik und das interpretierende *dictum* zum Hemmnis, das eine alternative Auslegung von Texten behinderte.

82. Hierzu Thier, Päpstliche Register (2002), der u.a. nach den kodifikatorischen Elementen fragt und die *Compilationes* im Spannungsverhältnis von Rechtssetzung und Rechtswissenschaft verortet.

83. Auch Winroth, Making of Gratian's Decretum, 190–192 diskutiert die Frage, wie Gratian 2 einzuordnen sei, aber er betont weniger die Kontinuitäten von Burchard von Worms zu Bernard von Pavia und darüber hinaus, als vielmehr die Gemeinsamkeiten von Gratian 2 und Bernard, ohne dass die Abgrenzung gegenüber den älteren Kanonessammlungen deutlich würde.

84. Sieht man von den Rubriken und dem Kommentar durch Exzerpierung und Anordnung ab.

85. Anders wohl McCarthy, Genius of Concord, 109: „But those who would measure the proportions of his creative capacity must first realize that the form of the *Decree* is a model for the future, rough-hewn out of the heritage of the past."

Auch wenn die äussere Form der Speicher kirchlichen Rechtswissens bis 1234 an die Sammlung Burchards erinnert, so sind doch zentrale Unterschiede zu verzeichnen. Nicht nur, dass die Dekretisten Normen in den Glossen so verknüpften und verbanden, dass das komplexe Rechtswissen der thematischen Sammlungen zum relationalen weitergeführt wurde, sondern auch der Umgang mit den Texten wandelte sich, der sich als Weg vom redigierenden Kompilator zum interpretierenden Leser beschreiben lässt. Burchard und der Kompilator der Sammlung in 74 Titeln griffen in die Texte ein und formten sie nach ihrem Willen; der Kompilator der *Panormia* wie auch später die beiden Gratiane behielten den Wortlaut des *fons formalis* weitgehend bei und unterbreiteten dem Leser Interpretationsvorschläge oder überliessen es dem Leser gänzlich, zu interpretieren. Diesen Interpretationsvorschlägen unter Bewahrung der Textgestalt gehörte die Zukunft: Auch die Dekretisten und Dekretalisten arbeiteten in dieser Weise, selbst wenn sie die Interpretation aus dem Haupttext zogen und auf den Rand des Pergamentblattes verlagerten. Die Sorge für die Textintegrität führte zu dieser Form des Arbeitens – oder ermöglichte vielleicht die neue Form des Arbeitens die Integrität tradierter Texte?

Mit der Kanonisierung der Ordnung von Kanonessammlungen in der *Compilatio Tertia* und mit der Sorge um die Integrität von Texten verlor das Rechtswissen aber das Moment der Offenheit und Formbarkeit, welche es über fast ein Jahrtausend ausgezeichnet hatte. Burchard interpolierte die ‚Bischöfe' in überkommene Texte und der Kompilator der Sammlung in 74 Titeln fügte Auszüge aus pseudoisidorischen Dekretalen zu Rechtssätzen neu zusammen; jeder, der mit kirchenrechtlichen Texten arbeitete, war frei, diese nach seinem eigenen Wissen zusammenzustellen oder hergebrachte Sammlungen zu überarbeiten und weiterzudenken. Kompilatoren durften Titel erfinden, Rubriken formulieren und interpretierende *Capitulationes* voranstellen, Texte in neuem Kontext lesen und für das eigene Wissen fruchtbar machen. Kurz: Es gab eine Zeit der redigierenden Offenheit und der experimentellen Gestaltung des Rechtswissens. Dieses wich um 1200 der Ordnung im Rahmen von fünf Büchern und den Genres von Glossen und Summen, in denen Texte nur noch als Argument in einer grösseren Einheit dienten. Die Kanonisierung der Form und die sich ausformende Struktur der universitären Wissensvermittlung hatten ihren Preis, denn diese autoritativ abgesicherte Bildung des Wissens kostete dem Rechtswissen seine Pluralität. – Der Strukturwandel des Rechtswissens war spätestens 1234 vollendet.

Die hergebrachte Vorstellung von Gratian als Wasserscheide der historischen Kanonistik, von Gratian als „father of the science of canon law" (Stephan Kuttner)[86], verstellt den Blick auf diese längeren Traditionen; sie blendet die Vorschläge zur Interpretation normativer Texte in den *Libelli de Lite*, die methodischen Reflexionen Bernolds von Konstanz und dessen zaghaftes Glossieren von Burchards Dekret und der *Dionysio-Hadriana* aus; sie übersieht die Verbindung des methodischen Instrumentariums mit den Sammlungen normativer Texte durch Alger von Lüttich und später durch Gratian 1 und ihr entgeht die Einbeziehung Burchards und Gratians als gleichberechtigte Argumente in dem dekretistischen Diskurs und das Fortleben der älteren Kanonessammlungen bis in das 13. Jahrhundert. Liegt die Betonung aber auf diesen Kontinuitäten wie Verschiebungen, so erscheint das 12. Jahrhundert in einem anderen Licht, nämlich als ein langes, aber einheitliches Jahrhundert, das von den Streitschriften bis zur *Glossa ordinaria* reichte und das der *Liber Extra* schliesslich abschloss.[87] Dieses lange 12. Jahrhundert erscheint als ein Jahrhundert des hermeneutischen Experimentierens mit normativen Texten: Neue Interpretationsmöglichkeiten werden ausprobiert, verworfen und appliziert; Traktate, *dicta* und Glossen, Allegationen, Notabilia und Questiones vermitteln Rechtswissen – und in dieser langen Reihe des Experimentierens steht auch Gratian, der etwas Ungeheuerliches schafft, das doch zugleich nur Vorschlag ist, der später wieder verworfen wird. Die Ordnungen des Rechtswissens sind im Wandel.

86. Vgl. hierzu 329, 412.

87. Zur ,Renaissance des 12. Jahrhunderts vgl. Haskins, Renaissance of the Twelfth Century (erstmals 1927) sowie später Kuttner, Revival of Jurisprudence (1982) sowie aus neuerer Sicht hinterfragend Winroth, Legal Revolution of the Twelfth Century (2012).

ANHANG

ABKÜRZUNGSVERZEICHNIS

3L	Collectio 3 Librorum / Sammlung in 3 Büchern, ed. Motta (Lit.)
4L	Collectio 4 Librorum / Sammlung in vier Büchern (ungedruckt)
74T	Collectio 74 Titulorum / Sammlung in 74 Titeln, ed. Gilchrist (Lit.)
add.	addidit
AKKR	Archiv für katholisches Kirchenrecht
App.	Appendix
BBKL	Biographisch-Bibliographisches Kirchenlexikon (Lit.)
BMCL	Bulletin of Medieval Canon Law
C.	Causa
CAD	Collectio Anselmo Dedicata (ungedruckt)
C.A.L.M.A.	Compendium Auctorum Latinorum Medii Aevi
CCEO	Codex Canonum Ecclesiarum Orientalium (Lit.)
CCSL	Corpus Christianorum, Series Latina
cf.	confer
CIC/1917	Codex Iuris Canonici in der Fassung von 1917 (Lit.)
CIC/1983	Codex Iuris Canonici in der Fassung von 1983 (Lit.)
CICO Fontes	Pontificia Commissio ad redigendum Codicem Iuris Canonici Orientalis, Fontes (Lit.)
COD	Conciliorum Oecumenicorum Decreta (Lit. Alberigo)
COGD	Conciliorum Oecumenicorum Generaliumque Decreta (Lit. García y García)
corr.	corrigit
Coustant	Coustant, Epistolae Romanorum Pontificum (Lit.)
CSEL	Corpus Scriptorum Ecclesiasticorum Latinorum
DA	Deutsches Archiv für Erforschung des Mittelalters
DB	Decretum Burchardi (ungedruckt; Lit. Fransen/Kölzer)
DDC	Dictionnaire de droit canonique (Lit.)
DH	Denzinger/Hünermann, Enchiridion (Lit.)
Di.	Distinctio
DU	Collectio Canonum Deusdedits, ed. von Glanvell (Lit.)

DV	Collectio Canonum Deusdedits (Nummerierung von von Glanvell)
ebd.	ebenda
EDG	Enzyklopädie deutscher Geschichte
exp.	expungit
f.	folgende Seite
fol.	folium
FSGA	Freiherr-vom-Stein-Gedächtnisausgabe
grds.	grundsätzlich
Hg.	Herausgeber
HRG	Handwörterbuch zur Deutschen Rechtsgeschichte (Lit.) (1. Aufl., wenn nicht anders angegeben)
HZ	Historische Zeitschrift
in marg.	in margine
IPS	Interpretatio Pauli Sententiarum (Lit. Kaser/Schwarz)
ID	Dekret Ivos von Chartres, ed. Brett (Lit.)
insbes.	insbesondere
interl.	interlinear
IP	Panormia, ed. Brett/Brasington (Lit.)
IT	Collectio Tripartita
i.V.m.	in Verbindung mit
JE	Jaffé-Ewald (Lit. Jaffé)
JK	Jaffé-Kaltenbrunner (Lit. Jaffé)
JL	Jaffé-Loewenfeld (Lit. Jaffé)
J^3	Jaffé (3. Aufl.) (Lit. Jaffé)
Lex Romana Visigothorum	Haenel, Lex Romana Visigothorum (Lit.)
LexMA	Lexikon des Mittelalters (Lit.)
LO	Collectio Britannica (ungedruckt)
LThK	Lexikon für Theologie und Kirche (Lit.) (3. Aufl., wenn nicht anders angegeben)
Mansi	Mansi, Sacrorum conciliorum nova et amplissima collectio (Lit.)
masch.-schriftl.	maschinenschriftlich
MGH	Monumenta Germaniae Historica
AA	Auctores antiquissimi
Capit. episc.	Capitula episcoporum
Conc.	Concilia
Const.	Constitutiones et acta publica imperatorum et regum
Epp.	Epistolae
Epp. sel.	Epistolae selectae in usum scholarum separatim editae

Fontes iuris	Fontes iuris Germanici antiqui in usum scholarum separatim editi
LdL	Libelli de lite imperatorum et pontificum
LL	Leges
LL nat. Germ.	Leges nationum Germanicarum
SS rer. Merov.	Scriptores rerum Merovingicarum
MIC	Monumenta Iuris Canonici
A	Corpus Glossatorum
B	Corpus Collectionum
C	Subsidia
ND	Nachdruck
NF	Neue Folge
mwN	mit weiteren Nachweisen
NDB	Neue Deutsche Bibliographie (Lit.)
om.	omisit
PL	Patrologia Latina, ed. Migne (Lit.)
PS	Pauli Sententiae
q.	questio
r	recto
RDC	Revue de droit canonique
RGA	Reallexikon der germanischen Altertumskunde (Lit.)
RGG	Religion in Geschichte und Gegenwart (Lit.)
Rn.	Randnote
RP	Regino von Prüm, ed. Wasserschleben (Lit., auch Lit. Hartmann)
SG	Studia Gratiana
Sp.	Spalte
SGreg	Studi Gregoriani
TA	Collectio Tarraconensis, 2. Version (ungedruckt)
Thaner	Thaner, Anselm II., Collectio Canonum (Lit.)
TRE	Theologische Realenzyklopädie (Lit.)
TRG	Tijdschrift voor Rechtsgeschiedenis / Revue d'histoire du droit
v	verso
VuF	Vorträge und Forschungen
WdF	Wege der Forschung
ZRG	Zeitschrift der Savigny-Stiftung für Rechtsgeschichte
GA	Germanistische Abteilung
KA	Kanonistische Abteilung
RA	Romanistische Abteilung

Siglen von Kanonessammlungen richten sich im Übrigen nach: Linda Fowler-Magerl, Clavis Canonum. Selected Canon Law Collections before 1140. Access with data processing, Hannover 2005 (MGH Hilfsmittel 21).

Die Internetlinks wurden – soweit nicht anders angegeben – am 2. März 2018 letztmalig überprüft.

„Lit." weist darauf hin, dass das Werk im Quellen- und Literaturverzeichnis nachgewiesen ist.

HANDSCHRIFTENSTUDIEN

1. Siglenverzeichnis

Siglen von Handschriften sind auch jeweils bei den edierten Texten nachgewiesen.

Aa	Admont, Stiftsbibliothek, 23 und 43
B	Bamberg, Staatsbibliothek, can. 5
Bc	Barcelona, Arxiu de la Corona d'Aragó, Santa Maria de Ripoll, 78
Bi	Biberach, Spitalarchiv, B.3515
E	Engelberg, Stiftsbibliothek, 52
F	Frankfurt am Main, Universitätsbibliothek Johann Christian Senckenberg, Barth. 50
Fd	Florenz, Biblioteca Nazionale Centrale, Conventi Soppressi A 1.402
Hk	Heiligenkreuz, Stiftsbibliothek, 44
M	München, Bayerische Staatsbibliothek, Clm 4570
Ma	Madrid, Biblioteca Nacional, 391 (C 7)
Mc	München, Bayerische Staatsbibliothek, Clm 4505
Me	München, Bayerische Staatsbibliothek, Clm 13004
Mo	Monza, Biblioteca Capitolare, h-5/154 (T.IV.214)
P	Paris, Bibliothèque Nationale, n.a.l. 1761
S	Stuttgart, Württembergische Landesbibliothek, HB.VI.107
Sb	Salzburg, Erzabtei St. Peter, a.XI.9
T	Troyes, Médiathèque de l'Agglomération troyenne, Ms 1386
Va	Vaticano, Città del, Biblioteca Apostolica Vaticana, vat. pal. lat. 580
Vb	Vaticano, Città del, Biblioteca Apostolica Vaticana, vat. pal. lat. 581
Vc	Vaticano, Città del, Biblioteca Apostolica Vaticana, vat. pal. lat. 585
Vd	Vaticano, Città del, Biblioteca Apostolica Vaticana, vat. lat. 3609
Vl	Vaticano, Città del, Biblioteca Apostolica Vaticana, vat. lat. 4160

Bei der Transkription wurden

e/ae	im Lateinischen	vereinheitlicht zu *e*
u/v	im Lateinischen	vereinheitlich zu *v*

2. Appendix zur *Collectio 74 Titulorum* im Manuskript Florenz, Biblioteca Medicea Laurenziana, Pluteus 16 cod. 15

Im Folgenden ist der Appendix des Manuskripts Florenz, Biblioteca Medicea Laurenziana, Pluteus 16 cod. 15 erschlossen, der sich auf fol. 98r-103v befindet. Es sind nur die Kanones aufgeführt, die auch von der *Capitulatio* (fol. 55v-56r) umfasst sind. Zwar folgen auf fol. 103v-110v weitere Exzerpte, u.a. aus Texten von Hieronymus, Ambrosius, Leo IX., Gregor I. und Gregor VII., doch sind diese Kanones nicht in der *Capitulatio* aufgeführt.[1] Diese gehörten also aus Schreibersicht nicht zur Sammlung und sind dementsprechend hier nicht aufgeführt.

Die folgende Tabelle enthält nur einen kurzen Hinweis auf den jeweiligen Kanon mit Nachweis des *fons materialis* (soweit ermittelbar); die unmittelbare Quelle des Kompilators des Appendix (*fons formalis*) ist nicht ausgewiesen. Im Folgenden sind auch keine Änderungen im Wortlaut nachgewiesen; gerade die Konzilsbeschlüsse von 1078 weichen in den Formulierungen nicht unerheblich von der MGH-Edition ab. An einigen Stellen stimmen die Rubriken, die in der *Capitulatio* aufgeführt sind, nicht mit den eigentlichen Rubriken der Kanones überein.

Das Manuskript stammt aus dem 11./12. Jahrhundert; die Herkunft liess sich nicht ermitteln.[2]

fol.	**Nummerierung**[3]	**Inscriptio / Rubrik // Incipit – Explicit**	**Fons materialis**	**Thema**
98r	315	Ende der Sammlung in 74 Titeln (c. 315)		
98r	316	*Ex decreto Gelasii generali / Ut diaconi mensuram propriam iusta patrum decreta custodiant // Diacones quoque propria – christianis plerumque conceditur.*	Gelasius, ep. 494, c. 7, 8 (Thiel, Epistolae, 366; JK 636; J^3 1270; D. 93 c. 13)	Stellung Diakone

1. Gilchrist, Diuersorum Patrum Sententie, xxxv.
2. Siehe Gilchrist, Diuersorum Patrum Sententie, xxxivf.
3. Eine Nummerierung findet sich nur in der *Capitulatio*, die sich auf fol. 55v-56r befindet; bei den Kanones ist eine solche auf dem Mikrofilm nicht erkennbar.

fol.	Nummerierung	Inscriptio / Rubrik // Incipit – Explicit	Fons materialis	Thema
98r/v	317	*Ex concilio Niceno, cap. XVIII / Quod diaconibus nec offerre nec presbiteris corpus tradere nec ante eos communicare nec sedere sit licitum // Pervenit ad magnum – cessit esse diaconus.*	Konzil von Nizäa 325, c. 18 (COD, 15; D. 93 c.14)	Stellung Diakone
98v	318	*Ex decreto Gelasii generali cap. VIII / De his que omnino prohibentur presbiteris // De his qui – emendare vel corrigere.*	nachgebildet Gelasius, Decretum Generale, c.8 (Thiel, Epistolae, 66; Hinschius, 651 r. Sp.)	Über die Dinge, die Priestern verboten sind
98v	319	*De presbiteris ut nichil super episcopos presumant // Nec minus etiam – faciente dissimulaverit vindicare.*	Gelasius, Decretum Generale, c. 8 (Thiel, Epistolae, 365f.; Hinschius, 651 r. Sp.)	Hierarchie, Gehorsam
98v / 99r	320	*De suscipiendis his qui persecutionem patiuntur // Osius episcopus dixit – orbe diffusa custodiet.*	Konzil von Sardica, c. 21 (Hess, Serdica, 224)	vertriebene Priester sind freundlich zu empfangen
99r	321	*De investitura ecclesiarum a laicis non accipienda // Quoniam investituras ecclesiarum – satisfactione excommunicationi subiacere.*	Gregor VII., Herbstsynode 1078, c. 3 (MGH Reg. Gregor VII.2, ed. Caspar, Nr. VI, 5b (403))	keine Laien-investitur

fol.	Nummerierung	Inscriptio / Rubrik // Incipit – Explicit	Fons materialis	Thema
99r	322	*De ordinatio nationibus [Original: ordinationibus] precio precibus aut obsequio non faciendis // Ordinationes que interveniente – sunt et latrones.*	Gregor VII., Herbstsynode 1078, c. 5	Simonie (Weihen sollen ohne Geld erfolgen)
99r/v	323	*In decretis Gregorii / De his qui … [?]* [4] *// Si quis predia – cui deliquid satisfaciat.*	Gregor VII., Herbstsynode 1078, c. 2 (umformuliert)	Schutz von Klöstern (ursprünglich für Monte Cassino)
99v	324	*Quod episcopi debeant augere numerum ordinatorum si de ordinando episcopo fuerit contradictum // Sed illud est – est satis placet.*	Konzil von Karthago III, 397, c. 40 (Munier, Concilia Africae, 336f.)	Bischofsweihe
99v	325	*De falsis penitentibus // Falsas penitentias dicimus – illustret at penitentiam.*	Gregor VII., Herbstsynode 1078, c. 6	Busse
99v / 100r	326	*De abstinentia sabbati // Quia dies sabbati – infirmitate impediente abstineat.*	Gregor VII., Herbstsynode 1078, c. 8	Feiertage
100r	327	*De decimis a laicis non accipiendis // Decimas quas in – dampnationis periculum incurrere.*	Gregor VII., Herbstsynode 1078, c. 7	Zehnt
100r	328	*Quod decime in potestate debeant esse episcoporum // Ut nullus abbas – apostolica sanctione firmamus.*	Gregor VII., Herbstsynode 1078, c. 9	Zehnt

4. Die Rubrik fehlt auf fol. 99r, in der *Capitulatio* ist sie unleserlich.

fol.	Nummerierung	Inscriptio / Rubrik // Incipit – Explicit	Fons materialis	Thema
100r	329	*Ut nullus presbiter ecclesiam per precium obtineat // Quicumque presbiter per – vindicaverit omnino deponatur.*	wohl Mainzer Konzil 847 Oktober, c. 12 (MGH Conc. 3, 168)	Simonie (Einsetzung von Priestern mittels Geld)
100r/v	330	*Gregorius Iohanni ravennani episcopo / Ut nullus clericus audeat legem facere et sacramentum iurare coram laica potestate absque presentia [vel iussione[5]] episcopi sui // Nullus sacerdos vel – sequentibus annis peniteat.*	unidentifiziert	Kleriker darf ohne Bischof keine Gesetze geben und keinen Eid schwören
100v	331	*Gregorius Iohanni ravennato episcopo / De his qui matrimonio iuncti sunt et nubere non possunt // Quod autem interrogasti – aliam acceperit separentur.*	angeblich Gregor an Bischof Johannes, aber angelehnt Poenitential des Hrabanus Maurus, c. 29 (PL 110, Sp. 491; vgl. C. 33 q. 1 c. 1)	Eheannullation bei geschlechtlichem Unvermögen
100v	332	*De clericis sepulchrorum fractoribus // Si quis clericus – penitentie triennio deputari.*	wohl Konzil von Toledo IV, 633, c. 46	Zerstörung von Gräbern durch Priester

5. In der *Capitulatio* heisst es: *presentia: vel iussione.*

fol.	Nummerierung	Inscriptio / Rubrik // Incipit – Explicit	Fons materialis	Thema
100v	333	*De clericis apostatantibus // Clericis tonsura dimissa – poenitentia dimittere compellatur.*	Konzil von Tribur, 895, Versio Catal. c. 19 (vgl. Burchard c. 8.97)	sich verheiratende Mönche
100v/ 101r	334	*Ut rei ecclesie permaneant in episcopi potestate*	unidentifiziert	bischöfliche Verfügungsgewalt über Güter
101r	335	*Ex concilio remensi / Ut nullus clericus alicui laico super evangelia iuret // Ut nullus de – personam expurgetur.*	vgl. Capitulare Aquisgranense, 801 (MGH LL 1, 88, teilw. c. 19) sowie Ghaerbald, 1 Kapitular, c. 19 (MGH Capit. Episc. 1, 21)	Schwur von Geistlichen
101r	336	*Iustinianus augustus Iohanni prefecto in primo libro codicis / De eadem re // Dignus est ut – in presentia episcopi.*	Vgl. Kaiser Heinrich III., De iuramentis clericorum, 1047 April 3, MGH Const. 1, ed. Weiland, Nr. 50, 96f.	Schwur von Geistlichen
101r	337	*Non liceat clericus ante laicum iudicem stare et quidem iudicari debeat in presentia episcopi sui // Non liceat sacerdoti – sciat anathemate condempnandum.*	unidentifiziert	Privilegium fori des Klerus

fol.	Nummerierung	Inscriptio / Rubrik // Incipit – Explicit	Fons materialis	Thema
	338	*Clericus sine presentia episcopi sui et quod de nullo crimine accusari possit iuste sine vii legalibus ac idoneis testibus*[6]		
101v	339	*De periurio sponte perpetrato // Si quis periurium – pane et aqua.*	Poenitentiale Pseudo-Bedae, c. 49 (Wasserschleben, Bussordnungen, 280)	Meineid
101v	340	*De periurio non sponte perpetrato // Si quis coactus – iudicio sacedotis communicet.*	Poenitentiale Pseudo-Bedae, c. 49 (Wasserschleben, Bussordnungen, 280)	Meineid
101v	341	*De falso testimonio // Si quis falsum – in pane et aqua.*	Poenitentiale Pseudo-Bedae, c. 49 (Wasserschleben, Bussordnungen, 280)	falsches Zeugnis

6. Die Rubrik findet sich nur in der *Capitulatio* auf fol. 56r, zu ihr findet sich kein passender Kanon. Gehört die Rubrik möglicherweise zum inhaltlich passenden c. 337?

fol.	Nummerierung	Inscriptio / Rubrik // Incipit – Explicit	Fons materialis	Thema
101v / 102r	342	*De his qui consentiunt falso testimonio // Qui consenserit ad – ii annos peniteat.*	Poenitentiale Pseudo-Bedae, c. 49 (Wasserschleben, Bussordnungen, 280)	Meineid
102r	343	*De falso testimonio [De eadem re*[7] *] // Si quis falsum – iudicio iudice sacerdote.*	Poenitential (vgl. Wasserschleben, Beiträge, 154)	falsches Zeugnis
102r	344	*Augustinus angelicus episcopus / De furantibus in ecclesia [Interrogatio Augustini angelici episcopi de his qui in ecclesia furantur*[8] *] // Obsecro quid pati – aliquid furto abstulerit.*	Pseudoisidor, Interrogatio Augustini (Hinschius, 738 r. Sp.)	Kirchendiebstahl
102r	345	*Responsio beati Gregorii papae [De eadem re*[9] *] // Hoc tua fraternitas – rebus videtur amittere.*	Pseudoisidor, Responsio Gregorii (Hinschius, 738 r. Sp.)	Kirchendiebstahl
102r/v	346	*Iohannis episcopo Anselmo lemonecine ecclesie / De homine qui pro necessitate mortis filium suum baptizavit / Ad limina beatorum – aliquatenus separari debere.*	Iohannes VIII. an Anselm, 879 (JL 3258; PL 126, Sp. 639; vgl. C. 30, q. 1, c. 7)	Nottaufe

7. *De falso testimonio* auf fol. 102; *De eadem re* in der *Capitulatio.*
8. *Augustinus angelicus – in ecclesia* auf fol. 102r; *Interrogatio Augustini – furantur* in der *Capitulatio.*
9. Der Kanon auf fol. 102r ohne Rubrik; *De eadem re* nur in der *Capitulatio.*

fol.	Nummerierung	Inscriptio / Rubrik // Incipit – Explicit	Fons materialis	Thema
102v – 103v	347	*De his qui proprios filios a fonte baptismatis aliquo negligentie modo suscipiunt / Deusdedit sancte romane et apostolice ecclesie episcopus Gordiano [?] hispaniensis ecclesie coepiscopo et fratri dilecto // Pervenit ad nos – et viri uxores.*	Deusdedit an den spanischen Bischof Gordianus, 615–618 (JE † 2003; PL 80, Sp. 361f.; vgl. C. 30 q. 1 c. 1)	Eherecht

3. Glossen zur *Collectio 74 Titulorum*

Folgende Manuskripte enthalten keine Glossen[10]: Berlin, Staatsbibliothek Preussischer Kulturbesitz, theol. lat. fol. 281;[11] Brüssel, Bibliothèque Royale, Ms 9706-25;[12] El Escorial, Real Biblioteca de San Lorenzo, L.III.19; Florenz, Biblioteca Laurenziana, Conventi soppr. 91; Florenz, Biblioteca Laurenziana, Pluteus 16 cod. 15; Florenz, Biblioteca Nazionale Centrale, Conv. soppr. B.III.1122;[13] Monte Cassino, Archivio della Badia, Ms 522;[14] München, Bayerische Staatsbibliothek, Clm 9515;[15] Namur, Musée Archéologique, Ms 5; Vaticano, Città del, Biblioteca Apostolica Vaticana, vat. lat. 1799;[16] Wien, Österreichische Nationalbibliothek, lat. 2206.[17]

10. Die Angaben richten sich nach Gilchrist, Diuersorum Patrum sententie, xxxii–lx und wurden, sofern nicht anders angegeben, am Original bzw. Film überprüft.

11. Auf dem Film waren – bis auf einige Verbesserungen – keine Marginalien zu erkennen.

12. Gilchrist, Diuersorum Patrum Sententie, xli–xliii vermerkt keine Marginalien. Die Handschrift lag nicht als Film vor.

13. Das Manuskript ist eine Zusammenstellung von Exzerpten aus der Sammlung in 74 Titeln; Glossen sind nicht ersichtlich. Die von Gilchrist nicht berücksichtigte Handschrift stammt aus St. Hubert en Ardennes, 12. Jh. Zur Handschrift Stratmann, Hinkmar von Reims, Collectio de ecclesiis et capellis, 33f. sowie Fransen, Autour de la collection en 74 Titres (1975) mit einer Beschreibung von Inhalt und Kanonesauswahl.

14. Ein Film dieses Manuskripts stand nicht zur Verfügung.

15. Auf dem Film waren keinerlei Glossen zu entdecken; die Handschrift selbst ist von Gilchrist nicht systematisch einbezogen worden.

16. Die Handschrift enthält fast durchgehend (neuzeitliche) Marginalverweise auf Gratian; auf fol. 22r ad c. 124 steht *penitens publice* (dub).

17. Die Handschrift enthält nach den Angaben von Gilchrist, Diuersorum Patrum

Die nachfolgend aufgelisteten Glossen finden sich in den verschiedenen Manuskripten der Sammlung in 74 Titeln.

Admont, Stiftsbibliothek, 257

fol. 75r ad c. 78	*Symmachus papa Cesario episcopo / Oves suum pa[sto]rem accusare non possunt nisi [pro] heresi aut pro iniu[sti]cia*[18]	verstümmelt durch Blattbeschnitt
fol. 79r ad c. 177	*Symmachus papa generali presidens synodo dixit. Si quis superstite papa pro romano pontificatu cuique quolibet modo favorem prestare convincitur loci sui honore privetur*[19]	

Engelberg, Stiftsbibliothek, 52

fol. 17ra post c. 81	*Simmachus papa cesario episcopo / Oves suum pastorem accusare non possunt nisi pro heresi aut pro iniusticia*[20]	in den Haupttext integriert
fol. 24rb ad c. 137	*Hoc decretum a leone papa etiam esse promulgatum ad episcopos mauritanie*	
fol. 27va ad c. 172	*Nam legitur quod beatus augustinus nec cum sorore habitare senserint [sic]*	

Sententie, xl einen Kanon nachgetragen auf fol. 12v-13r; dieser stammt aus dem Konzil von Karthago 401, c. 13 (vgl. D. 58 c. 2). Im übrigen sind einige Nota-Zeichen eingetragen, nämlich: fol. 2rb ad c. 8; fol. 6rb ad. c. 121; fol. 7vb ad c. 149; fol. 13rb ad c. 314.

18. Siehe die sog. 5. Synode unter Papst Symmachus (www.pseudoisidor.mgh.de/html/275.htm, Hinschius, 676 Zeile 9f.).

19. Vgl. 74T c. 174.

20. Siehe die sog. 5. Synode unter Papst Symmachus (www.pseudoisidor.mgh.de/html/275.htm, Hinschius, 676 Zeile 9f.).

El Escorial, Real Biblioteca de San Lorenzo, Z.III.19

fol. 57v ad c. 217 (c. 218 ?)	*[C]hrismatis [...]sectio [?] et puel[l]arum consecratio [...] presbiteris non fiat. [...] reconciliare [...]uen quam [...]publica [...]assa presbitero non [...]cere hoc [...]bus placet.*	Glosse durch Beschnitt verstümmelt
fol. 57v ad c. 218 (c. 219?)	*infantem in periculo [...]tum proxima ne [...]te cum vase [?] aut [...]anibus aquam in [...] trinitatis perfun [?] baptizaverit sit [?] [...] manebit.*	Glosse durch Beschnitt verstümmelt
fol. 57v ad c. 219 (c. 220?)	*[Siric]ius papa Qui in vino [proxima ne]cessitate baptizat [ut aeger] non periclitetur nulla pro tali [re nulla] culpa [adscribitur?]. Si vero ille [in sancta] trinitate baptizatus [est in eo] baptismo perman[eat]. [...] qui in qualicumque [...] est [?].*[21]	Glosse durch Beschnitt verstümmelt
fol. 69v unterhalb c. 273 (Eherecht)	*In decretis Leonis papae. Qui infra septem generationes in matrimonio sunt inventi si nescienter fecerunt et iam multa annorum curricula sunt revoluta ita ut filios habent aut in sexta qui inventi sunt aut [fortasse in quinto, huiusmodi non separentur...] hoc autem dico secundum indul[gentiam...]*[22]	

München, Bayerische Staatsbibliothek, Clm 22289

fol. 191v ad c. 6 (irrtümlicherweise, eigentlich ad c. 7)	*Episcopum per apostolicam vocationem romam profectum absque apostolicis litteris reverti non debere*
fol. 197r ad c. 227	*Ex decretis Pii papae k[apitulo] iii^{o} lex imperatorum non est supra legem dei sed subtus*[23]

21. Zu diesem Kanon mit weiteren Hinweisen Ubl, Bonifatius, 443.
22. Vgl. C. 35 q. 7 c. 1.
23. Vgl. Ivo, Decretum, c. 16.11 und c. 4.86.

fol. 198v ad c. 242	*Idem sanctus leo papa scribens ad maximum antiocenum episcopum precipit ne quis preter sacerdotes audeant predicare*[24]
fol 199r ad c. 244	*Sixtum papam k[apitulo] iii^{o} statuisse ut vasa domini sacra non nisi a sacratis viris tractentur*
fol. 200r ad cc. 257, 258	*Si una persona in eadem ecclesia duo non debet habere officia, multo minus in duabus ecclesiis. [Non] in una sit canonicus, in altera presbyter parrochianus, presertim cum utrique ecclesie cotidianum debeat officium exibere*[25]

New Haven, Yale University Law Library, 31[26]

fol. 1r ad c. 2	*De primatu sedis romanę et quod ad ipsam omnium episcoporum vel ecclesiarum difficiliores causę referendę sint*
fol. 6v ad c. 24 (gehört aber ad c. 25)	*Quod ecclesiarum privilegia nulla possint novitate convelli*
fol. 9v ad c. 39	*Quod episcopus non habeat potestatem in monachorum cenobiis imperandi vel ordinandi neque monachum tenendi aut promovendi sine concessione abbatis*
fol. 10r ad c. 40	*Quod abbas ordin[ari] debeat quem congreg[atio] poposcerit et quod per episcopos in monaster[iis] misse fieri non deb[e]ant ne popula[ribus] conventibus occasi[o] prebeatur*
fol. 11v ad c. 46	*accusationem laicorum adversus clericos non esse recipiendam*
fol. 15r ad c. 69	*Quod non debeat [re]cipi accusat[ionem] presbiteri adversus e[piscopum] diaconi adver[sus] presbiterum subdi[aconis] adversus diac[onum aco]liti adversus sub[diaconum] [Rest unlesbar]*
fol. 16r ad c. 74	*Quod pastor si a fi[de] exorbitaverit [a] fidelibus sit corr[igen]dus sed pro reprobis [mo]ribus tolerandus*

24. Vgl. JK 495/J³ 1029.

25. Vgl. Gilchrist, Diuersorum Patrum Sententie, xlixf.

26. Die Marginalglossen stammen wohl vom Schreiber des Haupttextes, so Gilchrist, Diuersorum Patrum Sententie, xxxix.

fol. 17v ad c. 84	*Quod non minus quam lxxii^{ta} testibus discutiendus sit episcopus nec absque sedis romane auctoritate dampnandus*
fol. 18v ad c. 89	*Quod in accusationem episcopi accusatorum requirenda sit conversatio fides suspicio atque intentio*
fol. 22v ad c. 113	*hic incipit de ordinando episcopos*
fol. 24v ad c. 125	*hic incipit de symoniacis et neophitis*
fol. 29r ad c. 132	*Quod cum symon[iacus] dampnandus sit qui non arserit ad emendandum facinus [sy]moniace her[e]seos*
fol. 31v ad c. 146	*De his qui aliquam partem membrorum imminuti sunt*
fol. 33v ad c. 160	*Quod ordinationes episcoporum ab omnibus conprovincialibus celebrandę sint*

Rom, Biblioteca Casanatense, 2010

fol. 7r ad c. 258 – 262 (Capitulatio)	*Gregorius // Ex registro iuram[...] // Ego N. dei gratia [...] ab hac ora et de[...] sancto p. et tibi domino [...] ecclesie et cunctis s[...] qui per meliores [...] in nullo damno[...] me sciente con[...] adiuvet.*[27]
fol. 14v ad c. 23	*apostolorum petri scilicet*
fol. 16r ad c. 36	*Inperatore[s] christiani hon[...] precipiunt*

27. Es handelt sich wohl um einen stark verstümmelten Eid, der gegenüber dem römischen Bischof abgelegt werden. Solche Eide finden sich u.a. am Ende des dritten Buchs der *Collectio Canonum* als cc. 156–159 (von Glanvell, Kanonessammlung, als cc. 284–289). Der obenstehende Eid könnte gemäss dem bei Deusdedit nachgewiesenen Formular gelautet haben: *Ego N. dei gratia [comes .... ?] ab hac hora et deinceps fidelis ero sancto petro et tibi domino meo pape ... et sancte romane ecclesie et cunctis successoribus tuis qui per meliores cardinales intraverint. In nullo [vestro?] damno vel sancte romane ecclesie me sciente consentiam. Sic me deus adiuvet et hec sancta evangelia.* Da die Handschrift Rom, Biblioteca Casanatense, 2010 auch Auszüge aus Deusdedits Sammlung enthält, wäre es durchaus möglich, dass hier ein Stück dieser Sammlung in die Sammlung in 74 Titeln geraten ist. Zu Rom, Biblioteca Casanatense, 2010 und Deusdedit siehe von Glanvell, Kanonessammlung, xxix–xxxi.

fol. 19v	*[Libellus] accusationis [Eugen] papa die man[?] [feria III aput N.] archiepiscopum Iohannes [presbiter professus est] Hermannum episcopum [Constantiensem] lege canonum de [symonia r]eum deferre quod [dicit eum cum] N. diacono Turri[censi domo] N. Rufi, mense a[prili, pape Luc]ii anno primo commisi[sse symon]iam. Ego N. presbiter [profiteor me] huius libelli auctorem. [weitere Zeilen nicht lesbar]*
fol. 24r ad c. 79	*Pascalis / Nulli episcoporum ab accusatione sua [repellere liceat] quos antequam [se om.] ab eis [...]dos cognosceret a [sua communi] familiaritate ne[glexerit] separare.*[28]
fol. 62v anstelle des tit. 66	*simoniaci dicti a symone magice discipline perito. Cui Petrus in actibus apostolorum maledixit pro eo quod ab apostolis spiritus sancti gratias pecunia emere voluit sed domini [?] creaturam non a deo sed ab angelis factam asseruit.*[29]

Die Handschrift weist zudem kurze Zusammenfassungen auf den recto-Seiten oben rechts auf, und zwar:

fol. 39r	nicht lesbar
fol. 43r	*de observatione decretorum pontifici romanorum* [...] [tit. 23]
fol. 53r	*ne presumat quis clericum servum retinere alienum cap. viii* [vgl. tit. 42; kaum lesbar wegen Beschnitt]
fol. 54r	*de pastoribus luporum laude gloriantibus* [tit. 46]
fol. 55r	*de cubi[cu]lariis pontificum* [tit. 52]
fol. 59r	*de coniugiis aliqua necessitate* [tit. 63]

28. Paschalis II. (1099–1118) (X 5.1.5.) (Hand des 12. Jahrhunderts?, siehe 308).

29. Vgl. Gilchrist, Diuersorum Patrum Sententie, xlvi; Vorlage für diesen Text ist Isidor, Etymologien, 5.8 [2]: *Simoniani dicti a Simone magicae disciplinae perito, cui Petrus in Actibus apostolorum maledixit, pro eo quod ab Apostolis Spiritus sancti gratiam pecunia emere voluisset. Hi dicunt creaturam non a Deo, sed a virtute quadam superna creatam.* [3] *Menandriani a Menandro mago, discipulo Simonis nuncupati; qui mundum non a Deo, sed ab angelis factum asserunt.*

Rom, Biblioteca Vallicelliana, F. 54

fol. 22v ad c. 114	*causae*
fol. 24v ad c. 125	*simoniaca haeresis*
fol. 25r ad c. 125	*haeresis sim[...]*
fol. 25v ad c. 125	*excellentia*
fol. 26r ad c. 126	*suggestio*
fol. 26v ad c. 126	*haeresis simon*
fol. 27r ad c. 127	*ut fiat hereticus*
fol. 36v ad c. 175	*pitacia*
fol. 36v ad c. 176	*studia*
fol. 37r ad c. 177	*pontificalis ambitus*
fol. 52v ad c. 242	*praedicare*
fol. 52v ad c. 243	*palla* *cathedra* *baptisterium* *fossae*
fol. 53r ad c. 245	*pallae*
fol. 54v ad c. 253	*Puelle que non coacte parentum imperio ad spontaneo iudicio virginitatis propositum atque habitum susceperunt si postea nuptias eligitur [eligant?] prevaricantur etiam si nondum eius gratiam consecrationis accessit. Cuius itaque non fraudarentur munere si in proposito remanerent. Ex concilio leonis papae cap. xxvii*[30]
fol. 55v ad c. 259	*Vicedominus* *maior domus*
fol. 59v ad c. post 275	*dei ancilla*

30. Leo, JK 544/J³ 1098, vgl. C. 20 q. 1 c. 8.

San Daniele del Friuli, Biblioteca Civica Guarneriana, 203[31]

fol. 22v ad c. 48	*Telesphorus in prima // Decet in talibus causis hoc maxime provideri ut sine strepitu concertationum et caritas custodiatur et veritas defendatur atque innocentes et domini ministri illesi liberentur.*[32]
fol. 25r ad c. 69	*[C]alixtus episcopus ecclesie cathol[ice] urbis rome Benedicto fr[atri et co]episcopo salutem in Christo. Crim[ina]tiones vero contra doct[orem] nemo suscipiat, quia [non] oportet filios patres [re]prehendere, nec servos d[ominos] lacerare. Doctores [ergo], qui et patres vocantur, [magis] portandi quam repreh[enden]di sunt, nisi in recta fide [erra]verint.*[33]
fol. 25r ad c. 70	*[O]ves vero quia pasto[ri suo] commisse fuerunt, [eum] nec reprehendere, nisi [a rec]ta fide exorbita[ve]rit, debebunt ne[c ul]latenus accusare p[os]sunt, quia facta past[...] eorum gladio ferien[da] non sunt quamquam rec[te] reprehendenda vi[de]antur.*[34]
fol. 32v ad c. 127	*De misericorida / Ambrosius super psalmum beati immaculati. Lege tua mis[erere] mei. Lege miseretur qui cum iustitia sapientiaque miseretur, ut ea dimittat que scit iure posse dimitti. Nec cum alterius miseretur se ipsum faciat obnoxium. Agax postquam miseratione donatus est, fecit peccare Saul. Peccavit enim in ipsa misericordia et ideo peccatum est misericordia. Consideremus etiam ne ipsum deteriorem faciamus, cuius miseremur iniuste.*[35]
fol. 55v ad c. 48	*De virginibus non velatis // He vero que necdum sacro* [Text bricht ab und beginnt erneut auf dem nach fol. 55 eingehefteten Pergamentblatt]

31. Siehe Blumenthal, Codex Guarnerius 203, 32f.
32. Pseudo-Telesphorus, ep. 1.5, JK † 34/J[3] † 66, (www.pseudoisidor.mgh.de/html/022.htm, Hinschius, 112 Zeile 18–20).
33. Pseudo-Calixtus, ep. 1.3, JK † 85/J[3] † 160 (www.pseudoisidor.mgh.de/html/035.htm, Hinschius, 136 Zeile 15f., 19f.).
34. Pseudo-Johannes I. an Erzbischof Zacharias (www.pseudoisidor.mgh.de/html/288.htm, Hinschius, 694 Zeile 24–27).
35. Ambrosius von Mailand, Expositio Psalmi cxviii, serm. 4, c. 23–24 (PL 15, 1248C).

post fol. 55v (auf einem eingehefteten Pergamentstück)	[recto] *De virginibus non velatis si deviaverint capitulo xx // Hę vero quę necdum sacro velamine tecte tamen in proposito virginali semper se simulaverint permanere licet velate non fuerint, si forte nupserint his agenda aliquanto tempore penitentia est, quia sponsio eiusmodi a domino tenebatur. Si enim inter homines solet bone fidei contractus nulla ratione dissolvi, quanto magis ista pollicitatio, quam cum deo pepigit. Solvi sine vindicta non poterit. Nam si apostolus Paulus qui a proposito viduitatis discesserunt dixit eas habere dampnationem quia primam fidem irritam fecerunt. Quanto potius virgines que prioris promissionis fidem frangere sunt conate? Hec itaque regula, frater karissime, si plena vigilantia fuerit ab omnibus dei sacerdotibus obervata, cessabit ambitio, dissensio conquiesciet, hereses et scismata non emergent locum non accipiet diabolus sevi[verso]endi manebit unanimitas iniquitas superata calcabitur, veritas spirituali servore flagrabit, pax predicata labiis cum voluntate animi concordabit. Implebitur edictum apostoli, ut unanimes, unum sentientes, permaneamus in Christo, nichil per contentionem nobis neque per inanem gloriam vendicantes, non hominibus sed deo nostro salvatori placentes, cui honor et gloria in saecula seculorum amen.*[36]
fol. 59r ad c. 271	*In quo ramusculo consanguinitatis legitima conubia fieri possint ex dictis ysidori // [B]eatus isidorus de consanguinitate sic loquitur: cuius series gradibus vii. dirimitur, hoc modo, filius et filia quod est frater et soror, ipse sit truncus. Illis seorsum sciunctis, ex radice illius trunci egrediuntur isti ramusculi. Nepos et neptis, primus pronepos et proneptis, secundus adnepos et adneptis, tertius abnepos et abneptis, iiii. trinepos et trineptis, v. trinepotis nepos et trinepotis neptis, vi. haec consanguinitatis pro[p]inquitas dum se paulatim in propaginum ordinibus dirimens, usque ad ultimum gradum se subtraxerit. Tunc primum lex in matrimonii iunculum recipietur et quoddammodo revocabit fugientem. Ideo autem usque ad vii. gradum consanguinitas generis constituta est ut sicut in vii. etate mundi generatio et omnis status finitur. Ita propinquitas generis tot gradibus terminetur.*[37]

36. Innocentius I. an Victricius von Rouen, ep. 2.16, JK 286/J^3 665 (Coustant, Sp. 745–758, hier: Sp. 756–758; vgl. www.pseudoisidor.mgh.de/html/158.htm, Hinschius, 531 l. Sp. als c. 13).

37. *Epistola de gradibus consanguinitatis*, vgl. Hoffmann/Pokorny, Dekret, 208 ad DB c. 7.10.

fol. 59r ad c. 271	*Ex epistola gregorii papae de eodem // [P]rogeniem suam unumquemque ad vii. decernimus observare generationem et quamdiu se agnoscunt affinitate propinquos, ad coniugalem copulam accedere denegamus. Quod si fecerint separentur.*[38]
fol. 59v ad c. 271b	*Fabianus papa in suo decreto // [C]onsanguineos extraneorum nullus accuset vel consanguinitatem in sinodo computet, sed propinqui ad quos tota progenies pertinet, id est pater, mater, frater, soror, patruus avunculus, amita, matertera et eorum procreatio. Si autem tota progenies defecerit ab antiquioribus et veracioribus quibus eadem propinquitas nota sit, episccopus canonice requirat, et si inventa propinquitas fuerit, separentur.*[39]
fol. 59v ad c. 272	*Ex concilio romano gregorii ii. [Sacramentum] de parentela quomodo sit inquirenda // [D]e illa parentela qam dicunt esse inter illum N. et istam coniugem suam N. quicquid noscis aut audistis a tuis vicinis aut a tuis antiquioribus propinquis, quod tu per nullum ingenium nec propter amoren nec pro timore aut premium aut consanguinitatem celabis episcopo tuo aut eius misso, cui hoc inquirere iusserit quandocumque te ex hoc interrogavit, sic te deus adiuvet et istę sanctorum reliquie.*[40]
fol. 59v ad c. 273	*Iuramentum testium // Istud sacramentum quod iste iuravit de illa parentela que inter illum N. et eius coniugem N. computatur, quod tu illud observabis in quantum sapis aut audisti sic te deus adiuvet et iste sanctorum reliquie.*[41]
fol. 60r ad c. 273	*De incestuo suorum discidio // [A]b isto die in antea quod tu per nullum ingenium te sociabis huic tue consanguineę cum qua contra legem et rectam christianitatem tuam adulterium et incestum perpetrasti nec in coniugio nec in adulterio illam tibi socia[bis] nec cum illa ad unam mensam manducabis et bibes aut sub uno tecto manebis nisi in ecclesia aut in aliquo publico loco ubi nulla mala suspicio possit esse, ut coram testibus idoneis pro certa necessitate pariter colloquamini, nec aliam coniugem accipies, nisi forte post actam poenitentiam tibi licentia data fuerit ab episcopo tuo aut eius misso, sic te deus adiuvet et iste sanctorum reliquie.*[42]

38. Benedictus Levita Add. IV 75, 1. Teil bzw. II 80, vgl. Hoffmann/Pokorny, Dekret, 208 ad DB c. 7.11.
39. Unidentifiziert, siehe Hoffmann/Pokorny, Dekret, 208 ad DB c. 7.21.
40. Vgl. Hoffmann/Pokorny, Dekret, 209 ad DB c. 7.25.
41. Unidentifiziert, siehe Hoffmann/Pokorny, Dekret, 209 ad DB c. 7.26.
42. Unidentifiziert, siehe Hoffmann/Pokorny, Dekret, 209 ad DB c. 7.27.

St. Gallen, Stiftsbibliothek, Ms. 676

p. 108a ad c. 44	*spontaneos violatores suę legis vocari apostatas*
p.109b ad c. 50	*iiii*[or] *personas omni iudic[io] debere interesse*
p. 139b ad c. 201	*Nota hanc epistolam non greg[o]rianam sed apocrifam reputari a quibusdam*[43]

Stuttgart, Württembergische Landesbibliothek, HB.VI.107

fol. 9r ad c. 44	*spontaneos violatores suę legis vocari apostatas*
fol. 27r ad c. 182	*Hic apostolica auctoritate concessum immo preceptum ut subditi suum episcopum accusent si eum decreta romanorum prevaricari viderint*
fol. 42r ad cc. 282 – 284	*Item sanctus calistus papa in decretis suis coniunctiones consanguineorum prohibuit quorum filios maledictos et infames appellari probavit*[44]
fol. 42r ad tit. 65	*hanc synodum factam vi*[o] *anno leonis imperatoris et hunc gregorium tercium non secundum nominari et sanctum bonifacium mogantiensem archiepiscopum ordinavit*
fol. 42v ad cc. 303 – 304	*Item canones apostolorum cap.xi*[o] *et antiocenum ęoncilium cap u precipiunt*[45]
fol. 43v ad c. 315	*Sanctus Augustinus et reliqua catholici doctores dicunt: Non sunt ligamenta vel solutiones ęcclesię sanctę, que contra ipsam fiunt, vel ab his, qui contra docmata ęcclesię catholice sentientes, contraria ipsi ęcclesię ligant vel solvunt. Sancta quippe ecclesia dicit: Non sedi cum concilio vanitatis, odivi ecclesiam malignantium.*[46]

43. Vgl. Autenrieth, Bernold von Konstanz und der Codex Sangallensis 676, 6.

44. Vgl. Pseudo-Calixtus, ep. 2.16, JK † 86/J³ † 162 (www.pseudoisidor.mgh.de/html/036.htm, Hinschius, 140). Siehe Abb. 6.

45. Vgl. Autenrieth, Domschule, 126f. insbes. Fn. 101.

46. Vgl. *Libellus expostulationis* Hinkmars von Reims, MGH Conc. 4, 465 Zeile 26–29; vgl. auch Hinkmar von Reims, Opusculum LV capitulorum, MGH Conc. 4, 2, cap. 22, 228 Zeile 27 – 229 Zeile 4. *Non sedi – malignantium* ist eine gekürzte Übernahme aus Psalm 25, 4–5. Siehe 308.

Stuttgart, Württembergische Landesbibliothek, Frag. 41[47]

ad c. 7	*Episcopum per apostolicam vocationem romam profectum absque [apostolicis litteris reverti non debere]*	Verstümmelt wegen Blatt-beschnitt
ad c. 44	*spontaneos violatores sue legis vocari apostatas*	

Vaticano, Città del Vaticano, Biblioteca Apostolica Vaticana, vat. lat. 4160

fol. 45v ad cc. 258, 259	*si una persona in eadem ecclesia duo non debet habere officia, multo minus in duabus ecclesiis. Non in una sit canonicus, in altera presbyter parrochianus, presertim cum utrique ecclesie cotidianum debeat officium exibere*[48]
fol. 48v ad tit. 65	*hanc synodum factam vi° anno leonis imperatoris et hunc gregorium tercium non secundum nominari qui et sanctum bonifatium mogontiensem archiepiscopum ordinavit*

Wolfenbüttel, Herzog-August-Bibliothek, Ms 9.4 Aug. 4°

fol. 15ra in c. 137	*Hoc decretum a leone etiam esse dicitur promulgatum ad episcopos mauritanie*
fol. 24ra in c. 242	*Idem sanctus leo papa scribens ad maximum antiocenum episcopum precipit ne quis preter sacerdotes audeat predicare*[49]
fol. 27rb post c. 289 / ante tit. 66	*Hanc synodum factam scitote vi° anno leonis imperatoris et hunc gregorium iii non secundum nominari qui et sanctum bonifacium magontiaci archiepiscopum ordinavit.*

47. Auf dem Film ist keine Foliierung erkenbar, daher sind die – ungebundenen – Fragmente ohne Angabe von Folia/Blatt zitiert. Siehe Abb. 5.
48. Vgl. Gilchrist, Diuersorum Patrum Sententie, xlixf.
49. Vgl. JK 495/J^3 1029.

VERZEICHNIS BENUTZTER QUELLEN UND LITERATUR

1. Ungedruckte Quellen

Admont, Stiftsbibliothek, 23
Admont, Stiftsbibliothek, 35
Admont, Stiftsbibliothek, 43
Admont, Stiftsbibliothek, 257
Bamberg, Staatsbibliothek, can. 5
Barcelona, Arxiu de la Corona d'Aragó, Santa Maria de Ripoll, 78
Berlin, Staatsbibliothek Preußischer Kulturbesitz, theol. lat. fol. 281
Bern, Burgerbibliothek, 314
Brüssel, Bibliothèque Royale, Ms 9706-25
Biberach, Spitalarchiv, B.3515
Cambridge, University Library, Ff.iv.41
Einsiedeln, Stiftsbibliothek, 191
El Escorial, Real Biblioteca de San Lorenzo, L.III.19
El Escorial, Real Biblioteca de San Lorenzo, Z.III.19
Engelberg, Stiftsbibliothek, 52
Florenz, Biblioteca Laurenziana, Pluteus 16 cod. 15
Florenz, Biblioteca Nazionale Centrale, Conventi soppressi A.1.402
Florenz, Biblioteca Nazionale Centrale, Conventi soppressi B.III.1122
Frankfurt am Main, Universitätsbibliothek Johann Christian Senckenberg, Barth. 50
Freiburg im Breisgau, Universitätsbibliothek, 7
Freiburg im Breisgau, Universitätsbibliothek, 8
Heiligenkreuz, Stiftsbibliothek, 44
Leiden, Bibliotheek der Rijksuniversiteit, BPL 111.I
Madrid, Biblioteca Nacional, 391 (C 7)
Monza, Biblioteca Capitolare, h-5/154 (T.IV.214)
München, Bayerische Staatsbibliothek, Clm 4505
München, Bayerische Staatsbibliothek, Clm 4570
München, Bayerische Staatsbibliothek, Clm 9515
München, Bayerische Staatsbibliothek, Clm 13004
München, Bayerische Staatsbibliothek, Clm 17161
München, Bayerische Staatsbibliothek, Clm 22289
Namur, Musée archéologique, 5
New Haven, Yale University, Law School Library, 31
Paris, Bibliothèque de l'Arsenal, 713
Paris, Bibliothèque Nationale, lat. 4200
Paris, Bibliothèque Nationale, lat. 4281A
Paris, Bibliothèque Nationale, lat. 4281B

Paris, Bibliothèque Nationale, lat. 4283
Paris, Bibliothèque Nationale, n.a.l. 1761
Rom, Biblioteca Casanatense, 2010
Rom, Biblioteca Vallicelliana, F.54
Salzburg, Erzabtei St. Peter, a.XI.9
Salzburg, Erzabtei St. Peter, a.XII.9
San Daniele di Friuli, Biblioteca Civica Guarneriana, 203
St. Gallen, Stiftsbibliothek, 673
St. Gallen, Stiftsbibliothek, 676
Stuttgart, Württembergische Landesbibliothek, Frag. 41
Stuttgart, Württembergische Landesbibliothek, HB.VI.107
Troyes, Médiathèque de l'Agglomération troyenne [früher: Bibliothèque Municipale], 1223
Troyes, Médiathèque de l'Agglomération troyenne [früher: Bibliothèque Municipale], 1386
Vaticano, Città del, Biblioteca Apostolica Vaticana, Archivio del Capitolo di San Pietro, C 110
Vaticano, Città del, Biblioteca Apostolica Vaticana, vat. lat. 3809
Vaticano, Città del, Biblioteca Apostolica Vaticana, vat. lat. 3833
Vaticano, Città del, Biblioteca Apostolica Vaticana, vat. lat. 4160
Vaticano, Città del, Biblioteca Apostolica Vaticana, vat. lat. 4977
Vaticano, Città del, Biblioteca Apostolica Vaticana, vat. pal. lat. 580
Vaticano, Città del, Biblioteca Apostolica Vaticana, vat. pal. lat. 581
Vaticano, Città del, Biblioteca Apostolica Vaticana, vat. pal. lat. 585
Wien, Österreichische Nationalbibliothek, lat. 2153
Wien, Österreichische Nationalbibliothek, lat. 2206
Wolfenbüttel, Herzog August Bibliothek, 9.4 Aug. 4°

2. Gedruckte Quellen

Aegidius Romanus, De ecclesiastica potestate, ed. Richard Scholz, Weimar 1929.
Alberigo, Joseph/Dossetti, Joseph u.a., Conciliorum Oecumenicorum Decreta, 3. Aufl., Bolgona 1973.
Anselm II. von Lucca, *siehe* Thaner
Atto von San Marco, *siehe* Mai
Augustinus de Ancona (Augustinus Triumphus), Summa de potestate ecclesiastica, Köln 1475.
Aurelius Augustinus, De doctrina christiana Libri quattuor, ed. Wilhelm M. Green, Wien 1963 (Sancti Aureli Augustini opera 6, 6) (CSEL 80).
Aurelius Augustinus, Enarrationes in Psalmos LI–C, ed. D. Eligius Dekkers/Johannes Fraipont, Turnhout 1956 (Aurelii Augustini Opera 10, 2) (CCSL 39).

Baluze, Etienne, Capitularia Regum Francorum, Band 1, Paris 1677.
Barlow, Claude W., Martini Episcopi Bracarensis Opera Omnia, New Haven 1950.
Benedictus Levita, *siehe* Baluze *und* Leges
Bernold von Konstanz, *siehe* Stöckly
Besse, Jean-Claude, Collectionis Anselmo Dedicata Liber Primus, in: RDC 9, 1959, 207–296.
Bibel, nach der Übersetzung Martin Luthers, hg. Deutsche Bibelgesellschaft, Stuttgart 1987.
Biblia Latina cum Glossa Ordinaria, ed. Adolph Rusch, 4 Bände, Strassburg 1480/81 (ND Turnhout 1992).
Biblia Sacra iuxta vulgatam versionem, ed. Robert Weber/Roger Gryson, 5. Aufl., Stuttgart 2007.
Bluhme, Friedrich, Edictus Langobardorum, in: MGH LL 4, Hannover 1868, 1–225.
Bonizo, Liber de vita christiana, ed. Ernst Perels, Berlin 1930 (ND Hildesheim 1998).
Boretius, Alfred, Liber Legis Langobardorum Papiensis, in: MGH LL 4, Hannover 1868, 289–585.
Brant, Sebastian, Liber Decretorum sive Panormia Ivonis accurato labore summoque studio in unum redacta continens, Basel 1499.
Brasington, Bruce C., The Prologue to the Decretum and Panormia of Ivo of Chartres. An Eleventh-Century Treatise on Ecclesiastical Jurisprudence, Diss. phil., University of California, Los Angeles, masch.-schriftl., 1990.
Brasington, Bruce C., Ways of Mercy. The Prologue of Ivo of Chartres. Edition and Analysis, Münster 2004 (Vita Regularis 2).
Brett, Martin, Online-Edition der Tripartita, https://ivo-of-chartres.github.io/tripartita.html.
——, Online-Edition des Decretum Ivos, http://ivo-of-chartres.github.io/decretum.html.
——/Brasington, Bruce, Online-Edition der Panormia, http://ivo-of-chartres.github.io/panormia.html.
Brommer, Peter, Capitula episcoporum, Band 1, Hannover 1984 (MGH Capit. episc. 1).
Bruns, Herm. Theodor, Canones apostolorum et conciliorum saeculorum IV., V., VI., VII., 1. Teil, Berlin 1839 (ND Turin 1959).
Bürsgens, Wolfgang, Cassiodor, Institutiones Divinarum et Saecularium Litterarum/Einführung in die geistlichen und weltlichen Wissenschaften, 2 Bände, Freiburg/Basel/Wien 2003 (Fontes Christiani 39/1-2).
Bulst, Walther, Die Ältere Wormser Briefsammlung, Weimar 1949 (MGH Briefe der deutschen Kaiserzeit 3).
Burchard von Worms, *siehe* Fransen/Kölzer
Canones apostolorum, *siehe* Bruns

Capitula episcoporum, *siehe* Brommer

Caspar, Erich, Das Register Gregors VII., Band 1: Buch 1–4, Berlin 1920 (2. Aufl., Berlin 1955), Band 2: Buch 5–9, Berlin 1923 (MGH Epp. sel. 2,1 und 2,2).

Cassiodor, *siehe* Mynors

Codex Canonum Ecclesiarum Orientalium, auctoritate Ioannis Pauli PP. II promulgatus, Città del Vaticano 1990.

Codex Iuris Canonici/Codex des kanonischen Rechtes, lateinisch-deutsche Ausgabe, 5. Aufl., Kevelaer 2001.

Codex Iuris Canonici Pii X Pontificis Maximi iussu digestus Benedicti papae XV auctoritate promulgatus, Rom 1917.

Collectio Anselmo Dedicata, *siehe* Besse

Collectio Canonum Trium Librorum, *siehe* Motta

Concilia, *siehe* Hartmann *und* Schieffer

Conciliorum Oecumenicorum Decreta, *siehe* Alberigo

Conciliorum Oecumenicorum Generaliumque Decreta, *siehe* García y García

Constitutiones et acta publica, *siehe* Schwalm *und* Weiland

Corpus Iuris Canonici, *siehe* Friedberg

Coustant, Pierre, Epistolae Romanorum Pontificum et quae ad eos scriptae sunt a S. Clemente I. usque ad Innocentium III, Paris 1721 (ND Farnborough 1967).

Cowdrey, H. E. J., The Epistolae Vagantes of Pope Gregory VII, Oxford 1972.

Decretum Gratiani, *siehe auch* Friedberg

Decretum Gratiani novissime post ceteras omnes impressiones summa adhibita cura impressum, una cum glossis Johannis Theutonici et Bartholomaei Brixiensis, Venedig 1525.

Denzinger, Heinrich, Enchiridion symbolorum definitionum et declarationum de rebus fidei et morum/Kompendium der Glaubensbekenntnisse und kirchlichen Lehrentscheidungen, hg. Peter Hünermann, 43. Aufl., Freiburg/Basel/Wien 2010.

Deusdedit, *siehe* von Glanvell

Eckhardt, Karl August, Pactus legis Salicae, Hannover 1962 (MGH LL nat. Germ. 4, 1).

Edictus Langobardorum, *siehe* Bluhme

Ennodius, Magnus Felix, Libellus pro synodo, in: MGH AA 7, ed. Friedrich Vogel, Berlin 1885, 48–67.

Epistolae, *siehe auch* Ewald/Hartmann *sowie* Caspar

Epistolae, Band 5 (Karolini Aevi 3), Berlin 1899 (MGH Epp. 5).

Epistolae, Band 6 (Karolini Aevi 4), Berlin 1925 (MGH Epp. 6).

Epistolae Romanorum Pontificum, *siehe* Coustant

Ewald, Paul/Hartmann, Ludwig M., Gregorii I Papae Registrum Epistolarum, Band 1: L. I–VII, Berlin 1891 (MGH Epp. 1); Band 2: L. VIII–XIV, Berlin 1899 (MGH Epp. 2).

Ford, Gordon B., The letters of St. Isidore of Seville. Translated from the Latin with an introduction, 2. Aufl., Amsterdam 1970.
Fransen, Gérard/Kölzer, Theo, Burchard von Worms, Decretorum Libri XX. Ergänzter Neudruck der Editio Princeps Köln 1548, Aalen 1992.
——/Kuttner, Stephan, Summa 'Elegantius in iure divino' seu Coloniensis, Band 1: New York 1969, Band 2: Città del Vaticano 1978, Band 3: Città del Vaticano 1986, Band 4: Città del Vaticano 1990 (MIC A/1–4).
Friedberg, Emil, Corpus Iuris Canonici, Band 1: Decretum Magistri Gratiani, Leipzig 1879 (ND Graz 1955), Band 2: Decretalium Collectiones, Leipzig 1881 (ND Graz 1955).
——, Quinque compilationes antiquae nec non collectio canonum lipsiensis, Leipzig 1882 (ND Graz 1956).
Fuhrmann, Horst, Das Constitutum Constantini (Konstantinische Schenkung). Text, Hannover 1968 (MGH Fontes iuris germanici antiqui in usum scholarum 10).
García y García, Antonio/Gemeinhardt, Peter et al. (Hg.), Conciliorum Oecumenicorum Generaliumque Decreta, editio critica, vol. 2: The General Councils of Latin Christendom, part 1: From Constantinople IV to Pavia-Siena (869–1424), Turnhout 2013.
Gerosa, Libero/Krämer, Peter (Hg.), Codex Canonum Ecclesiarum Orientalium/Gesetzbuch der katholischen Ostkirchen. Lateinisch-deutsche Ausgabe, Paderborn 2000 (Amateca Repertoria 2).
Gilchrist, John, Diuersorum Patrum Sententiae siue Collectio in LXXIV titulos digesta, Città del Vaticano 1973 (MIC B/1).
Hugo of St Victor, De tribus maximis circumstantiis gestorum, ed. William M. Green, in: Speculum 18, 1943, 484–493.
Gregor I. [der Grosse], *siehe auch* Ewald/Hartmann
Gregor der Grosse, Homiliae in Evangelia/Evangelienhomilien, Erster Band, hg. Michael Fiedrowicz, Basel/Wien 1997 (Fontes Christiani 28/1).
Gregor der Grosse/S. Gregorii Magni, Moralia in Iob, ed. Marcus Adriaen, Band 1: Turnhout 1979, Band 2: Turnhout 1985 (CCSL 143A und 143B).
Haenel, Gustav, Lex Romana Visigothorum ad LXXVI librorum manu scriptorum fidem recognovit, Leipzig 1849 (ND Aalen 1962).
——, Novellae constitutiones imperatorum Theodosii II., Valentiniani III., Maximi, Maiorani, Severi, Anthemii, Bonn 1844.
Halm, Carolus [Karl], Aurelii Augustini de rhetorica, in: Karl Halm, Rhetores latini minores ex codicibus maximam partem primum adhibitis, Leipzig 1863, 133–151.
——, Disputatio de rhetorica et de virtutibus sapientissimi regis Karli et Albini magistri, in: Karl Halm, Rhetores latini minores ex codicibus maximam partem primum adhibitis, Leipzig 1863, 523–530.
Hartmann, Wilfried, Das Sendhandbuch des Regino von Prüm, Darmstadt 2004 (FSGA 42).

——, Die Konzilien der Karolingischen Teilreiche, 843–859, Hannover 1984 (MGH Conc. 3).
——, Die Konzilien der Karolingischen Teilreiche, 860–874, Hannover 1998 (MGH Conc. 4).
Hinkmar von Reims, *siehe* Stratmann
Hinschius, Paul, Decretales Pseudo-Isidorianae et Capitula Angilramni, Leipzig 1863 (ND Aalen 1963).
Howell, Wilbur Samuel, The Rhetoric of Alcuin and Charlemagne. A Translation, with an Introduction, the Latin Text, and Notes, New York 1965.
Hutten, Ulrich, De unitate ecclesiae conservanda et schismate, quod fuit inter Henrichum IIII. imperatorem et Gregorium VII. Pontificem Maximum cuiusdam eius temporis theologi liber, in vetustissima Fuldensi bibliotheca ab Hutteno inventus nuper, Mainz 1520.
Ioannis Saresberiensis [Johannes von Salisbury], Policraticus I–IV, ed. K. S. B. Keats-Rohan, Turnhout 1993 (CCSL 118).
Isidori Hispalensis Episcopi, Synonyma, ed. Jacques Elfassi, Turnhout 2009 (CCSL 111B).
Isidorus Hispalensis Sententie, ed. Pierre Cazier, Turnholt 1998 (CCSL 111).
Isidor von Sevilla, *siehe* Isidorus Hispalensis *und* Lindsay
Jacobsen, Peter Christian, Die Carmina des Kardinals Deusdedit, Heidelberg 2002 (Editiones Heidelbergenses 31).
John, Herwig, Collectio canonum Remedio Curiensi episcopo perperam ascripta, Città del Vaticano 1978 (MIC B/2).
Kölzer, Theodor, Collectio Canonum Regesto Farfensi inserta, Città del Vaticano 1982 (MIC B/5).
Kretzschmar, Robert, Alger von Lüttichs Traktat „De misericordia et iustitia“. Ein kanonistischer Konkordanzversuch aus der Zeit des Investiturstreits. Untersuchungen und Edition, Sigmaringen 1985 (Quellen und Forschungen zum Recht im Mittelalter 2).
Krüger, Paul, Codex Iustinianus, Berlin 1877.
Laspeyres, Ernst Adolf Theodor, Bernardi Papiensis Faventini episcopi Summa Decretalium ad librorum manuscriptorum fidem cum aliis eiusdem scriptoris anecdotis, Regensburg 1860.
Leges 1, ed. Georg Heinrich Pertz, Hannover 1835 (MGH LL 1).
Leges 2, 2, ed. Georg Heinrich Pertz, Hannover 1837 (ND Hannover 1965) (MGH LL 2, 2).
Leges 4, *siehe* Bluhme *und* Boretius
Leges 5, Hannover 1875–1889 (MGH LL 5).
Lex Romana Visigothorum, *siehe* Haenel
Libelli de lite imperatorum et pontificum saeculis XI. et XII. conscripti, Band 1: Hannover 1891, Band 2: Hannover 1892, Band 3: Hannover 1897 (MGH LdL 1-3).
Liber Legis Langobardorum, *siehe* Boretius

Lindsay, Wallace Martin, Isidori Hispalensis episcopi Etymologiarum sive Originum, Libri XX, tom. 1: libros I–X continens, Oxford 1911.

Mai, Angelo, Attonis Cardinalis Presbyteri Capitulare seu Breviarium Canonum ex codice vaticano, in: Angelo Mai (Hg.), Scriptorum veterum nova collectio e vaticanis codicibus edita, Tom. VI, 2, Rom 1832, 60–100.

Mansi, Johannes, Sacrorum conciliorum nova et amplissima collectio, Band 2: Ab anno CCCV. ad annum CCCXLVI., Florenz 1759; Band 3: Ab anno CCCXLVII. ad annum CCCCIX., Florenz 1759; Band 8: Ab anno CCCCXCII. usque ad annum DXXXVI., Florenz 1762; Band 17: Ab anno DCCCLXXII. usque ad annum DCCCLXXXIV., Venedig 1772; Band 19: Ab anno DCCCCLXVII. usque ad annum MLXX., Venedig 1774; Band 21: Ab anno MCIX. usque ad annum MCLXVI., Venedig 1776.

Marshall, Peter K., Isidore of Seville, Etymologies, Book II, Paris 1983 (Auteur latins du moyen âge).

Martianus Capella, *siehe* Willis *und* Zekl

Martínez Díez, Gonzalo/Rodríguez, Felix (Ed.), La Colección Canónica Hispana, Band IV: Concilios Galos, Concilios Hispanos: Primera Parte, Madrid 1984.

Martinucci, Pio, Deusdedit Presbyteri Cardinalis Tituli Apostolorum in Eudoxia Collectio Canonum, Venedig 1869.

McLaughlin, Terence P., The Summa Parisiensis on the Decretum Gratiani, Toronto 1952.

Merlin, Jacques, Conciliorum quatuor generalium Niceni, Constantinopolitani, Ephesini et Calcedonensis. Que divus Gregorius magnus tanquam quatuor Evangelia colit ac veneratur, Tomus primus, Köln 1530.

Migne, Jacques Paul, Patrologia Latina, 217 Bände, 1844–1855.

Mommsen, Theodor /Meyer, Paul, Theodosiani Libri XVI cum constitutionibus Sirmondianis et leges novellae ad Theodosianum pertinentes, vol. 2: Leges novellae ad Theodosianum pertinentes, Berlin 1905.

Monumenta Germaniae Historica [MGH], *siehe* Capitula Episcoporum, Caspar, Concilia, Constitutiones, Epistolae, Leges, Libelli de lite, Scriptores, Scriptores rerum Germanicarum N.S., Scriptores rerum Merovingicarum

Motta, Joseph, Collectio Canonum Trium Librorum, part 1: Liber I et II, Città del Vaticano 2005, part 2: Liber III, Città del Vaticano 2008 (MIC B 8/1-2).

Munier, Charles, Concilia Africae. A. 345–A. 525, Turnhout 1974 (CCSL 149).

——, Concilia Galliae a. 314–a. 506, Turnhout 1963 (CCSL 148).

Mynors, R. A. B., Cassiodori Senatoris Institutiones, Oxford 1961.

Norberg, Dag, Sancti Gregorii Magni Registrum Epistularum, Band 1: Libri I–VII, Turnhout 1982, Band 2: Libri VIII–XIV, Appendix, Turnhout 1982 (CCL 140 und 140A).

Nüßlein, Theodor, Rhetorica ad Herennium, lateinisch-deutsch, München/ Zürich 1994.

Obertello, Luca, A. M. Severino Boezio, De hypotheticis syllogismis, Brescia 1969 (Istituto di Filosofia dell'Università di Parma, Logicalia 1).

Ohme, Heinz, Concilium Quinisextum/Das Konzil Quinisextum, griechisch-deutsch, Turnhout 2006 (Fontes Christiani 82).
Ordines de concilio celebrando, *siehe* Schneider
Pactus legis Salicae, *siehe* Eckhardt
Panormia, *siehe* Brett/Brasington *und* Vosmedian
Paucapalea, *siehe* Schulte
Petrus Damiani, *siehe* Reindel
Pike, Joseph B., Frivolities of Courtiers and Footprints of Philosophers. Being a Translation of the First, Second, and Third Books and Selections from the Seventh and Eighth Books of the Policraticus of John of Salisbury, Minneapolis 1938 (ND New York 1972).
Přerovský, Oldřich, Huguccio Pisanus Summa Decretorum, vol. 1: Distinctiones I–XX, Città del Vaticano 2006 (MIC A/6).
Pseudo-Isidor, *siehe* Hinschius, Merlin *und* Schon
Regino von Prüm, *siehe* Hartmann *und* Wasserschleben
Reindel, Kurt, Die Briefe des Petrus Damiani, Teil 1: Nr. 1–40, München 1983 (MGH Briefe der deutschen Kaiserzeit 4,1); Teil 2: Nr. 41–90, München 1988 (MGH Briefe der deutschen Kaiserzeit 4,2).
Rufinus, *siehe* Schulte *und* Singer
Sackur, Ernst, Deusdedit Presbyteri Cardinalis Libellus contra invasores et symoniacos et reliquos scismaticos, in: MGH LdL 2, Hannover 1892, 292–365.
Schieffer, Rudolf, Die Streitschriften Hinkmars von Reims und Hinkmars von Laon 869–871, Hannover 2003 (MGH Conc. 4,2).
Schmale, Franz-Josef, Fontes litem de investitura illustrantes. Pars prior: Gregorii papae VII. epistolae selectae/Quellen zum Investiturstreit, Erster Teil: Ausgewählte Briefe Papst Gregors VII., Darmstadt 1978.
Schmale-Ott, Irene, Quellen zum Investiturstreit, Zweiter Teil: Schriften über den Streit zwischen regnum und sacerdotium, Darmstadt 1984 (FSGA 12b).
Schneider, Herbert, Ordines de concilio celebrando/Die Konzilsordines des Früh- und Hochmittelalters, Hannover 1996 (MGH Ordines de concilio celebrando).
Schon, Karl-Georg, Die Capitula Angilramni. Eine prozessrechtliche Fälschung Pseudoisidors, Hannover 2006 (MGH Studien und Texte 39).
—, Projekt Pseudo-Isidor, www.pseudoisidor.mgh.de.
—, Unbekannte Texte aus der Werkstatt Pseudoisidors: Die Collectio Danieliana, Hannover 2006 (MGH Studien und Texte 38).
Schulte, Friedrich von, Die Summa des Paucapalea über das Decretum Gratiani, Giessen 1890.
—, Die Summa magistri Rufini zum Decretum Gratiani. Mit einer Erörterung über die Bearbeitungen derselben, Giessen 1892.
—, Stephan von Doornick (Étienne de Tournai, Stephanus Tornacensis), Die Summa über das Decretum Gratiani, Giessen 1891 (ND Aalen 1965).

Schwalm, Jakob, Constitutiones et acta publica imperatorum et regum, Band 3: 1273–1298, Hannover/Leipzig 1904–1906 (MGH Const. 3).
Scriptores, Band 5: Annales et chronica aevi Salici, ed. Georg Heinrich Pertz, Hannover 1844 (MGH SS 5).
Scriptores Rerum Germanicarum Nova Series, Band 14: Die Chroniken Bertholds von Reichenau und Bernolds von Konstanz, 1054–1100, ed. Ian S. Robinson, Hannover 2003 (MGH SS rer. Germ. NS 14).
Scriptores Rerum Merovingicarum, Band 3: Passiones vitaeque sanctorum aevi merovingici et antiquiorum aliquot, ed. Bruno Krusch, Hannover 1896 (MGH SS rer. Merov. 3)
Silano, Giulio, The „Distinctiones Decretorum" of Ricardus Anglicus. An edition, Diss. phil., University of Toronto, Toronto, 2 Bände, masch.-schriftl. 1981.
Singer, Heinrich, Rufinus von Bologna (Magister Rufinus), Summa Decretorum, Paderborn 1902 (ND Aalen 1963).
Somerville, Robert/Brasington, Bruce C., Prefaces to Canon Law Books in Latin Christianity. Selected Translations, 500–1245, New Haven/London 1998.
Sorice, Rosalba, Distinctiones 'Si mulier eadem hora' seu Monacenses, Città del Vaticano 2002 (MIC A/4).
Stephan von Tournai, *siehe* Schulte
Stöckly, Doris (Ed.), Bernold von Konstanz, De excommunicatis vitandis, de reconciliatione lapsorum et de fontibus iuris ecclesiastici (Libellus X), Hannover 2000 (MGH Fontes iuris 15).
Stratmann, Martina, Hinkmar von Reims, Collectio de ecclesiis et capellis, Hannover 1990 (MGH Fontes iuris 14).
Stroebel, Eduard (Ed.), Rhetorici libri duo qui vocantur De inventione, Leipzig 1915 (ND Stuttgart 1977).
Summa Parisiensis, *siehe* McLaughlin
Thaner, Friedrich, Anselm II., Bischof von Lucca, Collectio Canonum una cum collectione minore, Innsbruck 1906–1915 (ND Aalen 1965).
Thiel, Andreas, Epistolae romanorum pontificum genuinae et quae ad eos scriptae sunt a S. Hilaro usque ad Pelagium II., Band 1: Braunsberg 1867 (ND Hildesheim 2004).
Thompson, Augustine/Gordley, James, Gratian. The Treatise on Laws (Decretum DD. 1–20), Washington D. C. 1993 (Studies in Medieval and Early Modern Canon Law 2).
Tripartita, *siehe* Brett
Turner, Cuthbert Hamilton, Ecclesiae occidentalis monumenta iuris antiquissima canonum et conciliorum graecorum interpretationes latinae, Band 1,1, Oxford 1899.
Vives, José, Concilios visigóticos e Hispano-Romanos, Barcelona/Madrid 1963 (España Christiana, Textos 1).

Vogel, Fridericus, Magni Felicis Ennodi Opera, Berlin 1885 (MGH AA 7).
von Glanvell, Viktor Wolf, Die Kanonessammlung des Kardinals Deusdedits. Erster Band: Die Kanonessammlung selbst, Paderborn 1905 (ND Aalen 1967).
Vosmedian, Melchior, Pannormia seu Decretum D. Ivonis Carnothensis Episcopi restitutum, correctum et emendatum, opera et diligentia Melchioris a Vosmediano Artium et Sacrae Theologiae Doctoris, cum indice locupletissimo, Leuven 1557.
Wasserschleben, [Friedrich Wilhelm August] H[ermann], Die Bussordnungen der abendländischen Kirche nebst einer rechtsgeschichtlichen Einleitung, Halle 1851.
—–, Die irische Kanonensammlung, Giessen 1874 (2. Aufl., Leipzig 1885).
—–, Reginonis abbatis Prumiensis libri duo de synodalibus causis et disciplinis ecclesiasticis, Leipzig 1840 (ND Graz 1964).
Weiland, Ludwig, Constitutiones et acta publica imperatorum et regum, Band 1: 919–1197, Hannover 1893 (MGH Const. 1).
Weinrich, Lorenz, Quellen zur deutschen Verfassungs-, Wirtschafts- und Sozialgeschichte bis 1250, Darmstadt 1977 (Ausgewählte Quellen zur deutschen Geschichte des Mittelalters 32).
Wenzlowsky, Severin, Die Briefe der Päpste und die an sie gerichteten Schreiben von Linus bis Pelagius II. (vom Jahre 67–590), Band 2: Die Briefe von Melchiades bis Anastasius I. (vom Jahre 310–401), Kempten 1876; Band 3: Die Briefe von Innocentius I. bis Sixtus III. (vom Jahre 402–440), Kempten 1877; Band 7: Die Briefe von Gelasius und Anastasius II. (vom Jahre 492–498), Kempten 1880.
Werckmeister, Jean, Yves de Chartres. Prologue, Paris 1997 (Sources Canoniques 1).
Willis, James, Martianus Capella [De nuptiis Philologiae et Mercurii], Leipzig 1983.
Wohlmuth, Josef (Ed.), Conciliorum Oecumenicorum Decreta/Dekrete der ökumenischen Konzilien, Band 1: Konzilien des ersten Jahrtausends. Vom Konzil von Nizäa (325) bis zum Vierten Konzil von Konstantinopel (869/70), 3. Aufl., Paderborn/München/Wien/Zürich 2002; Band 2: Konzilien des Mittelalters. Vom Ersten Laterankonzil (1123) bis zum fünften Laterankonzil (1512–1517), Paderborn/München/Wien/Zürich 2000.
Yvo de Chartres, *siehe* Brasington *und* Werckmeister
Zechiel-Eckes, Klaus, Die erste Dekretale. Der Brief Papst Siricius' an Bischof Himerius von Tarragona vom Jahr 385 (JK 255). Aus dem Nachlass mit Ergänzungen hg. Detlef Jasper, Hannover 2013 (MGH Studien und Texte 55).
Zekl, Hans Günter, Martianus Capella, Die Hochzeit der Philologia mit Merkur (De nuptiis Philologiae et Mercurii), Würzburg 2005.
Zürcher Bibel 2007, hg. Kirchenrat der Evangelisch-reformierten Landeskirche des Kantons Zürich, Zürich 2007.

3. Lexika, Wörterbücher, Handschriftenkataloge und andere Hilfsmittel

Autenrieth, Johanne, Die Handschriften der ehemaligen Hofbibliothek Stuttgart, Band 3: Codices iuridici et politici (HB VI 1–139), Patres (HB VII 1–71), Wiesbaden 1963 (Die Handschriften der Württembergischen Landesbibliothek Stuttgart 2, Die Handschriften der ehemaligen königlichen Hofbibliothek 3).

Belloni, Annalisa/Ferrari, Mirella, La Biblioteca Capitolare di Monza, Padua 1974 (Medioevo e umanesimo 21).

Bio-Bibliographical Guide to Medieval and Early Modern Jurists, ed. Kenneth Pennington, online: http://amesfoundation.law.harvard.edu/BioBibCanonists/HomePage_biobib2.php

Biographisch-Bibliographisches Kirchenlexikon, hg. Friedrich Wilhelm Bautz/Traugott Bautz, derzeit 34 Bände, 1975ff, online: http://www.bbkl.de

Bloomfield, Morton W./Guyot, Bertrand-Georges/Howard, Donald R./Kabealo, Thyra B., Incipits of Latin Works on the Virtues and Vices, 1100–1500 A.D. Including a Section of Incipits of Works on the Pater Noster, Cambridge/Massachusetts 1979.

Buberl, P., Die illuminierten Handschriften in der Steiermark, Teil 1: Die Stiftsbibliotheken zu Admont und Vorau, Leipzig 1911 (Beschreibendes Verzeichnis der illuminierten Handschriften in Österreich IV).

Catalogus Codicum Latinorum Bibliothecae Regiae Monacensis, Band 1, Teil 2 (Codices num. 2501–5250), 2. Aufl., München 1894 (Catalogus Codicum Manu Scriptorum Bibliothecae Regiae Monacensis III/2).

Catalogus Codicum Latinorum Bibliothecae Regiae Monacensis, Tom. II, Pars I, hg. Karl Halm/Wilhelm Meyer, München 1874 (ND Wiesbaden 1968).

Compendium Auctorum Latinorum Medii Aevi (500–1500), hg. Michael Lapidge/Lidia Lanza, Band 1: Florenz 2003, Band 2: Florenz 2008.

Der Neue Pauly. Enzyklopädie der Antike, hg. Hubert Cancik/Helmuth Schneider/Manfred Landfester, 16 Bände, Stuttgart 1996–2003.

Dictionnaire de droit canonique, hg. R. Naz, 7 Bände, Paris 1935–1965.

Die deutsche Literatur des Mittelalters. Verfasserlexikon, hg. Kurt Ruh, 2. Aufl., 14 Bände, 1978–2008.

Exegetical Commentary on the Code of Canon Law, hg. Ángel Marzoa/Jorge Miras/Rafael Rodríguez-Ocaña, 5 vol., Montreal 2004.

Fingernagel, Andreas, Die illuminierten lateinischen Handschriften deutscher Provenienz der Staatsbibliothek Preussischer Kulturbesitz Berlin, 8.–12. Jahrhundert, Teil 1: Text, Wiesbaden 1991 (Staatsbibliothek Preussischer Kulturbesitz, Kataloge der Handschriftenabteilung, Dritte Reihe: Illuminierte Handschriften, Band 1: Die illuminierten lateinischen Handschriften deutscher Provenienz, 8.–12. Jahrhundert, Teil 1: Text).

Georges, Karl Ernst, Ausführliches lateinisch-deutsches Handwörterbuch, 2 Bände, 8. Aufl., Hannover 1913 (ND Darmstadt 1998).

Glauche, Günter, Katalog der lateinischen Handschriften der Bayerischen Staatsbibliothek München. Die Pergamenthandschriften aus Benediktbeuern. Clm 4501–4663, Wiesbaden 1994 (Catalogus codicum manu scriptorum Bibliothecae Monacensis, tom. III, series nova, pars 1 (codices latinos 4501–4663 bibliothecae benedictoburanae continens)).

Handwörterbuch zur Deutschen Rechtsgeschichte, 1. Aufl.: hg. Adalbert Erler/Ekkehard Kaufmann u.a., 5 Bände, Berlin 1971–1998; 2. Aufl.: hg. Albrecht Cordes/Heiner Lück u.a., bislang 3 Bände, Berlin 2008–.

Historisches Wörterbuch der Philosophie, hg. Joachim Ritter/Karlfried Gründer, 12 Bände, Basel 1971–2007.

Inventario General de Manuscritos de la Biblioteca Nacional 1 (1 a 500), Madrid 1953 (Direccion General de Archivos y Bibliotecas. Catalogos de archivos y Bibliotecas XVIII).

Jaffé, Philipp, Regesta Pontificum Romanorum ab condita ecclesia ad annum post Christum natum MCXCVIII, 2. Aufl., ed. Samuel Loewenfeld (882–1198), Ferdinand Kaltenbrunner (?–590), Paul Ewald (590–882), Leipzig 1885 (ND Graz 1956); 3. Aufl., ed. Klaus Herbers, Band 1: a S. Petro usque ad a. DCIV, Göttingen 2016.

Klemm, Elisabeth, Die romanischen Handschriften der Bayerischen Staatsbibliothek, Teil 1: Die Bistümer Regensburg, Passau und Salzburg, Wiesbaden 1980 (Katalog der illuminierten Handschriften der Bayerischen Staatsbibliothek in München 3).

Lehmann, Paul (Hg.), Die Bistümer Konstanz und Chur, München 1918 (ND München 1969) (Mittelalterliche Bibliothekskataloge Deutschlands und der Schweiz 1).

Lexikon des Kirchenrechts, hg. Stephan Haering/Heribert Schmitz, Freiburg/Basel/Wien 2004.

Lexikon des Mittelalters, 9 Bände, München/Zürich 1980–1998.

Lexikon für Theologie und Kirche, hg. Walter Kasper u.a., 2. Aufl., 11 Bände, Freiburg 1957–1968.

Lexikon für Theologie und Kirche, hg. Walter Kasper u.a., 3. Aufl., 11 Bände, Freiburg 1993–2001.

Machielsen, Johannis (Hg.), Clavis Patristica Pseudoepigraphorum Medii Aevi, vol. 2: Ascetica, Monastica, Turnhout 1994 (CCSL Clavis Patristica Pseudoepigraphorum Medii Aevi II B).

Mittellateinisches Wörterbuch bis zum ausgehenden 13. Jahrhundert, Band 1, München 1967.

Münsterischer Kommentar zum Codex Iuris Canonici, hg. Klaus Lüdicke, 6 Bände (Loseblatt-Sammlung, Essen, jeweils Ergänzungslieferung und Jahr angegeben).

Neue Deutsche Biographie, hg. Historische Kommission bei der Bayerischen Akademie der Wissenschaften, bislang 26 Bände, Berlin 1953–.

New Catholic Encyclopedia, 2. Aufl., 15 Bände, Washington D.C. 2003.
New Commentary on the Code of Canon Law, hg. John P. Beal/James A. Coriden/Thomas J. Green, New York 2000.
Niermeyer, Jan Frederik/Van De Kieft, Co, Mediae Latinitatis Lexicon Minus, 2 Bände, Darmstadt 2002.
Pontificia Commissio ad redigendum Codicem Iuris Canonici Orientalis (CICO), Fontes, Series III, vol. 1: Acta Romanorum Pontificum a S. Clemente I (an c. 90) ad Coelestinum III († 1198), tomus 1: Introductio, Textus actorum, Additamentum, Appendix, Città del Vaticano 1943.
Powitz, Gerhardt/Buck, Herbert, Die Handschriften des Bartholomaeusstifts und des Karmeliterklosters in Frankfurt am Main, Frankfurt am Main 1974 (Kataloge der Stadt- und Universitätsbibliothek Frankfurt am Main 3, Die Handschriften der Stadt- und Universitätsbibliothek Frankfurt am Main 2).
Reallexikon der germanischen Altertumskunde, hg. Johannes Hoops u.a., 2. Aufl., 37 Bände, Berlin 1973–2008.
Religion in Geschichte und Gegenwart, hg. Hans Dieter Betz/Don S. Browning/Bernd Janowski/Eberhard Jüngel, 4. Aufl., 8 Bände, Tübingen 1998–2007.
Rose, Valentin, Verzeichniss der lateinischen Handschriften der Königlichen Bibliothek zu Berlin, Zweiter Band: Die Handschriften der kurfürstlichen Bibliothek und der kurfürstlichen Lande, Erste Abteilung, Berlin 1901 (Die Handschriften-Verzeichnisse der Königlichen Bibliothek zu Berlin 13).
Rubenbauer, Hans/Hofmann, J. B., Lateinische Grammatik, 12. Aufl., Bamberg/München 1995.
Stegmüller, Friedrich, Repertorium Biblicum Medii Aevi, Tomus II: Commentaria, Auctores A–G, Madrid 1950.
Stelten, Leo F., Dictionary of Ecclesiastical Latin with an appendix of Latin expressions defined and clarified, Peabody 1995.
Stotz, Peter, Handbuch der lateinischen Sprache des Mittelalters, 3. Band: Lautlehre, München 1996 (Handbuch der Altertumswissenschaften 2/5/3).
Theologische Realenzyklopädie, 36 Bände, Berlin 1976–2004.
The Oxford International Encyclopedia of Legal History, hg. Stanley N. Katz, 6 Bände, Oxford 2009.
Thurn, Hans, Die Handschriften aus benediktinischen Provenienzen, Hälfte 1: Amorbach, Kitzingen, Münsterschwarzach, Theres, Würzburg, Erfurt, Minden, Mondsee, Wiesbaden 1973 (Die Handschriften der Universitätsbibliothek Würzburg 2/1).

4. Literatur

Achelis, Hans, Virgines subintroductae. Ein Beitrag zu I. Kor. VII, Leipzig 1902.

Albers, Marion, Die Komplexität verfassungsrechtlicher Vorgaben für das Wissen der Verwaltung. Zugleich ein Beitrag zur Systembildung im Informationsrecht, in: Indra Spiecker genannt Döhmann/Peter Collin (Hg.), Generierung und Transfer staatlichen Wissens im System des Verwaltungsrechts, Tübingen 2008 (Neue Staatswissenschaften 10), 50–69.

Alberzoni, Maria Pia/Zey, Claudia (Hg.), Legati e delegati papali. Profili, ambiti d'azione e tipologie di intervento nei secoli XII–XIII, Milano 2012.

Althoff, Gerd, Demonstration und Inszenierung. Spielregeln der Kommunikation in mittelalterlicher Öffentlichkeit, in: Frühmittelalterliche Studien 27, 1993, 27–50.

Andrée, Alexander, „Diuersa sed non aduersa": Anselm of Laon, Twelfth-Century Biblical Hermeneutics, and the Difference a Letter makes, in: Tristan Sharp (Hg.), From Learning to Love. Schools, Law, and Pastoral Care in the Middle Ages. Essays in Honour of Joseph W. Goering, Toronto 2017, 3–28.

Angenendt, Arnold, Das Frühmittelalter. Die abendländische Christenheit von 400–900, 3. Aufl., Stuttgart 2001.

Anton, Hans Hubert, Der sogenannte Traktat „De ordinando pontifice". Ein Rechtsgutachten in Zusammenhang mit der Synode von Sutri (1046), Bonn 1982 (Bonner historische Forschungen 48).

Antweiler, Anton, Zölibat. Ursprung und Geltung, München 1969.

Appuhn, Albert, Das Trivium und Quadrivium in Theorie und Praxis, 1. Teil: Das Trivium. Ein Beitrag zur Geschichte des höheren Schulwesens im Mittelalter, Diss. Erlangen 1900.

Arnold, Franz, Die Rechtslehre des Magisters Gratianus, in: SG 1, 1953, 451–482.

Assmann, Aleida, Erinnerungsräume. Formen und Wandlungen des kulturellen Gedächtnisses, München 1999.

Assmann, Jan, Das kulturelle Gedächtnis. Schrift, Erinnerung und politische Identität in frühen Hochkulturen, München 1992.

Augsberg, Steffen, Der Staat als Informationsmittler. Robin Hood oder Parasit der Wissensgesellschaft? in: Deutsches Verwaltungsblatt 122, 2007, 733–741.

Austin, Greta, Authority and the Canons in Burchard's *Decretum* and Ivo's *Decretum*, in: Martin Brett/Kathleen G. Cushing (Hg.), Readers, Texts and Compilers in the Earlier Middle Ages. Studies in Medieval Canon Law in Honour of Linda Fowler-Magerl, Farnham 2009 (Church, Faith and Culture in the Medieval West), 35–58.

—, Editorial concerns in the Ivonian Panormia: the case of repetitious canons in book 8, in: ZRG.KA 89, 2003, 82–106.

—, Freising and Worms in the Early Eleventh Century. Revisiting the

Relationship between the Collectio duodecim partium and Burchard's Decree, in: ZRG.KA 93, 2007, 45–108.
——, Jurisprudence in the Service of Pastoral Care: The Decretum of Burchard of Worms, in: Speculum 79, 2004, 929–959.
——, Rubrics in the Panormia, in: Joseph Goering/Stephan Dusil/Andreas Thier (Hg.), Proceedings of the Fourteenth International Congress of Medieval Canon Law, Toronto, 2012 August 5–11, Toronto, Città del Vaticano 2016 (MIC C/15), 61–71.
——, Secular Law in the *Collectio Duodecim Partium* and Burchard's *Decretum*, in: Bruce C. Brasington/Kathleen G. Cushing (Hg.), Bishops, Texts and the Use of Canon Law around 1100. Essays in Honour of Martin Brett, Aldershot 2008 (Church, Faith and Culture in the Medieval West), 29–44.
——, Shaping Church Law around the Year 1000: The Decretum of Burchard of Worms, Surrey 2009 (Church, Faith and Culture in the Medieval West).
——, Were There Two Arsenal Collections? Arsenal 713 and the Ivonian Panormia, in: Uta-Renata Blumenthal/Anders Winroth/Peter Landau (Hg.), Canon Law, Religion, and Politics. Liber amicorum Robert Somerville, Washington D.C. 2012, 1–14.
Autenrieth, Johanne, Bernold von Konstanz und der Codex Sangallensis 676, in: Festschrift Friedrich Baethgen, masch.-schriftl., 17 Bll, 1955 (Bibliothek der MGH, München, Signatur: 4° Ao 4240-1, online: www.mgh-bibliothek.de/dokumente/b/b004642.pdf).
——, Bernold von Konstanz und die erweiterte 74-Titel-Sammlung, in: DA 14, 1958, 375–394.
——, Die Domschule von Konstanz zur Zeit des Investiturstreits. Die wissenschaftliche Arbeitsweise Bernolds von Konstanz und zweier Kleriker dargestellt auf Grund von Handschriftenstudien, München 1956 (Forschungen zur Kirchen- und Geistesgeschichte NF 3).
——, Die kanonistischen Handschriften der Dombibliothek Konstanz, in: Johanne Autenrieth/Raymund Kottje (Hg.), Kirchenrechtliche Texte im Bodenseegebiet. Mittelalterliche Überlieferung in Konstanz, auf der Reichenau und in St. Gallen, Stuttgart 1965 (VuF Sonderband 18), 5–21.
Aymans, Winfried/Mörsdorf, Klaus, Kanonisches Recht. Lehrbuch aufgrund des Codex Iuris Canonici, Band 1: Einleitende Grundfragen, Allgemeine Normen, Paderborn 1991; Band 2: Verfassungs- und Vereinigungsrecht, Paderborn 1997; Band 3: Verkündigungsdienst, Heiligungsdienst, Paderborn 2007.
Backes, Martina, Geordnete Texte. Zur Geschichte und Entwicklung von Rubriken in deutschen und französischen Romanen des Mittelalters, in: Wolfgang Haubrichs/Klaus Ridder/Eckart Conrad Lutz (Hg.), Text und Text in lateinischer und volkssprachiger Überlieferung des Mittelalters, Berlin 2006 (Wolfram Studien XIX), 301–315.
Baker, Travis R., Gratian's 'Tract on Monks and the Outside World' and Its

Sources, in: Joseph Goering/Stephan Dusil/Andreas Thier (Hg.), Proceedings of the Fourteenth International Congress of Medieval Canon Law, Toronto, 2012 August 5–11, Città del Vaticano 2016 (MIC C/15), 117–147.

Barnard, Leslie W., The Council of Serdica 343 A.D., Sofia 1983.

—, The Council of Serdica: Some problems re-assessed, in: Annuarium Historiae Conciliorum 12, 1980, 1–25.

Barstow, Anne Llewellyn, Married priests and the reforming papacy. The eleventh-century debates, New York/Toronto 1982 (Texts and studies in religion 12).

Barthes, Roland, Der Tod des Autors, in: Fotis Jannidis/Gerhard Lauer/Matias Martinez/Simone Winko (Hg.), Texte zur Theorie der Autorschaft, Stuttgart 2000, 185–193.

Bäumer, Suitbert, Der Micrologus, ein Werk Bernold's von Konstanz, in: Neues Archiv der Gesellschaft für ältere deutsche Geschichtskunde 18, 1893, 429–446.

Baus, Karl, Von der Urgemeinde zur frühchristlichen Grosskirche, Freiburg/Basel/Wien 1962 (Handbuch der Kirchengeschichte 1).

Becker, Hans-Jürgen, Die Appellation vom Papst an ein allgemeines Konzil. Historische Entwicklung und kanonistische Diskussion im späten Mittelalter und in der frühen Neuzeit, Köln/Wien 1988 (Forschungen zur kirchlichen Rechtsgeschichte und zum Kirchenrecht 17).

Benson, Robert L., The Bishop-Elect. A Study in Medieval Ecclesiastical Office, Princeton/New Jersey 1968.

Bergmann, Rolf/Blum, Sibylle, Überblick über die Canones-Glossierung, in: Rolf Bergmann/Stefanie Stricker (Hg.), Die althochdeutsche und altsächsische Glossographie, Band 1, Berlin/New York 2009, 549–561.

Berman, Harold J., Recht und Revolution. Die Bildung der westlichen Rechtstradition, Frankfurt am Main 1995 (englisches Original: Law and revolution. The formation of the western legal tradition, Cambridge 1983).

Berndt, Rainer, Hugo von St. Victor. Theologie als Schriftauslegung, in: Ulrich Köpf (Hg.), Theologen des Mittelalters, Darmstadt 2002, 96–112.

Berschin, Walter, Bonizo von Sutri. Leben und Werk, Berlin/New York 1972 (Beiträge zur Geschichte und Quellenkunde des Mittelalters 2).

—, Nachwort, in: Nachdruck von: Ernst Perels, Bonizo, Liber de vita christiana, Hildesheim 1998, 405*–410*.

Bertolini, Ottorino, La Collezione Canonica Beneventana del vat. lat. 4939, in: Collectanea vaticana in honorem Anselmi M. Card. Albareda a bibliotheca apostolica edita, Città del Vaticano 1962 (Studi e Testi 219), 119–137.

Beulertz, Stefan, Das Verbot der Laieninvestitur im Investiturstreit, Hannover 1991 (MGH Studien und Texte 2).

Beyer, Alfred, L'Analyse de l'Abbrevatio Bambergensis, in: BMCL 20, 1990, 71–74.

—, Lokale Abbreviationen des Decretum Gratiani. Analyse und Vergleich der Dekretabbreviationen „Omnes leges aut divine“ (Bamberg), „Humanum genus duobus regitur“ (Pommersfelden) und „De his qui intra claustra monasterii consistunt“ (Lichtenthal, Baden-Baden), Frankfurt am Main/Berlin/Bern 1998 (Bamberger Theologischer Studien 6).

Bickell, Johann Wilhelm, De paleis quae in Gratiani decreto inveniuntur, Marburg 1827.

Blattmann, Marita, Über die ‚Materialität‘ von Rechtstexten, in: Frühmittelalterliche Studien 28, 1994, 333–354.

Bleumer, Hartmut/Patzold, Steffen, Wahrnehmungs- und Deutungsmuster in der Kultur des europäischen Mittelalters, in: Das Mittelalter 8, 2003, 4–22.

Bliemetzrieder, Franz, Zu den Schriften Ivos von Chartres († 1116). Ein literargeschichtlicher Beitrag, Wien 1917 (Kaiserliche Akademie der Wissenschaften in Wien, philosophisch-historische Klasse, Sitzungsberichte, 182. Band, 6. Abh.).

Blumenthal, Uta-Renate, An episcopal handbook from twelfth-century southern Italy: Codex Rome, Bibl. Vallicelliana, F. 54/III, in: Rosalius Iosephus Castillo-Lara (Hg.), Studia in honorem eminentissimi Cardinalis Alphonsi M. Stickler, Rom 1992 (Studia et textus historiae iuris canonici 7), 13–24 (wieder abgedruckt in: Uta-Renate Blumenthal, Papal Reform and Canon Law in the 11th and 12th Centuries, Aldershot 1998 (Variorum Collected Studies Series), Nr. XVIII).

—, Canossa and Royal Ideology in 1977: Two Unknown Manuscripts of *De penitentia regis Salomonis*, in: Manuscripta 22, 1978, 91–96 (wieder abgedruckt in: Uta-Renate Blumenthal, Papal Reform and Canon Law in the 11th and 12th Centuries, Aldershot 1998 (Variorum Collected Studies Series), Nr. III).

—, Codex Guarnerius 203: A manuscript of the Collection in 74 Titles at San Daniele del Friuli, in: BMCL 5, 1975, 11–33 (wieder abgedruckt in: Uta-Renate Blumenthal, Papal Reform and Canon Law in the 11th and 12th Centuries, Aldershot 1998 (Variorum Collected Studies Series), Nr. II).

—, Fälschungen bei Kanonisten der Kirchenreform des 11. Jahrhunderts, in: Fälschungen im Mittelalter. Internationaler Kongreß der Monumenta Germaniae Historica, München, 16.–19. September 1986, Band 2: Gefälschte Rechtstexte. Der bestrafte Fälscher, Hannover 1988 (MGH Schriften 33/2), 241–262 (wieder abgedruckt in: Uta-Renate Blumenthal, Papal Reform and Canon Law in the 11th and 12th Centuries, Aldershot 1998 (Variorum Collected Studies Series), Nr. IV).

—, Gregor VII. Papst zwischen Canossa und Kirchenreform, Darmstadt 2001 (Gestalten des Mittelalters und der Renaissance).

—, History and Tradition in Eleventh-Century Rome, in: The Catholic Historical Review 79, 1993, 185–196 (wieder abgedruckt in: Uta-Renate Blumenthal, Papal Reform and Canon Law in the 11th and 12th Centuries, Aldershot 1998 (Variorum Collected Studies Series), Nr. VI).

––, Pope Gregory VII and the Prohibition of Nicolaitism, in: Michael Frassetto (Hg.), Medieval Purity and Piety. Essays on Medieval Clerical Celibacy and Religious Reform, New York/London 1998, 239–267.
––, Reflections on the influence of the Collectio Canonum of Cardinal Deusdedit, in: Bernard d'Alteroche/Florence Demoulin-Auzary/Olivier Descamps/Franck Roumy (Hg.), Mélanges en l'honneur d'Anne Lefebvre-Teillard, Paris 2009, 135–147.
––, Rom in der Kanonistik, in: Bernhard Schimmelpfennig/Ludwig Schmugge (Hg.), Rom im hohen Mittelalter: Studien zu den Romvorstellungen und zur Rompolitik vom 10. bis zum 12. Jahrhundert. Reinhard Elze zur Vollendung seines siebzigsten Lebensjahres gewidmet, Sigmaringen 1992, 29–39 (wieder in: Uta-Renate Blumenthal, Papal Reform und and Canon Law in the 11th and 12th Centuries, Aldershot 1998 (Variorum Collected Studies Series), Nr. V).
––, The Prohibition of Clerical Marriage in the Eleventh Century, in: The Jurist 68, 2008, 22–37.
––, The text of a Lost Letter of Pope Honorius II, in: BMCL 4, 1974, 64–66 (wieder abgedruckt in: Uta-Renate Blumenthal, Papal Reform and Canon Law in the 11th and 12th Centuries, Aldershot 1998 (Variorum Collected Studies Series), Nr. XVI).
Boelens, Martin, Die Klerikerehe in der Gesetzgebung der Kirche unter besonderer Berücksichtigung der Strafe. Eine rechtsgeschichtliche Untersuchung von den Anfängen der Kirche bis zum Jahre 1139, Paderborn 1968.
Boldt, Hans, Ausnahmezustand (necessitas publica, Belagerungszustand, Kriegszustand, Staatsnotstand, Staatsnotrecht), in: Otto Brunner/Werner Conze/Reinhart Koselleck (Hg.), Geschichtliche Grundbegriffe. Historisches Lexikon zur politisch-sozialen Sprache in Deutschland, Band 1, Stuttgart 1972, 343–376.
Borino, Giovanni Batista, Un'ipotesi sul ‚Dictatus Papae' di Gregorio VII, in: Archivio della R. Deputazione Romana di storia patria 67, 1944, 237–252.
Boshof, Egon, Europa im 12. Jahrhundert. Auf dem Weg in die Moderne, Stuttgart 2007.
Bourdieu, Pierre, Praktische Vernunft. Zur Theorie des Handelns, Frankfurt am Main 1998.
Brasington, Bruce C., ‚Amplificatio Sententie': A Study of the Glosses to Two Manuscripts of Ivos of Chartres's Panormia, in: Kenneth Pennington/Stanley Chodorow/Keith H. Kendall (Hg.), Proceedings of the Tenth International Congress of Medieval Canon Law, Syracuse, New York, 1996 August 13–18, Città del Vaticano 2001 (MIC C/11), 67–79.
––, A Note on a Glossary to a Carolingian Canon Law Manuscript, in: Pecia 2, 2003, 7–12.
––, A Note on Selected Glosses to the Collection in V Books (Vat. lat. 1339), in: BMCL 25, 2002/03, 9–14.

——, *Antiquis fas erat*. Reflections on Custom in Glosses to Ivo of Chartres' *Panormia*, in: Per Andersen/Mia Münster-Swendsen (Hg.), Custom. The Development and Use of a Legal Concept in the Middle Ages. Proceedings of the Fifth Carlsberg Academy Conference on Medieval Legal History 2008, Kopenhagen 2009, 82–105.
——, Canon Law in the Leges Henrici Primi, in: ZRG.KA 92, 2006, 288–305.
——, *Crimina que episcopis inpingere dicis*. The Contribution of the *Collectio Polycarpus* to an Early *Ordo Iudiciorum*, in: Martin Brett/Kathleen G. Cushing (Hg.), Readers, Texts and Compilers in the Earlier Middle Ages. Studies in Medieval Canon Law in Honour of Linda Fowler-Magerl, Farnham 2009 (Church, Faith and Culture in the Medieval West), 123–135.
——, From Charitable Sentences to Amicable Settlements. A Note on the Terminology of Twelfth Century Canon Law, in: Gert Melville (Hg.), Aspects of Charity. Concern for one's neighbour in medieval vita religiosa, Münster 2011 (Vita regularis 45), 1–10.
——, Glossing strategies in two manuscripts of pre-Gratian canonical collections, in: Richard H. Helmholz/Paul Mikat/Jörg Müller/Michael Stolleis (Hg.), Grundlagen des Rechts. Festschrift für Peter Landau zum 65. Geburtstag, Paderborn/München/Wien/Zürich 2000, 155–162.
——, Lessons of Love: Bishop Ivo of Chartres as Teacher, in: Sally N. Vaughn/Jay Rubenstein (Hg.), Teaching and Learning in Northern Europe, 1000–1200, Turnhout 2006 (Studies in the early Middle Ages 8), 129–147.
——, Non veni Corinthum: Ivo of Chartres, Lanfranc, and 2 Corinthians 1.16-17, 23, in: BMCL 21, 1991, 1–9.
——, ‚Notes from the Edge': Marginalia and Glosses in pre-Gratian Canonical Collections, in: Bruce C. Brasington/Kathleen G. Cushing (Hg.), Bishops, Texts and the Use of Canon Law around 1100. Essays in Honour of Martin Brett, Aldershot 2008 (Church, Faith and Culture in the Medieval West), 165–181.
——, Prologues to Canonical Collections as a Source for Jurisprudential Change to the Eve of the Investiture Contest, in: Frühmittelalterliche Studien 28, 1994, 226–242.
——, *Recte docens vel credens*. Glosses to the Prologue to Ivo of Chartres' Panormia and Monastic Study of Canon Law, in: Gert Melville (Hg.), De ordine vitae. Zu Normvorstellungen, Organisationsformen und Schriftgebrauch im mittelalterlichen Ordenswesen, Münster 1996 (Vita regularis 1), 101–123.
——, Require in Prologo: The Decretists and Ivo of Chartres' Prologue, in: ZRG.KA 87, 2001, 84–124.
——, Studies in the *Nachleben* of Ivo of Chartres: The influence of his Prologue on Several Panormia-Derivative Collections, in: Peter Landau/Jörg Müller

(Hg.), Proceedings of the Ninth International Congress of Medieval Canon Law, Munich, 1992 July 13–18, Città del Vaticano 1997 (MIC C/10), 63–85.
—, The prologue of Ivo of Chartres. A fresh consideration from the manuscripts, in: Stanley Chodorow (Hg.), Proceedings of the Eighth International Congress of Medieval Canon Law, San Diego, University of California at La Jolla, 1988 August 21–27, Città del Vaticano 1992 (MIC C/9), 3–22.
—, Visual Glosses in a Manuscript of Ivo of Chartres *Decretum*, in: Peter Erdö/Szabolcs Anzelm Szuromi (Hg.), Proceedings of the Thirteenth International Congress of Medieval Canon Law, Esztergom, 2008 August 3–8, Città del Vaticana 2010 (MIC C/14), 149–158.
—, Zur Rezeption des Prologs Ivos von Chartres in Süddeutschland, in: DA 47, 1991, 167–174.
Brennecke, Hanns Christof, Rom und der dritte Kanon von Serdika (342), in: ZRG.KA 69, 1983, 15–45.
Brett, Martin, Creeping up on the Panormia, in: Richard H. Helmholz/Paul Mikat/Jörg Müller/Michael Stolleis (Hg.), Grundlagen des Rechts. Festschrift für Peter Landau zum 65. Geburtstag, Paderborn/München/Wien/Zürich 2000 (Rechts- und Staatswissenschaftliche Veröffentlichungen der Görres-Gesellschaft NF 91), 205–270.
—, Editions, Manuscripts and Readers in some pre-Gratian Collections, in: Kathleen G. Cushing/Richard F. Gyug (Hg.), Ritual, Text and Law. Studies in Medieval Canon Law and Liturgy presented to Roger E. Reynolds, Aldershot 2004 (Church, Faith and Culture in the Medieval West), 205–224.
—, The sources and influence of Paris, Bibliothèque de l'Arsenal, Ms. 713, in: Peter Landau/Jörg Müller (Hg.), Proceedings of the Ninth International Congress of Medieval Canon Law, Munich, 1992 July 13–18, Città del Vaticano 1997 (MIC C/10), 149–167.
—, Urban II and the collections attributed to Ivo of Chartres, in: Stanley Chodorow (Hg.), Proceedings of the Eighth International Congress of Medieval Canon Law, San Diego, University of California at La Jolla, 1988 August 21–27, Città del Vaticano 1992 (MIC C/9), 27–46.
—/Owen, Dorothy, Canon Law in Cambridge, in: Peter Linehan (Hg.), Proceedings of the Seventh International Congress of Medieval Canon Law, Cambridge, 1984 July 23–27, Città del Vaticano 1988 (MIC C/8), xxxiii–lii.
—/Somerville, Robert, The transmission of the councils from 1130 to 1139, in: John Doran/Damian J. Smith (Hg.), Pope Innocent II (1130-43). The world vs. the city, London/New York 2016 (Church, Faith and Culture in the Medieval West), 226–271.
Broemel, Roland, Wissensdistribution im Zivilrecht: Vorvertragliche Aufklärungs- und Informationspflichten, in: Hans Christian Röhl (Hg.), Wissen–Zur kognitiven Dimension des Rechts, Berlin 2010 (Die Verwaltung, Beiheft 9), 89–110.

Brommer, Peter, Burchard von Worms (ca. 965–1025), in: Franz-Josef Heyen (Hg.), Rheinische Lebensbilder, Band 13, Köln 1993, 29–49.
Brown, Peter, Die Keuschheit der Engel. Sexuelle Entsagung, Askese und Körperlichkeit am Anfang des Christentums, München/Wien 1991 (englisches Original: The Body and Society. Men, Women and Sexual Renunciation in Early Christianity, New York 1988).
Brundage, James, A., Medieval Canon Law, London/New York 1995.
——, The Medieval Origins of the Legal Profession. Canonists, Civilians, and Courts, Chicago/London 2008.
Buchner, Jürgen, Die Paleae im Dekret Gratians. Untersuchung ihrer Echtheit, Rom 2000 (Pontificum Athenaeum Antonianum 127).
Burke, Peter, What is the history of knowledge?, Cambridge 2016.
Busch, Jörg W., Der Liber de Honore Ecclesiae des Placidus von Nonantola. Eine kanonistische Problemerörterung aus dem Jahre 1111. Die Arbeitsweise ihres Autors und seine Vorlagen, Sigmaringen 1990 (Quellen und Forschungen zum Recht im Mittelalter 5).
——, Vom einordnenden Sammeln zur argumentierenden Darlegung. Beobachtungen zum Umgang mit Kirchenrechtssätzen im 11. und frühen 12. Jahrhundert, in: Frühmittelalterliche Studien 28, 1994, 243–256.
Camargo, Martin, Rhetoric, in: David L. Wagner (Hg.), The Seven Liberal Arts in the Middle Ages, Bloomington 1983, 96–124.
Cardelle de Hartmann, Carmen, Fures uerborum alienorum: Plagiat im Mittelalter, in: Christiane Henkes/Harald Saller/Thomas Richter (Hg.), Text und Autor. Beiträge aus dem Venedig-Symposium 1998 des Graduiertenkollegs „Textkritik“ München, Tübingen 2000, 85–95.
Caspar, Erich, Geschichte des Papsttums von den Anfängen bis zur Höhe der Weltherrschaft, Band 1: Römische Kirche und Imperium Romanum, Tübingen 1930 (ND Münster 1985).
Chodorow, Stanley, Christian Political Theory and Church Politics in the Mid-Twelfth Century. The Ecclesiology of Gratian's Decretum, Berkeley/Los Angeles/London 1972.
Cholij, Roman, Clerical Celibacy in East and West, Herefordshire 1989.
Christensen, Katherine, Introduction, in: Augustine Thompson/James Gordley (Hg.), Gratian. The Treatise on Laws (Decretum DD. 1–20), Washington D.C. 1993 (Studies in Medieval and Early Modern Canon Law 2), IX–XXVII.
Cochini, Christian, Apostolic Origins of Priestly Celibacy, San Francisco 1990 (französisches Original: Origines apostoliques du célibat sacerdotal, Paris 1981).
Collin, Peter/Horstmann, Thomas, Das Wissen des Staates–Zugänge zu einem Forschungsthema, in: Peter Collim/Thomas Horstmann (Hg.), Das Wissen des Staates. Geschichte, Theorie, Praxis, Baden-Baden 2004, 9–38.
Congar, Yves M.-J., Der Platz des Papsttums in der Kirchenfrömmigkeit der

Reformer des 11. Jahrhunderts, in: Jean Daniélou/Herbert Vorgrimler (Hg.), Sentire ecclesiam. Das Bewusstsein von der Kirche als gestaltende Kraft der Frömmigkeit, Freiburg/Basel/Wien 1961, 196–217.

Conrad, Hermann, Deutsche Rechtsgeschichte, Band 1: Frühzeit und Mittelalter, 2. Aufl., Karlsruhe 1962; Band 2: Neuzeit bis 1806, Karlsruhe 1966.

Conrat, Max, Breviarium Alaricianum. Römisches Recht im fränkischen Reich in systematischer Darstellung, Leipzig 1903.

——, Der westgothische Paulus. Eine rechtshistorische Untersuchung, Amsterdam 1907 (ND Wiesbaden 1967).

Contreni, John J., The Cathedral School of Laon from 850–930. Its Manuscripts and Masters, München 1978 (Münchener Beiträge zur Mediävistik und Renaissance-Forschung 29).

Cordes, Paul Josef, Communio: Utopie oder Programm?, Freiburg/Basel/Wien 1993 (Quaestiones disputatae 148).

Cowdrey, H. E. J., Pope Gregory VII and the Chastity of the Clergy, in: Michael Frassetto (Hg.), Medieval Purity and Piety. Essays on Medieval Clerical Celibacy and Religious Reform, New York/London 1998, 269–302.

Cushing, Kathleen G., Papacy and law in the Gregorian revolution. The canonistic work of Anselm of Lucca, Oxford 1998.

——, Polemic or Handbook? Recension Bb of Anselm of Lucca's Collectio Canonum, in: Bruce C. Brasington/Kathleen G. Cushing (Hg.), Bishops, Texts and the Use of Canon Law around 1100. Essays in Honour of Martin Brett, Aldershot 2008 (Church, Faith and Culture in the Medieval West), 69–77.

Dannenberg, Lars-Arne, Charity and Law. The Juristic Implementation of a Core Monastic Principle, in: Gert Melville (Hg.), Aspects of Charity. Concern for one's neighbour in medieval vita religiosa, Münster 2011 (Vita regularis 45), 11–28.

de Clercq, Victor C., Ossius of Cordova. A contribution to the history of the Constantinian Period, Washington D. C. 1954.

Degl'Innocenti, Antonella/Cantelli, Silvia, La riforma gregoriana e l'Europa (Congress in Salerno, 20–25 maggio 1985), in: Studi Medievali 26, 1985, 483–493.

de León, Enrique, La biografia di Graziano, in: Enrique de León/Nicolás Álvarez de las Asturias (Hg.), La cultura giuridico-canonica medioevale. Premesse per un dialogo ecumenico, Mailand 2003 (Pontificia Università della Santa Croce, Monografie giuridiche 22), 89–107.

Dempf, Alois, Die Hauptform mittelalterlicher Weltanschauung. Eine geisteswissenschaftliche Studie über die Summa, München/Berlin 1925.

Dempsey, John A., Bonizo of Sutri: Life and Work, Diss. phil., Boston University, Boston/Massachusetts, masch.-schriftl. 2006 (UMI 3214924).

Dendorfer, Jürgen/Lützelschwab, Ralf (Hg.), Geschichte des Kardinalats im Mittelalter, Stuttgart 2011 (Päpste und Papsttum 39).

Denzler, Georg, Das Papsttum und der Amtszölibat, Erster Teil: Die Zeit bis zur Reformation, Stuttgart 1973 (Päpste und Papsttum 5,1).

—, Der Zölibat der Priester zur Zeit Papst Innocenz' III., in: Manlio Bellomo/Orazio Condorelli (Hg.), Proceedings of the Eleventh International Congress of Medieval Canon Law, Catania, 2000 July 30–August 6, Città del Vaticano 2006 (MIC C/12), 567–574.

—, Die Geschichte des Zölibats, Freiburg im Breisgau/Basel/Wien 1993.

—, Zur Geschichte des Priesterzölibats, in: Kenneth Pennington/Stanley Chodorow/Keith H. Kendall (Hg.), Proceedings of the Tenth International Congress of Medieval Canon Law, Syracuse, New York, 1996 August 13–18, Città del Vaticano 2001 (MIC C/11), 311–330.

Deutinger, Roman, The decretist Rufinus–a well-known person?, in: BMCL 23, 1999, 10–15.

—, Zur Epistola de vitanda missa uxoratorum sacerdotum, in: DA 63, 2007, 93–100.

de Wall, Heinrich/Muckel, Stefan, Kirchenrecht. Ein Studienbuch, München 2009.

Diederich, Eduard, Das Dekret des Bischofs Burchards von Worms. Beiträge zur Geschichte seiner Quellen, Jauer 1908.

Dilcher, Gerhard, Der Kanonist als Gesetzgeber. Zur rechtshistorischen Stellung des Hofrechts Bischofs Burchards von Worms 1024/25, in: Richard H. Helmholz/Paul Mikat/Jörg Müller/Michael Stolleis (Hg.), Grundlagen des Rechts. Festschrift für Peter Landau zum 65. Geburtstag, Paderborn/München/Wien/Zürich 2000 (Rechts- und Staatswissenschaftliche Veröffentlichungen der Görres-Gesellschaft NF 91), 105–129.

—, Mord und Totschlag im alten Worms. Zu Fehde, Sühne und Strafe im Hofrecht Bischof Burchards (AD 1023/25), in: Stefan Buchholz/Paul Mikat/Dieter Werkmüller (Hg.), Überlieferung, Bewahrung und Gestaltung in der rechtsgeschichtlichen Forschung, Paderborn 1993 (Rechts- und Staatswissenschaftliche Veröffentlichungen der Görres-Gesellschaft NF 69), 91–104.

Donahue, Charles jr., Gerard Pucelle as a Canon Lawyer. Life and the Battle Abbey Case, in: Richard Helmholz/Paul Mikat/Jörg Müller/Michael Stolleis (Hg.), Grundlagen des Rechts. Festschrift für Peter Landau zum 65. Geburtstag, Paderborn/München/Wien/Zürich 2000 (Rechts- und Staatswissenschaftliche Veröffentlichungen der Görres-Gesellschaft NF 91), 333–348.

Doran, Thomas G., Canon Law in the Twelfth Century. The Views of Bernold of Constance, Ivo of Chartres and Alger of Liege, Rom 1979 (Pontificia Universitas Gregoriana, Facultas Juris Canonici).

Duggan, Charles, Decretal Collections from Gratian's *Decretum* to the *Compilationes antiquae*. The Making of the New Case Law, in: Wilfried Hartmann/Kenneth Pennington (Hg.), The history of medieval canon law in the classical period, 1140–1234. From Gratian to the decretals of Pope Gregory IX., Washington D.C. 2008 (History of medieval canon law), 246–292.

Dusil, Stephan, The Emerging Jurisprudence, the Second Lateran Council of 1139 and the Development of Canonical Impediments, in: Melodie H. Eichbauer/Danica Summerlin (Hg.), Beyond Law's Borders: Canon Law as a Window to the Medieval World, 1000–1250, Leiden 2018 (Medieval Law and Its Practice) (im Druck).

—, Between Burchard and Raymund. The Example of the Prohibition of Hunting by Clerics in the Twelfth Century, in: Joseph Goering/Stephan Dusil/Andreas Thier (Hg.), Proceedings of the Fourteenth International Congress of Medieval Canon Law, Toronto, 2012 August 5–11, Città del Vaticano 2016 (MIC C/15), 817–836.

—, *Fides* als normatives Konzept in Kanonessammlungen, in: Das Mittelalter 20, 2015 (hg. Susanne Lepsius/Susanne Reichlin, Fides/Triuwe), 251–265.

—, Learning from Gaius? Different Layers in Gratian's *Decretum* and Research on Roman Law, in: ZRG.KA 104, 2018, 151–181.

—, Zur Entstehung und Funktion von Sendgerichten. Beobachtungen bei Regino von Prüm und in seinem Umfeld, in: Mathias Schmoeckel/Orazio Condorelli/Frank Roumy (Hg.), Der Einfluss der Kanonistik auf die europäische Rechtskultur, Band 3: Straf- und Strafprozessrecht, Köln/Weimar/Wien 2012 (Norm und Struktur 37/3), 369–409.

—/Hill, Katherine, Singing Canon Law. Neumes in manuscripts of the Decretum of Burchard of Worms, in: Tristan Sharp (Hg.), From Learning to Love. Schools, Law, and Pastoral Care in the Middle Ages. Essays in Honour of Joseph W. Goering, Toronto 2017, 533–554.

Ehlers, Joachim, Hugo von St. Viktor. Studien zum Geschichtsdenken und zur Geschichtsschreibung des 12. Jahrhunderts, Wiesbaden 1973 (Frankfurter Historische Abhandlungen 7).

Eichbauer, Melodie Harris, From Gratian's Concordia discordantium canonum to Gratian's Decretum: The Evolution from Teaching Text to Comprehensive Code of Canon Law, Diss. phil., Catholic University of America, Washington D.C., masch.-schriftl. 2010 (UMI 3391219).

—, From the First to the Second Recension: The Progressive Evolution of the Decretum, in: BMCL 29, 2011/2012, 119–167.

—, Gratian's *Decretum* and the Changing Historiographical Landscape, in: History Compass 11/12, 2013, 1111–1125.

—, St. Gall Stiftsbibliothek 673 and the early redactions of Gratian's Decretum, in: BMCL 27, 2007, 105–139.

Eikelmann, Manfred/Friedrich, Udo (Hg.), Praktiken europäischer Traditionsbildung im Mittelalter. Wissen–Literatur–Mythos, Berlin 2013.

Eisenhardt, Ulrich, Deutsche Rechtsgeschichte, 5. Aufl., München 2008.

Elfassi, Jacques, La réception des *Synonyma* d'Isidore de Séville aux XIVe–

XVIe siècles: les raison d'un succès exceptionel, in: Cahier de recherches médiévales 16, 2008, 107–118.

—, Les deux recensions des *Synonyma*, in: Maria Adelaida Andrés Sanz/Jacques Elfassi/Jose Carlos Martín (Hg.), L'édition critique des œuvres d'Isidore de Séville. Les recensions multiples. Actes du colloque organisé à la Casa de Velázquez et à l'Université Rey Juan Carlos de Madrid (14-15 janvier 2002), Paris 2008, 153–184.

—, Les *Synonyma* d'Isidore de Séville: Un manuel de grammaire ou de morale? La réception médiévale de l'œuvre, in: Revue d'études augustiniennes et patristiques 52, 2006, 167–198.

—, Los centones de los *Synonyma* de Isidoro de Sevilla, in: Aires A. Nascimento/Paulo F. Alberto (Hg.), IV Congresso Internacional de Latin Medieval Hispânico. Lisboa, 12–15 Outubro de 2005, Lisboa 2006, 393–401.

—, Trois aspects inattendus de la postérité des *Synonyma* d'Isidore de Séville: Les prières, les textes hagiographiques et les collections canoniques, in: Revue d'histoire des textes N.S. 1, 2006, 109–152.

—/Poirel, Dominique, Isidorus Hispalensis Episcopus, in: Paolo Chiesa/Lucia Castaldi (Hg.), La Trasmissione dei testi latini del medioevo. Mediaeval Latin Texts and their Transmission, Firenze 2004 (TE.TRA. 1), 196–226.

Elliot, Michael D., The Worcester Collection of Canons, in: Joseph Goering/Stephan Dusil/Andreas Thier (Hg.), Proceedings of the Fourteenth International Congress of Medieval Canon Law, Toronto, 2012 August 5–11, Città del Vaticano 2016 (MIC C/15), 1–29.

Englberger, Johann, Gregor VII. und die Investiturfrage. Quellenkritische Studien zum angeblichen Investiturverbot von 1075, Köln/Weimar/Wien 1996 (Passauer historische Forschungen 9).

Erickson, John, The Collection in Three Books and Gratian's Decretum, in: BMCL 2, 1972, 67–75.

Fabritz, Peter, Sanatio in Radice. Historie eines Rechtsinstituts und seine Beziehung zum sakramentalen Eheverständnis der katholischen Kirche, Frankfurt am Main 2010 (Adnotationes in ius canonicum 49).

Fassbender, Bardo, Wissen als Grundlage staatlichen Handelns, in: Josef Isensee/Paul Kirchhof (Hg.), Handbuch des Staatsrechts der Bundesrepublik Deutschland, Band 4: Aufgaben des Staates, 3. Aufl., Heidelberg 2006, 243–312.

Feine, Hans Erich, Gliederung und Aufbau des Decretum Gratiani, in: SG 1, 1953, 351–370.

Ferme, Brian Edwin, Introduction to the History of the Sources of Canon Law. The Ancient Law up to the Decretum of Gratian, Montréal 2007 (ursprünglich: Introduzione alla storia del diritto canonico. Il diritto antico fino al Decreto di Graziano, Rom 1998).

Firey, Abigail, Codices and Contexts: the many destinies of the Capitula

Angilramni and the challenges of editing small canon law collections, in: ZRG.KA 94, 2008, 288–312.
——, Ghostly Recensions in Early Medieval Canon Law: The Problem of the Collectio Dacheriana and its shades, in: TRG 68, 2000, 63–82.
——, How Carolingians Learned Canon Law, in: Joseph Goering/Stephan Dusil/Andreas Thier (Hg.), Proceedings of the Fourteenth International Congress of Medieval Canon Law, Toronto, 2012 August 5–11, Città del Vaticano 2016 (MIC C/15), 355–368.
——, Mutating Monsters. Approaches to „Living Texts" of the Carolingian Era, in: Digital Proceedings of the Lawrence J. Schoenberg Symposium on Manuscript Studies in the Digital Age, vol. 2/1: Lex scripta. The Manuscript as Witness to the History of Law, article 1, 2010 (online: http://repository.upenn.edu/ljsproceedings/vol2/iss1/1/).
Flamant, Jacques, Der christliche Kalender: die Anfänge der christlichen Zeitrechnung, in: Luce Piétri (Hg.), Die Geschichte des Christentums, Band 1: Die Zeit des Anfangs (bis 250), Freiburg/Basel/Wien 2003, 442–454.
Förster, Thomas, Bonizo von Sutri als gregorianischer Geschichtsschreiber, Hannover 2011 (MGH Studien und Texte 53).
Fornasari, Giuseppe, Celibato sacercotale e „autocoscienza" ecclesiale. Per la storia della „nicolaitica haeresis" nell'occidente medievale, Udine 1981 (Università degli Studi di Trieste, Facoltà di Magistero, Series 3/7).
Foucault, Michael, Was ist ein Autor?, in: Fotis Jannidis/Gerhard Lauer/Matias Martinez/Simone Winko (Hg.), Texte zur Theorie der Autorschaft, Stuttgart 2000, 194–229.
Fournier, Paul, Études critiques sur le Décret de Burchard de Worms, in: Nouvelle revue historique de droit français et étranger 34, 1910, 41–112, 213–221, 289–331, 564–584 (wieder abgedruckt in: Paul Fournier, Mélanges de droit canonique 1, hg. Theo Kölzer, Aalen 1983, Nr. 6, 247–391).
——, Le premier manuel canonique de la réforme du XIe siècle, in: Mélanges d'archéologie et d'histoire de l'École française de Rome 14, 1894, 147–223, 285–290 (wieder abgedruckt in: Paul Fournier, Mélanges de droit canonique 2, hg. Theo Kölzer, Aalen 1983, Nr. 19, 551–633).
——, Les collections canoniques attribuées à Yves de Chartres, in: Bibliothèque de l'École de chartes 57, 1896, 645–698 und in: Bibliothèque de l'École de chartes 58, 1897, 26–77, 293–326, 410–444, 624–676 (wieder abgedruckt in: Paul Fournier, Mélanges de droit canonique 1, hg. Theo Kölzer, Aalen 1983, Nr. 8, 451–678).
——, Les collections canoniques romaines de l'époque de Grégoire VII, in: Mémoires de l'Institut national de France. Académie des inscriptions et belles-lettres 41, 1920, 271–397 (wieder abgedruckt in: Paul Fournier, Mélanges de droit canonique 2, hg. Theo Kölzer, Aalen 1983, Nr. 18, 425–550).
——, Une collection canonique italienne du commencement du IIe siècle, Grenoble 1894.

——, Un groupe de recueils canoniques italiens des Xe et XIe siècles, in: Mémoires de l'Institut national de France. Académie des inscriptions et belles-lettres 40, 1916, 95–213 (wieder abgedruckt in: Paul Fournier, Mélanges de droit canonique 2, hg. Theo Kölzer, Aalen 1983, Nr. 15, 213–330).
——, Un tournant de l'histoire du droit 1060–1140, in: Nouvelle Revue historique du droit français et étranger 41, 1917, 129–180 (wieder abgedruckt in: Paul Fournier, Mélanges de droit canonique 2, hg. Theo Kölzer, Aalen 1983, Nr. 17, 373–424).
——/Le Bras, Gabriel, Histoire des collections canoniques en Occident depuis les fausses décrétales jusqu'au décret de Gratien, Band 1: De la réforme carolingienne à la réforme grégorienne, Paris 1931; Band 2: De la réforme grégorienne au décret de Gratien, Paris 1932.
Fowler-Magerl, Linda, Clavis Canonum. Selected Canon Law Collections before 1140. Access with data processing, Hannover 2005 (MGH Hilfsmittel 21).
——, Fine Distinctions and the Transmission of Texts, in: ZRG.KA 83, 1997, 146–186.
——, The Collection and Transmission of Canon Law along the Northern Section of the Via Francigena in the Eleventh and Twelfth Centuries, in: Bruce C. Brasington/Kathleen G. Cushing (Hg.), Bishops, Texts and the Use of Canon Law around 1100. Essays in Honour of Martin Brett, Aldershot 2008 (Church, Faith and Culture in the Medieval West), 129–139.
Frank, Barbara, Die Textgestalt als Zeichen. Lateinische Handschriftentradition und die Verschriftlichung der romanischen Sprachen, Tübingen 1994 (ScriptOralia 67).
Fransen, Gérard, Autour de la Collection en 74 Titres, in: RDC 25, 1975, 61–73.
——, Brief notes. Une suite de recherches sur le Décret de Burchard de Worms, in: Traditio 25, 1969, 514–515.
——, Collections canoniques dans le manuscrit 4283 de la Bibliothèque nationale, in: J. Lindemans/H. Demeester (Hg.), Liber Amicorum Monseigneur Onclin, Gembloux 1976, 167–197.
——, La tradition manuscrite de la Panormie d'Ives de Chartres, in: BMCL 17, 1987, 91–95.
——, La tradition manuscrite de la Panormie d'Yves de Chartres, in: Stanley Chodorow (Hg.), Proceedings of the Eighth International Congress of Medieval Canon Law, San Diego, University of California at La Jolla, 1988 August 21–27, Città del Vaticano 1992 (MIC C/9), 23–25.
——, La tradition manuscrite du Décret de Burchard de Worms, in: Audomar Scheuermann/Gregor May (Hg.), Ius Sacrum. Klaus Mörsdorf zum 60. Geburtstag, München/Paderborn/Wien 1969, 111–118.
——, Le Décret de Burchard, in: Gérard Fransen/Theo Kölzer (Hg.), Burchard von Worms, Decretorum Libri XX. Ergänzter Neudruck der Editio Princeps Köln 1548, Aalen 1992, 25–42.

——, Le Décret de Buchard de Worms. Valeur du texte de l'édition. Essai de classement des manuscrits, in: ZRG.KA 63, 1977, 1–19.
——, Le manuscript de Burchard de Worms conservé à la Bibliothèque municipale de Montpellier, in: Recueil de Mémoires et Travaux. Mélanges Roger Aubenas, Montpellier 1974, 301–311.
——, Les abrégés de collections canoniques. Essai de typologie, in: RDC 28, 1978, 157–166 (wieder abgedruckt in: Gérard Fransen, Canones et Quaestiones. Évolution des doctrines et système du droit canonique, Band I, 1: Manuscrits Juridiques et Collections Canoniques, hg. Antonio García y García, Goldbach 2002 (Bibliotheca Eruditorum 25), Nr. 36, 509*–518*).
——, Les collections canoniques, Turnhout 1973 (Typologie des Sources du Moyen Âge Occidental, Fac. 10, A-III.1*) (wieder abgedruckt in: Gérard Fransen, Canones et Quaestiones. Évolution des doctrines et système du droit canonique, Band I, 1: Manuscrits Juridiques et Collections Canoniques, hg. Antonio García y García, Goldbach 2002 (Bibliotheca Eruditorum 25), Nr. 26, 313*–365*).
——, Les collections canoniques, Turnhout 1985 (Typologie des Sources du Moyen Âge Occidental, Mise à jour du fascicule n° 10).
——, Les décrétales et les collections de décrétales, Turnhout 1972 (Typologie des Sources du Moyen Âge Occidental, Fac. 2, A-III.1*) (wieder abgedruckt in: Gérard Fransen, Canones et Quaestiones. Évolution des doctrines et système du droit canonique, Band I, 1: Manuscrits Juridiques et Collections Canoniques, hg. Antonio García y García, Goldbach 2002 (Bibliotheca Eruditorum 25), Nr. 25, 267*–312*).
——, Les décrétales et les collections de décrétales. Mise à jour du fascicule n° 2, Turnhout 1985 (Typologie des Sources du Moyen Âge Occidental, mise à jour du fascicule n° 2) (wieder abgedruckt in: Gérard Fransen, Canones et Quaestiones. Évolution des doctrines et système du droit canonique, Band I, 1: Manuscrits Juridiques et Collections Canoniques, hg. Antonio García y García, Goldbach 2002 (Bibliotheca Eruditorum 25), Nr. 41, 553*–560*).
——, Les questions disputées dans les facultés de droit, in: Bernardo Bazan/Gérard Fransen/John W. Wippel/Daniele Jacquart (Hg.), Les questions disputées et les questions quodlibétiques dans les facultés de théologie, de droit et de médecine, Turnhout 1985 (Typologie des sources du moyen âge occidental, fasc. 44–45), 223–277.
——, Les sources de la Préface du Décret de Burchard de Worms, in: BMCL 3, 1973, 1–7.
——, Les textes ajoutés au décret de Burchard de Worms dans deux manuscrits toscans, in: Studi senesi 100, 1988, Supplemento II, 537–552.
——, Questiones Vindobonenses, in: Rosalius Iosephus Castillo-Lara (Hg.), Studia in honorem eminentissimi Cardinalis Alphonsi M. Stickler, Rom 1992 (Studia et textus historiae iuris canonici 7), 113–136.
——, Trois notes, in: Traditio 26, 1970, 444–447.

Fransen, Paul-Irénée, Bibliographie de Gérard Fransen, in: RDC 46, 1996, 149–158.

Michael Frassetto (Hg.), Medieval Purity and Piety. Essays on Medieval Clerical Celibacy and Religious Reform, New York/London 1998.

Frauenknecht, Erwin, Die Verteidigung der Priesterehe in der Reformzeit, Hannover 1997 (MGH Studien und Texte 16).

—–, Von Nikolaiten und Häretikern. Bemerkungen zur Epistola de vitanda missa uxoratorum sacerdotum von 1111, in: Heinz Dopsch/Stephan Freund/Alois Schmid (Hg.), Bayern und Italien. Politik, Kultur, Kommunikation (8.–15. Jahrhundert). Festschrift für Kurt Reindel zum 75. Geburtstag, München 2001 (Zeitschrift für bayerische Landesgeschichte, Beiheft B/18), 122–148.

Fried, Johannes, Der Pakt von Canossa. Schritte zur Wirklichkeit durch Erinnerungsanalyse, in: Wilfried Hartmann/Klaus Herbers (Hg.), Die Faszination der Papstgeschichte. Neue Zugänge zum frühen und hohen Mittelalter, Köln/Weimar/Wien 2008 (Forschungen zur Kaiser- und Papstgeschichte des Mittelalters. Beihefte zu J.F. Böhmer, Regesta Imperii 28), 133–197.

—–, Die Bamberger Domschule und die Rezeption von Frühscholastik und Rechtswissenschaft in ihrem Umkreis bis zum Ende der Stauferzeit, in: Johannes Fried (Hg.), Schulen und Studium im sozialen Wandel des hohen und späten Mittelalters, Sigmaringen 1986 (VuF 30), 163–201.

—–, Die Rezeption Bologneser Wissenschaft in Deutschland während des 12. Jahrhunderts, in: Viator 21, 1990, 103–145.

—–, Gerard Pucelle und Köln, in: ZRG.KA 68, 1982, 125–135.

—–, Vom Nutzen der Rhetorik und Dialektik für das Leben. Eine Einführung, in: Johannes Fried (Hg.), Dialektik und Rhetorik im frühen und hohen Mittelalter. Rezeption, Überlieferung und gesellschaftliche Wirkung antiker Gelehrsamkeit vornehmlich im 9. und 12. Jahrhundert, München 1997 (Schriften des Historischen Kollegs, Kolloquien 27), VII–XX.

—–/Stolleis, Michael (Hg.), Wissenskulturen. Über die Erzeugung und Weitergabe von Wissen, Frankfurt am Main 2009.

Fuchs, Vinzenz, Der Ordinationstitel von seiner Entstehung bis auf Innocenz III. Eine Untersuchung zur kirchlichen Rechtsgeschichte mit besonderer Berücksichtigung der Anschauungen Rudolph Sohms, Bonn 1930 (ND Amsterdam 1963) (Kanonistische Studien und Texte 4).

Fürst, Carl Gerold, Cardinalis. Prolegomena zu einer Rechtsgeschichte des römischen Kardinalskollegiums, München 1976.

—–, Zur Rechtslehre Gratians, in: ZRG.KA 57, 1971, 276–284.

Fuhrmann, Horst, Das Reformpapsttum und die Rechtswissenschaft, in: Josef Fleckenstein (Hg.), Investiturstreit und Reichsverfassung, Sigmaringen 1973 (VuF 17), 175–203.

—–, Einfluß und Verbreitung der pseudoisidorischen Fälschungen. Von ihrem Auftauchen bis in die neuere Zeit, Band 1: Stuttgart 1972, Band 2: Stuttgart 1973, Band 3: Stuttgart 1974 (MGH Schriften 24/1–3).

——, Kritischer Sinn und unkritische Haltung. Vorgratianische Einwände zu Pseudo-Clemens-Briefen, in: Hubert Mordek (Hg.), Aus Kirche und Reich. Studien zu Theologie, Politik und Recht im Mittelalter. Festschrift für Friedrich Kempf zu seinem fünfundsiebzigsten Geburtstag und fünfzigjährigen Doktorjubiläum, Sigmaringen 1983, 81–95.

——, Papst Gregor VII. und das Kirchenrecht. Zum Problem des Dictatus Papae, in: SGreg 13, 1989, 123–150.

——, Pseudoisidor, Otto von Ostia (Urban II.) und der Zitatenkampf von Gerstungen (1085), in: ZRG.KA 68, 1982, 52–69.

——, „Quod catholicus non habeatur, qui non concordat Romanae ecclesiae“. Randnotizen zum Dictatus Papae, in: Kurt-Ulrich Jäschke/Reinhard Wenskus (Hg.), Festschrift H. Beumann, Sigmaringen 1977, 263–287.

——, Studien zur Geschichte der mittelalterlichen Patriarchate, in: ZRG.KA 39, 1953, 112–176; 40, 1954, 1–84; 41, 1955, 95–183.

——, Über den Reformgeist der 74-Titel-Sammlung (Diversorum Patrum Sententiae), in: Festschrift für Hermann Heimpel zum 70. Geburtstag am 19. September 1971, Band 2, Göttingen 1972 (Veröffentlichungen des Max-Planck-Instituts für Geschichte 36/2), 1101–1120.

——, Widerstände gegen den päpstlichen Primat im Abendland, in: Michele Maccarrone (Hg.), Il primato del vescovo di Roma nel primo millennio. Ricerche e testimonianze. Atti del Symposium storico-teologico. Roma 9–13 Ottobre 1989, Città del Vaticano 1991, 707–736.

——, Zum Vorwort des Dekrets Bischof Burchards von Worms, in: Società, Istituzioni, Spiritualità. Studi in onore di Cinzio Violande, Band 1, Spoleto 1994, 383–393.

Gallagher, Clarence, Church Law and Church Order in Rome and Byzantium. A Comparative Study, Aldershot 2002 (Birmingham Byzantine and Ottoman Monographs 8).

García y García, Antonio, Historia del Derecho Canonico, vol. 1: El Primer Milenio, Salamanca 1967 (Instituto de historia de la teologia española, Subsidia 1).

Garhammer, Erich (Hg.), Zölibat zwischen Chrisma und Zwang, Würzburg 2011.

Gaudemet, Jean, Collections canoniques et primauté pontificale, in: RDC 16, 1966, 105–117 (wieder abgedruckt in: Jean Gaudemet, La société ecclésiastique dans l'Occident médiévale, London 1980 (Collected Studies Series CS 116), Nr. VI).

——, Droit canonique et droit romain. À propos de l'erreur sur la personne en matière de mariage (C. XXIX, qu. 1), in: SG 9, 1966, 45–64.

——, Gratien et le célibat ecclésiastique, in: SG 13, 1967, 339–369.

——, La doctrine des sources du droit dans le décret de Gratien, in: RDC 1, 1951, 5–31.

——, La primauté pontificale dans le décret de Gratien, in: Rosalio Iosepho

Card. Castillo Lara (Hg.), Studia in honorem eminentissimi Cardinalis Alphonsi M. Stickler, Rom 1992, 137–156.
——, La primauté pontificale dans les collections canoniques grégoriennes, in: Cesare Alzati (Hg.), Cristianità ed Europa. Miscellanea di studi in onore di Luigi Prosdocimi, Band 1, Rom/Freiburg/Wien 1994, 59–90.
——, Les sources du décret de Gratien, in: RDC 48, 1998, 247–261.
——, Les sources du droit de l'Église en Occident du IIe au VIIe siècle, Paris 1985.
——, Regards sur l'histoire du droit canonique antérieurement au décret de Gratien, in: Studia et documenta historiae et iuris 51, 1985, 73–130.
Gauss, Julia, Die Dictatus-Thesen Gregors VII. als Unionsforderungen. Ein historischer Erklärungsversuch, in: ZRG.KA 29, 1940, 1–115.
Genka, Tatsushi, Hierarchie der Texte, Hierarchie der Autoritäten. Zur Hierarchie der Rechtsquellen bei Gratian, in: ZRG.KA 95, 2009, 101–127.
——, Zum Prologus des Ivo von Chartres in der Lütticher Handschrift UB 230, in: Hans-Georg Hermann/Thomas Gutmann/Joachim Rückert/Mathias Schmoeckel/Harald Siems (Hg.), Von den Leges Barbarorum bis zum ius barbarum des Nationalsozialismus. Festschrift für Hermann Nehlsen zum 70. Geburtstag, Köln/Weimar/Wien 2008, 510–530.
Gerbenzon, Pieter, Bertram of Metz, the Author of ‚Elegantius in iure divino' (Summa Coloniensis)?, in: Traditio 21, 1965, 510–511.
Ghellinck, Joseph de, Le mouvement théologique du XIIe siècle. Sa préparation lointaine, avant et autour de Pierre Lombard, ses rapports avec les initiatives des canonistes. Études, recherches et documents, 2. Aufl., Bruxelles/Paris 1948.
Gilchrist, John, Changing the Structure of a Canonical Collection: the Collection in Seventy-four Titles, Four Books, and the Pseudo-Isidorian Decretals, in: Steven B. Bowman/Blanche E. Cody (Hg.), In Iure Veritas. Studies in Canon Law in Memory of Schafer Williams, Cincinatti 1991, 93–117.
——, Gregory VII and the primacy of the Roman church, in: TRG 36, 1968, 123–135.
——, The Collection in Seventy-Four Titles: A Canon Law Manual of the Gregorian Reform, Toronto 1980 (Mediaeval Sources in Translation 22).
——, The Manuscripts of the Canonical Collection in Four Books, in: ZRG.KA 69, 1983, 64–120.
——, The Polycarpus, in: ZRG.KA 68, 1982, 441–452.
——, The Reception of Pope Gregory VII. into the Canon Law (1073–1141), in: ZRG.KA 59, 1973, 34–82; 66, 1980, 192–229.
Gillespie, Vincent, From the Twelfth Century to c. 1450, in: Alastair Minnis/Ian Johnson (Hg.), The Cambridge History of Literary Criticism, Band 2: The Middle Ages, Cambridge 2005, 145–235.
Gillmann, Franz, Rührt die Distinktioneneinteilung des ersten und des dritten Dekretteils von Gratian selbst her? in: AKKR 112, 1932, 504–533.

Gioanni, Stéphane, La Contribution Épistolaire d'Ennode de Pavie à la Primauté Pontificale sous le Règne des Papes Symmaque et Hormisdas, in: Mélanges de l'École Française de Rome. Moyen Âges 113, 2001, 245–268.

Giordanengo, Gérard, Auctoritates et auctores dans les collections canoniques (1050–1140), in: Michel Zimmermann (Hg.), Auctor et Auctoritas. Invention et conformisme dans l'écriture médiévale. Actes du colloque tenu à l'Université de Versailles-Saint-Quentin-en-Yvelines (14-16 juin 1999), Paris 2001 (Mémoires et documents de l'École des chartes 59), 99–129.

Girardet, Klaus Martin, Appellatio. Ein Kapitel kirchlicher Rechtsgeschichte in den Kanones des vierten Jahrhunderts, in: Historia. Zeitschrift für Alte Geschichte 23, 1974, 98–127.

——, Gericht über den Bischof von Rom. Ein Problem der kirchlichen und der staatlichen Justiz in der Spätantike (4.–6. Jahrhundert), in: HZ 259, 1994, 1–38.

——, Kaisergericht und Bischofsgericht. Studien zu den Anfängen des Donatistenstreites (313–315) und zum Prozeß des Athanasius von Alexandrien (328–346), Bonn 1975 (Antiquitas, Reihe 1, Abhandlungen zur Alten Geschichte 21).

Giraud, Cédric, Per verba magistri. Anselme de Laon et son école au XIIe siècle, Turnhout 2010 (Bibliothèque d'histoire culturelle du moyen âge 8).

Glauche, Günter, Schullektüre im Mittelalter. Entstehung und Wandlungen des Lektürekanons bis 1200 nach den Quellen dargestellt, München 1970 (Münchener Beiträge zur Mediävistik und Renaissance-Forschung 5).

Goetz, Hans-Werner, Die „Geschichte" im Wissenschaftssytem des Mittelalters, in: Franz-Josef Schmale (Hg.), Funktion und Formen mittelalterlicher Geschichtsschreibung, 2. Aufl., Darmstadt 1993, 165–213.

——, Geschichte als Argument. Historische Beweisführung und Geschichtsbewußtsein in den Streitschriften des Investiturstreits, in: HZ 245, 1987, 31–69.

——, Wahrnehmungs- und Deutungsmuster als methodisches Problem der Geschichtswissenschaft, in: Das Mittelalter 8, 2003, 23–33.

Goez, Werner, Canossa als deditio, in: Matthias Thumser/Annegret Wenz-Haubfleisch/Peter Wiegand (Hg.), Studien zur Geschichte des Mittelalters. Jürgen Petersohn zum 65. Geburtstag, Stuttgart 2000, 92–99.

Gossman, Francis J., Pope Urban II and canon law, Washington 1960 (The Catholic University of America Canon Law Studies 403).

Gouron, André, La diffusion des premiers recueils de questions disputées: Des civilistes aux canonistes, in: Rosalius Iosephus Castillo-Lara (Hg.), Studia in honorem eminentissimi Cardinalis Alphonsi M. Stickler, Rom 1992 (Studia et textus historiae iuris canonici 7), 157–169.

——, Sur les sources civilistes et la datation des Sommes de Rufin et d'Etienne de Tournai, in: BMCL 16, 1986, 55–70.

Grabmann, Martin, Die Geschichte der scholastischen Methode, Band 1: Die scholastische Methode von ihren ersten Anfängen in der Väterliteratur bis zum Beginn des 12. Jahrhunderts, Freiburg im Breisgau 1909.
Gresser, Georg, Die Synoden und Konzilien in der Zeit des Reformpapsttums in Deutschland und Italien von Leo IX. bis Calixt II. 1049–1123, Paderborn/München/Wien/Zürich 2006 (Konziliengeschichte Reihe A).
Greulich, Oskar, Die kirchenpolitische Stellung Bernolds von Konstanz, in: Historisches Jahrbuch 55, 1935, 1–54.
Griffe, E., À propos du canon 33 du concile d'Elvire, in: Bulletin de Littérature Ecclésiastique 74, 1973, 142–145.
—–, Le Concile d'Elvire et les origines du célibat ecclésiastique, in: Bulletin de Littérature Ecclésiastique 77, 1976, 123–127.
Grimm, Dieter (Hg.), Wachsende Staatsaufgaben–sinkende Steuerungsfähigkeit des Rechts, Baden-Baden 1990.
Große, Rolf, Saint-Denis zwischen Adel und König. Die Zeit vor Suger (1053–1122), Stuttgart 2002 (Beihefte der Francia 57).
Gryson, Roger, Les origines du célibat ecclésiastique du premier au septième siècle, Gembloux 1970 (Recherches et synthèses, section d'histoire 2).
Gujer, Regula, Concordia discordantium codicum manuscriptorum? Die Textentwicklung von 18 Handschriften anhand der D. 16 des Decretum Gratiani, Köln/Weimar/Wien 2004 (Forschungen zur kirchlichen Rechtsgeschichte und zum Kirchenrecht 23).
—–, Zur Überlieferung des Decretum Gratiani, in: Peter Landau/Jörg Müller (Hg.), Proceedings of the Ninth International Congress of Medieval Canon Law, Munich, 1992 July 13 18, Città del Vaticano 1997 (MIC C/10), 87–104.
Gumbert, Johann Peter, Le texte intellectuel, sa forme physique et les termes du metier, in: Olga Weijers (Hg.), Actes du colloque „Terminologie de la vie intellectuelle au moyen âge", Leyde/La Haye, 20–21 Septembre 1985, Turnhout 1988 (Civicima 1), 96–104.
—–, Zur ‚Typographie' der geschriebenen Seite, in: Hagen Keller/Klaus Grubmüller/Nikolaus Staubach (Hg.), Pragmatische Schriftlichkeit im Mittelalter. Erscheinungsformen und Entwicklungsstufen. Akten des internationalen Kolloquiums 17.–19. Mai 1989, München 1992, 283–292.
Hageneder, Othmar, Das *crimen maiestatis*, der Prozeß gegen die Attentäter Papst Leos III. und die Kaiserkrönung Karls des Großen, in: Hubert Mordek (Hg.), Aus Kirche und Reich. Studien zu Theologie, Politik und Recht im Mittelalter: Festschrift für Friedrich Kempf zu seinem fünfundsiebzigsten Geburtstag und fünfzigjährigen Doktorjubiläum, Sigmaringen 1983, 55–79.
—–, Der Häresiebegriff bei den Juristen des 12. und 13. Jahrhunderts, in: W. Lourdaux/D. Verhelst (Hg.), The concept of heresy in the middle ages (11th–13th c.). Proceedings of the international conference Louvain 1973 May 13-16, Leuven 1976 (Mediaevalia Lovaniensia Series 1, Studia 4), 42–103.
Haller, Johannes, Der Weg nach Canossa, in: HZ 160, 1939, 229–285.

——, Pseudoisidors erstes Auftreten im deutschen Investiturstreit, in: SGreg 2, 1947, 91–101.

Harder, Clara, Pseudoisidor und das Papsttum. Funktion und Bedeutung des apostolischen Stuhls in den pseudoisidorischen Fälschungen, Köln/Weimar/Wien 2014 (Papsttum im mittelalterlichen Europa 2).

Hartmann, Wilfried, Autoritäten im Kirchenrecht und Autorität des Kirchenrechts in der Salierzeit, in: Stefan Weinfurter (Hg.), Die Salier und das Reich, Band 3: Gesellschaftlicher und ideengeschichtlicher Wandel im Reich der Salier, Sigmaringen 1991, 425–446.

——, Der Investiturstreit, 3. Aufl., München 2007 (EDG 21).

——, Discipulus non est super magistrum (Matth. 10, 24). Zur Rolle der Laien und der niederen Kleriker im Investiturstreit, in: Hubert Mordek (Hg.), Papsttum, Kirche und Recht im Mittelalter. Festschrift für Horst Fuhrmann zum 65. Geburtstag, Tübingen 1991, 187–200.

——, Manegold von Lautenbach und die Anfänge der Frühscholastik, in: DA 26, 1970, 47–149.

——, Rhetorik und Dialektik in der Streitschriftenliteratur des 11./12. Jahrhunderts, in: Johannes Fried (Hg.), Dialektik und Rhetorik im frühen und hohen Mittelalter. Rezeption, Überlieferung und gesellschaftliche Wirkung antiker Gelehrsamkeit vornehmlich im 9. und 12. Jahrhundert, München 1997 (Schriften des Historischen Kollegs, Kolloquien 27), 73–95.

——, Zur Entstehungszeit der Kanones der angeblichen Konzilien von Nantes und von Rouen, in: Joseph Goering/Stephan Dusil/Andreas Thier (Hg.), Proceedings of the Fourteenth International Congress of Medieval Canon Law, Toronto, 2012 August 5–11, Città del Vaticano 2016 (MIC C/15), 303–311.

——/Pennington, Kenneth (Hg.), The history of medieval canon law in the classical period, 1140–1234. From Gratian to the decretals of Pope Gregory IX., Washington D.C. 2008 (History of medieval canon law).

——/Schmitz, Gerhard (Hg.), Fortschritt durch Fälschungen? Ursprung, Gestalt und Wirkungen der pseudoisidorischen Fälschungen. Beiträge zum gleichnamigen Symposium an der Universität Tübingen vom 27. und 28. Juli 2001, Hannover 2002 (MGH Studien und Texte 31).

Haskins, Charles Homer, The Renaissance of the Twelfth Century, Cambridge 1927.

Hathaway, Neil, Compilatio: From Plagiarism to Compiling, in: Viator 20, 1989, 19–44.

Hattenhauer, Hans, Europäische Rechtsgeschichte, 4. Aufl., Heidelberg 2004.

Hauck, [Albert], Ueber den liber decretorum Burchard's von Worms, in: Berichte über die Verhandlungen der könglich sächsischen Gesellschaft der Wissenschaften zu Leipzig. Philologisch-historische Classe Band 46, Leipzig 1894, 65–86.

Hauschild, Wolf-Dieter, Lehrbuch der Kirchen- und Dogmengeschichte, Band 1: Alte Kirche und Mittelalter, Gütersloh 1995.

Hecker, Damian, Eigentum als Sachherrschaft. Zur Genese und Kritik eines besonderen Herrschaftsanspruchs, Paderborn/München/Wien/Zürich 1990 (Rechts- und staatswissenschaftliche Veröffentlichungen der Görres-Gesellschaft, NF 57).

Heckmann, Marie-Luise, Der Fall Formosus. Ungerechtfertigte Anklage gegen einen Toten, Leichenfrevel oder inszenierte Entheiligung des Sakralen?, in: Stefan Weinfurter (Hg.), Päpstliche Herrschaft im Mittelalter. Funktionsweisen, Strategien, Darstellungsformen, Ostfildern 2012 (Mittelalter-Forschungen 38), 223–238.

Hefele, Carl Joseph, Conciliengeschichte, Band 4, Freiburg im Breisgau 1860.

Heid, Stefan, Zölibat in der frühen Kirche. Die Anfänge einer Enthaltsamkeitspflicht für Kleriker in Ost und West, Paderborn/München/Wien/Zürich 1997.

Heimerl, Hans, Der Zölibat. Recht und Gerechtigkeit, Wien/New York 1985.

Hersperger, Patrick, Kirche, Magie und ‚Aberglaube'. *Superstitio* in der Kanonistik des 12. und 13. Jahrhunderts, Köln/Weimar/Wien 2010 (Forschungen zur kirchlichen Rechtsgeschichte und zum Kirchenrecht 31).

Hertling, Ludwig, Communio und Primat. Kirche und Papsttum in der christlichen Antike, in: Una Sancta 17, 1962, 91–125.

Hess, Hamilton, The Canons of the Council of Sardica A.D. 343. A Landmark in the Early Development of Canon Law, Oxford 1958.

——, The Early Development of Canon Law and the Council of Serdica, Oxford 2002.

Hinschius, Paul, System des katholischen Kirchenrechts mit besonderer Rücksicht auf Deutschland, Band 1, Berlin 1869 (ND Graz 1959).

Hirsch, E. D., In Defense of the Author, in: Gary Iseminger (Hg.), Intention and Interpretation, Philadelphia 1992, 11–23.

Hirsch, Emanuel, Die rechtliche Stellung der römischen Kirche und des Papstes nach Kardinal Deusdedit, in: AKKR 88, 1908, 595–624.

——, Leben und Werke des Kardinals Deusdedit, in: AKKR 85, 1905, 706–718.

Hödl, Ludwig, Die Geschichte der scholastischen Literatur und der Theologie der Schlüsselgewalt, 1. Teil: Die scholastische Literatur und die Theologie der Schlüsselgewalt von ihren Anfängen an bis zur Summa Aurea des Wilhelm von Auxerre, Münster 1960 (Beiträge zur Geschichte der Philosophie und Theologie des Mittelalters, Texte und Untersuchungen 38/4).

——, Die lex continentiae. Eine problemgeschichtliche Studie über den Zölibat, in: Zeitschrift für katholische Theologie 83, 1961, 325–344.

Hoesch, Henning, Die kanonischen Quellen im Werk Humberts von Moyenmoutier. Ein Beitrag zur Geschichte der vorgregorianischen Reform, Köln/Wien 1970 (Forschungen zur kirchlichen Rechtsgeschichte und zum Kirchenrecht 10).

Hoffmann, Hartmut, Von Cluny zum Investiturstreit, in: Archiv für Kulturgeschichte 45, 1963, 165–209.

——, Zum Register und zu den Briefen Papst Gregors VII, in: DA 32, 1976, 86–130.
——/Pokorny, Rudolf, Das Dekret des Bischofs Burchard von Worms. Textstufen–Frühe Verbreitung–Vorlagen, München 1991 (MGH Hilfsmittel 12).
Hoffmann-Riem, Wolfgang, Verwaltungsrecht in der Informationsgesellschaft–Einleitende Problemskizze, in: Wolfgang Hoffmann-Riem/Eberhard Schmidt-Aßmann (Hg.), Verwaltungsrecht in der Informationsgesellschaft, Baden-Baden 2000 (Schriften zur Reform des Verwaltungsrechts 7), 9–58.
Hofmann, Ernst, Die Stellung der Konstanzer Bischöfe zu Papst und Kaiser während des Investiturstreits, in: Freiburger Diözesanarchiv 58, 1931, 181–242.
Hofmann, Karl, Der Dictatus Papae Gregors VII. als Index einer Kanonessammlung, in: SGreg 1, 1947, 531–537.
——, Der Dictatus Papae Gregors VII. Eine rechtsgeschichtliche Erklärung, Paderborn 1933.
Hohmann, Joachim S., Der Zölibat. Geschichte und Gegenwart eines umstrittenen Gesetzes. Mit einem Anhang wichtiger kirchlicher Quellentexte, Frankfurt am Main/Berlin/Bern 1993.
Holopainen, Toivo J., Dialectic and Theology in the Eleventh Century, Leiden/New York/Köln 1996 (Studien und Texte zur Geistesgeschichte des Mittelalters 54).
Holtzmann, Walter, Das Ende des Bischofs Heinrich II. von Chur. Ein Beitrag zur Geschichte von Reich und Kirche in der Zeit Kaiser Heinrichs VI., in: Zeitschrift für Schweizerische Geschichte 29, 1949, 147–194.
Hornung, Christian, Directa ad decessorem. Ein kirchenhistorisch-philologischer Kommentar zur ersten Dekretale des Siricius von Rom, Münster 2011 (Jahrbuch für Antike und Christentum, Ergänzungsband, Kleine Reihe 6).
Horst, Uwe, Die Kanonessammlung Polycarpus des Gregor von S. Crisogono. Quellen und Tendenzen, München 1980 (MGH Hilfsmittel 5).
Illich, Ivan, Im Weinberg des Textes. Als das Schriftbild der Moderne entstand. Ein Kommentar zu Hugos Didascalicon, Frankfurt am Main 1991.
Jakobs, Hermann, Kirchenreform und Hochmittelalter 1046–1215, München 1994 (Grundriss der Geschichte 7).
Jannidis, Fotis/Lauer, Gerhard/Martinez, Matias/Winko, Simone, Rede über den Autor an die Gebildeten unter seinen Verächtern. Historische Modelle und systematische Perspektiven, in: Fotis Jannidis/Gerhard Lauer/Matias Martinez/Simone Winko (Hg.), Rückkehr des Autors. Zur Erneuerung eines umstrittenen Begriffs, Tübingen 1999 (Studien und Texte zur Sozialgeschichte der Literatur 71), 3–35.
Jansen, Nils, Dogmatisierungsprozesse in Recht und Religion. Einführung, in: Georg Essen/Nils Jansen (Hg.), Dogmatisierungsprozesse in Recht und Religion, Tübingen 2011, 1–22.
Jasper, Detlev, Burchards Dekret in der Sicht der Gregorianer, in: Wilfried

Hartmann (Hg.), Bischof Burchard von Worms. 1000–1025, Mainz 2000 (Quellen und Abhandlungen zur mittelrheinischen Kirchengeschichte 100), 167–198.
—, Das Papstwahldekret von 1059. Überlieferung und Textgestalt, Sigmaringen 1986 (Beiträge zur Geschichte und Quellenkunde des Mittelalters 12).
—/Fuhrmann, Horst, Papal Letters in the Early Middle Ages, Washington D.C. 2001 (History of Medieval Canon Law).
Jenal, Georg, Italia ascetica atque monastica. Das Asketen- und Mönchtum in Italien von den Anfängen bis zur Zeit der Langobarden (ca. 150/250–604), Erster Halbband, Stuttgart 1995 (Monographien zur Geschichte des Mittelalters 39, 1).
Jordan, Karl, Die päpstliche Verwaltung im Zeitalter Gregors VII., in: SGreg 1, 1947, 111–135.
Kämpf, Hellmut (Hg.), Canossa als Wende, Darmstadt 1963 (WdF 12).
Kannowski, Bernd, Die Umgestaltung des Sachsenspiegelrechts durch die Buch'sche Glosse, Hannover 2007 (MGH Schriften 56).
Kansteiner, Wulf, Postmoderner Historismus–Das kollektive Gedächtnis als neues Paradigma der Kulturwissenschaften, in: Friedrich Jaeger/Jürgen Straub (Hg.), Handbuch der Kulturwissenschaften, Band 2: Paradigmen und Disziplinen, Stuttgart/Weimar 2004, 119–139.
Kaser, Max/Hackl, Karl, Das römische Zivilprozessrecht, 2. Aufl., München 1996 (Handbuch der Altertumswissenschaften 10/3/4).
—/Schwarz, Fritz, Die Interpretatio zu den Paulussentenzen, Köln/Graz 1956.
Keller, Hagen, Pataria und Stadtverfassung, in: Josef Fleckenstein (Hg.), Investiturstreit und Reichsverfassung, Sigmaringen 1973 (VuF 17), 321–350.
Kellner, Thomas, Kommunikative Gemeindeleitung. Theologie und Praxis, Mainz 1997.
Kempf, Friedrich, Primatiale und episkopal-synodale Struktur der Kirche vor der gregorianischen Reform, in: Archivum historiae pontificiae 16, 1978, 27–66.
Kerner, Max, Studien zum Dekret des Bischofs Burchard von Worms, 2 Bände, Diss. Aachen, masch. schriftl. 1969.
—/Kerff, Franz/Pokorny, Rudolf/Schon, Karl Georg/Tills, Hubert, Textidentifikation und Provenienzanalyse im Decretum Burchardi, in: SG 20, 1976, 17–63.
Kéry, Lotte, Canonical Collections of the Early Middle Ages (ca. 400–1140). A Bibliographical Guide to the Manuscripts and Literature, Washington D.C. 1999 (History of Medieval Canon Law 1).
Kiesow, Rainer Maria, Das Alphabet des Rechts, Frankfurt am Main 2004.
—, Die Ordnung des juridischen Wissens, in: Theo Stammen/Wolfgang

Weber (Hg.), Wissenssicherung, Wissensordnung und Wissensverarbeitung. Das europäische Modell der Enzyklopädien, Berlin 2004, 59–70.

—, Zettelwirtschaft. Enzyklopädische Forschungen, in: Ius Commune 24, 1997, 213–221.

—/Schmidgen, Henning, Repräsentation und kein Ende! Ein Alphabet an Stelle einer Einleitung, in: Rainer Maria Kiesow/Henning Schmidgen (Hg.), Inszeniertes Wissen. Formen und Medien der Repräsentation, Berlin 2006 (Paragrana Beiheft 3), 9–18.

Kittel, Erich, Die Staatsauffassung der kirchlichen Reformpartei im Zeitalter Gregors VII., Diss. phil., Berlin 1925 (als Abstract gedruckt in: Jahrbuch der Dissertationen der Philosophischen Fakultät der Friedrich-Wilhelms-Universität zu Berlin, Dekanatsjahr 1925-26, Berlin 1927, 15–18).

Klausnitzer, Wolfgang, Der Primat des Bischofs von Rom. Entwicklung–Dogma–Ökumenische Zukunft, Freiburg im Breisgau 2004.

Klinkenberg, Hans Martin, Die Theorie der Veränderbarkeit des Rechtes im Frühen und Hohen Mittelalter, in: Paul Wilpert/Rudolf Hoffmann (Hg.), Lex et Sacramentum im Mittelalter, Berlin 1969 (Miscellanea Mediaevalia 6), 157–188.

Kluth, Winfried, Die Strukturierung von Wissensgenerierung durch das Verwaltungsorganisationsrecht, in: Indra Spiecker genannt Döhmann/Peter Collin (Hg.), Generierung und Transfer staatlichen Wissens im System des Verwaltungsrechts, Tübingen 2008 (Neue Staatswissenschaften 10), 73–92.

Knaus, Hermann, Rheinische Handschriften in Berlin, 6. Folge: Der Fonds Maugéraud, in: Archiv für Geschichte des Buchwesens 14, 1974, 258–284.

Knibbs, Eric, Ebo of Reims, Pseudo-Isidore, and the Date of the False Decretals, in: Speculum 92, 2017, 144–183.

—, The Interpolated Hispana and the Origins of Pseudo-Isidore, in: ZRG.KA 99, 2013, 1–71.

Knoblauch, Hubert, Wissenssoziologie, 2. Aufl., Konstanz 2010.

Knox, Ronald, Accusing Higher Up, in: ZRG.KA 78, 1991, 1–31.

—, Finding the Law. Developments in Canon Law during the Gregorian Reform, in: SGreg 9, 1972, 419–466.

Koch, Josef (Hg.), Artes liberales. Von der antiken Bildung zur Wissenschaft des Mittelalters, Leiden 1959 (Studien und Texte zur Geistesgeschichte des Mittelalters 5).

Koebner, Richard, Der Dictatus Papae, in: Kritische Beiträge zur Geschichte des Mittelalters. Festschrift für Robert Holtzmann zum sechzigsten Geburtstag, Berlin 1933 (Historische Studien 238), 64–92.

Köhn, Rolf, Schulbildung und Trivium im lateinischen Hochmittelalter und ihr möglicher praktischer Nutzen, in: Johannes Fried (Hg.), Schulen und Studium im sozialen Wandel des hohen und späten Mittelalters, Sigmaringen 1986 (VuF 30), 203–284.

Kölzer, Theo, Burchard I., Bischof von Worms (1000–1025), in: Gérard Fransen/Theo Kölzer (Hg.), Burchard von Worms, Decretorum Libri XX. Ergänzter Neudruck der Editio Princeps Köln 1548, Aalen 1992, 7–23.

—, Die Farfenser Kanonessammlung des Cod. vat. lat. 8487 (Collectio Farfensis), in: BMCL 7, 1977, 94–100.

—, Mönchtum und Kirchenrecht. Bemerkungen zu monastischen Kanonessammlungen der vorgratianischen Zeit, in: ZRG.KA 69, 1983, 121–142.

Koeniger, Albert M., Beiträge zu den fränkischen Kapitularien und Synoden, in: AKKR 87, 1907, 393–406.

—, Burchard I. von Worms und die deutsche Kirche seiner Zeit. Ein kirchen- und sittengeschichtliches Zeitbild, München 1905 (Veröffentlichungen aus dem kirchenhistorischen Seminar München, 2. Reihe/6).

—, Prima sedes a nemine iudicatur, in: Albert Koeniger (Hg.), Beiträge zur Geschichte des christlichen Altertums und der Byzantinischen Literatur. Festgabe Albert Ehrhard zum 60. Geburtstag (14. März 1922), Bonn/Leipzig 1922 (ND Amsterdam 1969), 273–300.

Köstler, Rudolf, Zum Titel des gratianischen Dekrets, in: ZRG.KA 21, 1932, 370–373.

Kötting, Bernhard, Der Zölibat in der Alten Kirche, Münster 1968 (Schriften der Gesellschaft zur Förderung der Westfälischen Wilhelms-Universität zu Münster 61).

Kolb, Frank, Der Bußakt von Mailand: Zum Verhältnis von Staat und Kirche in der Spätantike, in: Hartmut Boockmann/Kurt Jürgensen/Gerhard Stoltenberg (Hg.), Geschichte und Gegenwart. Festschrift für Karl Dietrich Erdmann, Neumünster 1980, 41–74.

Komáromi, László, Ungarn zwischen Ost und West. Die Regelung der Klerikerehe durch frühere ungarische Synoden (11.–12. Jh.), in: Vanessa Duss/Nikolaus Linder/Katrin Kastl/Christina Börner/Fabienne Hirt/Felix Züsli (Hg.), Rechtstransfer in der Geschichte/Legal Tranfer in History, München 2006 (Jahrbuch Junge Rechtsgeschichte/Yearbook of Young Legal History 1), 279–296.

Kortüm, Hans-Henning, Necessitas temporis: Zur historischen Bedingtheit des Rechts im früheren Mittelalter, in: ZRG.KA 79, 1993, 34–55.

Kottje, Raymund, Kirchenrechtliche Interessen im Bodenseeraum vom 9. bis 12. Jahrhundert, in: Johanne Autenrieth/Raymund Kottje (Hg.), Kirchenrechtliche Texte im Bodenseegebiet. Mittelalterliche Überlieferung in Konstanz, auf der Reichenau und in St. Gallen, Stuttgart 1965 (VuF Sonderband 18), 23–41.

Kozur, Waltraud, Index alphabeticus singulorum capitulorum Decreti Burchardi Wormacensis, in: Norbert Höhl (Hg.), Ius et historia. Festgabe für Rudolf Weigand zu seinem 60. Geburtstag von seinen Schülern, Mitarbeitern und Freunden, Würzburg 1989 (Forschungen zur Kirchenrechtswissenschaft 6), 64–101.

Krämer, Peter, Kirchenrecht II. Ortskirche–Gesamtkirche, Stuttgart/Berlin/Köln 1993 (Kohlhammer-Studienbücher Theologie 24, 2).
Krause, Hans-Georg, Das Papstwahldekret von 1059 und seine Rolle im Investiturstreit, Rom 1960 (Studi Gregoriani VII).
Krause, Hermann, Cessante causa cessat lex, in: ZRG.KA 46, 1960, 81–111.
Kroeschell, Karl, Deutsche Rechtsgeschichte, Band 1: Bis 1250, 13. Aufl., Köln/Weimar/Wien 2008.
—–, Deutsche Rechtsgeschichte, Band 3: Seit 1650, 5. Aufl., Köln/Weimar/Wien 2008.
—–/Cordes, Albrecht/Nehlsen-von Stryk, Karin, Deutsche Rechtsgeschichte, Band 2: 1250–1650, 9. Aufl., Köln/Weimar/Wien 2008.
Kuttner, Stephan, A forgotten definition of justice, in: SG 20, 1976, 73–109.
—–, Bertram of Metz, in: Traditio 13, 1957, 501–505.
—–, Brief Notes (Urban II and Gratian, Antonio Agustín and the Correctores, Bernardus Raymundi, Letters of Innocent III), in: Traditio 24, 1968, 504–507.
—–, Cardinalis. The History of a Canonical Concept, in: Traditio 3, 1945, 129–214.
—–, De Gratiani opere noviter edendo, in: Apollinaris 21, 1948, 118–128.
—–, New Studies on the Roman Law in Gratian's Decretum, in: Seminar 11, 1953, 12–50 (wieder abgedruckt in und zitiert nach: Stephan Kuttner, Gratian and the Schools of Law 1140–1234, London 1983 (Variorum Collected Studies Series), Nr. IV).
—–, Réflexions sur les Brocards des Glossateurs, in: Mélanges Joseph de Ghellinck, vol. 2: Moyen âge. Époques moderne et contemporaine, Gembloux 1951, 767–792.
—–, Repertorium der Kanonistik (1140–1234). Prodromus Corporis Glossarum, Band 1, Città del Vaticano 1937 (Studi e Testi 71).
—–, Research on Gratian. Acta and Agenda, in: Peter Linehan (Hg.), Proceedings of the Seventh International Congress of Medieval Canon Law, Cambridge, 1984 July 23–27, Città del Vaticano 1988 (MIC C/8), 3–26.
—–, Some Roman Manuscripts of Canonical Collections, in: BMCL 1, 1971, 7–29.
—–, The Father of the Science of Canon Law, in: The Jurist 1, 1941, 2–19.
—–, The Revival of Jurisprudence, in: Robert L. Benson/Giles Constable (Hg.), Renaissance and Renewal in the Twelfth Century, Oxford 1982, 299–323.
—–, Urban II and the doctrine of interpretation. A turning point?, in: SG 15, 1972, 53–85.
—–/Rathbone, Eleanor, Anglo-norman canonists of the twelfth century: An introductory study, in: Traditio 7, 1949/51, 279–358 (wieder in: Stephan Kuttner (Hg.), Gratian and the Schools of Law 1140–1234, London 1983 (Variorum Collected Studies Series), Nr. VIIII).
Kynast, Birgit, Eine neue Perspektive auf das Selbstverständnis mittelalter-

licher Kompilatoren? Das Konzept der Imitation und die Praefatio zum Dekret des Bischofs Burchard von Worms, in: Zeitschrift für Kirchengeschichte 127, 2016, 19–36.
Landau, Peter, Apokryphe Isidoriana bei Gratian, in: Franz J. Felten/Nikolas Jaspert (Hg.), Vita Religiosa im Mittelalter. Festschrift für Kaspar Elm zum 70. Geburtstag, Berlin 1999 (Berliner Historische Studien 31, Ordensstudien 13), 837–844.
—–, Art. Ivo von Chartres (ca. 1040–1115), in: TRE 16, 1987, 422–427.
—–, Art. Kirchenverfassungen, in: TRE 19, 1990, 110–165.
—–, Bernhard von Pavia und die Collectio Anselmo Dedicata. Zugleich zur Überlieferung der Kanones des Konzils von Ravenna 898, in: BMCL 25, 2002/2003, 82–85.
—–, Burchard de Worms et Gratien: À propos des sources immédiates de Gratien, in: RDC 48, 1998, 233–245.
—–, Das Dekret des Ivo von Chartres. Die handschriftliche Überlieferung im Vergleich zum Text in den Editionen des 16. und 17. Jahrhunderts, in: ZRG.KA 70, 1984, 1–44.
—–, Die Anfänge der Verbreitung des klassischen kanonischen Rechts in Deutschland im 12. Jahrhundert und im ersten Dritttel des 13. Jahrhunderts, in: Chiesa diritto e ordinamento della „Societas Christiana" nei secoli XI e XII, Milano 1986, 272–297 (wieder in: Peter Landau, Kanones und Dekretalen. Beiträge zur Geschichte der Quellen des kanonischen Rechts, Goldbach 1997, 411*–429*).
—–, Die Anklagemöglichkeit Untergeordneter vom Dictatus Papae zum Dekret Gratians, in: André Gabriels/Heinrich J. Reinhardt (Hg.), Ministerium Iustitiae. Festschrift für Heribert Heinemann zur Vollendung des 60. Lebensjahres, Essen 1985, 373–383 (wieder in und zitiert nach: Peter Landau, Europäische Rechtsgeschichte und kanonisches Recht im Mittelalter. Ausgewählte Aufsätze aus den Jahren 1967 bis 2006, Badenweiler 2013, 577–591).
—–, Die Bedeutung des kanonischen Recht für die Entwicklung einheitlicher Rechtsprinzipien, in: Heinrich Scholler (Hg.), Die Bedeutung des kanonischen Rechts für die Entwicklung einheitlicher Rechtsprinzipien, Baden-Baden 1996 (Arbeiten zur Rechtsvergleichung 177), 23–47 (wieder in: Peter Landau, Europäische Rechtsgeschichte und kanonisches Recht im Mittelalter. Ausgewählte Aufsätze aus den Jahren 1967 bis 2006, Badenweiler 2013, 255–281.
—–, Die Entstehung des kanonischen Infamiebegriffs von Gratian bis zur Glossa ordinaria, Köln 1966 (Forschungen zur kirchlichen Rechtsgeschichte und zum Kirchenrecht 5).
—–, Die Kölner Kanonistik des 12. Jahrhunderts. Ein Höhepunkt der europäischen Rechtswissenschaft, Badenweiler 2008 (Kölner Rechtsgeschichtliche Vorträge 1).

—, Die Rubriken und Inskriptionen von Ivos Panormie. Die Ausgabe Sebastian Brants im Vergleich zur Löwener Edition des Melchior de Vosmédian und der Ausgabe von Migne, in: BMCL 12, 1982, 31–49.
—, Gefälschtes Recht in den Rechtssammlungen bis Gratian, in: Fälschungen im Mittelalter. Internationaler Kongreß der Monumenta Germaniae Historica, München, 16.–19. September 1986, Band 2: Gefälschte Rechtstexte. Der bestrafte Fälscher, Hannover 1988 (MGH Schriften 33/2), 11–49.
—, Gratian and the Decretum Gratiani, in: Wilfried Hartmann/Kenneth Pennington (Hg.), The history of medieval canon law in the classical period, 1140–1234. From Gratian to the decretals of Pope Gregory IX., Washington D.C. 2008 (History of medieval canon law), 22–54.
—, Gratians Arbeitsplan, in: Winfried Aymans/Karl-Theodor Geringer (Hg.), Iuri canonico promovendo. Festschrift für Heribert Schmitz zum 65. Geburtstag, Regensburg 1994, 691–707.
—, Gratian und Dionysius Exiguus: Ein Beitrag zur kanonistischen Interpolationenkritik, in: SG 27, 1996, 271–283.
—, Master Peter of Louveciennes and the Origins of the Parisian School of Canon Law around 1170, in: Joseph Goering/Stephan Dusil/Andreas Thier (Hg.), Proceedings of the Fourteenth International Congress of Medieval Canon Law, Toronto, 2012 August 5–11, Città del Vaticano 2016 (MIC C/15), 379–394.
—, Neue Forschungen zu vorgratianischen Kanonessammlungen und den Quellen des gratianischen Dekrets, in: Ius Commune 11, 1984, 1–29.
—, Officium und Libertas Christiana, München 1991 (Sitzungsberichte der Bayerischen Akademie der Wissenschaften, phil.-hist. Klasse 1991, Heft 3).
—, Rez. zu Berman, Law and Revolution, in: University of Chicago Law Review 51, 1984, 937–943.
—, Vorgratianische Kanonessammlungen bei den Dekretisten und in frühen Dekretalensammlungen, in: Stanley Chodorow (Hg.), Proceedings of the Eighth International Congress of Medieval Canon Law, San Diego, University of California at La Jolla, 1988 August 21–27, Città del Vaticano 1992 (MIC C/9), 93–116.
Landwehr, Achim, Das Sichtbare sichtbar machen. Annäherungen an ‚Wissen' als Kategorie historischer Forschung, in: Achim Landwehr (Hg.), Geschichte(n) der Wirklichkeit. Beiträge zur Sozial- und Kulturgeschichte des Wissens, Augsburg 2002 (Documenta Augustana 11), 61–89.
—, Diskurs–Macht–Wissen. Perspektiven einer Kulturgeschichte des Politischen, in: Archiv für Kulturgeschichte 85, 2003, 71–117.
—, Einleitung: Geschichte(n) der Wirklichkeit, in: Achim Landwehr (Hg.), Geschichte(n) der Wirklichkeit. Beiträge zur Sozial- und Kulturgeschichte des Wissens, Augsburg 2002 (Documenta Augustana 11), 8–27.
—, Historische Diskursanalyse, 2. Aufl., Frankfurt am Main/New York 2009 (Historische Einführungen 4).

Lange, Hermann, Römisches Recht im Mittelalter, Band 1: Die Glossatoren, München 1997.
Larrainzar, Carlos, El borrador de la „Concordia“ de Graziano: Sankt Gallen, Stiftsbibliothek MS 673 (= Sg), in: Ius Ecclesiae 11, 1999, 593–666.
—, El Decreto de Graciano del Códice Fd (= Firenze, Biblioteca Nazionale Centrale, Conventi Soppressi A.I.402). In memoriam Rudolf Weigand, in: Ius Ecclesiae 10, 1998, 421–489.
—, L'edizione critica del decreto di Graziano, in: Folia Canonica 9, 2006, 69–92.
—, La ricerca attuale sul „Decretum Gratiani“, in: Enrique de León/Nicolás Álvarez de las Asturias (Hg.), La cultura giuridico-canonica medioevale. Premesse per un dialogo ecumenico, Mailand 2003 (Pontificia Università della Santa Croce, Monografie giuridiche 22), 47–88.
—, Métodos para el análisis de la formación literaria del *Decretum Gratiani*. „Etapas“ y „esquemas“ de redacción, in: Peter Erdö/Anzelm Szuromi (Hg.), Proceedings of the Thirteenth International Congress of Medieval Canon Law, Esztergom, 2008 August 3–8, Città del Vaticana 2010 (MIC C/14), 83–115.
Larson, Atria A., An *Abbreviatio* of the First Recension of Gratian's *Decretum* in Munich?, in: BMCL 29, 2011/2012, 51–79.
—, Early Stages of Gratian's *Decretum* and the Second Lateran Council: A Reconsideration, in: BMCL 27, 2007, 21–56.
—, Peter Landau's Contribution to the Study of Gratian and Twelfth-Century Canon Law, in: Joseph Goering/Stephan Dusil/Andreas Thier (Hg.), Proceedings of the Fourteenth International Congress of Medieval Canon Law, Toronto, 2012 August 5–11, Città del Vaticano 2016 (MIC C/15), 1175–1183.
—, Master of Penance. Gratian and the Development of Penitential Thought and Law in the Twelfth Century, Washington D.C. 2014 (Studies in Medieval and Early Modern Canon Law 11).
—, The Evolution of Gratian's *Tractatus de penitentia*, in: BMCL 26, 2004–2006, 59–123.
Laudage, Johannes, Gregorianische Reform und Investiturstreit, Darmstadt 1993 (Erträge der Forschung 282).
—, Priesterbild und Reformpapsttum im 11. Jahrhundert, Köln/Wien 1984 (Beihefte zum Archiv für Kulturgeschichte 22).
Le Bras, Gabriel, Alger de Liége et Gratien, in: Revue des sciences philosophiques et théologiques 20, 1931, 5–26.
—, Le *Liber de misericordia et iustitia* d'Alger de Liège, in: Nouvelle Revue Historique de Droit Français et Étranger 45, 1921, 80–118.
Leisching, Peter, 'Quod illi soli licet pro temporis necessitate novas leges condere', in: Kenneth Pennington/Stanley Chodorow/Keith H. Kendall (Hg.), Proceedings of the Tenth International Congress of Medieval Canon

Law, Syracuse, New York, 1996 August 13–18, Città del Vaticano 2001 (MIC C/11), 195–243.
Lenherr, Titus, Arbeiten mit Gratians Dekret, in: AKKR 151, 1982, 140–166.
——, Die Exkommunikations- und Depositionsgewalt der Häretiker bei Gratian und den Dekretisten bis zur Glossa ordinaria des Johannes Teutonicus, St. Ottilien 1987 (Münchener theologische Studien, III. Kanonistische Abteilung, 42).
——, Die „Glossa Ordinaria" zur Bibel als Quelle von Gratians Dekret. Ein (neuer) Anfang, in: BMCL 24, 2000, 97–129.
——, Die Summarien zu den Texten des 2. Laterankonzils von 1139 in Gratians Dekret, in: AKKR 150, 1981, 528–551.
——, Die vier Fassungen von C. 3 q. 1 d. p. c. 6 im Decretum Gratiani. Zugleich ein Einblick in die neueste Diskussion um das Werden von Gratians Dekret, in: AKKR 169, 2000, 353–381.
——, Fehlende „Paleae" als Zeichen eines überlieferungsgeschichtlich jüngeren Datums von Dekret-Handschriften, in: AKKR 151, 1982, 495–507.
——, Ist die Handschrift 673 der St. Galler Stiftsbibliothek (Sg) der Entwurf zu Gratians Dekret? Versuch einer Antwort aus Beobachtungen an D. 31 und D. 32, online via: www.mgh-bibliothek.de/opac.
——, Langsame Annäherung an Gratians Exemplar der „Moralia in Iob", in: Peter Erdö/Anzelm Szuromi (Hg.), Proceedings of the Thirteenth International Congress of Medieval Canon Law, Esztergom, 2008 August 3–8, Città del Vaticana 2010 (MIC C/14), 311–325.
——, *Reos sanguinis* [non] *defendat ecclesia.* Gratian, mit einem kurzen Blick erhascht?, in: Wolfgang P. Müller/Mary E. Sommar (Hg.), Medieval Church Law and the Origins of the Western Legal Tradition. A Tribute to Kenneth Pennington, Washington D.C. 2006, 110–122.
Lenk, Klaus, Ausserrechtliche Grundlagen für das Verwaltungsrecht in der Informationsgesellschaft: Zur Bedeutung von Information und Kommunikation in der Verwaltung, in: Wolfgang Hoffmann-Riem/Eberhard Schmidt-Aßmann (Hg.), Verwaltungsrecht in der Informationsgesellschaft, Baden-Baden 2000 (Schriften zur Reform des Verwaltungsrechts 7), 59–99.
Lepsius, Oliver, Steuerungsdiskussion, Systemtheorie und Parlamentarismuskritik, Tübingen 1999.
Lepsius, Susanne, Auflösung und Neubildung von Doktrinen nach der Glosse. Die Dogmatik des Mittelalters, in: Georg Essen/Nils Jansen (Hg.), Dogmatisierungsprozesse in Recht und Religion, Tübingen 2011, 55–94.
Levillain, Leon, Études sur l'Abbaye de Saint-Denis à l'Époque Mérovingienne, part III: Privilegium et immunitas ou Saint-Denis dans l'Église et dans l'État, in: Bibliothèque de l'École des chartes 87, 1926, 245–346.
Lewald, Ursula, An der Schwelle der Scholastik. Bonizo von Sutri und das Kirchenrecht seiner Tage, Weimar 1938.

—, Das Eherecht in Bonizos von Sutri Liber de Vita Christiana, in: ZRG.KA 27, 1938, 560–598.
Liebs, Detlef, Die Rolle der Paulussentenzen bei der Ermittlung des römischen Rechts, in: Martin Avenarius (Hg.), Hermeneutik der Quellentexte des Römischen Rechts, Baden-Baden 2008, 157–175.
—, Römische Jurisprudenz in Africa, in: ZRG.RA 106, 1989, 210–247.
—, Römische Jurisprudenz in Africa mit Studien zu den pseudopaulinischen Sentenzen, 2. Aufl., Berlin 2005 (Freiburger rechtsgeschichtliche Abhandlungen NF 44).
—, Römische Jurisprudenz in Gallien (2. bis 8. Jahrhundert), Berlin 2002 (Freiburger rechtsgeschichtliche Abhandlungen NF 38).
Lindgren, Uta, Die Artes liberales in Antike und Mittelalter. Bildungs- und wissenschaftsgeschichtliche Entwicklungslinien, Augsburg 2004 (Algorismus 8).
Link, Christoph, Emil Friedberg (1837–1910). Kirchenrechtler der historischen Rechtsschule, „Staatskanonist“ und Mitstreiter im „Kulturkampf“, in: Helmut Heinrichs/Harald Franzki/Klaus Schmalz/Michael Stolleis (Hg.), Deutsche Juristen jüdischer Herkunft, München 1993, 283–300.
Liotta, Filippo, La continenza dei chierici nel pensiero canonistico classico da Graziano a Gregorio IX, Mailand 1971 (Quaderni di „Studi Senesi“ 24).
Lobrichon, Guy, L'apocalypse des théologiens au XIIe siècle, Thèse de IIIe cycle, Histoire, E.H.E.S.S., masch.-schriftl., 2 Bände, 1979.
—, La Bible au Moyen Âge, Paris 2003 (Les Médiévistes français 3).
Loenhoff, Jens (Hg.), Implizites Wissen. Epistemologische und handlungstheoretische Perspektiven, Weilerswist 2012.
Lona, Horacio E., Der erste Clemensbrief, Göttingen 1998 (Kommentar zu den Apostolischen Vätern 2).
Lubac, Henri de, A propos de la formule: Diversi, sed non adversi, in: Recherches de science religieuse 40, 1951/1952 (Mélanges Jules Lebreton 2), 27–40.
Luhmann, Niklas, Das Recht der Gesellschaft, Frankfurt am Main 1993.
Maasen, Sabine, Wissenssoziologie, 2. Aufl., Bielefeld 2009.
Maassen, Friedrich, Beiträge zur Geschichte der juristischen Literatur des Mittelalters, insbesondere der Decretisten-Literatur des XII. Jahrhunderts, in: Sitzungsberichte der kaiserlichen Akademie der Wissenschaften, phil.-hist. Klasse, Band 24 (Jahrgang 1857), Wien 1857, 3–84.
—, Geschichte der Quellen und Literatur des canonischen Rechts im Abendlande bis zum Ausgange des Mittelalters, Band 1: Die Rechtssammlungen bis zur Mitte des 9. Jahrhunderts, Graz 1870 (ND Graz 1956).
—, Glossen des canonischen Rechts aus dem karolingischen Zeitalter, in: Sitzungsberichte der kaiserlichen Akademie der Wissenschaften, philosophisch-historische Klasse, Band 84 (Jahrgang 1876), Wien 1877, 235–298.
Märtl, Claudia, Aus dem Umkreis Bernolds von Konstanz, in: DA 46, 1990, 531–542.

––, Ein angeblicher Text zum Bussgang von Canossa: „De paenitentia regum“, in: DA 38, 1982, 555–563.
Maier, Anneliese, Die Handschriften der Ecclesia Sidonensis, in: Manuscripta 11, 1967, 39–45.
Manitius, Max, Geschichte der lateinischen Literatur des Mittelalters, Dritter Band: Vom Ausbruch des Kirchenstreites bis zum Ende des 12. Jahrhunderts, München 1931.
Martin, Henri-Jean/Vezin, Jean (Hg.), Mise en page et mise en texte du livre manuscrit, Paris 1990.
Martin, Jean-Marie, Chronicon Sanctae Sophiae (cod. Vat. lat. 4939), 2 Bände, Rom 2000 (Fonti per la storia dell'Italia medievale, Rerum Italicarum Scriptores 3).
Martin, Jochen, Der Weg zur Ewigkeit führt über Rom. Die Frühgeschichte des Papsttums und die Darstellung der neutestamentlichen Heilsgeschichte im Triumphbogenmosaik von Santa Maria Maggiore in Rom, Stuttgart 2010.
Martin, Josef, Antike Rhetorik. Technik und Methode, München 1974 (Handbuch der Altertumswissenschaften 2/3).
Martin, Norbert, Die 'Compilatio Decretorum' des Kardinals Laborans. Eine Umarbeitung des gratianischen Dekrets aus dem 12. Jahrhundert, Diss. phil. Heidelberg, 2 Bände, masch.-schriftl., 1994.
––, Die 'Compilatio Decretorum' des Kardinals Laborans, in: Stephan Kuttner/Kenneth Pennington (Hg.), Proceedings of the Sixth International Congress of Medieval Canon Law, Berkeley/California, 1980 July 28–August 2, Città del Vaticano 1985 (MIC C/7), 125–137.
––, ‚Mare uitreum‘ (Neapel, Bibl. naz. MS XII A 27): Eine Quelle der ‚Compilatio decretorum‘ des Kardinals Laborans, in: BMCL 15, 1985, 51–59.
Matecki, Bernd, Die Bestimmungen des Konzils von Melfi (1089) zur Enthaltsamkeit von Klerikern höherer Weihegrade–ein Schlaglicht auf den Stand der Entwicklung des Ehehindernisses der Weihe zum Ende des 11. Jahrhunderts, in: Manfred Gerwing/Heinrich Reinhardt (Hg.), Wahrheit auf dem Weg. Festschrift für Ludwig Hödl, Münster 2009, 11–27.
Maurer, Helmut, Die Konstanzer Bischöfe vom Ende des 6. Jahrhunderts bis 1206, Berlin/New York 2003 (Germania Sacra NF 42, 1: Die Bistümer der Kirchenprovinz Mainz, Das Bistum Konstanz 5).
––, Die Konstanzer Bürgerschaft im Investiturstreit, in: Josef Fleckenstein (Hg.), Investiturstreit und Reichsverfassung, Sigmaringen 1973 (VuF 17), 363–371.
May, Georg, Bemerkungen zu der Kirchenrechtswissenschaft um das Jahr 1000, in: AKKR 158, 1989, 29–68.
––, Art. Kirchenrechtsquellen I, in: TRE 19, 1990, 1–44.
Mazzanti, Giuseppe, Brevi note su Irnerio e Bonizo da Sutri, in: Maria

Consiglia de Matteis (Hg.), Ovidio Capitani: Quaranta anni per la storia medioevale, Band 2, Bologna 2003, 271–281.
McCarthy, John F., The Genius of Concord in Gratian's *Decree*, in: Ephemerides Iuris Canonici 19, 1963, 105–151 und 259–295.
McLynn, Neil B., Ambrose of Milan. Church and Court in an Christian Capital, Berkeley/Los Angeles/London 1994.
McNally, Robert E., Isidoriana, in: Theological Studies 20, 1959, 432–442.
Meder, Stephan, Rechtsgeschichte, 4. Aufl., Köln/Weimar/Wien 2011.
Melve, Leidulf, Intentional ethics and hermeneutics in the Libellus de symoniacis: Bruno of Segnis as a papal polemicist, in: Journal of Medieval History 35, 2009, 77–96.
Merzbacher, Friedrich, Alger von Lüttich und das Kanonische Recht, in: ZRG.KA 66, 1980, 230–260.
Metz, René, Der Papst, in: Joseph Listl/Hubert Müller/Heribert Schmitz (Hg.), Handbuch des katholischen Kirchenrechts, Regensburg 1983, 252–266.
Metz, Wolfgang, Zur Herkunft und Verwandtschaft Bischof Burchards I. von Worms, in: Hessisches Jahrbuch für Landesgeschichte 26, 1976, 27–42.
Meyer, Christoph H. F., Auf der Suche nach dem lombardischen Strafrecht: Beobachtungen zu den Quellen des 11. Jahrhunderts, in: Hans Schlosser/Dietmar Willoweit (Hg.), Neue Wege strafrechtlicher Forschung, Köln/Weimar/Wien 1999 (Konflikt, Verbrechen und Sanktion in der Gesellschaft Alteuropas. Symposien und Synthesen 2), 341–388.
—, Die Distinktionstechnik in der Kanonistik des 12. Jahrhunderts. Ein Beitrag zur Wissenschaftsgeschichte des Hochmittelalters, Leuven 2000 (Mediaevalia Lovaniensia Series I/Studia XXIX).
—, Gratian in Westfalen. Landesgeschichtliche Befunde zur Verbreitung kirchenrechtlicher Literatur um 1200, in: Vincenzo Colli (Hg.), Juristische Buchproduktion im Mittelalter, Frankfurt am Main 2002 (Studien zur Europäischen Rechtsgeschichte 155), 283–314.
—, Langobardisches Recht nördlich der Alpen. Unbeachtete Wanderungen gelehrten Rechts im 12.–14. Jahrhundert, in: TRG 71, 2003, 387–408.
—, Ordnung durch Ordnen. Die Erfassung und Gestaltung des hochmittelalterlichen Kirchenrechts im Spiegel von Texten, Begriffen und Institutionen, in: Bernd Schneidmüller/Stefan Weinfurter (Hg.), Ordnungskonfigurationen im Hohen Mittelalter, Sigmaringen 2006 (VuF 64), 303–411.
—, Spuren im Wald der Erinnerung. Zur Mnemotechnik in Theologie und Jurisprudenz des 12. Jahrhunderts, in: Recherches de théologie et philosophie médiévales/Forschungen zur Theologie und Philosophie des Mittelalters 67, 2000, 10–57.
Meyer, Heinz, Ordo rerum und Registerhilfen in mittelalterlichen Enzyklopädiehandschriften, in: Frühmittelalterliche Studien 25, 1991, 315–339.

Meyer, Otto, Überlieferung und Verbreitung des Dekrets des Bischofs Burchard von Worms, in: ZRG.KA 24, 1935, 141–183.
Michel, Anton, Die Sentenzen des Kardinals Humbert, das erste Rechtsbuch der päpstlichen Reform, Stuttgart 1943 (Schriften des Reichsinstituts für ältere deutsche Geschichtskunde 7).
—–, Humbert von Silva Candida († 1061) bei Gratian, eine Zusammenfassung, in: SG 1, 1953, 83–117.
—–, Pseudo-Isidor, die Sentenzen Humberts und Burkhard von Worms im Investiturstreit, in: SGreg 3, 1948, 149–161 (bzw. ZRG.KA 35, 1948, 329–339).
Miethke, Jürgen, Kanonistik, Ekklesiologie und politische Theorie: Die Rolle des Kirchenrechts in der politischen Theorie des Spätmittelalters, in: Peter Landau/Jörg Müller (Hg.), Proceedings of the Ninth International Congress of Medieval Canon Law, Munich, 1992 July 13–18, Città del Vaticano 1997 (MIC C/10), 1023–1051.
Minnis, Alastair J., Late-Medieval Discussions of *compilatio* and the Role of the *compilator*, in: Beiträge zur Geschichte der deutschen Sprache und Literatur 101, 1979, 385–421.
—–, Medieval Theory of Authorship. Scholastic literary attitudes in the later Middle Ages, 2. Aufl., Aldershot 1988.
Mirbt, Carl, Die Publizistik im Zeitalter Gregors VII., Leipzig 1894.
Mitteis, Heinrich/Lieberich, Heinz, Deutsche Rechtsgeschichte, 19. Aufl., München 1992.
Moos, Peter von, Geschichte als Topik. Das rhetorische Exemplum von der Antike bis zur Neuzeit und die *historiae* im „*Policraticus*" Johanns von Salisbury, Hildesheim/Zürich/New York 1988 (Ordo 2).
Mor, Carlo Guido, La reazione al „Decretum Burchardi" in Italia avanti la riforma gregoriana, in: SGreg 1, 1947, 197–206.
Mordek, Hubert, Der römische Primat in den Kirchenrechtssammlungen des Westens vom IV. bis zum VIII. Jahrhundert, in: Michele Maccarrone (Hg.), Il primato del vescovo di Roma nel primo millennio. Ricerche e testimonianze. Atti del Symposium storico-teologico, Roma 9–13 Ottobre 1989, Città del Vaticano 1991, 523–566.
—–, Handschriftenforschungen in Italien. I. Zur Überlieferung des Dekrets Bischof Burchards von Worms, in: Quellen und Forschungen aus italienischen Archiven und Bibliotheken 51, 1971, 626–651.
—–, Kanonistik und gregorianische Reform. Marginalien zu einem nichtmarginalen Thema, in: Karl Schmid (Hg.), Reich und Kirche vor dem Investiturstreit. Vorträge beim wissenschaftlichen Kolloquium aus Anlaß des achtzigsten Geburtstags von Gerd Tellenbach, Sigmaringen 1985, 65–82.
—–, Kirchenrecht und Reform im Frankenreich. Die Collectio Vetus Gallica, die älteste systematische Kanonessammlung des fränkischen Gallien.

Studien und Edition, Berlin/New York 1975 (Beiträge zur Geschichte und Quellenkunde des Mittelalters 1).
—–, Systematische Kanonessammlungen vor Gratian: Forschungsstand und neue Aufgaben, in: Stephan Kuttner/Kenneth Pennington (Hg.), Proceedings of the Sixth International Congress of Medieval Canon Law, Berkeley/California, 1980 July 28–August 2, Città del Vaticano 1985 (MIC C/7), 185–201.
Motta, Giuseppe, Osservazioni intorno alla Collezione Canonica in tre libri (MSS C 135 Archivio Capitolare di Pistoia e Vat. lat. 3831), in: Stephan Kuttner/Kenneth Pennington (Hg.), Proceedings of the Fifth International Congress of Medieval Canon Law, Salamanca, 1976 September 21–25, Città del Vaticano 1980 (MIC C/6), 51–65.
Moynihan, James M., Papal Immunity and Liability in the Writings of the Medieval Canonists, Rom 1961 (Analecta Gregoriana 120 Series Facultatis Iuris Canonici: sectio B, n. 9).
Müller, Hubert, Der Anteil der Laien an der Bischofswahl. Ein Beitrag zur Geschichte der Kanonistik von Gratian bis Gregor IX., Amsterdam 1977 (Kanonistische Studien und Texte 29).
Müller, Jörg, Collectio Duodecim Partium und Decretum Burchardi, in: Stanley Chodorow (Hg.), Proceedings of the Eighth International Congress of Medieval Canon Law, San Diego, University of California at La Jolla, 1988 August 21–27, Città del Vaticano 1992 (MIC C/9), 63–75.
—–, Die Collectio Duodecim Partium und ihr Freisinger Umfeld, online: http://epub.ub.uni-muenchen.de/13882/1/mueller_joerg_13882.pdf (ursprünglich vorgesehen für: Wilfried Hartmann/Kenneth Pennington (Hg.), History of medieval canon law).
—–, Die Kirchenrechtssammlung des Bischofs Burchard I. von Worms, in: Thomas T. Müller/Maik Pinkert/Anja Seeboth (Hg.), Bischof Burchard I. in seiner Zeit. Tagungsband zum biographisch-landeskundlichen Kolloquium vom 13. bis 15. Oktober 2000 in Heilbad Heiligenstadt, Heiligenstadt 2001 (Beiträge aus den Archiven im Landkreis Eichsfeld 1), 162–181.
—–, Forschungsstand und aktuelle Aufgabenplanung in der vorgratianischen Kanonistik, in: Österreichisches Archiv für Kirchenrecht 43, 1994, 225–240.
—–, Untersuchungen zur Collectio Duodecim Partium, Ebelsbach 1989 (Münchner Universitätsschriften/Juristische Fakultät/Abhandlungen zur Rechtswissenschaftlichen Grundlagenforschung 73).
Müller, Wunibald, Liebe und Zölibat. Wie eheloses Leben gelingen kann, Mainz 1994.
Münsch, Oliver, Neues zu Bernold von Konstanz, in: ZRG.KA 92, 2006, 207–223.
Munier, Charles, Gratiani patristica apocrypha vel incerta, in: Fälschungen im Mittelalter. Internationaler Kongreß der Monumenta Germaniae Historica, München, 16.–19. September 1986, Band 2: Gefälschte Rechtstexte. Der bestrafte Fälscher, Hannover 1988 (MGH Schriften 33/2), 289–300.

——, Pour une édition de la Panormie d'Ive de Chartres, in: Revue des sciences religieuses. Volume hors série: Mémorial du Cinquantenaire de la Faculté de Théologie Catholique de l'Université de Strasbourg (1919–1969), Strasbourg 1969, 347–358 (wiederabgedruckt in: Vie conciliaire et collections canoniques en Occident, IVe–XIIe siècles, London 1987, Nr. XIV).

Nedungatt, George, Celibate and married clergy in CCEO Canon 373, in: Studia Canonica 36, 2002, 129–167.

Noonan, John T., Gratian slept here: the changing identity of the father of the systematic study of canon law, in: Traditio 35, 1979, 145–172.

——, The True Paucapalea?, in: Stephan Kuttner/Kenneth Pennington (Hg.), Proceedings of the Fifth International Congress of Medieval Canon Law, Salamanca, 1976 September 21–25, Città del Vaticano 1980 (MIC C/6), 157–186.

Oesterle, Günter, Einleitung: Wissensordnungen, in: Günter Oesterle (Hg.), Erinnerung, Gedächtnis, Wissen. Studien zur kulturwissenschaftlichen Gedächtnisforschung, Göttingen 2005 (Formen der Erinnerung 26), 261–264.

Ohme, Heinz, Das Concilium Quinisextum und seine Bischofsliste. Studien zum Konstantinopeler Konzil von 692, Berlin/New York 1990 (Arbeiten zur Kirchengeschichte 56).

Olechowski, Thomas, Rechtsgeschichte. Einführung in die historischen Grundlagen des Rechts, 3. Aufl., Wien 2010.

Onclin, Wilhelm, De potestate regiminis, in: Peter Leisching/Franz Pototschnig/Richard Potz (Hg.), Ex aequo et bono. Willibald Plöchl zum 70. Geburtstag, Innsbruck 1977, 221–230.

Otte, Gerhard, Dialektik und Jurisprudenz. Untersuchungen zur Methode der Glossatoren, Frankfurt am Main 1971 (Ius Commune, Sonderhefte 1).

——, Logische Einteilungstechniken bei den Glossatoren des römischen Rechts, in: Johannes Fried (Hg.), Dialektik und Rhetorik im frühen und hohen Mittelalter. Rezeption, Überlieferung und gesellschaftliche Wirkung antiker Gelehrsamkeit vornehmlich im 9. und 12. Jahrhundert, München 1997 (Schriften des Historischen Kollegs, Kolloquien 27), 157–169.

Pahud de Mortanges, René, Schweizerische Rechtsgeschichte. Ein Grundriss, Zürich/St. Gallen 2007.

Palmer, Nigel F., Kapitel und Buch. Zu den Gliederungsprinzipien mittelalterlicher Bücher, in: Frühmittelalterliche Studien 23, 1989, 43–88.

Pangerl, Daniel Carlo, Die Metropolitanverfassung des karolingischen Frankenreichs, Hannover 2011 (MGH Schriften 63).

Parish, Helen, Clerical Celibacy in the West: c. 1100–1700, Farnham 2010 (Catholic Christendom 1300–1700).

Parkes, Malcolm B., Pause and Effect. An Introduction to the History of Punctuation in the West, Berkeley/Los Angeles 1992.

—, The Contribution of Insular Scribes of the Seventh and Eighth Centuries to the ‚Grammar of Legibility', in: Alfonso Maierù (Hg.), Grafia e interpunzione del latino nel medioevo, Rom 1987, 15–29 (wieder abgedruckt und zitiert nach: Malcom B. Parkes (Hg.), Scribes, Scripts and Readers. Studies in the Communication, Presentation and Dissemination of Medieval Texts, London/Rio Grande 1991, 1–17).

—, The Influence of the Concepts of Ordinatio and Compilatio on the Development of the Book, in: J. J. G. Alexander/M. T. Gibson (Hg.), Medieval Learning and Literature. Essays presented to Richard William Hunt, Oxford 1976, 115–141 (wieder abgedruckt in: Malcom B. Parkes (Hg.), Scribes, Scripts and Readers. Studies in the Communication, Presentation and Dissemination of Medieval Texts, London/Rio Grande 1991, 35–70; sowie in: Jane Roberts/Pamela Robinson (Hg.), The History of the Book in the West: 400 AD–1455, vol. 1, Farnham 2010, 123–158).

Patzold, Steffen, Episcopus. Wissen über Bischöfe im Frankenreich des späten 8. bis frühen 10. Jahrhunderts, Ostfildern 2008 (Mittelalter-Forschungen 25).

—, Gefälschtes Recht aus dem Frühmittelalter. Untersuchungen zur Herstellung und Überlieferung der pseudoisidorischen Dekretalen, Heidelberg 2015 (Schriften der Philosophisch-historischen Klasse der Heidelberger Akademie der Wissenschaften 55).

—, Von den Spielregeln ritueller Kommunikation zur sozialen Praxis. Ein Versuch über praktisches und diskursives Wissen im frühen Mittelalter, in: Barbara Stollberg-Rilinger/Tim Neu/Christina Brauner (Hg.), Alles nur symbolisch? Bilanz und Perspektiven der Erforschung symbolischer Kommunikation, Köln/Weimar/Wien 2013, 53–68.

Paxton, Frederick S., A canonical dossier on monastic rights in Leipzig Universitätsbibliothek MS 276, in: BMCL 15, 1985, 1–17.

—, Le cause 13 de Gratien et la composition du décret, in: RDC 51, 2001, 233–249.

Pelster, Franz, Das Dekret Bischof Burkhards von Worms (1000–1025) in vatikanischen HSS [Handschriften], in: Miscellanea Giovanni Mercati, vol. 2: Letteratura medioevale, Città del Vaticano 1946 (Studi e Testi 122), 114–157.

—, Das Dekret Burkhards von Worms in einer Redaktion aus dem Beginn der Gregorianischen Reform (Cod. Vat. lat. 3809 und Cod. Monacen. lat. 4570), in: SGreg 1, 1947, 321–351.

Pennington, Kenneth, Decretal Collections 1190–1234, in: Wilfried Hartmann/Kenneth Pennington (Hg.), The history of medieval canon law in the classical period, 1140–1234. From Gratian to the decretals of Pope Gregory IX., Washington D.C. 2008 (History of medieval canon law), 293–317.

—, Gratian and Compurgation: An Interpolation, in: BMCL 31, 2014, 251–254.

——, Gratian, Causa 19, and the birth of canonical jurisprudence, in: Enrique de León/Nicolás Álvarez de las Asturias (Hg.), La cultura giuridico-canonica medioevale. Premesse per un dialogo ecumenico, Mailand 2003 (Pontificia Università della Santa Croce, Monografie giuridiche 22), 211–232.
——, Gratian, Causa 19, and the birth of canonical jurisprudence, in: Orazio Condorelli (Hg.), Panta rei. Studi dedicati a Manlio Bellomo, Band 4, Rom 2004, 339–355.
——, La biografia di Graziano, il Padre del diritto canonico, in: Rivista Internazionale di Diritto Comune 25, 2014, 25–60.
——, The Decretalists 1190 to 1234, in: Wilfried Hartmann/Kenneth Pennington (Hg.), The history of medieval canon law in the classical period, 1140–1234. From Gratian to the decretals of Pope Gregory IX., Washington D.C. 2008 (History of medieval canon law), 211–245.
——, The Making of a Decretal Collection: The Genesis of Compilatio tertia, in: Stephan Kuttner/Kenneth Pennington (Hg.), Proceedings of the Fifth International Congress of Medieval Canon Law, Salamanca, 1976 September 21–25, Città del Vaticano 1980 (MIC C/6), 67–92.
——/Müller, Wolfgang P., The Decretists. The Italian School, in: Wilfried Hartmann/Kenneth Pennington (Hg.), The history of medieval canon law in the classical period, 1140–1234. From Gratian to the decretals of Pope Gregory IX., Washington D.C. 2008 (History of medieval canon law), 121–173.
Peters, Edward, History, Historians and Clerical Celibacy, in: Michael Frassetto (Hg.), Medieval Purity and Piety. Essays on Medieval Clerical Celibacy and Religious Reform, New York/London 1998, 3–21.
Phipps, William E., Clerical Celibacy. The Heritage, New York/London 2004.
Piétri, Charles, Roma Christiana. Recherches sur l'Église de Rome, son organisation, sa politique, son idéologie de Miltiade à Sixte III (311–440), 2 Bände, Rom 1976 (Bibliothèque des écoles françaises d'Athènes et de Rome 224, 1 und 2).
——/Piétri, Luce/Böhm, Thomas (Hg.), Die Geschichte des Christentums, Band 2: Das Entstehen der einen Christenheit (250–430), Freiburg/Basel/Wien 1996.
Piétri, Luce (Hg.), Die Geschichte des Christentums, Band 1: Die Zeit des Anfangs (bis 250), Freiburg/Basel/Wien 2003.
Pitchas, Rainer, Kooperative Wissensgenerierung als Element eines neuen Staat-Bürger-Verhältnisses–Thesen zur Reformulierung des Verwaltungsrechts in der Wissensgesellschaft, in: Indra Spiecker genannt Döhmann/Peter Collin (Hg.), Generierung und Transfer staatlichen Wissens im System des Verwaltungsrechts, Tübingen 2008 (Neue Staatswissenschaften 10), 29–33.
Pokorny, Rudolf, Nochmals zur Admonitio synodalis, in: ZRG.KA 71, 1985, 20–51.

Polanyi, Michael, Implizites Wissen, Frankfurt am Main 1985.
Poma, D. Antonio, Ingiudicabilità e santità pontificia in alcuni documenti antichi, Rom 1936.
Price, Richard M., Art. Zölibat. II. Kirchengeschichtlich, in: TRE 36, 2004, 722–739.
Radding, Charles M., The Origins of Medieval Jurisprudence. Pavia and Bologna 850–1150, New Haven/London 1988.
Radlbeck-Ossmann, Regina, Vom Papstamt zum Petrusdienst. Zur Neufassung eines ursprungstreuen und zukunftsfähigen Dienstes an der Einheit der Kirche, Paderborn 2005.
Rambaud, Jacqueline, Le Décret de Gratien, in: Henri-Jean Martin/Jean Vezin (Hg.), Mise en page et mise en texte du livre manuscrit, Paris 1990, 201–203.
—–, Les Décrétales, in: Henri-Jean Martin/Jean Vezin (Hg.), Mise en page et mise en texte du livre manuscrit, Paris 1990, 205–209.
—–, Les legs de l'ancien droit: Gratien, in: Gabriel Le Bras/Charles Lefebvre/Jacqueline Rambaud (Hg.), L'âge classique 1140–1378. Sources et théorie du droit, Paris 1965 (Histoire du Droit et des Institutions de l'Église en Occident 7), 47–129.
Rambaud-Buhot, Jacqueline, Les divers types d'abrégés du Décret de Gratien. De la table au commentaire, in: Recueil des travaux offerts à M. Clovis Brunel, Band 2, Paris 1955 (Mémoires et documents publiés par la société de l'École des chartes 12), 397–411.
—–, Les Paleae dans le décret de Gratien, in: Stephan Kuttner/J. Joseph Ryan (Hg.), Proceedings of the Second International Congress of Medieval Canon Law, Boston College, 1963 August 12–16, Città del Vaticano 1965 (MIC C/1), 23–44.
Ranke-Heinemann, Uta, Eunuchen für das Himmelreich. Katholische Kirche und Sexualität, 8. Aufl., Hamburg 1988.
Reiche, Rainer, Ein rheinisches Schulbuch aus dem 11. Jahrhundert. Studien zur Sammelhandschrift Bonn UB.S 218 mit Edition von bisher unveröffentlichten Texten, München 1976 (Münchener Beiträge zur Mediävistik und Renaissance-Forschung 24).
Reichert, Eckhard, Die Canones der Synode von Elvria. Einleitung und Kommentar, Diss. theol. Hamburg, masch.-schriftl. 1990.
Reinke, Arnold, Die Schuldialektik im Investiturstreit. Eine geistesgeschichtliche Studie, Diss. phil. Berlin, Stuttgart 1937.
Rennie, Kriston R., Law and practice in the age of reform. The legatine work of Hugh of Die (1073–1106), Turnhout 2010 (Medieval Church Studies 17).
Reventlow, Henning Graf, Epochen der Bibelauslegung, Band 2: Von der Spätantike bis zum Ausgang des Mittelalters, München 1994.
Reynolds, Roger, The Transmission of the Hibernensis in Italy: Tenth to the Twelfth Century, in: Peritia. Journal of the Medieval Academy of Ireland 14, 2000, 20–50.

Riché, Pierre, Abbon de Fleury. Un moine savant et combatif (vers 950–1004), Turnhout 2004.

Riedel-Spangenberger, Ilona, Der Jurisdiktions- und Lehrprimat des Papstes in der Diskussion. Bemerkungen aus der Perspektive des Kirchenrechts und der Ökumene, in: AKKR 165, 1996, 25–55.

Robinson, Ian Stuart, Bernold von Konstanz und der gregorianische Reformkreis um Bischof Gebhard III., in: Freiburger Diözesanarchiv 109, 1989, 155–188.

—, The Friendship Circle of Bernold of Constance and the Dissemination of Gregorian Ideas in the late Eleventh-Century Germany, in: Julian P. Haseldine (Hg.), Friendship in Medieval Europe, Stroud 1999, 184–198.

—, The Papacy 1073–1198. Continuity and innovation, Cambridge 1990 (Cambridge Medieval Textbooks).

—, Zur Arbeitsweise Bernolds von Konstanz und seines Kreises. Untersuchungen zum Schlettstädter Codex 13, in: DA 34, 1978, 51–122.

Röhl, Klaus F./Röhl, Hans Christian, Allgemeine Rechtslehre, 3. Aufl., Köln/München 2008.

Rolker, Christof, Canon law and the letters of Ivo of Chartres, Cambridge 2010.

—, Ivo of Chartres and the Panormia: The Question of Authorship Revisited, in: Peter Erdö/Szabolcs Anzelm Szuromi (Hg.), Proceedings of the Thirteenth International Congress of Medieval Canon Law, Esztergom, 2008 August 3–8, Città del Vaticana 2010 (MIC C/14), 187–206.

—, The Collection in Seventy-four Titles: A Monastic Canon Law Collection from Eleventh-century France, in: Martin Brett/Kathleen G. Cushing (Hg.), Readers, Texts and Compilers in the Earlier Middle Ages. Studies in Medieval Canon Law in Honour of Linda Fowler-Magerl, Farnham 2009 (Church, Faith and Culture in the Medieval West), 59–72.

—, The earliest work of Ivo of Chartres: the case of Ivo's Eucharist florilegium and the canon law collections attributed to him, in: ZRG.KA 93, 2007, 109–127.

Roumy, Franck, L'origine et la diffusion de l'adage Necessitas non habet legem (VIIIe–XIIIe s.), in: Wolfgang P. Müller/Mary E. Sommar (Hg.), Medieval Church Law and the Origins of the Western Legal Tradition. A Tribute to Kenneth Pennington, Washington D.C. 2006, 301–319.

—, Remarques sur l'œuvre canonique d'Abbon de Fleury, in: Annie Dufour/Gilette Labory (Hg.), Abbon, un abbé de l'an mil, Turnhout 2008 (Bibliothèque d'histoire culturelle du moyen âge 6), 311–341.

Rouse, Richard H./Rouse, Mary A., *Ordinatio* and *Compilatio* Revisited, in: Mark D. Jordan/Kent Emery, Jr. (Hg.), Ad litteram. Authoritative Texts and their Medieval Readers, Notre Dame/London 1992 (Notre Dame Conferences in Medieval Studies 3), 113–134.

—/—, Statim invenire. Schools, Preachers, and New Attitudes to the Page,

in: Robert L. Benson/Giles Constable (Hg.), Renaissance and Renewal in the Twelfths Century, Oxford 1982, 201–225.
Ruppert, Stefan, Kirchenrecht und Kulturkampf. Historische Legitimation, politische Mitwirkung und wissenschaftliche Begleitung durch die Schule Emil Ludwig Richters, Tübingen 2002 (Jus ecclesiasticum 70).
Ryan, J. Joseph, Cardinal Humbert De sancta Romana ecclesia: Relics of Roman-Byzantine Relations 1053–1054, in: Mediaeval Studies 20, 1958, 206–238.
—–, Observations on the pre-Gratian canonical collections. Some recent works and present problems, in: Congrès de Droit Canonique Médiéval, Louvain et Bruxelles, 22–26 juillet 1958, Louvain 1959 (Bibliothèque de la Revue d'Histoire Ecclésiastique 33), 88–103.
—–, Wynfrith-Boniface or Bruno-Boniface? The Gesta S. Bonifatii of Deusdedit and Gratian (unveröffentlicher Artikel, für eine Publikation in „Mediaeval Studies" in den 1950er Jahren gesetzt, aber dort nie erschienen ist; zugänglich in der Bibliothek des „Pontifical Institute of Mediaeval Studies", St. Michael's College, Toronto; Signatur: BX 4700 .B7 R9).
Sackur, Ernst, Der Dictatus papae und die Canonsammlung des Deusdedit, in: Neues Archiv der Gesellschaft für ältere deutsche Geschichtskunde 18, 1893, 135–153.
Saenger, Paul, Silent Reading: Its Impact on Late Medieval Script and Society, in: Viator 13, 1982, 367–414.
Salgado, Jean-Marie, La méthode d'interprétation du droit en usage chez les canonistes, in: Revue de l'Université d'Ottawa 21, 1951, 201*–213*; 22, 1952, 23*–35*.
Salonen, Kirsi, Papal justice in the late Middle Ages: the Sacra Romana Rota, Abingdon 2016 (Church, faith and culture in the medieval West).
—–/Schmugge, Ludwig, A Sip from the „Well of Grace". Medieval texts from the Apostolic Penitentiary, Washington D.C. 2009 (Studies in Medieval and Early Modern Canon Law 7).
Sandl, Marcus, Historizität der Erinnerung/Reflexivität des Historischen. Die Herausforderung der Geschichtswissenschaft durch die kulturwissenschaftliche Gedächtnisforschung, in: Günter Oesterle (Hg.), Erinnerung, Gedächtnis, Wissen. Studien zur kulturwissenschaftlichen Gedächtnisforschung, Göttingen 2005 (Formen der Erinnerung 26), 89–119.
Sarasin, Philipp, Was ist Wissensgeschichte?, in: Internationales Archiv für Sozialgeschichte der deutschen Literatur 36, 2011, 159–172.
Sawyer, P. H., Anglo-Saxon charters. An annotated list and bibliography, London 1968.
Saxer, Victor, Die Organisation der nachapostolischen Gemeinden (70–180), in: Luce Piétri (Hg.), Die Geschichte des Christentums, Band 1: Die Zeit des Anfangs (bis 250), Freiburg/Basel/Wien 2003, 267–339.
Scaravelli, Irene, La collezione canonica *Anselmo dedicata*: lo *status quaestio-*

nis nella prospettiva di un'edizione critica, in: Roberto Delle Donne/Andrea Zorzi (Hg.), Le storie e la memoria. In onore di Arnold Esch, Firenze 2002 (Reti Medievali. E-Book Reading 1), 33–52.

Scharnagl, Anton, Das feierliche Gelübde als Ehehindernis in seiner geschichtlichen Entwicklung, Freiburg im Breisgau 1908 (Strassburger Theologische Studien 9, 2 und 3).

Schatz, Klaus, Der päpstliche Primat. Seine Geschichte von den Ursprüngen bis zur Gegenwart, Würzburg 1990 (englische Übersetzung: Papal Primacy. From its origins to the present, Collegeville/Minnesota 1996).

Schellenberg, Hartwig, Die Interpretationen zu den Paulussentenzen, Göttingen 1965 (Abhandlungen der Akademie der Wissenschaften in Göttingen, phil.-hist. Klasse, Folge 3, Nr. 64).

Scherzberg, Arno, Die öffentliche Verwaltung als informationelle Organisation, in: Wolfgang Hoffmann-Riem/Eberhard Schmidt-Aßmann (Hg.), Verwaltungsrecht in der Informationsgesellschaft, Baden-Baden 2000 (Schriften zur Reform des Verwaltungsrechts 7), 195–223.

Schieffer, Rudolf, Die Entstehung des päpstlichen Investiturverbots für den deutschen König, Stuttgart 1981 (MGH Schriften 28).

—, Geistliches Amt und schnöder Mammon. Zur Bewertung der Simonie im hohen Mittelalter, in: Jürgen Petersohn (Hg.), Mediaevalia Augiensia. Forschungen zur Geschichte des Mittelalters, Stuttgart 2001 (VuF 54), 359–374.

—, Rechtstexte des Reformpapsttums und ihre zeitgenössische Resonanz, in: Hubert Mordek (Hg.), Überlieferung und Geltung normativer Texte des frühen und hohen Mittelalters, Sigmaringen 1986 (Quellen und Forschungen zum Recht im Mittelalter 4), 51–69.

—, Spirituales latrones. Zu den Hintergründen der Simonieprozesse in Deutschland zwischen 1069 und 1075, in: Historisches Jahrbuch 92, 1972, 19–60.

—, „The papal revolution in law"? Rückfragen an Harold J. Berman, in: BMCL 22, 1998, 19–30.

—, Tomus Gregorii papae. Bemerkungen zur Diskussion um das Register Gregors VII., in: Archiv für Diplomatik 17, 1972, 105–132.

Schillebeeckx, Edward, Christliche Identität und kirchliches Amt. Plädoyer für den Menschen in der Kirche, Düsseldorf 1985.

—, Der Amtszölibat. Eine kritische Besinnung, Düsseldorf 1967.

Schilling, Beate, Guido von Vienne–Papst Calixt II., Hannover 1998 (MGH Schriften 45).

Schimmelpfennig, Bernhard, Könige und Fürsten, Kaiser und Papst im 12. Jahrhundert, 2. Aufl., München 2010 (EDG 37).

Schindler, Alfred, Art. Häresie II. Kirchengeschichtlich, in: TRE 14, 1986, 318–341.

Schlosser, Hans, Neuere Europäische Rechtsgeschichte. Privat- und Strafrecht vom Mittelalter bis zur Moderne, München 2012.

Schmidt-Aßmann, Eberhard, Verwaltungsrecht in der Informationsgesellschaft: Perspektiven der Systembildung, in: Wolfgang Hoffmann-Riem/Eberhard Schmidt-Aßmann (Hg.), Verwaltungsrecht in der Informationsgesellschaft, Baden-Baden 2000 (Schriften zur Reform des Verwaltungsrechts 7), 405–432.

Schminck, Christoph Ulrich, Crimen laesae maiestatis. Das politische Strafrecht Siziliens nach den Assisen von Ariano (1140) und den Konstitutionen von Melfi (1231), Aalen 1970 (Untersuchungen zur deutschen Staats- und Rechtsgeschichte, NF 14).

Schmitt, Tassilo, Paroikie und Oikoumene. Sozial- und mentalitätsgeschichtliche Untersuchungen zum 1. Clemensbrief, Berlin/New York 2002 (Beihefte zur Zeitschrift für die neutestamentliche Wissenschaft und die Kunde der älteren Kirche 110).

Schmoeckel, Mathias, Auf der Suche nach der verlorenen Ordnung. 2000 Jahre Recht in Europa. Ein Überblick, Köln/Weimar/Wien 2005.

Schmugge, Ludwig, Kirche, Kinder, Karrieren. Päpstliche Dispense von der unehelichen Geburt im Spätmittelalter, Zürich 1995.

Schneider, Herbert, Vorgratianische Kanonessammlungen und ihre Synodalordines, in: Peter Landau/Jörg Müller (Hg.), Proceedings of the Ninth International Congress of Medieval Canon Law, Munich, 1992 July 13–18, Città del Vaticano 1997 (MIC C/10), 41–61.

Schoenig, Steven A., Withholding the Pallium as a Tool of the Reform, in: Peter Erdö/Anzelm Szuromi (Hg.), Proceedings of the Thirteenth International Congress of Medieval Canon Law, Esztergom, 2008 August 3–8, Città del Vaticano 2010 (MIC C/14), 577–588.

Scholz, Bernhard W., Two forgered charters from the Abbey of Westminster and their relationship with St. Denis, in: The English Historical Review 76, 1961, 466–478.

Scholz, Sebastian, Politik–Selbstverständnis–Selbstdarstellung. Die Päpste in karolingischer und ottonischer Zeit, Stuttgart 2006 (Historische Forschungen 26).

——, Transmigration und Translation. Studien zum Bistumswechsel der Bischöfe von der Spätantike bis zum Hohen Mittelalter, Köln/Weimar/Wien 1992 (Kölner Historische Abhandlungen 37).

Schönberger, Rolf, Was ist Scholastik?, Hildesheim 1991 (Philosophie und Religion 2).

Schrage, Eltjo J. H., Utrumque Ius. Eine Einführung in das Studium der Quellen des mittelalterlichen gelehrten Rechts, Berlin 1992 (Schriften zur Europäischen Rechts- und Verfassungsgeschichte 8).

Schramm, Percy Ernst, Die beiden Fragmente De sancta Romana Ecclesia des Kardinals Humbert von Silva Candida (um 1053): eine programmatische Erklärung des Reformpapsttums, in: Percy Ernst Schramm (Hg.), Beiträge zur allgemeinen Geschichte, Band 4/1: Rom und Kaiser/Geistliche und

weltliche Gewalt/Das Reformpapsttum/Zur Geschichte von Nord- und Westeuropa, Stuttgart 1971, 143–170.
—, Kaiser, Rom und Renovatio. Studien und Texte zur Geschichte des Römischen Erneuerungsgedanken vom Ende des Karolingischen Reiches bis zum Investiturstreit, Leipzig/Berlin 1929, Band 2: Exkurse und Texte (Studien der Bibliothek Warburg, XVII/2).
Schrör, Matthias, Metropolitangewalt und papstgeschichtliche Wende, Husum 2009 (Historische Studien 494).
Schulte, Friedrich von, Die Geschichte der Quellen und Literatur des Canonischen Rechts von Gratian bis auf die Gegenwart, Band 1: Einleitung. Die Geschichte der Quellen und Literatur von Gratian bis auf Papst Gregor IX., Stuttgart 1875.
—, Die Glosse zum Decret Gratians von ihren Anfängen bis auf die jüngsten Ausgaben, Wien 1872 (Denkschriften der Kaiserlichen Akademie der Wissenschaften, phil.-hist. Classe 21).
—, Die Paleae im Decret Gratians, in: Sitzungsberichte der kaiserlichen Akademie der Wissenschaften, phil.-hist. Klasse, Band 78 (Jahrgang 1874), Wien 1874, 287–312.
Schwarzbauer, Fabian, Geschichtszeit. Über Zeitvorstellungen in den Universalchroniken Frutolfs von Michelsberg, Honorius‘ Augustodunensis und Ottos von Freising, Berlin 2005 (Orbis Mediaevalis 6).
Schwedler, Gerald, Vergessen, Verändern, Verschweigen und *damnatio memoriae* im frühen Mittelalter, Köln/Weimar/ Wien 2018 (Zürcher Beiträge zur Geschichtswissenschaft 9).
Schwendenwein, Hugo, Das neue Kirchenrecht, 2. Aufl., Graz/Wien/Köln 1984.
—, Der Papst, in: Stephan Haering/Wilhelm Rees/Heribert Schmitz (Hg.), Handbuch des katholischen Kirchenrechts, 3. Aufl., Regensburg 2015, 447–468.
—, Die Rechte und Pflichten der Kleriker, in: Stephan Haering/Wilhelm Rees/Heribert Schmitz (Hg.), Handbuch des katholischen Kirchenrechts, 3. Aufl., Regensburg 2015, 355–371.
Sciacca, Claudia di, Finding the right words. Isidore's Synonyma in Anglo-Saxon England, Toronto/Buffalo/London 2008.
Seckel, Emil, Die ältesten Canones von Rouen, in: Historische Aufsätze. Karl Zeumer zum sechzigsten Geburtstag als Festgabe dargebracht von Freunden und Schülern, Weimar 1920, 611–635.
—, Zu den Acten der Triburer Synode 895, in: Neues Archiv der Gesellschaft für ältere deutsche Geschichtskunde 18, 1893, 365–409.
Seibert, Hubertus, Eine unbekannte Überlieferung der 74-Titel-Sammlung aus Rheinau, in: Ernst-Dieter Hehl/Hubertus Seibert/Franz Staab (Hg.), Deus qui mutat tempora. Menschen und Institutionen im Wandel des Mittelalters. Festschrift für Alfons Becker zu seinem fünfundsechzigsten Geburtstag, Sigmaringen 1987, 87–100.

Senn, Marcel, Rechtsgeschichte. Ein kulturhistorischer Grundriss, 4. Aufl., Zürich/Basel/Genf 2007.
——/Gschwend, Lukas/Pahud de Mortanges, René, Rechtsgeschichte, 3. Aufl., Zürich/Basel/Genf 2009.
Sieben, Hermann Josef, Die Konzilsidee des lateinischen Mittelalters (873–1378), Paderborn/München/Wien/Zürich 1984 (Konziliengeschichte B, Untersuchungen 2).
——, Sanctissimi Petri apostoli memoriam honoremus. Die Sardicensischen Appellationskanones im Wandel der Geschichte, in: Theologie und Philosophie 58, 1983, 501–534.
Siems, Harald, Die Collectio Sangermanensis XXI titulorum–Kanonessammlung oder Unterrichtswerk?, in: DA 65, 2009, 1–28.
——, Die Entwicklung von Rechtsquellen zwischen Spätantike und Mittelalter, in: Theo Kölzer/Rudolf Schieffer (Hg.), Von der Spätantike zum Frühen Mittelalter: Kontinuitäten und Brüche, Konzeptionen und Befunde, Sigmaringen 2009 (VuF 70), 245–285.
——, Handel und Wucher im Spiegel frühmittelalterlicher Rechtsquellen, Hannover 1992 (MGH Schriften 35).
——, In ordine posuimus. Begrifflichkeit und Rechtsanwendung in Reginos Sendhandbuch, in: Wilfried Hartmann (Hg.), Recht und Gericht in Kirche und Welt um 900, München 2007 (Schriften des Historischen Kollegs, Kolloquien 69), 67–90.
——, Textbearbeitung und Umgang mit Rechtstexten im Frühmittelalter. Zur Umgestaltung der Leges im Liber legum des Lupus, in: Harald Siems/Karin Nehlsen-von Stryk/Dieter Strauch (Hg.), Recht im frühmittelalterlichen Gallien. Spätantike Tradition und germanische Wertvorstellungen, Köln/Weimar/Wien 1995 (Rechtsgeschichtliche Schriften 7), 29–72.
Sierra, Adolfo Robles, La conversión en los tratados híspanos de Norma vitae. Sugerencias e hipótesis, in: Augustinus 32, 1987, 325–367.
Silvestre, Hubert, Diversi sed non adversi, in: Recherches de théologie ancienne et médiévale 31, 1964, 124–132.
Sipe, A. W. Richard, Celibacy in Crisis. A Secret World Revisited, New York/Hove 2003.
——, Sexualität und Zölibat, Paderborn/München/Wien/Zürich 1992.
Sohm, Rudolph, Das altkatholische Kirchenrecht und das Dekret Gratians, Leipzig 1918.
Somerville, Robert, Cardinal Deusdedit's Collectio Canonum at Benevento, in: Kathleen G. Cushing/Richard F. Gyug (Hg.), Ritual, Text and Law. Studies in Medieval Canon Law and Liturgy presented to Roger E. Reynolds, Aldershot 2004 (Church, Faith and Culture in the Medieval West), 281–292.
——, Cardinal Stephan of St. Crisogono: Some Remarks on Legates and Legatine Councils in the Eleventh Century, in: Kenneth Pennington/Robert

Somerville (Hg.), Law, Church, and Society. Essays in Honor of Stephan Kuttner, University of Pennsylvania Press 1979, 157–166.

—–, Papal Excerpts in Arsenal MS 713B: Alexander II and Urban II, in: Peter Landau/Jörg Müller (Hg.), Proceedings of the Ninth International Congress of Medieval Canon Law, Munich, 1992 July 13–18, Città del Vaticano 1997 (MIC C/10), 169–184.

—– (in collaboration with Stephan Kuttner), Pope Urban II, the *Collectio Britannica*, and the Council of Melfi (1089), Oxford 1996.

Sommar, Mary E., Gratian's Causa VII and the multiple recension theories, in: BMCL 24, 2000, 78–96.

Sorensen, Kaaren Lynn, The Preface as Hermeneutical Vehicle in Canon Law Collections, 1075–1175, Diss. phil., Columbia University, New York, masch.-schriftl., 2000 (UMI 9956403).

Speich Chassé, Daniel/Gugerli, David, Wissensgeschichte. Eine Standortbestimmung, in: Traverse: Zeitschrift für Geschichte/Revue d'histoire 19, 2012, 85–100.

Sprandel, Rolf, Ivo von Chartres und seine Stellung in der Kirchengeschichte, Stuttgart 1962 (Pariser Historische Studien 1).

Steckel, Sita, Kulturen des Lehrens im Früh- und Hochmittelalter. Autorität, Wissenskonzepte und Netzwerke von Gelehrten, Köln/Weimar/Wien 2011 (Norm und Struktur 39).

Stehr, Nico, Wissensgesellschaften, in: Friedrich Jaeger/Jörn Rüsen (Hg.), Handbuch der Kulturwissenschaften, Band 3: Themen und Tendenzen, Stuttgart/Weimar 2004, 34–49.

Stelzer, Winfried, Die Rezeption des gelehrten Rechts nördlich der Alpen, in: Siegfried de Rachewiltz/Josef Riedmann (Hg.), Kommunikation und Mobilität im Mittelalter. Begegnungen zwischen dem Süden und der Mitte Europas (11.–14. Jahrhundert), Sigmaringen 1995, 231–247.

Stickler, Alfons Maria, Der Klerikerzölibat. Seine Entwicklungsgeschichte und seine theologischen Grundlagen, Abensberg 1993.

—– [Alphonsus M.], Historia iuris canonici latini, Band 1: Historia fontium, Turin 1950.

Stolleis, Michael, Der lernfähige und lernende Staat, in: Johannes Fried/Michael Stolleis (Hg.), Wissenskulturen. Über die Erzeugung und Weitergabe von Wissen, Frankfurt am Main/New York 2009, 58–78.

—–, Einleitung, in: Johannes Fried/Michael Stolleis (Hg.), Wissenskulturen. Über die Erzeugung und Weitergabe von Wissen, Frankfurt am Main/New York 2009, 7–11.

Strelau, Ernst, Leben und Werke des Mönches Bernold von St. Blasien, Jena 1889.

Stricker, Stefanie, Definitorische Vorklärungen, in: Rolf Bergmann/Stefanie Stricker (Hg.), Die althochdeutsche und altsächsische Glossographie, Band 1, Berlin/New York 2009, 20–32.

Štulrajterová, Katarína, Sacerdotal Celibacy in Medieval Hungary, in: BMCL 30, 2013, 45–70.
Stump, Eleonore, Dialectic, in: David L. Wagner (Hg.), The Seven Liberal Arts in the Middle Ages, Bloomington 1983, 125–146.
Sydow, Jürgen, Die Dekret-Handschriften der Bayerischen Staatsbibliothek in München, in: SG 7, 1959, 175–232.
Szuromi, Szabolcs Anzelm, From a reading book to a structuralized canonical collection. The textual development of the Ivonian work, Berlin 2010 (Aus Religion und Recht 14).
Taliadoros, Jason, Law, Theology, and the Schools: The Use of Scripture in Ricardus Anglicus's *Distinctiones decretorum*, in: Joseph Goering/Stephan Dusil/Andreas Thier (Hg.), Proceedings of the Fourteenth International Congress of Medieval Canon Law, Toronto, 2012 August 5–11, Città del Vaticano 2016 (MIC C/15), 1045–1089.
Taylor, Daniel S., An early liturgical compilation of Bernold of Constance? A comparative analysis of Codex Stuttgart, Württembergische Landesbibliothek HB VI 107 and Bernold's Micrologus, in: Sacris Erudiri 37, 1997, 163–183.
—, A new Inventory of Manuscripts of the *Micrologus de ecclesiasticis observationibus* of Bernold of Constance, in: Scriptorium 52, 1998, 162–191.
—, Der Micrologus Bernolds von Konstanz und der Codex Stuttgart, Württembergische Landesbibliothek, HB VI 114, in: DA 52, 1996, 171–179.
Tellenbach, Gerd, Die westliche Kirche vom 10. bis zum frühen 12. Jahrhundert, Göttingen 1988 (Die Kirche in ihrer Geschichte, Band 2, Lieferung F 1).
Thaner, Friedrich, Abälard und das canonische Recht. Rectoratsrede, gehalten den 2. April 1886 an der k. k. Universität Innsbruck bei Verkündigung des Ergebnisses der gestellten Preisaufgaben, in: Friedrich Thaner (Hg.), Abälard und das canonische Recht. Die Persönlichkeit in der Eheschliessung. Zwei Festreden, Graz 1900, 3–29.
—, Hinkmar von Rheims und Bernald, in: Neues Archiv der Gesellschaft für ältere deutsche Geschichtskunde 30, 1905, 694–701.
Theuerkauf, Gerhard, Burchard von Worms und die Rechtskunde seiner Zeit, in: Frühmittelalterliche Studien 2, 1968, 144–161.
Thier, Andreas, Die päpstlichen Register im Spannungsfeld zwischen Rechtswissenschaft und päpstlicher Normsetzung: Innocenz III. und die Compilatio Tertia, in: ZRG.KA 88, 2002, 44–69.
—, Dynamische Schriftlichkeit: Zur Normbildung in den vorgratianischen Kanonessammlungen, in: ZRG.KA 93, 2007, 1–33.
—, Hierarchie und Autonomie. Regelungstraditionen der Bischofsbestellung in der Geschichte des kirchlichen Wahlrechts bis 1140, Frankfurt am Main 2011 (Studien zur europäischen Rechtsgeschichte 257/Recht im ersten Jahrtausend 1).
Tiefenbach, Heinrich, Volkssprachige Wörter innerhalb lateinischer Texte.

Rechtstexte: Leges, Kapitularien, Urkunden, in: Rolf Bergmann/Stefanie Stricker (Hg.), Die althochdeutsche und altsächsische Glossographie, Band 1, Berlin/New York 2009, 958–975.

Tierney, Brian, *Ius* and Metonymy in Rufinus, in: Rosalius Iosephus Castillo-Lara (Hg.), Studia in honorem eminentissimi Cardinalis Alphonsi M. Stickler, Rom 1992 (Studia et textus historiae iuris canonici 7), 549–558.

Trute, Hans-Heinrich, Wissen–Einleitende Bemerkungen, in: Hans Christian Röhl (Hg.), Wissen–Zur kognitiven Dimension des Rechts, Berlin 2010 (Die Verwaltung, Beiheft 9), 11–38.

Ubl, Karl, Der lange Schatten des Bonifatius. Die Responsa Stephans II. aus dem Jahr 754 und das fränkische Kirchenrecht, in: DA 63, 2007, 403–449.

—–, Der Mehrwert der päpstlichen Schlüsselgewalt und die Tradition des heiligen Clemens, in: Andreas Pečar/Kai Trampedach (Hg.), Die Bibel als politisches Argument. Voraussetzungen und Folgen biblizistischer Herrschaftslegitimation in der Vormoderne, München 2007 (Historische Zeitschrift, Beiheft 43), 189–217.

Ullmann, Walter, Kurze Geschichte des Papsttums im Mittelalter, Berlin/New York 1978.

Vacca, Salvatore, Prima Sedes a nemine iudicatur. Genesi e sviluppo storico dell'assioma fino al Decreto di Graziano, Rom 1993 (Miscellanea Historiae Pontificiae 61).

Van Balberghe, Émile, Les éditions du Décret de Burchard de Worms. Avatars d'un texte, in: Recherches de théologie ancienne et médiévale 37, 1970, 5–22.

Vesting, Thomas, Die Bedeutung von Information und Kommunikation für die verwaltungsrechtliche Systembildung, in: Wolfgang Hoffmann-Riem/Eberhard Schmidt-Aßmann/Andreas Voßkuhle (Hg.), Grundlagen des Verwaltungsrechts, Band 2: Informationsordnung, Verwaltungsverfahren, Handlungsformen, 2. Aufl., München 2012, 1–34.

—–, Die Medien des Rechts, Band 3: Buchdruck, Weilerswist 2013.

—–, Rechtstheorie, München 2007.

Vetulani, Adam, Encore un mot sur le droit romain dans le décret de Gratien (Deductiones e codice N. 356 Bibliothecae Jagelloniensis Cracoviensis), in: Apollinaris 21, 1948, 129–134 (wieder abgedruckt in: Adam Vetulani, Sur Gratien et les Décrétales, hg. Wacław Uruszczak, Aldershot 1990, Nr. IV).

—–, Gratien et le droit romain, in: Revue historique de droit français et étranger 14–15,1946–1947, 11–48 (wieder abgedruckt in: Adam Vetulani, Sur Gratien et les Décrétales, hg. Wacław Uruszczak, Aldershot 1990, Nr. III).

—–, Über die Distinktioneneinteilung und die Paleae im Dekret Gratians, in: ZRG.KA 22, 1933, 346–370.

Viejo-Ximénez, José Miguel, Anotaciones marginales en la *Discordantium Canonum Concordia* del monasterio de Schäftlarn (München, Bayerische Staatsbibliothek, lat. 17161), in: Folia theologica et canonica 2016, 245–273.

——, Cicéron y Graciano, in: Folia theologica et canonica 2013, 191–214.
——, „Concordia" y „Decretum" del Maestro Graciano. In memoriam Rudolf Weigand, in: ius canonicum 39, 1999, 333–357.
——, La composición del decreto de Graciano, in: Ius Canonicum 45, 2005, 431–485.
——, Les étapes de l'incorporation des textes romains dans le Décret de Gratien, in: RDC 51, 2001, 251–260.
——, The Origins of the Science of Canon Law. Gratian and the *Inartificiosa Eloquentia*, in: Studia Canonica 48, 2014, 531–547.
——, The Summa *Quoniam in omnibus* Revisited, in: Joseph Goering/Stephan Dusil/Andreas Thier (Hg.), Proceedings of the Fourteenth International Congress of Medieval Canon Law, Toronto, 2012 August 5–11, Città del Vaticano 2016 (MIC C/15), 163–177.
Vinzent, Markus, Rome, in: Margaret M. Mitchell/Frances M. Young (Hg.), The Cambridge History of Christianity, vol. 1: Origins to Constantine, Cambridge 2006, 397–412.
Violi, Stefano, Il Prologo di Ivo di Chartres. Paradigmi e prospettive per la teologia e l'interpretazione del Diritto canonico, Lugano 2006 (Biblioteca Teologica. Sezione Canonistica).
Vogel, Jakob, Von der Wissenschafts- zur Wissensgeschichte. Für eine Historisierung der „Wissensgesellschaft", in: Geschichte und Gesellschaft 30, 2004, 639–660.
Vogels, Heinz-Jürgen, Pflichtzölibat. Eine kritische Untersuchung, München 1978.
——, Priester dürfen heiraten. Biblische, geschichtliche und rechtliche Gründe gegen den Pflichtzölibat, Bonn 1992.
von den Brincken, Anna-Dorothee, Geschichtsbetrachtung bei Vincenz von Beauvais. Die Apologia Actoris zum Speculum Maius, in: DA 34, 1978, 410–499.
——, Tabula alphabetica von den Anfängen alphabetischer Registerarbeiten zu Geschichtswerken (Vincenz von Beauvais OP, Johannes von Hautfuney, Paulinus Minorita OFM), in: Festschrift für Hermann Heimpel zum 70. Geburtstag am 19. September 1971, Band 2, Göttingen 1972 (Veröffentlichungen des Max-Planck-Instituts für Geschichte 36/2), 900–923.
von Giesebrecht, Wilhelm, Die Gesetzgebung der römischen Kirche zur Zeit Gregors VII., in: Münchner Historisches Jahrbuch für 1866, hg. von der Historischen Classe der K. Akademie der Wissenschaften, München 1866, 91–193.
von Ungern-Sternberg, Jürgen, Untersuchungen zum spätrepublikanischen Notstandsrecht. Senatusconsultum ultimum und hostis-Erklärung, München 1970 (Vestigia 11).
Voßkuhle, Andreas, Der Wandel von Verwaltungsrecht und Verwaltungsprozessrecht in der Informationsgesellschaft, in: Wolfgang Hoffmann-

Riem/Eberhard Schmidt-Aßmann (Hg.), Verwaltungsrecht in der Informationsgesellschaft, Baden-Baden 2000 (Schriften zur Reform des Verwaltungsrechts 7), 349–404.

——, Neue Verwaltungsrechtswissenschaft, in: Wolfgang Hoffmann-Riem/Eberhard Schmidt-Aßmann/Andreas Voßkuhle (Hg.), Grundlagen des Verwaltungsrechts, Band 1: Methoden, Maßstäbe, Aufgaben, Organisation, 2. Aufl., München 2012, 1–63.

Waelkens, Laurent, Le Décret de Gratien: ouvrage scientifique ou plaidoirie d'un canoniste face à l'ordre impérial?, in: Jan Hallebeek/Louis Berkvens/Georges Martyn/Paul Nève (Hg.), Recto ordine procedit magister. Liber amicorum E. C. Coppens, Brüssel 2012, 351–361.

Walter, Maria, Die Wissenszurechnung im schweizerischen Privatrecht, Bern 2005 (Abhandlungen zum schweizerischen Recht 690).

Walther, Tobie, Zwischen Polemik, Verschweigen und pragmatischem Umgang. Der gregorianische Gelehrtenkreis um Bernold von Konstanz und die Straßburger Bischöfe im Investiturstreit, in: Laurence Buchholzer-Remy/Sabine von Heusinger/Sigrid Hirbodian/Olivier Richard/Thomas Zotz (Hg.), Neuere Forschungen zur elsässischen Geschichte im Mittelalter, Freiburg/München 2012 (Forschungen zur oberrheinischen Landesgeschichte 56), 53–71.

Wasserschleben, Hermann, Beiträge zur Geschichte der vorgratianischen Kirchenrechtsquellen, Leipzig 1839.

Wattenbach, Wilhelm/Holtzmann, Robert, Deutschlands Geschichtsquellen im Mittelalter. Die Zeit der Sachsen und Salier, Band 2: Das Zeitalter des Investiturstreits (1050–1125), hg. Franz-Josef Schmale, Köln/Graz 1967.

Weckwerth, Andreas, Das erste Konzil von Toledo. Ein philologischer und historischer Kommentar zur Constitutio Concilii, Münster 2004 (Jahrbuch für Antike und Christentum, Ergänzungsband, Kleine Reihe 1).

——, Die Einbeziehung der Subdiakone in die klerikalen Enthaltsamkeitsvorschriften des Westens, in: ZRG.KA 89, 2003, 56–81.

Wei, John, A reconsideration of St. Gall, Stiftsbibliothek 673 (Sg) in light of the sources of distinctions 5-7 of the De penitentia, in: BMCL 27, 2007, 141–180.

——, A twelfth-century Treatise on Charity. The Tract *Ut autem hoc evidenter* of the Sentence Collection *Deus itaque summe atque ineffabiliter bonus*, in: Mediaeval Studies 74, 2012, 1–50.

——, Gratian the Theologian, Washington D.C. 2016 (Studies in Medieval and Early Modern Canon Law 13).

——, The Sentence Collection *Deus non habet initium vel terminum* and its reworking, *Deus itaque summe atque ineffabiliter bonus*, in: Mediaeval Studies 73, 2011, 1–118.

——, Law and Religion in Gratian's *Decretum*, Diss. phil., Yale University, New Haven, masch.-schriftl. 2008 (UMI 3317241).

Weigand, Rudolf, Burchardauszüge in Dekrethandschriften und ihre Verwendung bei Rufin und als Paleae im Dekret Gratians, in: AKKR 158, 1989, 429–451.

—, Causa 25 des Dekrets und die Arbeitsweise Gratians, in: Richard H. Helmholz/Paul Mikat/Jörg Müller/Michael Stolleis (Hg.), Grundlagen des Rechts. Festschrift für Peter Landau zum 65. Geburtstag, Paderborn/München/Wien/Zürich 2000 (Rechts- und Staatswissenschaftliche Veröffentlichungen der Görres-Gesellschaft NF 91), 277–290.

—, Chancen und Probleme einer baldigen kritischen Edition der ersten Redaktion des Dekrets Gratians, in: BMCL 22, 1998, 53–75.

—, Die Dekrethandschrift B 3515 des Spitalarchivs Biberach an der Riss, in: BMCL 2, 1972, 76–81.

—, Die ersten Jahrzehnte der Schule von Bologna: Wechselwirkungen von Summen und Glossen, in: Peter Landau/Jörg Müller (Hg.), Proceedings of the Ninth International Congress of Medieval Canon Law, Munich, 1992 July 13–18, Città del Vaticano 1997 (MIC C/10), 445–465.

—, Die Glossen zum Dekret Gratians. Studien zu den frühen Glossen und Glossenkompositionen, 2 Bände, Rom 1991 (Studia Gratiana 25 und 26).

—, Die Lambacher Handschrift XVI des Dekrets Burchards von Worms und Bischof Adalbero von Würzburg, in: Würzburger Diözesan-Geschichtsblätter 52, 1990, 25–36.

—, Die Naturrechtslehre der Legisten und Dekretisten von Irnerius bis Accursius und von Gratian bis Johannes Teutonicus, München 1967 (Münchener Theologische Studien, III. Kanonistische Abteilung, 26).

—, Fälschungen als Paleae im Dekret Gratians, in: Fälschungen im Mittelalter. Internationaler Kongreß der Monumenta Germaniae Historica, München, 16.–19. September 1986, Band 2: Gefälschte Rechtstexte. Der bestrafte Fälscher, Hannover 1988 (MGH Schriften 33/2), 301–318.

—, Frühe Kanonisten und ihre Karriere in der Kirche, in: ZRG.KA 76, 1990, 135–155.

—, Neue Erkenntnisse zum Dekret Burchards von Worms, in: AKKR 162, 1993, 125–134.

—, Paucapalea und die frühe Kanonistik, in: AKKR 150, 1981, 137–157.

—, The Development of the Glossa ordinaria to Gratian's Decretum, in: Wilfried Hartmann/Kenneth Pennington (Hg.), The history of medieval canon law in the classical period, 1140–1234. From Gratian to the decretals of Pope Gregory IX., Washington D.C. 2008 (History of medieval canon law), 55–97.

—, Versuch einer neuen, differenzierten Liste der Paleae und Dubletten im Dekret Gratians, in: Peter Linehan (Hg.) Life, Law and Letters. Historical Studies in Honour of Antonio García y García, Rom 1998 (Studia Gratiana 29), 883–899.

—, Zur künftigen Edition des Dekrets Gratians, in: ZRG.KA 83, 1997, 32–51.

——, Zusätzliche „Paleae“ in fünf Dekrethandschriften, in: ZRG.KA 78, 1992, 65–120.
Weimar, Peter, Argumenta brocardica, in: SG 14, 1967, 89–123.
Weiß, Andreas, Der Diakon, in: Stephan Haering/Wilhelm Rees/Heribert Schmitz (Hg.), Handbuch des katholischen Kirchenrechts, 3. Aufl., Regensburg 2015, 388–409.
Weisweiler, Heinrich, Die päpstliche Gewalt in den Schriften Bernolds von St. Blasien aus dem Investiturstreit, in: SGreg 4, 1952, 129–147.
Weitz, Martin, Der Zölibat des Weltpriesters zwischen Ideologie und Theologie. Die Frage nach dem Zölibat im 20. Jahrhundert, Hamburg 1998 (Theos 22).
Welzer, Harald, Gedächtnis und Erinnerung, in: Friedrich Jaeger/Jörn Rüsen (Hg.), Handbuch der Kulturwissenschaften, Band 3: Themen und Tendenzen, Stuttgart/Weimar 2004, 155–174.
Werckmeister, Jean, Décret de Gratien. Causes 27 à 36. Le Mariage, Paris 2011 (Sources Canoniques 3).
——, Gratien: Bilan et perspectives, in: RDC 48, 1998, 363–379.
——, Le manuscrit 673 de Saint-Gall: un Décret de Gratian primitif? in: RDC 60, 2010, 155–170.
——, Le premier „canoniste“: Yves de Chartres, in: RDC 47, 1997, 53–70.
——, Les deux versions du „de matrimonio“ de Gratien, in: RDC 48, 1998, 301–315.
——, Les études sur le décret de Gratien: Essai de bilan et perspectives, in: RDC 48, 1998, 363–379.
——, Yves de Chartres. Prologue, Paris 1997 (Sources canoniques 1).
Werner, Ernst, Pauperes Christi. Studien zu sozial-religiösen Bewegungen im Zeitalter des Reformpapsttums, Leipzig 1956.
Wieland, Gernot, Interpreting the Interpretation. The Polysemy of the Latin Gloss, in: Journal of Medieval Latin 8, 1998, 59–71.
Will, Johanna B., Die Rechtsverhältnisse zwischen Bischof und Klerus im Dekret des Bischofs Burchard von Worms. Eine kanonistische Untersuchung, Würzburg 1992 (Forschungen zur Kirchenrechtswissenschaft 12).
Winroth, Anders, Innocent II, Gratian, and Abbé Migne, in: BMCL 28, 2008, 145–151.
——, Le manuscrit florentin du décret de Gratien. Une critique des travaux de Carlos Larrainzar sur Gratien 1, in: RDC 51, 2001, 211–231.
——, Les deux Gratien et le droit romain, in: RDC 48, 1998, 285–299.
——, Marital Consent in Gratian's Decretum, in: Martin Brett/Kathleen G. Cushing (Hg.), Readers, Texts and Compilers in the Earlier Middle Ages. Studies in Medieval Canon Law in Honour of Linda Fowler-Magerl, Farnham 2009 (Church, Faith and Culture in the Medieval West), 111–121.
——, Recent work on the making of Gratian's Decretum, in: BMCL 26, 2004–2006, 1–29.

—, The Legal Revolution of the Twelfth Century, in: Thomas F. X. Noble/John van Engen (Hg.), European Transformations in the Long Twelfth Century, Notre Dame 2012, 338–353.
—, The Making of Gratian's Decretum, Cambridge 2000 (ND Cambridge 2007).
—, The two recensions of Gratian's Decretum, in: ZRG.KA 83, 1997, 22–31.
—, Where Gratian Slept: The Life and Death of the Father of Canon Law, in: ZRG.KA 99, 2013, 105–128.
Wirbelauer, Eckhard, Zwei Päpste in Rom. Der Konflikt zwischen Laurentius und Symmachus (498–514), München 1993 (Quellen und Forschungen zur antiken Welt 16).
Wojtowytsch, Myron, Papsttum und Konzile von den Anfängen bis zu Leo I. (440–461). Studien zur Entstehung der Überordnung des Papstes über Konzile, Stuttgart 1981 (Päpste und Papsttum 17).
Wollenschläger, Burkhard, Wissensgenerierung im Verfahren, Tübingen 2009 (Studien und Beiträge zum Öffentlichen Recht 2).
Zapp, Hartmut, Paleae-Listen des 14. und 15. Jahrhunderts, in: ZRG.KA 59, 1973, 83–111.
Zechiel-Eckes, Klaus, Auf Pseudoisidors Spur. Oder: Versuch, einen dichten Schleier zu lüften, in: Wilfried Hartmann/Gerhard Schmitz (Hg.), Fortschritt durch Fälschungen? Ursprung, Gestalt und Wirkungen der pseudoisidorischen Fälschungen. Beiträge zum gleichnamigen Symposium an der Universität Tübingen vom 27. und 28. Juli 2001, Hannover 2002 (MGH Studien und Texte 31), 1–28.
—, Der „unbeugsame" Exterminator? Isidorus Mercator und der Kampf gegen den Chorepiskopat, in: Oliver Münsch/Thomas Zotz (Hg.), Scientia Veritatis. Festschrift für Hubert Mordek zum 65. Geburtstag, Ostfildern 2004, 173–190.
—, Ein Blick in Pseudoisidors Werkstatt. Studien zum Entstehungsprozess der falschen Dekretalen. Mit einem exemplarischen editorischen Anhang (Pseudo-Julius an die orientalischen Bischöfe, JK †196), in: Francia 28/1, 2001, 37–90.
—, Quellenkritische Anmerkungen zur ‚Collectio Anselmo Dedicata', in: Wilfried Hartmann (Hg.), Recht und Gericht in Kirche und Welt um 900, München 2007 (Schriften des Historischen Kollegs, Kolloquien 69), 49–65.
Zey, Claudia, Der Investiturstreit, München 2017.
—/Märtl, Claudia (Hg.), Aus der Frühzeit europäischer Diplomatie. Zum geistlichen und weltlichen Gesandtschaftswesen vom 12. bis zum 15. Jahrhundert, Zürich 2008.
Ziese, Jürgen, Historische Beweisführung in Streitschriften des Investiturstreites, München 1972 (Münchener Beiträge zur Mediävistik und Renaissance-Forschung 9).
Zimmermann, Harald, Der Canossagang von 1077. Wirkungen und Wirklich-

keit, Wiesbaden 1975 (Mainzer Akademie der Wissenschaften, geistes- und sozialwissenschaftliche Klasse 1975, Nr. 5).
—, Papstabsetzungen des Mittelalters, Graz/Wien/Köln 1968.
Ziomkowski, Robert, Manegold of Lautenbach. Liber contra Wolfelmum, Paris/Leuven/Dudley 2002 (Dallas Medieval Texts and Translations 1).
Zumhagen, Olaf, Religiöse Konflikte und kommunale Entwicklung. Mailand, Cremona, Piacenza und Florenz zur Zeit der Pataria, Köln 2002 (Städteforschung A/58).

REGISTER DER HANDSCHRIFTEN

REGISTER DER PERSONEN

REGISTER DER TEXTSAMMLUNGEN

REGISTER DER TEXTSTELLEN (KONZILIEN, DEKRETALEN, SONSTIGE TEXTE)

Konzilien

Dekretalen

CPSIA information can be obtained
at www.ICGtesting.com
Printed in the USA
LVHW051732240419
615406LV00002B/6/P

9 789462 701335